Kotler / Armstrong

MARKETING

eine Einführung

Übersetzung: Dr. Peter Linnert

Die Deutsche Bibliothek - CIP-Einheitsaufnahme

Kotler, Philip:
Marketing : eine Einführung / Philip Kotler ; Gary Armstrong. Aus dem Amerikan. übers. von Peter Linnert. - Veränd. Nachdr., Studienausg. - Wien : Service, Fachverl. an der Wirtschaftsuniv., 1997
Einheitssacht.: Marketing <dt.>
ISBN 3-85428-371-7

ISBN 3-85428-371-7

Umschlaggestaltung: Fischnaller Schuba, Wien
Satz: EXAKTA, Wien
Druck: Druckerei Berger, Horn
Printed in Austria 1997

Original English Language Edition „ Marketing: An Introduction“
Published by Prentice-Hall, Inc., Englewood Cliffs, New Jersey, USA

Anmerkungen zur deutschen Übersetzung

Das vorliegende Werk beschreibt, analysiert und kommentiert das Gedankengut des Marketing.

Obwohl als „Einführung" konzipiert, lassen die Ausführungen in ihrer Klarheit und Prägnanz vieles hinter sich und von der Konsequenz der Gedankenführung vieles weit unter sich, was bislang zum Thema Marketing veröffentlicht worden ist. Marketing als marktbezogene Unternehmensführung ist zum Schlüssel und zur Voraussetzung des langfristigen Unternehmenserfolges geworden. Seine Denkweise und Techniken zu verstehen, heißt gleichzeitig, sich den Herausforderungen des Marktes erfolgreich zu stellen.

Dieser Markt an der Schwelle des dritten Jahrtausends konfrontiert jedes Unternehmen ständig mit zahlreichen Problemen, die nur gelöst werden können, wenn seine Wirkzusammenhänge erkannt und seine Erfolgsmechanismen beherrscht werden.

Philip Kotler und Gary Armstrong erläutern in diesem Buch – das oft als Klassiker und Bibel des Marketing bezeichnet wird – die Grundsätze und Erfolgsvoraussetzungen eines zukunftweisenden Marketing.

Des weiteren machen sie den Leser mit den Methoden erfolgreicher Produkteinführung, zweckmäßiger Preisgestaltung und preisorientiertem Verkaufsmanagement vertraut.

Besondere Schwerpunkte bilden das Konsumverhalten, die modernen Kommunikationstechniken, Werbung, Public Relation, Marketing-Logistik sowie die Bestimmungsfaktoren und Methoden der Marktsegmentierung.

Die dargestellten Techniken zur Analyse der Marketing-Chancen sowie für deren erfolgreiche Realisierung eröffnen neue Dimensionen der Unternehmenspolitik und beweisen, daß ein neues Zeitalter der Marktbearbeitung und des Marktverständnisses begonnen hat.

Auf eindrucksvolle Weise gelingt Philip Kotler und Gary Armstrong der Nachweis, daß Marketing mehr als ein Modewort ist sondern die erfolgsentscheidende Denk- und Handlungsweise von Unternehmen, die in hochindustrialisierten Wirtschaftssystemen agieren.

Die mit dem Marketing im Zusammenhange stehenden Aufgaben beschränken sich keinesfalls auf die Durchführung verkaufsauslösender Maßnahmen. Auch Fragen der Marktsegmentierung und -positionierung sowie der Distributionspolitik, der Marketing-Logistik und – last but not least – der Verantwortung gegenüber der Gesellschaft werden dem Aktionsparameter des Marketing-Management zugeordnet.

Der besondere Wert des vorliegenden Werkes dürfte sowohl für den Marketing-Praktiker als auch für Studierende der Wirtschaftswissenschaften darin liegen, daß Kotler und Armstrong sich nicht mit einer abstrakten Beweisführung ihrer Thesen begnügen oder gar ihre Argumente aus eigens dafür errichteten Denkmodellen ableiten, sondern daß sie ihre Aussagen anhand einer Fülle eindrucksvoller Beispiele und Fallstudien aus dem konkreten Wirtschaftsleben belegen bzw. untermauern.

Ihre grundsätzliche und umfassende Auseinandersetzung mit dem Phänomen Marketing kann zweifellos als richtungweisend für den Denkstil und die Philosophie des Marketing angesehen werden. Sowohl aus der Breite des Aufgabenbereiches als auch aus den weitreichenden Konsequenzen von Marketing-Entscheidungen leiten Kotler und Armstrong Marketing als Führungsaufgabe ab. Das ist zugleich die Begründung dafür, warum die Marketing-Verantwortung von der Unternehmensleitung zu übernehmen ist und nicht auf untere Managementebenen delegiert werden kann.

Diese Verantwortung erstreckt sich nicht allein auf die Konzipierung der Marketing-Strategie und der Marketing-Politik. Die Realisierung der Marketing-Strategie, d. h. erfolgreiche Marketing-Politik setzt voraus, daß seitens der Unternehmensleitung auch für eine zweckmäßige Marketing-Organisation Sorge getragen wird. Zweckmäßig ist eine Marketing-Organisation dann, wenn diese auf die personellen Besonderheiten und funktionellen Erfordernisse des betreffenden Unternehmens zugeschnitten, d. h. maßgeschneidert worden ist. Die für die Gestaltung der Marketing-Organisation relevanten Bestimmungsfaktoren werde in diesem Buch ebenfalls vorgestellt.

Die folgenden Ausführungen werden von der Auffassung geleitet, daß das Wissen um die Wünsche des Käufers am Anfang jeder unternehmerischen Betätigung steht. Nur wenn diesen Wünschen Rechnung getragen wird, werden sich die Zielsetzungen eines Unternehmens mit den Bedürfnissen der Nachfrage vereinbaren lassen. Kotler und Armstrong ist es auch in überzeugender Weise gelungen, die Wechselbeziehungen zwischen der Kenntnis des Marktes und den Zielsetzungen des Unternehmens herauszuarbeiten.

Die nunmehr endlich vorliegende Übersetzung des Buches „Marketing: An Introduction" wurde von dem Bemühen geleitet, die Gedankengänge der Autoren so originalgetreu wie möglich wiederzugeben – auch wenn dessen Verwirklichung mitunter zu Lasten der sprachlichen Eleganz erfolgen mußte.

Die konsequente Orientierung an der Originalausgabe führte allerdings zu einigen Problemen bezüglich der Begriffsbestimmungen, da die von den Autoren gewählten Begriffsinhalte nicht immer identisch mit jenen sind, die in der einschlägigen deutschsprachigen

Fachliteratur zu finden waren. Hervorzuheben ist in diesem Zusammenhange vor allem die Interpretation des Begriffes „Markt".

Kotler und Armstrong unterscheiden grundsätzlich zwei Marktarten:

- Consumer Markets: Auf diesen Märkten stehen dem Anbieter überwiegend private Verbraucher gegenüber und
- Organizational Markets: Unter diesem Begriff subsumieren Kotler und Armstrong drei Markttypen, wobei sie als Unterscheidungsmerkmale verschiedene Käufergruppen wählen. Im einzelnen differenzieren sie zwischen 1. Investitionsgüter-(Industriegüter-)-Markt, 2. Wiederverkäufer-Markt und 3. Behörden-Markt.

Wenn Kotler und Armstrong den Begriff „Organization" verwenden, kann es sich um ein Unternehmen, eine Behörde, um einen Nonprofit-Betrieb bzw. eine Nonprofit-Institution oder aber lediglich um die Organisationsstruktur eines Unternehmens handeln. Während der letzte Anwendungsfall keiner näheren Erläuterung bedarf, da er sich aus dem jeweiligen Sinnzusammenhang ergibt, bleibt bezüglich der ersten drei Interpretationen klarzustellen, daß der Ausdruck „Organization" von den Autoren als Oberbegriff verwendet wird. Aus ihrer Begriffsverwendung ist ableitbar, daß nicht alle Organisationen Unternehmen, aber alle Unternehmen Organisationen sind.

Organisationen sind in mehreren – laut Kotler und Armstrong in mindestens drei – Erscheinungsformen anzutreffen, und zwar als

- Unternehmen
- Nonprofit-Betriebe bzw. Nonprofit-Institutionen
- Behörden

Der deutschsprachige Begriff „Organisationsmärkte" könnte Anlaß zu Fehlinterpretationen geben, doch war es bislang nicht möglich, in der einschlägigen Fachliteratur einen prägnanteren Ausdruck zu finden.

Mit der von den Autoren gewählten Begriffsbestimmung wird zugleich deren universeller Denkansatz des Marketing angedeutet: Marketing ist nicht nur für gewinnorientierte Unternehmen von Relevanz sondern auch für Nonprofit-Betriebe, Marketing ist im Konsumgüterbereich ebenso unerläßlich wie für Investitionsgüter, es ist von erfolgsentscheidender Bedeutung sowohl für konkrete, greifbare Produkte als auch für Dienstleistungen, Ideen, politische Parteien, Wahlkandidaten und Hollywood-Stars, und schließlich ist Marketing für kleine Unternehmen ebenso wichtig wie für große.

Der Zugang zur Idee des Marketing und die Einsicht in die systematische Vorgehensweise, die das Marketing-Gedankengut auszeichnet, werden sowohl für den Praktiker als auch für den Studierenden durch die am Ende eines jeden Kapitels aufgeworfenen Diskussions- und Kontrollfragen erleichtert. Die jedes einzelne Kapitel abschließende Zusammenstellung der wichtigsten Begriffe bilden für den Praktiker nicht nur einen Schlüssel zum tieferen Verständnis der dargestellten Sachzusammenhänge sondern sind auch für den Studierenden von großem didaktischen Wert.

Obwohl von den Autoren nicht als „Rezeptbuch“ für den Unternehmenserfolg geplant, macht dieses Buch zumindest die marktbezogenen Voraussetzungen und Vorgehensweisen für den Unternehmenserfolg transparent. Es bleibt zu hoffen, daß es nicht nur dem Nachwuchs im Marketing-Management eine große Hilfe sein wird sondern auch den bereits etablierten Führungskräften wertvolle Einsichten und Impulse vermittelt.

Hamburg, Sommer 1988

Peter Linnert

Teil 1
ZUM VERSTÄNDNIS VON MARKETING UND VOM MARKETING-MANAGEMENT-PROZESS 1

Teil 2
ANALYSE DER MARKETING-CHANCEN 125

4. Kapitel
Marketing-Forschung und Informationssysteme 127

5. Kapitel
Das Marketing-Umfeld 167

Teil 3
DIE AUSWAHL VON ZIELMÄRKTEN ... 209

6. Kapitel
Konsumgütermärkte und Kaufverhalten der Konsumenten 211

7. Kapitel
Organisationsmärkte und das Kaufverhalten von Organisationen 257

11. Kapitel
Preisbildung für Produkte: Einflußfaktoren und Methoden der Preisfestlegung ... 413

12. Kapitel
Preisbildung für Produkte: Strategie der Preisfestlegung 443

13. Kapitel
Produktplazierung: Vertriebskanäle und Marketing-Logistik 475

14. Kapitel
Produktplazierung: Einzel- und Großhandel 515

17. Kapitel
Produktabsatzförderung: Persönlicher Verkauf und Verkaufsmanagement 643

Teil 5
RÄUMLICHE UND FUNKTIONALE AUSBREITUNG DES MARKETING 679

18. Kapitel
Internationales Marketing 681

19. Kapitel
Marketing für Dienstleistungen und Nonprofit Marketing 715

20. Kapitel
Marketing und Gesellschaft 743

Anhang A: Marketing Arithmetik 791
Anhang B: Berufe im Marketing 801

Teil 1
ZUM VERSTÄNDNIS VON MARKETING UND VOM MARKETING-MANAGEMENT-PROZESS

Teil 1 dieses Buches vermittelt einen globalen Überblick:
- Was ist Marketing?
- Warum brauchen wir Marketing?
- Wie funktioniert Marketing?
- Was ist Marketing-Management?
- Welche Rolle spielt Marketing in der Unternehmensorganisation?

Kapitel 1
Gesellschaftliche Grundlagen des Marketing: Menschliche Bedürfnisse befriedigen

Kapitel 2
Strategieplanung und die Rolle des Marketing innerhalb der Unternehmensorganisation

Kapitel 3
Planung, Durchführung und Kontrolle von Marketingprogrammen

Courtesy of Apple Computer; Hilton International, Bangkok; Winnebago Industries; and © Redbook.

1. KAPITEL

Gesellschaftliche Grundlagen des Marketing – Bedürfnisse befriedigen

LERNZIELE DIESES KAPITELS:

Nachdem Sie dieses Kapitel gelesen haben, sollten Sie in der Lage sein:

1. Marketing zu definieren und seine Rolle innerhalb der Wirtschaft zu erläutern.
2. Die fünf verschiedenen Marketing-Management-Philosophien zu vergleichen.
3. Die Ziele des Marketing-Systems zu erkennen.
4. Zu erklären, wie Marketing für verschiedene erwerbswirtschaftliche Zwecke sowie für „non-profit" Organisationen angewendet werden kann.

Jeden Tag in unserem Leben werden wir mit Marketing konfrontiert. Ein Sears-Radiowecker weckt uns mit einem Hit von Lionel Richie und einem Werbespot der United Airlines, die für einen Urlaub auf Hawai werben. Wir betreten das Badezimmer, wo wir uns die Zähne mit Colgate putzen, rasieren uns mit Gilette, gurgeln mit Listerin-Mundwasser, sprühen uns Revlon-Spray aufs Haar und benutzen weitere Artikel zur Körperpflege, die von Herstellern auf der ganzen Welt produziert werden.

Danach ziehen wir uns unsere Calvin Klein-Jeans an und schlüpfen in unsere Bass-Schuhe. In der Küche trinken wir unseren Minute Maid-Orangensaft und schütten Bordon Milch in die mit Kellogg's Cornflakes gefüllte Schüssel. Später trinken wir eine Tasse Maxwell Kaffee, nehmen zwei Teelöffel Domino-Zucker und knabbern dabei einen Sara Lee-Keks.

Wir konsumieren Apfelsinen aus Kalifornien, Kaffee aus Brasilien, lesen Zeitungen, die aus kanadischem Holz hergestellt wurden und hören sogar Rundfunknachrichten aus Australien. Wenn wir unsere Post durchsehen, entdecken wir einen Katalog des Städtischen Kunstmuseums, ein Schreiben des Vertreters der Prudential-Versicherung, der uns seine Dienste anbietet und Gutscheine, die uns beim Kauf der von uns bevorzugten Marken Geld sparen helfen sollen.

Wir verlassen dann unser Heim und fahren zum Northbrook Court Einkaufszentrum, wo sich Hunderte von einzelnen Geschäften befinden, wie zum Beispiel Neiman-Marcus, Lord & Taylor, Sears usw., die von oben bis unten mit Waren angefüllt sind. Später machen wir uns fit in einem Nautilus-Fitness-Center, lassen uns die Haare bei Vidal Sassoon schneiden und schmieden Pläne für eine Urlaubsreise in die Karibik mit einem Thomas Cook-Reisebüro.

All dieses hat das Marketing-System ermöglicht, ohne daß wir viel dazu beigetragen haben. Es hat uns einen Lebensstandard verschafft, den sich unsere Vorfahren nicht vorstellen konnten.

WAS IST MARKETING?

Was bedeutet der Begriff Marketing? Viele denken bei Marketing fälschlicherweise nur an „Verkaufen" und „Promotion-Aktionen". Das ist nicht verwunderlich. Die Amerikaner werden bombardiert mit Fernseh-Spots, Zeitungsanzeigen und Verkaufsappellen. Irgendeiner versucht immer, irgendetwas zu verkaufen. Es hat den Anschein, als gäbe es drei Dinge, denen wir nicht entkommen können: dem Tod, den Steuern und den Verkaufsbemühungen.

Viele Studenten sind erstaunt, wenn sie erfahren, daß das Verkaufen nur die Spitze des Marketing-Eisberges ist. Es ist lediglich eine von mehreren Marketing-Funktionen – und oft nicht einmal die wichtigste. Wenn der Marktforscher die Bedürfnisse der Konsumenten richtig analysiert hat und bedarfsgerechte Produkte entwickelt worden sind, die zum richtigen Preis über die geeigneten Distributionskanäle angeboten und effizient promoted werden, dann lassen sich diese Waren sehr einfach verkaufen.

Jeder kennt die Art Ware, auf die Verbraucher regelrecht „heiß" sind. Als die Firma Eastman Kodak ihre Instamatic-Kameras auf den Markt brachten oder Atari die ersten Video-Spiele entwickelte oder Honda den „Accord"-Pkw einführte, da wurden diese Hersteller nur so mit Aufträgen überschüttet. Sie hatten eben die „richtigen" Artikel – keine nachgeahmten, sogenannte „me-too"-Produkte, sondern solche, die neue Vorteile boten.

Peter Drucker, einer der führenden Management-Denker, drückte es folgendermaßen aus:

> *„Die Absicht des Marketing ist es, das Verkaufen überflüssig zu machen. Die Bestrebungen sind darauf gerichtet, den Kunden so gut zu kennen und zu verstehen, daß das Produkt oder die angebotenen Dienste genau auf ihn zugeschnitten sind und sich quasi von selbst verkaufen."*[1]

Das bedeutet nicht, daß Verkaufen und Absatzförderung unwichtig sind, sondern vielmehr, daß sie Teil eines „Marketing Mix" sind, eine Kombination von Marketing-Instrumenten, die zusammenwirken, um den Markt zu beeinflussen.

Hier folgt nun unsere Definition von Marketing:

> **„Marketing ist eine Aktivität, die darauf gerichtet ist, Bedürfnisse und Wünsche durch Austauschprozesse zu befriedigen."**

Um diese Definition zu erklären, müssen folgende Begriffe genauer untersucht werden:
- Bedürfnisse,
- Wünsche,
- Nachfrage,
- Produkte,
- Austauschprozesse,
- Geschäftsabschlüsse,
- Märkte.[2]

Bedürfnisse

Der wichtigste Gedanke, der dem Marketing zugrunde liegt, ist jener der menschlichen Bedürfnisse, die wir wie folgt definieren:

> **Ein Bedürfnis ist ein Gefühl des Mangels, den eine Person empfindet.**

Menschen haben viele komplexe Bedürfnisse. Dazu zählen:
- physische Bedürfnisse: nach Nahrung, Kleidung, Wärme und Sicherheit;
- soziale Bedürfnisse wie Zugehörigkeitsgefühl und Zuneigung sowie
- individuelle Bedürfnisse nach Wissen und Selbstverwirklichung.

Diese Bedürfnisse werden nicht von der Madison Avenue geschaffen, sondern sind grundlegende Bestandteile des menschlichen Wesens.

Wenn ein Bedürfnis nicht befriedigt wird, ist der Mensch unglücklich. Ein unbefriedigter Mensch kann

- entweder nach dem Objekt streben, das sein Bedürfnis befriedigen wird,
- oder versuchen, seine Bedürfnisse zu reduzieren.

Menschen in Industriegesellschaften sind bemüht, Dinge zu finden oder zu entwickeln, die ihre Wünsche befriedigen. Menschen in armen Gesellschaften versuchen, ihre Wünsche auf das zu reduzieren, was verfügbar ist.

Kaiser Sand & Gravel Company's marketing mission is to "find a need and fill it." *Courtesy of Kaiser Sand & Gravel Company, a subsidiary of Koppers Company, Inc.*

Wünsche

Ein zweiter grundlegender Gedanke im Konzept des Marketing ist jener der menschlichen Wünsche.

> **Wünsche sind die von Kultur und individueller Persönlichkeit geformten Bedürfnisse.**

Ein hungriger Mensch in Bali hat Verlangen nach Mangos, Spanferkel und Bohnen. Ein hungriger Mensch in den USA wünscht einen Hamburger, Pommes Frites und ein Cola.

Wünsche beschreiben die konkreten Dinge, die ein menschliches Bedürfnis befriedigen können. Je mehr sich eine Gesellschaft entwickelt, umso vielfältiger werden auch die Wünsche ihrer Mitglieder. Die Menschen werden mit immer mehr Dingen konfrontiert, die Interesse und Wünsche hervorrufen. Hersteller versuchen, eine

Verbindung herzustellen zwischen dem, was sie produzieren und den Wünschen der Leute.

Verkäufer verwechseln oft die beiden Begriffe „Bedürfnisse“ und „Wünsche“. Ein Bohrmaschinen-Fabrikant glaubt vielleicht, der Verbraucher benötige eine Bohrmaschine, aber was der Verbraucher wirklich benötigt, ist ein Loch. Diese Verkäufer leiden an „Marketing-Kurzsichtigkeit“.[3] Sie sind so mit ihren Produkten beschäftigt, daß sie nur die existierenden Wünsche sehen und nicht die zugrunde liegenden Bedürfnisse der Verbraucher. Sie vergessen, daß ein Produkt nur ein bzw. das Mittel ist, ein Verbraucherproblem zu lösen.

Diese Verkäufer bekommen Schwierigkeiten, wenn ein neuer Artikel auftaucht, der dieses Bedürfnis besser oder preiswerter befriedigt. Der Kunde, der nach wie vor das gleiche Bedürfnis hat, wird sich nunmehr das neue Produkt wünschen, das sein Bedürfnis besser oder preiswerter zu befriedigen vermag.

Nachfrage

Menschen haben meist unbegrenzte Wünsche, aber nur begrenzte finanzielle Mittel. Sie wollen solche Waren, die ihnen die größtmögliche Befriedigung für ihr Geld verschaffen.

Wünsche werden zur Nachfrage, wenn sie auf Kaufkraft beruhen.

Es ist nicht schwierig, den Bedarf einer Gesellschaft für einen bestimmten Zeitraum aufzulisten. In einem einzigen Jahr könnten z. B. 230 Millionen Amerikaner 67 Milliarden Eier kaufen, zwei Milliarden Hühner, fünf Millionen Haartrockner, 133 Milliarden Inland-Flugmeilen und über 20 Millionen Englisch-Vorlesungen von College-Professoren besuchen. Diese und andere Verbrauchsgüter und Dienstleistungen führen wiederum zu einer Nachfrage nach mehr als 150 Millionen Tonnen Stahl, vier Milliarden Tonnen Baumwolle und nach vielen anderen Industriegütern. Das sind einige der Nachfragen, die in einer Zwei-Billionen-Dollar-Wirtschaft zu befriedigen sind.

Die Konsumenten betrachten Produkte als ein Bündel von Vorzügen, und sie entscheiden sich logischerweise für jene Erzeugnisse, die ihnen die meisten Vorteile für ihr Geld bieten:

So steht ein Toyota für: einfaches Transportmittel, niedriger Anschaffungspreis und sparsamer Kraftstoffverbrauch.

Ein Cadillac hingegen bedeutet Komfort, Luxus und ist ein Statussymbol.

Die Verbraucher suchen sich – je nach Wünschen und finanziellen Voraussetzungen – den Artikel aus, dessen Vorteile zu ihrer höchstmöglichen Befriedigung beiträgt.

Produkte

Menschliche Bedürfnisse, Wünsche und Nachfragen machen es naheliegend, daß es auch Produkte gibt, um diese zu befriedigen. Wir definieren ein Produkt folgendermaßen:

> **Ein Produkt ist etwas Beliebiges, was am Markt zur Erweckung von Aufmerksamkeit, zum Erwerb, zum Gebrauch oder Verbrauch angeboten werden kann, um ein Bedürfnis oder einen Wunsch zu befriedigen.**

Angenommen, jemand hat das Bedürfnis, attraktiver auszusehen. Alle Produkte, die dieses Bedürfnis befriedigen können, werden zur Produktauswahlpalette, dem „Product Choice Set" – das sind jene Produkte, die für die Befriedigung dieses Wunsches in Frage kommen – gezählt. Zu dieser Auswahl könnten neue Kleidungsstücke gehören, aber auch Friseur-Dienste, karibische Sonnenbräune und Sportkurse.

Diese Produkte werden nicht mit gleicher Intensität gewünscht. Jene Artikel, die schnell verfügbar und preisgünstig sind – wie z. B. Kleidung und eine neue Frisur –, werden meist zuerst gekauft.

Man kann das spezifische Produkt und das spezifische Bedürfnis jeweils als Kreis darstellen. Die Fähigkeit des Produktes, ein bestimmtes Bedürfnis zu befriedigen, erkennt man daran, inwieweit sich diese Kreise decken. Abbildung 1-1 zeigt, daß das Produkt A den Wunsch X nicht befriedigt, das Produkt B teilweise den Vorstellungen entspricht und das Produkt C vollständig dem Wunsch X gerecht wird.

Produkt C könnte bei dieser Modellbetrachtung als das „ideale Produkt" bezeichnet werden. Je mehr ein Erzeugnis den Wünschen des Konsumenten entgegenkommt, umso erfolgreicher wird sein Hersteller sein. Aus diesem Grunde sollten die Produzenten herausfinden, was die Konsumenten wünschen und Produkte zur Verfügung stellen, die diesen Wünschen am nächsten kommen.

FIGURE 1-1
Three Degrees of Want Satisfaction

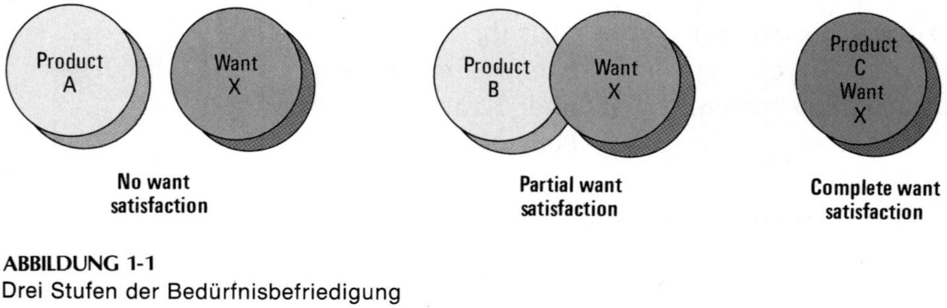

ABBILDUNG 1-1
Drei Stufen der Bedürfnisbefriedigung

Selbst berühmte Persönlichkeiten brauchen manchmal Hilfe!

Seit 99 langen Jahren steht sie schon auf diesem Sockel und strahlt stolz die „Amerikanische Verheißung" aus – die Hoffnung von einem besseren Leben in einem neuen Land. Sie gab alles, was sie konnte und hat um nichts gebeten.

Wir kamen, wurden von ihr willkommen geheißen und begannen, unser Leben in einer neuen Freiheit zu führen. Von dem Tag an, an dem wir zum ersten Mal unseren Fuß auf Ellis Island setzten, erhielten wir die Chance, unsere Wünsche zu erfüllen.

Nun ist es an uns, zu geben. Verhelfen wir unserer Ms. Liberty wieder dazu, sich ihrer Aufgabe zuzuwenden.

Produkte brauchen nicht unbedingt physische Objekte zu sein. In diesem Falle geht es z. B. um eine Aufforderung – die Freiheitsstatue zu retten.

MS. LIBERTY, c/o The Statue of Liberty/Ellis Island Foundation, P.O. Box 1992, Dept. D, New York, NY 10008.
*This advertisement created as a public service by Patten Advertising, Southfield, MI.

Patten Advertising, Southfield, Michigan 48037.

Das Produktkonzept ist nicht beschränkt auf physische Gegenstände. Alles, was geeignet ist, Wünsche zu erfüllen, kann „Produkt" genannt werden. Neben Gütern und Dienstleistungen gehören dazu auch Personen, Orte, Organisationen, Aktivitäten und Ideen.

Ein Konsument entscheidet, welchen Entertainer er auf dem Bildschirm sehen will, wohin er in Urlaub fahren möchte, welchen Organisationen er beizutreten wünscht und welche Ideen er unterstützt. Für den Konsumenten sind dies alles Produkte. Wenn der Ausdruck „Produkt" nicht immer geeignet erscheint, können auch Termini wie „Satisfier" – Befriedigungsmittel bzw. Zufriedensteller – „Resource" oder „Angebot" verwendet werden; alle diese Begriffe beschreiben etwas, das für irgend jemand von Wert ist.

Austausch

Marketing beginnt dann, wenn Menschen sich dazu entschließen, Bedürfnisse und Wünsche durch Austausch zu befriedigen.

> **Als „Austausch" bezeichnet man die Handlung, bei der man ein gewünschtes Objekt von jemandem erhält, indem man ihm dafür eine Gegenleistung bietet.**

Tausch stellt eine von vier Möglichkeiten dar, ein gewünschtes Objekt zu bekommen. Hungrige Menschen haben beispielsweise die Möglichkeit, Nahrungsmittel auf folgende vier Weisen zu erlangen:

Sie können sich die nötige Nahrung selbst suchen, z. B. durch Jagen, Fischen, Früchtesammeln – Eigenproduktion.

Sie können die Lebensmittel von jemandem stehlen oder ihm wegnehmen – Zwang.

Sie können um Lebensmittel betteln – Betteln.

Schließlich können Sie, um die Nahrung zu erhalten, Geld, eine andere Ware oder sonstige Dienste anbieten – Tausch.

Von diesen vier Alternativen ist der Tausch die günstigste. Dabei braucht man niemanden um etwas zu bitten, man ist nicht auf milde Gaben angewiesen. Es bedarf auch keiner besonderen Fähigkeiten, sich alles, was man zum Leben benötigt, selbst zu verschaffen. Man kann sich auf jene Dinge konzentrieren, bei denen man selbst seine Stärken hat, um sie gegen Dinge auszutauschen, die von anderen hergestellt werden.

Eine Gesellschaft, die dieses Austauschprinzip verfolgt, produziert im Endeffekt viel mehr als irgendeine andere.

Tausch ist das Kernkonzept des Marketing.[4] Um einen Austausch realisieren zu können, müssen mehrere Bedingungen erfüllt sein:

Es müssen mindestens zwei Parteien vorhanden sein – jede muß über etwas verfügen, was für die andere von Wert ist.

Jede Partei muß gewillt sein, mit der anderen zu verhandeln; jede muß die Freiheit haben, das Angebot des anderen anzunehmen oder abzulehnen.

Schließlich muß jede Partei sich mit der anderen in Verbindung setzen können und zur Übergabe der Ware in der Lage sein.

Diese Bedingungen machen einen Austausch möglich. Ob dann tatsächlich ein Tausch zustandekommt ist davon abhängig, ob die Parteien sich einigen können. Wenn sie zu einer Einigung gelangen, schließen wir daraus, daß sich die Parteien nach dem Austausch besser gestellt fühlen (oder zumindest nicht schlechter gestellt), denn schließlich stand es jedem frei, das Angebot des anderen abzulehnen oder anzunehmen.

In diesem Sinne ist der Austausch ebenso wertschöpfend wie die Produktion und verschafft den Menschen mehr Konsummöglichkeiten.

Transaktionen

Der Austausch ist das Kernkonzept des Marketing, die Transaktion bildet die Maßeinheit.

> **Eine Transaktion (transaction) besteht aus dem Handel mit Werten zwischen zwei Parteien.**

Wir müssen in der Lage sein zu sagen, daß A an B X abgibt, um dafür Y zu bekommen. Herr Jones gibt 400 Dollar an Herrn Smith und erhält dafür einen Fernsehapparat. Dies ist ein klassisches Geldgeschäft (monetary transaction), aber nicht alle Geschäfte werden mit Geld abgewickelt. Bei einem Tauschhandel (barter transaction) könnte z. B. Herr Jones Herrn Smith einen Kühlschrank geben, um dafür dann den Fernseher zu erhalten. Ein Tauschhandel kann auch mit Dienstleistungen anstelle von Gütern abgewickelt werden.

So kann der Rechtsanwalt Jones dem Arzt Smith ein Testament aufsetzen, um dafür eine ärztliche Untersuchung zu bekommen (siehe Beispiel 1-1). Ein Geschäft umfaßt zumindest:
- zwei Dinge von Wert,
- Bedingungen, auf die man sich einigt,
- einen Zeitpunkt der Vereinbarung,
- einen Ort des Vertragsabschlusses.

Im weitesten Sinne ist der Marketer bemüht, eine Antwort auf ein Angebot zu erhalten. Diese Antwort kann mehr bedeuten als zu „kaufen" oder mit Waren oder Dienstleistungen im engeren Sinne zu handeln. Ein Politiker wünscht sich eine Antwort in Form von Wählerstimmen; die Kirche wünscht sich einen Beitritt zu ihrer Religionsgemeinschaft; eine soziale Gruppe zielt darauf ab, Überein-

BEISPIEL 1-1
Rückkehr zum Tauschhandel (Barter)

Angesichts der gegenwärtig hohen Preise gehen viele Firmen wieder auf die primitive Tauschhandels-Praxis zurück. Das heißt, sie bieten Güter und Dienste als Gegenleistung für andere Güter und Dienste, die sie benötigen, an.

Firmen tauschen pro Jahr Güter und Dienste im Werte von über 20 Milliarden Dollar, und diese Praxis steigt jährlich um 25 Prozent. Unternehmen greifen zum Tauschhandel, um ihren Verkauf auszuweiten, zusätzliche Güter abzusetzen und um Bargeld zu sparen.

So hat z. B. die Firma Shell einmal fünf Millionen Insekten-Vernichtungs-Streifen in der Karibik gegen eine Ladung unraffinierten Zucker eingetauscht.

Als die Climaco Corporation mit Schaumbädern überbevorratet war, tauschte sie den Überhang im Wert von 300.000 Dollar gegen eine Werbekampagne für ein anderes ihrer Produkte ein.

Zahlreiche Arten von Spezialfirmen sind aufgetaucht, die anderen Gesellschaften beim Tauschhandel behilflich sein möchten. Tauschzentralen und Handelsgesellschaften arrangieren für Kleinhändler Bartergeschäfte. Größere Firmen lassen sich von Handelsexperten oder Maklerfirmen beraten. Maklerbüros im Medienbereich bieten Werbung als Gegenleistung für Produkte an – und selbst auf internationaler Ebene werden auf Barter-Geschäfte spezialisierte Organisationen aktiv.

Eine Handelsgesellschaft, Barter Systems Inc., unterhält 62 Handelszentren in den gesamten Vereinigten Staaten.

In einem der Briefe, den sie kürzlich an einige ihrer 25.000 Kunden schickte, stand geschrieben: „Gesucht: Trockenmilch oder Cornflakes im Werte von 300.000 Dollar gegen Flugzeug im gleichen Wert."

Quellen: Basierend auf Linda A. Dickerson, „Barter to Gain a Competitive Edge in a Cash-Poor Economy," Marketing News, 16. März 1984, S. 1–2; Jack G. Kaikati, „Marketing Without Exchange of Money," Harvard Business Review, November–Dezember 1982, S. 72–74; und „Swapathon," Time, 9. November 1981, S. 74–75.

---

stimmung mit ihren Ideen zu erreichen. Marketing besteht aus Aktivitäten, die gesetzt werden, um von einer bestimmten Zielgruppe die gewünschte Antwort in bezug auf ein Produkt, eine Dienstleistung, eine Idee oder ein anderes Objekt zu erhalten.

Märkte

Der Gedanke der Transaktionen führt zur Idee des Marktes.

> **Ein Markt ist die Gesamtheit der tatsächlichen und potentiellen Käufer eines Produktes.**

Um das Wesen des Marktes zu verstehen, stellen Sie sich eine primitive Gesellschaft vor, die nur aus vier Personen besteht: einem Fischer, einem Jäger, einem Töpfer und einem Bauern. Die Abbildungen 1-2 zeigen drei verschiedene Möglichkeiten, wie diese Personen ihre Bedürfnisse befriedigen können.

ABBILDUNG 1-2
Die Evolution zum zentralisierten Güteraustausch

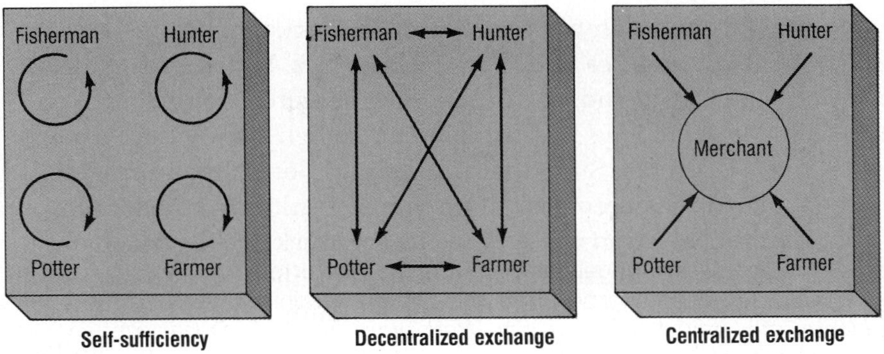

FIGURE 1-2
Evolution toward Centralized Exchange

Im ersten Fall – Selbstversorgung – sammelt jeder die nötigen Güter für sich selbst. So verbringt der Jäger die meiste Zeit mit Jagen, nimmt sich aber auch Zeit, um Fische zu fangen, Töpfe herzustellen und betreibt Landwirtschaft, um Nahrungsmittel zu erhalten. Weil er auch die anderen Aufgaben wahrnimmt, bleibt ihm nur wenig Zeit für das, was er am besten kann: Jagen. Das gleiche trifft auch für die anderen zu.

Im zweiten Fall – dezentralisierter Austausch – erfüllen alle vier Personen nur ihre spezielle Aufgabe. Jeder sieht die anderen drei als potentielle Käufer, die den Markt bilden, und so unternimmt beispielsweise der Jäger spezielle Reisen, um den Fischer, den Töpfer und den Bauern mit seinen Waren zu beliefern.

Im dritten Marktmodell – zentralisierter Austausch – tritt eine neue Person auf, der Kaufmann, der auf einem – von ihm geschaffenen – Marktplatz tätig wird. Jeder bringt dann seine Ware zu ihm und tauscht sie gegen die anderen benötigten Artikel ein. Der Jäger hat es nun nur noch mit einem „Markt" zu tun, von dem er wiederum alle wichtigen Waren bezieht und nicht mehr mit drei anderen Personen. Kaufleute und Marktplätze reduzieren in erheblichem Maße die Zahl der Geschäftsabschlüsse, die erforderlich sind, um ein gewisses Tauschvolumen zu realisieren.[5]

Da die Zahl der Personen und Transaktionen in einer Gesellschaft zunimmt, vergrößert sich auch die Zahl der Kaufleute und Marktplätze. In modernen Gesellschaften sind Märkte an keinen bestimmten Ort mehr gebunden, an dem Käufer und Verkäufer miteinander verhandeln. Mit Hilfe moderner Kommunikations- und Transportmöglichkeiten kann ein Kaufmann sein Produkt in einem Fernsehspot am späten Abend offerieren, per Telefon von mehreren hundert

Kunden Bestellungen aufnehmen und die Ware am nächsten Tag per Post an die Käufer verschicken, ohne überhaupt in physischen Kontakt mit ihnen getreten zu sein.

Ein Markt kann sich bilden um ein Produkt, eine Dienstleistung oder irgend etwas anderes von Wert. So besteht z. B. der Arbeitsmarkt aus Leuten, die bereit sind, für Löhne und Gehälter ihre Arbeitskraft anzubieten. Verschiedene Institutionen entstehen um diesen Arbeitsmarkt – wie z. B. private Stellenvermittler und Berufsberatungsgesellschaften – die zur besseren Erfüllung seiner Funktionen beitragen.

Der Geldmarkt ist ein weiterer wichtiger Markt, der entstanden ist, um menschlichen Bedürfnissen entgegenzukommen, so daß man nun Geld leihen, verleihen, sparen und schützen kann. Auch der Spendenmarkt entwickelte sich, um die finanziellen Bedürfnisse gemeinnütziger Organisationen zu befriedigen.

Marketing

Die Idee des Marktes führt uns schließlich zum Marketing-Konzept. Marketing bedeutet den Umgang mit Märkten, um Tauschvorgänge zum Zwecke der Befriedigung menschlicher Bedürfnisse und Wünsche zu bewirken. Mit diesem Hinweis kommen wir zurück zu unserer Definition von Marketing als menschliche Aktivität, die darauf gerichtet ist, durch Austauschprozesse Bedürfnisse und Wünsche zu befriedigen.

Austauschprozesse sind mit Arbeit verbunden. Verkäufer müssen nach Käufern suchen, ihre Wünsche herausfinden, gute Produkte entwickeln, deren Verkauf unterstützen, sie lagern und liefern sowie deren Preise festsetzen. Produktentwicklung, Forschung, Kommunikation, Verteilung, Preisfestlegung und Service bilden den Kern der Marketing-Aktivitäten.

Obwohl wir normalerweise davon ausgehen, daß Marketing von Verkäufern betrieben wird, werden auch von Käufern Marketing-Aktivitäten ergriffen. Konsumenten betreiben Marketing, indem sie nach Waren suchen, die zu Preisen angeboten werden, die für sie erschwinglich sind. Einkäufer nehmen am Marketingprozeß teil, indem sie Lieferanten ausfindig machen und günstige Bedingungen aushandeln.

Ein Verkäufermarkt ist dadurch gekennzeichnet, daß die Verkäufer mehr Macht besitzen und die Käufer die aktiveren Marktteilnehmer sein müssen.

Im Käufermarkt ist es umgekehrt. Seit den frühen fünfziger Jahren wuchs das Warenangebot schneller als die Nachfrage. Marketing wurde gleichgesetzt mit dem Bemühen der Verkäufer, Käufer zu finden.

Dieses Buch unterstellt die Situation eines Käufermarktes und untersucht die Marketing-Probleme der Anbieter.

MARKETING-MANAGEMENT

Diejenigen, die sich mit Austauschaktivitäten beschäftigen, lernen mit der Zeit, wie sie es besser machen können. Wir definieren Marketing-Management folgendermaßen:

> **Marketing-Management umfaßt die Analyse, Planung, Durchführung sowie die Kontrolle von Programmen, die dazu bestimmt sind, gewinnbringende Austauschprozesse mit einer bestimmten Zielgruppe zu entwerfen, aufzubauen und zu erhalten, in der Absicht, die Unternehmensziele zu erreichen.**

Die meisten Leute halten einen Marketing-Manager für jemanden, der genügend Käufer für die in seiner Firma produzierten Waren finden soll. Aber das ist eine zu enge Interpretation. Ein Unternehmen hat eine bestimmte Vorstellung, wie hoch die Nachfrage nach seinen Produkten sein sollte. Es kann jedoch der Fall eintreten, daß zu irgendeinem Zeitpunkt überhaupt keine Nachfrage besteht oder keine ausreichende, oder nur eine in unregelmäßigen Abständen auftretende oder eine zu hohe.

Marketing-Manager sind nicht nur mit der Weckung und der Steigerung von Nachfrage befaßt, sondern auch mit deren Veränderungen oder sogar Reduzierung.

So ist z. B. auf der Golden Gate Bridge manchmal zu viel Verkehr, um die Sicherheit noch zu gewährleisten, oder der Yellowstone Park verzeichnet in den Sommermonaten zu viele Besucher. In diesen und anderen Fällen von zu großer Nachfrage besteht die Marketing-Aufgabe darin, nach Möglichkeiten zu suchen, um die Nachfrage zeitweise oder ständig zu reduzieren.

Dieses Demarketing umfaßt Preiserhöhungen oder Serviceverschlechterungen. Es zielt nicht darauf ab, die Nachfrage vollständig abzubauen, sondern sie lediglich zu verringern.[6]

Marketing-Management ist somit darauf ausgerichtet, die Höhe, den Zeitpunkt und das Wesen der Nachfrage in einer Weise zu beeinflussen, daß sie hilft, die Unternehmensziele zu erreichen. Einfacher ausgedrückt, bedeutet das: Marketing-Management ist Nachfrage-Management.

Als Marketing-Manager werden Firmenmitglieder bezeichnet, die mit Marketinganalysen beschäftigt sind, sowie mit der Planung, Durchführung und Kontrolle von Aktivitäten. Zu den Marketing-

Während der Energiekrise in den siebziger Jahren startete die American Gas Association eine Demarketing-Kampagne, indem sie den Leuten erklärte, wie sie Erdgas einsparen könnten. Als sich dann in den achtziger Jahren die Liefersituation für Erdgas wieder verbesserte, wurden Anzeigenkampagnen gestartet, um den Verbrauch zu erhöhen.

America's favorite way to heat
Year after year, in survey after survey, gas heat is the Number One choice of America's homeowners. Nothing else matches the comfort, efficiency, cleanliness and dependability of gas. And, today's new generation of advanced gas heating systems allows you to enjoy a houseful of warmth from very little gas—making gas heat an even better buy.
BDP PLUS 90™ GAS FURNACE
Cut your heating costs dramatically with BDP's super-efficient Plus 90 gas furnace and make your winter warm and comfortable. Our unique heat exchangers (both with 20-year limited warranties) wring extra heat from every Btu of gas. In fact, because the Plus 90 models are from 92.2% to 97.3% efficient, you'll save 30% to 40% every heating season over older, less efficient furnaces. The Plus 90 is the quietest, most reliable furnace BDP has ever built. And that's saying a lot because we build more furnaces than anyone. The Plus 90 is easily affordable too. Contact your Bryant, Day & Night or Payne dealer to see just how affordable.
bryant
day & night
Payne
CARRIER WEATHERMAKER® GAS FURNACE
Keep comfort up and heating costs down with a Weathermaker gas furnace. Advanced, silence-sealed burner system delivers unbeatable fuel efficiency. Carrier super-streamlined heat exchanger cuts electric bills, too. The 20-year limited heat exchanger warranty says it: the Weathermaker is built with the quality and dependability you expect from Carrier. See your Carrier dealer for the Weathermaker model that's right for your home. Get ultra-high efficiency, whisper-quiet performance and space-saving design. Very affordable.
Carrier
LENNOX PULSE™ GAS FURNACE
The unique Lennox Pulse is a breakthrough in furnace technology. It uses "Pulse" combustion to turn gas into heat with practically no waste. The result? You enjoy total comfort while cutting your fuel use almost in half. Whatever type of furnace you have now, you can replace it with an energy-saving Pulse. It's so reliable, the heating assembly has a 20-year limited warranty. And the Pulse is backed by the Good Housekeeping Seal. Hundreds of thousands of homeowners are enjoying big savings with the Pulse. So can you. Just see your independent Lennox dealer.
LENNOX
PULSE
Good Housekeeping
TRANE XL 90 GAS FURNACE
Trane's newest high-efficiency gas furnace can significantly reduce your home's fuel consumption. The XL 90 delivers a houseful of comfort from less gas thanks to its specially designed 29-4C Stainless Steel Coil that captures the heat older style furnaces lose up the flue. There's an XL 90 model to match your home's heating needs. It's easy to install and backed by a 20-year limited warranty. Your Trane dealer can show you how much you can save—and how quick the payback—with this superb fuel economizer.
TRANE
XL 90
CALL 800-GET-WARM or send the postage-paid reply card for more information.
Gas. America's best energy value.
© 1986 American Gas Association

Managern werden Verkaufsmanager und Werbeleiter gezählt sowie leitende Mitarbeiter der Verkaufsförderung und der Marktforschung, Produktmanager und Preispezialisten. In den Kapiteln 2 und 3 sowie im Anhang B – „Karrieren im Marketing-Bereich" – werden wir mehr über diese Berufsfelder ausführen.

MARKETING-MANAGEMENT-PHILOSOPHIEN

Wir haben Marketing-Management als die Erfüllung von Aufgaben beschrieben, um gewünschte Austauschprozesse mit bestimmten Zielgruppen zu erreichen. Von welcher Philosophie könnten diese Marketing-Anstrengungen geleitet werden?

Welches Gewicht sollte den Interessen des Unternehmens, der Kunden und dem der Gesellschaft beigemessen werden?

Oft stehen diese Interessen im Widerspruch zueinander. Um es deutlich zu sagen, Marketing-Aktivitäten sollten mehreren Philosphien verpflichtet sein.

Es gibt fünf konkurrierende Konzepte, nach welchen Unternehmen ihre Marketing-Aktivitäten ausrichten:
- Produktion,
- Produkt,
- Verkauf,
- Marketing,
- Gesellschaft.

Das Produktionskonzept

Das Produktionskonzept ist eine der ältesten Philosophien, von denen Verkäufer geleitet werden.

> **Das Produktionskonzept unterstellt, daß die Konsumenten jene Produkte bevorzugen werden, die verfügbar sind und die man sich leisten kann. Deshalb sollte das Management seine Aufmerksamkeit darauf konzentrieren, die Produktion zu verbessern und den Vertrieb wirkungsvoller zu gestalten.**

Das Produktionskonzept ist als die geeignete Philosophie in zwei Situationen anzusehen:

Erstens, wenn die Nachfrage größer ist als das Angebot. In diesem Falle sollte das Management dafür sorgen, daß die Produktion erhöht wird.

Zweitens, wenn die Produktionskosten zu hoch sind und eine größere Produktivität erforderlich ist, diese Kosten zu verringern. Henry Fords gesamte Philosophie bestand darin, die Produktion des

Modells T zu perfektionieren, so daß die Kosten verringert wurden und sich viele Leute dieses Auto leisten konnten. Scherzend bot er jede Autofarbe an, vorausgesetzt, daß sie schwarz sei.

Heutzutage verfolgt Texas Instruments diese Philosophie der erhöhten Produktion und verringerten Kosten, um so die Preise zu senken. Mit dieser Philosophie wurde ein großer Teil des amerikanischen Taschenrechner-Marktes erobert. Die gleiche Strategie mißlang allerdings auf dem Digital-Uhren-Markt. Trotz niedriger Preise fanden die Konsumenten die Uhren der Firma Texas-Instruments nicht attraktiv.[7]

Einige Dienstleistungsorganisationen verfolgen ebenfalls das Produktionskonzept. Viele Arzt- und Zahnarztpraxen arbeiten nach Fließbandprinzipien, ebenso einige Behörden, wie z. B. Arbeitsämter und Kraftfahrzeugzulassungsstellen.

Obwohl diese Managementform die Bearbeitung mehrerer Fälle pro Stunde ermöglicht, ist sie mit dem Nachteil verbunden, unfreundlich und unpersönlich zu wirken.

Das Produktkonzept

Das Produktkonzept ist eine weitere wichtige Auffassung, von der Anbieter geleitet werden.

> **Das Produktkonzept geht davon aus, daß die Konsumenten jene Produkte bevorzugen werden, die die beste Qualität, die höchste Leistungsfähigkeit und die gesuchten Eigenschaften bieten. Aus diesem Grunde sollte das Unternehmen ständig seine Bemühungen auf Produktverbesserungen konzentrieren.**

Viele Hersteller glauben, daß sich alle darum reißen werden, wenn sie eine bessere Mausefalle entwickeln.[8] Aber sie werden oft tief enttäuscht. Die Käufer suchen eine Lösung für ihr Mäuseproblem, aber nicht unbedingt eine bessere Mausefalle. Die Lösung könnte ein chemisches Spray sein, ein Ungeziefer-Vertilgungsservice oder irgend etwas anderes, das wirkungsvoller ist als eine Mausefalle. Im übrigen wird sich eine bessere Mausefalle nur dann gut verkaufen lassen, wenn die Hersteller auch das Design, die Verpackung und die Preise dieses neuen Produktes attraktiv gestalten, geeignete Vertriebskanäle benutzen, die richtige Zielgruppe darauf aufmerksam machen und diese dann auch davon überzeugen, daß es sich um ein besseres Produkt handelt.

Das Produktkonzept führt zur Marketing-Kurzsichtigkeit. Das Eisenbahn-Management dachte, Passagiere wünschten in erster Linie Züge anstelle einer anderen Beförderungsmöglichkeit und bemerkten nicht die wachsende Konkurrenz der Fluggesellschaften, Busse,

Lastkraftwagen oder Autos. Colleges nahmen an, daß High-School-Absolventen eine Ausbildung in Geisteswissenschaften suchten und übersahen die zunehmende Herausforderung durch die Berufs- und Fachschulen.

Das Verkaufskonzept

Viele Unternehmen folgen dem Verkaufskonzept.

Das Verkaufskonzept besagt, daß die Konsumenten nur dann genügend Produkte des Unternehmens kaufen, wenn der Anbieter erhebliche Verkaufs- und Werbeanstrengungen unternimmt.

Das Verkaufskonzept wird am hartnäckigsten bei nicht gesuchten Gütern angewandt, das sind jene, die die Konsumenten üblicherweise nicht zu kaufen beabsichtigen, wie z. B. Versicherungen, Enzyklopädien oder Grabstätten. Diese Branchen haben sich darauf spezialisiert, gewisse Interessen aufzuspüren und benutzen diese – über das Herausstellen von Produktvorteilen – als Mittel aggressiver Verkaufsmethoden.
Aggressive Verkaufsmethoden sind auch bei gesuchten Gütern, z. B. bei Autos zu beobachten.

Von dem Augenblick an, wo der Kunde den Vorführraum betritt, psychoanalysiert ihn der Autoverkäufer. Wenn der Kunde an einem vorhandenen Modell Gefallen findet, wird ihm gesagt, daß bereits ein anderer Kunde im Begriff ist, diesen Wagen zu kaufen und daß er sich sofort entscheiden müsse. Wenn der Kunde über den Preis verhandeln will, bietet der Verkäufer ihm an, darüber mit dem Manager zu sprechen, um eventuell einen speziellen Nachlaß zu erreichen. Nach zehn Minuten kommt der Verkäufer wieder zurück, mit der Bemerkung „Der Chef wollte zwar nicht, aber ich habe ihn überzeugen können". Die Absicht ist, den Kunden zu bewegen, sich sofort für den Kauf zu entscheiden.[9]

Das Verkaufskonzept wird auch im „Non-Profit"-Bereich angewandt. Eine politische Partei wird ihren Kandidaten den Wählern nachdrücklich als die Person vorstellen, die besonders gut für einen bestimmten Posten geeignet ist. Dieser Kandidat ist dann von morgens bis abends in seinem Wahlbezirk damit beschäftigt, Hände zu schütteln, Babies zu liebkosen, Sponsoren zu treffen und Reden zu halten. Viel Geld wird in Radio- und Fernsehwerbung sowie in Wahlplakate und Flugblätter investiert. Eventuelle Unzulänglichkeiten des Kandidaten werden vor der Öffentlichkeit verborgen gehalten, denn das Ziel ist es, ihn den Wählern „zu verkaufen", ohne Rücksicht darauf, ob die Versprechungen nach der Wahl in Erfüllung gehen oder nicht.

Das Marketing-Konzept

Das Marketing-Konzept ist eine jüngere Unternehmensphilosophie.[10]

> **Das Marketing-Konzept besagt, daß die Erreichung von Unternehmenszielen davon abhängig ist, auf die Bedürfnisse und Wünsche der Zielmärkte einzugehen und die gewünschten Befriedigungswerte wirkungsvoller und wirtschaftlicher anzubieten als die Wettbewerber.**

Das Marketing-Konzept ist auf farbige Weise beschrieben worden: „Finde ein Bedürfnis und befriedige es." „Produziere, was du verkaufen kannst, anstatt zu versuchen, etwas zu verkaufen, was du produzierst." „Du sollst recht haben" (Burger King). „Sie sind der Chef" (United Airlines).

J. C. Penneys Motto faßt dieses Konzept so zusammen: Alles in unserer Macht stehende tun, um den Dollar des Konsumenten reichlich mit Wert, Qualität und Zufriedenheit aufzuwiegen.

Das Marketing-Konzept wird häufig mit dem Verkaufskonzept verwechselt. Abbildung 1-3 vergleicht diese beiden Konzepte miteinander: Das Verkaufskonzept geht von den vorhandenen Produkten des Unternehmens aus und erfordert intensive Verkaufs- und Werbeaktivitäten, um gewinnbringende Verkaufszahlen zu erreichen.

Das Marketing-Konzept basiert auf den Wünschen und Bedürfnissen der Zielgruppe des Unternehmens. Dieses richtet alle Aktivitäten darauf aus, den Kunden zufriedenzustellen und erzielt Gewinne durch Bedarfsweckung und Bedarfsdeckung. Im Rahmen des Marketing-Konzeptes produzieren Gesellschaften das, was die Kunden wollen; auf diese Weise werden Konsumenten zufriedengestellt und Gewinne erzielt.

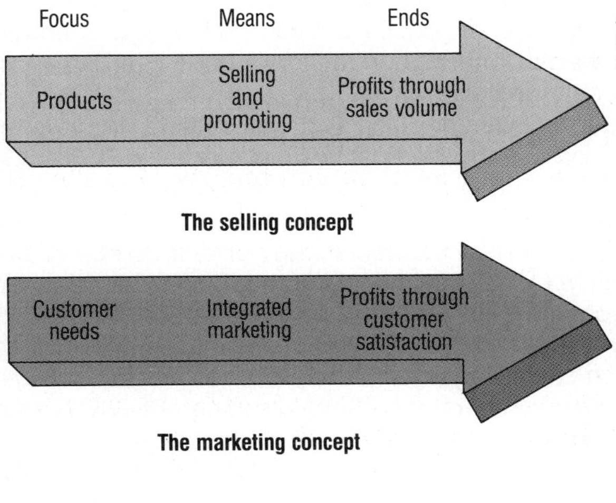

ABBILDUNG 1-3
Gegenüberstellung von Verkaufs- und Marketingkonzept

FIGURE 1-3
The Selling and Marketing Concepts Contrasted

BEISPIEL 1-2
Die Anwendung des Marketing-Konzepts bei McDonald's

McDonald's Corporation, die auf Hamburger spezialisierte Schnell-Imbiß-Kette, ist ein meisterhafter Marketer. In nur drei Jahrzehnten hat es McDonald's geschafft, mehr als 45 Milliarden Hamburger in den USA und in 32 anderen Staaten zu verkaufen. In über 7.900 Verkaufsstellen setzt das Unternehmen jährlich 3,8 Milliarden Dollar um und verfügt damit über 19 Prozent des Schnell-Imbiß-Marktes, weit vor Burger King (6,5 Prozent) und Wendy's (4,0 Prozent). Der Grund für diese führende Position liegt in einer starken Orientierung am Markt. McDonald's weiß nicht nur um die Wünsche der Konsumenten, sondern stellt sich auch auf deren Änderungen ein.

Vor der McDonald's Ära konnten die Amerikaner Hamburger in Restaurants und Speisewagen erhalten. Die Kunden bekamen oft Hamburger von minderer Qualität vorgesetzt und mußten meist mit langsamer sowie mit unfreundlicher Bedienung in einer unattraktiven Ausstattung sowie mit Unsauberkeit und einer lauten Umgebung Vorlieb nehmen.

1955 gewann Ray Kroc, ein 52jähriger Vertreter für Milchmix-Geräte, Interesse an einer Kette von sieben Schnellimbiß-Restaurants, die den Brüdern Richard und Maurice McDonald gehörte. An ihrem Schnellimbiß-Restaurant-Konzept fand Kroc Gefallen und kaufte die Kette für 2,7 Millionen US-Dollar. Er entschloß sich, diese Kette zu erweitern, indem er Verkaufsrechte an andere vergab. Sorgfältig ausgewählte Franchise-Nehmer können eine 20-Jahres-Lizenz für 150.000 Dollar erwerben. Sie absolvieren ein Zehn-Tage-Training an der McDonald's „Hamburger Universität" in Elk Grove Village in Illinois. Der erfolgreiche Abschluß wird mit einem Titel in „Hamburgerology" oder mit einer geringeren Graduierung in „French Fries" dokumentiert.

Krocs Marketing-Philosophie ist in McDonald's Motto „Q.S.C. & V." enthalten, was für folgende Begriffe steht: Qualität, Service, Sauberkeit (cleanliness) und Wert (value).

Die Kunden betreten ein sauberes Lokal, werden von einer freundlichen Bedienung erwartet und erhalten innerhalb von fünf Minuten einen schmackhaften Hamburger, den sie dort essen oder auch mitnehmen können. In diesen Lokalen sind keine Spielboxen oder Telefone aufgestellt, die junge Leute dazu ermuntern könnten, lange herumzuhängen. Es gibt auch keine Zigarettenautomaten oder Zeitungsständer. McDonald's spricht vorwiegend Familien an und wirkt vor allem auf Kinder sehr anziehend.

Als sich die Zeiten änderten, wandelte sich auch McDonald's. Man weitete die Sitzgelegenheiten aus, verbesserte die Ausstattung, führte ein Frühstücksmenü ein, nahm neue Gerichte auf, und in verkehrsreichen Gebieten wurden weitere Niederlassungen eröffnet.

McDonald's hat die Kunst der Kundenbedienung perfektioniert. Produkt- und Servicequalität werden mit Hilfe regelmäßig durchgeführter Marktstudien ständig überwacht. Besonders viel Energie wird darauf verwandt, die Produktionsmethoden der Hamburger zu verbessern und die Arbeitsvorgänge zu vereinfachen, die Kosten zu verringern und den Service zu beschleunigen. Die Konzentration auf den Verbraucher hat McDonald's zur größten Schnellimbiß-Organisation der Welt gemacht.

McDonald's motto is "quality, service, cleanliness, and value."
McDonald's

Viele Firmen haben das Marketing-Konzept übernommen. Man weiß z. B., daß Procter & Gamble, IBM und McDonald's dieses Prinzip getreu verfolgen (siehe Beispiel 1-2). Es ist auch bekannt, daß das Marketing-Konzept häufiger für Konsumgüter angewandt wird als für Industriegüter und auch eher in großen als in kleinen Unternehmen. Jedoch praktizieren nicht alle Gesellschaften das Konzept auch wirklich so, wie sie es behaupten. Sie verfügen wohl über die äußeren Merkmale des Marketing, wie z. B. einen Marketing-Vice-President, einen Produktmanager, über Marketingpläne und Absatzforschung, aber es fehlt die inhaltliche Grundlage. Einige Jahre harter Arbeit werden noch erforderlich sein, um eine solche verkaufsorientierte Firma in eine marktorientierte umzuwandeln.

Das gesellschaftsorientierte Marketing-Konzept

Der gesellschaftsorientierte Ansatz ist das neueste Marketing-Konzept.

> **Das gesellschaftsorientierte Marketing-Konzept besagt, daß das Unternehmen die Wünsche, Bedürfnisse und Interessen der Zielgruppen erfassen und die gewünschten Befriedigungswerte wirtschaftlicher und wirkungsvoller anbieten sollte als die Konkurrenten, und zwar in der Art und Weise, daß die Lebensqualität sowohl der Konsumenten als auch der Gesellschaft erhalten bleibt, wenn nicht sogar verbessert wird.**

Das gesellschaftsorientierte Marketing-Konzept stellt die Frage, ob das reine Marketing-Konzept in einer Zeit mit Umweltproblemen, Rohstoffknappheit, raschem Bevölkerungswachstum, weltweiter Inflation und vernachlässigter Sozialfürsorge noch angebracht ist.[11]

Es ist zu fragen, ob die Firma, die individuelle Bedürfnisse aufspürt, bedient und befriedigt, auch immer das tut, was für den einzelnen und für die Gesellschaft auf lange Sicht das Beste ist. Das reine Marketing-Konzept ignoriert mögliche Konflikte zwischen kurzfristigen Verbraucherwünschen und langfristiger Konsumentenwohlfahrt.

Betrachten wir die Coca-Cola Company. Viele sehen in dieser Firma ein sehr vertrauenswürdiges Unternehmen, das alkoholfreie Getränke herstellt, die dem Verbrauchergeschmack entsprechen. Trotzdem haben Konsumenten und Umweltgruppen Bedenken dahingehend geäußert, daß Cola nur von geringem Nährwert sei, die Zähne angreifen kann, Koffein enthält und mit Einwegflaschen die Abfallprobleme vergrößert.

Situationen wie diese haben zum gesellschaftsorientierten Marketing-Konzept geführt.

Dieses Konzept fordert Anbieter dazu auf, drei Überlegungen in ihre Marketing-Politik einzubeziehen. Ursprünglich basierten alle Marketing-Entscheidungen eines Unternehmens vorwiegend auf rascher Gewinnerzielung. Als man dann die langfristige Bedeutung erkannte, Verbraucherwünsche zu befriedigen, wurde das Marketing-Konzept eingeführt. Nun beginnt man, gesellschaftliche Interessen bei den Entscheidungsfindungen zu berücksichtigen.

Das gesellschaftsorientierte Konzept fordert einen Ausgleich aller drei Faktoren: Gewinne des Unternehmens, Verbraucherwünsche und Interessen der Gesellschaft.

Zahlreiche Unternehmen haben bereits hohe Verkäufe und Gewinnsteigerungen durch die Praktizierung des gesellschaftsorientierten Marketing-Konzeptes realisiert.

DIE ZIELE DES MARKETING-SYSTEMS

Marketing betrifft so viele Menschen auf so unterschiedliche Art und Weise, daß Kontroversen unvermeidbar sind. Es gibt Leute, die die modernen Marketing-Aktivitäten uneingeschränkt ablehnen. Sie werfen ihnen vor, die Umwelt zu ruinieren, die Öffentlichkeit mit sinnlosen Anzeigen zu bombardieren, unnötige Bedürfnisse zu wecken, den Jugendlichen Gier und Habsucht beizubringen und machen noch für einige andere Laster verantwortlich. Dazu folgende Überlegungen:

> *In den letzten 6.000 Jahren ist Marketing als Betätigungsfeld für Künstler, die sich leicht ihr Geld verdienen, sowie für Schwindler und Betrüger, die schlechte Ware an den Mann bringen wollten, angesehen worden. Zu viele von uns sind von solchen Personen hereingelegt worden; wir alle haben uns hier und da dazu verführen lassen, Dinge zu kaufen, die wir wirklich nicht gebraucht und – wie wir später herausfanden – auch gar nicht gewollt haben.*[12]

Andere wiederum verteidigen Marketing mit Nachdruck:

> *Aggressive Marketingpolitik und -praktiken sind im wesentlichen für den hohen materiellen Lebensstandard in Amerika verantwortlich. Durch Massenabsatz und dadurch bewirkte Niedrigpreise gelangen wir heute in den Genuß von Waren, die wir früher als Luxus angesehen haben und die in anderen Staaten noch immer als solcher betrachtet werden.*[13]

Was sollte die Gesellschaft von einem Marketing-System erwarten? Vier alternative Ziele sind vorgeschlagen worden:
- den Konsum maximieren,
- die Verbraucherzufriedenheit maximieren,
- die Auswahl maximieren,
- die Lebensqualität maximieren.

Konsum-Maximierung

Viele Führungskräfte sind der Ansicht, daß es Aufgabe des Marketing sein sollte, maximalen Konsum zu erreichen, was wiederum eine maximale Produktion bewirkt und damit zu Vollbeschäftigung und Wohlstand führt.

Dieser Ansicht begegnet man in dafür typischen Schlagzeilen:

„Wrigley sucht nach Wegen, Leute zu veranlassen, noch mehr Kaugummi zu kauen."

„Opticians führt moderne Augengläser ein, um die Nachfrage zu stimulieren."

Fahrzeughersteller versuchen, ihren Verkauf zu erhöhen.

Dieses Konzept unterstellt, daß die Menschen umso glücklicher sind, je mehr sie kaufen und konsumieren. Mehr ist besser, heißt die Parole.

Jedoch bezweifeln einige Leute, daß ein Anstieg an materiellen Gütern auch gleichzeitig mit einem Anstieg an Glück verbunden ist. Sie kennen zu viele wohlhabende Leute, die ein unglückliches Leben führen. Ihre Philosophie lautet daher: „Weniger ist mehr".

Verbraucherzufriedenheit maximieren

Einer anderen Auffassung zufolge, ist das Ziel des Marketing in der Maximierung der Verbraucherzufriedenheit zu sehen und nicht im Konsum. Mehr Kaugummi zu kauen oder mehr Kleider zu besitzen, ist nur dann sinnvoll, wenn daraus eine größere Verbraucherzufriedenheit resultiert.

Leider ist es schwierig, die Zufriedenheit der Verbraucher zu messen.

Erstens hat noch niemand herausgefunden, wie die totale Zufriedenheit, die durch ein bestimmtes Produkt oder eine Marketing-Aktivität bewirkt wurde, gemessen werden kann.

Zweitens muß die Zufriedenheit, die einzelne Konsumenten durch die Vorzüge eines Produktes oder einer Dienstleistung erlangen, den Nachteilen gegenübergestellt werden, die es oder sie eventuell der Umwelt zufügt.

Drittens hängt die Zufriedenheit, die man durch bestimmte Artikel, z. B. Statussymbole, erreichen kann, von einigen anderen Leuten ab, die diese Artikel bereits besitzen.

Es ist schwierig, eine Bewertung des Marketing-Systems danach vorzunehmen, wieviel Zufriedenheit es bewirkt.

Die Auswahl maximieren

Einige Marktteilnehmer glauben, das Ziel des Marketing-Systems sollte eine größere Produktauswahl sein. Das System würde es den Verbrauchern ermöglichen, genau die Waren ausfindig zu machen, die ihrem speziellen Geschmack entsprechen. Auf diese Weise könnten die Konsumenten ihren Lebensstil verbessern und damit zugleich ihre Zufriedenheit steigern.

Die Maximierung der Auswahl ist jedoch mit Kosten verbunden.

Erstens werden Produkte und Dienstleistungen teurer, weil die größere Auswahl zu einer Erhöhung der Produktions- und Lagerhaltungskosten führt. Höhere Preise wiederum reduzieren das Realeinkommen der Konsumenten und deren Verbrauch.

Zweitens macht die Zunahme der Produktauswahl mehr Suchaufwand erforderlich, das richtige Produkt zu finden. Die Konsumenten müssen mehr Zeit dafür aufwenden, die verschiedenen Produkte kennenzulernen und zu bewerten.

Drittens ist nicht unbedingt gesagt, daß eine größere Anzahl von Waren auch wirklich eine größere Auswahl bedeutet. Es gibt z. B. sehr viele Biersorten in den USA, aber viele schmecken gleich. Wenn also innerhalb einer Produktkategorie mehrere Marken angeboten werden, die sich nur unwesentlich voneinander unterscheiden, wird den Verbrauchern eine unechte Auswahl angeboten.

Schließlich wird eine große Produktvielfalt nicht von allen Kunden begrüßt. Für einige Verbraucher führt Zuviel an Auswahl zu Irrtümern und Enttäuschungen.

Die Maximierung der Lebensqualität

Viele sind der Ansicht, daß das Ziel des Marketing-Systems eine Steigerung der Lebensqualität sein sollte, worunter Qualität, Quantität, Verfügbarkeit und Kosten der Waren zu verstehen sind sowie die Qualität der physischen und kulturellen Umgebung. Sie beurteilen das Marketing-System nicht nur nach dem Ausmaß an Zufriedenheit, das es den Konsumenten verschafft, sondern auch nach den Auswirkungen auf die Qualität der physischen und kulturellen Umgebung.

Die meisten Leute würden zustimmen, daß Lebensqualität ein lohnendes Ziel des Marketing-Systems sein könnte, aber sie anerkennen auch, daß es nicht leicht ist, diese zu messen und daß Lebensqualität verschiedene Bedeutungsinhalte für unterschiedliche Personengruppen hat.

DIE RASCHE DURCHSETZUNG DES MARKETING

Viele Leute glauben, Marketing würde nur in großen Unternehmen, die in kapitalistischen Ländern tätig sind, zum Tragen kommen. In Wirklichkeit aber wird Marketing innerhalb und außerhalb des Wirtschaftsbereiches in Ländern aller Gesellschaftssysteme betrieben.

Marketing im Wirtschaftsbereich

Im Wirtschaftsbereich zeigten verschiedene Firmen zu unterschiedlichen Zeiten Interesse an der Marketing-Idee. General Electric, General Motors, Sears, Procter & Gamble und Coca-Cola erkannten die Möglichkeiten des Marketing fast zur gleichen Zeit.

Marketing verbreitete sich sehr schnell in Unternehmen, die abgepackte Konsumgüter, Gebrauchsgüter und Industrieausrüstungen herstellten – und zwar in dieser Reihenfolge. Hersteller von Stahl, Chemikalien und Papier übernahmen die Idee des Marketing erst viel später, und viele von ihnen haben noch einen langen Weg vor sich.

In den letzten zehn Jahren haben sich vor allem Dienstleistungsunternehmen wie Fluggesellschaften und Banken dem modernen Marketing zugewandt. Marketing beginnt auch für Versicherungen und Wertpapierhändler interessant zu werden, obwohl diese Firmen noch viel zu lernen haben, um Marketing wirkungsvoll einzusetzen.

Die letzten, die sich für Marketing interessierten, waren Berufsgruppen wie Rechtsanwälte, Wirtschaftsprüfer, Ärzte und Architekten. Bis vor kurzem hatten Berufsverbände ihren Mitgliedern untersagt, untereinander in Preiswettbewerb zu treten und in Anzeigen zu werben. Die amerikanischen Gerichte erklärten diese Beschränkungen für illegal. Wirtschaftsprüfern, Rechtsanwälten, Zahnärzten, Optikern und anderen Berufszweigen ist es nun erlaubt zu werben und eine aggressive Preispolitik zu betreiben.

Marketing auf internationaler Ebene

Marketing wird nicht nur in den Vereinigten Staaten praktiziert, sondern überall auf der Welt. Einige multinationale Unternehmen in Europa und Japan, wie Nestlé, Siemens, Toyota und Sony, haben oft ihre amerikanischen Konkurrenten überboten. Multinationale Konzerne haben inzwischen ihre modernen Marketingpraktiken überall auf der Welt eingeführt und verbreitet, mit dem Ergebnis, daß sich jetzt auch das Management in kleineren Ländern fragt, was ist Marketing, inwieweit unterscheidet es sich vom reinen Verkaufen, wie können wir es in unserem Unternehmen einführen und, schließlich, inwieweit es wirklich eine Änderung bewirken kann

In sozialistischen Ländern besaß Marketing traditionell einen umstrittenen Ruf. Trotzdem verbreiteten sich auch dort gewisse Marketing-Funktionen, wie Marktforschung, Markenzeichenpolitik, Werbung und Absatzförderung sehr schnell. Die UdSSR verfügt bereits über 100 staatseigene Werbeagenturen und Marktforschungsbetriebe.[14] In Polen und Ungarn gibt es bereits Gesellschaften, die über eine eigene Werbeabteilung verfügen, und in mehreren sozialistischen Staaten wird Marketing bereits an den Universitäten gelehrt.

Marketing im Non-profit-Sektor

Gegenwärtig erweckt Marketing auch das Interesse von Non-profit-Organisationen, d. h. von Organisationen ohne Erwerbscharakter, wie z. B. Hochschulen, Krankenhäuser, Polizeibehörden, Museen und Symphonieorchester.[15] Folgende Entwicklung ist zu beobachten:

> *In Anbetracht zurückgehender Studentenzahlen und steigender Kosten gehen immer mehr private Hochschulen dazu über, um Studenten und Geldspenden zu werben. Das St. Joseph's College in Renssalaer, Indiana, erreichte einen 40 Prozent höheren Studentenzugang durch Einschaltung von Werbespots bei „Seventeen“ und einigen modernen Radioanstalten. Einige andere Institutionen entwarfen komplette Marketing-Programme, die eine Analyse der Umwelt und der Märkte enthalten, selektieren die Zielbereiche und entwickeln umfassende Marketing-Pläne, um sich auf ausgewählten Märkten zu positionieren.*
>
> *Infolge der hohen Krankenhauskosten und Zimmerpreise sind viele Hospitäler unterbelegt, vor allem den Entbindungs- und Kinderabteilungen. Deshalb setzen auch sie die ersten Schritte in Richtung Marketing. Ein Krankenhaus in Philadelphia, das um entbindende Frauen wirbt, bietet als speziellen Service z. B. ein Abendessen mit Steak, Champagner*

und Kerzenlicht für die frischgebackenen Eltern an. Das St. Mary's Medical Center in Evanston, Indiana, benutzt neuartige Werbeflächen, um für seinen Notfall-Autoservice zu werben.[16]

Ein Beispiel für innovative Krankenhauswerbung. Mit freundlicher Genehmigung des St. Mary's Medical Center, Evansville, Indiana; Art Direktor, Greg Folz

Diese Organisationen haben wirtschaftliche Probleme. Ihre Verwaltung ist bemüht, sie angesichts geänderter Verbrauchereinstellungen und geringerer Finanzmittel am Leben zu erhalten. Viele dieser Institutionen haben sich dem Marketing als mögliche Antwort auf ihre Probleme zugewandt.

Auch amerikanische Regierungsbehörden zeigen verstärktes Interesse am Marketing. Der amerikanische Postservice und die Amtrak haben Marketing-Pläne für einzelne Leistungsbereiche entwickelt. Die US-Armee verfügt über Marketing-Pläne, um Soldaten zu rekrutieren. Sie zählt in den USA zu den wichtigsten Auftraggebern in der Werbebranche.

Andere Regierungsbehörden betreiben Marketing für Energieeinsparung, gegen das Rauchen und auch in anderen öffentlichen Angelegenheiten.

AUFBAU DES BUCHES

Die nun folgenden Kapitel werden detaillierter auf die Marketing-Themen eingehen, die in diesem Abschnitt bereits angesprochen wurden. Tabelle 1-1 zeigt eine Gesamtübersicht dieses Buches.

TABELLE 1-1
Aufbau des Buches

TEIL 1 – ZUM VERSTÄNDNIS VON MARKETING UND VOM MARKETING-MANAGEMENT-PROZESS
Kapitel 1: Gesellschaftliche Grundlagen des Marketing – Bedürfnisse befriedigen
Kapitel 2: Strategische Planung und die Rolle des Marketing innerhalb des Unternehmens
Kapitel 3: Planung, Durchführung und Kontrolle von Marketingprogrammen

TEIL 2 – ANALYSE DER MARKETING-CHANCEN
Kapitel 4: Marketingforschung und Informationssysteme
Kapitel 5: Das Marketing-Umfeld

TEIL 3 – DIE AUSWAHL VON ZIELMÄRKTEN
Kapitel 6: Konsumgütermärkte und Kaufverhalten der Konsumenten
Kapitel 7: Märkte von Organisationen und das Kaufverhalten von Organisationen
Kapitel 8: Marktsegmentierung, Zielgruppenfestlegung und Marktpositionierung

TEIL 4 – DIE ENTWICKLUNG DES MARKETING-MIX
Kapitel 9 und 10: Produktentwicklung
Kapitel 11 und 12: Preispolitik
Kapitel 13 und 14: Produktplazierung
Kapitel 15, 16 und 17: Absatzförderung

TEIL 5 – RÄUMLICHE UND FUNKTIONALE AUSBREITUNG DES MARKETING
Kapitel 18: Internationales Marketing
Kapitel 19: Dienstleistungs- und Non-profit-Marketing
Kapitel 20: Marketing und Gesellschaft

Der erste Teil – „Zum Verständnis für Marketing und vom Marketing-Management-Prozeß“ – bietet eine allgemeine Einführung in die Marketing-Thematik. Im zweiten Kapitel wird der Marketing-Management-Prozeß sowie die Rolle des Marketing innerhalb der strategischen Gesamtplanung eines Unternehmens untersucht. Das dritte Kapitel verdeutlicht, wie Marketing-Strategien und -Programme von Marketing-Spezialisten des Unternehmens geplant, durchgeführt und kontrolliert werden.

Der zweite Teil des Buches – „Analyse von Marketing-Möglichkeiten“ – behandelt die Methoden, mit denen Anbieter nach günstigen Möglichkeiten im Marketing-Umfeld suchen. Im vierten Kapitel wird die Bedeutung untersucht, die der Marktforschung und der Information bei der Vorbereitung von Unternehmens- und Marketing-Plänen zukommt, sowie der Analyse des Marketing-Umfeldes. Kapitel 5 beschreibt die Mitwirkenden und Kräfte im sich rasch wandelnden Marketing-Umfeld.

Der dritte Teil des Buches – „Die Auswahl der Zielmärkte" – analysiert die wichtigsten Merkmale des Marktes eines Unternehmens, Kapitel 6 untersucht Verbrauchermärkte, Kapitel 7 befaßt sich mit Organisationsmärkten.* Kapitel 8 beschreibt die Kunst, geeignete Märkte auszuwählen. Der Marketer segmentiert zuerst den Markt, wählt dann die Zielgruppen aus und positioniert die Produkte des Unternehmens in den gewählten Marktsegmenten.

Der vierte Teil des Buches – „Entwicklung des Marketing-Mix" – beleuchtet die wichtigsten Marketing-Aktivitäten einer Firma: Produktentwicklung, Preisfestsetzung, Einführung, Verkaufsförderung und Service. In den Kapiteln 9 bis 17 werden die verschiedenen Konzepte beschrieben, von denen Marketing-Manager geleitet werden, sowie jene Techniken, die sie zur Entwicklung und erfolgreichen Vermarktung attraktiver Angebote benutzen.

Der fünfte Teil des Buches – „Ausweitung des Marketing" – behandelt Themen von aktuellem öffentlichen Interesse. Kapitel 18 erörtert internationales Marketing, Kapitel 19 untersucht Marketing für Dienstleistungen und im Non-profit-Sektor. Das letzte Kapitel – „Marketing und Gesellschaft" – führt uns zurück zu den grundlegenden Fragen nach der Rolle und den Wirkungen des Marketing in der Gesellschaft, sowie seinen positiven Beiträgen und Unzulänglichkeiten.

Das Buch endet mit zwei Anhängen:

- Der erste enthält eine Marketing-Kalkulation, die von Marketing-Managern bei wichtigen Entscheidungen benutzt wird.
- Der zweite Anhang beschreibt Berufsfelder im Marketing und zeigt, wie Studenten Marketing-Prinzipien bei ihrer Suche nach dem gewünschten Job anwenden können.

*** Anmerkung: Bezüglich der Bedeutung und der Abgrenzungsproblematik dieser Bezeichnung wird auf die „begriffliche Vorbemerkung„ des Übersetzers verwiesen.**

ZUSAMMENFASSUNG

Jeder kommt mit Marketing in Berührung. Es ist das Mittel, durch das ein bestimmter Lebensstandard erreicht und aufrecht erhalten wird. Viele Leute verwechseln Marketing mit Verkauf, doch Marketing ist bereits lange vor und nach dem eigentlichen Verkaufsereignis wirksam. Marketing ist das Bindeglied zahlreicher Aktivitäten – Marketing-Forschung, Produktentwicklung, Distribution, Preispolitik, Werbung, Direktverkauf und andere, die dazu bestimmt sind, Bedürfnisse der Konsumenten aufzuspüren, diese zu bedienen sowie zu befriedigen und dabei gleichzeitig den Unternehmenszielen gerecht zu werden.

Marketing ist eine Aktivität, die darauf gerichtet ist, Bedürfnisse und Wünsche durch Austauschprozesse zu befriedigen. Die Schlüsselbegriffe des Marketing sind Bedürfnisse, Wünsche, Nachfrage, Produkte, Austauschprozesse, Geschäftsabschlüsse (Transaktionen) und Märkte.

Marketing-Management umfaßt die Analyse, Planung, Durchführung sowie die Kontrolle von Programmen, die dazu bestimmt sind, gewinnbringende Austauschprozesse mit einer bestimmten Zielgruppe zu entwerfen, aufzubauen und zu erhalten, in der Absicht, die Unternehmensziele zu erreichen. Marketer müssen in der Lage sein, die Höhe, den Zeitraum und die Zusammensetzung der Nachfrage zu steuern, da die tatsächliche Nachfrage von den Vorstellungen des Unternehmens abweichen kann.

Marketing-Management kann in seiner Vorgehensweise von fünf verschiedenen Marketingphilosophien geleitet werden. Das Produktionskonzept geht davon aus, daß die Konsumenten jene Produkte bevorzugen werden, die preisgünstig zu haben sind. Deshalb ist es Aufgabe des Managements, die Effizienz der Produktion zu verbessern und die Preise herabzusetzen. Das Produktkonzept unterstellt, daß die Konsumenten Qualitätsprodukte bevorzugen. Aus diesem Grunde sollte das Unternehmen ständig Produktverbesserungen vornehmen. Die Realisierung dieses Konzeptes erfordert geringe Anstrengungen im Bereich der Absatzförderung.

Das Verkaufskonzept geht davon aus, daß die Konsumenten nur dann genügend Produkte des Unternehmens kaufen, wenn sie dazu durch erhebliche Verkaufs- und Absatzförderungsanstrengungen angeregt werden.

Dem Marketingkonzept liegt die Auffassung zugrunde, daß ein Unternehmen die Bedürfnisse und Wünsche eines klar umgrenzten Zielmarktes erforschen und die gewünschten Befriedigungswerte wirkungsvoller als die Konkurrenten anbieten sollte.

Das gesellschaftsorientierte Marketing vertritt die Ansicht, daß das Unternehmen sowohl Konsumentenbefriedigung als auch langfristiges gesellschaftliches Wohlergehen als Voraussetzung für die Erreichung der Unternehmensziele bewirken sollte.

Marketing-Praktiken haben erheblichen Einfluß auf die Menschen unserer Gesellschaft. Für ein Marketingsystem sind unterschiedliche Zielsetzungen vorgeschlagen worden, wie z. B. Maximierung des Verbrauchs, der Konsumentenzufriedenheit, der Auswahl für den Verbraucher oder der Lebensqualität. Viele Leute sind der Meinung, daß das Ziel des Marketing in der Erhöhung der Lebensqualität liegen sollte und das Mittel hierzu das gesellschaftsorientierte Marketingkonzept sein müßte.

Das Interesse am Marketing nimmt zu, da ständig mehr Organisationen im Wirtschafts- und Non-profit-Bereich erkennen, wie Marketing deren Leistung verbessern kann.

DISKUSSIONSFRAGEN

1. Nennen und erklären Sie die wichtigsten Funktionen des Marketing.
2. Der Historiker Arnold Toynbee hat Marketing in Amerika dahingehend kritisiert, daß amerikanische Konsumenten manipuliert werden, Produkte zu kaufen, die nicht benötigt werden, um die „minimalen materiellen Anforderungen des Lebens" oder die „genuinen Wünsche" zu befriedigen. Erläutern Sie Ihre Haltung bezüglich dieser Behauptung.
3. Definieren Sie den Begriff „Marketing" mit ihren eigenen Worten.
4. Peter Drucker, ein führender Management-Autor und -Berater hat festgestellt, daß „die Aufgabe des Marketing darin besteht, Verkaufen überflüssig zu machen". Erklären Sie Druckers Bemerkung.
5. Welche Anzeichen können Sie dafür nennen, daß die Chrysler Corporation seit ihrem drohenden Zusammenbruch Mitte der siebziger Jahre zunehmend marktorientiert geworden ist.
6. Erarbeiten Sie die Unterschiede der beiden Marketing Philosophien des Produktionskonzeptes und des Marketingkonzeptes. Verwenden Sie hierfür folgende Entscheidungskriterien:
   - Einstellung des Unternehmens gegenüber dem Kunden sowie dem angebotenen Produkt;
   - die Rolle der Marktforschung;
   - die Bedeutung des Gewinnes und
   - die Rolle des Verkaufsaußendienstes.
7. Der Erfolg der Firma Procter & Gamble ist oft ihrer Fähigkeit zugeschrieben worden, ein guter „Zuhörer" zu sein. Inwiefern bezieht sich dieses Erklärungsangebot auf das Konzept des Marketing.
8. Warum ist Marketing in den letzten Jahren von vielen „Nonprofit"-Organisationen praktiziert worden? Finden und beschreiben Sie hierfür ein typisches Beispiel.

SCHLÜSSELBEGRIFFE

Nachfrage *(demand).* Wünsche, die auf Kaufkraft beruhen.

Austausch *(exchange).* Die Handlung, bei der man ein gewünschtes Objekt von jemandem erhält, indem man ihm dafür eine Gegenleistung anbietet.

Bedürfnis *(human need).* Ein Zustand des Mangels, den eine Person empfindet.

Wunsch *(human want).* Die Form, die ein Bedürfnis annimmt, wenn es durch Kultur und individuelle Persönlichkeit geformt worden ist.

Markt *(market).* Die Gesamtheit der tatsächlichen und potentiellen Käufer eines Produktes.

Marketing *(marketing).* Eine Aktivität, die darauf gerichtet ist, Bedürfnisse und Wünsche durch Austauschprozesse zu befriedigen.

Marketing-Konzept *(marketing concept).* Die Marketing-Management-Philosophie, die davon ausgeht, daß die Erreichung von Unternehmenszielen davon abhängig ist, auf die Bedürfnisse und Wünsche der Zielmärkte einzugehen und die gewünschten Befriedigungswerte wirkungsvoller und wirtschaftlicher anzubieten als die Wettbewerber.

Marketing-Management *(marketing management).* Die Analyse, Planung, Durchführung sowie die Kontrolle von Programmen, die dazu bestimmt sind, gewinnbringende Austauschprozesse mit einer bestimmten Zielgruppe zu entwerfen, aufzubauen und zu erhalten, in der Absicht, die Unternehmensziele zu erreichen.

Marketing-Manager *(marketing manager).* Eine Person, die mit Marketing-Analysen, Planung, Durchführung und der Steuerung von Aktivitäten befaßt ist.

Produkt *(product).* Alles, das am Markt zur Erweckung von Aufmerksamkeit, zum Erwerb, zum Gebrauch oder Verbrauch angeboten werden kann, um ein Bedürfnis oder einen Wunsch zu befriedigen.

Produkt-Konzept *(product concept).* Die Vorstellung, daß die Konsumenten jene Produkte bevorzugen werden, die die beste Qualität, die höchste Leistungsfähigkeit und die attraktivsten Merkmale aufweisen. Aus diesem Grunde hat das Unternehmen seine Bemühungen auf laufende Produktverbesserungen zu richten.

Produktions-Konzept *(production concept).* Die Philosophie, die davon ausgeht, daß die Konsumenten jene Produkte bevorzugen werden, die verfügbar und leicht erschwinglich sind. Deshalb sollte das Management seine Aufmerksamkeit darauf konzentrieren, die Produktion zu verbessern und den Vertrieb wirkungsvoller zu gestalten.

Verkaufskonzept *(selling concept).* Die Vorstellung, daß die Konsumenten nur dann genügend Produkte des Unternehmens kaufen, wenn der Anbieter erhebliche Verkaufs- und Absatzförderungsanstrengungen unternimmt.

Gesellschaftsorientiertes Marketing-Konzept *(societal marketing concept).* Die Vorstellung, daß das Unternehmen die Wünsche, Bedürfnisse und Interessen der Zielgruppen erfassen und die gewünschten Befriedigungswerte wirtschaftlicher und wirkungsvoller anbieten sollte als die Wettbewerber, und zwar in der Art und Weise, daß die Lebensqualität sowohl der Konsumenten als auch der Gesellschaft erhalten, wenn nicht sogar verbessert wird.

Transaktion *(transaction).* Ein Handel zwischen zwei Parteien, der zumindest zwei Dinge von Wert, Einigung über die Bedingungen, einen Zeitpunkt sowie einen Ort der Vereinbarung umfaßt.

FUSSNOTEN

1. Peter F. Drucker, Management: Tasks, Responsibilities, Practices (New York: Harper & Row, 1973), S. 64–65.
2. Als weitere Marketing-Definitionen erscheinen erwähnenswert: „Marketing ist die Durchführung geschäftlicher Aktivitäten, die den Fluß von Gütern und Dienstleistungen vom Produzenten zum Konsumenten oder Verwender steuern."
   „Marketing bringt die richtigen Güter und Dienstleistungen zu den richtigen Personen am richtigen Platz zur rechten Zeit und zum richtigen Preis mit Hilfe der richtigen Kommunikation und Absatzförderung."
   „Marketing ist die Schaffung und Förderung eines Lebensstandards."
   Im Jahre 1985 billigte „The American Marketing Association" folgende Definition: „Marketing ist der Planungs- und Durchführungsprozeß der Konzeption, Preispolitik, Absatzförderung und Distribution für Ideen, Güter und Dienstleistungen, um Austauschhandlungen zu bewirken, die Zielen von Individuen und Organisationen genügen.
3. Vergleiche hierzu Theodore Levitts klassischen Artikel „Marketing Myopia," Harvard Business Review, Juli–August 1960, S. 45–56.
4. Für weitere Erläuterungen bezüglich Marketing als „Austauschprozeß" wird verwiesen auf Philip Kotler, „A Generic Concept of Marketing," Journal of Marketing, April 1972, S. 46–54; und Richard P. Bagozzi, „Toward a Formal Theory of

Marketing Exchanges," in Conceptual and Theoretical Developments in Marketing, O. C. Ferrell, Stephen W. Brown, und Charles W. Lamb, Herausgeber (Chicago: American Marketing Association, 1979), S. 431–47.

5. Bezüglich weiterer Erläuterungen wird verwiesen auf Wroe Alderson, „Factors Governing the Development of Marketing Channels," in Marketing Channels for Manufactured Products, Richard M. Clewett, Herausgeber (Homewood, IL: Richard D. Irwin, 1957), S. 211–14. Die Anzahl der Transaktionen in einem dezentralisierten Austausch-System errechnet sich aus N(N-1)/2. Bei vier Personen ergibt das sechs Transaktionen: 4(4-1) : 2 = 6. In einem zentralen Austausch-System, ist die Anzahl der Transaktionen gleich N, in diesem Falle 4. Ein zentralisiertes Austauschsystem verringert somit die für einen Austausch erforderlichen Transaktionen.

6. Bezüglich weiterer Erläuterungen über Nachfrage-Zustände wird verwiesen auf Philip Kotler, „The Major Tasks of Marketing Management," Journal of Marketing, Oktober 1973, S. 41–49; und Philip Kotler und Sidney J. Levy, „Demarketing, Yes, Demarketing," Harvard Business Review, November–Dezember 1971, S. 74–84.

7. „Texas Instruments Shows U.S. Business How to Survive in the 1980s," Business Week, 18. September 1978, S. 66 ff; und „The Long-Term Damage from TI's Bombshell," Business Week, 15. Juni 1981, S. 36.

8. Vergleiche hierzu: „So We Made a Better Mousetrap," President's Forum, Herbst 1962, S. 26–27.

9. Vergleiche hierzu: Irving J. Rein, Rudy's Red Wagon: Communication Strategies in Contemporary Society (Glenview, IL: Scott, Foresman, 1972).

10. Vergleiche hierzu: John B. McKitterick, „What Is the Marketing Management Concept?" The Frontiers of Marketing Thought and Action (Chicago: American Marketing Association, 1957), S. 71–82; Fred J. Borch, „The Marketing Philosophy as a Way of Business Life," The Marketing Concept: Its Meaning to Management, Marketing Series, No. 99 (New York: American Management Association, 1957), S. 3–5; und Robert J. Keith, „The Marketing Revolution," Journal of Marketing, Jänner 1960, S. 35–38.

11. Laurence P. Feldman, „Societal Adaptation: A New Challenge for Marketing," Journal of Marketing, Juli 1971, S. 54–60; und Martin L. Bell und C. William Emery, „The Faltering Marketing Concept," Journal of Marketing, Oktober 1971, S. 37–42.

12. Richard N. Farmer, „Would You Want Your Daughter to Marry a Marketing Man?" Journal of Marketing, Jänner 1967, S. 1.

13. William J. Stanton, Fundamentals of Marketing, 7. Aufl. (New York: McGraw-Hill, 1984), S. 9.

14. Thomas V. Greer, Marketing in the Soviet Union (New York: Holt, Rinehart & Winston, 1973).

15. Bezüglich eines guten Überblicks über „Non-profit-Marketing" wird verwiesen auf Christopher H. Lovelock und Charles B. Weinberg, „Public and Nonprofit Marketing Comes of Age," in Review of Marketing 1978, Gerald Zaltman und Thomas V. Bonoma, Herausgeber (Chicago: American Marketing Association, 1978).

16. Mehrere dieser und anderer Beispiele werden erläutert in Philip Kotler, Marketing for Nonprofit Organizations (Englewood Cliffs, NJ: Prentice-Hall, 1982), S. 15–17, 170–72.

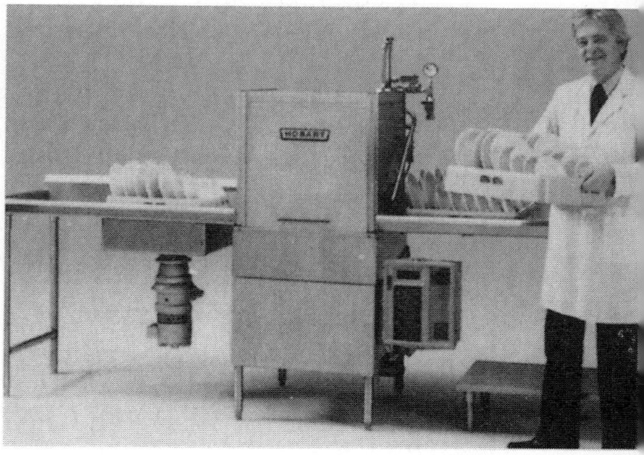

Courtesy of Dart Industries and Kraft, Inc.

2. KAPITEL

Strategische Planung und die Rolle des Marketing innerhalb des Unternehmens

LERNZIELE DIESES KAPITELS

Nachdem Sie dieses Kapitel gelesen haben, müßten Sie in der Lage sein,

1. die Strategieplanung eines Unternehmens und ihre vier Stufen zu verstehen,
2. zu beschreiben, wie Unternehmen ihre Aufgaben und Ziele entwickeln,
3. zu erklären, wie Unternehmen ihr Angebotsprogramm bewerten und ausweiten,
4. die Rolle des Marketing innerhalb der Strategieplanung zu erkennen,
5. den Marketing-Management-Prozeß zu beschreiben sowie die Kräfte, die ihn beeinflussen.

1980 fusionierte Kraft Inc. mit Dart Industries zu Dart & Kraft – einem sehr großen Unternehmen, das sich wiederum aus vielen kleineren Geschäftsbereichen und Warengruppen zusammensetzte und einen Jahresumsatz von ungefähr zehn Milliarden Dollar erreichte. Die Strategieplaner von Kraft erhofften sich rasches Wachstum und hohe Gewinne durch diese Verschmelzung von gut zusammenpassenden Gesellschaften, Produkten und Märkten. So sollten z. B. die „Non-food"-Bereiche von Dart den nötigen Schwung liefern für die damals etwas schwerfällig laufenden Aktivitäten von Kraft im Lebensmittelbereich.

Über die Kraft-Produkte innerhalb des Dart & Kraft-Unternehmens wußten die meisten Konsumenten gut Bescheid. Artikel wie „Miracle Whip", „Velveeta", „Kraft Salat-Dressing", „Parkay", „Cracker Barrel", „Philadelphia", „Sealtest" und „Breyer's" waren in fast jedem Haushalt bekannt. Hingegen wußten die Verbraucher nur sehr wenig über die Dart-Produkte innerhalb des Dart & Kraft-Unternehmens. Einige von ihnen waren zwar bekannt, wie z. B. „Tupperware", „Duracell", „Hobart", „Kitchen Aid" und „West Bend", aber man hätte sie nicht unbedingt mit Dart & Kraft in Verbindung gebracht.

Im übrigen gehörten zu Dart & Kraft auch zahlreiche weniger bekannte Firmen wie Universal Packaging (Pappkarton), Wilsonart (Kunststoff-Folien und Klebstoffe), Hospital Products Company (medizinische und chirurgische Produkte) und Absorbent Cotton Company (Baumwoll- und Gaze-Bekleidung).

Die Zukunftsplanung einer so umfangreichen und vielseitigen Palette von Produkten und Aktivitäten erwies sich als schwierig. Welche neuen Geschäftsbereiche sollten dem Unternehmen hinzugefügt, welche vernachlässigt werden? Welche Sparten sollten größere Unterstützung bekommen, welche weniger? Jeder Geschäftsbereich hatte spezielle Stärken und Bedürfnisse. Einige waren auf gesättigten Märkten sehr erfolgreich – so beherrschte Dart & Kraft z. B. fast die Hälfte des amerikanischen Käse-Marktes. Andere Unternehmenseinheiten waren stark auf kleineren, aber schnell wachsenden Märkten – so besaß Celestial Seasonings z. B. 40 Prozent Anteil am steigenden Kräutertee-Markt. Andere Geschäftsbereiche hatten sich in wenig attraktiven, langsam wachsenden Märkten festgefahren – wie z. B. Speiseölen und Pappkartons.

Dart & Kraft begann, das Produktprogramm stärker an den Chancen und Risiken künftiger Ertragsentwicklung auszurichten, und zwar im Rahmen einer „Aufbau- und Kaufstrategie". Weniger attraktive Produkte wurden abgestoßen und dafür gewinnbringendere für aussichtsreichere Märkte aufgebaut oder gekauft. Von 1980 bis 1986 reduzierte Dart & Kraft seine Produktpalette um 25 Prozent, verkaufte 30 Geschäftsbereiche, z. B. Speiseöl, Frischmilch, Küchengeräte, und investierte das dafür erhaltene Geld in 25 aussichtsreichere Gesellschaften – in Bereiche, wie Fitness-Ausrüstung oder Naturprodukte. 1986 überraschte das Dart & Kraft-Management die Anleger mit ihrer größten strategischen Änderung: Nur sechs Jahre nach dem Zusammenschluß von Dart mit Kraft wurden die beiden wieder in zwei getrennte Gesellschaften aufgeteilt. Die neue Kraft Inc. bestand aus dem Kraft-Lebensmittel-Bereich sowie dem schnell wachsenden „Duracell"-Batterie-Geschäft – mit einem Gesamt-Jahresumsatz von ca. acht Milliarden Dollar. Die übrigen Dart & Kraft-Unternehmen (einschließlich Tupperware, Hobart, West Bend und Wilsonart) wurden als eigenständige Gesellschaft für die Aktionäre ausgegliedert.

Das Aufsplitten dieser beiden Unternehmen nach so kurzer Zeit ließ einige Analytiker nach dem Sinn der ursprünglichen Fusion fragen. Die Manager von Kraft jedoch behaupten, daß sich der Zusammenschluß ausgezahlt hat. Sie betonen, daß die Aktionäre ansehnlich profitiert hätten – eine Investition von einem Dollar im Jahre 1980 in eine Dart & Kraft-Aktie war im Sommer 1986 auf einen Wert von fünf Dollar gestiegen. Das Management war der Ansicht, daß die Realisierung neuer Möglichkeiten im Jahre 1986 nach einer neuen Strategie verlangte.

Infolge wirksamerer Produktionsverfahren und durch mehrere erfolgreiche neue Lebensmittelprodukte waren die Erträge aus dem Kraft-Lebensmittel-Bereich erheblich angestiegen. Die Erträge aus Tupperware und anderen früheren Dart-Unternehmen fielen jedoch ständig ab. Durch die Teilung des Unternehmens stieß Kraft einige langsam anwachsende, wenig gewinnstarke Sparten ab und konzentrierte sich auf Investitionen in seinem aussichtsreicheren Lebensmittelbereich.

Bei dem Versuch, das Unternehmen bestmöglich veränderten Marktbedingungen anzupassen, hat Kraft in nur sechs Jahren zwei tiefgreifende Änderungen seiner strategischen Planung vollzogen. Auch derzeit wird weiter geplant – im Hinblick auf Marktveränderungen, die noch kommen werden. Große Unternehmen können in ihrem sich rasch verändernden Umfeld nicht überleben, wenn Entscheidungen erst in letzter Minute getroffen werden und wenn man sich auf das Glück verläßt. Die Anwendung einer flexiblen Strategieplanung ist erforderlich, um diese Firmen langfristig zum Erfolg zu führen.[1]

Alle Unternehmen müssen in die Zukunft sehen und langfristige Strategien entwickeln, um den sich ändernden Bedingungen in ihren Wirtschaftszweigen gerecht zu werden. Es gibt keine Strategie, die für alle Unternehmen die beste wäre. Jede Firma muß nach dem Plan suchen, der in einer gegebenen Situation mit den vorhandenen Möglichkeiten und für die angestrebten Ziele sowie mit den verfügbaren Mittel am sinnvollsten erscheint. Diese schwierige Aufgabe, eine umfassende Unternehmensstrategie für das langfristige Überleben und Wachstum auszuwählen, nennt man strategische Planung.

Marketing spielt in der strategischen Planung eine wichtige Rolle. Es liefert die nötigen Informationen und andere Beiträge, die für die Erstellung der strategischen Planung hilfreich sind. Umgekehrt definiert die Strategieplanung die Rolle des Marketing für ein Unternehmen. Geleitet von dem Strategieplan arbeitet Marketing mit anderen Abteilungen des Unternehmens zusammen, um die umfassenden Strategieziele zu erreichen.

In diesem Kapitel soll zunächst die Gesamt-Strategieplanung eines Unternehmens genauer untersucht werden. Im Anschluß daran wird die Rolle des Marketing erörtert, wie sie von der strategischen Gesamtplanung festgelegt wurde. Zum Schluß werden wir uns dem Marketing-Management-Prozeß zuwenden, jenem Verfahren, das die Führungskräfte im Marketing-Bereich anwenden, um ihrer Rolle innerhalb des Unternehmens gerecht zu werden.

ÜBERBLICK ZUR PLANUNG

Vorteile der Planung

Zahlreiche Firmen arbeiten ohne formale Pläne:

- In jungen Unternehmen sind die Manager so beschäftigt, daß sie keine Zeit für die Erstellung von Plänen haben.
- In etablierten Gesellschaften argumentieren viele Manager, daß sie bislang auch ohne Planung gut zurecht gekommen sind und diese deshalb wohl kaum so wichtig sein könne.

Es widerstrebt ihnen, sich die Zeit zu nehmen, einen schriftlichen Plan auszuarbeiten. Sie argumentieren, daß sich die Märkte zu rasch ändern würden, um die Erstellung eines Planes zu rechtfertigen, und dieser deshalb nur im Papierkorb landen würde.

Formale Planung kann jedoch mit zahlreichen Vorteilen verbunden sein. Melville Branch zählt folgende auf:

1. Planung veranlaßt das Management, systematisch in die Zukunft zu blicken.
2. Sie ermöglicht eine bessere Koordination der Bemühungen des Unternehmens.
3. Sie führt zu klareren Leistungsvorgaben für die Kontrolle.
4. Sie trägt dazu bei, daß das Unternehmen seine Ziele und Absichten konkreter vor Augen hat.
5. Sie bereitet das Unternehmen besser auf plötzliche Entwicklungen vor.
6. Sie verbessert die Zusammenarbeit zwischen den einzelnen Führungskräften des Unternehmens.[2]

Planungsarten

Unternehmen erstellen gewöhnlich
- Jahrespläne
- Langfristpläne und
- Strategiepläne.

Der Jahresplan beschreibt die laufende Marketing-Situation, die aktuellen Ziele des Unternehmens, die Marketing-Strategie für das betreffende Jahr, die Aktionsprogramme, die Budgets und die vorgesehenen Kontrollen. Das Top-Management bewilligt diesen Plan und verwendet ihn, um die Marketing-Aktivitäten mit der Produktion, den Finanzen und anderen Unternehmensbereichen zu koordinieren.

Die langfristige Planung beschreibt die Hauptfaktoren und -kräfte, die in den kommenden Jahren Einfluß auf das Unternehmen ausüben werden. In ihr sind Langzeit-Ziele enthalten sowie die wichtigsten Marketing-Strategien, mit denen diese Ziele erreicht werden sollen und die dafür erforderlichen Mittel.

Dieser Langzeit-Plan wird jedes Jahr überprüft und auf den neuesten Stand gebracht, so daß dem Unternehmen ständig eine aktuelle Langfrist-Planung zur Verfügung steht. Z. B. arbeitet American Hospital Supply mit einem „rollenden" Fünf-Jahres-Plan. Ihr Jahresplan ist eine detaillierte Version des ersten Jahres von dem Fünf-Jahres-Plan. Das Management erstellt in den ersten Monaten des Jahres für jedes Produkt einen Fünf-Jahres-Plan, und im Verlauf des Jahres einen Jahresplan. Der Fünf-Jahres-Plan wird jedes Jahr überarbeitet, weil sich die Marktverhältnisse ändern und Planungsannahmen überprüft werden müssen.

Die Jahres- und Langfrist-Pläne eines Unternehmens befassen sich mit laufenden Geschäften und damit, wie sie in Gang gehalten werden können. Das Management muß aber auch planen, in welchen Geschäftsbereichen das Unternehmen weiterhin tätig sein will und welche es neu aufnehmen soll.

Das Umfeld ist voller Überraschungen, und das Management hat die Aufgabe, das Unternehmen so zu gestalten, daß es unerwarteten Störungen widerstehen kann.

Strategieplanung umfaßt auch die Aufgabe, das Unternehmen in die Lage zu versetzen, die sich bietenden Gelegenheiten seines sich ständig wandelnden Umfeldes nutzen zu können.

STRATEGIEPLANUNG

Die Strategieplanung bildet das Gerüst für die übrige Planung innerhalb des Unternehmens. Wir definieren sie folgendermaßen:

> **Strategieplanung ist der Prozeß von Entwicklung und Aufrechterhaltung einer langfristigen Balance zwischen den Zielen und dem Leistungspotential eines Unternehmens und seiner sich ständig ändernden Marktchancen. Sie beruht auf der Entwicklung einer konkreten Aufgabenstellung des Unternehmens, einer Unterstützung der Unternehmensziele sowie auf einer ausgewogenen Sortimentspolitik und aufeinander abgestimmten Teil- beziehungsweise Funktionsstrategien.**

In Abbildung 2-1 werden die Stufen der Strategieplanung aufgezeigt: Auf der Unternehmensebene wird deutlich, daß die Gesellschaft zunächst ihren Geschäftszweck beziehungsweise ihre Aufgabenstellung definieren muß. Diese Aufgabenstellung ist in zielführende Teilziele umzuwandeln, von denen das Gesamtunternehmen geleitet wird.

FIGURE 2-1
Steps in Strategic Planning

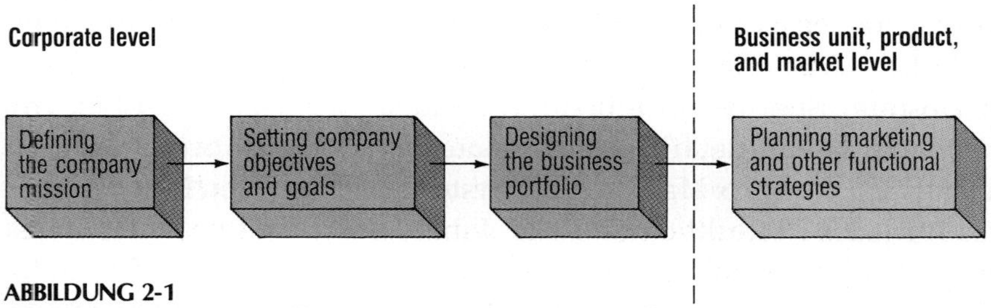

ABBILDUNG 2-1
Stufen der strategischen Planung

Unternehmensebene

Festlegung des Unternehmenszweckes
Ableitung der Operations- und Ergebnisziele
Gestaltung des Unternehmensportfolios

Ebene der Geschäftseinheiten, des Produktes und des Marktes

Marketing-Planung und andere Teilstrategien

Als nächstes wird seitens der Unternehmensführung beziehungsweise der zuständigen Entscheidungsinstanzen festgelegt, welche Zusammensetzung der Geschäftsbereiche und Produkte für das Unternehmen am besten erscheint und welche Unterstützung diesen jeweils zu gewähren ist.

Jeder Geschäftsbereich und jede Produktgruppe muß detaillierte Marketing- und andere Teilpläne entwickeln, die wiederum die Unternehmens-Gesamtplanung unterstützen. Auf diese Weise tritt die Marketing-Planung auf der Ebene der Geschäftseinheiten, des Produktes und des Marktes in Erscheinung. Sie unterstützt die Strategieplanung des Unternehmens mit detaillierterer Planung für die Realisierung spezifischer Absatzmöglichkeiten.

Im folgenden werden die einzelnen Schritte der Strategie-Planung genauer erläutert:

Die Festlegung des Unternehmenszwecks (Company Mission)

Eine Organisation existiert, um etwas zu leisten. Am Anfang steht eine klare Absicht oder Aufgabe, aber mit der Zeit, wenn die Gesellschaft wächst und neue Produkte und Märkte hinzukommen, kann diese Aufgabenstellung unklar werden. Denkbar ist auch, daß zwar die Zielsetzung klar bleibt, aber einige Manager nicht mehr länger an deren Verfolgung interessiert sind, oder aber daß sie durch neue Umfeldbedingungen nicht mehr als Zielsetzung geeignet erscheint.

Wenn das Management das Gefühl hat, daß die Organisation von der ursprünglichen Aufgabenstellung abtriftet, muß es nach einem neuen Unternehmenszweck suchen.[3] Dann ist es Zeit zu fragen:

- Was ist unsere Aufgabe?
- Wer ist der Kunde?
- Was ist für den Kunden von Wert?
- Was wird künftig unsere Aufgabe sein?
- Was sollte unsere Aufgabe sein?

Diese einfach klingenden Fragen zählen zu den schwierigsten, die ein Unternehmen jeweils zu beantworten hat. Erfolgreiche Unternehmen stellen sich diese Fragen immer wieder und beantworten sie auch sorgfältig und vollständig.

Viele Unternehmen entwickeln formale Aufgabendarstellungen, die diese Fragen beantworten.

Eine Aufgabendarstellung ist eine Erklärung über die Absicht des Unternehmens, was es im weiteren Umfeld erreichen will.

Eine klare Aufgabenformulierung ist mit einer unsichtbaren Hand zu vergleichen, die die Mitarbeiter leitet, so daß sie unabhängig und doch gemeinsam für die übergeordneten Unternehmensziele arbeiten können.

Unternehmen definieren traditionell ihre Aufgabe mit Produktbegriffen, z. B. „Wir stellen Video-Spiele her", oder in technologischen Bezeichnungen, „Wir sind ein Chemie-Unternehmen".

Vor einigen Jahren schlug Theodore Levitt vor, man solle anstelle von Produkt- oder Technologie-Begriffen auf Markt-Definitionen zurückgreifen.[4] Produkte oder Technologien könnten vielleicht veralten, wohingegen Grundbedürfnisse des Marktes immer existieren werden.

Eine marktorientierte Aufgabenformulierung definiert die Geschäftspolitik dahingehend, daß bestimmte Verbrauchergruppen oder deren Bedürfnisse befriedigt werden. Dazu folgendes Beispiel:

> *In den frühen achtziger Jahren begannen die Verbraucher, ihr Interesse an Video-Spielen zu verlieren. Allein 1983 hatte diese Industrie einen Verlust von über 1,5 Milliarden Dollar zu verzeichnen. Viele Firmen, die sich selbst als Hersteller von Video-Spielen bezeichnet hatten, sahen harten Zeiten entgegen oder zogen sich vom Markt zurück. Bally Manufacturing, ein führender Video-Spiele-Produzent definierte seine Aufgabenstellung als „Freizeit und Unterhaltung". Geleitet von dieser Definition hatte es die Health and Tennis Corporation of America gekauft – eine Kette von Gesundheitsclubs – sowie Six Flags Corporation Vergnügungsparks. Als dann die Verluste im Video-Spiel-Bereich auftraten, war Bally nicht in dem hohen Maße davon betroffen wie seine Konkurrenten, da bei ihm der Anteil an Video-Spielen weniger als 50 Prozent des Umsatzes ausmachte.*[5]

Das Management sollte daher eine zu enge aber auch eine zu weit gefaßte Aufgabenstellung vermeiden.

Ein führender Bleistifthersteller, der von sich sagt, daß er im „Kommunikations-Ausrüstungs-Geschäft" tätig sei, formuliert seine Aufgabenstellung zu breit. Zielsetzungserklärungen sollten spezifisch und realistisch sein. Viele Zielsetzungserklärungen sind für Public-Relation-Zwecke formuliert worden und lassen spezifische, brauchbare Angaben vermissen. Die Aussage, „Wir wollen das führende Unternehmen in diesem Industriezweig sein, das Produkte mit der höchsten Qualität herstellt, mit dem besten Service, zu den niedrigsten Preisen", klingt gut, steckt aber voller Widersprüche. Diese Erklärung wird dem Unternehmen in keiner Weise helfen, schwierige Entscheidungen zu treffen.

Die Festlegung der Operations- und Ergebnisziele

Die Aufgabenstellung des Unternehmens muß in detaillierte Einzelziele für alle Ebenen des Managements umgeformt werden. Jeder Manager sollte Ziele haben und auch dafür verantwortlich sein, sie zu erreichen. Dieses System ist bekannt als „Management by Objectives".

Bally defines its mission as leisure and entertainment. *Courtesy of Bally Manufacturing Corp*.

Zur Illustration sei auf folgendes Beispiel verwiesen: Die International Minerals and Chemical Corporation ist in vielen Geschäftsbereichen tätig, u. a. auch im Düngemittelbereich. Die Düngemittel Division sagt aber nicht, daß ihre Aufgabe in der Produktion von Kunstdünger besteht. Statt dessen stellt sie fest, daß es ihre Aufgabe sei, „gegen den Hunger in der Welt zu kämpfen". Diese Aufgabenstellung wird Teil einer Ziele-Hierarchie (siehe Abbildung 2-2).

Die Aufgabe, den Hunger in der Welt zu bekämpfen, führt zu dem Unternehmensziel, die Produktivität auf dem Landwirtschaftssektor zu erhöhen. Landwirtschaftliche Produktivität kann durch die Entwicklung neuer Düngemittel gesteigert werden, die höhere Erträge versprechen. Forschung ist teuer und erfordert erhöhte Gewinne, die wieder in Forschungsprogramme investiert werden. Auf diese Weise ist aus einem übergeordneten Ziel die „Steigerung des Gewinnes" geworden.

Gewinne können durch Umsatzausweitungen oder durch Kostenreduzierung erhöht werden. Umsätze können gesteigert werden, indem die Anteile auf dem US-Markt erhöht oder neue ausländische Märkte erschlossen werden. Dieses werden die beiden aktuellen Marketing-Ziele des Unternehmens sein.

ABBILDUNG 2-2
Hierarchie der International Minerals and Chemical Corporation, Fertilizer Division

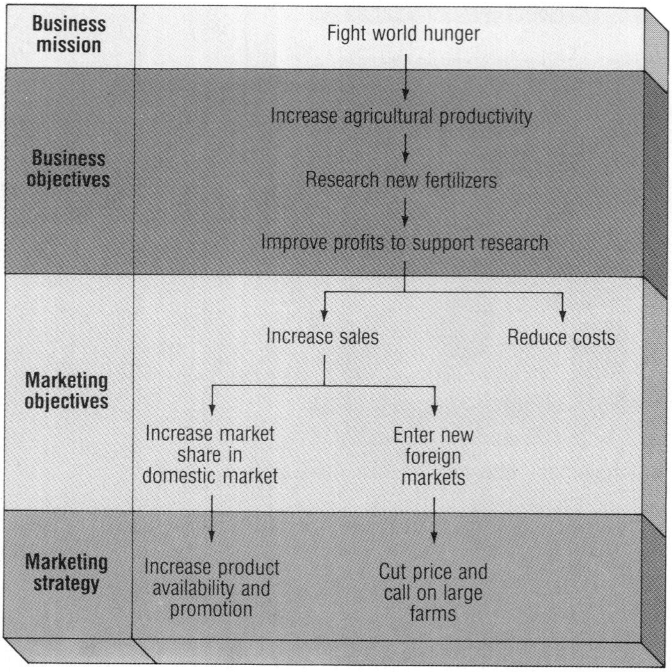

FIGURE 2-2
Hierarchy of Objectives for the International Minerals and Chemical Corporation, Fertilizer Division

Marketing-Strategien müssen entwickelt werden, um diese Marketing-Ziele verwirklichen zu können. Soll der Anteil auf dem US-Markt erhöht werden, muß das Unternehmen die Verfügbarkeit und die Verkaufsförderung für sein Produkt verbessern. Das Eindringen in neue fremde Märkte macht es erforderlich, die Preise zu senken und große landwirtschaftliche Betriebe als Abnehmer zu gewinnen. Dies sind die generellen Marketing-Strategien.

Jede Marketing-Strategie muß wiederum durch präzisere Einzelziele verdeutlicht werden. So bedeutet z. B. die verstärkte Verkaufsförderung für ein Produkt einen höheren Bedarf an Verkaufsmitarbeitern und einen größeren Werbeaufwand. Beides muß klar zum Ausdruck gebracht werden.

Auf diese Weise wird die Aufgabenstellung des Unternehmens in eine Anzahl von Teilzielen für die laufende Geschäftsperiode umgesetzt. Diese Ziele sollten so präzise wie möglich formuliert werden. Das Ziel, „unseren Marktanteil zu erhöhen", ist nicht so brauchbar wie „unseren Marktanteil um 15 Prozent bis Ende des zweiten Jahres zu erhöhen".

Die Gestaltung des Unternehmensportfolio

Ausgehend von der Aufgabenformulierung und den Unternehmenszielen, muß das Management nun sein Angebots-Portfolio planen.

Das Portfolio eines Unternehmens setzt sich zusammen aus den Geschäftsbereichen und Produkten, die das Unternehmen bilden.

Das beste Unternehmensportfolio ist jenes, das am besten die Stärken und Schwächen des Unternehmens mit den Gegebenheiten der Umgebung in Einklang zu bringen vermag. Das Unternehmen muß das aktuelle Unternehmensportfolio analysieren und entscheiden, in welche Geschäftsbereiche mehr oder weniger investiert werden soll. Außerdem hat es Wachstumsstrategien zu entwickeln, um dem Portfolio des Unternehmens neue Produkte oder Geschäftsbereiche hinzuzufügen.

Analyse des aktuellen Unternehmensportfolio

Das wichtigste Werkzeug der Strategieplanung ist die Portfolio-Analyse. In diesem Zusammenhange bewertet das Management die einzelnen Geschäftsbereiche des Unternehmens. Das Management wird beabsichtigen, gewinnbringende Unternehmensbereiche zu unterstützen und verlustreiche abzubauen. Es kann sein Angebotsportfolio dadurch auf dem aktuellen Stand halten, indem es wachsende Bereiche stärkt und sich von rückläufigen zurückzieht.

Der erste Schritt besteht darin, daß das Management die Schlüsselbereiche identifiziert, die das Unternehmen stützen. Diese werden die strategischen Geschäftseinheiten genannt.

Eine strategische Geschäftseinheit ist ein Unternehmensbereich, der eigene Aufgabenstellungen und eigene Ziele aufzuweisen hat und dessen Planung unabhängig von anderen Geschäftsbereichen erfolgen kann. Eine strategische Geschäftseinheit kann entweder ein Unternehmensbereich oder eine Produktgruppe innerhalb einer Division oder mitunter sogar nur ein einzelnes Produkt oder eine Marke sein.

Eine strategische Geschäftseinheit zu identifizieren, ist oft eine komplexe Aufgabe. In einem großen Unternehmen stellt sich die Frage, ob strategische Geschäftseinheiten auf Unternehmens-, Division-, Sparten- oder Produktebene definiert werden sollen. Ist bei Kraft z. B. die U.S. Lebensmittel Division für Einzelhändler (U.S. Retail Food Division) eine strategische Geschäftseinheit oder die Marke „Miracle Whip"?

Der nächste Schritt dieser Analyse erfordert vom Management die Bewertung der verschiedenen strategischen Geschäftseinheiten und eine Entscheidung darüber, wieviel Unterstützung sie jeweils erhalten sollten. In einigen Unternehmen wird diese Aufgabe informell gelöst. Das Management wirft einen Blick auf die Gesamtheit der Geschäftsbereiche und Produkte und entscheidet nach eigenem Ermessen, wieviel jede strategische Geschäftseinheit im einzelnen zum Gesamtergebnis beiträgt und wieviel Unterstützung sie erhalten soll. Andere Unternehmen wiederum greifen auf formelle Planungsmethoden zurück.

Ziel der Strategieplanung ist es, Wege zu finden, wie ein Unternehmen am besten Gebrauch von seinen Stärken macht, um Vorteile aus den Marktchancen zu ziehen.

Die meisten Standard-Analyse-Methoden bewerten strategische Geschäftseinheiten nach zwei wichtigen Kriterien: zum einen nach der Attraktivität des Marktes der strategischen Geschäftseinheit und zum anderen danach, wie stark die Position der strategischen Geschäftseinheit auf diesem Markt ist. Die bekannteste dieser Planungsmethoden wurde von der Boston Consulting Group entwickelt, einer führenden Management-Consulting-Firma.[6]

Ausgehend vom Ansatz der Boston Consulting Group (BCG), klassifiziert ein Unternehmen seine strategischen Geschäftseinheiten in einer sogenannten „Growth-Share Matrix", das ist eine zweidimensionale Übersicht, die den Wachstumsanteil aufzeigen soll. Diese Matrix wird in Abbildung 2-3 dargestellt. Auf der vertikalen Achse wird die Marktattraktivität aufgezeigt, auf der horizontalen, wie stark das Unternehmen in diesem Markt vertreten ist. Wenn man die Growth-Share-Matrix dementsprechend aufteilt, können vier Typen von strategischen Geschäftseinheiten unterschieden werden.

ABBILDUNG 2-3
Das BCG-Modell des Marktanteils

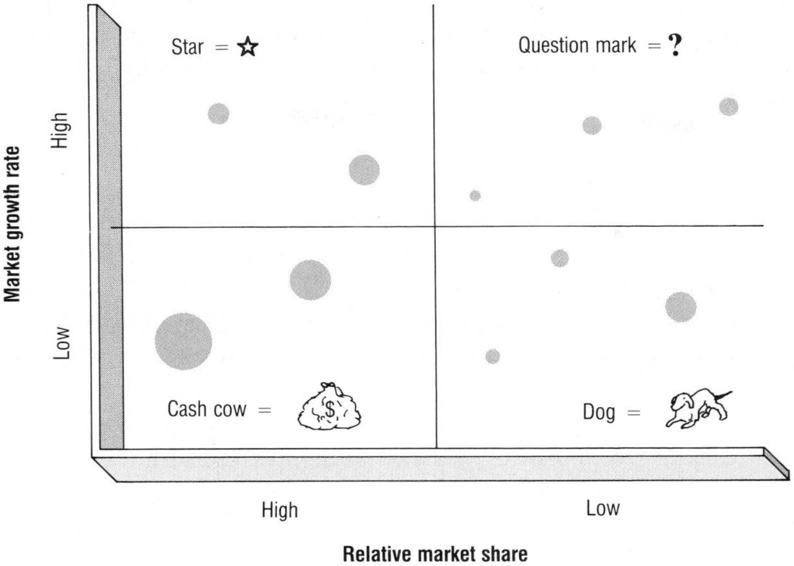

FIGURE 2-3
The BCG Growth-Share Matrix

„Stars". Als Stars werden Geschäftseinheiten bezeichnet, die in Wachstumsmärkten mit hohem Anteil tätig sind. Sie erfordern oft beachtliche Investitionen, um ihr rasches Wachstum zu finanzieren. Es kann vorkommen, daß sich ihr Wachstum abschwächt, dann werden Stars zu „Cash Cows".

„Cash cows". Cash cows sind strategische Geschäftseinheiten, die mit hohem Anteil in nur geringfügig wachsenden Märkten tätig sind. Diese etablierten und erfolgreichen strategischen Geschäftseinheiten brauchen wenig Investitionen, um ihren Marktanteil zu halten. Infolgedessen erbringen sie eine Menge Bargeld, das vom Unternehmen benutzt wird, seine Rechnungen zu begleichen und um andere strategische Geschäftseinheiten zu unterstützen, die Investitionen benötigen.

Question marks („Fragezeichen"). Question marks sind Geschäftseinheiten mit geringem Anteil an einem Markt mit hoher Wachstumsrate. Sie erfordern eine Menge Bargeld, um ihren Anteil zu halten. Das Management muß ernsthaft darüber nachdenken, welche „question marks" zu Stars gemacht werden und welche auslaufen sollten.

„Dogs". Dogs sind Geschäftsbereiche und Produkte, die in langsam wachsenden oder stagnierenden Märkten mit geringem Anteil tätig sind. Sie mögen zwar genug Bargeld erwirtschaften, um sich selbst zu erhalten, aber es ist nicht anzunehmen, daß sie eine große Bargeldquelle werden.

Sobald die strategischen Geschäftseinheiten klassifiziert worden sind, muß das Unternehmen bestimmen, welche Rolle jede einzelne in der Zukunft spielen wird. Grundsätzlich kann das Unternehmen bei jeder strategischen Geschäftseinheit vier Strategien verfolgen:

- Das Unternehmen kann mehr in die Geschäftseinheit investieren, um deren Marktanteil auszubauen.
- Es investiert gerade soviel, daß die strategische Geschäftseinheit ihren aktuellen Marktanteil halten kann.
- Es „erntet" in der strategischen Geschäftseinheit, in dem es den kurzfristigen Cash flow ohne Rücksicht auf die langfristigen Auswirkungen erhöht.
- Schließlich kann das Unternehmen die strategische Geschäftseinheit aufgeben – sei es durch Verkauf oder Auslaufenlassen – und die freiwerdenden Ressourcen anderweitig verwenden.

Mit der Zeit verändern strategische Geschäftseinheiten ihre Position auf der „growth-share" Matrix. Jede strategische Geschäftseinheit hat einen eigenen Lebenszyklus. Viele starten als Fragezeichen, wechseln dann – wenn sie erfolgreich sind – in die „Star"-Kategorie, werden später zu „Cash cows", wenn das Marktwachstum geringer oder gar rückläufig wird und schließlich zu „Dogs" – gegen Ende ihres Lebenszyklus. Das Unternehmen muß ständig neue Produkte und Tätigkeitsbereiche aufnehmen, damit einige von ihnen zu Stars und vielleicht zu Cash cows werden, um die Finanzierung der anderen strategischen Geschäftseinheiten unterstützen zu können.

Der Erklärungsversuch der Boston Consulting Group und andere Methoden, die in den siebziger Jahren entwickelt wurden, revolutionierten die Strategie-Planung. Solche Ansätze haben jedoch auch ihre Grenzen. Ihre Implementierung ist schwierig, zeitaufwendig und kostspielig. Das Management kann Schwierigkeiten haben, strategische Geschäftseinheiten zu definieren oder deren Marktanteil und Wachstumschancen zu bewerten. Im übrigen befassen sich diese Methoden mit der Klassifizierung aktueller Geschäfte und Marktsituationen und bieten wenig Hilfestellung für die künftige Planung. Das Management ist weiterhin auf sein Urteilsvermögen angewiesen, für jede strategische Geschäftseinheit die Ziele festzulegen, über die finanziellen Zuwendungen zu entscheiden und auszurechnen, welche neuen Geschäftszweige hinzugefügt werden sollten.

Diese formalen Ansätze können auch dazu führen, daß ein Unternehmen zu viel Wert auf die Erhöhung der Marktanteile oder Wachstum durch Eintritt in attraktive neue Märkte legt. Zahlreiche Unternehmen, die diese Ansätze angewandt haben, vernachlässigten ihre laufenden Geschäfte, stürzten sich auf neue Märkte mit hohen Wachstumsraten, die in keiner Beziehung zu ihren bisherigen Aktivitäten standen und erzielten daher sehr schlechte Ergebnisse.

Diese vor allem quantitativen Techniken veranlaßten Unternehmen, zu starken Wert auf das Wachstum der Marktanteile zu legen. Das führte dazu, daß diese zu viel Zeit damit verbrachten, Portfolio-Planungen auszuarbeiten und zu wenig in die Entwicklung von Strategien investierten, wie aus unrentablen Sparten rentable werden können oder wie man starke Geschäftsbereiche auch stark erhalten kann. In zu vielen Fällen entartete die Strategieplanung zum Ankauf von Wachstumsgeschäften, mit denen man nicht umzugehen wußte, und zum Verkauf oder Auslaugen bestehender Unternehmensbereiche.[7]

Viele Firmen haben von diesen formalen Methoden wieder Abstand genommen und verwenden mehr kundenorientierte Strategieplanungs-Ansätze, die besser zur Situation ihres Unternehmens passen. Die meisten Großunternehmen arbeiten mit einer Art Strategieplanungs-Analyse.[8] Eine derartige Analyse ist kein Allheilmittel, um die beste Strategie ausfindig zu machen. Aber sie kann dem Management helfen, die Gesamtsituation des Unternehmens besser zu verstehen, zu erkennen, welchen Beitrag die einzelnen Bereiche und Produkte leisten und zweckmäßigere Mittelzuwendungen für die einzelnen Bereiche zu veranlassen. Darüber hinaus kann sie eine stärkere Orientierung des Unternehmens an künftigen Erfolgen bewirken.

Entwicklung von Wachstumsstrategien

Abgesehen von der Bewertung aktueller Aktivitäten gehört zur Gestaltung des Unternehmensportfolio das Auffinden zukünftiger Tätigkeitsbereiche und Produkte, die das Unternehmen in Erwägung ziehen sollte. Ein brauchbares Mittel zur Identifizierung von Wachstumsmöglichkeiten ist das Produkt-Markt-Expansionsraster[9] (Product/Market Expansion Grid), das in Abbildung 2-4 zu sehen ist. Es soll am Beispiel der Firma Kraft demonstriert werden.

ABBILDUNG 2-4
Produkt-/Marktwachstum; Raster für die Identifikation von Marktchancen

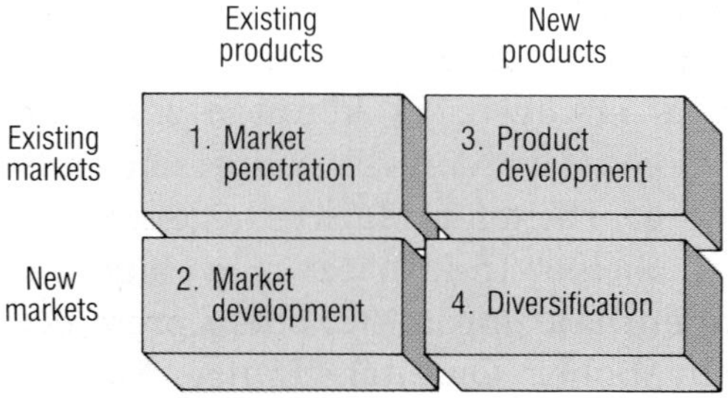

FIGURE 2-4
Market Opportunity Identification through the Product/Market Expansion Grid

MARKTDURCHDRINGUNG. Zunächst untersucht das Kraft-Management, ob die Hauptprodukte des Unternehmens eine größere Marktdurchdringung erreichen können – mehr Verkäufe an gegenwärtige Kunden ohne Produktänderungen. Um z. B. die Verkäufe von Kraft-Milchprodukten zu erhöhen, könnte das Unternehmen die Preise senken, die Werbung erhöhen, Kraft-Produkte in mehr Läden einführen oder eine bessere Regalpositionierung für Kraft-Produkte erlangen. Ziel des Kraft-Managements wäre im Grunde genommen, den Verbrauch bei bestehenden Kunden zu erhöhen und gleichzeitig Verbraucher anderer Marken zu gewinnen.

MARKTENTWICKLUNG. Des weiteren erwägt das Kraft-Management Möglichkeiten der Marktentwicklung – das heißt Erkennen und Erschließen neuer Märkte für die laufenden Produkte. Als erstes könnte das Kraft-Management demographische Märkte überprüfen – Kinder, Vorschüler, Teenager, junge Erwachsene, Senioren –, um zu untersuchen, ob eine dieser Gruppen veranlaßt werden kann, mehr Kraft-Produkte zu kaufen oder stärker zu verwenden.

Darüber hinaus könnte das Kraft-Management einen Blick auf den Markt gewerblicher Verbraucher werfen – Restaurants, Lebensmittel-Lieferanten, Krankenhäuser – und prüfen, ob die Verkäufe an diese Abnehmer erhöht werden können. Auch geographische Märkte – Frankreich, Thailand, Indien – werden in Betracht gezogen, um herauszufinden, ob einige jener Märkte erschlossen werden können. Alle diese Beispiele sind Marktentwicklungs-Strategien.

PRODUKTENTWICKLUNG. Ferner wird das Management auch die Produktentwicklung in Betracht ziehen – das heißt verbesserte oder neue Produkte dem bestehenden Markt anbieten. Kraft-Produkte könnten z. B. in anderen Größen, mit anderen Zusammensetzungen oder in neuen Verpackungen angeboten werden. Das alles sind Beispiele für Produktveränderungen.

Kraft könnte aber auch neue Artikel auf den Markt bringen, die zusätzliche Konsumenten ansprechen, oder andere Nahrungsmittel entwickeln, die die jetzige Kundschaft wahrscheinlich auch kaufen würde – beides sind mögliche Produkt-Entwicklungs-Strategien.

DIVERSIFIKATION. Schließlich sind seitens des Kraft-Managements Diversifikationsvorhaben zu erwägen. Es könnten z. B. Geschäftsbereiche aufgebaut oder angekauft werden, die völlig außerhalb der laufenden Produktpalette und bearbeiteten Märkte liegen. So ist z. B. das Unternehmen kürzlich in „heiße“ Industriezweige eingestiegen wie „health foods“ – Gesundheitsnahrungsmittel oder „premium ice-creams“ – Speiseeis von sehr hoher Qualität. Einige Firmen

BEISPIEL 2-1
Johnson & Johnson diversifiziert in einen attraktiven aber risikoreichen Markt

Mit Johnson & Johnson assoziiert man generell Erste-Hilfe-Bandagen, Baby-Shampoo und Tylenol oder vielleicht einen ihrer anderen bekannten Markenartikel – Sine-Aid, Sundown Sunscreen, Affinity Shampoo, Tek and Reach Toothbrushes, Ortho, Stayfree and Carefree und viele andere. J&J zählt zu den erfolgreichsten Herstellern von Konsumgütern auf der Welt.

Das Unternehmen verkauft mit großem Erfolg Artikel für den Krankenhausbedarf sowie verschreibungspflichtige Arzneimittel und gilt auf diesem Gebiet als eine der führenden Firmen.

Die Marketingfähigkeiten des Unternehmens werden eindrucksvoll durch die Tatsache verdeutlicht, daß mehr als die Hälfte des Umsatzes mit Produkten erzielt wird, die Spitzenreiter auf dem Markt sind.

Obwohl die Johnson & Johnson Verbrauchsgüter sowie die pharmazeutischen Geschäftsbereiche sehr gewinnbringend waren, hielt das Management das Wachstumspotential in diesen ausgereiften Märkten für limitiert. Aus diesem Grunde begann sich das Unternehmen in den späten siebziger Jahren nach Wachstumsmöglichkeiten auf attraktiveren neuen Märkten umzuschauen. Man entschied sich schließlich für ein mutiges aber riskantes Diversifikationsvorhaben auf dem stark expandierenden und sich schnell verändernden Gebiet der Medizin-Technologie. Während der späten siebziger und frühen achtziger Jahre erwarb Johnson & Johnson zahlreiche Unternehmen, die in diesem vielversprechenden, hochtechnologisierten Gesundheitsvorsorgemarkt tätig sind.

Nunmehr stellt Johnson & Johnson zusätzlich zu seinen eher traditionellen Erzeugnissen so ausgefallene Produkte wie z. B. chirurgische Laser-Geräte, synthetische Impfstoffe, Blutdruckmesser, magnetische Herztöne-Abtaster, orthopädische Chirurgiegelenke und Augenlinsen, um natürliche Linsen im Auge nach einer Grauen-Star-Operation zu ersetzen, her.

Johnson & Johnson hat sogar Millionen in ein spekulatives Unternehmen investiert, um bessere Medikamente im Weltraum zu erzeugen.

Der neue hochtechnologisierte Gesundheitsmarkt bietet zwar rasches Wachstum und hohe Gewinne, aber der Schritt in diese neuen Bereiche wird sich für Johnson & Johnson als schwierig erweisen. Das Unternehmen verfügt zwar über viele Ressourcen, aber Marketing für anspruchsvolle medizinische Produkte erfordert andere Methoden und Fähigkeiten als jene, die Johnson & Johnson bisher so erfolgreich beim Verkauf von Shampoos usw. angewandt hat. Hinzu kommt, daß die neuen Märkte instabiler und wettbewerbsintensiver sind als die traditionellen Märkte von Johnson & Johnson, denn diese Wachstumsmärkte haben auch andere – sowohl größere als auch kleinere – Wettbewerber angezogen. Selbst ein Unternehmen in der Größenordnung von J&J wird lang und hart daran arbeiten müssen, diesen neuen Markt zu erschließen.

Die erste Wegstrecke der Firma Johnson & Johnson in Richtung neuer Marktmöglichkeiten war sehr aufwendig. Das Unternehmen hat viel investiert, um sich in diesem hochtechnologisierten Medizingeschäft zu etablieren, bislang hat es sogar erhebliche Verluste erleiden müssen. Die Firma J&J ist

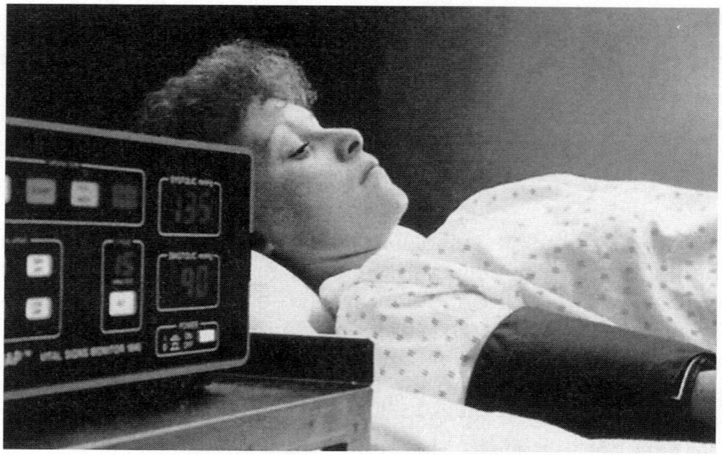

Johnson & Johnson diversifiziert in die schnell wachsende medizinische Spitzentechnologie. Johnson & Johnson.

aber davon überzeugt, daß sie – langfristig gesehen – attraktive neue Marktmöglichkeiten erschließen muß, um ihre Aktivitäten in gesättigten Märkten zu ergänzen, denn ihre laufenden Produkte und Märkte werden nicht ewig bestehen bleiben.

Quelle: Diese Ausführungen basieren auf Informationen, die in den Jahresberichten der Firma Johnson & Johnson gefunden wurden; „Changing a Corporate Culture: Can Johnson & Johnson Go from Band-Aids to High Tech?" Business Week, 14. Mai 1984, S. 130–38; und Henry Eason, „How a Space Venture Could Ease Suffering on Earth," Nation's Business, Juni 1984, S. 48.

versuchen, von neu auftretenden Industriezweigen die attraktivsten herauszufinden. Sie sind der Ansicht, daß ein Teil des Erfolgsgeheimnisses darin besteht, eher in eine attraktive Branche einzusteigen als auf einem unattraktiven Markt zu versuchen, leistungsfähig zu sein.

Die Planung der Funktionsstrategien

Der Strategieplan des Unternehmens legt fest, in welchen Geschäftszweigen sich das Unternehmen engagieren will und welche Ziele erreicht werden sollen. Anschließend müssen innerhalb jeder Geschäftseinheit Einzelpläne erstellt werden. Jeder Funktionsbereich, sei es Marketing, Finanzen, Buchhaltung, Einkauf, Herstellung, Personal und andere, muß planen, welche Rolle er übernehmen wird, um das übergeordnete Unternehmensziel zu erreichen.

Jeder Funktionsbereich verhandelt mit unterschiedlichen Institutionen und Personen, um die für den Geschäftsablauf notwendigen Faktoren zu erhalten, insbesondere finanzielle Mittel, Arbeit, Rohmaterial, Forschungsergebnisse und Fertigungsverfahren. So erbringt

z. B. Marketing Umsatzerlöse durch das Zustandebringen von Tauschvorgängen mit Verbrauchern. Die Finanzabteilung verhandelt mit Geldgebern und Aktionären, um liquide Mittel zu bekommen. Die Marketing- und die Finanzabteilung müssen somit zusammenarbeiten, um die nötigen Geldmittel für ein Geschäft zu erlangen. Gleichzeitig stellt die Personalabteilung Arbeitskräfte bereit, und die Einkaufsabteilung beschafft das Material, das für einzelne Arbeitsabläufe und die Herstellung benötigt wird.

Jede Abteilung spielt im Strategie-Planungs-Prozeß eine wichtige Rolle. Zunächst stellen die Abteilungen die Informationen für die strategische Planung zur Verfügung. Dann erarbeitet das Management jeder Geschäftseinheit einen Plan, der aufzeigt, welche Rolle die einzelne Abteilung übernehmen wird. Der Plan verdeutlicht, wie alle funktionalen Bereiche zusammenarbeiten werden, um die strategischen Ziele zu realisieren.

Die Rolle des Marketing im Rahmen der strategischen Planung

Es gibt viele Bereiche, in denen sich die Strategie des gesamten Unternehmens und die der Marketing-Abteilung überlappen. Marketing schaut auf die Bedürfnisse der Konsumenten und auf die Fähigkeit des Unternehmens, diese zu befriedigen. Dieselben Faktoren bestimmen auch den Unternehmenszweck sowie die Zielsetzungen.

In vielen Fällen arbeitet die Strategieplanung des Unternehmens mit variablen Größen aus dem Marketingbereich – Marktanteil, Marktentwicklung, Wachstum –, so daß es manchmal kaum möglich ist, die Strategieplanung von der Marketingplanung abzugrenzen. Das hat dazu geführt, daß in manchen Gesellschaften die Strategieplanung als „strategische Marketingplanung" bezeichnet wird.

Marketing spielt in mehrfacher Hinsicht eine Schlüsselrolle innerhalb der strategischen Planung eines Unternehmens.

- Erstens stellt die Marketing-Idee eine Orientierungsphilosophie zur Verfügung – die ständige Ausrichtung der Firmenstrategie auf die Bedürfnisse von wichtigen Verbrauchergruppen.
- Zweitens bietet die Marketingabteilung den Strategieplanern wichtige Informationen an, die ihnen bei der Suche und dem Erkennen attraktiver Marktmöglichkeit behilflich sein sollen sowie beim Festlegen des Firmenpotentials, um die Marktchancen zu realisieren.
- Schließlich entwickelt die Marketingabteilung innerhalb der einzelnen Geschäftseinheiten geeignete Strategien, um deren Ziele zu erreichen.[10]

Für jeden Geschäftsbereich muß das Marketing-Management den besten Weg herausarbeiten, die strategischen Ziele zu verwirklichen.

Einige Marketing-Manager werden feststellen, daß ihr Ziel nicht unbedingt in einer Umsatzausweitung bestehen muß. Statt dessen könnten sie ihre Aufgabe darin sehen, die bestehenden Verkaufszahlen mit einem geringeren Marketingbudget zu halten oder sogar die Nachfrage zu reduzieren. Das Marketing-Management muß die Nachfrage auf das Niveau bringen, von dem die strategische Unternehmensplanung ausgeht. Marketing bietet jeder Geschäftseinheit Hilfestellung bei der Festlegung des Potentials. Sobald jedoch das Bereichsziel bestimmt worden ist, besteht die Aufgabe des Marketing darin, es gewinnbringend zu realisieren.

Marketing und die anderen Unternehmensfunktionen

Über die Bedeutung des Marketing für ein Unternehmen herrscht viel Verwirrung. In einigen Firmen stellt es lediglich eine Funktion wie jede andere dar – alle Funktionen gelten als gleichwertig und keine übernimmt eine führende Rolle. Diese Auffassung kommt in Abbildung 2-5A zum Ausdruck. Wenn das Unternehmen sich mit einem geringen Wachstum oder sogar Verkaufsrückgängen konfrontiert sieht, kann Marketing vorübergehend eine übergeordnete Bedeutung erlangen, wie aus Abbildung 2-5B ersichtlich ist.

Einige Marketer behaupten, daß Marketing die wichtigste Funktion des Unternehmens ist. Sie berufen sich auf Druckers Feststellung: „Ziel unternehmerischer Tätigkeit ist das Schaffen von Kunden.“ Sie sagen, daß es Anliegen des Marketing sei, den Unternehmenszweck, die Produkte und auch die Märkte festzulegen und die anderen Funktionen auf die Aufgabe auszurichten, dem Käufer zu dienen (Abbildung 2-5C).

Aufgeklärte Marketer ziehen es vor, den Käufer in den Mittelpunkt des Unternehmens zu stellen. Ihrer Meinung nach müssen alle Funktionsbereiche zusammenarbeiten, um die Ansichten des Kunden kennenzulernen, ihn zu bedienen und zufriedenzustellen (Abbildung 2-5D).

Schließlich wird von einigen Marketern die Ansicht vertreten, daß dem Marketingbereich eine zentrale Position zukomme, um sicherzustellen, daß auch die Bedürfnisse der Konsumenten verstanden und befriedigt werden (Abbildung 2-5E). Sie argumentieren, daß die Hauptaufgabe des Unternehmens darin besteht, neue Kunden zu gewinnen und alte zu halten, da keine Firma ohne Käufer erfolgreich sein kann. Kunden werden durch Versprechungen geworben und durch Zufriedenheit gehalten. Es ist Aufgabe des Marketing, ein Versprechen festzulegen und dessen Einhaltung sicherzustellen. Da aber die wirkliche Zufriedenstellung des Konsumenten auch von der

Leistung anderer Funktionsbereiche beeinflußt wird, muß die Marketing-Abteilung Einfluß auf diese ausüben können, wenn die Verbraucherwünsche tatsächlich erfüllt werden sollen.

ABBILDUNG 2-5
Alternative Auffassungen über die Rolle des Marketing im Unternehmen

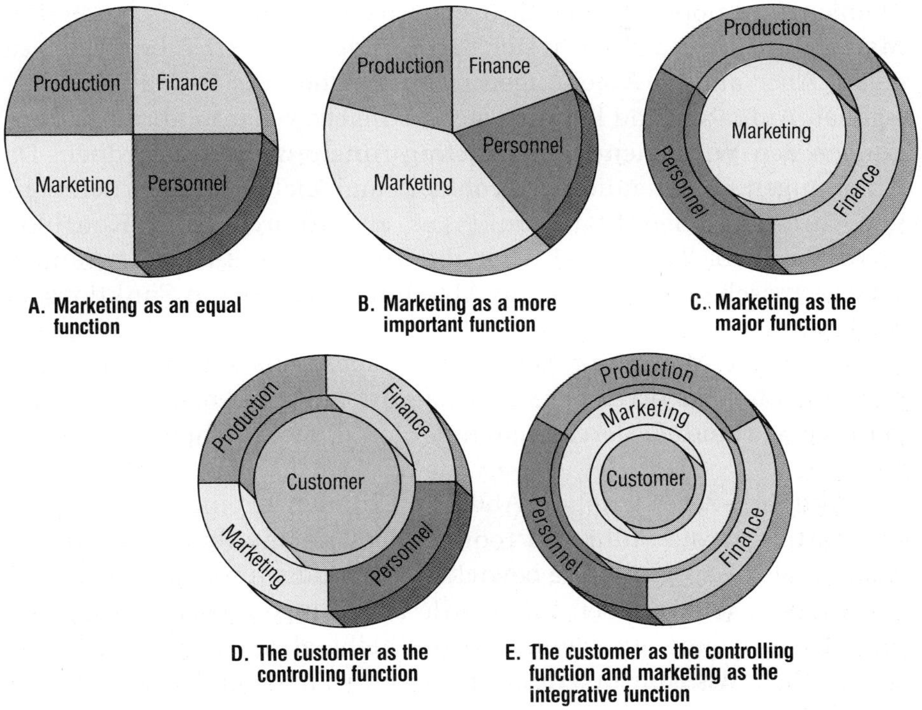

FIGURE 2-5
Alternative Views of Marketing's Role in the Company

Konflikte zwischen einzelnen Abteilungen

Jede Abteilung eines Unternehmens hat unterschiedliche Ansichten darüber, welche Interessengruppen und welche Aktivitäten am wichtigsten sind. Der Produktionssektor beschäftigt sich mit Lieferanten und der Herstellung; die Finanzabteilung mit Aktionären und sicheren Anlagen; Marketing befaßt sich vorzugsweise mit den Verbrauchern, dem Produkt, den Preisen, der Verkaufsförderung und der Distribution.

Im Idealfall harmonieren alle Funktionen miteinander im Hinblick auf die Erreichung der übergeordneten Unternehmensziele.

In der Praxis sind jedoch die Beziehungen zwischen den einzelnen Abteilungen voller Konflikte und Mißverständnisse. Einige dieser Konflikte erwachsen aus unterschiedlichen Auffassungen darüber, was das Beste für die Firma sei. Andere wiederum resultieren aus dem Unvermögen, Abteilungsbelange mit den Unternehmensinteressen in Einklang zu bringen. Andere wiederum entstehen aus bedauerlichen Klischeevorstellungen oder Vorurteilen.

Die Marketingkonzeption erfordert eine Ausrichtung aller Unternehmensfunktionen auf die Zufriedenstellung des Konsumenten. Die Marketing-Abteilung macht sich den Standpunkt des Verbrauchers zu eigen. Aber andere Abteilungen unterstreichen die Bedeutung ihrer eigenen Aufgaben und könnten sich vielleicht weigern, ihre Anstrengungen den Wünschen der Marketing-Abteilung unterzuordnen. Da Abteilungen dazu tendieren, Probleme und Ziele des Unternehmens von ihrem eigenen Standpunkt aus zu erklären, sind Konflikte unvermeidlich. Tabelle 2-1 zeigt die wichtigsten Auffassungsunterschiede zwischen der Marketing-Abteilung und anderen Funktionsbereichen.

Wenn die Marketing-Abteilung versucht, die Zufriedenheit der Konsumenten zu erreichen, muß sie oft andere Abteilungen dazu veranlassen, eine aus deren Sicht untergeordnete Aufgabe zu übernehmen.

Aktionen der Marketing-Abteilung können zu einem Anstieg der Beschaffungskosten führen, Produktionspläne unterbrechen, ein Anwachsen der Lagerbestände bewirken und Budgetprobleme schaffen.

Die Marketer müssen jedoch alle Abteilungen dazu veranlassen, „wie der Konsument zu denken“ – das heißt, alle strittigen Probleme aus der Sicht des Konsumenten zu betrachten und den Verbraucher in den Mittelpunkt ihrer Aktivitäten zu stellen.

Eine Unterstützung bei der Erfüllung seiner Aufgaben, den Kunden zufriedenzustellen, kann das Marketing-Management von anderen Abteilungen am besten dadurch erreichen, indem es sich bemüht, die anderen Funktionen zu verstehen. Die Marketing-Manager müssen eng mit anderen Managern zusammenarbeiten, um ein System von Funktionsplänen zu entwickeln, in dessen Rahmen die unterschiedlichen Abteilungen zwecks Verwirklichung der übergeordneten Unternehmensziele zusammenarbeiten können.[11]

TABELLE 2-1
Auffassungsunterschiede zwischen dem Marketingbereich und anderen Abteilungen

ABTEILUNG	LEGT WERT AUF	MARKETINGABTEILUNG LEGT WERT AUF
Forschung und Entwicklung	Grundlagenforschung innere Qualität funktionale Merkmale	angewandte Forschung wahrnehmbare Qualität Verkaufseigenschaften
Konstruktions-Abteilung	lange Konstruktions-Vorlaufzeit wenig Modelle Standard-Bauteile	kurze Konstruktions-Vorlaufzeit zahlreiche Modelle kundengerechte Komponenten
Einkaufsabteilung	enge Produktlinie Standardteile Preis des Materials wirtschaftliche Losgrößen Einkauf in großen Intervallen	breite Produktlinie nicht standardisierte Teile Qualität des Materials große Los-Größen, um Fehlbestände zu vermeiden unverzüglicher Einkauf bei Kundenbedarf
Produktions-abteilung	lange Produktions-Vorlaufzeit lange Laufzeiten mit wenigen Modellen keine Modelländerungen Standardaufträge günstige Herstellmöglichkeit durchschnittliche Qualitätskontrolle	kurze Produktionsvorlaufzeit kurze Laufzeiten mit vielen Modellen häufige Modellwechsel kundenspezifische Aufträge Produktaufmachung strenge Qualitätskontrolle
Lagerhaltung	schnell „drehende" Artikel, enge Produktlinie wirtschaftliche Lagerbestandshöhe	breite Produktlinie hohes Lagerbestandsniveau
Finanzabteilung	strenge Richtlinien für die Ausgabenpolitik starre und eindeutige Budgets Preisfestlegung auf der Basis von Kostenüberlegungen	intuitive Argumente für das Ausgabeverhalten flexible Budgets, um geänderten Anforderungen gerecht werden zu können Festlegung von Preisen, die die Marktentwicklung fördern
Rechnungswesen	einheitliche Abschlüsse wenig Berichte	kundenindividuelle Bedingungen und Nachlässe viele Berichte
Kreditabteilung	volle Offenlegung der finanziellen Verhältnisse des Kunden geringe Kreditrisiken harte Kreditbedingungen harte Einzugsverfahren	minimale Kreditprüfung des Kunden mittlere Kreditrisiken günstige Kreditbedingungen kundenfreundliche Einzugsverfahren

DER MARKETING MANAGEMENT-PROZESS

Der Strategieplan definiert die Aufgabe und Ziele des Unternehmens. Innerhalb jeder einzelnen Geschäftseinheit trägt Marketing dazu bei, die übergeordneten Strategieziele zu verwirklichen. Die Rolle des Marketing und seiner Aktivitäten innerhalb der Organisation werden in Abbildung 2-6 gezeigt. Dort wird der gesamte Marketing-Management-Prozeß zusammenfassend dargestellt sowie die Kräfte, die die Marketing-Strategie des Unternehmens beeinflussen.

FIGURE 2-6
Factors Influencing Company Marketing Strategy

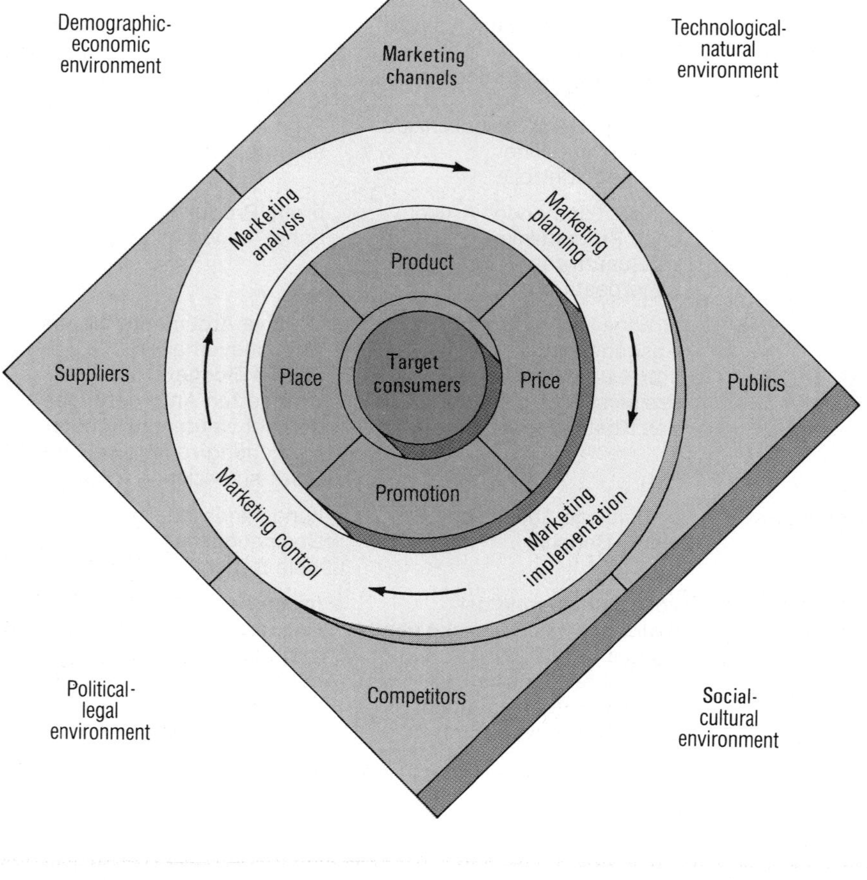

ABBILDUNG 2-6
Einflußfaktoren der Marketing-Strategie des Unternehmens

Die Zielgruppen befinden sich im Mittelpunkt. Das Unternehmen unterteilt den gesamten Markt in kleinere Segmente, sucht die vielversprechendsten heraus und konzentriert sich darauf, diese zu bedienen und zufriedenzustellen. Es entwirft ein Marketing-Mix, das sich aus den Faktoren zusammensetzt, die unter seiner Kontrolle stehen – Produkt, Preis, Verkauf und Verkaufsförderung. Um das beste Marketing-Mix zu finden und in die Tat umzusetzen, befaßt sich das Unternehmen mit Marketing-Analysen, Planung, Durchführung und Kontrolle. Durch diese Aktivitäten beobachtet das Unternehmen die Marketing-Umgebung und paßt sich ihr – in geeignet erscheinender Weise – an.

Auswahl von Zielgruppen

Unternehmen sind sich darüber im klaren, daß sie nicht alle Konsumenten in einem gegebenen Markt zufriedenstellen können, zumindest nicht alle Verbraucher auf die gleiche Weise. Dafür gibt es zu viele Arten von Konsumenten mit zu vielen unterschiedlichen Bedürfnissen. Hinzu kommt, daß einige Firmen sich in einer besseren Position befinden, bestimmte Marktsegmente zu bedienen. Aus diesem Grunde muß jedes Unternehmen den gesamten Markt untersuchen und dann die Bereiche auswählen, die es gewinnbringend besser bedienen kann als die Wettbewerber. Dieses Vorgehen erfolgt in vier Stufen:
- Feststellung der aktuellen Nachfrage und Bedarfsprognose,
- Marktsegmentierung,
- Zielgruppenfestlegung,
- Marktpositionierung.

Feststellung der aktuellen Nachfrage und Bedarfsprognose

Angenommen, ein Unternehmen ist auf der Suche nach einem möglichen Markt für ein potentielles neues Produkt. Als erstes benötigt das Unternehmen eine sorgfältige Einschätzung der aktuellen und künftigen Größe des Marktes und seiner verschiedenen Segmente. Um die aktuelle Marktgröße zu bewerten, wird das Unternehmen alle Konkurrenzprodukte erfassen, ihre gegenwärtigen Verkaufszahlen schätzen und über die Frage entscheiden, ob der Markt groß genug ist, um ein weiteres Produkt aufzunehmen.

Von gleicher Wichtigkeit ist das künftige Marktwachstum. Unternehmen bevorzugen verständlicherweise, in die Märkte einzutreten, die ein hohes Wachstumspotential aufzuweisen haben. Das Wachstumspotential kann vom Alter, dem Einkommen und der Nationalität der Zielgruppen abhängig sein, die das Produkt bevorzugt benutzen. Es kann aber auch von größeren Entwicklungen des

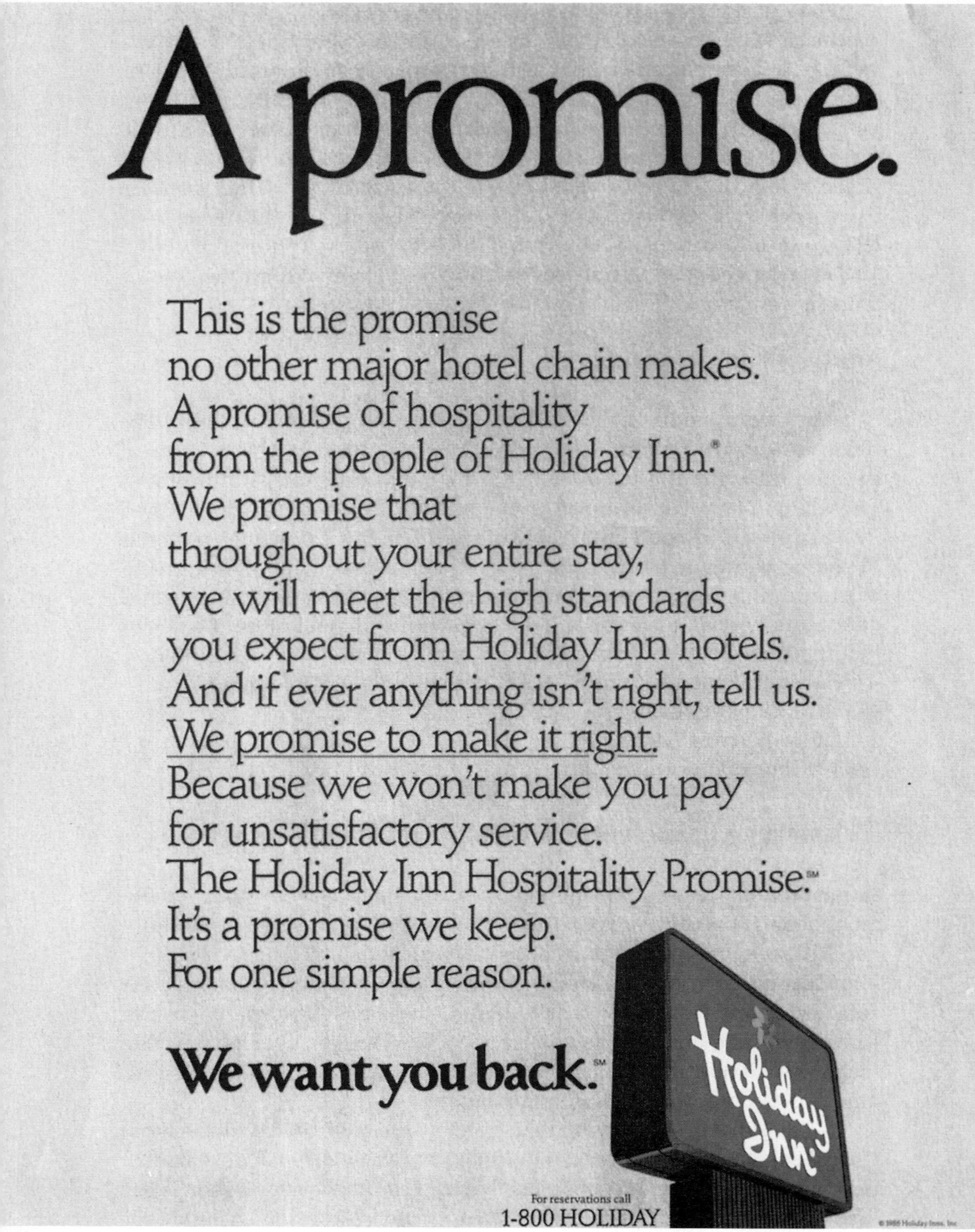

Holiday Inns recognizes that all of the company's people must work to sense, serve, and satisfy customer needs. *Courtesy of Holiday Inns Inc*.

I promise.
I promise.
I promise.
I promise.
I promise.
I promise.
I promise.
ANTHONY HOWSE
BELLMAN
HOLIDAY INN
CROWNE PLAZA
DARREL DAHLBERG
DIR. HOUSEKEEPING
& MAINTENANCE
HOLIDAY INN
ERROL MC INTYRE
EXECUTIVE CHEF
HOLIDAY INN
CHICAGO, ILLINOIS
CRAIG GILLESPIE
GUEST SERVICE REP
HOLIDAY INN
PENSACOLA, FLORIDA
MALCOLM BRIGGS
OWNER
HOLIDAY INN
RICHMOND, VA
SANDRA BEAN
ROOM ATTENDANT
HOLIDAY INN
COLUMBUS, OHIO
TRISHA EVELETH
BARTENDER
HOLIDAY INN
MANCHESTER, N.H.

Umfeldes abhängen, wie z. B. von wirtschaftlichen Bedingungen, Kriminalitätsrate und Änderungen des Lebensstils.

Eine genaue Vorhersage über die Wirkung dieser Einflüsse vorzunehmen, ist schwierig; aber sie muß versucht werden, bevor wichtige Entscheidungen über den Markt getroffen werden. Die Marketinginformations-Spezialisten des Unternehmens werden möglicherweise komplexe Methoden anwenden, um die Nachfrage zu messen und zu prognostizieren.

Marktsegmentierung

Angenommen, es könne in Zukunft mit einer günstigen Nachfrageentwicklung gerechnet werden. Dann muß das Unternehmen entscheiden, wie es auf dem Markt Fuß fassen möchte. Der Markt besteht aus vielen Typen von Konsumenten, Produkten und Bedürfnissen, und der Marketer hat herauszufinden, welche Segmente die besten Chancen bieten, um die Ziele des Unternehmens zu erreichen.

Konsumenten können eingestuft werden nach:

- geographischen Faktoren (Regionen, Städte),
- demographischen Faktoren (Geschlecht, Alter, Einkommen, Bildungsstand),
- psychographische Faktoren (soziale Schicht, Lebensstil),
- Verhaltensfaktoren (Kaufgewohnheiten, gewünschter Nutzen, Anwendungsrate).

Das Verfahren, Konsumenten in Gruppen zu klassifizieren – jede mit unterschiedlichen Bedürfnissen, Charakteristiken oder Verhaltensweisen – wird Marktsegmentierung genannt.

Jeder Markt besteht aus Marktsegmenten, aber nicht alle Arten der Segmentierung sind gleichermaßen brauchbar. Z. B. hätte es wenig Sinn, bei Tylenol Unterschiede zu machen zwischen männlichen und weiblichen Benutzern von schmerzlindernden Mitteln, wenn beide in gleicher Weise auf Marketingansprachen reagieren.

Ein Marktsegment besteht aus Konsumenten, die ähnlich auf bestimmte Marketing-Impulse reagieren.

Auf dem Automarkt bildet z. B. die Gruppe von Konsumenten ein Marktsegment, die das größte und bequemste Auto ungeachtet des Preises auswählen. Ein weiteres Marktsegment wären die Käufer, die vorwiegend auf den Preis und die Betriebskosten achten. Es wäre sehr schwierig, ein Automodell zu entwickeln, das bei allen Käufern an erster Stelle stehen würde. Doch die Unternehmen sind einsichtig genug, ihre Bemühungen auf bestimmte Bedürfnisse der Konsumenten aus einem Marksegment zu konzentrieren. Sie sollten die geographischen, demographischen und Verhaltens-Faktoren sowie andere Charakteristiken jedes einzelnen Marktsegmentes überprüfen, ihre Vorteile bewerten, um beurteilen zu können, welche Zielgruppe wirklich als chancenreichste einzustufen ist.

Zielgruppenfestlegung

Ein Unternehmen kann in einem oder auch mehreren Marktsegmenten Fuß fassen. Eine Gesellschaft mit begrenzten Fähigkeiten oder Ressourcen kann sich nur für ein Marktsegment entscheiden. Ein Unternehmen kann aber auch mehrere Segmente auswählen, die zueinander in Verbindung stehen, vielleicht solche mit unterschiedlichen Kunden, die jedoch gleiche Grundbedürfnisse aufweisen. Eine große Firma kann sich auch dazu entschließen, eine ganze Produktpalette anzubieten, um alle Marktsegmente zu bedienen.

Die meisten Unternehmen entscheiden sich bei Eintritt in einen neuen Markt für ein Marktsegment, und wenn diese Entscheidung sich als erfolgreich erweist, fügen sie noch weitere hinzu. Große Unternehmen streben vielleicht die gesamte Marktabdeckung an. Sie wollen sozusagen die „General Motors“ auf ihrem Gebiet werden. General Motors sagt, daß sie Autos für jedermann, für jeden Zweck und für jede Persönlichkeit herstellen. Das führende Unternehmen in einem Industriezweig hat normalerweise verschiedene Produkte, die dazu bestimmt sind, die speziellen Bedürfnisse eines jeden Marktsegmentes zu befriedigen.

Marktpositionierung

Sobald ein Unternehmen sich für ein Marktsegment entschieden hat, muß es festlegen, welche Positionen es innerhalb dieses Teilmarktes einnehmen möchte. Die Position eines Produktes ist jener Platz, den es in der Meinung der Konsumenten im Vergleich zu den Produkten des Wettbewerbs einnimmt. Wenn ein Produkt als identisch mit einem anderen empfunden wird, das bereits auf dem Markt ist, hätten die Konsumenten keine Veranlassung, diesen neuen Artikel zu kaufen. Deshalb planen Marketer Positionen, die ihre Produkte von anderen unterscheiden. Dieser Unterschied verschafft ihnen einen größeren strategischen Vorteil bei einer Zielgruppe als alle anderen Argumente.

Marktpositionierung bedeutet ein Produkt – im Verhältnis zu Wettbewerbserzeugnissen – deutlich, unverwechselbar und als wünschenswert in der Meinung der Zielgruppe zu verankern.

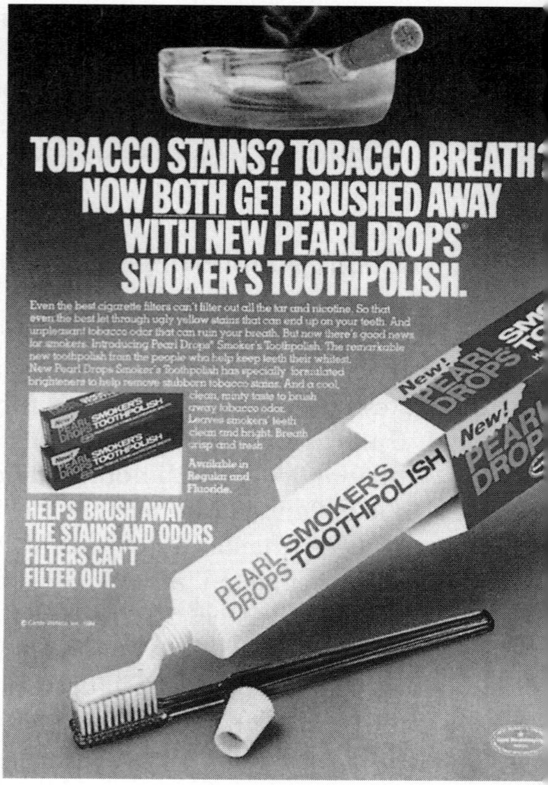

Segmentation and targeting: Crest targets broadly to parents and other adults—Pearl Drops targets smokers. *Courtesy of The Procter & Gamble Company*.

So z. B. sind Yugo-Automobile als preisgünstige Wagen positioniert; Jaguar als „Verschmelzung von Kunst und Maschine“ und Saab als „smartester Wagen, der je gebaut wurde“. Colgate positioniert seine Marke Colgate als Zahnpasta „mit dem höchstmöglichen Schutz vor Fluoriden“, und die Marke Dentagard als Zahnpasta, „die Plaque bekämpft“. American Airlines ist „etwas Besonderes in der Luft“, und Delta „bringt Dich dorthin“.

Um eine Produktpositionierung planen zu können, muß ein Unternehmen zuerst alle bestehenden Positionen der Produkte und Marken erfassen, die gegenwärtig die Segmente seines Marktes bedienen. Als nächstes muß herausgefunden werden, welches die wichtigsten Produkteigenschaften sind, die von den Konsumenten gewünscht werden. Anschließend wählt das Unternehmen eine Position aus, die darauf beruht, daß ihr Produkt bestimmte Verbraucherbedürfnisse besser zu befriedigen vermag als dies die Erzeugnisse des Wettbewerbs können. Zum Schluß wird ein Marketing-Programm entwickelt, das diese Positionierung des Produktes der Zielgruppe näherbringt.

Entwicklung des Marketing-Mix

Sobald sich das Unternehmen für eine Positionierungs-Strategie entschieden hat, können die Einzelheiten des Marketing-Mix geplant werden. Das Marketing-Mix ist eines der wichtigsten Konzepte im modernen Marketing. Wir definieren es folgendermaßen:

> **Marketing-Mix ist eine Kombination kontrollierbarer Marketing-Variablen, die ein Unternehmen aufeinander abgestimmt einsetzt, um die gewünschte Wirkung bei der Zielgruppe zu erreichen.**

Das Marketing-Mix besteht aus allen Aktivitäten, die ein Unternehmen ergreifen kann, um die Nachfrage nach seinem Produkt zu beeinflussen. Die zahlreichen Möglichkeiten können in vier Gruppen zusammengefaßt werden, die als die „vier P" bekannt sind:
- Produkt,
- Preis,
- Plazierung,
- Promotion.[12]

Die verschiedenen Marketing-Variablen unter jedem „P" werden in Abbildung 2-7 gezeigt.

ABBILDUNG 2-7
Die vier P des Marketing-Mix

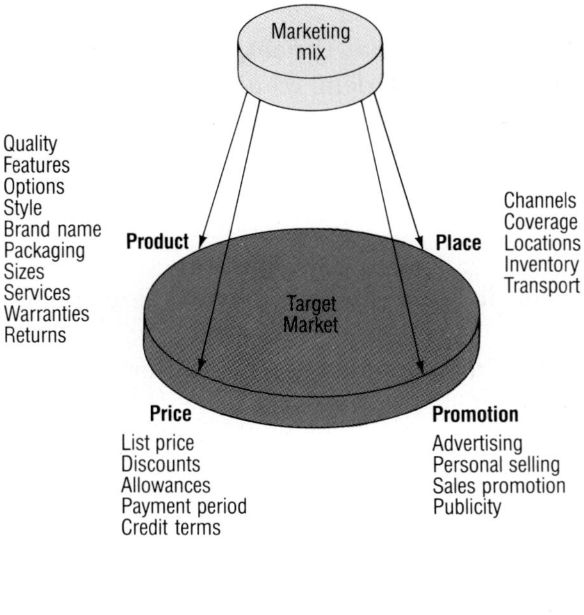

FIGURE 2-7
The Four Ps of the Marketing Mix

„Produkt“ steht für die Kombination „Ware und Service“, die das Unternehmen der Zielgruppe anbietet. So besteht z. B. das „Produkt“ von Colgates Dentagard aus 4,5 Unzen pink-farbener Paste in einer weiß-blauen Verpackung, versehen mit der Telephonnummer 1-800, die Konsumenten wählen können, falls sie Fragen oder Kommentare abzugeben haben.

„Preis“ steht für den Geldbetrag, den der Verbraucher zu zahlen hat, um dieses Produkt zu erhalten. Für Dentagard schlägt Colgate Einzelhandels- und Großhandelspreise vor, sowie Rabatte und sonstige Preisnachlässe und Zahlungsbedingungen. Der Preis muß in einem angemessenen Verhältnis zu dem empfundenen Wert des Produktes stehen, andernfalls werden die Konsumenten Konkurrenzprodukte kaufen.

„Plazierung“ steht für Unternehmensaktivitäten, die das Produkt für die Zielgruppe verfügbar machen. So wählt z. B. Colgate Groß- und Einzelhändler aus, drängt sie, die Waren auszustellen und für sie zu werben, überprüft die Regalauffüllung und arrangiert den Produktversand sowie die Lagerhaltung.

„Promotion“ steht für Aktivitäten, die die Vorteile des Produktes bekanntmachen und die Zielgruppe beeinflussen, das Produkt zu kaufen. So gibt z. B. Colgate Geld für Werbung aus, stellt Verkäufer ein und betreibt Verkaufsförderung sowie Öffentlichkeitsarbeit für sein Dentagard.

Das Managen der Marketingbemühungen

Grundsätzlich hat jedes Unternehmen die Absicht, jenes Marketing-Mix zu gestalten und einzusetzen, mit dem es die Ziele in seinen Märkten am besten verwirklichen kann.

Dieses Vorhaben umschließt vier Marketing-Management-Funktionen:

- Analyse,
- Planung,
- Durchführung (im folgenden auch als Implementierung bezeichnet),
- Kontrolle.

Diese Funktionen werden im folgenden kurz erläutert und im Kapitel 3 ausführlicher behandelt.

Marketinganalyse

Die Organisation der Marketing-Funktionen beginnt mit einer umfassenden Analyse der Unternehmenssituation. Das Unternehmen muß seine Märkte und seine Marketing-Umgebung analysieren, um attraktive Möglichkeiten zu finden und um umfeldbedingte Einbußen zu vermeiden.

Es muß seine Stärken und Schwächen untersuchen sowie aktuelle und denkbare Marketingaktivitäten, um entscheiden zu können, welche Möglichkeiten am zweckmäßigsten verfolgt werden sollten. Die Marketinganalyse stellt Informationen und andere Inputs jeder einzelnen Marketing-Management-Funktion zur Verfügung.

Marketingplanung

Über die strategische Planung entscheidet das Unternehmen, was es mit jedem Geschäftsbereich vorhat. Marketingplanung umschließt die Entscheidung über Marketingstrategien, mit deren Hilfe das Unternehmen seine übergeordneten Ziele erreicht. Für jeden Geschäftsbereich, für jedes Produkt und für jede einzelne Marke ist ein detaillierter Marketingplan erforderlich. Angenommen, Helene Curtis entschließt sich, den „Suave"-Marktanteil wegen des starken Wachstumspotentials dieses Marktes weiter auszubauen. Der „Suave-Produktmanager„ wird dann einen Marketingplan entwickeln, um dieses Wachstumsziel von Suave zu verwirklichen.

Marketing-Implementierung

Eine gute Marketinganalyse und -planung bilden nur die Voraussetzung für die Erzielung positiver Unternehmensergebnisse. Die Marketingpläne müssen auch realisiert werden. Es ist oft einfacher, gute Marketingstrategien zu entwickeln als sie in die Tat umzusetzen.

Auf allen Stufen des Unternehmens müssen die Leute miteinander kooperieren, um diese Marketingstrategien und -pläne zu verwirklichen. Die Marketingmitarbeiter müssen eng mit ihren Kollegen aus dem Finanz-, Verkaufs- und Produktionsbereich oder sonstigen Abteilungen zusammenarbeiten. Darüber hinaus müssen zahlreiche Personen und Organisationen außerhalb des Unternehmens bei der Verwirklichung behilflich sein: Lieferanten, Wiederverkäufer, Werbeagenturen, Forschungsunternehmen und Medien. Sie alle müssen effektiv an der Implementierung der Marketingpläne mitwirken.

Der Implementierungsprozeß besteht aus fünf Elementen:

- Aktionsprogramme
- Organisationsstruktur des Unternehmens
- Entscheidungs- und Vergütungssysteme
- Humankapital (Arbeitskräfte)
- Betriebsklima und Unternehmenskultur

Zwecks erfolgreicher Durchführung der Marketingpläne und -strategien muß das Unternehmen diese Elemente zu einem geschlossenen Programm zusammenfügen. Wir werden diese Elemente in Teil 3 ausführlicher erläutern.

Marketingkontrolle

Bei der Durchführung von Marketingplänen können zahlreiche Überraschungen auftreten. Um zu gewährleisten, daß die Ziele erreicht werden, benötigt das Unternehmen verschiedene Kontrollverfahren. Auf diese Weise wird sichergestellt, daß die Verkaufs- und Gewinnziele sowie andere Vorgaben des Jahresplanes realisiert werden. Kontrolle setzt voraus, daß die Ziele genau definiert worden sind; wichtig sind aber auch eine richtige Einschätzung der aktuellen Marktvorgänge, zutreffende Ursachenfeststellungen bei erheblichen Planabweichungen und sinnvolle Entscheidungen über geeignete Korrekturmaßnahmen, um die Lücken schließen zu helfen. Kontrolle kann sowohl die Notwendigkeit aufdecken, daß die Durchführungsbemühungen intensiviert werden müssen aber auch eine Änderung der Ziele zur Folge haben.

Hin und wieder sollte das Unternehmen auch versuchen, Abstand zu gewinnen und seine generellen Marktmethoden überdenken. Auf diese Weise kann sichergestellt werden, daß die Ziele, Vorgangsweisen, Strategien und Programme des Unternehmens angesichts sich schnell ändernder Umweltbedingungen noch die richtigen sind.

Große Unternehmen wie Chrysler, International Harvester, Singer und AP mußten alle harte Zeiten überstehen, weil sie die veränderten Marktbedingungen nicht rechtzeitig erkannt und deshalb geeignete Anpassungsmaßnahmen versäumt hatten.

Ein wichtiges Hilfsmittel für solche Strategiekontrollen ist das Marketing Audit, das in Kapitel 3 beschrieben wird.

Das Marketingumfeld

Die Organisation der Marketingfunktionen wäre schon schwierig genug, wenn der Marketer lediglich mit den kontrollierbaren Marketing-Mix-Variablen zu tun hätte. Aber das Unternehmen agiert in einem komplexen Marketing-Umfeld, das aus unkontrollierbaren Kräften besteht, denen es sich anpassen muß. Dieses Umfeld bietet einerseits Chancen, enthält aber andererseits zahlreiche Gefahren. Das Unternehmen muß sorgfältig sein Umfeld analysieren, damit es die Gefahren vermeiden und die Möglichkeiten nutzen kann.

Unternehmen mögen der Meinung sein, für sie bestünden nur wenig Möglichkeiten; aber diese Auffassung zeigt nur ihren Mangel an „strategischem Denken“. Sie wissen zu wenig über ihren Markt und über ihre Stärken. Jedes Unternehmen sieht sich vielen Möglichkeiten gegenüber. Nach neuen Chancen kann von Fall zu Fall oder systematisch gesucht werden. Viele Firmen stoßen auf neue Ideen, weil sie einfach ihre Augen und Ohren offenhalten. Andere Firmen wiederum wenden formale Methoden an, um ihr Marketingumfeld zu analysieren.

Nicht alle sich bietenden Möglichkeiten sind auch für das Unternehmen geeignet. Eine Marketingmöglichkeit muß auch zu den Zielen und Ressourcen eines Unternehmens passen. So sind Personal Computer z. B. ein attraktiver Industriezweig, aber nicht für jedes Unternehmen. Wir sind z. B. der Ansicht, daß Personal Computer für McDonald's nicht geeignet wären. McDonald's strebt in seinem „Fast-food"-Bereich Umsätze, Wachstum und Gewinne auf einer sehr hohen Ebene an. Obwohl McDonald's über umfangreiche Ressourcen verfügt, fehlen ihm das technische Know how, die industrielle Marketingerfahrung sowie die speziellen Vertriebskanäle, die für einen erfolgreichen Verkauf von Personal Computern erforderlich sind.

Das Marketingumfeld eines Unternehmens umschließt nahestehende Kräfte, die seine Fähigkeiten beeinflussen, den Konsumenten zu dienen, wie z. B. andere Abteilungen, Vertriebspartner, Lieferanten, Konkurrenten oder Interessensgruppen. Dazu zählen aber auch breitere demographisch-ökonomische, politisch-legislative, technologisch-ökologische und sozio-kulturelle Kräfte. Das Unternehmen muß all diese Akteure und Kräfte in Erwägung ziehen, wenn es sein Angebot entwickelt und auf den Zielmärkten positioniert.

ZUSAMMENFASSUNG

Strategische Planung umfaßt die Entwicklung einer Strategie für das langfristige Überleben und Wachstum des Unternehmens. Marketing unterstützt die strategische Planung. Die strategische Gesamtplanung legt die Rolle des Marketing im Unternehmen fest. Marketer bedienen sich des Marketing Management-Prozesses, um ihrer Aufgabe in der Organisation gerecht zu werden.

Nicht alle Unternehmen verfügen über eine formale Planung oder bedienen sich dieser in geeigneter Weise. Dennoch bietet die formale Planung verschiedene Vorteile. Dazu zählen vor allem systematisches Denken, bessere Koordination der Anstrengungen des Unternehmens, klarer umrissene Ziele sowie verfeinerte Messung der Leistung – Vorteile, die zu höheren Umsätzen und Gewinnen führen können. Unternehmen erstellen drei Arten von Plänen: jährliche, langfristige und strategische Pläne.

Strategische Planung bildet das Gerüst für den übrigen Teil der Unternehmensplanung. Der Prozeß der strategischen Planung besteht aus der Festlegung des Unternehmenszwecks sowie der Operations- und Ergebnisziele, der Gestaltung des Unternehmensportfolios und der Funktionspläne.

Die Gestaltung einer folgerichtigen Aufgabendarlegung ist ein herausforderndes Unterfangen. Die Aufgabenstellung sollte marktorientiert, durchführbar, motivierend und präzise sein, wenn sie dazu bestimmt ist, das Unternehmen zu seinen größten Marktchancen hin zu lenken. Aus der Aufgabenstellung werden die Operations- und Ergebnisziele abgeleitet und zu einem System zusammengefügt, das als „Management by Objectives" bekannt ist.

Um das zu ermöglichen, erfordert die strategische Planung die Analyse des Unternehmensportfolios und eine Entscheidung darüber, welche Produkt- oder Geschäftsbereiche mehr oder weniger Ressourcen zugeteilt bekommen. Das Unternehmen kann sich dafür formaler Portfolio-Planungsmethoden bedienen, wie z. B. die von der BCG entwickelte zweidimensionale „Growth-share"-Matrix. Die meisten Unternehmen jedoch entwickeln derzeit Planungsmethoden, die stärker kundenorientiert sind und besser zu ihrer spezifischen Situation passen.

Außer der Bewertung bestehender strategischer Geschäftseinheiten muß das Unternehmen die Ausweitung seiner Aktivitäten auf neue Geschäftsbereiche und Produkte planen. Das Produkt-Markt-Expansionsraster (product-market expansion grid) zeigt vier mögliche Wege für das Wachstum auf: Marktdurchdringung erfordert mehr Verkäufe bestehender Produkte an gegenwärtige Kunden. Marktentwicklung umfaßt das Erkennen und die Erschließung neuer Märkte für die laufenden Produkte. Produktentwicklung bedeutet, auf bestehenden Märkten neue oder verbesserte Produkte anzubieten. Diversifikation schließlich ist der Einstieg in Geschäftsbereiche, die völlig außerhalb der laufenden Produktpalette und der bearbeiteten Märkte liegen.

Jeder Funktionsbereich des Unternehmens stellt Informationen für die strategische Planung zur Verfügung. Sobald die strategischen Ziele festgelegt worden sind, erstellt das Management jeder Geschäftseinheit eine Reihe von Funktionsplänen, die die Aktivitäten des Marketing-, Finanz- und des Produktionsbereichs sowie der anderen Abteilungen aufeinander abstimmen.

Jeder Funktionsbereich hegt unterschiedliche Vorstellungen darüber, welche Ziele und Aktivitäten die wichtigsten sind. Die Marketingabteilung macht sich den Standpunkt der Verbraucher zu eigen. Andere Funktionsbereiche vertreten davon abweichende Auffassungen. Das führt zu Konflikten zwischen Abteilungen. Die Marketing-Manager müssen die Standpunkte der anderen Funktionsbereiche verstehen und mit anderen Managern zusammenarbeiten, um ein System von Plänen zu entwickeln, das die übergeordneten Unternehmensziele am besten zu verwirklichen hilft.

Um ihre Aufgaben in der Organisation zu erfüllen, bedienen sich Marketer des Marketing-Management-Prozesses. Die Konsumenten bilden das Zentrum dieses Prozesses. Das Unternehmen unterteilt den Gesamtmarkt in kleinere Segmente und wählt jene Teilmärkte aus, die es am besten bedienen kann. Anschließend entwickelt es ein Marketing-Mix, das geeignet erscheint, diese Zielsegmente zu gewinnen und zufriedenzustellen.

Um das zweckmäßigste Mix zu finden und zu realisieren, befaßt sich das Unternehmen mit Marketing-Analysen, Planung, Durchführung und Kontrolle. Mit Hilfe dieser Aktivitäten beobachtet das Unternehmen sein Marketing-Umfeld und paßt sich diesem im erforderlich erscheinenden Maße an.

DISKUSSIONSFRAGEN

1. Planung ist entscheidend für den Erfolg einer Organisation. Skizzieren Sie mit eigenen Worten die Vorteile der Planung.
2. Warum ist die strategische Planung für Unternehmen, die sich auf die neunziger Jahre zu bewegen, ein derart wichtiger Prozeß.
3. Beschreiben Sie kurz die von der Boston Consulting Group entwickelten vier Typen strategischer Geschäftseinheiten (strategic business units). Ordnen Sie die aktuellen Auto-Modelle der Firma Ford jeweils einer der vier Kategorien zu. Rechtfertigen Sie bitte im einzelnen Ihre Auswahl.
4. Erläutern Sie, wie die McDonald's Corporation das Produkt-Markt-Expansionsraster (product/market expansion grid) nutzen könnte, um Wachstumsmöglichkeiten zu erkennen.
5. Wenn ein Unternehmen das Marketingkonzept übernommen hat, beabsichtigt es, die verschiedenen Unternehmensfunktionen zwecks Zufriedenstellung der Kunden zu verschmelzen. Kommentieren Sie bitte diese Behauptung.
6. Fassen Sie kurz den Marketing-Management-Prozeß zusammen.
7. Nennen Sie die vier „P" im Marketing-Mix und zählen Sie einige typische Entscheidungen auf, die Unternehmen bezüglich jedes einzelnen Elements des Marketing-Mix treffen.
8. Es wird behauptet, daß der Erfolg der Firma L'eggs Panty Hose darauf zurückzuführen ist, daß das Unternehmen die Faktoren des Marketing-Mix zu nutzen versteht. Erläutern Sie die wichtigen Marketing-Mix-Variablen, die für L'eggs von Relevanz waren.
9. Marketer operieren nicht in einem Vakuum. Das bedeutet, daß sie auch jene Faktoren und Kräfte außerhalb ihrer Kontrolle in Betracht ziehen müssen, die auf ihre Fähigkeit, die Zielgruppen zu bedienen, einen Einfluß haben könnten. Nennen Sie jene unternehmensseitig nicht kontrollierbaren Elemente, die während der strategischen Planung berücksichtigt werden müssen.

SCHLÜSSELBEGRIFFE

Unternehmensportfolio *(business portfolio)*. Die Zusammenstellung jener Geschäftsbereiche und Produkte, die das Unternehmen bilden.

„Cash cows". Geschäftseinheiten oder Produkte, die mit hohem Anteil in nur geringfügig wachsenden Märkten etabliert sind und einen

Rückfluß finanzieller Mittel bewirken, die vom Unternehmen benutzt werden, um Rechnungen zu begleichen und um andere Geschäftseinheiten zu unterstützen, die Investitionen benötigen.

Diversifikation *(diversification).* Eine Strategie zur Förderung des Unternehmenswachstums, die durch Aufbau oder Ankauf von Geschäftsbereichen gekennzeichnet ist, die außerhalb der laufenden Produktpalette und bearbeiteten Märkte liegen.

„Dogs". Geschäftsbereiche und Produkte, die mit geringem Anteil auf einem langsam wachsenden Markt etabliert sind und genug Bargeld abwerfen können, um sich selbst zu erhalten; von denen aber nicht anzunehmen ist, daß sie sich zu einer großen Geldquelle entwickeln werden.

Marktentwicklung *(market development).* Eine Wachstumsstrategie für Unternehmen, die durch Erkennung und Erschließung neuer Marktsegmente für bestehende Produkte des Unternehmens gekennzeichnet ist.

Marktdurchdringung *(market penetration).* Eine Strategie zur Förderung des Unternehmenswachstums, die auf einer Steigerung der Verkäufe laufender Produkte in bestehende Marktsegmente beruht, ohne irgendwelche Produktänderungen vorzunehmen.

Marktpositionierung *(market positioning).* Die geplante Ausrichtung eines Produktes, im Bewußtsein der Zielgruppe einen unverwechselbaren, besonderen und erwünschten Platz im Vergleich zu den Produkten des Wettbewerbs einzunehmen.

Marktsegment *(market segment).* Eine Gruppe von Konsumenten, die in ähnlicher Weise auf bestimmte Marketing-Impulse reagiert.

Marktsegmentierung *(market segmentation).* Das Verfahren, Kunden in Gruppen mit unterschiedlichen Bedürfnissen, Charakteristiken oder Verhaltensweisen zu klassifizieren.

Marketing-Mix *(marketing mix).* Die Anzahl von kontrollierbaren Marketing-Variablen, die ein Unternehmen miteinander kombiniert, um die gewünschte Wirkung bei der Zielgruppe zu erreichen.

Darlegung der Unternehmensaufgaben *(mission statement).* Eine Darstellung des Unternehmenszwecks beziehungsweise der Aufgabe, die das Unternehmen – oder die Organisation – im größeren Umfeld erfüllen möchte.

Produktentwicklung *(product development).* Eine Strategie zur Bewirkung von Unternehmenswachstum, die auf dem Anbieten modifizierter, geänderter oder neuer Produkte auf bestehenden Märkten beruht.

„Fragezeichen" *(„question marks").* Geschäftseinheiten mit geringem Anteil an einem Markt mit hohen Wachstumsraten, die eine Menge Bargeld erfordern, um ihren Anteil zu halten, oder um Stars zu werden.

„Stars". Geschäftseinheiten oder Produkte, die mit hohem Anteil auf einem Wachstumsmarkt etabliert sind. Sie erfordern oft beachtliche Investitionen, um ihr rasches Wachstum zu finanzieren.

Strategische Geschäftseinheit *(strategic business unit).* Ein Unternehmensbereich, der eigene Aufgabenstellungen und eigene Ziele aufzuweisen hat und dessen Planung unabhängig von anderen Geschäftsbereichen erfolgen kann. Eine strategische Geschäftseinheit kann entweder ein Unternehmensbereich oder eine Produktgruppe innerhalb einer Division oder mitunter nur ein einzelnes Produkt oder eine Marke sein.

Strategieplanung *(strategic planning).* Strategieplanung ist der Prozeß der Entwicklung und Aufrechterhaltung einer langfristigen Übereinstimmung zwischen den Zielen und dem Leistungspotential eines Unternehmens und seiner sich ändernden Marktchancen. Sie beruht auf der Entwicklung einer konkreten Aufgabenstellung des Unternehmens, einer Unterstützung der Unternehmensziele sowie auf einem vernünftigen Unternehmensportfolios und aufeinander abgestimmter Funktionsstrategien.

FUSSNOTEN

1. Bezüglich weiterer Informationen wird verwiesen auf „Dart & Kraft Turns Back to Its Basic Business – Food," Business Week, 11. Juni 1984, S. 100–05; und James E. Ellis, „Dart & Kraft: Why It'll Be Dart and Kraft," Business Week, 7. Juli 1986, S. 33.
2. Melville C. Branch, The Corporate Planning Process (New York: American Management Association, 1962), S. 48–49.
3. Vergleiche hierzu Peter Drucker, Management: Tasks, Responsibilities, Practices (New York: Harper & Row, 1973), Kapitel 7.
4. Theodore Levitt, „Marketing Myopia," Harvard Business Review, Juli–August 1960, S. 45–56.
5. Faye Rice, „Guess Who's the Sultan of Sweat," Fortune, 16. April 1984, S. 52–56.
6. Bezüglich weiterer Literatur über diese und andere Portfolio-Analyse-Methoden wird verwiesen auf Philippe Haspeslagh, „Portfolio Planning: Limits and Uses," Harvard Business Review, Jänner–Februar 1982, S. 58–73; Yoram Wind and Vijay Mahajan, „Designing Product and Business Portfolios," Harvard Business Review, Jänner–Februar 1981, S. 155–65; und Yoram Wind, Vijay Mahajan und Donald J. Swire, „An Empirical Comparison of Standardized Portfolio Models," Journal of Marketing, Frühjahr 1983, S. 89–99.
7. „The New Breed of Strategic Planner," Business Week, 17. September 1984, S. 63.
8. Vergleiche hierzu Haspeslagh, „Portfolio Planning," S. 59.
9. H. Igor Ansoff, „Strategies for Diversification," Harvard Business Review, September–Oktober 1957, S. 113–24.
10. Bezüglich weiterer Literatur über die Rolle des Marketing wird verwiesen auf Paul F. Anderson, „Marketing, Strategic Planning and the Theory of the Firm," Journal of Marketing, Frühjahr 1982, S. 15–26; sowie Yoram Wind und Thomas S. Robertson, „Marketing Strategy: New Directions for Theory and Research," Journal of Marketing, Frühjahr 1983, S. 12–25.
11. Bezüglich weiterer Literatur wird verwiesen auf Yoram Wind, „Marketing and the Other Business Functions," in Research in Marketing, Bd. 5, Jagdish N. Sheth, Hrsg. (Greenwich, CT: JAI Press, 1981), S. 237–56.
12. Die Einteilung in vier „P" wurde zuerst vorgeschlagen von E. Jerome McCarthy, Basic Marketing: A Managerial Approach (Homewood, IL: Irwin, 1960).

Courtesy of IBM.

3. KAPITEL

Planung, Durchführung und Kontrolle von Marketing-programmen

LERNZIELE DIESES KAPITELS

Nachdem Sie dieses Kapitel gelesen haben, müßten Sie in der Lage sein

1. die Teile eines Marketingplanes zu erkennen und deren Inhalte zu beschreiben,
2. zu erklären, warum einige Unternehmen Schwierigkeiten bei der Realisierung von Marketingplänen und -programmen haben,
3. die Elemente des Marketing-Implementierungsprozesses zu beschreiben,
4. die vier verschiedenen Möglichkeiten zu vergleichen wie eine Marketingabteilung organisiert werden kann,
5. die drei Wege zu erklären, wie Unternehmen ihre Marketingaktivitäten kontrollieren können.

In den siebziger Jahren wurde IBM schwerfällig und bürokratisch. Die Umsätze des 50-Milliarden-Dollar-Unternehmens wuchsen jährlich um 13 Prozent und IBM dominierte das Segment der Großrechenanlagen. Die tiefgegliederte und traditionsgebundene IBM-Organisation hatte jedoch Schwierigkeiten, in den sich schnell wandelnden und wachstumsstarken Marktsegmenten mit kleineren und flexibleren Gesellschaften zu konkurrieren. Der Marktanteil von IBM in der Informationsverarbeitungsbranche fiel von 60 Prozent in den späten sechziger Jahren auf weniger als 40 Prozent im Jahre 1980.

Deshalb waren Industrieexperten skeptisch, als sich IBM zu Beginn der achtziger Jahre dazu entschloß, in den Personal-Computer-Markt einzusteigen. Die Strategie klang einleuchtend: den Namen und die Reputation von IBM, die für Qualität und Service bürgten, in das am stärksten expandierende Segment des Computermarktes hineinzutragen. Mit Personal Computern begab sich das Unternehmen jedoch auf ein neues Marktterritorium und hatte ein im Vergleich zum bisherigen Sortiment unterschiedliches Produkt an andere Käufer unter anderen Konkurrenzbedingungen zu verkaufen. Die Frage war, ob es der großen, traditionsbewußten IBM-Organisation gelingen konnte, eine Strategie zu entwickeln und durchzusetzen, die sich so grundlegend von den vorherigen unterschied. Trotz ihrer Größe und Marktmacht glaubten nur wenige an einen schnellen Erfolg von IBM in der Personal Computer Branche.

In der Marketingpolitik für die neuen Personal-Computer hielt IBM jedoch einige Überraschungen bereit. Man wandte sich völlig von herkömmlichen Methoden ab und brach mit zahlreichen lang bestehenden Grundsätzen. Es wurde eine spezielle Geschäftseinheit geschaffen – Entry Systems genannt –, der die gesamte Verantwortung für die IBM Personal-Computer übertragen wurde. Diese unabhängige „Gesellschaft“ innerhalb des Unternehmens entwickelte eine Unternehmenskultur und Vorgangsweise, die jener kleinerer Wettbewerber ähnelt. Losgelöst von dem engen IBM-Kontroll-System, setzte sich Entry Systems über die Unternehmenstradition hinweg und tat viele Dinge, die für IBM unüblich waren, z. B.:

1. IBM hatte seine Computer stets von Grund auf selbst gebaut, d. h. unter ausschließlicher Verwendung selbst hergestellter elektronischer Teile. Um die Personal-Computer schneller auf den Markt bringen zu können, griff Entry Systems auf sofort verfügbare Bauteile außerhalb des Unternehmens stehender Lieferanten zurück.

2. IBM hatte stets sorgfältig auf seine Computerkonstruktionen geachtet und seine Software selbst entwickelt. Nicht so jedoch bei den Personal-Computern. Um die Akzeptanz und den Umsatz zu erhöhen, veröffentlichte Entry Systems die technischen Spezifikationen seiner Personal-Computer. Diese Bekanntgabe des Aufbaus erleichterte es außenstehenden Firmen, IBM-kompatible Software zu entwickeln. Die daraus resultierende Fülle verfügbarer Software machte den PC von IBM für die Kunden noch attraktiver. Die IBM-Geräte wurden bald zum Standard für die Software-Hersteller.

3. IBM hatte stets seine Produkte direkt über eine eigene Absatzorganisation verkauft. Für den PC jedoch griff Entry Systems auf ein großes Netz unabhängiger Einzelhändler zurück, darunter auch auf so große wie Sears oder Computerland.

4. Bis in die späten siebziger Jahre wurden bei IBM Produkt- und Preisänderungen verläßlich nur sehr langsam vorgenommen. Entry Systems jedoch wandte Millionen auf, um moderne Produktionsanlagen zu errichten, die Personal-Computer zu geringen Kosten herstellen konnten und eine aggressive Preispolitik ermöglichten, mit der die Konkurrenten aus dem Gleichgewicht gebracht wurden.

Im Rahmen der Planung und Implementierung seiner Strategie für den Einstieg in den Personal-Computer-Markt hat IBM zahlreiche Strukturänderungen vorgenommen sowie Taktiken angewendet, die sich von den traditionellen grundlegend unterschieden. Diese neue Vorgangsweise hat sich ausgezahlt. Nach nur zweieinhalb Jahren hatten die IBM Personal-Computer einen Marktanteil von 35 Prozent erreicht (60–70 Prozent in dem von IBM bearbeiteten Teilmarkt). Durch diesen Erfolg wurden Dutzende von Konkurrenten aus dem Markt geworfen. Die neue Methode war so wirkungsvoll, daß IBM sogar weitere spezielle Geschäftsbereiche schuf, um Produkte für rasch wachsende Märkte zu entwickeln, wie z. B. Software, Roboter, hochtechnologische medizinische Geräte und andere Artikel.[1]

In diesem Kapitel sollen die einzelnen Funktionen des Marketing-Managements (Analyse, Planung, Implementierung und Kontrolle) genauer untersucht werden. In Abbildung 3-1 werden die Beziehungen zwischen diesen Marketingaktivitäten verdeutlicht. Das Unternehmen entwickelt zunächst einmal globale Strategiepläne. Diese werden dann für jede Division, jedes Produkt und jede Marke zu einzelnen Marketing- und anderen Plänen umgeformt.

Durch die Implementierung werden die Strategie- und Marketingpläne in Maßnahmen umgesetzt, mittels derer die strategischen

FIGURE 3-1
The Relationship between Analysis, Planning, Implementation, and Control

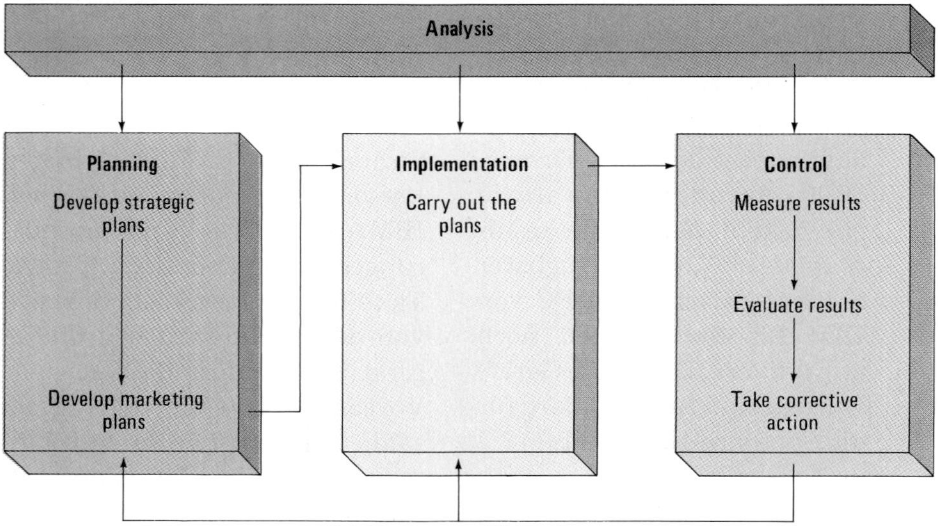

ABBILDUNG 3-1
Die Beziehungen zwischen Analyse, Planung, Durchführung und Kontrolle

Zielsetzungen des Unternehmens erreicht werden. Marketingpläne werden von Mitarbeitern der Marketingabteilung realisiert, die mit anderen Kollegen der Firma, aber auch mit Außenstehenden zusammenarbeiten. Die Kontrolle besteht aus der Feststellung und Bewertung der Resultate, die mittels der Marketing-Pläne und -Aktivitäten erbracht worden sind. Dazu gehört auch das Ergreifen von Korrekturmaßnahmen, um sicherzustellen, daß die angestrebten Ziele erreicht werden. Die Marketinganalyse stellt die Informationen und Einschätzungen zur Verfügung, die für alle anderen Marketing-Management-Aktivitäten nötig sind.

Wir werden uns zunächst der Planung zuwenden, damit alle Faktoren überblickt werden können, die die Marketer bei der Gestaltung von Marketingprogrammen berücksichtigen müssen. Das bedeutet aber nicht, daß immer mit der Planung begonnen werden oder daß sie beendet sein muß, bevor die Marketer sich anderen Aktivitäten zuwenden. Abbildung 3-1 zeigt, daß Planung und andere Aktivitäten eng zusammenhängen. Marketer müssen ihre Analyse, Implementierung und Kontrollaktivitäten planen. Die Analyse stellt Inputs für Planung, Implementierung und Kontrolle zur Verfügung. Die Kontrolle erbringt das Feedback für die künftige Planung und Implementierung.

Im Anhang dieses Kapitels werden Marketingpläne erläutert und erklärt, wie Pläne von der Marketingabteilung verwirklicht und kontrolliert werden. Im vierten Kapitel sollen dann zahlreiche Arbeitsmittel überprüft werden, die für die Marketinganalyse verwendet werden.

MARKETINGPLANUNG

Der Strategieplan definiert den Unternehmenszweck und die Unternehmensziele. Innerhalb jeder Geschäftseinheit müssen dann Aufgabenpläne vorbereitet werden – einschließlich der Marketingpläne. Wenn eine Geschäftseinheit aus mehreren Produktlinien, Marken und Märkten besteht, müssen jeweils gesonderte Pläne entwickelt werden. Die Marketingplanung kann entweder Produkt- und Markenkonzeptionen oder Marktpläne enthalten.

Wie sieht nun ein solcher Marketingplan aus? Die folgenden Ausführungen konzentrieren sich auf Produkt- oder Markenpläne. Ein Produkt- oder Markenplan sollte folgende Bereiche umfassen:

- Kurzfassung (executive summary),
- aktuelle Marketingsituation (current marketing situation),
- Bedrohungen und Chancen (threats and opportunities),
- Ziele und Ergebnisse (objectives and issues),
- Marketingstrategien,
- Aktionsprogramme,
- Budgets,
- Kontrollen.

FIGURE 3-2
Components of the Marketing Plan

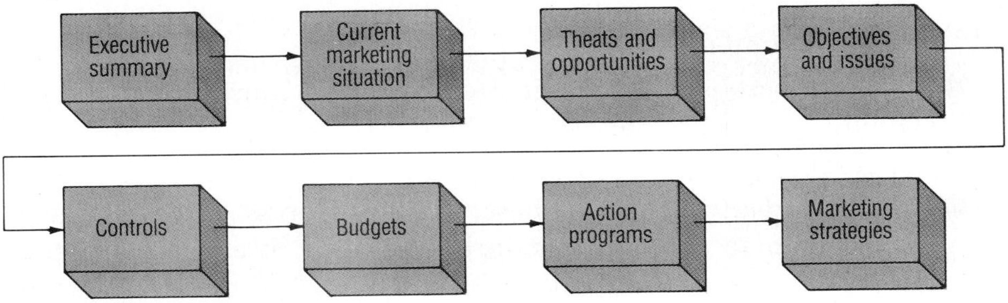

ABBILDUNG 3-2
Bestandteile des Marketing-Plans

Kurzfassung

Der Marketingplan sollte mit einer Kurzfassung der im Plan enthaltenen Hauptziele und Empfehlungen beginnen. Hierzu ein kleines Beispiel:

> *Der Marketingplan des Jahres 1987 soll dem Unternehmen zu einer erheblichen Steigerung der Umsätze und Gewinne gegenüber dem Vorjahr verhelfen. Das Umsatzziel wird mit 80 Millionen Dollar festgelegt, das bedeutet einen 20prozentigen Umsatzzuwachs. Wir halten diesen Zuwachs für realisierbar aufgrund der verbesserten Wirtschafts-, Wettbewerbs- und Vertriebssituation. Die Ertragsspanne beträgt acht Millionen Dollar, das ist eine 25prozentige Erhöhung gegenüber dem Vorjahr. Um diese Ziele verwirklichen zu können, wird das Verkaufsförderungsbudget mit 1,6 Millionen Dollar, das sind zwei Prozent des erwarteten Umsatzes, veranschlagt. Das Werbebudget wird auf 2,4 Millionen Dollar oder drei Prozent des geplanten Umsatzes festgelegt...* (weitere Einzelheiten folgen).

Diese Kurzfassung hilft dem Top-Management, die wichtigsten Punkte des Planes schnell vor Augen zu haben. Eine Inhaltsangabe sollte der Kurzfassung folgen.

Aktuelle Marketingsituation

Der erste Hauptteil des Planes beschreibt den Zielmarkt sowie die Position, die das Unternehmen dort einnimmt. Der Marketingplaner liefert dazu folgende Informationen:

- *Marktbeschreibung:* An dieser Stelle wird der Markt definiert, einschließlich der wichtigsten Marktsegmente. Anhand der letzten Jahre zeigt der Planer die Größe des Marktes auf (in Mengen oder Geldeinheiten), und zwar sowohl für den Gesamtmarkt als auch für die einzelnen Teilmärkte. Der Plan vermittelt einen Überblick über die Bedürfnisse der Konsumenten sowie über die Faktoren im Marketingumfeld, die das Kaufverhalten der Konsumenten beeinflussen könnten.
- *Produktüberblick:* An dieser Stelle werden Umsätze, Preise und Deckungsbeiträge der wichtigsten Artikel einer Produktlinie aufgezeigt.
- *Wettbewerbssituation:* In dieser Rubrik werden die wichtigsten Konkurrenten genannt und ihre jeweiligen Strategien bezüglich Produktqualität, Preispolitik, Vertrieb und Verkaufsförderung. Dieser Teil des Planes weist auch die Marktanteile des Unternehmens auf sowie die der einzelnen Konkurrenten.

- *Distribution:* Unter dieser Überschrift beschreibt der Plan die letzten Umsatztrends sowie die Entwicklungen in den wichtigsten Vertriebskanälen.

Bedrohungen und Chancen

In diesem Teil des Planes hat der Manager die Aufgabe, vorausschauend die wichtigsten Bedrohungen und Chancen aufzuzeigen, mit denen das Produkt konfrontiert werden kann. Dahinter steht die Absicht, den Manager zu veranlassen, sich mit den wichtigsten Entwicklungen der Zukunft auseinanderzusetzen, die das Unternehmen beeinflussen könnten. Manager sollten hierzu so viele Angaben machen, wie sie sich vorstellen können. Der Manager in einer Zigarettenfabrik käme beispielsweise zu folgender Auflistung:

1. Der Gesundheitsminister hat den Congress ersucht, ein Gesetz zu erlassen, das den Aufdruck eines Totenkopfes auf jeder Zigarettenschachtel vorschreibt, mit der Warnung: „Wissenschaftliche Untersuchungen haben ergeben, daß tägliches Rauchen die Lebenserwartung um sieben Jahre verkürzt."
2. In immer mehr öffentlichen Gebäuden wird das Rauchen verboten oder werden separate Bereiche für Raucher und Nichtraucher eingerichtet.
3. Eine neue Insektenart bedroht die Tabakplantagen, was möglicherweise zu Einbußen bei der Ernte und zu starken Preiserhöhungen führen wird, wenn nicht bald ein geeignetes Mittel zur Bekämpfung gefunden wird.
4. Die Forschungsabteilung der Firma steht kurz vor der Entwicklung einer Methode, die aus Kopfsalat einen genießbaren aber harmlosen Tabak herstellt.
5. Im Ausland, vor allem in den Entwicklungsländern, nimmt das Zigarettenrauchen stark zu.

Die ersten drei genannten Punkte sind Bedrohungen, wobei nicht alle die gleiche Gewichtung erfordern. Der Manager sollte deshalb gleichzeitig angeben, wie groß die jeweilige Wahrscheinlichkeit ist, daß eine dieser Gefahren zum Tragen kommt und welchen Schaden sie verursachen würde. Er sollte sich dann auf die wahrscheinlichsten und nachhaltigsten Gefahren konzentrieren und im voraus Pläne erstellen, wie ihnen begegnet werden kann.

Die beiden zuletzt genannten Punkte sind den Marketingchancen zuzuordnen:

Eine Marketingchance ist ein attraktiver Bereich, in dem Marketingaktionen dem Unternehmen Wettbewerbsvorteile verschaffen würden.

Der Manager sollte jede Chance daraufhin untersuchen, welches Vorteilspotential sie aufweist, und wie groß die Erfolgsaussichten für das Unternehmen sind. Abbildung 3-3 zeigt, daß ein Unternehmen nur solche Chancen in Betracht ziehen sollte, die zu seinen Zielen und Ressourcen passen. Jedes Unternehmen verfolgt Ziele, die auf seiner Aufgabenstellung basieren: Die Realisierung jeder Chance erfordert einen bestimmten Kapitaleinsatz und ein spezielles Know-how. Es sind

ABBILDUNG 3-3
Beurteilung der Marketing-Chancen hinsichtlich der Unternehmensziele und -ressourcen

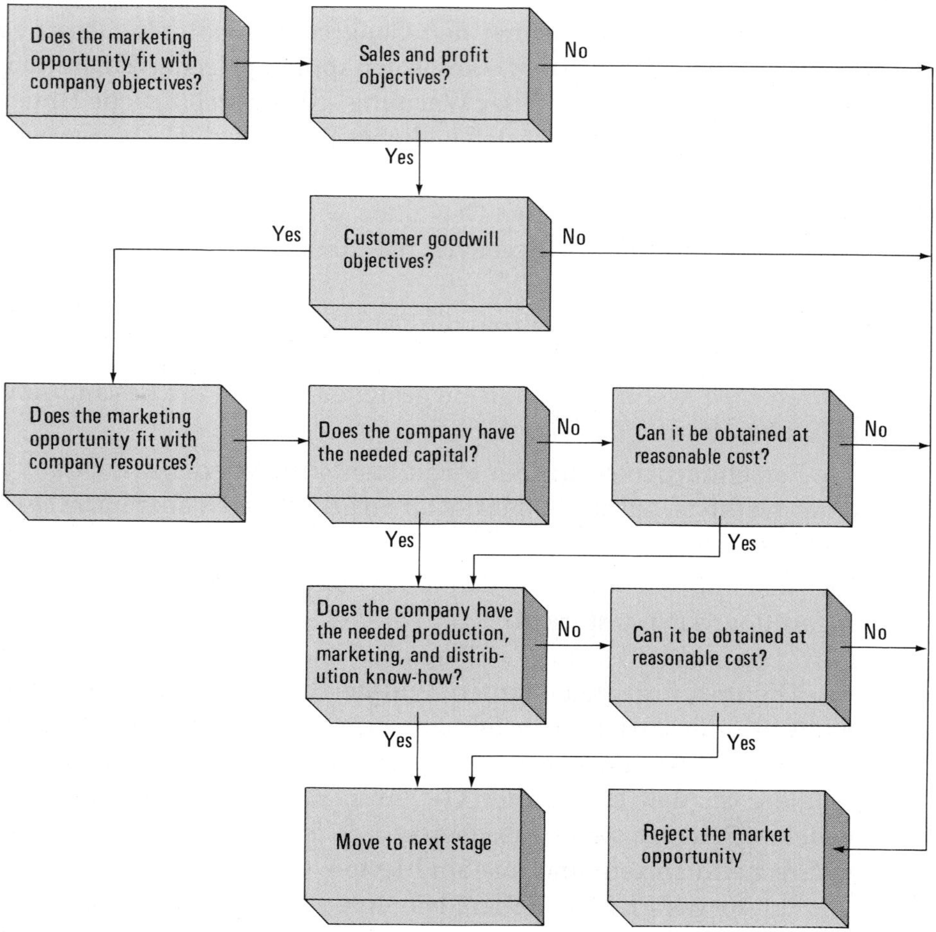

FIGURE 3-3
Evaluating a Company Marketing Opportunity in Terms of Company Objectives and Resources

nur sehr selten Chancen zu finden, die genau mit den Unternehmenszielen und Ressourcen übereinstimmen. Das Verfolgen von Chancen ist mit Risiken verbunden. Bei der Bewertung von Chancen muß der Manager entscheiden, ob die erwarteten Erträge diese Risiken rechtfertigen.

Ziele und Ergebnisse

Nach Analyse der Bedrohungen und Chancen eines Produktes kann der Manager Ziele und Resultate festlegen. Diese Ziele sollten als konkrete Vorgaben so festgelegt werden, daß sie innerhalb der Laufzeit des Planes verwirklicht werden können. Angenommen, der Manager wollte einen 15prozentigen Marktanteil erreichen, einen 20prozentigen Deckungsbeitrag, bezogen auf die Umsätze, und einen 25prozentigen Gewinn vor Steuern, bezogen auf die Investitionen. Angenommen, der aktuelle Marktanteil beläuft sich nur auf zehn Prozent. Daraus folgt die entscheidende Frage: Wie kann der Marktanteil erhöht werden? Die Aufgabe des Managers besteht dann darin, die wichtigsten Faktoren zu berücksichtigen, die für die Steigerung des Marktanteils von Bedeutung sind.

Marketingstrategien

In diesem Teil des Planes wird vom Manager die globale Marketingstrategie oder der sogenannte Spielplan (game plan) erläutert, mit dessen Hilfe die gesteckten Ziele erreicht werden sollen. Wir definieren „Marketingstrategie" folgendermaßen:

> **Als Marketingstrategie wird die Marketinglogik bezeichnet, mit deren Hilfe die Geschäftseinheit die Marketingziele zu erreichen hofft. Sie besteht aus speziellen Strategien für die Zielmärkte, dem Marketing Mix sowie dem Marketing-Ausgabenplan.**

Aus der Marketingstrategie sollen die einzelnen Marktsegmente hervorgehen, auf die sich das Unternehmen konzentrieren wird. Diese Bereiche sind bezüglich ihrer Wünsche und Bedürfnisse, ihrer Reaktionen auf Marketingmaßnahmen und ihrer Gewinnträchtigkeit verschieden. Das Unternehmen sollte seine Anstrengungen und Energien in jene Marktsegmente investieren, die es aus Wettbewerbssicht am besten bedienen kann. Für jedes Zielsegment sollte eine eigene Marketingstrategie entwickelt werden.

Aufgabe des Managers ist es, spezifische Strategien für Marketing-Mix-Elemente wie z. B. neue Produkte, Außendienstumsätze, Werbung, Verkaufsförderung, Preispolitik und Vertrieb zu skizzieren und

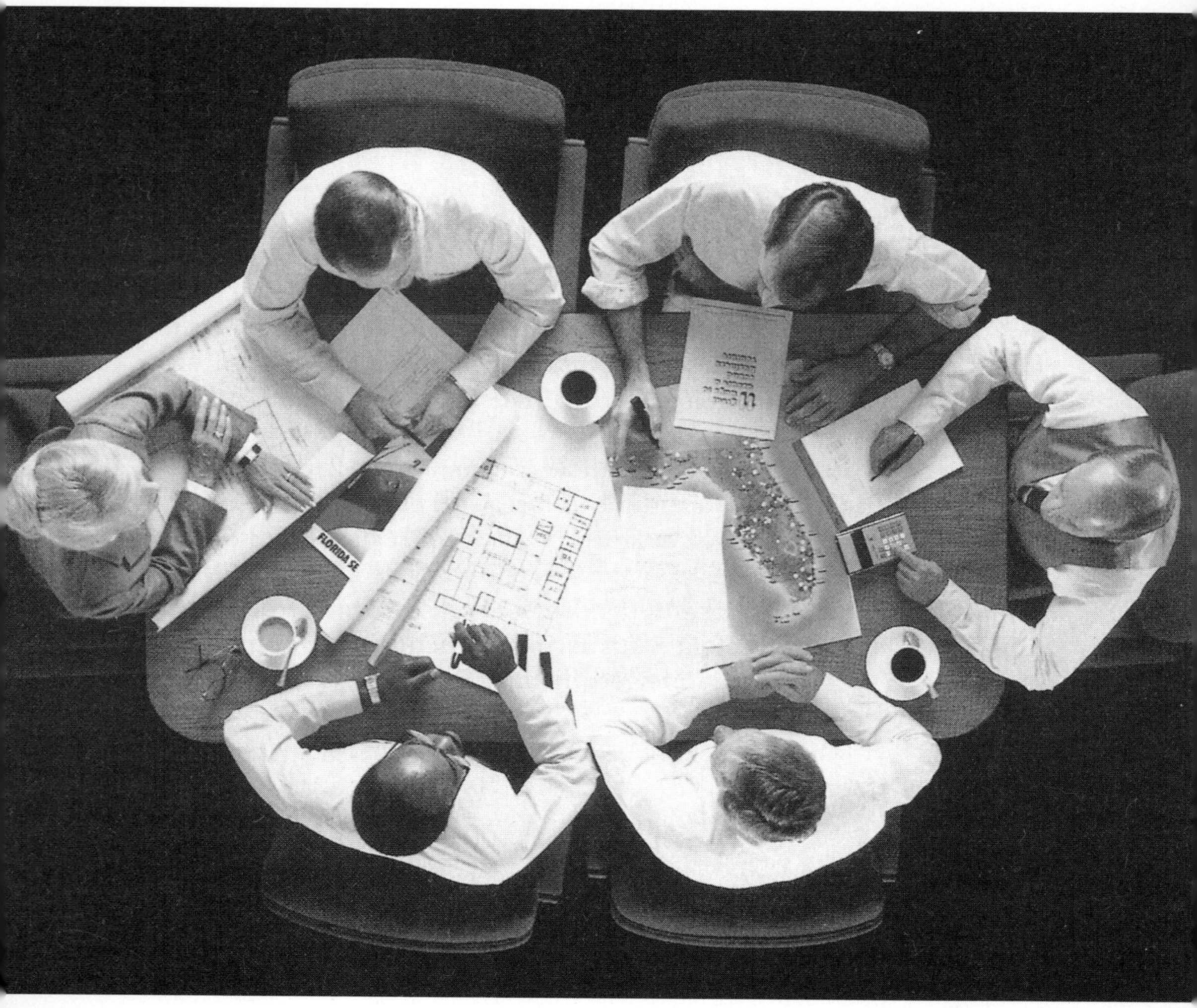

Marketers must continuously plan their analysis, implementation, and control activities.
State of Florida, Division of Economic Development.

zu erklären, inwieweit jede Strategie auf die bereits erwähnten Bedrohungen, Chancen und Schlüsselresultate ausgerichtet ist. Auch das Marketingbudget, das zur Ausführung dieser Strategien erforderlich ist, sollte erwähnt werden. Jeder Manager weiß, daß höhere Budgets höhere Umsätze hervorbringen, aber er sollte jenes Marketingbudget anstreben, das die günstigste Aufwand- und Ertragsrelation zeigt.

Aktionsprogramme

Die Marketingstrategien sollten in spezifische Aktionsprogramme umgewandelt werden, die folgende Fragen beantworten:

Was wird getan?
Wann wird es getan?
Wer ist dafür verantwortlich?
Wieviel wird es kosten?
Angenommen, ein Manager beabsichtigt, die Verkaufsförderung als Hauptstrategie für die Gewinnung von Marktanteilen zu intensivieren. Dafür müßte ein Aktionsprogramm für die Verkaufsförderung ausgearbeitet werden, das unter anderem Sonderangebote und deren Daten enthält sowie Fachausstellungen und neue Displays für den point-of-purchase (Einkaufsort). Der Aktionsplan zeigt auf, wann Aktivitäten gestartet, überprüft und vervollständigt werden.

Budgets

Die Aktionspläne ermöglichen es dem Manager, ein unterstützendes Budget aufzustellen, das im wesentlichen eine projektierte Gewinn- und Verlustrechnung darstellt. Auf der Einnahmenseite zeigt sie die geplanten Verkaufsmengen und den durchschnittlichen Nettopreis. Auf der Ausgabenseite werden die Produktions-, Logistik- (physical distribution) und Marketing-Kosten aufgeführt.

Die Differenz stellt den projektierten Gewinn dar. Auf einer höheren Management-Ebene wird dieses Budget überprüft und genehmigt oder modifiziert. Ist das Budget einmal genehmigt, bildet es die Grundlage für Materialeinkauf, Produktions- und Personalplanung sowie für die Durchführung der Marketingmaßnahmen.

Kontrollen

Der letzte Abschnitt zeigt die Kontrollmaßnahmen auf, die zur Überwachung des Planfortschritts ergriffen werden sollen. Generell wird das Budget monats- oder quartalsweise erstellt. Das bedeutet, daß auf übergeordneter Managementebene die Resultate jeder Planungsperiode überprüft werden und daher kurzfristig erkannt werden kann, welche Geschäftsbereiche oder Produkte mit ihren Zielen nicht übereinstimmen. Die Manager dieser Bereiche und Produkte haben dann ihre Probleme zu erläutern und zu berichten, welche Korrekturmaßnahmen sie ergreifen wollen.

IMPLEMENTIERUNG

Das Planen guter Strategien ist lediglich ein erster Schritt in Richtung eines erfolgreichen Marketing. Eine brillante Marketingstrategie ist wertlos, wenn es dem Unternehmen nicht gelingt, sie richtig zu implementieren.

Marketingimplementierung bezeichnet jenen Prozeß, der die Marketingstrategien und -pläne in Marketingaktivitäten umsetzt, um die Marketingziele zu erreichen.

Die Implementierung erfordert Tag für Tag und Monat für Monat Aktivitäten, die den Marketingplan realisieren sollen. Arbeitspapier in Kraft setzen. Während sich die Planung mit dem „was" und dem „warum" auseinandersetzt, stehen bei der Implementierung Fragen nach dem „wer", „wo", „wann" und „wie" bezüglich der Marketingaktivitäten im Vordergrund.

Die Durchführung von Marketingplänen ist schwierig, es ist oft einfacher, gute Marketingstrategien zu entwickeln, als sie durchzuführen. Hinzu kommt, daß Manager oft Schwierigkeiten haben, ihre Implementierungsprobleme richtig zu diagnostizieren. Es ist gewöhnlich nicht so einfach zu erkennen, ob ein unbefriedigendes Ergebnis von einer ungeeigneten Strategie, einer fehlerhaften Implementierung oder von beiden verursacht worden ist.[2]

Gründe für eine unzulängliche Implementierung

Welche Gründe gibt es für eine mangelhafte Implementierung? Warum haben so viele Unternehmen Schwierigkeiten bei der Realisierung ihrer Marketingpläne? Mehrere Faktoren verursachen Implementierungsprobleme.

Isolierte Planung

In vielen Unternehmen wird die Planung von hochspezialisierten „professionellen Planern" erstellt, die kaum direkte Kontakte zu den Marketing-Managern haben, die diese Pläne verwirklichen sollen. Daraus resultieren mehrere Probleme: Die Planer befassen sich mit weitgefaßten Strategien und entwickeln möglicherweise Pläne, die zu allgemein sind. Es kann auch sein, daß die Planer zu wenig von den praktischen Problemen wissen, mit denen die Linien-Manager konfrontiert sind und deshalb unrealistische Pläne erstellen. Vielleicht können aber auch die Manager die Pläne nicht vollständig verstehen, weil sie sie nicht selbst erstellt haben. Schließlich ist es möglich, daß Manager, die mit Tagesproblemen konfrontiert sind, die Pläne, die ihnen vorgelegt werden, als unrealistisch einstufen, da diese von „Elfenbein-Turm"-Planern erstellt worden sind.

Viele Unternehmen haben begriffen, daß hochqualifizierte Planungsexperten keine Strategiepläne für Marketing-Manager entwickeln können. Vielmehr müssen diese Planer den Marketing-

Managern helfen, ihre eigenen Strategien zu finden. Eine große Anzahl von Firmen ist dazu übergegangen, das Personal ihrer großen Planungsabteilungen abzubauen und die Planungsverantwortung auf Manager unterer Ebenen zu übertragen. In diesen Unternehmen sind die Planer nicht isoliert – sie arbeiten direkt mit den Linien-Managern zusammen –, um realisierbare Strategien zu entwickeln.[3]

Substitutionsbeziehungen zwischen langfristigen und kurzfristigen Plänen und Zielen

Unternehmen entwickeln langfristige Marketingstrategien – ihre Pläne umfassen oft Aktivitäten für die nächsten drei bis fünf Jahre. Marketing-Manager hingegen, die diese Pläne umsetzen, werden für kurzfristig erzielte Umsätze, Wachstumsraten und Gewinne belohnt. Wenn die Wahl zwischen lang- und kurzfristigen Plänen besteht, bevorzugen Manager im allgemeinen die kurzfristigen. Eine Untersuchung hat zahlreiche Beispiele für derartige schädliche Trade-offs[4] (Ausgleich von Zielkonflikten) erbracht.

So hatte beispielsweise ein Unternehmen eine Marketingstrategie entwickelt, die besonderes Gewicht auf Produktverfügbarkeit und Kundendienst legte. Um jedoch eine kurzfristige Gewinnsteigerung zu erreichen, reduzierten die für die Durchführung verantwortlichen Manager die Ausgaben durch Abbau der Lagerhaltung und des Kundendienstpersonals. Diese Manager erreichten zwar ihre kurzfristigen Ziele und erhielten dafür ausgezeichnete Beurteilungen, aber ihre Maßnahmen schadeten der langfristigen Unternehmensstrategie.

Einige Unternehmen bemühen sich, einen besseren Ausgleich zwischen kurz- und langfristigen Zielen zu erreichen. Sie machen die Marketing-Manager bewußter für die strategischen Ziele, bewerten sie sowohl nach kurz- und langfristigen Ergebnissen und belohnen sie für die Erreichung langfristiger Zielsetzungen.[5]

Widerstände gegen Veränderungen

Die aktuellen Tätigkeiten eines Unternehmens beruhen alle auf Plänen und Strategien, die in der Vergangenheit erarbeitet wurden. Neue Strategien erfordern neue Unternehmensverhaltensweisen und lang bestehende Gewohnheiten sind schwer zu verändern. Je mehr die neue Strategie von der alten abweicht, umso größer wird der Implementierungswiderstand gegen sie sein. Das Durchsetzen einer sehr unterschiedlichen Strategie kann oft einen tiefen Einschnitt in bestehende Organisationsstrukturen bedeuten. Um eine Strategie zur Gewinnung neuer Märkte für eine alte Produktlinie zu implementieren, mußte beispielsweise ein Unternehmen eine völlig neue Vertriebsdivision schaffen. Die bestehende Vertriebsorganisation wandte sich entschieden gegen die Bemühungen der Unternehmensleitung, neue Märkte zu erschließen.[6]

Das Fehlen von speziellen Implementierungsplänen

Einige Marketingpläne werden unzulänglich durchgeführt, weil es die Planer versäumen, detaillierte Implementierungspläne zu erstellen. Sie überlassen die Einzelheiten den Managern; das Resultat sind mangelhafte oder überhaupt keine Realisierungen der Pläne. Das Management kann nicht einfach davon ausgehen, daß seine Pläne realisiert werden. Es muß einen detaillierten Implementierungsplan erstellen, der genau die Aktivitäten aufzeigt, die erforderlich sind, den Plan durchzuführen. Im einzelnen muß es Zeitpläne entwickeln und einzelnen Managern wichtige Implementierungsaufgaben übertragen.

Der Implementierungsprozeß

Mitarbeiter aller Ebenen des Marketingsystems müssen zusammenarbeiten, um die Marketingpläne und -strategien zu verwirklichen. Mitarbeiter der Marketingabteilung, aus anderen betrieblichen Bereichen sowie von außenstehenden Organisationen können die Marketing-Implementierung fördern oder behindern. Das Unternehmen muß einen Weg finden, alle Beteiligten und deren Aktivitäten zu koordinieren.

Der Implementierungsprozeß wird in Abbildung 3-4 dargestellt.[7] Die Abbildung zeigt, daß Marketingstrategien und der Marketingerfolg durch das Implementierungssystem verbunden sind, das aus fünf zusammenhängenden Elementen besteht, und zwar aus

- dem Aktionsprogramm,
- der Organisationsstruktur,
- dem Entscheidungs- und Entlohnungssystem,
- den Arbeitskräften,
- dem Führungsklima,
- der Unternehmenskultur.

Das Aktionsprogramm

Um Marketingpläne zu implementieren, werden auf allen Ebenen des Unternehmens Entscheidungen getroffen und Aufgaben erfüllt. Bei Procter & Gamble erfordert die Implementierung eines Planes zur Einführung einer Reihe neuer Produkte Tag für Tag Entscheidungen und Maßnahmen von Mitarbeitern innerhalb und außerhalb des

ABBILDUNG 3-4
Der Marketing-Implementierungs-Prozeß

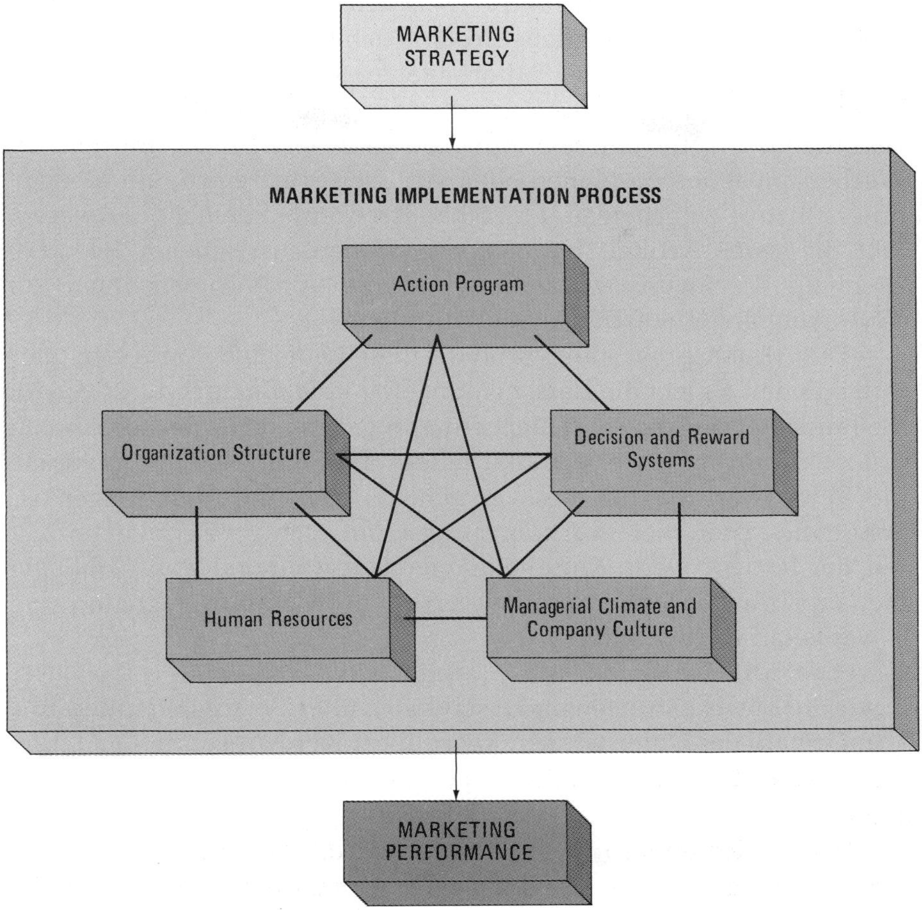

FIGURE 3-4
The Marketing Implementation Process

Unternehmens. Im Marketingbereich werden von Marketingforschern neue Produktkonzepte geprüft und die Wirtschaftlichkeit neuer Produktideen abgeschätzt. Für jedes neue Produkt werden von Marketing-Managern Entscheidungen bezüglich der Zielgruppen, der Markenpolitik, Verpackung, Preispolitik sowie der Verkaufsförderung und des Vertriebes getroffen. Verkäufer werden angeworben, ausgebildet, weitergebildet, geführt und motiviert.

Marketing-Manager arbeiten mit Managern anderer Abteilungen zusammen, um von ihnen Unterstützung für neue, vielversprechende Produkte zu erlangen. Sie sprechen mit Technikern über das

Produktdesign, sie unterhalten sich mit dem Produktionsbereich über die Produktion und Lagerhaltung, sie diskutieren mit der Finanzabteilung über die Finanzierung und den Cash flow, mit den Rechtsexperten über die Patente und mögliche Produktsicherheitsprobleme sowie mit der Personalabteilung über Mitarbeiterfragen und Ausbildungserfordernisse. Marketing-Manager arbeiten aber auch mit Außenstehenden zusammen. Sie treffen sich mit Leuten von Werbeagenturen, um Werbekampagnen zu planen oder mit Pressevertretern, um Medienunterstützung zu erlangen. Einzelhändler werden ersucht und veranlaßt, die neuen Artikel zu propagieren, ihnen ausreichende Regalflächen zur Verfügung zu stellen und die vom Unternehmen zur Verfügung gestellten Displays aufzustellen.

Das Aktionsprogramm verbindet diese Leute und ihre Aktivitäten miteinander. Es legt die Entscheidungen und Maßnahmen fest, die für die Implementierung eines Marketingprogramms erforderlich sind. Es ordnet aber auch speziellen Mitarbeitern innerhalb des Unternehmens die Verantwortung für diese Entscheidungen und Handlungen zu. Schließlich ist in diesem Aktionsprogramm auch ein Zeitplan enthalten, der festlegt, wann Entscheidungen getroffen und wann Maßnahmen ergriffen werden müssen. Das Aktionsprogramm zeigt an,

- was getan werden muß,
- wer es tun wird,
- wie die Entscheidungen und Aktivitäten aller Beteiligten inner- und außerhalb des Unternehmen koordiniert werden, damit die Marketingziele des Unternehmens erreicht werden.

Die Organisationsstruktur

Die formale Organisationsstruktur des Unternehmens spielt bei der Implementierung der Marketingstrategie eine wichtige Rolle. Die Struktur teilt die im Unternehmen zu leistende Arbeit in klar umrissene Arbeitsplätze auf, ordnet diese Arbeitsplätze bestimmten Mitarbeitern und Abteilungen zu und erhöht die Effizienz durch Spezialisierung. Die Organisationsstruktur koordiniert diese spezialisierten Aufgabenbereiche durch formale Verbindungslinien zwischen Mitarbeitern und Abteilungen sowie durch Festlegung von Entscheidungsbefugnissen und Kommunikationswegen.

Unternehmen mit unterschiedlichen Strategien benötigen unterschiedliche Organisationsstrukturen. Eine kleine Firma, die neue Produkte in einem raschen Änderungen unterworfenen Industriezweig entwickelt, benötigt eher eine flexible Struktur, die zu individuellen Handlungen ermuntert, das heißt eine dezentrale Struktur mit zahlreichen informalen Kommunikationswegen. Ein besser etabliertes Unternehmen, das in stabileren Märkten tätig ist, braucht hingegen eine Struktur, die mehr auf Integration bedacht ist, das heißt eine zentralisierte Struktur mit klar umrissenen Funktionen und genau festgelegten Kommunikationswegen.

Peters und Waterman haben in ihrer Studie über erfolgreiche Unternehmen herausgefunden, daß diese Gesellschaften zahlreiche gemeinsame Strukturmerkmale aufweisen, die zu einer gelungenen Implementierung führen.[8] So tendierten diese erfolgreichen Unternehmen beispielsweise zu einer eher informalen Struktur – z. B. United Airline's MBWA (management by walking around), IBM's „open-door"-Politik und 3M's „clubs", um Interaktionen von kleinen Gruppen zu bewirken.

Die erfolgreichen Unternehmen wiesen dezentralisierte Strukturen auf mit kleinen unabhängigen Bereichen oder Gruppen zwecks Förderung von Innovationen. Außerdem tendierten diese Strukturen zu einfacher und straffer Ausrichtung. Einfache Strukturen sind flexibler und ermöglichen es, sich schneller veränderten Bedingungen anzupassen. Gut geführte Unternehmen zeichnen sich auch durch mobiles Personal aus, besonders auf höheren Entscheidungsebenen. Peters und Waterman stellen dazu fest:

> *„Hervorragende Unternehmen scheinen tatsächlich vergleichsweise wenig Personal auf der Führungsebene zu beschäftigen, und diese Führungskräfte neigen eher dazu hinauszugehen, um Probleme zu lösen als von ihrem Schreibtisch aus die Dinge zu kontrollieren. Es werden weniger administrativ tätige sondern mehr durchführende bzw. ausführende Mitarbeiter beschäftigt."*[9]

Einige der Schlußfolgerungen von Peters und Waterman sind angezweifelt worden, weil sie sich bei ihren Untersuchungen hauptsächlich auf Betriebe im High-tech- und Konsumgüter-Bereich konzentriert haben, die in einem sich rasch wandelnden Umfeld operieren.[10] Die Strukturen dieser Gesellschaften werden möglicherweise für andere Unternehmenstypen, die sich in unterschiedlichen Situationen befinden, nicht geeignet sein. Außerdem werden viele der erwähnten hervorragenden Firmen ihre Strukturen verändern müssen, sobald sich ihre Strategien und ihre Situationen ändern.

So hat beispielsweise die informale Struktur, die Hewlett-Packard gerade zu der Zeit, als die Studie angefertigt wurde, so erfolgreich werden ließ, innerhalb der letzten Jahre zu Problemen geführt. Das Unternehmen ist daher in letzter Zeit zu einer eher formalen Struktur übergegangen (siehe Beispiel 3-1).

BEISPIEL 3-1
Hewlett-Packard's Strukturentwicklung

Im Jahre 1939 begannen zwei Ingenieure – Bill Hewlett und Dave Packard – unter dem Firmennamen Hewlett-Packard in Palo Alto in einer Autowerkstatt Testgeräte zu bauen. Am Anfang machten Bill und Dave alles selbst, vom Entwickeln und Herstellen bis zur Vermarktung. Als die Firma über die Werkstatt hinauswuchs und eine größere Zahl sowie unterschiedliche Typen von Testgeräten gebaut wurden, konnten Hewlett und Packard nicht mehr länger alle erforderlichen Ausführungsentscheidungen selbst treffen. Sie übernahmen die Geschäftsleitungsfunktion und warben Manager an, die für unterschiedliche Aufgabenbereiche innerhalb der Firma zuständig waren. Diese Manager konnten weitgehend selbständig agieren, waren aber noch eng an die Besitzer gebunden.

Mitte der siebziger Jahre beschäftigten die 42 Divisionen von Hewlett-Packard mehr als 1200 Arbeitnehmer. Die Entwicklung der Unternehmensstruktur trug dem großen Wert, den man auf Innovation und Autonomie legte, Rechnung. Die Struktur war unzusammenhängend und dezentralisiert. Jede Division handelte als autonome Geschäftseinheit und war selbst verantwortlich für Strategieplanung, Produktentwicklung, Marketingprogramme und Implementierung.

1982 führten Peters und Waterman in ihrer Untersuchung „In Search of Excellence" die informelle und dezentralisierte Struktur von HP als Hauptgrund für den fortwährenden Erfolg des Unternehmens an. Sie lobten die einfache Organisationsstruktur, die zahlreichen informellen Kommunikationsmöglichkeiten sowie den neuen MBWA-Stil (management by walking around). Peters und Waterman stellten unter anderem fest, daß die HP-Unternehmensstruktur die Entscheidungsfindung und Verantwortung dezentralisiert. Ein HP-Manager kommentierte den Organisationsaufbau mit folgenden Worten:

> *Hewlett-Packard sollte keine straffe militärische Organisation haben, sondern seinen Mitarbeitern die Freiheit lassen, ihre Arbeit so zu verrichten, wie sie es im Hinblick auf die Erreichung der Unternehmensziele in ihrem Verantwortungsbereich für am besten halten.*

Diese Struktur führt auch zu dezentralen Kompetenzen und fördert die Selbständigkeit.

> *Die Vertriebsabteilung muß nicht unbedingt ein Produkt akzeptieren, das von einem anderen Bereich entwickelt worden ist. Hewlett-Packard kann zahlreiche Beispiele dafür nennen, daß von einer Division bereits mehrere Millionen Dollar in die Entwicklung eines Produktes investiert worden waren, und die Vertriebsabteilung dann „Nein, danke" sagte.*

In den letzten Jahren wurde Hewlett-Packard, obwohl noch immer gewinnbringend arbeitend, mit einigen Problemen auf dem sich schnell ändernden Mikro- und Minicomputer-Märkten konfrontiert. Dazu schreibt die Business Week:

Hewlett-Packard began in this garage in 1939; it now operates around the world.
Courtesy of Hewlett-Packard.

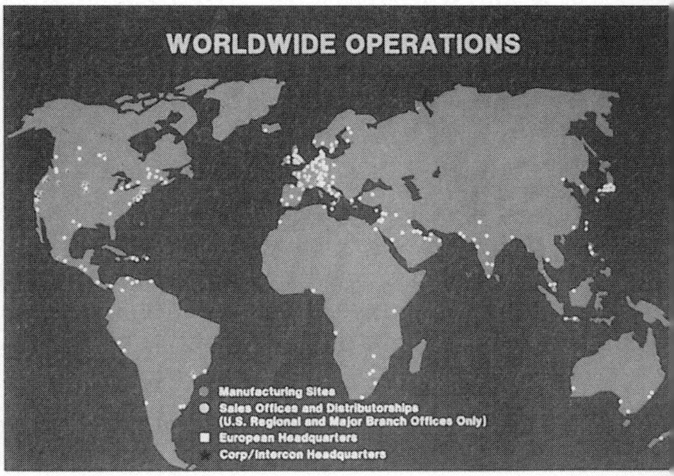

Die berühmte innovative Unternehmenskultur und Dezentralisation von Hewlett-Packard führte zu überaus erfolgreichen Produkten, wie z. B. den 3000 Mikrocomputern, den tragbaren Hochleistungsrechenanlagen sowie dem Think Jet, einem intelligenten Tintenstrahldrucker. Als jedoch ein verändertes Marktklima eine Zusammenarbeit zwischen den weitgehend autonomen Geschäftsbereichen bezüglich Produktentwicklung und Marketing erforderlich machte, erwies sich das von Peters und Waterman gelobte HP-Engagement für Eigenverantwortlichkeit und unternehmerischen Wagemut als Hindernis.

Hewlett-Packard hat erkannt, daß es seine Struktür und Unternehmenskultur in Einklang mit der veränderten Situation bringen muß. Business Week kommentiert dazu:

Um den einstigen Schwung wiederzuerlangen, ist HP gezwungen, ausgezeichnete Merkmale aufzugeben, für die das Unternehmen früher gelobt wurde. Seine Technologiedominanz sowie seine konstruktionsorientierte Unternehmensphilosophie, in welcher Dezentralisation und Innovation als Religion und wagemutige Manager als Götter angesehen wurden, müssen einer Marketingkultur und einer zunehmenden Zentralisierung Platz machen.

Quellen: Basierend auf Donald F. Harvey, Business Policy and Strategic Management (Columbus, OH: Charles E. Merrill, 1982), S. 269–70; „Who's Excellent Now?" Business Week, 5. November 1984, S. 76–78; und Thomas J. Peters und Robert H. Waterman, Jr., In Search of Excellence: Lessons from America's Best-Run Companies (New York: Harper & Row, 1982).

Entscheidungs- und Entlohnungssysteme

Entscheidungs- und Entlohnungssysteme enthalten formale und informale Durchführungsverfahren, die wiederum Aktivitäten lenken, wie Planung, Informationserlangung, Budgetierung, Einstellung und Ausbildung von Mitarbeitern, Kontrollen, Personalbewertungen sowie Entlohnungen. Schlecht konzipierte Systeme können der Implementierung entgegenwirken, zweckmäßig gestaltete hingegen können hilfreich sein. Betrachtet sei in diesem Zusammenhange das Vergütungssystem eines Unternehmens. Wenn Manager für kurzfristige Erfolge honoriert werden, besteht für sie wenig Anreiz, sich für langfristige Ziele einzusetzen. Viele Gesellschaften entwickeln Entlohnungssysteme, die dieses Problem in den Griff bekommen. Hierzu ein Beispiel:

> *Ein Unternehmen war besorgt, daß sein jährliches Bonussystem die Manager veranlassen könnte, die langfristigen Ziele zu ignorieren und statt dessen ihr Interesse auf die jährlichen Vorgaben zu richten. Um dieses Verhalten zu korrigieren, änderte das Unternehmen sein System dahingehend, daß es nicht nur Prämien für die Jahresergebnisse, sondern auch für das Erreichen von „strategischen Meilensteinen" vorsah. Nach Einführung des neuen Vergütungsplanes erarbeitet jeder Manager mit Planungsexperten zwei oder drei strategische Ziele. Am Ende des Jahres wird die Höhe des Manager-Bonus sowohl von der Erreichung der laufenden als auch der strategischen Ziele bestimmt. Auf diese Weise werden die Manager dazu veranlaßt, einen weitgehenden Ausgleich zwischen kurz- und langfristigen Unternehmenserfordernissen anzustreben.*[11]

Personal

Marketingstrategien werden von Personen realisiert. Aus diesem Grunde erfordert eine erfolgreiche Implementierung eine sorgfältige Personalplanung. Auf allen Ebenen muß das Unternehmen die Strukturen und Systeme mit Arbeitskräften besetzen, die über die benötigten Fähigkeiten, Motivationen und persönlichen Eigenschaften verfügen. Das Personal eines Unternehmens muß eingestellt, mit Aufgaben betraut, ausgebildet und betreut werden.

Die Auswahl und Entwicklung von Führungskräften und anderen Managern ist besonders wichtig für die Implementierung. Unterschiedliche Strategien erfordern Manager unterschiedlicher Persönlichkeit und unterschiedlicher Fähigkeiten. Neue Risiko-Strategien erfordern Manager mit Unternehmereigenschaften, den Besitzstand wahrende Strategien verlangen nach Führungskräften mit Organisationstalent sowie administrativen Fähigkeiten, und für Einsparungsstrategien sind Manager gefragt, die vor allem in der Lage sind, Kosten zu senken. Aus diesem Grunde muß das Unternehmen sorgfältig seine Manager so auswählen, daß deren Fähigkeiten mit den Erfordernissen der zu implementierenden Strategien übereinstimmen.

Führungsstile und Unternehmenskultur

Mit dem Führungsstil und der Unternehmenskultur steht oder fällt die Marketing-Implementierung. Der Führungsstil umfaßt die Art und Weise, wie die Führungskräfte eines Unternehmens mit anderen zusammenarbeiten. Es gibt Führungskräfte, die Befehle bevorzugen, wenig Befugnisse delegieren und eine strenge Kontrolle ausüben. Andere delegieren viel, ermutigen ihre Mitarbeiter zur Eigeninitiative und kommunizieren auch auf informellen Wegen. Es gibt keinen Managerstil, der für jede Situation der beste ist. Unterschiedliche Strategien erfordern unterschiedliche Führungsstile, und welcher Stil der geeignetste ist, hängt von der Unternehmensstruktur und den Aufgaben sowie von den Mitarbeitern und dem Umfeld ab. Die Unternehmenskultur ist ein System von Werten und Überzeugungen, die von Mitarbeitern einer Organisation geteilt werden – es ist die kollektive Identität und das Selbstverständnis des Unternehmens.

Die Unternehmenskultur leitet – informell – das Verhalten der Personen aller Unternehmensebenen. Peters und Waterman haben herausgefunden, daß ausgezeichnete Unternehmen auch eine überzeugende und klar definierte Unternehmenskultur aufweisen.

> *Ausnahmslos hat sich eine ausgeprägte und kohärente Unternehmenskultur als Wesensmerkmal von Spitzenunternehmen erwiesen. Je stärker diese Kultur entwickelt und auf den Markt ausgerichtet war, umso weniger sind Organisationshandbücher und -pläne als detaillierte Verfahrensregeln erforderlich gewesen. In diesen Gesellschaften wissen die Mitarbeiter, welchen Weg sie zu gehen haben und was von ihnen erwartet wird, da sie von einer Handvoll kristallklarer Wertvorstellungen geleitet werden. Alle wissen bei Hewlett-Packard, daß von ihnen innovatives Denken erwartet wird. Jeder bei Procter & Gamble weiß, daß die Produktqualität der Maßstab ist.*[12]

Marketing-Strategien, die nicht mit dem Unternehmensstil und der Unternehmenskultur konform gehen, werden schwierig zu implementieren sein. Zum Beispiel würde sich bei Procter & Gamble eine Entscheidung zur Umsatzsteigerung durch Verringerung der Produktqualität und Preisreduzierung nicht durchsetzen lassen. Sie würde auf den Widerstand der P&G-Mitarbeiter aller Ebenen stoßen, die sich stark mit der qualitätsbezogenen Unternehmensreputation identifizieren. Da Führungsstil und -kultur so schwer zu verändern sind, entwickeln Unternehmen eher Strategien, die zu ihrer Kultur passen, als daß sie versuchen, ihren Stil und ihre Kultur zu ändern, damit diese der neuen Strategie gerecht werden.

Tabelle 3-1 zeigt eine Liste von Fragen, die sich Unternehmen bezüglich jeden Elements des Implementierungssystems stellen sollten. Eine erfolgreiche Implementierung hängt davon ab, wie gut das Unternehmen die fünf Aktivitäten zu einem zusammenhängenden Programm, das der Erreichung der Strategie dient, verbinden kann.

TABELLE 3-1
Fragen bezüglich des Marketing-Implementierungs-Systems

Unternehmensstruktur
- Welches Aussehen hat die Unternehmensstruktur?
- Wie sind Führungs- und Kommunikationsstruktur beschaffen?
- Welche Rolle spielen Arbeitsgruppen, Komitees oder ähnliche Einrichtungen?

Systeme
- Welches sind die wichtigsten Systeme?
- Welches sind die entscheidenden Steuerungsvariablen?
- Wie sehen die Produkt- und Datenflüsse aus?

Aktions-Programm
- Welches sind die wahrzunehmenden Aufgaben und welche von ihnen sind von entscheidender Bedeutung?
- Wie werden sie erfüllt, mit welcher Technik?
- Über welche Stärken verfügt das Unternehmen?

Humankapital
- Welches sind die besonderen Fähigkeiten, Kenntnisse und Erfahrungen des Personals?
- Was sind ihre Erwartungen?
- Wie sehen deren Einstellungen gegenüber dem Unternehmen und ihren Aufgaben aus?

Betriebsklima und Unternehmenskultur
- Gibt es gemeinsame Werte, die sichtbar und akzeptiert sind?
- Welches sind die gemeinsamen Werte, und wie sind sie bekanntgegeben worden?
- Welches sind die vorherrschenden Führungsstile?
- Wie werden Konflikte gelöst?

Paßform
- Unterstützt jede der oben genannten Komponenten die Marketing-Strategie?
- Passen die verschiedenen Komponenten so gut zusammen, daß sie einen bindenden Rahmen für die Realisierung der Strategie bilden?

Quelle: Übernommen aus David L. Aaker, Strategic Market Management (New York: Wiley, 1984), S. 151. © 1984, John Wiley & Sons, Inc.

DIE ORGANISATION DER MARKETING-ABTEILUNG

Das Unternehmen muß eine Marketing-Abteilung einrichten, die in der Lage ist, Marketing-Analysen, Planung, Implementierung und Kontrolle durchzuführen. In diesem Kapitel werden wir uns auf die Frage konzentrieren, wie Marketing-Abteilungen innerhalb des Unternehmens organisiert sind. Wenn eine Firma sehr klein ist, könnte eine Person alle Marketing-Aufgaben übernehmen – Forschung, Verkauf, Werbung, Kundendienst usw. Expandiert das Unternehmen, entsteht eine Marketing-Abteilung für die Planung und Durchführung von Marketing-Aktivitäten. In großen Gesellschaften umfaßt diese Abteilung mehrere Marketing-Spezialisten. So beschäftigt z. B. General Mills Produkt-Manager, Verkäufer und Verkaufs-Manager, Marktforscher, Werbefachleute und andere Experten.

Moderne Marketing-Abteilungen können unterschiedlich aufgebaut sein. Ein Unternehmen wird seine Marketing-Abteilung so gestalten, daß sie am besten dazu beitragen kann, die Marketing-Ziele zu erreichen.

Funktionale Organisation

Die Funktionsgliederung ist die meist verbreitete Form der Marketing-Organisation. Marketing-Spezialisten sind zuständig für unterschiedliche Marketing-Tätigkeiten oder -Funktionen. In Abbildung 3-5 werden fünf Spezialisten aufgeführt, und zwar die Manager für
- Marketing-Administration,
- Werbung und Verkaufsförderung,
- Verkauf,
- Marketing-Forschung,
- neue Produkte.

Andere Spezialisten könnten ein Kundendienst-Manager, ein Marketingplanungs-Manager und ein Vertriebs-Manager sein.

Der wesentliche Vorteil einer funktionalen Marketing-Organisation ist ihre administrative Problemlosigkeit. Diese Organisationsform wird allerdings umso wirkungsloser, je größer die Produktanzahl wird und die Zahl der Absatzmärkte wächst. Das ist dadurch erklärbar, daß für jedes einzelne Produkt oder für jeden Markt spezielle Pläne erstellt werden müssen, mit der Folge, daß Produkte, die nicht zu den Favoriten mehrerer Funktionsspezialisten zählen, vernachlässigt werden. Außerdem hat die Geschäftsleitung Schwierigkeiten, alle Marketing-Aktivitäten zu koordinieren, da alle funktionalen Gruppen um ein höheres Budget und einen höheren Status konkurrieren.

Geographisch orientierte Organisation

Ein Unternehmen, das auf einem nationalen Gesamtmarkt tätig ist, verwendet für seine Verkaufsorganisation oft eine geographisch ausgerichtete Gliederung. Abbildung 3-6 zeigt einen nationalen Verkaufsleiter, vier regionale Verkaufsmanager, 24 Verkaufszonen-Manager, 192 Bezirks-Verkaufsleiter sowie 1920 Verkäufer. Geographisch orientierte Organisationen ermöglichen die Einarbeitung der Verkäufer in einem bestimmten Gebiet. Diese lernen ihre Kunden kennen und arbeiten mit minimalen Reisezeiten und Fahrtkosten.

Produktmanagement-Organisation

Unternehmen mit vielen Produkten und Märkten entscheiden sich häufig für eine Produktmanagement-Organisation. Diese Produkt- oder Markenmanagement-Organisation wird von einem Produktlinien-Manager geleitet, der mehrere Produktgruppenleiter unter sich hat, die wiederum Produktmanager überwachen, die für bestimmte Produkte verantwortlich sind (siehe Abbildung 3-7). Ein Produktmanager hat die Aufgabe, eine Strategie sowie Marketingprogramme für ein bestimmtes Produkt zu entwickeln und durchzuführen. Eine Produktmanagement-Organisation ist dann sinnvoll, wenn eine Firma über zahlreiche unterschiedliche Produkte verfügt.

Das Produktmanagement wurde erstmals 1927 bei Procter & Gamble eingeführt. Eine neue Seife des Unternehmens, Camay, brachte nicht den erwünschten Erfolg, und eine junge Führungskraft wurde mit der Aufgabe betraut, die gesamte Aufmerksamkeit der Entwicklung und Durchsetzung dieses Produktes zu widmen. Der erzielte Erfolg veranlaßte das Unternehmen, bald weitere Produktmanager zu ernennen. Seit dieser Zeit haben zahlreiche Firmen eine Produktmanagement-Organisation eingeführt – vor allem in der Lebensmittel-, Seifen- und Toilettenartikelbranche sowie in der chemischen Industrie. General Foods übernahm beispielsweise das Produktmanagementsystem in seiner „Post Division". Dort sind jeweils Produktgruppen-Manager für Cerealien (Frühstücksflocken aus Getreide), Tierfutter sowie für Getränke zuständig. Innerhalb der Produktgruppe für Cerealien sind einzelne Produktmanager mit der Betreuung von „Reform-Cerealien", „gesüßten Kinder-Cerealien", „Familien-Cerealien" und „sonstigen Cerealien" beauftragt. Der „Reform-Cerealien"-Produktmanager wiederum überwacht mehrere Markenmanager.[13]

ABBILDUNG 3-5
Funktionale Organisation

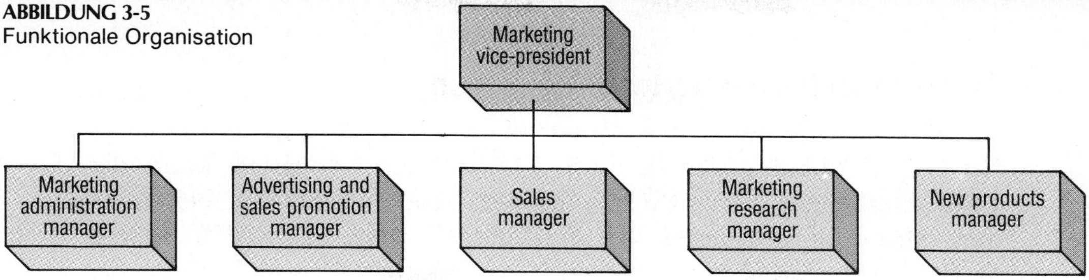

FIGURE 3-5
Functional Organization

ABBILDUNG 3-6
Geographisch orientierte Organisation

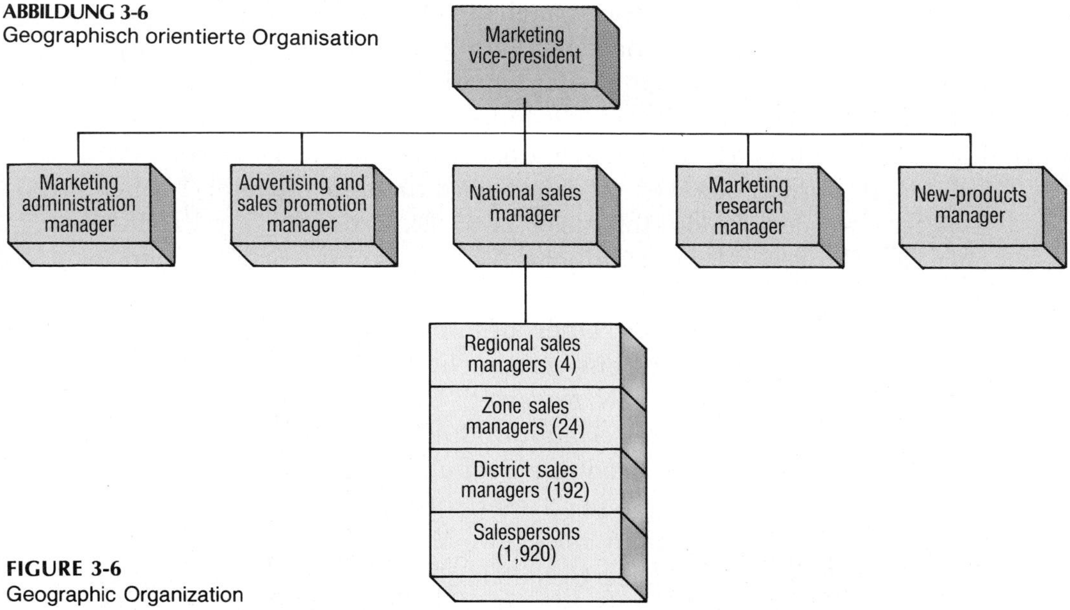

FIGURE 3-6
Geographic Organization

ABBILDUNG 3-7
Produkt-Management-Organisation

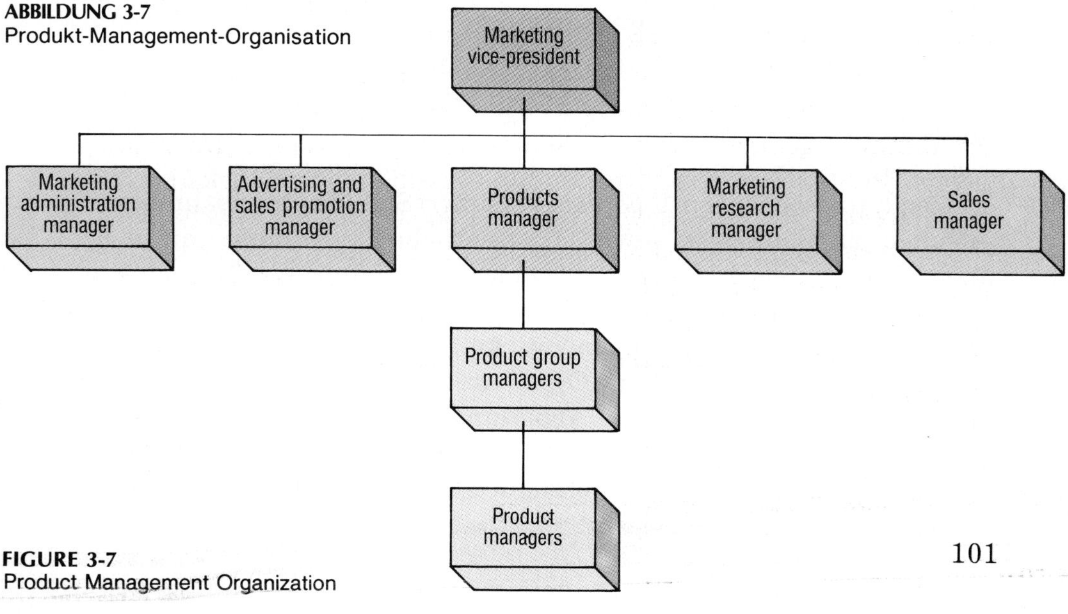

FIGURE 3-7
Product Management Organization

Die Produktmanagement-Organisation ist mit zahlreichen Vorteilen verbunden. Erstens koordiniert der Produktmanager das gesamte Marketing Mix für das betreute Produkt, und zweitens kann der Produktmanager wesentlich schneller Produktprobleme erkennen und darauf in geeigneter Weise reagieren. Drittens wird kleineren Marken mehr Beachtung geschenkt, da sie einen eigenen Produktmanager haben. Viertens bildet das Produktmanagement eine ausgezeichnete Trainingsmöglichkeit für junge Führungskräfte – es involviert sie in fast alle operativen Bereiche des Unternehmens.

Für diese Vorteile ist jedoch auch ein Preis zu entrichten. Erstens verursacht das Produktmanagement einige Konflikte und Frustrationen. Produktmanager erhalten oft nicht die nötigen Kompetenzen, um den ihnen übertragenen Verantwortungen wirklich gerecht werden zu können. Es ist ihnen zwar gesagt worden, sie seien „Mini-Präsidenten", behandelt werden sie aber oft wie Koordinatoren niederer Ebenen. Zweitens werden Produktmanager zwar Experten für ihr Produkt, aber sie erlangen selten gründliche Kenntnisse und Erfahrungen in einem Funktionsbereich. Das gereicht besonders jenen Produkten zum Nachteil, deren Erfolg von einer bestimmten Funktion, wie z. B. Werbung, abhängig ist. Drittens verursacht das Produktmanagement-System oft mehr Kosten als erwartet. Ursprünglich wird oft ein Produktmanager für jedes Hauptprodukt vorgesehen, aber bald werden auch für kleinere Produkte Produktmanager ernannt. Jedem Produktmanager wird zu seiner Unterstützung ein Markenmanager zugeordnet und später dann noch ein Markenassistent. Mit dieser Personalzunahme steigen die Gehaltskosten, und das Unternehmen wird mit einer aufwendigen Personalkostenstruktur für das Produktmanagement-System belastet.

Markt-Management-Organisation

Zahlreiche Unternehmen verkaufen eine Produktlinie auf sehr unterschiedlichen Märkten. Zum Beispiel verkauft Smith-Corona elektrische Schreibmaschinen an private Verwender, an Firmen und an Regierungsbehörden. U.S. Steel veräußert Stahl an Eisenbahnunternehmen, an Baufirmen sowie an öffentliche Versorgungsunternehmen. Wenn unterschiedliche Absatzmärkte differenzierte Bedürfnisse und Präferenzen aufweisen, könnte eine Markt-Management-Organisation für ein Unternehmen am zweckmäßigsten sein.

Eine Markt-Management-Organisation gleicht der des Produktmanagement-Systems, wie auf Abbildung 3-7 dargestellt. Marktmanager sind verantwortlich für die Entwicklung von langfristigen und kurzfristigen (Jahres-)Plänen bezüglich Verkauf und Ertrag in ihren

Märkten. Sie sind auf die Hilfe der Marktforschung und Werbung sowie des Verkaufs und anderer Funktionen angewiesen. Der wesentliche Vorteil dieses Systems besteht darin, daß die Unternehmensorganisation auf die Bedürfnisse der speziellen Kundengruppen ausgerichtet ist.

Zahlreiche Unternehmen haben ihre interne Organisation den Marktsegmenten angepaßt. Die Heinz Company hat ihre Marketing-Organisation in drei Bereiche aufgeteilt: Lebensmittelhandel, Restaurants und Institutionen. In jeder Gruppe arbeiten mehrere Marktspezialisten. So erstellen beispielsweise in den institutionalisierten Produktbereichen jeweils besondere Spezialisten Pläne für die Märkte Schulen, Universitäten, Krankenhäuser und Gefängnisse.

MARKETINGKONTROLLE

Da bei der Durchführung von Marketingplänen viele Überraschungen auftreten können, muß die Marketing-Abteilung um ständige Kontrollen bemüht sein.

Marketingkontrolle bezeichnet den Prozeß des Messens und Bewertens der aus den Marketing-Strategien und -Plänen resultierenden Ergebnisse sowie das Ergreifen von Korrekturmaßnahmen, um die Erreichung der gesetzten Marketingziele sicherzustellen.

TABELLE 3-2
Arten der Marketing-Kontrolle

ARTEN DER KONTROLLE	HAUPTVERANT-WORTLICHKEIT	ZWECK DER KONTROLLE	METHODEN
I. Jahresplan-Kontrolle	Top Management Middle Management	Die Aufgabe dieser Kontrolle besteht darin zu untersuchen, ob die geplanten Ergebnisse erreicht worden sind	Umsatzanalyse Marktanteilsanalyse Marketing-Ausgaben im Verhältnis zum Verkauf Beobachtung des Kundenverhaltens
II. Rentabilitätskontrolle	Marketing-Kontrolle	Die Aufgabe dieser Kontrolle besteht darin festzustellen, wo das Unternehmen Gewinne erzielt und Verluste erleidet.	Rentabilität bezüglich: Produkt Gebiet Marktsegment Absatzweg Auftragsgröße
III. Strategiekontrolle	Top Management Marketing Revision	Die Aufgabe dieser Kontrolle besteht darin festzustellen, ob das Unternehmen seine besten Marktchancen bearbeitet und ob dies effizient erfolgt.	Marketing Revision

Es gibt drei Arten von Marketingkontrolle (siehe Tabelle 3-2):

- Die Jahresplankontrolle – sie umfaßt den Vergleich der Ergebnisse des laufenden Jahres mit den Sollwerten und leitet, falls erforderlich, Korrekturmaßnahmen ein.
- Die Ertragskontrolle – diese untersucht die aktuelle Ertragsstärke unterschiedlicher Produkte, Gebiete, Märkte und Vertriebskanäle.
- Die Strategiekontrolle – sie versucht festzustellen, ob die Basisstrategien eines Unternehmens seinen Marketingchancen und -möglichkeiten angepaßt sind.

Jahresplankontrolle

Der Zweck der Jahresplankontrolle besteht darin, sicherzustellen, daß das Unternehmen die Umsatz-, Ertrags- und anderen Ziele erreicht, die im Jahresplan festgelegt wurden. Diese Kontrolle umfaßt jene vier Schritte, die in Abbildung 3-8 dargestellt sind. Erstens muß das Management in den Jahresplänen monatliche oder aber vierteljährliche Ziele festlegen. Zweitens muß das Management die laufenden Ergebnisse messen. Drittens hat das Management die Ursachen aller Differenzen zwischen den erwarteten und den realisierten Ergebnisen zu ermitteln. Viertens hat das Management die Aufgabe, Korrekturmaßnahmen zu ergreifen, um die Lücken zwischen Zielen und Ergebnissen zu schließen. Das kann eine Änderung des Aktionsprogrammes oder aber eine Änderung der Ziele bedeuten.

Welche speziellen Mittel stehen dem Management für die Ergebniskontrolle zur Verfügung? Zu den vier wichtigsten Kontrollinstrumenten zählen die

- Umsatzanalyse,
- Marktanteilsanalyse,
- Analyse der Ausgaben-Umsatz-Relation,
- Ermittlung der Verhaltensweisen der Abnehmer.

FIGURE 3-8
The Control Process

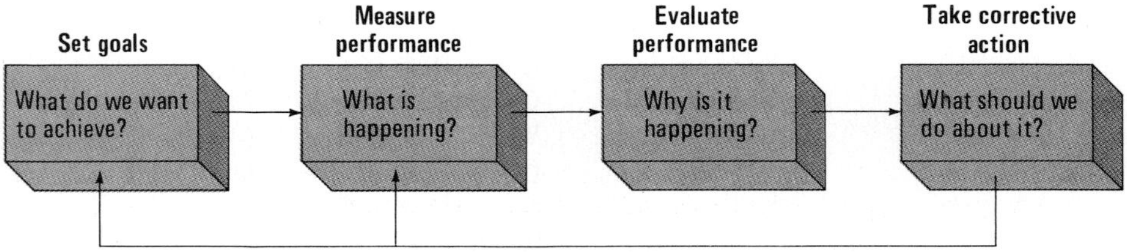

ABBILDUNG 3-8
Der Kontrollprozeß

Die Umsatzanalyse besteht aus der Messung und Beurteilung der aktuellen Umsätze im Vergleich zu den Umsatzzielen. Dazu zählt die Überprüfung, ob spezielle Produkte und Gebiete ihren erwarteten Umsatzanteil erreichen. Angenommen, ein Unternehmen verkauft in drei Regionen und erwartet Umsätze von 1500, 500 und 2000 Einheiten – also insgesamt 4000 Stück. Das aktuelle Umsatzvolumen war 1400, 525 und 1075 Einheiten. Das bedeutet, daß Gebiet 1 um sieben Prozent das Planziel verfehlt hat, Region 2 einen Überschuß von fünf Prozent aufweist und Bereich 3 mit 46 Prozent im Rückstand ist. Das Gebiet 3 verursacht die meisten Probleme und müßte vom Vertriebsleiter erneut überprüft werden, um herauszufinden, warum sein Ergebnis so dürftig ist.

Die Umsätze eines Unternehmens geben keinen Aufschluß darüber, wie gut das Unternehmen im Vergleich zur Konkurrenz abschneidet. Eine Umsatzsteigerung kann auf eine verbesserte Wirtschaftslage zurückzuführen sein, von der alle Unternehmen profitieren, oder aber auf eine bessere Unternehmensleistung im Vergleich zum Wettbewerb. Das Management benötigt eine Analyse des Marktanteils, um die Marktposition des Unternehmens zu verfolgen. Steigt sein Marktanteil, gewinnt es gegenüber den Mitbewerbern, wenn der Marktanteil sinkt, verliert es gegenüber den Mitbewerbern an Boden.

Der Jahres-Kontroll-Plan hat auch die Aufgabe zu überprüfen, ob sich das Unternehmen nicht bei seinen Bemühungen, das Jahresziel zu erreichen, übernimmt. Aus diesem Grund gehört zur Marketingkontrolle auch eine Analyse der Ausgaben im Verhältnis zum Umsatz. Die Beobachtung der Ausgaben-Umsatz-Relation wird helfen, die Marketingausgaben in vertretbaren Grenzen zu halten.

Wachsame Unternehmen führen auch Untersuchungen bezüglich des Abnehmerverhaltens durch, um die Einstellungen der Kunden, Händler und anderer Teilnehmer innerhalb eines Marketing-Systems zu erfassen. Das Erkennen von Verhaltensänderungen der Kunden, bevor diese den Umsatz negativ beeinflussen, ermöglicht es dem Management, rechtzeitig geeignete Maßnahmen zu ergreifen. Die wichtigsten Beobachtungsinstrumente für das Abnehmerverhalten sind das Reklamations- und Vorschlagswesen, Kunden Panels sowie Abnehmerbefragungen.

Rentabilitätskontrolle

Außer der Jahresplankontrolle werden auch Rentabilitätskontrollen benötigt, um die Ertragsstärke der verschiedenen Produkte, Gebiete, Kundengruppen, Vertriebskanäle und Auftragsgrößen zu messen. Diese Informationen helfen dem Management festzulegen, ob bestimmte Produkte oder gewisse Marketingaktivitäten forciert, reduziert oder eliminiert werden sollten.

Angenommen, ein Hersteller von Rasenmähern möchte die Renatabilität der drei Einzelshandelskanäle ermitteln, über die seine Geräte verkauft werden: Eisenwarenhandel, Gartenbedarfsgeschäfte und Warenhäuser. Im Rahmen einer Rentabilitätsanalyse sollte das

Keeping track of sales and expenses. *Courtesy of Hewlett-Packard.*

Unternehmen zuerst alle Ausgaben von Verkauf, Werbung und Auslieferung feststellen. Als nächstes werden diese Kosten entsprechend den Bemühungen und damit verbunden Ausgaben jedem Absatzkanal zugeordnet. Schließlich wird für jeden Absatzkanal eine Aufwands- und Ertragsrechnung erstellt, um die Höhe seines Beitrages zum Unternehmens-Gesamtgewinn zu erkennen.

Wenn die Analyse ergibt, daß einer der Kanäle unrentabel ist, kann das Unternehmen eine von mehreren Korrekturmaßnahmen ergreifen. Gesetzt den Fall, es stellt sich heraus, daß es gegenwärtig Geld verliert, wenn über die Gartenbedarfsgeschäfte verkauft wird, dann könnte es z. B. nur die schwächsten Geschäfte aufgeben, oder aber ein Trainingsprogramm anbieten, damit die Verkäufer geschult werden, Rasenmäher effektiver zu verkaufen. Eine weitere Möglichkeit bestünde darin, die Kosten für diesen Vertriebskanal zu senken, indem die Zahl der Verkaufsbesuche reduziert und die Verkaufsunterstützung für Gartenbedarfsgeschäfte eingeschränkt wird. Schließlich könnte aber auch dieser Absatzkanal insgesamt aufgegeben werden.

Strategiekontrolle

Von Zeit zu Zeit benötigen Unternehmen eine Strategiekontrolle, um die Wirksamkeit ihrer Marketing-Anstrengungen kritisch zu überprüfen. Marketing-Programme und -Strategien können schnell veralten. Jedes Unternehmen sollte deshalb hin und wieder seine Vorgangsweise überprüfen und sich dabei des Instrumentes einer Marketing-Revision bedienen.[14] Diese läßt sich wie folgt definieren:

Eine Marketing-Revision ist eine umfassende, systematische, unabhängige und regelmäßige Überprüfung des Umfeldes sowie der Ziele, Strategien und Aktivitäten eines Unternehmens mit dem Ziel, Problembereiche sowie Chancen aufzudecken und einen Aktionsplan zur Verbesserung der Marketingleistung zu erarbeiten.

Die Marketing-Revision deckt alle wichtigen Marketingbereiche ab und bezieht sich nicht nur auf einige Schwachstellen. Sie wird üblicherweise von einem objektiven und erfahrenen Außenstehenden durchgeführt, der in keinem Abhängigkeitsverhältnis zur Marketing-Abteilung steht. Marketing-Revisionen sollten in regelmäßigen Abständen durchgeführt werden und nicht nur dann, wenn eine Krise eingetreten ist. Sie sind sowohl für ein erfolgreiches Unternehmen von Nutzen als auch für eines, das sich in Schwierigkeiten befindet.

Dem Marketingprüfer sollte die Freiheit zugestanden werden, Gespräche mit Managern, Kunden, Händlern, Verkäufern oder anderen Personen zu führen, die zur Aufhellung oder zum Verständnis der Marketing-Leistung beitragen können. Tabelle 3-3 ist als eine Anleitung für die Fragen zu verstehen, die ein Marketing-Prüfer stellen könnte. Nicht alle diese Fragen sind in jeder Situation wichtig. Der Marketing-Prüfer wird aus diesen Informationen Ergebnisse und Empfehlungen ableiten. Die Ergebnisse können für das Management Überraschungen bringen und mitunter sogar als Schock empfunden werden. Das Management entscheidet darüber, welche Empfehlungen sinnvoll sind sowie wann und wie diese implementiert werden.

TABELLE 3-3
Untersuchungsbereiche der Marketing-Revision

Teil I - Marketing-Umfeld Revision

Das Makroumfeld

A. Demographisches Umfeld
   1. Welche wichtigen demographischen Entwicklungen und Tendenzen erweisen sich als günstige Gelegenheiten oder Bedrohungen für das Unternehmen?
   2. Welche Maßnahmen kann das Unternehmen als Antwort auf diese Entwicklungen und Tendenzen ergreifen?

B. Gesamtwirtschaft
   1. Welche wichtigen Entwicklungen hinsichtlich der Haushaltseinkommen und Preise sowie des Spar- und Verschuldungsverhaltens werden größere Auswirkungen auf das Unternehmen haben?
   2. Welche Maßnahmen kann das Unternehmen als Antwort auf diese Entwicklungen und Tendenzen ergreifen?

C. Natur
   1. Wie sind die Aussichten bezüglich der Kosten und Verfügbarkeit natürlicher Rohstoffe und Energie, die vom Unternehmen benötigt werden?
   2. Welche Besorgnisse sind hinsichtlich der Rolle des Unternehmens in bezug auf Umweltverschmutzung und -erhaltung geäußert worden, und welche Schritte hat das Unternehmen bereits unternommen?

D. Technologie
   1. Welche wichtigen technologischen Änderungen finden gegenwärtig statt? Wie sieht die Position des Unternehmens bezüglich der Technologie aus?
   2. Welche wichtigen generellen Substitutionsentwicklungen könnten das Produkt ersetzen?

E. Politik
   1. Welche der gegenwärtig vorgeschlagenen Gesetze könnten die Marketing-Strategie und -Vorgangsweisen beeinflussen?
   2. Welche Maßnahmen des Bundes, der Länder oder lokaler Behörden sollten beobachtet werden? Was geschieht hinsichtlich Umweltverschmutzung, -kontrolle, gleicher Arbeitschancen, Produktsicherheit, Werbung, Preisvorschriften (-kontrolle) und anderer Bereiche, die die Marketing-Strategie beeinflussen könnten?

F. Kultur
   1. Welche Einstellung der Öffentlichkeit ist gegenüber dem Unternehmen sowie gegenüber den hergestellten Produkten erkennbar?
   2. Welche Änderungen im Lebensstil der Konsumenten und im Geschäftsgebaren sowie hinsichtlich der Wertsysteme könnten Auswirkungen auf das Unternehmen haben?

Das Mikroumfeld (das Umfeld der Leistungserbringung und -verwertung)

A. Märkte
   1. Wie entwickeln sich Marktgröße und -wachstum sowie geographische Distribution und Gewinne?
   2. Welches sind die wichtigsten Marktsegmente?

B. Kunden
   1. Wie bewerten Kunden das Unternehmen und dessen Konkurrenten bezüglich Reputation, Produkt-Qualität, Kundendienst, Verkaufsaußendienst und Preis?
   2. Wie treffen die unterschiedlichen Kundensegmente ihre Einkaufsentscheidungen?

C. Konkurrenten
   1. Wer sind die wichtigsten Konkurrenten? Welches sind ihre erkennbaren Ziele und Strategien, ihre Stärken und Schwächen, ihre Unternehmensgrößen und Marktanteile?
   2. Welche Trends werden den künftigen Wettbewerb für das Produkt beeinflussen?

D. Distribution und Händler
   1. Welches sind die wichtigsten Absatzkanäle, um Produkte zum Kunden zu bringen?
   2. Wie hoch sind die Leistungsfähigkeit und Wachstumspotentiale der verschiedenen Vertriebswege einzustufen?

(wird fortgesetzt)

Tabelle 3-3 (Fortsetzung)

E. Lieferanten
   1. Welche Aussichten bestehen bezüglich der Verfügbarkeit der wichtigsten bei der Produktion verwendeten Ressourcen?
   2. Welche Trends hinsichtlich des Verkaufsverhaltens sind unter den Lieferanten zu beobachten?

F. Marketing Dienstleistungsunternehmen
   1. Welche Erwartungen werden bezüglich der Kosten und Verfügbarkeit von Transportleistungen, Lagerhauseinrichtungen und Finanzierungsmöglichkeiten gehegt?
   2. Wie wirksam ist die Leistung der Werbeagentur?

G. Öffentliche und interne Interessengruppen
   1. Welche Interessengruppen bieten günstige Gelegenheiten oder verursachen Probleme für das Unternehmen?
   2. Welche Maßnahmen hat das Unternehmen ergriffen, um sinnvoll mit den einzelnen Interessengruppen umzugehen?

Teil II – Revision der Marketing-Strategie

A. Unternehmenszweck
   1. Wurde die Unternehmensaufgabe eindeutig in marktbezogenen Begriffen definiert? Ist sie durchführbar?

B. Marketing-Operations- und -Ergebnisziele
   1. Sind die Unternehmens- und Marketing-Operationsziele in Form klarer Ergebnisziele festgelegt worden, um die Marketingplanung zu steuern und Anhaltspunkte für die Leistungsmessung zu bieten?
   2. Sind die Marketing-Operationsziele in Anbetracht der Wettbewerbssituation, der Ressourcen und Chancen des Unternehmens als geeignet anzusehen?

C. Strategie
   1. Welches ist die Kernstrategie des Marketing zur Erreichung der Ziele? Ist sie vernünftig?
   2. Sind für die Erreichung der Marketing-Operationsziele genügend oder zu viele Ressourcen budgetiert worden?
   3. Sind die Marketing-Ressourcen den Marktsegmenten, Gebieten und Produkten optimal zugeteilt worden?
   4. Sind die Marketing-Ressourcen optimal den wichtigsten Elementen des Marketing-Mix – wie z. B. Produktqualität, Kundendienst, Verkaufsorganisation, Werbung, Absatzförderung und Distribution -- zugewiesen worden?

Teil III – Überprüfung der Marketing-Organisation

A. Formaler Aufbau / Formale Struktur
   1. Verfügt der Leiter des Marketingbereichs über adäquate Entscheidungsbefugnis und Verantwortung bezüglich der Aktivitäten, die die Zufriedenheit der Kunden beeinflussen?
   2. Sind die Marketingaktivitäten im Hinblick auf Funktions-, Produkt-, Endverbraucher- sowie Gebiets-Erfordernisse optimal strukturiert?

B. Funktionale Effizienz / Funktionale Leistungsfähigkeit
   1. Bestehen gute Kommunikations- und Arbeitsbeziehungen zwischen Marketing und Verkauf?
   2. Arbeitet das Produktmanagement-System effizient? Sind die Produktmanager in der Lage, Gewinne zu planen oder lediglich Verkaufsvolumen?
   3. Gibt es Gruppen im Marketingbereich, die noch mehr Training, Motivation, Aufsicht / Beaufsichtigung oder einer höheren Wertschätzung bedürfen?

C. Schnittstellen Effizienz
   1. Existieren irgendwelche Probleme zwischen dem Marketing-Management und der Leitung des Herstellungsbereichs, der Forschungs- und Entwicklungsabteilung, des Einkaufs- oder Finanzbereichs, die der besonderen Aufmerksamkeit bedürfen?

Teil IV – Überprüfung der Marketing-Systeme

A. Marketing-Informations-Systeme
   1. Erstellt das Marketing-Informationssystem genaue, ausreichende und rechtzeitige Informationen über Marktentwicklungen?

(wird fortgesetzt)

Tabelle 3-3 (Fortsetzung)

2. Werden die Möglichkeiten der Marketingforschung von den Entscheidungsträgern des Unternehmens hinreichend genutzt?

B. Marketing-Planungssystem
1. Ist das Planungssystem wirksam?
2. Werden Absatzprognosen und Messungen des Marktpotentials sinnvoll erstellt bzw. durchgeführt?
3. Werden Verkaufsvorgaben auf einer zweckmäßigen Basis erstellt?

C. Marketing-Kontroll-System
1. Sind die Kontrollverfahren geeignet um sicherzustellen, daß die Ziele der Jahresplanung erreicht werden?
2. Analysiert das Management regelmäßig die Gewinnstärke von Produkten, Märkten, Verkaufsgebieten und Vertriebswegen?
3. Werden die Vertriebskosten regelmäßig überprüft?

D. System für die Entwicklung neuer Produkte
1. Ist das Unternehmen so zweckmäßig organisiert, daß es Ideen für neue Produkte aufgreift, entwickelt und aussiebt?
2. Führt das Unternehmen geeignete Konzeptuntersuchungen und Wirtschaftlichkeitsanalysen durch, ehe es in neue Ideen investiert?
3. Führt das Unternehmen vor Einführung neuer Produkte geeignete Produkt- und Markterprobungen durch?

Teil V – Überprüfung der Marketing-Produktivität

A. Rentabilitätsanalyse
1. Wie hoch ist die Rentabilität der verschiedenen Produkte, Märkte, Verkaufsgebiete und Vertriebswege des Unternehmens?
2. Sollte das Unternehmen in neue Geschäftsbereiche eintreten, expandieren, schrumpfen oder sich von bestimmten Geschäftsbereichen zurückziehen und welche kurz- und mittelfristigen Auswirkungen auf die Rentabilität wären zu erwarten?

B. Kostenwirksamkeitsanalyse
1. Scheinen irgendwelche Marketingaktivitäten mit zu hohen Kosten verbunden zu sein? Können kostensenkende Maßnahmen ergriffen werden?

Teil VI – Überprüfung der Marketing-Funktionen

A. Produkte
1. Welches sind die Produktlinienziele? Sind diese Ziele sinnvoll? Wird die aktuelle Produktlinie diesen Zielen gerecht?
2. Gibt es Produkte, die aufgegeben werden sollten?
3. Existieren neue Produkte, die es wert sind, aufgenommen zu werden?
4. Könnten bestimmte Produkte von Qualitäts-, Merkmals- oder Formänderungen profitieren?

B. Preise
1. Welches sind die Ziele, Vorgangsweisen, Strategien und Verfahren der Preisfestlegung? Inwieweit werden Preise aufgrund von Kosten-, Nachfrage- und Wettbewerbskriterien festgesetzt?
2. Halten die Kunden die Preise der angebotenen Produkte für gerechtfertigt?
3. Macht das Unternehmen wirksamen Gebrauch von Absatzförderungsmaßnahmen mit Hilfe der Preispolitik?

C. Distribution
1. Welches sind die Distributionsziele und -ergebnisse?
2. Existiert eine adäquate Marktabdeckung sowie ein hinreichender Kundendienst?
3. Sollte das Unternehmen eine Änderung des Abhängigkeitsgrades von Großhändlern, Handelsvertretern und Direktverkauf in Erwägung ziehen?

D. Werbung, Verkaufsförderung und Publicity
1. Welches sind die Werbeziele der Organisation? Sind sie sinnvoll?
2. Wurde der richtige Betrag für die Werbung ausgegeben? Nach welchen Bestimmungsfaktoren wird das Werbebudget festgelegt?
3. Sind die Werbethemen und der Werbetext wirksam? Was denken Kunden und Interessengruppen über die Werbung?
4. Sind die Werbemedien richtig ausgewählt worden?

(wird fortgesetzt)

Tabelle 3-3 (Fortsetzung)

5. Werden die Möglichkeiten der Verkaufsförderung wirksam genutzt?
6. Besteht ein wohldurchdachtes Publicity-Programm?

E. Verkaufsaußendienst

1. Welches sind die Ziele der Außendienstorganisation des Unternehmens?
2. Ist die Außendienstorganisation groß genug, um die Ziele des Unternehmens verwirklichen zu können?
3. Wurde der Außendienst entsprechend den geeigneten Prinzipien der Spezialisierung organisiert – Gebiet – Markt – Produkt?
4. Zeigt der Außendienst eine hohe Arbeitsmoral, Leistungsfähigkeit und Einsatzbereitschaft?
5. Sind die derzeit verwendeten Verfahren für die Festsetzung von Verkaufsvorgaben und die Bewertung von Leistungen geeignet?
6. Wie wird die Außendienstorganisation des Unternehmens im Vergleich zu den Verkaufsorganisationen des Wettbewerbs eingestuft?

ZUSAMMENFASSUNG

In diesem Kapitel wird untersucht, wie Marketing-Strategien geplant, implementiert und kontrolliert werden.

Jedes Unternehmen hat Marketingpläne für seine Produkte, Marken und Märkte zu erstellen. Die wichtigsten Teile des Marketingplans sind: Kurzfassung (executive summary), aktuelle Marktsituation, Bedrohungen und Chancen, Ziele und Ergebnisse, Marketing-Strategien, Aktionsprogramme, Budgets und Kontrollen.

Es ist oft leichter, gute Strategien zu planen als sie durchzuführen. Um erfolgreich zu sein, müssen Unternehmen die Strategien wirksam implementieren. Die Implementierung ist der Prozeß, der die Marketing-Strategien in Marketing-Aktivitäten umsetzt. Verschiedene Faktoren können Implementierungs-Fehlschläge verursachen – isolierte Planung, Substitutionsbeziehungen zwischen lang- und kurzfristigen Zielen, natürliche Widerstände gegen Veränderungen und ein Versäumnis, detaillierte Implementierungspläne zu erstellen.

Der Implementierungsprozeß verbindet Marketing-Strategie sowie Marketing-Planung mit der Marketing-Durchführung. Dieser Prozeß besteht aus fünf zusammenhängenden Elementen. Das Aktionsprogramm identifiziert die kritischen Aufgaben und Entscheidungen, die erforderlich sind, den Marketingplan durchzuführen, ordnet diese speziellen Mitarbeitern zu und legt auch einen Zeitplan fest. Die Organisationsstruktur definiert Aufgaben und Zuordnungen und koordiniert die Anstrengungen der Mitarbeiter und Geschäftsbereiche des Unternehmens. Die Entscheidungs- und Entlohnungssysteme des Unternehmens lenken Aktivitäten wie Planung, Informationserlangung, Budgetierung, Ausbildung, Kontrolle und Personalbewertung sowie Entlohnung. Zweckmäßig gestaltete Aktionsprogramme, Organisationsstrukturen und Systeme können hilfreich für die Marketing-Implementierung sein.

Eine erfolgreiche Implementierung erfordert des weiteren eine sorgfältige Personalplanung. Das Unternehmen muß geeignete Personen einstellen, sie mit Aufgaben betrauen, weiterbilden und betreuen. Es muß die Qualifikationen seiner Manager sorgfältig den Erfordernissen anpassen, die mit der Durchsetzung von Marketing-Programmen verbunden sind. Mit dem Führungsstil und der Unternehmenskultur steht oder fällt die Implementierung. Führungsstil und Unternehmenskultur leiten das Verhalten der Mitarbeiter im Unternehmen. Eine erfolgreiche Implementierung ist weitgehend von einer überzeugenden und klar definierten Unternehmenskultur abhängig, die mit der gewählten Strategie konform geht.

Jedes Element des Implementierungssystems muß zur Marketing-Strategie des Unternehmens passen. Darüber hinaus hängt eine erfolgreiche Implementierung davon ab, wie gut das Unternehmen die fünf genannten Elemente zu einem kohärenten Programm verbinden kann, das die Realisierung seiner Strategien unterstützt.

Die Verantwortung für die Implementierung obliegt weitgehend der Marketing-Abteilung. Moderne Marketing-Abteilungen können auf unterschiedliche Weise organisiert werden. Die am weitesten verbreitete Form ist die funktionale Marketing-Organisation, in der Marketing-Funktionsbereiche jeweils von einzelnen Managern geleitet werden, die dem Marketing „Vice President“ direkt unterstehen. Eine Alternative hierzu stellt die Produktmanagement-Organisation dar. Diese Organisationsform ist dadurch gekennzeichnet, daß Produkte einzelnen Produktmanagern zugeordnet werden, die mit Funktionsspezialisten zusammenarbeiten, um ihr Pläne zu entwickeln und zu realisieren. Eine weitere Möglichkeit bildet die Markt-Management-Organisation, in der wichtige Märkte jeweils Marktmanagern anvertraut werden, die ebenfalls mit Funktionsspezialisten kooperieren.

Marketing-Organisationen führen drei Arten von Marketing-Kontrollen durch. Die Jahresplan-Kontrolle umfaßt die Beobachtung der laufenden Marketing-Ergebnisse, um sicherzustellen, daß die jährlichen Umsatz- und Gewinnziele erreicht werden. Die wichtigsten Instrumente der Jahresplan-Kontrolle sind Umsatzanalysen, Marktanteilsanalysen, Untersuchungen der Relation Marketing-Ausgaben zum Umsatz sowie die Beobachtung des Kundenverhaltens. Falls eine Minderleistung entdeckt wird, kann das Unternehmen verschiedene Korrekturmaßnahmen ergreifen. Als Rentabilitätskontrolle bezeichnet man die Ermittlung der tatsächlichen Gewinnstärke der Produkte, Absatzgebiete, Marktsegmente und Vertriebswege des Unternehmens.

Die Strategiekontrolle stellt sicher, daß die Marketing-Ziele, -Strategien und -Systeme des Unternehmens zu dem gegenwärtigen und voraussichtlichen Marketing-Umfeld passen. Sie bedient sich der Marketing-Revision, um Marketing-Chancen und -Probleme zu ermitteln und um kurz- sowie langfristige Maßnahmen zu empfehlen mit dem Ziel, die Gesamt-Marketing-Leistung zu verbessern.

DISKUSSIONSFRAGEN

1. Wenn der Marketing-Management-Prozeß, vereinfacht ausgedrückt, aus der Planung, Durchführung und Kontrolle von Marketing-Programmen besteht, dann nennen Sie bitte die wichtigsten Elemente in diesem Prozeß und begründen Sie bitte Ihre Auswahl.
2. Zählen Sie Gründe auf, warum Marketingpläne von einer Organisation unzulänglich implementiert werden könnten.
3. Erläutern Sie die Bedeutung der Organisationsform eines Unternehmens für die Implementierung einer Marketing-Strategie.
4. Welches sind die wichtigsten Vor- und Nachteile einer Organisationsgestaltung nach funktionalen, geographischen sowie produkt- oder marktbezogenen Merkmalen?
5. Nennen Sie die drei Arten der Marketing-Kontrolle und erläutern Sie deren jeweiligen Zweck.
6. Ein Freund von Ihnen plant, ein Restaurant zu eröffnen. Er ist sich darüber im klaren, daß Marketing-„Kontrolle" von entscheidender Bedeutung für den Erfolg ist. Welche Methoden der Marketing-Kontrolle würden Sie ihm für sein neues Unternehmen empfehlen?
7. Welches sind die relativen Vor- und Nachteile einer Beobachtung des Kundenverhaltens im Vergleich zu anderen Methoden der Jahresplan-Kontrolle?
8. Die Marketing-Revision ist das Herz der Strategie-Kontrolle. Erläutern Sie bitte kurze die Merkmale und den Zweck dieses Konzeptes.

SCHLÜSSELBEGRIFFE

Aktionsprogramm *(action program).* Eine detaillierte Ablaufplanung, die aufzeigt, was getan wird, wer es tun wird, und wie Entscheidungen und Maßnahmen aufeinander abgestimmt werden, um die Marketing-Pläne und -Strategien zu implementieren.

Jahresplankontrolle *(annual plan control).* Bewertung von Ergebnissen und Ergreifen von Korrekturmaßnahmen, um sicherzustellen, daß das Unternehmen die im Jahresplan festgelegten Umsatz- und Gewinnziele sowie andere Zielsetzungen erreicht.

Unternehmenskultur *(company culture)*. Ein System von Werten und Überzeugungen, die von Mitarbeitern einer Organisation geteilt werden – es ist die kollektive Identität und das Selbstverständnis des Unternehmens.

Marketing-Chance des Unternehmens *(company marketing opportunity)*. Ein attraktiver Bereich, in dem Marketing-Aktionen dem Unternehmen Wettbewerbsvorteile verschaffen würden.

Funktionale Organisation *(functional organization)*. Eine Organisationsstruktur, in der Marketing-Spezialisten für unterschiedliche Marketing-Tätigkeiten oder -Funktionen zuständig sind, wie z. B. Werbung, Marketing-Forschung und Verkaufsmanagement.

Geographisch orientierte Organisation *(geographic organization)*. Ein Organisationsaufbau, in dem der überregionale Verkaufsaußendienst des Unternehmens – und möglicherweise auch andere Funktionen – nach geographischen Gebieten spezialisiert sind.

Führungsstile *(managerial climate)*. Die Art und Weise, wie die Führungskräfte eines Unternehmens mit anderen zusammenarbeiten.

Markt-Management-Organisation *(market management organization)*. Jene Organisationsstruktur, in der Marktmanager für die Entwicklung von Umsatz- und Gewinnplänen in ihren speziellen Märkten verantwortlich sind.

Marketing-Revision *(marketing audit)*. Eine umfassende, systematische, unabhängige und regelmäßige Überprüfung des Umfeldes sowie der Ziele, Strategien und Aktivitäten eines Unternehmens mit dem Ziel, Problembereiche sowie Chancen aufzudecken und einen Aktionsplan zur Verbesserung der Marketing-Leistung zu erarbeiten.

Marketing-Kontrolle *(marketing control)*. Der Prozeß des Messens und Bewertens der aus den Marketing-Strategien und -Plänen resultierenden Ergebnisse sowie das Ergreifen von Korrekturmaßnahmen, um die Erreichung der gesetzten Marketing-Ziele sicherzustellen.

Marketing-Implementierung *(marketing implementation)*. Der Prozeß, der Marketing-Strategien und -Pläne in Marketing-Aktivitäten umsetzt, um strategische Marketing-Ziele zu erreichen.

Marketing-Strategie *(marketing strategy)*. Die Marketing-Logik, mit deren Hilfe die Geschäftseinheit die Marketing-Ziele zu erreichen hofft. Die Marketing-Strategie besteht aus speziellen Strategien für die Zielmärkte, dem Marketing-Mix sowie dem Marketing-Ausgabenplan.

Produkt-Management-Organisation *(product management organization)*. Eine Organisationsstruktur, in der Produktmanager für die Entwicklung und Implementierung von Marketing-Strategien und -Plänen für ein bestimmtes Produkt oder eine bestimmte Marke zuständig sind.

Rentabilitätskontrolle *(profitability control)*. Bewertung von Ergebnissen und Ergreifen von Korrekturmaßnahmen, um die Rentabilität der verschiedenen Produkte, Absatzgebiete, Kundengruppen, Absatzwege und Losgrößen sicherzustellen.

Strategische Kontrolle *(strategic control)*. Eine kritische Überprüfung der Gesamtmarketing-Aktivitäten des Unternehmens.

FUSSNOTEN

1. Basierend auf Informationen, die enthalten sind in Peter D. Petre, „Meet the Lean New IBM," Fortune, 13. Juni 1983, S. 69–82; „Personal Computers: And the Winner Is IBM," Business Week, 3. Oktober 1983, S. 76–83; und „How the PC Project Changed the Way IBM Thinks," Business Week, 3. Oktober 1983, S. 86–90.

2. Bezüglich weiterer Literatur über die Diagnose von Implementierungsproblemen wird verwiesen auf Thomas V. Bonoma, „Making Your Marketing Strategy Work," Harvard Business Review, März–April 1984, S. 70–71.
3. Vergleiche hierzu „The New Breed of Strategic Planner: Number-Crunching Professionals Are Giving Way to Line Managers," Business Week, 17. September 1984, S. 62.
4. Dieses und weitere Beispiele können nachgelesen werden bei Robert L. Banks und Steven C. Wheelwright, „Operations vs. Strategy: Trading Tomorrow for Today," Harvard Business Review, Mai–Juni 1979, S. 112–20.
5. Vergleiche hierzu Ray Stata und Modesto A. Maidique, „Bonus System for Balanced Strategy," Harvard Business Review, November–Dezember 1980, S. 156–63.
6. Vergleiche hierzu Banks und Wheelwright, „Operations vs. Strategy," S. 115.
7. Diese Abbildung wurde entworfen nach verschiedenen Modellen organisatorischer Gestaltungselemente. Bezüglich einiger Beispiele hierzu wird verwiesen auf Jay R. Galbraith, Organizational Design (Reading, MA: Addison-Wesley, 1977); Peter Lorange, Implementation of Strategic Planning (Englewood Cliffs, NJ: Prentice-Hall, 1982), S. 95; David A. Aaker, Strategic Market Management (New York: Wiley, 1984), Kapitel 9; und Carl R. Anderson, Management: Skills, Functions, and Organization Performance (Dubuque, IA: Wm. C. Brown, 1984), S. 409–13.
8. Vergleiche hierzu Thomas J. Peters und Robert H. Waterman, In Search of Excellence: Lessons from America's Best-Run Companies (New York: Harper & Row, 1982). Bezüglich einer ausgezeichneten Zusammenfassung zu diesem Themenbereich wird verwiesen auf Aaker, Strategic Market Management, S. 154–57.
9. Peters und Waterman, In Search of Excellence, S. 311.
10. Vergleiche hierzu „Who's Excellent Now?" Business Week, 5. November 1984, S. 76–78; und Daniel T. Carroll, „A Disappointing Search for Excellence," Harvard Business Review, November–Dezember 1983, S. 78 ff.
11. Dieses Beispiel wurde in veränderter Form übernommen von Robert M. Tomasko, „Focusing Company Reward Systems to Help Achieve Business Objectives," Management Review (New York: AMA Membership Publications Division, American Management Associations, Oktober 1982), S. 8–12.
12. Peters und Waterman, In Search of Excellence, S. 75–76.
13. Bezüglich weiterer Einzelheiten wird verwiesen auf „General Foods Corporation: Post Division," in Organization Strategy: A Marketing Approach, E. Raymond Corey und Steven H. Star (Hrsg.) (Boston: Division of Research, Graduate School of Business Administration, Harvard University, 1971), S. 201–30.
14. Bezüglich weiterer Einzelheiten wird verwiesen auf Philip Kotler, William Gregor und William Rodgers, „The Marketing Audit Comes of Age," Sloan Management Review, Winter 1977, S. 25–43. Ein vorbereitendes Instrument der Marketing-Revision wird beschrieben in Philip Kotler, „From Sales Obsession to Marketing Effectiveness," Harvard Business Review, November–Dezember 1977, S. 67–75.

FALLSTUDIE 1

International Business Machines Corporation: Personal Computer Märkte für den Heim- sowie für den gewerblichen Bedarf

IBM stieg spät in den Personal-Computer-Markt ein, errang dort aber recht bald die Führung. Der im Jahre 1981 eingeführte PC von IBM wurde rasch zum Branchenstandard und riß einen Anteil von 75 Prozent des Marktes an sich. Die primäre Stärke des Unternehmens liegt im Segment des gewerblichen Marktes. Dort hält es einen Marktanteil von über 60 Prozent. Seine Versuche, den Heim- und Ausbildungsmarkt aufzureißen, waren allerdings weit weniger erfolgreich. Dennoch dürfen diese Segmente von IBM nicht vernachlässigt werden, insbesondere der Ausbildungsbereich, wo Apple als fest etablierter Marktführer gilt.

Der PC-Junior wurde mit großen Erwartungen im Jänner 1984 auf dem Heim-Computer-Markt eingeführt. Noch vor der offiziellen Einführung wurden bereits viele Aufträge erzielt. Das Produkt erwies sich jedoch als Enttäuschung, und die Umsätze gingen schnell zurück. Als Antwort auf Beschwerden ersetzte IBM das Keyboard des PC-Junior, entwickelte erweiterte Speicherkapazitäten, erhöhte die Werbeunterstützung und senkte drastisch die Preise. Im November wurde der Preis für den PC-Junior mit Farbmonitor, der ursprünglich für 1698 Dollar verkauft worden war, auf weniger als 900 Dollar festgelegt. Die Umsätze stiegen daraufhin erheblich, und der Marktanteil erhöhte sich im Dezember auf 17 Prozent. Als keine Preisnachlässe mehr gewährt wurden, fielen die Umsätze zurück, und der Marktanteil sank auf vier Prozent. Im März 1985 erklärte IBM, daß die Produktion des PC-Junior eingestellt werden würde.

Die Positionierung des PC-Junior von IBM war niemals eindeutig festgelegt. Er wurde ursprünglich als ein von jedem Familienmitglied leicht zu bedienender Computer für Heim- und Ausbildungs-Märkte positioniert. Als seine Positionierung später auf gewerbliche Anwendungsbereiche ausgeweitet worden war, zeigten sich viele Käufer verwirrt.

IBM verfügt nunmehr über ein Lagerhaus, das mit 200.000 Junior-Computern gefüllt ist, aber anscheinend besteht noch keine klare Absicht für einen Einstieg in den Heim- und Ausbildungsmarkt. Das Unternehmen muß bald entscheiden, welche Personal-Computer-Modelle und Marketinganstrengungen es für diese wichtigen Märkte planen sollte.

Der Heimcomputermarkt besteht aus Geräten, deren Preis unter 1500 Dollar liegt und die in erster Linie für den privaten Gebrauch bestimmt sind. Experten sagen für diesen Markt bis in die neunziger Jahre ein jährliches Wachstum von 24 Prozent voraus.

Ungefähr ein Drittel der US-Haushalte besitzt einen Computer, und bis zum Jahre 2000 werden es voraussichtlich 80 Prozent sein. Die wichtigsten Einsatzzwecke von Heimcomputern sind Textverarbeitung, Haushaltsfinanzen und Computerspiele. Projektierte künftige Verwendungszwecke umfassen elektronisches Einkaufen und Bankangelegenheiten sowie die Kontrolle der Haushaltsgeräte.

Die ersten Käufer von Heimcomputern waren Techniker und Hobby-Spezialisten, die an Innovationen und der Gerätetechnologie interessiert waren. Die neuen Käufer von Heimcomputern sind jedoch nicht daran interessiert, wie das Gerät arbeitet. Sie erwarten statt dessen eine hohe Leistung und benutzerfreundliche Computer. Kaufentscheidungen werden vom Preis und Kundendienst sowie von der Kompatibilität, der Markenreputation und der Bedienungsleichtigkeit bestimmt. Herkömmliches Marketing und traditionelle Werbung sind äußerst wichtig für die Bewirkung von Verkäufen und die Erlangung von Händlerunterstützung geworden. Heimcomputer wurden über verschiedenartige Geschäfte verkauft, wobei die teuren von Fachgeschäften, wie z. B. ComputerLand vertrieben werden. Massenvertriebsformen des Einzelhandels und Warenhäuser sind wichtige Geschäfte für preiswerte, leicht zu bedienende Heimcomputer. Commodore ist der wichtigste Konkurrent, der über Massenvertriebsformen des Einzelhandels verkauft.

Der Ausbildungs-Computer-Markt besteht aus über 100.000 Schulen und 40 Millionen Kindern. Während der neunziger Jahre wird ein jährliches Wachstum von mehr als 33 Prozent erwartet. Verkäufe auf diesem Markt bewirken Verkäufe auf dem Heimcomputermarkt – wenn Kinder oder deren Familien ihre eigenen Computer kaufen, greifen sie oft zu der Marke, die sie in der Schule benutzt haben. Um den Markt urbar zu machen, gewähren Unternehmen Ausbildungsinvestitionen, erhebliche Preisnachlässe oder stellen ihnen sogar Geräte leihweise oder unentgeltlich zur Verfügung.

Derzeit wird ein bedenklicher und grundlegender Wandel in der Art und Weise, wie Computer in Schulen eingesetzt und von diesen erworben werden, vollzogen. Anstatt Studenten lediglich zu unterrichten, wie Computer bedient werden, setzen Schulen nunmehr Computer als Unterrichtshilfen für alle möglichen Zwecke ein, angefangen von der Textverarbeitung über Mathematik und Physik in Hochschulen bis zu Vorlesungen und für die Erlernung von Fremdsprachen in den unteren Ausbildungsstufen. Diese Einsatzzwecke erfordern sowohl leistungsfähigere Computer, wie z. B. den IBM-PC und IBM-kompatible Geräte, als auch eine bessere Software und Möglichkeiten zur Vernetzung – um entweder Personalcomputer untereinander oder mit größeren Rechnern zu verbinden. Der Trend zu anspruchsvolleren Computern im Ausbildungsmarkt hat eine Verlagerung der Einkaufsentscheidungen von der Ebene des einzelnen Klassenzimmers zur Ebene des Schulbezirks zur Folge gehabt.

Die Anzahl der Konkurrenten und Produktlinien im Heim- und Ausbildungsmarkt schrumpft fortlaufend. In den letzten Jahren haben der Rückzug von Texas Instruments und Coleco aus diesen Märkten und der Niedergang von Atari einen Trend zum Überleben der leistungsfähigsten Anbieter signalisiert – IBM, Apple, Tandy und Commodore. Nur die stärksten Unternehmen können sich die erheblichen Investitionen leisten, die erforderlich sind, die Herstellkosten zu senken und hochwirksame Marketing-Strategien zu unterstützen.

Apple hält derzeit einen Anteil von 54 Prozent am Ausbildungsmarkt. Die bewährte Produktlinie des Apple II bildet den „Brot-und-Butter"-Einstieg des Unternehmens in diesen Markt. Ende 1983 führte Apple den anspruchsvolleren Macintosh ein. Der Macintosh sollte die Brücke zwischen dem Markt für Heimcomputer und dem für gewerbliche Einsatzzwecke bilden. Er ist leicht zu bedienen und dennoch vielseitig einsetzbar, er verfügt über eine größere Speicherkapazität als der Standard-PC und ist mit weitaus mehr Möglichkeiten für graphische Darstellungen ausgestattet.

Kürzlich hat Apple eine noch leistungsfähigere Version, genannt Macintosh Plus, auf den Markt gebracht. Ein Ersatz für die alternde Apple II-Produktlinie wird in Kürze erwartet. In der Zwischenzeit bietet Apple Erweiterungsmöglichkeiten für die Speicherkapazität bereits im Einsatz befindlicher Apple II-Computer an, gewährt hohe Preisnachlässe beim Kauf neuer Geräte und versucht, Käufer davon zu überzeugen, daß ein Verbleib beim Apple II weniger kostet als zu einer anderen Marke zu wechseln.

Tandy's Marktanteil ist trotz seiner früheren Führung bei Heim- und Ausbildungscomputern und trotz eines starken unternehmenseigenen und vom Unternehmen gesteuerten Distributionssystems rückläufig. Das Unternehmen hält einen Marktanteil von 18 Prozent auf dem Ausbildungsmarkt. Um den Rückgang seiner Marktanteile aufzuhalten und ins Gegenteil zu kehren, führte das Unternehmen den Tandy 1000 ein, das dritte Modell in seiner Produktlinie von 100 Prozent IBM-kompatiblen Geräten, zum Preis von unter 1000 Dollar. Der Preis liegt etwa halb so hoch wie jener für den IBM-PC. Tandy bemüht sich aggressiv um große Geschäftsabschlüsse wie z. B. umfangreiche Schulsysteme und setzt den Preis als wichtigstes Instrument der Verkaufspolitik ein. Das Unternehmen hat Apple II-Geräte von Tandy-Käufern mit bis zu 900 Dollar in Zahlung genommen.

Commodore verkauft den 150 Dollar-Commodore 64 und den 300 Dollar-Commodore 128, preiswerte Computer, die für Computer-Spiele und Textverarbeitung eingesetzt werden. Commodore hält 16 Prozent des Ausbildungsmarktes und beherrscht den Markt für Geräte unter 500 Dollar. Da jedoch die Käufer von Heim- und Ausbildungscomputern sich leistungsfähigeren Modellen zuwenden, verläuft der Verkauf schleppend. Um die Verkaufsentwicklung in eine andere Richtung zu lenken und um das Image zu verbessern, entwickelte Commodore den Amiga, einen technisch hochentwickelten Computer, der zum Preis von 1295 Dollar verkauft wird und der mit Apple Macintosh konkurriert. Eine späte Einführung sowie Produktions- und Marketingprobleme führten zu enttäuschenden Anfangsverkäufen des Amiga. Unlängst erlittene Verluste und Cash-flow-Probleme haben das Unternehmen derart geschwächt, daß viele Analytiker der Meinung sind, daß ein Scheitern des Amiga zugleich das Scheitern von Commodore bedeuten würde.

IBM besitzt derzeit nur einen Anteil von drei Prozent am Ausbildungs-Computer-Markt. Das Unternehmen hat in jüngster Zeit seine Anstrengungen erneuert, um sowohl im Heim- als auch im Ausbildungssegment weitere Anteile zu gewinnen. Seine wichtigsten gegenwärtigen Waffen sind seine neuen innovativen Ausbildungs-Software-Pakete und seine Lagerbestände von PC-Junior-Computern, die nunmehr für unter 600 Dollar verkauft werden. Der PC-Junior ist jedoch zugleich eine große Belastung – er versagte schwer im Markt für Heimcomputer, und viele potentielle Käufer verloren das Vertrauen in IBM-Produkte, als das Unternehmen die Produktion des PC-Junior-Modells stoppte. Experten erwarten, daß IBM bald eine neue PC-Version zum Preis von unter 1000 Dollar einführen wird, die auf die Heim- und Ausbildungssegmente abzielt.

Die einstmals explosive Personal-Computer-Branche hat sich stabilisiert, zumindest vorläufig. Die Heim- und Ausbildungssegmete verbleiben jedoch in einer stürmischen Phase. Die letzten Jahre erlebten mörderische Preiskämpfe, Überangebote und erhebliche Gewinneinbußen. Der Trend zu teureren Geräten könnte das Schwergewicht des Konkurrenzkampfes vom Preis- zum Funktions-, Merkmals- und Wertwettbewerb verlagern.

Da die Käufer von Heim- und Ausbildungscomputern zunehmend leichtere Bedienungssysteme fordern, betonen Wettbewerber die Produktdifferenzierung durch Merkmale und Leichtigkeit der Bedienung. Als der führende Computer-Marketer ist es für IBM erforderlich, Produkte und einen Marketingplan für die Heim- und Ausbildungssegmente des Personal-Computer-Marktes zu entwickeln.

Welche PC-Modelle und Marketing-Anstrengungen sollte IBM für die Heim- und Ausbildungssegmente planen?

FALLSTUDIE 2

Minnetonka, Inc.

Im Jahre 1978 führte die Minnetonka, Inc., ein Unternehmen aus Minnesota, das überwiegend Badeprodukte für den Geschenkmarkt vertreibt, eine preiswerte flüssige Handseife, verpackt in einem Pumpausgabegerät, ein. Die Seife erreichte im ersten Jahr einen Marktanteil von acht Prozent. Im Jahre 1982 investierte das Unternehmen seine Hoffnungen und Dollars in Shower-Mate, eine flüssige Seife zum Duschen, die sich als eine Enttäuschung erwies. Im darauffolgenden Jahr führte das Unternehmen Check-Up ein, eine Zahnpaste im Pumpbehälter, die bald einen Marktanteil von fünf Prozent erreichte. Große Konkurrenten, die sich von diesen Produkten bedroht fühlten, reagierten darauf bald mit neuen Produkten und massiven Absatzförderungsmaßnahmen. Als der Umsatz des Unternehmens angesichts des scharfen Wettbewerbs zurückfiel, suchte Minnetonka nach neuen und innovativen Produkten.

Im Jahre 1986 testete es einen Kaugummi zur Bekämpfung von Zahnbelag, den Bakterienfilm, der sich um Zähne und Zahnfleisch bildet. Ein Sprecher des Unternehmens teilte mit, daß in dem Kaugummirezept im wesentlichen eine Zahnpasta enthalten ist. Minnetonka muß einen Marketingplan für seinen neuen Antizahnbelag-Kaugummi festlegen und dabei seine relativen Stärken und Schwächen gegenüber seinen großen Konkurrenten, die nunmehr seine beiden Hauptprodukte bedrohen, beachten.

Mit einer Investition von 3000 Dollar begann 1964 Robert Taylor, der gerade sein MBA-Diplom erworben hatte, in seinem Keller wohlriechende Seifen in attraktiven Verpackungen herzustellen. In späteren Jahren dehnte er seine Bade-Artikel-Produktlinie aus, verließ sein Kellergeschoß und gründete die Firma Minnetonka. 1968 war Taylor's Erstinvestition zu einem Geschäftsvolumen von 650.000 Dollar angewachsen. Übermütig von seinem früheren Erfolg geworden, erweiterte er Minnetonka um verschiedene neue Produktlinien, die von Kerzen und Kosmetikartikeln bis zu Immobilien reichten. Optimistischerweise plante er, die Umsätze über die 100 Millionen-Dollar-Marke hochzutreiben. Bald erwuchsen jedoch Probleme, ein derart ungleichartiges Portfolio zu managen. 1974 erlitt Taylor einen Verlust von 1,6 Millionen Dollar. Er reagierte mit Einschränkungen seines Portfolios, stieß alle Produktlinien ab, die nicht zum Badeartikelsortiment gehörten und konzentrierte sich wieder auf innovative Seifenprodukte. Wieder zurück auf vertrautem Boden steuerte Taylor Minnetonka in eine andere Richtung durch die erfolgreiche Entwicklung von Produkten wie Frucht-Shampoos, verspielte Seifenriegel, „Kriegsbemalung“-Schaumbäder und die „unglaubliche“ Seifenmaschine. Diese Produkte werden überwiegend durch Fachgeschäfte im Geschenkmarkt verkauft.

Im Jahre 1978 führte Taylor Softsoap ein, eine flüssige Seife, die gegen Seifenriegel im Massenmarkt positioniert war und in Lebensmittelgeschäften sowie in Drugstores verkauft wurde. Softsoap wurde ein sofortiger Erfolg. Als die erste vielerorts erhältliche Seife in einer neuen Produktform, einer attraktiven Verpackung und zu einem vernünftigen Preis entsprach sie einem offensichtlichen Konsumentenbedürfnis. Die Umsätze kletterten im Jahre 1981 auf über 95 Millionen Dollar, und vielversprechende Umsatzprognosen hatten einen Ansturm der Konkurrenz zur Folge. Anfang 1982 waren mehr als 40 Konkurrenten – einschließlich Procter & Gamble und Armour-Dial – heftig um einen Anteil am 100 Millionen-Dollar-Markt für flüssige Seifen bemüht. Händlermarken und markenlose Waren erschienen zu wesentlich niedrigeren Preisen auf dem Markt. Die Softsoap-Umsätze gingen innerhalb von zwei Jahren um nahezu 50 Prozent zurück.

Untersuchungen zeigten, daß flüssige Seife überwiegend als Handseife im Waschbecken oder in der Küchenabwasch benutzt wird, während fast 75 Prozent der Seifenriegel, die einen jährlichen Gesamtumsatz von einer Milliarde Dollar zu verzeichnen haben, in Duschbädern und Badewannen verwendet werden. Um rechtzeitig einen Vorteil auf diesem weitgehend unerschlossenen Markt zu erlangen, führte Minnetonka ShowerMate ein, eine flüssige Seife in einer Plastikflasche zum Drücken, versehen mit einem Haken, die während der Benutzung über dem Duschkopf oder an dem Handtuchhalter gehängt werden kann. ShowerMate verkaufte sich anfangs außerordentlich gut, und es sah ganz danach aus, als würde dieses Produkt den Erfolg von Softsoap wiederholen. Es erwies sich jedoch als zu schwierig, die alte Seifenriegel-Gewohnheit zu ändern. Zwei Jahre nach seiner Einführung gingen die Umsätze drastisch zurück, und die meisten Beobachter hielten ShowerMate für ein gestorbenes Produkt.

Minnetonka setzte die Serie seiner innovativen neuen Produkte mit Check-up, einer Zahnpasta in einem Pumpbehälter, die den Zahnbelag bekämpft, fort. Innerhalb eines Jahres erlangte Check-Up einen Anteil von fünf Prozent an dem eine Milliarde Dollar umfassenden Zahnpastamarkt. Wieder bedrohte ein rasch startendes Minnetonka-Produkt dessen größere Konkurrenten. Bald führte Colgate Pumpbehälter sowohl für seine Marke Colgate als auch für Dentagard, eine Zahnbelag bekämpfende Zahnpastamarke, ein. Andere Unternehmen – Proctor & Gamble (Crest), Lever Brothers (Aim) und Beecham (Aqua-Fresh) – folgten mit Pumpen für ihre eigenen Erzeugnisse. Und wieder verlor Minnetonka seine Marktnische und suchte nach innovativen neuen Produkten, um seine Umsätze wieder aufzurichten.

1986 testete Minnetonka seinen neuen Kaugummi, der zur Bekämpfung von Zahnbelag entwickelt wurde. Einige andere Unternehmen standen ebenfalls im Begriff, heilsame Kaugummiprodukte zu testen oder einzuführen und verschafften damit dem Kaugummi die Glaubwürdigkeit als gesundheitsförderndes System. Kaugummis wurden angeboten, um Diabetikern zu helfen, Diät zu halten, um Rauchern die Aufgabe des Rauchens zu erleichtern und um Gesundheitsbewußten ihre Vitamine zuzuführen. Das Kauen von Kaugummi wurde als eine gesunde Aktivität statt als eine schlechte Angewohnheit interpretiert und gefördert. Bis jetzt bleibt Minnetonkas Zahnbelag-bekämpfender Kaugummi ein Versuch, ein neues Marktsegment zu erschließen. Bei der Entwicklung eines Marketingplanes muß das Unternehmen darüber nachdenken, inwieweit die Konsumenten diese Produktidee akzeptieren werden.

Minnetonka verfügt über Produkte in verschiedenen Lebensphasen sowohl in Massen- als auch in Spezialitätenmärkten. Die breite Palette bietet die Möglichkeit zur Diversifizierung, bedingt aber auch die Notwendigkeit einer umsichtigen Planung und die Lösung anstehender offener Probleme. Die Grundfrage lautet, ob Minnetonka weiterhin gegen große Wettbewerber im Massenmarkt konkurrieren oder Spezialprodukte in kleineren Märkten verkaufen sollte. Falls das Unternehmen beschließt, im Massenmarkt zu konkurrieren, muß es planen, wie es wirksam vorgehen könnte. Sollte das Unternehmen frontal konkurrieren oder ist eine andere Strategie erfolgversprechender?

Eine andere Frage lautet, ob Minnetonka seine Massenmarktprodukte – Softsoap, ShowerMate, Check-Up – aufgeben könnte und zu seinem ursprünglichen Geschäft, die Herstellung von Spezialprodukten für den Geschenkmarkt zurückkehren sollte. Wenn das Unternehmen dem Massenmarkt den Rücken kehrt, bedarf es einer Revision seiner Strategien für die verbleibenden Geschäftsbereiche. Wie immer sich Minnetonka entscheiden mag, es muß seine eigenen Stärken im Verhältnis zu den Marktchancen sowie gegenüber den Stärken und Schwächen seiner Konkurrenten festigen.

Sollte Minnetonka eine Zahnpasta in Kaugummiform einführen? Wenn ja, welchen Marketingplan würden Sie vorschlagen?

Welche Änderungen, wenn überhaupt, sollte Minnetonka bezüglich seiner Marketing-Ziele und -Strategien vornehmen?

FALLSTUDIE 3
Maytag Company

Die Maytag Company, Hersteller einer begrenzten Produktlinie von Haushaltsgeräten, war in den letzten Jahren eine der ertragsstärksten Gesellschaften im Haushaltsgerätegeschäft mit jährlichen Umsätzen von über 500 Millionen Dollar. Ihre Basisstrategie bestand darin, das beste Produkt herzustellen und einen dementsprechenden Preis zu fordern. Ihre Umsätze bewegten sich in erster Linie am oberen Ende des Marktes für Ersatzbeschaffungen. Weder der neu gebildete Haushaltsmarkt noch der Markt für die Ausrüstung von Neubauwohnungen wurden anvisiert. Maytags Wäschereiausrüstungen genossen den Ruf, problemlos zu sein, und das Unternehmen hatte dieses Image in seiner Werbung noch durch die Herausstellung von „Ol' Lonely", der Maytag Mechaniker, der nichts zu tun hat, gesteigert. Veränderte Bedingungen lassen es für das Unternehmen wünschenswert erscheinen zu erwägen, ob seine seit langem verfolgte Strategie geändert werden sollte, besonders im Hinblick auf die kürzlich erfolgte Übernahme von zwei Küchengeräteherstellern und die Schritte von Branchenführern zu umfangreicheren Produktlinien.

Maytag übernahm die Hardwick Stove Company, Hersteller und Marketer von Gas- und Elektroherden sowie Mikrowellenöfen, die über konventionelle Geschäfte in mittleren und unteren Preislagen verkauft werden. Darüber hinaus erwarb das Unternehmen Jenn-Air, einen führenden Hersteller von elektrischen Zimmer-Barbecue Grills und Herd-Ventilations-Systemen.

Der Küchengerätemarkt ist zersplittert, und keine Marke kann eindeutig als führendes Produkt erkannt werden. Maytags Präsident erklärte zur Marktsituation, weil „Küchenausrüstung als ein reifer Markt gilt, ist er zugleich ein aufregender, da Produktinnovationen die traditionelle Art des Kochens ändern und die Verkaufschancen erweitern". Gleichwohl ist Maytags Einstieg in die Küchengerätebranche als ein Glücksspiel anzusehen, das einige seiner Erfolge, die mit Waschmaschinen, Trocknern und Geschirrspülmaschinen erzielt wurden, mit seinen Herden und Öfen aufzehren kann.

Maytags Wäschereigeräte gelten als Top-Artikel dieser Produktlinie, doch trotz großer Anstrengungen und günstiger Bewertungen in Konsumenten-Reports halten viele Konsumenten und Angehörige der Branche seinen Geschirrspüler für zweitrangig gegenüber Hobart's KitchenAid, der lange Zeit der Führer in der Marktnische „hohe Qualität, hoher Preis" gewesen ist. Maytag verengt jedoch diese Lücke. Die Hochqualitätsnische für Wasch- und Küchenhaushaltsgeräte, die sowohl von Maytag als auch KitchenAid anvisiert wird, könnte erodieren. Obwohl keine zuverlässigen Beweise dafür vorhanden sind, ist zunehmend häufiger im Handel und auf Konsumentenebene die Meinung anzutreffen, daß der Qualitätsunterschied zwischen hohen und mittleren Preislagen bei den wichtigsten Wasch- und Küchenhaushaltsgeräten geringer und die Preisdifferenz größer wird.

Mikrowellenherde für den Haushalt erschienen bereits in den fünfziger Jahren auf dem Markt, aber ihr Wachstum verlief bis zu Beginn des siebziger Jahrzehnts äußerst langsam. Zu dieser Zeit gab es mit Mikrowellenherden einige Probleme: Das Kochen erfolgte ungleichmäßig, Fleisch wurde nicht braun, in Folie verpackte Lebensmittel konnten nicht in den Ofen gelegt werden, nur wenige Kochbücher für das Kochen im Mikrowellenherd waren verfügbar und tatsächliche oder eingebildete Strahlungsgefahren wurden mit

Mikrowellenherden in Verbindung gebracht. Sobald diese Probleme überwunden waren, stiegen die Umsätze an. In den späten siebziger Jahren wurden „counter-top"-Mikrowellenherde (Tischmodelle) nicht mehr länger als Luxus betrachtet. Infolge zunehmend mehr arbeitender Frauen wurde die Anziehungskraft dieser Herde stärker, und sie werden nunmehr in 40 Prozent der US-Haushalte benutzt, verglichen mit einer Benutzerquote von 45 Prozent von Geschirrspülern. Mikrowellenherde, die sich in der Preislage zwischen 150 und 600 Dollar bewegen, wurden zu einem der „heißesten" Artikel im Haushaltsgerätegeschäft. Branchenprognosen erwarten eine Durchdringungsintensität, die mit jener von Farbfernsehgeräten vergleichbar ist. Der Preiswettbewerb ist hart, und die gewährten Preisnachlässe sind erheblich. Es ist schwer, Spitzenpreise aufrechtzuerhalten.

Fünf der ungefähr vierzig Hersteller von Mikrowellenherden teilen sich weit über 50 Prozent des Konsumentenmarktes. Litton und Amana waren die Marktführer, aber Sears, General Electric und Sharp haben den Abstand verringert. Maytag hält eine unbedeutende Position in dem sich schnell entwickelnden Markt für Mikrowellenherde. Die kürzlich erfolgte Übernahme der Firma Hardwick Stove Company brachte keine wirkliche Hilfe gegen die Konkurrenz. Falls Maytag keine Marktnische findet, in der das Unternehmen einige Wettbewerbsvorteile besitzt, ist es unwahrscheinlich, einen Gewinn mit der Vermarktung von Mikrowellenherden zu erzielen.

In den folgenden Ausführungen werden einige der wichtigsten Branchenentwicklungen beschrieben:

1. Die Struktur der Haushaltsgerätebranche wandelt sich infolge von Fusionen und Übernahmen. Sie wird einige große Unternehmen mit voller Produktlinie umfassen, die den größten Teil der am Markt befindlichen Geräte herstellen. Ein erheblicher Teil davon wird an andere Unternehmen geliefert, die diese Produkte unter ihren eigenen Marken vertreiben.
2. Der Konkurrenzkampf, der in dieser Branche schon immer hart gewesen ist, wird noch härter werden. Hersteller mit niedrigen Kosten, wie z. B. White Consolidated Industries, sind ständig um niedrigere Kosten bemüht. Seitens GE und Whirlpool wurden erhebliche Beträge in die Automatisierung der Fertigungsanlagen investiert. Die Marketing-Anstrengungen wurden intensiviert, mit einer stärkeren Betonung rasch wirkender Verkaufsanreize, wie z. B. Werksrabatte, spezielle Verkäufe ab Werk sowie zusätzliche Anreize für Konsumenten und Händler, einschließlich deren Verkäufer, in Form besonderer Sachprämien.
3. Um die einzelnen Arbeitsgänge zu steuern, werden die Produkte mit mehr elektronischen Vorteilen ausgestattet. Mikroprozessoren und andere Spitzentechnologie erfordern größere technologische Mittel, und das nicht nur für die Konstruktion und Herstellung der Geräte sondern auch für Kundendienst und Reparaturarbeiten. Angeboten werden Kontaktkontrollen, Digitalanzeiger, mehr und bessere Zeituhren sowie blinkende Diagnoseanzeigen, Ausstattungselemente, die in Spitzenmodellen bereits zum allgemeinen Standard zählen.
4. Der Service ist zu einem wichtigen Problem geworden. Für größere Reparaturen sind spezielle Werkzeuge und erfahrenes Servicepersonal erforderlich. Kundendienstbesuche sind teuer. Die Notwendigkeit von Kundendienstbesuchen und die dafür entstehenden Kosten verärgern die Kunden, besonders wenn es sich um kleinere Reparaturen handelt. Die meisten Unternehmen würden sich damit am liebsten nicht befassen. Nur wenige machen damit ein Geschäft, obwohl angenommen wird, daß der

Sears-Kundendienstbereich aufgrund seiner zahlreichen Wartungsverträge gewinnbringend arbeitet. GE und Whirlpool unterhalten ebenfalls große Servicekolonnen und bieten Wartungsverträge an. Darüber hinaus wird von GE und Whirtlpool Hilfestellung für Konsumenten geboten, wofür die Anwählung einer 800er-Nummer erforderlich ist.

5. Ausländische Konkurrenz erweist sich gegenwärtig als ernsthafte Bedrohung. Kompaktkühlschränke aus Italien und Frankreich sowie Mikrowellenherde aus Japan verfügen über bedeutende Marktanteile. Mittlerweile wird eine vollständige Produktpalette von Haushaltsgeräten, einschließlich Kühlschränken, Tiefkühltruhen, Elektroherden, Geschirrspülmaschinen, Waschmaschinen und Wäschetrocknern in den USA unter dem Markennamen Panasonic vermarktet. Die Produkte werden von US-amerikanischen Unternehmen hergestellt, mit Ausnahme der Wäschereigeräte, die aus dem Fernen Osten geliefert werden. Es wird erwartet, daß Sanyo dem Beispiel der Matsushita Electric Industrial Company, dem Anteilseigner von Panasonic, folgen wird. Zwei südkoreanische Gruppen, Samsung und The Lucky-Goldstar, führten billige Kompaktmikrowellenherde – geeignet für kleinere Wohnungen – ein und hatten damit so viel Erfolg, daß sie nunmehr Herstellkapazitäten in den USA errichten.

Einige strittige Strategiefragen von großer Bedeutung für Maytag sind:

1. Sollte das Unternehmen den Schwerpunkt seiner Zielmärkte ändern und den Neu-Käufermarkt mit einbeziehen? Oder den Wohnausrüstermarkt? Falls ja, welche Prioritäten sollten jedem Marktsegment zugeordnet werden?
2. Sollte das Unternehmen seine Produktlinie durch Aufnahme von Kühlschränken abrunden, um wirksamer mit den Vollsortiment-Marketern konkurrieren zu können?
3. Sollte das Unternehmen einen Versuch mit einer neuen Distributionsmethode planen, um die Transport- und Lagerhaltungskosten zu senken? Die Händler würden so verkaufen, wie sie es bislang getan haben, die Lieferung der Produkte sowie der Service würden jedoch von Maytag über zentral gelegene Auslieferungslager durchgeführt werden.

Maytag's Strategie der Hochqualitätsprodukt-Nische hat sich bei Wäschereiausrüstungen hervorragend bewährt, jedoch weniger gut bei seinen Geschirrspülern. Nunmehr eingetretene demographische und branchenbezogene Änderungen von grundlegender Bedeutung lassen darauf schließen, daß die bisherige Strategie nicht für die gegenwärtigen und zu erwartenden Entwicklungen geeignet ist.

Welche Änderungen sollte Maytag bezüglich seiner Basis-Marketing-Strategie vornehmen, die sich derzeit auf Qualitätsprodukte für den Markt der Ersatzbeschaffungen konzentriert?

Teil 2
ANALYSE DER MARKETING-CHANCEN

Im zweiten Teil dieses Buches wird zunächst die Bedeutung von Marktinformationen für die Erstellung von Marketingplänen aufgezeigt. Im Anschluß daran soll deutlich gemacht werden, wie diese Ergebnisse der Marktforschung vom Unternehmen genutzt werden, um den komplexen und sich wandelnden Markt als Quelle der wichtigsten Chancen und Herausforderungen des Unternehmens zu untersuchen.

öffentlichen würde. Wirtschaftsanalytiker und Medien debattierten über diese Entscheidung, und einige Marketing-Experten sagten voraus, daß die „New Coke" der „Edsel der achtziger Jahre" werden würde (Anmerkung des Übersetzers: gemeint ist der große Mißerfolg, den die Firma Ford mit ihrem Modell Edsel in den sechziger Jahren erlitten hat).

Mitte Juli 1985, nach nur zwei Monaten, brachte die Coca-Cola Company die alte Coke zurück. Sie wurde Coke Classic genannt und neben der New Coke auf den Verkaufsregalen der Supermärkte angeboten. Das Unternehmen teilte mit, daß die New Coke das „Flaggschiff" bleiben würde – aber die Konsumenten waren anderer Meinung. Ende 1985 verzeichnete die Coke Classic in Supermärkten einen doppelt so hohen Umsatz wie die New Coke. Mitte 1986 gingen die beiden größten Abnehmer des Unternehmens, McDonald's und Kentucky Fried Chicken, wieder dazu über, in ihren Restaurants Coke Classic zu servieren. Coke Classic wurde wieder zur Hauptmarke des Unternehmens und die New Coke zum Mitläufer.

Warum hatte man aber die New Coke an die erste Stelle gesetzt, und was war schief gelaufen? Viele Analytiker ordnen die Schuld für diesen Mißerfolg einer unzulänglichen Marketing-Forschung zu.

Anfang der achtziger Jahre war Coke zwar weiterhin das führende alkoholfreie Getränk, aber es verlor langsam Marktanteile an Pepsi. Vor Jahren hatte Pepsi erfolgreich die „Pepsi Herausforderung" gestartet. In Serien von Fernsehspots, die Geschmackstests darstellten, wurde gezeigt, daß die Konsumenten den süßeren Geschmack von Pepsi bevorzugten. Obwohl Anfang 1985 Coke immer noch führend auf dem Gesamtmarkt war, lag der Anteil von Pepsi bei den Supermarkt-Umsätzen um zwei Prozent höher. Das klingt nicht viel, aber zwei Prozent des riesigen Marktes alkoholfreier Getränke machen zirka 600 Millionen Dollar Einzelhandelsumsatz aus. Coca-Cola mußte etwas tun, um die Erosion seiner Marktanteile zu stoppen. Eine Geschmacksänderung schien die Lösung zu sein.

Coca-Cola begann mit dem größten Forschungsprojekt für ein neues Produkt in der Geschichte des Unternehmens. Mehr als zwei Jahre und vier Millionen Dollar wurden aufgewendet, bis man sich für die neue Rezeptur entschieden hatte. Dafür waren mehr als 200.000 Geschmackstests erforderlich – 30.000 allein für das endgültige Rezept. Im Rahmen der durchgeführten „Blindtests" entschieden sich 60 Prozent für die neue Coke gegenüber der alten, und 52 Prozent zogen sie der Pepsi vor. Die Untersuchung zeigte, daß die New Coke ein Sieger werden würde, und das Unternehmen führte sie im Vertrauen darauf ein. Woran lag es also?

Rückblickend erscheint es so, daß die Marketing-Forschung von Coca-Cola zu eng gefaßt war. Die Untersuchung beschränkte sich allein auf den Geschmack. Es wurde nicht erhoben, was die Konsumenten empfinden würden, wenn sie die alte Coke verlassen und durch eine neue ersetzen sollten. Wie ein Experte erwähnte, bestand die Untersuchung fast ausschließlich aus „Blindvergleichen“, die nicht dem Produkt als Ganzem Rechnung trugen – einer reichhaltigen Mischung greifbarer und nicht greifbarer Faktoren, wie z. B. Name, Geschichte, Verpackung, kulturelles Erbe, Image. Für viele gehört die Coke einfach zu Baseball, Hotdogs und Apple Pie, gleichsam wie eine Amerikanische Institution. Sie symbolisiert das innerste Wesensgefüge Amerikas schlechthin. Das Unternehmen übersah diese tiefen emotionalen Bindungen beziehungsweise vermochte nicht, diese richtig einzuschätzen. Die symbolische Bedeutung der Coke war für viele Konsumenten wichtiger als ihr Geschmack. Eine umfassendere Marketing-Untersuchung hätte diese starken Emotionen herausgefunden.

Es mag auch sein, daß die Manager von Coca-Cola die Forschungsergebnisse nicht richtig ausgewertet und interpretiert haben. So schlossen sie beispielsweise aus dem Testergebnis, demzufolge 60 Prozent der Konsumenten den Geschmack der New Coke bevorzugten, daß sich das neue Produkt auf dem Markt durchsetzen würde – so wie ein Wahlkandidat mit 60 Prozent der Stimmen gewinnt. Schließlich hatten die Testergebnisse aber auch gezeigt, daß weitere 40 Prozent nach wie vor die alte Coke wollten. Durch das Fallenlassen des alten Produktes trampelte man auf den Geschmacksnerven des harten Kerns der loyalen Coke-Trinker herum, der keine Änderung wollte. Das Unternehmen hätte klüger gehandelt, die alte Coke unverändert zu lassen und die neue Coke als zusätzliche Marke einzuführen, wie es später so erfolgreich mit Cherry Coke praktiziert wurde.

Die Coca-Cola Company verfügt über eine der größten, bestgeführten und modernsten Marketing-Forschungen in Amerika. Dank guter Marketing-Forschung hat sich das Unternehmen schließlich jahrzehntelang an der Spitze des heftig umkämpften Marktes für alkoholfreie Getränke halten können. Aber die Marketing-Forschung ist weit davon entfernt, eine exakte Wissenschaft zu sein. Die Konsumenten sind voller Überraschungen und diese herauszufinden, ist mitunter äußerst schwierig. Wenn der Coca-Cola Company ein so schwerwiegender Marketing-Fehler unterlaufen kann, dann kann es jedem anderen Unternehmen auch passieren.[1]

Marketingmanager benötigen ständig Informationen zur Durchführung und Erstellung von Marketing-Analysen und -Planungen sowie für deren Implementierung und Kontrolle. Sie brauchen Informationen über Kunden, Konkurrenten, Händler und andere Marktfaktoren. Marion Harper sagt dazu: „Ein Unternehmen gut zu führen, bedeutet, seine Zukunft zu managen; und die Zukunft zu managen, heißt, Informationen richtig zu handhaben."[2]

Im letzten Jahrhundert war es noch so, daß die meisten Unternehmen klein waren und ihre Kunden aus erster Hand kannten. Manager erlangten ihre Informationen, indem sie ständigen Kontakt mit ihren Abnehmern pflegten, diese beobachteten und ihnen Fragen stellten. Während dieses Jahrhunderts haben viele Faktoren den Bedarf an mehr und besseren Informationen verstärkt. Da die Unternehmen auf nationalen Märkten expandieren, benötigen sie mehr Informationen über größere und entferntere Märkte. Weil die Einkommen gestiegen und die Verbraucher anspruchsvoller geworden sind, benötigen die Anbieter genauere Angaben darüber, wie die Käufer auf unterschiedliche Produkte und Werbeansprachen reagieren. Da die Anbieter sich komplizierterer Marketing-Methoden bedienen und einem stärkeren Wettbewerb ausgesetzt sind, brauchen sie Informationen über die Wirksamkeit ihrer Marketing-Instrumente. Schließlich benötigen Manager angesichts der sich rasch wandelnden Umfeldbedingungen mehr aktuelle Informationen, um zeitgerechte Entscheidungen treffen zu können.

Das Informationsangebot hat ebenfalls beträchtlich zugenommen. John Naisbitt ist der Meinung, daß sich die USA in einem grundlegenden Wandlungsprozeß von einer Industrie- zu einer Informationsgesellschaft befinden.[3] Er fand heraus, daß mehr als 65 Prozent aller Arbeitskräfte in den USA mit der Informationserstellung und Informationsverarbeitung beschäftigt sind, verglichen mit 17 Prozent im Jahre 1950. Durch die Verwendung leistungsfähigerer Computersysteme und anderer Technologien verfügen die Unternehmen gegenwärtig über Informationen in großen Mengen. Naisbitt sagt dazu: „Der Informationsausstoß ist kein Problem, sondern nicht darin zu ertrinken."[4]

Trotzdem verfügen die Marketer selten über die Informationen, die sie wirklich benötigen, und oft brauchen sie nicht alle Informationen, die ihnen zur Verfügung stehen. Sie klagen laufend darüber, daß es ihnen an genügend geeigneten Informationen mangelt, oder daß sie zu viele ungeeignete haben; oder daß Marketing-Informationen innerhalb des Unternehmens weit verstreut sind und es eines großen Aufwandes bedarf, einfache Tatsachen herauszufinden. Es kann auch vorkommen, daß Untergebene Informationen zurückhalten, von denen sie glauben, daß diese ein schlechtes Bild über ihre Leistung vermitteln könnten. Wichtige Informationen treffen oft zu spät ein, um nützlich zu sein, oder zeitgerechte Informationen sind nicht genau.

Marketing-Manager benötigen mehr und bessere Informationen. Den Unternehmen stehen große Möglichkeiten offen, die Manager mit Informationen auszustatten, aber oft wird davon nur ungenügend Gebrauch gemacht. Zahlreiche Unternehmen ermitteln nunmehr die Informationsbedürfnisse ihrer Manager und entwickeln Informationssysteme, die diesen Anforderungen entsprechen.

DAS MARKETING-INFORMATIONSSYSTEM

Das Marketing-Informationssystem wird von uns wie folgt definiert:[5]

> **Ein Marketing-Informationssystem (MIS) ist ein Gefüge von Personen, Ausrüstungen und Verfahren zur Erlangung, Zuordnung, Analyse, Bewertung und rechtzeitiger Verteilung benötigter und genauer Informationen an Entscheidungsträger.**

Abbildung 4-1 verdeutlicht das Konzept des Marketing-Informationssystems. Das MIS beginnt und endet mit dem Marketing-Manager.

FIGURE 4-1
The Marketing Information System

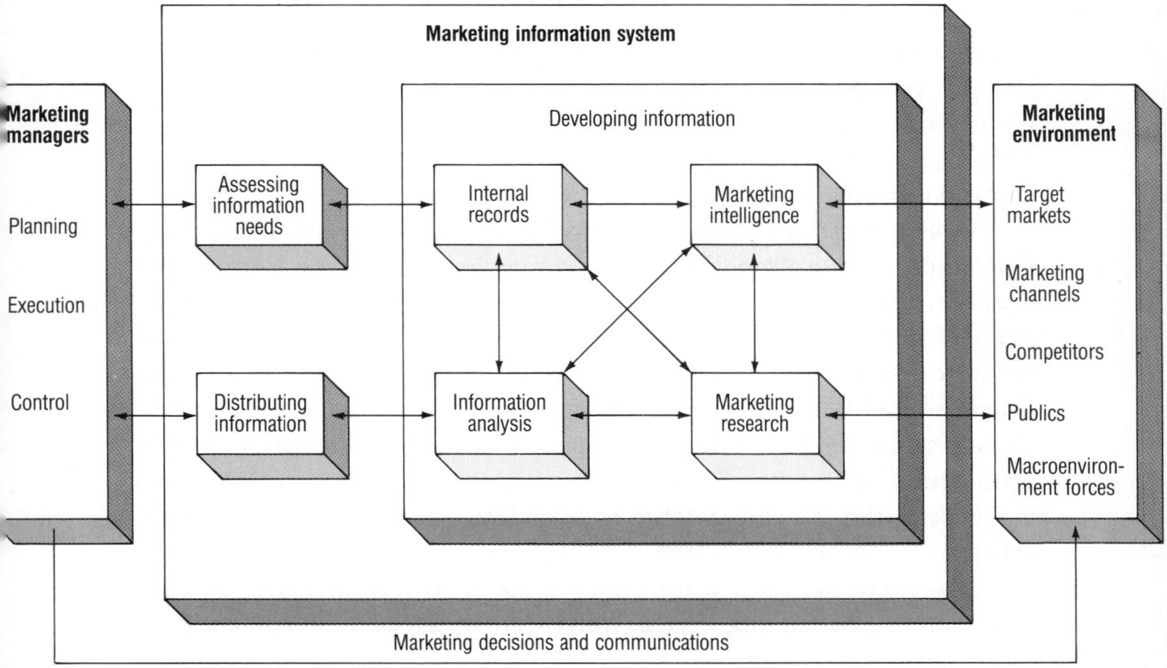

ABBILDUNG 4-1
Das Marketing-Informationssystem

Zuerst findet eine Interaktion mit diesen Managern statt, um deren Informationsbedürfnisse festzustellen. Als nächstes werden die benötigten Informationen aus unternehmensinternen Aufzeichnungen, Marktberichten und Marktforschungsvorgängen abgeleitet. Mit Hilfe einer Informationsanalyse wird erreicht, daß diese Informationen brauchbarer werden. Schließlich liefert das MIS Informationen in der richtigen Form und zur richtigen Zeit an die betreffenden Manager, um diese bei der Marketing-Planung, -Implementierung und -Kontrolle zu unterstützen.

Im folgenden sollen die einzelnen Funktionen des Marketing-Informationssystems genauer untersucht werden.

FESTLEGUNG DES INFORMATIONSBEDARFS

Ein gutes Marketing-Informationssystem wägt Informationen, die Manager gerne hätten, gegen jene ab, die sie wirklich benötigen und die anzubieten möglich sind. Das Unternehmen beginnt damit, die Manager über ihre Informationswünsche zu befragen. Manager brauchen jedoch nicht immer all die Informationen, nach denen sie verlangen und möglicherweise fragen sie nicht nach allen, die sie wirklich benötigen. Darüber hinaus kann das MIS mitunter nicht alle Informationen liefern, die von den Managern nachgefragt werden.

Einige Manager fragen nach allen möglichen Informationen, die sie erhalten möchten, ohne sorgfältig darüber nachzudenken, welche wirklich für sie von Nutzen sind. Die gegenwärtige Informationstechnologie versetzt die meisten Unternehmen in die Lage, wesentlich mehr Informationen zur Verfügung zu stellen als die Manager tatsächlich verwerten können. Ein Zuviel an Informationen kann genau so nachteilig sein wie ein Zuwenig.

Vielbeschäftigte Manager könnten versäumen, nach Dingen zu fragen, die sie wissen sollten, oder Manager haben keine Vorstellung darüber, über welche Sachverhalte sie informiert sein sollten. Zum Beispiel müssen Manager wissen, ob ein Konkurrent plant, innerhalb des kommenden Jahres ein neues Produkt auf den Markt zu bringen. Da sie nichts von diesem Vorhaben wissen, denken sie nicht daran, danach zu fragen. Das MIS hat die Aufgabe, das Marketing-Umfeld zu beobachten und die Entscheidungsträger mit Informationen zu versorgen, die sie für wichtige Marketing-Entscheidungen haben sollten.

Zuweilen kann ein Unternehmen die erforderlichen Informationen nicht zur Verfügung stellen, weil sie entweder nicht verfügbar oder die Möglichkeiten des MIS begrenzt sind. Zum Beispiel könnte der Manager einer Marke wissen wollen, inwieweit die Konkurrenten ihr Werbebudget im nächsten Jahr zu ändern beabsichtigen, und wie diese

Informations-Überangebot – das Problem besteht darin, Managern die richtigen Informationen zur rechten Zeit zur Verfügung zu stellen.
Courtesy of Apple Computer, Inc.

Veränderungen die Branchen-Marktanteile beeinflussen werden. Informationen über geplante Budgetänderungen sind wahrscheinlich nicht zu erhalten. Selbst wenn sie es wären, würde das MIS des Unternehmens nicht in der Lage sein, die daraus resultierenden Änderungen in bezug auf die Marktanteile vorauszusagen.

Schließlich muß das Unternehmen auch entscheiden, ob der aus einer Information resultierende Nutzen die Beschaffungskosten wert ist, und oft sind sowohl der Wert als auch die Kosten schwer abzuschätzen. Für sich allein genommen ist eine Information wertlos, ihr Wert hängt davon ab, wie sie genutzt wird. Obwohl inzwischen Methoden entwickelt worden sind, den Wert von Informationen zu berechnen,[6] müssen sich Führungskräfte oft auf subjektive Beurteilungen verlassen. Ein Unternehmen kann zwar die Kosten für Personal und Ausstattung zur Schaffung eines Marketing-Informationssystems addieren oder den Aufwand für ein Marktforschungsprojekt ermitteln, die Kosten für eine bestimmte Information zu beziffern, dürfte jedoch schwierig sein.

Die Kosten für das Erlangen, Verarbeiten, Speichern und Weiterleiten von Informationen können rasch ansteigen. In vielen Fällen vermögen zusätzliche Informationen nur wenig dazu beizutragen, eine Management-Entscheidung zu verbessern, oder die Kosten für eine Information übersteigen die Erträge, die aus der besseren Information resultieren. Angenommen, ein Unternehmen schätzt, daß die Einführung eines neuen Produktes ohne weitere Informationen einen Ertrag von 500.000 Dollar erbringen würde. Der Manager glaubt, daß zusätzliche Informationen das Marketing Mix verbessern könnten und dem Unternehmen zu einem Ertrag von 525.000 Dollar verhelfen würden. Es wäre unvernünftig, 30.000 Dollar für die Erlangung der zusätzlichen Informationen zu zahlen.

ERLANGUNG VON INFORMATIONEN

Die Informationen, die von den Marketing-Managern benötigt werden, können aus internen Aufzeichnungen, Marktinformationen sowie von der Marketing-Forschung erhalten werden. Die Informationsanalyse verarbeitet diese Informationen, um sie für die Manager brauchbar zu machen.

Interne Berichte

Die meisten Marketing-Manager greifen regelmäßig auf interne Aufzeichnungen und Berichte zurück, vor allem für die laufenden Marketing-, Planungs-, Implementierungs- und Kontroll-Entscheidungen. Die Buchhaltungsabteilung erstellt Jahresabschlüsse und führt detaillierte Aufzeichnungen über Umsätze, Aufträge, Kosten und Cash flows. Die Herstellungsabteilung berichtet über Produktionspläne, Versand- und Lagerbestände. Der Verkauf erstattet Bericht über die Reaktionen der Wiederverkäufer und Konkurrenzaktivitäten. Der Kundendienst informiert über Kundenzufriedenheit oder Serviceprobleme. Forschungsstudien, die für eine Abteilung erstellt wurden, können auch für andere nützliche Informationen enthalten. Manager können Informationen, die diesen oder jenen Quellen innerhalb des Unternehmens entstammen, dafür benutzen, die Leistung zu bewerten sowie Probleme und Chancen aufzuspüren.

Nachfolgend einige Beispiele, wie Unternehmen von Informationen aus internen Berichten für ihre Entscheidungsfindung im Marketingbereich Gebrauch machen:

> *Sears verwendet interne Berichte als wirksames Marketing-Instrument. Die Marketing-Manager greifen auf die in Computern gespeicherten Informationen von über 40 Millionen Kunden zurück, um spezielle Produkte und Serviceleistungen bei bestimmten Zielgruppen werblich besonders herauszustellen. So verfolgt beispielsweise Sears die Haushaltsgerätekäufe jedes Kunden und bietet spezielle „Servicepakete" jenen Kunden an, die mehrere Geräte erstanden, ohne für diese einen Wartungsvertrag abgeschlossen zu haben. Bald darauf sind die Manager anderer Sears-Töchter, Allstate Insurance, Dean Witter Reynolds und Coldwell Banker (Grundstücksmakler) in der Lage, sich durch die Benutzung der gleichen Daten einen Verkaufsvorsprung zu verschaffen.*[7]

Die Außendienstmitarbeiter von Mead Paper können auf Kundenanfragen bezüglich der Verfügbarkeit bestimmter Papiersorten eine sofortige Antwort erhalten, indem sie den Zentralcomputer von MP anwählen. Der Computer stellt fest, ob dieses Papier im nächstgelegenen Auslieferungslager verfügbar ist, und wann es versandt werden kann. Wenn es nicht auf Lager ist, überprüft der Computer die Lagerbestände anderer Depots in der Nähe, bis dieses Papier ausfindig gemacht worden ist. Sollte es nirgendwo vorhanden sein, stellt der Computer fest, wo und wann das Papier produziert werden kann. Der Vertreter erhält diese Angaben innerhalb weniger Sekunden und hat damit gegenüber Konkurrenten einen großen Vorteil.

Informationen aus internen Berichten sind gewöhnlich schneller und preisgünstiger zu erhalten als solche aus anderen Quellen. Aber auch dabei stellen sich Probleme. Da sie für einen anderen Zweck beschafft wurden, können sie unvollständig oder in für Marketingentscheidungen ungeeigneter Form aufbereitet worden sein. Zum Beispiel müssen die Umsatz- und Kostenaufzeichnungen der Buchhaltung, die der Bilanzerstellung dienen, für die Einschätzung von Produktchancen oder für die Leistungsbewertung des Außendienstes oder der Vertriebskanäle umgeformt werden. Auch die zahlreichen Abteilungen eines großen Unternehmens produzieren eine Menge Informationen, sie alle zu erfassen und auf dem letzten Stand zu halten, ist schwierig. Es ist Aufgabe des Marketing-Informationssystems, die großen Datenmengen zu erfassen, zu ordnen, zu verarbeiten und so zu indexieren, daß die Manager das, was sie benötigen, leicht finden und schnell erhalten können.

Marktinformationen

Marktinformationen enthalten Daten über laufende Vorgänge.

Marktinformationen sind aktuelle Daten über Entwicklungen des Marketing-Umfeldes, die Managern helfen, Marketingpläne zu erstellen und anzupassen.

Das Marketing-Informationssystem legt fest, welche Informationen benötigt werden, sammelt diese anhand von Marktbeobachtungen und stellt sie jenen Marketing-Managern zur Verfügung, die sie benötigen.

Marktinformationen können vielen Quellen entstammen. Zahlreiche Informationen sind vom unternehmenseigenen Personal erhältlich – Führungskräfte, Ingenieure, Wissenschaftler, Einkaufsbevollmächtigte sowie der Außendienst. Die Mitarbeiter sind jedoch oft sehr beschäftigt und versäumen es, Informationen weiterzuleiten. Deshalb muß das Unternehmen ihnen ihre große Bedeutung als Informationserlanger „verkaufen", sie schulen, neue Entwicklungen zu erkennen und ihnen einschärfen, diese Informationen an das Unternehmen weiterzuleiten.

Ferner müssen Lieferanten, Wiederverkäufer und Kunden veranlaßt werden, wichtige Informationen an das Unternehmen weiterzuleiten. Informationen über Konkurrenten können den Aussagen entnommen werden, die diese in ihren Jahresberichten, Reden und Pressemitteilungen veröffentlichen. Kenntnisse können auch daraus abgeleitet werden, was andere über die Wettbewerber sagen, z. B. in Wirtschaftspublikationen und auf Fachmessen. Das Unternehmen kann auch beobachten, wie sich die Konkurrenz verhält – es können deren Produkte gekauft und analysiert werden, ihre Umsätze verfolgt oder neue Patentanmeldungen geprüft werden (siehe Beispiel 4-1).

Unternehmen kaufen ihre Informationen auch von externen Nachrichtendiensten. Die A. C. Nielsen Company verkauft Daten über Marktanteile, Einzelhandelspreise sowie die prozentualen Sortiments-Anteile jener Händler, die bestimmte Marken führen. Die Market Research Corporation of America bietet Berichte über wöchentliche Veränderungen von Markt-Anteilen, Verpackungsgrößen, Preisen sowie über Sonderangebote einzelner Marken an. Zeitungsausschnitt-Dienste (Clipping Service) werden abonniert, um über Inserate und Medieneinsätze des Wettbewerbs Bericht zu erhalten.

Einige Unternehmen richten Büros ein, um Marktinformationen zu sammeln und in Umlauf zu setzen. Das Personal wertet die wesentlichen Veröffentlichungen aus, stellt die wichtigsten Neuheiten zusammen und verschickt Nachrichtenkurzfassungen an die Marketing-Manager. Die Mitarbeiter legen Akten über Marktinformationen an und helfen den Managern, neue Informationen zu bewerten. Diese Dienstleistungen steigern den Wert verfügbarer Informationen für die Marketing-Manager erheblich.

Marketing-Forschung

Manager haben nicht immer die Zeit, auf die bruchstückhaft eintreffenden Informationen des Marktinformations-Systems zu warten. Sie benötigen oft spezielle Studien für besondere Situationen. Zum Beispiel möchte Hewlett-Packard wissen, wieviele und welche Personen oder Firmen ihren neuen superleichten Personal Computer kaufen werden. Das Barat College in Lake Forest, Illinois, braucht Informationen darüber, wieviel Prozent seiner Zielgruppe von Barat gehört haben, was sie wissen, durch wen sie Informationen erhalben haben und welche Einstellungen sie Barat gegenüber einnehmen. In derartigen Fällen kann das Marktinformations-System nicht die detaillierten Angaben bereitstellen. Außerdem verfügen Manager gewöhnlich nicht über die Fähigkeit oder die Zeit, diese Informationen selbst zu beschaffen. Sie benötigen dafür professionelle Marketingforschung.

BEISPIEL 4-1
Informationserlangung: Konkurrenzerkundung

Die Einholung von Wettbewerbsinformationen hat drastisch zugenommen, da es für immer mehr Unternehmen wichtig ist zu wissen, was ihre Konkurrenten tun. Renommierte Firmen wie Ford, Westinghouse, General Electric, Gillette, Revlon, Del Monte, General Foods, Kraft und J. C. Penney sind dafür bekannt, daß sie ihre Konkurrenten sehr genau auskundschaften.

Ein kürzlich in Fortune veröffentlichter Artikel listet mehr als 20 Techniken auf, die Unternehmen dafür anwandten. Diese Methoden zerfallen in vier Hauptgruppen.

- *Informationserlangung von neu eingestellten Mitarbeitern und Angestellten der Konkurrenz.*

  Unternehmen können über Einstellungsgespräche Informationen erhalten oder aus Unterhaltungen mit Angestellten des Wettbewerbs. Fortune schreibt dazu:

  Wenn Sie Studenten bei Bewerbungsgesprächen befragen, gilt das besondere Interesse jenen, die, wenn auch nur kurzfristig, für die Konkurrenz gearbeitet haben. Bewerber sind bemüht, einen guten Eindruck zu hinterlassen und oft auch nicht davor gewarnt worden, vertrauliche Informationen auszuplaudern.

  Unternehmen beauftragen Ingenieure, an Konferenzen und Fachausstellungen teilzunehmen, um Techniker der Konkurrenz auszufragen. Solche Gespräche beginnen meist ganz harmlos – einige Technikerkollegen, gleichwohl Konkurrenten, diskutieren lediglich über Verfahren und Probleme... Ingenieure und Wissenschafter prahlen oft mit technischen Herausforderungen, die von ihnen überwunden worden sind und geben dabei zugleich vertrauliche Informationen preis.

  Mitunter inserieren Firmen Jobs, die es gar nicht gibt und führen auch diesbezügliche Einstellungsgespräche, um den Mitarbeitern der Konkurrenz Geheimnisse zu entlocken... Oft haben sich diese Bewerber bislang nur in untergeordneten oder verborgenen Stellen bewegt und sich vergeblich um einen Aufstieg bemüht oder stehen unter dem Eindruck, daß ihre Karriere nicht ausbaufähig ist. Sie geben alles dafür, jemanden zu beeindrucken.

- *Informationserlangung von Personen, die mit den Wettbewerbern Geschäftsbeziehungen unterhalten.*

  Schlüsselkunden können das Unternehmen über die Konkurrenz und deren Produkte auf dem laufenden halten:

  Zum Beispiel teilte Gillette vor einiger Zeit einem großen kanadischen Kunden das Datum mit, an dem der Verkaufsbeginn des neuen „Good News“ Wegwerfrasierers in den USA geplant war. Der kanadische Händler setzte sich unverzüglich mit Bic in Verbindung und erzählte von der bevorstehenden Produkteinführung. Bic startete ein Crash Programm und war unmittelbar nach der Gillette-Aktion in der Lage, mit dem Verkauf seines Rasierers zu beginnen.

Informationen können auch gewonnen werden, indem man in die Geschäftsabläufe des Kunden eingedringt:

Unternehmen stellen Kunden mitunter ihre Ingenieure kostenlos zur Verfügung... Die enge kooperative Zusammenarbeit zwischen den entliehenen Ingenieuren und dem Konstruktionspersonal des Kunden ermöglichen es oft zu erfahren, welche neuen Produkte die Konkurrenten entwickelt haben.

- *Informationsgewinnung aus Veröffentlichungen und behördlichen Dokumenten.*

  Das Auswerten scheinbar bedeutungsloser Veröffentlichungen kann Kenntnisse über die Konkurrenz vermitteln. Das Wissen, welche Art von Mitarbeitern durch Inserate gesucht wird, kann einige Aufschlüsse über neue Strategien und Produkte der Konkurrenz vermitteln. Behörden sind eine weitere ergiebige Quelle. Dazu ein Beispiel:

  Obwohl es offiziell verboten ist, Firmenanlagen der Konkurrenz zu photographieren, gibt es legitime Wege, zu solchen Photos zu gelangen.... Luftaufnahmen werden oft beim amerikanischen Geological Survey (Geologisches Landvermessungsamt) oder bei der Environmental Protection Agency (Umweltschutzbehörde) aufbewahrt. Das sind öffentliche Dokumente, die gegen eine Schutzgebühr erhältlich sind.

- *Informationen durch Beobachtung der Konkurrenzfirmen oder anderer physischer Indikatoren.*

  Unternehmen können ihre Konkurrenten besser kennenlernen, indem sie deren Produkte kaufen oder andere physische Anzeichen untersuchen:

  Immer häufiger kaufen Unternehmen die Produkte der Konkurrenz, um sie auf Produktionskosten und sogar auf Produktionsmethoden hin zu untersuchen.

  In Ermangelung besserer Informationen über den Marktanteil oder über das von den Wettbewerbern versandte Produktvolumen haben Firmen schon den Rost untersucht, der sich an den Schienen zu dem Werksgelände der Konkurrenz angesetzt hat oder gezählt, wie viele Sattelschlepper die Verladestationen verlassen.

  Einige Firmen haben sogar die Abfälle ihrer Konkurrenz aufgekauft:

  Sobald sich der Abfall nicht mehr auf dem Anwesen des Konkurrenten befindet, wird er rechtlich als verlassener Besitz angesehen. Obwohl einige Unternehmen nunmehr die Papiere, die aus den Konstruktionsräumen kommen, zerkleinern, vergessen sie oft, auch die Unterlagen der Marketing- oder Public Relation Abteilungen zu zerstückeln, die meist genauso aufschlußreich für die Konkurrenz sein können.

Obwohl die meisten dieser Praktiken legal sind und einige von ihnen als cleveres Konkurrenzverhalten eingestuft werden könnten, sind viele von zweifelhafter Moral. Ein Unternehmen kann zwar öffentlich zugängliche Informationen verwerten, sollte aber von Praktiken Abstand nehmen, die als illegal oder unmoralisch gelten könnten. Ein Unternehmen sollte keine Gesetze brechen oder allgemeine Grundsätze der Moral mißachten, um an wertvolle Informationen zu gelangen.

Quellen: Diese Ausführungen basieren auf: Steven Flax, „How to Snoop on Your Competitors", Fortune, 14. Mai 1984, S. 29-33, 1984 Time Inc. Alle Rechte vorbehalten.

Wir definieren Marketingforschung wie folgt:

Als Marketingforschung wird das systematische Festlegen, Sammeln, Analysieren und Berichten von Daten und Ergebnissen verstanden, die für eine besondere Marketing-Situation eines Unternehmens von Bedeutung sind.

Die Marktforscher haben ihre Aktivitäten ständig erweitert (siehe Tabelle 4-1). Die zehn häufigsten Tätigkeiten sind:
- Ermittlung von Marktpotentialen,
- Marktanteilsanalysen,
- Feststellung von Marktmerkmalen,
- Umsatzanalysen,
- Studien über Wirtschaftstrends,

TABELLE 4-1
Forschungsaktivitäten von 599 Unternehmen

ART DER FORSCHUNG	ANTEIL IN PROZENT
Werbeforschung	
A. Motivforschung	47
B. Werbeetat-Gestaltung	61
C. Medienforschung	68
D. Studien über den Werbeerfolg	76
E. Studien über Werbung des Wettbewerbs	67
Betriebswirtschaft und Unternehmensforschung	
A. Erstellung kurzfristiger Prognosen (bis zu 1 Jahr)	89
B. Erarbeitung langfristiger Prognosen (über 1 Jahr)	87
C. Untersuchungen über Wirtschaftstrends	91
D. Preisstudien	87
E. Standortuntersuchungen für Betriebsstätten und Lagerhäuser	68
F. Übernahmeuntersuchungen	73
G. Export- und internationale Untersuchungen	49
H. MIS Management-Informationssystem	80
I. Operations Research	65
J. Mitarbeitererhebungen	76
Forschungen zur Unternehmensverantwortung	
A. Informationsansprüche der Konsumenten	18
B. Untersuchungen über ökologische Auswertungen	23
C. Studien über gesetzliche Auflagen bezüglich Werbung und Absatzförderung	46
D. Studien über gesellschaftliche Wertsysteme und Gesellschaftspolitik	39
Produkt Forschung	
A. Studien über die Akzeptanz und das Potential neuer Produkte	76
B. Untersuchungen über Produkte des Wettbewerbs	87
C. Produkttests	80
D. Verpackungsuntersuchungen bezüglich Design oder physischer Merkmale	65
Absatz- und Marktforschung	
A. Ermittlung von Marktpotentialen	97
B. Analyse von Marktanteilen	97
C. Erfassung von Marktmerkmalen	97
D. Umsatzanalysen	92
E. Festlegung von Umsatzquoten und Verkaufsgebieten	78
F. Untersuchungen über Vertriebskanäle	71
G. Testmärkte, Testläden	59
H. Verbraucherpanel-Aktivitäten	63
I. Studien über Verkäuferentlohnung	60
J. Untersuchungen über Prämien, Gutscheine, Warenproben, Sonderangebote usw.	58

Quelle: Dik Warren Twedt, Herausgeber, 1983 Survey of Marketing Research (Chicago: American Marketing Association, 1983), S. 41.

- Erstellung kurzfristiger Prognosen,
- Studien über Wettbewerbsprodukte,
- Erstellung langfristiger Prognosen,
- Studien über Marketing-Informationssysteme,
- Testen bereits bestehender Produkte.

Jeder Marketer ist auf Forschung angewiesen. Ein Unternehmen kann Marketing-Forschung entweder in einer eigenen Forschungsabteilung betreiben, aber auch teilweise oder gänzlich außerhalb des Unternehmens durchführen lassen. Ob ein Unternehmen externe Firmen einschaltet, hängt von den Fähigkeiten der eigenen Mitarbeiter ab. Große Unternehmen – und zwar 73 Prozent von ihnen – verfügen über eine eigene Marketing-Forschungsabteilung.[8] Ein Unternehmen ohne Forschungsabteilung kann die Dienste von Marketing-Forschungsunternehmen in Anspruch nehmen, aber auch Unternehmen mit eigenen Forschungsabteilungen greifen oft auf außenstehende Forschungsdienste für bestimmte Untersuchungen oder Spezialstudien zurück.

Der Marketing-Forschungsprozeß

Der nun folgende Abschnitt behandelt die vier Stufen des Marketing-Forschungsprozesses (Abbildung 4-2):
- Problemdefinition und Festlegung der Untersuchungsziele,
- Entwicklung des Untersuchungsplans,
- Implementierung des Forschungsplans,
- Interpretation und Präsentation der Untersuchungsergebnisse.

Problemdefinition und Festlegung der Forschungsziele

Marketingmanager und Marktforscher müssen eng zusammenarbeiten, um das zur Lösung anstehende Problem sorgfältig zu definieren und bezüglich der Untersuchungsziele übereinstimmen. Der Manager kennt die Problemstellung oder die Entscheidungssituation am besten, für die eine Information benötigt wird; der Forscher weiß am besten, wie Marketingforschung zu betreiben ist und wie bestimmte Informationen erlangt werden können.

FIGURE 4-2
The Marketing Research Process

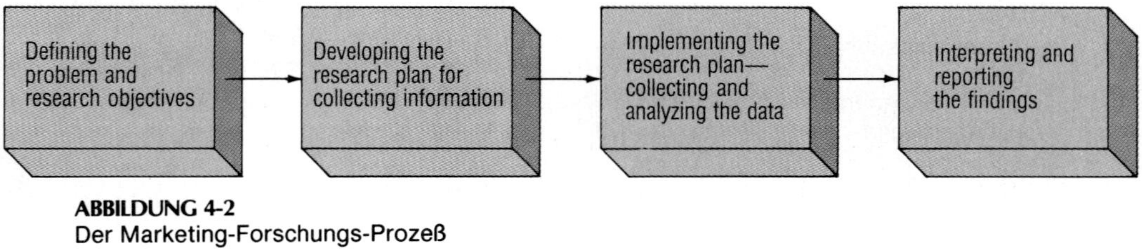

ABBILDUNG 4-2
Der Marketing-Forschungs-Prozeß

Manager müssen ausreichend über Marketing-Forschung informiert sein, um bei der Planung mithelfen und Forschungsergebnisse interpretieren zu können. Wenn sie nur wenig von Marketing-Forschung verstehen, ist es möglich, daß sie falsche Informationen erhalten, unzutreffende Schlußfolgerungen akzeptieren oder nach Informationen verlangen, die zu teuer sind. Erfahrene Marketing-Forscher, die Verständnis für das Problem eines Managers haben, sollten in diese Phase des Projektes involviert werden. Der Forscher muß in der Lage sein, dem Manager bei der Problemdefinition zu helfen und ihm Möglichkeiten aufzeigen können, wie Marketing-Forschung zu einer besseren Entscheidungsfindung des Managers beitragen kann.

Die Problemdefinition und die Formulierung der Forschungsziele sind meist die schwierigsten Schritte innerhalb des Forschungsprozesses. Der Manager weiß unter Umständen, daß irgendetwas nicht in Ordnung ist, aber er vermag die speziellen Gründe dafür nicht zu benennen. Zum Beispiel hatten die Manager einer Diskont-Einzelhandelskette sehr schnell geglaubt, daß die sinkenden Umsätze auf unzulängliche Werbung zurückzuführen wären und den Auftrag erteilt, die Werbung des Unternehmens zu untersuchen. Als die Erhebung ergab, daß mit der aktuellen Werbung genau die richtigen Leute mit den richtigen Werbebotschaften angesprochen worden waren, gerieten die Manager in Verlegenheit. Es stellte sich heraus, daß die Geschäfte nicht in der Lage waren, das zu leisten beziehungsweise zu liefern, was die Werbung versprach. Eine sorgfältige Problemdefinition hätte die Kosten und die Verzögerungen zu vermeiden geholfen, die durch die Werbeuntersuchung entstanden sind.

Wenn die Problemstellung gewissenhaft definiert worden ist, müssen Manager und Forscher die Ziele der Studie festlegen. Ein Marketing-Forschungsprojekt kann eine von drei möglichen Zielarten verfolgen. Die Ziele können explorativer Natur sein, um vorläufige Informationen zusammenzutragen, die dazu dienen, Probleme besser zu definieren und Hypothesen nahezulegen. Mitunter sind die Ziele deskriptiver Art, um Fakten zu beschreiben, wie z. B. das Marktpotential für ein Produkt oder demographische Angaben und Einstellungen der Konsumenten, die das Produkt kaufen. Die Ziele können auch kausaler Art sein, um Hypothesen über Ursachen und Wirkungszusammenhänge zu überprüfen. So würde beispielsweise zu untersuchen sein, ob eine zehnprozentige Reduzierung des Schulgeldes für ein privates College mehr Studenteneinschreibungen zur Folge haben könnte als erforderlich sind, die herabgesetzte Unterrichtsgebühr auszugleichen. Häufig starten Manager mit einer explorativen Studie und lassen später eine beschreibende oder kausale Untersuchung folgen.

Die Feststellung der Problematik und der Untersuchungsziele ist maßgebend für den gesamten Forschungsprozeß. Manager und Marketing-Forscher sollten Problematik und Untersuchungsziele in schriftlicher Form festhalten, um sicherzustellen, daß sie auch wirklich mit dem Zweck und den zu erwartenden Resultaten der Untersuchung übereinstimmen.

Entwicklung des Marketing-Forschungsplanes

In der zweiten Stufe des Marketing-Forschungsprozesses sind die benötigten Informationen festzulegen sowie ein Plan zu entwickeln, wie diese am zweckmäßigsten zu erlangen sind.

FESTLEGUNG DER SPEZIELLEN INFORMATIONSBEDÜRFNISSE. Die Untersuchungsziele müssen in spezielle Informationserfordernisse umgewandelt werden. Angenommen Campbell's entschließt sich zu einer Untersuchung, um herauszufinden, wie die Verwender auf einen schüsselartigen Plastikbehälter reagieren werden, der zwar teurer ist als alternatives Geschirr, mit dem man aber die Suppe im Mikrowellenherd erhitzen und aus dem man essen kann, ohne weiteres Geschirr benützen zu müssen. Diese Untersuchung könnte folgende Spezialinformationen erfordern:

- Aktuelle Angaben über Suppenesser, und zwar in bezug auf ihre demographische Struktur, ihre wirtschaftliche Situation sowie auf Merkmale, die typisch für ihren Lebensstil sind. (Stark beschäftigten berufstätigen Paaren könnten die Vorteile dieses Produktes den höheren Preis wert sein, Familien mit Kindern zahlen möglicherweise lieber weniger und nehmen in Kauf, Pfanne sowie Schüsseln abzuwaschen.)
- Konsumentengepflogenheiten des Suppenverbrauchs – wieviel Suppe sie essen, wo und wann. (Die neue Ausführung mag ideal sein für Erwachsene, die das Mittagsmahl rasch oder nebenbei einnehmen, aber weniger geeignet für Eltern, die mehreren Kindern ein Mittagessen zubereiten.)
- Die Anzahl von Mikrowellenherden in privaten Haushalten und Betrieben. (Die Anzahl der Mikrowellenherde in privaten Haushalten und Kantinen oder Restaurants wird die Nachfrage für den neuen Behälter begrenzen.)
- Reaktionen der Einzelhändler auf das neue Produkt. (Das Fehlen der Unterstützung des Einzelhandels kann den Verkauf der neuen Produktausführung stark beeinträchtigen.)
- Umsatzprognosen über die neuen und schon bestehenden Produktausführungen. (Wird das neue Produkt Campbell's Gewinne erhöhen?)

Diese und zahlreiche andere Informationen werden von Campbell's Managern benötigt, damit sie entscheiden können, ob das neue Produkt auf den Markt gebracht werden soll oder nicht.

ÜBERSICHT SEKUNDÄRER INFORMATIONSQUELLEN. Um den Informationsbedürfnissen der Manager gerecht zu werden, können Marktforscher auf sekundäre oder auf primäre Informationen zurückgreifen oder auch auf beide Arten.

Sekundäre Daten bestehen aus Informationen, die bereits irgendwo existieren, aber für einen anderen Zweck zusammengetragen worden sind.

Primäre Daten bestehen aus Informationen, die für den spezifischen, vorliegenden Fall gesammelt wurden.

Marktforscher beginnen gewöhnlich mit der Einholung sekundärer Daten. Tabelle 4-2 zeigt die vielen Fundstellen für sekundäre Informationen, einschließlich interner und externer Quellen.[9] Sekundäre Daten sind generell schneller und zu niedrigeren Kosten erhältlich als Primärdaten. Zum Beispiel könnte ein Bibliotheksbesuch bereits alle Informationen, die Campbell's über die Verwendung von Mikrowellenherden benötigt, fast kostenlos erbringen.
Eine Studie zur Erfassung von Primärinformationen nimmt Wochen oder Monate in Anspruch und kostet Tausende von Dollars. Auch sekundäre Quellen können manchmal Daten liefern, die eine einzelne Firma nicht von sich aus erlangen kann – Informationen, die nicht direkt erhältlich sind oder deren Beschaffung zu teuer wäre. Zum Beispiel wäre es für Campbell's zu kostspielig, eine laufende Einzelhandelserhebung durchzuführen, um die Marktanteile, Preise und Displays der Konkurrenzmarken zu erkunden. Campbell's könnte aber den Nielsen Einzelhandels-Index kaufen, der diese Informationen aus regelmäßigen Erhebungen bei 1300 Supermärkten, 700 Drugstores und 150 Groß-Merchandisern, eine besondere Großbetriebsform des Einzelhandels, zur Verfügung stellt.[10]

Sekundärinformationen sind weniger kostspielig und schneller verfügbar; interne Aufzeichnungen sind eine gute Quelle. Mit freundlicher Genehmigung von Hewlett-Packard.

TABELLE 4-2
Quellen für sekundäre Daten

A. Interne Quellen

Zu den internen Quellen gehören: Gewinn- und Verlustrechnungen einer Firma, Bilanzen, Umsatzzahlen, Berichte von Vertreterbesuchen, Rechnungen, Lagerbuchhaltung sowie frühere Forschungsberichte.

B. Staatliche Veröffentlichungen

Das *„Statistical Abstract of the U.S.“*, das jedes Jahr überarbeitet wird, liefert zusammengefaßt Daten über demographische, soziale und andere Aspekte der amerikanischen Wirtschaft und Gesellschaft.

Das *„Country and City Data Book“*, das alle drei Jahre aktualisiert wird, bietet Statistiken über Kreise, Städte und andere geographische Einheiten bezüglich Einwohnerzahl, Schulwesen, Arbeitslage, Gesamt- und Durchschnittseinkommen, Wohnverhältnisse, Bankeinlagen, Einzelhandelsumsätze usw.

Das *„U.S. Industrial Outlook“* enthält Pläne über industrielle Aktivitäten sowie Produktionsdaten, Umsätze, Versendungen, Beschäftigungslage usw.

Der *„Marketing Information Guide“* liefert eine kommentierte, monatlich angefertigte Bibliographie über Marketing-Informationen.

Andere staatliche Veröffentlichungen umfassen das *„Annual Survey of Manufacturers“; „Business Statistics“; „Census of Manufacturers“; Census of Population“; „Census of Retail Trade“; „Wholesale Trade, and Selected Service Industries“; „Census of Transportation“; „Federal Reserve Bulletin“; „Monthly Labor Review“; „Survey of Current Business“; und „Vital Statistics Report“.*

C. Zeitschriften und Bücher

Der *„Business Periodicals Index“* erscheint monatlich und listet aus einer Vielzahl von Fachpublikationen Wirtschaftsberichte auf.

„Standard and Poor's Industry Surveys“ liefern aktuelle Industriestatistiken und -analysen.

„Moody's Manuals“ bieten Finanzdaten und Namen von Führungskräften großer Unternehmen.

Die *„Encyclopedia of Associations“* enthält Informationen über alle wichtigen Wirtschaftsvereinigungen und Berufsverbände in den Vereinigten Staaten.

Zu den Marketingzeitschriften gehören *„Journal of Marketing“, „Journal of Marketing Research“* und *„Journal of Consumer Research“.*

Als brauchbare Handelszeitschriften sind zu nennen: *„Advertising Age“, „Chain Store Age“, „Progressive Grocer“, Sales and Marketing Management“, „Stores“.*
Zu den nützlichen Zeitschriften über allgemeine Wirtschaftsfragen zählen: *„Business Week“, „Fortune“, „Forbes“ sowie „Harvard Business Review“.*

D. Handelsdaten

Die *A. C. Nielsen Company* liefert Daten über Produkte und Marken, die in Einzelhandelsgeschäften verkauft wurden (Retail Index Services), Daten über Fernseheinschaltquoten (Media Research Services), sowie Daten über die Verbreitung von Zeitschriften (Neodata Services, Ind.) use.

Die *„Market Research Corporation of America“* bietet Daten über wöchentliche Familieneinkäufe von Konsumprodukten (National Consumer Panel), Daten über den Lebensmittelverbrauch privater Haushalte (National Menu Census) und Daten von 6000 Einzelhandelsgeschäften unterschiedlicher Betriebsformen aus verschiedenen geographischen Gebieten (Metro Trade Audits).

Die *„Selling Areas-Marketing, Inc.“* stellt Berichte über Lagerabgänge an Lebensmittelgeschäfte in ausgewählten Marktregionen zur Verfügung (SAMI reports).

„Simmons Market Research Bureau“ liefert Jahresberichte über den Fernsehgeräte- und Sportartikelmarkt usw. und bietet demographische Angaben über Geschlecht der Käufer, sowie über Einkommen, Alter und Markenpräferenzen.

Andere kommerzielle Forschungshäuser, die an Abonnenten Daten verkaufen, sind *„Audit Bureau of Circulation“, „Audits and Surveys“, „Dun and Bradstreet“, „National Family Opinion“, „Standard Rate and Data Service“*, und *„Starch“.*

Auch bei Sekundärdaten ergeben sich Probleme: Es könnte sein, daß die benötigten Informationen nicht vorhanden sind – Marktforscher können nur selten alle erforderlichen Daten aus Sekundärquellen erhalten. So wird beispielsweise Campbell's keine Informationen über Verbraucherreaktionen auf sein neues Produkt vorfinden. Selbst wenn derartige Daten gefunden werden könnten, dürften sie nicht sehr hilfreich sein. Der Forscher muß Sekundärinformationen gewissenhaft abschätzen, um sicherzustellen, daß sie wichtig, richtig, aktuell und objektiv sind.

Sekundärinformationen bieten sich als geeigneter Ausgangspunkt für Untersuchungen an und helfen oft, das Problem zu definieren und die Forschungsziele festzulegen. In den meisten Fällen jedoch können Sekundärquellen nicht alle benötigten Informationen zur Verfügung stellen. Aus diesem Grunde müssen auch Primärdaten erhoben werden.

PLANUNG FÜR DIE ERLANGUNG VON PRIMÄRDATEN. Einige Manager erhalten ihre Primärdaten dadurch, daß sie sich einige Fragen ausdenken und einige Personen zum Interviewen finden. Eine derartige Informationsbeschaffung dürfte unbrauchbar, wenn nicht sogar schädlich und irreführend sein. Tabelle 4-3 verdeutlicht, daß die Entwicklung eines Planes zur Erhebung von Primärdaten Entscheidungen über Forschungs- und Kontaktmethoden sowie über Stichprobenverfahren und Forschungsinstrumente erfordert.

TABELLE 4-3
Planung für die Erlangung von Primärdaten

FORSCHUNGS-METHODEN	KONTAKT-METHODEN	STICHPROBEN-VERFAHREN	FORSCHUNGS-INSTRUMENTE
Beobachtung Befragung Experiment	Post Telephon persönliches Vorsprechen	Stichprobeneinheit Stichprobengröße Auswahlverfahren	Fragebogen mechanische Instrumente

FORSCHUNGSMETHODEN.

a) Beobachtungen

Mit Hilfe dieser Methode werden Primärdaten durch Beobachtung relevanter Personen, Handlungen und Situationen gewonnen. Zum Beispiel:

- Ein Lebensmittelhersteller schickt Marktforscher in Supermärkte, um die Preise von Konkurrenzprodukten herauszufinden sowie die zur Verfügung gestellte Regalfläche und die seitens der Einzelhändler gewährte Displayunterstützung festzustellen.
- Eine Bank beurteilt mögliche Standorte für neue Filialen durch die Überprüfung der Lage von Zweigstellen des Wettbewerbs, der Verkehrsverbindungen sowie sonstiger Umstände des Einzugsbereiches.
- Ein Kosmetikhersteller testet seine Werbeanzeigen, indem sie Personen gezeigt und deren Augenbewegungen und Pulsschlag sowie andere physische Reaktionen gemessen werden.
- Eine Warenhauskette beauftragt Beobachter – als Kunden auftretend –, die Ladenverhältnisse und den Kundendienst ihrer Häuser zu überprüfen.
- Ein Museumsdirektor stellt die Attraktivität bestimmter Ausstellungsstücke fest, indem er herausfindet, inwieweit die Teppichbeläge davor beansprucht worden sind.

Diese Beobachtungsmethode kann für die Erlangung von Informationen angewendet werden, welche die Leute nicht von sich aus preisgeben wollen oder können. In einigen Fällen kann die Beobachtung sogar der einzige Weg sein, die benötigten Informationen zu erhalten. Auf der anderen Seite gibt es aber auch Dinge, die einfach nicht beobachtet werden können, wie z. B. Gefühle, Einstellungen, Motive oder persönliche Verhaltensweisen. Langfristiges oder unregelmäßiges Verhalten ist ebenfalls schlecht zu beobachten. Wegen dieser Einschränkungen wird die Beoachtung oft in Kombination mit anderen Methoden angewandt.

b) Befragungen

Die Befragungsmethode ist als Forschungsansatz am besten für die Erlangung beschreibender Informationen geeignet. Ein Unternehmen, das den Kenntnisstand der Leute, ihre Einstellungen, Präferenzen und ihr Kaufverhalten erkunden möchte, kann dies oft durch direkte Befragung herausfinden. Befragungen können strukturiert oder unstrukturiert durchgeführt werden:

- Bei strukturierten Befragungen liegen Bögen mit festgelegten Fragen vor, die allen befragten Personen gleichermaßen zur Beantwortung vorgelegt werden.
- Unstrukturierte Befragungen geben dem Interviewer die Möglichkeit, die Befragten zu sondieren und die Interviews nach den erhaltenen Antworten zu steuern.

Befragungen können direkt oder indirekt ablaufen:

- Bei der direkten Methode stellt der Interviewer direkte Fragen über Verhalten oder Gedanken, z. B.: „Warum kaufen Sie Ihre Kleidung nicht bei K Markt?“
- Bei der indirekten Methode könnte der Interviewer z. B. fragen: „Welche Art Personen kauft Kleidung beim K Markt?“ Aus der Antwort auf diese indirekte Frage kann der Interviewer schließen, warum der Verbraucher K-Kleidung meidet. In der Tat können auf

diese Weise Gründe entdeckt werden, derer sich der Befragte selbst nicht bewußt ist.

Die Befragung ist die am weitesten verbreitete Methode für die Erhebung von Primärdaten und oft auch die einzig verwendete im Rahmen einer Untersuchung. Der größte Vorteil der Befragung ist ihre Flexibilität. Sie kann zur Erlangung zahlreicher Arten von Informationen in unterschiedlichen Marketing-Situationen herangezogen werden. Je nach Befragungsplan kann sie Informationen schneller und kostengünstiger zur Verfügung stellen als Beobachtungen und experimentelle Methoden.

Auch Befragungen sind mit Problemen verbunden. Mitunter sind die interviewten Personen nicht in der Lage, einwandfrei auf die gestellten Fragen zu antworten – weil sie sich entweder nicht mehr erinnern können, oder weil sie noch nie darüber nachgedacht haben, was sie tun und warum. Manchmal weigern sie sich, unbekannten Interviewern Fragen zu beantworten oder über Dinge Auskunft zu geben, die sie als persönliche Angelegenheiten betrachten. Vielbeschäftigte Personen haben mitunter nicht die Zeit für Interviews. Auch kommt es vor, daß Personen Fragen beantworten, selbst wenn sie die richtige Antwort nicht wissen, um klüger und informierter zu erscheinen, oder sie meinen dem Interviewer zu helfen, wenn sie ihm angenehme Antworten geben. Sorgfältig entwickelte Befragungen können helfen, diese Probleme zu minimieren.

c) Experimentelle Methode

Während die Beobachtung am besten für explorative Forschungen geeignet ist und Befragungen für beschreibende Untersuchungen, wird die experimentelle Methode vor allem dann angewandt, wenn Informationen über Kausalzusammenhänge gefragt sind. Experimente erfordern die Auswahl geeigneter Personengruppen, deren Reaktionen auf unterschiedliche Einflüsse ausgewertet werden. Der experimentelle Forschungsansatz versucht also, Ursache und Wirkungszusammenhänge zu erklären. Beobachtungen und Befragungen können zur Erfassung von Informationen bei experimentellen Untersuchungen verwendet werden. Forscher von MacDonald's könnten Experimente durchführen, bevor ein neues Sandwich auf die Speisekarte gesetzt wird, um Fragen wie diese zu beantworten:

- Um wieviel wird das neue Sandwich die Umsätze erhöhen?
- Inwieweit wird das neue Sandwich die Umsätze der anderen Gerichte der Speisekarte beeinflussen?
- Welcher Werbeansatz würde die größte Wirkung auf den Umsatz des neuen Sandwich erzielen?
- Wie würden unterschiedliche Preise den Umsatz dieses Produktes beeinflussen?
- Sollten als Zielgruppe des neuen Produktes Erwachsene, Kinder oder beide angesprochen werden?

Um beispielsweise die Auswirkungen von zwei verschiedenen Preisen zu testen, könnte McDonald's das folgende einfache Experiment durchführen: Das Sandwich könnte zu einem bestimmten Preis in den Restaurants einer bestimmten Stadt eingeführt werden und zu einem anderen Preis in einer anderen – vergleichbaren – Stadt. Wenn die beiden Städte einander sehr ähnlich sind und alle anderen Marketingbemühungen für das Sandwich die gleichen sind, müßten Umsatzunterschiede auf den geforderten Preis zurückzuführen sein. Um andere Variablen und Standorte einzubeziehen, könnten komplexere Experimente entwickelt werden.

KONTAKTMETHODEN. Informationen können durch Brief-, Telephon- oder persönliche Kontakte erhalten werden. Tabelle 4-4 zeigt die Stärken und Schwächen jeder dieser Kontaktmöglichkeiten.

TABELLE 4-4
Stärken und Schwächen der drei Kontaktmethoden

	POST	TELEFON	PERSÖNL. KONTAKTE
1. Flexibilität	schlecht	gut	sehr gut
2. Menge der erhältlichen Informationen	gut	ausreichend	sehr gut
3. Kontrolle der Interviewer-Leistung	sehr gut	ausreichend	schlecht
4. Kontrolle der Stichprobenauswahl	ausrei-	sehr gut	ausrei-
5. Schnelligkeit der Informationserlangung	chend	sehr gut	chend
6. Antwortrate	schlecht	gut	gut
7. Kosten	schlecht	ausreichend	gut
	gut		schlecht

Quelle: Übernommen mit Erlaubnis der Macmillan Publishing Company from Marketing Research: Donald S. Tull und Del I. Hawkins, „Measurement and Method", 3. Ausg. 1984. Copyright: Macmillan Publishing Company.

Per Post verschickte Fragebögen. Durch die Post verschickte Fragebögen haben viele Vorteile. Sie können mit geringen Kosten pro Befragtem für die Erlangung großer Informationsmengen eingesetzt werden. Die Befragten erteilen einem per Post gesandten Fragebogen ehrlichere Antworten auf persönliche Fragen als sie es einem ihnen unbekannten Interviewer gegenüber oder am Telephon tun würden. Kein Interviewer kann bei diesem Verfahren die Antworten der Befragten beeinflussen.

Versandte Frageböden weisen auch Nachteile auf: Sie sind nicht sehr flexibel und erfordern einfache und klar formulierte Fragen. Alle Befragten antworten in einer festgelegten Reihenfolge. Außerdem können die Fragen nicht entsprechend den vorausgegangenen Antworten abgeändert werden. Auf dem Postweg durchgeführte Erhebungen dauern gewöhnlich länger als telephonische oder persönliche, und die Rücklaufquote – die Anzahl derjenigen, die den Fragebogen ausgefüllt zurückschickt – ist oft sehr gering. Der Forscher hat meist wenig Kontrolle bezüglich der für die Befragung ausgewählten Personen. Selbst bei einer guten Adressenkartei ist es oft schwierig festzustellen, wer den Fragebogen ausgefüllt hat.

Telephoninterviews. Telephonische Interviews sind die beste Methode, um Informationen schnell zu erhalten. Sie erlauben auch mehr Flexibilität als verschickte Fragebögen. Die Interviewer können nicht verstandene Fragen erklären. Je nach den Antworten können sie einige weglassen oder genauer untersuchen. Interviews per Telephon erlauben eine größere Kontrolle über die Stichprobenauswahl. Den Interviewern ist es möglich, am Telephon nach den Personen mit den gewünschten Merkmalen zu fragen oder sie sogar namentlich zu verlangen. Die Antwortrate ist tendenziell höher als bei ausgesandten Frageböden.

Auch diese Methode ist mit Nachteilen verbunden. Die Kosten pro Befragtem sind höher als bei Fragebögen, und mitunter wünschen die Befragten nicht, persönliche Angelegenheiten mit einem Interviewer zu besprechen. Die Einbeziehung eines Interviewers erhöht zwar die Flexibilität, ermöglicht aber auch die Beeinflussung durch ihn. Die Art und Weise, wie Interviewer sprechen, die Unterschiede in der Fragestellung und andere persönliche Faktoren können die Antworten der Befragten beeinflussen. Unterschiedliche Interviewer können Antworten unterschiedlich interpretieren und berichten; unter Zeitdruck mogeln mitunter manche Interviewer, indem sie über Antworten berichten, ohne Fragen gestellt zu haben.

Persönliche Interviews. Persönliche Gespräche können in zwei Formen durchgeführt werden. Einzel- oder Gruppengespräche.

Einzelgespräche: Einzelinterviews durchzuführen bedeutet, Gespräche mit Personen in ihren Wohnungen oder Büros sowie auf der Straße oder in Ladenpassagen zu führen. Der Interviewer muß dazu ihre Mitwirkungsbereitschaft gewinnen. Der damit verbundene Zeitaufwand kann zwischen einigen Minuten und mehreren Stunden liegen. Mitunter erhalten die Befragten für die zur Verfügung gestellte Zeit eine kleine Vergütung.

Gruppengespräche: Zu Gruppeninterviews werden zirka sechs bis zehn Personen eingeladen, um sich während mehrerer Stunden gemeinsam mit einem geschulten Interviewer über ein Produkt, eine Dienstleistung oder ein Unternehmen zu unterhalten. Seitens des Interviewers sind dafür Objektivität, Wissen über das Thema sowie einige Kenntnisse über Gruppen- und Konsumentenverhalten erforderlich. Den Teilnehmern wird gewöhnlich ein bescheidener Betrag

Forscher und Marketing-Manager beobachten eine „Focus“-Gruppe.
Courtesy of Nordhaus Research, Inc.

für die Teilnahme gezahlt. Ein solches Treffen findet meist in angenehmer Umgebung statt, und es werden zwischendurch Erfrischungen gereicht, um eine möglichst zwanglose Atmosphäre zu schaffen. Der Interviewer beginnt mit allgemeinen Fragen, bevor er zu speziellen Themen übergeht. Er ermutigt zu einer freien und ungezwungenen Diskussion und hofft, daß die Gruppendynamik zu spontanen Gefühls- und Gedankenäußerungen führt. Gleichzeitig konzentriert der Interviewer die Diskussion auf die zu lösende Fragestellung, deshalb auch der Fachausdruck „focus group interviewing“. Die Kommentare der Diskussionsteilnehmer werden entweder schriftlich festgehalten oder per Video aufgezeichnet und später analysiert, um das Kaufverhalten der Konsumenten zu verstehen. Diese „focus group interviews“ sind im Begriff, eines der wichtigsten Marktforschungsinstrumente zu werden, um Einblick in die Gedanken und Gefühle der Verbraucher zu erhalten.[11]

Diese Methode ist sehr flexibel und kann zur Erlangung vieler Informationen herangezogen werden. Geschulte Interviewer sind in der Lage, die Aufmerksamkeit des Befragten für lange Zeit wachzuhalten und schwierige Fragen zu erklären. Sie können Diskussionen

Computerunterstütztes Telephon-Interview (CAT): Der Interviewer gibt die Antworten des Befragten unmittelbar in den Computer ein.
Courtesy of Research Triangle Institute, Research Triangle Park, NC.

lenken, schwierige Problemstellungen erforschen – und vertiefen, wenn die Situation es erfordert. Es ist ihnen möglich, persönliche Gespräche ohne Fragebogen durchzuführen. Darüber hinaus können Interviewer den zu Befragenden aktuelle Produkte vorlegen sowie Anzeigen oder Verpackungen, um Reaktionen und Verhalten zu beobachten. In den meisten Fällen lassen sich persönliche Interviews relativ schnell durchführen.

Die wichtigsten Nachteile dieser Methode sind die Kosten und Auswahlverfahren. Persönliche Interviews können im Durchschnitt drei- bis viermal so viel kosten wie telephonische Befragungen. Da bei Untersuchungen mit Hilfe von Gruppeninterviews nur kleine Stichprobengrößen herangezogen werden, um Zeitaufwand und Kosten möglichst gering zu halten, ist es problematisch, generelle Feststellungen aus den Ergebnissen abzuleiten. Infolge der größeren Freiheit, die Interviewer bei persönlichen Befragungen haben, ist die durch sie mögliche Beeinflussung als ein größeres Problem anzusehen.

Welche Kontaktmethode die beste ist, hängt von den Informationen ab, die der Marktforscher zu erhalten wünscht, sowie von der Anzahl und der Art der zu befragenden Personen. Fortschritte in der Computer- und Kommunikationsbranche haben die Methoden zur Erlangung von Informationen verbessert. Zum Beispiel führen einige Marktforschungsfirmen computerunterstützte Telephoninterviews durch (CATI). Der Interviewer liest eine Reihe von Fragen von einem

Bildschirm ab und gibt die Antworten des Gesprächspartners direkt in den Computer ein. Diese Methode erfordert keine Datenaufbereitung und -verschlüsselung, reduziert die Fehlerquote und erspart Zeit. Andere Marktforschungsfirmen haben Terminals in Einkaufszentren aufgestellt, vor die sich die Befragten setzen, die Fragen vom Bildschirm ablesen und ihre Antworten gleich in den Computer eingeben können.

STICHPROBENPLAN. Marktforscher ziehen ihre Schlüsse über große Verbrauchergruppen, indem sie eine kleine Stichprobe – „sample" – der Gesamtheit studieren. Ein „sample" (Stichprobe) ist ein Ausschnitt der Bevölkerung, der ausgewählt wurde, um diese als Ganzes zu repräsentieren. Idealerweise sollte die ausgewählte Stichprobe so repräsentativ sein, daß die Forscher aus ihr genaue Einschätzungen der Meinungen und Verhaltensweisen größerer Bevölkerungsgruppen ableiten können.

Die Auswahl einer Stichprobe erfordert drei Entscheidungen:

- Wer soll befragt werden?
  Das ist nicht immer offensichtlich. Wen sollte beispielsweise der Marktforscher befragen, wenn der Entscheidungsfindungsprozeß für den Kauf eines Familienautos zu untersuchen ist: den Ehemann, die Ehefrau, andere Familienmitglieder, die Verkäufer der Händler – oder jeden von ihnen? Der Markforscher muß festlegen, welche Informationen benötigt werden und entscheiden, wer darüber aller Voraussicht nach verfügt.
- Wieviele Personen sollen befragt werden?
  Große Stichproben führen zu verläßlicheren Ergebnissen als kleine. Es ist jedoch nicht erforderlich, die gesamte Zielgruppe oder einen großen Teil von ihr zu erfassen, um zuverlässige Ergebnisse zu erzielen. Wenn eine zweckmäßige Auswahl erfolgt, so können auch Stichproben von weniger als ein Prozent der Gesamtheit einen hohen Zuverlässigkeitsgrad gewährleisten.
- Nach welchen Kriterien sollen die Personen der Stichprobe ausgesucht werden?
  Sie könnten nach dem Random-Verfahren, das heißt zufallsbedingt, ausgewählt werden, oder danach, von welchen Personen die Informationen am leichtesten zu erhalten sind. Der Marketing-Forscher könnte aber auch eine bestimmte Anzahl von Personen aus jeder der verschiedenen demographischen Gruppen interviewen.

Diese und andere Möglichkeiten, Stichproben zu ziehen, sind mit unterschiedlichen Kosten und Zeitbegrenzungen verbunden, sowie mit unterschiedlicher Genauigkeit und voneinander abweichenden statistischen Merkmalen. Die Entscheidung darüber, welche Methode die beste ist, hängt von den Erfordernissen des Forschungsprojektes ab.

FORSCHUNGSINSTRUMENTE. Für die Erlangung von Primärdaten stehen zwei wesentliche Forschungsinstrumente zur Auswahl – der Fragebogen und mechanische Hilfsmittel.

Der Fragebogen ist das bei weitem am häufigsten benutzte Instrument. Ganz allgemein gesprochen, besteht ein Fragebogen aus einer Anzahl von Fragen, die einer Testperson zur Beantwortung vorgelegt werden. Ein Fragebogen ist sehr flexibel – immerhin gibt es viele Möglichkeiten, Fragen zu stellen. Fragebögen müssen sorgfältig erarbeitet und getestet werden, ehe sie in größerem Umfange eingesetzt werden können. In einem nachlässig erarbeiteten Fragebogen lassen sich gewöhnlich mehrere Fehler entdecken (siehe hierzu Beispiel 4-2).

Bei der Vorbereitung eines Fragebogens muß der Marktforscher bezüglich der Fragen entscheiden über:

- Inhalt,
- Form,
- Wortwahl,
- Reihenfolge.

Fragebögen lassen viel zu oft Fragen vermissen, die beantwortet werden sollten, oder sie enthalten solche, die nicht beantwortet werden können, nicht beantwortet werden wollen oder nicht beantwortet zu werden brauchen. Jede Frage sollte daraufhin überprüft werden, ob sie zur Erreichung der Untersuchungsziele beiträgt. Fragen, die lediglich interessant sind, sollten weggelassen werden.

Die Form der Fragen kann die Antworten beeinflussen. Marketing-Forscher unterscheiden zwischen geschlossenen und offenen Fragen. Bei geschlossenen Fragen werden die möglichen Antworten bereits vorgegeben, und der Befragte hat eine von ihnen auszuwählen. Zu unterscheiden sind ferner Auswahl- (multiple choice) und Skalierungsfragen.

Offene (open-end) Fragen lassen eine Beantwortung mit eigenen Worten des Befragten zu. In einer Studie über Fluggäste könnte Delta ganz einfach fragen: „Was halten Sie von Delta Airlines?“ Sie könnten den Befragten aber auch bitten, den folgenden Satz zu vervollständigen: „Wenn ich mich für eine Fluggesellschaft zu entscheiden hätte, wäre das wichtigste Auswahlkriterium...“ Solche und andere Open-end-Fragen offenbaren oft mehr, da die Testpersonen in ihren Antworten nicht eingeschränkt werden. Offene Fragen sind vor allem bei explorativen Untersuchungen nützlich, wenn der Forscher herauszufinden versucht, wie Leute denken und weniger daran interessiert ist, wieviele Leute in einer bestimmten Weise denken.

Geschlossene Fragen haben dagegen den Vorteil, daß man Antworten erhält, die leichter zu interpretieren und einzuordnen sind.

Besondere Beachtung sollte der Wortwahl gewidmet werden. Der Marketing-Forscher sollte einfache, direkte und vorurteilsfreie Worte

BEISPIEL 4-2
Ein „fragwürdiger" Fragebogen

Angenommen, der folgende Fragebogen wäre vom Leiter eines Sommerferienlagers angefertigt worden, um Eltern möglicher Camper zu interviewen. Was halten Sie von jeder einzelnen Frage?

1. Wie hoch ist Ihr Jahreseinkommen auf hundert Dollar genau?
   Die meisten Leute wissen nicht unbedingt ihr Jahreseinkommen bis auf hundert Dollar genau und sind auch nicht gewillt, ihr Einkommen so genau mitzuteilen. Außerdem sollte ein Fragebogen niemals mit einer so persönlichen Frage beginnen.

2. Sind Sie ein starker oder schwacher Befürworter, Kinder über Nacht zelten zu lassen.
   Was bedeutet „stark" und „schwach"?

3. Benehmen sich Ihre Kinder gut auf einem Ferienlager? Ja ( ) - Nein ( )
   „Benehmen" ist ein relativer Begriff. Abgesehen davon ist nicht anzunehmen, daß die Eltern diese Frage beantworten wollen. Außerdem ist zu bezweifeln, ob die Entscheidung zwischen „ja" oder „nein" der beste Weg ist, eine Frage beantworten zu lassen. Warum wird die Frage schon so früh gestellt?

4. Wieviele Ferienlager sandten Ihnen im April letzten Jahres Unterlagen zu? Wieviele im April diesen Jahres?
   Wer kann sich daran erinnern?

5. Welches sind nach Ihrer Bewertung die herausragenden und determinierenden Attribute eines Ferienlagers?
   Was sind „herausragende" und „determinierende" Attribute? Verwenden Sie keine großartigen Worte!

6. Glauben Sie, daß es richtig ist, Ihrem Kind die Chance vorzuenthalten, durch die Erfahrungen, die es in einem Ferienlager sammeln kann, zu einem erwachsenen Menschen zu werden?
   Eine schwere Frage! Wie kann jemand bei dieser beeinflussenden Formulierung mit „ja" antworten?

---

wählen. Die Fragen sollten einem Pretest unterzogen werden, bevor sie auf breiter Basis eingesetzt werden. Auch die Reihenfolge der Fragen ist mit Sorgfalt festzulegen. Die erste Frage sollte möglichst das Interesse des Befragten wecken. Schwierige und persönliche Fragen werden zweckmäßigerweise erst am Schluß gestellt, damit der Antwortende nicht von Anfang an eine abwehrende Haltung einnimmt. Darüber hinaus ist es wichtig, die Fragen logisch anzuordnen.

Obwohl vorwiegend auf Fragebögen zurückgegriffen wird, finden auch mechanische Hilfsmittel Anwendung. Ein Galvanometer mißt beispielsweise die Stärke des Interesses oder der Emotionen einer Testperson, die durch eine Anzeige oder ein Bild erweckt werden. Der Galvanometer erfaßt die winzigen Schweißabsonderungen, die durch Gemütsbewegungen verursacht wurden. Ein Tachistoskop führt einer Testperon eine Anzeige in einer Zeitspanne von weniger als einer Hundertstelsekunde bis zu mehreren Sekunden vor. Nach jeder Bildvorführung beschreibt die Testperson alles, was ihr in Erinnerung geblieben ist. Spezielle Augenkameras werden benutzt, die die Pupillenbewegungen der Testpersonen untersuchen, um herauszufinden, worauf der Blick eines Betrachters zuerst fällt und wie lange er auf einem bestimmten Gegenstand verweilt. Ein Audiometer ist ein elektronisches Gerät, das in Wohnungen an Fernsehapparate geschaltet ist, um aufzuzeichnen, wann der Fernseher angeschaltet und welcher Kanal eingestellt wurde.[12]

PRÄSENTATION DES FORSCHUNGSPLANS. In dieser Phase sollte der Marktforscher seinen Plan in einem schriftlichen Vorschlag zusammenfassen. Ein schriftlicher Vorschlag ist vor allem dann wichtig, wenn es sich um ein umfangreiches und komplexes Forschungsvorhaben handelt, oder wenn die Untersuchung von einer externen Firma durchgeführt wird. Dieser Vorschlag sollte die angesprochenen Probleme des Managements berücksichtigen sowie die Ziele der Studie; ferner die zu erlangenden Informationen, die Quellen für Sekundärinformationen oder die Methoden zur Gewinnung von Primärdaten, und er sollte aufzeigen, inwieweit die Ergebnisse dem Management bei der Entscheidungsfindung behilflich sein können. Der Vorschlag sollte auch die Kosten der Untersuchung enthalten. Ein schriftlicher Forschungsplan oder -vorschlag stellt sicher, daß die Marketing-Manager und Marketing-Forscher alle wichtigen Untersuchungsaspekte bedacht haben, daß sie übereinstimmen und, darüber hinaus, warum und wie die Untersuchung durchgeführt wird. Der Manager sollte den Vorschlag sorgfältig überdenken, ehe er das Projekt billigt.

Durchführung des Untersuchungsplanes

Anschließend wird der Marketing-Untersuchungsplan in die Tat umgesetzt. Das bedeutet Sammeln, Verarbeiten und Analysieren der Informationen. Die Datenbeschaffung kann entweder von Mitarbeitern der Marketing-Abteilung oder von externen Firmen übernommen werden. Wird das eigene Personal eingesetzt, kann das Unternehmen den Informationsgewinnungsprozeß sowie die Qualität der Daten besser kontrollieren. Externe Firmen, die sich auf die Beschaffung von

Daten spezialisiert haben, können diese Aufgabe jedoch oft schneller und preisgünstiger erfüllen.

Die Phase der Datensammlung innerhalb des Marketing-Forschungsprozesses ist generell die teuerste und fehleranfälligste. Die Forscher sollten die Feldarbeit sehr genau beobachten, um sicherzustellen, daß der Plan korrekt durchgeführt wird und um vor Problemen zu bewahren, die sich aus dem Kontakt mit Interviewpartnern ergeben können. Interviewpartner können eine Zusammenarbeit ablehnen oder vorurteilsbehaftete und unaufrichtige Antworten erteilen. Auch Interviewer können Fehler begehen oder die Fragebögen selbst ausfüllen.

Die erlangten Daten müssen verarbeitet und analysiert werden, um die wichtigsten Informationen und Ergebnisse herauszufiltern. Daten aus Fragebögen müssen auf Genauigkeit und Vollständigkeit überprüft und für Computer-Analysen verschlüsselt werden. Für die Erstellung von Ergebnistabellen und Durchschnittsberechnungen der wichtigsten Variablen können Standard-Computerprogramme verwendet werden.

Interpretation und Ergebnisbericht

Nunmehr hat der Marketing-Forscher die Aufgabe, die Ergebnisse zu interpretieren, Schlüsse zu ziehen und diese dem Management zu berichten. Der Marketing-Forscher sollte vermeiden, die Manager mit Zahlen und statistischen Spielereien zu erdrücken – das würde sie vor den Kopf stoßen. Statt dessen sollte er die Hauptergebnisse herausstellen, die für wichtige Management-Entscheidungen von Bedeutung sind.

Die Interpretation der Daten sollte nicht ausschließlich den Marketing-Forschern überlassen werden. Sie sind oft Experten dafür, Untersuchungen zu konzipieren und Statistiken zu entwickeln, doch die Marketing-Manager wissen besser Bescheid über die Problematik und die zu treffenden Entscheidungen. In vielen Fällen lassen sich Ergebnisse auf verschiedene Weise interpretieren, und deshalb werden Diskussionen zwischen Marketingforschern und Managern nützlich sein, um zu den richtigen Interpretationen zu gelangen. Der Manager wird auch überprüfen wollen, ob die Untersuchung vereinbarungsgemäß durchgeführt worden ist und alle erforderlichen Analysen erstellt worden sind. Es ist möglich, daß der Manager nach Durchsicht der Ergebnisse zusätzliche Fragen hat, die mit Hilfe der gewonnenen Daten beantwortet werden können. Schließlich muß der Manager entscheiden, welche weiteren Maßnahmen sich aus der durchgeführten Studie anbieten. Die Forscher können ihre Daten auch direkt den Marketing-Managern zur Verfügung stellen, so daß diese in die Lage versetzt werden, weitere Analysen zu erstellen und neue Zusammenhänge oder Beziehungen herauszuarbeiten.

Die Interpretation stellt innerhalb des Marketingprozesses eine sehr bedeutende Phase dar. Die beste Untersuchung ist wertlos, wenn Manager blindlings falsche Interpretationen derMarktforscher akzeptieren. Ähnlich verhält es sich, wenn Manager aus vorgefaßten Meinungen Interpretationen ableiten. Sie tendieren dazu, die Forschungsergebnisse zu akzeptieren, die ihre Erwartungen bestätigen und jene abzulehnen, die sie nicht erwartet oder erhofft haben. Aus diesen Gründen sollten Manager und Marketing-Forscher bei der Interpretation der Untersuchungsergebnisse eng zusammenarbeiten.

Marketing-Forschung in kleinen Organisationen

In diesem Abschnitt haben wir uns mit dem Marketing-Forschungsprozeß – als einem langen informalen Prozeß – beschäftigt, angefangen von der Definition der Forschungsziele bis zur Interpretation und Ergebnisberichterstattung, der von großen Marketing-Firmen durchgeführt wird. Viele mittelständische Unternehmen und Non-profit-Organisationen betreiben ebenfalls Marketing-Forschung. Nahezu jede Organisation kann informale und preisgünstige Alternativen zu den formalen und komplexen Marketing-Forschungstechniken finden, wie sie von Marketing-Forschern in großen Unternehmen angewandt werden (siehe Beispiel 4-3).

Informationsanalyse

Informationen, die aus dem Marketing-Informations- und Marketing-Forschungssystemen eines Unternehmens zusammengetragen worden sind, erfordern oft noch eine Analyse, oder die Manager bedürfen weiterer Unterstützung, um diese Informationen auf ihre Marketing-Probleme und -Entscheidungen anwenden zu können. Um mehr Einsicht in das Verhältnis zwischen einer Anzahl von Daten und ihrer statistischen Zuverlässigkeit zu gewinnen, bedarf es einer fortgeschrittenen statistischen Analyse. Derartige Analysen erlauben den Managern die Berechnung von Mittelwerten und Standard-Abweichungen und Fragen zu beantworten wie z. B.:

- Welches sind die wichtigsten Variablen, die meinen Umsatz beeinflussen, und wie wichtig ist jede einzelne?
- Was wäre mit der Umsatzentwicklung, wenn ich meinen Preis um zehn Prozent und meine Werbeausgaben um 20 Prozent anheben würde?
- Welche verbraucherbezogenen Anzeichen prognostizieren am besten, ob die Konsumenten meinem Produkt gegenüber Konkurrenzprodukten den Vorzug geben?
- Welche Variablen sind am besten geeignet, meinen Markt zu segmentieren, und wieviele Segmente existieren bereits?

BEISPIEL 4-3
Marktforschung in mittelständischen Unternehmen und Nonprofit-Organisationen

Manager mittelständischer Unternehmen und von Nonprofit-Organisationen sind oft der Meinung, Marktforschung kann nur von Experten in großen Firmen mit hohem Forschungsbudget durchgeführt werden. Viele der in diesem Kapitel angesprochenen Marketing-Forschungstechniken können jedoch auch in kleineren Organisationen – wenngleich weniger formal – angewandt werden, und zwar mit geringeren Ausgaben oder völlig kostenlos.

Diese Manager können brauchbare Marketing-Informationen schon allein dadurch erhalten, daß sie aufmerksam verfolgen, was um sie herum geschieht. Zum Beispiel können Einzelhändler neue Standorte beurteilen, indem sie den Automobil- und Fußgängerverkehr beobachten. Sie können Konkurrenzgeschäften einen Besuch abstatten, um sich über deren Ausstattung und Preise zu informieren. Sie können deren Kundenstruktur abschätzen, indem sie registrieren, wieviele und welche Art von Kunden zu verschiedenen Zeiten dort einkaufen. Die Werbetätigkeit der Konkurrenz kann überprüft werden, indem man die Anzeigen aus den lokalen Medien sammelt.

Manager können informale Erhebungen mit kleinen Ermessensstichproben durchführen. Der Direktor eines Kunstmuseums kann durch Bildung informaler „focus groups" erfahren, was Stammkunden über neue Ausstellungsstücke denken, wenn er kleine Gruppen zum Essen einlädt und mit ihnen Diskussionen über interessante Themen führt. Verkäufer aus dem Einzelhandelsbereich können mit Kunden sprechen, die das Geschäft besuchen; Krankenhausbeamte könnten Patienten befragen, Restaurantbesitzer können in flauen Stunden mit zufällig ausgesuchten Leuten Telephongespräche darüber führen, wo sie auswärts essen gehen und was sie über einige Restaurants dieser Gegend denken.

Manager können auch selbst einfache Experimente durchführen: Zum Beispiel könnte ein Nonprofit-Manager durch die Änderung der Themen in seinen Rundschreiben zum Zwecke der Geldbeschaffung sehr viel darüber herausfinden, welche Marketing-Strategien die erfolgreichsten sind. Der Manager eines Einzelhandelsgeschäftes kann die Auswirkungen von Zeitungsannoncen testen, indem er z. B. Größe und Position der Anzeige, Preiskupons sowie das benutzte Medium verändert.

Auch kleine Organisationen haben zu fast allen Sekundärdaten Zugang, die großen Unternehmen zur Verfügung stehen. Hinzu kommt, daß viele Interessenverbände, lokale Medien, Handelskammern und Behörden kleineren Organisationen besondere Unterstützung gewähren. Die amerikanische „Small Business Administration" bietet Dutzende von kostenlosen Broschüren, die Rat erteilen über Themen, die von der Werbeplanung bis zu Bestellung eines Firmenzeichens reichen. Lokale Zeitungen informieren oft über die Käufer der Umgebung und deren Kaufverhalten.

Manchmal sind auch Freiwillige oder Hochschulen bereit zu helfen, Forschungsvorhaben durchzuführen. Nonprofit-Organisationen machen oft Gebrauch von lokalen Dienstleistungseinrichtungen und anderen Möglichkeiten dieser Art. Zahlreiche Hochschulen suchen mittelständische Unternehmen oder Nonprofit-Organisationen als Studienfälle für Marketing-Forschungsseminare aus.

Sekundärdaten, Beobachtungen, Erhebungen und Experimente können somit auch von kleinen Organisationen mit geringen Budgets beschafft werden. Obwohl solche informalen Untersuchungen weniger komplex und kostspielig sind, erfordern sie dennoch eine sorgfältige Ausführung. Die Manager müssen gründlich über die Ziele der Studie nachdenken; im voraus Fragen formulieren; Ungenauigkeiten erkennen, die sich aus kleineren Stichproben oder durch weniger gut ausgebildete Forscher ergeben könnten, und die Untersuchung systematisch leiten. Sorgfältig geplant und durchgeführt, können solche kostengünstigen Untersuchungen zuverlässige Informationen zur Verbesserung der Marketing-Entscheidungsfindung bieten.

Quelle: Diese Ausführungen basieren auf Informationen von Alan R. Andreasen, „Cost-Conscious Marketing Research", Harvard Business Review, Juli – August 1983, S. 74 – 79, und anderen Quellen.

Für die Informationsanalyse könnte auch eine Auswahl mathematischer Modelle herangezogen werden, die dazu beitragen, daß Marketer bessere Entscheidungen treffen. Jedes Modell repräsentiert entweder ein reales System, einen Prozeß oder ein Ergebnis. Diese Modelle können helfen, Fragen in der Art „Was ist wenn..."- oder „Welches ist das beste..." zu beantworten. In den letzten 20 Jahren haben Marketing-Wissenschaftler eine große Zahl von Modellen entwickelt, die Marketing-Managern dazu dienen sollen, zu besseren Marketing-Mix-Entscheidungen zu gelangen, Verkaufsgebiete festzulegen, Besuchspläne zu entwickeln, Standorte für Einzelhandelsgeschäfte festzulegen, optimale Werbe-Mix-Zusammensetzungen zu gestalten und Umsatzprognosen für neue Produkte zu erstellen.

WEITERLEITUNG VON INFORMATIONEN

Marketing-Informationen sind wertlos, solange sie nicht von Managern benutzt werden, um bessere Marketing-Entscheidungen zu treffen. Die Daten, die aus Marktinformationen und durch Marketing-Forschung gewonnen wurden, müssen zur richtigen Zeit an die richtigen Manager weitergeleitet werden. Die meisten Unternehmen verfügen über zentrale Marktinformationssysteme, die Manager regelmäßig mit Soll-Ist-Vergleichen, fortgeschriebenen Informationen sowie Berichten über Unternehmensergebnisse versorgen. Manager benötigen diese Routineberichte für rechtzeitige und richtige Planung, Implementierung und Kontrollentscheidungen. Für spezielle Situationen und Ad-hoc-Entscheidungen brauchen Marketing-Manager jedoch noch zusätzliche Informationen.

Zum Beispiel möchte ein Verkaufsleiter, der Schwierigkeiten mit einem Großkunden hat, eine Übersicht über die Umsätze und Deckungsbeiträge des Kunden aus dem letzten Jahr haben. Oder es möchte der Leiter eines Einzelhandelsgeschäftes, dem ein Hauptprodukt ausgegangen ist, über die aktuellen Lagerbestände der anderen

Ein modernes Büro-Netzwerk verbindet die Manager direkt mit dem Marketing-Informationssystem des Unternehmens *Courtesy of AT&T Bell Laboratories*.

Filialen dieser Kette informiert werden. In Unternehmen mit einem zentralen Informationssystem müssen diese Manager die Informationen bei dem MIS-Personal anfordern und warten; oft erhalten sie diese Informationen zu spät, um sie in ihren Entscheidungsprozeß einbeziehen zu können.

Die Entwicklungen der letzten Jahre im Bereich des Informations-Handling haben eine Revolution in der Informationsverteilung bewirkt. Infolge der kürzlich erzielten Fortschritte bei Mikrocomputern, Softwareprogrammen und Kommunikationssystemen dezentralisieren viele Unternehmen ihre Marketing-Informationssysteme. Sie ermöglichen Managern den direkten Zugriff auf die im System gespeicherten Informationen.[14] In einigen Firmen sind Marketing-Manager in der Lage, sich mit Hilfe eines Schreibtisch-Terminals direkt in das Informationssystem der Firma einzuschalten. Ohne den Schreibtisch verlassen zu müssen, können sie Informationen aus internen Berichten oder von externen Informationsdiensten erhalten und diese mit Hilfe von statistischen Programmpaketen und Modellen analysieren; auf einem Word Processor können sie Berichte vorbereiten und durch ein Telekommunikationssystem mit anderen kommunizieren, die diesem Netzwerk angeschlossen sind (siehe Beispiel 4-4).

Derartige Systeme bieten ungeahnte Möglichkeiten. Sie erlauben den Managern, die gewünschten Informationen direkt und schnell abzufragen und ihren eigenen Bedürfnissen anzupassen. Da immer

BEISPIEL 4-4
Informations-Netzwerke: Dezentralisierung des Marketing-Informationssystems

Mit Hilfe neuer Informationstechnologien wird es Managern möglich, Informationen direkt durch den Computer zu erhalten, zu verarbeiten und weiterzugeben, anstatt sich auf die Dienste von Informationsspezialisten verlassen zu müssen. Die zentralen Informationssysteme des letzten Dezenniums machen Systemen Platz, die das Informations-Management aus der Obhut von Stabsspezialisten in den Einflußbereich von Managern überführen. Viele Unternehmen entwickeln „Informations-Netzwerke", die getrennte Technologien wie z. B. Text- und Datenverarbeitung sowie graphische Darstellungen zu einem System verbinden.

Stellen wir uns, z. B., den Arbeitstag eines künftigen Marketing-Managers vor. Nach Ankunft im Büro begibt sich der Manager an einen Tisch-Terminal und liest Nachrichten, die während der Nacht eingetroffen sind, überfliegt den Tagesplan, orientiert sich über den Stand einer gerade stattfindenden Computer-Konferenz, nimmt einige wichtige Marktbeobachtungen zur Kenntnis und blättert in Auszügen von wichtigen Artikeln aus der Wirtschaftspresse des vorangegangenen Tages. Um sich auf eine Sitzung des Ausschusses für neue Produkte am späten Vormittag vorzubereiten, ruft der Manager einen kürzlich erstellten Marketing-Forschungsbericht aus dem Mikrofilm-Archiv auf den Bildschirm, überfliegt wichtige Passagen, erstellt daraus einen kurzen Bericht, verschickt Kopien elektronisch an andere Ausschußmitglieder, die ebenfalls an das Informationsnetz angeschlossen sind und läßt den Computer noch eine Kopie auf Mikrofilm abdrucken. Bevor er sich zur Konferenz begibt, läßt er per Terminal einen Tisch für das Mittagessen in einem von ihm bevorzugten Restaurant reservieren und Flugtickets für seine Geschäftsreise nach Chicago in der nächsten Woche buchen.

Den Nachmittag verbringt der Manager damit, Umsatz- und Ertragsvorhersagen für das neue Produkt zu erstellen, über das am Vormittag diskutiert wurde. Der Manager erhält sowohl Testmarkt-Informationen aus den firmeneigenen Datenbanken als auch Informationen bezüglich der Marktnachfrage und Umsätze von Konkurrenzprodukten sowie Informationen über zu erwartende wirtschaftliche Gegebenheiten von externen Datenbanken, die vom Unternehmen abonniert werden. Diese Daten werden wiederum als Eingaben für das Umsatzprognose-Modell benutzt, das in der Modellbank des Unternehmens gespeichert ist. Der Manager spielt anhand dieses Modelles verschiedene Annahmen durch, um zu sehen, wie diese die erwarteten Ergebnisse beeinflussen.

Zu Hause am Abend verwendet der Manager einen tragbaren PC, um Anschluß an das Firmennetzwerk zu erhalten, erstellt einen Bericht über das Produkt und sendet Kopien an die Terminals anderer betroffener Manager, damit sie diesen als erstes am nächsten Morgen lesen können. Wenn der Manager seinen PC ausschaltet, stellt der Computer automatisch seine Weckvorrichtung ein und läßt die Katze nach draußen.

Quelle: Für weitere Informationen siehe Peter Nulty, „How Personal Computers Change Managers' Lives", Fortune, 3. September 1984, S. 38–48.

mehr Manager die Fertigkeiten erwerben, solche Systeme zu benutzen und der Einsatz der Systeme durch technologische Verbesserungen immer wirtschaftlicher wird, führt eine zunehmende Zahl von Marketing-Gesellschaften dezentralisierte Marketing-Informationssysteme ein.

ZUSAMMENFASSUNG

Um ihrer Marketing-Verantwortung gerecht werden zu können, benötigen Marketing-Manager zahlreiche Informationen. Trotz des wachsenden Informationsangebotes haben sie oft einen Mangel an Information der richtigen und einen Überfluß an Daten der falschen Art. Um diese Probleme in den Griff zu bekommen, sind viele Unternehmen bemüht, ihr Marketing-Informationssystem zu verbessern.

Ein zweckmäßig konzipiertes Marketing-Informationssystem beginnt und endet mit dem Anwender. Als erstes werden die Informationsbedürfnisse erfaßt. Dazu werden Marketing-Manager befragt und ihr Entscheidungsumfeld untersucht, um beurteilen zu können, welche Informationen gewünscht, benötigt und anzubieten möglich sind. Als nächstes entwickelt das MIS Informationen und hilft den Managern, diese wirkungsvoll zu verwenden. Interne Berichte liefern Angaben über Umsätze, Lagerbestände, Cash flows sowie Forderungen und Verbindlichkeiten. Solche Daten sind schnell und preiswert zu erhalten, müssen aber für Marketing-Entscheidungen oft umgeformt werden. Das Marketing-Informationssystem stellt Führungskräften täglich Informationen über Entwicklungen im externen Marketing-Umfeld zur Verfügung. Die Daten können von Mitarbeitern des Unternehmens, aber auch von Kunden, Lieferanten und Händlern sowie durch die Auswertung veröffentlichter Berichte und Konferenzergebnisse, aus Inseraten, aus Aktionsprogrammen der Konkurrenz und sonstigen Aktivitäten des Umfeldes erlangt worden sein.

Zur Marketing-Forschung gehört das Sammeln von Informationen, die für ein besonderes Marketing-Problem von Bedeutung sind, mit dem das Unternehmen konfrontiert wird. Jeder Marketer ist auf Marketing-Forschung angewiesen, und ungefähr drei Viertel aller großen Unternehmen verfügen über eine eigene Marketing-Forschungsabteilung.

Marketing-Forschung umfaßt einen Vier-Phasen-Prozeß:

- Manager und Marktforscher definieren sorgfältig das Problem und setzen Forschungsziele fest. Das Ziel kann explorativer, deskriptiver oder kausaler Art sein.
- Der Marketing-Forschungsplan für die Gewinnung von Daten aus primären und sekundären Quellen wird entwickelt. Die Erhebung von Primärdaten erfordert die Auswahl eines Forschungsansatzes – Beobachtung, Befragung, Experiment. Wird eine Kontaktmethode gewählt – Post, Telephon, persönliches Gespräch –, ist ein Stichprobenplan erforderlich – welche und wieviele Personen zu befragen sind und wie diese ausgewählt werden sollen. Darüber hinaus müssen die Forschungsinstrumente festgelegt werden, z. B. Fragebögen oder mechanische Geräte. Der Markteting-Manager sollte den schriftlich ausgearbeiteten Untersuchungsplan sorgfältig überprüfen, bevor er dem Projekt seine Zustimmung gibt.
- Anschließend wird der Marketing-Forschungsplan durchgeführt, indem Daten gesammelt, verarbeitet und analysiert werden.
- Die Ergebnisse werden interpretiert und präsentiert. Zusätzliche Informationsanalysen helfen den Marketing-Managern, die Daten anzuwenden und

ermöglichen die Verwendung fortgeschrittener statistischer Verfahren und Modelle, um genauere Erkenntnisse aus den Informationen ableiten zu können.

Das Marketing-Informationssystem liefert an die richtigen Manager zur richtigen Zeit jene Informationen, die es aus internen Quellen, Marktinformationen und Marketing-Forschungsergebnissen zusammengetragen hat. Immer mehr Unternehmen gehen dazu über, ihre Informationssysteme zu dezentralisieren, mit dem Erfolg, daß die Manager direkten Zugriff auf Informationen erhalten.

DISKUSSIONSFRAGEN

1. Welche Rolle sollte die Marketing-Forschung übernehmen, um einer Firma bei der Implementierung des Marketing-Konzeptes zu helfen?
2. Inwiefern unterscheidet sich das Marketing-Informationssystem vom Markt-Informationssystem?
3. Bestimmen und erläutern Sie die wichtigsten Schritte des Marketing-Forschungsprozesses.
4. Zählen Sie einige Forschungsaufgaben für die folgenden Bereiche auf: Distributions-, Produkt-, Werbe- sowie Direktverkaufs- und Preisentscheidungen.
5. Erklären Sie, warum die Problemdefinition und Festlegung der Ziele oft der schwierigste Teil im Untersuchungsprozeß ist.
6. Marktforscher beginnen gewöhnlich den Informationserlangungsprozeß mit der Sichtung sekundärer Daten. Definieren Sie den Begriff „sekundäre Daten“ und erläutern Sie deren Vor- und Nachteile.
7. Welche Forschungsart wäre in den nachfolgenden Situationen die zweckmäßigste und warum?
   a) Post Cereals möchte den Einfluß untersuchen, den Kinder auf den aktuellen Verkauf seiner Produkte ausüben.
   b) Ihre Universitätsbuchhandlung möchte einige Primärinformationen über das Sortiment und den von ihr gebotenen Service erhalten.
   c) McDonalds's erwägt, eine Filiale in einem rasch wachsenden Vorort zu errichten.
   d) Gillette möchte die Auswirkungen zweier neuer Werbethemen auf den Umsatz seines Deostifts „Right Guard Lime“ in zwei Städten testen.

SCHLÜSSELBEGRIFFE

Ursachenforschung *(causal research).* Marketing-Forschung, um Hypothesen über Ursachen und Wirkungszusammenhänge zu überprüfen.

Beschreibende Forschung *(descriptive research).* Marketing-Forschung zur besseren Beschreibung von Marketing-Problemen, -Situationen oder -Märkten – wie z. B. das Marktpotential für ein Produkt oder demographische Angaben und Konsumenten-Einstellungen.

Experimentelle Forschung *(experimental research).* Die Erlangung von Primärdaten durch Auswahl geeigneter Ressourcengruppen, deren Reaktionen auf unterschiedliche Einflüsse ausgewertet werden.

Explorative Forschung *(exploratory research).* Marketing-Forschung, um vorläufige Informationen zusammenzutragen, die dazu dienen, Probleme besser zu definieren und Hypothesen nahezulegen.

Gruppengespräche *(focus group interviewing)*. Persönliche Befragung, bei der zwischen sechs bis zehn Personen eingeladen werden, um sich mit ihnen während mehrerer Stunden gemeinsam mit einem geschulten Interviewer über ein Produkt, eine Dienstleistung oder eine Organisation zu unterhalten. Der Interviewer konzentriert die Gruppendiskussion auf wichtige Fragestellungen.

Marketing-Informationssystem *(marketing information system, MIS)*. Ein Gefüge von Personen, Ausrüstungen und Verfahren zur Erlangung, Zuordnung, Analyse, Bewertung und rechtzeitigen Verteilung benötigter und genauer Informationen an Marketing-Entscheidungsträger.

Marketing-Informationen *(marketing intelligence)*. Aktuelle Daten über Entwicklungen des Marketing-Umfeldes, die Managern helfen, Marketingpläne zu erstellen und anzupassen.

FUSSNOTEN

1. Diese Ausführungen basieren auf mehreren Quellen, u. a. auf „Coke 'Family' Sales Fly as New Coke Stumbles," Advertising Age, 17. Jänner 1986, S. 1 ff; Nancy Giges, „Coke's Switch a Classic," Advertising Age, 15. Juli 1985, S. 1 ff; und Scott Scredon and Marc Frons, „Coke's Man on the Spot: The Changes Goizueta Is Making Outweigh the Spectacular Blunder," Business Week, 29. Juli 1985, S. 56–61. Die Zitate stammen aus Jack Honomichl, „Missing Ingredients in 'New' Coke's Research," Advertising Age, 22. Juli 1985, S. 1 ff.
2. Marion Harper, Jr., „A New Profession to Aid Management," Journal of Marketing, Jänner 1961, S. 1.
3. John Naisbitt, Megatrends: Ten New Directions Transforming Our Lives (New York: Warner Books, 1984).
4. Naisbitt, Megatrends, S. 16.
5. Diese Definition wurde übernommen aus „Marketing Information Systems: An Introductory Overview," in Readings in Marketing Information Systems, Samual V. Smith, Richard H. Brien und James E. Stafford, Hrsg. (Boston: Houghton Mifflin, 1968), S. 7.
6. Donald S. Tull und Del I. Hawkings, Marketing Research: Measurement and Method, 3. Aufl. (New York: Macmillan, 1984), S. 46–73.
7. Vgl. hierzu „Business Is Turning Data into a Potent Strategic Weapon," Business Week, 22. August 1983, S. 92.
8. Dik Warren Twedt, Hrsg., 1983 Survey of Marketing Research (Chicago: American Marketing Association, 1983).
9. Als einen hervorragend mit Anmerkungen versehenen Hinweis auf die wichtigsten Sekundärquellen und Marketing-Daten vgl. Thomas C. Kinnear und James R. Taylor, Marketing Research: An Applied Approach (New York: McGraw-Hill, 1983), S. 146–56, 169–84.
10. Ebenda, S. 150.
11. Vgl. hierzu Bobby J. Calder, „Focus Groups and the Nature of Qualitative Marketing Research," Journal of Marketing, August 1977, S. 353–64.
12. Für einen Überblick über mechanische Geräte vgl. Roger D. Blackwell, James S. Hensel, Michael B. Phillips und Brian Sternthal, Laboratory Equipment for Marketing Research (Dubuque, IA: Kendall/Hunt, 1970), S. 7–8.
13. Bezüglich weiterer statistischer Analysen sei verwiesen auf Tull

und Hawkins, Marketing Research. Für einen Überblick wird verwiesen auf Gary L. Lilien und Philip Kotler, Marketing Decision Making: A Model Building Approach (New York: Harper & Row, 1983) sowie auf John D. C. Little, „Decision Support Systems for Marketing Managers," Journal of Marketing, Sommer 1979, S. 9–26.

14. Vgl. hierzu Peter Nulty, „How Personal Computers Change Managers' Lives," Fortune, 3. September, 1984, S. 38–48.

Courtesy of *Redbook* magazine

5. KAPITEL

Das Marketing-Umfeld

LERNZIELE DIESES KAPITELS

Nachdem Sie dieses Kapitel gelesen haben, sollten Sie in der Lage sein,

1. die Kräfte des Marketing-Umfeldes zu beschreiben, die die Fähigkeit des Unternehmens beeinflussen, seinen Kunden zu dienen;
2. zu erklären, wie demographische und ökonomische Umfeldveränderungen Marketing-Entscheidungen beeinflussen;
3. die wichtigsten Trends im natürlichen und technologischen Umfeld des Unternehmens zu erkennen;
4. die bedeutendsten Veränderungen im politischen und kulturellen Umfeld zu erläutern.

Die Zeitschrift Redbook hofft, aus einer der größten Veränderungen des derzeitigen Marketing-Umfeldes Vorteile ziehen zu können – nämlich der Tatsache, daß die Babyboom-Jahrgänge älter werden. Den Yuppies, Yumpies, Bumpies, Puppies und anderen demographischen Marktsegmenten hat Redbook die Yummies hinzugefügt.

Die Hearst Monatszeitschriften hoffen darauf, daß der Begriff „yummy“ – young upwardly mobile mommy (d. h. junge, aufstrebende, bewegliche Mutter) – den Marketern bald genauso geläufig sein wird wie:

- Yuppies (young urban professionals – junge, in der Stadt lebende Fachleute)
- Yumpies (young upwardly mobile professionals – junge, aufstrebende, mobile Fachleute)
- Bumpies (black upwardly mobile professionals – schwarze, aufstrebende, mobile Fachleute) und
- Puppies (kids of yuppies – Kinder der Yuppies).

Die Yummy, ein redaktioneller und werblicher Einfall, der Humor mit unverblümter Eigenwerbung verbindet, ist die dritte Taktik, zu der Redbook greift, um sich von anderen Frauenzeitschriften abzuheben. „Yummy“ verbindet den Begriff „juggler“ – Zauberkünstler, Jongleur – mit dem Thema „Das einzige Magazin für Frauen der geburtenstarken Jahrgänge“, um Redbook auf dem sogenannten „baby boomer“-Markt zu positionieren. Dahinter steht die Idee, nur „Redbook zu sagen, um schon diese Person vor Augen zu haben, diesen Yummy oder Juggler“, erklärt Alan Waxenberg, der Herausgeber von „vp“.

Für Redbook ist Yummy eine Frau, die zu den geburtenstarken Jahrgängen zählt, geboren zwichen 1941 und 1960. Dazu werden Personen zwischen 25 und 44 Jahren gezählt, die Gruppe der jungen Erwachsenen. Das Durchschnittsalter der Redbook-Leser ist 37. „Es ist ein gleitender Markt“, sagt Waxenberg. Wie sehr er sich gewandelt hat, kann aus einem Vergleich zwischen der Altersgruppe der Yummies mit jener der „young mamas“ – das war in den sechziger und siebziger Jahren Redbooks populäres Modellschlagwort für Personen zwischen 18 und 34 Jahren – ersehen werden. Der von Redbook gesuchte Markt ist selbstverständlich eine sehr begehrte Käufergruppe. Es sind ausgabefreudige und einflußreiche Konsumvorbilder, die von vielen Zeitschriften umworben werden, insbesondere von „People“, einem Magazin, das sich den baby boomers eng verbunden fühlt.

Nach Schaffung des Gruppen-Etiketts „yummy“ wurde es von Redbook in einem Artikel mit dem Titel „Sind Sie ein Yummy?“ vorgestellt. Illustriert mit Mutter und Tochter in Yummy-Kleidung sowie dazugehörigen Accessoires (L. L. Bean Büchertasche, flotte Sportuhr), wurde ein Test angeboten, um den YQ – Yummy-Quotient – herauszufinden. Des weiteren wurden Yummy-TV-Favoriten genannt (Cheers, Family Ties, Kate and Allie), beliebte Erfindungen (VCRs, Velcro, Wegwerfwindeln) beschrieben und andere für Yummies wichtige Dinge (schicke Baby-Lätzchen, Strampelanzüge von Izod, Flashcards mit Shakespeare-Motiven) aufgelistet.

Als nächstes erschien das offizielle Yummy-Handbuch. Es hatte eine Auflage von 15.000 Exemplaren, die an die Werbewirtschaft verschickt wurden. „Es ist einfach umwerfend, Mütter mit Kleinkindern in Jogging-Schuhen zu sehen“, sagt Sandy Spaeth, Leiterin der Promotion-Abteilung, selbst ein Yummy (zwei Söhne, ein und fünf Jahre alt). „Eigentlich ist die Sache mit den Yummies zum Lachen, denn sonst müßte man darüber heulen.“ Es wurden bereits Pläne zur weiteren Vermarktung der Yummies erstellt – die Herausgabe populärer Zeitschriften oder die Verknüpfung dieser Idee mit der jährlichen Redbook-Jahresveranstaltung, die bislang in New York abgehalten wurde, jetzt aber auch auf andere Städte ausgeweitet werden könnte.

Einige Marketer sind der Ansicht, daß die Gruppen der „aufstrebenden Konsumenten" der vielen Aufmerksamkeit überdrüssig werden oder daß die Konzentration auf Yuppies viele Unternehmen von anderen gewinnträchtigen Segmenten ablenkt. Andere gehen subtiler an die Sache heran, in dem sie den Y-Ausdruck vermeiden, den Doonesbury, eine Comixfigur von Garry Trudeau, als „Y-word" bezeichnet. Fest steht jedoch, daß die Baby Boomers die bedeutendste demographische Kraft in den Vereinigten Staaten darstellen. Redbook macht durch Verwendung des Begriffes „Yummies" und ähnlicher Konzepte das meiste daraus. „Es hat ins Schwarze getroffen", sagte Judron Culbreth, ein Mitherausgeber. „Es ist eine natürliche Weiterentwicklung. Yuppies heiraten und werden Jummies. Unsere Leserin ist gescheit und wohlhabend und kann einen Spaß vertragen.„[1]

Das Marketing-Umfeld besteht aus unkontrollierbaren Kräften, die das Unternehmen umgeben. Um erfolgreich zu sein, muß das Unternehmen sein Marketing Mix an die Trends und Entwicklungen dieses Marketing-Umfeldes anpassen.

Das Marketing-Umfeld kann folgendermaßen definiert werden:

Das Marketing-Umfeld eines Unternehmens besteht aus Akteuren und Kräften außerhalb des Marketing, die die Fähigkeit des Marketing-Managements beeinflussen, mit seinen Zielgruppen erfolgreiche Geschäftsbeziehungen zu entwickeln und aufrecht zu erhalten.

Das ungewisse Marketing-Umfeld beeinflußt einen Betrieb in hohem Maße. Statt langsamer und vorhersehbarer Veränderungen kann das Umfeld große Überraschungen und Ärgernisse bereithalten. Welche Ölgesellschaften würden beispielsweise 1971 das baldige Ende der preiswerten Energie vorausgesagt haben? Wieviele Manager von Gerber Food haben das Ende des Babybooms prognostiziert? Welche Autofirmen haben den ungeheuren Einfluß vorhergesehen, den Ralph Nader und die Verbraucherschutzbewegungen auf die Unternehmensentscheidungen nehmen würden. Das Marketing-Umfeld bietet sowohl Chancen als auch Bedrohungen, und das Unternehmen muß mit Hilfe der Marketing-Forschung und des Marketing-Informationssystems Veränderungen ständig beobachten.

Das Marketing-Umfeld besteht aus einem Mikro- und einem Makro-Umfeld. Das **Mikro-Umfeld** setzt sich aus Kräften zusammen, die das Unternehmen umgeben und seine Fähigkeit beeinflussen, den Kunden zu dienen – d. h. aus dem Unternehmen selbst, aus Firmen innerhalb der Absatzkanäle, aus Kundenmärkten, Konkurrenten und öffentlichen Interessensgruppen. Das **Makro-Umfeld** setzt sich aus den umfassenden großen gesellschaftlichen Kräften zusammen, die das gesamte Mikro-Umfeld beeinflussen – demographische, ökonomische, natürliche, technologische, politische und kulturelle Kräfte. Im folgenden soll zuerst das Mikro- und dann das Makro-Umfeld behandelt werden.

DAS MIKRO-UMFELD EINES UNTERNEHMENS (microenvironment)

Die Aufgabe des Marketing-Managements besteht darin, attraktive Angebote für die Zielmärkte zu schaffen. Der Erfolg des Marketing-Managements wird jedoch auch von den anderen Mitarbeitern des Unternehmens sowie von Marketing-Mittlern, Konkurrenten und verschiedenen öffentlichen Institutionen beeinflußt. Diese Akteure aus dem Mikro-Umfeld des Unternehmens werden in Abbildung 5-1 dargestellt. Marketing-Manager können sich nicht einfach auf die Bedürfnisse des Zielmarktes konzentrieren. Sie müssen auch die anderen Beteiligten des Mikro-Umfeldes beobachten. Diese sollen in folgender Reihenfolge behandelt werden:

- das Unternehmen,
- die Lieferanten,
- die Marketing-Mittler (Marketing-Zwischenglieder),
- die Kunden,
- die Konkurrenten sowie
- die Öffentlichkeit.

Die Rolle und die Auswirkungen dieser Beteiligten sollen am Beispiel der Schwinn Bicycle Company, einer der größten Fahrradhersteller Amerikas, mit Sitz in Chicago, veranschaulicht werden.

ABBILDUNG 5-1
Die wichtigsten Beteiligten im Mikro-Umfeld eines Unternehmens

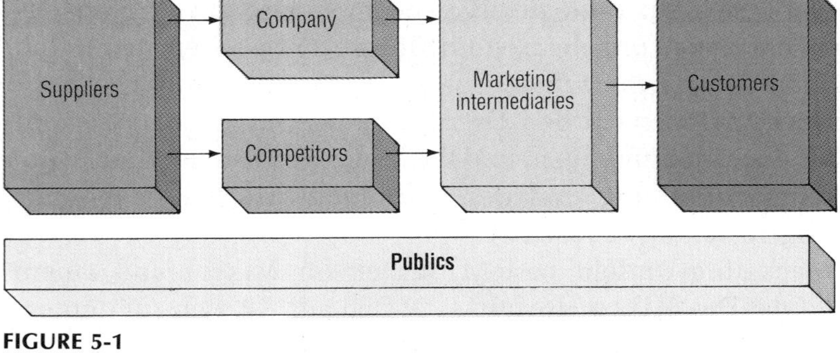

FIGURE 5-1
Major Actors in the Company's Microenvironment

Das Unternehmen

Bei der Erstellung von Marketing-Plänen muß das Marketing-Management von Schwinn auch den Belangen anderer Unternehmensbereiche Rechnung tragen; dazu zählen vor allem die Unternehmensleitung, die Finanzabteilung, die Forschung, der Einkauf, die Produktion und die Buchhaltung. Alle diese Bereiche bilden das Mikro-Umfeld des Unternehmens (siehe Abbildung 5-2).

FIGURE 5-2
Company Microenvironment

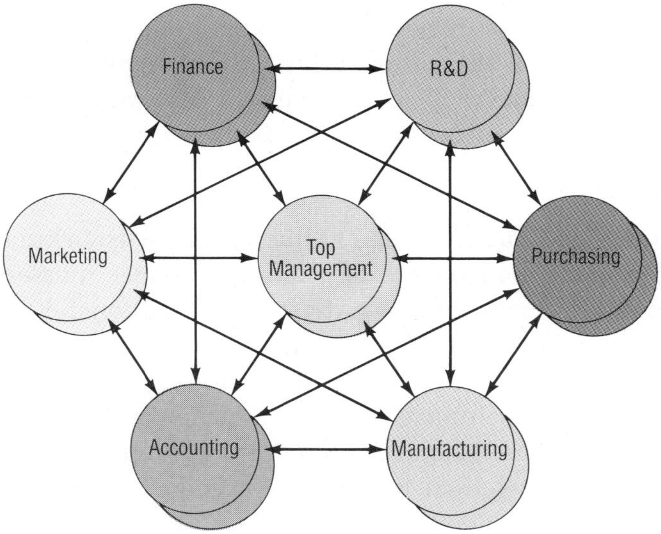

ABBILDUNG 5-2
Das Mikro-Umfeld eines Unternehmens

Die Unternehmensleitung bei Schwinn besteht aus dem Chef der Fahrrad-Abteilung, dem geschäftsführenden Ausschuß, dem Firmenleiter, dem „board of directors" und dessen Vorsitzenden. Diese Führungskräfte legen die Aufgabe des Unternehmens, seine Ziele, seine umfassenden Strategien sowie die Geschäftspolitik fest. Die Marketing-Manager müssen ihre Entscheidungen innerhalb dieses vorgegebenen Rahmens treffen. Außerdem müssen die Marketing-Pläne von der Unternehmensleitung vor der Implementierung genehmigt werden.

Die Marketing-Manager müssen auch eng mit anderen Abteilungen des Unternehmens zusammenarbeiten. Die Finanzabteilung ist damit befaßt, Finanzmittel zu beschaffen, um die Marketing-Pläne realisieren zu können. Die Abteilung für Forschung und Entwicklung konzentriert sich auf die Probleme, sichere und attraktive Fahrräder zu konstruieren. Der Einkauf kümmert sich darum, Hilfs- und Betriebsstoffe sowie Material zu beschaffen, und die Produktion ist für die Herstellung der gewünschten Anzahl von Fahrrädern verantwortlich. Die Buchhaltung erfaßt Einnahmen und Ausgaben, damit die Marketing-Manager einen Überblick bekommen, inwieweit sie ihre Ziele erreicht haben. Alle diese Abteilungen nehmen Einfluß auf Planungen und Maßnahmen im Marketing-Bereich.

Lieferanten

Lieferanten sind Firmen oder einzelne Personen, die das Unternehmen mit den Mitteln versorgt, die nötig sind, damit es seine Produkte herstellen und seine Dienstleistungen zur Verfügung stellen kann. Schwinn muß z. B. für die Fahrradherstellung Stahl, Aluminium, Gummireifen, Gangschaltungen, Sitze und andere Materialien beschaffen. Darüber hinaus müssen Personal, Ausrüstungen, Treibstoffe, Elektrizität, Computer und andere Produktionsfaktoren bereitgestellt werden.

Entwicklungen auf der Zulieferebene können große Auswirkungen auf den Marketing-Bereich haben. Marketing-Manager müssen deshalb die Preisentwicklungen ihrer wichtigsten Produktionsfaktoren stets im Auge behalten. Höhere Beschaffungskosten können Preiserhöhungen zur Folge haben, die das Verkaufsvolumen des Unternehmens stark beeinträchtigen können. Marketing-Manager müssen auch auf die Lieferbereitschaft achten; Versorgungsengpässe, Arbeiterstreiks und andere Ereignisse können kurzfristige Umsatzverluste bewirken und langfristig dem „goodwill" der Kunden Schaden zufügen.

Marketing-Mittler

Marketing-Mittler sind Firmen, die dem Unternehmen bei der Promotion, beim Verkauf und bei der Distribution seiner Waren behilflich sind. Dazu zählen Zwischenhändler, Logistik-Firmen, Marketing-Service-Agenturen und Finanzierungsgesellschaften.

Zwischenhändler (Middlemen)

Zwischenhändler sind Firmen, die dem Unternehmen bei der Kundensuche und beim Verkauf behilflich sind. Dazu zählen Groß- und Einzelhändler, die Waren an- und verkaufen (sie werden oft als Wiederverkäufer bezeichnet). Schwimms primäre Vermarktungsmethode besteht darin, Fahrräder an Hunderte von unabhängigen Händlern zu verkaufen, die diese mit Gewinn weiterveräußern.

Warum greift Schwinn auf Absatzmittler zurück? Die Antwort lautet, daß diese Zwischenhändler wichtige Funktionen günstiger erfüllen können als Schwinn selbst. Sie lagern die Fahrräder an dem Ort, wo Kunden wohnen. Sie stellen Fahrräder aus und liefern sie zu dem Zeitpunkt, zu dem die Konsumenten sie haben wollen. Darüber hinaus betreiben sie Werbung für die Fahrräder und führen Verkaufsverhandlungen. Schwinn vertritt die Auffassung, daß es effizienter ist, mit unabhängigen Zwischenhändlern zusammenzuarbeiten als mit einem eigenen umfangreichen Verkaufsnetz zu operieren.

Die Auswahl von Zwischenhändlern und die Zusammenarbeit mit ihnen ist nicht einfach. Im Gegensatz zu früher stehen den Herstellern nicht mehr zahlreiche kleine, unabhängige Händler zur Auswahl. Sie sind mit großen und wachsenden Handelsorganisationen konfrontiert. Fahrräder werden immer mehr über große Unternehmensketten abgesetzt – wie z. B. Sears und K mart – oder durch bedeutende Großhändler, Großbetriebsformen des Einzelhandels und Franchise-Großhandelsketten. Diese Marktgruppen verfügen über eine derart große Macht, daß sie Einkaufsbedingungen diktieren oder Produzenten aus dem Markt drängen können. Die Hersteller müssen sich unter diesen Umständen sehr bemühen, „Regalflächen" zu erhalten.

Logistik-Firmen

Logistik-Firmen helfen dem Unternehmen, Waren zu lagern und sie von ihrem Ursprung zu ihrem Bestimmungsort zu befördern. Lagerhäuser sind Firmen, die Waren aufbewahren und bewachen, bevor sie zu ihrem nächsten Bestimmungsort gebracht werden. Zu den Transportgesellschaften zählen Eisenbahn, Lastkraftwagen, Fluggesellschaften, Lastkähne oder andere Unternehmen, die sich darauf spezialisiert haben, Güter von einem Ort zu einem anderen zu transportieren. Das Unternehmen hat die besten Wege zu wählen, wie die Waren gelagert und transportiert werden sollen, bei dieser Entscheidung muß es Kosten, Lieferzeit, Schnelligkeit und Sicherheit in die Überlegungen einbeziehen.

Marketing-Serviceagenturen

Marketing-Serviceagenturen – wie z. B. Marketing-Forschungsunternehmen, Werbeagenturen, Medien- und Vertriebsberatungsfirmen – sind dem Unternehmen sowohl bei der Auswahl der Zielmärkte als auch bei der Produktdurchsetzung behilflich. Die Auswahl dieser Agenturen hat sorgfältig zu erfolgen, da sie sich hinsichtlich Kreativität, Qualität, Service und Preis erheblich unterscheiden. Eine ständige Leistungskontrolle der Marketing-Serviceagenturen erscheint unumgänglich, gegebenenfalls ist auch ein Austausch derjenigen zu erwägen, die nicht die erwartete Leistung erbringen.

Finanzierungsgesellschaften

Zu den Finanzierungsgesellschaften werden Banken, Kreditinstitute, Versicherungsgesellschaften und andere Unternehmen gezählt, die bei finanziellen Transaktionen behilflich sind oder Risiken versichern, die im Zusammenhang mit dem Kaufen und Verkaufen von Waren stehen. Die meisten Firmen und Kunden sind auf die Hilfe von Finanzmittlern angewiesen, um ihre Geschäfte zu finanzieren. Steigende Kreditzinsen oder Kreditbeschränkungen können sich äußerst nachteilig auf die Marketing-Leistung eines Unternehmens auswirken. Aus diesem Grunde muß das Unternehmen gute Verbindungen zu wichtigen Finanzinstitutionen unterhalten.

Verbraucher

Das Unternehmen muß seine Kundenmärkte genau untersuchen. Grundsätzlich kann es auf fünf verschiedenen Arten von Kundenmärkten tätig sein: Diese werden auf Abbildung 5-3 angedeutet und wie folgt definiert:

- *Konsumentenmärkte:* Einzelpersonen und Haushalte, die Waren und Dienstleistungen für den persönlichen Verbrauch kaufen;
- *Produzentenmärkte:* Organisationen, die Güter und Dienstleistungen zur Weiterverarbeitung oder für die Verwendung in ihrem eigenen Produktionsprozeß kaufen;
- *Wiederverkäufermärkte:* Organisationen, die Güter und Dienstleistungen kaufen, um sie mit Gewinn weiterzuveräußern;
- *Behördenmärkte:* Behörden, die Waren und Dienstleistungen erwerben, um diese für die Erfüllung öffentlicher Aufgaben zu verwenden oder an andere Stellen, die sie benötigen, weiterzuleiten;
- *Internationale Märkte:* ausländische Käufer, einschließlich Konsumenten, Produzenten, Wiederverkäufer und Regierungen.

FIGURE 5-3
Basic Types of Customer Markets

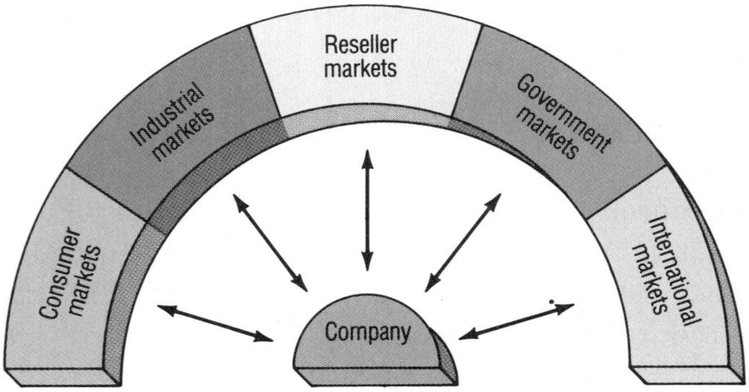

ABBILDUNG 5-3
Grundarten von Kundenmärkten

Schwinn setzt Fahrräder auf allen diesen Märkten ab. Einige Fahrräder werden über eigene Verkaufsstellen direkt an Konsumenten veräußert. Einige werden auch an Produzenten verkauft, die sie benutzen, um ihre eigenen Produkte auszutragen, oder um damit auf dem Werksgelände zu fahren. Erhebliche Stückzahlen werden bei Groß- und Einzelhändlern abgesetzt, die sie auf Konsumenten- und Produzentenmärkten weiterverkaufen. Fahrräder könnten auch an Behörden verkauft werden. Darüber hinaus verkauft Schwinn seine Fahrräder an ausländische Konsumenten, Produzenten, Wiederverkäufer und Regierungen. Jeder Absatzmarkt hat seine typischen Merkmale und erfordert genaue Untersuchungen seitens des Verkäufers.

Konkurrenten

Jedes Unternehmen sieht sich mit einer Vielzahl von Mitbewerbern konfrontiert. Das Marketing-Konzept besagt, daß ein Unternehmen, um erfolgreich zu sein, die Wünsche und Bedürfnisse der Konsumenten besser befriedigen muß als seine Konkurrenten. Aus diesem Grund müssen Marketer mehr tun als sich lediglich auf die Wünsche der Zielgruppen einzustellen. Sie müssen auch die Strategien der Konkurrenten berücksichtigen, die schließlich die gleichen Zielgruppen bedienen. Ziel muß es sein, durch eine stärkere Verankerung des eigenen Angebots im Bewußtsein der Konsumenten mehr Strategievorteile zu erringen als die Wettbewerber.

Es gibt keine Wettbewerbsstrategie, die für alle Unternehmen die beste ist. Jede Firma muß ihre Größe und Branchenposition im Vergleich zur Konkurrenz berücksichtigen. Große Gesellschaften, die einen Markt dominieren, können zu bestimmten Strategien greifen, die sich kleine Firmen nicht leisten können. Nur groß zu sein, ist jedoch nicht genug. Es gibt erfolgreiche Strategien für große Unternehmen, ebenso wie es ungeeignete gibt, die zu Verlusten führen. Auch kleine Firmen können Strategien finden, die ihnen eine höhere Rendite bringen als sie große Gesellschaften erzielen. Große wie auch kleine Unternehmen müssen jeweils jene Marketing-Strategien herausfinden, die ihnen in ihren Märkten zu einer besseren Positionierung als den Wettbewerbern verhelfen.

Öffentliche und interne Interessengruppen (Publics)

Zum Marketing-Umfeld eines Unternehmens zählen auch verschiedene Interessengruppen. Diese werden wie folgt definiert:

> **Als Interessengruppe gilt jede Gruppierung, die ein aktuelles oder potentielles Interesse an der Leistungsfähigkeit eines Unternehmens hat oder darauf einen Einfluß ausübt.**

Ein Unternehmen kann Marketing-Pläne sowohl für seine wichtigsten Interessengruppen als auch für seine Kundenmärkte erstellen. Angenommen, ein Unternehmen wünscht, von einer bestimmten Interessengruppe eine spezielle Reaktion, wie z. B. ihr Wohlwollen, günstige Mundpropaganda, oder finanzielle Zuwendungen. Das Unternehmen müßte dann dieser Gruppe ein Angebot unterbreiten, das attraktiv genug ist, die gewünschte Reaktion hervorzurufen.

Jedes Unternehmen ist von sieben verschiedenen Arten von Interessengruppen umgeben (siehe Abbildung 5-4):

ABBILDUNG 5-4
Arten öffentlicher Gruppen

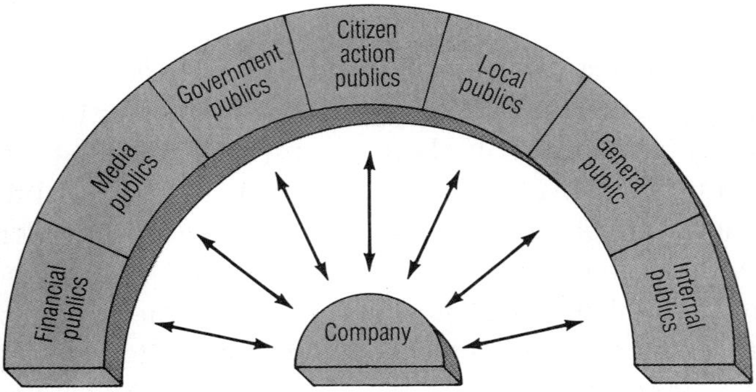

FIGURE 5-4
Types of Publics

- *Finanzinteressengruppen*
  Diese Gruppe beeinflußt die Fähigkeit des Unternehmens, finanzielle Mittel zu erhalten. Als wichtigste Finanzinteressengruppen sind Banken, Investmentgesellschaften sowie Aktionäre zu nennen. Schwinn ist um deren Wohlwollen bemüht, indem es jährliche Finanzberichte erstellt, die aufzeigen, daß die Finanzlage des Unternehmens geordnet ist.
- *Mediengruppen*
  Zu diesem Bereich gehören alle Institutionen und Medien (Zeitungen, Zeitschriften, Rundfunk- und Fernsehstationen), die Nachrichten, Berichte und Meinungen verbreiten. Schwinn ist daran interessiert, mehr und bessere Unterstützung seitens der Medien zu erhalten.
- *Behörden und Gesetzgeber*
  Die Geschäftsleitung muß auch legislativen Entwicklungen Rechnung tragen. In Sachen Produktsicherheit, wahrheitsgetreuer Werbung, Wiederverkäuferrecht usw., müssen Schwinns Marketer Rechtsanwälte konsultieren. Zusammen mit anderen Fahrradherstellern sollte Schwinn darauf bedacht sein, die Gesetzgebung in eine für sie günstige Richtung zu beeinflussen.
- *Aktionsgemeinschaften*
  Die Marketingentscheidungen eines Unternehmens können von Verbraucherorganisationen, Umweltschutzgruppen, sozialen Minderheiten und anderen Gruppierungen in Frage gestellt werden. Zum Beispiel setzen sich Elternvereine dafür ein, daß Fahrräder, die zu den risikoreichsten Produkten gehören, sicherer gestaltet werden. Schwinn hat die Möglichkeit, führend auf dem Gebiet der Produktsicherheitsgestaltung zu werden. Schwinns Abteilung für Öffentlichkeitsarbeit kann dazu beitragen, mit diesen Konsumentengruppen in Verbindung zu bleiben.

- *Lokale Interessengruppen*
  Jedes Unternehmen hat mit lokalen Interessengruppen zu tun, wie z. B. Anrainern und örtlichen Organisationen. Große Unternehmen ernennen gewöhnlich einen „community relations officer“ (Öffentlichkeitsbeauftragten), der Kontakt zur Gemeinde hält, öffentliche Sitzungen besucht, Fragen beantwortet und über Spenden für unterstützungswürdige Angelegenheiten entscheidet.

- *Allgemeine Öffentlichkeit*
  Ein Unternehmen muß sich um die Einstellung der Öffentlichkeit zu seinen Produkten und Aktivitäten kümmern. Die Vorstellungen der Öffentlichkeit über das Unternehmen beeinflussen das Kaufverhalten. Um ein starkes Image als „corporate citizen“ (sozial verantwortliches Unternehmen) aufzubauen, schickt Schwinn seine Vertreter zu Wohltätigkeitsveranstaltungen, leistet hohe Beiträge an Wohlfahrtseinrichtungen und hat effiziente Systeme zur Abwicklung von Kundenbeschwerden entwickelt.

- *Unternehmensinterne Interessengruppen*
  Zu den unternehmensinternen Interessengruppen zählen Arbeiter, Angestellte, Manager und der „Board of Directors“. Große Gesellschaften verwenden Rundschreiben und andere Methoden, um ihre internen Gruppen zu informieren und zu motivieren. Wenn die Mitarbeiter sich im Unternehmen wohlfühlen, greift diese positive Einstellung auch auf externe Interessengruppen über.

DAS MAKRO-UMFELD DES UNTERNEHMENS (macroenvironment)

Das Unternehmen und seine Lieferanten, Marketing-Zwischenglieder, Kunden, Konkurrenten und Interessengruppen operieren alle in einem größeren Makro-Umfeld von Kräften, das dem Unternehmen sowohl günstige Möglichkeiten bietet als auch ernsthafte Bedrohungen darstellen kann. Diese Faktoren sind unkontrollierbar, deshalb muß sie das Unternehmen ständig beobachten und darauf reagieren. Das Makro-Umfeld besteht aus sechs Hauptkräften, die in Abbildung 5-5 zu sehen sind. In den verbleibenden Abschnitten dieses Kapitels werden diese Kräfte untersucht und ihre Auswirkungen auf Marketing-Pläne dargestellt.

Das demographische Umfeld

Demographie bezeichnet das Wissen über die Bevölkerung bezüglich Einwohnerzahl, Dichte, Wohnort, Alter, Geschlecht, Rasse, Beruf und andere statistischen Merkmale. Da die Zielmärkte aus Menschen bestehen, ist das demographische Umfeld für die Marketer von größtem Interesse. Im folgenden werden die wichtigsten demographischen Entwicklungen beschrieben.[2]

Die geänderte Altersstruktur der amerikanischen Bevölkerung

Die wichtigste demographische Entwicklung in den USA ist derzeit die sich verändernde Altersstruktur der Bevölkerung. Aus zwei Gründen wird die US-Bevölkerung immer älter. Erstens ist die Geburtenrate rückläufig, so daß weniger junge Leute das Durchschnittsalter herabdrücken, zweitens steigt die Lebenserwartung mit der Folge, daß

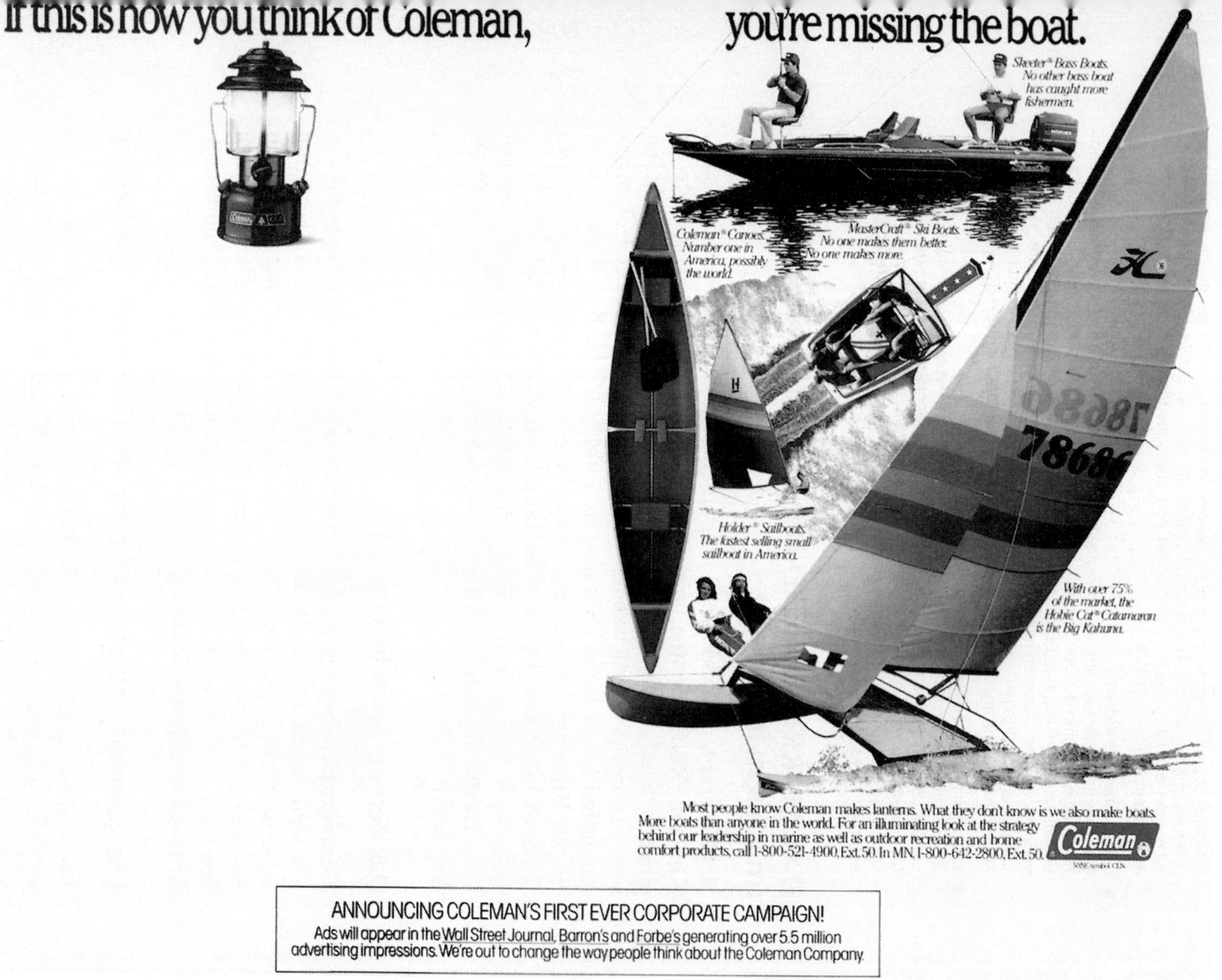

Coleman communicates with potential investor publics. *Permission granted by The Coleman Company*,

ABBILDUNG 5-5
Die wichtigsten Kräfte des Makro-Umfeldes eines Unternehmens

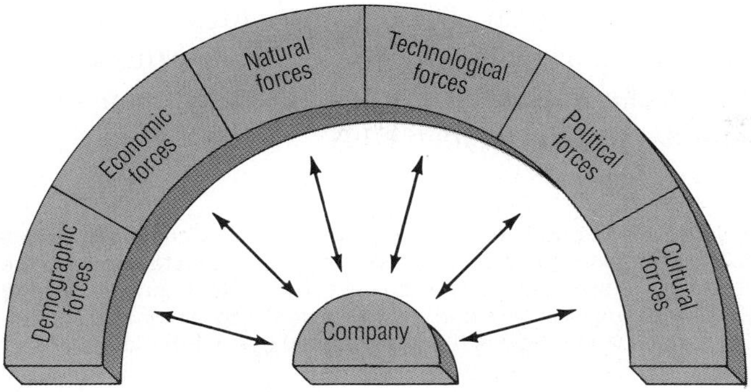

FIGURE 5-5
Major Forces in the Company's Macroenvironment

es mehr ältere Leute gibt, die das Durchschnittsalter nach oben drücken.

1983 zählte die amerikanische Bevölkerung noch 234 Millionen Einwohner, sie dürfte bis zum Jahre 2020 auf 300 Millionen anwachsen. Während des **Babybooms,** der auf den Zweiten Weltkrieg folgte und bis Anfang der sechziger Jahre dauerte, erreichte die jährliche Geburtenrate ihren bisherigen Höchststand. Dem Babyboom folgte der sogenannte „birth dearth" – Babymangel. Bis Mitte der siebziger Jahre fiel die Geburtenrate stark zurück. Das Bestreben, den persönlichen Lebensstandard zu erhöhen und der immer weiter verbreitete Wunsch der Frauen, berufstätig zu bleiben, sowie verbesserte Geburtenkontrolle führten zu kleineren Familien. Obwohl die Familiengröße voraussichtlich klein bleiben wird, dürfte die Geburtenrate bis Ende der achtziger Jahre wieder ansteigen, da die Babyboom-Generation dann die Jahre des Kinderkriegens durchläuft, was einen zweiten, wenn auch kleineren Babyboom verursachen wird. In den neunziger Jahren wird die Geburtenrate wieder rückläufig sein. Der baby boom hatte ein Absinken der Altersverteilung zur Folge, und wenn die Babyboom-Generation älter wird, steigt damit wieder das Durchschnittsalter der Bevölkerung.

Der zweite Grund für das Ansteigen des Durchschnittsalters der Bevölkerung ist die höhere Lebenserwartung, die derzeit bei 74 Jahren liegt – 70 für Männer, 78 für Frauen. Das entspricht einer Zunahme von 25 Jahren seit der Jahrhundertwende. Diese höhere Lebenserwartung und die sinkende Geburtenrate bewirken eine Erhöhung des Durchschnittsalters der Bevölkerung, das derzeit in den Vereinigten Staaten bei 31 Jahren liegt und im Jahre 2000 voraussichtlich auf 36 und im Jahre 2050 auf 42 Jahre ansteigen wird.[3]

Die sich ändernde Altersstruktur der Bevölkerung wird in dem nächsten Jahrzehnt unterschiedliche Wachstumsraten bei verschiedenen Altersklassen zur Folge haben. Diese Unterschiede werden in hohem Maße die Zielgruppenstrategien der Marketer beeinflussen. Die Wachstumstrends von sechs unterschiedlichen Altersgruppen sollen nun zusammenfassend dargestellt werden.[4]

- *Kinder*
  Im Laufe der achtziger Jahre wird die Zahl der Kinder im Vorschulalter ansteigen, in den neunziger Jahren jedoch wieder abnehmen, wenn für die Babyboom-Generation die Jahre des Kinderkriegens vorbei sind. Das bedeutet, daß sich nach Jahren der Flaute die Märkte für Kinderspielzeug, Kinderkleidung, Kindermöbel und Babynahrung eines kurzen Aufschwungs erfreuen dürfen, doch werden diese Märkte am Ende des Jahrhunderts erneut schrumpfen.
- *Jugendliche* (10 bis 19 Jahre)
  Die Anzahl der 10- bis 19jährigen wird abnehmen. Es wird sechs Millionen weniger Teenager geben. Das bedeutet einen Rückgang des Umsatzwachstums für Jeans-Hersteller, Kino-Betriebe, Plattenproduzenten, Schulen und andere Branchen, die sich auf Jugendliche spezialisiert haben.
- *Junge Erwachsene* (20 bis 34 Jahre)
  Diese Gruppe wird in diesem und im nächsten Jahrzehnt abnehmen, da die Generation der Baby-Flaute – „birth death“ – in diese Altersstufe hineinwächst. Marketing mit Zielgruppen von 20- bis 34jährigen – wie z. B. Möbelhersteller, Lebensversicherungsgesellschaften, Sportausrüstungshersteller – können sich nicht länger auf wachsende Märkte mit steigenden Umsatzzahlen verlassen. Sie werden sich um größere Anteile in kleineren Märkten bemühen müssen.
- *Frühes Mittelalter* (35 bis 49 Jahre)
  Die Babyboom-Generation geht in die Gruppe der 35- bis 49jährigen über, was deren erhebliches Anwachsen zur Folge hat. So wird beispielsweise die Gruppe der 40- bis 44jährigen um 50 Prozent ansteigen. Sie bildet einen bedeutsamen Markt für größere Wohnungen, Neuwagen, Kleidung, Unterhaltung und Wertpapiere.
- *Spätes Mittelalter* (50 bis 64 Jahre):
  Die Gruppe der 50- bis 64jährigen wird bis Ende dieses Jahrhunderts weiterhin abnehmen. Anschließend wird sie wieder zunehmen, weil dann die Babyboom-Generation nachkommt. Diese Gruppe ist wichtig für Restaurantbesuche, Reisen, Kleidung und für den Erholungssektor.
- *Pensionisten* (über 65 Jahre):
  Die Gruppe der über 65jährigen wird während dieses Jahrhunderts um 20 Prozent zunehmen und in den neunziger Jahren und zu Beginn des nächsten Jahrhunderts weiter wachsen. Bis zum Jahre 2020 wird es doppelt soviel ältere Personen als Teenager geben. Diese Gruppe hat Bedarf an Altersheimen, ruhigen Formen der Erholung, verpackten Nahrungsmitteln für eine Person sowie an medizinischen Artikeln und Dienstleistungen.

Die veränderten Altersstrukturen der amerikanischen Bevölkerung werden in hohem Maße künftig die Marketing-Entscheidungen beeinflussen. Insbesondere wird die Baby-boom-Generation eine der wichtigsten Zielgruppen der Marketer bleiben (siehe Beispiel 5-1).

Die veränderte amerikanische Familie

Das amerikanische Ideal von der Vorstadtfamilie mit zwei Kindern und zwei Autos hat einiges von seinem Glanz verloren. Mehrere Faktoren sind dafür ausschlaggebend.[5] Man heiratet später und hat weniger Kinder. Obwohl 96 Prozent der Amerikaner heiraten, ist das

BEISPIEL 5-1
Die Baby-boom-Generation

Quelle: Abgedruckt mit Genehmigung der Crain Communications, Inc., Advertising Age, Ausgabe 18. Oktober 1984, Copyright 1984, Crain Communications, Inc.

Durchschnittsalter der Paare bei ihrer ersten Hochzeit im Laufe der Jahre stark angestiegen. Fast die Hälfte der Familien hat keine Kinder unter 18 Jahren und bei jenen mit Kindern ist die durchschnittliche Kinderzahl auf unter zwei gefallen gegenüber 3,5 im Jahre 1955.

Ferner ist die Zahl berufstätiger Mütter angestiegen. Seit 1960 hat sich der Anteil berufstätiger Mütter mit Kindern unter 18 Jahren mit über 50 Prozent mehr als verdoppelt. Ihr Verdienst beträgt 40 Prozent des Haushaltseinkommens und ermöglicht den Kauf höherwertiger Waren und Dienstleistungen. Marketer von Kleidung, Autos, Versicherungen und Reisen richten ihre Werbung immer häufiger an berufstätige Frauen. Diese Entwicklung wurde von einer Veränderung des traditionellen Rollen- und Wertverständnisses von Mann und Frau begleitet, das durch die Übernahme von mehr Haushaltsaufgaben seitens des Mannes, wie z. B. Einkaufen und Kinderbetreuung, gekennzeichnet ist. Als Folge davon werden Männer immer bedeutender als Zielgruppe für Nahrungsmittel und Haushaltsgeräte.

Schließlich wächst die Anzahl der Single-Haushalte. Viele junge Erwachsene verlassen ihr Elternhaus und ziehen in ein Appartement. Andere Erwachsene ziehen es vor, allein zu leben. Viele Personen sind geschieden oder verwitwet und leben allein. Bis 1990 werden 45 Prozent aller Haushalte aus einer Person oder aus einem Elternteil bestehen – das ist die am schnellsten anwachsende Kategorie von Haushalten. Diese Gruppe hat ihre eigenen besonderen Bedürfnisse. Beispielsweise benötigen sie kleinere Wohnungen, preiswerte und kleinere Haushaltsgeräte, Möbel und Einrichtungsgegenstände sowie Lebensmittel in kleineren Packungen. Da die Zahl der Nicht-Familienhaushalte schneller zunehmen wird als die der Familienhaushalte, sollten die Marketer deren besonderen Bedürfnissen erhöhte Beachtung schenken.

Geographische Bevölkerungsveränderungen

Die Amerikaner sind eine mobile Nation. Jedes Jahr wechselt jeder fünfte Amerikaner – das sind 42 Millionen – seinen Wohnsitz. Zu den wichtigsten Trends zählen:

- *Bewegungen zu den Sunbelt-Staaten*)*
  In den nächsten Jahren wird die Bevölkerung im Westen und im Süden ansteigen. Dagegen werden Großstädte im Norden Einwohner verlieren. Diese Bevölkerungsumschichtungen sind für Marketer von Interesse, da Leute in verschiedenen Regionen ein unterschiedliches Kaufverhalten aufweisen. Zum Beispiel wird die Bewegung in die Staaten des Sonnengürtels die Nachfrage nach warmer Kleidung oder Heizgeräten verringern und die Nachfrage nach Klimaanlagen erhöhen. Bezüglich der in diesem Jahrhundert zu erwartenden Einwohnerveränderungen in den einzelnen Staaten wird auf Abbildung 5-6 verwiesen.

*) Mit dem Ausdruck „Sunbelt“ wird der Sonnengürtel der USA bezeichnet.

- *Bewegungen von ländlichen in städtische Gebiete*
  Seit über einem Jahrhundert ziehen Leute von ländlichen Gegenden in städtische Gebiete. Das Leben in der Stadt zeichnet sich gegenüber den zahlreichen kleinen Städten und ländlichen Gebieten durch ein höheres Lebenstempo, mehr Pendelverkehr, höhere Durchschnittseinkommen und eine reichhaltigere Auswahl an Waren und Dienstleistungen aus. Die meisten teureren Pelze, Parfums, Koffer und Kunstgegenstände werden in den großen Städten wie New York, Chicago und San Francisco gekauft. Diese Städte bieten auch Oper, Ballett und andere Formen hoher Kultur. Seit kurzem zeichnet sich allerdings eine leichte Bevölkerungsumschichtung zurück in kleinere Städte und ländliche Gebiete ab.

- *Verlagerungen von der Innenstadt in die Vororte,*
  die um die Städte herum gewachsen sind. Das US Census Büro bezeichnet die sich ausdehnenden städtischen Gebiete als MSA (Metropolitan Statistical Areas).[6] Unternehmen benutzen diese statistischen Erhebungen, um die besten geographischen Segmente für ihre Produkte herauszufinden und um zu entscheiden, für welche Gebiete Werbezeiten gekauft werden sollten. Aus dieser Statistik geht unter anderem hervor, daß die Neuengländer 29 Prozent mehr Zigaretten rauchen als der nationale Durchschnitt, daß die Bewohner von Chicago 22 Prozent mehr alkoholfreie Getränke zu sich nehmen und die New Yorker 19 Prozent mehr Papierwaren verbrauchen.

  Viele Amerikaner leben in Vororten, die unter anderem durch einen lässigeren Lebensstil, mehr Leben im Freien, intensivere nachbarschaftliche Kontakte, höheres Einkommen und mehr jüngere Familien gekennzeichnet sind. Vorortebewohner kaufen Kombiwagen, Heimwerkerausrüstungen, Gartenmöbel und Gartengeräte sowie Gartengrillausrüstungen.

FIGURE 5-6
Population Growth Rates: 1980-1990

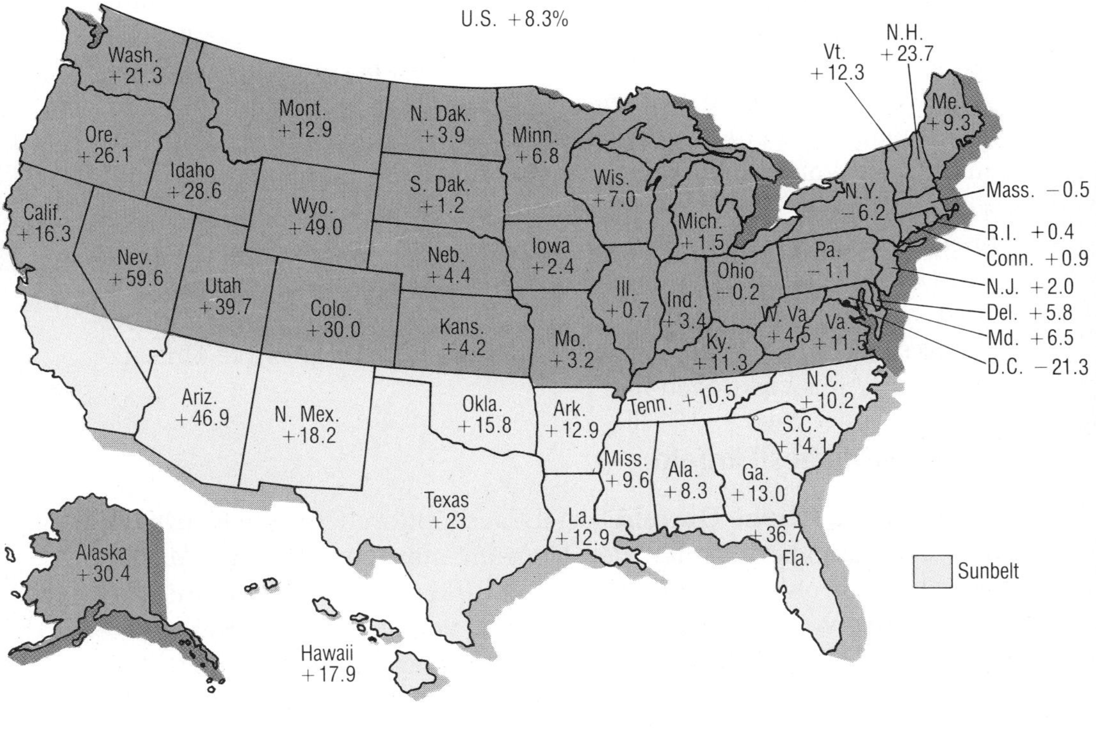

Quelle: U.S. Department of Commerce, Bureau of Census.

ABBILDUNG 5-6
Bevölkerungswachstumsrate: 1980 – 1990

Eine besser ausgebildete Bevölkerung, die mehr Angestellte aufweist

1950 hatte nur die Hälfte aller US-Bürger die Schule über die neunte Klasse hinaus besucht. Um 1980 hatten bereits 70 Prozent der über 24jährigen Amerikaner eine höhere Schule abgeschlossen und bis 1990 werden mehr als 20 Prozent einen College-Abschluß vorzuweisen haben.[7] Die steigende Zahl gebildeter Personen wird eine erhöhte Nachfrage nach Qualitätsprodukten, Büchern, Zeitschriften und Reisen bewirken. Das führt zu einem schwächeren Bedarf nach Fernsehsendungen, denn Personen mit College-Bildung sehen weniger fern als der Durchschnitt der Gesamtbevölkerung.

Bei den Arbeitnehmern wird der Anteil der Angestellten zunehmen. Er stieg zwischen 1960 und 1982 von 42 auf 52 Prozent, während der Anteil der Arbeiter von 38 auf 31 Prozent zurückfiel. Dienstleistungsbeschäftigte verzeichneten einen Anstieg von zwölf auf 14 Prozent, und der Anteil der Landarbeiter verringerte sich von acht auf drei Prozent. Bis 1995 wird das größte Wachstum in folgenden Berufszweigen anzutreffen sein: Computerbranche, Maschinenbau, Wissenschaft, Medizin, soziale Dienstleistungen, Ein- und Verkauf, Sekretariat, Baugewerbe, Kühltechnik, Gesundheitswesen, persönliche Dienstleistungen und Bewachungsservice.[8]

Demographische Entwicklungen sind kurz- und mittelfristig zuverlässig vorhersagbar. Es gibt für ein Unternehmen kaum eine Entschuldigung dafür, von einer demographischen Entwicklung überrascht zu werden. Firmen können sich über die wichtigsten Entwicklungen informieren und ihre Rückschlüsse daraus ziehen. Das wird für drei Branchen in Tabelle 5-1 verdeutlicht. Im Falle der Fluggesellschaften wird erwartet, daß jeder Trend positive Umsatz- und Ertragsauswirkungen hat.

Wirtschaftliches Umfeld

Das **wirtschaftliche Umfeld** besteht aus Faktoren, die die Kaufkraft und das Ausgabeverhalten der Konsumenten beeinflussen. Märkte erfordern sowohl Menschen als auch Kaufkraft. Die Gesamtkaufkraft ist abhängig vom laufenden Einkommen, von den Preisen, Spareinlagen sowie den erhältlichen Krediten. Marketer sollten die wichtigsten Trends der Einkommensentwicklung sowie Änderungen des Ausgabeverhaltens rechtzeitig zur Kenntnis nehmen.

Einkommensveränderungen

Das reale Pro-Kopf-Einkommen ist während der siebziger Jahre und zu Beginn der achtziger Jahre gesunken, da Inflation, hohe Arbeitslo-

TABELLE 5-1
Der Einfluß von Bevölkerungsveränderungen auf drei Industriezweige

ENTWICKLUNGEN	FLUGGESELLSCHAFTEN	KLEIDUNG	UNTERHALTUNGSELEKTRONIK
Die „Babyboom Generation" wächst heran	Mit zunehmendem Alter werden viele über mehr Geld für Reisen verfügen. √√√	Mit zunehmendem Alter wird mehr Geld für Kleidung ausgegeben; Wechsel von Zufallskäufen zu Qualitätsprodukten. √√√	Höhere Einkommen ermöglichen es, Stereoanlagen, Fernsehgeräte etc. höherer Qualität zu kaufen. √√
Mehr ältere Personen	Sie haben zwar mehr Zeit zum Reisen, aber infolge der Inflation fehlen ihnen die finanziellen Mittel. √	Ältere Menschen geben weniger für Kleidung aus.	Sie haben wenig Bedarf, sind oft gezwungen, bei den alten Produkten zu bleiben
Mehr berufstätige Frauen	Das Zweiteinkommen ermöglicht es mehr Frauen, auf Reisen zu gehen; mehr alleinstehende Frauen haben Geld zur Verfügung. √√√	Karrierefrauen brauchen mehr Kleidung und haben das Geld dafür, diese zu kaufen. √√√	Können mehr und teurere Produkte kaufen. √√
Kleinere Familien	Mehr verfügbares Einkommen pro Familienmitglied; es ist ökonomischer zu fliegen als zu fahren. √√	Wechsel zur höherer Qualität, zu Waren mit höheren Kalkulationsspannen. √√	Höheres Pro-Kopf-Realeinkommen, elektronische Unterhaltung ersetzt Familienaktivitäten. √√

Quelle: Chicago Tribune, 8. April, 1979, Abschnitt 5, S. 1, Copyright © Copyright-Zeichen 1979 durch Standard & Poor's Corp., 345 Hudson St., New York, N. Y. 10014.

sigkeit und Steuererhöhungen den für Ausgaben verfügbaren Betrag verringerten. Als Folge davon sind viele Amerikaner vorsichtigere Käufer geworden. Um Geld zu sparen, griffen sie mehr auf regionale Eigenmarken des Handels statt auf überregionale Herstellermarken zurück. Zahlreiche Unternehmen haben preiswerte Versionen ihrer Produkte auf den Markt gebracht und wechselten in ihrer Werbung zu Preisaussagen. Einige Konsumenten verschoben Käufe langlebiger Wirtschaftsgüter, andere wiederum kauften aus Furcht vor Preiserhöhungen, die im Ausmaß von zehn Prozent pro Jahr und darüber erwartet wurden. Viele Familien gelangten zu der Auffassung, daß ein größeres Eigenheim, zwei Autos, Auslandsreisen und Ausbildung an einer Privatschule außerhalb ihrer Reichweite lagen.

In den letzten Jahren haben sich jedoch die wirtschaftlichen Verhältnisse gebessert. Kürzlich erstellte Prognosen sagen voraus, daß das Realeinkommen der Amerikaner Mitte der neunziger Jahre steigen wird. Das wird vor allem durch Einkommensverbesserungen in wichtigen Bereichen bewirkt werden.[9] Die „Babyboom"-Generation wird die Jahre des ersten Geldverdienens erreichen, und die Zahl kleiner Familien mit Doppelverdienern wird stark ansteigen. Sie werden bis 1990 mehr als 46 Prozent aller Familien ausmachen. Diese eher wohlhabenden Gruppen werden nach mehr Qualität sowie besserem Service verlangen und bereit sein, dafür entsprechend zu zahlen. Diese Konsumenten werden mehr zeitsparende Produkte und Dienstleistungen kaufen sowie mehr Reisen und Fitnessgeräte; darüber hinaus wird ihr Bedarf an Unterhaltung, kulturellen Aktivitäten und Weiterbildung zunehmen.

Marketer sollten der regionalen Einkommenverteilung ebenso Beachtung schenken wie dem Durchschnittseinkommen. Die Einkommensverteilung in den USA ist immer noch sehr ungleich. Die Spitze bilden „upper-class"-Konsumenten, deren Ausgabeverhalten von laufenden Wirtschaftsereignissen nicht berührt wird und die einen Hauptmarkt für Luxusgüter bilden. Daneben gibt es eine gut situierte Mittelschicht, die zwar etwas vorsichtig beim Geldausgeben geworden ist, sich aber trotzdem teure Kleidung, kleinere Antiquitäten und ein Boot oder einen Zweitwohnsitz leisten kann. Hingegen muß sich die Arbeiterklasse weitgehend auf die Grundbedürfnisse – Nahrung, Kleidung, Unterkunft – beschränken und ernsthaft sparen. Die unterste Schicht schließlich, zu der Sozialhilfeempfänger und zahlreiche Rentner gehören, muß bereits beim Kauf der notwendigsten Dinge mit jedem Pfennig rechnen.

Verändertes Ausgabeverhalten der Konsumenten

Tabelle 5-2 zeigt das Ausgabeverhalten der Konsumenten für die wichtigsten Güter- und Dienstleistungsgruppen zwischen 1960 und 1980. Der größte Teil des Haushaltseinkommens wird für Lebensmittel, Wohnen und Haushaltsführung sowie für Verkehrsmittel ausgegeben. Im Laufe der Zeit sind die Ausgaben für Lebensmittel, Kleidung und Körperpflege in Relation gesunken, während die Ausgaben für Unterkunft, Verkehrsmittel, medizinische Betreuung und Erholung gestiegen sind. Einige dieser Veränderungen sind schon vor hundert Jahren von Ernst Engel beschrieben worden, der Untersuchungen darüber anstellte, wie sich die Ausgabenstruktur mit steigendem Einkommen verändert. Er fand heraus, daß bei steigendem Haushaltseinkommen der Ausgabenanteil für Lebensmittel geringer wird, der Prozentsatz für Wohnen und Haushaltsführung konstant bleibt und die Anteile anderer Kategorien sowie jener der Spareinlagen ansteigen. Engels Ergebnisse wurden von späteren Untersuchungen grundsätzlich bestätigt.

Änderungen wichtiger wirtschaftlicher Variablen wie Einkommen, Lebenshaltungskosten, Zinssätze sowie Spar- und Verschuldungsverhalten haben erhebliche Auswirkungen auf die Wirtschaft. Unternehmen greifen deshalb auf Prognosen zurück, um diese

Variablen rechtzeitig zu erkennen. Kein Unternehmen sollte daher wegen einer Konjunkturflaute zugrundegerichtet werden. Bei entsprechender Warnung können Schritte zur Kostenreduzierung unternommen werden, um die Krise zu überstehen.

TABELLE 5-2
Ausgaben der Konsumenten in Prozent im Vergleich von 1960, 1970, 1980

AUSGABEN	1960	1970	1980
Nahrungsmittel, Getränke, Tabak	27,1	23,8	21,9
Unterkunft	14,8	15,2	16,3
Haushaltsführung	14,2	14,2	13,7
Transport	13,1	12,6	14,5
Medizinische Versorgung	7,2	8,1	9,9
Kleidung, Accessoires, Schmuck	9,9	9,0	7,4
Erholung	5,5	6,6	6,4
Persönliche Belange	4,4	5,1	5,4
Körperpflege	1,6	1,8	1,4
Sonstiges	3,3	3,7	3,2

Quelle: The National Income and Product Accounts of the United States, 1929 – 1974 (Washington, DC: U.S. Bureau of Economic Analysis); und Survey of Current Business.

Die Natur als Teil des Makro-Umfeldes

Der **natürliche Umfeldbereich** besteht aus natürlichen Ressourcen, die dem Marketer als Input dienen und von Marketing-Aktivitäten beeinflußt werden. Während der sechziger Jahre zeigte sich die Öffentlichkeit zunehmend besorgt darüber, daß die Umwelt durch die Industrie moderner Staaten geschädigt werden könnte. In weit verbreiteten Büchern wurde vor Rohstoffknappheit gewarnt und auf den Schaden hingewiesen, den bestimmte Industrien dem Wasser, dem Erdboden und der Luft zufügen. „Wachhundgruppen“ wie z. B. der „Sierra-Club“ und „Friends of the Earth“ entstanden, und Vertreter der Legislative schlugen Maßnahmen zum Schutz der Umwelt vor. Marketer sollten sich vor allem über vier Entwicklungen der natürlichen Umwelt im klaren sein.

Rohstoffknappheit

Luft und Wasser scheinen unbegrenzte Ressourcen zu sein, aber einige Personengruppen sehen eine langfristige Gefahr. Umweltschützer setzen sich für ein gesetzliches Verbot von Treibgas ein, wie es in Sprühdosen benutzt wird, weil es die Ozonschicht der Atmosphäre zerstören kann. Wasserknappheit ist bereits in einigen Gebieten der Welt zu einem Problem geworden.

Wiederherstellbare Ressourcen wie z. B. Wälder und Nahrungsmittel sollten mit Umsicht genutzt werden. Forstbetriebe sind aufgefordert, abgeholzte Gebiete wieder aufzuforsten, um die Böden zu schützen und um künftigen Holzbedarf decken zu können. Die Nahrungsmittelversorgung könnte zu einem größeren Problem werden, da immer mehr landwirtschaftliche Nutzfläche für neue Urbanisierungsprojekte verloren geht.

Nichtwiederherstellbare Ressourcen wie Öl, Kohle und verschiedene Mineralien stellen ein ernstes Problem dar:

> *... gegenwärtig scheinen die verfügbaren Mengen an Platin, Gold, Zink und Blei nicht ausreichend zu sein, um die Nachfrage zu befriedigen. Silber, Zinn und Uran könnten selbst bei steigenden Preisen um die Jahrhundertwende knapp werden. Wenn der gegenwärtige Verbrauch anhält, könnte bis zum Jahre 2050 der Vorrat an einigen weiteren Mineralien erschöpft sein.*[10]

Aus dieser Entwicklung ergeben sich zahlreiche Folgen für das Marketing. Firmen, die diese knappen Mineralien benutzen, sehen erheblichen Kostensteigerungen entgegen, selbst wenn die Rohstoffe verfügbar bleiben. Sie werden es unter Umständen nicht leicht haben, diese Kostensteigerungen an den Konsumenten weiterzugeben. Unternehmen, die sich mit Forschung und Entwicklung befassen, können dazu beitragen, neue Rohstoffquellen und Materialien zu erschließen.

Gestiegene Energiekosten

Ein nicht wiederherstellbarer Rohstoff, das Erdöl, hat das größte Problem für das künftige Wirtschaftswachstum geschaffen. Die wichtigsten Industriegesellschaften der Welt hängen sehr stark vom Öl ab. Solange dafür keine wirtschaftliche Alternative entwickelt werden kann, wird Öl weiterhin das politische und wirtschaftliche Weltbild beherrschen. Die hohen Ölpreissteigerungen in den siebziger Jahren (von 2,23 US-Dollar pro Barrel im Jahre 1970 auf 34,– Dollar im Jahre 1982) führte zu einer intensiven Suche nach alternativen Energieformen. Kohle ist wieder gefragt, und selbst angesichts der seit kurzem wieder fallenden Ölpreise sind Unternehmen weiterhin bemüht, praktikable Verfahren für die Nutzung der Solar-, Nuklear- und Windenergie sowie anderer Energieformen zu finden. Allein auf dem Solarsektor bieten Hunderte von Firmen Produkte an, die zur Nutzung der Sonnenenergie für das Heizen von Häusern sowie für andere Einsatzzwecke vorgesehen sind.

Zunehmende Umweltverschmutzung

Industrielle Aktivitäten werden fast immer die Umweltqualität beeinträchtigen. Zu denken ist unter anderem an die Ablagerungen

Con Edison reagiert auf Besorgnisse von Konsumenten. Mit freundlicher Genehmigung von Consolidated Edison Co. of New York, Inc.

chemischer und nuklearer Abfälle, an den gefährlichen Quecksilbergehalt der Ozeane, an die Menge DDT und anderer chemischer Gifte im Boden und in den Lebensmitteln sowie an die Umweltbelastung durch biologisch nicht abbaubare Flaschen, Plastikbehälter und andere Verpackungsmaterialien.

Das Interesse der Öffentlichkeit bietet umsichtigen Unternehmen eine Marketing-Chance. Es entsteht ein wachsender Markt für umweltfreundliche Produkte. Das führt zur Suche nach neuen Wegen, Waren so zu produzieren und zu verpacken, daß dadurch keine Umweltschädigungen verursacht werden.[11]

Intervention des Gesetzgebers

Verschiedene Behörden spielen eine aktive Rolle beim Umweltschutz. So wurde beispielsweise im Jahre 1970 die Umweltschutzorganisation EPA (Environmental Protection Agency) geschaffen, um sich mit Verschmutzungsfragen zu befassen. Die EPA setzt Grenzwerte fest und kontrolliert deren Einhaltung; außerdem führt sie Untersuchungen durch, um Ursachen und Auswirkungen von Umweltverschmutzungen zu erforschen.

Das Marketing-Management muß der natürlichen Umwelt Beachtung schenken, andernfalls müssen die Unternehmen mit strengen Kontrollen seitens der Regierung und von Interessensgruppen rechnen. Anstatt sich den Bestimmungen zu widersetzen, sollten die Unternehmen mit dazu beitragen, Lösungen für die Umwelt- und Energieprobleme der Nation zu entwickeln.

Das wissenschaftliche Umfeld

Das Schicksal der Menschheit wird am nachhaltigsten vom Stand der Technologie beeinflußt. Das **wissenschaftliche Umfeld** besteht aus Kräften, die neue Technologien hervorbringen, die ihrerseits wiederum die Voraussetzungen für neue Produkte und Marktchancen bilden. Die Wissenschaft hat Wunder wie das Penizillin, die offene Herzchirurgie oder die Anti-Baby-Pille ermöglicht. Sie hat aber auch Horror-Produkte wie die Wasserstoffbombe, das Nervengas und das Maschinengewehr geschaffen sowie solche zweifelhaften Segnungen wie das Auto, das Fernsehen oder verpacktes Weißbrot. Unsere Einstellung gegenüber der Wissenschaft hängt davon ab, ob wir uns mehr von ihren Wundern oder von ihren Fehlentwicklungen beeindrucken lassen.

Jede neue Technologie ersetzt eine alte. Die Transistoren schadeten der Vakuum-Röhren-Industrie. Das Xerox-Vervielfältigungsverfahren war dem Kohlepapiergeschäft abträglich, das Auto schadete den Eisenbahnen und die Entwicklung des Fernsehers den Kinobetrieben. Anstatt sich den neuen Technologien anzupassen, haben die alten Wirtschaftszweige diese bekämpft oder ignoriert, mit der Folge, daß ihre Geschäfte zurückgegangen sind.

Neue Technologien schaffen neue Märkte und Möglichkeiten. Folgende Entwicklungen im Wissenschaftsbereich sollten von den Marketern im Auge behalten werden.

Raschere technologische Veränderungen

Viele Produkte, die heute zum täglichen Leben gehören, waren noch vor hundert Jahren unbekannt. Abraham Lincoln wußte nichts von Autos, Flugzeugen, Plattenspielern, Radios oder vom elektrischen Licht. Woodrow Wilson kannte kein Fernsehen, keine Sprühdosen, Tiefkühltruhen, Geschirrspülmaschinen, Klimaanlagen, Antibiotika oder Computer. Frankling Delano Roosevelt hatte keine Vorstellungen vom Xerox-Kopierverfahren, von synthetischen Waschmitteln, Tonbandgeräten, Anti-Baby-Pillen oder Erdsatelliten. John F. Kennedy kannte noch keine Personal Computer, Digitaluhren, Videorecorder oder Textverarbeitungsanlagen. Unternehmen, die nicht mit den technologischen Veränderungen Schritt halten, werden ihre Produkte bald veraltet finden und neue Produkt- und Marktchancen verpassen.

Unbegrenzte Möglichkeiten

Wissenschaftler arbeiten gegenwärtig an der Entwicklung zahlreicher neuer Technologien, die unsere Produkte und Produktionsprozesse grundlegend verändern werden. Die aufregendsten Arbeiten finden im Bereich der Bio-Technologie statt, aber auch auf den Gebieten der Halbleiter-Elektronik, der Roboter und der Materialtechnologie.[12] Forscher befassen sich derzeit mit folgenden verheißungsvollen Produkten und Dienstleistungen:

praktische Nutzung der Solarenergie	kommerzieller Ausbau des Space-Shuttle-Projektes	Tabellen, die Glücksgefühle bewirken (happiness pills)
Krebsheilmittel	Lungen- und Leberheilmittel	elektrische Autos
chemische Kontrolle des geistigen Gesundheitszustandes	Haushaltsroboter, die kochen und reinigen können	elektronische Betäubung zur Schmerzlinderung
Entsalzung des Meerwassers	nicht dick machende, schmackhafte, nahrhafte Lebensmittel	vollkommen sichere und wirksame Verhütungsmittel

Wissenschaftler spekulieren auch mit Phantasieprodukten wie z. B. kleinen fliegenden Autos, Ein-Personen-Raketen-Gürtel, dreidimensionalen Fernsehern, Siedlungen im Weltraum und menschlichen Klonen. Hinter diesen Entwicklungen verbergen sich nicht nur die technische, sondern auch die kommerzielle Herausforderung, praktikable erschwingliche Ausführungen dieser Produkte herzustellen.

Hohes Forschungs- und Entwicklungsbudget

Bezüglich der Ausgaben für Forschung und Entwicklung sind die USA führend auf der Welt. 1984 haben die Ausgaben für Forschung und Entwicklung die 97-Milliarden-Grenze überschritten und in diesem Jahrzehnt jährlich um 4,4 Prozent zugenommen.[13] Fast die Hälfte dieses Aufwandes wird von der Bundesregierung getragen. Die von ihr unterstützte Forschung kann als eine ergiebige Quelle für neue Produkte und Dienstleistungsideen angesehen werden (siehe Beispiel 5-2).

Das meiste Geld für Forschung und Entwicklung wird von folgenden Industriezweigen ausgegeben: Flugzeug- und Raketenbau, Elektro- und Kommunikationsindustrie, chemische und verwandte Produkte, Maschinenbau sowie Autos und andere Transportmittel. In der Gegenwart wird Forschung hauptsächlich von Labor-Teams betrieben und weniger von einzelnen Erfindern wie Thomas Edison, Samuel Morse oder Alexander Graham Bell. Die Führung des wissenschaftlichen Personals stellt eine große Herausforderung dar.

BEISPIEL 5-2
Die NASA: eine wichtige kommerzielle Technologiequelle

Seit 1958 hat die NASA (National Aeronautics and Space Administration) Milliarden Dollar in die Weltraumforschung investiert, was mit der Entwicklung Tausender neuer Produkte verbunden war. 1962 hat die NASA ein Programm aufgestellt, ihre Weltraumtechnologie anderen Landes- und Bundesbehörden sowie öffentlichen Institutionen und der Industrie zugänglich zu machen. Neun NASA-Informationszentren in den USA geben Auskunft über bestehende NASA-Technologien und gewähren Hilfestellung bei deren Anwendung.

Die von der NASA veranlaßte Weltraumforschung hat großen Einfluß auf Industrieprodukte und Konsumgüter ausgeübt. So hat z. B. ihr Bedarf an raumsparenden Systemen große Fortschritte in der Mikro-Schalttechnik gebracht, was wiederum bahnbrechende Auswirkungen auf die Industrie- und Konsumgüter-Elektronik hatte und zu zahlreichen neuen Produkten führte, angefangen von Heimcomputern und Videospielen bis hin zu computergesteuerten Arbeitsvorgängen und medizinischen Systemen. Die NASA hat auch als erste Institution Kommunikationssatelliten entwickelt, über die derzeit mehr als zwei Drittel des gesamten Übersee-Telefonverkehrs abgewickelt werden. Von den unzähligen anderen Anwendungsbereichen sei hier nur auf einige wenige Beispiele hingewiesen

- Der Bedarf der NASA nach einem leichten und sehr dünnen reflektierenden Material führte zu Forschungen, die das bis dahin unbedeutende Geschäft der Kunststoff-Metallisierung in einen florierenden Industriezweig wandelten. Durch die Verwendung dieser Technologie kann die Abteilung „Metallisierte Produkte“ der Firma King-Seeley Thermos zahlreiche Konsum- und Industriegüter herstellen, die von isolierender Kleidung bis hin zum Verpackungsmaterial für Gefrierkost, von Wandverkleidungen zu Flugzeughauben, von Heizkissen bis zu Jalousien, von reflektierenden Decken bis hin zur Spiegelreflex-Kamera reichen.
- Die Bemühungen der NASA, für die Astronauten eine schmackhafte, vitaminreiche, leichte und gut verpackte, nicht verderbliche Nahrung zu entwickeln, haben der Nahrungsmittelindustrie zahlreiche Anregungen gebracht. Viele Lebensmittelfirmen stellen gegenwärtig Mahlzeiten nach Art der Astronautennahrung her, wie z. B. gefriergetrocknete Kost oder hochkonzentrierte Mahlzeiten, die für verschiedene Anlässe benützt werden können.
- Die NASA benötigte extrem starke Sicherheitsnetze, um die im Weltraum an space shuttles arbeitenden Personen zu schützen. Dieser Bedarf führte zur Entwicklung einer neuen Faser. Ein relativ kleines Netz aus diesen Fasern kann ein durchschnittliches Auto tragen. Diese Faser wird nunmehr auch für Fischernetze benutzt, die eine Länge von mehr als einer Meile haben und eine Fläche von 86 acres (ca. 40 Hektar) bedecken können. Das Garn ist dünner und fester als ein Nylonfaden, bietet daher weniger Wasserwiderstand, sinkt schneller, erreicht größere Tiefen und ermöglicht bis zu 30 Prozent höhere Fangergebnisse.
- Die NASA entwickelte ein tragbares Röntgengerät, das weniger als ein Prozent der Strahlungsmenge eines konventionellen Apparates benötigt. Es hat die Größe einer Thermosflasche, liefert schnell die gewünschten

Aufnahmen und ist für Notfälle, z. B. für Sofortuntersuchungen bei Knochenverletzungen von Sportlern, geeignet. Es kann auch für das sofortige Erkennen von Produktfehlern oder für Sicherheitszwecke, wie z. B. das Durchleuchten von Paketen in Posträumen oder Büroeingängen, benutzt werden.

- Um die Auswirkungen des Sonnenlichtes auf Raumfahrzeuge zu simulieren, entwickelte die NASA spezielle, sehr intensive Lichtquellen. Daraus wurden verschiedene Arten von Scheinwerfern für berufliche und private Zwecke entwickelt. Eine solche Handlampe, die an eine Zwölf-Volt-Autobatterie angeschlossen werden kann, ist fünfzigmal stärker als die Weitstrahlscheinwerfer eines Autos und wirft einen Lichtstrahl von über einer Meile. Als Signal kann sie aus 30 Meilen Entfernung erkannt werden.
- Physiologische und biotechnologische Forschungen zwecks Entwicklung von Kühlsystemen für Raumfahrtanzüge führten zu zahlreichen technischen Produkten und Konsumgütern – kühlere Sportkleidung, leichte, hitzebeständige Kleidung für Feuerwehrmänner, Überlebensausrüstungen („survival gears") für Wanderer und Camper sowie zu Dutzenden anderen Artikeln.

Quelle: Basierend auf Informationen, die gefunden wurden in Spinoff (Washington, DC: U.S. Government Printing Office), verschiedene Ausgaben zwischen 1977 und 1986.

Sie nehmen eine zu intensive Kostenkontrolle übel und sind meist an der Lösung wissenschaftlicher Probleme mehr interessiert als an vermarktungsfähigen Produkten. Um eine marktorientiertere Forschung zu gewährleisten, werden häufig Marketing-Experten in die Forschungs- und Entwicklungsteams integriert.

Konzentration auf kleinere Weiterentwicklungen

Die Entwicklung und Einführung neuer Technologien ist sehr kostspielig. Aus diesem Grunde sind viele Unternehmen dazu übergegangen, kleinere Weiterentwicklungen und Produktverbesserungen anzustreben, anstatt viel Geld für große Innovationen aufs Spiel zu setzen. Selbst Grundlagenforschung betreibende Unternehmen wie Du Pont, Bell Laboratories und Pfizer agieren vorsichtig. Viele Firmen begnügen sich inzwischen damit, ihr Geld für die Nachahmung von Konkurrenzprodukten sowie für geringfügige äußere Verbesserungen und modische Änderungen auszugeben. Ein Großteil der Forschung ist defensiv und nicht offensiv ausgerichtet.

Zunehmende gesetzliche Regelungen

Da Produkte immer komplexer werden, wünscht die Öffentlichkeit, darüber informiert zu werden, daß diese ungefährlich sind. Aus diesem Grunde untersuchen und verbieten Regierungsbehörden Produkte, die möglicherweise unsicher sind. Die „Federal Food and Drug Administration“ hat umfassende Vorschriften für die Erprobung neuer Medikamente erlassen. Die „Consumer Product Safety Commission“ legt Sicherheitsstandards für Konsumgüter fest und bestraft jene Firmen, die diese Richtlinien nicht einhalten. Diese Vorschriften haben zu höheren industriellen Forschungskosten geführt sowie zu einer Ausweitung der Zeitspanne zwischen der Idee für ein neues Produkt und dessen Einführung. Marketer müssen diesen gesetzlichen Vorschriften bei der Auswahl und Entwicklung neuer Produkte Rechnung tragen.

Technologische Veränderungen sehen sich dem Widerstand von jenen gegenüber, die darin eine Bedrohung für die Natur, die Privatsphäre, die Einfachheit und sogar für die menschliche Rasse sehen. Verschiedene Gruppierungen haben sich gegen den Bau von Kernkraftwerken, von Hochhäusern und von Erholungszentren in Nationalparks zur Wehr gesetzt.

Für Marketer ist es erforderlich, die sich ändernde technologische Umwelt zu verstehen und zu erkennen, inwieweit neue Technologien dem Menschen von Nutzen sein können. Sie sollten eng mit den Spezialisten für Forschung- und Entwicklung zusammenarbeiten, um diese zu einer marktorientierten Forschung zu veranlassen. Darüber hinaus sollten sie für denkbare Eigenschaften jeder Innovation sensibilisiert werden, die den Verwendern Schaden zufügen und Opposition zur Folge haben könnten.

Das politische Umfeld

Marketingentscheidungen werden stark von Entwicklungen des politischen Umfelds beeinflußt. Dieses besteht aus Gesetzen, Behörden und Interessensgruppen, die verschiedene Organisationen und Einzelpersonen in der Gesellschaft beeinflussen und deren Aktivitäten beschränken. In den folgenden Ausführungen sollen die wichtigsten politischen Trends und deren Auswirkungen auf das Marketing-Management untersucht werden.

Gesetzliche Reglementierung der Wirtschaft

Die das Wirtschaftsleben regulierende Gesetzgebung ist aus mehreren Gründen geschaffen worden. Das erste ist, daß Unternehmen voreinander geschützt werden. Führungskräfte der Wirtschaft preisen zwar alle den Wettbewerb, versuchen ihn aber oft zu neutralisieren, wenn sie selbst davon betroffen werden.

Bis vor kurzem haben die Bemühungen des Kartellamtes IBM von einem zu massiven Vorgehen in der Computerbranche abgehalten. In den sechziger und siebziger Jahren war das Unternehmen damit beschäftigt, alle Rechtstreitigkeiten und Eingriffsversuche des Bundes abzuwehren und machte es daher den Konkurrenten leicht. Man verkaufte ein Produkt vier, fünf Jahre lang und hielt die Preise stabil. Diese Politik ermöglichte es Wettbewerbern, im Schatten des Industriegiganten Gewinne zu erzielen und zu überleben. „Solange sie mit ihren Produkten kurz nach IBM auf den Markt kamen, konnten sie einigen Jahren leichten Geldes entgegensehen." Aber Ende der siebziger Jahre veranlaßte ein günstigeres gesetzliches Klima IBM, seine Marketing-Muskeln spielen zu lassen. IBM überflutete den Markt mit neuen Produkten und senkte in den wichtigsten Segmenten seine Preise erheblich. Als Folge davon erlitten die großen traditionellen IBM-Wettbewerber verheerende Verluste. Eine völlige Dominanz von IBM befürchtend, schrien sie laut auf, beschuldigten IBM unfairer Praktiken, riefen das Kartellamt auf den Plan und forderten gesetzliche Bestimmungen, um eine Wettbewerbsbalance in diesem Industriezweig wieder herzustellen.[14]

Gesetze werden also erlassen, um unlauteren Wettbewerb zu definieren und zu verhindern. Die Durchsetzung dieser Vorschriften obliegt der „Federal Trade Commission" sowie der „Antitrust Division" des Justizministeriums.

Des weiteren wird beabsichtigt, mit gesetzlichen Vorschriften den Konsumenten vor unfairen Geschäftspraktiken zu schützen. Es gibt Firmen, die schlechte Produkte auf den Markt bringen, irreführende Werbung betreiben und mit ihrer Verpackung sowie mit Lockangeboten den Konsumenten täuschen würden, wenn sie nicht kontrolliert würden. Unlautere Geschäftspraktiken sind eindeutig definiert worden und werden von verschiedenen Behörden durchgesetzt. Viele Manager sehen bei jedem neuen Konsumentenschutzgesetz rot und bis jetzt sind nur wenige der Meinung, daß der „Consumerismus" möglicherweise das beste gewesen ist, was in den letzten 20 Jahren eingeführt wurde".[15]

Als dritter Grund für gesetzliche Eingriffe ist der Schutz gesellschaftlicher Interessen vor zügellosen Verhaltensweisen von Unternehmen zu nennen. Gewinnbringende Aktivitäten bedeuten nicht immer eine bessere Lebensqualität. Gesetze entstehen, um die Verantwortung der Firmen für die sozialen Kosten ihrer Produktion und Produkte sicherzustellen.

Das Erlassen von Gesetzen und deren Durchsetzung wird fortgesetzt oder noch verstärkt werden. Führungskräfte der Wirtschaft müssen diese Trends bei der Planung ihrer Produkte und Marketing-Programme im Auge behalten. Marketer müssen über die wichtigsten Gesetze informiert sein, wenn sie den Wettbewerb, den Konsumenten und die Gesellschaft schützen sollen. Die wichtigsten Bundesgesetze der USA sind in Tabelle 5-3 aufgelistet. Marketer sollten aber auch über die Landes- und Gemeindegesetze Bescheid wissen, die ihre lokalen Marketing-Aktivitäten beeinflussen könnten.[16]

TABELLE 5-3
Meilensteine der US Marketing-Gesetzgebung

Sherman Antitrust Act (1890)
Verbot (a) von „Monopolen oder Versuchen, Monopole aufzubauen“ und (b) von „Verträgen, Zusammenschlüssen oder Absprachen“ zum Zwecke der Einschränkung des freien Binnen- und Außenhandels.

Federal Food and Drug Act (1906)
Verbot der Herstellung, des Verkaufs und des Transports von verfälschten oder falsch bezeichneten Lebensmitteln und Arzneien im US-Binnenhandel. Dieses Gesetz wurde durch den Food, Drug, and Cosmetic Act, 1938, ersetzt; dieses wiederum wurde ergänzt durch das Food Additives Amendment, 1958, sowie das Kefauver-Harris Amendment, 1962. Die Ergänzungen des Jahres 1962 betreffen die Erprobung von Arzneimitteln zwecks Nachweis ihrer Unbedenklichkeit und Wirksamkeit, sowie die Wirkstoffangaben auf der Etikettierung.

Meat Inspection Act (1906)
Das Gesetz ermöglichte die Durchsetzung sanitärer Vorschriften für Verpackungsbetriebe und die behördliche Inspektion aller Unternehmen, die im Binnenhandel Fleisch verkaufen.

Federal Trade Commission Act (1914)
Durch dieses Gesetz wurde eine aus Spezialisten zusammengesetzte Kommission mit weitreichenden Befugnissen geschaffen, um Abschnitt 5 durchzusetzen, der „unlautere Wettbewerbsmethoden für illegal erklärt“.

Clayton Act (1914)
Dieser ergänzt den Sherman Act durch das Verbot spezieller Praktiken – bestimmte Arten der Preisdiskriminierung, Knebelungs- und Exklusivverträge, gegenseitiger Aktienbesitz und wechselseitige Einflußnahme –, die zu einer wesentlichen Einschränkung des Wettbewerbs oder zu einer Monopolstellung in einer Branche führen könnten. Dieses Gesetz sieht vor, daß zuwiderhandelnde Unternehmensvertreter persönlich verantwortlich gemacht werden können. Gewerkschaften und landwirtschaftliche Organisationen sind von diesem Gesetz ausgenommen.

Robinson-Patman Act (1936)
Er ergänzt den Clayton Act bezüglich der wettbewerbsschädlichen Praktiken durch die Formulierung: „... die den Wettbewerb schädigen, ihn zerstören oder verhindern“ und erklärt Preisdiskriminierungen – mit gewissen Einschränkungen – für illegal. Die Federal Trade Commission erhält das Recht, Mengenrabatte zu limitieren und die Auszahlung von Provisionen – mit Ausnahme an selbständige Makler – sowie Promotionzuschüsse, Dienstleistungen oder Zahlungserleichterungen, die nicht allen „auf proportional gleicher Basis“ gewährt werden, zu verbieten.

Miller-Tydings Act (1937)
Hierbei handelt es sich um eine Abänderung des Sherman Act. Die vertikale Preisbindung wird von den Antitrust-Bestimmungen ausgenommen. (Der McGuire Act von 1952 setzt die „nonsigner„-(Nichtunterzeichner-)Bestimmung wieder in kraft.)

Wheeler-Lea Act (1938)
Verbietet unlautere und irreführende Maßnahmen und Wettbewerbspraktiken unabhängig davon, ob der Wettbewerb dadurch beeinträchtigt wird. Dieses Gesetz unterstellt die Werbung für Lebensmittel und Medikamente dem Zuständigkeitsbereich der Federal Trade Commission (FTC).

Antimerger Act (1950)
Er ergänzt Abschnitt 7 des Clayton Acts durch Erweiterung der Befugnis, Unternehmensübernahmen in jenen Fällen zu verhindern, in denen sie eine erheblich nachteilige Wirkung auf den Wettbewerb haben könnten.

Automobile Information Disclosure Act (1958)
Dieser verbietet überhöhte Aufschläge auf die Fabrikpreise neuer Autos durch Autohändler.

National Traffic and Safety Act (1958)
Dieses Gesetz sieht die Schaffung verbindlicher Sicherheitsnormen für Autos und Reifen vor.

Fair Packaging and Labeling Act (1966)
Dieses Gesetz enthält Bestimmungen zur Verpackung und Beschriftung von Konsumgütern. Es verpflichtet die Hersteller, auf der Verpackung anzugeben, was darin ist, wer den Inhalt hergestellt hat und wieviel sie enthält. Es sieht die Erlaubnis für eine freiwillige Verpackungs-Standardisierung einzelner Branchen vor.

Child Protection Act (1966)
Es verbietet den Verkauf gefährlicher Spielsachen und anderer Artikel. Es wurde im Jahre 1969 dahingehend ergänzt, daß es Produkte, die elektrische, mechanische oder thermale Gefahren in sich bergen, in das Verbot einbezieht.

Federal Cigarette Labeling and Advertising Act (1967)
Dieses Gesetz fordert folgende Aufschrift auf Zigarettenpackungen: „Warnung: Die Gesundheitsbehörde hat herausgefunden, daß Zigarettenrauchen Ihre Gesundheit gefährdet."

Truth-in-Lending Act (1968)
Dieses Gesetz verpflichtet die Verleiher von Geld, die tatsächlichen Kosten eines Kredites anzugeben und verbietet die Anwendung oder Androhung von Gewalt bei der Eintreibung von Schulden. Des weiteren begrenzt es den Betrag für Pfändungen und führte zur Gründung eines nationalen Kreditschutzverbandes („National Commission on Consumer Finance").

National Environmental Policy Act (1969)
Dieses Gesetz veranlaßte eine nationale Umweltpolitik sowie die Gründung des Council on Environmental Quality. Die Environmental Protection Agency wurde durch den „Reorganization Plan No. 3" von 1970 geschaffen.

Fair Credit Reporting Act (1970)
Dieses Gesetz stellt sicher, daß die Konsumenten-Kreditauskunft nur genaue, wichtige und neuere Informationen enthält und vertraulich gehandhabt wird.

Consumer Product Safety Act (1972)
Dieses Gesetz führte zur Gründung der Consumer Product Safety Commission und autorisierte diese zur Festlegung von Sicherheitsstandards und Geldstrafen bei Verstoß gegen diese Bestimmungen.

Consumer Goods Pricing Act (1975)
Verbietet Vereinbarungen über Preisbindungen der zweiten Hand zwischen Herstellern und Wiederverkäufern im zwischenstaatlichen Wirtschaftsverkehr.

Magnuson-Moss Warranty/FTC Improvement Act (1975)
Diese gesetzlichen Bestimmungen autorisieren die FTC zur Festlegung von Richtlinien betreffend die an Konsumenten gewährten Garantieleistungen und sieht Rechtshilfe für den Konsumenten bei Garantiestreitfällen vor. Ferner führten sie zu einer Machtausweitung der FTC zwecks Verhinderung unfairer oder irreführender Praktiken.

Equal Credit Opportunity Act (1975)
Dieses Gesetz verbietet Diskriminierungen wegen Rasse, Nationalität, Alter, Religion usw. anläßlich von Kreditgeschäften.

Fair Debt Collection Practice Act (1978)
Dieses Gesetz untersagt das Belästigen oder Beschimpfen sowie die Anwendung unfairer Methoden bei der Eintreibung von Schulden.

FTC Improvement Act (1980)
Dieses Gesetz verschafft dem Repräsentantenhaus und dem Senat ein Vetorecht gegenüber wirtschaftsregulierenden Gesetzen der Federal Trade Commission. Dieses Gesetz verfügt eine Begrenzung der Macht der FTC, gesetzliche Regelungen bezüglich von Streitfragen über „Unfairness" zu erlassen.

Die forcierte Durchsetzung von Gesetzen seitens der Regierungsbehörden

Um die Gesetze durchzusetzen, hat der Kongreß mehrere Bundesaufsichtsbehörden ins Leben gerufen – die Federal Trade Commission, die Food and Drug Administration, die Interstate Commerce Commission, die Federal Communications Commission, die Federal Power Commission, der Civil Aeronautics Board, die Consumer Products Safety Commission, die Environmental Protection Agency und das Office of Consumer Affairs. Diese Behörden können großen Einfluß auf die Marketing-Leistung eines Unternehmens ausüben. Sie verfügen bei der Durchsetzung der Gesetze über einen gewissen Ermessensspielraum.

Von Zeit zu Zeit erscheinen sie übertrieben kleinlich und unberechenbar. Diese Behörden werden von Rechtsanwälten und Wirtschaftswissenschaftlern dominiert, denen oft der praktische Sinn dafür fehlt, wie ein Unternehmen und dessen Marketing funktionieren. In den letzten Jahren hat die Federal Trade Commission auch Marketing-Experten in ihren Mitarbeiterstab aufgenommen, um zu einem besseren Verständnis dieser komplexen Materie zu gelangen. Die Durchsetzungsbemühungen scheinen unter Präsident Reagan, der einen starken Trend in Richtung „deregulation" ausgelöst hat, etwas nachgelassen zu haben.

Der zunehmende Einfluß von Interessengruppen

Anzahl und Bedeutung öffentlicher Interessengruppen sind in den letzten zwanzig Jahren erheblich gestiegen. Die erfolgreichste unter ihnen ist die „Ralph Nader's Public Citizen"-Gruppe, die sich als Wachhund für die Interessen der Konsumenten versteht. Nader erhob den Consumerismus zu einem starken sozialen Faktor, zuerst mit seinem erfolgreichen Angriff auf unsichere Autos – der zur Verabschiedung des „National Traffic and Motor Vehicle Safety Act" von 1962 geführt hat –, später folgten Auseinandersetzungen mit der fleischverarbeitenden Industrie, die den „Wholesome Meat Act" von 1967 zu Folge hatten, mit dem Kreditgewerbe sowie mit Autowerkstätten, Versicherungen und mit der Röntgengeräteindustrie. Darüber hinaus agieren Hunderte anderer Verbraucher-Interessengruppen – sowohl privat als auch staatlich organisiert – auf nationaler, bundesstaatlicher oder lokaler Ebene. Andere Gruppierungen, die Marketer in ihre Überlegungen einbeziehen sollten, sind jene, die die Umwelt schützen wollen und die für die Rechte der Frauen, der Schwarzen oder der Senioren kämpfen.

Das kulturelle Umfeld

Das **kulturelle Umfeld** besteht aus Institutionen und anderen Kräften, die die Grundwerte der Gesellschaft, ihre Auffassungen, Vorlieben und Verhaltensweisen beeinflussen. Die Menschen wachsen in einer bestimmten Gesellschaft auf, die ihre Grundanschauungen und Werte prägt. Sie übernehmen ein Weltbild, das ihr Verhältnis zu sich selbst und zu anderen bestimmt. Die folgenden kulturellen Charakteristika können Marketing-Entscheidungen beeinflussen.

Beharrung auf kulturellen Werten

Die Mitglieder eines bestimmten sozialen Gefüges vertreten bestimmte Überzeugungen und Werte. Die Grundgedanken ihrer Anschauungen und Wertvorstellungen sind von hoher Beständigkeit. Beispielsweise glauben die meisten Amerikaner an das Verhaltensmuster „arbeiten, heiraten, für wohltätige Zwecke spenden und rechtschaffen sein“. Diese Grundwerte prägen die Einstellungen und Verhaltensweisen des täglichen Lebens; sie werden von den Eltern auf die Kinder übertragen und durch Schulen, Kirchen, Geschäftsleben und Regierung unterstützt.

Die sekundären Anschauungen und Wertvorstellungen sind eher Veränderungen unterworfen. Der Glaube an die Ehe ist eine Grundeinstellung, die Ansicht, früh zu heiraten, ist eine sekundäre Anschauung. Es ist wirksamer zu argumentieren, man sollte später heiraten als zu fordern, ganz auf die Ehe zu verzichten. Marketer haben eine gewisse Chance, sekundäre Anschauungen zu beeinflussen. Aber es ist nahezu aussichtslos, Grundwerte verändern zu wollen.

Subkulturen

In jeder Gesellschaft gibt es Subkulturen – Gruppen von Menschen mit gemeinsamen Wertsystemen, die auf gemeinsamen Lebenserfahrungen oder Situationen basieren. Anhänger der Episcopal-Kirche, Teenager und berufstätige Mütter; sie alle repräsentieren unterschiedliche Subkulturen, deren Mitglieder durch gleiche Überzeugungen, Vorlieben und Verhaltensweisen gekennzeichnet sind. Angesichts der Tatsache, daß Subkulturen spezielle Wünsche und ein besonderes

Arbeitende Frauen bilden eine Subkultur mit speziellen Wünschen und speziellem Einkaufsverhalten
Courtesy of Hewlett-Packard

Kaufverhalten aufweisen, können sie von Marketern als abgrenzbare Zielgruppen gewählt werden.

Veränderungen sekundärer kultureller Werte

Obwohl die Grundwerte der Menschen weitgehend beständig sind, finden doch kulturelle Veränderungen statt. Zu denken ist an den Einfluß der Beatles oder an den von Elvis Presley, Michael Jackson oder anderer Kulturheroen auf die Frisuren, die Kleidung und das Sexualverhalten junger Leute. Marketer sind bemüht, kulturelle Veränderungen vorauszusehen, um neue Möglichkeiten oder Bedrohungen rechtzeitig zu erkennen. Einige Firmen bieten diesbezüglich Zukunftsvorhersagen an.

Die wichtigsten kulturellen Werte einer Gesellschaft kommen in der Einstellung der Menschen zu sich selbst, zu anderen, zu Institutionen, zur Gesellschaft sowie zur Natur und zum Universum zum Ausdruck.

DIE BEZIEHUNG DER MENSCHEN ZU SICH SELBST. Die Menschen legen unterschiedlich Wert sowohl auf die Befriedigung eigener Bedürfnisse als auch auf jene anderer Personen. In den sechziger und siebziger Jahren konzentrierten sich viele auf die Selbsterfüllung. Einige suchten das Vergnügen, wollten Spaß, Abwechslung und dem Alltag entrinnen, andere strebten nach Selbstverwirklichung durch Teilnahme an therapeutischen Gruppen oder religiösen Organisationen.

Die Marketing-Auswirkungen einer „Ich-Gesellschaft" sind vielfältig. Die Menschen benutzen ihnen geeignet erscheinende Produkte, Marken und Dienstleistungen als Mittel der Selbstdarstellung. Sie leisten sich ihre „Traumautos" und „Traumurlaube". Sie wenden mehr Zeit für Freizeitaktivitäten wie Joggen und Tennis, zum Nachdenken sowie für kunstgewerbliche Betätigungen auf. Auf dieser Suche nach Selbsterfüllung erwachsen der Freizeitindustrie – Camping, Bootsfahren, Kunstgewerbe und Sport – ansehnliche Wachstumschancen.

DIE BEZIEHUNG DER MENSCHEN ZU ANDEREN: Seit kurzem haben Beobachter einen Wechsel von der „Ich-Gesellschaft" zur „Wir-Gesellschaft" erkannt, in der wieder mehr Menschen mit anderen zusammen und für andere da sein wollen. Eine kürzlich erstellte Studie hat eine unter Erwachsenen weitverbreitete Furcht vor sozialer Isolation aufgedeckt und einen starken Wunsch nach menschlichen Kontakten.[17] Das bedeutet günstige Aussichten für alle Produkte und Dienstleistungen, die der Förderung sozialer Kontakte dienen, bzw. die direkte Kommunikation zwischen den Menschen verbessern, wie z. B. Gesundheitsvereine, Urlaub und Spiele. Als Wachstumsmarkt sind aber auch Produkte für „sozialen Ersatz" anzusehen, Dinge die das Gefühl vermitteln, weniger allein zu sein, wie z. B. Videorecorder und Computer.

DIE BEZIEHUNG DER MENSCHEN ZU INSTITUTIONEN. Die Menschen haben unterschiedliche Einstellungen zu Verbänden, Behörden, Gewerkschaften, Universitäten und anderen Institutionen. Die meisten Amerikaner akzeptieren diese Institutionen, auch wenn ihnen einige höchst kritisch gegenüberstehen. Im großen und ganzen sind die Leute bereit, für die großen Institutionen zu arbeiten und erwarten von ihnen, daß sie im Interesse der Gesellschaft arbeiten. Trotzdem ist eine rückläufige Loyalität gegenüber Institutionen festzustellen. Die Menschen tun weniger für sie und mißtrauen ihnen mehr.

Daraus ergeben sich für das Marketing mehrere Folgerungen. Unternehmen müssen neue Wege finden, das Vertrauen der Konsumenten zu gewinnen. Sie müssen ihre Werbeaussagen überprüfen, um deren Vertrauenswürdigkeit sicherzustellen. Sie müssen ihre zahlreichen Aktivitäten überdenken, um ein positives Unternehmensimage zu bewahren. Zahlreiche Unternehmen führen „soziale Revisionen" (social audits)[18] durch und betreiben public relations, um bei ihren Interessentengruppen ein positives Image aufzubauen.

DIE BEZIEHUNGEN DER MENSCHEN ZUR GESELLSCHAFT. Die Menschen nehmen gegenüber ihrer Gesellschaft eine unterschiedliche Haltung ein. Es gibt Patrioten, die sie verteidigen, Reformer, die sie verändern und Unzufriedene, die sie verlassen wollen. Der diesbezügliche Trend in den sechziger und siebziger Jahren war durch eine Abkehr vom Patriotismus und durch zunehmende Kritik an der Entwicklungsrichtung des Landes gekennzeichnet. In den achtziger Jahren ist jedoch wieder ein zunehmender Patriotismus zu beobachten. Die Einstellung der Leute zu ihrer Gesellschaft beeinflußt ihr Konsum- und Sparverhalten sowie ihre Haltung gegenüber der Wirtschaft.

DIE BEZIEHUNGEN DER MENSCHEN ZUR NATUR. Auch gegenüber der Natur nehmen die Menschen eine unterschiedliche Haltung ein. Einige fühlen sich von ihr abhängig, andere haben eine harmonische Beziehung zu ihr und andere wiederum wollen sie beherrschen. Über längere Zeit hat der Mensch die Natur mit Hilfe der Technik immer stärker beherrscht und sie für nahezu unerschöpflich gehalten. In letzter Zeit jedoch hat man begriffen, daß die Natur durch menschliche Aktivitäten zerstört oder ausgeplündert werden kann.

Die Liebe zur Natur führt zu mehr Camping, Wandern, Bootfahren und Angeln. Die Wirtschaft reagierte darauf mit Wanderschuhen, Campingzubehör und andere Ausrüstungen für Naturfreunde. Reiseveranstalter bieten mehr Ausflüge in die „Wildnis“ an. Lebensmittelhersteller haben einen wachsenden Markt für Naturprodukte entdeckt wie z. B. natürliche Cerealien, natürliche Eiscreme sowie Reformkost, und Marketing-Fachleute greifen oft auf Naturlandschaften als Hintergrund für eine Produktwerbung zurück.

DIE BEZIEHUNG DER MENSCHEN ZUM UNIVERSUM. Schließlich vertreten die Menschen unterschiedliche Ansichten über den Ursprung des Universums und ihren Standort darin. Die meisten Amerikaner sind religiös, allerdings ist hinsichtlich religiöser Überzeugungen und praktischer Religionsausübung seit Jahren eine rückläufige Tendenz festzustellen. Es werden immer weniger Kirchgänger gezählt – abgesehen von einigen evangelistischen Bewegungen, denen es gelungen ist, die Menschen zu religiösen Organisationen zurückzuführen. Mit dem Verlust an religiöser Orientierung verstärkt sich der Wunsch, das Leben auf Erden in vollen Zügen zu genießen. Die Menschen suchen Dinge und Erlebnisse, die ihnen Spaß und Freude bereiten. Das bedeutet, daß sich religiöse Institutionen an Marketer wenden müssen, die ihnen bei der Überarbeitung ihrer Appelle behilflich sein sollen, um mit weltlichen Attraktionen der modernen Gesellschaft konkurrieren zu können.

Zusammenfassend lassen sich bezüglich kultureller Werte folgende Langzeitentwicklungen erkennen:

„Ich-Gesellschaft“ → „Wir-Gesellschaft“
Aufgeschobene Befriedigung → Sofortige Befriedigung
Harte Arbeit → Leichtes Leben
Formelle Beziehungen → Informelle Beziehungen
Religiöse Orientierung → Weltliche, nichtreligiöse Orientierung

ZUSAMMENFASSUNG

Die Suche nach neuen Chancen und das Erkennen sich abzeichnender Bedrohungen beginnt mit der Analyse des Marketing-Umfeldes. Dieses besteht aus Akteuren und Kräften, die einen erheblichen Einfluß auf die Fähigkeit des Unternehmens ausüben, Erfolge auf den Zielmärkten zu erzielen. Das Marketing-Umfeld eines Unternehmens kann in einen Mikro- und einen Makro-Bereich unterteilt werden.

Das Mikro-Umfeld besteht aus fünf Komponenten. Den ersten Baustein bildet das interne Umfeld – die verschiedenen Funktionsbereiche und Management-Ebenen –, von dem die Entscheidungen des Marketing-Managements beeinflußt werden.

Die zweite Komponente bilden die Firmen des Absatzkanals, die an dem Wertschöpfungsprozeß beteiligt sind; die Lieferanten und Marketing-Mittler bzw. Marketing-Zwischenglieder, zu denen vor allem Zwischenhändler (middlemen), Logistikfirmen, Marketing-Serviceagenturen und Finanzmittler zählen.

Das dritte Modul besteht aus fünf Marktarten, auf welchen das Unternehmen verkaufen kann: Konsumenten-, Produzenten-, Wiederverkäufer-, Behörden- und internationale Märkte.

Als vierter Bestandteil sind die Konkurrenten des Unternehmens zu nennen. Die fünfte Komponente stellen öffentliche und interne Interessengruppen dar, die ein aktuelles oder potentielles Interesse an der Leistungsfähigkeit eines Unternehmens haben oder darauf Einfluß nehmen: Finanzgruppen, Medien, Behörden, Aktionsgemeinschaften, lokale Grupperierungen, die allgemeine Öffentlichkeit sowie interne Interessengruppen.

Das Makro-Umfeld eines Unternehmens besteht aus jenen Hauptkräften, die sowohl Möglichkeiten als auch Bedrohungen für das Unternehmen bedeuten können: das demographische, wirtschaftliche, natürliche, technologische, politische und kulturelle Umfeld.

Das demographische Umfeld ist durch eine geänderte Altersstruktur der US-amerikanischen Bevölkerung, ein gewandeltes Familienbild und geographische Bevölkerungsverlagerungen gekennzeichnet sowie durch einen generell höheren Bildungsgrad und eine Zunahme der Angestellten.

Das wirtschaftliche Umfeld weist Änderungen des Realeinkommens sowie des Ausgabenverhaltens auf. Im natürlichen Umfeld zeichnen sich die bevorstehende Knappheit einiger Rohstoffe, steigende Energiekosten und zunehmende Umweltverschmutzung sowie eine verstärkte Intervention durch den Gesetzgeber ab. Das technologische Umfeld ist in einem raschen Wandel begriffen und durch unbegrenzte Innovationschancen sowie hohe Budgets für Forschung und Entwicklung gekennzeichnet. Das Interesse ist mehr auf kleinere Verbesserungen statt auf umwälzende Erfindungen gerichtet, und technologische Änderungen werden immer stärker staatlich reguliert.

Das politische Umfeld zeigt eine zunehmende gesetzliche Reglementierung des Wirtschaftslebens, eine energischere Durchsetzung gesetzlicher Bestimmungen durch die Behörden sowie das Anwachsen öffentlicher Interessengruppen.

Im kulturellen Umfeld sind langfristige Trends zu einer „Wir-Gesellschaft", zum Wunsch, Bedürfnisse unverzüglich zu befriedigen, sowie zum leichten Leben, zu informalen zwischenmenschlichen Beziehungen und zur stärkeren weltlichen, nicht-religiösen Orientierung zu beobachten.

DISKUSSIONSFRAGEN

1. Vergleichen Sie das Mikro- und Makroumfeld eines Unternehmens und erarbeiten Sie deren wichtigste Unterschiede.
2. Wodurch unterscheiden sich öffentliche Gruppen von Konsumenten. Erklären Sie die Unterschiede anhand eines speziellen Beispiels.
3. Nennen und beschreiben Sie kurz die sechs Hauptkomponenten des Makro-Umfeldes eines Unternehmens.
4. Es wurde geschätzt, daß bis 1990 ungefähr die Hälfte aller amerikanischen Familien nur aus einem Erwachsenen bestehen wird. Erläutern Sie die möglichen Auswirkungen für den Marketer.
5. Das Durchschnittsalter nimmt in den USA ständig zu. Nennen Sie die Gründe dafür und beschreiben Sie die daraus resultierende Herausforderung an die Marketer.
6. Nennen und beschreiben Sie einige Beispiele für neue Produkte, die als Ergebnis technologischer Innovationen auf den Markt eingeführt wurden.
7. Die Bundesgesetzgebung in den USA erfolgte in drei Hauptphasen. Beschreiben Sie diese Phasen und deren wichtigste Gesetze.
8. Welche derzeitigen Wertvorstellungen haben Ihrer Meinung nach den stärksten langfristigen Marketing-Einfluß in den USA?

SCHLÜSSELBEGRIFFE

Babyboom *(baby boom).* Der große Zuwachs der jährlichen Geburtenrate nach dem zweiten Weltkrieg, der bis zu Beginn der sechziger Jahre anhielt. Die Angehörigen dieser Geburtsjahrgänge – die „baby boomers" – gelangen nunmehr in ein mittleres Alter und bilden eine wichtige Zielgruppe für Marketer.

Kulturelles Umfeld *(cultural environment).* Institutionen und andere Kräfte, die die Grundwerte der Gesellschaft, ihre Auffassungen, Präferenzen und Verhaltensweisen beeinflussen.

Demographie *(demography).* Die Untersuchung der Bevölkerung bezüglich Einwohnerzahl, Dichte, Verteilung, Alter, Geschlecht, Rasse, Beruf und anderer statistischer Merkmale.

Wirtschaftliches Umfeld *(economic environment).* Faktoren, die die Kaufkraft und das Ausgabeverhalten der Konsumenten beeinflussen.

Makro-Umfeld *(macroenvironment).* Die großen gesellschaftlichen Kräfte, die das gesamte Mikro-Umfeld beeinflussen – demographische, ökonomische, natürliche, technologische, politische und kulturelle Faktoren.

Marketing-Umfeld *(marketing environment).* Die Akteure und Kräfte außerhalb des Marketing, die die Fähigkeit des Marketing-Managements beeinflussen, erfolgreiche Geschäftsbeziehungen (transactions) mit den Zielgruppen zu entwickeln und aufrechtzuerhalten.

Marketing-Zwischenglieder *(marketing intermediaries).* Firmen, die dem Unternehmen helfen, seine Produkte einzuführen, zu vermarkten und dem Endabnehmer zur Verfügung zu stellen. Dazu gehören Zwischenhändler, Logistikfirmen, Marketing-Serviceagenturen und Finanzmittler.

Mikro-Umfeld *(microenvironment).* Die das Unternehmen umgebenden Kräfte, die seine Fähigkeit beeinflussen, den Kunden zu dienen – das Unternehmen selbst, Betriebe innerhalb der Absatzkanäle, Kundenmärkte, Konkurrenten sowie öffentliche und interne Interessengruppen.

Natürliches Umfeld *(natural environment).* Natürliche Ressourcen, die von den Marketern als Input benötigt werden, oder die von Marketing-Aktivitäten beeinflußt werden.

Politisches Umfeld *(political environment).* Gesetze, Behörden und Interessengruppen, die verschiedene Organisationen und Einzelpersonen der Gesellschaft beeinflussen und deren Aktivitäten einschränken.

Öffentliche und interne Interessengruppen *(public).* Jede Gruppe, die ein aktuelles oder potentielles Interesse an der Leistungsfähigkeit eines Unternehmens hat oder darauf einen Einfluß ausübt.

Lieferanten *(suppliers).* Unternehmen oder Personen, die die vom Unternehmen oder seinen Konkurrenten benötigten Ressourcen für die Erstellung von Gütern und Dienstleistungen liefern.

Technologisches Umfeld *(technological environment).* Kräfte, die neue Technologien bewirken und damit gleichzeitig neue Produkte und Marktchancen schaffen.

FUSSNOTEN

1. Übernommen von Stuart J. Elliot, „Yup! They're Yummies: 'Redbook' Coins Slogan for Moms," Advertising Age, 23. Mai 1985, S. 51.
2. Die statistischen Daten in diesem Abschnitt wurden entnommen aus dem Statistical Abstract of the United States, 1984; verschiedenen Veröffentlichungen des Bureau of Census und anderen Quellen.
3. Vgl. hierzu „The Greying of America," Newsweek, 28. Februar 1977, S. 50-65; und Diane Harris, „USA Tomorrow: The Demographic Factor," Financial World, 15. September 1983, S. 16–20.
4. Vgl. hierzu „The Year 2000: A Demographic Profile of Consumer Market," The Marketing News, 25. Mai 1984, 1. Abschnitt, S. 8–10; und Harris, „USA Tomorrow," S. 16, 18.
5. Für weiterführende Literatur sei verwiesen auf Paul C. Glick, „How American Families Are Changing," American Demographics, Jänner 1983, S. 21–25.
6. Vor 1983 verwendete das „Bureau of the Census" die SSMA (Standard Statistical Metropolitan Area) Spezifizierung für die Aufgliederung von Märkten. Im Juni 1983 wurde das MSA-(Metropolitan Statistical Area)-Konzept erstellt, das dicht besiedelte Gebiete als MSA oder PMSA (Primary Metropolitan Statistical Areas) klassifiziert. MSA und PMSA sind gleich definiert, nur daß der Begriff PMSA auch Komponenten größerer städtischer Großräume, genannt CMSA (Consolidated Metropolitan Statistical Areas) umfaßt. MSA und PSMA bezeichnen Gebiete, die aus (1) einer Stadt von mindestens 50.000 Einwohnern oder (2) einem städtischen Gebiet von mindestens 50.000, mit einem gesamten Hauptstadtgebiet von mindestens 100.000 Einwohnern bestehen.
7. „The Year 2000: A Demographic Profile," S. 10.
8. Zur Vertiefung dieser Problemstellung wird verwiesen auf Bryant Robey und Cheryl Russell, „A Portrait of the American Worker," American Demographics, März 1984, S. 17–21.
9. Vgl. hierzu William Lazer, „How Rising Affluence Will Reshape Markets," American Demographics, Februar 1984, S. 17–20; und „USA Tomorrow," S. 19.
10. First Annual Report of the Council on Environmental Quality (Washington, DC: Government Printing Office, 1970), S. 158.
11. Vgl. hierzu Karl E. Henion II, Ecological Marketing (Columbus, OH: Grid, 1976).

12. Vgl. hierzu Charles Panat, Breakthroughs (Boston: Houghton Mifflin, 1980); und „Technologies for the ’80s“, Business Week, 6. Juli 1981, S. 48ff.

13. Vgl. hierzu M. F. Wolf, Hrsg., „Perspectives,“ Research Management, September–Oktober 1983, S. 2. Vgl. auch „A Deepening Commitment to R&D“, Business Week, 9. Juli 1984, S. 64–78.

14. Vgl. hierzu Bro Uttal, „Is IBM Playing Too Rough?“ Fortune, 19. Dezember 1984, S. 34–37; und „Personal Computers: IBM Will Keep Knocking Heads,“ Business Week, 10. Jänner 1985, S. 67.

15. Leo Greenland, „Advertisers Must Stop Conning Consumers,“ Harvard Business Review, Juli–August 1974, S. 18.

16. Bezüglich einer Zusammenfassung über die Entwicklung der Marketing-Gesetzgebung vgl. Louis W. Stern und Thomas L. Eovaldi, Legal Aspects of Marketing Strategy: Antitrust and Consumer Protection Issues (Englewood Cliffs, NJ: Prentice-Hall, 1984).

17. Vgl. hierzu Bill Abrams, „Middle Generation Growing More Concerned with Selves“, Wall Street Journal, 21. Jänner 1982, S. 25

18. Vgl. hierzu Raymond A. Bauer und Dan H. Fenn, Jr., „What Is a Corporate Social Audit?“ Harvard Business Review, Jänner--Februar 1973, S. 37–48.

FALLSTUDIE 4

Sony Corporation: Walkman/Watchman

Ende 1979 brachte Sony den Walkman auf den Markt. 1980 wurden 550.000 dieser Geräte in alle Teile der Welt exportiert, und seit 1985 war dieses Produkt weitgehend vom Markt akzeptiert und mehrfach imitiert worden. Der Walkman bietet eine hochwertige Wiedergabe von Musik über leichte Kopfhörer mit einem leichten Kassettenabspielgerät, das am Gürtel oder um den Hals getragen wird. Das Sony Management steht nun vor der Entscheidung, ob der Walkman weiterhin als populäres Produkt vermarktet werden soll und wie dessen Konkurrenzfähigkeit erhalten bleiben kann. Als erstes ist zu prüfen, von wem und warum der Walkman gekauft und wie er benutzt wird.

Der Walkman wurde von einem jungen Ingenieur erfunden, der ihn lediglich zu seinem persönlichen Vergnügen gebaut hatte. Bald bekam ihn Akio Morita, Sony’s Chairman, zu Gesicht, benutzte ihn persönlich und war davon begeistert. Das Gerät diente als Vorlage für die Produktentwicklung und ermöglichte es, die sonst übliche Zeit von zwei Jahren zwischen Produktplanung und Vermarktung auf sechs Monate zu verkürzen. Ideen für Produktentwicklung und Marketing lieferten Studenten anläßlich von „focus group“-Sitzungen.

Der Wettbewerb brachte Nachahmer und Preisunterbietungen. Walkman-Stereo-Kassettenabspieler wurden in großen Einzelhandelsgeschäften zu einem Preis von nicht weniger als 39 US-Dollar verkauft, Konkurrenzprodukte jedoch um über 40 Prozent billiger. Sonys Antwort auf diese heftige Konkurrenz bestand darin, den hohen Preis beizubehalten, die Produktlinie auszuweiten und die Produkte zu verbessern.

Sonys innovative Geschicklichkeit führte bei den Bemühungen, im Konkurrenzkampf an der Spitze zu bleiben, zu einem neuen Walkman-Kassettengerät. Der neue Sony-Stereo-Walkman ist mit einem Kopfhörersystem ausgestattet und ist nicht größer als die Plastikbox, in der die Kassette liegt ($\frac{3}{4}$inch zu $2\frac{2}{3}$inch zu $4\frac{1}{4}$inch). Er arbeitet mit 1-Ampere-Batterien. Jeder

Kopfhörer kann mit dem Lautsprecher vor der Ohrmuschel an der Seite des Ohrs angebracht werden. Der Kopfhörer muß nicht mehr um den ganzen Kopf herum getragen werden, hat einen besseren Klang als die meisten anderen, ist bequemer und ermöglicht dem Benutzer, mehr von den Geräuschen der Umwelt zu hören.

Anläßlich der Planung seiner amerikanischen Marketing-Aktivitäten ist Sony daran interessiert zu erfahren, ob dieses Produkt mehr als nur eine Markt-Neuheit ist. Sollte sich herausstellen, daß das Produkt mehreren Verwendungszwecken dient, wäre es möglich, den Markt zu vergrößern und weitere Segmentierungen vorzunehmen.

Sony muß herausfinden, welche Vorteile – wenn überhaupt – das Produkt gegenüber der Konkurrenz aufweist und wie man diese am gewinnbringendsten vermarkten kann, um dem Preiswettbewerb so weit wie möglich auszuweichen.

Sony könnte sich auf ein oder zwei Modelle für alle Marktbereiche konzentrieren oder unterschiedliche Modelle für verschiedene Zielgruppen anbieten.

Sonys jüngste Innovation ist der Watchman, ein kleiner tragbarer Schwarz-weiß-Fernseher. Der vorgesehene Preis belief sich auf US-Dollar 200,–, wurde dann aber auf ungefähr US-Dollar 149,– herabgesetzt. Der nur zwei Inch große Bildschirm erzeugt ein so klares Bild, daß er mit vielen herkömmlichen Fernsehgeräten mithalten kann. Sein guter Empfang und die hohe Bildschärfe lassen auch Schriften leicht erkennen. Seine Abmessungen betragen 9½inches zu 3 inches zu 6 inches – ungefähr 24 cm × 7½cm × 15 cm –, und sein Gewicht beläuft sich auf 18 Unzen (ungefähr ½Kilo). Er kann mit 4-Ampere-Batterien betrieben werden oder mit Hilfe eines Adapters an ein Stromnetz angeschlossen werden. Er ist mit einer Teleskopantenne sowie mit einem Tragegurt ausgestattet.

Bezüglich der Vermarktung hat Sony mit dem Watchman die gleichen Probleme wie mit dem Walkman, allerdings in einer unterschiedlichen Produkt-Lebensphase. Die scheinbare Ähnlichkeit der Marketing-Merkmale dieser beiden Produkte lassen es naheliegend erscheinen, die gleichen Marketing-Strategien anzuwenden. Andererseits müssen falsche Schlüsse, die aus Analogien abgeleitet werden könnten, vermieden werden.

Welche Gruppen potentieller Käufer existieren für den Walkman, und was kann Sony tun, um den Umsatz mit jeder dieser Käufergruppe zu erhöhen?

Wer sind die potentiellen Käufer für den Watchman? Anläßlich welcher Gelegenheiten würden Sie den Watchman verwenden? Wie sollte der Watchman vermarktet werden?

FALLSTUDIE 5
Quaker Oats Company: Gatorade

Gatorade, der Durstlöscher Nummer eins unter den amerikanischen Athleten, wurde der Stokley-Van Camp, Inc., von der Quaker Oats Company im Jahre 1983 abgekauft. Gatorade ist ein bekanntes Produkt und bringt einen Deckungsbeitrag von 5,7 Millionen Dollar bei einem Umsatz von ungefähr 85 Millionen Dollar und einer jährlichen Wachstumsrate von zirka sieben Prozent.

Das Quaker Management sieht Möglichkeiten, Gatorade außerhalb seines gegenwärtigen Spezialmarktes auszuweiten. Es hofft, die Umsätze vor allem in Staaten, die nicht zum Sonnengürtel gerechnet werden, steigern zu können. Außerdem werden Umsatzzuwächse außerhalb der Saison sowie durch Verkäufe an breitere Bevölkerungsschichten erwartet. Zurzeit wird Gatorade noch zu 85 Prozent von jenen Leuten gekauft, die es sehr häufig konsumieren. Es wird versucht, wesentlich klarer eine breite Palette von Situationen herauszufinden, in denen Durst gelöscht werden kann, vor allem unter Einbeziehung von Frauen und Kindern. Das Management hofft, für Gatorade einen Anteil am Massenmarkt alkoholfreier Getränke zu gewinnen.

Gatorate ist ein Getränk ohne Kohlensäure, das von Dr. Robert Cade, einem Medizinprofessor, speziell für das Football-Team der Universität von Florida entwickelt wurde, um dem Flüssigkeitsverlust beim Sport unter der heißen Sonne zu begegnen. Es wurde von den Green Bay Packers übernommen, deren Trainer Gatorate empfahl. „Das Originalprodukt schmeckte nach Stahl und Salzwasser und vermittelte das Gefühl, sich übergeben zu müssen", beschrieb es Dr. Cade.

Das milchige Getränk mit dem Zitrusgeschmack wurde 1967 auf den Markt gebracht und avancierte schnell zum Drink der Champions und Möchtegern-Champions. Der Geschmack wurde durch Aromen verbessert und Produktversuche wurden durch den Versand von Proben an Sportvereine in ganz Amerika ermöglicht. Diese Anstrengungen verhalfen dem Produkt sehr schnell zu einem Erfolg. Die größten Umsätze wurden mit Sportclubs erzielt. Aber Stokely setzte seine Bemühungen um eine Marktausweitung für Gatorade fort. Auch Fabrik- und Bauarbeiter sollten Gatorade trinken sowie alle, die höheren Temperaturen ausgesetzt waren. Das 1979 eingeführte Gatorade in Pulverform wurde ebenfalls ein Erfolg. Trotz geschickter Marketing-Aktivitäten für Gatorade hatte man stets das Gefühl, daß mögliche Wachstumschancen nicht ausgeschöpft würden – vor allem in Übersee –, wenngleich Finanzexperten die Meinung vertraten, daß Gatorade sich in einem schrumpfenden Markt befände.

Der Geschäftsführer einer auf die Nahrungsmittelindustrie spezialisierten Beratungsgesellschaft sieht viele Möglichkeiten für Quaker, Marketing-Experimente mit Gatorade durchzuführen und auf dem Getränkemarkt besser Fuß zu fassen. Das Produkt wird in ¼Liter-Flaschen, in Zwölf-Unzen-Büchsen, in 16-Unzen-Vierer-Packungen und in Pulverform angeboten. Antiseptische Kartonverpackungen könnten Gatorade Zugang zu dem Lunchpaket- und Picknickmarkt verschaffen.

Die gegenwärtigen Marketing-Anstrengungen für eine Wiedereinführung des Produktes in Märkten außerhalb des Sonnengürtels basieren auf seinen Stärken im Südosten und Südwesten der USA, auf die 60 Prozent des Umsatzes entfallen, und werden durch massive Werbe- und Promotion-Aktivitäten unterstützt. Gatorate wird seine enge Verbindung zu professionellen und College-Sportlern aufrecht erhalten sowie zu wichtigen Sportereignissen, einschließlich NASCAR Autorennen, der nationalen Football-Liga, dem nationalen Basketball-Verband und der wichtigsten Baseball-Liga. Eine jugendorientierte Promotion-Aktion stellt die Wahl eines Gatorade-Trainers des Jahres dar, die in Zusammenarbeit mit der National Youth Sports Coaches Association gesponsert wird.

Neue Konkurrenz tauchte 1986 in Form von Max Energy and Fluid Replacement von der Coca-Cola Foods Division auf.

Welche Marketing-Empfehlungen für Gatorade würden Sie dem Quaker-Management unterbreiten, wenn Sie als neuer Management-Trainer um ihre Meinung gefragt würden?

Teil 3
DIE AUSWAHL VON ZIELMÄRKTEN

Teil 3 dieses Buches befaßt sich mit dem Käuferverhalten in Konsum- und Industriegütermärkten. Anschließend wird gezeigt, wie erfolgreiche Unternehmen Zielmärkte bewerten und auswählen, um sie zu erobern und zufriedenzustellen.

ENTER STATION OR PORT NUMBER
ENTER ITEM NUMBER
DEPRESS COMMAND
ENTER DATA
WAIT
ERROR

6. KAPITEL

Konsumgütermärkte und Kaufverhalten der Konsumenten

LERNZIELE DIESES KAPITELS

Nachdem Sie dieses Kapitel gelesen haben, sollten Sie in der Lage sein

1. den Konsumgütermarkt zu definieren und ein einfaches Modell des Kaufverhaltens der Konsumenten zu entwickeln,
2. die vier wichtigsten Faktoren zu nennen, die das Kaufverhalten der Konsumenten beeinflussen,
3. die Stufen im Entscheidungsprozeß des Käufers aufzuzählen,
4. den Annahmeprozeß für neue Produkte zu beschreiben.

Jahrzehntelang hat AT&T den Markt für Telephone in privaten Haushalten beherrscht: Die Konsumenten hatten die Telephone zu mieten, welche Modelle auch immer von dem Unternehmen angeboten wurden. Am Ende der siebziger Jahre wurde dieser Markt durch das Höchstgericht (Supreme Court) für den Wettbewerb freigegeben, indem es entschied, daß die Konsumenten ihre eigenen Telephongeräte an das AT&T-Netz anschließen dürfen. Anfang der achtziger Jahre kam es zu einem Wettbewerbs-Chaos, hervorgerufen durch die Aufhebung des AT&T-Monopols und die Erfindung von billigen „one-piece“ Elektronik-Telephongeräten. Plötzlich stand AT&T im Wettbewerb mit Hunderten anderer Telephonlieferanten auf dem stark expandierenden 1,5-Milliarden-Dollar-Markt für Wohnungstelephone. Während der darauffolgenden Jahre hat AT&T sehr viel über das Kaufverhalten der Konsumenten dazugelernt.

AT&T und seine Mitbewerber boten Hunderte von neuen

Modellen an, die jedem nur möglichen Konsumentenwunsch entsprachen. Das Angebot reichte von einfachen „one-piece"-Elektronik-Telephonen, die zu einem zwischen sieben und zehn Dollar liegenden Preis verkauft wurden bis zu Luxusausführungen für mehrere hundert Dollar, wie z. B. dekorative Telephongeräte in zahlreichen Stil- und Farbvarianten oder Telephone mit besonderen technischen Finessen, als da sind automatisches Anwählen, automatische Wiederwahlmöglichkeit der letzten Nummer, kabelfreies Telephonieren, Tasten für Geräuschdämpfung und Gesprächsunterbrechung sowie Speziallautsprecher für handfreies Telephonieren.

Trotz erheblicher Entwicklungs- und Marketing-Aufwendungen kam es in diesem Industriezweig zu einem Desaster. Obwohl die Branche zwischen 1983 und 1984 einen Boom erlebte, verloren die Unternehmen mehrere hundert Millionen Dollar. Bis Ende 1984 hatte mehr als die Hälfte aller Telephonlieferanten aufgegeben. AT&T ging es zwar besser als den meisten anderen, aber trotz eines Marktanteils von 20 Prozent im Jahre 1984 konnte das Unternehmen mit Telephonapparaten nur bescheidene Gewinne erzielen. Was hatten AT&T und die anderen falsch gemacht? In ihrem Bemühen, sich in dem schnell wachsenden Markt einen Anteil zu sichern, hatten sie die Wünsche der Konsumenten und das Kaufverhalten der Telephonteilnehmer völlig falsch eingeschätzt.

Zum Beispiel gingen die Telephonlieferanten davon aus, daß die Konsumenten lieber ein Telephongerät kaufen statt mieten wollten und übersahen dabei, daß es dafür erforderlich ist, die Konsumenten über die Vorteile des Eigentumserwerbs aufzuklären. Viele Konsumenten waren sich nicht bewußt, daß sie das Eigentum an ihren Telephonen erwerben konnten oder daß es wirtschaftlich sinnvoller ist, ein Gerät zu kaufen anstatt es zu mieten. Mehr als 120 Millionen Haushalte in den Vereinigten Staaten mieten bis heute ihre Telephongeräte.

Viele Verkäufer rechneten damit, daß die Konsumenten in Scharen kommen würden, um preiswerte „one-piece"-Telephone zu kaufen und daß die Zahl der Telephongeräte pro Haushalt schnell ansteigen würde. Obwohl die Konsumenten zunächst waggonweise billige Telephongeräte kauften, waren sie wenig angetan von deren zerbrechlicher Konstruktion und der hohen Fehlerquote. Die Nachfrage war schnell wieder auf die konventionellen und zuverlässigen Telephongeräte gerichtet. Die Durchschnittszahl der Telephonapparate pro Haushalt stieg lediglich von 1,7 im Jahre 1982 auf 1,9 im Jahre 1984.

Des weiteren glaubten die Telephon-Marketer, daß die Konsumenten Telephonapparate von jedem Händler kaufen oder sogar per Katalog und Postversandauftrag bestellen würden, falls der Preis akzeptabel erschiene. Es stellte sich jedoch heraus, daß die Käufer vertrauenswürdige Händler bevorzugten, die sie bei Kaufentscheidungen beraten und ihnen eine Umtauschmöglichkeit bieten konnten. Einer der Gründe für AT&Ts relativen Erfolg in diesem Markt ist auf deren Einschätzung zurückzuführen, daß die Konsumenten wieder zu höherwertigen Telephongeräten greifen würden, wenn sie erst einmal billige Geräte von weniger verläßlichen Bezugsquellen ausprobiert hätten. Aus diesem Grunde entwickelte AT&T ein leistungsfähiges Verkaufsnetz. Außer durch ihre eigenen 900 Telephongeschäfte verkauften sie Qualitätstelephone über mehr als 10.000 Einzelhandelsgeschäfte, einschließlich Sears, Penney, K mart, Montgomery Ward, Target und Ace Hardware.

AT&T irrte sich jedoch auf der anderen Seite, indem angenommen wurde, daß die Konsumenten teure Telephongeräte in Luxusausführungen wünschten. AT&T bot 215 verschiedene Modelle mit Preisen bis zu 350,- Dollar an. Aber die Käufer bevorzugten weiterhin bewährte alte Telephongeräte in traditionellen Ausführungen und Farben zu annehmbaren Preisen, wie sie sie schon seit Jahren gemietet hatten. Die Käufer waren nicht besonders an verspielten Glocken und Pfeifen interessiert, im Gegenteil, diese neuen Ausführungen verwirrten viele Kunden. Für diese Luxusausführungen (fancy phones) benötigten die Konsumenten mehr Beratung als die meisten Einzelhändler zu bieten bereit oder in der Lage waren. AT&T verfügt nunmehr über ein Trainingsprogramm, um die Verkäufer in den nicht zur eigenen Firmengruppe gehörenden Einzelhandelsgeschäften darin auszubilden, Telephongeräte nebst Zubehör vorzuführen und Kundenfragen zu beantworten.

Nach diesem Umstrukturierungsprozeß wird der Telefphonmarkt in eine stetige Wachstumsphase treten. Darüber hinaus sind die meisten Experten der Ansicht, daß die Nachfrage stärker auf anspruchsvolle Geräte gerichtet sein wird, sobald die Verwender besser mit den neuen Technologien vertraut sind. Dieser Wandel wird jedoch mit graduellen Veränderungen des Konsumentenverhaltens verbunden sein. Um weiterhin eine führende Rolle auf dem zunehmend stärker umkämpften Telephonmarkt behaupten zu können, muß AT&T ein besseres Verständnis für die Konsumenten und deren Telephonkaufverhalten entwickeln.[1]

Marketer müssen bei der Analyse des Konsumentenverhaltens äußerst vorsichtig sein. Oft lehnen die Konsumenten ab, was als vorteilhaftes Angebot erscheint. Wenn sie sich nicht für ein Produkt entscheiden, bringt dieses Verluste. Die Betriebsstätten und die Ausrüstung sind dann auf Treibsand gebaut. Du Pont mußte diese Erfahrung machen, als die Firma 100 Millionen Dollar mit „Corfam" – einem synthetischen Ledermaterial – verlor. Ebenso erging es Ford mit dem berühmten (oder verrufenen) Edsel, dessen mißlungene Markteinführung mit einem Verlust von glatten 350 Millionen Dollar verbunden war. Auch RCA mußte einen horrenden Verlust in Höhe von 580 Millionen Dollar mit dem „Selecta Vision" Video-Disk-Player schlucken. Das Kaufverhalten ist niemals einfach zu durchschauen. Es trotzdem zu verstehen, gilt als eine wesentliche Aufgabe des Marketing-Management.

In diesem Kapitel wird die Dynamik des Konsumentenverhaltens und des Konsumgütermarktes erarbeitet:

Der Konsumgütermarkt besteht aus all den Individuen und Haushalten, die Güter und Dienstleistungen für den persönlichen Verbrauch kaufen oder erwerben.

Der amerikanische Konsumgütermarkt besteht aus 234 Millionen Personen, die für mehr als zwei Billionen Dollar Güter und Dienstleistungen verbrauchen bzw. in Anspruch nehmen; das sind fast 9000 Dollar pro Mann, Frau und Kind. Jedes Jahr wächst dieser Markt um mehrere Millionen Personen und um hundert Milliarden Dollar, was ihn zu einem der attraktivsten Konsumgütermärkte der Welt macht.[2]

Die Konsumenten unterscheiden sich bezüglich Alter, Einkommen, Ausbildungsniveau und Geschmack erheblich voneinander. Marketer hielten es daher für sinnvoll, Produkte und Dienstleistungen zu entwickeln, die auf die Bedürfnisse spezieller Konsumentengruppen abgestimmt sind. Falls ein Marktsegment groß genug ist, können einige Unternehmen eigens darauf abgestimmte Marketing-Programme entwickeln. Im folgenden werden zwei Beispiele für spezielle Konsumentengruppen dargestellt:

Schwarze Konsumenten. *Eine wichtige Gruppe in den USA bilden die 26 Millionen schwarzen Amerikaner mit einem persönlichen Einkommen von fast 100 Milliarden Dollar. Schwarze geben vergleichsweise mehr für Kleidung, Körperpflege, Möbel, Alkohol und Tabak aus als Weiße und weniger für medizinische Pflege, Essen, Verkehrsmittel, Erziehung und Erholung. Sie unternehmen weniger Einkaufsbummel als Weiße und kaufen meist in nahegelegenen Läden oder in Supermärkten ein. Des weiteren hören sie mehr Radio als ihre weißen Mitbürger. Einige Unternehmen entwickelten spezielle Marketing-Programme für schwarze Konsumenten. Sie annoncieren in Ebony und Jet und verwenden Schwarze in Werbe-Spots, sie entwickeln spezielle Produkte – wie z. B. Kosmetik für Schwarze –, Verpackungen und Werbeaussagen.*

Der attraktive amerikanische Konsumentenmarkt: der Jahresverbrauch einer vierköpfigen amerikanischen Familie. Mit freundlicher Genehmigung der DuPont Company.

Darüber hinaus wissen diese Unternehmen, daß der schwarze Markt mehrere Teilsegmente enthält, die unterschiedliche Marketing-Vorgangsweisen erfordern.[3]

Ältere Konsumenten. *Da das Durchschnittsalter der US-Bevölkerung ständig im Steigen begriffen ist, wird die Zielgruppe der Senioren – Personen über 65 Jahre – ein immer attraktiveres Marktsegment. Lange Zeit die Zielgruppe für Abführmittel, Tonica und Zahnersatzprodukte, wird dieser Konsumentengruppe nunmehr auch von anderen Marketern Aufmerksamkeit geschenkt. Während des nächsten Dezenniums wird der Seniorenmarkt auf über 30 Millionen Konsumenten anwachsen. Senioren sind finanziell besser gestellt als junge Konsumenten, ihre jährliche Kaufkraft beläuft sich auf ungefähr 200 Milliarden Dollar. Viele Marketer haben inzwischen herausgefunden, daß nicht alle Senioren arm und schwach sind. Sie zeichnen sich zwar durch einige spezielle Bedürfnisse aus, aber die meisten von ihnen sind gesund und aktiv und haben die gleichen Wünsche wie jüngere Konsumenten. Obwohl sie vergleichsweise mehr Gesundheitsprodukte kaufen, bietet diese Konsumentengruppe auch Marketern für andere Produkte und Dienstleistungen gute Chancen. Da beispielsweise Senioren über mehr Zeit und Geld verfügen, sind sie ideale Zielgruppen für Reisen, Unterhaltung, Restaurants und andere Freizeitaktivitäten. Ihr Wunsch, so jung auszusehen, wie sie sich fühlen, macht Senioren zu guten Ansprechpartnern für spezielle Kosmetika und Körperpflegeprodukte, für Kleidung und Gesundheitskost sowie für Heimsportgeräte. Marketer müssen sich auch darüber im klaren sein, daß der Seniorenmarkt aus verschiedenen Segmenten mit unterschiedlichen demographischen Merkmalen und Lebensstilen besteht. Weil der Seniorenmarkt an Größe und Kaufkraft zunimmt und das Vorurteil vom „zittrigen, gebrechlichen und armen isolierten Greis" längst überholt ist, werden immer mehr Marketer spezielle Strategien für diesen Markt entwickeln.*[4]

Andere Konsumenten-Teilmärkte – z. B. Frauen[5], Hispano-Amerikaner[6], Jugendliche[7] – bieten ebenfalls interessante Möglichkeiten für spezielle Marketing-Programme.

Die 234 Millionen amerikanischer Konsumenten kaufen eine unglaubliche Vielfalt an Gütern und Dienstleistungen. Im folgenden soll nun ein Blick darauf geworfen werden, wie sie ihre Auswahl treffen.

EIN MODELL DES KONSUMENTENVERHALTENS

Früher konnten die Marketer infolge ihrer täglichen Verkaufskontakte die Konsumenten gut verstehen. Als aber die Größe der Firmen und Märkte zunahm, haben viele Marketing-Entscheidungsträger den direkten Kontakt zu ihren Kunden verloren. Die meisten Manager mußten deshalb auf die Konsumenten-Forschung zurückgreifen. Sie geben mehr Geld aus als je zuvor, um die Konsumenten zu studieren und versuchen festzustellen: Wer kauft? Wie kaufen sie? Wann, wo und warum wird gekauft?

Die zentrale Frage lautet: Wie reagieren Konsumenten auf die verschiedenen Marketing-Stimuli, derer sich das Unternehmen bedient. Jenes Unternehmen, das wirklich sicher ist, wie Konsumenten auf unterschiedliche Produkteigenschaften, Preise und Werbeappelle reagieren werden, hat seinen Konkurrenten gegenüber einen großen Vorteil. Aus diesem Grunde haben Unternehmen und Akademien große Anstrengungen unternommen, die Beziehungen zwischen Marketing-Stimuli und Konsumenten-Reaktion zu erforschen. Ihr

ABBILDUNG 6-1
Modell des Käuferverhaltens

Marketing-Stimuli	**Andere Stimuli**	**Die „black box" des Käufers**	**Die Reaktionen des Käufers**
Produkt Preis Plazierung Promotion	wirtschaftliche technologische politische kulturelle	Merkmale des Käufers Entscheidungsprozeß des Käufers	Produktwahl Markenwahl Händlerwahl Einkaufszeit Kaufbetrag

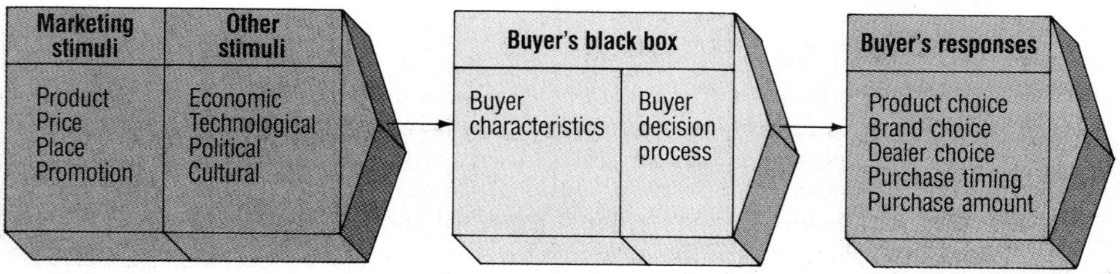

FIGURE 6-1
Detailed Model of Buyer Behavior

Ausgangspunkt ist das „Stimulus-Response-Modell“, das in Abbildung 6-1 gezeigt wird. Anhand dieser Darstellung wird deutlich, daß die Marketing- und auch andere Stimuli in die sogenannte Black box des Konsumenten eindringen und gewisse Reaktionen bewirken. Aufgabe der Marketer ist es herauszufinden, was in dieser Black box des Käufers enthalten ist.

Auf der linken Seite des Modells befinden sich die Marketing-Stimuli, die sich aus den vier „P“ zusammensetzen, nämlich Produkt, Preis, Plazierung und Promotion. Zu den anderen Stimuli zählen wichtige Faktoren und Ereignisse aus dem Umfeld des Käufers, z. B. wirtschaftliche, technologische, politische und kulturelle Einflüsse. Diese Stimuli gelangen in die Black box des Käufers, wo sie in mehrere erkennbare Reaktionen – wie auf der rechten Seite zu sehen – umgewandelt werden: Produkt- und Markenwahl sowie Auswahl des Händlers, Kaufzeit und Einkaufsbetrag.

Der Marketer muß begreifen, wie diese Stimuli innerhalb der Black box des Konsumenten in Reaktionen umgesetzt werden. Die besteht aus zwei Teilen:

1. aus den charakteristischen Merkmalen des Käufers, die die Art und Weise beeinflussen, wie er (oder sie) die Stimuli wahrnimmt und darauf reagiert und
2. aus dem Entscheidungsprozeß des Käufers, der ebenfalls die Reaktionen beeinflußt.

In diesem Kapitel wird zunächst auf die persönlichen Merkmale des Käufers eingegangen, die das Kaufverhalten bestimmen. Daran anschließend soll der Entscheidungsprozeß des Käufers analysiert werden.

PERSÖNLICHE MERKMALE, DIE DAS KONSUMENTENVERHALTEN BESTIMMEN

Die Einkäufe der Konsumenten werden sehr stark von kulturellen, sozialen, persönlichen und psychologischen Eigenschaften beeinflußt. Diese Faktoren werden in Abbildung 6-2 dargestellt.
Diese Faktoren sind zwar zum größten Teil seitens der Marketer nicht kontrollierbar, sie müssen aber von ihnen in die Überlegungen einbezogen werden. Im folgenden sollen die Auswirkungen jedes einzelnen dieser Faktoren auf das Verhalten einer hypothetischen Konsumentin namens Betty Smith untersucht werden:

Betty Smith ist eine verheiratete College-Absolventin und arbeitet als Brand-Managerin in einem führenden Unternehmen der Konsumgüterbranche für abgepackte Waren. Seit kurzem ist sie auf der Suche nach einer neuen Freizeitaktivität, die ihr einen Ausgleich für ihren Berufsalltag bietet. Dieses Bedürfnis hat sie veranlaßt, den Kauf einer

FIGURE 6-2
Detailed Model of Factors Influencing Behavior

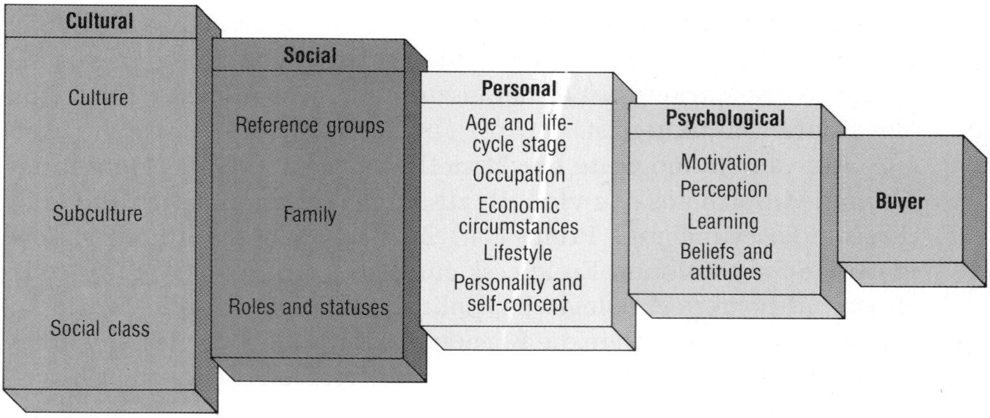

ABBILDUNG 6-2
Darstellung der Faktoren, die das Kaufverhalten beeinflussen

kulturelle Faktoren	**soziale Faktoren**	**persönliche Faktoren**	**psychologische Faktoren**	**Käufer**
Kultur	Bezugsgruppe (soziale Beziehungsgröße)	Alter und Lebensabschnitt	Motivation	
Subkultur	Familie	Beruf	Wahrnehmung	
soziale Klasse	Rollen und Status	wirtschaftliche Verhältnisse	Lernverhalten	
		Lebensstil	Überzeugungen und Einstellungen	
		Persönlichkeit und Selbstverwirklichungskonzept		

Kamera in Erwägung zu ziehen und sich mit dem Photographieren zu befassen. Sie denkt sogar daran, irgendwann einmal Berufsphotographin zu werden. Viele Merkmale ihres Backgrounds werden ihre Vorgangsweise, sich nach Kameras umzusehen und eine Marke auszuwählen, beeinflussen.

Kulturelle Faktoren

Kulturelle Faktoren üben den breitesten und nachhaltigsten Einfluß auf das Konsumentenverhalten aus. Im folgenden soll die Rolle untersucht werden, die Kultur, Subkultur und soziale Klasse des Käufers spielen.

Kultur

Das **kulturelle Umfeld** ist als die Grundursache für die Wünsche und das Verhalten einer Person anzusehen. Menschliches Verhalten wird zum großen Teil erlernt. Das Kind, das in einer bestimmten Gesellschaft aufwächst, lernt Grundwerte, Wahrnehmungen, Wünsche und Verhaltensweisen von der Familie oder wichtigen Institutionen. So lernt oder erfährt z. B. ein amerikanisches Kind folgende

Werte: Leistung und Erfolg, Aktivität und Engagement, Wirksamkeit und Praktikabilität, Fortschritt, materieller Komfort, Individualismus, Freiheit, Beistand, Humanität und Jugendlichkeit.[8]

Betty Smiths Wunsch nach einer Kamera ist ein Ergebnis des Aufgewachsenseins in einer modernen Gesellschaft, in der sowohl die Kamera-Technologie entwickelt wurde als auch zahlreiche Kenntnisse und Wertvorstellungen seitens der Konsumenten erlangt worden sind. Betty Smith hat eine Vorstellung davon, was Kameras sind. Sie weiß, wie man Gebrauchsanleitungen zu lesen und Kameras zu bedienen hat, und ihr soziales Umfeld hat die Vorstellung von weiblichen Photographen akzeptiert. In einem anderen Kulturkreis, beispielsweise bei einem primitiven Stamm in Zentral-Australien mag eine Kamera keine Bedeutung haben. Sie ist dort möglicherweise nur eine Kuriosität.

Subkultur

Jede Kultur besteht aus kleineren **Subkulturen** oder Gruppen von Menschen, die über die gleichen Wertsysteme verfügen, welche auf gemeinsamen Lebenserfahrungen und Situationen basieren. Nationale Gruppen wie z. B. Iren, Polen, Italiener oder Puertoricaner sind innerhalb größerer Gemeinschaften anzutreffen und weisen bestimmte ethnische Neigungen und Interessen auf. Religiöse Gruppen wie z. B. Katholiken, Mormonen, Presbyterianer und Juden sind als Subkulturen mit eigenen Präferenzen und Tabus anzusehen. Rassische Gruppen wie z. B. Schwarze oder Orientalen zeichnen sich durch verschiedenartige Kulturstile und besondere Verhaltensweisen aus. Geographische Gebiete wie z. B. der tiefe Süden, Kalifornien und Neuengland, sind ebenfalls als deutlich meßbare Subkulturen mit charakteristischen Lebensstilen einzustufen.

Betty Smiths Interesse an verschiedenen Dingen wird von ihrer Nationalität, Religion, Rasse und von ihrem geographischen Background geprägt. Diese Faktoren beeinflussen ihre Vorliebe für bestimmte Speisen, die Wahl ihrer Kleidung sowie ihre Urlaubsgewohnheiten und Karriereziele. Subkulturen legen auf das Photographieren unterschiedlichen Wert, und das könnte Bettys Wunsch nach Besitz einer Kamera sowie die Auswahl der von ihr gekauften Marke beeinflussen.

Die soziale Klasse

Nahezu jede Gesellschaft weist irgendeine Form sozialer Klassen auf.

> **Soziale Klassen sind relativ beständige und abgrenzbare Gruppen innerhalb einer Gesellschaft, deren Angehörige durch gleiche Werte, Interessen und Verhaltensformen verbunden sind.**

TABELLE 6-1
Merkmale der sechs wichtigsten sozialen Klassen in den USA

1. **Die obere Oberklasse – Upper Uppers (weniger als 1 Prozent)**
Das ist die soziale Elite mit ererbtem Wohlstand und aus bekannten Familien. Die Angehörigen dieser Klasse spenden erhebliche Beträge für caritative Zwecke, unterhalten mehr als einen Wohnsitz und lassen ihre Kinder die besten Schulen besuchen. Sie bilden einen Markt für Schmuck, Antiquitäten, Häuser und Ferienreisen. Ihr Kaufverhalten und ihre Kleidung sind oft konservativ. Obwohl sie eine kleine Gruppe bilden, färben ihre Kaufentscheidungen ab und werden von anderen sozialen Schichten imitiert.

2. **Untere Oberklasse – Lower Uppers (zirka 2 Prozent)**
Zu dieser Gruppe werden Personen mit hohem Einkommen und Wohlstand aus Beruf oder Geschäft gerechnet. Gewöhnlich kommen sie aus der Mittelklasse. Sie tendieren besonders zu aktiver Mitarbeit in sozialen und staatsbürgerlichen Angelegenheiten und erwerben für sich selbst sowie für ihre Kinder Statussymbole wie z. B. teure Häuser, Ausbildung, Yachten, Swimming-pools und Autos. Sie erstreben die Aufnahme in die Schicht der oberen Oberklasse – was wahrscheinlich eher ihren Kindern als ihnen selbst gelingt.

3. **Obere Mittelklasse – Upper Middles (12 Prozent)**
Dazu gehören Personen, die weder Familienstatus noch außergewöhnlichen Reichtum besitzen. Vorwiegend sind sie an ihrer Karriere interessiert und haben Positionen als Spezialisten, selbständige Geschäftsleute oder Firmenmanager erreicht. Großen Wert legen sie auf Ausbildung und haben den Wunsch, daß ihre Kinder berufliche oder administrative Fähigkeiten entwickeln, die den Abstieg in eine niedrigere soziale Schicht verhindern. Sie gelten als Mitläufer und fühlen sich in hohem Maße staatsbürgerlichen Ideen verpflichtet. Schließlich bilden sie den Qualitätsmarkt für gute Wohnungen, Kleidung, Möbel und Haushaltsgeräte.

4. **Untere Mittelklasse – Lower Middles (30 Prozent)**
Hierzu zählen zum großen Teil „white collars" – Büroangestellte oder Inhaber kleinerer Firmen – sowie „gray collars" – Postboten oder Feuerwehrmänner – und „aristocrat blue collars" – Klempner und Vorarbeiter. Sie legen Wert auf Ehrbarkeit, sind pflichtbewußt, arbeiten gewissenhaft und halten sich an kulturelle Normen und Maßstäbe, wozu auch Kirchgang und die Beachtung des Gesetzes gehören. Ihr Heim ist ihnen wichtig, und sie wünschen es sauber zu halten und nett zu gestalten. Sie kaufen konventionelles Mobiliar. Ein großer Teil der anfallenden Hausarbeiten und Reparaturen wird von ihnen selbst erledigt. Statt anspruchsvoller Machart bevorzugen sie adrette und einfache Kleidung.

5. **Obere Unterklasse – Upper Lowers (35 Prozent)**
Diese Gruppe bildet das größte soziale Segment einschließlich der „blue-collar"-Arbeiterklasse, bestehend aus Facharbeitern und angelernten Kräften. Während sie auf der einen Seite Ansehen suchen, gilt ihr Hauptinteresse der Sicherheit – sie wollen schützen, was sie besitzen. Der Durchschnittsehemann hat ein ausgesprochen starkes männliches Selbstbewußtsein, ist sportbegeistert und verbringt viel Zeit im Freien, raucht stark und trinkt viel Bier. Die Frauen dieser Schicht arbeiten oft halb- oder ganztags, um ein zusätzliches Einkommen zu erlangen. Jene, die nicht arbeiten, verbringen die meiste Zeit im Haus mit Kochen, Putzen und Kinderbetreuung.

6. **Untere Unterklasse – Lower Lowers (20 Prozent)**
Die unterste Stufe der gesellschaftlichen Leiter besteht aus schlecht ausgebildeten und ungelernten Arbeitern. Sie sind oft arbeitslos und in irgendeiner Form auf Sozialhilfe angewiesen. Ihre Wohnungen liegen unter dem Standard und sind oft in Slums gelegen. Häufig werden die Moralvorstellungen und Verhaltensweisen der Mittelklasse von ihnen verworfen. Sie kaufen überwiegend impulsiv. Auf Qualität legen sie weniger Wert, zahlen zuviel für bestimmte Produkte und erwerben viele Gebrauchsgüter auf Kredit.

Quelle: Übernommen von James F. Engel, Roger D. Blackwell und David T. Kollat, Consumer Behavior, 3. Aufl. (New York: Holt, Rinehart & Winston, 1978), S. 127 f.

Sozialwissenschaftler haben die amerikanische Gesellschaft in sechs verschiedene soziale Klassen unterteilt (siehe hierzu Tabelle 6-1).[9]

Die soziale Schichte wird nicht durch ein einzelnes Kriterium bestimmt, wie z. B. das Einkommen, sondern setzt sich aus einer Kombination von Beruf, Einkommen, Ausbildung, Wohlstand und anderen Variablen zusammen. Marketer sind an einer sozialen Klassifizierung interessiert, da die Angehörigen einer sozialen Klasse zu ähnlichen Verhaltensweisen – einschließlich Kaufverhalten – tendieren.

Soziale Klassen sind durch eindeutige Produkt- und Markenpräferenzen gekennzeichnet, und zwar bezüglich Kleidung, Mobiliar, Freizeitaktivitäten und Autos. Die soziale Klasse, der Betty Smith angehört, kann ihre Entscheidung für eine Kamera beeinflußt haben. Wenn sie aus einer höheren sozialen Schicht kommt, ist ihre Familie wahrscheinlich schon im Besitz einer teuren Kamera, und sie könnte sich bereits mit der Photographie etwas befaßt haben. Die Tatsache, daß sie daran denkt, eventuell Berufsphotographin zu werden, ist ebenfalls ein Hinweis auf ihren höheren sozialen Background.

Soziale Faktoren

Das Verhalten eines Konsumenten wird auch von sozialen Faktoren beeinflußt, wie z. B. von Bezugsgruppen, von der Familie, von sozialen Rollen sowie seinem Status.

Bezugsgruppen – Reference Groups

Das Verhalten einer Person wird von vielen Bezugsgruppen beeinflußt.

Als Bezugsgruppen werden jene Personeneinheiten bezeichnet, die einen direkten (von Angesicht zu Angesicht) oder indirekten Einfluß auf die Ansichten und Verhaltensweisen einer Person ausüben.

Bezugsgruppen, die einen direkten Einfluß auf eine ihnen angehörende Person nehmen, werden Mitgliedsgruppen – membership groups – genannt. Einige davon sind Primärgruppen, deren Mitglieder ständig in informalem Kontakt miteinander stehen, wie z. B. die Familie, Freunde, Nachbarn oder Kollegen, und sich gegenseitig beeinflussen. Andere, deren Beziehungen mehr formaler Art sind und deren Mitglieder weniger Einfluß aufeinander ausüben, sind Sekundärgruppen. Dazu gehören Organisationen wie religiöse Gruppen, Berufsverbände und Gewerkschaften.

Menschen werden auch von Gruppen beeinflußt, denen sie nicht angehören. Als eine angestrebte Gruppe wird jene bezeichnet, der eine Person gerne angehören würde. Beispielsweise könnte ein junger Football-Spieler anstreben, eines Tages für die Dallas Cowboys zu spielen. Er identifiziert sich mit dieser Gruppe, obwohl er keinen direkten Kontakt zu ihr hat.

Marketer versuchen, die Bezugsgruppen ihrer Zielmärkte ausfin-

BEISPIEL 6-1
Partyverkäufe durch Einbeziehung von Bezugsgruppen

Eine weit verbreitete Form, Waren nicht im Laden zu verkaufen, sind Verkaufsparties in privaten Wohnungen, zu denen Freunde und Bekannte eingeladen werden, um an Produktvorführungen teilzunehmen. Unternehmen wie Mary Kay Cosmetics oder Tupperware Home Parties sind Meister dieser Verkaufsform. Sie konnten damit einen erheblichen Umsatz- und Ertragszuwachs erzielen. Im folgenden wird beschrieben, wie auf diesen Heimparties verkauft wird.

Eine Mary-Kay-Schönheitsberaterin – von denen es zirka 46.000 gibt – fragt verschiedene Nachbarinnen, ob sie bereit sind, kleinere Schönheitsvorführungen in ihren Wohnungen durchführen zu lassen. Die Nachbarin lädt dann ihre Freundinnen für einige Stunden zu einem zwanglosen, gemütlichen Beisammensein sein. In dieser vertrauten Atmosphäre stellt die Mary-Kay-Beraterin ein zweistündiges Schönheitsprogramm vor und erteilt den Gästen kostenlosen Makeup-Unterricht, wobei sie hofft, daß die meisten von ihnen einige der vorgeführten Produkte kaufen. Die Gastgeberin erhält eine Provision von ungefähr 15 Prozent auf den Umsatz sowie einen Preisnachlaß für die Produkte, die sie selber kauft. Ungefähr 60 Prozent der Gäste sind gewöhnlich bereit, etwas zu kaufen, weil sie gegenüber den anderen Anwesenden „gut aussehen" möchten.

Der Heimparty-Verkauf dient dem Absatz von Kosmetika, Koch- und Haushaltswaren, Kleidung, Schuhen und Wäsche. Die Firma Tupperware Home Parties führt 140 verschiedene Produkte, beschäftigt 80.000 selbstän-

Mary Kay verkauft Kosmetikartikel auf „Home Parties". Mit freundlicher Genehmigung von Mary Kay Cosmetics, Inc., Dallas, Texas.

dige Verkäufer und erzielt einen Jahresumsatz von annähernd 200 Millionen Dollar. Durch die Vorgehensweise von Mary Kay Cosmetics wird eine starke Motivation erreicht: Die Verkäuferinnen werden für das Anwerben neuer Beraterinnen belohnt. Außerdem werden die Topverkäuferinnen anläßlich der Jahresversammlung als Verkaufsköniginnen geehrt und mit einem pink-farbenen Cadillac prämiert, den sie ein ganzes Jahr lang fahren dürfen. Der Erfolg von Mary Kay basiert auf genauer Kenntnis der Psychologie der Frauen der amerikanischen Mittelklasse und dem Wissen, wie diese einander beim Kaufprozeß beeinflussen können.

Quelle: Vgl. hierzu „The Mary Kay Way", Newsweek, 7. Mai 1979, S. 75; und David D. Seltz, „The Party-Plan Concept", in: Handbook of Innovative Marketing Techniques (Reading, MA: Addison-Wesley, 1981), Kapitel 1, S. 3–11.

dig zu machen. Bezugsgruppen beeinflussen eine Person zumindest in dreifacher Hinsicht:

- Sie konfrontieren die Person mit neuen Verhaltensweisen und Lebensstilen.
- Sie beeinflussen die Einstellungen und bestimmen das Selbstverwirklichungskonzept, in das eine Person „hineinpassen" möchte.
- Sie üben einen Druck zur Konformität aus, wovon die Produkt- und Markenwahl einer Person beeinflußt werden kann (siehe Beispiel unter 6-1).

Die Bedeutung des Gruppeneinflusses variiert nach Produkt und Marken. Er scheint tendenziell am größten zu sein, wenn das Produkt für jene Personen sichtbar ist, die der Käufer schätzt.[10] Käufe von Produkten, die nur für den privaten Gebrauch erworben werden, sind keinen großen Gruppeneinflüssen ausgesetzt, weil weder das Produkt noch die Marke von anderen bemerkt wird. Wenn Betty Smith eine Kamera kauft, werden sowohl das Produkt als auch die Marke sichtbar für jene sein, die sie achtet und schätzt, und ihre Entscheidung, eine Kamera zu kaufen, und ihre Markenwahl wird möglicherweise von einigen ihrer Bezugsgruppen stark beeinflußt werden. Freunde, die Mitglieder eines Photoclubs sind, können sie dahingehend beeinflussen, eine gute Kamera zu kaufen.

Familie

Familienmitglieder können einen starken Einfluß auf das Verhalten des Käufers ausüben. Die Familie ist die wichtigste Konsumenteneinkaufsorganisation der Gesellschaft und bereits umfassend untersucht worden. Marketer sind daran interessiert, die Rollen und Einflüsse des Ehemanns, der Frau sowie die der Kinder beim Kauf verschiedener Produkte und Dienstleistungen herauszufinden. Die Einbeziehung des Mannes oder der Ehefrau hängt weitgehend von der Art des Produktes ab. Traditionell ist die Frau die Haupteinkäuferin der Familie gewesen, vor allem für Nahrung und Kleidung. Dieses Rollenverhalten hat sich mit der zunehmenden Zahl berufstätiger Frauen sowie mit der Bereitschaft der Ehemänner, Einkaufsaufgaben zu übernehmen, geändert. Marketer von Grundprodukten würden einen Fehler begehen, wenn sie weiterhin glaubten, daß Frauen die wichtigsten oder einzigen Käufer ihrer Produkte wären.

Wenn es um den Kauf teurer Produkte und Dienstleistungen geht, entscheiden Mann und Frau meistens gemeinsam. Im Falle von Betty Smith wird diese sicherlich von ihrem Mann beeinflußt. Er wird möglicherweise eine Meinung davon haben, ob sie eine Kamera kaufen und welche sie erwerben sollte. Gleichzeitig ist sie es, die in erster Linie entscheidet, kauft und die Kamera benutzt.

Rollen und Status

Eine Person gehört zahlreichen Gruppen an – Familie, Vereinen und Organisationen. Die Position, die eine Person in jeder Gruppe einnimmt, kann mit den Begriffen „Rolle" oder „Status" bezeichnet werden. Im Verhältnis zu ihren Eltern spielt Betty die Rolle der Tochter, in ihrer eigenen Familie die der Ehefrau und in ihrer Firma hat sie die Rolle einer Produkt-Managerin übernommen. Eine Rolle besteht aus den Aktivitäten, die man von einer Person erwartet. Jede von Bettys Rollen wird ihr Einkaufsverhalten beeinflussen.

Zu jeder Rolle gehört ein **Status,** der das generelle Ansehen ausdrückt, die dieser Rolle von der Gesellschaft beigemessen wird. Die Rolle einer Produkt-Managerin hat in dieser Gesellschaft einen höheren Stellenwert als die Rolle einer Tochter. Als Produkt-Managerin kauft Betty Kleidungsstücke, die ihrer Rolle und ihrem Status entsprechen. Leute kaufen oft Produkte, die ihren gesellschaftlichen Status reflektieren. So fahren Firmenchefs Mercedes und Cadillac, tragen teure Kleidung und trinken Cutty Sark Scotch.

Persönliche Faktoren

Die Entscheidungen eines Käufers werden auch durch persönliche Merkmale beeinflußt, wie z. B. vom Alter des Käufers, von seinem Lebensabschnitt und Beruf, seiner wirtschaftlichen Situation, seinem Lebensstil sowie von seiner Persönlichkeit und seinem Selbstverwirklichungskonzept.

Alter und Lebensabschnitt

Im Laufe ihres Lebens wechseln die Menschen die Waren und Dienstleistungen, die sie kaufen. In den ersten Jahren ihres Lebens

TABELLE 6-2
Übersicht über den Familienlebenszyklus und das Kaufverhalten

PHASE DES FAMILIENLEBENSZYKLUS	KAUF- ODER VERHALTENSMUSTER
1. Die Junggesellenphase: junge, alleinstehende Leute, die nicht zu Hause wohnen	Wenig finanzielle Verpflichtungen, opinion leader in Modefragen, freizeitorientiert. Gekauft werden: Küchen-Grundausstattungen, Grundmobiliar, Autos und alles, was man benötigt, einen Partner „aufzureißen" sowie Urlaubsreisen.
2. Jungvermählte Paare: jung und kinderlos	Finanziell besser gestellt als sie es in naher Zukunft sein werden. Höchste Kaufrate, vor allem für langlebige Gegenstände. Gekauft werden: Autos, Kühlschränke, Herde, zweckmäßige und dauerhafte Einrichtungen, Urlaubsreisen.
3. Das volle Nest I: das jüngste Kind ist unter sechs	Liquide Mittel sind knapp. Man ist unzufrieden mit der finanziellen Situation und den Ersparnissen. Interesse besteht an neuen Produkten. Gekauft werden: Waschmaschinen, Trockner, Fernseher, Babynahrung, Einreibemittel und Hustentropfen, Vitamine, Puppen, Kombi-Autos, Schlitten und Schlittschuhe.
4. Das volle Nest II: das jüngste Kind ist sechs oder älter	Bessere finanzielle Situation, einige Ehefrauen sind berufstätig, weniger beeinflußt durch Werbung, bevorzugt werden Großpackungen und Großeinkäufe. Gekauft werden vor allem: viele Lebensmittel, Reinigungsmittel, Fahrräder, Musikstunden und Klaviere.
5. Das volle Nest III: ältere Ehepaare mit abhängigen Kindern	Die finanzielle Lage ist noch besser, mehr berufstätige Frauen, einige Kinder beginnen zu arbeiten, schwer durch Werbung zu beeinflussen. Gekauft werden: neue, geschmackvollere Möbel, Autoreisen, nicht unbedingt notwendige Geräte, Boote, zahnärztliche Behandlungen, Zeitschriften.
6. Das leere Nest I: ältere Ehepaare, die Kinder sind außer Haus, das Familienoberhaupt ist noch berufstätig	Höhepunkt des Eigenheimbesitzes, höchstmögliche Zufriedenheit mit der finanziellen Lage und den Ersparnissen, Interessen an Reisen, Urlaub und autodidaktischer Weiterbildung. Man macht Geschenke und Spenden. Es besteht kein Interesse an neuen Produkten. Gekauft werden insbesondere Urlaube, Luxusartikel, Einrichtungsverbesserungen.
7. Das leere Nest II: ältere Ehepaare, kein Kind lebt zu Hause, das Familienoberhaupt ist pensioniert	Drastische Einschnitte im Einkommen. Man bleibt zu Hause. Gekauft werden medizinische Geräte, medizinische Vorsorgeprodukte zur Unterstützung von Gesundheit, Schlaf und Verdauung.
8. Überlebende(r) im Berufsleben	Das Einkommen ist weiterhin gut, es besteht die Tendenz, das Haus zu verkaufen.
9. Überlebende(r) nicht mehr im Berufsleben	Die gleichen medizinischen und materiellen Bedürfnisse wie andere Pensionistengruppen, drastische Einschnitte im Einkommen, besonderer Bedarf an Aufmerksamkeit, Zuneigung und Sicherheit.

Quellen: William D. Wells und George Gubar, „Life Cycle Concepts in Marketing Research", *Journal of Marketing Research,* November 1966, S. 355–63, hier S. 362. Siehe auch Patrick E. Murphy and William A. Staples „A Modernized Family Life Cycle", *Journal of Consumer Research,* Juni 1979, S. 12–22; sowie Janet Wagner und Sherman Hanna, „The Effectiveness of Family Life Cycle Variables in Consumer Expenditure Research", *Journal of Consumer Research,* Dezember 1983, S. 281–91.

essen sie z. B. Babynahrung, während des Wachstums und der Reifejahre essen sie praktisch alle Nahrungsmittel, und später wechseln sie zu Diätprodukten. Der Bedarf an Kleidung, Möbel und Erholung ist ebenfalls vom Lebensalter abhängig.

Das Kaufverhalten wird auch vom Abschnitt des Familienlebenszyklus bestimmt. Neun verschiedene Abschnitte dieses Zyklus, in Verbindung mit der jeweiligen finanziellen Situation und den für jede Phase typischen Produktinteressen, sind in Tabelle 6-2 aufgelistet. Marketer definieren ihre Zielmärkte oft in Begriffen der Lebensphase und entwickeln dafür entsprechende Produkte und Marketing-Pläne.

Psychologische Lebensphasen sind ebenfalls identifiziert worden. Erwachsene durchlaufen während ihres Lebens bestimmte Phasen oder Veränderungen.[11]) So kann z. B. Betty Smith von einer zufriedenen Produkt-Managerin und Ehefrau zu einer unzufriedenen Person werden, die neue Wege zur Selbstverwirklichung sucht. Das könnte z. B. ein Motiv für ihr starkes Interesse an der Photographie sein. Marketer sollten diesen veränderten Kaufinteressen, die auf diese Lebensphasen der Erwachsenen zurückzuführen sein könnten, besondere Beachtung schenken.

Beruf

Der Beruf einer Person beeinflußt die Wahl der von ihr gekauften Waren und Dienstleistungen. Ein „blue-collar“-Arbeiter wird Arbeitskleidung, Arbeitsschuhe und „lunch boxes“ kaufen und in seiner Freizeit das Bowling-Halle besuchen. Ein Spitzenmanager kauft teure Anzüge, Flugtickets sowie ein großes Segelboot und erwirbt die Mitgliedschaft in einem Country-Club. Marketer versuchen, die Berufsgruppen zu erkennen, die ein überdurchschnittliches Interesse an ihren Produkten und Dienstleistungen haben. Ein Unternehmen kann sich sogar darauf spezialisieren, Produkte herzustellen und zu vermarkten, die von einer bestimmten Berufsgruppe benötigt werden.

Wirtschaftliche Situation

Die wirtschaftliche Situation einer Person ist von erheblicher Bedeutung für die Produktauswahl. Betty Smith kann den Kauf einer teuren Nikon-Kamera in Erwägung ziehen, wenn sie genügend frei verfügbares Einkommen hat, Ersparnisse besitzt oder wenn ihr Kreditmöglichkeiten offenstehen. Marketer, deren Produkte stark vom Einkommen der Konsumenten abhängig sind, beobachten sorgfältig die Einkommens-, Spar- und Zinsentwicklungen. Falls die ökonomischen Indikatoren auf eine Rezession hinweisen, können

Marketer geeignete Maßnahmen ergreifen, ihre Produkte neu zu entwerfen, neu zu positionieren oder andere Preise festlegen.

Lebensstil

Menschen, die der gleichen Subkultur, sozialen Schicht und sogar der gleichen Berufsgruppe angehören, können äußerst unterschiedliche Lebensstile haben.

Diese Michelob-Anzeige wendet sich an Macher („achievers"). Mit freundlicher Genehmigung von Anheuser-Busch Companies, Inc.

Der Lebensstil ist die Art und Weise einer Person zu leben, er kommt durch ihre Aktivitäten, Interessen oder Meinungen zum Ausdruck.

Zum Lebensstil gehört mehr als die soziale Schicht oder die Persönlichkeit. Er umfaßt das gesamte Aktions- und Interaktionsfeld einer Person.
Die Technik, Lebensstile zu erfassen, ist unter dem Begriff „Psychographie"[12] bekannt geworden. Sie befaßt sich mit dem Bewerten von Grunddimensionen, wie sie in Tabelle 6-3 dargestellt worden sind.

TABELLE 6-3
Lebensstil-Dimensionen

AKTIVITÄTEN	INTERESSEN	MEINUNGEN	DEMOGRAPHISCHE FAKTOREN
Arbeit	Familie	über sich selbst	Alter
Hobbies	Heim	soziale Belange	Ausbildung
soziale Ereignisse	Beruf	Politik	Einkommen
Urlaub	Gemeinschaft	Geschäft	Beruf
Unterhaltung	Erholung	Wirtschaft	Familiengröße
Club-Mitgliedschaft	Mode	Erziehung	Wohnung
Gemeinschaft	Nahrung	Produkte	Geographie
Einkaufen	Medien	Zukunft	Größe der Stadt
Sport	Errungenschaften	Kultur	Lebensphase

Quelle: Joseph T. Plummer, „The Concept and Application of Life-Style Segmentation", Journal of Marketing, Jänner 1974, S. 34.

Die ersten dieser drei Kategorien sind als AIO-Dimensionen bekannt geworden (activities, interests, opinions). Anhand dieser AIO-Meßwerte hat die in Chicaco ansässige Werbeagentur Needham, Harper und Steers zehn Lebensstiltypen herausgearbeitet, wie z. B. „Scott, der erfolgreiche Profi", oder „Candice, die schicke Vorstädterin". Kürzlich hat Arnold Mitchell die sogenannte VALS-Typologie entwickelt (values and life styles), mit deren Hilfe er die amerikanische Öffentlichkeit in neun Lebensstilgruppen einteilt, einschließlich Lebenskünstler (survivors), Mitläufer bzw. Gefolgsleute (belongers), „Macher" (achievers) und Angepaßte (integrateds).[13]

Der Lebensstil beeinflußt das Kaufverhalten. So kann sich Betty Smith beispielsweise aussuchen, ob sie als tüchtige Hausfrau, als Karrierefrau oder unabhängige Person leben möchte. Sie spielt verschiedene Rollen, und die Art und Weise, wie sie diese Rollen in Einklang miteinander bringt, drückt ihren Lebensstil aus. Wenn sie Berufsphotographin werden würde, hätte das einen Wandel ihres Lebensstils zur Folge und der wiederum eine Änderung dessen, was und wie sie kauft. Anläßlich der Entwicklung von Marketing-Strategien muß der Marketer nach Beziehungen zwischen Produkt oder Marke und den Lebensstilgruppen suchen.[14]

Persönlichkeit und Selbstkonzept

Die individuelle Persönlichkeit jedes Menschen beeinflußt sein Kaufverhalten.

Die Persönlichkeit ist die Gesamtheit der charakteristischen psychologischen Merkmale einer Person, die zu relativ konsequenten und beständigen Reaktionen auf Einflüsse ihrer Umgebung führen.

Die Persönlichkeit eines Menschen wird gewöhnlich mit folgenden Begriffen beschrieben:[15]

Selbstvertrauen	Überlegenheit	Ausgeglichenheit
Dominanz	Geselligkeit	Leistung
Autonomie	abwehrende Haltung	Bestimmtheit
Veränderung	Angliederung	Anpassungsfähigkeit
Rücksicht	Aggressivität	

Für die Analyse des Verbraucherverhaltens bezüglich eines Produktes oder einer Marke kann es zweckmäßig sein, auch die Persönlichkeit in die Überlegungen einzubeziehen. So könnte z. B. eine Brauerei herausfinden, daß starke Biertrinker zu Geselligkeit und Aggressivität tendieren. Das legt ein mögliches Marken-Image für das Bier nahe sowie die Art der Personen, die in der Werbung gezeigt werden.

Zahlreiche Marketer verwenden ein der Persönlichkeit verwandtes Konzept, und zwar das Selbstverwirklichungskonzept einer Person, das auch als Selbst-Image bezeichnet wird. Wir alle haben eine sehr komplexe Vorstellung von uns selbst. Beispielsweise könnte Betty Smith sich selbst als kontaktfreudig, kreativ und aktiv sehen. Aus diesem Grunde könnte sie beispielsweise eine Kamera bevorzugen, die die gleichen Eigenschaften projiziert. Wenn Nikon als eine Kamera für extrovertierte, kreative und aktive Personen vermarktet wird, so würde das Markenimage mit ihrem Selbstimage übereinstimmen. Marketer sollten jeweils versuchen, ein Marken-Image zu entwickeln, das mit den Selbst-Image der Zielpersonen übereinstimmt.[16]

Psychologische Faktoren

Die Kaufentscheidungen einer Person werden auch von vier wichtigen psychologischen Faktoren beeinflußt – Motivation, Wahrnehmung, Lernfähigkeit sowie Überzeugungen und Einstellungen.

Motivation

Wir wissen, daß Betty Smith am Kauf einer Kamera interessiert ist. Warum? Wonach sucht sie wirklich? Welche Bedürfnisse versucht sie zu befriedigen?

Eine Person hat zu jedem beliebigen Zeitpunkt eine Vielzahl von Bedürfnissen. Einige davon sind biologischer Art, sie entstehen aus Spannungszuständen, wie z. B. Hunger, Durst, Unbehagen. Andere Bedürfnisse sind psychologischer Natur und resultieren aus Spannungszuständen, wie z. B. das Bedürfnis nach Anerkennung, Ansehen oder Zugehörigkeit. Die meisten dieser Bedürfnisse sind nicht stark genug, um eine Person zu veranlassen, zu einem bestimmten Zeitpunkt aktiv zu werden. Ein Bedürfnis wird zu einem Motiv, wenn es einen hinreichenden Intensitätsgrad erreicht hat.

Ein Motiv (oder Antrieb) ist ein Bedürfnis, das als so dringend empfunden wird, daß es die Person veranlaßt, nach Befriedigung dieses Bedürfnisses zu suchen.

Psychologen haben Theorien über die menschliche Motivation entwickelt. Zwei der bekanntesten – die Theorien von Sigmund Freud und von Abraham Maslow – haben eine völlig unterschiedliche Bedeutung für die Konsumentenanalyse und das Marketing.

FREUDS MOTIVATIONSTHEORIE. Freud geht davon aus, daß die Menschen sich meist nicht der wirklichen psychologischen Kräfte bewußt sind, die ihr Verhalten bestimmen. Der Mensch unterdrückt beim Heranwachsen viele Triebe. Diese Triebe werden niemals beseitigt oder gänzlich kontrollierbar; sie treten in Träumen hervor sowie in Versprechern, in neurotischen und zwanghaften Verhaltensweisen oder letztlich in Psychosen.

Aus diesen Gründen vermag eine Person ihre Motivation nicht vollständig zu erkennen. Wenn Betty Smith eine teure Kamera kaufen möchte, könnte ihr Motiv der Wunsch nach einem Hobby oder nach einem Beruf sein. Ein tieferer Grund könnte sein, daß sie die Kamera kauft, um andere mit ihrem kreativen Talent zu beeindrucken. Auf einer noch tiefer liegenden Ebene könnte der Wunsch verborgen liegen, sich durch den Kauf der Kamera wieder jung und unabhängig zu fühlen.

Motivationsforscher sammeln mit Hilfe kleiner Testgruppen Informationen aus dem Unterbewußtsein, um die tieferen Motive für die Produktauswahl der Konsumenten aufzudecken. Dazu verwenden Sie verschiedene Projektionstechniken, um das wirkliche Ich der Testpersonen zu ergründen. Zu diesen Methoden zählen Wortassoziationen, Satzvervollständigungen, Bildinterpretationen und Rollenspiele. Motivationsforscher sind zu interessanten und mitunter seltsam anmutenden Hypothesen bezüglich der Frage gekommen, was im Gemüt eines Käufers anläßlich bestimmter Käufe vorgeht. So sind sie beispielsweise zu der Auffassung gekommen, daß

- Konsumenten nicht gerne Zwetschken essen, weil diese schrumpelig aussehen und an Krankheit und hohes Alter erinnern;

- Männer Zigarren als Ersatzhandlung fürs Daumenlutschen rauchen;
- Frauen pflanzlichen gegenüber tierischen Fetten den Vorzug geben, weil letztere in ihnen Schuldgefühle wegen der Tötung von Tieren hervorrufen;
- eine Frau das Kuchenbacken sehr ernst nimmt, da sie dabei unbewußt einen symbolischen Geburtsakt erlebt.

MASLOWS MOTIVATIONSTHEORIE. Abraham Maslow versuchte zu erklären, warum Menschen zu bestimmten Zeiten von bestimmten Bedürfnissen angetrieben werden.[17] Warum wendet eine Person viel Zeit und Energie für persönliche Sicherheit auf und eine andere, um die Anerkennung ihrer Mitmenschen zu gewinnen? Seine Antwort darauf ist, daß die menschlichen Bedürfnisse hierarchisch angeordnet sind, ausgehend von den dringlichsten bis hin zu den am wenigsten dringlichen. Maslows Bedürfnishierarchie wird in Abbildung 6-3 dargestellt.

In der Reihenfolge ihrer Wichtigkeit werden physiologische Bedürfnisse sowie Bedürfnisse nach Sicherheit, sozialer Integration, Anerkennung und Selbstverwirklichung unterschieden. Eine Person wird versuchen, zuerst die dringlichsten Bedürfnisse zu befriedigen. Wenn das dringendste Bedürfnis befriedigt ist, geht von ihm keine aktuelle Antriebswirkung mehr aus und die betreffende Person wird motiviert sein, das nächstdringliche Bedürfnis zu befriedigen.

Zum Beispiel wird jemand, der Hunger leidet (Bedürfnis 1), kein Interesse an den neuesten Ereignissen aus der Welt der Kunst haben

FIGURE 6-3
Maslow's Hierarchy of Needs

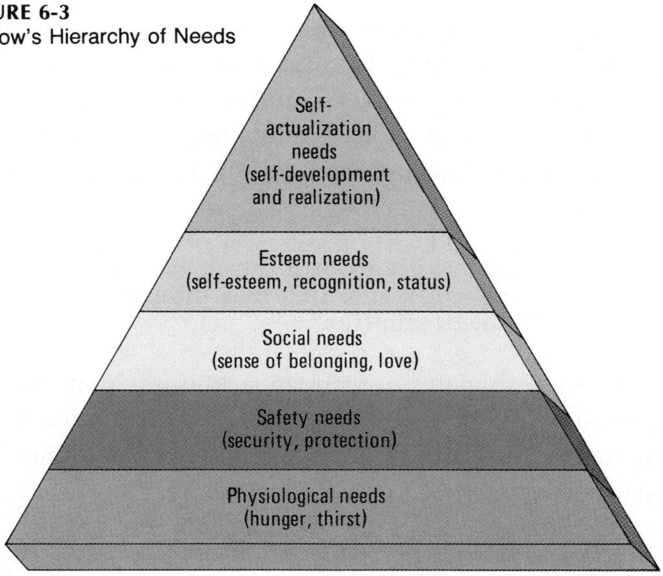

Adapted from *Motivation and Personality,* 2nd ed., by Abraham H. Maslow. Copyright © 1970 by Abraham H. Maslow. Reprinted by permission of Harper & Row, Publishers, Inc.

ABBILDUNG 6-3
Die Pyramide der Bedürfnis-Hierarchie nach Maslow

(Bedürfnis 5). Es wird ihn weder interessieren, wie hoch er bei anderen angesehen ist (Bedürfnisse 3 und 4), noch, ob er klare, reine Luft einatmet (Bedürfnis 2). Erst wenn das jeweils wichtigste Bedürfnis befriedigt ist, wird die Erfüllung des nächstwichtigen Bedürfnisses angestrebt.

Welches Licht wirft Maslows Theorie auf Betty Smiths Interesse, eine Kamera zu kaufen? Wir können annehmen, daß Betty ihre physiologischen, Sicherheits- sowie sozialen Bedürfnisse befriedigt hat und diese keinen Beweggrund für ihr Interesse an Kameras darstellen. Dieses könnte aus einem starken Bedürfnis nach mehr Anerkennung seitens ihrer Mitmenschen resultieren, es kann aber auch dem Bedürfnis nach Selbstverwirklichung entspringen. Sie möchte eine kreative Person sein und sich durch Photos ausdrücken.

Wahrnehmung

Eine motivierte Person ist bereit zu handeln. Wie diese motivierte Person handelt, wird von ihrer Wahrnehmung der Situation beeinflußt. Zwei Menschen mit der gleichen Motivation und in der gleichen Situation können völlig unterschiedlich handeln, weil sie diese Situation unterschiedlich wahrnehmen. So könnte Betty Smith einen schnell sprechenden Kameraverkäufer als laut und unehrlich empfinden. Ein anderer Kamerakäufer wiederum könnte denselben Verkäufer für intelligent und hilfreich halten.

Warum nehmen Menschen dieselbe Situation unterschiedlich wahr? Wir alle erfahren einen Stimulus durch einen Informationsfluß über unsere fünf Sinne: Sehen, Hören, Riechen, Tasten und Schmecken. Trotzdem nimmt jeder von uns diese Sinnesinformationen verschieden auf, ordnet sie unterschiedlich zu und interpretiert sie anders als andere.

> **Die Wahrnehmung ist „der Prozeß, durch welchen ein Individuum Informationen auswählt, zuordnet und interpretiert, um sich ein sinnvolles Weltbild zu schaffen“.**[18]

Infolge dreier Wahrnehmungsprozesse können Menschen aus dem gleichen Stimulus unterschiedliche Bilder einer Situation formen. Es sind dies die selektive Aufnahme, die selektive Verzerrung und die selektive Erinnerung.

DIE SELEKTIVE AUFNAHME. Menschen sind jeden Tag zahlreichen Stimuli ausgesetzt. So wird beispielsweise eine Durchschnittsperson mit mehr als 1500 Werbebotschaften pro Tag konfrontiert. Es ist für jeden unmöglich, allen diesen Impulsen Beachtung zu schenken. Die meisten von ihnen werden einfach übersehen. Selektive Aufnahme bedeutet, daß Marketer besonders intensiv daran arbeiten müssen, die Aufmerksamkeit der Konsumenten zu gewinnen. Ihre Botschaft wird von den meisten Personen überhört, die nicht zu den Interessenten dieses Produktes gehören. Doch selbst Leute, die an dem Produkt interessiert sind, können die Botschaft übersehen, wenn diese sich nicht deutlich von den anderen abhebt.

SELEKTIVE VERZERRUNG. Selbst jene Stimuli, die von den Konsumenten wahrgenommen werden, kommen nicht immer in der beabsichtigten Art und Weise an. Jede Person versucht, an sie herangetragene Informationen in bestehende Meinungen einzuordnen. Selektive Verzerrung beschreibt die Neigung der Menschen, Informationen einen persönlichen Bedeutungsinhalt zu geben. Betty Smith könnte z. B. hören, daß der Verkäufer einige Vor- und Nachteile von Konkurrenzprodukten erwähnt. Da sie bereits sehr stark zur Nikon neigt, wird sie voraussichtlich die Argumente zu der Folgerung verzerren, daß Nikon die bessere Kamera ist. Menschen neigen dazu, Informationen in jener Art und Weise zu interpretieren, daß diese das unterstützen, was sie bereits glauben oder meinen.

SELEKTIVE ERINNERUNG. Menschen vergessen vieles von dem, was sie lernen. Sie neigen dazu, die Informationen zu behalten, die ihre Einstellungen und Überzeugungen unterstützen. Betty wird voraussichtlich die erwähnten Vorzüge der Nikon in Erinnerung behalten und die positiven Dinge, die von konkurrierenden Kameras erwähnt wurden, wieder vergessen. Sie erinnert sich an die Vorzüge der Nikon, weil ihr diese immer wieder einfallen, wenn sie an die Auswahl einer Kamera denkt.

Diese drei Wahrnehmungsfaktoren – selektive Aufnahme, Verzerrung und Erinnerung – bedeuten, daß es für Marketer sehr schwierig ist, mit ihren Werbeaussagen durchzudringen. Diese Schwierigkeit erklärt auch, warum sie ihre Botschaften mit so viel Dramatik und so vielen Wiederholungen ihre Botschaften aussenden.

Lernen

Wenn Menschen handeln, lernen sie.

Lernen beschreibt die Veränderungen im Verhalten eines Individuums, die aus Erfahrungen erwachsen.

Der größte Teil des menschlichen Verhaltens ist erlernt. Lerntheoretiker vertreten die Auffassung, daß Lernen durch das Zusammenspiel von inneren Antrieben (drives), Reizen (stimuli), Hinweisen (cues) sowie Reaktionen (responses) und Verstärkung (reinforcement) erfolgt.

Wir sahen, daß Betty Smith vermutlich einen Drang – auch innerer Antrieb genannt – zur Selbstverwirklichung verspürt hat. Ein Drang (drive) ist ein starker innerer Anreiz (stimulus), der nach Handlung verlangt. Ihr Drang wird zu einem Motiv, wenn er auf ein besonderes Stimulusobjekt gerichtet ist, in diesem Falle auf die Kamera. Bettys Reaktion auf die Idee, eine Kamera zu kaufen, wird durch die sie umgebenden Hinweise beeinflußt. Aufrufe bzw. Hinweise (cues) sind schwächere Anreize, die dafür entscheidend sind, wann, wo und wie die Person reagiert. Das Entdecken von Kameras in Schaufenstern, das Hören von Sonderangeboten für Kameras und die Ermutigung durch ihren Ehemann – all dies sind zusätzliche Hinweise bzw. Ermunterungen, die Bettys Reaktion auf das Verlangen, eine Kamera zu kaufen, beeinflussen können.

Angenommen, Betty kauft die Kamera. Falls sie positive bzw. lohnende Erfahrungen damit sammelt, wird sie die Kamera voraussichtlich mehr und mehr benutzen. Ihr Verhalten bezüglich der Kameraauswahl wird dadurch bestätigt. Wenn sie das nächstemal eine Kamera, ein Fernglas oder ein ähnliches Produkt erwirbt, ist die Wahrscheinlichkeit sehr groß, daß sie sich wieder für Nikon entscheidet.

Die praktische Bedeutung, die sich für Marketer aus der Lerntheorie ergibt, ist die, daß die Nachfrage nach einem Produkt erhöht werden kann, wenn es mit starken inneren Antrieben unter Verwendung motivierender Hinweise in Verbindung gebracht werden kann und für positive Bestätigungen gesorgt wird.

Überzeugungen und Einstellungen

Durch Handeln und Lernen erwerben Menschen ihre Überzeugungen und Einstellungen. Diese wiederum beeinflussen ihr Kaufverhalten.

> **Eine Überzeugung ist eine klare Vorstellung, die eine Person über eine bestimmte Angelegenheit hat.**

Betty Smith mag der Überzeugung sein, daß Nikon großartige Bilder macht, sehr stabil ist und 550 Dollar kostet. Diese Überzeugungen können auf wirklichem Wissen, auf persönlicher Meinung oder Vertrauen basieren. Sie können – müssen aber nicht – emotional belastet sein. Betty Smiths Überzeugung, daß eine Nikon-Kamera schwer ist, kann ihre Entscheidung beeinflussen oder auch nicht.

Marketer sind sehr an den Überzeugungen interessiert, die Leute über bestimmte Produkte und Dienstleistungen haben. Das Image von Produkten und Marken setzt sich aus diesen Überzeugungen zusammen, und sie bestimmen das menschliche Verhalten. Wenn einige dieser Überzeugungen falsch sind und Käufe verhindern, sind

Marketer an einer Kampagne interessiert, um diese unrichtigen Überzeugungen zu korrigieren.

Menschen haben Einstellungen (attitudes) gegenüber fast allen Daseinsbereichen: Religion, Politik, Kleidung, Musik, Nahrung usw.

Eine Einstellung (attitude) beschreibt die dauerhaften, günstigen oder ungünstigen kognitiven Bewertungen, Gefühle und Dispositionen gegenüber bestimmten Objekten oder Ideen.[19]

Einstellungen bewirken, daß Menschen sich einen Meinungsrahmen bilden, aus dem heraus sie Dinge mögen oder ablehnen, sich diesen zu- oder abwenden. So könnte Betty Smith folgende Einstellungen entwickelt haben: „Kaufe stets das Beste", „Die Japaner stellen die besten Produkte der Welt her" und „Kreativität und Selbstverwirklichung gehören zu den wichtigsten Angelegenheiten im Leben". Die Nikon-Kamera würde in diesem Falle sehr gut zu ihren bereits vorhandenen Einstellungen passen. Für ein Unternehmen wäre es von großem Vorteil, die verschiedenen Einstellungen der Leute gegenüber seinen Produkten zu erforschen.

Attitüden sind sehr schwer zu verändern. Die Einstellungen einer Person gehören zu einem bestimmten System und eine von ihnen zu ändern, könnte bedeuten, daß man schwierige Justierungen an anderen vornehmen muß. Aus diesem Grunde sollte ein Unternehmen generell versuchen, seine Produkte bestehenden Einstellungen anzupassen, statt Einstellungsveränderungen anzustreben. Es gibt selbstverständ-

Einstellungen sind schwer zu verändern, aber es ist möglich. Hondas Kampagne „Du triffst die nettesten Leute auf einer Honda" veränderte die Einstellungen der Leute darüber, wer Motorrad fährt. Jack Fields/Photo Researchers.

lich Ausnahmesituationen, in denen sich die erheblichen Kosten eines Versuches, Einstellungen zu ändern, bezahlt machen würden.

Als die Firma Honda in den US-amerikanischen Motorrad-Markt einstieg, sah sie sich vor eine wichtige Entscheidung gestellt. Sie konnte entweder ihre Motorräder an eine kleine Gruppe bereits Interessierter verkaufen oder versuchen, die Zahl der Motorad-Interessenten zu erhöhen. Die letztgenannte Vorgehensweise würde erhebliche Kosten verursachen, da es viele gab, die Motorrädern gegenüber negativ eingestellt waren. Sie assoziierten sie mit schwarzen Lederjacken, Klappmessern und Kriminalität. Honda entschied sich für die zweite Alternative und startete eine groß angelegte Kampagne mit dem Slogan „Du triffst die nettesten Leute auf einer Honda". Die Kampagne zahlte sich aus, und viele Leute übernahmen eine neue Einstellung gegenüber Motorrädern.

Wir können nunmehr die vielen individuellen Merkmale und Kräfte beurteilen, die auf das Konsumentenverhalten einwirken. Die von Konsumenten getroffene Wahl ist das Ergebnis eines komplizierten Zusammenspiels kultureller, sozialer, persönlicher und psychologischer Faktoren. Viele dieser Faktoren können vom Marketer nicht beeinflußt werden. Sie sind allerdings eine wertvolle Hilfe für ihn, wenn er jene Käufergruppe herauszufinden versucht, die an seinem Produkt ein größeres Interesse haben könnte als andere.

DER ENTSCHEIDUNGSPROZESS DES KÄUFERS

Nachdem alle Faktoren angesprochen wurden, die den Käufer beeinflussen, können wir uns der Frage zuwenden, wie Konsumenten ihre Kaufentscheidung treffen. Abbildung 6-4 zeigt den Entscheidungsprozeß des Käufers, der aus fünf Stufen besteht:

- Problemerkennung,
- Informationssuche,
- Bewertung von Alternativen,
- Kaufentscheidung,
- Verhalten nach dem Kauf.

Dieses Modell hebt hervor, daß der Kaufprozeß bereits lange vor dem eigentlichen Kauf beginnt und geraume Zeit nach dem Kauf andauert. Es fordert den Marketer auf, sein Interesse auf den gesamten Kaufprozeß zu konzentrieren statt nur auf die Kaufentscheidung.[20]

Dieses Modell scheint zu unterstellen, daß die Konsumenten bei jedem Kauf alle fünf Phasen durchlaufen. Bei Käufen mit überwiegendem Routinecharakter werden jedoch einige dieser Stufen übersprungen oder es wird deren Reihenfolge geändert. Eine Frau, die ihre übliche Zahnpasta-Marke kauft, würde den Bedarf feststellen, unmittelbar die Kaufentscheidung treffen und die Stufen „Informationssuche" sowie „Bewertung von Alternativen" überspringen. Trotzdem soll

FIGURE 6-4
Buyer Decision Process

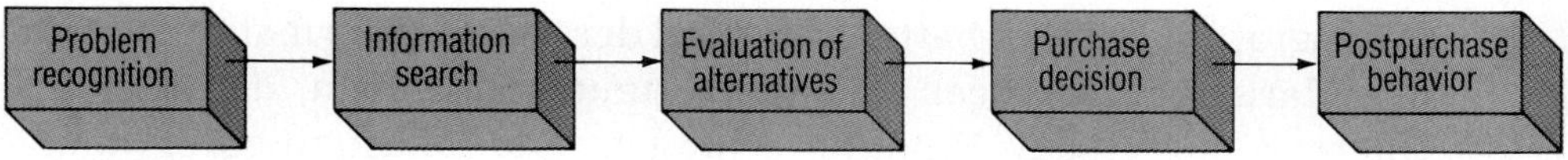

ABBILDUNG 6-4
Der Entscheidungsprozeß des Käufers

Problemerkennung
Informationssuche
Bewertung von Alternativen
Kaufentscheidung
Verhalten nach dem Kauf

das Modell in Abbildung 6-4 als Grundlage für die weitere Betrachtung dienen, da es alle Überlegungen umfaßt, die auftreten, wenn ein Konsument einer neuen und komplexen Kaufsituation gegenübersteht.

Um dieses Modell zu veranschaulichen, wollen wir weiterhin Betty Smith folgen und zu verstehen versuchen, wie ihr Interesse für den Kauf einer teuren Kamera geweckt wurde und welche Phasen sie bis zur endgültigen Markenauswahl durchlaufen hat.

Problemerkennung

Der Kaufprozeß beginnt damit, daß der Käufer ein bestimmtes Problem oder Bedürfnis feststellt. Der Käufer verspürt eine Differenz zwischen dem aktuellen und dem gewünschten Zustand. Dieses Bedürfnis kann durch innere Stimuli ausgelöst werden. Ein normales Bedürfnis des Menschen – z. B. Hunger, Durst, Sex – wird so stark, daß daraus ein Antrieb (drive) wird. Aus früheren Erfahrungen hat die Person gelernt, wie sie mit derartigen Antrieben fertig wird und sie kennt bereits Objekte, mit deren Hilfe sie diese befriedigen kann.

Ein Bedürfnis kann aber auch durch externe Stimuli ausgelöst werden. Betty Smith geht an einer Bäckerei vorbei, und der Anblick frisch gebackenen Brotes erweckt in ihr ein Hungergefühl. Sie bewundert des Nachbarn neues Auto oder sie sieht einen Fernsehspot über einen Urlaub auf Jamaika. Alle diese Anreize können dazu führen, daß sie ein Problem oder Bedürfnis verspürt.

Für diese Phase ist es für den Marketer wichtig, die Faktoren und Situationen zu verstehen, die gewöhnlich das Problembewußtsein beim Konsumenten auslösen. Er sollte die Konsumenten erforschen, um herauszufinden, welche Bedürfnisse und Probleme entstehen, was sie ausgelöst hat und wie sie den Konsumenten zu einem bestimmten Produkt geführt haben.

Betty Smith könnte antworten, daß sie das Bedürfnis nach einem neuen Hobby verspürte. Dieses trat auf, als sie nicht mehr so viel Arbeit im Büro hatte und nachdem sie mit einem Freund ein Gespräch über Photographie geführt hatte. Aufgrund derartiger Informationen kann der Marketer diejenigen Anreize (Stimuli) erkennen, die öfter das Interesse an einem Produkt auslösen, und Marketingprogramme entwickeln, die diese Stimuli einbeziehen.

Informationssuche

Ein stimulierter Konsument wird – oder auch nicht – nach weiteren Informationen suchen. Wenn das Bedürfnis des Konsumenten stark ausgeprägt und ein für dessen Befriedigung geeignetes Produkt leicht zu beschaffen ist, wird es der Konsument voraussichtlich kaufen. Ist das nicht der Fall, könnte der Konsument dieses Bedürfnis einfach im Gedächtnis behalten und weiter nach Informationen suchen.

Ab einer bestimmten Bedürfnisintensität könnte der Käufer zu einer erhöhten Aufmerksamkeit für bestimmte Produktinformationen gelangen. Im Beispielfall ist Betty Smith aufnahmebereiter für alle Informationen über Kameras geworden. Mit besonderer Aufmerksamkeit beachtet sie Kameraanzeigen, interessiert sich für Kameras ihrer Freunde und hört interessierter Gesprächen über Kameras zu.

Betty könnte aber auch aktiv nach Informationen suchen, indem sie gezielt darüber liest, Freunde anruft sowie auf andere Weise Produktinformationen zusammenträgt. Wie intensiv sie sucht, wird davon abhängen, wie stark ihr Antrieb ist, wieviel Vorkenntnisse sie mitbringt, wie einfach es ist, mehr Informationen zu erhalten, aber auch vom Wert, den sie Zusatzinformationen beimißt und von der Befriedigung, die sie durch diese Suche erlangt.

Ein Konsument kann Informationen aus verschiedenen Quellen beziehen. Diese umfassen:

- *Persönliche Quellen:*
  Familie, Freunde, Nachbarn, Bekannte.
- *Kommerzielle Quellen:*
  Werbung, Verkäufer, Händler, Verpackung, Schaufensterauslagen.
- *Öffentliche Quellen:*
  Massenmedien, Verbraucherzentrale.
- *Erfahrungsquellen:*
  Anfassen, Untersuchen und Benutzen des Produktes.

Der relative Einfluß dieser Informationsquellen variiert von Produkt zu Produkt und von Käufer zu Käufer. Grundsätzlich erhält der Konsument die meisten Informationen über ein Produkt aus kommerziellen Quellen, das heißt von jenen, die vom Marketer dominiert werden. Die wirksamsten Quellen jedoch sind tendenziell die persönlichen. Im allgemeinen informieren kommerzielle Quellen den Käufer. Persönliche Quellen jedoch legitimieren oder bewerten

Produkte für ihn. So lernen Ärzte beispielsweise durch kommerzielle Quellen neue Medikamente kennen, sie wenden sich aber an Kollegen, um bewertende Informationen zu erhalten.

Nach der Informationserlangung ist der Konsument besser über die erhältlichen Marken und deren besondere Eigenschaften informiert. Betty Smith hat herausgefunden, welche Kameramarken erhältlich sind. Die Informationen darüber versetzen sie in die Lage, einige Marken aus den weiteren Überlegungen auszuschließen. Ein Unternehmen muß sein Marketing-Mix so gestalten, daß Interessenten auf seine Marke aufmerksam gemacht werden und für weitere Informationen aufgeschlossen sind. Wenn ihm dies nicht gelingt, hat es seine Chance verpaßt, das Produkt an den Konsumenten zu verkaufen. Das Unternehmen muß auch wissen, welche anderen Marken die Konsumenten in Erwägung ziehen, damit es seine Konkurrenz kennt und die eigenen Vorzüge entsprechend herausstellen kann.

Die Marketer sollten die Informationsquellen der Konsumenten sowie deren Bedeutung sorgfältig untersuchen. Die Konsumenten sollten befragt werden, wie sie zum ersten Mal von dem Produkt gehört, welche Informationen sie erhalten haben und welche Bedeutung sie den einzelnen Informationsquellen beimessen. Diese Kenntnis ist für die Vorbereitung einer wirksamen Kommunikation mit den Zielmärkten von erfolgsentscheidender Bedeutung.

Die Bewertung von Alternativen

Wir haben gesehen, wie der Konsument Informationen benutzt, um zu endgültigen Entscheidungen zu gelangen. Als nächstes stellt sich die Frage: Wie wählt der Konsument zwischen alternativen Marken. Ein Marketer muß wissen, wie ein Konsument Informationen verarbeitet, um zur Markenauswahl zu gelangen. Leider gibt es keinen einfachen oder einzigen Bewertungsprozeß, der bei allen Konsumenten auf gleiche Weise abläuft oder wenigstens bei einem Konsumenten für alle Kaufsituationen gilt. Es gibt verschiedene Bewertungsprozesse.

Bestimmte Grundbegriffe werden dazu beitragen, die Bewertungsprozesse des Konsumenten zu erläutern: Erstens wird davon ausgegangen, daß jeder Kunde ein Produkt als Bündel von Produkteigenschaften betrachtet. Für Kameras umfassen diese Attribute Bildqualität, einfache Handhabung, Kameragröße und Preis. Die Kunden unterscheiden bezüglich der Relevanz, die einzelne Produkteigenschaften für sie haben. Sie werden jeweils den Eigenschaften besondere Aufmerksamkeit widmen, die im Zusammenhang mit anderen Bedürfnissen stehen.

Zweitens werden verschiedene Konsumenten den einzelnen

Produkteigenschaften unterschiedliche Bedeutung beimessen, das heißt, für jeden Konsumenten richtet sich die Wichtigkeit eines Attributes nach der Bedeutung, die es im Hinblick auf seine Bedürfnisse und Wünsche hat.

Drittens wird der Konsument wahrscheinlich lernen, jeder Marke eine Anzahl von (oder: einzelne) Eigenschaften zuzuordnen. Dieser Ansichtenkatalog über eine bestimmte Marke wird als Marken-Image bezeichnet. Die Überzeugungen des Konsumenten können von den tatsächlichen Eigenschaften eines Produktes abweichen. Die Ursachen

Zwecks Erzielung einer besseren Konsumentenakzeptanz hat Minolta eine automatische Schärfeneinstellung und einen automatischen Filmtransport sowie weitere Produktmerkmale eingeführt, die bei anderen Kameras nicht angeboten werden. Mit freundlicher Genehmigung der Minolta Corporation.

dafür sind subjektive Erfahrungen sowie die Auswirkungen selektiver Aufnahme, Verzerrung und Erinnerung.

Viertens ist anzunehmen, daß der Konsument jedem Attribut eine gewisse Nützlichkeitsfunktion bzw. einen bestimmten Stellenwert zuordnet. Diese Nützlichkeitsfunktion gibt Aufschluß darüber, inwieweit die unterschiedliche Ausprägung einzelner Produkteigenschaften den Bedürfnissen der Konsumenten entspricht oder von ihren Erwartungen abweicht. Zum Beispiel könnte sich Betty Smith eine bessere Befriedigung ihrer Bedürfnisse von einer Kamera mit einer höheren Bildqualität erhoffen. Sie könnte auch eine mittelschwere Kamera bevorzugen, im Gegensatz zu einer sehr leichten oder sehr schweren, oder eine 35-mm-Kamera statt einer 135-mm-Kamera. Wenn der Ausprägungsgrad der einzelnen Attribute so kombiniert wird, daß der Nutzwert – die Nützlichkeitsfunktion – am größten ist, dann erhält man Betty's Idealkamera. Diese Idealkamera würde sie auch bevorzugen, wenn sie verfügbar und erschwinglich wäre.

Fünftens gelangt der Konsument durch eine Art Bewertungsprozeß zu gewissen Einstellungen gegenüber den verschiedenen Marken. Abhängig vom jeweiligen Verwender und der zu treffenden Kaufentscheidung wird bzw. werden ein oder mehrere Bewertungsverfahren angewandt.

Am Beispiel von Betty Smith soll diese Vorstellung verdeutlicht werden. Angenommen, Betty hat ihre Wahl auf vier Kameras eingeengt. Des weiteren sei unterstellt, daß sie hauptsächlich an vier Eigenschaften interessiert ist – Bildqualität, einfache Handhabung, Kameragröße und Preis. Betty hat inzwischen Vorstellungen bzw. Überzeugungen darüber entwickelt, welches Produkt in welcher Ausprägung mit welchen Attributen ausgestattet ist. Der Marketer würde gerne im voraus wissen, welche Kamera Betty kaufen wird.

Für den Fall, daß eine Kamera allen gewünschten Produktanforderungen bestens gerecht würde, könnte zweifellos vorhergesagt werden, daß Betty diese Kamera auswählen wird. Die einzelnen Marken variieren jedoch hinsichtlich ihrer Anziehungskraft. Einige Käufer legen ihren Kaufentscheidungen nur ein einziges Attribut zugrunde und ihre Wahl ist leicht vorhersagbar. Wenn Betty den größten Wert auf Bildqualität legt, wird sie die Kamera kaufen, von der sie glaubt, daß sie die beste Bildqualität aufzuweisen hat. Aber die meisten Käufer bewerten mehrere Eigenschaften und messen jedem Attribut unterschiedliche Bedeutung bei. Wenn wir wüßten, welche Bedeutung die einzelnen Attribute für Betty haben, könnten wir ihre Kamerawahl verläßlich vorhersagen.

Marketer sollten untersuchen, wie Käufer Markenalternativen tatsächlich bewerten. Wenn sie darüber informiert sind, können sie Schritte unternehmen, um die Entscheidungen der Käufer zu beeinflussen. Angenommen, Betty ist geneigt, eine Nikon-Kamera zu kaufen, weil sie deren hohe Bildqualität und einfache Handhabung schätzt. Welche Strategien könnte ein anderer Kamerahersteller – z. B. Minolta – ergreifen, um Personen wie Betty zu beeinflussen? Es gibt mehrere Möglichkeiten. Minolta könnte seine Kamera so verbessern, daß sie bessere Bilder liefert, oder andere Eigenschaften so verändern, wie sie von Verwendern wie Betty gewünscht werden. Ferner könnte versucht werden, die Überzeugungen oder Vorurteile der Käufer, inwieweit die Minolta-Kamera den wichtigsten Anforderungen entsprechen kann, zu verändern, besonders dann, wenn die Konsumenten die Qualität des Produktes laufend unterschätzen. Man könnte auch versuchen, die Meinungen der Käufer über Nikon und andere Konkurrenten zu beeinflussen. Schließlich könnte Minolta versuchen, die Liste der Eigenschaften zu ändern, die Käufer für wichtig erachten, oder sie dazu zu bringen, diesen Attributen ein anderes Gewicht beizumessen. So könnte beispielsweise für die Minolta mit der Aussage geworben werden, daß alle guten Kameras nahezu über die gleiche Bildqualität verfügen und ihr geringeres Gewicht sowie ihr niedrigerer Preis für Leute wie Betty einen wesentlichen Vorteil darstellen.

Kaufentscheidung

In der Abwägungsphase erstellt der Konsument eine Rangliste der verschiedenen Marken und entwickelt seine Kaufabsichten. Im allgemeinen kauft er jenes Produkt, das ihm am meisten zusagt, doch können zwei Faktoren zwischen die Kaufabsicht und die Kaufentscheidung treten. Diese Faktoren sind aus Abbildung 6-5 ersichtlich.[21]

Als erstes sind die Einstellungen bzw. Meinungen anderer zu nennen. Angenommen, Betty's Mann ist der festen Überzeugung, daß Betty die billigste Kamera kaufen sollte, um die Haushaltskasse so

FIGURE 6-5
Steps between Evaluation of Alternatives and a Purchase Decision

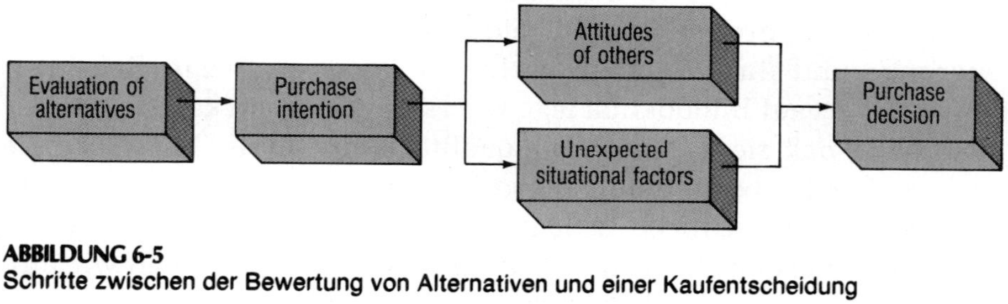

ABBILDUNG 6-5
Schritte zwischen der Bewertung von Alternativen und einer Kaufentscheidung

Bewertung von Alternativen — Kaufabsicht — Meinungen anderer / Unerwartete, situative Faktoren — Kaufentscheidung wenig wie möglich zu belasten. Betty's Chancen, eine teure Kamera zu erwerben, werden damit erheblich reduziert. Inwieweit die Meinungen einer anderen Person Auswirkungen auf Betty's Kaufentscheidung haben, hängt sowohl von deren Überzeugungskraft ab, als auch davon, inwieweit Betty motiviert ist, den Wünschen dieser anderen Personen zu entsprechen. Die Meinung einer anderen Person wird umso größere Wirkung erzielen, je eindringlicher sie vorgetragen wird und je näher Betty dieser Person steht.

Die Kaufentscheidung wird auch von unerwarteten Situationen beeinflußt. Die Kaufabsicht, die der Konsument entwickelt, basiert auf Faktoren, wie z. B. erwartetes Haushaltseinkommen, erwarteter Preis und erwartete Vorzüge des Produktes. Wenn der Verbraucher zum Kauf bereit ist, können unerwartete Situationen auftreten, die seine Kaufabsicht verändern. Betty Smith könnte ihren Arbeitsplatz verlieren, andere Anschaffungen könnten vordringlicher werden, oder ein Freund könnte ihr berichten, daß er von jener Kamera, die sie kaufen wollte, enttäuscht ist.

Aus den dargelegten Gründen führen Präferenzen und sogar konkrete Kaufabsichten nicht immer zu einer analogen Kaufentscheidung. Sie lenken zwar das Kaufverhalten, bestimmen aber nicht unbedingt das Ergebnis. Abbildung 6-6 zeigt ein dafür nahezu typisches Beispiel. Eine Untersuchung, bei der 100 Personen die Absicht bekundeten, innerhalb der nächsten zwölf Monate die Marke A eines Gerätes zu kaufen, ergab, daß nur 44 Prozent überhaupt ein derartiges Produkt erworben und lediglich 30 Prozent sich für die Marke A entschieden hatten.

ABBILDUNG 6-6
Konsequenzen von Kaufabsichten und Kaufentscheidungen

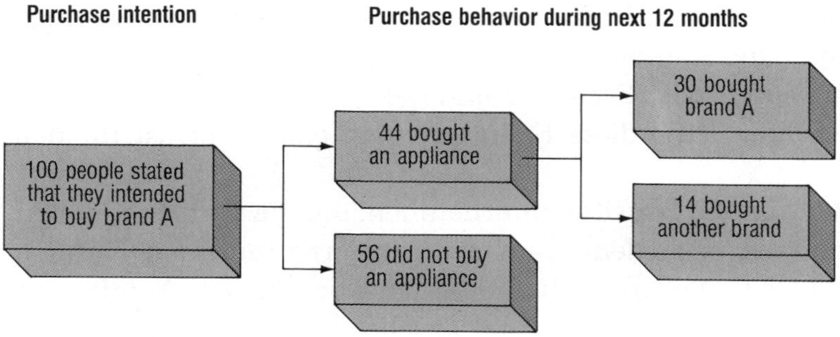

FIGURE 6-6
Consequences of Purchase Intentions and Purchase Decisions

Kaufabsicht	Kaufverhalten während der nächsten zwölf Monate	
100 Personen gaben an, daß sie Marke A zu kaufen beabsichtigten.	44 Prozent kauften ein Gerät	30 Prozent kauften Marke A
	56 Prozent kauften kein Gerät	14 Prozent kauften eine andere Marke

Verhalten nach dem Kauf

Die Aufgabe des Marketers endet nicht mit dem Verkauf des Produktes. Nach dem Kauf ist der Konsument entweder mit dem erworbenen Produkt zufrieden oder davon enttäuscht und begeht Handlungen, die für den Marketer von Interesse sind. Wovon hängt es ab, ob der Käufer mit einem Kauf zufrieden oder unzufrieden ist? Die Antwort liegt in der Beziehung zwischen der Erwartung des Konsumenten und der tatsächlich erbrachten Leistung des Produktes begründet.[22] Wenn das Produkt den Erwartungen entspricht, ist der Konsument zufrieden, wenn es ihnen nicht entspricht, ist er unzufrieden.

Die Erwartungen der Konsumenten basieren auf den Botschaften, die sie vom Verkäufer, von Freunden oder anderen Informationsquellen erhalten haben. Wenn der Verkäufer die Produktqualitäten übertrieben dargestellt hat, können die Erwartungen des Konsumenten nicht erfüllt werden, was zur Unzufriedenheit führt. Je größer die Lücke ist, die zwischen Erwartungen und Produktleistung klafft, umso größer ist die Unzufriedenheit des Konsumenten. Dieser Zusammenhang legt nahe, daß der Verkäufer wirklich nur jene Produktleistungen herausstellen sollte, die auch tatsächlich erfüllt werden.

Das Ausmaß an Zufriedenheit mit dem Produkt beeinflußt das spätere Verhalten. Ein zufriedener Kunde wird wahrscheinlich das Produkt das nächste Mal wieder kaufen und positiv darüber sprechen. Ein derartiges Verhalten bestätigt die Marketer-Erkenntnis: Ein zufriedener Kunde ist die beste Werbung.

Unzufriedenen Konsumenten stehen mehrere Wege offen. Sie können das Produkt zurückgeben, Umtausch verlangen oder sich beim Unternehmen beschweren und das Geld zurückverlangen. Sie könnten zu einem Rechtsanwalt gehen oder sich bei Organisationen oder Gruppen beklagen, die ihnen helfen, zufriedengestellt zu werden. Ferner könnten die Käufer auch davon Abstand nehmen, das Produkt nochmals zu kaufen, oder Freunden und Bekannten Negatives über das Produkt berichten. Alle diese Fälle bedeuten einen Verlust für den Verkäufer.

Marketer können Schritte unternehmen, um die Unzufriedenheit des Konsumenten nach dem Kauf zu reduzieren, und den Kunden helfen, ein gutes Gefühl bezüglich des Kaufes zu haben. Autofirmen können die neuen Wagenbesitzer anschreiben und ihnen dazu gratulieren, daß sie ein gutes Auto ausgewählt haben. Sie können Anzeigen veröffentlichen, die zufriedene Eigentümer in ihrem neuen Wagen zeigen. Sie können Verbesserungsvorschläge der Kunden aufgreifen und Listen bestehender Service-Einrichtungen erstellen. Des weiteren können sie Instruktionsschriften verfassen, die der Enttäuschung vorbeugen bzw. diese reduzieren. Darüber hinaus können sie den Eigentümern Magazine übermitteln, die redaktionelle Beiträge darüber enthalten, welches Vergnügen es ist, einen neuen Wagen zu besitzen.

Es ist erwiesen, daß es zu weniger Produktrückgaben oder Auftragsstornierungen kommt, wenn man mit dem Käufer auch nach dem Kauf noch in Verbindung bleibt. Die sorgfältige Beachtung von Unzufriedenheiten des Kunden kann dem Unternehmen helfen, Probleme zu erkennen und zu lösen und so die Zufriedenheit der Käufer in Zukunft zu steigern (siehe Beispiel 6-2).

Die Coca-Cola Company lädt Kunden ein, die Firma über einen heißen Draht zum Ortstarif anzurufen und ihre Probleme zu artikulieren sowie Fragen zu stellen. Mit freundlicher Genehmigung der Coca-Cola Company.

Die Kenntnis der Bedürfnisse und der Kaufkraft des Konsumenten bildet die Grundlage für erfolgreiches Marketing. Aus dem Verständnis, wie Käufer ein Problem wahrnehmen, sich Informationen beschaffen, Alternativen abwägen, zur Kaufentscheidung gelangen und wie sie sich nach dem Kauf verhalten, kann der Marketer zahlreiche Hinweise ableiten, wie den Bedürfnissen der Käufer entsprochen werden kann. Das Wissen um die verschiedenen Teilnehmer im Kaufprozeß und die Kenntnis der wichtigsten Einflüsse, die auf deren Verhalten einwirken, versetzen ihn in die Lage, ein wirksames Marketing-Programm zu entwickeln, das es ermöglicht, der jeweiligen Zielgruppe ein attraktives Angebot zu unterbreiten.

DER ENTSCHEIDUNGSPROZESS DES KÄUFERS BEI NEUEN PRODUKTEN

Wir haben einen Blick auf die Phasen geworfen, die ein Käufer durchläuft, wenn er ein Bedürfnis zu befriedigen versucht. Käufer können diese Phasen schnell oder auch langsam passieren und einige sogar mehrmals. Vieles hängt von der Natur des Käufers, vom Produkt und von der Kaufsituation ab.

Im folgenden soll untersucht werden, wie Käufer an den Kauf neuer Produkte herangehen. Wir definieren ein **neues Produkt** als eine Ware, eine Serviceleistung oder Idee, die von potentiellen Kunden

BEISPIEL 6-2
Kunden: Procter & Gamble's Draht zu Produktproblemen

Einer der ersten Marketer für Massenprodukte, der ein weit verzweigtes Kundendienstsystem aufgebaut hat, die Procter & Gamble Co., feiert heuer den zehnten Jahrestag ihres Nummer-800-Service.* Obwohl die Firma auf dem Kundendienstsektor führend ist – bereits 1941 wurde der erste Experte dafür eingestellt –, ist ihr derzeitiger Abwicklungsprozeß nicht völlig computerisiert wie bei einigen anderen Gebrauchsgüterherstellern. Schon 1971 experimentierte Procter & Gamble mit der Telefonidee, und 1979 wurde mit der Realisierung des Planes begonnen, für jedes ihrer in den USA verkauften Produkte eine Nummer-800 einzurichten.

Im vorigen Jahr verzeichnete Procter & Gamble bezüglich seiner Produkte 670.000 Post- und Telefonkontakte, und in diesem Jahr ist mit einer weiteren Steigerung von 17 Prozent zu rechnen. G. Gibson Carey, Abteilungsleiter für Öffentlichkeitsarbeit bei Procter & Gamble, unterteilt diese Kontakte in drei große Kategorien:

1. Wünsche nach mehr Informationen,
2. Beschwerden,
3. Anerkennungen.

Procter & Gamble beschäftigt 75 Personen in der Kundendienstabteilung, von denen 30 die Telefonanrufe abwickeln. Die anderen beantworten Briefe und helfen, die Informationen für andere Abteilungen zu verdichten. An Werktagen werden von morgens, 9.30 Uhr, bis abends, 19.30 Uhr, Telefonanrufe entgegengenommen. Die Angestellten erhalten ein drei bis fünf Wochen dauerndes Training. Außer Unterweisungen darüber, wie Leute am Telefon zu behandeln sind, umfaßt die Ausbildung auch einen Überblick zur Geschichte eines jeden Produktes sowie über die Marketing- und Werbestrategien, die das Unternehmen jeweils verfolgt. Darüber hinaus wird erläutert, welche Folgeerscheinungen auftreten, wenn das Produkt falsch benutzt wird. Die Angestellten, die beim Telefon sitzen, haben spezielle Handbücher vor sich liegen und stehen mit dem technischen Personal in Verbindung – aber sie haben keine Computer, die ihnen helfen, die Fragen zu beantworten. Die Informationen, die von den Procter & Gamble-Kunden kommen, werden handschriftlich notiert und später in den Computer eingegeben.

Die meisten Anrufer haben die Produktpackung in der Hand, wenn sie sich an das Unternehmen wenden. Jedes Produkt hat einen aufgedruckten Code, der den Produktionsort, das Herstellungsdatum und mitunter sogar die Schicht enthält, während der das Produkt erzeugt wurde. Selbst wenn Procter & Gamble schadhafte Packungen geliefert hat, was kürzlich bei einem Produkt passiert ist, kann die Ursache des Problems schnell herausgefunden und beseitigt werden.

Die Kundenanrufe bezüglich verschiedener Produkte haben Procter & Gamble veranlaßt, folgende Änderungen vorzunehmen:

- auf die Duncan Hines Pfadfinder-Packungen Anleitungen für das Backen in größerer Höhe hinzufügen;
- die Informationen auf der Verpackung seiner weißen Kuchenmischung um ein Rezept für einen Hochzeitskuchen zu erweitern;
- den Verbrauchern zu sagen, was zu tun ist, falls ihr Produkt Downy, ein

flüssiger Weichspüler, zufällig gefriert (zahlreiche Kunden hatten dieses Problem während einer Kälteperiode).

„Grundsätzlich haben wir nicht die Absicht, im Kundendienst eine Quelle für neue Produktideen zu sehen", betont Carey. Die aus diesen Anrufen erlangten Informationen werden zunächst an jene Mitarbeiter der Produktentwicklung weitergegeben, die für die Qualitätskontrolle zuständig sind. Alle Abteilungen sowie das Management erhalten einen gesonderten Bericht. Des weiteren versucht Procter & Gamble herauszufinden, ob die Anrufer mit der Behandlung zufrieden waren, die ihnen zuteil geworden ist.

Carey berichtet, daß der Nummer-800-Service „ein fernes, frühzeitiges Warnsignal" für Produktprobleme darstellt. Ohne dieses System „würden wir Wochen und Monate brauchen, um diese Probleme herauszufinden". Schließlich hebt er hervor: „Mit dieser Angelegenheit verfolgen wir ein großes – einleuchtendes – Eigen-Interesse."

Quelle: Nachgedruckt von der Zeitschrift Business Week, Ausgabe vom 11. Juli 1984, aufgrund einer speziellen Erlaubnis der McGraw-Hill, Inc.

* Anmerkung des Übersetzers: Das Nummer-800-Service ist für den Konsumenten (Anrufer) gebührenfrei.

als neu empfunden wird. Das neue Produkt kann sich bereits eine gewisse Zeit auf dem Markt befinden, aber unser Interesse ist darauf gerichtet, wie Konsumenten zum ersten Mal von Produkten erfahren und wie sie entscheiden, ob sie dieses Produkt annehmen. Der Annahmeprozeß wird definiert als „geistiger Prozeß, den ein Individuum vom ersten Hören über eine Innovation bis zu deren endgültigen Annahme durchläuft".[23] Als Annahme (adaption) wird die Entscheidung eines Individuums bezeichnet, regelmäßiger Verwender eines Produktes zu werden.

Phasen des Annahmeprozesses

Konsumenten durchlaufen fünf Phasen in dem Prozeß der Annahme (adaption) eines neuen Produktes.

1. *Wahrnehmung:* Der Konsument nimmt ein neues Produkt wahr, aber er hat noch wenig Informationen darüber.
2. *Interesse:* Der Konsument wird angeregt, Informationen über das neue Produkt zu sammeln.
3. *Bewertung:* Der Konsument überlegt, ob es sinnvoll ist, das neue Produkt auszuprobieren.
4. *Versuch:* Der Konsument probiert das Produkt in kleinen Mengen aus, um dessen Wert bzw. Nutzen zu überprüfen.
5. *Annahme:* Der Konsument entschließt sich, vollen und regelmäßigen Gebrauch von dem neuen Produkt zu machen.

Dieser Ablauf sollte den für neue Produkte zuständigen Marketer veranlassen, darüber nachzudenken, wie er dem Konsumenten beim Durchlaufen dieser Phasen behilflich sein kann. Ein Hersteller für

Mikrowellenherde könnte herausfinden, daß sich viele Konsumenten in der Interessensphase befinden, aber nicht zur Versuchsphase übergehen, da sie bezüglich des Produktes noch unsicher sind und den hohen Betrag scheuen, der für eine derartige Investition erforderlich ist. Wenn dieselben Konsumenten bereit wären, einen Mikrowellenherd auf Versuchsbasis gegen ein geringes Entgelt auszuprobieren, sollte der Hersteller erwägen, ein Versuchsprogramm mit der Option eines späteren Kaufes anzubieten.

Individuelle Unterschiede bezüglich neuer Produkte

Menschen unterscheiden sich erheblich hinsichtlich ihrer Bereitschaft, neue Produkte auszuprobieren. In jedem Produktbereich gibt es „Konsum-Pioniere" sowie „frühe Adapter". Andere Menschen hingegen akzeptieren neue Produkte wesentlich später. Das hat zu einer Klassifizierung der Kunden nach Annahmekategorien geführt, die in Abbildung 6-7 dargestellt wird.

Die Anzahl der Leute, die ein neues Produkt akzeptieren, steigt nach einem langsamen Start immer mehr an, erreicht einen Höhepunkt und fällt dann wieder ab. Als „Innovatoren" werden jene 2,5 Prozent der Käufer bezeichnet, die als erstes die neue Idee übernehmen. Zu den „frühen Übernehmern" gehören die 13,5 Prozent, die als nächste die neue Idee adaptieren.

Die fünf Adaptionsgruppen weisen unterschiedliche Wertsysteme auf. Die „Innovatoren" sind wagemutig. Sie probieren gern neue Dinge aus und sind bereit, etwas zu riskieren. Diese Konsum-Pioniere lassen sich von Empfehlungen leiten: Sie sind Meinungsführer in ihrer

FIGURE 6-7
Adopter Categorization on the Basis of Relative Time of Adoption of Innovations

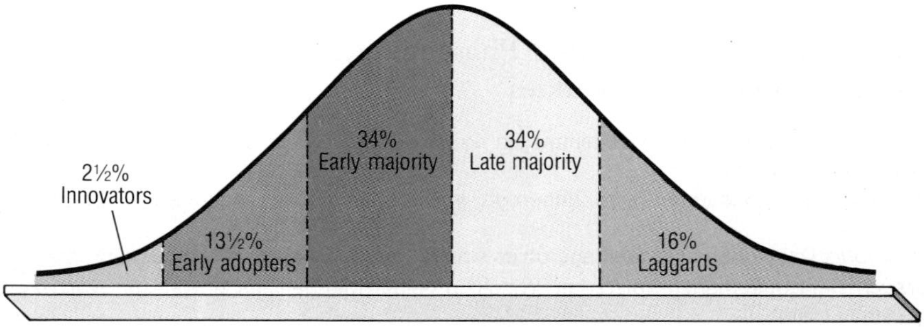

Source: Redrawn from Everett M. Rogers, *Diffusion of Innovations* (New York: Free Press, 1962), p. 162. Adapted with permission of Macmillan Publishing Co., Inc. Copyright © 1962 The Free Press of Glencoe.

ABBILDUNG 6-7
Klassifizierung der Kunden nach der relativen Übernahmephase

Gemeinschaft und übernehmen neue Ideen frühzeitig, jedoch vorsichtig. Die „frühe Mehrheit" handelt wohlüberlegt: Ihre Angehörigen übernehmen neue Ideen vor dem Durchschnittskonsumenten, obwohl sie kaum zu den Meinungsführern zählen. Die „späte Mehrheit" verhält sich skeptisch: Sie übernimmt eine Neuheit erst dann, wenn die Mehrheit sie bereits ausprobiert hat. Die „Nachzügler" schließlich sind traditionsgebunden: Sie stehen Veränderungen argwöhnisch gegenüber und übernehmen eine Innovation erst dann, wenn diese bereits zu einer Tradition geworden ist.

Diese Akzeptanzklassifizierung läßt es für Unternehmen mit neuen Produkten zweckmäßig erscheinen, die Merkmale der „Innovatoren" und der „frühen Übernehmer" zu untersuchen und die Marketingbemühungen auf diese zu richten. Studien haben beispielsweise ergeben, daß „innovative" Hausfrauen mehr ausgeben und einen höheren sozialen Status haben als „nicht innovative" Hausfrauen. Innovatoren im Bereich der Heimcomputer sind mittleren Alters, mit höherem Einkommen sowie besserer Ausbildung und tendenziell Meinungsführer. Sie neigen auch mehr zu rationalen Verhaltensweisen, sind überwiegend introvertiert und weniger sozial eingestellt als andere.[24]

Die Rolle des persönlichen Einflusses

Der persönliche Einfluß spielt eine wichtige Rolle bei der Annahme neuer Produkte. Der Ausdruck „persönlicher Einfluß" bezeichnet die Auswirkungen, die jemandes Äußerungen auf die Einstellungen oder gar das Kaufverhalten dritter haben. Konsumenten tauschen Meinungen über neue Produkte und Marken aus, und der Rat anderer Personen kann das Kaufverhalten erheblich beeinflussen.

Der persönliche Einfluß ist je nach Situation und Person von unterschiedlicher Bedeutung. Er ist in der Bewertungsphase des Adaptionsprozesses wichtiger als in den anderen Abschnitten. Seine Auswirkungen sind bei „späten Übernehmern" größer als bei „frühen Übernehmern", und er ist in riskanten Situationen wichtiger als in sicheren Situationen.

Der Einfluß von Produktmerkmalen auf die Annahmequote

Die Merkmale des neuen Produktes beeinflussen seine Annahmequote. Einige Produkte werden über Nacht zum Renner (Frisbees), während andere viel mehr Zeit benötigen, um akzeptiert zu werden (Autos mit Dieselmotoren). Fünf Merkmale sind für den Erfolg einer Innovation vor allem ausschlaggebend. Diese Merkmale sollen am Beispiel der Adaptionsquote von Personalcomputern für den Hausgebrauch analysiert werden.

Das erste Merkmal ist der relative Vorteil der Innovation – das ist das Ausmaß, in dem das neue Produkt bereits existierenden überlegen erscheint. Je größer der relative Vorteil empfunden wird, einen PC zu benutzen – z. B. für die Vorbereitung der Einkommensteuererklärung oder die Aufstellung von Bilanzen –, umso schneller werden Personalcomputer akzeptiert.

Als zweites Merkmal ist die Kompatibilität der Innovation zu nennen – d. h. das Ausmaß, in dem dieses Produkt in das Wert- und Erfahrungssystem der Individuen einer Gesellschaft hineinpaßt. Personalcomputer sind z. B. weitgehend in den Lebensstil der „oberen Mittelklasse" eingliederbar.

Den dritten Einflußfaktor stellt die Kompliziertheit eines Produktes dar – wie schwierig es zu bedienen oder zu verstehen ist. Personalcomputer sind verhältnismäßig kompliziert zu bedienen, und es wird daher längere Zeit dauern, bis sie sich in Privathaushalten durchgesetzt haben.

Als viertes erfolgsbeeinflussendes Merkmal ist die Teilbarkeit anzusehen – das heißt, inwieweit das Produkt mit begrenztem finanziellen Einsatz ausprobiert werden kann. Würde die Möglichkeit bestehen, Personalcomputer mit einer Kaufoption zu mieten, dann wäre mit einem Anstieg der Akzeptanzquote zu rechnen.

Schließlich ist als fünftes Merkmal die Mitteilbarkeit zu erwähnen – das ist die Möglichkeit, die Ergebnisse bzw. Vorteile wahrzunehmen oder anderen mitzuteilen. Da Personalcomputer vorgeführt und auch beschrieben werden können, wird diese Eigenschaft dazu beitragen, daß sie schneller in das soziale System integriert werden.

Darüber hinaus gibt es noch andere Eigenschaften, die die Adaptionsquote beeinflussen, wie z. B. die Anschaffungs- und Folgekosten, Risiko und Unsicherheit sowie soziale Anerkennung. Der Marketer eines neuen Produktes hat alle diese Faktoren zu untersuchen, wenn er das Marketing-Programm für ein neues Produkt entwickelt.

ZUSAMMENFASSUNG

Die Entwicklung von Marketing-Strategien setzt die Kenntnis des Marktes voraus. Auf dem Konsumentenmarkt werden Güter und Dienstleistungen für den persönlichen Verbrauch abgesetzt. Der Gesamtmarkt besteht aus zahlreichen Teilmärkten, wie z. B. Schwarze und Senioren, die spezielle Marketing-Programme erfordern.

Das Konsumverhalten wird von den Merkmalen und vom Entscheidungsprozeß des Käufers beeinflußt. Zu den Konsumentencharakteristiken gehören vor allem kulturelle, soziale, persönliche und psychologische Faktoren.

Die Kultur ist der grundlegende Bestimmungsfaktor für die Wünsche und das Verhalten einer Person. Marketer versuchen, kulturellen Wandlungen auf der Spur zu bleiben, um frühzeitig neue Wege erkennen zu können, dem Kunden zu dienen. Subkulturen sind Teilgruppen innerhalb von Kulturen, die bestimmte Wertsysteme und Lebensstile aufweisen. Soziale Klassen sind ebenfalls als Subkulturen zu betrachten; deren Angehörige verfügen über ein ähnliches Sozialprestige, das auf Beruf, Einkommen, Ausbildung, Wohlstand und anderen Variablen basiert. Personen mit unterschiedlichen Charakteristiken bezüglich Kultur, Subkultur und sozialer Klasse verfügen über verschiedenartige Produkt- und Markenpräferenzen. Marketer sollten bestrebt sein, ihre Marketing-Programme auf die speziellen Bedürfnisse bestimmter Gruppen zu konzentrieren.

Soziale Faktoren beeinflussen ebenfalls das Verhalten eines Käufers. Die Bezugsgruppen einer Person – Familie, Freunde, Organisationen und Berufsverbände – beeinflussen nachhaltig Produkt- und Markenauswahl. Die Position, die eine Person in jeder Gruppe einnimmt, kann mit den Begriffen Rolle und Status gekennzeichnet werden. Ein Käufer wählt Produkte und Marken, die seine Rolle und seinen Status zum Ausdruck bringen.

Das Alter des Käufers, die Lebensphase, der Beruf, die wirtschaftliche Situation, der Lebensstil, die Persönlichkeit und andere Merkmale beeinflussen seine Kaufentscheidung. Junge Konsumenten haben andere Bedürfnisse und Wünsche als ältere Verbraucher; die Bedürfnisse jung verheirateter Ehepaare weichen von denen der Pensionisten ab; Konsumenten mit höheren Einkommen kaufen anders als jene, denen weniger Geld zum Ausgeben zur Verfügung steht. Auch der Lebensstil eines Konsumenten – sein Verhaltensmuster, die Art, wie er zu agieren und zu reagieren gewohnt ist – beeinflußt in erheblichem Maße die Produktauswahl.

Schließlich wird das Einkaufsverhalten auch von vier wichtigen psychologischen Faktoren geprägt: Motivation, Wahrnehmung, Lernverhalten sowie Überzeugungen und Einstellungen. Jeder dieser Faktoren führt zu unterschiedlichen Ergebnissen in der Käufer-Black Box, ihre Untersuchung soll vor allem dessen Entscheidungsprozeß beschreiben helfen.

Beim Erwerb irgendeines Gegenstandes durchläuft der Käufer einen Entscheidungsprozeß, der sich aus Problemwahrnehmung, Informationssuche, Bewertung von Alternativen, Kaufentscheidung sowie einer kritischen Bestandsaufnahme nach erfolgtem Kauf zusammensetzt. Für den Marketer ist es unerläßlich, das Käuferverhalten in jeder Phase dieses Prozesses zu verstehen und zu wissen, welche Einflüsse jeweils wirksam sind. Diese Kenntnis hilft dem Marketer, effektive Marketing-Programme für die einzelnen Zielgruppen zu entwickeln.

Auf welche Weise Konsumenten auf neue Produkte reagieren, hängt von den Verbraucher- und Produktmerkmalen ab. Die Hersteller versuchen, für ihre Produkte die Aufmerksamkeit der frühen Übernehmer, insbesondere der „opinion leader", zu gewinnen.

DISKUSSIONSFRAGEN

1. Nennen und beschreiben Sie die vom Marketer verwendeten Techniken, um das Kundenverhalten zu untersuchen und zu verstehen.
2. Erläutern Sie die Bedeutung der Black box-Komponente im Modell des Kundenverhaltens.
3. Erklären Sie die Bedeutung von Bezugsgruppen und wie diese das Verhalten einer Person beeinflussen können.
4. Erörtern Sie, inwiefern die Familie starken Einfluß auf das Kaufverhalten nehmen kann.
5. Erklären Sie, welche Ebene der Maslow'schen Bedürfnispyramide die Marketer der folgenden Produkte ansprechen wollen:
   a) Rauchanzeigegeräte
   b) Telephonferngespräche
   c) Seagram's VO Whisky
   d) Lebensversicherungen
   e) Abendessen im Restaurant
   f) transzendentale Medidation
6. Wenden Sie die fünf Phasen des Entscheidungsprozesses auf ihre Studienentscheidung an.
7. Warum wird das Verhalten nach dem Kauf in das Kaufprozeßmodell einbezogen?
8. Wie könnte ein Marketer den Annahmeprozeß für einen Video-Kassetten-Rekorder beeinflussen (VCR)?

SCHLÜSSELBEGRIFFE

Annahme *(Adaption)*. Die Entscheidung eines Individuums, regelmäßiger Verwender eines Produktes zu werden.

Annahmeprozeß *(Adaptionsprozeß)*. Der geistige Prozeß, den eine Person von der ersten Kenntnisnahme bis zur endgültigen Annahme einer Innovation durchläuft.

Einstellung *(Attitude)*. Die langwährenden günstigen oder ungünstigen kognitiven Bewertungen, Meinungen und Verhaltensneigungen einer Person gegenüber einem Objekt oder einer Idee.

Überzeugung *(Belief)*. Ein beschreibender Gedanke, den eine Person bezüglich einer Angelegenheit hegt.

Konsumentenmarkt *(Consumer market)*. Alle Individuen und Haushalte, die Güter und Dienstleistungen für den persönlichen Gebrauch kaufen oder auf sonstige Weise erwerben.

Kultur *(Culture)*. Die Gesamtheit der Grundwerte, Auffassungen, Wünsche und Verhaltensweisen, die das Mitglied einer Gesellschaft von seiner Familie oder anderen wichtigen Institutionen gelernt hat.

Lernen *(Learning)*. Die aus Erfahrung resultierenden Änderungen des Verhaltens eines Individuums.

Lebensstil *(Life style)*: Die Lebensform einer Person, die in ihren Aktivitäten, Interessen und Meinungen zum Ausdruck kommt.

Motive *(Motive or drive)*. Ein hinreichend dringendes Bedürfnis, das eine Person veranlaßt, nach dessen Befriedigung zu trachten.

Neues Produkt *(New product)*. Eine Ware, Dienstleistung oder Idee, die von einigen potentiellen Kunden als neu empfunden wird.

Wahrnehmung *(Perception)*. Jener Vorgang, bei dem eine Person Informationen auswählt, organisiert und interpretiert, um daraus ein Bild über sich und ihre Umgebung zu formen.

Persönlicher Einfluß *(Personal influence)*. Die Auswirkungen, die die Feststellungen einer Person auf die Einstellungen oder auf das Kaufverhalten einer anderen Person haben.

Persönlichkeit *(Personality)*. Die besonderen psychologischen Merkmale einer Person, die sie zu relativ stabilen und zeitlich überdauernden Reaktionen gegenüber ihrer Umgebung führen.

Bezugsgruppen *(Reference groups).* Gruppen, die einen direkten – von Angesicht zu Angesicht – oder indirekten Einfluß auf die Ansichten und das Verhalten einer Person ausüben.

Rolle *(Role).* Die Aktivitäten, die von einer Person seitens ihrer sozialen Umgebung erwartet werden.

Soziale Klassen *(Social classes).* Relativ beständige und abgrenzbare Gruppen einer Gesellschaft, deren Angehörige durch gleiche Werte, Interessen und Verhaltensformen verbunden sind.

Status *(Status).* Das generelle Ansehen, das eine Rolle seitens der Gesellschaft genießt.

Subkultur *(Subculture).* Eine Gruppe von Personen, die über gleiche Wertsysteme verfügen, die auf gemeinsamen Lebenserfahrungen und Situationen basieren.

FUSSNOTEN

1. Siehe Brian O'Reilly, „Lessons from the Home Phone Wars," Fortune, 24. Dezember 1984, S. 83–86; und Jules Abend, „Merchandising Home Telephones: Strategies for Grabbing More Market Share," Stores, Juni 1984, S. 55–60.
2. Statistical Abstract of the United States, 1984.
3. Für weitere Lektüre siehe Thomas S. Robertson, Joan Zielinski und Scott Ward, Consumer Behavior (Glenciew, IL: Scott, Foresman, 1984), S. 536–551. Siehe auch Herbert Allen, „Product Appeal: No Class Barrier," Advertising Age, 18. Mai 1981, S. S4.
4. Siehe Daniel Burstein, „Maturity Market: Exploring New Images," Advertising Age, 29. August 1983, S. M9; sowie Charles D. Schewe, „Research Dispels Myths About Elderly; Suggests Marketing Opportunities," Marketing News, 25. Mai 1984, Abschnitt 1, S. 12.
5. Siehe Rena Bartos, „What Every Marketer Should Know About Women," Harvard Business Review, Mai–Juni 1978, S. 73–85.
6. Siehe „Marketing to Hispanics", Advertising Age, 19. März 1984, S. M10.
7. Siehe Melvin Helitzer und Carl Heyel, The Youth Market (New York: Media Books, 1970), S. 58; und George W. Schiele, „How to Reach the Young Consumer," Harvard Business Review, März–April 1974, S. 77–86.
8. Siehe Leon G. Schiffman und Leslie Lazar Kanuk, Consumer Behavior, 2. Ausgabe (Englewood Cliffs, NJ: Prentice-Hall, 1983), S. 404–420.
9. Diese Klassifizierung wurde ursprünglich entwickelt von W. Lloyd Warner und Paul S. Lundt in The Social Life of a Modern Community (New Haven, CT: Yale University Press, 1941). Bezüglich einer Zusammenfassung einer jüngeren Klassifizierung siehe Richard P. Coleman, „The Continuing Significance of Social Class to Marketers," Journal of Consumer Research, Dezember 1983, S. 265–280.
10. William O. Bearden und Michael J. Etzel, „Reference Group Influence on Product and Brand Purchase Decisions," Journal of Consumer Research, September 1982, S. 185.
11. Gail Sheehy, Passages: Predictable Crises in Adult Life (New York: Dutton, 1974); und Roger Gould, Transformations (New York: Simon & Schuster, 1978).
12. Siehe William D. Wells, „Psychographics: A Critical Review," Journal of Marketing Research, Mai 1975, S. 196 f; und Peter W. Bernstein, „Psychographics Is Still an Issue on Madison Avenue," Fortune, 16. Jänner 1978, S. 78–84.
13. Arnold Mitchell, The Nine American Lifestyles (New York: Macmillan, 1983).
14. Für weitere Literatur über die Vor- und Nachteile der Benutzung des Lebensstilkonzeptes siehe Sonia Yuspeh, „Syndicated Values/Lifestyles Segmentation

Schemes: Use Them as Descriptive Tools, Not to Select Targets,“ Marketing News, 25. Mai 1984, S. 1; und „SRI's Response to Yuspeh: Demographics Aren't Enough,“ Marketing News, 25. Mai 1984, S. 1.

15. Siehe Raymond L. Horton, „Some Relationships Between Personality and Consumer Decision-Making,“ Journal of Marketing Research, Mai 1979, S. 244 f.

16. Siehe M. Joseph Sirgy, „Self-Concept in Consumer Behavior; A Critical Review“, Journal of Consumer Research, Dezember 1982, S. 287–300.

17. Abraham H. Maslow, Motivation and Personality (New York: Harper & Row, 1954), S. 80–106.

18. Bernard Berelson und Gary A. Steiner, Human Behavior: An Inventory of Scientific Findings (New York: Harcourt Brace Jovanovich, 1964), S. 88.

19. Siehe David Krech, Richard S. Crutchfield und Egerton L. Ballachey, Individual in Society (New York: McGraw-Hill, 1962), Kapitel 2.

20. Verschiedene Modelle über den Kaufprozeß der Konsumenten sind von Marketing-Studenten entwickelt worden. Als bekannteste Modelle gelten jene von John A. Howard und Jagdish N. Sheth, The Theory of Buyer Behavior (New York: Wiley, 1969); Francesco M. Nicosia, Consumer Decision Processes (Englewood Cliffs, NJ: Prentice-Hall, 1966); James F. Engel, Roger D. Blackwell und David T. Kollat, Consumer Behavior, 3. Ausgabe (New York: Holt, Rinehart & Winston, 1978); und James R. Bettman, An Information Processing Theory of Consumer Choice (Reading, MA: Addison-Wesley, 1979).

21. Siehe Jagdish N. Sheth, „An Investigation of Relationships Among Evaluative Beliefs, Affect, Behavioral Intention, and Behavior,“ in Consumer Behavior: Theory and Application, John U. Farley, John A. Howard und L. Winston Ring, Hrsg. (Boston: Allyn & Bacon, 1974), S. 89–114.

22. Siehe John E. Swan und Linda Jones Combs, „Product Performance and Consumer Satisfaction: A New Concept,“ Journal of Marketing, April 1976, S. 25–33.

23. Die folgende Diskussion orientiert sich weitgehend an Everett M. Rogers, Diffusion of Innovations (New York: Free Press, 1962). Siehe auch Thomas S. Robertson, Innovative Behavior and Communication (New York: Holt, Rinehart & Winston, 1971).

24. Mary Lee Dickerson und James W. Gentry, „Characteristics of Adopters and Non-Adopters of Home Computers,“ Journal of Consumer Research, September 1983, S. 225–235.

Courtesy Gulfstream Aerospace Corp

7. KAPITEL

Organisationsmärkte und das Kaufverhalten von Organisationen

LERNZIELE DIESES KAPITELS

Wenn Sie dieses Kapitel gelesen haben, sollten Sie in der Lage sein

1. zu erklären, inwieweit sich Organisationsmärkte von Konsumentenmärkten unterscheiden,
2. die wichtigsten Faktoren zu kennzeichnen, die das Kaufverhalten von Organisationen beeinflussen,
3. die einzelnen Phasen im gewerblichen Kaufentscheidungsprozeß zu nennen und zu definieren,
4. zu erklären, wie Wiederverkäufer und Behörden ihre Kaufentscheidungen treffen.

Die Gulfstream Aerospace Corporation verkauft Geschäftsflugzeuge zu Preisen bis zu 16 Millionen Dollar an Firmenkundschaft. Das Ausfindigmachen möglicher Käufer ist nicht das große Problem, denn Unternehmen, die es sich leisten können, eigene Flugzeuge für mehrere Millionen Dollar zu kaufen und zu unterhalten, lassen sich relativ leicht identifizieren. Gulfstreams größere Probleme bestehen darin, die eigentlichen Entscheidungsträger zu finden, ihre komplexen Beweggründe und Entscheidungsprozesse zu verstehen, zu erkennen, welche Faktoren bei ihren Entscheidungen eine wichtige Rolle spielen und die geeigneten Marketing-Vorgehensweisen zu entwickeln.

Gulfstream Aerospace hat bereits die Bedeutung rationaler Motive und objektiver Faktoren für den Entscheidungsprozeß der Käufer erkannt. Eine Firma, die ein Flugzeug kauft, wird den Gulfstream Jet bezüglich Qualität und Leistung sowie hinsichtlich Anschaffungspreis, Betriebskosten und Serviceleistungen analysieren. Diese Faktoren scheinen vielleicht die einzigen Kriterien für die Kaufentscheidung zu sein. Aber um einen Verkaufsabschluß zu erzielen, reicht es nicht aus, nur ein überlegenes Produkt zu haben. Gulfstream Aerospace muß auch die subtileren menschlichen Faktoren berücksichtigen, von denen die Auswahl eines Jets beeinflußt wird.

Der Kaufprozeß kann entweder vom Chief Executive Officer (CEO) veranlaßt worden sein oder von einer anderen Führungskraft, die die Effizienz und Sicherheit des Flugbetriebes erhöhen möchte, oder aber vom Chefpiloten des Unternehmens. Er kann aber auch von den Anstrengungen des Anbieters, wie z. B. Werbung oder Verkaufsbesuche, initiiert werden. Der Chief Executive Officer wird zwar letztlich entscheiden, ob ein Jet gekauft wird oder nicht, aber er oder sie wird sehr stark von dem Piloten des Unternehmens, vom Finanzverantwortlichen oder vielleicht vom Board of Directors beeinflußt werden.

Jeder am Kaufprozeß Beteiligte spielt eine andere Rolle und hat subtile Bedürfnisse. Der Verkäufer, der beispielsweise sowohl den Chief Executive Officer mit den Abschreibungsmöglichkeiten zu beeindrucken versucht als auch den Chefpiloten mit minimalen Runway-Daten, wird sicherlich das Flugzeug trotzdem nicht verkaufen können, wenn er die psychologischen und emotionalen Komponenten des Kaufentscheidungsprozesses übersieht. „Für den Chief Executive", so beobachtete ein Verkäufer, „sind wohl diese Zahlen zur Unterstützung der Argumentation notwendig. Wenn es aber dem Verkäufer nicht gelingt, das Kind im Chief Executive zu finden und ihn oder sie von der rauhen Schönheit des neuen Flugzeugs zu begeistern, wird er es nie verkaufen. Wenn Sie Begeisterung verkaufen, dann verkaufen Sie den Jet."

Der Chefpilot als Experte für das Fluggerät besitzt oft ein Vetorecht bei derartigen Kaufentscheidungen und ist in der Lage, den Kauf einer Flugzeugmarke zu stoppen, indem er einfach eine negative Meinung, beispielsweise über die unzulängliche Schlechtwetter-Tauglichkeit, äußert. In diesem Sinne beeinflußt der Pilot nicht nur die Entscheidung, sondern fungiert auch als Informations-„Torhüter", indem er das Management hinsichtlich des auszuwählenden Flugzeugtyps berät. Obwohl die Rechtsabteilung die Kaufvereinbarung aushandelt und die Einkaufsabteilung das Flugzeug erwirbt, haben diese Beteiligten wenig Einfluß darauf, ob und wie das Flugzeug erstanden wird und welchem Flugzeugtyp der Vorzug gegeben wird. Die Benutzer des Flugzeugs – das mittlere und höhere Management des kaufenden Unternehmens, dessen wichtige Kunden und andere – üben bestenfalls einen indirekten Einfluß aus.

„Die Einbeziehung zahlreicher Personen in den Kaufentscheidungsprozeß schafft eine besondere Gruppendynamik, die seitens des verkaufenden Unternehmens in die Planung der Vorgangsweise einbezogen werden muß. Wer gehört zu dieser Kaufgruppe? Wie sind deren Beziehungen zueinander? Wer dominiert und wer ist untergeordnet? Welches sind die Prioritäten der einzelnen Personen?“

In gewisser Weise gleicht der Verkauf von Geschäftsflugzeugen dem von Autos und Küchengeräten an Familien. Gulfstream Aerospace stellt die gleichen Fragen wie Konsumenten-Marketer. Wer sind die Käufer und was sind ihre Bedürfnisse? Wie treffen Käufer ihre Kaufentscheidungen und welche Faktoren beeinflussen diese Entscheidungen? Welches Marketing-Programm wird am wirksamsten sein? Die Antworten auf diese Fragen fallen jedoch im allgemeinen anders aus, wenn Organisationen als Käufer auftreten. Aus diesem Grunde sieht sich Gulfstream Aerospace sowohl mit zahlreichen Herausforderungen des Konsumgütermarktes konfrontiert, als auch mit einigen, die darüber hinausgehen.[1]

Meist verkaufen große Unternehmen ihre Produkte an andere Organisationen weiter. Viele Industriebetriebe - Unternehmen wie Xerox, Du Pont sowie zahllose andere große und kleine Firmen – verkaufen ihre Produkte an Organisationen. Sogar namhafte Konsumgüterproduzenten betreiben Marketing für Organisationen. So stellt beispielsweise General Mills viele bekannte Produkte für Endverbraucher her – Cheerios, Betty Crocker Kuchenmischungen, Gold Medal Mehl. Um aber diese Produkte an den Endverbraucher zu verkaufen, muß General Mills diese zuerst an den Großhandel oder an Einzelhandelsorganisationen verkaufen, die den Konsumgütermarkt beliefern. General Mills stellt auch Produkte her, die ausschließlich an andere Firmen geliefert werden, wie beispielsweise spezielle Chemikalien.

Organisationen bilden einen großen Markt. In der Tat liegen das wertmäßige Volumen und die Anzahl der Produkte weit über dem Konsumentenmarkt. Abbildung 7-1 zeigt die große Anzahl von Transaktionen, die für die Herstellung und den Verkauf von einem einzigen Paar Schuhe erforderlich ist. Es werden dabei viele Stufen durchlaufen: Tierhäutehändler verkaufen an Gerber, diese veräußern Leder an die Schuhfabrikanten, die verkaufen ihre Schuhe an Großhändler, diese setzen sie wiederum beim Einzelhandel ab, der die Schuhe schließlich an die Konsumenten verkauft. Jedes Glied dieser Kette erwirbt zusätzlich viele andere Waren und Dienstleistungen. Es ist leicht zu erkennen, warum es wesentlich mehr gewerbliche als Konsumentenkäufe gibt – zahlreiche Einkäufe von Organisationen sind nötig, um einen Konsumenteneinkauf überhaupt erst zu ermöglichen.

Unternehmen, die an andere Organisationen bzw. Firmen verkaufen, müssen sich bemühen, das Kaufverhalten von Organisationen zu verstehen.

ORGANISATIONSMÄRKTE

Typen von Organisationsmärkten

In den folgenden Ausführungen sollen drei Organisationsmärkte untersucht werden: der Investitionsgütermarkt, der Wiederverkäufermarkt und der Behördenmarkt. Jeder von ihnen soll zunächst kurz gekennzeichnet und an späterer Stelle dieses Kapitels ausführlicher untersucht werden.

FIGURE 7-1
Organizational Transactions Involved in Producing and Distributing a Pair of Shoes

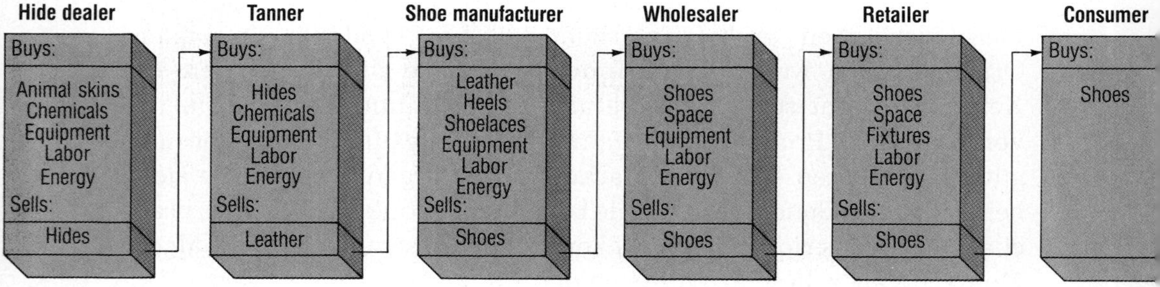

ABBILDUNG 7-1
Transaktionen zwischen Organisationen, ein Paar Schuhe herzustellen und zu vertreiben

Der Investitionsgütermarkt

Der **Investitionsgütermarkt** besteht aus allen Individuen und Organisationen, die Güter und Dienstleistungen erwerben, die für die Produktion anderer Güter und Dienstleistungen benötigt werden, die wiederum anderen verkauft, vermietet oder auf sonstige Weise zur Verfügung gestellt werden. Der Investitionsgütermarkt ist sehr groß. Er besteht aus über 13 Millionen Organisationen, die jährlich Güter und Dienstleistungen im Werte von über drei Billionen Dollar erwerben, das ist mehr Geld, als sich die meisten von uns überhaupt vorstellen können. Würden drei Billionen Ein-Dollar-Noten aneinandergeklebt, so könnte man damit die Erde elftausendmal umwickeln. Der

Der allbekannte Slogan für Buick Autos „Möchten Sie nicht doch lieber einen Buick haben?" ist auf den Investitionsgütermarkt abgestellt. Mit freundlicher Genehmigung von McCann-Erickson.

Investitionsgütermarkt ist der größte und vielfältigste Organisationsmarkt.

Der Wiederverkäufermarkt

Der **Wiederverkäufermarkt** besteht aus allen Individuen und Organisationen, die Güter erwerben, um diese zwecks Gewinnerzielung an andere weiterzuverkaufen oder zu vermieten. Der Wiederverkäufermarkt umfaßt mehr als 390.000 Großhandelsfirmen und etwa 1,8 Millionen Einzelhandelsunternehmen, die ein Einkaufsvolumen für Waren und Dienstleistungen von jährlich über zwei Billionen Dollar auf sich vereinen. Wiederverkäufer erwerben Waren für den Weiterverkauf sowie Güter und Dienstleistungen, um ihren Geschäftsablauf aufrecht zu erhalten. In der Rolle als Einkäufer für ihre Kunden kaufen Wiederverkäufer eine kaum vorstellbar breite Palette von Gütern für die Weiterveräußerung. Im Grund genommen gehört dazu fast alles, was produziert wird, mit Ausnahme einiger weniger Güter, die von Herstellern direkt an die Konsumenten verkauft werden.

Der Behördenmarkt

Dieser Markt besteht aus Behörden und Verwaltungseinrichtungen (governmental units) des Bundes, der Länder und Gemeinden, die Güter und Dienstleistungen kaufen oder mieten, die zur Erfüllung ihrer Hauptfunktionen dienen. Im Jahre 1983 erwarben die US-Behörden Produkte und Dienstleistungen für ca. 690 Milliarden Dollar. Die US-Bundesregierung ist daran mit ungefähr 40 Prozent beteiligt, was sie zum größten Kunden der Nation macht. Behörden des Bundes sowie der Länder und Gemeinden kaufen eine erstaunliche Palette von Gütern und Dienstleistungen. Sie beschaffen Bomber, Skulpturen, Tafeln, Möbeln, Körperpflegeartikel, Kleidung, Feuerlöschgeräte, Fahrzeuge und Treibstoff. Die Behörden stellen einen sehr großen Markt für jeden Hersteller oder Wiederverkäufer dar.

Merkmale der Organisationsmärkte

In mancher Hinsicht ähneln Organisationsmärkte den Konsumentenmärkten – in beiden sind Personen involviert, die Kaufrollen übernehmen und Einkaufsentscheidungen treffen, um Bedürnisse zu befriedigen. In vieler Hinsicht jedoch unterschieden sich Organisationsmärkte von Konsumentenmärkten. Die wesentlichen Unterschiede betreffen Marktstruktur und Nachfrage, das Wesen der Kaufeinheit, die Entscheidungsarten sowie den Entscheidungsprozeß.

Marktstruktur und Nachfrage

Der Marketer im Organisationsmarkt hat es normalerweise mit wesentlich weniger, aber erheblich größeren Käufern zu tun als der Konsumgüter-Marketer. Das Schicksal der Goodyear Company im Industriemarkt hängt davon ab, ob sie Aufträge von einem der wenigen großen Autohersteller bekommt. Wenn die Goodyear Company jedoch Ersatzreifen an Konsumenten verkauft, umfaßt ihr potentieller Markt die Besitzer von 105 Millionen US-amerikanischen Autos, die zur Zeit gefahren werden. Selbst in großen Organisationsmärkten sind es nur wenige Käufer, auf die der größte Teil des Einkaufsvolumens entfällt.

Organisationsmärkte sind auch geographisch stärker konzentriert. Mehr als die Hälfte aller Industriekäufer der Nation haben ihren Sitz in nur sieben Staaten: New York, Kalifornien, Pennsylvania, Illinois, Ohio, New Jersey und Michigan.

Die Nachfrage seitens der Organisationen ist eine derivative Nachfrage und resultiert letztlich aus der Nachfrage nach Konsumgütern. General Motors kauft Stahl, weil die Konsumenten Autos kaufen. Wenn die Nachfrage der Konsumenten nach Autos rückläufig ist, geht auch der Bedarf an Stahl sowie für alle anderen Produkte, die zur

BEISPIEL 7-1
Sie können es zwar nicht kaufen, aber Sie werden es mögen

Die Firma G. D. Searle & Co gibt fast eine Million Dollar für Werbezwecke aus, um Konsumenten auf ein Produkt aufmerksam zu machen, daß diese nicht kaufen können. Die Skokie, IL, Company setzt ihre Marketing-Fähigkeiten verstärkt für NutraSweet ein, einen Zuckerersatz, der mittlerweile in Dutzenden kommerzieller Nahrungsmittel und Getränke zu finden ist.

Diese unkonventionelle Werbung wurde beschlossen, „um das öffentliche Interesse für das Produkt zu wecken", sagte Max Downham, Vice-President für Planung und Administration der NutraSweet Division von Searle. „Außerdem wollten wir die Werbung verstärken, die seitens unserer Kunden betrieben wird", fügte er hinzu.

NutraSweet ist Searle's Markenname für „Aspartame", einen Süßstoff, der aus Protein-Verbindungen hergestellt wird. Searle hofft, für dieses Produkt bis 1988 einen Jahresumsatz von einer Milliarde Dollar zu erreichen und wirbt mit der Aussage: „Wir stellen Ihnen NutraSweet vor. Sie können es zwar nicht kaufen, aber Sie werden es mögen." Die Werbeagentur ist Ogilvy & Mather/Chicago. Die Werbeanzeigen in den Print-Medien sind außerdem mit einen Kupon versehen, den man einsenden kann, um dafür Kaugummis zu erhalten, die mit NutraSweet gesüßt sind. Weitere Pläne sehen die Verteilung von Mustern derartiger Produkte vor.

Aspartame wurde 1981 für Trockennahrungsmittel zugelassen, und Anfang Juli erteilte die Food and Drug Administration auch die Erlaubnis, es für alkoholfreie Getränke zu verwenden. Einige dieser mit NutraSweet gesüßten Waren sind bereits auf dem Markt, wie z. B. Quaker Oats Halfsies Getreideprodukt, Swiss Miss Sugar Free Kakaomischung, Lipton Eisteemischung und D-Zerta, ein kalorienarmes Gelatine-Dessert. Vor zwei Wochen hat Searle einen Vertrag abgeschlossen, NutraSweet im Wert von 50 Millionen Dollar pro Jahr für Coca-Cola-Getränke zu verkaufen.

Downham sagte in diesem Zusammenhang: „Unser Werbeziel besteht darin, einen Konsumenten-Bekanntheitsgrad von mindestens 50 Prozent zu erreichen."

Quelle: „You Can't Buy It, But You're Going to Love It", Sales and Marketing Management, 15. August 1983, S. 11 f.

Herstellung von Autos verwendet werden, zurück. Mitunter richten Industriemarketer ihre Werbebotschaften direkt an den Endverbraucher, um die Industrienachfrage zu erhöhen (siehe Beispiel 7-1).

Auf den meisten Organisationsmärkten besteht eine unelastische Nachfrage. Die Gesamtnachfrage für zahlreiche Industrieprodukte wird nur in geringem Maße von Preisveränderungen beeinflußt, das gilt besonders unter kurzfristigen Aspekten. Ein Preisrückgang für Leder wird die Schuhhersteller nicht veranlassen, wesentlich mehr einzukaufen, es sei denn, daß dieser zu Preisreduktionen für Schuhe führt, die wiederum eine Erhöhung der Konsumentennachfrage zur Folge haben könnten.

Schließlich herrscht auf Organisationsmärkten eine fluktuierende Nachfrage. Der Bedarf für zahlreiche Industriegüter und Dienstleistungen tendiert dahin, sich immer schneller und rascher zu verändern als die Nachfrage nach Gütern und Dienstleistungen im Konsumgüterbereich. Eine prozentual geringe Steigerung der Konsumentennachfrage kann größere Erhöhungen der industriellen Nachfrage verursachen. Mitunter kann eine Zunahme der Konsumentennachfrage von lediglich zehn Prozent in der nächsten Periode ein Anwachsen der industriellen Nachfrage um 20 Prozent bewirken.

Das Wesen der Kaufeinheit

Verglichen mit Konsumentenkäufen sind beim Einkauf durch Organisationen gewöhnlich mehrere Käufer beteiligt. Darüber hinaus erfolgt der Einkauf wesentlich professioneller. Einkäufe von Organisationen werden oft von speziell ausgebildeten Sachbearbeitern durchgeführt, die ihr ganzes Arbeitsleben damit beschäftigt sind, zu lernen, wie man besser einkauft. Je komplexer der Kauf ist, umso größer ist die Wahrscheinlichkeit, daß mehrere Personen am Entscheidungsprozeß mitwirken. Kaufausschüsse, bestehend aus technischen Experten und Vertretern des Top-Management, sind bei der Beschaffung wichtiger Güter durchaus üblich. Das bedeutet, daß Organisations-Marketer über gut ausgebildete Verkäufer verfügen müssen, um mit gut ausgebildeten Einkäufern verhandeln zu können.

Entscheidungsarten und der Entscheidungsprozeß

Die Einkäufer in Organisationen sehen sich meist vor wesentlich komplexere Kaufentscheidungen gestellt als der einzelne Konsument. Bei den Einkäufern geht es meist um große Summen, vielschichtige, technische und wirtschaftliche Erwägungen sowie um Interaktionen zwischen zahlreichen Personen auf unterschiedlichen Ebenen der Käuferorganisation. Da diese Käufe komplexer sind, benötigen die Einkäufer in Organisationen mehr Zeit für ihre Entscheidungen. Ein Unternehmen, das beschließt, ein umfassendes Computersystem anzuschaffen, kann viele Monate oder mehr als ein Jahr benötigen, um einen geeigneten Lieferanten auszuwählen.

Der Einkaufsprozeß von Organisationen tendiert zu wesentlich mehr Formalisierung als der Kaufprozeß des Konsumenten. Große Einkäufe erfordern gewöhnlich Produktbeschreibungen, schriftliche Bestellungen, sorgfältige Auswahl der Lieferanten sowie schriftliche Auftragsbestätigungen. Mitunter wird der Kaufprozeß in Verfahrenshandbüchern ausführlich beschrieben.

Schließlich sind beim Einkaufsprozeß von Organisationen Käufer und Verkäufer oft wesentlich abhängiger voneinander. Im Konsumgüterbereich tätige Marketer befinden sich meist auf Distance zu ihren Kunden. Organisationsmarketer müssen jedoch oft die Ärmel aufkrempeln und mit ihren Kunden während aller Phasen des Kaufprozesses eng zusammenarbeiten – das beginnt damit, daß sie dem Kunden bei der Definition des Problems und beim Finden von Lösungen helfen, und reicht bis hin zu Betreuungsmaßnahmen nach erfolgtem Kauf.

MODELL FÜR DAS EINKAUFSVERHALTEN VON ORGANISATIONEN

Webster und Wind definieren den Einkauf durch Organisationen (organizational buying) als „den Entscheidungsprozeß, in dessen Verlauf Organisationen den Bedarf für einzukaufende Produkte und Dienstleistungen festlegen, kennzeichnen und bewerten sowie zwischen unterschiedlichen Marken und Lieferanten auswählen".[2] Versuchen Marketer das Einkaufsverhalten von Organisationen zu verstehen, müssen sie einige schwierige Fragen beantworten. Welche Arten von Kaufentscheidungen werden von Einkäufern getroffen? Wie wählen sie zwischen verschiedenen Lieferanten aus? Wer trifft die Entscheidungen? Wie sieht der typische Entscheidungsprozeß in Organisationen aus? Welche Faktoren beeinflussen diesen Entscheidungsprozeß?

Vor allem möchten Marketer wissen, wie Einkäufer auf unterschiedliche Marketing-Stimuli reagieren. Ein einfaches Modell für das Einkaufsverhalten von Organisationen wird in Abbildung 7-2 skizziert.[3] Die Abbildung zeigt, daß Marketing und andere Stimuli die Organisation beeinflussen und bestimmte Reaktionen seitens der Einkäufer bewirken. Die Marketing-Stimuli bestehen aus den vier P's: Produkt, Preis, Plazierung und Promotion. Andere Stimuli sind die wichtigsten Kräfte des Umfeldes: ökonomische, technologische, politische und kulturelle Faktoren sowie der Wettbewerb. Alle diese Stimuli erreichen das Unternehmen und werden in Reaktionen umgesetzt: Auswahl des Produktes oder der Dienstleistung, Auswahl des Lieferanten, Festlegung der Bestellmengen, der Lieferbedingungen und der Lieferzeit sowie des Serviceumfanges und der Zahlungsvereinbarungen. Um gute Marketing-Mix-Strategien entwickeln zu können, muß der Marketer wissen, was innerhalb eines Unternehmens geschieht, wenn Anregungen in Einkaufsreaktionen umgewandelt werden.

Die Einkaufsaktivität innerhalb von Organisationen zerfällt in zwei große Teile: in das Beschaffungszentrum – bestehend aus allen

ABBILDUNG 7-2
Modell für das Kaufverhalten von Organisationen

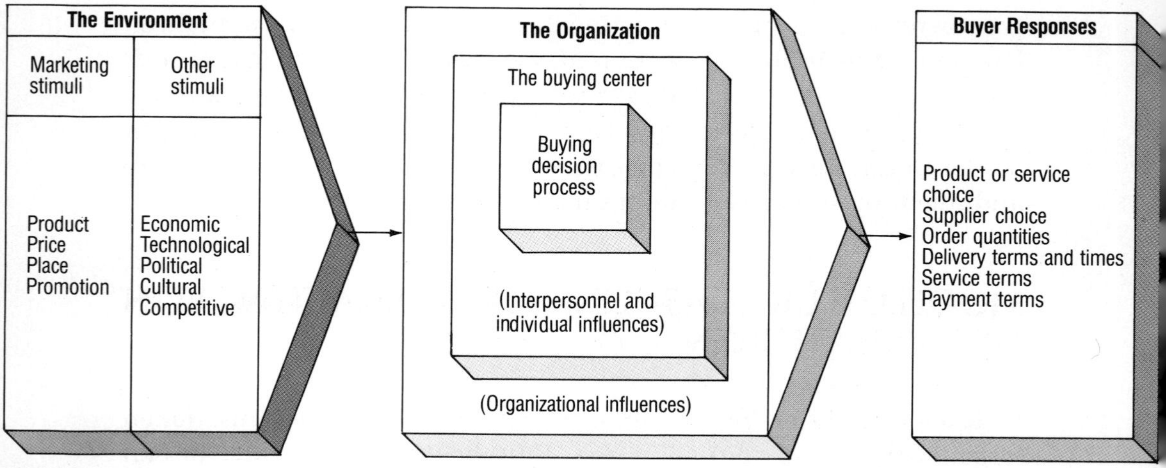

FIGURE 7-2
A Model of Organizational Buyer Behavior

Das Umfeld

Marketing-Stimuli

andere Stimuli

Produkt
Preis
Plazierung
Promotion

wirtschaftliche Faktoren
technologische Faktoren
politische Faktoren
kulturelle Faktoren
Konkurrenz

Die Organisation

Das Beschaffungszentrum

Kaufentscheidungsprozeß

(interpersonale und individuelle Einflüsse)

(organisationsbedingte Einflüsse)

Käuferreaktionen

Produkt oder Service
Lieferantenauswahl
Bestellmengen
Lieferbedingungen und Lieferzeit
Kundendienstvereinbarungen
Zahlungsbedingungen

Personen, die an der Kaufentscheidung beteiligt sind – und in den eigentlichen Kaufentscheidungsprozeß. Die Abbildung zeigt, daß Beschaffungszentrum und Kaufentscheidungsprozeß sowohl von organisationsinternen, interpersonalen und individuellen Faktoren beeinflußt werden als auch von externen Umfeldkräften.

Im folgenden sollen die verschiedenen Elemente dieses Käuferverhalten-Modells erläutert werden. Zunächst gilt das Interesse dem größten und wichtigsten Organisationsmarkt – dem Industriemarkt. Im gleichen Kapitel werden später die speziellen Merkmale des Kaufverhaltens von Wiederverkäufern und Behörden untersucht.

DAS VERHALTEN GEWERBLICHER ABNEHMER

In den folgenden Ausführungen sollen vier Fragen bezüglich des Verhaltens gewerblicher Abnehmer untersucht werden:

- Welche Kaufentscheidungen treffen gewerbliche Abnehmer?
- Wer ist an den Kaufprozessen beteiligt?
- Welches sind die wichtigsten Einflüsse, denen gewerbliche Abnehmer ausgesetzt sind?
- Wie treffen gewerbliche Abnehmer ihre Kaufentscheidungen?

Welche Kaufentscheidungen treffen gewerbliche Abnehmer?

Der gewerbliche Abnehmer steht vor der Notwendigkeit, eine große Anzahl von Entscheidungen zu treffen, wenn ein Kauf abgeschlossen werden soll. Die Anzahl der Entscheidungen hängt von der Art der Kaufsituation ab. Im folgenden sollen die wichtigsten Kaufentscheidungsarten analysiert werden, mit denen gewerbliche Abnehmer konfrontiert werden, sowie die Rolle der Systemkäufe und -verkäufe.

Die wichtigsten Arten von Kaufsituationen

Es gibt drei wichtige Arten von Kaufsituationen.[4] Auf der einen Seite gibt es den unveränderten Wiederkauf, der nahezu eine Routineentscheidung darstellt. Den Gegensatz dazu bildet die Kaufsituation, in der eine neue Aufgabe gelöst werden soll; sie kann eine sorgfältige Untersuchung erfordern. Zwischen diesen beiden steht der modifizierte Wiederkauf, der genauere Vergleiche erfordern kann. (Beispiele hierfür sind aus Abbildung 7-3 zu ersehen.)

DER UNVERÄNDERTE WIEDERKAUF. Bei einem unveränderten Wiederkauf wiederholt der Käufer einen Auftrag, ohne daß er gegenüber vorherigen Bestellungen irgendwelche Änderungen vornimmt. Er wird im allgemeinen von der Einkaufsabteilung routinemäßig abgewickelt. Der Käufer wählt aus seiner Kartei einen Lieferanten aus und basiert seine Entscheidung auf positiven Erfahrungen, die er bereits mit verschiedenen Zulieferern gesammelt hat. Die ständig herangezogenen Lieferanten versuchen, Produkt- und Servicequalität aufrechtzuerhalten. Oft schlagen sie automatische Wiederbestellsysteme vor, um den Einkäufern Bestellzeiten sparen zu helfen. Die anderen Lieferanten versuchen, etwas Neues zu bieten oder Unzufriedenheiten auszunutzen, um vom Käufer künftig berücksichtigt zu werden. Sie sind bemüht, zunächst mit einem kleinen Auftrag Fuß zu fassen und später dann ihren Einkaufsanteil zu erhöhen.

DER MODIFIZIERTE WIEDERKAUF. Bei einem modifizierten Wiederkauf wünscht der Käufer Änderungen bezüglich der Produktspezifikationen, Preise, Zahlungs- und Lieferbedingungen oder des Lieferanten vorzunehmen. Beim modifizierten Wiederkauf sind gewöhnlich mehr Personen am Entscheidungsprozeß beteiligt. Die sich bereits im Geschäft befindlichen Lieferanten werden nervös und müssen sich von der besten Seite zeigen, um im Geschäft zu bleiben. Die außenstehenden Anbieter sehen in modifizierten Wiederkäufen eine Chance, über ein besseres Angebot ins Geschäft zu kommen.

DIE NEUE AUFGABE. Ein Unternehmen, das ein Produkt oder eine Dienstleistung zum ersten Mal beschafft, steht vor einer neuen Aufgabe. Je größer die Kosten oder das Risiko, umso mehr Personen sind an der Entscheidung beteiligt und umso intensiver erfolgt die Informationssuche. Die Kaufsituation „neue Aufgabe" stellt für den Marketer die größte Chance, aber auch die größte Herausforderung dar. Er versucht nicht nur, mit so vielen kaufentscheidenden Personen wie möglich Kontakt aufzunehmen, sondern bietet auch Hilfestellungen und Informationen an.

ABBILDUNG 7-3
Drei Arten gewerblichen Kaufsituationen

Entnommen aus: Marketing Principles, 3. Auflage, von Ben M. Enis. Copyright ® 1980 Scott, Foresman and Company. Autorisierter Abdruck

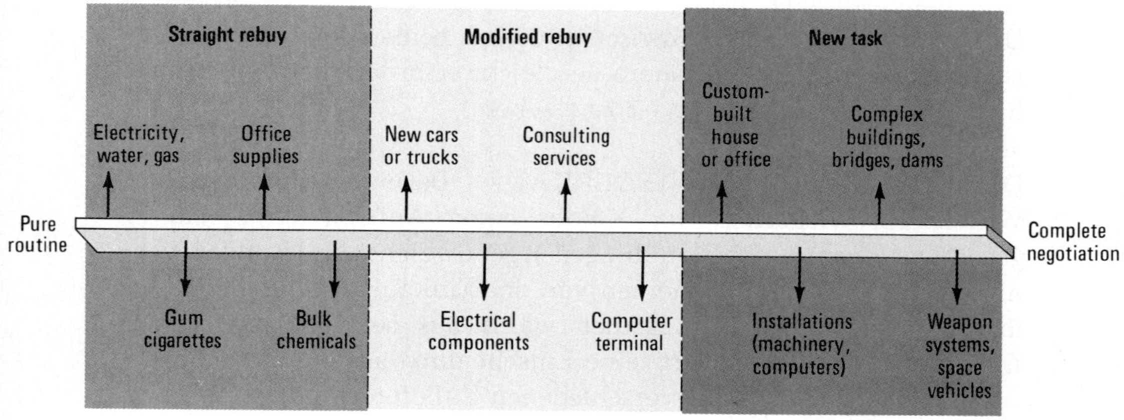

FIGURE 7-3
Three Types of Industrial Buying Situations

From *Marketing Principles,* 3rd ed. by Ben M. Enis. Copyright © 1980 Scott, Foresman and Company. Reprinted by permission.

Die Bedeutung von Systemkäufen und -verkäufen

Viele Käufer bevorzugen es, eine Gesamtlösung für ihr Problem zu kaufen, statt sich mit vielen Einzelentscheidungen abgeben zu müssen. Diese Beschaffungsform wird als **„Systemkauf“** bezeichnet. Sie wird praktiziert, seit die Regierung umfangreiche Waffen- und Kommunikationssysteme kauft. Statt alle Komponenten einzeln zu erwerben und zusammenzusetzen, erbat die Regierung Angebote von Lieferanten, die das vollständige Programmpaket oder System zusammenstellen konnten. Der Anbieter, der den Auftrag bekam, war verantwortlich für die Beschaffung und Zusammenstellung der einzelnen Elemente.

In zunehmendem Maße haben die Verkäufer erkannt, daß Käufer derartige Beschaffungsformen bevorzugen und haben den Systemverkauf als Marketing-Instrument übernommen.

Der Systemverkauf ist in zwei Formen anzutreffen: Die erste Variante besteht darin, daß der Lieferant eine Gruppe von zusammengehörenden Produkten anbietet. So verkauft beispielsweise ein Lieferant nicht nur Leim, sondern auch das notwendige Zubehör und den Trockner. Die zweite Ausprägung ist dadurch gekennzeichnet, daß der Lieferant dem Käufer für Produktion, Bestandskontrolle, Distribution und andere Dienstleistungen ein umfassendes System zur Verfügung stellt, um dessen Wunsch nach einem reibungslosen Betriebsablauf zu entsprechen. Der Systemverkauf ist im Industriebereich als Schlüssel-Marketing-Strategie für die Gewinnung und Erhaltung von Kunden anzusehen.

Wer ist am gewerblichen Einkaufsprozeß beteiligt?

Wer ist zuständig für den Kauf jener Güter und Dienstleistungen im Wert mehrerer hundert Milliarden Dollar, die auf dem Absatzmarkt für industrielle Erzeugnisse benötigt werden? Webster und Wind bezeichnen die Entscheidungseinheit des kaufenden Unternehmens bzw. der Organisation als das Beschaffungszentrum. Nach ihrer Definition umfaßt es „alle jene Individuen und Gruppen, die am Einkaufsentscheidungsprozeß beteiligt sind, dabei die gleichen Ziele verfolgen und die aus den Entscheidungen resultierenden Risiken gemeinsam tragen“.[5]

Das Beschaffungszentrum umfaßt alle Mitglieder der Organisation, die im Kaufentscheidungsprozeß eine Rolle spielen. Das sind die eigentlichen Verwender des Produktes oder der Dienstleistung, jene, die die eigentliche Kaufentscheidung treffen, diejenigen, die die Kaufentscheidung beeinflussen, diejenigen, die den Kauf tatsächlich abwickeln (Einkäufer) und jene, die die Kaufinformationen kontrollieren.

Diese Anzeige stellt in Rechnung, daß die Sekretärin bei der Kaufentscheidung eine wichtige Rolle spielt. Mit freundlicher Genehmigung der Esselte Pendaflex Corporation.

Ein Beschaffungszentrum ist keine feste und formal gekennzeichnete Einheit innerhalb der kaufenden Organisation. Es ist vielmehr eine Zusammenfassung von Kauf-Rollen, die von verschiedenen Personen für unterschiedliche Käufe übernommen werden. Größe und Zusammensetzung des Beschaffungszentrums variieren innerhalb einer Organisation nach Produkt und Kaufsituation. Bei einigen Routinekäufen können alle Rollen des Beschaffungszentrums von einer Person – beispielsweise von einem Einkaufssachbearbeiter – übernommen werden, die dann auch allein die Einkaufsentscheidung trifft. Bei komplexen Anschaffungen kann das Beschaffungszentrum 20 oder 30 Personen aus unterschiedlichen hierarchischen Ebenen und Abteilungen der Organisation umfassen. Eine Studie ergab, daß an einem typischen Kauf industrieller Ausrüstung sieben Personen von drei Managementebenen aus vier verschiedenen Abteilungen beteiligt sind.[6]

Zum Beschaffungszentrum gehören im allgemeinen einige klar erkennbare Teilnehmer, die aus formalen Gründen an der Einkaufsentscheidung beteiligt sind. An der Entscheidung, einen Firmen-Jet zu kaufen, wird wahrscheinlich der Chefpilot des Unternehmens mitwirken sowie ein Einkäufer, ferner werden einige Mitarbeiter der Rechtsabteilung sowie ein Mitglied des Top-Managements und andere, die formal mit der Kaufentscheidung befaßt sind, mitwirken. An der Entscheidung können aber auch weniger eindeutig erkennbare, informale Teilnehmer beteiligt sein, von denen einige einen starken Einfluß auf die Kaufentscheidung ausüben. Mitunter sind sich selbst die Personen, die zum Beschaffungszentrum gehören, nicht darüber im klaren, wer aller am Entscheidungsprozeß teilnimmt. So kann beispielsweise die Entscheidung, welcher Jet gekauft werden soll, von einem Vorstandsmitglied getroffen werden, das Interesse am Fliegen hat und viel über Flugzeuge weiß. Dieses Mitglied des Direktoriums kann hinter den Kulissen Einfluß auf die Entscheidung nehmen. Aus diesem Grunde stellen viele Einkaufsentscheidungen das Resultat komplexer Interaktionen ständig wechselnder Teilnehmer des Beschaffungszentrums dar.

Das Konzept des Beschaffungszentrums bedeutet eine große Marketing-Herausforderung. Der Industrie-Marketer hat herauszufinden: Wer ist an der Entscheidung beteiligt? Welche Entscheidungen beeinflussen sie? Wie groß ist ihr Einfluß? Welche Bewertungskriterien legt der einzelne seiner Entscheidung zugrunde? Zur Erläuterung dieses Fragenkomplexes sei das folgende Beispiel betrachtet:

Die amerikanische Hospital Supply Corporation verkauft Einwegkittel für Chirurgen an Krankenhäuser. Sie versucht festzustellen, wer vom Krankenhauspersonal an der Kaufentscheidung mitwirkt. Als Beteiligte an der Entscheidung werden der Vice President für den Einkauf, der Verwalter des Operationsraumes und die Chirurgen erkannt. Jeder von ihnen spielt eine andere Rolle. Der Vice President für den Einkauf untersucht, ob es für das Krankenhaus zweckmäßig ist, Wegwerf- oder wiederverwendbare Kittel zu benutzen. Wenn die Analyse ergibt, daß Wegwerfkittel vorteilhafter sind, dann vergleicht der Verwalter des Operationsraumes konkurrierende Produkte und Preise und trifft eine Auswahl. Dieser Administrator berücksichtigt die Saugfähigkeit der Kittel, die antiseptischen Eigenschaften, das Design sowie die Kosten und wählt üblicherweise die Marke aus, die diesen Erfordernissen am gerechtesten wird. Schließlich beeinflussen die Chirurgen die Entscheidung, wenn sie später über ihre Zufriedenheit oder Unzufriedenheit mit der gewählten Marke berichten.

Welches sind die wichtigsten Einflüsse, denen gewerbliche Einkäufer ausgesetzt sind?

Gewerbliche Abnehmer sind von zahlreichen Einflüssen abhängig, wenn sie ihre Kaufentscheidungen treffen. Einige Marketer unterstellen, daß die wichtigsten Einflüsse ökonomischer Art sind. Sie glauben, daß die Einkäufer den Lieferanten bevorzugen werden, der den niedrigsten Preis offeriert oder das beste Produkt und den besten Service anbietet. Sie konzentrieren sich darauf, dem Käufer überzeugende wirtschaftliche Vorteile anzubieten.

Andere Marketer sind der Meinung, daß Einkäufer auch aus persönlichen Motiven handeln: Sie suchen Begünstigungen, Aufmerksamkeit oder Risikominderung. Eine in zehn großen Unternehmen durchgeführte Studie über Einkäufer ergab, daß

> *... Entscheidungsträger eines Unternehmens Menschen bleiben, auch wenn sie ihr Büro betreten haben. Sie sind empfänglich für Gesten, die ihr Image bestätigen; sie kaufen von Unternehmen, denen sie sich eng verbunden fühlen. Sie bevorzugen Lieferanten, die ihnen Respekt erweisen, mit persönlicher Achtung begegnen und die mitunter besondere Nebenleistungen erbringen. Sie reagieren überempfindlich auf tatsächliche oder eingebildete Geringschätzungen und neigen dazu, Unternehmen abzulehnen, die es versäumen, auf Anfragen sofort zu reagieren oder die sich bei der Abgabe erbetener Angebote verspäten.*[7]

Aus dieser Sicht scheint es naheliegend, daß Industriemarketer in Kaufsituationen vor allem die menschlichen und sozialen Faktoren beachten sollten.

In Wirklichkeit reagieren Einkäufer sowohl auf wirtschaftliche als auch auf persönliche Faktoren. Wenn die Angebote der Lieferanten sehr ähnlich sind, gibt es kaum Ansätze für eine Auswahl auf rationaler Grundlage. Da den Organisationszielen mit dem Angebot eines jeden Lieferanten entsprochen werden kann, können die Einkäufer persönliche Faktoren in die Überlegungen einbeziehen. Wenn konkurrierende Produkte erheblich voneinander abweichen, müssen Einkäufer ihre Wahl sachlich begründen und deshalb wirtschaftlichen Faktoren stärkere Beachtung schenken.

Die verschiedenen Einflußgruppen, die auf die Entscheidungen gewerblicher Einkäufer einwirken – umfeld- und organisationsbezogene sowie interpersonale und individuelle – sind in Abbildung 7-4 aufgelistet und werden anschließend beschrieben:[8]

ABBILDUNG 7-4
Die wichtigsten Faktoren, die das Verhalten gewerblicher Abnehmer beeinflussen

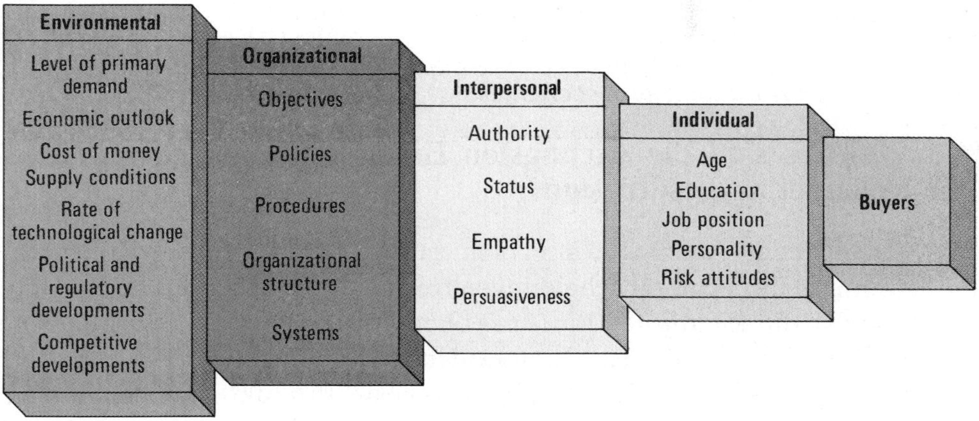

FIGURE 7-4
Major Influences on Industrial Buying Behavior

Umfeldfaktoren

Einkäufer in Industrieunternehmen werden erheblich von Faktoren des aktuellen und erwarteten ökonomischen Umfeldes beeinflußt wie z. B. vom Niveau der Primärnachfrage, von den gesamtwirtschaftlichen Aussichten und den Kreditkosten. In Zeiten wirtschaftlicher Unsicherheit werden neue Investitionen zurückgestellt, und es wird versucht, die Lagerbestände abzubauen.

Ein zunehmend wichtig werdender Umfeldfaktor ist die Verknappung notwendiger Rohstoffe. Viele Unternehmen sind nunmehr eher gewillt, knappe Rohstoffe zu kaufen und davon größere Lagerbestände zu halten. Die Einkäufer sind des weiteren von technologischen und politischen Entwicklungen sowie von Entwicklungen des Wettbewerbs betroffen. Der Industriemarketer muß diese Faktoren im Auge behalten und abschätzen, wie stark sie den Käufer beeinflussen werden; schließlich muß er versuchen, diese Probleme in Chancen umzuwandeln.

Investitionsgüter-Käufer sprechen nicht nur auf rein wirtschaftliche Überlegungen an. Der Text dieser Anzeige betont zwar die Leistung, aber die Abbildung suggeriert eine bequeme Fahrt.

Courtesy of Peterbilt, A Division of Paccar.

Organisationsbezogene Faktoren

Jedes kaufende Unternehmen verfügt über eigene Ziele, Grundsätze, Organisationsabläufe, Strukturen und Systeme. Der Marketer sollte diese so gut wie möglich kennenlernen. Es treten Fragen auf wie z. B.: Wieviele Personen sind an der Kaufentscheidung beteiligt? Wer sind sie? Welches sind ihre Auswahlkriterien? Welches sind die Unternehmensgrundsätze, und welchen Beschränkungen unterliegen die Einkäufer?

Interpersonale Faktoren

Das Beschaffungszentrum umfaßt gewöhnlich zahlreiche Beteiligte, jeder von ihnen beeinflußt andere und wird von anderen beeinflußt. In vielen Fällen wird der Marketer nicht wissen, welche gruppendynamischen Prozesse während des Einkaufsprozesses ablaufen. Bonoma stellt dazu fest:

> *Manager tragen keine Etiketten, die sie als „Entscheidungsträger" oder „unwichtige Person" deklarieren. Die einflußreichen Personen sind oft nicht sichtbar, zumindest nicht für die Verkaufsrepräsentanten.*[9]

Der Teilnehmer mit dem höchsten Rang verfügt nicht immer über den größten Einfluß. Teilnehmer können Einfluß auf die Kaufentscheidung nehmen, weil sie für Belohnungen oder Bestrafungen zuständig sind, weil sie von allen gemocht werden, weil sie Fachkenntnisse besitzen oder angeheiratete Verwandte des Firmenpräsidenten sind. Interpersonale Faktoren sind oft sehr subtiler Art. Dort, wo es möglich ist, sollte der Industriemarketer diese Faktoren zu verstehen versuchen und Strategien entwickeln, die ihnen Rechnung tragen.

Individuelle Faktoren

Jeder Teilnehmer am Kaufentscheidungsprozeß bringt seine persönlichen Motive, Auffassungen und Präferenzen mit. Diese werden von Faktoren wie Alter, Einkommen, Ausbildung, Berufsauffassung, Persönlichkeit und Risikoeinstellung beeinflußt. Käufer weisen unterschiedliche Kaufstile auf. Einige der jüngeren, gebildeten Käufer sind „Computer-Freaks", die tiefgehende Analysen mehrerer Konkurrenzvorschläge durchführen, ehe sie einen Lieferanten auswählen. Andere Käufer sind „harte Burschen" der „alten Schule", die die Verkäufer gegeneinander ausspielen.

Industriemarketer müssen die Kunden kennen und ihre Taktiken an Umfeld- und Organisationseinflüssen sowie an interpersonalen und individuellen Einflußfaktoren ausrichten.

Wie treffen industrielle Einkäufer ihre Entscheidungen?

Zum Schluß kommen wir nun zu der Frage, wie industrielle Einkäufer den Kaufprozeß durchlaufen. Robinson und andere unterscheiden acht Stufen des industriellen Kaufprozesses.[10] Sie sind aus Tabelle 7-1 zu ersehen. Die Übersicht zeigt, daß die Käufer, wenn sie vor der Kaufsituation „neue Aufgabe“ stehen, alle acht Stufen des Kaufprozesses durchlaufen. Käufer, die modifizierte oder unveränderte Wiederbestellungen vornehmen, werden einige dieser Phasen überspringen. Im folgenden sollen die einzelnen Stufen einer typischen Kaufsituation für neue Produkte untersucht werden.

TABELLE 7-1
Die wichtigsten Stufen des industriellen Kaufprozesses in Relation zu den wichtigsten Kaufsituationen

STUFEN DES KAUFPROZESSES	KAUFSITUATIONEN		
	neuer Aufgabe	modifizierter Wiederverkauf	unveränderter Wiederverkauf
1. Problemerkennung	ja	möglich	nein
2. Generelle Beschreibung des Bedarfs	ja	möglich	nein
3. Produktspezifizierung	ja	ja	ja
4. Suche nach Lieferanten	ja	vielleicht	nein
5. Einholung von Angeboten	ja	vielleicht	nein
6. Auswahl des Lieferanten	ja	vielleicht	nein
6. Auftragserteilung	ja	vielleicht	nein
8. Leistungsbewertung	ja	ja	ja

Quelle: Übernommen von Patrick J. Robinson, Charles W. Faris und Yoram Wind, Industrial Buying and Creative Marketing (Boston: Allyn & Bacon, 1967), S. 14.

Problemerkennung

Der Kaufprozeß beginnt, wenn irgend jemand im Unternehmen ein Problem oder ein Bedürfnis erkennt, dem durch den Erwerb eines Gutes oder einer Dienstleistung abgeholfen werden kann. Die Problemerkennung kann durch interne oder externe Anregungen hervorgerufen werden. Als häufigste interne Stimuli, die zur Feststellung eines Problems führen, gelten:

- Das Unternehmen entschließt sich, ein neues Produkt einzuführen und braucht dafür eine neue Produktionsausrüstung sowie neue Materialien für die Herstellung.
- Eine Maschine fällt aus, und neue Teile werden benötigt.
- Einige der gekauften Materialien erweisen sich als ungeeignet, und das Unternehmen sucht einen anderen Lieferanten.
- Der Einkaufsmanager sieht eine Chance, günstigere Preise oder eine bessere Qualität zu bekommen.

Bezüglich der externen Anregungen sei vor allem auf die Möglichkeiten hingewiesen, daß der Käufer neue Ideen auf einer Ausstellung erhält oder eine Anzeige liest oder von einem Vertreter angesprochen wird, der ihm ein besseres Produkt oder einen niedrigeren Preis anbietet.

Generelle Beschreibung des Bedarfs

Nachdem das Bedürfnis erkannt worden ist, legt der Käufer als nächstes die allgemeinen Merkmale und die Menge der gewünschten Ware fest. Für Standardprodukte ist das kein großes Problem. Bei komplexen Artikeln wird der Käufer mit anderen zusammenarbeiten – Ingenieuren, Anwendern, Beratern –, um das gewünschte Produkt näher zu beschreiben. Die Beteiligten werden versuchen, die Bedeutung von Verläßlichkeit, Dauerhaftigkeit und Preis sowie von anderen Produkteigenschaften zu gewichten und zu ordnen.

In dieser Phase kann der Industriemarketer dem kaufenden Unternehmen helfen. Oft ist sich der Käufer nicht des Wertes bzw. der Wichtigkeit bewußt, den die unterschiedlichen Produktmerkmale für die zu lösende Aufgabenstellung haben. Ein aufmerksamer Marketer kann dem Käufer behilflich sein, die Bedürfnisse des Unternehmens zu definieren.

Produktspezifizierung

Als nächstes erarbeitet die kaufende Organisation die technischen Einzelheiten des Produktes. Ein Wertanalyse-Team – bestehend aus Technikern – wird sich nunmehr mit diesem Problem befassen. Die **Wertanalyse** stellt eine Methode der Kostenreduzierung dar, bei der einzelne Komponenten sorgfältig daraufhin untersucht werden, ob sie vereinfacht werden können, ob auf Standardausführungen zurückgegriffen werden kann oder ob ein Produkt durch billigere Methoden hergestellt werden kann. In Tabelle 7-2 werden die wichtigsten Fragen dargestellt, die im Zusammenhang mit der Wertanalyse auftreten. Das Team wird entscheiden, welche Produkteigenschaften die besten wären und dementsprechend die Anforderungen festlegen. Verkäufer können Wertanalysen als Werkzeug benützen, in eine bestehende Lieferanten-Kunden-Beziehung einzubrechen. Außenstehende Verkäufer können „unveränderte Wiederkäufe" in eine „neue Aufgabe" umwandeln, bei der ihre Firma eine Chance hat, ins Geschäft zu kommen, wenn sie bessere Wege aufzeigen, einen Gegenstand herzustellen.

TABELLE 7-2
Fragen, die im Rahmen einer Wertanalyse gestellt werden

1. Trägt der Gebrauch dieses Artikels zur Wertschöpfung bei?
2. Stehen die Kosten in einem angemessenen Verhältnis zu seiner Zweckmäßigkeit?
3. Werden alle seine Eigenschaften gebraucht?
4. Gibt es irgendetwas Besseres für den beabsichtigten Gebrauch des Artikels?
5. Kann ein notwendiger Teil durch ein preiswerteres Verfahren hergestellt werden?
6. Könnte ein Standardprodukt gefunden werden, das denselben Zweck erfüllt?
7. Wird das Produkt – in Anbetracht der zur Diskussion stehenden Mengen – mit geeigneten Werkzeugen gefertigt?
8. Rechtfertigen Material, Arbeit und Gemeinkosten sowie der Gesamtgewinn die Kosten des Artikels?
9. Wäre ein anderer zuverlässiger Lieferant bereit, es günstiger zur Verfügung zu stellen?
10. Kauft irgend jemand diesen Artikel zu günstigeren Preisen ein?

Quelle: Albert W. Frey, Marketing Handbook, 2. Ausgabe (New York: Ronald Press, 1965), Abschnitt 27, S. 21. Copyright 1985. Abgedruckt mit Erlaubnis von John Wiley & Sons, Inc.

Suche nach Lieferanten

Der Käufer versucht sodann, die besten Verkäufer zu finden. Zu diesem Zwecke kann er im Branchenverzeichnis nachschlagen, im BTX-Programm suchen oder andere Unternehmen anrufen und um Empfehlungen bitten. Einige Verkäufer kommen nicht in Frage, weil sie zu klein sind, die erforderlichen Mengen zu liefern, oder weil sie einen schlechten Ruf haben, was Zuverlässigkeit und Service anbelangt. Am Ende bleibt nur eine kleine Liste geeigneter Lieferanten übrig.

Je neuer die Kaufaufgabe und je komplexer und kostspieliger der zu beschaffende Artikel, umso mehr Zeit wird für die Suche nach Lieferanten aufgewandt. Der Lieferant muß danach trachten, in den wichtigsten Branchenverzeichnissen aufzuscheinen und sich einen guten Ruf auf dem Markt zu verschaffen. Verkäufer sollten nach Unternehmen Ausschau halten, die sich auf der Suche nach Lieferanten befinden und sicherstellen, daß ihre Firma berücksichtigt wird.

Einholung von Angeboten

Anschließend wird der Käufer geeignete Lieferanten einladen, ihm Angebote zu unterbreiten. Einige Lieferanten werden lediglich einen Katalog schicken oder einen Außendienstmitarbeiter. Wenn der Artikel komplex und teuer ist, wird der Käufer detaillierte, schriftliche Vorschläge von jedem potentiellen Lieferanten benötigen. Der Käufer wird die Lieferanten beurteilen und vergleichen, wenn sie ihr formelles Angebot präsentiert haben.

Marketer von Investitionsgütern müssen daher bei der Vorbereitung, Ausarbeitung und Präsentation von Angeboten geschickt sein. Es ist wichtig, daß ihre Angebote Marketingdokumente und nicht nur technische Aufzählungen sind. Ihre Präsentation sollte Vertrauen erwecken und dazu beitragen, daß ihre Firma sich positiv vom Wettbewerb abhebt.

Auswahl des Lieferanten

Die Mitglieder des Beschaffungszentrums werden anhand dieser Kriterien die Lieferanten bewerten und die besten herausfinden. Sie werden nicht nur die technische Kompetenz der verschiedenen Lieferanten berücksichtigen, sondern auch deren Fähigkeit, den Artikel rechtzeitig zu liefern und den erforderlichen Kundenservice zu bieten. Die Beschaffungsabteilung wird oft eine Liste mit den gewünschten Lieferanteneigenschaften und deren relativer Wichtigkeit erstellen. Bei der Auswahl eines Chemielieferanten hat eine Beschaffungsabteilung folgende Eigenschaften in der Reihenfolge ihrer Wichtigkeit aufgelistet:

1. Technische Unterstützung
2. Zuverlässige Lieferung
3. Schnelle Reaktion auf Kundenbedürfnisse
4. Produktqualität
5. Ruf des Lieferanten
6. Produktpreis
7. Vollständige Produktgruppe
8. Befugnisse und fachliche Kompetenz des Verkaufsrepräsentanten
9. Länge des Zahlungsziels
10. Persönliche Beziehungen
11. Schriftliche Unterlagen und Handbücher

Die Käufer werden versuchen, mit den von ihnen bevorzugten Lieferanten bessere Preise und Konditionen auszuhandeln, ehe sie ihre endgültige Auswahl treffen. Am Ende haben sie einen oder einige wenige Lieferanten ausgewählt. Viele Käufer ziehen es vor, über mehrere Lieferquellen zu verfügen. Auf diese Weise geraten sie nicht in ein völliges Abhängigkeitsverhältnis zu einem Lieferanten für den Fall, daß irgendetwas anders abläuft als geplant, und außerdem sind sie in der Lage, Preise und Leistungen verschiedener Verkäufer zu vergleichen.

Auftragserteilung

Im Anschluß daran wird vom Käufer der endgültige Auftrag an den oder die ausgewählten Lieferanten geschrieben. Darin sind technische Spezifikationen enthalten sowie die gewünschte Menge, die erwartete Lieferzeit, Rücktrittsregelungen, Gewährleistungen und so weiter. Bezüglich der für Wartung, Reparatur und laufenden Betrieb benötigten Teile werden zunehmend Rahmen- statt Einzelaufträge erteilt. Jedesmal einen neuen Auftrag zu schreiben, erfordert eine erhöhte Lagerhaltung und ist teuer. Einige wenige, aber dafür größere Aufträge sind auch nicht im Sinne des Käufers, weil sie eine große Lagerhaltung notwendig machen.

Ein Rahmenabkommen im Sinne eines Abrufauftrages (blanket contract) schafft eine langfristige Geschäftsbeziehung. Der Lieferant verpflichtet sich, während eines bestimmten Zeitraumes den Käufer, je nach dessen Bedarf, zu vereinbarten Preisen zu beliefern. Die Lagerhaltung obliegt dem Verkäufer, daher auch die Bezeichnung „lagerlose Einkaufsplanung" (stockless purchase plan). Der Computer des Käufers druckt automatisch eine Bestellung an den Verkäufer aus, wenn wieder Vorräte benötigt werden. Abrufaufträge führen zu verstärkter Konzentration auf eine Einkaufsquelle und zur Beschaffung von immer mehr Artikeln von dieser einen Bezugsquelle. Das bindet den Käufer enger an den Lieferanten und macht es für andere Lieferanten sehr schwer, in diese Beziehung einzubrechen, wenn der Käufer nicht mit Preisen und Service unzufrieden wird.

Leistungsbewertung

In dieser Phase überprüft der Käufer die Leistung des Lieferanten. Der Käufer kann z. B. Benutzer des Produktes ansprechen und diese nach ihrer Zufriedenheit befragen. Die Leistungsbewertung kann den Käufer veranlassen, die Zusammenarbeit forzusetzen, diese zu verändern oder den Lieferanten fallenzulassen. Aufgabe des Verkäufers ist es, auf die gleichen Kriterien zu achten, die vom Käufer für die Leistungsbewertung herangezogen werden, um die erwartete Zufriedenheit sicherzustellen.

Wir haben die einzelnen Stufen des Beschaffungsprozesses beschrieben, die in der Kaufsituation einer neuen Aufgabenstellung durchlaufen werden. In der Situation des modifizierten oder des unveränderten Wiederkaufs werden einige dieser Stufen übersprungen oder zusammengefaßt. Das Acht-Stufen-Modell vermittelt einen Überblick über den industriellen Kaufentscheidungsprozeß. Der tatsächliche Prozeß ist jedoch gewöhnlich viel komplexer.[11] Jede Organisation kauft auf ihre eigene Art und jede einzelne Kaufsituation stellt eigene – spezifische – Anforderungen. Unterschiedliche Teilnehmer des Einkaufszentrums nehmen in unterschiedlichen Phasen Einfluß auf den Kaufprozeß. Obwohl normalerweise bestimmte Prozeßstufen immer wieder vorkommen, werden sie von den Käufern nicht immer in der gleichen Reihenfolge bewältigt. Sie können andere Phasen hinzufügen oder einige mehrmals durchlaufen.

DAS KAUFVERHALTEN VON WIEDERVERKÄUFERN

In vieler Hinsicht ist das Kaufverhalten der Wiederverkäufer mit dem gewerblicher Abnehmer vergleichbar. Wiederverkäuferorganisationen verfügen über ein Beschaffungszentrum, dessen Teilnehmer sich gegenseitig beeinflussen, um eine Vielzahl von Kaufentscheidungen zu treffen. Ihr Entscheidungsprozeß beginnt mit der Problemerkennung und endet mit der Entscheidung darüber, welche Produkte von welchem Lieferanten unter welchen Bedingungen gekauft werden. Die Käufer stehen unter dem Einfluß einer Vielzahl von Umfeld-, organisationsinternen, interpersonalen und individuellen Faktoren.

Es gibt jedoch einige wesentliche Unterschiede zwischen dem Kaufverhalten von gewerblichen Abnehmern und Wiederverkäuferorganisationen. Wiederverkäufer unterscheiden sich bezüglich des Inhaltes von Einkaufsentscheidungen, der Beteiligten sowie der Art, wie sie ihre Entscheidungen treffen.

Welche Kaufentscheidungen werden von Wiederverkäufern getroffen?

Wiederverkäufer dienen ihren Kunden als Einkäufer, deshalb erwerben sie Produkte und Marken, von denen sie glauben, daß diese bei ihren Kunden Anklang finden werden. Sie haben zu entscheiden, welches Produktsortiment sie führen, von welchen Verkäufern sie kaufen und welche Preise und Bedingungen sie aushandeln wollen. Die Sortimentsentscheidung ist von primärer Bedeutung und bestimmt die Marktposition des Wiederverkäufers. Seine Sortimentsstrategie beeinflußt in hohem Maße seine Produkt- und Lieferantenauswahl.

Wiederverkäufer können ihre Waren entweder nur von einem Lieferanten beziehen oder verschiedene verwandte Produkte bzw. Produktgruppen von mehreren Lieferanten erwerben. Denkbar ist aber auch ein gemischtes Sortiment unterschiedlicher Waren von vielen Lieferanten. So kann z. B. ein Photofachgeschäft nur Kodak-Kameras führen oder viele Kamera-Marken. Möglich wäre aber auch ein Sortiment, bestehend aus Kameras, Radios, Kassettenrekordern und Stereoausrüstungen. Außer diesen Artikelgruppen könnten noch Elektroherde und Kühlschränke in das Sortiment aufgenommen werden. Die Angebotspalette des Wiederverkäufers beeinflußt das Kunden-, Marketing- und Lieferanten-Mix.

Wer ist am Kaufprozeß des Wiederverkäufers beteiligt?

Wer tätigt den Einkauf in Groß- und Einzelhandelsunternehmen. Das Beschaffungszentrum des Wiederverkäufers kann aus einer oder mehreren Personen bestehen, die unterschiedliche Rollen spielen. Einige tragen die formale Kaufverantwortung und andere nehmen Einfluß hinter den Kulissen. In kleinen Tante-Emma-Läden („mom and pop" firms) trifft gewöhnlich der Besitzer die Kaufentscheidungen. In großen Wiederverkaufsunternehmen ist der Einkauf eine spezialisierte Funktion und ein „Full-time-Job". Das Einkaufszentrum und der Kaufprozeß variieren je nach unterschiedlichem Betriebstyp des Wiederverkäufers.

Betrachten wir beispielsweise Supermärkte. In den Zentralbüros einer Supermarktkette tragen spezialisierte Einkäufer die Verantwortung für die Zusammenstellung der Markensortimente und für das Anhören von Reisenden, die neue Marken vorstellen. In einigen Ketten verfügen diese Einkäufer über die Entscheidungsbefugnis, neue Artikel in das Sortiment aufzunehmen oder abzulehnen. In vielen Ketten jedoch beschränkt sich ihre Kompetenz auf die Vorsortierung in abzulehnende oder aufzunehmende Artikel. Wenn sie einen Artikel in das Sortiment aufnehmen wollen, müssen sie die Zustimmung des Einkaufsausschusses einholen. Selbst wenn ein Produkt vom Einkaufsausschuß akzeptiert worden ist, müssen es die Manager der einzelnen Läden nicht führen. Die Führungskraft einer Supermarkt-

Das Einkaufskomitee einer Supermarktkette bei der Präsentation eines neuen Produkts. Joseph Nettis, Photo Researchers.

BEISPIEL 7-2
Die großen Keks-Kriege: Gefechte im Wiederverkäufermarkt

Die mittleren achtziger Jahre werden in die Geschichte des Lebensmittel-Marketings als die der großen Keks-Kriege eingehen. Bis in die späten siebziger und die frühen achtziger Jahre schlummerte die 2,5 Milliarden Dollar Keks-Industrie vor sich hin, beherrscht von Giganten wie Nabisco, United Biscuits (Keebler) und American Brands (Sunshine). Dann begann 1982 Frito-Lay, eine Tochter von PepsiCo, seine Grandma's Kekse zu testen – ein zarter und weicher Keks. Dieser bildete jedoch nur den Anfang einer Reihe neuer – „wie selbstgebackener" – Marken, die auf den Markt geworfen wurden. Grandma's eroberte auf dem Testmarkt einen Anteil von 15 bis 20 Prozent und der Krieg war ausgebrochen.

Frito-Lay stattete Grandma's mit einem Werbeetat von 70 Millionen Dollar aus – das war das Fünffache des Werbeetats der gesamten Keksindustrie des vorangegangenen Jahres – und machte anderen Marken mit Preisnachlässen und kostenlosen Mustern die Kunden abtrünnig. Die etablierten Hersteller gingen zum Gegenangriff über. Nabisco versuchte, seinen Marktanteil von 35 bis 40 Prozent durch eine Erhöhung des Werbebudgets von acht auf 30 Millionen Dollar und durch Preisreduzierungen zu verteidigen. Keebler, die Nummer zwei, sponsorte das Pferdetoto und erweiterte seine Distribution. Sunshine steigerte den Werbeetat von weniger als 500.000 Dollar auf mehr als 30 Millionen.

Als sich 1983 ein weiterer Marketing-Gigant, Procter & Gamble, an der Auseinandersetzung beteiligte, nahm der Konkurrenzkampf an Härte zu. Für ihre Marke „Duncan Hines" warben sie mit der Produktaussage „außen knusprig, innen weich". Der Werbeetat wurde auf 100 Millionen Dollar geschätzt. Nabisco folgte mit seiner „Fast-wie-selbstgemacht"-Marke Almost Home. Auf dem Konsumentenmarkt wird der Krieg der Keksgiganten – PepsiCo, Procter & Gamble, Nabisco, American Brands und United Biscuits – voraussichtlich noch mehrere Jahre andauern.

Dieser Krieg wurde jedoch auch an einer zweiten Front, auf dem Wiederverkäufermarkt, ausgetragen. Viele Beobachter sind der Meinung, daß die Schlacht um die Unterstützung der Wiederverkäufer über den Gewinner des Keks-Krieges entscheiden wird. Das Hauptziel ist die Eroberung von Regalfläche in den mehr als 300.000 Supermärkten, Nachbarschaftsläden und Lebensmittelgeschäften der USA. Mehr Regalfläche bedeutet mehr Konsumentenblickfang, der zu mehr Umsatz führt. Darüber hinaus können die Wiederverkäufer einen bevorzugten Hersteller durch die Verwendung seiner Displays sowie durch die Verteilung seiner Muster und durch Anzeigen, in denen sie seine Marken herausstellen, unterstützen.

Regal-, Laden- und Werbefläche sind wertvoller Besitz des Einzelhandels und jeder Kekshersteller wird hart um seinen Anteil kämpfen müssen. (Procter & Gamble bat Safeway um 30 Prozent seiner für Kekse vorgesehenen Regalfläche und erhielt lediglich 7,5 Prozent.) Jeder Hersteller muß die Wiederverkäufer davon überzeugen, daß seine Kekse mehr Unterstützung verdienen. Tausende Außendienstmitarbeiter, bewaffnet mit Untersuchungen über Präferenzen der Konsumenten und mit Versprechungen, daß sie auf Verbraucherebene riesige Werbe- und Promotionprogramme für ihre Produkte durchführen werden, versuchen die Einzelhändler zu überzeugen, daß die Unterstützung ihrer Marken zu größeren Umsätzen und Gewinnen führen wird.

Die Wiederverkäufer werden mit Rabatten, Gemeinschaftswerbung, attraktivem Displaymaterial, großzügiger Rücknahmepolitik und einem besonders leistungsfähigen Kundendienst umworben.

Der große Keks-Krieg wird noch lange Zeit andauern und für die Kekshersteller sehr kostspielig sein. Am Ende werden die Konsumenten über den Gewinner entscheiden, jedoch wird der Hersteller, der am besten auf dem Wiederverkäufermarkt operiert, mächtige Verbündete haben.

Quellen: Die Informationen stammen aus Al Urbanski, „On with the 2.1 Billion Dollar Cookie War", Sales and Marketing Management, 6. Juni 1983, S. 37–40 f; Ann M. Morrison, „Cookies Are Frito-Lay's Bag," Fortune, 9. August 1982, S. 64–67; „Products of the Year," Fortune, 12. Dezember 1983, S. 76; und anderen Quellen.

kette stellt hierzu fest: „Es hat nichts zu sagen, was die Vertreter verkaufen oder was die Einkäufer kaufen. Die Person, die den größten Einfluß auf den endgültigen Verkauf des neuen Artikels hat, ist der Leiter der einzelnen Verkaufsstelle."[12]

Dieser Entscheidungsablauf bedeutet für den Hersteller eine große Herausforderung, neue Artikel zu plazieren. Jede Woche bieten sie den Supermärkten der Nation zwischen 150 und 250 neue Produkte an, aber die verfügbare Fläche im Verkaufsraum läßt nicht zu, daß mehr als höchstens zehn Prozent akzeptiert werden (vergleiche hierzu Beispiel 7-2).

Wie treffen Wiederverkäufer ihre Kaufentscheidungen?

Für neue Produkte durchlaufen Wiederverkäufer mehr oder weniger den gleichen Kaufprozeß wie Industrieeinkäufer. Bei Standardartikeln ordern Wiederverkäufer einfach wieder dieselben Produkte, wenn ihre Lagerbestände ausgegangen sind. Die Bestellungen werden den gleichen Lieferanten erteilt, solange Bedingungen, Waren und Kundendienst zufriedenstellend sind. Käufer werden versuchen, die Preise neu auszuhandeln, wenn ihre Ertragsspannen infolge erhöhter Gemeinkosten geringer werden. In vielen Einzelhandelsketten ist die Gewinnspanne so gering – in Supermärkten beispielsweise ein bis zwei Prozent vom Umsatz –, daß ein plötzlicher Nachfragerückgang oder ein Anstieg der Gemeinkosten das Unternehmen sofort in rote Zahlen bringt.

Abgesehen von den Kosten werden von den Wiederverkäufern viele Faktoren berücksichtigt, wenn sie Produkte und Lieferanten auswählen. Andere Kriterien umfassen die erwartete Konsumentenakzeptanz des Produktes, den Umfang der geplanten Promotion-Aktivitäten seitens des Lieferanten sowie dessen Merchandising-Unterstützung und die gewährten Einkaufsrabatte. Aus diesem Grunde verfügen die Verkäufer über die besten Chancen, wenn sie eine hohe Konsumentenakzeptanz nachweisen, eine gut gestaltete Werbe- und Verkaufsförderungsplanung vorlegen können und in der Lage sind, den Wiederverkäufern starke finanzielle Anreize zu bieten.

Verkäufer sehen sich verstärkt mit einem fortschrittlichen Kaufverhalten der Wiederverkäufer konfrontriert. Sie müssen die Veränderungsbedürfnisse der Wiederverkäufer verstehen und attraktive Angebote entwickeln, damit die Wiederverkäufer ihren Kunden einen besseren Service bieten können. Tabelle 7-3 zeigt verschiedene Marketing-Instrumente, die von Verkäufern eingesetzt werden, um ihre Angebote für die Wiederverkäufer attraktiver zu gestalten.

TABELLE 7-3
Marketing-Instrumente von Lieferanten für den Einsatz bei Wiederverkäufern

Gemeinschaftswerbung: Der Verkäufer übernimmt einen Teil der Kosten des Wiederverkäufers für dessen Produktwerbung.

Vorausetikettierung: Der Verkäufer versieht jedes Produkt mit einem Etikett, auf dem der Preis, der Hersteller, die Größe, die Identifikationsnummer sowie die Farbe des Produkts verzeichnet sind. Diese Auszeichnungen erleichtern es dem Wiederverkäufer, die gleichen Produkte nachzuordern.

Kauf ohne Lagerhaltung: Der Verkäufer übernimmt die Lagerhaltung. Die Ware wird auf Anforderung des Wiederverkäufers prompt geliefert.

Automatische Wiederbestellsysteme: Der Verkäufer stellt Formulare und Computerverbindungen für automatische Wiederbestellungen zur Verfügung.

Werbehilfen, wie z. B. Photos oder Manuskripte für Werbespots.

Besondere Preise für Lagerabbauaktionen.

Rückgabe- und Umtauschrechte für den Wiederverkäufer.

Zuschüsse für Sonderpreisaktionen.

Sponsorschaft für Demonstrationen innerhalb des Ladens.

DAS KAUFVERHALTEN VON BEHÖRDEN

Das Kaufverhalten von Behörden ähnelt teilweise dem Kaufverhalten von Industriebetrieben. Trotzdem gibt es Unterschiede. Unternehmen, die Produkte und Dienstleistungen an Behörden verkaufen wollen, müssen diesen Unterschieden Rechnung tragen.[13] Um als Verkäufer im Behördenmarkt erfolgreich zu sein, ist es erforderlich, die wichtigsten Entscheidungsträger ausfindig machen, die Faktoren zu erkennen, von denen sie beeinflußt werden, und ihren Kaufentscheidungsprozeß verstehen.

Wer nimmt teil am Behördenkaufprozeß?

Wer tätigt den 690-Milliarden-Einkauf von Gütern und Dienstleistungen? Einkaufsorganisationen der Behörden sind auf Bundes-, Landes- und Gemeindeebene anzutreffen. Die größten sind die Beschaffungsstellen auf Bundesebene, sie gliedern sich in einen zivilen und einen militärischen Bereich.

Die Einkaufsorganisation des Bundes für den zivilen Sektor besteht aus sieben Kategorien. Dazu gehören die verschiedenen Abteilungen (wie z. B. commerce), der Bereich der Verwaltung (General Services Administation), die diversen „agencies" (z. B. die Federal Aviation Agency), die „boards" (z. B. das Railroad Retirement Board), die „comissions" (z. B. die Federal Communications Comission), ferner das „executive office" (Bureau of the Budget) und sonstige „miscellaneous" (das sind Behörden wie z. B. die Tennessee Valley Authority).

Es gibt keine eigene Behörde, die für den Gesamteinkauf der öffentlichen Hand zuständig ist, und der Gesamtbedarf, der für einen Artikel, für eine Ausrüstungsart oder für eine bestimmte Dienstleistung besteht, wird nicht durch einen einzelnen Einkäufer gedeckt. Vielmehr sind viele Dienststellen für einen großen Prozentsatz ihrer eigenen Einkäufe selbst zuständig, insbesondere für die Beschaffung von Industrieprodukten und Spezialausrüstungen. Zugleich spielt die General Services Administration eine wichtige Rolle bei der Zentralisierung des Einkaufs häufig verwendeter Artikel im Zivilbereich (Büromöbel und Büroausrüstung, Fahrzeuge und Kraftstoffe) und bei der Standardisierung der Einkaufsverfahren für die anderen Behörden.

Die Käufe für den militärischen Bereich werden vom Verteidigungsministerium getätigt und zwar hauptsächlich durch die Defense Supply Agency sowie durch Armee (army), Marine (navy) und Luftwaffe (air force). Die Defense Supply Agency (Behörde für die Versorgung im Verteigungsbereich) wurde 1961 zum Zwecke der Beschaffung und Verteilung von Versorgungsgütern, die von allen Militäreinrichtungen verwendet werden, geschaffen. Diese Einrichtung wurde mit dem Anliegen gegründet, kostspielige Doppelkäufe zu reduzieren. Sie operiert mit sechs Beschaffungszentralen, die auf Baubedarf, Elektronik, Kraftstoff, Personalbedarf, Industriegüter und allgemeine Versorgungsgüter spezialisiert sind. Es ist ein Trend zu spezialisierten Managern zu beobachten, die für wichtige Produktgruppen zuständig sind. Jeder Militärbereich kauft Ausrüstung und andere Versorgungsgüter in eigener Regie ein. So unterhält z. B. die Armee Büros, die Material, Fahrzeuge, medizinische Bedarfsartikel und Dienstleistungen sowie Waffen für sie erwerben.

Zu den Einkaufsorganen der Bundesstaaten und Gemeinden zählen auch Schul- und Autobahnbehörden, Krankenhäuser, Wohnungsämter und viele andere öffentliche Institutionen. Alle diese haben ihren eigenen Einkaufsprozeß, über den Verkäufer genau Bescheid wissen sollten.

Welches sind die wichtigsten Einflüsse, denen Einkäufer in Behörden ausgesetzt sind?

Einkäufer in Behörden werden von umfeldbezogenen, von organisationsinternen sowie von interpersonalen und individualen Faktoren beeinflußt. Eine Besonderheit von Behördenkäufen besteht darin, daß sie von der Öffentlichkeit sorgfältig überwacht werden. Einer dieser „Wachhunde" ist der Kongreß, und einige Kongreß-Abgeordnete verdanken ihre Karriere dem Umstand, daß sie überflüssige Ausgaben der Regierung aufgedeckt haben. Ein weiterer Supervisor ist das Bureau of the Budget, das die Ausgaben der Regierung überprüft und versucht, deren Effizienz zu erhöhen. Darüber hinaus beobachten zahlreiche private Gruppen sehr kritisch, wie die Behörden mit öffentlichen Geldern umgehen.

Da Entscheidungen über Ausgaben einer öffentlichen Prüfung unterzogen werden müssen, sind Regierungsorgane mit sehr viel Papierkrieg belastet. Bevor ein Kauf genehmigt wird, müssen komplizierte Formulare ausgefüllt und unterschrieben werden. Der Formalisierungsgrad ist sehr hoch, und Marketer müssen sich einen Pfad durch den Dschungel der Bürokratie bahnen.

Eine zunehmend wichtigere Rolle bei Käufen von Behörden spielen Kriterien, die außerhalb wirtschaftlicher Erwägungen liegen. So werden die Organe der öffentlichen Hand dazu angehalten, stagnierende Firmen und Gebiete sowie solche mittelständischen Unternehmen und Betriebe zu bevorzugen, die sich keine Diskriminierungen bezüglich Rasse, Geschlecht oder Alter zuschulden kommen lassen. Auch diese Faktoren müssen von den Anbietern berücksichtigt werden.

Wie treffen Behörden ihre Kaufentscheidungen?

Die Einkaufspraktiken von Behörden erscheinen den Lieferanten oft undurchschaubar und frustrierend. Anläßlich einer Untersuchung wurden von Lieferanten zahlreiche Beschwerden über die Einkaufspraktiken von Behörden vorgetragen. Diese bezogen sich vor allem auf zu viel Papierkrieg und Bürokratie, auf unnötige Verordnungen, zu starke Betonung von Niedrigpreis-Angeboten, Verzögerungen bei der Entscheidungsfindung, häufigen Wechsel des einkaufenden Personals sowie auf zu häufige Änderungen der Verfahrensweisen.[14] Diese Winkel und Ecken, die mit dem Verkauf an Behörden verbunden sind, können jedoch in kurzer Zeit gemeistert werden. Im allgemeinen erteilen die betreffenden Behörden selbst bereitwillig Auskunft über ihre Kaufbedürfnisse und Einkaufspraktiken. Sie sind oft ebenso daran interessiert, neue Lieferanten zu finden, wie die Anbieter daran, neue Kunden zu gewinnen.

Die Small Business Administration stellt eine Broschüre mit dem Titel „U.S. Government Purchasing, Specifications, and Sales Directory“ zur Verfügung. In dieser Broschüre sind jene Produkte aufgeführt, die am häufigsten von Behörden gekauft werden, und es sind Querverweise zu finden, welche öffentlichen Organe diese insbesondere erwerben. Das Government Printing Office gibt die „Commerce Business Daily“ heraus; diese Zeitung informiert über die wichtigsten laufenden Kaufvorhaben, und aus Hinweisen über in jüngster Zeit abgeschlossene Verträge kann man auf eventuell mögliche Unteraufträge schließen. Die General Services Administration unterhält in mehreren wichtigen Städten sogenannte „Business Service Centers“, deren Personal erschöpfend darüber Auskunft erteilt, wie Behörden einkaufen und welche Wege die Lieferanten beschreiten sollten. Verschiedene Fachzeitschriften und Verbände stellen Informationen darüber zur Verfügung, wie man mit Schulen, Krankenhäusern, Autobahnbehörden und anderen öffentlichen Einrichtungen in Kontakt treten kann.

Die Beschaffungsverfahren der Behörden lassen sich grundsätzlich in zwei Arten gliedern: die Ausschreibung und den ausgehandelten Vertrag. Bei einem Ausschreibungsverfahren werden von qualifizierten Lieferanten Angebote über genau beschriebene Artikel erbeten. Der Auftrag wird im allgemeinen dem Anbieter erteilt, der den niedrigsten Preis bietet. Der Lieferant hat zu überlegen, ob er den Anforderungen gerecht werden und die Bedingungen akzeptieren kann. Bei Standardprodukten, wie z.B. bei Treibstoff oder bei Schulbedarf, stellen die Anforderungen keine Hürde dar. Bei nichtstandardisierten Artikeln können sie allerdings zum Hindernis werden. Die Behörde ist generell dazu verpflichtet, den gesamten Liefervertrag mit jenem Anbieter abzuschließen, der den niedrigsten Preis geboten hat. Gelegentlich werden jedoch auch Produktqualität oder der Ruf besonderer Verläßlichkeit in Betracht gezogen.

Beim Kauf auf der Basis von ausgehandelten Verträgen arbeitet die Behörde mit einem oder mehreren Unternehmen zusammen; sie handelt mit einem von ihnen einen Vertrag über ein Projekt aus und vereinbart die Abwicklungsbedingungen. Diese Vorgehensweise wird bei komplexeren Projekten bevorzugt, die mit erheblichen Forschungs- und Entwicklungskosten und hohen Risiken verbunden sind und bei denen es nur wenige Konkurrenten gibt. Der Vertrag kann neu ausgehandelt werden, wenn der Gewinn für den Lieferanten als zu hoch erscheint.

Viele Firmen, die an Regierungsorgane verkaufen, sind aus verschiedenen Gründen bislang nicht marketingorientiert gewesen.

Die Höhe der Regierungsausgaben wird in erster Linie von gewählten Beamten bestimmt und ist durch Marketing-Anstrengungen wenig beeinflußbar. Bei Einkäufen von Behörden stellt der Preis das wichtigste Entscheidungskriterium dar. Das hat dazu geführt, daß die Lieferanten ihr Hauptaugenmerk darauf richten, die Preise niedrig zu halten. In Fällen, in denen die Eigenschaften des Produktes umfassend spezifiziert worden sind, stellt die Produktdifferenzierung keinen Marketing-Faktor dar. Ebenso spielen Werbung oder persönlicher Verkauf bei Ausschreibungen keine Rolle.

Gegenwärtig richten immer mehr Unternehmen spezielle Marketing-Abteilungen ein, die ihre Bemühungen auf Regierungsorgane ausrichten. Beispiele hiefür sind J.I. Case, Eastman Kodak und Goodyear. Diese Unternehmen wollen ihre Angebote koordinieren und professioneller ausarbeiten. Statt wie bisher nur auf Regierungsanforderungen zu reagieren, sollen Projekte vorgeschlagen werden, die auf die Bedürfnisse der Regierung besser abgestimmt sind. Ferner sollen Informationen über die Konkurrenz eingeholt und bessere Kommunikationsprogramme entwickelt werden, die die fachliche Kompetenz des Unternehmens beschreiben.

ZUSAMMENFASSUNG

Organisationen bilden einen riesigen Markt. Grundsätzlich sind drei Arten von Organisationsmärkten zu unterscheiden:
- der Absatzmarkt für industrielle Erzeugnisse;
- der Wiederverkäufermarkt;
- der Behördenmarkt.

In vieler Hinsicht ähneln Organisationsmärkte den Konsumentenmärkten, aber in einigen Bereichen unterscheiden sie sich erheblich von diesen. Organisationsmärkte sind generell durch weniger, dafür aber größere Kunden mit höherer geographischer Konzentration gekennzeichnet. Der Bedarf von Organisationen ist derivativ, weitgehend unelastisch und stark fluktuierend. In ihrem Kaufentscheidungsprozeß sind für gewöhnlich mehr Personen involviert. Einkäufer in Organisationen sind besser geschult und selektieren professioneller als Konsumenten. Einkaufsentscheidungen von Organisationen sind erheblich komplexer, und ihr Einkaufsprozeß ist stärker formalisiert.

Der Investitionsgütermarkt umfaßt Firmen und Einzelpersonen, die Güter und Dienstleistungen erwerben, um daraus für den Verkauf oder die Vermietung an Dritte andere Produkte und Dienstleistungen herzustellen.

Einkäufer von Investitionsgütern treffen Entscheidungen, deren Umfang mit der Art der Kaufsituation variiert. Unterschieden werden
- unveränderter Wiederkauf,
- modifizierter Wiederkauf und
- die neue Aufgabe.

Die Entscheidungseinheit einer kaufenden Organisation – das Beschaffungszentrum – kann aus vielen Personen bestehen, die verschiedene Rollen spielen. Für den Industriemarketer ist wichtig zu wissen:

- Wer sind die wichtigsten Entscheidungsträger?
- Auf welche Entscheidungen üben sie Einfluß aus?
- Wie hoch ist ihr Beeinflussungsgrad?
- Welches sind die Entscheidungskriterien des einzelnen Entscheidungsträgers?

Darüber hinaus muß der Marketer die entscheidungsrelevanten Umfeldfaktoren sowie die wichtigsten organisationsinternen, interpersonalen und individuellen Einflüsse auf den Kaufprozeß kennen. Der Kaufprozeß selbst besteht aus acht Phasen:
- Problemerkennung,
- generelle Bedarfsbeschreibung,
- Produktspezifikation,
- Lieferantensuche,
- Lieferantenauswahl,
- Auftragserteilung,
- Leistungsbewertung.

Da Einkäufer von Investitionsgütern immer anspruchsvoller werden, müssen Marketer von Investitionsgütern ihre Marketing-Programme qualitativ verbessern.

Der Wiederverkäufermarkt besteht aus Individuen und Organisationen, die zum Zwecke des Wiederverkaufs Produkte erwerben, die andere hergestellt haben. Wiederverkäufer haben Entscheidungen über ihr Sortiment sowie über Lieferanten, Preise und Einkaufskonditionen zu treffen. In kleinen Groß- und Einzelhandelsunternehmen wird der Einkauf von einer oder von einigen wenigen Personen durchgeführt; in großen Organisationen von einer ganzen Einkaufsabteilung. Bei neuen Produkten durchlaufen die Käufer einen Einkaufsprozeß, der dem bei industriellen Einkäufen gleicht. Bei Standardartikeln ist der Kaufprozeß eine Routineaktion – das gilt sowohl für Wiederbestellungen als auch für neu auszuhandelnde Kontrakte.

Mit seinem Einkaufsvolumen von 690 Milliarden Dollar für Güter und Dienstleistungen gilt der Behördenmarkt als der größte Bedarfsträger für Verteidigung, Ausbildung, öffentliche Wohlfahrt und andere öffentliche Notwendigkeiten. Die behördlichen Einkaufspraktiken sind hochgradig spezialisiert und von besonderer Art. Der größte Teil der Beschaffung erfolgt durch öffentliche Ausschreibungen oder durch das Aushandeln von Verträgen. Behördeneinkäufer operieren unter dem wachsamen Auge des Kongresses, des Bureau of the Budget und zahlreicher privater „watch-dog groups" (Wachhundgruppen). Aus diesem Grunde tendieren sie zu mehr Formularen, benötigen mehr Unterschriften und reagieren schwerfälliger bei der Auftragserteilung.

DISKUSSIONSFRAGEN

1. Erklären Sie den Begriff des derivativen Bedarfs, wie er für die Kennzeichnung der Bedürfnisse von Organisationen verwendet wird.
2. Erläutern Sie aus der Sicht ihrer beruflichen Erfahrung, wie ihr Arbeitgeber unveränderte Wiederkäufe, modifizierte Wiederkäufe und neue Einkaufsaufgaben abgewickelt hat.
3. Über welche Fähigkeiten sollte ein Einkäufer verfügen?
4. Wie würden sich die Teilnehmer am Produzenten-Einkaufsprozeß einer kleiner Werkzeugmaschinenfabrik von jenen der US Steel Corporation unterscheiden?
5. Erläutern Sie die wichtigsten Umfeldfaktoren, die in der Firma Greyhound den Einkaufsprozeß für Autobusse beeinflussen würden.
6. Kennzeichnen Sie die Teilbereiche des Behördenmarktes sowie

die Art der Produkte, die in jedem von ihnen gekauft werden, insbesondere jene, die günstige Marketing-Möglichkeiten eröffnen.

7. Inwiefern unterscheiden sich die Kaufeinflüsse, denen die Einkäufer in Behörden unterliegen, von jenen, denen Einkäufer in Industrie- oder Wiederverkäuferorganisationen ausgesetzt sind.

SCHLÜSSELBEGRIFFE

Beschaffungszentrum *(Buying center).* Alle Individuen und Gruppen, die am Kaufentscheidungsprozeß und am Risiko beteiligt sind, das aus den Entscheidungen resultiert, und die einige gemeinsame Zielsetzungen haben.

Behördenmarkt *(Government market).* Verwaltungseinrichtungen (Governmental units) des Bundes, der Länder und Gemeinden, die Güter und Dienstleistungen kaufen oder mieten, die sie zur Erfüllung ihrer Hauptfunktionen benötigen.

Investitionsgütermarkt *(Industrial market).* Alle Individuen und Organisationen, die Güter und Dienstleistungen erwerben, um damit Güter und Dienstleistungen zu produzieren, die weiterverkauft, vermietet oder auf sonstige Weise anderen zur Verfügung gestellt werden.

Einkauf durch Organisationen *(Organisational buying).* Der Entscheidungsprozeß, in dessen Verlauf formale Organisationen ihren Bedarf für einzukaufende Produkte und Dienstleistungen festlegen, kennzeichnen und bewerten sowie zwischen unterschiedlichen Marken und Lieferanten wählen.

Wiederverkäufermarkt *(Reseller market).* Der Wiederverkäufermarkt besteht aus allen Individuen und Organisationen, die Güter erwerben, um diese mit Gewinn an andere weiterzuverkaufen oder zu vermieten.

Systemkauf *(Systems buying).* Der Kauf einer Gesamtlösung für ein Problem, statt alle damit verbundenen Einzelentscheidungen zu treffen.

Wertanalyse *(Value analysis).* Eine Methode zur Kostenreduzierung, bei der einzelne Komponenten sorgfältig daraufhin untersucht werden, ob sie sich vereinfachen oder standardisieren lassen oder durch preisgünstigere Verfahren hergestellt werden können.

FUSSNOTEN

1. Diese Ausführungen wurden mit Genehmigung des Harvard Business Review entnommen aus „Major Sales: Who Really Does the Buying“, von Thomas V. Bonoma (Mai, Juni 1982). Copyright: 1982 by the President and Fellows of Harvard College; alle Rechte vorbehalten.
2. Frederick E. Webster, Jr., und Yoram Wind, Organizational Buying Behavior (Englewood Cliffs, NJ: Prentice-Hall, 1972), S. 2.
3. Für die Diskussion von anderen Modellen über das Einkaufsverhalten sei verwiesen auf Raymond L. Horton, Buyer Behavior: A Decision-Making Approach (Columbus, OH: Charles E. Merrill, 1984), Kapitel 16.
4. Patrick J. Robinson, Charles W. Faris und Yoram Wind, Industrial Buying Behavior and Creative Marketing (Boston: Allyn & Bacon, 1967).
5. Webster und Wind, Organizational Buying Behavior, S. 6. Bezüglich weiterer Literatur über Beschaffungszentren wird verwiesen auf Bonoma, „Major Sales: Who Really Does the Buying“;

und Wesely J. Johnson und Thomas V. Bonoma, „Purchase Process for Capital Equipment and Services“, Industrial Marketing Management, 10 (1981), S. 253–64.

6. Johnston und Bonoma, „Purchase Process“, S. 258 f.
7. Vergleiche hierzu Murray Harding, „Who Really Makes the Purchasing Decision“, Industrial Marketing, September 1966, S. 76. Diese Auffassung wurde weiterentwickelt von Ernest Dichter, „Industrial Buying Is Based on Same 'Only Human' Emotional Factors That Motivate Consumer Market's Housewife“, Industrial Marketing, Februar 1973, S. 14–16.
8. Webster und Wind, Organizational Buying Behavior, S. 33–37.
9. Bonoma, „Major Sales“, S. 114.
10. Robinson, Faris und Wind, Industrial Buying.
11. Johnston und Bonoma, „Purchase Process“, S. 261.
12. Robert W. Mueller und Franklin H. Graf, „New Items in the Food Industry, Their Problems and Opportunities“ (Special Report to the Annual Convention of the Supermarket Institute, Cleveland, 20. Mai 1968), S. 2.
13. Bezüglich weiterer Literatur über Ähnlichkeiten und Unterschiede wird verwiesen auf Jagdish N. Sheth, Robert F. Williams und Richard M. Hill, „Government and Business Buying: How Similar Are They?“ Journal of Purchasing and Materials Management, Winter 1983, S. 7–13
14. Vergleiche hierzu „Out of the Maze“, Sales and Marketing Management, 9. April 1979.

Courtesy of the Procter & Gamble Company

8. KAPITEL

Marktsegmentierung, Zielmarktfestlegung und Positionierung

LERNZIELE DES KAPITELS

Wenn Sie dieses Kapitel gelesen haben, sollten Sie in der Lage sein:

1. die Begriffe „Marktsegmentierung“, „Zielmarktfestlegung“ und „Marktpositionierung“ zu definieren,
2. die wichtigsten Grundlagen für die Segmentierung von Konsumenten- und Industriemärkten aufzuzählen und zu erläutern,
3. zu erklären, wie Unternehmen attraktive Marktsegmente ausfindig machen und eine marktdeckende Strategie auswählen,
4. zu sagen, wie Unternehmen ihre Produkte am vorteilhaftesten im Markt positionieren können.

Procter & Gamble stellt zehn verschiedene Sorten von Waschmitteln her (Tide, Cheer, Gain, Dash, Bold 3, Dreft, Ivory Snow, Oxydol, Era und Solo). Außerdem verkauft das Unternehmen sechs verschiedene Handseifen (Zest, Coast, Ivory, Safeguard, Camay und Lava), vier Shampoos (Prell, Head & Shoulders, Ivory und Pert), drei Spülmittel (Joy, Ivory und Dawn) und je zwei verschiedene Arten von Zahnpasten (Crest und Gleam) von Deodorants (Secret und Sure), von Kaffee (Folger's and High Point), von Speiseöl (Crisco und Puritan). Es gibt auch zwei Enthärtungsmittel (Downy und Bounce), zwei verschiedene Fußbodenreinigungsmittel (Spec & Span und Mr. Clean) und Wegwerfwindeln (Pampers und Luvs). Diese Vielfalt von Procter

& Gamble-Marken hat zur Folge, daß diese untereinander um die Regalflächen der Supermärkte konkurrieren. Warum bringt Procter & Gamble verschiedene Marken einer Warengruppe auf den Markt statt seine Ressourcen auf eine führende Marke zu konzentrieren?

Die Antwort liegt in der Tatsache begründet, daß die unterschiedlichen Verbraucher verschiedene Kombinationen von Produktvorteilen bevorzugen. Betrachten wir beispielsweise Waschmittel. Die Leute benutzen diese, um ihre Kleidung zu reinigen. Darüber hinaus erwarten sie auch noch anderes mehr von ihren Waschmitteln, wie z. B. sparsamen Verbrauch, Bleichkraft, Gewebeerweichung, frischen Geruch, Stärke oder sanfte Wäsche. Wir alle erwarten einige dieser Vorzüge von unserem Waschmittel, aber wir setzen unterschiedliche Prioritäten. Für die einen sind besonders Reinigungs- und Bleichkraft wichtig, für andere ist die Weichspülkraft entscheidend, und wieder andere legen Wert auf ein mildes, frisch duftendes Waschmittel. So gibt es bestimmte Gruppen – oder Segmente – von Waschmittelkäufern, die jeweils eine spezielle Kombination von Vorteilen suchen.

Procter & Gamble hat mindestens zehn wichtige Waschmittelsegmente festgestellt und unterschiedliche Marken entwickelt, um den jeweiligen speziellen Bedürfnissen gerecht zu werden. Diese zehn Procter & Gamble-Marken sind wie folgt für verschiedene Segmente positioniert:

- *Tide* ist die „besondere Kraft“, ein Allzweck-Waschmittel für extrem schwierige Waschaufgaben. Tide ist ein Familienwaschmittel. Es bringt den Schmutz heraus, den die Kinder hineingebracht haben. Tide hinein, Schmutz heraus (Tide's in, dirt's out).
- *Cheer* wurde speziell für die Wäsche in heißem, warmem und kaltem Wasser entwickelt. Es ist das „All tempa-Cheer“.
- *Gain* war ursprünglich Procter & Gamble's „Enzym“-Waschmittel, es wurde jedoch umpositioniert in ein Waschmittel mit langanhaltendem Wohlgeruch – (for laundry so clean it's bursting with freshness) „für Wäsche so sauber, daß sie vor Frische birst“.
- *Dash* ist Procter & Gamble's konzentriertes, pulverisiertes Waschmittel mit „drei starken Schmutzlösern“. Es erzeugt auch weniger Seifenschaum und belastet dadurch die modernen automatischen Waschmaschinen weniger.
- *Bold 3* war ursprünglich dafür bestimmt, „den Schmutz herauszuzwingen“. Nunmehr ist es Waschmittel und Weichspüler in einem. „Es reinigt, macht die Wäsche sanft und formstabil.“
- *Ivory Snow* ist „Ninety-nine

and forty-four one hundredths percent pure" (fast hundertprozentig rein). Es ist eine milde, zärtliche Seife für Windeln und Babywäsche.

- *Dreft* wurde auch für Babywindeln und -wäsche entwickelt. „Es enthält Borax, den natürlichen Duftstoff der Natur."
- *Oxydol* enthält Bleichmittel. Es ist ein Vollwaschmittel für „blitzendes Weiß mit farberhaltender Bleichkraft".
- *Era* ist Procter & Gamble's konzentriertes flüssiges Waschmittel. Es enthält Proteine, um Flecken besser zu entfernen.
- *Solo* ist als ein flüssiges Hochleistungswaschmittel mit Gewebeweichmacher positioniert. „The convenience of a liquid plus a softer wash that doesn't cling." („Es hat alle Vorteile eines flüssigen Waschmittels und macht die Wäsche weich und schmutzabweisend.")

Durch die Segmentierung des Marktes und die Vermarktung von verschiedenen Waschmittelmarken verfügt Procter & Gamble über ein attraktives Angebot für die Konsumenten aus allen wichtigen Präferenzgruppen. Alle Procter & Gamble-Marken zusammen halten einen Anteil von über 50 Prozent am Waschmittelmarkt – viel mehr, als ein einziges Produkt alleine erzielen könnte.

MÄRKTE

Der Begriff *Markt* hat im Laufe der Jahre ziemlich viele Interpretationen erfahren. In seiner ursprünglichen Bedeutung ist der Markt ein physischer Ort, an dem sich Käufer und Verkäufer zusammenfinden, um Güter und Dienstleistungen auszutauschen. Die Städte des Mittelalters verfügten über Marktplätze, zu denen die Verkäufer ihre Waren brachten und wo sich die Käufer zum Einkaufen einfanden. Ein Volkswirt hingegen versteht unter „Markt" alle Käufer und Verkäufer, die Abmachungen über irgendeine Ware oder Dienstleistung treffen. So besteht beispielsweise der Markt für alkoholfreie Getränke aus großen Anbietern wie Coca-Cola, Pepsi-Cola und Seven-Up sowie aus allen Konsumenten, die alkoholfreie Getränke kaufen. Für einen Marketer ist ein **Markt** die Gesamtheit aller tatsächlichen und potentiellen Käufer eines Produktes.

Organisationen, die in Verbraucher- und Industriegütermärkten verkaufen, haben festgestellt, daß sie nicht alle Käufer in diesen Märkten ansprechen können, zumindest nicht alle auf die gleiche Art und Weise. Die Käufer sind einfach zu zahlreich, zu weit verstreut und zu unterschiedlich in ihren Bedürfnissen und Kaufpraktiken. Unternehmen sind in einer besseren Situation, wenn sie bestimmte Segmente eines Marktes bedienen. Jedes Unternehmen versucht, die Bereiche des Marktes ausfindig zu machen, die es am besten bedienen kann.

Die Verkäufer haben nicht immer diese Philosophie praktiziert. Ihre Denkweise hat drei Phasen durchlaufen:

- *Massenabsatz.* Im Rahmen einer Massenabsatz-Politik setzt der Verkäufer auf Massenproduktion und betreibt eine undifferenzierte Distributions- und Verkaufsförderungspolitik für ein Produkt, das alle Käufer ansprechen soll. Früher hat Coca-Cola nur ein Getränk für den gesamten Markt hergestellt und gehofft, es würde bei allen Anklang finden. Für einen solchen Massenabsatz sprechen niedrige Herstellkosten. Diese führen zu niedrigen Verkaufspreisen, die den größtmöglichen Markt schaffen.
- *Produktdifferenziertes Marketing.* Wenn ein Verkäufer diese Strategie verfolgt, stellt er zwei oder mehrere Produkte her, die bezüglich Stil, Qualität, Größe usw. unterschiedliche Merkmale aufweisen. Coca-Cola z. B. produziert derzeit verschiedene alkoholfreie Getränke und bietet diese in unterschiedlichen Größen und Behältern an. Diese Art der Produktdifferenzierung bietet eher einer Verbrauchergruppe eine größere Auswahl, als daß dadurch unterschiedliche Marktsegmente angesprochen würden.
- *Zielgruppenorientiertes Marketing.* Diese Marketing-Philosophie ist dadurch gekennzeichnet, daß der Verkäufer Marktsegmente identifiziert, eines oder mehrere davon auswählt und für jedes Segment maßgeschneiderte Produkte und Marketing-Mix-Programme entwickelt. So hat beispielsweise Coca-Cola die Produkte „Tab" und „Diet Coke" konzipiert, um den Bedürfnissen diätbewußter Konsumenten zu entsprechen.

ABBILDUNG 8-1
Schritte der Marktsegmentierung, Zielmarktfestlegung und Marktpositionierung

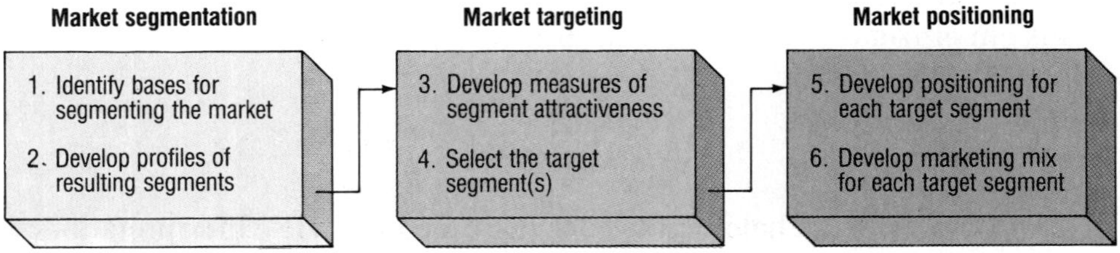

FIGURE 8-1
Steps in Market Segmentation, Targeting, and Positioning

Gegenwärtig bewegen sich viele Unternehmen vom Massenabsatz-Marketing und vom produktdifferenzierten Marketing hin zum zielgruppenorientierten Marketing. Diese Art des Marketing hilft dem Verkäufer, Marktchancen besser wahrzunehmen. Die Unternehmen können dann für jede Zielgruppe das richtige Produkt entwickeln. Um die Zielgruppe wirksam zu erreichen, können sie ihre Preise, Vertriebskanäle und Werbung auf sie ausrichten. Anstatt ihre Marketing-Bemühungen verstreut einzusetzen – diese Methode wird mit der Wirkung einer Schrotflinte („shotgun") verglichen –, können sich die Unternehmen auf jene Käufer konzentrieren, die das größere Kaufinteresse haben – Büchsenschuß-Methode („rifle" approach).

Zielgruppenorientiertes Marketing erfordert drei große Schritte (siehe hierzu Abbildung 8-1). Den ersten Schritt stellt die **Marktsegmentierung dar,** Der Markt wird in Käufergruppen aufgeteilt, die voraussichtlich unterschiedliche Produkte oder Marketing-Mix-Programme verlangen. Es gibt immer mehrere Möglichkeiten, den Markt aufzuschlüsseln, und das Unternehmen entwickelt „Profile" von den entsprechenden Marktsegmenten. Der zweite Schritt besteht in der **Zielmarktfestlegung** (market targeting). Nach dem Versuch, die Attraktivität jedes Segmentes abzuschätzen, wählt das Unternehmen ein oder mehrere Segmente aus, um darin Fuß zu fassen. Den dritten Schritt stellt die **Marktpositionierung** dar, das heißt die Festlegung der Wettbewerbsposition für das Produkt sowie eines detaillierten Marketing-Mix. In diesem Kapitel sollen nunmehr die Grundsätze der Marktsegmentierung, der Zielmarktfestlegung sowie der Marktpositionierung beschrieben werden.

MARKTSEGMENTIERUNG

Märkte bestehen aus Käufern, die sich in einem oder in mehreren Punkten voneinander unterscheiden. Die Unterschiede können ihre Wünsche und Mittel oder ihren Wohnort, ihr Kaufverhalten und ihre Kaufpraktiken betreffen. Jede dieser Variablen kann für die Unterteilung des Marktes herangezogen werden.

Der generelle Ansatz für die Marktsegmentierung

Abbildung 8-2A zeigt einen Markt, der aus sechs Käufern besteht. Jeder Käufer stellt aufgrund seiner speziellen Bedürfnisse und Wünsche einen möglichen gesonderten Markt dar. Im Idealfall könnte der Verkäufer für jeden Käufer ein spezielles Marketing-Programm erstellt haben. So sehen sich beispielsweise die großen Flugzeughersteller Boeing und McDonnell-Douglas nur einer geringen Anzahl von Kunden gegenüber und behandeln diese jeweils als gesonderte Märkte. Diese vollständige Marktsegmentierung wird aus Abbildung 8-2B ersichtlich.

Viele Verkäufer scheuen jedoch die Mühe, ihre Produkte den Bedürfnissen jedes einzelnen Kunden anzupassen. Sie sehen sich statt dessen nach breiteren Käuferschichten um, die bezüglich ihrer Produktbedürfnisse und Kaufreaktionen voneinander abweichen. So könnte beispielsweise der Anbieter herausfinden, daß sich verschiedene Einkommensgruppen hinsichtlich ihrer Wünsche unterscheiden. In Abbildung 8-2C werden die verschiedenen Einkommensklassen durch eine Ziffer bezeichnet (1, 2 oder 3). Sie werden durch Linien voneinander abgegrenzt und ergeben drei verschiedene Segmente.

ABBILDUNG 8-2
Verschiedene Möglichkeiten, einen Markt zu segmentieren.

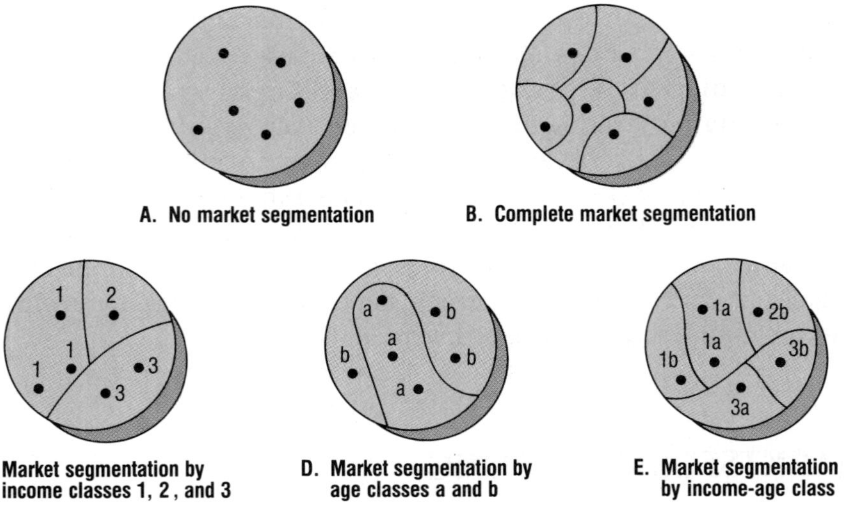

FIGURE 8-2
Different Segmentations of a Market

Der Anbieter könnte auch große Unterschiede zwischen jungen und alten Käufern feststellen. In Abbildung 8-2D kennzeichnet ein Buchstabe (a oder b) die Altersgruppe der Käufer. Die altersmäßige Segmentierung ergibt zwei Segmente, die aus jeweils drei Käufern bestehen.

Möglicherweise beeinflussen sowohl Alter als auch Einkommen entscheidend die Einstellung des Kunden einem Produkt gegenüber. In diesem Fall kann der Markt in fünf Segmente unterteilt werden: 1a, 1b, 2b, 3a und 3b. Aus Abbildung 8-2E ist ersichtlich, daß das Segment 1a zwei Käufer enthält und alle anderen Gruppen jeweils nur einen Käufer.

Je mehr Merkmale zur Segmentierung herangezogen werden, umso präziser wird die Abgrenzung. Die Folge davon sind mehr Segmente mit einer immer geringeren Anzahl von Personen.

Grundlagen der Segmentierung von Konsumgütermärkten

Es gibt keinen allgemein gültigen Weg, einen Markt zu segmentieren. Ein Marketer muß unterschiedliche Segmentierungsvariablen – entweder einzeln oder in Kombination - durchprobieren und hoffen, daß er eine der Marktstruktur entsprechende Variante herausfindet. Im folgenden werden die wichtigsten geographischen, demographischen, psychographischen und Verhaltensvariablen erläutert, die für die

Segmentierung von Konsumgütermärkten herangezogen werden (siehe hierzu Tabelle 8-1).

Geographische Segmentierung

Eine **geographische Segmentierung** erfordert die Unterteilung des Marktes in unterschiedliche geographische Einheiten, wie z. B. Nationen, Staaten, Regionen, Kreise, Städte oder Gemeinden. Bei der Entscheidung darüber, ob es in einem, in einigen wenigen oder aber in allen geographischen Gebieten operieren soll, muß das Unternehmen berücksichtigen, welche Unterschiede bezüglich der Bedürfnisse und Wünsche der Kunden in den verschiedenen Gebieten auftreten. So wird z. B. der Kaffee von General Foods' Maxwell House, bundesweit verkauft, aber regional in unterschiedlichen Geschmacksrichtungen. Die Leute im Westen bevorzugen einen stärkeren Kaffee als die Leute im Osten.

Einige Unternehmen unterteilen selbst Großstädte in kleinere Gebiete. R. J. Reynolds hat beispielsweise Chicago in drei Teilmärkte untergliedert.[1] Im Nordküstengebiet wirbt Reynolds für eine Zigarettenmarke mit geringem Teergehalt, weil die Bewohner dort ein höheres Bildungsniveau aufweisen und mehr auf ihre Gesundheit achten. In den Arbeitervierteln im Südosten der Stadt wirbt Reynolds mit der Marke Winston, da diese Gegend als konservativ gilt. Im südlichen schwarzen Bezirk forciert Reynolds die mentholhaltige Zigarette Salem, wobei insbesondere in der „schwarzen" Presse und auf Anschlagtafeln geworben wird.

Demographische Segmentierung

Bei der **demographische Segmentierung** wird der Markt aufgrund von demographischen Kriterien wie z. B. Alter, Geschlecht, Familiengröße, Familienlebenszyklus, Einkommen, Beruf, Ausbildung, Rasse, Religion und Nationalität in verschiedene Gruppen unterteilt. Demographische Faktoren bilden die gebräuchlichste Basis für die Segmentierung von Verbrauchergruppen, da die Bedürfnisse und Wünsche der Konsumenten sowie die Häufigkeit, mit der sie ein bestimmtes Produkt verwenden, oft sehr stark mit demographischen Merkmalen korrelieren. Ein weiterer Grund ist darin zu sehen, daß demographische Kriterien einfacher zu messen sind als die meisten anderen Variablen. Selbst wenn die Marktsegmentierung zuerst nach anderen Kriterien – wie z. B. Persönlichkeit oder Verhalten – erfolgt ist, müssen diese demographischen Charakteristiken hinreichend genau bekannt sein, damit die Größe der Zielgruppen bestimmt werden und man diese gezielt erreichen kann.

Ein Beispiel für geschlechtsspezifische Segmentierung - mit freundlicher Genehmigung der Procter & Gamble Company

Industrien sehen hierfür mitunter Möglichkeiten. So hat beispielsweise Suntory, eine japanische Spirituosen-Firma, einen Scotch eingeführt, den sie für 75 Dollar verkauft, um Whisky-Trinker anzusprechen, die das Allerbeste wollen.

Andererseits läßt sich nicht immer aufgrund des Einkommens vorhersagen, welche Konsumenten sich für ein Produkt entscheiden werden. Es wäre z. B. naheliegend, daß Arbeiter Chevrolets kaufen würden und Manager Cadillacs fahren. In Wirklichkeit werden aber viele Chevrolets von Managern als Zweitwagen gekauft, und viele Arbeiter, z. B. hochbezahlte Klempner oder Tischler, fahren Cadillacs. Arbeiter gehörten zu den ersten Käufern von Farbfernsehern; es war billiger für sie, diese Geräte zu kaufen als Kinos oder Restaurants zu besuchen.

Psychographische Segmentierung

Bei der **psychographischen Segmentierung** werden die Käufer aufgrund ihrer sozialen Schicht, ihres Lebensstils und ihrer Persönlichkeitsmerkmale in verschiedene Gruppen unterteilt. Personen, die der gleichen demographischen Gruppe angehören, können sehr verschiedene psychographische Profile aufweisen.

SOZIALE SCHICHT. Im sechsten Kapitel wurden die sechs amerikanischen Sozialschichten beschrieben. Es wurde aufgezeigt, daß die Zugehörigkeit zu einer dieser Schichten einen starken Einfluß auf die Auswahl von Autos, Kleidung, und Möbeln hat und sich auch auf die Freizeitaktivitäten, auf das Leseverhalten und darauf auswirkt, welche Einzelhandelsgeschäfte die Kunden bevorzugen. Viele Unternehmen entwickeln Produkte oder Dienstleistungen speziell für bestimmte soziale Klassen und statten diese Artikel mit Merkmalen aus, die bei der jeweiligen Zielgruppe besonderen Anklang finden.

LEBENSSTIL. Aus Kapitel 6 war zu ersehen, daß das Interesse der Leute an unterschiedlichen Gütern von ihrem Lebensstil beeinflußt wird, und daß die Produkte, die sie kaufen, ihren Lebensstil wiederspiegeln. Marketer segmentieren in zunehmendem Maße ihre Märkte nach den Lebensstilen der Konsumenten. So könnte z. B. ein Hersteller Jeans für eine spezielle männliche Lebensstil-Gruppen schaffen, z. B. für den „leistungsbewußten Macher", für den „Vergnügungssüchtigen", für den „Stubenhocker", für den „im Freien Arbeitenden" oder für den „Wirtschaftskapitän".[2] Jede Gruppe würde unterschiedliche Jeans-Ausführungen, Preise, differenzierte Werbeansprachen und Einzelhandelsgeschäfte erfordern. Wenn das Unternehmen nicht klarstellt, auf welche spezielle Lebensstilgruppe es abzielt, werden seine Jeans möglicherweise überhaupt keine Lebensstilgruppe ansprechen.

PERSÖNLICHKEIT. Für die Marktsegmentierung haben Marketer auch auf Persönlichkeitskriterien zurückgegriffen. Sie statten ihre Produkte mit Persönlichkeitsmerkmalen aus, die mit denen der

Konsumenten korrespondieren. Es gibt Berichte über erfolgreiche Marktsegmentierungsstrategien, die auf Persönlichkeitsmerkmalen basieren, für Kosmetikprodukte, Zigaretten, Versicherungen und Spirituosen.[3] Ackoff und Emshoff haben vier Trinker-Typen (siehe

TABELLE 8-2
Segmentierung von Trinkern

TRINKERTYP	PERSÖNLICHKEITSTYP	TRINKGEWOHNHEITEN
„Social drinker" (Gesellschaftstrinker)	Geleitet von seinen eigenen Bedürfnissen, besonders von seinem Erfolgsstreben, versucht er, andere zu manipulieren, um das zu erreichen, was er will. Des weiteren getrieben von dem Wunsch, vorwärts zu kommen. Gewöhnlich eine jüngere Person.	Beherrschter Trinker, der mitunter in gehobene Stimmung geraten oder betrunken sein kann, aber es ist unwahrscheinlich, daß er ein Alkoholiker ist. Trinkt vorzugsweise am Wochenende, an Feiertagen und im Urlaub, meist in Gesellschaft von Freunden. Trinken wird als Weg zur sozialen Anerkennung betrachtet.
„Reparative drinker" (Kompensations-trinker)	Sensitiv und empfänglich gegenüber den Bedürfnissen Dritter. Er paßt sich den Bedürfnissen anderer, indem er seine eigenen Wünsche aufgibt, an. Gewöhnlich in mittleren Jahren.	Beherrschter Trinker, der selten in gehobene Stimmung gerät oder betrunken wird. Trinkt in erster Linie am Ende eines Arbeitstages, gewöhnlich mit einigen guten Freunden. Betrachtet Trinken als Belohnung für die Opfer, die er für andere erbracht hat.
„Oceanic drinker" (Unmäßiger Trinker)	Sensitiv für die Bedürfnisse anderer. Oft ein Versager, der die Schuld für seine Erfolglosigkeit bei sich selbst sucht.	Trinkt stark, besonders wenn er unter Leistungsdruck steht. Zeitweise verliert er die Kontrolle beim Trinken, und neigt dazu, in euphorische Stimmung zu geraten, betrunken zu sein oder sogar zum Alkoholiker zu werden. Trinken ist für ihn eine Form der Flucht.
„Indulgent drinker" (Zügelloser Trinker)	Im allgemeinen unempfindlich gegenüber den Bedürfnissen anderer. Schiebt die Schuld für sein Versagen auf den Mangel an Verständnis anderer Leute ihm gegenüber.	Ebenso wie der „Oceanic drinker" trinkt er viel, gerät häufig in euphorische Stimmung, wird betrunken oder zum Alkoholiker. Auch für ihn ist Trinken eine Form der Flucht.

Quelle: Übernommen von Russell L. Ackoff und James R. Emshoff, „Advertising Research at Anheuser-Busch, Inc. (1968–74)", Sloan Management Review, 16, 3 (Frühjahr 1975), S. 1–15.

hierzu Tabelle 8-2) erkannt und haben Anheuser-Busch geholfen, Werbebotschaften und Medienprogramme zu entwickeln, um diese vier Trinkertypen zu erreichen.[4] Burnett fand heraus, daß Blutspender wenig Selbstvertrauen haben, wenig riskieren und mehr um ihre Gesundheit besorgt sind; Personen, die nicht Blut spenden, sind in ihrem Verhalten tendenziell entgegengesetzt veranlagt.[5] Diese Erkenntnis legt nahe, daß soziale Institutionen jeweils verschiedene Marketingmethoden entwickeln sollten, um gegenwärtige Blutspender zu halten und neue hinzuzugewinnen.[6]

Verhaltensorientierte Segmentierung

Bei der **verhaltensorientierten Segmentierung** werden die Käufer nach ihren Produktkenntnissen, Verhaltensweisen, Verwendungsgewohnheiten oder ihren Reaktionen auf ein Produkt in Gruppen eingeteilt. Viele Marketer sind der Ansicht, daß die „verhaltensorientierten Variablen" den besten Ansatzpunkt für die Bildung von Marktsegmenten darstellen.

ANLÄSSE. Die Käufer können danach in Gruppen eingeteilt werden, aus welchen Anlässen sie auf eine Idee kommen, ein Produkt zu kaufen oder zu gebrauchen. So werden beispielsweise Flugreisen in Geschäfts-, Urlaubs- oder Familienflüge eingeteilt. Eine Fluggesellschaft kann sich darauf spezialisieren, Leute zu bedienen, die aus einem dieser Anlässe fliegen. So bedienen beispielsweise Chartergesellschaften Personen, die in ihrem Urlaub irgendwohin fliegen.

Eine anlaßbezogene Marktsegmentierung kann Firmen helfen, Produkt-Gewohnheiten aufzubauen. Ein Orangensafthersteller kann das Trinken von Orangensaft zum Mittag- oder Abendessen empfehlen. Einige Feiertage – z. B. Mutter- oder Vatertag – wurden zum Teil deshalb besonders gefördert, um den Verkauf von Süßigkeiten, Karten, Blumen und anderen Geschenkartikeln zu steigern. Die Curtis Candy Company forcierte den „trick-or-treat"-Brauch am Halloween-Tag, damit in allen Wohnungen Süßigkeiten für eifrige kleine Kinder bereitgehalten werden, die an die Türen klopften.

NUTZENERWARTUNGEN. Eine wirkungsvolle Form der Segmentierung ist die Gruppierung der Käufer nach dem unterschiedlichen Nutzen, den sie von einem Produkt erwarten. Yankelovich wandte diese Methode für den Verkauf von Uhren an. Er fand heraus, daß zirka 23 Prozent der Käufer wegen des niedrigsten Preises kauften, andere 46 Prozent kauften wegen Haltbarkeit und genereller Produktqualität, und 31 Prozent erwarben Uhren als Symbole für irgendeinen wichtigen Anlaß.[7] Die meisten Uhrenhersteller konzentrierten sich zur

Anlaßbezogene Segmentierung: Godiva präsentiert die Schokolade in der Werbung als ein erlesenes Weihnachtsgeschenk. Mit freundlicher Genehmigung der Godiva Chocolatier, Inc.

damaligen Zeit sehr stark auf das dritte Segment, indem sie teure Uhren herstellten, das damit verbundene Prestige betonten und sie über Juweliergeschäfte verkauften. Die U.S. Time Company entschied sich für die beiden ersten Marktsegmente. Sie entwickelte Timex-Uhren und verkaufte sie über Großbetriebsformen des Einzelhandels. Infolge dieser Segmentierungsstrategie wurde U.S. Time zum größten Uhrenproduzenten der Welt.

Die Segmentierung nach Nutzenerwartungen macht es erforderlich, die wichtigsten Vorzüge herauszufinden, nach denen die Leute in einer bestimmten Produktklasse suchen. Darüber hinaus muß festgestellt werden, welche Leute nach den einzelnen Vorzügen suchen und welche wichtigen Marken diese Vorteile bieten. Über eine der erfolgreichsten Segmentierungen nach Nutzenerwartungen berichtete

TABELLE 8-3
Segmentierung des Zahnpasta-Marktes nach Nutzenerwartungen

NUTZEN-SEGMENTE	DEMO-GRAPHISCHE MERKMALE	VERHALTENS-MERKMALE	PSYCHO-GRAPHISCHE MERKMALE	BEVORZUGTE MARKEN
Wirtschaftlichkeit (niedriger Preis)	Männer	starke Verwender	weitgehend autonom, in der Entscheidungsfindung wertorientiert	Markensonder-angebote
Medizinischer Nutzen (Kariesvorsorge)	große Familien	starke Verwender	hypochondrische und konservative Einstellung	Crest
Kosmetischer Nutzen (weiße Zähne)	Teenager, junge Erwachsene	Raucher	sehr gesellig, aktiv	Aqua-Fresh, Ultra Brite
Geschmack (angenehmer Geschmack)	Kinder	Kaugummi-liebhaber	sehr auf den eigenen Vorteil bzw. den individuellen Lustgewinn bedacht	Colgate, Aim

Quelle: Übernommen von Russell I. Haley, „Benefit Segmentation: A Decision Oriented Research Tool", Journal of Marketing, Juli 1963, S. 30–35. Vergleiche hierzu auch Russell I. Haley, „Benefit Segmentation: Backwards and Forwards", Journal of Advertising Research, Februar-März 1984, S. 19–25.

Haley, der den Zahnpastamarkt analysierte (siehe hierzu Tabelle 8-3). Haley zufolge lassen sich nach der Nutzenerwartung vier Segmente unterscheiden: Manche Leute wünschen sparsamen Verbrauch, manche Schutz vor Karies, andere legen Wert auf kosmetische Funktionen und wieder andere auf angenehmen Geschmack. Jede dieser Nutzenerwartungsgruppen wies besondere demographische, verhaltensbezogene sowie psychographische Merkmale auf. So hatten beispielsweise die Personen, die Kariesschutz suchten, große Familien, einen hohen Zahnpastaverbrauch und waren konservativ. Jedes Segment favorisierte bestimmte Marken. Ein Zahnpastahersteller kann diese Ergebnisse benutzen um herauszufinden, welches Nutzenerwartungssegment er mit seinem Produkt anspricht, welche Merkmale dieses Segment aufweist und welches die wichtigsten Konkurrenzmarken sind. Das Unternehmen kann auch nach einem neuen Produktnutzen suchen und dann eine Marke entwickeln, die diesen Vorteil bietet.

VERWENDERSTATUS. Viele Märkte lassen sich segmentieren in Nichtverwender, ehemalige Verwender, potentielle Verwender, Erstverwender und regelmäßige Verwender eines Produktes. Unternehmen mit hohem Marktanteil sind besonders daran interessiert, potentielle Verwender anzuziehen, während kleinere Firmen eher versuchen werden, regelmäßige Benutzer für ihre Marke zu gewinnen. Potentielle und regelmäßige Verwender erfordern jeweils unterschiedliche Marketing-Vorgehensweisen.

Sozial-Marketing-Institutionen widmen ihre besondere Aufmerksamkeit dem Verwenderstatus. Drogenrehabilitationszentren fördern

Entzugsprogramme, um regelmäßigen Verwendern zu helfen, von ihrer Sucht loszukommen. Sie unterstützen Gespräche mit ehemaligen Verwendern, um junge Leute davon abzuhalten, Drogen auszuprobieren.

VERWENDUNGSRATE. Märkte können auch nach der Häufigkeit der Produktverwendung segmentiert werden, beispielsweise in Gruppen, die das Produkt wenig, mäßig oder stark benutzen. Starke Verwender machen oft nur einen sehr geringen Prozentsatz der Marktteilnehmer aus, sind aber für einen hohen Prozentsatz des Kaufvolumens verantwortlich. So trinken beispielsweise 16 Prozent der amerikanischen Bevölkerung 88 Prozent des gesamten Bierausstoßes. Starke Verwender trinken siebenmal so viel wie Gelegenheitstrinker. Es versteht sich von selbst, daß Brauereien es vorziehen, einen starken Trinker für ihre Marke zu gewinnen statt mehrere Gelegenheitstrinker. Die starken Biertrinker bilden deshalb die Zielgruppe vieler Brauereien. Diese verwenden Werbeappelle, wie den von Schaefer – „One beer to have when you're having more than one" (Das Bier, das man nimmt, wenn man mehr als eines trinkt) –, oder den von Miller Lite: „Less filling" (Das Bier, von dem man nicht genug bekommen kann).

LOYALITÄTSSTATUS. Ein Markt kann auch nach der Konsumentenloyalität segmentiert werden. Konsumenten können gegenüber bestimmten Marken (Tide), Geschäften (Sears) und Unternehmen (Ford) loyal sein. Käufer lassen sich hinsichtlich ihres Loyalitätsgrades in Gruppen einteilen. Einige Konsumenten sind absolut loyal – sie kaufen immer die gleiche Marke. Andere sind nur bedingt loyal – sie halten zwei oder drei Marken eines Produktes die Treue oder bevorzugen eine Marke zwar, kaufen aber andere. Andere Käufer wiederum verhalten sich keiner Marke gegenüber loyal. Sie wollen bei jedem Einkauf etwas anderes oder erstehen immer die Marke, die es gerade im Sonderangebot gibt.

Jeder Markt besteht aus einer unterschiedlichen Anzahl von Personen innerhalb einer jeden Käufergattung. Ein markentreuer Markt ist gekennzeichnet durch einen hohen Prozentsatz an Käufern mit einer starken Markenloyalität – der Zahnpastamarkt und der Biermarkt scheinen in ziemlich hohem Maße markentreue Märkte zu sein. Unternehmen, die in markentreuen Märkten verkaufen, haben es sehr schwer, neue Marktanteile hinzuzugewinnen, und Gesellschaften, die versuchen, in einen derartigen Markt einzudringen, haben große Mühe, darin Fuß zu fassen.

Ein Unternehmen kann viel aus der Analyse des Loyalitätsverhaltens in seinem Markt lernen. Es sollte sich vor allem seine eigenen loyalen Kunden genau ansehen. Colgate hat herausgefunden, daß seine loyalen Kunden überwiegend aus der Mittelschicht kommen, größere Familien haben und besonders gesundheitsbewußt sind. Diese Merkmale zeichnen den Zielmarkt von Colgate aus. Durch eine Untersuchung seiner weniger treuen Kunden kann das Unternehmen herausfinden, von welchen Marken sein eigenes Produkt hauptsächlich konkurrenziert wird. Wenn viele Colgate-Käufer auch Crest kaufen, kann Colgate versuchen, seine Positionierung gegenüber Crest zu verbessern, möglicherweise durch direktvergleichende Werbung. Eine Analyse der Kunden, die von seiner Marke abwandern, kann einem Unternehmen Aufschlüsse über seine Marketingschwächen geben. Nicht loyale Kunden kann ein Unternehmen dadurch anziehen, daß es seine Marke in Sonderangeboten herausstellt.

STADIUM DER KAUFBEREITSCHAFT. Zu jeder Zeit befinden sich Käufer in unterschiedlichen Stadien der Bereitschaft, ein Produkt zu kaufen. Einige wissen nichts von der Existenz des Produktes, einige sind darüber informiert, einige wünschen das Produkt und einige beabsichtigen, es zu kaufen. Die relative Anzahl der Personen in den einzelnen Stadien ist von erheblicher Bedeutung für die Gestaltung des Marketing-Programmes. Angenommen, eine Gesundheitsbehörde möchte Frauen dazu veranlassen, jährlich einen Test für die Früherkennung von Krebs durchführen zu lassen. Anfangs wird vielen Frauen dieser Vorsorgetest unbekannt sein. Die Marketing-Aktivitäten sollten darauf gerichtet sein, durch einfache Werbebotschaften die Existenz dieses Testverfahrens ins Bewußtsein zu rufen. Falls diese Bemühungen erfolgreich waren, sollte die Werbung die Vorteile dieses Vorsorgetests sowie die Risiken, die es mit sich bringt, nicht davon Gebrauch zu machen, dramatisch hervorheben, um immer mehr Frauen in das Stadium des Wünschens zu bringen.

Gleichzeitig sollten die organisatorischen Voraussetzungen geschaffen werden, die große Anzahl von Frauen aufzunehmen, die dazu bewegt werden können, sich einem derartigen Test zu unterziehen. Grundsätzlich muß das Marketing-Programm der sich ändernden Verteilung der Kaufbereitschaft angepaßt werden.

EINSTELLUNG. Die Einstellungen der Leute gegenüber einem Produkt können enthusiastisch, positiv, gleichgültig, negativ und sogar feindlich sein. Haus-zu-Haus-Vertreter, die bei Wahlkampagnen eingesetzt werden, benutzen die Einstellungen der Wähler, um festzulegen, wieviel Zeit im Einzelfall aufgewendet werden soll. Sie danken begeisterten Wählern und erinnern sie daran, zur Wahl zu gehen; jedoch verschwenden sie keine Zeit darauf zu versuchen, die Haltungen von negativ oder feindlich eingestellten Wählern zu verändern. Sie bestärken jene, die positiv eingestellt sind, in ihrer Meinung und versuchen, die Stimmen der gleichgültigen Wähler zu gewinnen. In derartigen Marketing-Situationen können Einstellungen wirksame Segmentierungskriterien sein.[8]

Grundlagen für die Segmentierung industrieller Märkte

Für die Segmentierung industrieller Märkte können viele der Variablen benutzt werden, die auch zur Einteilung von Konsumgütermärkten dienen. Industrielle Käufer können nach geographischen Kriterien segmentiert werden sowie nach verschiedenen Verhaltensvariablen: Nutzenerwartungen, Verwenderstatus, Verwendungshäufigkeit, Loyalitätsstatus, Stadien der Kaufbereitschaft und Einstellungen.

Ein häufig beschrittener Weg der Segmentierung industrieller Märkte ist die Orientierung am Endverbraucher. Unterschiedliche Endverbraucher erwarten oft unterschiedliche Vorzüge und können mit unterschiedlichen Marketing-Mix-Programmen erreicht werden. Als Beispiel hierfür soll der Transistormarkt betrachtet werden:

> *Der Markt für Transistorgeräte besteht aus drei Teilmärkten: dem militärischen, dem industriellen und dem kommerziellen.*
>
> *Der militärische Käufer legt Wert auf Qualität und Einsatzbereitschaft des Produktes. Firmen, die Transistorgeräte an den Militärmarkt verkaufen, müssen viel in Forschung und Entwicklung investieren, Verkäufer beschäftigen, die den Kaufprozeß beim Militär kennen, und sich auf eine begrenzte Produktpalette spezialisieren.*
>
> *Industrielle Käufer, wie z. B. Computerhersteller, achten auf hohe Qualität und guten Service. Der Preis ist nicht ausschlaggebend, falls er nicht zu hoch angesetzt wird. Für diesen Markt sind seitens der Hersteller geringere Investitionen für Forschung und Entwicklung erforderlich. Sie beschäftigen Verkäufer, die über technische Produktkenntnisse verfügen, und bieten eine breite Produktpalette an.*
>
> *Kommerzielle Käufer, wie z. B. Hersteller von Taschenradios, kaufen ihre Waren zum großen Teil nach Preis und Lieferzeit. Transistorhersteller, die in diesen Markt verkaufen, müssen nur geringe oder keine Aufwendungen für Forschung und Entwicklung erbringen, sie offerieren gängige Lieferprogramme, die für die Massenproduktion geeignet sind und benötigen aggressive Vertreter, die keine Techniker sein müssen.*

Die *Kundengröße* ist eine weitere Variable für die Segmentierung industrieller Märkte. Viele Unternehmen haben gesonderte Systeme für die Bearbeitung von Groß- und Kleinkunden entwickelt. So hat z. B. Steelcase, ein bedeutender Hersteller von Büroausstattungen, seine Kunden in zwei Gruppen gegliedert:

- *Großkunden:* Kunden wie IBM, Prudential und Standard Oil werden von Großkunden-Managern betreut, die auf nationaler Ebene arbeiten. Diese kooperieren mit für einzelne Distrikte zuständigen Managern.
- *Händlerkunden:* Kleinere Kunden werden von Außendienstmitarbeitern betreut. Diese arbeiten mit Händlern zusammen, die Steelcase-Produkte verkaufen.

Industrieunternehmen bestimmen im allgemeinen ihre Zielgruppenmöglichkeiten dadurch, daß sie mehrere Segmentierungskriterien gleichzeitig verwenden.

Erfordernisse für eine wirksame Segmentierung

Zweifellos gibt es zahlreiche Möglichkeiten, einen Markt zu segmentieren. Nicht alle Segmentierungen sind jedoch sinnvoll. So könnten beispielsweise die Käufer von Tafelsalz in blonde und brünette Verbraucher aufgeteilt werden. Aber die Haarfarbe hat keinen Einfluß auf den Kauf von Kochsalz. Wenn alle Salzkäufer die gleiche Menge Salz pro Monat kaufen würden, der Meinung wären, daß es bei Salz keine Unterschiede gäbe und jeweils nur den gleichen Preis zu zahlen wünschten, würde das Unternehmen aus der Segmentierung dieses Marktes keinen Nutzen ziehen.

Um zweckmäßig zu sein, müssen Marktsegmente folgende Merkmale aufweisen.

- *Meßbarkeit:* Das ist der Grad, bis zu dem die Größe und die Kaufkraft der Segmente gemessen werden kann. Bestimmte Segmentvariablen sind schwierig zu messen. Ein Beispiel hiefür wäre die Größe des Segmentes rauchender Teenager, die in erster Linie rauchen, um gegen ihre Eltern zu rebellieren.
- *Erreichbarkeit:* Darunter ist das Ausmaß zu verstehen, inwieweit die Segmente erreicht und bedient werden können. Angenommen, ein Parfumhersteller findet heraus, daß sein Parfum sehr häufig von alleinstehenden Frauen verwendet wird, die bis spätabends ausgehen und Nachtlokale besuchen. Falls diese Gruppe nicht an bestimmten Plätzen lebt und einkauft und durch bestimmte Medien angesprochen werden kann, wird es schwierig sein, sie zu erreichen.
- *Segmentgröße:* Ein Segment muß eine bestimmte Größe aufweisen, damit es gewinnbringend bearbeitet werden kann. Ein Segment sollte die größtmögliche homogene Gruppe von Konsumenten sein, für die es sich lohnt, sie mit einem maßgeschneiderten Marketing-Programm zu bearbeiten. So würde es sich beispielsweise für einen Autohersteller nicht lohnen, Autos für Personen zu entwickeln, die kleiner als vier Fuß (ca. 1,22 m) sind.
- *Anwendbarkeit:* Damit wird der Grad bezeichnet, bis zu dem es möglich ist, wirksame Programme für attraktive Segmente zu entwickeln und diese zu bedienen. So hat beispielsweise eine kleine Fluggesellschaft sieben Marktsegmente für ihre Dienstleistungen gefunden, ihr Personalbestand war jedoch zu gering, um für jedes Segment gesonderte Marketing-Programme zu entwickeln.

ZIELMARKTFESTLEGUNG

Durch Marktsegmentierung werden Möglichkeiten aufgezeigt, denen sich ein Unternehmen gegenübersieht, wenn es seinen Markt in Zielgruppen aufteilt. Das Unternehmen hat nunmehr zu entscheiden, wieviele Marktsegmente es abdecken und wie es die geeignetsten Marktsegmente herausfinden soll.

Drei Alternativen der Marktabdeckung

Ein Unternehmen kann zwischen drei Marktabdeckungsstrategien wählen, die als undifferenziertes, differenziertes und konzentriertes

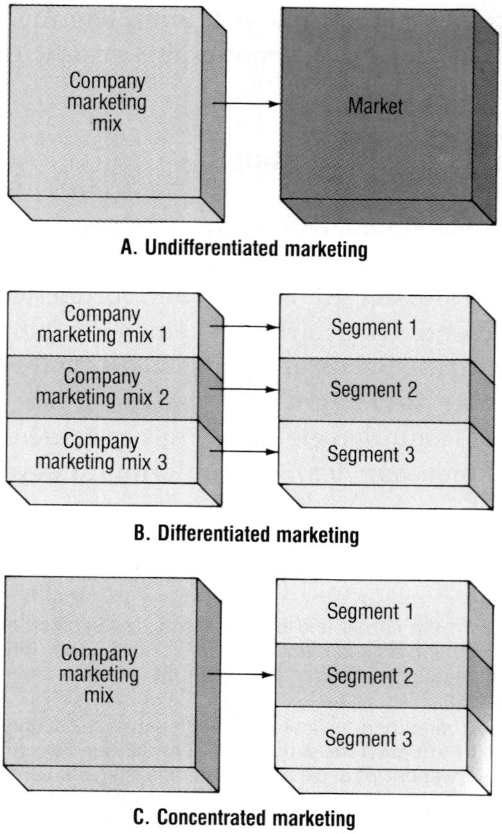

ABBILDUNG 8-3
Drei alternative Marktabdeckungs-Strategien

FIGURE 8-3
Three Alternative Market-Coverage Strategies

Marketing bekannt sind. Diese Strategien sind aus Abbildung 8-3 zu ersehen und werden im folgenden erläutert.

Undifferenziertes Marketing

Ein Unternehmen kann beschließen, die einzelnen Marktsegmente zu ignorieren und den gesamten Markt mit einem Angebot zu bearbeiten. Es konzentriert sich nicht auf die Unterschiede sondern auf das Gemeinsame der Kundenbedürfnisse. Das Unternehmen entwickelt ein Produkt und ein Marketingprogramm, das möglichst viele Käufer anspricht. Es vertraut auf Massenabsatzwege und versucht, dem Produkt im Bewußtsein der Konsumenten ein überlegenes Image zu verschaffen. Als Beispiel für undifferenziertes Marketing sei auf die Vorgehensweise der Hershey Company verwiesen, die vor einigen Jahren nur eine Schokoladensorte für jedermann anbot.

Undifferenziertes Marketing ist mit Kosteneinsparungen verbunden. Die schmale Produktpalette hält die Produktions-, Lagerhaltungs- und Transportkosten niedrig. Ein undifferenziertes Werbeprogramm senkt des weiteren die Werbekosten. Schließlich werden durch den

Verzicht auf segmentbezogene Marketing-Forschung und -Planung erhebliche Kosten für Marketing-Forschung und Produkt-Management eingespart.

Die Mehrzahl moderner Marketer hegt bezüglich dieser Strategie große Zweifel. Es ist äußerst schwierig, ein Produkt oder eine Marke zu entwickeln, die alle Konsumenten zufriedenstellt. Unternehmen, die undifferenziertes Marketing betreiben, entwickeln üblicherweise ein Angebot, das auf die größten Marktsegmente abzielt. Wen mehrere Unternehmen auf diese Weise vorgehen, herrscht in den großen Segmenten ein starker Wettbewerb und wenig Zufriedenheit in den kleineren Teilmärkten. Das Ergebnis dieser Politik besteht oft darin, daß die größeren Segmente weniger gewinnbringend sind, da sie starke Konkurrenz anziehen. Das Erkennen dieses Problems hat zahlreiche Unternehmen veranlaßt, mehr an kleineren Marktsegmenten interessiert zu sein.

Differenziertes Marketing

Im Rahmen dieser Strategie entschließt sich ein Unternehmen, mehrere Marktsegmente zu bearbeiten, und entwickelt für jedes gesonderte Angebote. General Motors versucht beispielsweise, ein Auto für jede Brieftasche, jeden Zweck und jede Persönlichkeit (for every „purse, purpose and personality") zu produzieren. Durch das Anbieten von Produkt- und Marketingvarianten erhofft man sich einen höheren Umsatz und eine stärkere Position innerhalb jedes Marktsegmentes. Das Unternehmen setzt darauf, daß eine stärkere Position in verschiedenen Segmenten die Konsumenten darin bestärken wird, das Image der Firma mit der Produktkategorie zu identifizieren. Des weiteren werden mehr Wiederkäufe erwartet, da das Angebot des Unternehmens den Wünschen der Konsumenten besser entspricht.

Immer mehr Unternehmen praktizieren differenziertes Marketing. Hier ist ein ausgezeichnetes Beispiel.[9]

> *Edison Brothers unterhält 900 Schuhgeschäfte, die in vier verschiedene Ketten-Kategorien aufgeteilt sind und die jeweils ein anderes Marktsegment ansprechen. Chandler's verkauft teure Schuhe. Baker's verkauft Schuhe zu mäßigen Preisen. Burt's bietet Schuhe für preisbewußte Käufer an, und Wild Pair orientiert sich an Käufern, die äußerst elegante Modelle suchen. Burt's, Chandler's und Baker's sind innerhalb von drei Häuserblocks auf der State Street in Chicago anzutreffen. Es ist kein Nachteil, die drei Geschäfte so dicht beieinander anzusiedeln, da sie unterschiedliche Segmente des Damenschuhmarktes ansprechen. Diese Strategie hat Edison Brothers zur Position des größten Schuheinzelhändlers für Damenschuhe in den USA verholfen.*

Differenziertes Marketing führt generell zu einem höheren Gesamtumsatz als eine undifferenzierte Marktbearbeitung. Procter &

Gamble halten mit zehn verschiedenen Waschmittelsorten einen höheren Marktanteil, als sie mit nur einer Marke je erreichen würden. Andererseits führt eine differenzierte Vorgehensweise auch zu zusätzlichen Kosten. Ein Produkt so zu modifizieren, daß es den Anforderungen unterschiedlicher Marktsegmente entspricht, bedingt Kosten für Forschung und Entwicklung, Maschinen oder spezielle Werkzeuge. Es ist generell teurer, zehn Einheiten von zehn verschiedenen Produkten herzustellen als hundert Einheiten von einem Produkt. Die Entwicklung unterschiedlicher Marketingpläne für die verschiedenen Segmente erfordert zusätzliche Marketing-Forschung, Vorschaurechnungen, Verkaufsanalysen, Promotionplanung sowie das Management für die Bearbeitung weiterer Absatzkanäle. Der Versuch, verschiedene Marktsegmente mit unterschiedlichen Werbemaßnahmen zu erreichen, verursacht höhere Kosten der Absatzförderung. Ein Unternehmen hat deshalb höhere Umsätze gegen höhere Kosten abzuwägen, wenn es sich für eine differenzierte Marketingstrategie entscheidet.

Konzentriertes Marketing.

Eine dritte Möglichkeit der Marktabdeckung ist besonders für Unternehmen mit begrenzten Ressourcen attraktiv. Anstatt sich um einen kleinen Anteil auf einem großen Markt zu bemühen, strebt das Unternehmen in einem Segment oder auf mehreren Teilmärkten einen großen Anteil an.

Hierfür können mehrere Beispiele angeführt werden. Hewlett-Packard konzentrierte sich auf den Markt für teure Taschenrechner, Richard D. Irwin auf wirtschaftskundliche Lehrbücher und Saab auf den Markt für luxuriöse Sportwagen (siehe hierzu Beispiel 8-1). Durch konzentriertes Marketing erlangt die Firma eine starke Position in dem von ihr bedienten Segment, da sie bezüglich der Bedürfnisse dieses Semgents über bessere Kenntnisse verfügt sowie über das besondere Ansehen, das dafür erforderlich ist. Darüber hinaus realisiert das Unternehmen durch die Spezialisierung von Produktion, Distribution und Absatzförderung Kostenvorteile in den betreffenden Organisationsabläufen. Falls das richtige Segment ausgewählt wurde, kann das Unternehmen eine hohe Rentabilität seiner Investitionen erzielen.

Gleichzeitig sind jedoch mit dem konzentrierten Marketing überdurchschnittlich hohe Risiken verbunden. Das spezielle Marktsegment kann verlorengehen. Als beispielsweise junge Frauen plötzlich keine Sportkleidung mehr kauften, bewirkte dieser Wandel, daß Bobbie Brooks aus der Gewinnzone tief in die roten Zahlen geriet. Auch könnten größere Konkurrenten sich dazu entschließen, in den gleichen Markt einzutreten. So hat z. B. der Erfolg von California Cooler im Bereich der Kühlbehälter für Weine viele große Firmen angezogen und

BEISPIEL 8-1
Saab findet eine Marktnische

Gibt es in der Autoindustrie Platz für einen kleinen Fisch neben den großen Fischen? Saab ist davon überzeugt. Und so denken auch Tausende von Konsumenten. Durch die Verfolgung einer konzentrierten Marketing-Strategie hat Saab eine lohnende Nische im Automarkt entdeckt.

Während des Zweiten Weltkrieges stellte Saab Kampfflugzeuge her. Nach dem Krieg konstruierte das Unternehmen ein kleines, preiswertes Liebhaberauto, das viele Eigenschaften aufzuweisen hatte, die Piloten sich von einem Flugzeug erwarten: aerodynamische Konstruktion, Bedienungskomfort, genaue Kontrollen und moderne Sicherheitseigenschaften. Als erstes hat Saab viele Besonderheiten aufzuweisen, mit denen andere Autos innerhalb der nächsten 20 Jahre nicht aufwarten konnten. Bis in die späten siebziger Jahre war Saab ein „Swedish Tinkertoy“ (schwedisches Spielzeug), von dem – zu einem angemessenen Preis – in den USA jährlich zirka 10.000 Stück verkauft wurden. Saab-Käufer waren meist Ingenieure, College-Professoren und „Road-Rally Buffs“ (Ralleyfans). In den späten siebziger Jahren suchte Saab eine Segmentierungsstrategie, die eine Ausweitung der Umsätze und Gewinne ermöglichen sollte. Das Unternehmen besaß zwei grundsätzliche Optionen: das große Segment der an Wirtschaftlichkeit Orientierten oder den kleineren „Luxus“-Teilmarkt. Die großen US-amerikanischen und japanischen Autohersteller besetzten bereits das auf Wirtschaftlichkeit bedachte Segment, und Saab verfügte weder über die Produktion noch über das Vertriebssystem, das erforderlich gewesen wäre, um in einem derartigen Massenmarkt wettbewerbsfähig zu sein. Aus diesem Grunde entschied das Management, sich auf das Luxus-Sportwagensegment zu konzentrieren, wo es zwar weniger Autos verkaufen, an jedem Fahrzeug aber mehr Gewinn erzielen würde.

Das Luxus-Sportwagensegment ist klein, aber weniger hart umkämpft als andere Autoteilmärkte. Darüber hinaus wird sich das Segment während dieses Jahrzehnts explosionsartig ausweiten. Es besteht aus Konsumenten gehobenerer sozialer Schichten im Alter zwischen 25 und 44 Jahren – das ist die am schnellsten wachsende Altersgruppe. Bis 1990 wird diese Gruppe mehr als 45 Prozent aller Haushalte umfassen. Außerdem wird sie die wohlhabendste sein, da 62 Prozent dieses Segments aus Familien mit zwei Einkommen bestehen.

Das Luxus-Sportwagensegment ist für Saab besonders attraktiv. Die Stärken des Unternehmens passen gut zu den Bedürfnissen des Marktes. Das Segment ist klein, es erfordert Leistung und Qualität. Saab besitzt eine kleine Kapazität, ist stolz auf die Qualität seiner Produkte und erfreut sich einer soliden Reputation für fortgeschrittene Technik. Gutsituierte Käufer in diesem Segment können sich jene Art von Autos leisten, die Saab am besten herstellt.

Im Jahre 1979 führte das Unternehmen seinen neuen Saab 900 Turbo (in der Preislage bis zu 20.000 Dollar) mit dem Slogan ein „das intelligenteste Auto, das je gebaut wurde“. Angesprochen wurden Kunden, „die bereit waren, für besondere Autos mit Leistung, Luxus, Styling und gediegenem Image mehr zu bezahlen“. Das Unternehmen verstärkte seine Position mit anderen Dingen, nach denen die Käufer in diesem Segment suchten. Käufer aus einer gehobenen sozialen Schicht legen Wert auf materielle Annehmlichkeiten – der Saab 900 Turbo hat Klimaanlage, Bremsverstärker, AM/FM Stereo-Kassettenspieler, volle Instrumentierung, Lenkkraftverstärkung, Fensterentnebelung, elektrisch geheizte Sitze und viele andere Besonderheiten als Standardausrüstung. Sportwagenkäufer wünschen Informationen über die Leistung – Saab hält im Ausstellungsraum ein 50 Seiten umfassendes Buch über technische Daten bereit, das jeden Zentimeter des Autos erläutert. Wohlhabende Kunden wünschen Kundendienst – die Verkäufer sind angewiesen, jeden Saab-Käufer mit dem Kundendienst-Manager bekanntzumachen. Die Käufer erhalten nach der Auslieferung des Wagens Fragebögen zugesandt, in denen sie über die Leistung des Händlers bezüglich Verkauf und Kundendienst befragt werden.

Wie hat sich die neue Zielgruppenstrategie bewährt? Saab scheint die Zielgruppe erreicht zu haben. Der Durchschnittskäufer eines neuen Saab ist männlich, zwischen 30 und 40 und gut ausgebildet (40 Prozent haben eine höhere Schule besucht). Sie sind Manager oder Spezialisten mit einem durchschnittlichen Haushaltseinkommen zwischen 50.000 und 80.000 Dollar jährlich. Außerdem sind sie loyal – mehr als 75 Prozent beabsichtigen, zu gegebener Zeit wieder einen Saab zu kaufen. Seit die neue Segmentierungsstrategie verfolgt wird, sind die Umsätze ständig gestiegen. Um 1983 hat das Unternehmen in den USA jährlich mehr als 25.000 Autos verkauft, und die Nachfrage überstieg das Angebot – einige Händler versteigerten Saab-Autos an den Meistbietenden. Saabs 42prozentiger Verkaufszuwachs im Jahre 1983 war der höchste der Branche.

Die Saab-Story hat ein glückliches Ende – sie zeigt, wie ein Unternehmen mit geringen Ressourcen durch Konzentration auf ein kleines Segment mit hoher Qualität gegenüber größeren Konkurrenten gewinnträchtigen Erfolg erzielen kann. Die Wettbewerbsstrategie von Saab wird von einer Führungskraft des Unternehmens wie folgt zusammengefaßt: „GM ist das Unternehmen, das Millionen von Hamburger verkauft, wir verkaufen nur hie und da einige Steaks."

Quelle: Diese Ausführungen basieren auf Informationen aus Bernie Whalen, „'Tiny' Saab Drives Up Profits with Market-Niche Strategy, Repositioning". Marketing News, 16. März 1984, Abschnitt 1, S. 14–16. Verwendet mit Erlaubnis der Marketing News, herausgegeben von der American Marketing Association. Siehe hierzu auch „SAAB Hitches Star to Yuppie Market", Business Week, 19. November 1984, S. 62.

die ursprünglichen Eigentümer gezwungen, ihre Anteile einem größeren Unternehmen mit mehr Marketing-Ressourcen zu verkaufen. Aus diesen Gründen ziehen es zahlreiche Unternehmen vor, in mehreren Marktsegmenten aktiv zu sein.

Auswahl einer Strategie für die Marktabdeckung

Bei der Auswahl einer marktabdeckenden Strategie müssen mehrere Faktoren berücksichtigt werden. Welche Strategie am zweckmäßigsten ist, kann von den Ressourcen des Unternehmens abhängen. Sind diese beschränkt, ist ein konzentriertes Marketing am sinnvollsten. Die Wahl der Strategie hängt auch vom Grad der Produkthomogenität ab. Undifferenziertes Marketing ist besser für homogene Produkte wie Grapefruits oder Stahl geeignet. Produkte, die in ihrem Design variiert werden können – z. B. Kameras oder Autos –, eignen sich wesentlich besser für eine Differenzierung oder Konzentration.

Das Stadium des Produktes im Lebenszyklus ist ebenfalls zu berücksichtigen.

Wird ein neues Produkt eingeführt, ist es ratsam, nur eine Version anzubieten. In diesem Falle dürfte undifferenziertes oder konzentriertes Marketing am sinnvollsten sein. Im Reifestadium des Produktlebenszyklus erscheint es zweckmäßiger, differenziertes Marketing zu betreiben.

Ein weiterer Bestimmungsfaktor ist die Homogenität des Marktes. Falls die Verbraucher den gleichen Geschmack haben, die gleichen Mengen kaufen und in gleicher Weise auf Marketing-Anstrengungen reagieren, ist undifferenziertes Marketing als die geeignete Strategie anzusehen.

Schließlich sind auch die Strategien der Konkurrenz von Bedeutung. Wenn die Mitbewerber eine aktive Segmentierung betreiben, kann undifferenziertes Marketing selbstmörderisch sein. Umgekehrt kann ein Unternehmen durch differenziertes oder konzentriertes Marketing Vorteile erlangen, wenn die Wettbewerber undifferenziertes Marketing betreiben.

Die Erkennung attraktiver Marktsegmente

Angenommen, ein Unternehmen entscheidet sich für konzentriertes Marketing. Es muß nun die attraktivsten Segmente finden, um seine Bemühungen auf sie zu richten. Betrachten Sie dazu die folgende Situation:

> *Ein erfolgreicher Hersteller von Schneebeseitigungsgeräten sucht nach einem neuen Produkt. Das Management prüft mehrere Möglichkeiten und landet schließlich bei der Idee, ein Schneemobil zu produzieren. Es stellt fest, daß dafür drei Produkttypen in Frage kommen: Benzin-, Diesel- oder Elektrofahrzeuge. Außerdem kann dieses Schneemobil für jeden der drei Märkte konstruiert werden: den Konsum-, Industriegüter- oder Militärmarkt. Die neun Produkt/Markt-Alternativen sind aus Abbildung 8-4 zu ersehen. Vorausgesetzt, das Unternehmen möchte sich zunächst nur auf ein Segment konzentrieren, dann muß sich das Management für eines von diesen entscheiden.*

Das Unternehmen muß sich als erste Informationen über die neun Marktsegmente beschaffen. Diese Daten umfassen aktuelle Umsätze, geplante Umsatzzuwachsraten, erwartete Gewinnspannen, Intensität des Wettbewerbs und Erfordernisse der Absatzkanäle. Das beste Segment würde sich durch hohe aktuelle Umsätze auszeichnen sowie durch eine hohe Wachstumsrate und hohe Gewinnspannen, schwache Konkurrenz und leicht erfüllbare Erfordernisse der Absatzkanäle. Üblicherweise ist kein Segment hinsichtlich aller Kriterien als das

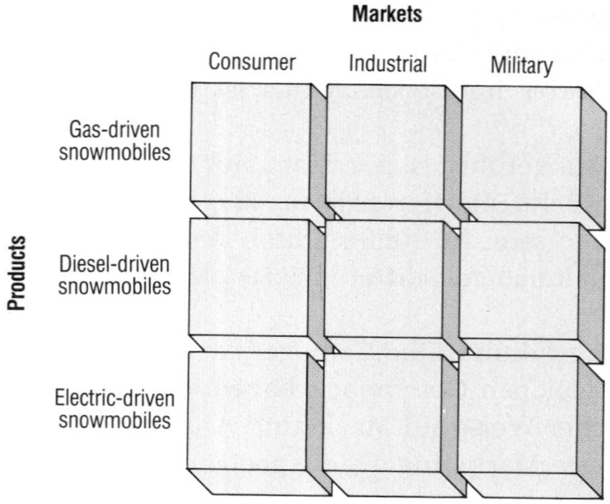

ABBILDUNG 8-4
Produkt/Markt-Raster für Schneemobile

FIGURE 8-4
Product/Market Grid for Snowmobiles

beste anzusehen, so daß Vor- und Nachteile gegeneinander abzuwägen sind.

Wenn das Unternehmen die objektiv attraktivsten Segmente gefunden hat, muß es sich fragen, welche Segmente am besten den Stärken des Unternehmens entsprechen. So mag z. B. der militärische Markt äußerst attraktiv erscheinen, aber das Unternehmen verfügt möglicherweise über keine Erfahrungen im Verkauf an das Militär. Dafür besitzt es vielleicht viele Erfahrungen auf dem Konsumgütermarkt. Aus diesem Grunde sucht das Unternehmen ein Segment, das – isoliert betrachtet – attraktiv ist und für dessen erfolgreiche Bearbeitung es über die erforderlichen Stärken verfügt. Das Unternehmen wünscht auf jene Segmente abzuzielen, in denen es die größten strategischen Vorteile hat.

MARKTPOSITIONIERUNG

Sobald ein Unternehmen entschieden hat, in welche Segmente es eintreten will, muß es festlegen, welche Positionen es innerhalb dieser Märkte einnehmen möchte. Die Produktposition ist die Art und Weise, wie das Produkt bezüglich wichtiger Eigenschaften von den Konsumenten gesehen wird – der Platz, den das Produkt im Bewußtsein der Verbraucher im Vergleich zu Konkurrenzprodukten einnimmt. So ist Tide als Allzweck-Familienwaschmittel positioniert; Era als konzentriertes Flüssigwaschmittel; Cheer ist als Waschmittel für alle Temperaturen positioniert. Datsun und Toyota sind für Wirtschaftlichkeit positioniert; Mercedes und Cadillac hingegen als Luxusfahrzeuge.[10]

Die Verbraucher werden mit Informationen über Produkte und Dienstleistungen überflutet. Sie können nicht jedes Mal, wenn sie ihre Kaufentscheidungen treffen, Produkte neu bewerten. Um ihre Kaufentscheidungen zu vereinfachen, ordnen sie Produkte in Kategorien

Positionierung durch Vergleichswerbung: COMPAQ greift IBM frontal an. Courtesy of COMPAQ Computer Corporation and International Business Machines Corporation.

ein – sie positionieren die Produkte, Dienstleistungen und Unternehmen in ihrem Bewußtsein. Die Position eines Produktes ist eine komplexe Kombination von Wahrnehmungen, Eindrücken und Gefühlen, die Verbraucher mit einem Produkt – im Vergleich zu Wettbewerbserzeugnissen – verbinden. Die Konsumenten positionieren die Produkte mit oder ohne Hilfe von Marketern. Diese wollen jedoch die Positionierung ihrer Produkte nicht dem Zufall überlassen. Sie planen Positionen, die ihren Produkten in ausgewählten Zielmärkten den größtmöglichen Vorteil sichern und entwickeln daraufhin Marketing-Mix-Programme, um die geplanten Positionen zu erreichen.

Ein Marketer kann mehrere Positionierungsstrategien verfolgen.[11] Er kann sein Produkt nach besonderen Produkteigenschaften positionieren. Nissan wirbt mit seinem niedrigen Preis; Saab stellt sie Leistung heraus. Produkte können auch hinsichtlich der Bedürfnisse positioniert werden, die sie befriedigen, oder nach dem Nutzen, den sie bieten.

Crest vermindert Kariesbefall; Aim schmeckt gut. Produkte können des weiteren nach Verwendungsanlässen positioniert werden. Im Sommer könnte Gatorade als Getränk positioniert werden, das bei Athleten den Verlust an Körperflüssigkeit ausgleicht; im Winter kann es als das Getränk verankert werden, zu dem man greift, wenn der Arzt die Aufnahme von viel Flüssigkeit empfiehlt. Ein weiterer Ansatz ist die Positionierung nach bestimmten Verwenderklassen. Johnson & Johnson als Haarpflegemittel für Frauen über 40 positioniert worden (Produktklasse und Benutzer). Arm & Hammer haben ihr Natron als desodorierendes Mittel für Kühlschränke und Müllschlucker positioniert (Produktklasse und Gebrauchssituation).

Um die Position für ein bereits am Markt befindliches oder neues Produkt zu planen, muß ein Unternehmen zuerst eine Konkurrenz-Analyse durchführen, damit die bestehenden Positionierungen seines eigenen und die der konkurrierenden Produkte festgestellt werden können. Angenommen, unser Schneemobil-Hersteller erfährt, daß in seinem Zielsegment die Käufer von Schneemobilen in erster Linie Wert auf Größe und Geschwindigkeit legen. Dann könnten potentielle Kunden und Händler befragt werden, an welcher Stelle sie – nach diesen Dimensionen – die Schneemobile der Konkurrenten einordnen würden. Die Ergebnisse dieser Befragung sind aus der Produktpositionierungskarte in Abbildung 8-5 zu ersehen. Der Konkurrent A ist als

ABBILDUNG 8-5
Produktpositionierungskarte, in die die Angebote von vier Konkurrenten aufgenommen wurden.

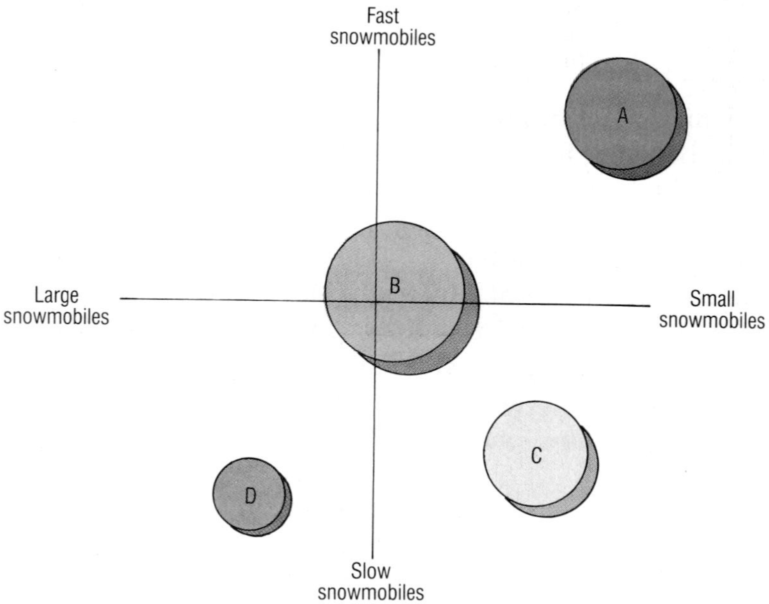

FIGURE 8-5
A Product Position Map Showing Perceived Offers of Four Competitors

Hersteller kleiner, schneller Fahrzeuge zu erkennen, B als Produzent mittelgroßer und mittelschneller Schneemobile, C als Fabrikant kleiner bis mittelgroßer, langsamer Schneefahrzeuge und D als Hersteller großer, langsamer Schneemobile. Die Größe der Markierungssymbole entspricht den Umsatzverhältnissen der Konkurrenten.[12]

Ausgehend von den Positionierungen der Konkurrenzprodukte ist die Frage zu stellen, welche Positionierung das Unternehmen anstreben soll. Es hat zwei Möglichkeiten: Eine davon ist, sich in nächster Nähe eines Konkurrenten anzusiedeln und mit ihm um Marktanteile zu kämpfen. Das Management könnte diesen Weg beschreiten, wenn es meint, daß es ein besseres Schneemobil bauen kann, daß der Markt groß genug für zwei Konkurrenten ist, daß das Unternehmen über mehr Ressourcen verfügt als der Konkurrenzt oder daß diese Position die Stärke des Unternehmens am besten zur Wirkung kommen läßt.

Die Alternative dazu wäre, ein Schneemobil zu entwickeln, das bislang in diesem Markt noch nicht angeboten wird; ein großes, schnelles Fahrzeug. Das Unternehmen würde jene Kunden gewinnen, die diesen Typ von Schneemobil suchen, da ihn die Konkurrenten nicht anbieten. Bevor jedoch diese Entscheidung getroffen werden kann, muß sich das Management vergewissern, daß genügend Käufer ein großes, schnelles Schneemobil wünschen und daß es dieses zu einem marktgerechten Preis hergestellt werden kann. Wenn die Antworten positiv ausfallen, hat das Unternehmen eine Marktlücke entdeckt und sollte darangehen, diese auszufüllen.

Angenommen jedoch, das Unternehmen kommt zu dem Ergebnis, daß mit dem Bau eines kleinen, schnellen Schneemobils – als Konkurrenz zu dem Wettbewerber A – größere Gewinnaussichten und ein geringeres Risiko verbunden sind. In diesem Falle würde es das Schneemobil von A eingehend studieren und nach einem Weg suchen, sein Angebot – aus der Sicht potentieller Käufer – klar davon abzuheben. Es kann seine Wettbewerbsposition auf Produkteigenschaften, Aussehen, Qualität, Preis oder anderen Merkmalen aufbauen.

Sobald sich das Management für seine Positionierungsstrategie entschieden hat, kann es sich der Aufgabe zuwenden, ein detailliertes Marketing-Mix zu konzipieren. Falls das Unternehmen sich entschließt, in diesem Marktsegment eine Hoch-Preis/Hoch-Qualitäts-Position einzunehmen, muß es ausgezeichnete Produkteigenschaften und ein Fahrzeug von hoher Qualität entwickeln, Einzelhändler mit einem guten Ruf für Kundendienst finden, Werbemaßnahmen entwerfen, die wohlhabende Käufer ansprechen, und vieles andere mehr bedenken.

Die Positionierungsentscheidungen des Unternehmens bestimmen, wer die Wettbewerber sein werden. Bei der Festlegung der

Positionierungsstrategie sollte das Unternehmen seine Wettbewerbsstärken und -schwächen mit denen der Konkurrenten vergleichen und eine Position wählen, durch die es einen starken Wettbewerbsvorteil erlangen kann.

ZUSAMMENFASSUNG

Anbieter können unter drei Arten, an einen Markt heranzugehen, wählen. Massenmarketing bedeutet die Entscheidung für die Massenproduktion und Massendistribution eines Produktes und den Versuch, für alle Käufergruppen attraktiv zu sein. Produktdifferenzierung umfaßt die Entscheidung, zwei oder mehrere Marktangebote mit unterschiedlichem Aussehen, unterschiedlichen Eigenschaften, Qualitäten oder Größen herzustellen, die entwickelt werden, um dem Markt eine Auswahl anzubieten und die eigenen Produkte deutlich von denen der Konkurrenz abzuheben. Zielgruppenmarketing kennzeichnet den Entschluß, die unterschiedlichen Gruppen zu identifizieren, aus denen sich ein Markt zusammensetzt, und Produkte sowie Marketingprogramme für ausgewählte Zielgruppen zu entwickeln. Derzeit ist unter den Anbietern ein Trend weg vom Massenmarketing und von der Produktdifferenzierung hin zum Zielgruppenmarketing zu beobachten, weil letzteres wesentlich besser geeignet ist, Marktchancen zu erkennen und erfolgreichere Produkte und Marketing-Mix-Programme zu entwickeln.

Die entscheidenden Schritte im Rahmen des Zielgruppenmarketing sind die Marktsegmentierung, die Zielgruppenfestlegung und die Marktpositionierung. Marktsegmentierung bedeutet, den Markt in verschiedene Käufergruppen einzuteilen, die gesonderte Produkte und Marketing-Mix-Programme rechtfertigen. Der Marketer versucht anhand verschiedener Einteilungskriterien herauszufinden, mit welcher Segmentierung die größten Chancen verbunden sind. Für das Konsumgütermarketing bilden geographische, demographische, psychographische und verhaltensorientierte Kriterien die wichtigsten Segmentierungsansätze. Absatzmärkte für industrielle Erzeugnisse können nach Verwendungszweck, Kundengröße, geographischem Standort und Produkteinsatz segmentiert werden. Die Wirksamkeit der Segmentierungsanalyse hängt davon ab, Segmente zu finden, die meßbar, erreichbar, groß genug und bearbeitungsfähig sind.

Als nächstes hat der Anbieter die besten Marktsegmente auszuwählen. Als erstes muß entschieden werden, wieviele Segmente abgedeckt werden sollen. Der Anbieter kann Segmentunterschiede ignorieren – undifferenziertes Marketing –, unterschiedliche Marktangebote für verschiedene Segmente entwickeln – differenziertes Marketing –, oder sich auf ein (oder einige) Marktsegment(e) konzentrieren – konzentriertes Marketing. Die Entscheidung ist im wesentlichen von den Ressourcen des Unternehmens abhängig sowie von der Produkt- und Markthomogenität, vom Stadium des Produktlebenszyklus und von den Marketingstrategien des Wettbewerbs.

Falls sich das Unternehmen entschließt, in einen Teilmarkt einzutreten, dann ist die Frage zu stellen, welcher es sein sollte. Marktsegmente können nach ihrer objektiven Attraktivität bewertet werden und nach den Stärken des Unternehmens, die erforderlich sind, um in diesem Segment erfolgreich agieren zu können.

Im Rahmen der Marktauswahl werden die Konkurrenten des Unternehmens sowie die Positionierungsmöglichkeiten festgestellt. Das Unternehmen untersucht die Positionen der Konkurrenten und entscheidet, ob es eine den Konkurrenten ähnliche Position einnehmen oder eine Marktlücke erschließen soll.

Wenn sich ein Unternehmen in der Nähe eines Mitbewerbers positioniert, muß es nach weiteren Differenzierungsmöglichkeiten suchen. Hierfür bieten sich andere Produkteigenschaften sowie Preis- und Qualitätsunterschiede an. Die Entscheidung über die Positionierung ermöglicht den nächsten Schritt, die Planung von Einzelheiten des Marketing-Mix.

DISKUSSIONSFRAGEN

1. Als der Cadillac Cimarron eingeführt wurde, vertraten Mitarbeiter der Firma Cadillac die Auffassung, daß sie den Cimarron als Fehlschlag betrachteten, wenn er ausschließlich an Stammkunden verkauft würde – selbst wenn alle Autos verkauft worden wären. Der Verkaufsdirektor von Cadillac meinte: „Unsere Verkäufer werden einigen Kunden sagen: „Dieses Auto ist nicht für sie bestimmt." Erklären Sie diese Verkaufsphilosophie mit Begriffen der Marktsegmentierung.
2. Nachdem der Segmentierungsprozeß abgeschlossen ist, sollte die Organisation mit der Entwicklung der Marketing-Mix-Faktoren beginnen. Kommentieren Sie diese Feststellung.
3. Erläutern Sie die drei wichtigsten Schritte des zielgruppenorientierten Marketing.
4. Es gibt einen einzigen besten Weg für die Segmentierung eines Konsumentenmarktes! Kommentieren Sie diese Aussage.
5. Nennen Sie jeweils spezielle Beispiele von Marketern, die bei der Segmentierung ihrer Märkte bezüglich der folgenden Kriterien erfolgreich gewesen sind: niedriger Preis, hohe Qualität und Kundendienst.
6. Beschreiben Sie die Bedingungen für eine wirksame Segmentierung und übertragen Sie diese auf ein Beispiel ihrer Wahl.
7. Differenziertes Marketing ist immer die beste Vorgehensweise für eine zielgruppenorientierte Absatzpolitik. Kommentieren Sie bitte diese Behauptung.

SCHLÜSSELBEGRIFFE

Verhaltensorientierte Segmentierung *(behavior segmentation)*. Einteilung eines Marktes in Gruppen nach deren Kenntnissen, Einstellungen, Verwendungsgewohnheiten oder Reaktionen bezüglich eines Produktes.

Demographische Segmentierung *(demographic segmentation)*. Einteilung des Marktes in Gruppen auf der Grundlage demographischer Variablen wie z. B. Alter, Geschlecht, Familiengröße, Familienlebenszyklus, Einkommen, Beruf, Ausbildung, Religion, Rasse und Nationalität.

Geographische Segmentierung *(geographic segmentation)*. Aufteilung eines Marktes in verschiedene geographische Einheiten wie z. B. Nationen, Staaten, Regionen, Bezirke, Städte oder Umgebungen.

Markt *(market)*. Die Gesamtheit aller tatsächlichen und potentiellen Käufer eines Produktes.

Marktpositionierung *(market positioning)*. Die Formulierung einer wettbewerbsfähigen Positionierung für ein Produkt sowie eines detaillierten Marketing-Mix.

Marktsegmentierung *(market segmentation)*. Einteilung eines Marktes in bestimmte Käufergruppen, die besondere Produkte oder Marketing-Mix-Programme erfordern könnten.

Zielmarktfestlegung *(market targeting)*. Die Bewertung der Attraktivität eines jedes Marktsegmentes und die Auswahl eines oder mehrerer Segmente für den Markteintritt.

Produktposition *(product position)*. Die Art und Weise, wie das Produkt vom Konsumenten bezüglich wichtiger Eigenschaften gesehen wird – der Platz, den das Produkt im Bewußtsein des Konsumenten im Vergleich zu Wettbewerbserzeugnissen einnimmt.

Psychographische Segmentierung *(psychographic segmentation).* Einteilung eines Marktes in verschiedene Gruppen auf der Grundlage von sozialer Klasse, Lebensstil oder Persönlichkeitsmerkmalen.

FUSSNOTEN

1. Vgl. hierzu „R. J. Reynolds Stops a Slide in Market Share“, Business Week, 26. Jänner 1976, S. 92.
2. Joseph T. Plummer, „Life Style Patterns: New Constraint for Mass Communications Research“, Journal of Broadcasting, Winter 1971–72, S. 79–89. Für weiterführende Studien wird verwiesen auf Sonia Yuspeh, „Syndicated Values/Lifestyles Segmentation Schemes: Use Them as Descriptive Tools, Not to Select Targets“, Marketing News, 25. Mai 1984, S. 1.
3. Shirley Young, „The Dynamics of Measuring Unchange“, in Attitude Research in Transition, Russell I. Haley, Hrsg. (Chicago: American Marketing Association, 1972), S. 61–82.
4. Russell L. Ackoff and James R. Emshoff, „Advertising Research at Anheuser-Busch, Inc. (1968–74)“, Sloan Management Review, Frühjahr 1975, S. 1–15.
5. John J. Burnett, „Psychographic and Demographic Characteristics of Blood Donors“, Journal of Consumer Research, Juni 1981, S. 62–66.
6. Bezüglich weiterer Literatur über die Persönlichkeit als Segmentierungskriterium wird verwiesen auf Raymond L. Horton, „Some Relationships Between Personality and Consumer Decision-Making“, Journal of Marketing Research, Mai 1979, S. 244 f; und M. Joseph Sirgy, „Self-Concept in Consumer Behavior: A Critical Review“, Journal of Consumer Research, Dezember 1982, S. 287–300.
7. Vgl. hierzu Daniel Yankelovich, „New Criteria for Market Segmentation“, Harvard Business Review, März–April 1964, S. 83–90, hier S. 85. Bezüglich weiterer Literatur über Nutzen-Segmentierung wird verwiesen auf Russell I. Haley, „Benefit Segmentation: Backwards and Forwards“, Journal of Advertising Research, Februar–März 1984, S. 19–25.
8. Mehr über Konsumenten-Segmentierung ist nachzulesen bei Ronald Frank, William Massey und Yoram Wind, Marketing Segmentation (Englewood Cliffs, NJ: Prentice-Hall, 1972); und Yoram Wind, „Issues and Advances in Segmentation Research“, Journal of Marketing Research, August 1978, S. 317–37.
9. Natalie McKelvy, „Shoes Make Edison Brothers a Big Name“, Chicago Tribune, 23. Februar 1979, Abschnitt 5, S. 9.
10. Bezüglich weiterer Literatur über Positionierungsfragen wird verwiesen auf Yoram Wind, „New Twists for Some Old Tricks“, The Wharton Magazine, Frühling 1980, S. 34–39; und David A. Aaker und J. Gary Shansby, „Positioning Your Product“, Business Horizons, Mai--Juni 1982, S. 56–62.
11. Vgl. hierzu Wind, „New Twists“, S. 36; und Aaker und Shansby, „Positioning Your Product“, S. 57 f.
12. Diese Karten müssen mit Vorsicht interpretiert werden. Nicht alle Kunden verfügen über die gleichen Wahrnehmungen. Die Karte zeigt die durchschnittlichen Wahrnehmungen. Aufmerksamkeit sollte auch der Streuung der Wahrnehmungen gewidmet werden.

FALLSTUDIE 6
Comp-U-Card International

Die Firma Comp-U-Card wurde 1976 von Walter A. Forbes mit der Vorstellung übernommen, daß die Konsumenten bald von ihrem Wohnzimmer aus einkaufen würden; für die Besichtigung der Waren und für die Bestellung bei den Herstellern sollten sie mit Zweiweg-Kabel-Systemen verbundene TV-Geräte benutzen. Die Absicht war, Comp-U-Card hinter Sears, Roebuck zum größten Unternehmen der Branche zu machen. Die Realisierung sollte durch Installierung eines Zentralcomputers erfolgen, der alle Arten von Artikeln gespeichert hätte und alle Bestellungen, einschließlich Fakturierung, automatisch abwickeln würde. Den meisten Konsumenten fehlte jedoch die dafür erforderliche Ausrüstung und selbst jene, die über die technische Ausstattung verfügten, zeigten wenig Neigung, davon Gebrauch zu machen. Die Umstellung auf elektronisches Einkaufen dauert länger als man ursprünglich erwartet hat. Comp-U-Card bietet nunmehr Comp-U-Store an, ein wesentlich weniger anspruchsvolles System. Das Unternehmen verlor in den ersten sechs Jahren fast 14 Millionen Dollar, bevor es einen Gewinn von 31.000 Dollar ausweisen konnte; es gilt jedoch als der größte Einkaufsclub im Land für Käufer, die nach günstigen Angeboten suchen.

Wie der Comp-U-Store-Service derzeit von Comp-U-Card promoted wird, ist aus den folgenden Auszügen aus dem Werbematerial zu ersehen; Markennamen wurden dabei weggelassen.

Einführung in die elektronische Einkaufsstraße

Lassen Sie mich Ihnen erklären, wie einfach es ist, nach der Comp-U-Store-Methode einzukaufen. Angenommen, Sie möchten einen Videokassetten-Rekorder der Marke XXX, Modell Nr. 2700, kaufen. Das geschieht folgendermaßen:

Sie rufen in der Zeit von Montag bis Freitag, zwischen 8.00 und 23.00 Uhr sowie samstags zwischen 9.00 und 19.00 Uhr und sonntags zwischen 12.00 und 17.00 Uhr Comp-U-Store's Nummer zum Ortstarif an.

Sei fragen Ihrem Einkaufsberater nach dem Preis für einen XXX Videokassetten-Rekorder, Modell Nr. 2700.

Sie bekommen den niedrigstmöglichen Preis genannt – die Preise von Comp-U-Store werden täglich aktualisiert. Dieser Gesamtbetrag versteht sich für eine Lieferung frei Haus. Darüber hinaus ist nichts mehr zu zahlen.

Sie können Ihre neue SUPER CARD mit dem Preis für den Kaufgegenstand per Telephon belasten lassen – Bedenken Sie, daß Ihre Karte einen Sofortkreditrahmen enthält.

Sie können sich auch darauf beschränken, nur die Preise zu vergleichen. Sie müssen nicht über Comp-U-Store kaufen, wenn sie es nicht wünschen. Sie sparen jedoch Zeit und Geld, wenn sie Comp-U-Store nach den aktuellen und niedrigsten Preisen im Land fragen.

Betrachten Sie Comp-U-Store als Ihre eigene elektronische Einkaufsstraße, auf der Ihre Finger spazieren gehen.

Das Geheimnis von Comp-U-Store's niedrigen Preisen

Comp-U-Store ist kein normales Geschäft. Es unterhält kein Lager – diese Funktion wird von den Lieferanten übernommen –, so daß kein Geld in Warenvorräten gebunden ist. Des weiteren fallen keine Kosten für hohe Geschäftsmieten oder aufwendige Werbekampagnen an.

Da Comp-U-Store Sie direkt mit den Lieferanten in Verbindung bringt, können Sie üblicherweise bis zu 40 Prozent – mitunter auch mehr! – der vom Hersteller empfohlenen Listenpreise einsparen. Diese Preisangaben umfassen auch die Lieferkosten. Denken Sie daran, daß der Comp-U-Store's-Preis einen Gesamtpreis darstellt – geliefert wird frei in Ihre Wohnung.

Vergleichen Sie diese Kalkulation mit den teilweise im Einzelhandel üblichen Aufschlägen in Höhe von 100 Prozent!

Mit Comp-U-Store sind Sie quasi der einzige Kunde im Geschäft.

Rufen sie Comp-U-Store an, und Sie sprechen allein mit dem Einkaufsberater, der Ihrer vollen Zufriedenheit verpflichtet ist. Es gibt keinen anderen Kunden, der Sie zur Eile drängt. Statt dessen kann sich der Einkaufsberater voll darauf konzentrieren, Ihnen Preise zu nennen…, die Lieferung in Ihre Wohnung zu arrangieren. Auf Wunsch kann auch direkt in die Wohnungen Ihrer Freunde oder Kunden geliefert werden.

Für einen jährlichen Mitgliedsbeitrag von 25 Dollar erhalten die Leute Zugang zu einem Service, durch den ungefähr 60.000 Markenartikel bestellt, mit Kreditkarte bezahlt und an ihre Tür geliefert werden können. Die Zustellung erfolgt üblicherweise durch United Parcel Service. Das Unternehmen hat derzeit 700.000 Mitglieder, die im vergangenen Jahr für 20 Millionen Dollar Waren gekauft haben. In naher Zukunft wird eine Verdoppelung der Aufträge erwartet.

Das derzeitige schnelle Wachstum von Comp-U-Store ist auf die großen Absatzförderungsbemühungen des Sponsors, der Super Visa Credit Card der in Columbus, Ohio, ansässigen Bank One zurückzuführen sowie auf eigene Anstrengungen. Werbebriefe, in denen der Service zusammen mit gebührenfreien Visa-Cards angeboten wird, sind an mehr als 22 Millionen Haushalte der Mittelschicht versandt worden.

Als konkurrierende Einkaufsgelegenheiten gelten:

- Einzelhandelsgeschäfte
- Versandhäuser
- Katalogaufträge per Telefon
- Katalogaufträge per Post
- Computergestützte Bestellungen per Telefon (Comp-U-Store)
- Videodisc players, in Geschäften für den öffentlichen Gebrauch aufgestellt (Comp-U-Card Test)
- Computergestützter Einkauf, in Geschäften für den öffentlichen Gebrauch installiert (R. R. Donnelly's Electronistore)
- Videotex, nur Text
- Videotex, Text und Graphiken

Das Management von Comp-U-Card ist überzeugt davon, daß elektronisches Einkaufen sich durchsetzen wird. Es glaubt, daß die Leute wertbewußt sind und nicht annähernd so gerne einkaufen gehen, wie die Einzelhändler denken. Sie haben diese Idee getestet, indem sie in Einheitspreisgeschäften (dime stores) und Drugstores im Mittelwesten und Südosten der USA Einkaufsgeräte (shopping machines) aufgestellt haben – das sind mit Videodisc Playern ausgestattete Kioske. Die Kunden erhalten über diese Geräte anschauliche Darstellungen der gewünschten Waren und können den Comp-U-Card-Service benützen, um Preise zu prüfen und Aufträge zu erteilen.

R. R. Donnelly & Sons, der größte kommerzielle Drucker in den USA, vertreibt Electronistore an Einzelhändler für den Gebrauch im Geschäft. In dem Electronistore, worunter ein Computer-Einkaufsterminal oder ein elektronischer Kiosk zu verstehen ist, werden die Produkte in Farbe gezeigt und mittels eines Kontakt-Kontrollsystems Informationen zur Verfügung gestellt. Die Zahlung erfolgt mit Kreditkarte, und die Ware wird an die vom Kunden angegebene Adresse geliefert. Die Einzelhändler sehen in diesen „shopping machines" eine Möglichkeit, die Kosten zu reduzieren, und als Zwischenstufe zur Entwicklung zum elektronischen Einkaufen mittels Heimcomputer. Nach einer Studie von Booz, Allen & Hamilton wird der von der Wohnung aus erfolgende Einkauf in den späten achtziger Jahren ein Umsatzvolumen von ungefähr sieben Milliarden erreichen, das sind 15 Prozent aller Umsätze des Versandhandels im Jahre 1984.

Bewerten Sie das Comp-U-Store computergestützte Telefon-Marketing-System aus der Sicht eines Konsumenten oder Einzelhändlers, der als Teilnehmer gewonnen werden soll.

Bewerten Sie die innerhalb eines Ladens aufzustellende Einkaufsmaschine (in-store shopping machine) aus der Sicht eines Konsumenten oder eines Einzelhändlers, der veranlaßt werden soll, ein Electronistore-System zu kaufen oder zu benutzen.

FALLSTUDIE 7
Levi Strauss & Company

Die Firma Levi Strauss & Company hat ihren Vertrieb ausgeweitet, um J. C. Penney sowie Sears, Roebuck, in ihr Distributionsnetz einzubeziehen. Auf diese Weise wurde ihre Abstützung auf spezielle Jeans-Ketten, Jeans-Boutiquen und gehobene Kaufhäuser abgeschwächt. Diese Entscheidung war durch eine anhaltende Krise in der Bekleidungsindustrie und im Einzelhandel, einen beträchtlichen Rückgang der Unternehmensgewinne sowie durch die offensichtliche Sättigung des Jeans-Marktes ausgelöst worden. Das Management fand es schwierig, diesen Wandel zu vollziehen und dabei gleichzeitig einen Ausgleich zwischen den Interessen ihrer alten Einzelhandelskunden, ihrer neuen – Sears und Penney –, sowie jenen der Firma Levi Strauss selbst zu finden. Das Unternehmen sieht sich nunmehr vor zwei schwierige Fragen gestellt:

1. ob es seinen Vertrieb noch mehr ausweiten sollte, mit der Konsequenz, Discounter und andere Niedrigpreisgeschäfte zu beliefern;

2. welche weiteren Veränderungen, wenn überhaupt, bezüglich der Marketinganstrengungen vorgenommen werden sollten, um die Jeans-Gewinne zu steigern.

Das Unternehmen hat mehrere magere Jahre durchmachen müssen, denn auf dem Jeans-Markt herrschte ein harter Konkurrenzkampf, und die Konsumentennachfrage war schwächer geworden, besonders für Designer-Jeans und den Western-Look. Das Management befand, daß durch eine breitere Distributionsbasis sowohl Levi's Jeans mehr potentiellen Kunden nahegebracht als auch die Umsätze mit neuen Einzelhändlern erhöht werden würden.

Der Plan von Levi Strauss, über Großbetriebsformen des Einzelhandels zu verkaufen, hatte Auswirkungen auf mehrere Interessensgruppen. Einige langjährige Einzelhandelskunden waren über die Änderung und den damit verbundenen zusätzlichen Wettbewerb auf der Einzelhandelsebene schockiert. Unabhängige Einzelhändler und einige Spezialkettenläden, deren Geschäft auf und um Levi's Jeans aufgebaut war, reagierten unterschiedlich. Gehobene Kaufhäuser waren über diesen Plan besonders verärgert und viele, darunter Macy's, gaben diese Produktlinie auf. Obwohl der Chef einer großen Spezial-Jeans-Kette davon überzeugt war, daß dieses Vorhaben sowohl Levi Strauss als auch seinen Einzelhändlern in Gebieten, wo sie schwach waren, helfen würde, fürchteten andere einen Preiswettbewerb für diese Marke. Sears und besonders Penney haben ihre eigenen Jeans-Marken gegen Levi's aufgebaut. Diese und andere Massenvertriebsformen des Einzelhandels, die Levi's Jeans führen, stellen in ihrer Werbung gewöhnlich Preisvergleiche zwischen ihren eigenen Marken und Levi's an. Es ist nicht klar, ob diese Einzelhändler als „traffic builders" (Lockvogel-Angebot), „Imageerhöher" benutzen oder als unmittelbaren Beitrag zur Gewinnerzielung betrachten. Was immer sie beschließen, es wird sich als kritisch für Levi Strauss und seine Einzelhändler erweisen.

Das Levi Strauss-Management plant, den Werbeetat zu erhöhen, um die Wiederverkäufer zu unterstützen. Darüber hinaus werden Richtlinien dafür festgelegt, welche Produkte über Sears und Penney verkauft werden sollen und ob in der Werbung künftig einige Artikel seiner Produktlinie stärker herausgestellt werden sollten, wie z. B. die Blue Jeans „Button-Fly 501", die sich gut verkaufen ließen.

Bereits früher hatte die kanadische Tochterfirma die „555" angekündigt, eine Ausführung in „limitierter Stückzahl", von nur 30.000 bis 50.000. Die „555" kostet einige Dollar mehr als die meistverkaufte Levi's Jeans, die nicht besonders gekennzeichnet ist, und wird exklusiv über eine kanadische Jeans-Kette, Thrifty's Just Pants, vertrieben. Die „555" ist eine gerade geschnittene (straight-leg) Jeans, die vorne zum Knöpfen ist, und noch andere Details besitzt, ähnlich dem Original, das 1849 zur Zeit des Goldrausches getragen wurde. Levi's Warenzeichen, mit den zwei Pferden, erscheint auf einem Lederflecken an der hinteren Tasche. Eine kleine Kupferplatte trägt eine fünfstellige Seriennummer, die im Unternehmensarchiv registriert wird, wenn der Käufer eine bereits frankierte Postkarte zurückschickt. Der Käufer erhält eine Urkunde, die ihn als Eigentümer der Jeans ausweist. Ein Museumsdirektor wurde zitiert, der gesagt hat, daß die „555" in späteren Zeiten ein Ausstellungsstück im Museum werden könnte.

Sollte Levi Strauss seinen Vertrieb von Blue Jeans auf Diskont- und Niedrigpreisgeschäfte ausweiten? Welche Kriterien sollten für die Auswahl zusätzlicher Verkaufsstellen herangezogen werden?

Sollten alle Levi-Strauss-Produkte über alle Vertriebsstellen des Unternehmens verkauft werden?

Sollten die Jeans mit der „limitierten Stückzahl“ in den USA eingeführt werden?

Welche weiteren Änderungen der Levi-Strauss-Marketing-Bemühungen für Jeans empfehlen Sie?

FALLSTUDIE 8
RCA: Videokassetten-Recorder

RCA, ein führendes Unternehmen der Konsumentenelektronik und Ausstattung für Heimunterhaltung, verfügt über eine führende Position im Verkauf von Videokassetten-Recordern (VCR) und bespielten Bändern. Die Firma steht vor der Entscheidung, ob sie einen Videokassetten-Spieler (VCP) zusätzlich zu ihrer VCR-Linie herausbringen soll. Sowohl General Electric als auch japanische und koreanische Unternehmen planen, VCP-Geräte in den USA für weniger als 200 Dollar zu verkaufen.

Die Geschichte von VCR ist eine der Elektronik-Erfolgsstories der letzten Jahre. Nahezu 20 Prozent der US-Wohnungen sind bereits damit ausgestattet, und die Zahl der Besitzer wächst sehr schnell. Aber offensichtlich gibt es einige potentielle Käufer, die die hochentwickelten Aufnahmegeräte von VCR nicht wollen, die zur Standardausrüstung gehören. Der Markt für „nur Abspielen“ besteht aus

1. Haushalten ohne Interesse, selbst aufzunehmen;
2. VCR-Haushalten, die eine zweite Ausstattung zum „Nur-Abspielen“ wünschen;
3. dem Verleihmarkt, bestehend aus Einzelhändlern, die Ausrüstungen und Kassetten verkaufen oder über Nacht ausleihen;
4. dem Industriemarkt für Trainingszwecke und ähnliche Einsatzbereiche.

Ein Hauptproblem für die Konsumenten stellen die inkompatiblen Formate dar. Das hauptsächlich eingesetzte System ist VHS, das von RCA verwendet wird. Sony's BetaMax, einst der Marktführer, verliert laufend an Boden. Nunmehr bringen Kodak und andere noch ein weiteres Format von geringerer Breite – acht Millimeter gegenüber der konventionellen ½ inch (ca. 13 mm) – auf den Markt. Das neue Band ist Ausdruck des Bemühens, ein System mit Kamera zu entwickeln, das besser dafür geeignet ist, Kinofilme zu Hause auf dem Fernsehschirm abzuspielen.

Der „Ein-Gerät“-Markt (one-set) besteht aus jenen Personen, die der Meinung sind, daß die Spiel- und Aufnahmegeräte mehr Funktionen aufweisen als sie benötigen. Zu diesem Markt gehören auch Personen, denen VCR zu teuer ist, obwohl die Preisdifferenz zu VCP weniger als hundert Dollar beträgt.

Der „Zweitgeräte“-Markt (second-set) könnte nach Auffassung des VCR-Produktmanagers von General Electric riesig sein. Er betont, daß 50 Prozent der Haushalte mit Farbfernsehern mindestens über zwei Farbgeräte verfügen, und daß VCP-Eigentümer diesem Verhaltensmuster folgen würden. Er stellt sich preiswertere VCP-Geräte vor, die mit Farbfernsehgeräten in Schlaf- und Kinderzimmern verbunden sind – zusätzlich zu den bereits im Haus befindlichen Spiel- und Aufnahmegeräten von VCR.

Verleihunternehmen stellen einen unbearbeiteten Markt dar. Verleihgeschäfte kaufen derzeit nur etwa fünf Prozent aller verkauften VCR-Geräte, aber es handelt sich bei ihnen um einen schnell wachsenden Markt. Wenn die derzeitige Miete für eine Nacht von zehn Dollar oder weniger beibehalten wird, würde eine höhere Ertragsspanne die Folge sein, wenn die kostengünstigeren VCP-Geräte verliehen werden. „80 Prozent unserer Kunden sind nicht an den Glocken und Pfeifen interessiert. Sie wünschen lediglich ein Abspielgerät", sagt William E. Mapes, Präsident der National Video, Inc., eine Video-Verkaufs- und Verleihkette mit Sitz in Portland, Oregon. Diese Kette plant, japanische Geräte, die nur abspielen können, in das Sortiment aufzunehmen und diese für zweihundert Dollar oder weniger zu verkaufen.

Der kommerzielle und industrielle Markt wird von Laser-Videodisc-Players dominiert, die von Magnavox und Pioneer hergestellt werden. Sie werden wegen ihrer hohen Klangtreue und ihrer „freeze-frame" (Stehbildtaste) trotz ihres hohen Preises bevorzugt. Für das VCP-System dürfte es nur geringe Einsatzmöglichkeiten auf dem kommerziellen und industriellen Sektor geben, da dieses eine weniger anspruchsvolle Technologie und eine geringere Übertragungsqualität bzw. weniger technischen Details bietet.

Der „Selectivision Videodisc"-Player von RCA, der die CED oder sogenannte „tongue-and-groove"-Technologie (ein mechanisches Abnehmersystem) verwendete, fand im Vergleich zu den Laser-Geräten im Industriegüter-Markt nur eine begrenzte Aufnahme. Im Konsumgütermarkt blieben die Umsätze von Selectivision weit hinter den Erwartungen des Unternehmens zurück. Deshalb wurde das Produkt nach dem Verkauf von 500.000 Geräten und einer Investition von über 580 Millionen Dollar vom Markt zurückgezogen und die Produktion gestoppt. Dieser Player wurde für ungefähr 400 Dollar verkauft. Unter den Gründen, die von Analytikern für die dürftigen Umsätze des Videodisc-Players von RCA verantwortlich gemacht werden, wurden sein – im Verhältnis zu den gebotenen Vorteilen und Funktionen und dem Mangel an guter Software – hoher Preis genannt. Hätte RCA die Produktion seines Videodisc-Players fortgesetzt, hätte dieser mit dem neuen Videokassetten-Recorder (VCP) konkurrieren müssen.

Informationsquellen aus der Industrie meinen, daß der VCP voraussichtlich um hundert Dollar billiger angeboten werden müßte als der VCR, der derzeit um weniger als 250 Dollar verkauft wird, um Umsätze realisieren zu können. Die Absatzförderung der VCR-Geräte erfolgte über eine aggressive Preispolitik. Preisvergleiche können jedoch wegen der breiten Palette von Produktmerkmalen und den Unterschieden bezüglich Reputation und Serviceunterstützung seitens der Händler und des Herstellers nur bedingt durchgeführt werden. Die Erfahrung, die RCA mit Videodisk-Geräten machen mußte, hat das Unternehmen bezüglich des Einstiegs in den VCP-Markt vorsichtig werden lassen. Als die Konkurrenten ihre VCP-Pläne ankündigten, ließ RCA wissen, daß es nicht die Absichten habe, ein VCP-Gerät zu vermarkten.

Ein Beobachter vertritt die Meinung: „Am Ende kann sich durchaus herausstellen, daß RCA die richtige Idee (nur Abspielen) und lediglich das falsche Produkt (Videodisc) hatte." Durch die Einführung einer VCP-Produktlinie würde RCA möglicherweise seine VCR-Umsätze verringern.

Sollte RCA zusätzlich zu seiner bestehenden VCR-Linie VCP-Geräte auf den Markt bringen? Wenn ja, welches sind Ihre Vorschläge bezüglich eines Marketing-Planes für VCR-Player und der Rolle, die RCA hinsichtlich der Software übernehmen sollte?

Teil 4
DIE ENTWICKLUNG DES MARKETING-MIX

Teil 4 dieses Buches beschreibt die wichtigsten Entscheidungen des Unternehmens bezüglich der einzelnen Instrumente des Marketing-Mix – Produkt, Preis, Verkauf (Plazierung) und Absatzförderung.

Charlie by Revlon, Inc. Jontue by Revlon, Inc.

9. KAPITEL

Produktentwicklung: Produkte, Marken, Verpackung und Kundendienst

LERNZIELE DIESES KAPITELS

Nachdem Sie dieses Kapitel gelesen haben, sollten Sie in der Lage sein,

1. den Begriff „Produkt“ sowie die wichtigsten Klassifizierungen von Konsumgütern und Industrieerzeugnissen zu erklären,
2. zu begründen, warum Unternehmen Marken benutzen und die wichtigsten Markenentscheidungen zu erkennen,
3. die Rolle der Produktverpackung sowie die der Produktkennzeichnung (Etikettierung) zu beschreiben,
4. die Entscheidungen zu erörtern, die von Unternehmen bei der Entwicklung von Produktlinien und Produkt-mixes getroffen werden.

Die Firma Revlon verkauft jedes Jahr für mehr als eine Milliarde Dollar Kosmetika, Toilettenartikel und Duftwässer an Konsumenten in der ganzen Welt. Ihre vielen erfolgreichen Parfumerzeugnisse machten die Firma Revlon zur Nummer 1 in dem populären Preissegment des 300-Milliarden-Dollar-Duftwassermarktes. Im Grunde genommen sind Revlon-Parfums nicht mehr als sorgfältige Mischungen aus Ölen und Chemikalien von angenehmem Geruch. Die Firma Revlon weiß jedoch, daß sie mehr als nur duftende Flüssigkeiten verkauft - nämlich die Wirkung des Duftwassers für die Frauen, die es verwenden.

Selbstverständlich trägt der Duft eines Parfums zu dessen Erfolg oder Scheitern am Markt bei. Parfum-Marketer stimmen dieser Erkenntnis zu mit den Worten: „No smell, no sell“ (Kein

Duft, kein Verkauf). Die meisten neuen Düfte werden von elitären Parfumeuren aus einem der ungefähr 50 Parfumhäuser entwickelt. Parfum wird von den Parfumhäusern in großen häßlichen Ölfässern versandt – das ist kaum der Stoff, aus dem die Träume sind. Ein Parfum zu 150 Dollar die Unze (= ca. 30 g) kostet in der Herstellung vielleicht nicht mehr als drei Dollar, aber für die Parfumverwender bedeutet das Produkt viel mehr als den Wert von einigen Dollar für Ingredenzien und Wohlgeruch.

Außer Zutaten und Duft machen noch andere Dinge den Reiz eines Parfums aus. Wenn Revlon ein neues Parfum kreiert, bildet in der Tat der Duft das letzte Element, das entwickelt wird. Zuerst untersucht die Firma Revlon die Gefühle der Frauen gegenüber sich selbst sowie deren Beziehungen zu anderen. Sie entwickelt und testet neue Parfum-Konzeptionen, die den veränderten Werten, Wünschen und Lebensstilen der Frauen entsprechen. Sobald Revlon ein erfolgversprechendes neues Konzept gefunden hat, wird ein dazu passender Duft kreiert.

Revlons Untersuchungen in den frühen siebziger Jahren ergaben, daß Frauen sich stärker in Konkurrenzbeziehungen zu Männern wähnten und bestrebt waren, ihre individuelle Identität zu finden. Für diese neue Frauengeneration der siebziger Jahre kreierte Revlon die Marke „Charlie“ – das erste der „live-style“-Parfums. Tausende von Frauen akzeptierten Charlie als kühnen Ausdruck von Unabhängigkeit. Diese Marke wurde bald zum meistverkauften Parfum der Welt.

In den späten siebziger Jahren zeigten Revlons Marktforschungen eine Veränderung in den Einstellungen der Frauen: „... die Frauen hatten den von Charlie signalisierten Gleichheitszustand erreicht. Nunmehr empfanden Frauen das Bedürfnis nach einem Ausdruck von Feminität.“ Revlon rückte Charlies Position vorsichtig ab vom „lifestyle“ und hin zu „femininity and romance“. Darüber hinaus führte Revlon „Jontue“-Parfum ein, positioniert als romantisches Thema.

Der Name eines Parfums bildet ein wichtiges Produkt-Merkmal. Revlon verwendet Namen wie Charlie, Fleurs de Jontue, Ciara und Scoundrel, um das Image zu schaffen, das die Positionierung der jeweiligen Parfummarke unterstützt. Wettbewerber offerieren Parfums mit Namen wie Obsession, Opium, Joy, White Linen, Youth Dew und L'Air du Temps. Die Namen suggerieren, daß Parfums mehr bewirken, als Sie nur besser duften zu lassen. Oscar de la Renta's Parfum „Ruffles“ begann seine Entwicklung mit einem Namen. Er wurde gewählt, weil er Images wie Extravaganz, Jugend, Zauber und Feminität vermittelte – alles abgestimmt auf den Zielmarkt junger, modebewußter Frauen. Erst später wurde ein Duft ausgewählt, der dem Namen „Ruffles" und seiner Positionierung gerecht wurde.

Revlon muß des weiteren seine Parfums sehr sorgfältig verpacken. Für die Konsumenten sind Flasche und Verpackung das sichtbare Symbol für das Parfum und dessen Image. Die Flaschen müssen komfortabel wirken und leicht zu handhaben sein. Außerdem müssen sie im Geschäft gut plaziert werden. Am wichtigsten ist, daß sie die Konzeption und das Image des Parfums unterstreichen.

Wenn also eine Frau Parfum kauft, so erwirbt sie viel, viel mehr als lediglich Duftwasser. Das Image des Parfums, seine Versprechungen, sein Duft, sein Name und seine Verpackung, das Unternehmen, das es herstellt, die Geschäfte, die es verkaufen – all das wird Bestandteil des Parfum-Gesamtproduktes. Wenn die Firma Revlon Parfum verkauft, dann verkauft sie eben mehr als nur das materielle Produkt – sie verkauft einen Lebensstil, Selbstverwirklichung sowie Exklusivität; ferner Leistung, Erfolg und gesellschaftlichen Status; Weiblichkeit, Romantik, Leidenschaft und Phantasie; Erinnerungen, Hoffnungen und Träume.[1]

Selbstverständlich ist Parfum mehr als lediglich Parfum, wenn Revlon es verkauft. Revlons großer Erfolg in der rauhen und turbulenten Duftwasserwelt resultiert aus der Entwicklung innovativer Produktkonzepte. Ein wirksames Produktkonzept bildet die erste Planungsstufe des Marketing-Mix.

Das vorliegende Kapitel beginnt mit der Frage: „Was ist ein Produkt?" Wir werden anschließend Möglichkeiten diskutieren, Produkte in Konsumenten- und Industriegüter-Märkten zu klassifizieren und nach Zusammenhängen zwischen Produkttypen und Marketing-Strategien suchen. Als nächstes werden wir erkennen, daß mit jedem Produkt außer dem Basisentwurf zahlreiche andere Entscheidungen verbunden sind, wie z. B. die Auswahl der Marke, der Verpackung und des Aufdruckes sowie das Anbieten verschiedener Kundendienstleistungen. Schließlich wollen wir von Entscheidungen bezüglich einzelner Produkte zu Entscheidungen hinsichtlich des Aufbaus von Produktlinien und der Gestaltung von Produktmixes gelangen.

WAS IST EIN PRODUKT?

Ein Wilson-Tennisschläger, ein Vidal-Sassoon-Haarschnitt, ein Bruce-Springsteen-Konzert, ein Hawaii-Urlaub, ein Zwei-Tonnen-Sattelschlepper, Head-Schier sowie ein Telefonbeantwortungs-Service, das alles sind Produkte. Wir definieren den Begriff „Produkt" wie folgt:

Ein Produkt ist alles, was einem Markt zwecks Erlangung von Aufmerksamkeit, zum Erwerb, zum Gebrauch oder Verbrauch angeboten werden kann und geeignet ist, Wünsche oder Bedürfnisse zu befriedigen. Es umfaßt konkrete Objekte, Dienstleistungen, Personen, Orte, Organisationen und Ideen.[2]

Für Produktplaner ist es erforderlich, bezüglich eines Produktes auf drei Ebenen zu denken. Die Basis-Ebene besteht aus dem Kernprodukt; hier wird die Frage beantwortet: Was erwirbt der Käufer tatsächlich? Jedes Produkt stellt in der Tat ein Paket von Problemlösungen dar. Eine Frau, die einen Lippenstift ersteht, kauft mehr als Lippenfarbe.

Charles Revson von der Firma Revlon erkannte das schon früh: „In der Fabrik stellen wir Kosmetikprodukte her, im Geschäft verkaufen wir Hoffnung." Theodore Levitt betonte, daß Käufer „nicht einen Viertel-Zoll-Bohrer erwerben; sie kaufen Viertel-Zoll-Löcher". Der Starverkäufer Elmer Wheeler würde sagen: „Verkaufe nicht das Steak, verkaufe das Brutzeln."

Aufgabe der Marketer ist es, die Bedürfnisse aufzuspüren, die in jedem Produkt verborgen sind und Vorteile statt Eigenschaften zu verkaufen. Das Kernprodukt bildet das Zentrum des Gesamtproduktes, wie aus Abbildung 9-1 zu ersehen ist.

ABBILDUNG 9-1
Die drei Ebenen des Produkts

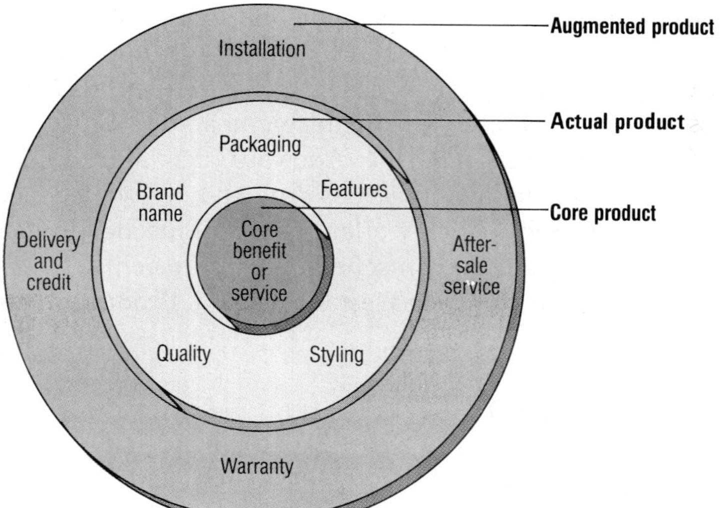

FIGURE 9-1
Three Levels of Product

Der Produktplaner hat das Kernprodukt in das konkrete Produkt umzuwandeln. Parfum, Computer und politische Kandidaten sind konkrete Produkte. Konkrete Produkte weisen mindestens fünf Merkmale auf: ein Qualitätsniveau, Eigenschaften, Styling, einen Markennamen und die Verpackung.

Schließlich könnte der Produktplaner zusätzliche Serviceleistungen und Vorteile anbieten, die dann das erweiterte Produkt bilden. Der Erfolg von IBM ist teilweise auf die geschickte Ausweitung seines konkreten Produktes – des Computers – zurückzuführen. Während seine Konkurrenten den Käufern eifrig Produkteigenschaften verkauften, erkannte IBM, daß die Kunden nicht Geräte sondern Problemlösungen wollten. Die Kunden wünschten eine Bedienungsanleitung, vorgefertigte Software-Programme, Programmierdienste, prompten Reparaturservice und Garantien. IBM verkaufte ein komplettes System und nicht lediglich einen Computer.

Eine Produkterweiterung veranlaßt den Marketer, das gesamte Konsumsystem des Käufers in Betracht zu ziehen. Auf diese Weise wird der Marketer viele Möglichkeiten finden, sein Angebot zu erweitern und es konkurrenzfähiger zu gestalten. Levitt zufolge

> *„wird der neue Wettbewerb nicht zwischen den Produkten ausgetragen, die die Unternehmen in ihren Fabriken herstellen, sondern zwischen dem, was sie ihren Erzeugnissen in Form von Verpackung, Kundendienst, Werbung, Kundenbetreuung, Finanzierung, Lieferservice, Lagerhaltung und anderen Dingen, die von den Leuten geschätzt werden, hinzufügen.*[3]

Ein Produkt ist somit mehr als eine bloße Zusammenfassung greifbarer Merkmale. Tatsächlich haben einige Produkte – wie z. B. ein Haarschnitt oder ein Doktoratsexamen – keine faßbaren Eigenschaften. Konsumenten betrachten Produkte als komplexe Bündel von Vorteilen, die ihre Bedürfnisse befriedigen. Bei der Entwicklung von Produkten müssen Marketer als erstes die Grundbedürfnisse der Kunden herausfinden, die mit dem Produkt befriedigt werden. Anschließend müssen sie das konkrete Produkt gestalten und erweitern, um jenes Bündel von Vorteilen zu schaffen, das die Konsumenten am besten zufriedenstellt.

PRODUKTKLASSIFIZIERUNGEN

Auf der Suche nach Marketing-Strategien für individuelle Produkte haben Marketer verschiedene Produktklassifizierungssysteme entwickelt, die auf Produkteigenschaften basieren.

Langlebige und kurzlebige Wirtschaftsgüter sowie Dienstleistungen

Produkte können hinsichtlich ihrer Dauerhaftigkeit oder Greifbarkeit in drei Gruppen klassifiziert werden.[4]

Kurzlebige Wirtschaftsgüter sind greifbare Waren, die üblicherweise anläßlich einer oder weniger Konsumgelegenheiten verbraucht werden. Beispiele hierfür sind Bier, Seife und Salz.

Langlebige Wirtschaftsgüter sind greifbare Produkte, die üblicherweise oftmalige Verwendungsanlässe überstehen. Beispiele hierfür sind Kühlschränke, Werkzeugmaschinen und Kleidung.

Dienstleistungen sind Aktivitäten, Vorteile oder Befriedigungswerte, die gegen Entgelt angeboten werden. Beispiele hierfür sind Haarschnitte und Reparaturen. (Wegen der zunehmenden Bedeutung von Dienstleistungen in unserer Gesellschaft wird in Kapitel 19 näher auf sie eingegangen.)

Klassifizierung von Konsumartikeln

Konsumartikel sind jene Waren, die von Letztverbrauchern für deren persönlichen Konsum gekauft werden. Üblicherweise klassifizieren Marketer diese Waren aufgrund von Einkaufsgewohnheiten der Konsumenten. Es kann unterschieden werden zwischen Gewohnheitsartikeln (convenience goods), bewußt ausgewählten Waren (shopping goods), Spezialerzeugnissen sowie nicht gefragte Waren (unsought goods)[5] (siehe Abbildung 9-2).

Gewohnheitsartikel sind Konsumgüter, die der Konsument üblicherweise häufig, unverzüglich und mit minimalem Vergleichs- und Einkaufsaufwand erwirbt. Beispiele hierfür sind Tabakwaren, Seife und Zeitungen.

Gewohnheitsartikel können unterteilt werden in Waren des täglichen Bedarfs, in Impulsprodukte sowie in Gegenstände für den Notfall. Waren des täglichen Bedarfs sind Artikel, die Konsumenten regelmäßig kaufen, wie z. B. Heinz Ketchup, Crest Zahnpasta oder Ritz Crackers. Impulsprodukte werden ohne irgendeinen Planungs- oder Suchaufwand gekauft. Diese Waren werden üblicherweise an vielen Orten verfügbar gehalten, weil die Konsumenten sich nur selten die Mühe machen, nach ihnen Ausschau zu halten. Deshalb werden Schokoriegel und Zeitschriften in der Nähe von Ausgängen plaziert, weil die Käufer andernfalls nicht daran denken würden sie zu kaufen. Gegenstände für den Notfall werden anläßlich eines dringenden Bedarfs gekauft – Schirme während eines Regengusses, Stiefel und Schaufeln zur Zeit des ersten Schneesturms. Hersteller von Gegenständen für den Notfall plazieren diese in vielen Geschäften, um zu

ABBILDUNG 9-2
Klassifizierung von Konsumartikeln

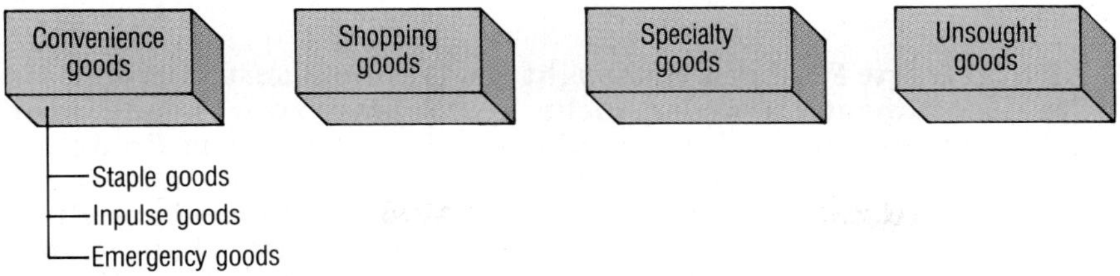

FIGURE 9-2
Classification of Consumer Goods

vermeiden, die Umsätze zu verlieren, wenn der Kunde diese Gegenstände benötigt.

> **Bewußt ausgewählte Waren (shopping goods) sind Konsumartikel, die der Kunde üblicherweise in einem Auswahl- und Kaufprozeß hinsichtlich Eignung, Qualität, Preis und Mode vergleicht. Beispiele hierfür sind Möbel, Kleidung, gebrauchte Autos und wichtige Haushaltsgeräte.**

Shopping goods können in gleichartige und ungleichartige Erzeugnisse unterteilt werden. Der Käufer erachtet gleichartige Produkte als ähnlich in der Qualität, jedoch unterschiedlich im Preis, so daß ein Vergleich während des Einkaufens gerechtfertigt erscheint. Der Verkäufer hat den Preis gegenüber dem Käufer zu begründen. Beim Kauf von Kleidung, Möbeln und anderen ungleichartigen Artikeln sind die Produkteigenschaften für den Konsumenten oft wichtiger als der Preis. Wenn ein Käufer einen neuen Anzug wünscht, sind der Schnitt, die Paßform und das Aussehen wahrscheinlich wichtiger als kleine Preisunterschiede. Der Verkäufer ungleichartiger shopping goods muß deshalb ein breites Sortiment führen, um individuelle Geschmacksrichtungen befriedigen zu können, sowie über gut ausgebildetes Verkaufspersonal verfügen, um den Kunden beraten zu können.

> **Spezialerzeugnisse sind Konsumartikel mit einzigartigen Merkmalen oder Marken-Identifikationen, für die eine signifikante Gruppe von Käufern bereit ist, besondere Einkaufsanstrengungen auf sich zu nehmen. Beispiele hierfür sind spezielle Marken und bestimmte Arten von Modeartikeln, Autos, Stereoanlagen, Fotoausrüstungen und Herrenanzüge.**

Ein Mercedes beispielsweise ist ein Spezialerzeugnis, weil die Käufer bereit sind, für diesen Kauf weite Entfernungen auf sich zu nehmen. Käufer vergleichen Spezialprodukte nicht. Sie investieren lediglich Zeit, um jene Händler ausfindig zu machen, die die gewünschten Produkte führen. Die Händler benötigen keine bequem zu erreichenden Verkaufslokale, aber sie müssen die Käufer wissen lassen, wo sie sich befinden.

Nicht gefragte Produkte (unsought goods) sind Konsumartikel, die der Konsument entweder nicht kennt oder zwar kennt, aber normalerweise nicht daran denkt, sie zu kaufen. Neue Produkte, wie z. B. Rauchdetektoren und Compact-Disc-Players, sind solange ungefragte Artikel, bis sich der Käufer durch die Werbung ihrer bewußt geworden ist. Die klassischen Beispiele für bekannte aber nicht gesuchte Artikel sind Lebensversicherungen und Enzyklopädien.

Aufgrund ihrer besonderen Eigenart erfordern nicht gefragte Produkte einen großen Werbeaufwand, persönlichen Verkauf und andere Marketing-Bemühungen. Durch die Herausforderung, nicht gefragte Artikel zu verkaufen, wurden einige der modernsten Verkaufsmethoden entwickelt.

Klassifizierung von Investitionsgütern

Investitionsgüter sind jene Produkte, die von Einzelpersonen und Organisationen zum Zwecke der Weiterverarbeitung oder zur Durchführung eines Geschäftes erworben werden. Die Unterscheidung zwischen einem Konsumartikel und einem Investitionsgut richtet sich somit nach dem Zweck, für den das Produkt erworben wird. Falls ein Konsument einen Rasenmäher für den Hausgebrauch kauft, ist dieser Rasenmäher ein Konsumartikel. Wenn der gleiche Konsument denselben Rasenmäher kauft, um ihn für landwirtschaftliche Zwecke einzusetzen, dann ist der Rasenmäher ein Investitionsgut.

Investitionsgüter können danach klassifiziert werden, wie sie in den Produktionsprozeß eingehen, und nach ihren Kosten. Es gibt im wesentlichen drei Gruppen: Materialien und Einzelteile, Kapitalgüter sowie Hilfs- und Betriebsstoffe und kommerzielle Serviceleistungen (siehe Abbildung 9-3).

FIGURE 9-3
Classification of Industrial Goods

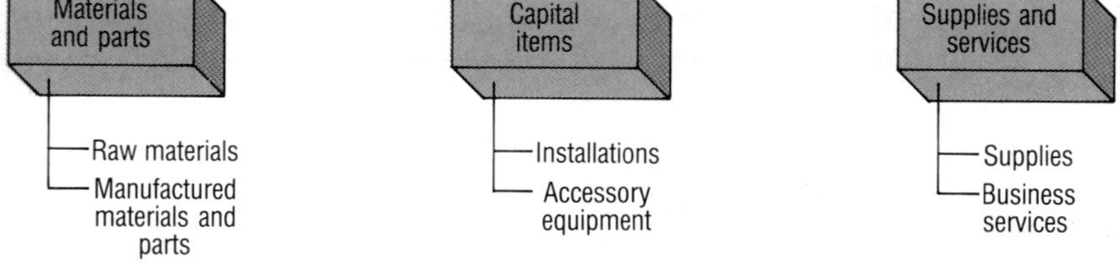

ABBILDUNG 9-3
Klassifizierung von Investitionsgütern

Materialien und Einzelteile sind Investitionsgüter, die vollständig in das Produkt des Herstellers eingehen. Sie zerfallen in zwei Klassen: in Rohstoffe sowie in verarbeitete Materialien und Einzelteile.

Rohstoffe umfassen landwirtschaftliche Produkte (Weizen, Baumwolle, Vieh, Früchte und Gemüse) und Naturprodukte (Fisch, Nutzholz, Rohöl und Eisenerz). Jedes dieser Produkte wird ziemlich unterschiedlich vermarktet. Landwirtschaftliche Produkte werden von zahlreichen kleinen Produzenten geliefert, die diese Marketing-Mittlern zur Bearbeitung und zum Verkauf überlassen. Für sie wird kaum Werbung oder Verkaufsförderung betrieben; allerdings gibt es einige Ausnahmen: Von Zeit zu Zeit führen Gruppen von Bauern Kampagnen durch, um den Absatz für ihre Produkte zu fördern – wie z. B. für Kartoffeln, Pflaumen oder Milch. Einige Produzenten versehen ihre Produkte sogar mit Markennamen – wie z. B. Sunkist-Orangen und Chiquita-Bananen.

Die Liefermöglichkeiten von Naturprodukten sind begrenzt. Sie zeichnen sich üblicherweise durch ein großes Volumen und geringe Werte pro Einheit aus und erfordern einen hohen Transportaufwand, um sie vom Produzenten zum Verwender zu bringen. Es gibt einige wenige größere Hersteller, die dazu tendieren, diese Produkte direkt bei industriellen Verwendern zu vermarkten. Die Verwender sind von diesen Produkten abhängig. Deshalb sind langfristige Lieferverträge sehr gebräuchlich. Die Homogenität der Naturprodukte setzt allen bedarfsfördernden Maßnahmen Grenzen. Preis und Liefermöglichkeiten sind die wichtigsten Kriterien für die Auswahl der Lieferanten.

Verarbeitete Materialien und Einzelteile umfassen das für die Fertigung erforderliche Material (Eisen, Garn, Zement, Draht) und Bestand- bzw. Bauteile (kleine Motoren, Reifen und Gußstücke). Die für die Herstellung benötigten Materialien (component materials) werden generell weiterverarbeitet – so wird z. B. Roheisen in Stahl umgewandelt und Garn zu Kleidungsstücken verwebt. Die gleichartige Beschaffenheit des Produktionsmaterials bedeutet, daß im allgemeinen der Preis und die Lieferzuverlässigkeit die wichtigsten Einkaufsfaktoren bilden. Die für die Herstellung benötigten Bestand- bzw. Bauteile (component parts) gehen ohne Veränderung in das fertige Produkt ein; so werden z. B. kleine Motoren in Staubsauger eingebaut und Autos mit Reifen ausgerüstet. Die meisten Produktionsmaterialien und Teile werden direkt an industrielle Verwender verkauft. Preis und Kundendienst stellen die wichtigsten Marketing-Faktoren dar, Markenpolitik und Werbung sind tendenziell von geringerer Bedeutung.

Kapitalgüter sind Investitionsgüter, die teilweise in das Fertigprodukt eingehen.* Sie umfassen zwei Gruppen: Anlagen und Zusatzausstattung.

* In Höhe ihrer anteiligen Abschreibung

Anlagen bestehen aus Gebäuden (Fabriken und Büros) und fest montierten Ausrüstungsgegenständen (Generatoren, Pressen, Computer und Aufzüge). Anlagen sind wichtige Einkäufe. Sie werden üblicherweise nach einem langen Entscheidungszeitraum direkt vom Hersteller gekauft. Die Produzenten arbeiten mit einem hochspezialisierten Außendienst, zu dem oft auch Verkaufsingenieure gehören. Die Hersteller müssen bereit sein, Spezifikationen zu entwickeln und Kundendienst auch nach dem Kaufabschluß zu gewährleisten. Werbung wird eingesetzt, doch ist diese erheblich weniger wichtig als der persönliche Verkauf.

Die Zusatzausstattung umfaßt die bewegliche Betriebsausstattung und Werkzeuge (Handwerkzeug und Gabelstapler) sowie Büro- und Geschäftsausstattung (Schreibmaschinen und Tische). Diese Gegenstände werden nicht Bestandteil des Endprodukts, sie unterstützen lediglich den Produktionsprozeß. Sie haben eine kürzere Lebensdauer als die Anlagen, aber eine längere als die Betriebsstoffe. Da der Markt geographisch weit gestreut ist, zahlreiche Käufer aufweist und die Aufträge generell klein sind, schalten die meisten Verkäufer von beweglicher Zusatzausstattung Zwischenhändler ein. Qualität, Produktmerkmale, Preis und Kundendienst sind wichtige Kriterien für die Lieferantenauswahl. Der Verkaufsaußendienst ist tendenziell wichtiger als die Werbung, obwohl diese wirkungsvoll eingesetzt werden kann.

Hilfs- und Betriebsstoffe sowie kommerzielle Serviceleistungen sind Investitionsgüter, die keinen Eingang in das Fertigprodukt finden.

Hilfs- und Betriebsstoffe umfassen Betriebsmittel – Schmieröle, Kohle, Schreibmaschinenpapier und Bleistifte – sowie Wartungs- und Reparaturgegenstände – Farbe, Nägel, Besen. Hilfs- und Betriebsstoffe sind die Gewohnheitsartikel des Investitionsgütermarktes, weil sie meist mit minimalen Anstrengungs- und Vergleichsaufwand beschafft werden. Sie werden normalerweise über Wiederverkäufer vertrieben, da der Wert der einzelnen Produkteinheit gering ist und die Vielzahl der Kunden über das ganze Land verteilt ist. Preis und Service sind wichtige Faktoren, da die Lieferanten sehr ähnlich sind und die Markenpräferenz nicht hoch ist.

Gewerbliche Dienstleistungen (business services) umfassen Wartungs- und Reparaturdienste – Fensterreinigung, Schreibmaschinenreparatur – sowie Unternehmensberatung – Rechts-, Management- und Werbeberatung. Diese Dienstleistungen werden in der Regel auf Vertragsbasis zur Verfügung gestellt. Wartungsdienste werden oft von kleinen Produzenten erbracht, und Reparaturdienste werden häufig von den Herstellern der Originalausstattung angeboten. Unternehmensberatungsleistungen stellen üblicherweise Einkaufssituationen für neue Aufgaben dar. Der gewerbliche Abnehmer wird den „Lieferanten“ dieser Dienstleistung nach dessen Reputation und Personal auswählen.

Wir sehen somit, daß die Produktcharakteristiken einen wesentlichen Einfluß auf die Marketing-Strategie ausüben. Gleichzeitig wird die Marketing-Strategie auch von Faktoren abhängen, wie z. B. der Stufe des Produktes in seinem Lebenszyklus, der Anzahl der Wettbewerber, dem Grad der Marktsegmentierung sowie von der allgemeinen Wirtschaftslage.

MARKENENTSCHEIDUNGEN

Für die Konsumenten ist eine Marke ein wichtiger Teil des Produktes, und die Schaffung einer Marke kann den Wert eines Produktes erhöhen. So halten beispielsweise die meisten Konsumenten eine Flasche Chanel No. 5 für ein qualitativ hochwertiges, teures Produkt. Jedoch würde dasselbe Parfum in einer unmarkierten Flasche als qualitativ geringer erachtet werden, obwohl der Duft identisch ist. Markenentscheidungen sind also ein wichtiger Bestandteil der Produktstrategie.

Zuerst sollten wir jedoch mit der Terminologie der Markenbildung vertraut werden. Hierzu einige Schlüsselbegriffe:[6]

Marke (Brand): Ein Name, Ausdruck, Zeichen, Symbol oder Design oder eine Kombination davon, bestimmt zur Identifizierung der Güter oder Dienstleistungen eines Anbieters oder einer Gruppe von Verkäufern sowie zu deren Differenzierung gegenüber jenen der Wettbewerber.

Markenname (Brand name): Jener Teil einer Marke, der vokalisiert werden kann – der sprachlich ausdrückbare. Beispiele hierfür sind: Avon, Chevrolet, Disneyland, American Express sowie UCLA.

Markenzeichen (Brand mark): Jener Teil einer Marke, der erkannt, aber sprachlich nicht ausgedrückt werden kann, wie z. B. ein Symbol, ein Design oder eine bestimmte Farbkombination oder Schreibweise. Beispiele hierfür sind das Playboy-Häschen und der Metro-Goldwyn-Mayer-Löwe.

Warenzeichen/Handelsmarke (Trademark): Eine gesetzlich geschützte Marke oder ein Teil einer Marke – sie schützt das Exklusiv-Recht des Anbieters, den Markennamen oder das Markenzeichen zu benutzen.

Urheberrecht (Copyright): Das exklusive subjektive Recht, Inhalt und Form literarischer, musikalischer oder künstlerischer Werke zu reproduzieren, zu veröffentlichen und zu verkaufen.

Die Festlegung von Marken und Markenzeichen stellt den Marketer vor schwierige Entscheidungen. Die Grundsatzentscheidungen werden in der Abbildung 9-4 gezeigt und anschließend erläutert.

ABBILDUNG 9-4
Übersicht über Entscheidungen bezüglich der Markenzeichenpolitik

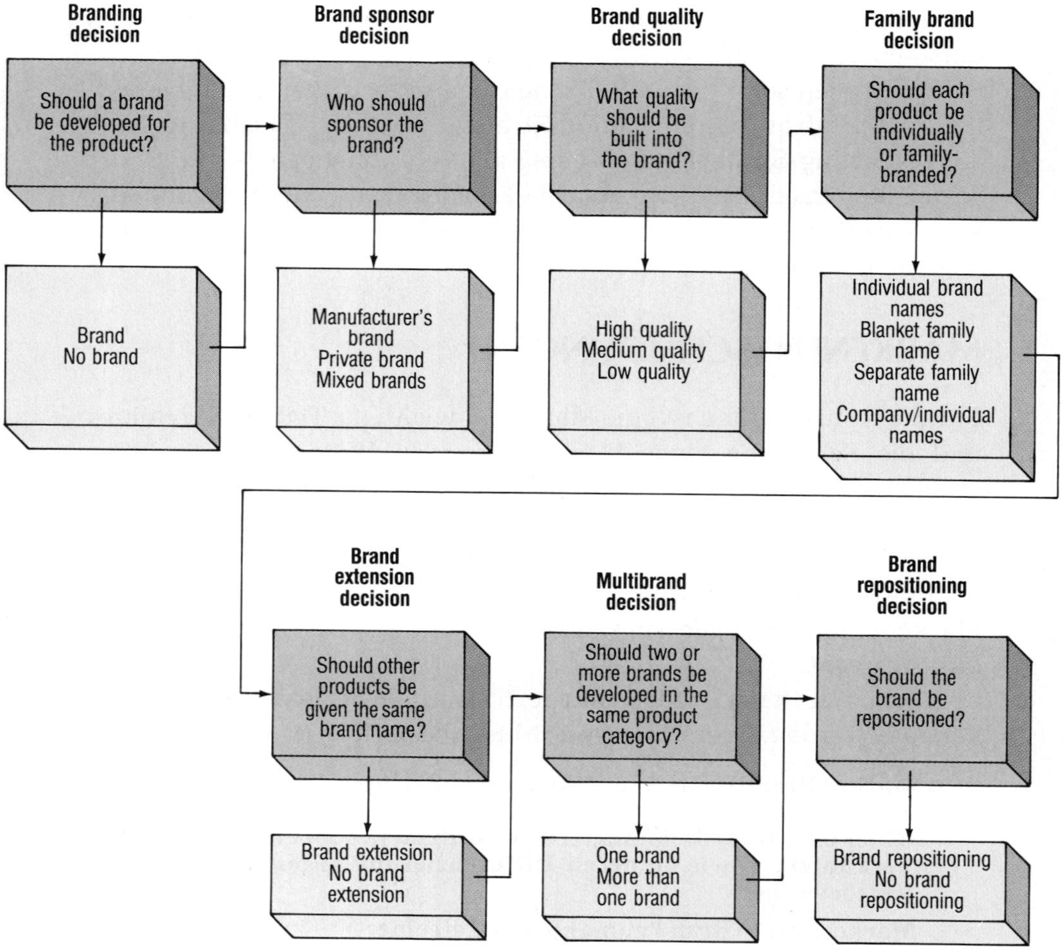

FIGURE 9-4
An Overview of Branding Decisions

Entscheidung der Markenbildung

Als erstes hat ein Unternehmen zu entscheiden, ob es ein Produkt mit einem Markennamen versehen sollte. Früher wurden die meisten Produkte ohne Markenzeichen und Markennamen angeboten. Produzenten und Händler verkauften ihre Waren ohne Kennzeichnung des Herstellers direkt aus Fässern, Behältern und Kisten. Die eigentliche Entwicklung der Markenbildung erfolgte nach dem Sezessionskrieg mit dem Heranwachsen von Unternehmen und Werbemedien von nationaler Bedeutung. Einige der ersten Marken haben bis heute überlebt, wie z. B. Borden's Condensed Milk, Quaker Oats, Vaseline und Ivory Soap.

Die Markenbildung hat derart an Bedeutung gewonnen, daß heute kaum etwas ohne Markenzeichen vertrieben wird. Salz wird in Behältern mit Markennamen verpackt, Orangen werden mit dem Namen des Züchters gestempelt, gewöhnliche Muttern und Bolzen werden verpackt und mit einem Etikett des Händlers versehen und Autoteile – Zündkerzen, Reifen, Filter – tragen Namen, die nicht mit dem des Fahrzeugherstellers identisch sind.

Vor kurzem erfolgte bei bestimmten Konsumartikeln eine Rückkehr zum „no branding" – zu markenloser Ware. Diese „generics" – markenlose Erzeugnisse – sind einfach verpackt und tragen keinen Herstellernamen (vergleiche hierzu Beispiel 9-1). Die den Generics zugrunde liegende Absicht besteht darin, durch Einsparung von Verpackung und Werbung die Kosten für den Konsumenten zu senken. Die Streitfrage um Markenartikel oder markenlose Ware ist daher derzeit sehr aktuell.

Diese Entwicklung wirft folgende Fragen auf: Warum steht die Markenbildung an erster Stelle? Wem nützt sie? Inwiefern nützt sie? Zu welchen Kosten?.

Die Markenbildung hilft dem Käufer in vieler Hinsicht. Markennamen sagen ihm etwas über die Produktqualität. Käufer, die immer dieselbe Marke erwerben, wissen, daß sie bei jedem Einkauf die gleiche Qualität erhalten. Markennamen erhöhen auch die Einkaufseffizienz des Kunden. Man stelle sich einen Käufer vor, der in einen Supermarkt geht und dort Tausende nicht etikettierter Produkte vorfindet. Schließlich helfen Markennamen, die Aufmerksamkeit des Konsumenten auf neue Produkte zu lenken, die von Nutzen für ihn sein könnten. Marken bilden die Basis, auf der die gesamte Story eines neuen Produktes bezüglich seiner besonderen Qualitätsmerkmale aufgebaut werden kann.

Die Markenbildung bietet auch dem Verkäufer verschiedene Vorteile. Der Markenname erleichtert es ihm, Aufträge abzuwickeln und Probleme auszuschalten; so erhält beispielsweise Anheuser-Busch eine Bestellung für 100 Kisten Michelob-Bier anstatt einen Auftrag über „einige Kisten von ihrem besseren Bier". Markenname und Handelsmarke gewähren dem Verkäufer gesetzlichen Schutz für einzigartige Produkteigenschaften, die andernfalls von Konkurrenten kopiert würden. Die Markenbildung ermöglicht es dem Verkäufer, einen treuen und gewinnbringenden Kundenstock anzuziehen. Die Schaffung von Marken hilft dem Anbieter, Märkte zu segmentieren – Procter & Gamble kann zehn verschiedene Waschmittelmarken offerieren und nicht lediglich ein allgemeines Produkt für alle Kunden.

Die Markenbildung nützt der Gesellschaft als Ganzes. Jene, die die Markenbildung favorisieren, weisen darauf hin, daß sie zu höherer und

BEISPIEL 9-1

Markenlose Produkte (generics): Das Wachstum markenloser, schlicht verpackter Produkte

Im Jahre 1978 erschienen die ersten „generischen" Produkte in den Regalen von Drugstores und Supermärkten, und ihre Umsätze wuchsen schnell. Generics sind markenlose, einfach verpackte, preiswertere Ausführungen gängiger Produkte, wie z. B. Spaghetti, Papierhandtücher und Dosenpfirsiche. Sie bieten Preise, die bis zu 40 Prozent unter denen überregionaler Marken liegen. Der günstige Preis wird durch Bestandteile von geringerer Qualität, durch kostengünstigere Verpackung und geringeren Werbeaufwand ermöglicht.

Die Generics lösten bei den Herstellern von Markenwaren Überraschungen aus. Im Jahre 1982 führten nahezu 80 Prozent aller Supermärkte Generics, und die Konsumenten konnten in drei von vier Produktkategorien markenlose Produkte kaufen.

Die Preisersparnisse bei Generics üben auf die Konsumenten eine starke Anziehungskraft aus, doch bleibt die Produktqualität nach wie vor ein wichtiger Faktor in ihren Einkaufsentscheidungen. Generics wurden in jenen Produktgruppen besser verkauft, in denen die Konsumenten weniger auf Qualität achten oder wo zwischen Generics und überregionalen Marken nur geringe Qualitätsunterschiede erkennbar sind. Produktbereiche wie Papierwaren, Tiefkühlkost, Erdnußbutter, Gemüsekonserven und Hundefutter wurden durch die Generics am härtesten getroffen. Weniger Erfolg war den Generics in Bereichen wie der Gesundheits- und Schönheitspflege beschieden; dort sind die Konsumenten weniger geneigt, Qualität gegen Preisvorteile einzutauschen.

Es scheint, daß die Generics im Jahre 1982 ihren Höhepunkt erreicht haben. Seit dieser Zeit ist ihr Marktanteil leicht gesunken. Der Rückgang ist teilweise auch auf eine Verbesserung der allgemeinen Wirtschaftslage zurückzuführen – den Konsumenten steht heute mehr Einkommen zur Verfügung als in den späten siebziger und frühen achtziger Jahren, in denen die Generics ihren Aufschwung nahmen. Des weiteren resultiert dieser Abwärtstrend auch aus den besseren Marketing-Strategien der Hersteller von Markenartikeln. Diese Marketer haben auf die Generics mit einer stärkeren Betonung des Markenimages und der Qualität geantwortet. Ralston-Purina beispielsweise verbesserte seine Qualität, anstatt die Preise zu reduzieren, als es von Generic-Tiernahrung bedroht wurde, und sprach besonders Haustierbesitzer an, die sich stark mit ihren „Lieblingen" identifizierten und in erster Linie auf Qualität achteten. Kraft begegnete der Generics-Bedrohung mit Werbeaktionen, die Geschmackstests zeigten, bei denen Kunden den Geschmack von Kraft-Makkaroni und -Käse dem Generic-Erzeugnis gegenüber bevorzugten.

Eine andere Marketing-Strategie besteht darin, die Kosten zu senken und die Einsparungen an die Konsumenten in Form niedrigerer Preise oder höherem Gegenwert weiterzugeben. Denkbar ist auch, daß ein Markenartikelhersteller eine niedrigere Qualität einführt und somit billigere Produkte anbietet, die erfolgreich mit markenlosen Erzeugnissen konkurrieren können. Procter & Gamble brachte beispielsweise die Banner-Papierprodukte auf den Markt. Obwohl diese Produktlinie von geringerer Qualität war als andere Procter & Gamble-Marken, bot sie eine höhere Qualität als die der Generics zu einem konkurrenzfähigen Preis.

Die Marketer von Markennamen müssen die Konsumenten davon überzeugen, daß die höhere Qualität ihrer Produkte die Mehrausgaben wert ist. Markenprodukte, die einen großen Qualitätsunterschied zu den Generics aufzuweisen haben, werden von ihnen kaum betroffen. Am stärksten bedroht sind schwache überregionale Marken sowie jene, die in Niedrigpreisgeschäften geführt werden und nur eine geringfügig höhere Qualität bieten. Warum für einen Markenartikel 20 bis 40 Prozent mehr bezahlen, wenn dessen Qualität nicht wesentlich von der seines markenlosen Verwandten abweicht?

Quellen: Martha R. McEnally und Jon M. Hawes, „The Market for Generic Brand Grocery Products: A Review and Extension," Journal of Marketing, Winter 1984, S. 75–83; Jill Andresky Fraser, „Marketing: Generics Getting Back to Brands," Madison Avenue, Februar 1984, S. 52–58; und Amy Dunkin, „No-Frills Products: An Idea Whose Time Has Gone," Business Week, 17. Juni 1985, S. 64–65.

gleichbleibender Produktqualität führt. Darüber hinaus erhöht sie die Innovation innerhalb der Gesellschaft, da sie Produzenten einen Anreiz vermittelt, nach neuen Merkmalen Ausschau zu halten, die gegenüber nachahmenden Wettbewerbern geschützt werden können. Somit wird mit der Markenbildung eine größere Produktvielfalt und Auswahl für den Konsumenten erreicht. Schließlich erhöht die Markenbildung die Einkaufseffizienz des Kunden, denn sie vermittelt mehr Informationen über Produkte und darüber, wo diese zu finden sind. Obwohl die Markenbildung in einigen Fällen übertrieben werden kann, erhöht sie zweifellos den Wert für die Konsumenten und die Gesellschaft.

Bekannte Marken bieten Konsumenteninformationen und erleichtern das Wiedererkennen von Produkten. Mit freundlicher Genehmigung der Universität von Nord Carolina

Markeneigner-(Sponsor-)Entscheidung

Bei der Entscheidung, ein Produkt mit einer Marke zu versehen, verfügt der Hersteller über drei Optionen: Das Produkt kann als Hersteller-Marke (manufacturer's brand) – auch überregionale Marke genannt (national brand) – eingeführt werden. Der Hersteller könnte das Produkt aber auch an Zwischenhändler verkaufen, die es mit einer Hausmarke (privat brand) – auch Händlermarke genannt (middlemen brand, distributor brand oder dealer brand) – versehen. Denkbar ist ferner, daß der Hersteller einen Teil des Ausstoßes unter seinem eigenen Markennamen und einen anderen unter Händleretiketten vertreibt. Kellog's und IBM verkaufen nahezu ihre gesamte Produktion über ihren eigenen Markennamen. Warwick Electronics wiederum vertreibt nahezu seine gesamte Ausbringungsmenge unter verschiedenen Handelsmarken wie z. B. Sears. Whirlpool verkauft seinen Output sowohl unter eigenem Namen als auch unter Verteilermarken.

Herstellermarken haben die amerikanische Szene über mehrere Generationen beherrscht. Zu denken ist an bekannte Marken wie z. B. Campbell's Suppen und Heinz Ketchup.

Während die meisten Hersteller ihre eigenen Markennamen kreieren, leihen sich einige von ihnen bekannte Markennamen aus und zahlen für die Benutzung des Namens eine „Lizenzgebühr" (royalty) (siehe hierzu Beispiel 9-2).

In der letzten Zeit jedoch haben die meisten großen Einzel- und Großhändler ihre eigenen Marken entwickelt. Die Handelsmarken-Reifen von Sears und J. C. Penney sind heute genauso bekannt wie die Herstellermarken Goodyear, Goodrich und Firestone. Sears hat verschiedene Marken geschaffen – Diehard Batterien, Craftsman Werkzeuge, Kenmore Haushaltsgeräte –, nach denen Käufer Ausschau halten und fragen. Eine zunehmende Zahl von Warenhäusern, Supermärkten, Tankstellen, Bekleidungshäusern, Drugstores und Haushaltsgerätehändlern führen Eigen- bzw. Handelsmarken ein.

Handelsmarken sind schwer durchsetzbar sowie teuer in der Lagerhaltung und Absatzförderung. Dennoch werden sie von Händlern entwickelt, da sie durchaus gewinnbringend sein können. Zwischenhändler können oft Hersteller mit Überkapazitäten ausfindig machen, die bereit sind, die Händlermarke zu niedrigen Kosten herzustellen, was für diese wiederum zu höheren Gewinnspannen führt. Handelsmarken geben den Zwischenhändlern auch exklusive Produkte an die Hand, die nicht bei den Konkurrenten gekauft werden können, was zu einem höheren Lagerumschlag und zur festeren Kundenbindung führt. Wenn beispielsweise K mart Canon-Kameras werblich unterstützt, werden andere Geschäfte, die Canon führen,

BEISPIEL 9-2
Die Vergabe von Lizenzen für Markennamen gegen Lizenzgebühr (Royalties)

Ein Hersteller oder Einzelhändler würde Jahre benötigen und Millionen ausgeben müssen, um bei Konsumenten Präferenzen für einen neuen Markennamen aufzubauen. Er könnte aber auch Namen „mieten", die bereits anziehend auf Konsumenten wirken. Zu denken wäre beispielsweise an Namen oder Symbole, die von anderen Herstellern kreiert worden sind, sowie an Namen bekannter Personen oder Charaktäre aus bekannten Filmen und Büchern – gegen eine Gebühr; jede dieser Möglichkeiten kann einem Produkt einen vorhandenen und erprobten Markennamen geben.

Die Vergabe von Namen und Charaktären gegen Lizenzgebühr ist in den letzten Jahren ein großes Geschäft geworden. Hersteller zahlen jedes Jahr nahezu eine Milliarde Dollar, um auf ihren Produkten bekannte Namen und Personen benutzen zu dürfen, und diese Produkte erbringen jährlich fast 20 Milliarden Dollar Einzelhandelsumsatz.

Kleidungsverkäufer sind die größten Lizenzverwender. Produzenten und Einzelhändler zahlen erhebliche Royalties, um ihre Erzeugnisse mit den Namen von Modeschöpfern zu schmücken. Bill Blass, Calvin Klein, Perre Cardin, Gucci, Halston und andere vergeben ihre Namen oder Initialien in Lizenz für Artikel, die von Blusen bis zu Krawatten und von Bettwäsche bis zu Reisegepäck reichen. Solche Namen können teuer sein – 1981 verdiente Pierre Cardin, Mitteilungen zufolge, Royalties in der Höhe von 50 Millionen Dollar für 540 Lizenzen mit Produkten, die ungefähr eine Milliarde Dollar Großhandelsumsatz erbrachten. In den letzten Jahren sind Designer-Etiketten so üblich geworden, daß Einzelhändler sie ihren eigenen Firmenmarken gegenüber bevorzugen, um Exklusivität, Preisfreiheit und höhere Gewinnspannen wiederzuerlangen.

Anbieter von Kinderspielzeug, Spielen, Nahrungsmitteln und anderen Produkten unternehmen ebenfalls einiges bezüglich der Erlangung von Namens- und Personenlizenzen. Die Liste der Personen, die an Kinderkleidung, Spielzeug, Schulbedarfsartikel, Bettwäsche, Puppen, Lunchboxes, Frühstücksflocken (Cerealien) und andere Artikeln angeheftet werden, ist nahezu endlos – sie reicht von solchen Klassikern, wie Disney, Peanuts und Personen aus Flintstone bis zu E.T. und den jüngsten Helden der Sternenkriege, von den zeitlosen Helden Raggedy Ann und Andy bis zu Pac Man, den Shirt Tales, Cabbage Patch und Pound Puppies.

Auf Lizenzbasis erworbene Namen oder Personen können ein Produkt schnell bekannt machen und von den Wettbewerbserzeugnissen abheben. Kunden, die zwischen zwei ähnlichen Produkten zu wählen haben, werden wahrscheinlich nach dem mit dem bekannteren Namen greifen. In der Tat suchen Kunden häufig Produkte aus, die die von ihnen bevorzugten Namen oder Zeichen tragen.

Heutzutage steigt nahezu jeder in das Lizenzgeschäft ein, sogar Harley-Davidson, der Motorradhersteller. Im Verlauf der vergangenen 80 Jahre hat der Name Harley-Davidson ein bestimmtes Image erlangt – manche Leute lassen ihn sogar auf ihren Körper tätowieren. Nunmehr vergibt Harley-Davidson seinen Namen für Konsumartikel. Ein Spielzeughersteller vermarktet das Harley-Davidson Big-Wheel-Dreirad. Harley-Davidson steht anderen Produkten, die seinem Qualitätsstandard und Geschmack entsprechen, aufgeschlossen gegenüber – Produkten von Schokolade bis zu Kölnisch-Wasser.

Quellen: Basierend auf zahlreichen Quellen, darunter „Why Designer Labels Are Fading," Business Week, 21. Februar 1983, S. 70–75; Carol Cain, „Licensed Characters Can Get Soggy Sales Fast," Advertising Age, 27. September 1984, S. 34–36; und Eileen Norris, „Corporate Licensing," Advertising Age, 9. Juni 1986, S. 1 ff.

ebenso davon profitieren. Wenn K mart die Marke Canon fallen läßt, verliert es den Nutzen aus seinen früheren Promotion-Aktivitäten für Canon. Wenn jedoch K mart seine eigene Marke „Focal-Kameras" forciert, zieht nur K mart allein den Nutzen aus der Promotion-Aktion. Darüber hinaus wird die Kundentreue gegenüber der Marke „Focal" zur Treue gegenüber K mart.

Die Dominanz der Herstellermarken ist somit im Schwinden begriffen. Einige Marketer sagen voraus, daß die Händlermarken möglicherweise alle, mit Ausnahme der stärksten Herstellermarken vom Markt verdrängen werden.[7]

Marken-Qualität-Entscheidung

Anläßlich der Entwicklung einer Marke hat der Hersteller ein Qualitätsniveau zu wählen, das die Position der Marke im vorgegebenen Zielmarkt unterstützt. Die Qualität ist eines der wichtigsten Positionierungs-Instrumente des Marketers. Qualität bedeutet die Fähigkeit der Marke, ihre Funktion zu erfüllen. Sie umfaßt als Sammelbegriff Haltbarkeit, Zuverlässigkeit und Präzision des Produktes sowie die Leichtigkeit von Handhabung und Reparatur und andere bevorzugte Eigenschaften. Einige dieser Eigenschaften können objektiv gemessen werden. Aus der Sicht des Marketing soll die Qualität in Begriffen der Käuferwahrnehmung gemessen werden.

Das Thema „Qualität" gewinnt immer größeres Interesse bei Konsumenten und Unternehmen. Die amerikanischen Konsumenten waren beeindruckt von der Qualität japanischer Automobile und deren Elektronik sowie auch von europäischen Automobilen, Lebensmitteln und Kleidung. Viele Konsumenten geben nunmehr Kleidung, die haltbar ist und ihre Paßform behält den Vorzug gegenüber modischer Garderobe. Sie sind mehr interessiert an frischen und nahrhaften Lebensmitteln, an Gourmet-(Feinschmecker-)Artikeln und verschiedenen Käsesorten und weniger an alkoholfreien Getränken, Süßigkeiten und „TV dinners". Einige amerikanische Firmen tragen diesem wachsenden Interesse Rechnung, aber es kann noch viel mehr getan werden.

Entscheidung über die Markenfamilie

Hersteller, die ihre Produkte mit Marken ausstatten, werden mit einigen weiteren Wahlmöglichkeiten konfrontiert. Mindestens vier Markennamen-Strategien stehen zur Auswahl.

1. *Individuelle Markennamen:* Diese Politik wird von Procter & Gamble (Tide, Bold, Dash, Cheer, Gain, Oxydol, Solo) und General Mills (Bisquick, Gold Medal, Betty Crocker, Nature Valley, Yoplait) verfolgt.
2. *Ein umfassender Familienname für alle Produkte:* Diese Politik wird von Del Monte und General Electric betrieben.
3. *Unterschiedliche Familiennamen für alle Produkte:* Diese Vorgehensweise wird von Sears bevorzugt (Kenmore für Haushaltsgeräte, Kerrybrook für Damenoberbekleidung und Homart für wichtigere Wohnungseinrichtungen).
4. *Das Warenzeichen des Unternehmens, kombiniert mit individuellen Produktnamen:* Diese Politik wird von Kellogg's praktiziert (Kellogg's Rice Krispies und Kellogg's Raisin Bran).

Welches sind die Vorteile einer Strategie der individuellen Markennamen? Ein wesentlicher Vorteil besteht darin, daß das Unternehmen seine Reputation nicht an die Akzeptanz des Produktes bindet. Erweist sich das Produkt als Versager, wird damit nicht der Firmenruf geschädigt.

Mit der Verwendung eines umfassenden Familiennamens für alle Produkte sind ebenfalls Vorteile verbunden. Die Kosten für die Einführung des Produktes werden niedriger sein, weil keine aufwendigen Werbemaßnahmen für die Schaffung eines Markenbewußtseins sowie von Präferenzen erforderlich sind. Des weiteren werden die Umsätze hoch sein, falls der Hersteller über einen guten Ruf verfügt.

Heinz verwendet eine Markenfamilie für seine Produkte. Mit freundlicher Genehmigung der H. J. Heinz Company.

Neue Suppen, die unter dem Markennamen Campbell eingeführt werden, erlangen eine sofortige Wiedererkennung.

Werden von einem Unternehmen äußerst unterschiedliche Produkte hergestellt, dürfte es nicht die beste Vorgangsweise sein, einen umfassenden Familiennamen zu verwenden. Die Swift & Company benutzt separate Familiennamen für ihre Schinken (Premium) und Düngemittel (Vigoro). Oft erfinden Unternehmen unterschiedliche Familien-Markennamen für unterschiedliche Qualitätsstufen innerhalb derselben Produktgruppe. So verkauft beispielsweise A & P seine Marken in drei Güteklassen – Ann Page, Sultana und Iona.

Schließlich wünschen einige Hersteller, ihren Firmennamen zusammen mit einem individuellen Markennamen für jedes einzelne Produkt zu verwenden. Der Firmenname verleiht dem Produkt eine gewisse Vertrautheit, während der individuelle Name es von anderen Produkten des Unternehmens abhebt. So bringt beispielsweise Quaker Oats mit der Bezeichnung „Quaker Oats Cap' Crunch" den guten Ruf der Firma für Frühstücksflocken ins Spiel, während „Cap'n Crunch" das Produkt von anderen abgrenzt und in Szene setzt.

Entscheidung über die Markenausweitung

Eine Strategie der Markenausweitung umfaßt alle Bemühungen, die darauf gerichtet sind, einen erfolgreichen Markennamen für die Einführung eines neuen oder modifizierten Produktes zu verwenden. Nach dem Erfolg mit Cap'n Crunch Cerealien benutzte Quaker Oats den Markennamen sowie die Cartoonfigur auf der Verpackung für die Einführung eines Sortiments von Eiscreme-Riegeln, T-Shirts und anderen Produkten. Die Firma Armour verwendete ihren Markennamen Dial, um verschiedene neue Produkte einzuführen, die ohne die Stärke des Namens Dial nicht so leicht verkauft worden wären. Eine Markenausdehnung erspart dem Hersteller die hohen Kosten, einen neuen Namen durchzusetzen und bewirkt das sofortige Wiedererkennen der Marke bei dem neuen Produkt. Im Falle eines Mißerfolges des neuen Artikels besteht allerdings die Gefahr, daß die Einstellungen der Verbraucher gegenüber allen Produkten, die denselben Markennamen tragen, negativ beeinflußt werden.[8]

Die Entscheidung über Multimarken

Die Multimarken-Strategie ist dadurch gekennzeichnet, daß ein Anbieter zwei oder mehrere Marken innerhalb der gleichen Produktkategorie entwickelt. Diese Marketing-Praxis wurde erstmals von Procter & Gamble eingesetzt, als diese Firma „Cheer" als Konkurrenz für seine bereits erfolgreiche Marke „Tide" einführte. Obwohl die Umsätze von Tide leicht zurückgingen, war der Umsatz beider Marken zusammen höher als die früheren Umsätze für Tide allein. Procter & Gamble produzieren nunmehr zehn verschiedene Waschmittelmarken.

Multimarken-Strategien werden von Herstellern aus verschiedenen Gründen praktiziert. Erstens erlangen sie mehr Regalfläche und erhöhen auf diese Weise die Abhängigkeit der Einzelhändler von ihren Marken. Zweitens sind nur wenige Konsumenten einer Marke gegenüber so treu, daß sie nicht eine andere ausprobieren. Die einzige Möglichkeit, die Markenwechsler einzufangen, besteht darin, verschiedene Marken anzubieten. Drittens bewirken neue Marken einen gesunden Wettbewerb innerhalb der Hersteller-Organisation. Die Manager von verschiedenen General-Motors-Marken konkurrieren untereinander, um sich gegenseitig den Erfolg streitig zu machen. Viertens wird durch eine Multimarken-Strategie die Positionierung von Marken nach unterschiedlichen Vorteilen und Kaufanreizen ermöglicht, so daß jede Marke eine eigene Anhängerschaft anziehen kann.

Entscheidung über die Neupositionierung einer Marke

Wie gut auch immer eine Marke anfangs im Markt positioniert war, kann es für das Unternehmen erforderlich werden, sie später neu zu positionieren. Ein Konkurrent könnte eine Marke in der Nähe des unternehmenseigenen Produktes einführen und so dessen Marktanteil beschneiden. Ferner könnten sich die Kundenwünsche verlagert haben und der Marke des Unternehmens verbleibt nur eine verringerte Nachfrage. Marketer sollten eine Neupositionierung bereits existierender Marken in Erwägung ziehen, bevor sie neue einführen. Auf diese Weise können sie auf dem bestehenden Markenbekanntheitsgrad sowie auf der Treue der Kunden aufbauen.

Eine Neupositionierung kann es erforderlich werden lassen, sowohl das Produkt als auch dessen Image zu ändern. Procter & Gamble repositionierten das Waschmittel „Bold“ durch Hinzufügung eines Weichmachers. Eine Marke kann auch lediglich durch eine Änderung des Produkt-Images neu positioniert werden. Ivory Soap wurde ohne Änderung neupositioniert, aus einer „Baby-Seife“ wurde eine „völlig natürlichen Seife„ für Erwachsene, die eine gesund aussehende Haut wünschen. Kraft wandelte Velveeta von einem „Käse zum Kochen“ zu einem „gut schmeckenden, natürlichen und nahrhaften“ Snack-Käse – das Produkt blieb unverändert, aber Kraft verwendete neue Werbeaussagen, um die Verbraucherwahrnehmungen bezüglich Velveeta zu ändern. Bei der Neupositionierung einer Marke muß der Marketer vorsichtig agieren, um nicht vorhandene treue Kunden zu verlieren oder zu verunsichern. Als die Position von

Velveeta verändert wurde, stellte Kraft sicher, daß die neue Plazierung mit der alten vereinbar war. Auf diese Weise wurden treue Kunden gehalten und neue hinzugewonnen.[9]

Auswahl eines Markennamens

Der Markenname sollte sorgfältig gewählt werden. Stern stellte fest, daß ein guter Markenname

> *„während der Lebensdauer eines Produktes Millionen von Dollar einsparen kann, da er seine eigene Bedeutung vermittelt, die Produktvorteile beschreibt, sofort wiedererkannt wird und dazu dient, das Produkt von anderen zu unterscheiden... Oft werden Millionen Dollar dafür ausgegeben, ein Produkt zu entwickeln, und dann existiert es in der Öffentlichkeit nur während seines ersten Lebensjahres. Hier handelt es sich um zu viel Geld, um auf die zufällige Entwicklung eines Markennamens und auf hemdsärmelige Testverfahren zu vertrauen.“*[10]

Die meisten großen Marketing-Unternehmen haben ein formales Verfahren zur Auswahl von Markennamen entwickelt. Den besten Markennamen zu finden, ist eine schwierige Aufgabe. Die Suche beginnt mit einer sorgfältigen Überprüfung des Produktes und seiner Vorteile, mit der des Zielmarktes und der vorgeschlagenen Marketing-Strategien.

Zu den wünschenwerten Eigenschaften eines Markennamens zählen folgende :

1. Er sollte etwas über die Produktvorteile und -qualitäten aussagen. Beispiele hierfür sind: Beautyrest, Craftsman, Sunkist, Spic and Span, Zest.
2. Er sollte leicht auszusprechen und wiederzuerkennen sein sowie leicht in Erinnerung bleiben. Kurze Namen sind zweckmäßig. Als Beispiele sind zu nennen: Tide, Crest, Puffs. Aber längere Namen sind mitunter wirksamer, wie beispielsweise „Gee, Your Hair Smells Terrific“-Shampoo oder „Better Business Bureau“.
3. Es sollte ein besonderer Name sein, wie z. B. Mustang, Kodak, Exxon.
4. Er sollte sich leicht in fremde Sprachen übersetzen lassen. Bevor die Firma Standard Oil of New Jersey 100 Millionen Dollar für die Änderung ihres Namens in „Exxon“ ausgab, testete sie ihn in 54 Sprachen auf 150 ausländischen Märkten. Sie fand heraus, daß sich der alte Name „Enco“ auf einen abgewürgten Motor bezog, wenn er auf japanisch ausgesprochen wurde.[11]
5. Er sollte für eine Registrierung geeignet sein und gesetzlich geschützt werden können. Dafür muß der Name einzigartig sein – er kann nicht registriert werden, wenn er sich mit schon vorhandenen Markennamen überschneidet.

Sobald die Entscheidung gefällt ist, muß der Markenname geschützt werden. Zahlreiche Firmen versuchen, einen Markennamen zu schaffen, der möglicherweise mit der Produktgattung identifiziert werden wird. Markennamen wie Frigidaire, Kleenex, Levi's, Jello, Scotch Tape und Fiberglas waren auf diese Weise erfolgreich. Ihr großer Erfolg kann jedoch die Unternehmensrechte an den Namen auch bedrohen. Cellophane, Nylon und Shredded Wheat (geschroteter Weizen) sind heute Namen, die jeder Anbieter benutzen kann.

ENTSCHEIDUNGEN ÜBER DIE VERPACKUNG (Packaging)

Viele der am Markt angebotenen Produkte müssen verpackt werden. Einige Marketer haben „Packaging" als das fünfte „P" neben Preis, Produkt, Plazierung und Promotion bezeichnet. Die meisten Marketer jedoch betrachten die Verpackung als einen Bestandteil der Produktstrategie.

> **Verpackung umfaßt die Maßnahmen für die Gestaltung und Herstellung des Behälters oder der Umhüllung für ein Produkt.**

Der Behälter oder die Umhüllung wird als Verpackung bezeichnet. Sie kann bis zu drei Materialschichten umfassen. Die Grundverpackung (primary package) ist der unmittelbare Behälter des Produktes. Die Flasche, in der sich das Rasierwasser Old Spice befindet, stellt die primäre Verpackung dar. Die sekundäre Verpackung (secondary package) bildet das Material, das die Grundverpackung schützt und das weggeworfen wird, wenn das Produkt benutzt wird. Der Pappkarton, in dem sich die Flasche mit Rasierwasser befindet, ist die sekundäre Verpackung, die zusätzlichen Schutz gewährt und Promotion erlaubt. Die Versandverpackung (shopping package) ist die für die Lagerung, die Identifizierung und den Versand des Produktes erforderliche Verpackung. Ein Wellpappenkarton, der sechs Dutzend Flaschen Old Spice-Rasierwasser enthält, bildet eine Versandverpackung. Schließlich stellt die Etikettierung ebenfalls einen Teil der Verpackung dar. Sie besteht aus gedruckter Information, die auf der Verpackung erscheint.

Traditionellerweise basierten Verpackungsentscheidungen meist auf Kostenüberlegungen und Produktionsfaktoren. Die ursprüngliche Funktion der Verpackung bestand darin, als Behälter für das Produkt zu dienen und es zu schützen. In jüngster Vergangenheit jedoch haben zahlreiche Faktoren die Verpackung zu einem wichtigen Marketing-Instrument gemacht. Die Zunahme der Selbstbedienung erfordert es, daß die Verpackung nunmehr viele Verkaufsaufgaben übernehmen

Verpackung ist ein wesentlicher Bestandteil des Produktes (Al Satterwhite/The Image Bank)

muß – beginnend damit, Aufmerksamkeit zu erwecken, ferner, das Produkt zu beschreiben bis hin zu der Funktion, den Verkauf auszulösen.[12] Der wachsende Wohlstand der Konsumenten bedeutet, daß die Verbraucher bereit sind, etwas mehr für Bequemlichkeit, Aussehen, Zuverlässigkeit und für das Prestige einer besseren Verpackung zu bezahlen.

Die Unternehmen sind sich der Macht einer guten Verpackung bewußt geworden, mit ihr eine sofortige Wiedererkennung der Firma oder der Marke seitens des Kunden zu bewirken. Jeder, der einen Film kauft, erkennt sofort die ihm vertraute gelbe Verpackung von Kodak-Filmen. Eine innovative Verpackung kann einem Unternehmen einen Vorteil gegenüber den Wettbewerbern verschaffen. Die ersten Gesellschaften, die ihre alkoholfreien Getränke in „pop-top"-Dosen abfüllten und ihre flüssigen Sprays in Dosen mit Treibgas anboten, zogen viele neue Kunden an.

Die Entwicklung einer guten Verpackung für ein neues Produkt erfordert viele Entscheidungen. Die erste Aufgabe besteht darin, ein Verpackungskonzept zu entwerfen. Das Verpackungskonzept legt fest, was die Verpackung für das Produkt sein oder tun sollte. Wird die Hauptaufgabe der Verpackung darin gesehen, dem Produkt Schutz zu gewähren, ein neues Ausgabeverfahren einzuführen, auf bestimmte Qualitäten des Produktes oder des Unternehmens hinzuweisen, oder in anderen Funktionen?

Bezüglich bestimmter Verpackungselemente müssen Entscheidungen getroffen werden - Größe, Gestalt, Material, Farbe, Text und Markenzeichen. Die verschiedenen Elemente sind aufeinander abzustimmen, um die Position sowie die Marketing-Strategie des Produktes zu unterstützen. Die Verpackung muß mit der Werbung, der Preispolitik, der Distribution sowie mit den anderen Marketing-Strategien übereinstimmen.

Üblicherweise erwägen Firmen für ein neues Produkt mehrere unterschiedliche Verpackungsentwürfe. Soll die beste Verpackung ausgewählt werden, muß das Unternehmen verschiedene Entwürfe testen, um jene Verpackung herauszufinden, die unter normalen Gebrauchsbedingungen am zweckmäßigsten erscheint, die vom Handel am einfachsten zu handhaben ist und auf welche die Konsumenten am besten reagieren.

Nachdem die Verpackung ausgewählt und eingeführt worden ist, muß das Unternehmen diese angesichts sich ändernder Verbraucherpräferenzen und technologischer Fortschritte regelmäßig überprüfen. Früher konnte ein Verpackungs-Design 15 Jahre im Gebrauch sein, ehe Änderungen erforderlich wurden. Das sich derzeit schnell wandelnde Umfeld macht es für die meisten Unternehmen unerläßlich, ihre Verpackung alle zwei bis drei Jahre zu überprüfen.[13] Um eine Verpackung auf dem neuesten Stand zu halten, sind kleine aber regelmäßige Änderungen erforderlich – so subtile Änderungen, daß sie von den meisten Konsumenten gar nicht bemerkt werden. Mit manchen Verpackungsänderungen sind jedoch vielschichtige Entscheidungen, drastische Maßnahmen sowie hohe Kosten und Risiken verbunden (vergleiche hierzu Beispiel 9-3).

Die Kosten bilden nach wie vor einen wichtigen Entscheidungsfaktor bei der Gestaltung einer Verpackung. Die Entwicklung der Verpackung für ein neues Produkt kann einige 100.000 Dollar kosten und mehrere Monate bis zu einem Jahr dauern. Die Umstellung auf eine neue Verpackung kann Millionen kosten, und die Durchsetzung eines neuen Verpackungs-Designs kann mehrere Jahre dauern. Die Marketer haben die Verpackungskosten abzuwägen gegenüber den für das Unternehmen wertvollen Konsumentenwahrnehmungen, die durch die Verpackung zusätzlich erlangt werden, sowie gegenüber der Rolle, die die Verpackung bei der Erreichung der Marketingziele spielt. Bei der Entscheidungsfindung bezüglich der Verpackung muß das Unternehmen auch die wachsenden Besorgnisse der Gesellschaft beachten und Entscheidungen treffen, die sowohl die Interessen der Gesellschaft und der Kunden als auch die Ziele des Unternehmens berücksichtigen (vergleiche hierzu Beispiel 9-4).

BEISPIEL 9-3
Das Ende von Campbell's Suppendosen

Im Laufe der vergangenen 87 Jahre hat die alteingesessene Firma Campell Soup Co. Milliarden von Suppendosen mit dem charakteristischen rot-weißen Etikett und dem goldenen Medaillon abgesetzt. Vor ungefähr einem Jahr kam das Campbell Management jedoch zu dem Ergebnis, daß die Zeit gekommen sei, die Konservendose aus dem Verkehr zu ziehen, da diese angesichts der sekundenschnellen Mikrowellenherde zu teuer, zu schmutzanfällig und zu umständlich sind. Seither ist die Firma im Rahmen eines viele Millionen Dollar umfassenden Projektes auf der Suche nach einem neuen Behältnis.

Als erstes wird Campbell im nächsten Winter mit dem Test-Marketing einzelner Suppen-Mahlzeiten in eingeschweißten Plastiktassen beginnen, die in den Mikrowellenherd gestellt werden können. Man erhält im Nu heiße Suppe – ohne daß man eine Dose öffnen und schmutziges Geschirr abwaschen muß. Die Firma möchte darüber hinaus mit ihrem Design das „Gefühl von Wärme" vermitteln, das Suppenschüsseln ausstrahlen, sagt Frank Terwilliger, Campbell's Verpackungsdirektor. Aber bis jetzt hat es Campbell nicht geschafft, eine Suppenverpackung zu kreieren, deren Farbe und Form dieser Zielsetzung entspricht.

Bei dieser Suche steht eine Menge auf dem Spiel, wenn man bedenkt, daß Campell's Anteil am Dosensuppenmarkt 80 Prozent beträgt. (Das Unternehmen ist zudem in den USA der drittgrößte Dosenhersteller nach American Can Co. und der Continental Group.) Um einen ständigen Ersatz für die Dose zu finden, experimentieren die Campbell-Forscher mit einer Reihe von verschiedenen Behältern und führen eine ausgedehnte Marktforschung durch. „Wir stehen ständig mit den Verbrauchern im Kontakt", sagt Herbert Baum, der stellvertretende Marketing-Manager. „Wir setzen uns mit ihnen zu Hause zusammen. Wir sprechen sie in Supermärkten an."

Im derzeitigen Stadium experimentieren die Campbell-Designer mit einer Auswahl von Plastiknbeuteln und -dosen, die zehn Unzen (ca. 311 g) einer gehaltvolleren, teureren Suppe enthalten – eine klare Brühe mit qualitativ höherwertigem Inhalt als in den bisherigen Dosen. Als Verkaufsargument wird sowohl für den Plastikbehälter als auch für den eventuellen Nachfolger der

Campbell's neue Packungs-Prototypen. Mit freundlicher Genehmigung der Campbell's Soup Company.

Zinndose die Bequemlichkeit angesprochen: „Mach es warm und iß es" („Heat 'n Eat") sowie „mikrowellengeeignet" („Microready") sind zwei der Slogans, die für die neuen Suppenschalen vorgesehen sind.

Campbell's Schritte werden von Wall Street-Analysten begrüßt: „Es ist wirklich sehr schwer, eine Dose mit Suppe oder mit anderem Inhalt zu öffnen", sagt John C. Maxwell von Lehman Brothers, der die Auffassung vertritt, daß die neue Verpackung dazu beitragen könnte, den Suppenverbrauch überhaupt wesentlich zu erhöhen. George Novello von E. F. Hutton meint, daß der Wechsel einen sehr positiven Einfluß auf die Ertragslage der Firma haben wird. Die Metallpreise sind stärker gestiegen als die für Plastik, und die Umstellung könnte Campbell's Verpackungskosten um mehr als 15 Prozent senken. Dieses Ziel zu erreichen, wird allerdings sehr viel Zeit und Geld erfordern. Die Verantwortlichen der Firma schätzen, daß schon die Umrüstung der Produktionsanlagen hundert Millionen Dollar oder mehr kosten könnte. Deshalb veranschlagt die Firma Campbell fünf Jahre, bis ihre Suppendosen endgültig vom Markt verschwinden werden.

Quelle: „Canning Campbell's Can", Newsweek, 9. April, 1984, S. 84.

BEISPIEL 9-4
Verpackung und öffentliches Interesse

Die Verpackung zieht in zunehmendem Maße die Aufmerksamkeit der Öffentlichkeit auf sich. Marketer sollten die folgenden Punkte beachten, wenn sie ihre Entscheidungen bezüglich der richtigen Verpackung treffen.

- *Ehrliche Verpackung und Etikettierung.* Die Öffentlichkeit ist besorgt darüber, daß Verpackung und Etikettierung falsch und irreführend sein könnten. Dem Federal Trade Commission Act von 1914 lag die Auffassung zugrunde, daß falsche, täuschende sowie irreführende Bezeichnungen oder Verpackungen als unlauterer Wettbewerb anzusehen seien. Die Konsumenten waren des weiteren über die verwirrenden Größen und Formen der Verpackung verärgert, da sie Preisvergleiche schwer machen. Der 1966 vom Kongreß verabschiedete Fair Packaging and Labeling Act, mit dem zwingende Bestimmungen für die Bezeichnung eingeführt wurden, verstärkte die Akzeptanz von zusätzlichen freiwilligen Verpackungsnormen, die für ganze Branchen gelten sollten. Außerdem ermächtigte dieses Gesetz die Bundesbehörden, für bestimmte Branchen Verpackungsvorschriften festzulegen. Das Lebensmittelministerium hat die verarbeitenden Nahrungsmittelhersteller aufgefordert, Nährwertbezeichnungen anzubringen, die sowohl die in der Packung enthaltenen Eiweiß-, Fett- und Kohlehydratmengen und die Kalorien klar und deutlich angeben, als auch den Anteil an Vitaminen und Mineralien, ausgedrückt in Prozent von der empfohlenen Tagesmenge. Konsumentenvereinigungen sind für zusätzliche Bezeichnungsvorschriften eingetreten: Angabe des Verfalldatums (um die Frische des Produktes zu bezeichnen), Nennung der Preise pro Einheit (um die Kosten für eine Standardmenge berechnen zu können) und die Angabe von Prozentwerten (um den Prozentsatz jedes wichtigen Inhaltsstoffes zu beschreiben).

- *Übermäßige Kosten.* Kritiker haben die Verpackung in vielerlei Hinsicht als übertrieben bezeichnet und sie dafür verantwortlich gemacht, daß sie die Preise in die Höhe treibt. Sie haben die Frage nach dem Wert von Wegwerfverpackungen für den Verbraucher aufgeworfen und auf die Tatsache hingewiesen, daß die Verpackung manchmal teurer ist als der Inhalt; z. B. besteht der Evian-Befeuchter aus fünf Unzen (ca. 150 g) natürlichem Quellwasser, das, in einer Treibgas-Spraydose verpackt, für 5,50 Dollar verkauft wird. Marketer halten dem entgegen, daß die Kritiker nicht alle Funktionen der Verpackung kennen. Auch Marketer wollen die Verpackungskosten möglichst niedrig halten.
- *Knappe Rohstoffe.* Die wachsende Besorgnis über den Mangel an Papier, Aluminium und anderen Materialien wirft die Frage auf, ob die Industrie nicht stärker versuchen sollte, die Verpackung zu vermindern. Zum Beispiel hat der zunehmende Gebrauch von Einweg-Glasbehältern zu einem bis zu 17mal so hohen Glasverbrauch geführt wie mit Recycling-Behältern. Die Wegwerfflasche verschwendet auch Energie. Einige Bundesstaaten haben Gesetze verabschiedet, denen zufolge Einwegbehälter verboten oder zu versteuern sind.
- *Umweltverschmutzung.* Mehr als 40 Prozent des gesamten Abfalls besteht aus Verpackungsmaterial. Viele Verpackungen verschmutzen in Form von zerschlagenen Flaschen, zerbeulten Dosen usw. die Straßen und Landschaft. Die Vernichtung all dieser Verpackungsabfälle stellt ein großes Problem dar und erfordert einen großen Arbeits- und Energieaufwand.

Diese bedenklichen Aspekte der Verpackung haben das öffentliche Interesse an neuen Verpackungsvorschriften gesteigert. Marketer sollten gleichermaßen besorgt sein und versuchen, für ihre Produkte ökologisch unbedenkliche Verpackungen zu entwickeln.

ENTSCHEIDUNGEN BEZÜGLICH DER ETIKETTIERUNG

Verkäufer können für ihre Produkte Etiketten gestalten, die von einem einfachen Anhänger, der dem Produkt beigefügt wird, bis zu komplizierten Graphiken als Teil der Verpackung reichen. Das Etikett kann entweder nur das Markenzeichen enthalten oder eine beträchtliche Menge von Informationen. Selbst wenn der Verkäufer ein schlichtes Etikett bevorzugt, können die gesetzlichen Vorschriften zusätzliche Kennzeichnungen verlangen.

Etiketten können mehrere Funktionen erfüllen, und der Anbieter hat zwischen ihnen zu wählen. Auf jeden Fall kennzeichnet das Etikett das Produkt oder die Marke, wie z. B. der Name „Sunkist", der auf Orangen gestempelt ist. Das Etikett kann auch die Güteklasse des Produkts angeben. Dosenpfirsiche werden mittels Aufkleber in die Kategorien A, B und C eingeteilt. Das Etikett kann verschiedene Dinge über das Produkt aussagen – wer es hergestellt hat, wo es erzeugt, wann es gefertigt worden ist, es kann Informationen über seinen Inhalt enthalten oder darüber, wie es zu verwenden und sicher zu handhaben ist. Schließlich kann das Etikett durch eine attraktive Graphik den Absatz des Produktes fördern.

Etiketten bekannter Marken wirken nach einiger Zeit altmodisch und bedürfen der Auffrischung. Das Etikett von Ivory Soap ist seit 1890 achtzehnmal durch graduelle Modifizierungen der Buchstaben geändert worden. Andererseits wurde das Etikett der Soft Drink-Marke „Orange Crush“ grundlegend geändert, als die Konkurrenz auf ihren Produkten frische Früchte abzubilden begann und damit mehr Umsätze auf sich zog. Orange Crush entwickelte ein Etikett, um mit wesentlich auffallenderen und stärkeren Farben Frische zu symbolisieren.

Die Entstehung der gesetzlichen Vorschriften für Etiketten hat eine lange Geschichte. Etiketten können die Kunden täuschen oder es unterlassen, auf wichtige Inhaltsstoffe oder erforderliche Sicherheitsmaßnahmen hinzuweisen. Als Antwort auf diese Versäumnisse regeln nunmehr mehrere Bundes- und Staats-Gesetze die Etikettierung; das bekannteste ist der Fair Packaging and Labeling Act, der 1966 vom Kongreß verabschiedet wurde. Die Etikettierung ist vor kurzem durch gesetzliche Vorschriften dahingehend ergänzt worden, daß der Preis für die Standard-Maßeinheit sowie das Ablaufdatum angegeben werden muß, das die voraussichtliche Haltbarkeit des Produktes angibt; des weiteren muß der Nährstoffgehalt, d. h. der Wert der im Produkt enthaltenen Nährstoffe, ausgewiesen werden. Verkäufer sollten sicherstellen, daß ihre Etiketten alle erforderlichen Angaben enthalten.

ENTSCHEIDUNGEN ÜBER DEN KUNDENDIENST

Der Kundendienst ist ein weiteres Element der Produkt-Strategie. Das Angebot eines Unternehmens umfaßt in der Regel einige Serviceleistungen, die einen mehr oder weniger wichtigen Teil des Gesamtangebotes bilden können. In der Realität kann das Angebot von einem bloßen Produkt bis zu einer reinen Serviceleistung reichen. Im Kapitel 19 werden Dienstleistungen als eigenständige Produkte gesondert behandelt. Hier werden lediglich Serviceleistungen besprochen, die ein bestehendes Produkt ergänzen.

Die Marketer stehen bezüglich der Serviceleistungen vor drei Entscheidungen:

1. Welches Servicemix sollte angeboten werden?
2. Welches Service-Niveau sollte offeriert werden?
3. In welcher Form sollten die Serviceleistungen zur Verfügung gestellt werden?

Servicemix-Entscheidung

Der Marketer muß die Kunden beobachten, um die wichtigsten Serviceleistungen herauszufinden, die angeboten werden könnten, sowie deren jeweilige Bedeutung. Das Unternehmen sollte hinsichtlich der von den Kunden gewünschten Serviceleistungen zumindest mit der Konkurrenz mithalten können. Aber die Frage, welche Serviceleistungen angeboten werden sollten, ist wesentlich subtiler. Ein Service kann für die Kunden sehr wichtig sein und muß dennoch nicht bewirken, daß ein Lieferant ausgewählt wird, dann nämlich, wenn alle Lieferanten diesen Service in gleichem Maße bieten. Betrachten Sie folgendes Beispiel:

> *Die Monsanto Company suchte eine Möglichkeit, ihr Service-Mix zu verbessern. Die Kunden wurden gebeten, Monsanto, Du Pont und Union Carbide bezüglich mehrerer Kriterien zu bewerten. Allen drei Unternehmen wurde zugestanden, einen guten Lieferservice zu bieten und über kompetente Außendienstmitarbeiter zu verfügen. Von keinem Unternehmen jedoch wurde der technische Service für ausreichend erachtet. Monsanto führte eine weitere Untersuchung durch, um festzustellen, wie wichtig technischer Service für Käufer von Chemikalien ist und ermittelte, daß er für äußerst wichtig erachtet wird. Monsanto stellte daraufhin mehr technisches Personal ein, bildete es aus und startete eine Kampagne, durch die sich das Unternehmen als führend im technischen Service präsentierte. Mit dieser Aktion errang Monsanto einen Vorteil im Bewußtsein jener Käufer, die nach technischem Service suchten.*

Entscheidung über das Serviceniveau

Die Kunden erwarten nicht nur bestimmte Serviceleistungen, sondern wünschen diese auch in bedarfsgerechtem Umfange und in adäquater Qualität. Wenn Bankkunden in langen Schlangen warten müssen oder mit finster dreinschauenden Bankangestellten konfrontiert werden, ist es wahrscheinlich, daß sie zu einer anderen Bank wechseln werden.

Unternehmen müssen das eigene Serviceniveau sowie das der Wettbewerber mit den Erwartungen der Kunden vergleichen.

Das Unternehmen kann Serviceprobleme auf verschiedenen Wegen herausfinden: durch Vergleichskäufe, Kundenerhebungen, Erfassung und Auswertung von Vorschlägen sowie durch Systeme für die Bearbeitung von Beschwerden. Diese Möglichkeiten vermitteln dem Unternehmen ein Bild von seiner eigenen Leistungsfähigkeit und helfen, enttäuschte Kunden zufriedenzustellen.

Entscheidung über die Form der Serviceleistung

Marketer müssen des weiteren darüber entscheiden, in welchen Formen die verschiedenen Serviceleistungen angeboten werden sollen. Als erstes ist die Frage zu beantworten, wie die einzelnen Leistungen berechnet werden sollten. Beispielsweise könnte überlegt werden, in welcher Form Zenith den Reparaturservice für seine Fernsehgeräte anbieten sollte. Drei Möglichkeiten stehen für Zenith zur Auswahl:

1. Alle Reparaturen könnten während des ersten Jahres nach dem Kauf kostenlos durchgeführt werden.
2. Zenith könnte einen Servicevertrag verkaufen.
3. Das Unternehmen könnte beschließen, überhaupt keinen Reparaturservice anzubieten und diesen Spezialisten zu überlassen.

Die zweite Frage lautet: Wie sollten die Serviceleistungen bereitgestellt werden? Zenith kann Reparaturleistungen auf verschiedene Weise zur Verfügung stellen:

1. Das Unternehmen könnte eigene Servicemitarbeiter einstellen und ausbilden und diese über das ganze Land verteilen.
2. Zenith könnte mit Verteilerorganisationen und Händlern vereinbaren, daß diese Reparaturleistungen übernehmen.
3. Der Reparaturservicedienst könnte unternehmensunabhängigen Spezialisten überlassen werden.

Für jede Serviceleistung bestehen verschiedene Möglichkeiten. Die Entscheidung des Unternehmens hängt von den Bedürfnissen des Kunden sowie von den Strategien der Wettbewerber ab.

Die Kundendienstabteilung

Angesichts der Bedeutung des Kundendienstes als Marketinginstrument haben viele Unternehmen leistungsfähige Kundendienstabteilungen für die Bearbeitung von Beschwerden sowie für Mängelbeseitigung, Kreditservice, Wartungsdienst, technischen Service und Verbraucherinformation aufgebaut. So haben beispielsweise Whirlpool, Procter & Gamble und andere Unternehmen „hot lines" für die Abwicklung von Kundenbeschwerden und zur Auskunftserteilung errichtet. Durch die Führung und Auswertung von Aufzeichnungen über die Art der Anfragen und Beschwerden kann die Kundendienstabteilung erforderliche Änderungen der Produktgestaltung, der Qualitätskontrolle sowie der Verkaufsmethoden und anderes mehr veranlassen. Es kostet weniger, das Wohlwollen bestehender Kunden zu erhalten, als neu.

PRODUKTLINIENENTSCHEIDUNGEN

Wir haben Entscheidungen bezüglich der Produktstrategie für einzelne Produkte erörtert – Markenbildung, Verpackung und Service. Produktstrategie erfordert jedoch auch die Zusammenstellung einer Produktlinie. Wir definieren eine Produktlinie wie folgt:

Eine Produktlinie ist eine Gruppe von Produkten, die eng miteinander verwandt sind, sei es, daß sie auf ähnliche Weise funktionieren, daß sie an dieselben Kundengruppen verkauft oder über die gleichen Arten von Verkaufsstellen vertrieben werden, oder daß sie in die gleiche vorgegebene Preisklasse fallen.

So produziert General Motors eine Autolinie und Revlon erzeugt eine Kosmetiklinie.

Jede Produktlinie erfordert eine Marketing-Strategie. Die meisten Unternehmen beauftragen eine bestimmte Person, die jeweilige Produktlinie zu managen. Diese Person steht vor einer Anzahl harter Entscheidungen bezüglich der Länge und Hervorhebung der ihm anvertrauten Produktlinie.

Entscheidung über die Länge der Produktlinie

Produktlinien-Manager haben über die Länge der Produktlinie zu entscheiden. Die Produktlinie ist zu kurz, wenn der Manager die Gewinne durch Hinzufügung von Artikeln steigern kann; die Linie ist zu lang, wenn sich die Gewinne durch Herausnahme einzelner Produkte erhöhen lassen.

Die Länge der Produktlinie wird von den Unternehmenszielen beeinflußt. Unternehmen, die bemüht sind, eine komplette Produktlinie anzubieten, und solche, die einen hohen Marktanteil anstreben und Marktwachstum suchen, werden längere Linien führen. Sie sind weniger beunruhigt, wenn einige Artikel keinen Gewinnbeitrag leisten. Unternehmen, die auf hohe Rentabilität erpicht sind, werden kürzere Linien führen, die aus selektierten Artikeln bestehen.

Im Laufe der Zeit tendieren Produktlinien zur Verlängerung.[15] Das Unternehmen muß dieses Wachstum sorgfältig planen. Es kann die Länge seiner Produktlinie systematisch auf zweierlei Weise erweitern: durch Ausdehnung seiner Produktlinie sowie durch deren Ausfüllung.

Entscheidung über die Produktlinienausdehnung

Die Produktlinie eines jeden Unternehmens deckt einen bestimmten Teilbereich der Gesamtheit aller in der Branche angebotenen Produkte ab. So sind beispielsweise Autos von BMW in der mittleren Preisklasse des Automobilmarktes etabliert. Eine Produktlinienausdehnung geschieht dann, wenn ein Unternehmen seine Produktlinie über den aktuellen Bereich hinaus erweitert. Wie aus Abbildung 9-5 ersichtlich, kann ein Unternehmen seine Produktlinien abwärts, aufwärts oder nach beiden Richtungen ausdehnen.

ABBILDUNG 9-5
Entscheidung über die Produktlinienausdehnung

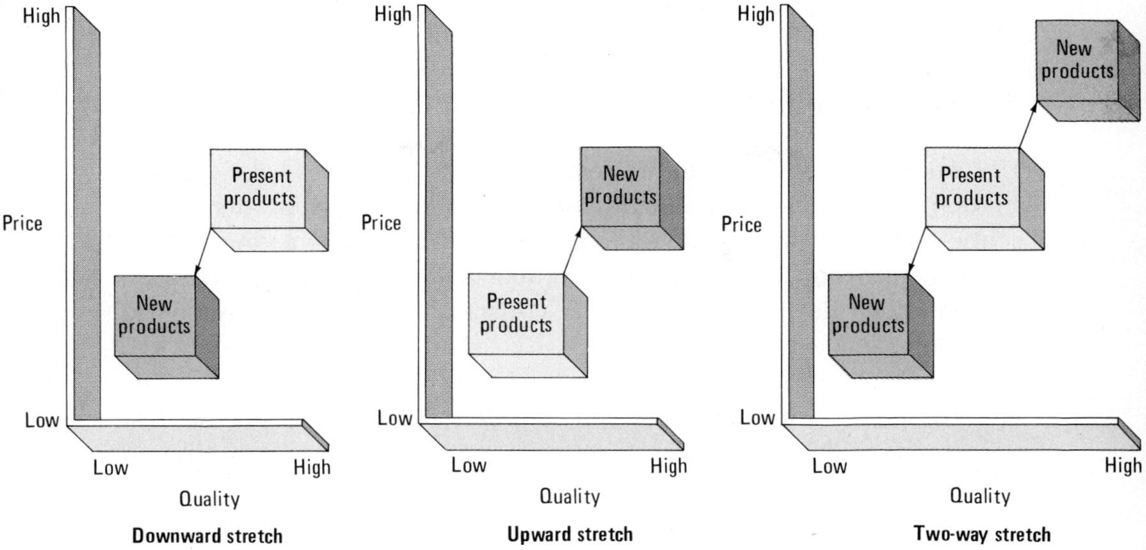

FIGURE 9-5
Product-Line Stretching Decision

Abwärtsausdehnung

Viele Unternehmen siedeln sich zu Beginn am oberen Ende des Marktes an und strecken später ihre Linien abwärts. Ein Unternehmen kann sich aus mehreren Gründen nach unten ausdehnen:

1. Es kann feststellen, daß am unteren Ende ein schnelleres Wachstum stattfindet.
2. Das Unternehmen kann in das obere Ende eingetreten sein, um ein Qualitätsimage aufzubauen in der Absicht, sich langsam nach unten zu bewegen.
3. Das Unternehmen kann ein Produkt am unteren Ende hinzufügen, um eine Marktlücke auszufüllen, die andernfalls einen neuen Wettbewerber anziehen würde.
4. Das Unternehmen könnte am oberen Ende angegriffen werden und durch Eindringen in den unteren Bereich reagieren.

Beech Aircraft hat früher teure Privatflugzeuge gebaut. In jüngster Zeit jedoch hat das Unternehmen seinem Angebot weniger teure Flugzeuge hinzugefügt, um einer Bedrohung seitens der Firma Piper zu begegnen, die begonnen hat, größere Flugzeuge herzustellen.

Eine der größten Fehlentscheidungen verschiedener amerikanischer Firmen bestand in ihrer Ablehnung, Lücken am unteren Ende ihrer Märkte aufzufüllen. General Motors weigerte sich, kleinere Autos zu bauen. Xerox lehnte es ab, kleinere Kopierer zu produzieren, und Harley-Davidson widerstrebte es, kleinere Motorräder herzustellen. In allen diesen Fällen fanden japanische Firmen eine bedeutende Marktlücke, in die sie schnell und erfolgreich eindrangen.

Aufwärtsausdehnung

Unternehmen vom unteren Ende des Marktes könnten beabsichtigen, in den oberen Bereich einzudringen. Sie können sich durch die schnellere Wachstumsrate oder durch höhere Spannen vom oberen Ende angezogen fühlen. Sie können aber auch lediglich den Wunsch haben, sich als Hersteller einer vollständigen Produktlinien zu positionieren.

Ein Entschluß zur Aufwärtsausdehnung kann riskant sein: Die Konkurrenten vom oberen Bereich befinden sich nicht nur in einer fest verankerten Position, sondern könnten auch zurückschlagen, indem sie ihrerseits in das untere Marktende eindringen. Darüber hinaus könnten zukünftige Kunden bezweifeln, daß der Newcomer in der Lage ist, Qualitätsprodukte herzustellen. Schließlich kann es den Außendienstmitarbeitern und den Händlern des Unternehmens an der Eignung und Ausbildung fehlen, das obere Ende des Marktes zu bedienen.

Ausdehnung nach beiden Richtungen

Unternehmen im mittleren Bereich des Marktes könnten beschließen, ihre Produktlinien nach beiden Richtungen auszudehnen. Texas Instruments verfolgte diese Politik auf dem Taschenrechnermarkt. Bevor TI diesen Markt betrat, wurde er von Bowmar am unteren und von Hewlett-Packard im oberen Bereich dominiert. TI führte seine ersten Taschenrechner in der Mitte des Marktes ein. Nach und nach erweiterte das Unternehmen sein Angebot an Rechnern in beiden Richtungen. Es bot bessere Rechner zu gleichen oder niedrigeren Preisen als Bowmar an und vernichtete letztlich diesen Konkurrenten. Zusätzlich entwickelte TI qualitativ hochwertige Rechner, die zu einem niedrigeren Preis als jene von Hewlett-Packard verkauft wurden und diesem Wettbewerber einen großen Teil seiner Umsätze am oberen Ende wegnahmen. Durch die Ausweitung in beiden Richtungen gewann Texas Instruments die Marktführung für Taschenrechner.

Entscheidung über die Ausfüllung einer Produktlinie

Eine Produktlinie kann auch dadurch erweitert werden, daß weitere Artikel innerhalb des gegenwärtigen Linienbereichs hinzugefügt werden. Für die Ausfüllung einer Produktlinie gibt es mehrere Gründe: die Erlangung zusätzlicher Gewinne, den Versuch, Händler zufriedenzustellen, die Auslastung von Überkapazitäten, das Bestreben, das führende Unternehmen mit vollständiger Produktlinie zu werden und Lücken zu schließen, um Konkurrenten vom Markt fernzuhalten.

Die Ausfüllung ist dann als übertrieben anzusehen, wenn sie zum Produktkannibalismus und zur Verwirrung der Abnehmer führt. Das Unternehmen sollte sicherstellen, daß sich die neuen Produkte deutlich von seinen gegenwärtig angebotenen Artikeln unterscheiden.

Entscheidung über die Kennzeichnung der Produktlinie

Üblicherweise wählt der Produktlinien-Manager einen oder mehrere Artikel aus, um die Produktlinie zu kennzeichnen. Diese Vorgehensweise wird als Produktlinien-Kennzeichnung bezeichnet. Mitunter heben Manager absatzfördernde Modelle am unteren Ende hervor, die als „traffic builders" (Lockvögel) dienen sollen. Um Kunden anzuziehen, wirbt Sears beispielsweise mit einer besonders preiswerten Nähmaschine. Rolls-Royce hat ein Sparmodell für nur 49.000 Dollar angeboten, im Gegensatz zu seinem teuersten Modell, das um 108.000 Dollar verkauft wird, um Leute in seine Ausstellungsräume zu bekommen. Sobald die Kunden diese betreten haben, können die Verkäufer versuchen, sie zum Kauf eines Produktes am oberen Ende der Produktlinie zu bewegen.

In anderen Fällen heben Manager einen Artikel am oberen Ende besonders hervor, um die Produktlinie aufzuwerten. Stetson stellt einen Herrenhut zum Preis von 150 Dollar heraus, den zwar nur wenige Leute kaufen, der aber als „Flaggschiff" für die Anhebung des Ansehens der ganzen Linie dient.

PRODUKT-MIX-ENTSCHEIDUNGEN

Ein Unternehmen mit mehreren Produktlinien verfügt über ein Produkt-mix. Wir definieren Produkt-mix wie folgt:[16]

> **Ein Produkt-mix, auch als Sortiment (product assortment) bezeichnet, ist die Gesamtheit aller Produktlinien und Artikel, die ein einzelner Anbieter Kunden zum Kauf offeriert.**

Das Produkt-mix der Firma Avon besteht aus vier Hauptproduktlinien: Kosmetika, Schmuck, Modewaren und Haushaltsartikel. Jede Produktlinie umfaßt mehrere Unterlinien. So zerfällt beispielsweise die Kosmetika-Linie in Lippenstifte, Rouge, Puder usw. Zu jeder Linie und Unterlinie gehören zahlreiche Einzelartikel. Insgesamt umfaßt

Avons Produkt-mix 1300 Artikel. Ein großer Supermarkt führt ein Sortiment von nicht weniger als 14.000 Artikeln, ein typischer K mart hält 15.000 Artikel vorrätig und General Electric stellt nicht weniger als 250.000 Produkte her.

Das Produkt-Mix eines Unternehmens läßt sich bezüglich Breite, Länge, Tiefe und Konsistenz kennzeichnen. Diese Begriffe werden in Tabelle 9-1 in Zusammenhang mit ausgewählten Konsumgütern von Procter & Gamble veranschaulicht.

TABELLE 9-1
Breite und Länge des Produkt-mixes an Hand von Produkten der Firma Procter & Gamble

	← Breite des Produkt-mixes →					
	REINIGUNGS-MITTEL	ZAHN-PASTEN	SEIFEN	DEODO-RANTS	WEG-WERF-WINDELN	KAFFEE
↑ Länge des Produkt-mixes ↓	Ivory Snow	Gleem	Ivory	Secret	Pampers	Folger's
	Dreft	Crest	Camay	Sure	Luvs	Instant Folger's
	Tide		Lava			High Point Instant
	Joy		Kirk's			Folger's Flaked
	Cheer		Zest			Coffee
	Oxydol		Safeguard			
	Dash		Coast			
	Cascade					
	Ivory Liquid					
	Gain					
	Dawn					
	Era					
	Bold 3					
	Liquid Tide					
	Solo					

Die Breite des Produkt-mixes der Firma Procter & Gamble bezieht sich darauf, wieviele unterschiedliche Produktlinien das Unternehmen führt. Tabelle 9-1 zeigt eine Produkt-mix-Breite von sechs Linien (in Wirklichkeit produzieren Procter & Gamble wesentlich mehr Linien, einschließlich Mundpflege, Toilettenpapier u. a.).

Die Länge des Produkt-mix der Firma Procter & Gamble bezieht sich auf die Gesamtzahl der von dem Unternehmen geführten Artikel. In Tabelle 9-1 sind es 32. Wir können somit die durchschnittliche Länge einer Procter & Gamble-Produktlinie errechnen, indem wir die Gesamtlänge – in diesem Falle 32 – durch die Anzahl der Linien – in diesem Falle 6 – dividieren. Die durchschnittliche Procter & Gamble-Produktlinie, wie in Tabelle 9-1 dargestellt, besteht aus 5,3 Marken.

Die Tiefe des Produkt-mix von Procter & Gamble bezieht sich darauf, wieviele Versionen von jedem Produkt in den einzelnen Linien angeboten werden. So gibt es beispielsweise Crest in drei Größen und zwei Geschmacksrichtungen (normal und mit Mintgeschmack). Crest hat also eine Tiefe von 6. Indem man die Anzahl von Ausführungen innerhalb jeder Marke zahlenmäßig erfaßt, kann die durchschnittliche Tiefe des Produkt-mix der Firma Procter & Gamble errechnet werden.

Die Geschlossenheit des Produkt-mix bezieht sich darauf, wie eng die verschiedenen Produktlinien hinsichtlich des Endverwendungszweckes, der Produktionserfordernisse, der Distributionskanäle oder in anderer Weise miteinander verwandt sind. Die Produktlinien der Firma Procter & Gamble stimmen insofern überein, als es sich durchwegs um Konsumartikel handelt, die über dieselben Absatzkanäle vertrieben werden. Die Produktlinien sind jedoch insofern weniger konsistent, alssie für den Käufer unterschiedliche Aufgaben erfüllen.

Diese vier Dimensionen des Produkt-mix bilden die Ansatzpunkte für die Bestimmung der Produktstrategie eines Unternehmens. Das Unternehmen kann sein Geschäft auf vier verschiedene Weisen erweitern. Es kann neue Produktlinien hinzufügen, also sein Produkt-mix erweitern. Bei dieser Vorgehensweise würden die neuen Produktlinien auf der Reputation des Unternehmens, die es für seine anderen Produktlinien besitzt, ausgebaut werden. Das Unternehmen kann aber auch seine vorhandenen Produktlinien verlängern, so daß sein Angebot vervollständigt und es somit zu einem „full-line"-Unternehmen wird. Ferner könnte das Unternehmen jedes Produkt um mehrere Ausführungen erweitern und auf diese Weise sein Produkt-mix vertiefen. Schließlich kann das Unternehmen eine größere oder geringere Konsistenz der Produktlinien anstreben, je nachdem, ob es eine hohe Reputation auf einem einzelnen Gebiet oder in mehreren Bereichen anstrebt.

Wir sehen somit, daß die Produktstrategie ein komplexes Thema ist, das Entscheidungen bezüglich des Produkt-mix, der Produktlinie, der Markenbildung, der Verpackung sowie der Service-Strategie erfordert. Diese Entscheidungen müssen nicht nur unter Berücksichtigung der Konsumentenwünsche und der Strategien der Konkurrenten getroffen werden, sondern auch unter zunehmender Beachtung des zunehmenden öffentlichen Interesses, das sich auf die Produktentscheidungen auswirkt (vergleiche hierzu Beispiel 9-5).

BEISPIEL 9-5
Produktentscheidungen und öffentliches Interesse

Marketing-Manager müssen verschiedene Gesetze und Verordnungen beachten, wenn sie ihre Produktentscheidungen treffen. Die wichtigsten produktbezogenen Gesetzesbereiche sind folgende:

Produkt-Aufnahmen und -Auffassungen. Entscheidungen, Produkte in das Angebot aufzunehmen, insbesondere durch Unternehmenskauf, könnten unter das Antifusionsgesetz (Antimerger Act) fallen, wenn als Folge davon eine Verminderung des Wettbewerbs droht. Entscheidungen, alte Produkte aufzugeben, müssen in Kenntnis der Tatsache getroffen werden, daß das Unternehmen gegenüber seinen Lieferanten, Händlern und Kunden, die an dem aufgegebenen Produkt interessiert sind – schriftliche oder unausgesprochene – gesetztliche Verpflichtungen hat.

Patentschutz. Bei der Entwicklung neuer Produkte muß das Unternehmen die US-amerikanischen Patent-Gesetze beachten. Es ist einem Unternehmen verboten, ein Produkt so zu gestalten, daß es einem bestehenden Produkt einer anderen Firma „unerlaubt ähnlich" ist. Ein Beispiel hierfür ist Polaroids erfolgreicher Rechtsstreit, Kodak am Verkauf seiner Sofortbildkamera zu hindern, mit der Begründung, daß dadurch die Patentrechte von Polaroids Sofortbildkamera verletzt würden.

Produktqualität und -sicherheit. Hersteller von Nahrungsmitteln, Medikamenten, Kosmetika und bestimmten Fasern müssen spezielle Gesetze bezüglich der Produktqualität und -sicherheit beachten. Der „Federal Food, Drug, and Cosmetic Act" schützt Konsumenten vor gefährlichen und verdorbenen Lebensmitteln, Medikamenten und Kosmetikartikeln. Verschiedene Gesetze sorgen für die Kontrolle der hygienischen Voraussetzungen in der Fleisch- und Geflügelverarbeitungsindustrie. Für Gewebe, chemische Substanzen, Autos, Spielwaren sowie für Medikamente und Giftstoffe wurden Sicherheitsbestimmungen erlassen. Mit dem „Consumer Product Safety Act" aus dem Jahre 1972 wurde eine „Consumer Product Safety Commission" ins Leben gerufen, die dazu ermächtigt ist, gefährliche Produkte zu verbieten oder zu beschlagnahmen und harte Strafen für die Verletzung dieses Gesetzes festzulegen. Falls Konsumenten durch ein Produkt geschädigt worden sind, das mangelhaft gestaltet wurde, können sie Hersteller oder Händler verklagen. Die Zahl der anhängigen Produkthaftungsklagen beläuft sich jährlich auf über eine Million, die mit Urteilen bis zu 500.000 Dollar Schadenersatz enden können. Diese Praxis hat zu einer wesentlichen Zunahme von Produkt-Rückrufen geführt. General Motors gab mehr als 3,5 Millionen Dollar allein für Postspesen aus, als das Unternehmen 6,5 Millionen Autobesitzer wegen defekter Motorhalterungen benachrichtigen mußte.

Produktgewährleistungen. Viele Hersteller offerieren schriftliche Produktgarantien, um die Kunden von der Qualität ihrer Produkte zu überzeugen. Diese Garantieansprüche sind jedoch oft von bestimmten Voraussetzungen abhängig und in einer Sprache verfaßt, die der Durchschnittskonsument nicht versteht. Allzu oft müssen Konsumenten zur Kenntnis nehmen, daß sie keinen Anspruch auf Kundendienst, Reparaturen und Austausch haben, Ansprüche, die sie beim Kauf für selbstverständlich hielten. Um Kunden zu schützen, verabschiedete der Kongreß 1975 den „Magnuson-Moss Warranty-Federal Trade Commission Improvement Act". Dieses Gesetz schreibt vor, daß vollständige Gewährleistungen bestimmten Mindestanforderungen entsprechen müssen, einschließlich kostenloser Reparaturleistungen „innerhalb eines angemessenen Zeitraumes" sowie ein Recht auf Umtausch oder Rückerstattung des vollen Kaufpreises, wenn das Produkt „nach einer zumutbaren Zahl von Versuchen", es zu reparieren, nicht funktioniert bzw. nicht bestimmungsgemäß einsetzbar ist. Andernfalls muß das Unternehmen klarstellen, daß es nur eine beschränkte Garantie übernimmt. Dieses Gesetz hat mehrere Hersteller veranlaßt, von vollständigen Gewährleistungen auf beschränkte Garantieerklärungen überzugehen und andere Anbieter bewogen, Garantien insgesamt als Marketing-Instrument fallen zu lassen.

Quellen: „Managing the Product Recall," Business Week, Jänner 1975, S. 46–48; Roger A. Kerin und Michael Harvey, „Contingency Planning for Product Recall," MSU Business Topics, Sommer 1975, S. 5–12; „The Guesswork on Warranties," Business Week, 14. Juli 1975, S. 51; und „Unsafe Products: The Great Debate over Blame and Punishment," Business Week, 30. April 1984, S. 96–104.

ZUSAMMENFASSUNG

„Produkt" ist ein komplexer Begriff, der sorgfältig definiert werden muß. Eine Produktstrategie erfordert aufeinander abgestimmte Entscheidungen bezüglich einzelner Artikel, der Produktlinie sowie des Produkt-mix.

Jedes einzelne Produkt, das den Kunden angeboten wird, kann auf drei Ebenen betrachtet werden: Das Kernprodukt ist die wesentliche Leistung, die der Käufer wirklich kauft. Das konkrete Produkt besteht aus den Produkteigenschaften, dem Styling, der Qualität, dem Markennamen und der Verpackung, in der das Produkt zum Verkauf angeboten wird. Bei dem erweiterten Produkt handelt es sich um das konkrete Produkt zuzüglich der verschiedenen Leistungen, die mit ihm angeboten werden, wie z. B. Garantie, Installation, Wartungsdienst und kostenlose Zustellung.

Für die Klassifizierung von Produkten gibt es verschiedene Möglichkeiten. So können beispielsweise alle Produkte nach ihrer Dauerhaftigkeit eingeteilt werden, und zwar in kurzlebige und langlebige Wirtschaftsgüter sowie Dienstleistungen. Konsumartikel werden üblicherweise nach den Einkaufsgewohnheiten der Konsumenten eingeteilt, und zwar in Gewohnheitsartikel, bewußt ausgewählte Waren, Spezialerzeugnisse sowie ungefragte Waren. Investitionsgüter werden nach ihren Kosten klassifiziert und danach, wie sie in den Produktionsprozeß eingehen; und zwar in Materialien und Bestandteile, in Kapitalgüter sowie in Hilfs- und Betriebsstoffe und Dienstleistungen.

Aufgabe der Unternehmen ist es, eine Markenpolitik für die einzelnen Produkte innerhalb ihrer Linien zu entwickeln. Sie müssen entscheiden, ob diese überhaupt mit einer Marke versehen werden sollen, ob mit Hersteller- oder Händlermarken, welches Qualitätsniveau gewählt werden soll, ob es zweckmäßiger ist, eine Markenfamilie zu bilden oder individuelle Markennamen zu benutzen, ob der Markenname auf neue Produkte ausgeweitet werden soll, ob es ratsam ist, verschiedene konkurrierende Marken herauszustellen und ob eine Neupositionierung irgendeiner Marke erforderlich erscheint.

Produkte erfordern auch Verpackungsentscheidungen, um Vorteile wie Schutz, Wirtschaftlichkeit, Bequemlichkeit und Möglichkeiten für absatzfördernde Maßnahmen zu schaffen. Marketer haben ein Verpackungskonzept zu entwickeln und zu erproben, um sicherzustellen, daß damit die gewünschten Ziele erreicht werden und daß sie mit den gesetzlichen Bestimmungen übereinstimmen.

Produkte bedürfen auch der Etikettierung zwecks Identifizierung sowie möglicher Klassifizierung, Beschreibung und Absatzförderung für den Artikel. Die US-Gesetze verpflichten Anbieter, auf dem Etikett bestimmte Mindestauskünfte zu erteilen, um die Verbraucher zu informieren und zu schützen.

Unternehmen haben ferner Serviceleistungen zu entwickeln, die sowohl von den Kunden gewünscht werden als auch wirksam gegen Wettbewerber sind. Das Unternehmen hat über die wichtigsten Serviceleistungen, die angeboten werden sollen, zu entscheiden sowie über deren Niveau und die jeweilige Form. Das Serice-mix kann von einer Kundendienstabteilung koordiniert werden, der die Bearbeitung von Beschwerden sowie die Beseitigung von Mängeln obliegt und die ferner für Kreditservice, Wartungsdienst, technischen Service und Kundeninformation zuständig ist.

Die meisten Unternehmen stellen nicht ein einzelnes Produkt sondern eine Produktlinie her. Eine Produktlinie ist eine Gruppe von Produkten, die bezüglich ihrer Funktionen, der Einkaufsbedürfnisse der Kunden oder hinsichtlich der benutzten Vertriebskanäle miteinander verwandt sind. Jede Produktlinie erfordert eine eigene Produktstrategie. Die Linienausdehnung führt zu der Frage, ob die Linie nach unten, nach oben oder in beide Richtungen erweitert werden sollte. Bezüglich der Linienausfüllung stellt sich die Frage, ob innerhalb des gegenwärtigen Linienbereiches zusätzliche Artikel hinzugefügt werden sollten. Die Produkthervorhebung wirft die Frage auf, welche Artikel zwecks Förderung der Produktlinie herausgestellt werden sollen.

Das Produkt-mix ist die Gesamtheit der Produktlinien und Artikel, die dem Kunden von einem einzelnen Anbieter angeboten werden. Das Produktmix kann bezüglich seiner Breite, Länge, Tiefe und Konsistenz gekennzeichnet werden. Diese vier Dimensionen des Produkt-mix sind die Instrumente für die Entwicklung der Produktstrategie eines Unternehmens.

DISKUSSIONSFRAGEN

1. Inwiefern unterscheidet sich das Klassifizierungssystem für Konsumartikel von dem für Investitionsgüter? Bitte erklären Sie die Unterschiede.
2. Wie würden Sie einen RCA-Videokassetten-Rekorder klassifizieren? Begründen Sie Ihre Meinung.
3. Erläutern Sie die Kernprodukte sowie konkrete und erweiterte Produkte im Zusammenhang mit dem von Ihnen angestrebten College-Diplom.
4. Eine Verpackung kann für ein Produkt einen erheblichen Wertzuwachs bedeuten. Kommentieren Sie diese Aussage.
5. In wievielen Einzelhandelsverkaufsstellen innerhalb eines bestimmten geographischen Gebietes muß jeder einzelne Typ von Konsumartikel angeboten werden, und zwar Gewohnheitsartikel, bewußt ausgewählte Artikel, Spezialartikel, ungefragte Waren.
6. Erklären Sie, inwiefern Konsumenten und Marketer von der Benutzung von Markennamen profitieren.
7. Einige der teuersten und am ausführlichsten diskutierten Änderungen von Markennamen in den letzten Jahre waren die von ENCO (ESSO) in EXXON, von Bank Americard in VISA und von Datsun in Nissan. Warum haben Ihrer Meinung nach diese Unternehmen die Änderungen vorgenommen?
8. Nennen Sie einige Beispiele dafür, wie Unternehmen bei der Produktlinienausdehnung vorgegangen sind.

SCHLÜSSELBEGRIFFE

Marke *(Brand):* Ein Name, Ausdruck, Zeichen, Symbol oder Design oder eine Kombination davon, die zur Identifizierung der Güter oder Dienstleistungen eines Anbieters oder einer Gruppe von Anbietern bestimmt ist und diese gegenüber jenen der Wettbewerber differenzieren soll.

Markenzeichen *(Brand mark):* Jener Teil einer Marke, der wiedererkannt aber sprachlich nicht ausgedrückt werden kann, wie z. B. ein Symbol, ein Design oder eine bestimmte Farbkombination oder Schreibweise. Beispiele hierfür sind das Playboy-Häschen und der Metro-Goldwyn-Mayer-Löwe.

Markenname *(Brand name):* Jener Teil einer Marke, der vokalisiert werden kann – der sprachlich ausdrückbare, wie z. B. Avon, Chevrolet, Tide, Disneyland, American Express und UCLA.

Kapitalgüter *(Capital items):* Investitionsgüter, die teilweise in das Fertigprodukt eingehen, sie umfassen Anlagen und Zusatzausstattung.

Konsumartikel *(Consumer goods):* Jene Produkte, die vom Letztverbraucher für den persönlichen Konsum gekauft wurden.

Gewohnheitsartikel *(Convenience goods):* Konsumgüter, die der Konsument üblicherweise häufig, unverzüglich und mit einem minimalen Vergleichs- und Einkaufsaufwand erwirbt.

Urheberrecht *(Copyright):* Das exklusive, gesetzlich geschützte Recht, Inhalt und Form literarischer, musikalischer oder künstlerischer Werke zu reproduzieren, zu veröffentlichen und zu verkaufen.

Langlebige Wirtschaftsgüter *(Durable goods):* Greifbare Produkte, die üblicherweise oftmalige Verwendungsanlässe überstehen.

Investitionsgüter *(Industrial goods):* Güter, die von Einzelpersonen und Organisationen zum Zwecke der Weiterverarbeitung oder zur Durchführung eines Geschäftes erworben werden.

Materialien und Bestandteile *(Materials and parts):* Investitionsgüter, die vollständig in das Produkt des Herstellers eingehen, einschließlich Rohstoffe, bearbeitete Materialien und Bestandteile.

Kurzlebige Wirtschaftsgüter *(Nondurable goods):* Greifbare Waren, die üblicherweise anläßlich einer oder weniger Konsumgelegenheiten verbraucht werden.

Verpackung *(Packaging):* Die Aktivitäten zur Gestaltung und Herstellung des Behälters und der Umhüllung für ein Produkt.

Produkt *(Product):* Alles, was einem Markt zwecks Erlangung von Aufmerksamkeit, zum Erwerb, zum Gebrauch oder Verbrauch angeboten werden kann und geeignet ist, Wünsche und Bedürfnisse zu befriedigen. Dazu gehören materielle Gegenstände, Dienstleistungen, Personen, Orte, Organisationen und Ideen.

Produktlinie *(Product line):* Eine Gruppe von Produkten, die eng miteinander verwandt sind, sei es, daß sie eine Aufgabe in der gleichen Weise erfüllen, daß sie an dieselben Kundengruppen verkauft oder über die gleichen Arten von Verkaufsstellen vertrieben werden oder in die gleiche vorgegebene Preisklasse fallen.

Produkt-mix *(Product mix):* Die Gesamtheit aller Produktlinien und Artikel, die ein bestimmter Anbieter Kunden zum Verkauf offeriert.

Dienstleistungen *(Services):* Aktivitäten, Vorteile oder Befriedigungswerte, die zum Verkauf angeboten werden. Sie sind meist nicht gegenständlicher Art und begründen auch kein Eigentum an irgendetwas.

Shopping goods: Konsumartikel, die der Kunde üblicherweise in einem Auswahl- und Kaufprozeß bezüglich Eignung, Qualität, Preis und Mode vergleicht.

Spezialerzeugnisse *(Specialty goods):* Konsumartikel mit einzigartigen Merkmalen oder Markenkennzeichnungen, für die eine signifikante Gruppe von Käufern bereit ist, besondere Einkaufsanstrengungen auf sich zu nehmen.

Hilfs- und Betriebsstoffe und Dienstleistungen *(Supplies and services):* Investitionsgüter, die überhaupt keinen Eingang in das Fertigprodukt finden.

Warenzeichen *(Trademark):* Eine gesetzlich geschützte Marke oder ein Teil einer Marke – sie schützt die Exklusivrechte des Anbieters, den Markennamen oder das Markenzeichen zu benutzen.

Nicht gefragte Artikel *(Unsought goods):* Konsumartikel, die der Verbraucher entweder nicht kennt oder die er zwar kennt, aber normalerweise nicht daran denkt, sie zu kaufen.

FUSSNOTEN

1. Basierend auf Informationen, die enthalten sind in Bess Gallanis, „New Strategies Revive the Rose's Fading Bloom," Advertising Age, 27. Februar 1984, S. M9–M11; Annette Green, „Passion Fits the Product Mix," Advertising Age, 27. Februar 1984, S. M12; „What Lies Behind the Sweet Smell of Success," Business Week, 27. Februar 1984, S. 139–143; und in anderen Quellen.
2. Vgl. hierzu: Marketing Definitions: A Glossary of Marketing Terms, zusammengestellt durch das Committee on Definitions of the American Marketing Association (Chicago: American Marketing Association, 1960).
3. Theodore Levitt, The Marketing Mode (New York: McGraw-Hill, 1969), S. 2.
4. Diese drei Definitionen sind enthalten in „Marketing Definitionen," a.a.O.
5. Die ersten drei Definitionen sind enthalten in „Marketing Definitionen," a.a.O.
6. Die ersten vier Definitionen sind enthalten in „Marketing Definitionen," a.a.O.
7. Vgl. hierzu Frances Dunne, „Private Labels Are No Secret Anymore," Advertising Age, 25. Juli 1983, S. M30.
8. Für weitere Beispiele wird verwiesen auf „Name Game," Time, 31. August 1961, S. 41–42.
9. Vgl. hierzu Bess Gallanis, „Positioning Old Products in New Niches," Advertising Age, 3. Mai 1984, S. M50; und „Marketers Should Consider Restaging Old Brands Before Launching New Ones," Advertising Age, 10. Dezember 1982, S. 5.
10. Walter Stern, „A Good Name Could Mean a Brand of Fame," Advertising Age, 17. Januar 1983, S. M53–M54.
11. Stern, „A Good Name," S. M53.
12. Charles A. Moldenhauer, „Packaging Designers Must Be Cognizant of Right Cues If the Consumer Base Is to Expand," Marketing News, 30. März 1984, S. 14; und Elliot C. Young, „Judging a Package by Its Cover," Madison Avenue, August 1983, S. 17.
13. Moldenhauer, a.a.O., S. 14.
14. Für weitere Beispiele darüber, wie Unternehmen den Kundendienst als Marketinginstrument eingesetzt haben, wird verwiesen auf „Making Service a Potent Marketing Tool," Business Week, 11. Juni 1984, S. 164–70.
15. Vgl. hierzu Benson P. Shapiro, Industrial Product Policy: Managing the Existing Product Line (Cambridge, MA: Marketing Science Institute, September 1977), S. 9–10.
16. Diese Definition ist enthalten in „Marketing Definitions," a.a.O.

Courtesy RCA

10. KAPITEL

Produktentwicklung: Entwicklung neuer Produkte und Produkt-Lebenszyklus-Strategien

LERNZIELE DIESES KAPITELS

Nachdem Sie dieses Kapitel gelesen haben, sollten Sie in der Lage sein:

1. die Entwicklungsstufen neuer Produkte aufzuzählen und zu definieren;
2. zu erklären, wie Unternehmen Ideen für neue Produkte finden und entwickeln;
3. die Abschnitte im Produkt-Lebenszyklus zu erklären;
4. darüber zu diskutieren, wie sich Marketing-Strategien während des Lebenszyklus eines Produktes ändern.

Im Februar 1981 führte RCA offiziell sein Produkt des Jahrhunderts ein, den SelectaVision Videodisc-Player – begleitet von großen Hoffnungen und unterstützt von 5000 Einzelhandelsgeschäften und 22 Millionen Dollar Werbeaufwand. Die Untersuchungen von RCA ergaben, daß ungefähr 2,4 Millionen Personen bereit waren, dieses Geräte zu kaufen, und das Unternehmen legte im Vertrauen darauf die Umsatzvorschau auf bescheidene 200.000 Geräte fest. Das Unternehmen traf Vorkehrungen, mehr als 500.000 Geräte im Jahr produzieren zu können und war überzeugt, daß es alle SelectaVision-Geräte, die es in der Lage sei herzustellen, auch verkaufen könne.

Der Videodisc-Player ist das visuelle Gegenstück des Plattenspielers. Der Käufer kann den Player an ein Fernsehgerät anschließen, eine Videodisc einlegen und sich den neuesten Film, ein Kinderprogramm, ein kulturelles Ereignis oder ein „how-to"-Programm, wie z. B. Dr. Spock über Kinderpflege, anschauen. Das SelectaVision-Gerät wurde zuerst für etwa 500 Dollar verkauft und für die Discs wurden Preise zwischen 15 und 30 Dollar festgelegt. RCA war sicher, einen Renner zu besitzen.

Jedoch am Ende des ersten Jahres hatte RCA lediglich 65.000 Geräte verkauft, bis Mitte 1984 waren es selbst nach drastischen Preissenkungen nur insgesamt 500.000 Geräte. Im April 1984 verkündete RCA, daß es den Videodisc-Markt verlassen hat und schluckte einen erschütternden Verlust in Höhe von 580 Millionen Dollar.

Warum wurde das neue Produkt von RCA ein Fehlschlag? Zum Teil verfielen die Leute von RCA in die Denkweise der „besseren Mausefalle" – sie wurden von ihren eigenen Träumen gefangengenommen und dachten, die Konsumenten würden von ihrer Erfindung genauso begeistert sein wie sie selbst. Dieser Fehler führte zu übertriebenen Umsatzprognosen und hielt RCA noch lange im Videodisc-Geschäft, selbst als spätere Vorhersagen weniger verheißungsvoll klangen. Zweitens mißdeutete RCA die Wünsche der Konsumenten. Das Videodisc-Gerät ermöglichte lediglich ein Playback. Die Eigentümer konnten es nicht für die Aufzeichnung von Fernsehprogrammen benutzen oder damit ihre Familie aufnehmen. Diese Möglichkeiten wurden von SelectaVision's primären Konkurrenten – den Videokassetten-Rekordern – sehr wohl geboten.

RCA rechnete damit, daß die Konsumenten wegen der niedrigeren Geräte- und Discpreise eher SelectaVision statt Videokassetten-Rekorder kaufen würden. Im Jahre 1981 wurden diese zu Preisen zwischen 600 und 2000 Dollar verkauft, die dazugehörigen Bänder kosteten damals zwischen 50 und 70 Dollar. Die RCA-Manager gingen des weiteren davon aus, daß die Preise für VCR-Geräte und -Bänder nur allmählich fallen würden. Das war ihr dritter Fehler – die unzutreffende Vorhersage künftiger technologischer VCR-Verbesserungen und deren Vermarktungsstrategien im Hinblick auf den Wettbewerb. Bis 1984 hatten rasche Technologieverbesserungen bewirkt, daß die VCR-Preise auf unter 500 Dollar fielen. Darüber hinaus wurde RCA von dem schnellen Anwachsen des Videokassetten-Verleihmarktes überrascht. Das Ausleihen von Videokassetten wurde immer beliebter. Die Konsumenten konnten sich in der nächstgelegenen Videothek für ein bis drei Dollar den gewünschten Film ausleihen, einmal ansehen und ihn wieder zurückbringen, ohne ihn kaufen zu müssen.

Diese Möglichkeit senkte die Softwarekosten für Videokassetten-Rekorder erheblich unter jene für Videodisc-Players. Als die Konsumenten ihre Stimmen auf dem Markt abgaben, gingen die Videokassetten-Rekorder als eindeutige Gewinner hervor. Bis 1984 hatten die Amerikaner mehr als acht Millionen VCR-Geräte gekauft gegenüber nur 800.000 Videodisc-Playern.

Die Einführung eines neuen Produktes ist stets riskant. Bei Videodisc-Playern und anderen neuen technologischen Produkten – wie Personalcomputer, Videorekorder, Videospiele – liegt das Risiko sogar noch höher. Der Marketer muß in seine Überlegungen mögliche Verbraucherreaktionen gegenüber dem neuen Produkt, Reaktionen der Wettbewerber, künftige technologische Entwicklungen, Umfeldkonsequenzen und viele andere Faktoren einbeziehen. Wie RCA und viele andere Unternehmen nur zu gut wissen, können Mißerfolge mit neuen Produkten sehr kostspielig sein.[1]

Ein Unternehmen muß bei der Entwicklung neuer Produkte geschickt vorgehen. Angesichts sich ständig wandelnder Faktoren wie Geschmacksrichtungen, Technologien und Konkurrenz muß es auch umsichtig bei der Führung der Produkte vorgehen. Es scheint, daß jedes Produkt einen Lebenszyklus durchläuft – es wird geboren, durchläuft mehrere Phasen und stirbt eventuell, weil jüngere Produkte aufkommen, die den Bedürfnissen der Verbraucher besser dienen.

Dieser Produkt-Lebenszyklus enthält zwei wichtige Herausforderungen:

1. Da bei allen Produkten die Möglichkeit besteht, daß sie rückläufig werden, muß das Unternehmen neue Produkte finden, um alternde zu ersetzen (das Problem der Entwicklung neuer Produkte).
2. Das Unternehmen muß wissen, auf welcher Altersstufe sich das Produkt befindet und seine Marketing-Strategien dem jeweiligen Abschnitt im Lebenszyklus anpassen, den das Produkt gerade durchläuft (das Problem der Produkt-Lebenszyklus-Strategien).

Wir richten unsere Aufmerksamkeit zuerst auf das Problem des Findens und Entwickelns neuer Produkte und anschließend auf die Frage, wie man sie erfolgreich durch alle Phasen ihres Lebenszyklus führt.

STRATEGIE DER ENTWICKLUNG NEUER PRODUKTE

Angesichts rascher Veränderungen des Geschmacks, der Technologie sowie der Wettbewerbssituation kann sich ein Unternehmen nicht allein auf seine bereits existierenden Produkte verlassen. Die Kunden wünschen und erwarten neue und verbesserte Produkte. Der Wettbewerb wird sein möglichstes tun, sie zur Verfügung zu stellen. Jedes Unternehmen benötigt ein Programm für die Entwicklung neuer Produkte. Ein Experte schätzt, daß die Hälfte der Gewinne aller US-Firmen aus Produkten stammt, die vor zehn Jahren noch nicht einmal existiert haben.[2]

Ein Unternehmen kann auf zweierlei Weise zu neuen Produkten gelangen. Eine Möglichkeit besteht darin, durch Akquisition – den Kauf eines ganzen Unternehmens, eines Patentes oder einer Lizenz – ein bestimmtes Produkt herzustellen. Da die Kosten für die Entwicklung und Einführung eines bedeutenden neuen Produktes im Jahre 1986 die Summe von 100 Millionen Dollar erreicht hatten, beschlossen viele große Unternehmen, eher bestehende Marken zu akquirieren als neue zu schaffen. So übernahm Procter & Gamble Richardson-Vicks, R. J. Reynolds kaufte Nabisco und Philip Morris akquirierte General Foods.[3]

Das Unternehmen kann aber auch neue Produkte durch **Neuentwicklungen** erlangen, indem es eine eigene Abteilung für Forschung und Entwicklung errichtet. Mit neuen Produkten sind ursprüngliche Produkte, Produktverbesserungen und Produktänderungen gemeint, sowie neue Marken, die das Unternehmen durch seine eigenen Forschungs- und Entwicklungsanstrengungen gestaltet. In diesem Kapitel werden wir uns auf die Entwicklung neuer Produkte konzentrieren.

Innovation kann sehr riskant sein. Ford verlor mit seinem Edsel 350 Millionen Dollar, RCA mußte mit seinem SelectaVision Videodisc-Player den enormen Verlust von 580 Millionen Dollar hinnehmen. Das Abenteuer von Xerox auf dem Computermarkt endete mit einer Katastrophe, und das Britisch-Französische Concorde-Flugzeug wird niemals die investierten Mittel wieder einfliegen. Im folgenden werden einige Konsumartikel aufgezählt, die von modern geführten Unternehmen auf den Markt gebracht worden sind und sich als Fehlschlag erwiesen haben:

- Red Kettle soup (Campbell)
- Cue toothpaste (Colgate)
- Flavored ketchups (Hunt)
- Nine Flags men's cologne (Gillette)
- Vim tablet detergent (Lever)
- Post dried fruit cereal (General Foods)
- Resolve analgesic (Bristol-Myers)
- Mennen E deodorant (Mennen)

Eine Studie ergab, daß sich die Mißerfolgsquote für neue Produkte auf 40 Prozent bei Konsumartikeln belief, auf 20 Prozent bei Investitionsgütern und 18 Prozent bei Dienstleistungen.[4] Eine kürzlich durchgeführte Untersuchung bei 700 Konsum- und Investitionsgüter-Unternehmen ergab eine Gesamterfolgsquote für neue Produkte von lediglich 65 Prozent.[5]

Warum erweisen sich so viele neue Produkte als Fehlschlag? Dafür gibt es verschiedene Gründe. Ein Top Manager kann beispielsweise trotz unzulänglicher Marketing-Forschungsergebnisse eine von ihm favorisierte Idee durchsetzen; oder die Idee ist zwar gut, aber die Größe des Marktes wurde überschätzt. Denkbar ist ferner, daß das konkrete Produkt nicht so gut gestaltet wurde wie es hätte sein sollen. Es könnte auch im Markt falsch positioniert, preislich zu hoch angesetzt oder zu wenig umworben worden sein. Mitunter sind die Kosten der Produktentwicklung höher als vorgesehen, oder die Konkurrenten schlagen härter als erwartet zurück.

Die Unternehmen stehen somit vor einem Problem – sie müssen neue Produkte entwickeln, obwohl die Risiken sehr hoch sind. Die Lösung liegt in einer effizienten Neuproduktplanung und in der Gestaltung eines systematischen Entwicklungsprozesses zur Findung und Schaffung neuer Produkte. Die wichtigsten Schritte in diesem Prozeß werden in Abbildung 10-1 gezeigt und anschließend beschrieben.

Ideengewinnung

Neuproduktentwicklung beginnt mit der **Gewinnung von Ideen,** das heißt mit der systematischen Suche nach neuen Ideen. Üblicherweise muß ein Unternehmen viele Ideen hervorbringen, um einige brauchbare zu gewinnen. Die Suche nach Ideen für neue Produkte sollte systematisch und nicht zufällig erfolgen. Andernfalls wird das Unternehmen zwar viele gute Ideen finden, aber die meisten davon werden für seine Geschäftstätigkeit ungeeignet sein. Ein Unternehmen gab beispielsweise mehr als eine Million Dollar für die Entwicklung eines neuen Produktes aus, das dann vom Top-Management abgelehnt wurde, weil es in diesen Geschäftsbereich nicht eintreten wollte.

FIGURE 10–1
Major Stages in New-Product Development

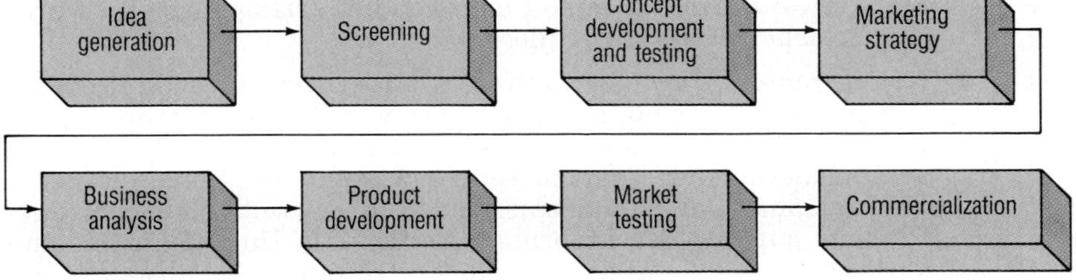

ABBILDUNG 10-1
Die wichtigsten Phasen bei der Entwicklung neuer Produkte

Diese Art Mißverständnis kann die Unternehmensleitung durch eine sorgfältige Definition seiner Entwicklungsstrategie für neue Produkte vermeiden. Die Strategie sollte festlegen, welchen Produkten und Märkten der Vorzug zu geben ist. Darüber hinaus ist festzulegen, was sich das Unternehmen von seinen neuen Produkten erwartet, einen hohen Cash-flow oder Marktanteil, oder ob es andere Ziele anstrebt. Schließlich sollte die Strategie angeben, welche Aufwandshöhe der Entwicklung ursprünglicher Produkte, der Veränderung bestehender und der Nachahmung von Wettbewerbserzeugnissen gewidmet ist.

Um einen ständigen Fluß von Ideen für neue Produkte zu erlangen, muß das Unternehmen viele Ideenquellen anzapfen. Als wichtigste Ideenquellen für neue Produkte gelten:

- *Interne Quellen:* In einer Untersuchung wurde herausgefunden, daß mehr als 55 Prozent aller Ideen für neue Produkte innerhalb des Unternehmens hervorgebracht werden.[6] Das Unternehmen kann neue Ideen über formale Forschung und Entwicklung finden; es kann seine Wissenschaftler, Ingenieure und Mitarbeiter im Produktionsbereich aktivieren. Das Top-Management eines Unternehmens könnte aber auch durch Brainstorming zu neuen Ideen kommen. Die Außendienstmitarbeiter der Firma sind ebenfalls eine ergiebige Quelle, da sie im täglichen Kontakt mit den Kunden stehen.
- *Kunden.* Fast 28 Prozent aller Ideen für neue Produkte werden durch Beobachtung und aufmerksames Zuhören beim Kunden gewonnen. Die Bedürfnisse und Wünsche der Konsumenten lassen sich durch Verbrauchererhebungen feststellen. Das Unternehmen kann Kundenanfragen und -beschwerden auswerten, um neue Produkte zu finden, mit denen Verbraucherprobleme besser gelöst werden können. Ingenieure und Außendienstmitarbeiter können sich mit Kunden zusammensetzen, um Vorschläge zu erhalten. Die Video Products Division der Firma General Electric läßt seine Entwicklungsingenieure mit Endverbrauchern sprechen, um Ideen für neue Heimelektronikprodukte zu bekommen. National Steel verfügt über ein Produkt-Anwendungs-Center, in dem Ingenieure des Unternehmens mit Kunden zusammenarbeiten, um Bedürfnisse zu entdecken, die zu neuen Produkten führen könnten.[7] Schließlich kreieren Kunden selbst neue Produkte, und Firmen könnten daraus Nutzen ziehen, indem sie diese Produkte auffinden und auf den Markt bringen. Pillsbury erhält vielversprechende neue Rezepte durch sein jährliches „Bake-Off" – eine von Pillsbury's vier „Cake-mix-Linien" und verschiedene Variationen anderer Produktlinien stammen aus Rezepten von „Bake-Off"-Gewinnern. Ungefähr ein Drittel der Software, die IBM für seine Computer zur Verfügung stellt, wurde von firmenexternen Anwendern entwickelt.[8]
- *Konkurrenten.* Ungefähr 27 Prozent aller Ideen für neue Produkte haben ihren Ursprung in der Analyse von Wettbewerbsprodukten. Ein Unternehmen kann neue Konkurrenz-Produkte kaufen, sie auseinandernehmen, um zu sehen, wie sie funktionieren, ihren Verkauf analysieren und entscheiden, ob es selbst ein derartiges Produkt auf den Markt bringen sollte. Das Unternehmen kann darüber hinaus Anzeigen und andere Kommunikationsmittel der Konkurrenz beobachten, um Anhaltspunkte über deren neuen Produkte zu gewinnen.

Der Backwettbewerb der Firma Pillsbury verstärkt die Konsumentenakzeptanz und führt gelegentlich zu neuen Produktideen. Mit freundlicher Genehmigung der Pillsbury Company.

- *Händler und Lieferanten.* Wiederverkäufer befinden sich dicht am Markt und können Informationen über Verbraucherprobleme und mögliche neue Produkte weitergeben. Lieferanten können dem Unternehmen über neue Konzeptionen, Techniken und Materialien berichten, die für die Entwicklung neuer Produkte verwendbar sind.
- *Andere Quellen.* Weitere Ideenquellen umfassen Fachzeitschriften, Ausstellungen und Seminare sowie Behörden, Berater für neue Produkte, Werbeagenturen, Marketing-Forschungsfirmen, ferner Universitäts- sowie kommerziell betriebene Labors und schließlich Erfinder (vgl. hierzu Beispiel 10-1).

Ideen-(Vor-)Auswahl

Die Gewinnung von Ideen bezweckt, eine große Anzahl von Ideen zu entwickeln. In den darauffolgenden Phasen wird beabsichtigt, die Zahl der Ideen wieder zu verringern. Die erste Phase der Ideenreduzierung ist die **Ideen-Vorauswahl.**

Die Aufgabe der Vorauswahl ist darin zu sehen, gute Ideen herauszufiltern und weniger aussichtsreiche so früh wie möglich fallenzulassen. Die Kosten der Produktentwicklung steigen in den

BEISPIEL 10-1
Ausgefallene neue Ideen – Laßt sie kommen

Es gibt keinen Mangel an ausgefallenen Ideen. Burt Schulman, der bei IBM arbeitet, hat in seiner Freizeit eine Reihe von Dingen erfunden: einen Apparat, der den Rauch aus dem Gesicht jener Leute bläst, die mit Lötkolben arbeiten; ein Weckerradio, das spürt, wenn es zu schneien oder zu regnen anfängt und den Schlafenden dann früher als üblich weckt; eine kleine Maschine, die Managern, die vor allem am Schreibtisch sitzen, den Kreislauf verbessert, indem sie deren Füße fortwährend bewegt; ein Gerät, das es Autofahrern ermöglicht, frische Luft zu atmen, während sie in Verkehrsstaus stecken; eine Ultraschallpinzette für die ständige Entfernung von Haarwurzeln und eine Jogging-Maschine, die auf dem Rücken des Joggers angebracht wird und ihm helfen soll, zwanzig Meilen pro Stunde zu laufen. Leider war keiner dieser Ideen großer kommerzieller Erfolg beschieden.

Gelegentlich ist eine ausgefallene Idee brauchbar. Stellen Sie sich Kontaktlinsen für Hühner vor! Robert Garrison erfand sie anläßlich der Zusammenarbeit mit dem Eigentümer einer großen Hühnerfarm in Oregon. Im Jahre 1978 gab es 470,8 Millionen Hühner, und die großen Farmen hielten jeweils mehr als 10.000 Stück. Die Hühnerzucht für die Eierproduktion ist ein großes Geschäft, und eine Vorrichtung, die die Hühner davon abhält, daß sie ständig aufeinander einhacken, und dadurch bewirkt, daß sie sich auf das Fressen und Eierlegen konzentrieren, ist ein nützliches Produkt. Der Hühnerkamm und die Kopfhaltung signalisieren den Hackbefehl. Wenn die Hühner die Kämme nicht sehen, wird der Kannibalismus unter ihnen größtenteils verhindert. Wenn die Hühner Kontaktlinsen tragen, wird ihre Sichtweite auf 30 cm beschränkt, und sie können den Kamm eines anderen Huhns nicht mehr erkennen. Die Kontaktlinse löst auch das Problem jener Hühner, die es aufgrund der sozialen Ordnung unter den Hühnern schwer haben, zum Futtertrog zu gelangen. Da die Hühnerfarmen zwecks Vermeidung von Kannibalismus bereits Geld für die Entschärfung von Schnäbeln ausgeben, was häufig Traumata bewirkt, wird der Aufwand für die Einführung von Kontaktlinsen auf lange Sicht Geld einsparen helfen.

Wer weiß, was als nächstes kommen wird? Ein empfängnisverhütendes Futter für Haustiere, um die Zahl der Katzen niedrig zu halten? Lachen Sie nicht. Die Carnation Company in Los Angeles arbeitet bereits daran.

Quelle: „Burt Shulman" wird beschrieben in Richard Severs, „... or Jogger Huff Puffing: It's a Gas," Chicago Tribune, 7. Jänner 1979. Der Beitrag „Contact lenses for chickens" wurde übernommen von Darral G. Clarke, „Optical Distortion, Inc.," in Problems in Marketing, Herausgeber Steven H. Star und andere (New York: McGraw-Hill, 1977), S. 530–50.

späteren Phasen erheblich. Aus diesem Grunde ist das Unternehmen bestrebt, nur jene Ideen weiterzuentwickeln, die zu gewinnbringenden Produkten führen können.

Die meisten Unternehmen verlangen von ihren Managern, Ideen für neue Produkte auf einem Standardformular zu beschreiben, damit sie von einem für neue Produkte zuständigen Komitee überprüft werden können. Auf diesen Formblättern skizzieren die Manager das Produkt, die Zielgruppe sowie den Wettbewerb; außerdem nehmen sie

Grobschätzungen über die Marktgröße vor, den Preis des Produktes sowie über Entwicklungszeit und Entwicklungsaufwand, Herstellkosten und über die „rate of return". Darüber hinaus beantworten sie folgende Fragen:

1. Ist die Idee für unser Unternehmen geeignet?
2. Paßt sie gut zu den Unternehmenszielen und -strategien?
3. Verfügen wir über das erforderliche Personal sowie über die notwendigen Fertigkeiten und Ressourcen, um das Produkt zum Erfolg zu führen?

Viele Unternehmen verfügen über gut durchdachte Systeme für die Beurteilung und Vorauswahl von Ideen für neue Produkte.[9]

Konzeptentwicklung und Erprobung (Testing)

Jene vorausgewählten Ideen müssen nunmehr zu Produktkonzepten weiterentwickelt werden. Es ist wichtig, zwischen einer Produktidee, einem Produktkonzept und einem Produktimage zu unterscheiden. Die **Produktidee** ist die Vorstellung von einem möglichen Produkt, das vom Unternehmen am Markt angeboten werden könnte. Das **Produktkonzept** ist eine ausführliche Darstellung der Produktidee, ausgedrückt mit Begriffen, die für den Kunden sinnvoll sind. Das **Produktimage** ist die Art und Weise, wie sich Konsumenten ein bestehendes oder potentielles Produkt vorstellen.

Konzeptentwicklung

Angenommen, ein Autofabrikant findet heraus, wie ein Elektroauto konstruiert werden muß, das eine Höchstgeschwindigkeit von 60 Meilen/Stunde erreicht und 80 Meilen weit fahren kann, ehe es wieder aufgeladen werden muß. Der Hersteller schätzt, daß die Betriebskosten dieses Elektroautos ungefähr halb so hoch sind wie die herkömmlicher Fahrzeuge.

Das ist die Produktidee. Die Kunden kaufen jedoch keine Produktidee; sie kaufen ein Produktkonzept. Die Aufgabe des Marketers besteht darin, diese Idee zu alternativen Produktkonzepten weiterzuentwickeln, herauszufinden, wie attraktiv jedes Konzept für die Kunden ist und das beste auszuwählen.

Folgende Produktkonzepte können für das Elektroauto erarbeitet werden:

- *Konzept 1:* Ein billiges, äußerst kompaktes, als zweites Familienauto konstruiertes Fahrzeug, das von Hausfrauen für kurze Einkaufsfahrten benutzt wird. Es ist ideal, um Lebensmittel einzuladen und Kinder zu transportieren. Außerdem ist es leicht, in das Auto einzusteigen.

Ein Prototyp eines Elektroautos. Dieses Auto hat eine Spitzengeschwindigkeit von 60 Meilen und eine Reichweite von 80 Meilen im Stadtverkehr. Donald Dietz/Stock, Boston.

- *Konzept 2:* Ein mittelgroßes Auto, konstruiert als Allzweck-Familienauto in der mittleren Preiskategorie.
- *Konzept 3:* Ein sportliches, kompaktes Fahrzeug der mittleren Preisklasse, das bei jungen Leuten Anklang findet.
- *Konzept 4:* Ein preiswertes, einfach konstruiertes Fahrzeug, das gewissenhafte Käufer anspricht, die einfache Beförderung, niedrige Treibstoffkosten und geringe Umweltverschmutzung verlangen.

Konzepterprobung

Die **Erprobung** erfordert die Durchführung von Tests mit einer Gruppe von Zielkunden. Hier ist Konzept Nr. 1:

> *Ein leistungsfähiges, elektrisch betriebenes, äußerst kompaktes, viersitziges Auto, das Spaß beim Fahren macht. Großartig geeignet für Fahrten zum Einkaufen und zum Besuch von Freunden; die Kosten sind halb so hoch wie die eines vergleichbaren benzinbetriebenen Autos; die Höchstgeschwindigkeit beträgt 60 Meilen/Stunden, und erst nach 80 Meilen muß neu aufgeladen werden; der Preis liegt bei 8000 Dollar.*

Die Konsumenten werden gebeten, auf dieses Konzept anhand der in Tabelle 10-1 enthaltenen Fragen zu reagieren. Die Antworten werden das Unternehmen bei der Entscheidung unterstützen, welches Konzept über die größte Anziehungskraft verfügt. So zielt beispielsweise die letzte Frage auf die Kaufabsicht des Konsumenten. Angenommen, zehn Prozent der Befragten sagten, daß sie „definitiv" kaufen würden, und weitere fünf Prozent meinten „vielleicht". Das Unternehmen würde diese Angaben auf die Bevölkerungsgröße einer

Zielgruppe projizieren, um das Verkaufsvolumen abzuschätzen. Diese Schätzung würde allerdings unsicher sein, da die Leute ihre geäußerten Absichten nicht immer auch in die Tat umsetzen.[10]

TABELLE 10-1
Fragen in einem Konzept-Test für ein Elektroauto

1. Ist das Konzept für ein Elektroauto klar für Sie?
2. Was betrachten Sie bei einem Elektroauto im Vergleich zu einem konventionellen Wagen als deutliche Vorteile?
3. Halten Sie die Behauptungen über die Leistungsfähigkeit des Elektroautos für glaubhaft?
4. Würde ein Elektroauto einem ihrer echten Bedürfnisse entsprechen?
5. Welche Verbesserungen können Sie bezüglich der vielen Eigenschaften eines Elektroautos vorschlagen?
6. Wer würde in eine mögliche Kaufentscheidung involviert werden, und wer würde das Auto benutzen?
7. Wie hoch sollte Ihrer Meinung nach der Preis für ein Elektroauto sein?
8. Würden Sie ein Elektroauto einem konventionellen Auto vorziehen? Für welchen Zweck?
9. Würden Sie ein Elektroauto kaufen? (Bestimmt, vielleicht, wahrscheinlich nicht, bestimmt nicht)

Entwicklung der Marketing-Strategie

Angenommen, das Konzept 1 für das Elektroauto schneidet beim Test am besten ab. Der nächste Schritt besteht dann in der **Entwicklung der Marketing-Strategie.** Hierbei geht es um das Entwerfen einer ersten Konzeption, um dieses Auto am Markt einzuführen.

Die Darstellung der Marketing-Strategie besteht aus drei Teilen. Der erste Teil beschreibt den Zielmarkt, die geplante Produktpositionierung sowie die Verkaufs-, Marktanteils- und Gewinnziele für die ersten Jahre. Für das Elektroauto könnte dieser Teil wie folgt aussehen:

> *Der Zielmarkt besteht aus Haushalten, die ein zweites Auto für Fahrten zum Einkaufen und zum Besuch von Freunden benötigen. Das Auto wird positioniert als Fahrzeug, das in der Anschaffung und im Betrieb wirtschaftlicher ist, und das größeres Fahrvergnügen bereitet als die derzeit am Markt erhältlichen Wagen. Das Unternehmen zielt darauf ab, im ersten Jahr 500.000 Autos mit einem Verlust von nicht mehr als drei Millionen Dollar zu verkaufen. Das Umsatzziel im zweiten Jahr liegt bei 700.000 Autos und einem Gewinn von fünf Millionen Dollar.*

Der zweite Teil der Marketing-Strategie skizziert den geplanten Preis des Produktes, die beabsichtigte Distribution sowie das Marketing-Budget für das erste Jahr.

> *Das elektrische Auto wird in drei Farben angeboten werden und auf Wunsch mit Klimaanlage und Servo-Lenkung ausgestattet. Es wird zu einem Einzelhandelspreis von 8000 Dollar und mit einem Händlerrabatt von 15 Prozent auf den Listenpreis verkauft. Händler, die mehr als zehn Autos pro Monat verkaufen, erhalten einen zusätzlichen Nachlaß von fünf Prozent auf jedes Auto, das in diesem Monat verkauft wurde. Ein*

Werbebudget von zehn Millionen Dollar wird im Verhältnis von 50 : 50 zwischen Überregionaler und lokaler Werbung aufgeteilt. Die Werbung wird die Wirtschaftlichkeit des Autos und das Vergnügen, ihn zu fahren, betonen. Während des ersten Jahres werden 100.000 Dollar für die Marketing-Forschung ausgegeben, um herauszufinden, wer das Auto kauft und wie zufrieden die Käufer damit sind.

Der dritte Teil der Marketing-Strategie-Darstellung beschreibt die geplanten langfristigen Umsatz- und Gewinnziele und die künftige Marketing-Mix-Strategie.

Das Unternehmen beabsichtigt, einen langfristigen Marktanteil in Höhe von sechs Prozent des gesamten Automarktes zu erobern und eine Kapitalverzinsung von 15 Prozent nach Steuern zu erwirtschaften. Um dieses Ziel zu erreichen, wird das Auto mit einer hohen Produktqualität ausgestattet, die im Laufe der Zeit noch verbessert werden soll. Falls es der Wettbewerb erlaubt, soll der Preis im zweiten und dritten Jahr angehoben werden. Das gesamte Werbebudget wird jedes Jahr um ungefähr 10 Prozent erhöht. Die Ausgaben für die Marketing-Forschung werden nach dem ersten Jahr auf 60.000 Dollar jährlich reduziert.

Wirtschaftlichkeitsanalyse

Sobald das Management über das Produktkonzept und die Marketing-Strategie entschieden hat, kann es die Wirtschaftlichkeit des Vorschlages bewerten. Eine Wirtschaftlichkeitsanalyse umfaßt die Überprüfung der geplanten Umsätze, Kosten und Gewinne, um herauszufinden, ob diese den Zielen des Unternehmens hinreichend Rechnung tragen. Wenn dieses der Fall ist, gelangt das Produkt in die Entwicklungsphase.

Um die Umsätze abschätzen zu können, sollte das Unternehmen auf die Umsatzentwicklung ähnlicher Produkte schauen und Marktmeinungen beachten. Es sollte minimale und maximale Umsatzschätzungen vornehmen, um die Bandbreite des Risikos kennenzulernen. Nach Erstellung der Umsatzvorschau kann das Management die erwarteten Kosten und Gewinne für das Produkt abschätzen. Die Kostenschätzungen werden seitens Forschung und Entwicklung, der Herstellung, der Buchhaltung und der Finanzabteilung vorgenommen. Die geplanten Marketing-Kosten sind in der Analyse enthalten. Das Unternehmen benutzt anschließend die Umsatz- und Kostenzahlen, um die finanzielle Attraktivität des Produktes zu analysieren.

Produktentwicklung

Falls das Produkt den Wirtschaftlichkeitstest bestanden hat, gelangt es in die Phase der **Produktentwicklung.** Hier wandelt die Forschungs- und Entwicklungsabteilung oder der Konstruktionsbereich das Produktkonzept in ein konkretes Produkt um. Bis dahin hat es nur als verbale Beschreibung, als Zeichnung oder als grobes Modell existiert.

Dieser Schritt erfordert einen großen Investitionsaufwand. Nun wird sich zeigen, ob es möglich ist, die Produktidee zu einem brauchbaren Produkt zu entwickeln.

Die Abteilung für Forschung und Entwicklung wird eine oder mehrere konkrete Ausführungen des Produktkonzeptes entwickeln. Sie hofft, einen Prototyp zu finden, der folgenden Kriterien entspricht:

1. Die Konsumenten sehen ihn so, als verfüge er über die wesentlichen Merkmale, die im Produktkonzept beschrieben worden sind.
2. Er funktioniert sicher unter normalen Verwendungsbedingungen.
3. Er kann zu den budgetierten Kosten hergestellt werden.

Die Entwicklung eines erfolgreichen Prototyps kann Tage, Wochen, Monate oder sogar Jahre in Anspruch nehmen. Der Prototyp muß sowohl die geforderten funktionalen Merkmale aufweisen als auch die beabsichtigten psychologischen Charakteristiken vermitteln. Das Elektroauto z. B. sollte den Konsumenten als solide gebaut und sicher auffallen. Manager müssen in Erfahrung bringen, wie Kunden darüber entscheiden, ob ein Auto gut gebaut ist. Einige Kunden schlagen die Tür zu, um deren Klang zu hören. Falls das Auto nicht über solide klingende Türen verfügt, werden diese Konsumenten denken, das Auto sei unzulänglich gebaut.

Sobald die Prototypen fertiggestellt sind, müssen sie getestet werden. Funktionstests werden sowohl unter Labor- als auch unter Einsatzbedingungen durchgeführt, um zu gewährleisten, daß das Produkt sicher und effektiv arbeitet. Das neue Auto muß gut anspringen, es muß bequem und in der Lage sein, ohne umzustürzen scharfe Kurven zu nehmen. Konsumententests werden durchgeführt, wobei die Benutzer gebeten werden, mit dem Auto Probefahrten zu machen und das Auto sowie seine Eigenschaften zu beurteilen. Bezüglich eines konkreten Falles der Produktentwicklung und Erprobung wird auf Beispiel 10-2 verwiesen.

Markterprobung

Falls das Produkt Funktions- und Verbrauchertests erfolgreich bestanden hat, kommt als nächste Stufe die Markterprobung. Die **Markterprobung** ist jene Phase, in der das Produkt sowie das Marketing-Programm unter realistischen (Markt-)Bedingungen getestet werden.

Die Markterprobung gibt dem Marketer die Möglichkeit, Erfahrungen mit der Vermarktung des Produktes zu sammeln, potentielle Probleme zu erkennen und herauszufinden, worüber mehr Informationen erforderlich sind, ehe das Unternehmen die erheblichen Kosten einer vollen Einführung auf sich nimmt. Der Grundgedanke der Markterprobung besteht darin, das Produkt als solches unter realisti-

BEISPIEL 10-2
Brunswick durchbricht die Starrheit der Produktentwicklung und -tests

Nach dem Zweiten Weltkrieg suchte die Brunswick Corporation, der Marktführer für Bowling- und Billiard-Ausrüstung, nach einem neuen Produktbereich. Das Unternehmen wollte seine Erfahrungen in der Herstellung großer Holzgegenstände nutzen. Letztendlich entschied sich Brunswick für den Schulmöbelmarkt.

Um die Bedürfnisse dieses Marktes festzustellen, interviewte Brunswick 300 Lehrer. Viele von ihnen zeigten sich über die schweren Möbel im typischen Klassenzimmer unzufrieden. Brunswick entschloß sich, eine Serie von leichten und beweglichen Möbeln für Klassenräume zu entwickeln. Diese Möbel würden den Gruppenunterricht, die Gruppenarbeit und den Gebrauch eines Fernsehers erleichtern.

Der erste Schritt im Entwicklungsprozeß des neuen Produktes bestand darin, Skizzen der neuen Möbel anzufertigen. Lehrer und Verwaltungsbeamte wurden gebeten, diese zu beurteilen. Einige Lehrer meinten, daß der Stuhl nicht robust genug aussieht, andere warfen Fragen bezüglich der orthopädischen Anforderungen auf. Dies führte zu einer Reihe von verbesserten Skizzen. Dann produzierte Brunswick eine Serie handgefertigter Prototypen, die in den Firmenbüros getestet wurden.

Anschließend wurde ein endgültiger Prototyp ausgewählt und eine begrenzte Anzahl von Stühlen für weitere Tests hergestellt. Lehrer und Schüler wurden eingeladen, diese Stühle auszuprobieren, um feststellen zu können, wie sie benutzt werden und ob sie den verschiedensten „Mißhandlungen" widerstehen würden. Die Kinder wurden mit und ohne Aufsicht in einen Raum untergebracht und photographiert, während sie die Stühle benutzten. Es wurden Modellklassenräume konstruiert und mit der vollständigen Brunswick-Möbelserie ausgestattet. Diese Klassenräume dienten sowohl als Beobachtungsorte als auch zur Besichtigung der Möbel durch die Lehrer.

Nachdem sich Brunswick sicher war, daß die Möbel den Vorstellungen der Lehrer entsprachen und Mißbrauch standhalten würden, stellte das Unternehmen seine Stuhlserie auf der jährlichen Versammlung der National Education Association vor. Das Unternehmen hatte die gesamte Produktion des ersten Jahres verkauft, noch ehe die Tagung beendet war.

Das war jedoch noch nicht das Ende der Produktentwicklung und Tests. Als Brunswick Erfahrungsberichte über den Einsatz erhielt, wurde der Stuhl geändert, um unvorhergesehenen Problemen zu begegnen, z. B. hatten die Studenten in Kalifornien die fixe Idee, den Tischarm vom Stuhl zu entfernen. Der Stuhl wurde neu entworfen, um dies zu verhindern.

Es gab darüber hinaus noch weitere Anlässe für Änderungen am Stuhl. Zahlreiche Kostensenkungsmaßnahmen wurden durch die Herstellung ausgelöst. Der Stuhl aus Holz machte den Weg frei für solche aus Fiberglas, was einen Rückgang der Stückkosten von 18 Dollar auf fünf Dollar zur Folge hatte.

schen Marktsituationen zu testen. Die Markterprobung erlaubt dem Unternehmen auch, das ganze Marketing-Programm für das Produkt zu testen – die Positionierungsstrategie, Werbung, Distribution, Preispolitik, Markenbildung und Verpackung sowie Budgetansätze. Das Unternehmen benutzt die Markterprobung, um herauszufinden, wie Konsumenten und Wiederverkäufer auf die Handhabung, Verwendung und den Weiterverkauf des Produktes reagieren. Die Ergebnisse der Markterprobung können dazu beitragen, bessere Umsatz- und Gewinnprognosen zu erstellen.

Das Ausmaß der erforderlichen Markterprobung variiert mit jedem neuen Produkt. Die Markterprobung kann erhebliche Kosten verursachen und beträchtliche Zeit in Anspruch nehmen, während der die Konkurrenten einen Vorteil erlangen können. Wenn die Kosten für die Entwicklung und Einführung des Produktes niedrig sind, oder wenn das Management vom Erfolg des neuen Produktes überzeugt ist, dürfte das Unternehmen nur mehr eine geringfügige oder überhaupt keine Produkterprobung durchführen. So erfordern beispielsweise geringfügige Änderungen bestehender Produkte oder Nachahmungen erfolgreicher Konkurrenzerzeugnisse keine Erprobung. Wenn die Einführung des neuen Produktes eine hohe Investition erfordert, oder wenn das Management sich des Produktes oder des Marketing-Programmes nicht sicher ist, erscheint es zweckmäßig, eine umfangreiche Markterprobung durchzuführen. In der Tat wurden so manche Produkte und Marketingprogramme nach der Markterprobung zurückgezogen, geändert und während eines Zeitraumes von mehreren Jahren etliche Male wiedergetestet, bevor sie endgültig eingeführt wurden. Die Kosten für Markttests sind hoch, aber sie sind oft gering, verglichen mit den Kosten, die aus einem schwerwiegenden Fehler resultieren[11] (vgl. hierzu Beispiel 10-3).

Markteinführung

Die Markterprobung verschafft dem Management die Informationen, die es benötigt, um die endgültige Entscheidung darüber zu treffen, ob das neue Produkt eingeführt werden soll. Wenn sich das Unternehmen für eine Verwertung bzw. Einführung entscheidet, wird es mit hohen Kosten konfrontiert. Es hat Produktionsanlagen zu errichten oder zu mieten. Darüberhinaus erwachsen im Falle eines neuen – verpackten – Konsumartikels Ausgaben zwischen zehn Millionen und hundert Millionen Dollar für Werbung und Verkaufsförderung allein im ersten Jahr. So gab beispielsweise McDonald's während der Einführung seines McDLT-Sandwich mehr als fünf Millionen Dollar pro Woche für Werbung aus.

Anläßlich der Einführung eines neuen Produktes hat das Unternehmen vier Entscheidungen zu treffen:

BEISPIEL 10-3
Testmarketing rettet ein Produkt – Dream Whip

Nach Beendigung umfassender Produkt- und Verbrauchertests entschied General Foods, daß es soweit sei, ihre aufgeschlagene Dream Whip Creme in verschiedenen Testmärkten einzuführen, um festzustellen, wie groß die Nachfrage unter realen Marktbedingungen sein würde. General Foods wählte fünf Plätze für Testmarketing aus – Indianapolis, Huntington, Louisville, Columbus und Cincinnati –, denn diese Anzahl von Städten würde es erlauben, unterschiedliche Marketing-Mix-Programme und Budgets zu testen. Außerdem ist es möglich, daß aufgrund von Wetterverhältnissen, Konkurrenzmaßnahmen usw. in ein oder zwei Städten atypische Ergebnisse zustande kommen.

Dream Whip wurde im Oktober eingeführt, und die Reaktionen waren sehr positiv. Jedoch im Juni des folgenden Jahres stiegen die Lagerbestände beträchtlich an. Es kamen Kundenbriefe über die Nichterfüllung der versprochenen Leistung. Die Marktforscher von General Foods untersuchten die Beschwerden und fanden heraus, daß heißes Wetter hohe Ausfallraten der aufgeschlagenen Creme verursacht hatte. Das Management entschloß sich, die überregionale Einführung zu verschieben. Statt dessen wurde während der kalten Monate in einigen zusätzlichen Märkten in Boston, Detroit und Pittsburgh getestet, um weitere Informationen über Kundenreaktionen zu gewinnen und die Lagerbestände abzubauen. Mittlerweile suchte die Forschungs- und Entwicklungsabteilung nach einer Lösung, die sie ein Jahr später fand und veränderte das Rezept. Die neue Zusammensetzung des Dream Whip bestand seine Erprobung während des warmen Wetters auf den Testmärkten. Das neue Produkt war schließlich auf überregionaler Ebene einführbar. Die Ausgaben für das Testmarketing waren geringer, verglichen mit den großen Verlusten, die die Firma erlitten hätte, wenn sie sofort auf den überregionalen Markt gegangen wäre.

Wann

Die erste Entscheidung ist der Frage gewidmet, ob es der richtige Zeitpunkt ist, das neue Produkt einzuführen. Wenn das Elektroauto den anderen Fahrzeugen des Unternehmens Umsätze wegnimmt, sollte sein Einführung auf später verschoben werden. Falls das Elektroauto noch verbessert werden kann, erscheint es zweckmäßig, bis zum nächsten Jahr mit der Einführung zu warten. Sollte die allgemeine Wirtschaftslage darniederliegen, empfiehlt es sich für das Unternehmen, auf deren Erholung zu warten.

Wo

Das Unternehmen muß ferner entscheiden, ob das neue Produkt an einem einzigen Ort, in einer Region oder in mehreren Gebieten, auf dem inländischen oder internationalen Markt eingeführt werden soll. Wenige Unternehmen verfügen über die Zuversicht, das Kapital und die Kapazität, ein neues Produkt auf dem gesamten inländischen Markt einzuführen. Statt dessen planen sie ein allmähliches Ausweiten des Marktes. Vor allem kleinere Unternehmen bevorzugen es, eine attraktiv erscheinende Stadt auszuwählen und dort eine Blitzkampagne zu starten, um in den Markt einzudringen. Danach werden andere Städte nacheinander bearbeitet. Große Unternehmen führen ihre Produkte in ganzen Regionen ein und begeben sich dann zum nächsten Gebiet. Unternehmen mit einem überregionalen Vertriebsnetz, wie z. B. Autohersteller, führen oft ihre Modelle sofort auf dem gesamten inländischen Markt ein.

An wen

Innerhalb der „rollout-Märkte" muß das Unternehmen mit seinen Distributions- und Promotion-Aktivitäten auf die besten potentiellen Abnehmergruppen zielen. Das Unternehmen hat diese wahrscheinlich während der vorangegangenen Phase der Markterprobung identifiziert. Es muß nunmehr eine Feinabstimmung seiner Zielmarktkennzeichnung vornehmen und in diesem Zusammenhange besonders nach frühzeitigen Übernehmern (early adopters), starken Verbrauchern (heavy users) und Meinungsführern (opinion leaders) Ausschau halten.

Wie

Das Unternehmen hat schließlich einen Aktionsplan für die Einführung des neuen Produktes auf den ausgewählten Märkten zu entwickeln. Es muß das Marketing-Budget auf das Marketing-Mix und verschiedene andere Aktivitäten aufteilen. So könnte die Einführung des Elektroautos durch eine Publicity-Campagne und später durch das Anbieten von Geschenken unterstützt werden, um mehr Leute in die Ausstellungsräume zu ziehen. Für jeden neuen Markt muß das Unternehmen einen separaten Marketingplan vorbereiten.

PRODUKT-LEBENSZYKLUS-STRATEGIEN

Nach Einführung des neuen Produktes wünscht das Management, daß sich dieses Produkt eines langen und glücklichen Lebens erfreue. Das Unternehmen erwartet sicher nicht, das Produkt für immer zu verkaufen, aber es wünscht einen angemessen Gewinn zu erzielen, um alle Anstrengungen und Risiken abzudecken, die es auf sich genommen hat. Das Management ist sich darüber im klaren, daß jedes Produkt einen Lebenszyklus hat, aber es kennt dessen genaue Form und Länge nicht im voraus.

Der typische **Produkt-Lebens-Zyklus** (PLC) verläuft in einer Kurve, die aus der Abbildung 10-2 zu ersehen ist. Er ist gekennzeichnet durch fünf deutlich voneinander getrennte Stadien:

1. *Die Produktentwicklungsphase.* Diese beginnt, wenn das Unternehmen eine Idee für ein neues Produkt findet und entwickelt. Während der Produktentwicklung gibt es keine Umsätze, und die Investitionen des Unternehmens steigen an.
2. *Die Einführungsphase* ist eine Periode noch langsamen Wachstums, da das Produkt erst in den Markt eingeführt wird. Wegen der hohen Kosten der Produkteinführung werden in diesem Lebensabschnitt noch keine Gewinne erzielt.
3. *Die Wachstumsphase* ist eine Periode rascher Aufnahme des Produktes und ansteigender Gewinne.
4. *Die Reifephase* ist eine Periode langsamer werdenden Umsatzwachstums, da das Produkt nunmehr Akzeptanz bei den meisten potentiellen Kunden gefunden hat. Der Gewinn bleibt bestenfalls konstant oder beginnt zu sinken, weil zur Verteidigung des Produktes gegen den Wettbewerb gesteigerte Marketingausgaben erforderlich sind.
5. *Die Rückgangsphase* ist die Periode, in der die Umsätze schnell zurückgehen und die Gewinne sinken oder gänzlich entfallen.

ABBILDUNG 10-2
Sales and Profits over the Product',s Life from Inception to Demise

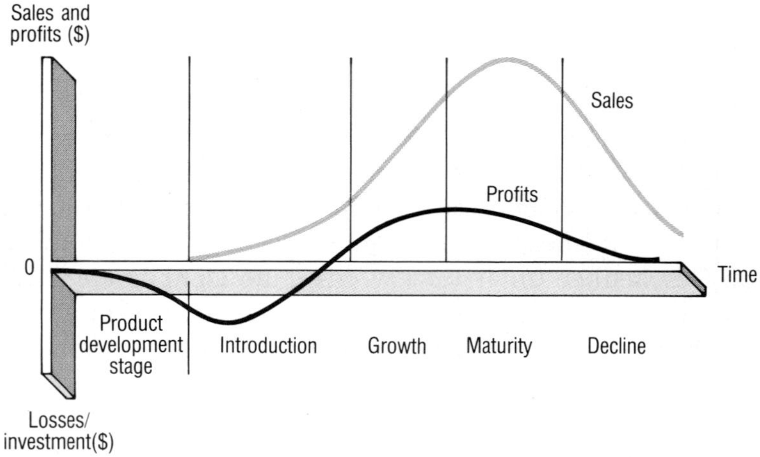

FIGURE 10–2
Sales and Profits over the Product's Life from Inception to Demise

Nicht alle Produkte durchlaufen diesen S-förmigen Produkt-Lebens-Zyklus. Einige Produkte nehmen nach der Einführung ein jähes Ende. Andere verbleiben für lange Zeit in der Reifephase. Einige andere wiederum erreichen die Rückgangsphase und werden dann mit Hilfe intensiver Promotion-Aktivitäten oder Neupositionierungen in die Wachstumsphase zurückgeführt.

Das Produkt-Lebenszyklus-Konzept kann sich auf eine Produktklasse beziehen – z. B. mit Benzin betriebene Autos – eine Produktform – z. B. Kombiwagen –, oder aber eine Marke – z. B. Mustang. Das Produkt-Lebenszyklus-Modell findet unterschiedliche Anwendungen. Produktklassen haben die längsten Lebenszyklen. Die Umsätze vieler Produktklassen bleiben lange Zeit in der Reifephase. Produktformen hingegen tendieren zur Standardform des Lebenszyklus. Produktformen, wie z. B. das Wählscheiben-Telefon oder Creme-Deodorants durchlaufen eine „normale“ Produktgeschichte von der Einführung über rasches Wachstum zu Reife und Rückgang. Der Lebenszyklus einer spezifischen Marke kann sich infolge wechselnder Wettbewerbsangriffe und -reaktionen schnell verändern. Die Lebenszyklen einiger Zahnpastamarken werden in Abbildung 10-3 abgebildet.

ABBILDUNG 10-3
Produkt-Lebenszyklen für ausgewählte Zahnpastamarken von 1936–1982

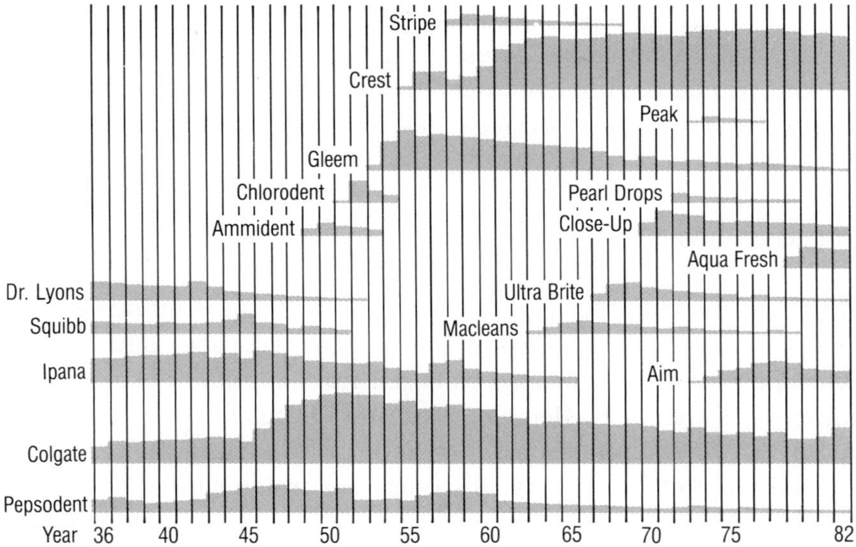

FIGURE 10–3
Product Life Cycles for Selected Toothpaste Brands from 1936 to 1982

Quelle: „Life Beyond the Life Cycle,“ The Nielsen Researcher, No. 1, 1984, S. 3.

Das Produkt-Lebenszyklus-Modell kann auch auf Phänomene wie Stilrichtungen, Modeerscheinungen und Launen übertragen werden, deren spezielle Lebenszyklus-Merkmale in Beispiel 10-4 beschrieben worden sind.

Der Produkt-Lebenszyklus kann Marketern als nützlicher Rahmen zur Beschreibung dienen, wie Produkte und Märkte funktionieren. Die Anwendung des Produkt-Lebenszyklus für die Prognose der Erfolgschancen eines Produktes oder zur Entwicklung von Marketing-strategien ist jedoch mit einigen praktischen Schwierigkeiten verbunden.[12] So können sich beispielsweise für Manager Probleme bei der Feststellung der gegenwärtigen Lebensphase des Produktes ergeben oder der Zeitpunkt, wann es in die nächste übergewechselt ist sowie bei der Analyse jener Faktoren, die Einfluß darauf nehmen, wie das Produkt die Phasen durchläuft. In der Praxis ist es sehr schwierig, das Umsatzniveau für jede Produkt-Lebensphase sowie die Länge jeder Phase und die Form der Kurve vorherzusagen.

Das Produkt-Lebenszyklus-Modell als Grundlage für die Entwicklung einer Marketingstrategie heranzuziehen, kann problematisch sein, da die Strategie sowohl Ursache als auch Wirkung des Produkt-Lebenszyklus ist. Die gegenwärtige Produkt-Lebenszyklus-Position bildet die Grundlage für die zweckmäßigste Marketing-Strategie, und die daraus resultierenden Marketing-Strategien beeinflussen den Produkterfolg in den späteren Lebensabschnitten. Sorgfältig angewandt, kann das Produkt-Lebenszyklus-Modell in den unterschiedlichen Phasen des Produkt-Lebenszyklus für die Erarbeitung zweckmäßiger Marketing-Strategien von Nutzen sein.

Wir haben im ersten Teil dieses Kapitels die Entwicklungsphase des Produkt-Lebenszyklus betrachtet. Nunmehr wollen wir einen Blick auf die Strategien für jede der anderen Produkt-Lebensabschnitte werfen.

Einführungsphase

Die **Einführungsphase** beginnt, wenn das neue Produkt zuerst distribuiert und für den Verkauf verfügbar ist. Die Einführung erfordert Zeit, und die Umsätze wachsen nur langsam. So bekannte Produkte wie löslicher Kaffee, tiefgekühlter Orangensaft und Kaffee-Milch-Pulver verweilten viele Jahre in der Einführungsphase, bevor sie in das Stadium schnellen Wachstums eingetreten sind.

Infolge der geringen Umsätze und der hohen Ausgaben für Distribution und Absatzförderung werden vorerst noch Verluste oder nur geringe Gewinne erwirtschaftet. Viel Geld wird benötigt, um Verteiler zu gewinnen und die Vertriebskanäle zu bevorraten. Die Ausgaben für absatzfördernde Maßnahmen sind hoch, um die Konsumenten über das neue Produkt zu informieren und sie zu veranlassen, es auszuprobieren.

In dieser Phase gibt es nur wenige Konkurrenten und diese stellen lediglich Grundausführungen des Produktes her, da der Markt für Verfeinerungen noch nicht aufnahmebereit ist. Die Unternehmen konzentrieren ihre Verkaufsbemühungen auf jene Kunden, deren Kaufbereitschaft am höchsten ist – im allgemeinen sind dies die höheren Einkommensgruppen. Die Preise sind wegen geringer

BEISPIEL 10-4
Stil-, Mode- und Launenzyklen

In Märkten, in denen der Absatz durch Stil und Mode beeinflußt wird, kann man Verkaufszyklen beobachten, die die Marketer verstehen und voraussehen sollten.

Ein Stil ist eine grundlegende und charakteristische Ausdrucksweise, die in einem Bereich menschlicher Aktivität auftaucht. Zum Beispiel sind Stile in Wohnhäusern anzutreffen (Kolonial-, Rustikal-, Cape Cod-Stil usw.), ferner für Kleidung (förmlich, salopp usw.) und in der Kunst (realistisch, surrealistisch, abstrakt usw.). Wenn ein Stil einmal geprägt ist, überlebt er mehrere Generationen, einmal ist er en vogue, dann wieder nicht. Ein Stil drückt einen Zyklus aus, der verschiedene Perioden von wiedererwachtem Interesse zeigt.

Eine Mode ist ein in einem gegebenen Umfeld gegenwärtig gängiger und weit verbreiteter Stil. Zum Beispiel sind Jeans eine Mode in der heutigen Kleidung. Mode durchläuft vier Phasen. In der Individualitätsphase zeigen gewisse Verbraucher Interesse für etwas Neues, um sich von anderen abzuheben. Das Produkt wird entweder speziell angefertigt oder von wenigen Herstellern in kleinen Mengen produziert. In der Nachahmungsphase zeigen die Verbraucher Interesse aus dem Wunsch heraus, die Modeführer nachzuahmen, und zusätzliche Hersteller beginnen, größere Mengen des Produktes herzustellen. In der „Massenmode"-Phase ist die Mode sehr populär geworden, und die Produzenten haben ihre Kapazität für die Massenproduktion erweitert. In der Rückgangsphase schließlich fangen die Kunden an, sich anderen Moderichtungen zuzuwenden, die ihre Aufmerksamkeit erregen. Diese Moderichtungen wachsen für gewöhnlich langsam, sind eine Zeitlang weit verbreitet und verschwinden langsam wieder.

Vorübergehende Launen werden schnell von der Öffentlichkeit entdeckt und mit viel Enthusiasmus aufgenommen. Sie verbreiten sich schnell und verschwinden wieder. Die Dauer ihrer Akzeptanz ist kurz, und sie ziehen meist nur eine begrenzte Anhängerschaft an. Sie sind meist Ausdruck für etwas Neues oder das gewisse Etwas, so, wie wenn Leute anfangen, „Lieblingssteine" zu kaufen oder nackt als „Flitzer" herumzulaufen. Launen ziehen Leute an, die etwas Aufregendes suchen, und die sich von anderen abheben wollen oder anderen damit etwas mitteilen möchten. Launen überleben nicht, weil sie normalerweise keine nachhaltigen Bedürfnisse befriedigen. Es ist schwierig vorherzusagen, ob etwas nur eine Laune ist, und wenn sie es ist, wie lange sie andauern wird, wenige Tage, Wochen oder Monate. Neben anderen Faktoren

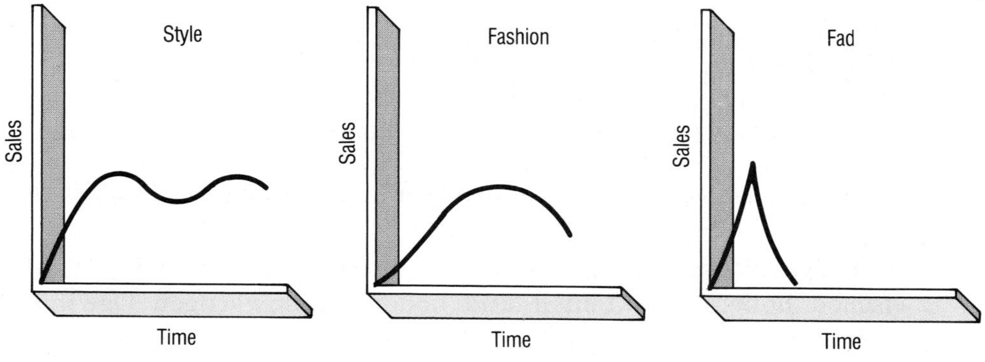

beeinflußt das Ausmaß der durch öffentliche Medien erregten Aufmerksamkeit ihre Lebensdauer.

Quellen: Dwight E. Robinson, „Style Changes: Cyclical, Inexorable and Foreseeable," Harvard Business Review, November-Dezember 1975, S. 121-31; sowie George B. Sproles, „Analyzing Fashion Life Cycles - Principles and Perspectives," Journal of Marketing, Herbst 1981, S. 116-24.

Ausbringungsmengen (Output) aufgrund von Produktionsproblemen sowie infolge erheblicher Ausgaben für Absatzförderung und andere Maßnahmen tendenziell hoch.

Wachstumsphase

Falls das neue Produkt den Markt zufriedenstellt, tritt es in die **Wachstumsphase** ein, und die Umsätze beginnen schnell zu steigen. Die ersten Kunden (early adopters) kaufen weiterhin, und die nachfolgenden Käufer werden nunmehr ihrem Beispiel folgen, vor allem dann, wenn sie mündlich Positives über das Produkt hören. Angezogen von den Gewinnchancen werden weitere Konkurrenten auf diesem Markt erscheinen. Diese bieten neue Produktmerkmale an, die den Markt vergrößern. Die steigende Zahl der Wettbewerber führt zu einer Ausweitung des Händlernetzes, und die Umsätze schnellen schon deshalb in die Höhe, weil die Absatzkanäle bevorratet werden müssen.

Die Preise bleiben konstant oder fallen nur geringfügig. Um der Konkurrenz zu begegnen und den Markt weiterhin zu informieren, werden die Ausgaben für Absatzförderung auf gleichem Niveau gehalten oder leicht erhöht. Die Gewinne nehmen zu, da sich die Kosten für absatzfördernde Maßnahmen auf ein größeres Umsatzvolumen verteilen und die Stückkosten in der Herstellung fallen.

Um das rasche Wachstum des Marktes solange wie möglich aufrecht zu erhalten, verfolgen die Unternehmen verschiedene Strategien:

- Das Unternehmen verbessert die Produktqualität und fügt seinem Angebot neue Produkteigenschaften und Modelle hinzu.
- Es erschließt neue Marktsegmente.
- Es bedient sich neuer Absatzkanäle.
- Es verlagert einen Teil seiner Werbung von der Aufmerksamkeitserregung zur Schaffung von Produktüberzeugung und Kaufbereitschaft.
- Es senkt seine Preise zum richtigen Zeitpunkt, um neue Käufer zu gewinnen.

In der Wachstumsphase steht das Unternehmen vor der Wahl zwischen hohem Marktanteil und hohem gegenwärtigen Gewinn. Durch hohe Aufwendungen für Produktverbesserungen, Absatzförde-

Um die Umsatzdynamik sicherzustellen, stattet Sony seine Walkman-Produktlinie immer wieder mit neuen Leistungsmerkmalen aus. Mit freundlicher Genehmigung der Sony Corporation

rung und Distribution kann es eine führende Rolle erobern. Es verzichtet auf maximalen gegenwärtigen Gewinn in der Hoffnung, diesen in der nächsten Phase noch zu steigern.

Die Reifephase

Ab einem bestimmten Zeitpunkt wird das Umsatzwachstum langsamer, und das Produkt gelangt in die **Phase der Reife.** Dieser Lebensabschnitt währt normalerweise länger als die beiden vorhergehenden und stellt eine starke Herausforderung für das Marketing-Management dar. Die meisten Produkte befinden sich in der Reifephase des Lebenszyklus; aus diesem Grunde befaßt sich das Marketing-Management vornehmlich mit dem reifen Produkt.

Die Verlangsamung des Umsatzwachstums resultiert aus dem Vorhandensein zahlreicher Hersteller, die viele Produkte zum Verkauf anbieten. Diese Überkapazität führt zu einem härteren Konkurrenzkampf. Die Wettbewerber beginnen, die Preise herabzusetzen und intensivieren ihre Werbung und Verkaufsförderung. Sie erhöhen ihre Budgets für Forschung und Entwicklung, um bessere Versionen des Produktes zu finden. Diese Maßnahmen bedeuten einen Gewinnrückgang. Einige der schwächeren Konkurrenten beginnen sich zurückzuziehen. Schließlich besteht dieser Wirtschaftszweig nur noch aus wohletablierten Wettbewerbern.

Der Produktmanager sollte nicht einfach das Produkt verteidigen. Ein guter Angriff ist die beste Verteidigung. Er oder sie sollte eine Veränderung des Marktes, des Produktes sowie des Marketing-Mix in Erwägung ziehen.

Marktveränderung

Im Rahmen dieser Bemühungen versucht der Manager, den Verbrauch des aktuellen Produktes zu erhöhen. Er hält nach neuen Verbraucher- und Marktsegmenten Ausschau wie auch nach Möglichkeiten, die

Ivory Soap, die bereits auf ein nunmehr 100jähriges Bestehen zurückblicken kann, befindet sich in der Reifephase des Produkt-Lebenszyklus. Mit freundlicher Genehmigung von Procter & Gamble

bestehenden Kunden zu einem höheren Verbrauch zu bewegen. Des weiteren könnte der Manager versuchen, die Marke neu zu positionieren, um ein größeres oder schneller wachsendes Marktsegment zu erschließen.

Produktveränderung

Um neue Kunden zu gewinnen und den Verbrauch zu erhöhen, kann der Produktmanager auch die Produkteigenschaften, wie z. B. Qualität, Merkmale und Styling verändern.

Eine Strategie der Qualitätsverbesserung bezweckt, die Leistung des Produktes zu erhöhen – seine Haltbarkeit, Zuverlässigkeit, seine Geschwindigkeit oder seinen Geschmack. Diese Strategie ist dann wirkungsvoll, wenn die Qualität erhöht werden kann, die Kunden der Ankündigung verbesserter Qualität Glauben schenken und genügend Käufer eine höhere Qualität wünschen.

Eine Strategie, die eine Verbesserung der Produktmerkmale bezweckt, fügt neue Merkmale hinzu, die zu einer Erhöhung der

Brauchbarkeit, der Sicherheit oder Bequemlichkeit des Produktes führen. Merkmalsverbesserungen sind erfolgreich von japanischen Herstellern von Uhren, Taschenrechnern und Kopiergeräten vorgenommen worden. So stattet beispielsweise Sony seine Walkman-Produktlinie von Miniatur-Stereogeräten immer wieder mit neuen Abspielmerkmalen aus.

Eine Strategie zur Verbesserung des Styling ist auf die Erhöhung der Attraktivität des Produktes gerichtet. So ändern beispielsweise Autohersteller ihre Modelle, um Käufer zu gewinnen, die ein neues Aussehen wünschen.

Marketing-Mix-Veränderungen

Der Produkt-Manager kann des weiteren versuchen, die Umsätze durch Veränderung eines oder mehrerer Elemente des Marketing-Mix zu steigern. So könnten die Preise reduziert werden, um neue Verwender und Kunden der Konkurrenz zu gewinnen. Auch könnte eine bessere Werbekampagne gesucht werden. Des weiteren könnten aggressive Verkaufsförderungsmaßnahmen ergriffen werden – Sonderangebote für den Handel, kurzfristige Aktionen sowie Preisausschreiben. Das Unternehmen kann auch auf größere Absatzwege überwechseln, indem es Großbetriebsformen des Einzelhandels einschaltet, falls diese Kanäle expandierend sind. Schließlich könnte das Unternehmen den Käufern zusätzliche oder verbesserte Serviceleistungen anbieten.

Die Rückgangsphase

Die Umsätze der meisten Produktformen und -marken gehen schließlich zurück. Der Verkaufsrückgang kann – wie im Falle von Haferbrei – langsam erfolgen oder schnell – wie beispielsweise bei der Automarke Edsel. Die Umsätze können bis auf den Nullpunkt abfallen oder für lange Jahre auf ein niedriges Niveau sinken. Das ist die **Rückgangsphase.**

Umsätze gehen aus den verschiedensten Gründen zurück, einschließlich infolge technischer Fortschritte, Änderungen der Verbraucher-Geschmacksrichtungen sowie aufgrund verstärkter Konkurrenz. Da die Umsätze und Gewinne rückläufig sind, ziehen sich einige Unternehmen vom Markt zurück. Jene, die verbleiben, verringern möglicherweise die Zahl der angebotenen Produkte. Sie könnten kleinere Marktsegmente und unbedeutende Absatzkanäle aufgeben. Des weiteren könnten sie ihr Absatzförderungsbudget und ihre Preise noch weiter reduzieren.

Durch eine Neupositionierung gelang es der Miller Brewing Company, ihr Produkt aus der Abschwungphase des Produkt-Lebenszyklus in die Wachstumsphase zurückzuversetzen. Mit freundlicher Genehmigung der Miller Brewing Company.

Ein schwaches Produkt mitzuschleppen, kann einem Unternehmen teuer zu stehen kommen, nicht nur was den Gewinn betrifft. Zusätzlich entstehen auch Kosten, die nicht ohne weiteres erkennbar sind. So kann das schwache Produkt das Management zeitlich zu sehr beanspruchen. In vielen Fällen erfordert es häufige Preis- und

Lageranpassungen. Seitens der Werbung und des Verkaufsaußendienstes benötigt es Aufmerksamkeit, die besser dafür genutzt werden könnte, die gesunden Produkte gewinnbringend zu machen. Das unzulängliche Aussehen eines Produktes kann das Vertrauen der Kunden in das Unternehmen selbst sowie in dessen andere Produkte erschüttern. Die größten Kostenbelastungen erwachsen möglicherweise erst in der Zukunft. Schwache Produkte zu halten, verzögert die Suche nach Ersatzprodukten, bewirkt ein einseitiges Produkt-Mix, beeinträchtigt die laufenden Gewinne und untergräbt die künftige Position des Unternehmens.

Aus diesen Gründen muß ein Unternehmen seinen alternden Produkten mehr Aufmerksamkeit widmen. Die erste Aufgabe besteht darin, durch regelmäßige Analysen der Umsätze, des Marktanteils, der Kosten und der Gewinnentwicklung jedes einzelnen Produktes herauszufinden, welche Produkte sich in der Rückgangsphase befinden. Bezüglich jedes rückläufigen Produktes hat das Management zu entscheiden, ob es beibehalten, „abgeerntet" oder aufgegeben werden soll.

In der Hoffnung, daß sich die Wettbewerber aus dieser Branche zurückziehen, kann das Management aber auch entscheiden, eine Marke ohne Änderung beizubehalten. So blieb beispielsweise Procter & Gamble – als andere Wettbewerber aufgaben – in dem rückläufigen Markt für flüssige Waschmittel und erzielte gute Gewinne. Das Management kann aber auch beschließen, die Marke neu zu positionieren, in der Hoffnung, sie wieder in die Wachstumsphase des Produkt-Lebenszyklus zurückführen zu können. Die Firma Miller beschritt diesen Weg in den siebziger Jahren mit ihrer Marke „Miller High Life". Es veränderte deren Position vom „Champagner unter den Bieren"-Image, das auf höhere Einkommensschichten gerichtet war, zu einer mehr am Durchschnittsamerikaner orientierten Plazierung, und die Umsätze wuchsen rasch. Das Management kann sich bezüglich eines rückläufigen Produktes auch für eine Politik des „Erntens" entscheiden. Diese Vorgehensweise bedeutet die Reduzierung verschiedener Kosten, wie z. B. für Maschinen und maschinelle Anlagen, für Instandhaltung, Forschung und Entwicklung, für Werbung und Verkaufsaußendienst. Sie wird von der Auffassung getragen, daß die Umsätze sich für einige Zeit leidlich aufrechterhalten lassen. Falls erfolgreich, führt die Politik des Erntens zu einer kurzfristigen Erhöhung des Unternehmensgewinnes. Schließlich kann das Management entscheiden, das Produkt aus dem Lieferprogramm herauszunehmen. Es könnte an ein anderes Unternehmen verkauft oder einfach zum Restwert liquidiert werden. Wenn das Unternehmen jedoch beabsichtigt, einen Käufer zu finden, wird es nicht daran interessiert sein, das Produkt durch eine Politik des Erntens abzuwirtschaften.

Die Hauptmerkmale jeder Phase des Produkt-Lebens-Zyklus sind in Tabelle 10-2 zusammengefaßt worden. Diese Übersicht zeigt auch die in jeder Phase seitens der Unternehmen zu ergreifenden Maßnahmen.[13]

TABELLE 10-2
Produktlebenszyklus: Merkmale und Reaktionen

	EINFÜHRUNG	WACHSTUM	REIFE	RÜCKGANG
Merkmale				
Umsätze	niedrig	schnelles Wachstum	langsames Wachstum	Rückgang
Gewinne	unbedeutend	hohes Niveau	abfallend	niedrig oder Null
Cash Flow	negativ	mittelmäßig	hoch	niedrig
Kunden	innovativ	Massenmarkt	Massenmarkt	Nachzügler
Konkurrenten	wenige	zunehmend	viele Rivalen	rückläufige Anzahl
Maßnahmen				
Strategischer Schwerpunkt	Markausweitung	Marktdurchdringung	Verteidigung der Marktanteile	Produktivität
Marketingausgaben	hoch	absolut hoch; relativ abnehmend	fallend	niedrig
Marketing-Betonung	Produktwahrnehmung	Markenpräferenz	Markentreue	selektiv
Distribution	ungleichmäßig	intensiv	intensiv	selektiv
Preis	hoch	niedriger	am tiefsten	ansteigend
Produkt	Grundausführung	verbessert	differenziert	rationalisiert

Quelle: Peter Doyle, „The Realities of the Product Life Cycle," Quarterly Review of Marketing (UK), Sommer 1976, S. 5.

ZUSAMMENFASSUNG

Unternehmen müssen neue Produkte und Dienstleistungen entwickeln. Ihre gegenwärtigen Produkte haben eine begrenzte Lebensdauer und müssen durch neue ersetzt werden. Neue Produkte können scheitern – die Risiken einer Innovation sind ebenso groß wie die Erfolgsaussichten. Der Schlüssel zur erfolgreichen Innovation besteht aus einer umfassenden Planung und einem systematischen Entwicklungsprozeß für neue Produkte.

Der Entwicklungsprozeß für neue Produkte besteht aus acht Phasen: Ideensuche, Ideenauswahl, Konzept-Entwicklung und -Erprobung, Entwicklung der Marketingstrategie, Wirtschaftlichkeitsanalyse, Produktentwicklung, Markterprobung und Markteinführung. Der Zweck jeder Phase besteht darin zu entscheiden, ob die Idee weiterverfolgt oder aufgegeben werden soll. Das Unternehmen beabsichtigt, die Möglichkeiten zu minimieren, da ungeeignete Ideen vorangetrieben und gute zurückgewiesen werden.

Jedes Produkt durchläuft einen Lebenszyklus, der durch eine Anzahl von Problemen und Chancen gekennzeichnet ist. Die Umsätze eines typischen Produktes verlaufen in einer S-förmigen Kurve, die aus fünf Phasen besteht. Der Lebenszyklus beginnt mit der Produktentwicklungsphase, in der das Unternehmen Ideen für neue Produkte findet und weiterentwickelt. Die Einführungsphase ist durch langsames Umsatzwachstum und niedrige Gewinne gekennzeichnet, da das Produkt eben erst in die Distributionskanäle gerückt worden ist. Falls das Produkt erfolgreich ist, gelangt es in die Wachstumsphase, die sich durch rasches Umsatzwachstum und ansteigende Gewinne auszeichnet. In diesem Lebensabschnitt versucht das Unternehmen, das Produkt zu verbessern, neue Marktsegmente und Distributionskanäle zu erschließen und seine Preise geringfügig zu senken. Danach folgt die Reifephase, während der die Umsätze nur noch langsam wachsen und sich die Gewinne stabilisieren. Das Unternehmen sucht nach Strategien, die geeignet sind, das Umsatzwachstum zu erneuern. Dazu gehören Veränderungen des Marktes, des Produktes sowie des Marketing-Mix. Schließlich erreicht das Produkt die Rückgangsphase, in der die Umsätze und Gewinne zurückgehen. Während dieser Phase besteht die Aufgabe des Unternehmens darin, das rückläufige Produkt zu identifizieren und zu entscheiden, ob es beibehalten, geerntet oder ob es aufgegeben werden soll. Im letzteren Falle kann das Produkt an ein anderes Unternehmen verkauft oder zum Veräußerungswert liquidiert werden.

DISKUSSIONSFRAGEN

1. Es ist geschätzt worden, daß jede Woche durchschnittlich 100 neue Produkte eingeführt werden, die meisten erfüllen jedoch nicht die Erwartungen ihrer Marketer. Warum versagen viele neue Produkte?
2. Welchen Zweck hat die Ideenprüfungsphase im Entwicklungprozeß neuer Produkte?
3. Erklären Sie die Bedeutung der Konzepterprobung im Entwicklungsprozeß neuer Produkte.
4. Beschreiben Sie das Umsatz- und Gewinn-(Verlust-)Niveau während der einzelnen Phasen des Produkt-Lebenszyklus.
5. Erörtern Sie die Rolle und Bedeutung der Ausgaben für Absatzförderung während der einzelnen Phase des Produktlebenszyklus.
6. Welche der für die Reifephase des Produktlebenszyklus erläuterten Strategien wurden für die folgenden Produkte angewandt?
   a) Arm & Hammer Baking Soda
   b) State Farm Insurance
   c) Ford Mustang
   d) Coca-Cola.
7. Es gibt nichts, was ein Manager tun könnte, wenn ein Produkt die Rückgangsphase seines Lebenszyklus erreicht hat. Kommentieren Sie bitte diese Aussage.

SCHLÜSSELBEGRIFFE

Wirtschaftlichkeitsanalyse *(Business analysis).* Eine Überprüfung der Umsatz-, Kosten- und Gewinnschätzungen für ein neues Produkt, um herauszufinden, ob diese Werte den Unternehmenszielen auch gerecht werden.

Konzepterprobung *(Concept testing).* Erprobung eines Konzeptes für ein neues Produkt bei einer Gruppe von Zielkunden, um zu erkennen, ob das Konzept über eine starke Anziehungskraft auf Konsumenten verfügt.

Rückgangsphase *(Decline stage).* Der Abschnitt im Produktlebenszyklus, in dem die Umsätze eines Produktes rückläufig sind.

Wachstumsphase *(Growth stage).* Jene Periode im Produktlebenszyklus, in der die Umsätze eines neuen Produktes rasch zu steigen beginnen.

Ideensuche *(Idea generation).* Die systematische Suche nach Ideen für neue Produkte.

Ideenvorauswahl *(Idea screening).* Die Überprüfung von Ideen für neue Produkte, um gute Vorschläge zu erkennen und ungeeignete so früh wie möglich fallen zu lassen.

Einführungsphase *(Introduction stage).* Jener Abschnitt im Produktlebenszyklus, in dem das neue Produkt zuerst distribuiert und für den Verkauf verfügbar gemacht worden ist.

Entwicklung der Marketing-Strategie *(Marketing strategy development).* Entwicklung einer ersten Marketing-Strategie für das neue Produkt, die auf dem Produktkonzept basiert.

Markterprobung *(Market testing).* Jene Phase der Produktentwicklung, in der das Produkt sowie das Marketingprogramm unter realistischen Marktbedingungen getestet werden.

Reifephase *(Maturity stage).* Jener Abschnitt im Produktlebenszyklus, in dem das Umsatzwachstum langsamer oder rückläufig wird.

Entwicklung neuer Produkte *(New product development).* Die Entwicklung von originären Produkten, Produktverbesserungen, Produktänderungen und Einführung von neuen Marken durch die unternehmenseigenen Forschungs- und Entwicklungsbemühungen.

Produktkonzept *(Product concept).* Das Produktkonzept ist eine detaillierte Darstellung der Produktidee, ausgedrückt in Begriffen, die auf den Verbraucher bezogen sind.

Produktentwicklung *(Product development).* Die Entwicklung des Produktkonzeptes in ein konkretes Produkt, um sicherzustellen, daß die Produktidee in ein brauchbares Produkt gewandelt werden kann.

Produktidee *(Product idea).* Eine Idee für ein mögliches Produkt, von dem sich das Unternehmen vorstellen kann, es am Markt anzubieten.

Produktimage *(Product image).* Die Art und Weise, wie Konsumenten ein bestehendes oder potentielles Produkt sehen.

Produkt-Lebenszyklus *(Product life cycle - PLC).* Der Verlauf, den Umsätze und Gewinne eines Produktes während seiner Lebenszeit nehmen. Es umfaßt fünf verschiedene Phasen: Produktentwicklung, Einführung, Wachstum, Reife und Rückgang.

FUSSNOTEN

1. Basierend auf „RCA's Slipped Disc," Fortune, 30. April 1984, S. 7–8; „RCA' Biggest Gamble Ever", Business Week, 9. März 1981, S. 79–80; „The Anatomy of RCA's Videodisc Failure," Business Week, 23. April 1984, S. 89–90; und „Sales of RCA Videodisc System Fail to Live Up to Expectations," Chicago Tribune, 15. Januar 1982.
2. Vgl. hierzu „Products of the

Year," Fortune, 9. Dezember 1985, S. 106–12.

3. Ebenda, S. 106.

4. David S. Hopkins und Earl L. Bailey, „New Product Pressures," Conference Board Record, Juni 1971, S. 16–24.

5. New Product Management for the 1980s (New York: Booz, Allen & Hamilton, 1982).

6. Vgl. hierzu Leigh Lawton und A. Parasuraman, „So You Want Your New Product Planning to Be Productive," Business Horizons, Dezember 1980, S. 29–34.

7. Vgl. hierzu „Listening to the Voice of the Marketplace," Business Week, 21. Februar 1983, S. 90 ff.

8. Vgl. hierzu Eric von Hipple, „Get New Products from Consumers," Harvard Business Review, März–April 1982, S. 117–22.

9. Bezüglich weiterer Literatur über die Ideenauswahl wird verwiesen auf Tom W. White, „Use Variety of Internal, External Sources to Gather and Screen New Product Ideas," Marketing News, 16. September 1982, Abschnitt 2, S. 12.

10. Bezüglich weiterer Literatur über die Produktkonzepterprobung wird verwiesen auf William L. Moore, „Concept Testing," Journal of Business Research, Band 10 (1982), S. 279–94; und David A. Schwartz, „Concept Testing Can be Improved – and Here' How," Marketing News, 6. Januar 1984, S. 22–23.

11 Bezüglich weiterer Literatur über die Markterprobung wird verwiesen auf Edward M. Tauber, „Forecasting Sales Prior to Test Market," Journal of Marketing, Januar 1977, S. 80–84; Jeremy Main, „Help and Hype in the New-Products Game," Fortune, 7. Februar 1983, S. 60–64; „To Test or Not to Test Is Seldom the Question," Advertising Age, 20. Februar 1984, S. M10ff; „Product Hopes Tied to Cities with Right Stuff," Advertising Age, 20. Februar 1984, S. M10ff; und Eleanor Johnson Tracy, „Testing Time for Test Markets," Fortune, 29. Oktober 1984, S. 75–76.

12. Vgl. hierzu George S. Day, „The Product Life Cycle: Analysis and Applications Issues," Journal of Marketing, Herbst 1983, S. 60–67, sowie John E. Swan und David R. Rink, „Fitting Market Strategy to Varying Product Life Cycles," Business Horizons, Januar–Februar 1982, S. 72–76.

13. Bezüglich weiterer Literatur über das Produkt-Lebenszykluskonzept wird verwiesen auf Theodore Levitt, „Exploit the Product Life Cycle," Harvard Business Review, November–Dezember 1965, S. 81–94; Nariman K. Dhalla und Sonia Yuspeh, „Forget the Product-Life Cycle Concept!" Harvard Business Review, Januar–Februar 1976, S. 102–12; sowie auf eine Sammlung spezieller Beiträge über den Produkt-Lebenszyklus im Journal of Marketing, Ausgabe Herbst 1981.

FALLSTUDIE 9
Hanes Corporation: Von L'eggs zu Kinderbüchern?

Der ausbleibende Erfolg von L'eggs Unterhosen veranlaßte Hanes, andere Produkte mit Hilfe der L'eggs-Marketing-Ideen herauszubringen, in der Hoffnung, den Erfolg von L'eggs zu verdoppeln. Der Marketing-Direktor für Produktneuheiten arbeitet an einem Plan für die Vermarktung von qualitativ hochwertigen Kinderbüchern als Taschenbücher unter dem Namen „Starbooks". Er hat ein Treffen seiner Mitarbeiter einberufen, um deren Ideen zu hören und gleichzeitig eine Möglichkeit für deren Schulung zu schaffen.

Starbooks sollten Vorschul-Leser, frühe Leser sowie Leser bis zum Alter von zwölf Jahren ansprechen und im Einzelhandel zu einem Preis zwischen 60 Cents und 1,69 Dollar verkauft werden. Die Lizenzrechte für 200 Titel von verschiedenen Verlegern wären bei Bedarf erhältlich. An die Kunden werden die Bücher über Buchhandlungen und Kaufhäuser, Versandgeschäfte, Bücherklubs und andere Vertriebsstellen wie Supermärkte und Drugstores verkauft. Jeder dieser Vertriebskanäle ist mit einem Anteil von zirka sechs Prozent am Gesamtumsatz beteiligt. Milwaukee, Rochester, New York, Kansas City und Salt Lake City sind mögliche Testmärkte.

Die Gründe des Marketing-Direktors für sein wachsendes Interesse an Kinderbüchern sind folgende:

- Es existiert ein großer Markt (600 Millionen Dollar Jahresumsatz).
- Es gibt viele Konkurrenten mit kleinen Marktanteilen. Western Publishing Company's Golden Books sind wahrscheinlich die bekanntesten.
- Die gegenwärtigen Marketing-Bemühungen sind nicht sehr intensiv.
- Der Trend, alles in einem Geschäft einzukaufen, begünstigt Supermärkte und große Drugstore-Ketten, die bereits Kinderbücher führen.
- Kinderbücher tragen einen höheren Kalkulationsaufschlag als die meisten Artikel in Supermärkten.
- Die L'eggs Marketing-Pläne scheinen zumindest teilweise für Kinderbücher verwendbar und zudem existiert das L'eggs Direktvertriebssystem.

Der phänomenale Erfolg von L'eggs ist auf den besonderen Namen und die damit eng zusammenhängende eiförmige Verpackung zurückzuführen, die auf besonderen Verkaufsständern präsentiert wird und von firmeneigenem Verkaufspersonal angeboten wird. L'eggs-Produkte werden auf Kommissionsbasis verkauft, was Hanes erlaubt, die angebotenen Waren, den Lagerumfang und den Preis zu kontrollieren. Das firmeneigene computergestützte Informationssystem hat es ermöglicht, die angebotenen Waren, das Lager und die Produktion effektiv zu kontrollieren und exakt über die Verkäufe Bescheid zu wissen. Als L'eggs in den Trikotwaren- und Unterwäschemarkt eintrat, bestand dieser aus vielen Teilmärkten, und es wurde nur wenig Markenwerbung betrieben.

Zu den Follow-up-Produkten, die die L'eggs-Strategie nutzten, zählten u. a. Socken und Herrenunterwäsche und die L'erin-Kosmetik für Damen. Keiner dieser Artikel hatte den Erfolg von L'eggs.

Einige Tage vor der Zusammenkunft des Mitarbeiterstabes wurde bekannt, daß von der Western Publishing Company, eine Tochtergesellschaft der Mattel Inc., dem bekannten Spielzeug- und Spielehersteller, bald ein neues

Marketing-Konzept für Golden Books angewandt werden sollte. Da Western Publishing in der Vergangenheit weder innovativ noch aggressiv agierte, glaubt der Marketing-Direktor nicht, daß deren neues Konzept die Wettbewerbssituation wesentlich verändern wird.

Welche Empfehlungen würden Sie dem Marketing-Direktor geben?

FALLSTUDIE 10
Campbell Soup Company

Die Campbell Soup Company, ein breit diversifiziertes Unternehmen für Markenlebensmittel, verkauft unter ihrem bekannten rot-weißen Label seit fast 100 Jahren Dosensuppen. Sie hält heute einen Marktanteil von 80 Prozent des US-amerikanischen Marktes und liegt damit weit vor den Haus- bzw. Händlermarken von Heinz mit zirka zehn Prozent Marktanteil. Da erkannt wurde, daß Umfeld- und Konkurrenzänderungen einen Rückgang sowohl der Größe des Dosensuppenmarktes als auch des Unternehmensanteils am Markt bewirken könnten, sucht das neue marketingorientierte Management von Campbell intensiv nach neuen Marktchancen und nach neuen Wegen für alte Produktlinien. Das Suppengeschäft hat wegen seiner gegenwärtigen und historischen Bedeutung einen besonderen Stellenwert für das Unternehmen.

Ein veränderter amerikanischer Lebensstil und Umfeldveränderungen sowie Änderungen innerhalb des Unternehmens stellen Gefahren aber auch Chancen dar. Das Unternehmen ist mit dem Problem konfrontiert, wie sowohl der Verbrauch von Fertigsuppe als auch der Marktanteil von Campbell gesteigert werden kann, und das in einem Umfeld, das völlig verschieden ist von dem, in dem das langjährig stabile Produkt kreiert und entwickelt wurde. Ein grundlegendes Umdenken des Suppen-Marketing von Campbell ist erforderlich.

Das kurzfristig zu lösende Problem besteht darin, wie Suppe in Dosen attraktiver gestaltet werden kann. Campbell hat sich kürzlich selbst als „well-being"-Firma, d. h. als ein Unternehmen, dem das Wohlbefinden seiner Kunden am Herzen liegt, und seine Produkte als gesundheitsfördernd bezeichnet. Eine Werbekampagne präsentierte Suppe als Garant für die Gesundheit. Auch der Slogan „Suppe ist ein gutes Essen" („Soup is good food") war Teil der Unternehmenswerbung. Campbell's Anstrengungen, den Suppenverbrauch zu steigern, waren auch darauf gerichtet, Suppe als geeignete Mahlzeit für unterschiedliche Gelegenheiten zu forcieren, z. B. zum Frühstück, zur Saucenzubereitung und für kreatives Kochen – z. B. zum Mischen von zwei oder mehreren Suppen. Die meisten der Campbell-Suppen werden in konzentrierter Form angeboten und müssen verdünnt werden. Die tischfertige, kräftige Suppenserie wurde für Leute kreiert, die Suppe zu einer vollen Mahlzeit machen wollen.

Wegen der erforderlichen Zubereitungszeit ist auch die Einführung neuer Formen der Suppenverpackung wichtig, um die Suppe attraktiver zu machen. Unter den Produkten, die sich in der Entwicklung befinden, ist auch eine Suppe, die im Mikrowellenherd zubereitet werden kann. Die erwogene Produktkonzeption besteht aus einer gepreßten Plastikschüssel, die 250 g Hühnersuppe mit

Nudeln enthält. Dieses lagerfähige Produkt in einer Plastikumhüllung, die entfernt werden kann, läßt sich in zirka drei Minuten erhitzen. Der Plastikbehälter ist wiederverwendbar, wenn jemand einen Teil der Suppe für einen späteren Zeitpunkt aufheben möchte. Dies wird die erste mikrowellengeeignete Suppe sein, die – Vorhersagen zufolge – zugleich einen Durchbruch für die Suppenverpackung darstellt. Auch der Markt für lösliche Trockensuppen wird in Erwägung gezogen, auf dem Lipton Marktführer und Campbell gegenwärtig nicht vertreten ist.

Das Campbell-Management glaubt, daß die Zukunft von Lebensmittelverpackungen in attraktiveren und bequemeren Behältern liegt, wie beispielsweise Plastik, antiseptischen Boxen und mikrowellen-tauglichem Geschirr. Es sucht nach zweckmäßigen neuen Verpackungsarten sowie nach einem Konzept, diese neben den vertrauten Dosensuppen einzuführen.

Der Leiter der Marktforschung sagt: „Die Dose ist nicht so benutzerfreundlich wie sie sein sollte." Umfragen zufolge, die Verbraucherpräferenzen untersuchen, so fährt er fort, „ist die Dosensuppe abgenutzt und veraltet". Der an gleicher Stelle zitierte Direktor für die Verpackung vertritt die Auffassung, daß „die Leute in ihrem tiefsten Inneren noch immer gut über die Konservenbüchse denken. Wir wollen diese Meinung nicht zerstören, indem wir das solide Image der Konservierung ändern." Der Austausch der bekannten Konservendose gegen eine ungeeignete Verpackung kann verheerende Folgen haben.

Ein Haupteinwand gegen die Dose betrifft deren Unhandlichkeit. Sie erfordert einen Dosenöffner, das Anreichern mit Wasser, falls die Suppe konzentriert ist, sowie das Erhitzen in einem Topf, der anschließend abgewaschen werden muß.

Weitere Nachteile betreffen die Gesundheit. Junge Leute sind insbesondere gegen die Verwendung von künstlichen Inhaltsstoffen und Konservierungsmitteln. Sie meinen auch, daß der Nährwert durch den Koch- und Konservierungsprozeß verlorengehe. Andere behaupten, daß der Salzgehalt der Dosensuppen zu hoch sei. Dieser Vorwurf wird von Beobachtungsgruppen (watchdog groups) und Leuten verschiedener Altersstufen erhoben, besonders von den älteren, die eine wachsende Zielgruppe darstellen und generell leichtere Mahlzeiten, wie Suppen bevorzugen.

Ein dritter, schwerwiegender Einwand gegen Dosensuppen kommt von dem rasch anwachsenden Segment der US-amerikanischen Haushalte, mittlerweile über 40 Prozent, die Mikrowellenherde benutzen, die nicht für Metallbehälter geeignet sind.

Der wesentlichste Vorteil der Dose ist, daß sie eine lange Lagerung erlaubt, aber dieser Vorteil wird durch die technologischen Weiterentwicklungen des Plastikmaterials allmählich geschmälert. Ein weiterer Vorteil ist darin zu sehen, daß die stabile Dose ihren Inhalt vor physischen Schäden besser schützt als jede andere Verpackungsart.

Die technische Bedrohung für die Dose steht nicht unmittelbar bevor. Die verbesserte Dosentechnologie schließt allmählich auch das im Zusammenhang mit der Verwendung von Blei für den älteren, gelöteten Dosenverschluß bestehende Krankheitsrisiko aus. Leichtere und weniger teure Dosen werden hergestellt. Trotz der rapiden Veränderungen in der Verpackungstechnologie halten sich große Lebensmittelproduzenten, die viel Geld in die bestehende Technologie investiert haben, mit gravierenden Umstellungen zurück und sträuben sich, auf äußerst kostspielige neue Verpackungssysteme umzusteigen. Die Antworten auf die im Zusammenhang mit der Verpackung zu stellenden Grundsatzfragen, was, wo, wann und wie zu ändern ist, hängen von den technischen Möglichkeiten, der wirtschaftlichen Solidität und vor allem von der Marktakzeptanz ab.

Es wird im allgemeinen angenommen, daß Metall und Glas sich dem Sauerstoffbefall am besten widersetzen. Aber es ist auch bekannt, daß die wirtschaftliche Attraktivität von Plastik mit einer geringeren Haltbarkeitsdauer verbunden ist, besonders dann, wenn Produkte ein Mindesthaltbarkeitsdatum aufweisen müssen. Gegenwärtige Schätzungen gehen davon aus, daß die Plastikdose, die der Metalldose sehr ähnlich sehen wird, nur ein Drittel des Gewichtes hat und nur halb so viel Energie zur Produktion benötigen wird. Einige erwarten, daß die Plastikdose das künftige Zugpferd der Lebensmittelverpackungsindustrie sein wird.

Die langfristige Entwicklung, wie sie von einem Analytiker prognostiziert wird, tendiert weg von der Dose und hin zur halbsteifen Verpackung, wie beispielsweise das antiseptische Verpackungsmaterial, das für Fruchtsäfte und Milch verwendet wird, und zur elastischen Verpackung, wie Folien und Beutel. Ihr gegenwärtiger Gebrauch in gehobeneren Märkten ist nur der Anfang. Alternative Verpackungen können eventuell 80 Prozent oder mehr des Dosensuppenmarktes erobern. Aber „die Dose geht ihren Weg noch für lange Zeit", meint ein leitender Angestellter der Firma Campbell.

Eine Veränderung ist riskant, wenn die Unsicherheiten bezüglich technologischer Möglichkeiten, wirtschaftlicher Überlegungen und hinsichtlich der Marktakzeptanz groß sind.

Beschreiben Sie die Aktivitäten und Umstände, die mit der Vorbereitung und dem Verbrauch von Suppe verbunden sind, indem Sie jede der im Markt erhältlichen Formen berücksichtigen, inklusive der Suppen von „scratch" (Notizblockrezepten). Welches sind die Probleme und Möglichkeiten für eine Verbesserung jeder dieser Formen, vom Standpunkt des Verbrauchers aus betrachtet?

Was sind Ihre Empfehlungen, um den Verbrauch von Dosensuppen und Campbell's Marktanteil zu steigern? Was empfehlen Sie bezüglich der Vermarktung von Suppe in neuen Verpackungsformen?

Courtesy Sears

11. KAPITEL

Preisbildung für Produkte: Einflußfaktoren und Methoden der Preisfestlegung

LERNZIELE DIESES KAPITELS

Nachdem Sie dieses Kapitel gelesen haben, sollten Sie in der Lage sein:

1. zu erörtern, wie Marketing-Ziele und die Marketing-Mix-Strategie sowie Kosten und andere unternehmensinterne Faktoren Preisentscheidungen beeinflussen;
2. unternehmensexterne Faktoren zu nennen und zu erläutern, von denen Preisentscheidungen beeinflußt werden;
3. zu erklären, wie die Preisfestsetzung von den Preiswahrnehmungen der Verbraucher und den Preis-Nachfragebeziehungen beeinflußt wird;
4. die drei generellen Preisbildungsmethoden zu vergleichen.

Ein Verbraucher, der bei der Firma Sears einen Videokassettenrekorder kauft, steht vor einem verwirrenden Angebot von Modellen und Preisen. Der letzte Sears-Katalog enthält zehn verschiedene VCR-Modelle zu sechs verschiedenen Preisen zwischen 199,99 und 589,99 Dollar. Der Konsument muß anhand der Katalogbeschreibungen herausfinden und entscheiden, ob die zusätzlichen Eigenschaften der teureren Modelle den zusätzlichen Preis wert sind.

Möglicherweise ist es für die Verbraucher nicht leicht, zwischen den verschiedenen Preisen zu wählen, aber Sears hat wahrscheinlich noch größere Probleme, die Preise festzulegen. Die Manager von Sears müssen viele Faktoren in ihren komplexen Preisbildungsprozeß einbeziehen. Als erstes haben sie die Marketing-Gesamtziele des Unternehmens zu berücksichtigen sowie die Rolle des Preises im unternehmensindividuellen Marketing-Mix. Sollte Sears mit seiner Preispolitik die laufenden Gewinne aus dem VCR-Geschäft oder die langfristigen Marktanteile maximieren? Sollte es einer Strategie der hohen Preise bei geringem Verkaufsvolumen oder einer Politik der niedrigen Preise bei großen Verkaufsvolumen den Vorzug geben? Die allgemeine Marktposition von Sears als Familienkaufhaus legt nahe, daß das Unternehmen VCR-Modelle zu Preisen für jedes Familienbudget anbieten sollte.

Bei der Festlegung der VCR-Preise muß Sears des weiteren die Kosten berücksichtigen. Diese umfassen die Aufwendungen für die Herstellung oder – im Falle der Beschaffung von anderen Lieferanten – jene für den Einkauf der VCR-Geräte sowie die Ausgaben für Transport, Ausstellung, Lagerung, Verkauf und Kundendienst. Sears muß die Preise für seine VC-Recorder so festlegen, daß sie sowohl diese Kosten als auch das Gewinnziel abdecken. Es kann allerdings Schwierigkeiten bereiten, die Kosten der Höhe nach zu beziffern und zuzuordnen. Welcher Anteil der allgemeinen Betriebs- und Verwaltungskosten soll beispielsweise jedem von Sears verkauften VC-Recorder zugerechnet werden. Wenn Sears bei der Preisfestsetzung jedoch nur die Kosten berücksichtigt, dann werden wichtige Nachfrage- und Wettbewerbsfaktoren außer acht gelassen.

Die Kosten bilden die untere Grenze der Preise, die Verbraucher-Nachfrage bestimmt das obere Limit. Sears muß die Beziehungen zwischen Preis und Nachfrage für seine Videokassetten-Recorder kennen. Eine konsumentenorientierte Preispolitik beginnt mit der Kenntnis der Wertvorstellungen der Konsumenten von jedem Modell. Falls Sears einen höheren als den von den Kunden als angemessen empfundenen Wert verlangt, werden sich seine Videokassetten-Recorder schlecht verkaufen lassen. Wenn das Unternehmen jedoch weniger als den angemessen empfundenen Wert fordert, werden seine VCR zwar gut verkauft werden, aber es wird weniger Einnahmen erzielen als möglich wären. Sears muß jenen Preis finden, der den Wertvorstellungen der Kunden entspricht und gleichzeitig den Gesamtgewinn des VCR-Geschäftes maximiert.

Darüber hinaus muß Sears auch die Qualitäten und Preise der von den Wettbewerbern angebotenen Videokassetten-Recorder berücksichtigen. Sind die Sears-Videokassetten-Recorder ähnlich denen seiner wichtigsten Konkurrenten, aber teurer, riskiert das Unternehmen, Umsätze zu verlieren. Liegen aber seine Preise wesentlich niedriger als jene für vergleichbare Konkurrenzprodukte, wird das Unternehmen zwar Umsätze der Wettbewerber hinzugewinnen, jedoch Gewinnchancen verlieren.

Sears setzt deshalb seine VCR-Basispreise auf der Grundlage seiner Kosten unter Berücksichtigung der Nachfrage sowie der Konkurrenzpreise fest. Die Festlegung der Basispreise bildet aber erst den Anfang. Sears muß anschließend seine Preise berichtigen und diese verschiedenen Käufergruppen sowie Marktsituationen anpassen. So unterscheiden sich beispielsweise die Konsumenten darin, wie sie die verschiedenen VCR-Eigenschaften bewerten. Deshalb bietet Sears zahlreiche Modelle für unterschiedliche Preissegmente an. Das Grundmodell VHS 82-Kanal mit 14 Tage Vorprogrammierbarkeit von einem Programm wird um 269,99 Dollar verkauft. Wird zusätzlich eine Fernbedienung gewünscht, erhöht sich der Preis auf 389,99 Dollar. Das erweiterte Modell mit 107 Kanälen, 14 Tage Vorprogrammierbarkeit von vier Programmen und zwei Aufnahmeköpfen kostet 489,99 Dollar. Mit einer Stereo-Ausführung liegt der Preis bei 539,99 Dollar. Das Spitzengerät von Sears – ein VHS mit 105 Kanälen, vier Aufnahmeköpfen, 14 Tage Vorprogrammierbarkeit von vier Programmen, Fernsteuerung und Stereoausführung – kostet 589,99 Dollar. Auf diese Weise bietet Sears ein Modell für jeden Verbrauchergeschmack und jede Brieftasche.

Sears korrigiert seine Preise auch im Hinblick auf psychologische Erwägungen. So fordert das Unternehmen beispielsweise statt 200 Dollar für sein preiswertestes Modell 199,99 Dollar. Dieser Preis vermittelt den Eindruck eines Gelegenheitskaufes, da die Konsumenten dieses Gerät eher der 100-Dollar-Preislage als dem 200-Dollar-Bereich zuordnen. Darüber hinaus nimmt Sears Preisberichtigungen vor, um auf Marktverhältnisse und Konkurrenzaktionen zu reagieren. Das Unternehmen senkte beispielsweise nach Weihnachten den Preis für sein größtes Modell um 150 Dollar zwecks Lagerräumung und Belebung der Nachfrage während der Nachsaison.

So muß Sears bei der Festlegung der Preise seine Kosten gegenüber der Nachfrage und den Konkurrenzpreisen ausbalancieren. Das Unternehmen hat ständig die Preise zu berichtigen, um unterschiedlichen Kundenbedürfnissen und veränderten Marktbedingungen Rechnung zu tragen. Diese Aufgabe stellt sich für jeden seiner Tausenden Artikel, die es führt. Die Preisbildungsstrategie kann seine Gewinne und sogar seine Überlebenschancen beeinflussen. In den späten sechziger Jahren beschloß Sears, sein Warenangebot aufzuwerten und seine Preise hinaufzusetzen. Die höheren Preise bewirkten, daß viele Stammkunden von Sears mit ihren Einkäufen zu K mart und anderen Niedrigpreisgeschäften wechselten. Sears benötigte Jahre, um diesen Verlust zu überwinden.[1]

Alle gewinnorientierten Unternehmen sowie zahlreiche „Nonprofit"-Organisationen müssen für ihre Produkte oder Dienstleistungen Preise festlegen. Der Preis hat viele Namen:[2]

Der Preis begegnet uns überall. Sie zahlen Miete für Ihre Wohnung, Studiengebühren für Ihre Ausbildung und ein Honorar für Ihren Arzt. Die Fluggesellschaft, die Eisenbahn, das Taxi oder das Busunternehmen verlangen von Ihnen ein Fahrgeld, die lokalen Versorgungsbetriebe bezeichnen ihren Preis als Tarif und die örtliche Bank berechnet Ihnen Zinsen für das Geld, das Sie sich bei ihr leihen. Der Preis, den Sie zahlen, um mit Ihrem Auto auf Floridas „Sunshine Parkway" fahren zu dürfen, wird als Benützungsgebühr (Wegegeld) bezeichnet, und die Gesellschaft, die Ihren Wagen versichert, fordert von Ihnen eine Prämie. Der Gastdozent stellt ein Honorar in Rechnung, um Ihnen von einem Regierungsbeamten zu erzählen, der Bestechungsgeld annahm, um einer zweifelhaften Persönlichkeit zu helfen, Mitgliedsbeiträge eines Fachverbandes zu veruntreuen. Clubs oder Vereine, denen Sie angehören, können eine Sonderumlage verlangen, um außergewöhnliche Ausgaben zu bestreiten. Ihre Rechtsberaterin könnte Sie um einen Vorschuß der Anwaltskosten für ihre Dienstleistungen bitten. Der Preis für eine Führungskraft ist ein Gehalt, der Preis für einen Verkäufer kann eine Provision sein, und der Preis für einen Arbeiter ist ein Lohn. Schließlich – obwohl viele Wirtschaftsfachleute anderer Meinung sein könnten – betrachten viele von uns die Einkommensteuer als den Preis, den wir für das Privileg zahlen, Geld zu verdienen.

Einfach ausgedrückt: Der **Preis** ist jener Geldbetrag, der für ein Produkt oder für eine Dienstleistung gefordert wird. Etwas weiter gefaßt: Der Preis ist die Summe jener Werte, die die Konsumenten für die Vorteile eintauschen, die der Besitz oder die Nutzung eines Produktes oder die Inanspruchnahme einer Dienstleistung bieten.

Wie werden Preise gebildet? Historisch betrachtet, kamen Preise dadurch zustande, daß Käufer und Verkäufer miteinander handelten. Die Verkäufer forderten einen höheren Preis als sie zu erhalten erwarteten, und die Kunden boten weniger als sie zu zahlen bereit waren. Durch Handeln erreichten sie einen beiderseits akzeptierten Preis.

Einen Preis für alle Käufer festzulegen, ist eine relativ neue Idee. Sie entstand Ende des 19. Jahrhunderts mit der Entwicklung von Großbetriebsformen des Einzelhandels. F. W. Woolworth, Tiffany and Company, John Wanamaker, J. L. Hudson und andere warben mit einer „strictly one-price policy" (Fixpreis-Politik), da sie so viele Artikel führten und so viele Angestellte beschäftigten.

In der Vergangenheit war der Preis der wichtigste Faktor, der die Wahl des Käufers beeinflußte. Das gilt noch heute für ärmere Völker, unter ärmeren Gruppen und für Massengüter. In den letzten Jahrzehnten jedoch sind für das Auswahlverhalten der Käufer andere als preisliche Faktoren wichtiger geworden.

Der Preis ist das einzige Element im Marketing-Mix, das Einnahmen bewirkt, während die anderen Komponenten Kosten verursachen. Trotz dieser Bedeutung handhaben viele Unternehmen die Preispolitik unzweckmäßig. Zu den häufigsten Fehlern zählen: Die Preisfestsetzung orientiert sich zu stark an den Kosten, der Preis wird nicht häufig genug verändert, um Marktänderungen Rechnung zu tragen, die Preispolitik berücksichtigt nicht die anderen Instrumente des Marketing-Mix, die Preise sind für die unterschiedlichen Produktausführungen und Marktsegmente nicht differenziert genug.

In diesem und im nächsten Kapitel werden wir das Problem der Preisfestsetzung behandeln. In diesem Kapitel werden die Faktoren dargestellt, die von Marketern bei der Preisfestlegung beachtet werden müssen, sowie allgemeine Preisbildungsmethoden. Im nächsten Kapitel werden Preisstrategien für neue Produkte, die Preispolitik im Rahmen des Produkt-Mix, Anlässe für und Reaktionen auf Preisänderungen sowie die Anpassung von Preisen an Käufer und gegebene Faktoren untersucht.

BESTIMMUNGSFAKTOREN DER PREISPOLITIK

Die preispolitischen Entscheidungen eines Unternehmens werden von zahlreichen unternehmensinternen sowie -externen Faktoren beeinflußt. Diese Faktoren werden in Abbildung 11-1 dargestellt. Interne Faktoren umfassen die Marketingziele des Unternehmens, seine Marketing-Mix-Strategie sowie die Kosten und die innerbetriebliche Organisation der Preisfestlegung.

Zu den externen Faktoren zählen die Beschaffenheit des Marktes und der Nachfrage, die Konkurrenz sowie andere Umfeldfaktoren.

Interne Faktoren, die die Preispolitik beeinflussen.

Marketingziele

Vor Festlegung des Preises muß das Unternehmen über seine Strategie für das Produkt entscheiden. Falls das Unternehmen seinen Zielmarkt

FIGURE 11-1
Factors Affecting Price Decisions

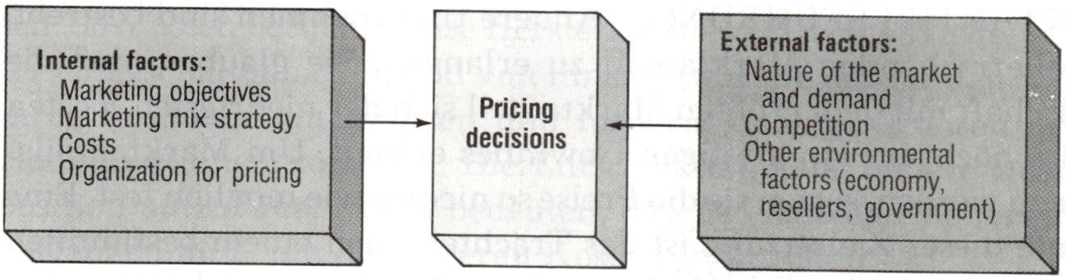

ABBILDUNG 11-1
Faktoren, die Preisentscheidungen beeinflussen

Volkswagen verwendet Preis und Wirtschaftlichkeit als Positionierungsmerkmale, während Jaguar Qualität, Leistung und andere nicht preisbezogene Faktoren heranzieht – der Preis eines Jaguar erhöht dessen Prestigewert. Mit freundlicher Genehmigung von Volkswagen of America und Jaguar Cars Inc.

den es zu verlangen beabsichtigt. So entdeckte beispielsweise Ford mittels Marktforschung, daß ein Marktsegment für ein erschwingliches, sportliches Auto existierte und entwarf den Mustang in einer Ausführung, daß er in der Preislage verkauft werden konnte, die dieses Segment zu zahlen bereit war. In diesem Falle war der Preis bei der Produktpositionierung ein Schlüsselfaktor, der den Markt, den Wettbewerb und den Entwurf des Produktes bestimmte. Der beabsichtigte Preis entschied, welche Produkteigenschaften angeboten werden konnten und welche Produktionskosten entstehen durften.

Bei der Preisfestlegung muß der Marketer somit das gesamte Marketing-Mix berücksichtigen. Falls das Produkt auf der Grundlage von nicht-preislichen Faktoren positioniert worden ist, wird der Preis sehr stark von Entscheidungen bezüglich Qualität, Absatzförderung und Distribution beeinflußt. Wenn der Preis den Schlüsselfaktor für die Produktpositonierung bildet, dann wird dieser die Entscheidungen bezüglich der anderen Elemente des Marketing-Mix erheblich beeinflussen. In den meisten Fällen wird das Unternehmen bei der Entwicklung des Marketing-Programmes alle Marketing-Mix-Entscheidungen gemeinsam betrachten.

Kosten

Die Kosten bilden die Untergrenze für den Preis, den ein Unternehmen für sein Produkt verlangen kann. Das Unternehmen strebt einen Preis an, der die Kosten für die Herstellung, die Distribution und den Verkauf des Produktes abdeckt sowie eine angemessenen Rentabilität für seine Bemühungen und das eingegangene Risiko abwirft.

Die Kosten eines Unternehmens treten in zwei Formen auf: alsfixe und variable. Fixe Kosten – auch bekannt als „overhead“ – sind Kosten, die sich nicht mit der Produktions- oder Verkaufsmenge verändern. Ein Unternehmen muß jeden Monat Rechnungen für Miete, Heizung und Zinsen sowie die Gehälter für die Führungskräfte zahlen – ungeachtet des Unternehmenserfolges. Die Fixkosten laufen weiter – unabhängig vom Beschäftigungsgrad.

Variable Kosten variieren unmittelbar mit der Produktionsmenge. Jeder von der Firma Texas Instruments hergestellte Taschenrechner verursacht Kosten für Kunststoffe, Drähte, Verpackung und andere Einsatzgüter. Diese Kosten tendieren dazu, für jede Produktionseinheit in gleicher Höhe anzufallen. Sie werden als variabel bezeichnet, da ihre Gesamthöhe mit der Zahl der Produktionseinheiten variiert.

Die **Gesamtkosten** setzen sich aus der Summe der fixen und der variablen Kosten für eine bestimmte Produktionsmenge zusammen. Das Management ist bestrebt, einen Preis zu fordern, der mindestens die gesamten Herstellkosten bei einem bestimmten Beschäftigungsgrad deckt.

Das Unternehmen muß seine Kosten sorgfältig beobachten. Wenn die eigenen Kosten für die Herstellung und den Verkauf seines Produktes höher liegen als die der Konkurrenten, muß das Unternehmen einen höheren Preis fordern oder sich mit einem niedrigeren Gewinn begnügen, wodurch es – in beiden Fällen –in einen Wettbewerbsnachteil gerät.

Organisatorische Überlegungen

Das Management hat zu entscheiden, wer innerhalb der Organisation die Preise festlegen soll. Die Preisbildung wird in den einzelnen Unternehmen auf verschiedene Weise gehandhabt. In kleineren Unternehmen werden die Preise häufig von der Unternehmensleitung statt von der Marketing- oder Verkaufsabteilung festgelegt. In großen Gesellschaften liegt die Preispolitik in den Händen der Divisionleitung oder der Produktgruppen-Manager. Im Investitionsgüterbereich kann es dem Verkaufsaußendienst erlaubt sein, innerhalb einer vorgegebenen Bandbreite über den Preis zu verhandeln. In diesem Falle jedoch legt das Top-Management Preisziele und Preispolitik fest, in vielen Fällen behält es sich vor, die von den unteren Managementebenen oder Verkäufern vorgeschlagenen Preise zu genehmigen.[3] In Branchen, in denen die Preispolitik von ausschlaggebender Bedeutung ist, wie z. B. bei Luftfahrt-, Eisenbahn- und Ölgesellschaften, verfügen Unternehmen über eine besondere Preisabteilung, die für die Festlegung der Preis zuständig ist, oder deren Aufgabe darin besteht, anderen Bereichen zu helfen, den optimalen Preis festzusetzen. Diese Abteilung ist dem Marketingbereich oder der Unternehmensleitung unterstellt. Zu den Funktionsträgern, die ebenfalls Einfluß auf den Preis nehmen, zählen Verkaufs-, Produktions- und Finanz-Manager sowie Fachleute des Rechnungswesens.

Externe Einflußfaktoren der Preispolitik

Markt und Nachfrage

Kosten bilden die Untergrenze für die Preise, während der Markt und die Nachfrage die Obergrenze bestimmen. Sowohl Konsumenten als auch Käufer von Investitionsgütern wägen den Preis für ein Produkt oder eine Dienstleistung gegen die Vorteile ab, die mit seinem Besitz verbunden sind. Bevor der Marketer die Preise festlegt, muß er die Beziehungen zwischen dem Preis und der Nachfrage für sein Produkt verstehen.

In diesem Abschnitt wollen wir darstellen, wie sich die Preis-Absatz-Funktion in den verschiedenen Marktformen verändert und wie Preiswahrnehmungen der Käufer Preisentscheidungen beeinflussen. Anschließend wollen wir Methoden zur Berechnung der Preis-Absatz-Funktion erörtern.

PREISPOLITIK IN UNTERSCHIEDLICHEN MARKTFORMEN. Die Preisautonomie des Verkäufers variiert mit den unterschiedlichen Marktformen. Wirtschaftswissenschaftler unterscheiden vier verschiedene Marktformen. Jede von ihnen stellt unterschiedliche Anforderungen an die Preispolitik.

Bei **vollkommener Konkurrenz** besteht der Markt aus vielen Käufern und Verkäufern, die mit einem gleichartigen Wirtschaftsgut handeln, wie z. B. Weizen, Kupfer oder Finanztitel. Einzelne Käufer oder Verkäufer haben keinen großen Einfluß auf den Marktpreis. Ein Verkäufer kann nicht mehr als den Marktpreis verlangen, da die Käufer zu diesem Preis so viel bekommen können wie sie benötigen. Verkäufer würden auch nicht weniger als den Marktpreis fordern, da sie zu diesem Preis verkaufen können so viel sie wollen. Wenn der Preis und die Gewinne steigen, können neue Anbieter leicht in den Markt einsteigen. Die Verkäufer in diesen Märkten verwenden wenig Zeit für eine Marketingstrategie, da Marketingforschung, Produktentwicklung, Preispolitik, Werbung und Verkaufsförderung von untergeordneter Bedeutung sind, solange sich der Markt im Zustand vollkommener Konkurrenz befindet.

Bei **monopolistischer Konkurrenz** besteht der Markt aus vielen Käufern und Verkäufern, die sich im Rahmen eines Preisbereiches bewegen anstatt auf einen einzigen Marktpreis festgelegt zu sein. Der Grund für den Preisspielraum liegt darin, daß die Verkäufer in der Lage sind, ihre Angebote zu differenzieren. Entweder kann das physische Produkt hinsichtlich Qualität, Eigenschaften oder Aussehen variiert werden, oder die damit verbundenen Serviceleistungen. Die Käufer erkennen die Unterschiede der angebotenen Produkte und zahlen deshalb unterschiedliche Preise. Die Verkäufer versuchen, differenzierte Angebote für unterschiedliche Kundensegmente zu entwickeln und machen neben dem Preis reichlich Gebrauch von Markenbildung, Werbung und Direktverkauf, um ihr Angebot von Wettbewerbserzeugnissen abzuheben. Da es viele Konkurrenten gibt, wird jedes Unternehmen von den Marktingstrategien der Wettbewerber weniger betroffen sein als es in einem oligopolistischen Markt der Fall wäre.

Bei **oligopolistischer Konkurrenz** besteht der Markt aus wenigen Anbietern, die äußerst empfindlich auf die Preispolitik und die Marketingstrategien eines Konkurrenten reagieren. Bei dem Produkt kann es sich um ein gleichartiges – z. B. Stahl oder Aluminium – oder ein ungleichartiges handeln – z. B. Autos oder Computer. Der Grund, warum es so wenige Verkäufer gibt, liegt darin, daß es für neue Anbieter schwer ist, in den Markt einzudringen. Jeder Anbieter beobachtet die Strategien und Maßnahmen der Wettbewerber sehr sorgfältig. Wenn eine Stahlfirma ihren Preis um zehn Prozent senkt, wechseln die Kunden sofort zu diesem Lieferanten. Die anderen Stahlhersteller müssen darauf antworten – sei es durch Senkung ihrer Preis oder Steigerung ihrer Serviceleistungen. Ein Oligopolist ist niemals sicher, ob er irgendetwas auf Dauer durch eine Preissenkung gewinnen kann. Andererseits kann er nicht davon ausgehen, daß die Wettbewerber seinem Beispiel folgen werden, wenn er den Preis erhöht. Der Oligopolist müßte seine Preiserhöhung rückgängig machen oder riskieren, Kunden an die Konkurrenten zu verlieren.

Ein **vollkommenes Monopol** besteht aus einem einzigen Verkäufer. Beim Anbieter kann es sich um ein staatliches Monopol handeln (z. B. U.S. Postdienst), um ein mit den Mitteln der Rechtsordnung geregeltes privates Monopol (z. B. ein Unternehmen der Energiewirtschaft), oder um ein privates, nicht reguliertes Monopol (z. B. Du Pont bei der Einführung von Nylon). In jedem Falle wird die Preispolitik unterschiedlich gehandhabt. Mit einem staatlichen Monopol können mehrere Preisfestlegungsziele verfolgt werden. Es kann ein Preis unterhalb der Kosten festgesetzt werden, weil das Produkt für die Käufer zwar wichtig ist, diese aber nicht in der Lage sind, die vollen Kosten zu bezahlen. Der Preis kann aber auch so festgelegt werden, daß er die Kosten deckt oder daß er gute Erträge abwirft. Er könnte aber auch recht hoch angesetzt werden, um den Verbrauch zu drosseln. Bei einem „regulierten„ Monopol erlaubt die Regierung dem Unternehmen, Tarife festzusetzen, die es ermöglichen, eine angemessene Rendite (fair return) zu erwirtschaften, um das Unternehmen aufrecht zu erhalten und – falls erforderlich – seine Produktionsanlagen zu erweitern. Nicht regulierten Monopolen steht es frei, die Preise so hoch anzusetzen, wie es der Markt erlaubt. Sie schöpfen jedoch aus mehreren Gründen ihren Preisspielraum nicht immer voll aus; zu den wichtigsten zählen:

- die Furcht vor staatlichen Einflußnahmen,
- der Wunsch, keine Konkurrenz anzuziehen,
- die Absicht, den Markt mit einem niedrigen Preis schneller zu durchdringen.

KONSUMENTENWAHRNEHMUNGEN VON PREIS UND WERT. Auf die Dauer wird der Kunde entscheiden, ob der Preis eines Produktes angemessen ist. Bei der Festlegung von Preisen muß das Unternehmen berücksichtigen, wie Verbraucher den Preis wahrnehmen und wie diese Wahrnehmungen die Kaufentscheidungen der Konsumenten beeinflussen. Nagle betont, daß Preisentscheidungen wie auch andere Marketing-Mix-Entscheidungen, käuferorientiert erfolgen müssen:

> *„... die Festlegung von Preisen erfordert mehr als rein technische Expertisen. Sie erfordert kreatives Beurteilungsvermögen und ein großes Wissen über die Motivationen der Käufer. Der Schlüssel für eine wirkungsvolle Preispolitik ist der gleiche, der Türen in andere Marketingfunktionen öffnet: ein kreatives Erkennen, wer die Käufer sind, warum sie kaufen und wie sie ihre Einkaufsentscheidungen treffen. Die Erkenntnis, daß die Käufer sich bezüglich dieser Kriterien unterscheiden, ist für eine wirksame Preispolitik ebenso wichtig, wie eine effiziente Absatzförderung, Distribution oder Produktentwicklung."*[4]

Wenn die Konsumenten ein Produkt kaufen, tauschen sie etwas von Wert (den Preis), um irgendetwas von Wert zu erhalten – die Vorteile, die es mit sich bringt, ein Produkt zu besitzen oder zu benutzen. Wirkungsvolle, kundenorientierte Preispolitik umfaßt sie Kenntnis des Wertes, den Verbraucher den Vorteilen beimessen, die sie durch den Kauf des Produktes erhalten, und die Festlegung jenes Preises, der diesem Wert entspricht. Die Vorteile enthalten sowohl den tatsächlichen als auch den empfundenen Nutzen. Wenn ein Konsument in einem Luxusrestaurant ein Gericht bestellt, ist es leicht, den Wert der Zutaten zu errechnen. Aber selbst für den Konsumenten ist es sehr schwer, den Wert der anderen Befriedigungswerte, wie z. B. Geschmack, eine luxuriöse Umgebung, Entspannung, Unterhaltung und Status zu bemessen. Diese Werte variieren für unterschiedliche Kunden und für unterschiedliche Situationen (vergleiche hierzu Beispiel 11-1). Es ist deshalb für ein Unternehmen häufig sehr schwierig abzuschätzen, welchen Wert die Kunden seinem Produkt beimessen. Für die Konsumenten bilden diese Werte jedoch die Grundlage dafür, den Preis eines Produktes zu beurteilen. Wenn der Verbraucher findet, daß der Preis höher liegt als der Wert des Produktes, wird er dieses Produkt nicht kaufen.

Marketer müssen versuchen zu erkennen, warum die Konsumenten das Produkt kaufen, und den Preis in Übereinstimmung mit den Wahrnehmungen der Kunden über den Wert des Produktes festlegen. Da sich die Kunden bezüglich der Werte, die sie unterschiedlichen Produkteigenschaften zuordnen, unterscheiden, variieren Marketer häufig ihre Preisstrategien für unterschiedliche Preissegmente. Sie bieten differenzierte Zusammenstellungen von Produkteigenschaften zu unterschiedlichen Preisen an. So könnten beispielsweise Jeanshersteller preisgünstiger grobe Jeans für Konsumenten anbieten, die Zweckmäßigkeit sowie lange Produktlebensdauer schätzen, und teurere Jeans für Kunden, die Wert auf Mode und Status legen.

Käuferorientierte Preispolitik bedeutet, daß der Marketer nicht ein Produkt und ein Marketingprogramm entwickeln kann und anschließend den Preis festsetzt. Sinnvolle Preispolitik beginnt mit der Analyse der Konsumentenbedürfnisse und Preiswahrnehmungen. Der Preis muß zusammen mit den anderen Marketing-Mix-Variablen bedacht werden, bevor das Marketingprogramm festgelegt wird.

ANALYSE DER PREIS-NACHFRAGE-BEZIEHUNGEN. Jeder Preis, den das Unternehmen fordern könnte, führt zu einer unterschiedlichen Höhe der Nachfrage. Das Verhältnis zwischen dem geforderten Preis und dem daraus resultierenden Nachfrageniveau ist aus der bekannten Nachfragekurve in Abbildung 11-2A zu ersehen. Die Nachfragekurve zeigt die Anzahl der Einheiten, die der Markt in einem bestimmten Zeitraum zu unterschiedlichen Preisen, die gefordert werden könnten, kaufen wird. Im Normalfall stehen Nachfrage und Preis in unmittelbarer Wechselbeziehung zueinander. Das bedeutet: Je höher der Preis, umso geringer die Nachfrage. Das Unternehmen würde somit weniger verkaufen, wenn es seinen Preis von P1 auf P2 anhebt. Konsumenten mit begrenzten Budgets werden wahrscheinlich von einer Ware weniger kaufen, wenn deren Preis zu hoch ist.

Die meisten Nachfragekurven sind – wie in Abbildung 11-2a – entweder in einer geraden oder in einer gekrümmten Linie abwärtsgerichtet. Bei Prestigegütern ist jedoch – wie in Figur 11-2B dargestellt

BEISPIEL 11-1
Was ist ein Hamburger wert?

Gibt es irgendeinen Hamburger, der den Preis von vier Dollar wert ist? Die Antwort scheint von der befragten Kundengruppe abzuhängen und von deren Erwartungen an ihre Burger. Die meisten wollen nicht mehr als einen Dollar bezahlen, eventuell 1,50 Dollar für einen Big Mac oder einen Whopper mit Käse. Es gibt jedoch immer mehr Konsumenten, die bereit zu sein scheinen, 3,50 Dollar oder 4,00 Dollar für eine neue Kategorie von Burgern – Gourmet-Burger – zu bezahlen, die in Restaurants mit Namen wie Chili's, Fuddruckers, Flakey Jake's oder J. J. Muggs angeboten werden.

Was veranlaßt einige Konsumenten zu der Ansicht, daß ein Hamburger vier Dollar wert ist? Die Burgers sind vielleicht besser, größer und auf Bestellung aus frischem Rindfleisch zubereitet worden. Aber es sind nicht nur die Hamburger, die die Kunden anziehen. Die anspruchsvolleren Burger-Verkaufsstellen bieten verschiedene, weniger greifbare Vorteile, die einige Verbraucher hoch bewerten. Es gibt Stühle und Tische anstelle von Plastikbänken; sie verkaufen Bier, Wein und Cocktails; einige bieten sogar Tischservice.

Fuddruckers und seine Gourmet-Burger. Abgedruckt mit freundlicher Genehmigung der Fuddruckers Inc.

Die durchschnittlichen Kosten für einen Hamburger, Pommes frites und ein Getränk belaufen sich bei Chili's auf etwa sechs Dollar, verglichen mit etwa 2,50 Dollar in einem konventionellen Schnellrestaurant. Wenn sie jedoch alle Vorteile addieren – den Hamburger, die Annehmlichkeiten und die Atmosphäre –, scheint der Preis für einen Gourmet-Burger bei Chili's einigen Kunden angemessener zu sein als die niedrigeren Preise, die sie bei McDonald's oder Burger King bezahlt haben.

Wer würde nun vier Dollar für einen Hamburger bezahlen? Sie werden erstaunt sein, wenn Sie erfahren, wie viele Leute bereit sind, so viel zu bezahlen. Es gibt heutzutage 100 Luxus-Burger-Restaurants mit über 100 Millionen Dollar Umsatz. Selbst konservative Analytiker schätzen, daß der Markt auf über 3000 Restaurants ansteigen wird, die jährlich zwei bis drei Milliarden Dollar Umsatz machen werden. Einige erwarten einen möglichen Acht-Milliarden-Dollar-Umsatzmarkt für Vier-Dollar-Hamburger.

Quelle: Basierend auf Informationen von Roger Neal, „Fancyburgers", Forbes, 18. Juni 1984, S. 92.

ABBILDUNG 11-2
Zwei hypothetische Nachfragekurven

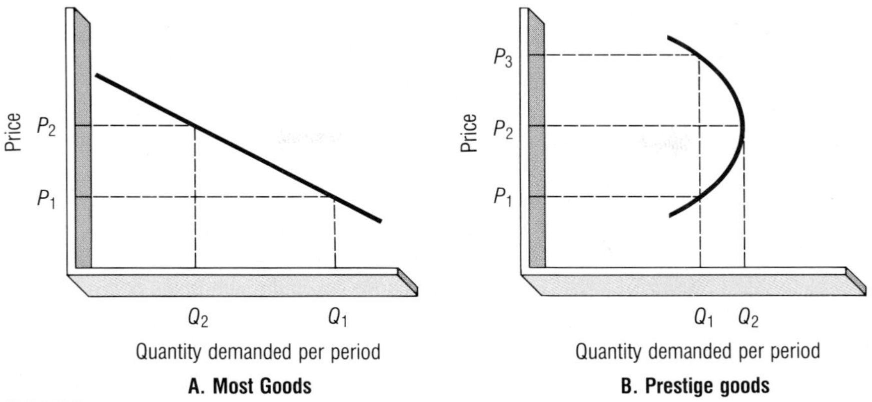

FIGURE 11-2
Two Hypothetical Demand Schedules

– die Nachfragekurve mitunter aufwärtsgerichtet. Ein Parfumhersteller fand heraus, daß er mehr verkaufen könnte, wenn er den Preis von P1 auf P2 steigern würde. Die Konsumenten glaubten, daß mit dem höheren Preis ein besseres oder reizvolleres Parfum verbunden sei. Wenn jedoch der Preis zu hoch angesetzt wird – wie z. B. P3 – liegt die Nachfrage unter der von P2.

Die meisten Unternehmen versuchen, ihre Nachfragekurven abzuschätzen. Die Form des Marktes verursacht Unterschiede. In einem Monopol repräsentiert die Nachfragekurve die aus den unterschiedlichen Preisen resultierende Nachfrage des Gesamtmarktes. Falls das Unternehmen im Wettbewerb zu anderen Firmen steht, wird bei unterschiedlichen Preisen die Höhe der Nachfrage davon abhängig sein, ob die Konkurrenten ihre Preise konstant halten oder in gleichem Maße verändern. An dieser Stelle wollen wir annehmen, daß die Preise der Wettbewerber konstant bleiben. Später wollen wir in diesem Kapitel erörtern, was sich ereignet, wenn die Konkurrenten ihre Preise ändern.

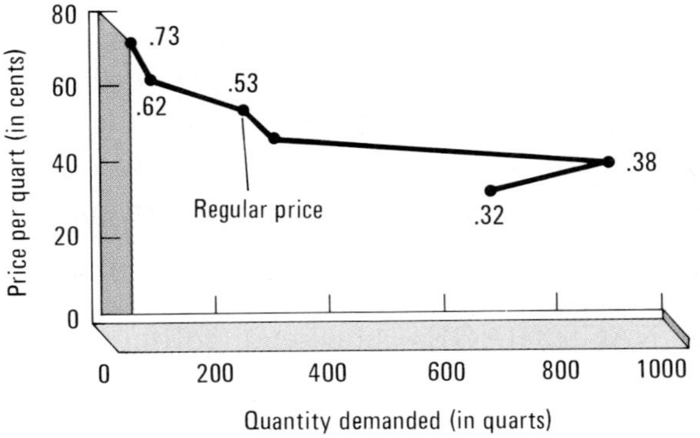

ABBILDUNG 11-3
Verlauf der Nachfrage für Quaker State Motor Oil

Abgedruckt mit Genehmigung des Herausgebers des Beitrages von Sidney Bennett und J. B. Wilkinson, „Price-Quality Relationships and Price Elasticity Under In-Store Experimentation," in: Journal of Business Research, Januar 1974, S. 30–34. Copyright 1974: Elsevier Science Publishing Co.

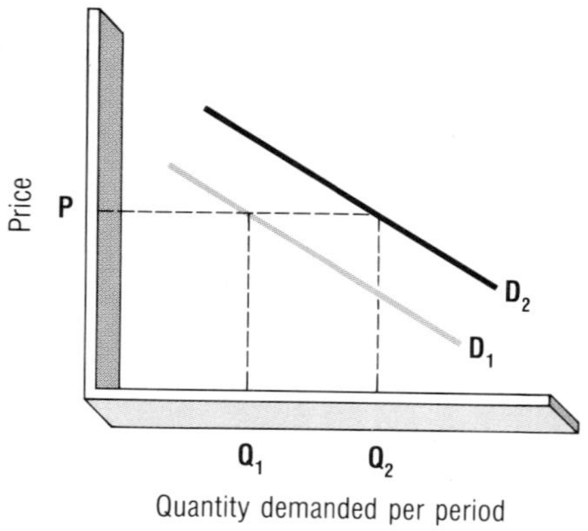

ABBILDUNG 11-4
Einflüsse von Absatzförderungsmaßnahmen und anderen Nichtpreis-Variablen auf die Nachfrage; dargestellt durch Verlagerungen der Nachfragekurve

FIGURE 11-4
Effects of Promotion and Other Nonprice Variables on Demand Shown through Shifts of the Demand Curve

Die Berechnung einer Nachfragekurve erfordert eine Schätzung der Nachfrage bei verschiedenen Preisen. Abbildung 11-3 zeigt die geschätzte Nachfragekurve für Quaker State Motoröl. Die Nachfrage steigt, wenn der Preis von 73 auf 38 Cents gesenkt wird, sie fällt jedoch bei einem Preis zwischen 38 und 32 Cents wieder zurück, möglicherweise, weil die Leute glauben, das Öl sei zu billig und könnte ihrem Auto schaden.

Bei der Ermittlung der Preis-Nachfrage-Beziehungen muß der Marktforscher darauf achten, daß andere Faktoren, die die Nachfrage beeinflussen, nicht verändert werden. Falls Quaker State zur gleichen Zeit, zu der es seine Preise senkt, sein Werbebudget erhöht, könnte der Marktforscher nicht feststellen, welcher Anteil der gestiegenen Nachfrage auf den niedrigeren Preis und welcher auf die intensivierte Werbung zurückzuführen ist. Das gleiche Problem tritt auf, wenn die Preissenkung an einem Ferienwochenende erfolgt, da währen der Ferien in verstärktem Maße Auto gefahren und mehr Motoröl gekauft wird.

Wirtschaftswissenschaftler stellen die Einwirkungen nichtpreislicher Faktoren auf die Nachfrage durch Verschiebung der Nachfragekurve dar, statt durch Veränderungen im Kurvenverlauf. Angenommen, die Kurve der ursprünglichen Nachfrage sei D1 in Abbildung 11-4. Der Verkäufer fordert den Preis P und verkauft Q1-Einheiten. Nun sei unterstellt, daß sich die allgemeine Wirtschaftslage plötzlich verbessert oder der Anbieter sein Werbebudget verdoppelt. Die höhere Nachfrage kommt durch eine Aufwärtsverlagerung der Nachfragekurve von D1 nach D2 zum Ausdruck. Ohne Änderung des Preises (P) steht der Anbieter nunmehr einer Nachfrage im Ausmaß von Q2 gegenüber.

PREISELASTIZITÄT DER NACHFRAGE. Marketer sollten die Preiselastizität kennen oder wissen, wie empfindlich die Nachfrage auf Preisänderungen reagiert. Betrachten wir die beiden Nachfragekurven

FIGURE 11-5
Inelastic and Elastic Demand

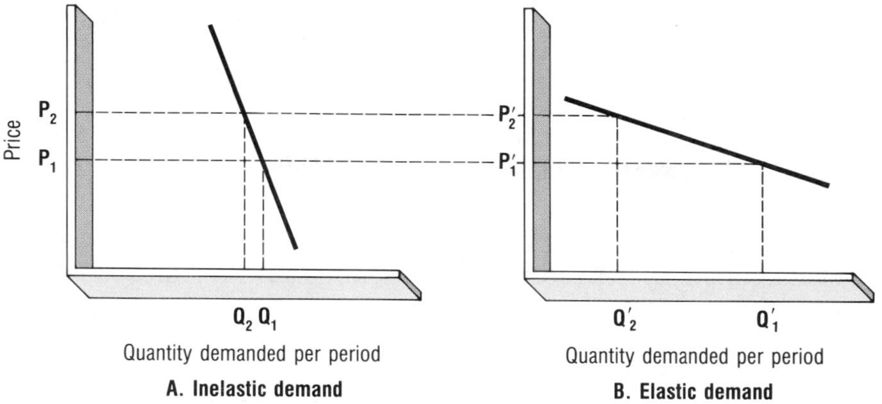

ABBILDUNG 11-5
Starre und elastische Nachfrage

in Abbildung 11-5. In Abbildung 11-5A führt ein Preisanstieg von P1 nach P2 zu einem relativ geringen Rückgang der Nachfrage von Q1 nach Q2. In Abbildung 11-5B führt die gleiche Preiserhöhung zu einem größeren Rückgang der Nachfrage von Q'1 nach Q'2. Wenn sich die Nachfrage bei geringen Preisänderungen kaum verändert, bezeichnen wir sie als unelastisch. Verändert sich die Nachfrage jedoch erheblich, wird von einer hohen Nachfrageelastizität gesprochen.

Was bestimmt die Preiselastizität der Nachfrage? Die Nachfrage wird unter folgenden Bedingungen voraussichtlich weniger elastisch sein:

1. Es gibt nur wenige bzw. keine Substitutionsprodukte oder Konkurrenten.
2. Die Käufer bemerken die Preiserhöhung nicht sofort.
3. Die Käufer sind schwerfällig bei der Veränderung der Einkaufsgewohnheiten und bei der Suche nach niedrigeren Preisen.
4. Die Käufer halten die höheren Preise aufgrund Qualitätsverbesserungen und normaler Inflationsentwicklung sowie aus anderen Gründen für gerechtfertigt.

Falls die Nachfrage eher elastisch als unelastisch ist, werden die Anbieter erwägen, ihre Preise zu senken. Ein niedrigerer Preis wird höhere Einnahmen zur Folge haben. Diese Vorgehensweise erscheint sinnvoll, solange die zusätzlichen Kosten für Produktions- und Verkaufssteigerungen nicht die Mehreinnahmen übersteigen.

Preise und Angebote des Wettbewerbs

Einen weiteren externen Faktor, der die Preisentscheidungen beeinflußt, bilden die Preise der Konkurrenten sowie die möglichen

Reaktionen der Wettbewerber auf die Preisbewegungen des eigenen Unternehmens. Konsumenten stellen den Preis und den Wert einer Ware den Preisen und Werten vergleichbarer Produkte gegenüber. Ferner kann die Preisstrategie des Unternehmens die Wettbewerbssituation beeinflussen, in der es sich befindet. Eine Strategie hoher Preise und großer Gewinnspannen kann die Konkurrenz anziehen, wohingegen niedrige Preise und kleine Gewinnspannen die Konkurrenten vom Markt fernhalten oder zum Rückzug veranlassen können.

Das Unternehmen muß Preis und Qualität von jedem Konkurrenzangebot kennen. Diese Informationen können auf verschiedene Weise erlangt werden. Das Unternehmen kann Testkäufer beauftragen, Preise und Angebote der Konkurrenz zu vergleichen. Außerdem kann sich das Unternehmen Preislisten der Wettbewerber verschaffen, Geräte der Konkurrenz kaufen und diese auseinandernehmen. Schließlich ist es möglich, Kunden zu befragen, was sie vom Preis und der Qualität jedes einzelnen Wettbewerbsangebots halten.

Wenn das Unternehmen über die Preise und Angebote der Konkurrenz informiert ist, kann es diese zum Ausgangspunkt seiner eigenen Preispolitik machen. Sollte das eigene Angebot ähnlich dem eines wichtigen Konkurrenten sein, muß das Unternehmen seinen Preis in der Nähe dieses Mitbewerbers ansiedeln, wenn es keine Umsätze verlieren will. Entspricht das eigene Angebot qualitativ nicht dem des Konkurrenten, kann dessen Preis nicht gefordert werden. Wenn jedoch das eigene Angebot besser ist als das der Konkurrenz, kann ein höherer Preis als jener des Wettbewerbers verlangt werden. Grundsätzlich wird das Unternehmen den Preis dazu benutzen, sein Angebot dem Wettbewerb entsprechend zu positionieren.

Andere externe Faktoren

Bei der Preisfestlegung muß das Unternehmen noch weitere Faktoren seines externen Umfeldes berücksichtigen. So können beispielsweise volkswirtschaftliche Bedingungen einen starken Einfluß auf die Preisstrategie des Unternehmens nehmen. Volkswirtschaftliche Faktoren wie Inflation, konjunktureller Aufschwung, Rezession oder die Höhe der Zinssätze beeinflussen Preisentscheidungen, da diese sowohl auf die Kosten der Herstellung als auch auf die Konsumentenwahrnehmungen bezüglich des Preises und der Qualität eines Produktes einwirken.

Ferner muß das Unternehmen berücksichtigen, welche Auswirkungen seine Preise auf andere Beteiligte seines Umfeldes haben werden. Welche Reaktionen sind beispielsweise seitens der Wiederverkäufer auf verschiedene Preise zu erwarten? Das Unternehmen sollte Preise festlegen, die den Wiederverkäufern einen angemessenen

Gewinn ermöglichen, ihre Unterstützungsbereitschaft fördern und ihnen helfen, das Produkt erfolgreich zu verkaufen. Die Regierung ist ein weiterer wichtiger externer Einflußfaktor der Preispolitik. Für Marketer ist es erforderlich, die den Preis beeinflussenden Gesetze zu kennen und sicherzustellen, daß sich ihre Preispolitik im Rahmen der Legalität bewegt. Die wichtigsten Gesetze, die Einfluß auf den Preis nehmen, sind in Beispiel 11-2 zusammengestellt worden.

GENERELLE PREISFESTLEGUNGSVERFAHREN

Der Preis, den ein Unternehmen festlegt, liegt irgendwo zwischen einem, der zu niedrig ist, einen Gewinn zu erwirtschaften, und einem, der zu hoch ist, um Nachfrage zu schaffen. Die Abbildung 11-6 faßt die wichtigsten Überlegungen der Preisfestsetzung zusammen. Die Kosten des Produktes bilden Die Untergrenze für die Preise, Konsumentenwahrnehmungen bezüglich des Produktwertes bestimmen die Obergrenze. Das Unternehmen muß Konkurrenzpreise sowie andere externe und interne Faktoren berücksichtigen, um den bestmöglichen Preis zwischen diesen beiden Extremen zu finden.

Durch die Auswahl einer der üblichen Preisfindungsmethoden, die einen oder mehrere dieser Faktoren einbeziehen, legen Unternehmen ihre Preise fest. Auf die folgenden Preisfestlegungsverfahren soll nunmehr näher eingegangen werden:

- Kostenorientierte Vorgehensweise, dazu gehört die Preisermittlung durch Gewinnzuschlag auf die Selbstkosten, die Breakeven-Analyse, sowie die Preisfestlegung aufgrund von Gewinnvorgaben.
- Kundenorientierte Vorgehensweise, ein Preisbildungsverfahren aufgrund des Wertes, der von Kunden dem Produkt beigemessen wird.
- Konkurrenzorientierte Vorgehensweise. Orientierung am Marktpreis (going-rate) sowie Preisfestlegung bei Ausschreibungen.

ABBILDUNG 11-6
Wichtige Überlegungen bei der Preisfestlegung

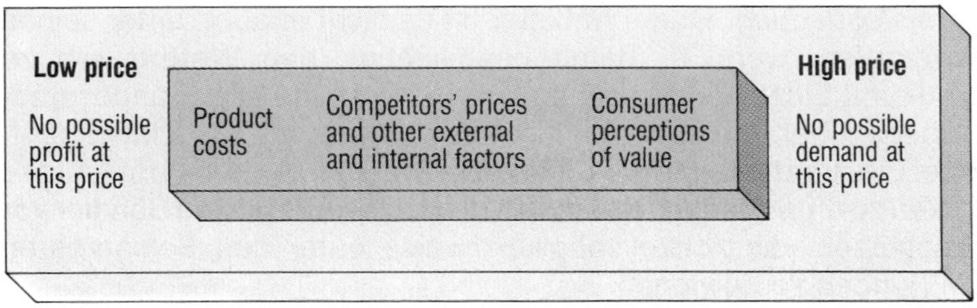

FIGURE 11-6
Major Considerations in Setting Price

BEISPIEL 11-2
Preisentscheidungen und Grundsätze der Wirtschaftsordnung

Verkäufer müssen bei der Preisfestlegung für ihre Produkte die Gesetze kennen und die folgenden Praktiken vermeiden:

Preisabsprachen. Verkäufer müssen Preise festlegen, ohne mit der Konkurrenz darüber zu sprechen. Andernfalls werden Preisabsprachen vermutet. Preisabsprachen sind ungesetzlich per se, das bedeutet, daß die Regierung keinerlei Entschuldigungen für Preisabsprachen akzeptiert. Die einzige Ausnahme hiervon bilden Preisvereinbarungen, die unter Aufsicht einer Regierungsbehörde getroffen werden, wie z. B. zahlreiche Absprachen der regionalen Milchindustrie, ebenso in den öffentlich regulierten Transportbranchen sowie bei Obst- und Gemüseanbaugenossenschaften.

Preisbindung der zweiten Hand. Ein Hersteller kann nicht von Händlern fordern, einen speziellen Einzelhandelspreis für seine Produkte zu verlangen. Allerdings kann der Produzent eine unverbindliche Preisempfehlung gegenüber den Händlern aussprechen. Der Produzent kann sich weder weigern, an einen Händler zu verkaufen, der eine selbständige Preisfestsetzung vornimmt, noch den Händler bestrafen, indem er spät liefert oder ihm Werbezuschüsse versagt. Nichtsdestotrotz kann es ein Hersteller aus anderen Gründen ablehnen, an einen Händler zu liefern, sofern diese nicht mit der Preispolitik des Händlers zusammenhängen.

Preisdiskriminierung. Der Robinson-Patman Akt versucht sicherzustellen, daß sich die Hersteller innerhalb einer Handelsstufe an das gleiche Preisniveau halten. So hat z. B. jeder Einzelhändler Anspruch auf die gleichen Preiskonditionen, unabhängig davon, ob es sich um Sears oder das kleine örtliche Fahrradgeschäft handelt. Jedoch ist eine Preisdifferenzierung erlaubt, wenn der Hersteller nachweisen kann, daß seine Kosten unterschiedlich hoch sind, wenn er an verschiedene Einzelhändler verkauft, z. B., daß es pro Stück weniger kostet, eine große Anzahl Fahrräder an Sears zu verkaufen, anstatt einige wenige Fahrräder an einen kleinen lokalen Händler. Darüber hinaus kann der Anbieter seine Preise differenzieren, wenn er verschiedene Qualitäten des gleichen Produktes für unterschiedliche Einzelhändler herstellt. Der Anbieter muß beweisen können, daß diese Unterschiede tatsächlich bestehen, und daß sich die Preisunterschiede proportional zu den Qualitätsunterschieden verhalten. Differenzierte Preise dürfen auch gefordert werden, um im guten Glauben dem Wettbewerb entgegentreten zu können, vorausgesetzt, daß das betroffene Unternehmen versucht, dem Konkurrenten auf seinem eigenen Wettbewerbsniveau gegenüberzutreten, und daß es sich um eine vorübergehende, regional begrenzte sowie um eine defensive, und nicht um eine offensive Preisdifferenzierung handelt.

Mindestpreisfestlegung. Einem Anbieter ist es nicht erlaubt, unter seinen Kosten zu verkaufen, wenn er damit beabsichtigt, den Wettbewerb zu zerstören. Groß- und Einzelhändler sehen sich in der Hälfte aller Bundesstaaten Gesetzen gegenüber, die einen Mindestprozentsatz als Kalkulationsaufschlag auf ihre Einstandspreise plus Transportkosten fordern. Um unfaire Handelspraktiken zu unterbinden, versuchen diese Gesetze, kleine Händler vor größeren zu schützen, die Artikel möglicherweise unter den Selbstkosten verkaufen, um Kunden zu gewinnen.

Preissteigerungen. Unternehmen ist es freigestellt, ihre Preise auf jedes Niveau anzuheben, ausgenommen in Zeiten der Preiskontrolle. Die wichtigste

Ausnahme von dem Grundsatz freier Preisfestlegung bilden öffentlich geregelte Versorgungsunternehmen. Da öffentliche Betriebe Monopolcharakter haben, werden ihre Preis im öffentlichen Interesse festgesetzt. Außerdem hat die Regierung mitunter ihren Einfluß geltend gemacht, um wichtige Industriezweige in Zeiten von Engpaß- oder Inflationsphasen von Preiserhöhungen abzuhalten.

Irreführende Preisgestaltung. Irreführende Preisgestaltung kommt eher beim Verkauf von Konsumgütern als von Investitionsgütern vor, weil die Endverbraucher bezeichnenderweise über weniger Informationen und Einkaufsgeschick verfügen. 1958 forderte der „Automobile Information Disclosure Act" von den Autoherstellern, an den Windschutzscheiben der Fahrzeuge ein Schild mit einer Aussage über den vom Hersteller empfohlenen Einzelhandelspreis sowie über die Preise für Extras und die vom Händler berechneten Transportkosten anzubringen. Im gleichen Jahr veröffentliche die FTC Richtlinien gegen irreführende Preisgestaltung, in denen Verkäufer unter anderem davor gewarnt wurden, nicht mit Preisnachlässen zu werben, falls diese nicht eine tatsächliche Reduzierung des üblichen Einzelhandelspreises darstellen, nicht mit Fabrik- oder Großhandelspreisen zu werben, wenn diese Ankündigung nicht der Wahrheit entspricht, und in der Werbung keine Preisvergleiche mit unvollständigen Produkten anzustellen usw.

Kostenorientierte Preisfestlegung

Preisermittlung durch Gewinnzuschlag auf die Selbstkosten

Das einfachste Preisfestlegungsverfahren ist die Kosten-Zuschlagsmethode, bei der den Kosten des Produktes ein einheitlicher Gewinnaufschlag hinzugefügt wird. Ein Einzelhändler für Haushaltsgeräte zahlt einem Hersteller beispielsweise 20 Dollar für einen Toaster und setzt den Preis auf 30 Dollar fest, was einem Kalkulationsaufschlag von 50 Prozent entspricht. Die Bruttospanne des Einzelhändlers beträgt zehn Dollar. Wenn die betrieblichen Aufwendungen pro verkauftem Toaster acht Dollar betragen, beläuft sich die Gewinnspanne des Einzelhändlers auf zwei Dollar.[5]

Der Hersteller des Toasters verwendet möglicherweise auch die Kosten-Zuschlagsmethode. Falls die Plankosten für die Produktion des Toasters mit 16 Dollar veranschlagt worden sind, hat der Hersteller einen Kalkulationsaufschlag von 25 Prozent hinzugefügt und den Preis für den Einzelhändler auf 20 Dollar festgelegt. Bauunternehmen unterbreiten Ausschreibungsangebote, indem sie die Gesamtkosten des Projektes abschätzen und einen Standardkalkulationsaufschlag für den Gewinn hinzufügen. Rechtsanwälte und andere Experten berechnen ihre Honorarforderung aufgrund ihrer Kosten plus einem geplanten Gewinnzuschlag. Einige Anbieter informieren ihre Auftraggeber, daß sie ihnen die Kosten zuzüglich einem spezifizierten

Kalkulationsaufschlag in Rechnungen stellen; Raumfahrtunternehmen ermitteln z. B. auf diese Weise ihre Preisforderungen an die Regierung.

Aufgrund unterschiedlicher Stückkosten und Umsätze sowie unterschiedlicher Markenpolitik – Herstellermarken gegen Händlermarken –, weichen die Kalkulationsaufschläge für die einzelnen Produktgruppen erheblich voneinander ab. Es drängt sich die Frage auf, ob es sinnvoll ist, für die Preisbildung standardisierte Kalkulationsaufschläge zu verwenden. Die Antwort lautet: grundsätzlich nein! Jedes Preisermittlungsverfahren, das die gegenwärtige Nachfrage- und Wettbewerbssituation ignoriert, führt in der Regel nach nicht zum bestmöglichen Preis. Die Einzelhandelsfriedhöfe sind voller Kaufleute, die darauf bestanden haben, mit Standardkalkulationsaufschlägen zu arbeiten, nachdem ihre Konkurrenten bereits zu einer Politik der Diskontpreise übergegangen waren.

Aus zahlreichen Gründen ist jedoch die Preisfestlegung auf der Basis von Kalulationsaufschlägen noch immer weit verbreitet. Erstens ist den Anbietern die Höhe ihrer Kosten besser bekannt als die der Nachfrage. Indem sie ihre Preisforderung auf der Basis ihrer Kosten bilden, vereinfachen Anbieter ihre Preispolitik – für sie ist es nicht erforderlich, laufende Anpassungen an veränderte Nachfragesituationen vorzunehmen. Zweitens tendieren die Preise in Industriezweigen, in denen alle Unternehmen diese Preisfestlegungsmethode anwenden, dazu, einander weitgehend ähnlich zu sein, so daß ein Preiswettbewerb kaum stattfindet. Drittens sind viele Leute der Meinung, daß die Preisfestlegung auf der Basis Kosten zuzüglich Kalkulationsaufschlag (cost-plus pricing) sowohl für Käufer als auch für Verkäufer eine gerechte Methode darstellt. Die Anbieter nutzen eine gestiegene Nachfrage nicht zu Lasten der Käufer aus und erwirtschaften dennoch eine angemessene Kapitalrendite.

Breakeven Analyse und Preisbildung auf der Grundlage von Gewinnvorgaben

Eine weitere – kostenorientierte – Preisfestlegungsmethode stellt die Preisbildung auf der Basis von breakeven-points oder einer Gewinnvorgabe dar. Das Unternehmen versucht, jenen Preis zu bestimmen, mit dem sie die Gewinnschwelle oder den von ihr gewünschten Gewinn erreicht. Eine Preisfestlegung auf der Grundlage bestimmter Vorgaben wird von General Motors praktiziert. Das Unternehmen legt seine Preise so fest, daß eine Verzinsung der Investitionen in Höhe von 15 bis 20 Prozent erzielt wird. Dieses Preisfestlegungsverfahren wird auch von öffentlichen Versorgungsbetrieben angewandt, denen lediglich eine angemessene Verzinsung ihrer Investitionen erlaubt ist.

Die Gewinnvorgabe-Preisbildung erfolgt auf der Grundlage eines Breakeven-Diagramms. Dieses zeigt die erwarteten Gesamtkosten und Gesamterträge für verschiedene Umsatzhöhen. Die Abbildung 11-7 zeigt ein hypothetisches Breakeven-Diagramm. Die Fixkosten betragen unabhängig vom Umsatzvolumen sechs Millionen Dollar. Die

FIGURE 11-7
Breakeven Chart for Determining Target Price

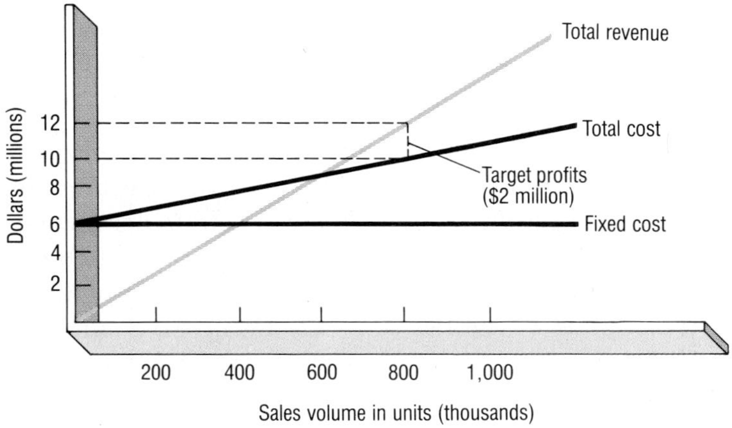

ABBILDUNG 11-7
„Breakeven"-Diagramm für die Bestimmung des Zielpreises

variablen Kosten werden den fixen Kosten hinzugefügt, sie bilden gemeinsam die Gesamtkosten, die mit der Ausbringungsmenge steigen. Die Kurve der Gesamteinnahmen beginnt bei Null und steigt mit jeder verkauften Einheit. Die Neigung der Einnahmekurve spiegelt den Preis wider. In diesem Falle beträgt der Preis 15 Dollar. Die Erlöse eines Unternehmens betragen z. B. zwölf Millionen Dollar bei einer Verkaufsmenge von 800.000 Einheiten und einem Stückpreis von 15 Dollar.

Bei einem Preis von 15 Dollar muß das Unternehmen mindestens 600.000 Einheiten verkaufen, um die Gewinnschwelle – breakeven – zu erreichen, was bedeutet, daß die Gesamterlöse die Gesamtkosten decken. Falls das Unternehmen ein Gewinnziel von zwei Millionen Dollar anstrebt, muß es mindestens 800.000 Einheiten zum Stückpreis von 15 Dollar verkaufen. Möchte das Unternehmen einen höheren Preis, beispielsweise 20 Dollar verlangen, so kann durch den Verkauf einer geringeren Menge dasselbe Gewinnziel erreicht werden. Möglicherweise ist jedoch der Markt nicht bereit, zu einem höheren Preis selbst das geringere Volumen abzunehmen – vieles hängt von der Preiselastizität der Nachfrage ab. Diese ist nicht aus dem Breakeven-Diagramm zu ersehen. Die Preisfestlegung auf der Grundlage eines Gewinnzieles verlangt von einem Unternehmen festzustellen, welchen Einfluß unterschiedliche Preise auf das Verkaufsvolumen haben, das erforderlich ist, um die Gewinnschwelle zu passieren und um das Gewinnziel zu erreichen, und mit welcher Wahrscheinlichkeit die erforderlichen Verkaufsmengen zu den einzelnen Preisen jeweils realisiert werden können.

Kundenorientierte Preisbildung

Eine zunehmende Anzahl von Unternehmen basiert seine Preise auf den vom Kunden zugeordneten Wert des Produktes. **Preisbildung auf der Grundlage des wahrgenommenen Wertes** anstelle der Kosten des Anbieters macht die Wahrnehmungen der Kunden bezüglich des Produktwertes zur Grundlage der Preisbildung. Das Unternehmen verwendet die Nichtpreis-Variablen im Marketing-Mix, um im Bewußtsein der Kunden einen angenommenen Wert aufzubauen. Der Preis wird so festgelegt, daß er dem wahrgenommenen Wert entspricht.

Betrachten wir die unterschiedlichen Preise, die verschiedene Restaurants für die gleichen Artikel berechnen. Ein Konsument, der eine Tasse Kaffee und ein Stück Apfelkuchen möchte, zahlt dafür im Imbißladen 1,25 Dollar, in einem Familienrestaurant zwei Dollar, im Coffee-Shop eines Hotels 3,50 Dollar, jedoch zahlt er fünf Dollar, wenn er sich den Kaffee mit Kuchen im Hotelzimmer servieren läßt und schließlich sieben Dollar in einem eleganten Restaurant. Jedes erfolgreiche Restaurant kann mehr berechnen, weil durch die Atmosphäre zusätzlicher Wert vermittelt wird.

Ein Unternehmen, das eine Preisfestlegung aufgrund des wahrgenommenen Wertes vornimmt, muß den Wert für unterschiedliche Konkurrenzangebote im Bewußtsein der Käufer herausfinden. Bezogen auf das letzte Beispiel könnten die Konsumenten befragt werden, wieviel sie für den gleichen Kaffee und Kuchen in unterschiedlicher Umgebung bezahlen würden. Mitunter können Verbraucher auch danach gefragt werden, wieviel sie für jeden Vorteil, der dem Angebot hinzugefügt wurde, mehr zu bezahlen bereit wären.

Wenn der Anbieter mehr als den vom Kunden wahrgenommenen Wert berechnet, werden die Umsätze des Unternehmens darunter leiden. Viele Unternehmen fordern für ihre Produkte einen zu hohen Preis, was zur Folge hat, daß sich ihre Erzeugnisse schlecht verkaufen lassen. Andere Unternehmen fordern zu niedrige Preise. Diese Artikel

Wahrgenommener Wert: ein billigeres Auto ist einfach ein „Transportmittel", aber einige Konsumenten sind bereit, für den Prestigewert wesentlich mehr zu bezahlen. Abgedruckt mit freundlicher Genehmigung der Rolls-Royce Motors Inc.

verkaufen sich sehr gut, aber sie erwirtschaften weniger Erträge als möglich wäre, wenn der Preis auf die Höhe des wahrgenommenen Wertes angehoben würde.[6]

Konkurrenzorientierte Preisbildung

Marktpreisorientierung

Bei einer **marktorientierten Preisfestlegung** richtet ein Unternehmen seine Preisforderungen in erster Linie nach den Konkurrenzpreisen und weniger nach den eigenen Kosten oder der Nachfrage. Ein Unternehmen kann denselben, einen höheren oder auch einen niedrigeren Preis als seine wichtigsten Konkurrenten berechnen. In oligopolistischen Branchen, die standardisierte Waren wie Stahl, Papier oder Kunstdünger verkaufen, fordern die Unternehmen üblicherweise den gleichen Preis. Die kleineren Unternehmen „folgen dem Führer". Sie verändern eher ihre Preise, wenn der Marktführer seine Preise verändert, als dann, wenn sich ihre eigene Nachfrage oder Kostensituation geändert hat. Einige Unternehmen können etwas mehr oder weniger berechnen, aber sie halten den Preisabstand konstant. So fordern kleinere Tankstellen gewöhnlich einige Cents weniger als die großen Ölgesellschaften, sie achten jedoch darauf, daß der Preisunterschied weder zu- noch abnimmt.

Die marktorientierte Preisbildung ist weit verbreitet. Dort, wo es schwierig ist, die Nachfrageelastizität zu messen, sind Unternehmen der Meinung, daß der Marktpreis die kollektive Erfahrung der Branche bezüglich jenes Preises repräsentiert, der eine angemessene Rentabilität abwirft. Darüber hinaus sind sie der Meinung, daß ein Festhalten am Marktpreis verlustreiche Preiskämpfe verhindert.

Preisfestlegung bei Ausschreibungen

Die konkurrenzorientierte Preisfestlegung wird auch dort angewandt, wo Unternehmen sich an Ausschreibungen beteiligen. Die **Preispolitik bei Ausschreibungen** ist dadurch gekennzeichnet, daß sich die Unternehmen mit ihren Preisforderungen in erster Linie an den vermuteten Konkurrenzpreisen statt an ihren eigenen Kosten oder an der Nachfrage orientieren. Das Unternehmen möchte den Auftrag bekommen und versucht, zu einem günstigeren Preis anzubieten als die Mitbewerber.

Trotz dieser Zielsetzung kann das Unternehmen eine bestimmte Preishöhe nicht unterschreiten. Es ist nicht möglich, einen Preis unterhalb der Kosten zu fordern, ohne der eigenen Position zu schaden. Je weiter andererseits das Unternehmen seinen Preis oberhalb der Kosten ansetzt, desto geringer sind die Chancen, den Auftrag zu erhalten.

ZUSAMMENFASSUNG

Trotz wachsender Bedeutung nicht-preislicher Faktoren im modernen Marketing-Prozeß bleibt der Preis ein wichtiges Element im Marketing-Mix. Zahlreiche interne und externe Faktoren beeinflussen die Preisentscheidungen eines Unternehmens. Interne Faktoren bei der Preisfindung umfassen die Marketingziele des Unternehmens, die Marketing-Mix-Strategie, die Kosten sowie die innerbetriebliche Organisation der Preisfestlegung.

Die Preisstrategie wird weitgehend von den Zielmärkten sowie von den Positionierungszielen des Unternehmens bestimmt. Zu den allgemeinen Preiszielen zählen Fortbestand, kurzfristige Gewinnmaximierung sowie die Führung bezüglich eines Marktanteiles oder der Produktqualität.

Der Preis ist nur eines der Marketing-Instrumente, die das Unternehmen einsetzt, um seine Ziele zu realisieren. Preisentscheidungen beeinflussen und werden beeinflußt von Entscheidungen betreffend den Produktentwurf, den Vertrieb und die Absatzförderung. Beim Entwurf des Marketingprogrammes müssen Preisentscheidungen sorgfältig mit anderen Marketing-Mix-Entscheidungen abgestimmt werden.

Die Kosten bilden die Untergrenze für die Preisforderung des Unternehmens – der Preis muß alle Kosten für die Herstellung und den Absatz des Produktes, zuzüglich einer angemessenen Kapitalverzinsung abdecken.

Das Management hat zu entscheiden, wer innerhalb der Unternehmens-Organisation für die Festlegung der Preise verantwortlich ist. In großen Unternehmen kann ein Teil der Preiskompetenz unteren Management-Ebenen und Verkäufern übertragen werden, das Top-Management legt jedoch die Preispolitik fest und genehmigt die vorgeschlagenen Preise. Produktions-, Finanz- und Buchhaltungsmanager beeinflussen ebenfalls die Preisfestlegung.

Zu den externen Faktoren, die auf Preisentscheidungen Einfluß nehmen, zählen die Beschaffenheit des Marktes und der Nachfrage, Konkurrenzpreise und -angebote sowie die allgemeine Wirtschaftslage, Wiederverkäufererfordernisse und Regierungsaktivitäten. Das Ausmaß der Preisautonomie der Verkäufer variiert mit den verschiedenen Marktformen. In Märkten mit monopolistischer oder oligopolistischer Konkurrenz stellt die Preispolitik eine besondere Herausforderung dar.

Letztendlich entscheidet jedoch der Konsument, ob das Unternehmen den Preis richtig festgelegt hat. Der Verbraucher wägt den Preis gegen die wahrgenommenen Werte, die mit der Verwendung des Produktes verbunden sind, ab. Übersteigt der Preis die Summe der Werte, wird der Konsument das Produkt nicht kaufen. Verbraucher unterscheiden sich bezüglich der Werte, die sie unterschiedlichen Produkteigenschaften beimessen, und häufig variieren Marketer ihre Preisstrategie nach verschiedenen Preissegmenten. Bei der Einschätzung des Marktes und der Nachfrage erarbeitet das Unternehmen eine Übersicht, die die voraussichtlichen Verkaufsmengen innerhalb eines bestimmten Zeitraumes zu alternativen Preisen aufzeigt. Je weniger elastisch die Nachfrage ist, umso höher kann das Unternehmen den Preis festsetzen. Nachfrage und Wertwahrnehmungen der Konsumenten bilden die Obergrenze für den Preis.

Die Verbraucher vergleichen den Preis für ein Produkt mit den Preisen von Konkurrenzerzeugnissen. Das Unternehmen muß die Preise und Qualitäten von Konkurrenzangeboten in Erfahrung bringen und diese als Ausgangspunkt für seine eigene Preisfestlegung verwenden.

Das Unternehmen kann sich für eine oder für eine Kombination der drei grundsätzlichen Preisfindungsverfahren entscheiden:

- die kostenorientierte Methode (Preisermittlung durch Gewinnzuschlag auf die Selbstkosten oder Breakeven-Analyse und Preisfestlegung aufgrund von Gewinnvorgaben);
- das kundenorientierte Verfahren (wahrgenommener Wert);
- die konkurrenzorientierte Methode (Marktpreis oder Ausschreibungspreis).

DISKUSSIONSFRAGEN

1. Welches sind die einflußreichsten Faktoren für die Preisbildung in jeder der vier Marktformen, die in diesem Kapitel beschrieben worden sind?
2. Welche Bedeutung hat die Preiselastizität der Nachfrage?
3. Wenn ein Unternehmen seinen Zielmarkt und seine Positionierung sorgfältig gewählt hat, dann ist seine Marketing-Mix-Strategie einschließlich Preispolitik eindeutig vorgezeichnet. Kommentieren Sie bitte diese Aussage.
4. Nennen Sie Beispiele von Unternehmen, deren Marketingstrategie auf Überleben, Maximierung des laufenden Gewinnes, Maximierung des Marktanteiles oder auf den Führungsanspruch in der Produktqualität gerichtet ist.
5. Erklären Sie, wie eine Produktionszunahme eine Senkung der durchschnittlichen Fixkosten pro Einheit bewirkt und damit einem Unternehmen erlaubt, seine Verkaufspreise zu senken, ohne notwendigerweise seine Gewinnspanne pro Einheit reduzieren zu müssen.
6. Wenn Sie eine Chance hätten, eine Autowäscherei zu eröffnen, bei der die jährlichen Fixkosten sich auf 100.000 Dollar belaufen, die variablen Kosten 50 Cents pro gewaschenem Auto betragen, und Sie festgestellt haben, daß ein konkurrenzfähiger Preis bei 1,50 Dollar pro Auto liegen würde, wären Sie bereit, in dieses Geschäft zu investieren?
7. Erläutern Sie die wichtigsten Preisprobleme, um die sich politisch Verantwortliche kümmern.
8. Wenn ein Unternehmen auf Preisänderungen richtig reagieren möchte, muß es seine Konkurrenten gründlich kennenlernen. Kommentieren Sie diese Aussage.

SCHLÜSSELBEGRIFFE

Breakeven Preispolitik *(Breakeven pricing).* Die Festlegung des Preises, um gerade die Kosten für die Herstellung und Vermarktung zu decken oder um den gewünschten Gewinn zu realisieren.

Kosten-Zuschlagpreispolitik *(Cost-plus pricing).* Die Festlegung des Preises durch Hinzufügung eines Kalkulationsaufschlages auf die Kosten des Produktes.

Nachfragekurve *(Demand curve).* Eine Kurve, die die Anzahl der Einheiten zeigt, die der Markt innerhalb eines bestimmten Zeitraumes zu unterschiedlichen Preisen, die gefordert werden könnten, aufnehmen würde.

Fixkosten *(Fixed costs).* Kosten, die sich nicht mit dem Produktions- oder Verkaufsvolumen ändern.

Marktpreis-Orientierung *(Going-rate pricing).* Die Orientierung des Preises erfolgt vor allem an den Konkurrenzpreisen statt an den Kosten des Unternehmens oder der Nachfrage.

Monopolistische Konkurrenz *(Monopolistic competition).* Ein Markt, in dem viele Käufer und Verkäufer innerhalb eines bestimmten Preisspielraumes agieren, anstatt auf der Basis einzelner Marktpreise.

Oligopolistische Konkurrenz *(Oligopolistic competition).* Ein Markt, in dem es nur wenige Anbieter gibt, die äußerst empfindlich auf die Preispolitik und die Marktstrategien eines Konkurrenten reagieren.

Preisbildung auf der Grundlage des wahrgenommenen Wertes *(Perceived-value pricing).* Die Orientierung des Preises an dem von den Kunden wahrgenommenen Wert statt an den Kosten des Anbieters.

Preis *(Price).* Der Geldbetrag, der für ein Produkt oder eine Dienstleistung gefordert wird, oder die Summe jener Werte, die die Konsumenten für die Vorteile eintauschen, die der Besitz oder die Nutzung eines Produktes oder die Inanspruchnahme einer Dienstleistung bieten.

Preiselastizität *(Price elasticity).* Das Maß der Nachfrageempfindlichkeit gegenüber Preisänderungen.

Vollkommene Konkurrenz *(Pure competition).* Ein Markt, in dem viele Käufer und Verkäufer mit einem gleichartigen Wirtschaftsgut handeln – einzelne Käufer oder Verkäufer haben keinen großen Einfluß auf den Marktpreis.

Vollkommenes Monopol *(Pure monopoly).* Ein Markt, indem es nur einen Anbieter gibt – wobei es sich um ein staatliches Monopol oder um ein mit den Mitteln der Rechtsordnung geregeltes privates Monopol bzw. um ein nicht-reguliertes, privates Monopol handeln kann.

Preisfestlegung bei Ausschreibungen *(Sealed-bid pricing).* Die Orientierung an den vermuteten Konkurrenzpreisen statt an den eigenen Kosten oder an der Nachfrage – angewandt, wenn ein Unternehmen sich an einer Ausschreibung beteiligt.

Gesamtkosten *(Total costs).* Die Summe der fixen und variablen Kosten für eine vorgegebene Produktionsmenge.

Variable Kosten *(Variable costs).* Die Kosten, die unmittelbar mit der Produktionsmenge variieren.

FUSSNOTEN

1. Basierend auf Informationen von Katalogen der Firma Sears und anderen Quellen.
2. David J. Schwartz, Marketing Today: A Basic Approach, 3. Ausgabe (New York: Harcourt Brace Jovanovich, 1981), S. 271.
3. Vgl. hierzu P. Ronald Stephenson, William L. Cron und Gary L. Frazier, „Delegating Pricing Authority to the Sales Force: The Effects on Sales and Profit Performance," Journal of Marketing, Frühjahr 1979, S. 21–28.
4. Thomas Nagle, „Pricing as Creative Marketing," Business Horizons, Juli–August 1981, S. 19.
5. Die Berechnung von Kalkulationsaufschlägen und Gewinnspannen wird im Anhang A, „Marketing Arithmetik," erläutert.
6. Vgl. hierzu Daniel A. Nimer, „Pricing the Profitable Sale Has a Lot to Do with Perception", Sales Management, 19. Mai 1975, S. 13–14. Bezüglich weiterer Literatur zu dem Thema „wertorientierte Preisfestlegung" wird verwiesen auf Benson P. Shapiro und Barbara B. Jackson, „Industrial Pricing to Meet Customer Needs", Harvard Business Review, November–Dezember 1978, S. 119–27; und John L. Forbis und Nitin T. Mehta, „Value-Based Strategies for Industrial Products", Business Horizons, Mai-–Juni 1981, S. 32–42.

Courtesy Caterpillar, Inc., and Komatsu America Corp.

12. KAPITEL

Preisbildung für Produkte: Strategien der Preisfestlegung

LERNZIELE DIESES KAPITELS

Nachdem Sie dieses Kapitel gelesen haben, sollten Sie in der Lage sein,

1. die wichtigsten Strategien der Preisfestlegung für neue Produkte zu beschreiben,
2. darüber zu diskutieren, wie Unternehmen eine Kombination von Preisen finden, die die Gewinne des gesamten Produkt-Mix maximieren,
3. zu erklären, wie Unternehmen ihre Preise anpassen, um unterschiedlichen Abnehmergruppen und Situationen Rechnung zu tragen,
4. zu berichten, warum Unternehmen beschließen, ihre Preise zu ändern.

Die Caterpillar Tractor Company, der Welt größter Hersteller schwerer Bau- und Bergbaugeräte, war in einem drei Jahre währenden Preiskampf mit dem japanischen Herausforderer Komatsu Ltd. verwickelt. In dieser heftigen Auseinandersetzung benutzten beide Gesellschaften den Preis, um langfristige Marktanteile zu gewinnen, selbst wenn dieses Vorhaben niedrigere Preise oder konkrete Verluste bedeutete.

Mehr als 50 Jahre hat die Firma Caterpillar den USA- und den Weltmarkt für große Baugeräte beherrscht. Sie erlangte ihren Marktanteil von 40 Prozent durch die nachdrückliche Hervorhebung der Produktqualität sowie durch einen zuverlässigen Kundendienst und einer leistungsfähigen Händlerorganisation. Das Unternehmen praktizierte eine Hochpreis-Strategie – es realisierte hohe Gewinnspannen, indem es die Kunden davon überzeugte, daß Cat's höhere Qualität und problemloser Arbeitseinsatz einen größeren Wert darstellen und einen höheren Preis rechtfertigen würden.

Das alles begann sich jedoch zu ändern, als Komatsu im Jahre 1971 in den Markt einstieg. Das japanische Unternehmen startete in den USA behutsam mit nur wenigen Produkten. Es erkannte die Bedeutung nicht-preislicher Faktoren für die Einkaufsentscheidung des Kunden. Ebenso wie Caterpillar betonte Komatsu hohe Qualität und expandierte langsam, damit seine Ersatzteil- und Servicekapazität mit den Umsätzen Schritt halten konnte. Komatsus wichtigste Waffe, der Firma Caterpillar Marktanteile wegzunehmen, war jedoch der Preis. Ein starker Dollar und niedrigere Herstellkosten erlaubten es Komatsu, die Preis rücksichtslos zu senken – die Basispreise lagen ungefähr 40 Prozent unter denen von Caterpillar. Für einen großen Kipp-Lkw, der von Cat für 500.000 Dollar verkauft wurde, konnte das eine Ersparnis bis zu 200.000 Dollar bedeuten. Getragen von ihrem großen Preisvorteil errang die Firma Komatsu bis 1986 einen Marktanteil von zehn Prozent und visiert 15 Prozent bis 1990 an.

Caterpillar schlug zurück, um seine führende Marktposition zu verteidigen, und der Preiskrieg war ausgebrochen. Um die niedrigen Preise aufrecht halten zu können, reduzierte Cat seinen Personalbestand um ein Drittel und seine Kosten um 22 Prozent. Das Unternehmen beabsichtigte, Komatsus Preisen zu begegnen, und in einigen Fällen initiierte es sogar Preisunterbietungen. Infolge der erheblichen Preisnachlässe beider Unternehmen wurden die Listenpreise der Hersteller bedeutungslos. So wird beispielsweise ein Bulldozer, dessen Listenpreis 140.000 Dollar beträgt, regelmäßig für 110.000 Dollar verkauft. In dem Kampf um die Marktanteile müssen alle Wettbewerber Gewinneinbußen hinnehmen. Kleinere Unternehmen wie International Harvester (Navistar) und Clark Equipment sind an den Rand des Ruins getrieben worden. Seit 1982 hat Caterpillar eine Milliarde Dollar verloren und Komatsu mußte trotz seiner Kostenvorteile einen Gewinnrückgang von 30 Prozent hinnehmen.

Der lange und zerstörerische Preiskrieg könnte bald zu Ende sein. Infolge des schwächer werdenden Dollars, der Komatsus Preisvorteil verringert, erhöhte der Herausforderer kürzlich seine Preise um fünf bis zehn Prozent. Möglicherweise signalisiert die Firma Komatsu damit, daß sie ein Ende des Kampfes wünscht und zu einer friedlichen Koexistenz sowie zu besseren Erträgen für beiden Unternehmen zurückkehren möchte. Komatsu hofft, daß Caterpillar darauf ebenfalls mit Preiserhöhungen reagieren wird. Der Präsident der Firma Komatsu Amerika meinte hierzu: „Wenn sie nicht mit unseren Preiserhöhungen gleichziehen, werde ich über Gegenmaßnahmen nachdenken, um das Überleben der Firma Komatsu und unserer Händler sicherzustellen. Es hängt alles davon ab, wie stark unser Marktanteil zurückgeht."[1]

In diesem Kapitel wollen wir die Antriebskräfte der Preisbildung behandeln. Ein Unternehmen legt nicht einen einzelnen Preis fest sondern eine Preisstruktur, die verschiedene Artikel seiner Produktlinie abdeckt. Diese Struktur ändert sich mit der Zeit, da Produkte Lebenszyklen durchlaufen. Das Unternehmen korrigiert Produktpreise, um sowohl Änderungen der Kosten und der Nachfrage als auch Änderungen der Kunden- und Marktsituation Rechnung zu tragen. Da sich das Konkurrenzumfeld ändert, erwägt das Unternehmen, gelegentlich Preisänderungen vorzunehmen oder auf solche bei anderen Anlässen zu reagieren. In diesem Kapitel werden die wichtigsten dynamischen Preisstrategien untersucht, die dem Management zur Verfügung stehen. Wir werden Preisstrategien für neue Produkte in der Einführungsphase des Produkt-Lebenszyklus darstellen, ferner Produkt-Mix-Preisstrategien für verwandte Produkte im Produkt-Mix, Preisanpassungs-Strategien, die den Unterschieden bezüglich der Kunden sowie veränderten Situationen Rechnung tragen; schließlich werden wir Strategien für das Einleiten von und für das Reagieren auf Preisänderungen kennenlernen.

PREISSTRATEGIEN FÜR NEUE PRODUKTE

Für gewöhnlich ändern sich die Preisstrategien, weil das Produkt den Lebenszyklus durchläuft. Die Einführungsphase stellt eine besondere Herausforderung dar. Es kann unterschieden werden zwischen der Preisfestlegung für eine wirkliche Produktneuheit, die patentrechtlich geschützt ist, und der Preisfestlegung für ein Produkt, das bereits existierende Produkte imitiert.

Preisfestlegung für ein innovatives Produkt

Unternehmen, die ein patentrechtlich geschütztes innovatives Produkt herausbringen, können zwischen einer **Preispolitik der Marktabschöpfung** (skimming) und einer **Preispolitik der Marktdurchdringung** (penetration) wählen.

Preispolitik der Marktabschöpfung

Zahlreiche Unternehmen, die neue Produkte erfinden, legen anfangs hohe Preise fest, um den Markt abzuschöpfen. Du Pont ist ein wichtiger Vertreter der Marktabschöpfungspolitik. Für seine Neuentdeckungen

– Cellophan und Nylon – findet das Unternehmen den höchstmöglichen Preis heraus, den es aufgrund der Vorteile seines Produktes gegenüber anderen Produkten, die die Kunden kaufen könnten, verlangen kann. Du Pont legt einen Preis fest, der es lediglich für wenige Marktsegmente lohnend erscheinen läßt, das neue Material zu verwenden. Sobald der Anfangsverkauf zurückgeht, setzt das Unternehmen den Preis herab, um die nächste, preiselastische Kundenschicht anzuziehen. Auf diese Weise schöpft Du Pont maximale Erträge von den verschiedenen Marktsegmenten ab. Auch Polaroid betreibt eine Preispolitik der Marktabschöpfung. Dieses Unternehmen führt zuerst eine teure Ausführung einer neuen Kamera ein und bringt dann nach und nach einfachere und preiswertere Modelle auf den Markt, um neue Segmente zu erschließen.

Eine Politik der Marktabschöpfung ist nur unter bestimmten Voraussetzungen sinnvoll:

- Genügend Kunden müssen bereit sein, das Produkt zum höheren Preis zu kaufen.
- Die Kosten für die Herstellung eines kleinen Volumens dürfen nicht so hoch sein, daß sie den Vorteil der hohen Preisforderung wieder hinfällig machen.
- Die Qualität und das Image des Produktes sollten den hohen Preis rechtfertigen helfen.
- Die Konkurrenten sollten nicht in der Lage sein, leicht in den Markt einzudringen und die hohen Preise zu unterbieten.

Preispolitik der Marktdurchdringung

Andere Unternehmen legen für ihr innovatives Produkt einen niedrigen Preis fest und hoffen, eine große Anzahl von Kunden sowie einen hohen Marktanteil zu gewinnen. Texas Instruments gehört zu den wichtigsten Vertretern einer Preispolitik der Marktdurchdringung. TI errichtet eine große Fertigungsanlage, setzt den Preis so niedrig wie möglich an, erobert einen hohen Marktanteil, gelangt in eine Zone der Kostendegression und senkt parallel zu seinen Kostenreduzierungen weiterhin die Preise.

Verschiedene Voraussetzungen begünstigen die Festlegung eines niedrigen Preises:

- Der Markt muß äußerst preisempfindlich sein, so daß niedrige Preise höheres Marktwachstum bewirken.
- Die Stückkosten für Herstellung und Distribution müssen mit der Zunahme des Produktionsvolumens fallen.
- Der niedrige Preis muß dazu beitragen, die Konkurrenz vom Markt fernzuhalten.

Preispolitik für ein nachgeahmtes neues Produkt

Ein Unternehmen, das beabsichtigt, ein nachgeahmtes neues Produkt zu entwickeln, wird mit dem Problem der Produktpositionierung konfrontiert. Es muß entscheiden, wo das Produkt bezüglich Qualität und Preis angesiedelt werden soll. Die Abbildung 12-1 zeigt neun mögliche Preis-Qualität-Strategien. Wenn der gegenwärtige Marktführer das Feld 1 besetzt hält, indem er ein Spitzenprodukt herstellt und den höchsten Preis verlangt, könnte der „Newcomer“ es vorziehen, eine der anderen Strategien zu verfolgen. Der „Newcomer“ könnte ein Produkt von hoher Qualität entwerfen und einen mittleren Preis verlangen (Feld 2), oder ein Produkt durchschnittlicher Qualität entwickeln und dafür einen durchschnittlichen Preis fordern (Feld 5). Der Newcomer muß die Größe sowie die Wachstumsrate des Marktes in jedem Feld berücksichtigen sowie die Konkurrenten, mit denen er konfrontiert werden würde.

FIGURE 12-1
Nine Marketing Mix Strategies on Price/Quality

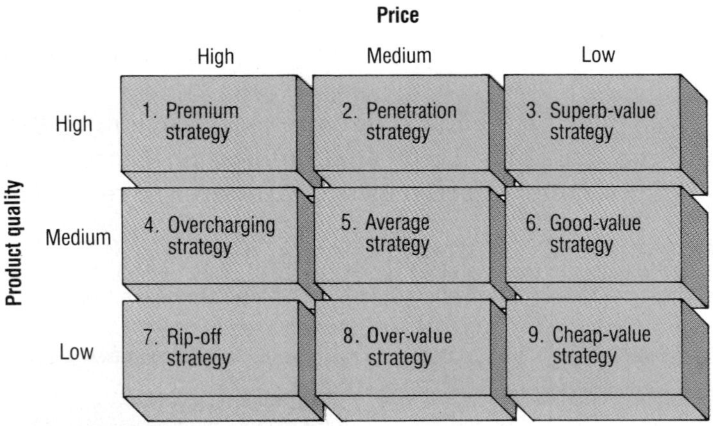

ABBILDUNG 12-1
Neun „Preis/Qualität“ Marketing-Mix-Strategien

PRODUKT-MIX PREISSTRATEGIEN

Die Strategie der Preisfestlegung für ein Produkt ist zu modifizieren, wenn dieses Produkt Teil eines Produkt-Mix ist. In diesem Falle muß das Unternehmen eine Kombination von Preisen entwerfen, die den Gewinn des gesamten „product mix“ maximiert. Die Preisfestlegung ist schwierig, da die verschiedenen Produkte bezüglich ihrer Nachfrage und Kosten in Beziehung zueinander stehen und sich in einer unterschiedlich intensiven Konkurrenzsituation befinden. Vier denkbare Situationen sollen im folgenden betrachtet werden.

Produktlinien-Preisfestlegung

Unternehmen entwickeln für gewöhnlich eher Produktlinien als einzelne Produkte. So offeriert beispielsweise Panasonic fünf verschiedene Farb-Video-Sound-Kameras von einem einfachen Modell mit einem Gewicht von 4,6 pounds bis zu einer äußerst komplexen Ausführung, die 6,3 pounds wiegt und mit einer automatischen Schärfeeinstellung, automatischem Auf- und Abblenden und einem Zoom-Objektiv mit zwei Einstellgeschwindigkeiten ausgestattet ist. Jede Kamera dieser Produktlinie mit einem jeweils höheren Ausstattungsniveau bietet zusätzliche Eigenschaften. Das Management muß entscheiden, welche Preisstufen zwischen den verschiedenen Kameras festzulegen sind.

Die Preisstufen sollten sowohl Kostendifferenzen zwischen den Kameras als auch Kundenbewertungen bezüglich der unterschiedlichen Eigenschaften sowie den Konkurrenzpreisen Rechnung tragen. Falls die Preisdifferenz zwischen zwei ausstattungsmäßig aufeinanderfolgenden Kameras gering ist, werden die Käufer die preislich höher liegende kaufen. Das bedeutet höhere Gewinne für das Unternehmen, falls die Kostendifferenz geringer als die Preisdifferenz ist. Wenn jedoch die Preisdifferenz hoch ist, werden die Kunden die preiswertere Kamera kaufen.

In vielen Branchen verwenden die Anbieter fest eingeführte Preisstufen für Produkte ihres Lieferprogrammes. So führen z. B. Herrenbekleidungsgeschäfte Herrenanzüge in drei Preisstufen:

Produktlinienbezogene Preispolitik. Diese drei Kassettenrekorder kosten 99,95, 129,95 und 399,95 Dollar. Abgedruckt mit freundlicher Genehmigung der Sharp Electronics Corp.

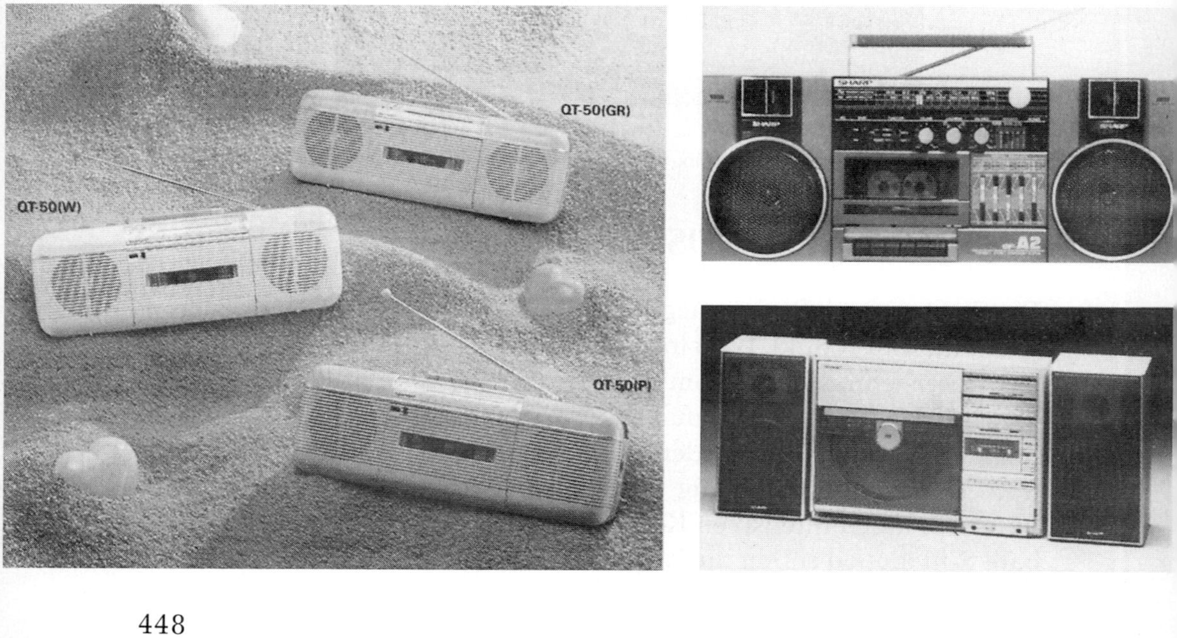

150 Dollar, 220 Dollar und 310 Dollar. Die Kunden werden billige, durchschnittliche und hochwertige Qualität mit den Anzügen in diesen drei Preisklassen assoziieren. Selbst wenn diese drei Preise etwas gestiegen sind, kaufen Männer üblicherweise Anzüge in der von ihnen bevorzugten Preiskategorie. Die Aufgabe des Anbieters ist es, wahrnehmbare Qualitätsunterschiede zu schaffen, die die Preisdifferenzen rechtfertigen.

Preispolitik für Sonderausstattungen

Viele Unternehmen bieten neben ihrem Hauptprodukt Extraausstattungen oder Sonderzubehör an. Ein Autokäufer kann elektrische Fenster, Nebelleuchten und einen Reisegeschwindigkeitsanzeiger bestellen. Die Preisfestlegung für diese Extras ist problematisch. Die Autohersteller müssen entscheiden, welche Ausstattung in den Grundpreis eingeschlossen wird, und welches Zubehör extra angeboten werden soll. Die übliche Preisstrategie von General Motors läuft darauf hinaus, ein äußerst spartanisch ausgestattetes Modell für 8000 Dollar werblich herauszustellen, um die Leute in die Ausstellungsräume zu locken und den größten Teil der verfügbaren Fläche der Vorführung von Autos zum Preis 10.000 oder 12.000 Dollar zu widmen, die mit Sonderzubehör überhäuft sind.

Dem wirtschaftlichen Modell fehlen viele Bequemlichkeiten und Annehmlichkeiten, so daß die meisten Kunden es ablehnen. Als General Motors in den frühen achtziger Jahren seine neuen J-Autos mit Frontantrieb einführte, richtete sich das Unternehmen nach den japanischen Autoherstellern und inkludierte viele nützliche Dinge in seinen Listenpreis, die früher nur als Extraausstattung verkauft worden waren. Nunmehr bezieht sich der angekündigte Preis auf ein gut ausgestattetes Auto. Leider war jedoch der Preis sehr hoch und viele Autokäufer scheuten deshalb vor einem Erwerb zurück.

Preisfestlegung für Produkte ohne Substitutionsmöglichkeit

In einigen Industriezweigen stellen Unternehmen Artikel her, die mit dem Hauptprodukt verwendet werden müssen. Beispiele für derart abhängige Produkte sind Rasierklingen und Filme für Kameras. Die Hersteller der Hauptprodukte – Rasierapparate und Kameras – fordern für diese einen niedrigen Preis und versehen die erforderlichen Zusatzartikel mit hohen Kalkulationsaufschlägen. So legt Kodak für seine Fotoapparate niedrige Preise fest, weil das Unternehmen sein Geld mit dem Verkauf von Filmen verdient. Jene Kamerahersteller, die keine Filme verkaufen, müssen die Preise für ihre Fotoapparate höher ansetzen, um den gleichen Gesamtgewinn zu erzielen.

Preisfestlegung für Nebenprodukte

Bei der Fleischverarbeitung sowie bei der Herstellung von Erdölprodukten und Chemikalien sowie anderen Erzeugnissen fallen häufig Nebenprodukte an. Wenn diese wertlos sind und es aufwendig ist, dieses loszuwerden, beeinflußt das die Preisfestlegung für das Hauptprodukt. Der Hersteller wird nach einem Markt für diese Nebenprodukte suchen und sollte jeden Preis akzeptieren, der über den Kosten für deren Lagerung und Lieferung liegt. Dies wiederum versetzt den Anbieter in die Lage, den Preis für das Hauptprodukt zu senken, um es konkurrenzfähiger zu machen.

PREIS-ANPASSUNGSSTRATEGIEN

Unternehmen korrigieren ihre Basispreise, um mannigfaltigen Kundenunterschieden und veränderten Situationen Rechnung zu tragen. Die folgenden Anpassungsstrategien sollen in diesem Abschnitt behandelt werden:
- Diskontpolitik und Preisnachlässe;
- Preisdifferenzierung;
- psychologische Preispolitik;
- verkaufsfördernde Preisfestlegung;
- geographisch orientierte Preisfestlegung.

Diskontpolitik und Preisnachlässe

Die meisten Unternehmen werden ihre Preise verändern, um Kunden für bestimmte Handlungen zu belohnen, wie z. B. die frühzeitige Begleichung von Rechnungen, die Abnahme von größeren Mengen und Käufe außerhalb der Saison. Diese Preiskorrekturen – Diskont und Nachlässe genannt – werden im folgenden dargestellt.

Skonto (Cash Discounts)

Skonto stellt einen Preisnachlaß für Käufer dar, die ihre Rechnungen prompt bezahlen. Ein typisches Beispiel ist der Hinweis „2/10, net 30“, was bedeutet, daß diese Zahlung innerhalb von 30 Tagen fällig ist, daß aber der Kunde den Rechnungsbetrag um zwei Prozent kürzen darf, wenn die Rechnung innerhalb von zehn Tagen beglichen wird. Skonto muß allen Käufern gewährt werden, die diese Zahlungsbedingungen einhalten. Derartige Abzüge sind in vielen Branchen üblich. Sie helfen, die Liquiditätssituation des Verkäufers zu verbessern und verringern die Kosten für die Eintreibung von Außenständen sowie die uneinbringlichen Forderungen.

Mengenrabatt (Quantity Discounts)

Ein **Mengenrabatt** ist eine Preisreduzierung, die Käufern bei Abnahme großer Mengen gewährt wird. Ein typisches Beispiel hierfür hat folgendes Aussehen: „Zehn Dollar pro Einheit bei Abnahme von weniger als hundert Einheiten, neun Dollar pro Einheit bei Abnahme von hundert und mehr Einheiten„. Mengenrabatte müssen allen Kunden angeboten werden und dürfen nicht die mit dem Verkauf größerer Mengen verbundenen Kosteneinsparungen übersteigen. Diese Einsparungen umfassen vor allem niedrigere Ausgaben für den Verkauf, die Lagerhaltung sowie den Transport. Mengenrabatte bieten für den Kunden einen Anreiz, eher von einem einzigen Anbieter mehr abzunehmen, als bei vielen Bezugsquellen zu kaufen.

Funktionsrabatte (Functional Discounts)

Ein **Funktionsrabatt** – auch als Händler- bzw. Wiederverkäuferrabatt bezeichnet – wird seitens des Verkäufers Händlern gewährt, die bestimmte Leistungen erbringen, wie z. B. Verkauf, Lagerhaltung und das Führen von Aufzeichnungen. Hersteller können wegen der unterschiedlichen Leistungen, die sie erbringen, unterschiedlichen Vertriebskanälen unterschiedliche Funktionsrabatte gewähren, aber sie müssen innerhalb eines Vertriebskanals die gleichen Funktionsrabatte anbieten.

Saisonrabatt (Seasonal Discounts)

Ein **Saisonrabatt** ist ein Preisnachlaß für Käufer, die Waren oder Dienstleistungen außerhalb der Saison erwerben. Saisonbedingte Preisnachlässe erlauben es dem Anbieter, die Produktion während des ganzen Jahres auf gleichem Niveau zu halten. Skihersteller gewähren im Frühling und Sommer Saisonrabatte, um Einzelhändler zu veranlassen, frühzeitig zu bestellen. Hotels, Motels und Fluggesellschaften bieten in ihren verkaufsschwachen Zeiten ebenfalls Saisonnachlässe.

Rücknahmevergütung und Aktionszuschüsse

Rücknahmevergütungen und Aktionszuschüsse sind andere Formen von Preisermäßigungen. So sind z. B. **„Trade-in Allowances“** Preisnachlässe, die beim Kauf eines neuen Artikels für die Inzahlungnahme eines alten gewährt werden.

Preisnachlässe in Form von Inzahlungnahmen sind in der Automobilbranche weit verbreitet, sie werden aber auch für andere langlebige Wirtschaftsgüter gewährt. **Aktionszuschüsse** sind Zahlungen oder Preisnachlässe um Händler für deren Mitwirkung an Werbe- und Verkaufsunterstützungsaktionen zu belohnen.

Preisdifferenzierung

Oft verändern Unternehmen ihre Basispreise, um Unterschiede bezüglich der Kunden, Produkte und Standorte zu berücksichtigen. Im Rahmen einer Preispolitik der Preisdifferenzierung verkauft das Unternehmen ein Produkt oder eine Dienstleistung zu zwei oder mehreren voneinander abweichenden Preisen, wobei die Preisunterschiede nicht auf unterschiedlichen Kosten beruhen. Preisdifferenzierungen sind in verschiedenen Formen anzutreffen:

- *Kundenbezogene Preisdifferenzierung.* Bei dieser Form der Preisdifferenzierung zahlen unterschiedliche Kunden unterschiedliche Preise für das gleiche Produkt oder die gleiche Dienstleistung. So fordern beispielsweise Museen von Studenten und Senioren niedrigere Eintrittspreise.
- *Produktbezogene Preisdifferenzierung.* Hierbei werden verschiedene Produktausführungen mit unterschiedlichen Preisen versehen, wobei die Preisunterschiede nicht den Kostenunterschieden entsprechen. So verkauft die SCM Corporation ihr teuerstes Provtor-Silex Bügeleisen zum Preis von 54,95 Dollar, das ist um fünf Dollar teurer als das preislich unmittelbar darunter liegende Modell. Die Spitzenausführung ist mit einem Kontrollicht ausgestattet, das aufleuchtet, wenn das Bügeleisen einsatzbereit ist. Diese zusätzliche Produkteigenschaft kostet jedoch in der Herstellung weniger als einen Dollar.
- *Standortbezogene Preisdifferenzierung.* Im Rahmen dieser Preisdifferenzierung werden für unterschiedliche Standorte unterschiedliche Preise gefordert, obwohl die Kosten für die Bedienung jedes Standortes die gleichen sind. Ein Theater variiert die Preise für seine Sitzplätze aufgrund unterschiedlicher Besucherpräferenzen für bestimmte Platzkategorien.
- *Zeitbezogene Preisdifferenzierung.* Diese Form der Preisdifferenzierung ist dadurch gekennzeichnet, daß die Preise nicht nur saisonal sondern auch täglich und sogar stündlich variieren. Öffentliche Versorgungsbetriebe variieren ihre Preise für kommerzielle Verwender nach der Tageszeit und nach Wochenende versus Wochentage.

Erfolgreiche Preisdifferenzierung bedingt das Vorhandensein bestimmter Voraussetzungen. Als erstes muß der Markt segmentierbar sein, und die Segmente müssen unterschiedliche Nachfrageintensitäten aufweisen. Zweitens dürfen die Angehörigen des Segmentes, in dem die niedrigsten Preise gezahlt werden, keine Möglichkeit haben, das Produkt an jenes Segment, das den höheren Preis bezahlt, weiterzuveräußern. Drittens sollten die Konkurrenten nicht in der Lage sein, das Unternehmen in jenem Segment, in dem der höhere Preis gefordert wird, zu unterbieten. Viertens dürfen die Kosten für die Segmentierung und Überwachung des Marktes nicht die durch die Preisdifferenzierung zusätzlich erlangten Erträge übersteigen. Fünftens darf diese Praxis nicht zu Kundenressentiments und Feindschaften führen. Schließlich muß sich die Form der Preisdifferenzierung im Rahmen der Legalität bewegen.

Aufgrund der in bestimmten Branchen zu beobachtenden Deregulierung, wie z. B. bei Fluggesellschaften und im Kraftverkehrsgewerbe, wurde von Unternehmen in diesen Branchen in größerem Umfange von der Möglichkeit differenzierter Preise Gebrauch gemacht. Betrachten wir hierzu die Preisdifferenzierung, wie sie von Fluggesellschaften praktiziert wird:

> *Es ist möglich, daß die Passagiere für die Strecke von Raleigh nach Los Angeles zwölf verschiedene Retour-Ticket-Preise für den gleichen Flug bezahlen. Jene, die sorgfältig prüfen, profitieren aus dem intensiven Wettbewerb zwischen verschiedenen Fluglinien, die diese Strecke bedienen. Die zwölf Tarife sind: erste Klasse 1.176 Dollar; erste Klasse – Nachtflug 950 Dollar; erste Klasse - Jugendtarif 882 Dollar; Coach 904 Dollar; Night-Coach 724 Dollar; Coach für Jugendliche 678 Dollar; Tourtarif 298 Dollar; Jugendliche mit Eltern Superspartarif 542 Dollar; Sieben Tage im voraus gebucht, 60 Tage Aufenthalt Superspartarif 723 Dollar; 14 Tage im voraus gebucht, 30 Tage Aufenthalt Superspartarif 278 Dollar; 21 Tage im voraus gebucht, 21 Tage Aufenthalt Superspartarif 318 Dollar; Familientarif 904 Dollar für die erste Person und 158 Dollar für jede weitere Person; Tarif für Militärangehörige 678 Dollar.*

Psychologisch orientierte Preisfestlegung

Der Preis sagt einiges über das Produkt aus. Viele Konsumenten benutzen beispielsweise den Preis, um die Qualität zu beurteilen. Eine 100 Dollar-Flasche Parfum mag Duftstoffe im Wert von nur drei Dollar enthalten, aber die Leute sind bereit, 100 Dollar zu bezahlen, da der Preis darauf hindeutet, daß sie etwas Besonderes erhalten. Bei der Anwendung psychologisch-orientierter Preisfestlegungen beachten die Anbieter die psychologische Seite des Preises und nicht nur die wirtschaftlichen Fakten.

Selbst geringe Preisunterschiede können Kunden die Vorstellung von Produktunterschieden vermitteln. Betrachtet sei eine Stereoanlage zum Preis von 300 Dollar, verglichen mit einer zu 299,95 Dollar. Die tatsächliche Preisdifferenz beträgt lediglich 5 Cents, aber die psychologische Differenz kann wesentlich größer sein. Einige Kunden z. B. werden 299,95 Dollar eher als einen Preis in der 200 Dollar-Kategorie ansehen als in der 300 Dollar-Preisklasse. Der 299,95 Dollar-Preis wird mit größerer Wahrscheinlichkeit als ein Sonderangebot angesehen, während der 300 Dollar-Preis auf höhere Qualität hindeutet.

Einige Psychologen weisen darauf hin, daß jede Ziffer symbolische und visuelle Eigenschaften aufweist, was bei der Preisfestlegung berücksichtigt werden sollte. So erscheint acht rund und glatt und schafft eine beruhigende Wirkung, während sieben eckig bzw. winkelig ist und eher unharmonischen wirkt.

Psychologische Preisgestaltung: Preise, die auf runde Zahlen enden, suggerieren Qualität zum entsprechenden Preis, während unrunde Preise suggerieren, daß der Artikel besonders preisgünstig ist.

Aktionspreise

Im Rahmen einer **Aktionspreispolitik** legen Unternehmen vorübergehend ihre Preis unterhalb der Listenpreise und manchmal sogar unterhalb der Kosten fest. Aktionspreise sind in verschiedenen Formen anzutreffen:

- Supermärkte und Kaufhäuser stellen einige Produkte als Lockartikel heraus, um Kunden anzuziehen, in der Hoffnung, daß diese auch andere Artikel mit normalen Kalkulationsaufschlägen kaufen werden.
- Anbieter bedienen sich zu bestimmten Jahreszeiten auch einer Preisfestlegung für spezielle Anlässe, um mehr Kunden anzulocken. So wird Wäsche jeweils im Januar zu Aktionspreisen angeboten, um einkaufsmüde Kunden in die Geschäfte zu ziehen.
- Hersteller gewähren mitunter Barrückvergütungen jenen Kunden, die ein Produkt vom Handel innerhalb einer festgelegten Zeit

kaufen. Der Hersteller überweist die Rückvergütung direkt an den Kunden. Rückvergütungen waren in letzter Zeit bei Herstellern von Autos und langlebigen Wirtschaftsgütern bzw. bei Produzenten kleinerer Haushaltsgeräte sehr verbreitet.

- Der Anbieter kann, um die Umsätze zu erhöhen und die Lagerbestände abzubauen, einfach Nachlässe auf die normalen Preise anbieten. Ein Beispiel für verkaufsfördernde Preisnachlaßpolitik wird im Beispiel 12-1 beschrieben.

Carvel setzt die Preisgestaltung als Instrument der Absatzförderung ein. Abgedruckt mit freundlicher Genehmigung der Carvel Corp.

Geographisch orientierte Preispolitik

Das Unternehmen muß entscheiden, welche Preise es für seine Produkte von Kunden fordern soll, die in verschiedenen Teilen des Landes wohnen. Sollte das Unternehmen höhere Preise von weit entfernt ansässigen Kunden zwecks Deckung der höheren Versandkosten fordern und dabei riskieren, das Geschäft zu verlieren, oder von allen Kunden – unabhängig vom Standort – den gleichen Preis verlangen. Fünf geographisch orientierte Preisstrategien sollen anhand der folgenden hypothetischen Situation analysiert werden:

> *Die Peerless Paper Company hat ihren Sitz in Atlanta, Georgia, und verkauft Papierwaren an Kunden in den gesamten USA. Die Frachtkosten sind hoch und haben daher Auswirkungen auf die Unternehmen, von denen die Kunden ihr Papier kaufen. Pearless beabsichtigt, eine geographisch orientierte Preispolitik einzuführen. Das Unternehmen versucht Richtlinien dafür festzulegen, welcher Preis für einen 100 Dollar-Auftrag von drei bestimmten Kunden gefordert werden soll: Kunde A – in Atlanta, Kunde B – Bloomington, Indiana und Kunde C – Compton, California.*

BEISPIEL 12-1
Der Verkauf von Nerzmänteln mit Hilfe von absatzfördernden Preisnachlässen

Irwin und Carol Ware sind Pächter und Geschäftsführer eines Pelzsalons in dem erstklassigen Kaufhaus Magnin in der North Michigan Avenue in Chicago. Um den Lagerumschlag bei Pelzmänteln zu erhöhen, entschlossen sie sich, einen nur für einen Tag anberaumten Ausverkauf zu veranstalten. Die Pelzmäntel wurden im Preis um 50 bis 70 Prozent herabgesetzt. Die Ständer waren mit Pelzen vollbehängt, von denen einer das Schild trug „Alles auf diesem Ständer unter 2000 Dollar". Um den Ausverkauf anzukündigen, benutzten sie sowohl „hype-type" - überzeichnete - Fernsehwerbung als auch Zeitungsannoncen, die diesen Ausverkauf als die „Gelegenheit ihres Lebens" ankündigten. Die Kunden erfuhren, daß sie den Kaufpreis in 24 Monatsraten zahlen konnten.

Hat sich dieses hard-selling, dieser aggressive Ausverkauf gelohnt? Darüber besteht kein Zweifel. Carol Ware bediente an diesem Tag mehr als 200 Kunden, von denen die Hälfte den Pelzsalon mit neu erstandenen Pelzmänteln verließ. Der durchschnittliche Umsatz pro Kunde betrug 4500 Dollar.

Quelle: Übernommen von „Sale of Mink Coats Strays a Fur Piece from the Expected", Wall Street Journal, 20. März 1980, S. 1.

FOB – Herkunftsort Preisstellung

Peerless kann von jedem Kunden verlangen, daß dieser die Versandkosten von der Fabrik in Atlanta bis zu seinem Standort trägt. Alle drei Kunden würden den gleichen Fabrikabgabepreis von 100 Dollar zahlen, zuzüglich der Versandkosten, die für den Kunden A 10 Dollar, für den Kunden B 15 Dollar und für den Kunden C 25 Dollar betragen. Diese Strategie wird FOB Herkunftsort-Preisstellung genannt und bedeutet, daß die Waren „frei an Bord" einem Frachtführer zur Verfügung gestellt werden, von wo aus das Eigentum und das Risiko auf den Kunden übergehen, der die Fracht von der Fabrik bis zum Bestimmungsort bezahlt.

Befürworter der FOB Preisstellung meinen, daß diese Regelung der fairste Weg ist, die Frachtkosten festzusetzen, weil jeder Kunde seine eigenen Kosten trägt. Der Nachteil ist jedoch, daß Pearless für entfernt ansässige Kunden ein teurer Lieferant wird. Falls der Hauptkonkurrent von Pearless in Kalifornien seinen Standort hat, würde dieser Wettbewerber in Kalifornien einen höheren Umsatz machen als Pearless. Sicher wäre dieser Konkurrent Pearless in den meisten Gebieten des Westens überlegen, während Pearless im Osten dominieren würde. Auf der Landkarte könnte eine senkrechte Linie gezogen werden, die die Städte miteinander verbindet, in denen der

Preis der beiden Unternehmen zuzüglich Fracht genau gleich hoch wäre. Pearless würde einen Preisvorteil östlich und der Wettbewerber westlich dieser Linie haben.

Einheitliche Frei-Haus-Preisstellung

Einheitliche Preisstellung frei Haus ist das Gegenteil der FOB-Preisstellung. Bei dieser Form berechnet das Unternehmen allen Kunden, unabhängig von ihrem Standort, den gleichen Preis. Die Frachtgebühren werden auf Basis durchschnittlicher Frachtkosten festgelegt. Angenommen, diese betragen 15 Dollar. Einheitliche Preisstellung frei Haus führt zu hohen Gebühren für Atlanta-Kunden, die 15 Dollar anstatt 10 Dollar für die Fracht bezahlen müßten, und zu niedrigeren Gebühren für die Compton-Kunden, die statt 25 Dollar lediglich 15 Dollar zahlen. Die Atlanta-Kunden werden es vorziehen, Papier von einer anderen örtlichen Papierfirma zu kaufen, die eine FOB-Preisstellung ab Werk praktiziert. Auf der anderen Seite hat Pearless eine bessere Chance, kalifornische Kunden zu gewinnen. Weitere Vorteile sind darin zu erblicken, daß eine einheitliche Preisstellung leicht zu handhaben ist und es dem Unternehmen ermöglicht, seine Preise überregional bekanntzugeben.

Zonenpreissystem

Das **Zonenpreissystem** liegt zwischen FOB-Preisen und einheitlicher Preisstellung frei Haus. Das Unternehmen bildet zwei oder mehrere Zonen. Alle Kunden innerhalb einer Zone zahlen den gleichen Gesamtpreis. Dieser liegt in den entfernteren Zonen höher. So könnte Pearless beispielsweise eine Ostzone bilden und allen Kunden in diesem Gebiet zehn Dollar an Frachtkosten berechnen, ferner eine Mittelzone und dort 15 Dollar verlangen sowie schließlich eine Westzone, in der 25 Dollar für die Fracht in Rechnung gestellt werden. Auf diese Weise erhalten die Kunden innerhalb einer bestimmten Frachtkostenzone keinen Preisvorteil vom Unternehmen. Kunden in Atlanta und Boston zahlen an Pearless den gleichen Gesamtpreis. Der Nachteil ist jedoch, daß die Abnehmer in Atlanta einen Teil der Frachtkosten der Kunden in Boston mittragen. Hinzu kommt, daß ein Kunde, der unmittelbar westlich der Trennungslinie zwischen der Ost- und Mittelzone ansässig ist, wesentlich mehr bezahlt als ein Abnehmer, der unmittelbar östlich der gleichen Linie wohnt, obwohl die Standorte beider Firmen nur wenige Meilen auseinanderliegen.

Preisstellung auf der Basis von Frachtparitäten

Ein **Preissystem auf der Grundlage von Frachtparitäten** ermöglicht es dem Verkäufer, eine bestimmte Stadt als Frachtbasis auszuwählen und allen Abnehmern die Frachtkosten von jener Stadt zum Standort des Kunden zu berechnen, unabhängig von dem Ort, von dem die Waren tatsächlich versandt werden. So könnte beispielsweise Pearless Chicago als Frachtbasis wählen und allen Kunden 100 Dollar, zuzüglich der Transportkosten von Chicago nach deren Standort berechnen. Diese Regelung bedeutet, daß ein Kunde aus Atlanta die Frachtkosten von Chicago nach Atlanta zahlt, selbst wenn die Waren aus Atlanta versandt werden.

Die Wahl eines anderen Ortes als dem Fabrikstandort selbst als Frachtbasis erhöht den Gesamtpreis für Kunden nahe der Produktionsstätte und verringert den Gesamtpreis für Kunden, die weit entfernt von der Fabrik ihren Firmensitz haben.

Wenn alle Verkäufer die gleiche Frachtkostenbasis wählten, wären die Preise frei Haus für alle Kunden gleich und eine Preiskonkurrenz wäre ausgeschaltet. Branchen wie die Zucker-, Zement-, Stahl- und Automobilindustrie arbeiteten jahrelang mit Frachtparitäten. Doch diese Methode ist heutzutage weniger populär. Einige Unternehmen haben verschiedene Frachtbasen errichtet, um flexibler zu sein. Sie berechnen Frachtkosten von der nächstgelegenen Frachtbasis des Kunden.

Preisstellung mit Frachtkostenübernahme

Der Verkäufer, der bemüht ist, mit einem bestimmten Kunden oder in einem bestimmten Gebiet Geschäfte zu machen, könnte zu diesem Zwecke eine **Preisstellung mit Frachtkostenübernahme** benutzen. Diese Methode umfaßt die Übernahme aller oder eines Teiles der tatsächlichen Frachtkosten, um einen Geschäftsabschluß zu erzielen. Der Verkäufer könnte argumentieren, daß im Falle einer Umsatzausweitung seine Durchschnittskosten sinken und die daraus resultierenden Einsparungen die zusätzlichen Frachtkosten mehr als ausgleichen werden. Eine Preisstellung mit Frachtkostenübernahme wird sowohl für eine Politik der Marktdurchdringung gewählt, als auch, um an Märkten mit zunehmender Wettbewerbsintensität festzuhalten.

PREISÄNDERUNGEN

Einleitung von Preisänderungen

Nach Entwicklung ihrer Preis-Strukturen und -Strategien sehen sich Unternehmen oft veranlaßt, ihre Preise zu senken oder zu erhöhen.

Einleitung von Preissenkungen

Besondere Situationen können ein Unternehmen veranlassen, seine Preise zu senken, selbst wenn diese Maßnahme einen Preiskrieg verursachen könnte. Ein Anlaß ist Überkapazität. In diesem Falle benötigt ein Unternehmen eine größere Absatzmenge, die es nicht durch verstärkte Verkaufsanstrengungen, Produktverbesserungen oder andere Maßnahmen erreichen kann. In den späten siebziger Jahren nahmen viele Unternehmen davon Abschied, ihre Preise an denen des Marktführers zu orientieren, und gingen zu einer flexiblen Preispolitik über, um ihre Umsätze zu steigern.[2]

Ein weiterer Anlaß für Preissenkungen ist ein durch starke Preiskonkurrenz verursachter rückläufiger Marktanteil. Mehrere amerikanische Industriezweige – Automobile, Konsumenten-Elektronik, Kameras, Uhren und Stahl – verloren Marktanteile an japanische Konkurrenten, deren hochwertige Erzeugnisse zu niedrigeren Preisen angeboten werden als amerikanische Produkte. Zenith, General Motors und andere amerikanische Unternehmen nahmen Zuflucht zu aggressiveren Preisaktionen. General Motors senkte z. B. die Preise für seinen Kleinwagen an der Westküste, wo die japanische Konkurrenz am stärksten ist, um zehn Prozent.

Unternehmen senken ihre Preise auch aus dem Bestreben heraus, den Markt durch niedrigere Kosten zu beherrschen. Entweder beginnt das Unternehmen mit niedrigeren Kosten als seine Konkurrenten oder es senkt seine Preise in der Hoffnung, Marktanteile zu gewinnen, die durch ein größeres Umsatzvolumen zu sinkenden Kosten führen. Bausch und Lomb bedienten sich einer aggressiven Strategie „niedrige Kosten – niedrige Preise", um „Leader" auf dem wettbewerbsintensiven Markt von weichen Kontaktlinsen zu werden (siehe Beispiel 12-2).

Das Einleiten von Preiserhöhungen

Zahlreiche Unternehmen sahen sich in den letzten Jahren veranlaßt, ihre Preise zu erhöhen, obwohl sie wußten, daß die Preissteigerungen von Kunden, Händlern und sogar von eigenen Verkaufsmitarbeitern übel genommen werden. Eine erfolgreich durchgeführte Preiserhöhung kann jedoch die Gewinne erheblich steigern. Wenn beispielsweise die Gewinnspanne drei Prozent vom Umsatz beträgt, bewirkt eine Preiserhöhung von einem Prozent, daß die Gewinne um 33 Prozent steigen, falls das Verkaufsvolumen konstant bleibt.

Einer der Faktoren, die zu Preiserhöhungen führen, ist Nachfrageüberhang. Wenn ein Unternehmen nicht in der Lage ist, den gesamten Bedarf seiner Kunden zu decken, kann es seine Preise erhöhen, die Produkte für seine Kunden rationieren oder auch beide Maßnahmen ergreifen. Preise können durch das Streichen von Preisnachlässen oder durch die Aufnahme von teureren Artikeln in das Sortiment fast unbemerkt erhöht werden. Preise können aber auch ganz offensichtlich heraufgesetzt werden.

Eine Preiserhöhung, die im allgemeinen niedrigere Umsätze bewirkt, kann zu einigen positiven Meinungen bei den Käufern führen. Sie könnten denken, daß es sich um einen „heißen" Artikel handelt, der möglicherweise nicht mehr erhältlich sein wird, wenn man die Gelegenheit nicht rechtzeitig wahrnimmt, oder sie glauben, daß der Artikel von außerordentlich hohem Wert ist. Sie könnten aber auch zu dem Schluß kommen, der Verkäufer ist gierig und verlangt so viel wie der Markt hergibt.

Reaktionen der Konkurrenz auf Preisänderungen

Ein Unternehmen, das Preisänderungen erwägt, muß sowohl die Reaktionen der Kunden als auch die der Wettbewerber berücksichtigen. Dort, wo die Zahl der Unternehmen gering und das Produkt homogen ist sowie die Kunden gut informiert sind, werden die Konkurrenten höchstwahrscheinlich reagieren.

Wie kann ein Unternehmen die voraussichtlichen Reaktionen seiner Mitbewerber berechnen? Angenommen, dem Unternehmen steht ein großer Konkurrent gegenüber. Falls der Konkurrent in einer festgelegten Art und Weise auf Preisänderungen reagiert, ist seine Reaktion auf Preisänderungen jeweils vorhersehbar. Wenn allerdings der Wettbewerber jede Preisänderung als eine neue Herausforderung betrachtet und gemäß seinem Eigennutz reagiert, muß das Unternehmen herausfinden, worin das gegenwärtige Interesse des Konkurrenten besteht.

Das Problem ist vielschichtig, weil der Wettbewerber eine Preissenkung des Unternehmens auf mehrfache Weise interpretieren kann. Er könnte meinen,

- das Unternehmen versucht, ihm seinen Markt wegzunehmen;
- dem Unternehmen geht es schlecht, und es versucht, seine Umsätze zu steigern;
- das Unternehmen beabsichtigt, daß die Branche als Ganzes ihre Preise senkt, um die Gesamtnachfrage zu erhöhen.

Wenn es mehrere Konkurrenten gibt, muß das Unternehmen die wahrscheinliche Reaktion jedes einzelnen Wettbewerbers abschätzen. Wenn sich alle Konkurrenten ähnlich verhalten, genügt es, lediglich einen typischen Wettbewerber zu analysieren.

Falls die Konkurrenten infolge von Unterschieden hinsichtlich der Größe, der Marktanteile oder der Unternehmenspolitik nicht einheitlich reagieren, dann sind separate Analysen erforderlich. Wenn einige Wettbewerber ebenfalls Preisänderungen in gleicher Richtung vornehmen, besteht berechtigter Grund zu der Annahme, daß auch die restlichen Mitbewerber sich diesem Vorgehen anschließen werden.

Reaktion auf Preisänderungen

Im folgenden betrachten wir das Problem aus der umgekehrten Richtung und fragen, wie ein Unternehmen auf Preisänderungen eines Konkurrenten reagieren sollte. Das Unternehmen muß mehrere Möglichkeiten in Betracht ziehen. Warum hat der Konkurrent seinen Preis geändert? Geschah es, um den Markt an sich zu reißen, um Überkapazitäten auszulasten, um veränderten Kostensituationen Rechnung zu tragen, oder um eine die gesamte Branche umfassende Preisänderung zu bewirken? Beabsichtigt der Konkurrent nur eine vorübergehende oder eine anhaltende Preisänderung? Wie werden sich der Marktanteil und die Gewinne des Unternehmens verändern, wenn es nicht reagiert? Werden andere Unternehmen darauf reagieren? Wie werden die Konkurrenten und andere Unternehmen auf jede mögliche Reaktion antworten?

Neben der Erörterung dieser Möglichkeiten muß das Unternehmen eine umfassendere Analyse durchführen. Das betreffende Unternehmen muß in diesem Zusammenhange die Phase des Produktlebenszyklus, die Wichtigkeit im Produkt-Mix des Unternehmens, die

ABBILDUNG 12-2
Preisbezogenes Reaktionsprogramm zur Begegnung der Preissenkung eines Konkurrenten

Quelle: Abgedruckt mit Erlaubnis aus einem unveröffentlichten Manuskript von Raymond J. Trapp, Northwestern University, 1964.

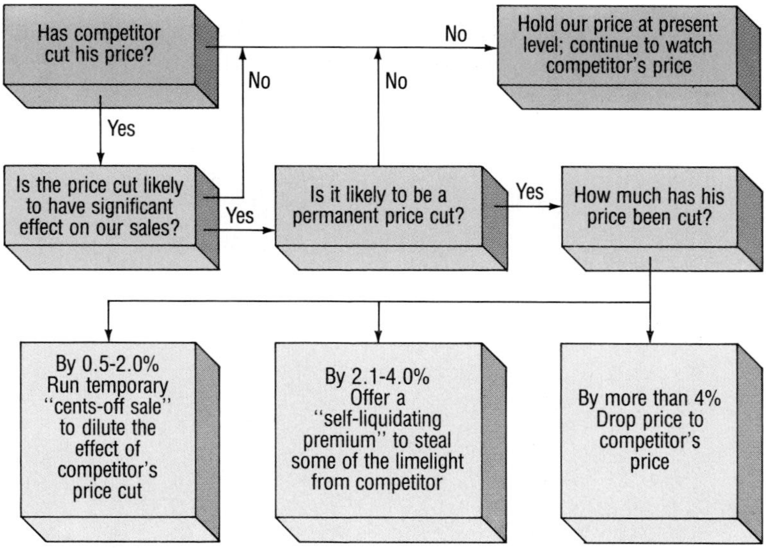

FIGURE 12-2
Price Reaction Program for Meeting a Competitor's Price Cut

Source: Redrawn with permission from an unpublished paper by Raymond J. Trapp, Northwestern University, 1964.

Absichten und Ressourcen des Konkurrenten, die Preis- und Wertsensibilität des Marktes, die mengenabhängigen Kostenverläufe sowie die anderen Alternativen des Unternehmens in Betracht ziehen.

Zum Zeitpunkt einer Preisänderung ist es dem Unternehmen nicht immer möglich, eine ausgedehnte Analyse seiner alternativen Vorgehensweisen durchzuführen. Der Konkurrent hat sich möglicherweise viel Zeit genommen, seine Entscheidung vorzubereiten, das betroffene Unternehmen jedoch muß innerhalb von Stunden oder Tagen darauf reagieren.

Die einzige Chance, die Reaktionszeit zu verkürzen, besteht darin, im voraus geeignete Antworten auf mögliche Preisänderungen eines Konkurrenten zu planen. Die Abbildung 12-2 zeigt das preisbezogene Reaktionsprogramm eines Unternehmens, um einer eventuellen Preissenkung eines Konkurrenten zu begegnen. Reaktionsprogramme zur Begegnung möglicher Preisänderungen werden sehr häufig in Branchen benutzt, in denen Preisänderungen häufig vorkommen und schnelle Reaktionen wichtig sind. Beispiele hiefür sind in der fleischverarbeitenden Industrie sowie in der Holz - und Erdölbranche anzutreffen.

ZUSAMMENFASSUNG

Preispolitik ist ein dynamischer Prozeß. Unternehmen entwerfen eine Preisstruktur, die alle ihre Produkte umfaßt, und verändern bzw. korrigieren diese im Laufe der Zeit, um unterschiedlichen Kunden und Situationen gerecht zu werden.

Für gewöhnlich ändern sich die Preisstrategien, weil das Produkt seinen Lebenszyklus durchläuft. Bei der Festlegung der Preise für innovative neue Produkte kann das Unternehmen eine Politik der Marktabschöpfung betreiben, indem es die Preise anfänglich hoch ansetzt, um den maximalen Ertrag von den verschiedenen Marktsegmenten abzuschöpfen. Es kann aber auch eine Preispolitik der Marktdurchdringung praktizieren und den Anfangspreis sehr niedrig ansetzen, um einen hohen Marktanteil zu gewinnen. Bei der Einführung eines imitierten Produktes kann sich das Unternehmen für eine von neun Preis-Qualität-Strategien entscheiden.

Ist das Produkt Teil eines Produkt-Mix, sucht das Unternehmen nach einer Kombination von Preisen, die die Gewinne des gesamten Unternehmens-Portfolios maximiert. Das Unternehmen entscheidet über Preisbereiche für Artikel in seiner Produktlinie und über die Preisfestlegung für Sonderzubehör, für Produkte ohne Substitutionsmöglichkeiten sowie für Nebenprodukte.

Unternehmen verwenden eine Vielzahl von Preisanpassungsstrategien – sei es einzeln oder in Kombination –, um Unterschieden in Verbraucher-Segmenten und -Situationen Rechnung tragen zu können. Eine dieser Strategien ist Nachlaß- und Zuschußgewährung, in deren Rahmen Unternehmen Zahlungsnachlässe bei Barzahlung, Mengen-, Funktions- und Saisonrabatte sowie Gutschriften und Zahlungszuschüsse gewähren. Eine andere Strategie stellt die Preisdifferenzierung dar, in deren Rahmen das Unternehmen verschiedene Preise für unterschiedliche Kunden, Produktformen, Standorte oder Zeiten festlegt. Eine dritte Vorgangsweise ist die psychologische Preisgestaltung, bei der das Unternehmen den Preis korrigiert, um die beabsichtigte Position eines Produktes besser zu verdeutlichen. Eine vierte Strategie besteht in der Festlegung von verkaufsfördernden Aktionspreisen, bei der das Unternehmen über Lockartikel und Preisfestlegungen für Sonderanlässe sowie über psychologisch-orientierte Preisnachlässe entscheidet. Eine fünfte Strategie ist die geographisch orientierte Preisbildung, in deren Rahmen das Unternehmen entscheidet, welche Preise entfernt ansässigen Kunden berechnet werden sollen. Zur Auswahl stehen alternativ FOB-Preise, einheitliche Preisstellung frei Haus, Frachtpreiszonen, Preisstellung auf der Basis von Frachtparitäten oder Preisfestlegungen mit Frachtkostenübernahme.

Wenn ein Unternehmen Preisänderungen erwägt, muß es die Reaktionen der Kunden und Konkurrenten abschätzen. Die Reaktionen der Kunden werden davon beeinflußt, wie diese die Preisänderungen interpretieren. Gegenmaßnahmen der Konkurrenten erwachsen aus einer festgelegten Reaktionspolitik oder aus einer jeweils neuen Analyse jeder einzelnen Situation. Das die Preisänderung einleitende Unternehmen muß auch die wahrscheinlichen Reaktionen der Lieferanten, des Handels und des Gesetzgebers abschätzen bzw. in seine Überlegungen einbeziehen.

Das Unternehmen, das sich einer von einem Wettbewerber initiierten Preisänderung gegenübersieht, muß die Absichten des Konkurrenten zu erkennen versuchen sowie die voraussichtliche Dauer der Änderung. In einer Branche, in der schnelle Reaktionen notwendig sind, sollte das Unternehmen seine Reaktionen auf verschiedene denkbare Preisaktivitäten seitens des Wettbewerbs im voraus planen.

DISKUSSIONSFRAGEN

1. Erörtern Sie Beispiele von Unternehmen, die eine Preispolitik der Marktabschöpfung oder der Marktdurchdringung praktizieren.
2. Erläutern Sie die Preisfestlegung für Sonderausstattungen und nennen Sie ein Beispiel für diese Preisstrategie.
3. Die Firma Garden Way Manufacturing Co. of Troy, New York, ein bekannter Hersteller von Gartengeräten, verwendet FOB-Preise. Was sind die Vor- und Nachteile dieser Preisstrategie?
4. In den Jahren 1985 und 1986 nahmen Autohersteller, um mehr Autos zu verkaufen, Zuflucht zu zinsgünstigen Finanzierungsprogrammen, Preisnachlässen und kostenlosen Sonderzubehörpaketen. Welche Gefahren sind mit dieser Preisstrategie verbunden?
5. Kennzeichnen Sie typische Aufgaben, für deren Übernahme ein Mitglied des Absatzweges einen Funktionsrabatt erhält.
6. Wie könnten Kunden eine kurzfristig angekündigte Preissenkung des Herstellers eines bekannten Personalcomputers interpretieren?
7. Diskutieren Sie die wichtigsten Preisnachlaß-Taktiken, derer sich die Firma Head Skis in der Zusammenarbeit mit Einzelhändlern, die ihre Produkte führen, bedienen könnte.
8. GE hat eine revolutionierende neue Haushaltsglühbirne erfunden, die fünfmal so lang hält wie die bisherigen Weißglühbirnen mit einer üblichen Lebensdauer von 1000 Stunden, und die dabei nur ein Drittel der bisher benötigten Elektrizität verbraucht. Das Unternehmen erwägt für diese Glühbirne einen Preis von zehn Dollar, was eine Ersparnis von 20 Dollar bedeuten würde, wenn die Strompreise für die erwartete Lebensdauer der Glühbirne zugrunde gelegt werden. Welche Probleme könnte GE mit dieser Preispolitik haben? Welche Vorschläge würden Sie unterbreiten?

SCHLÜSSELBEGRIFFE

Preisstellung auf der Basis von Frachtparitäten *(Basing-point pricing).* Eine geographisch orientierte Preisstrategie, bei der der Anbieter eine bestimmte Stadt zur Frachtbasis ernennt und allen Kunden die Fracht von dieser Stadt bis zum Standort des Abnehmers berechnet, unabhängig von der Stadt, von der die Waren tatsächlich versandt worden sind.

Skonto *(Cash discount).* Ein Preisnachlaß für Käufer, die ihre Rechnungen prompt bezahlen.

Preisdifferenzierung *(Discriminatory pricing).* Der Verkauf eines Produktes oder einer Dienstleistung zu zwei oder mehreren voneinander abweichenden Preisen, wobei die Preisdifferenzen nicht auf Kostenunterschieden beruhen.

Herstellungsortpreisstellung *(FOB origin pricing).* Eine geographisch orientierte Preisstrategie, bei der die Waren „frei an Bord“ einem Frachtführer zur Verfügung gestellt werden, und der Kunde die Fracht von der Fabrik bis zum Bestimmungsort bezahlt.

Preisstellung mit Frachtkostenübernahme *(Freight absorption pricing).* Eine geographisch orientierte Preisstrategie, in deren Rahmen das Unternehmen zur Erlangung eines Geschäftsabschlusses die gesamten oder einen Teil der tatsächlichen Frachtkosten übernimmt.

Funktionsrabatt *(Functional discount).* Ein Preisnachlaß, der seitens des Anbieters Händlern gewährt wird, die bestimmte Leistungen erbringen, wie z. B. Verkauf, Lagerhaltung und das Führen von Aufzeichnungen.

Geographisch orientierte Preispolitik *(Geographical pricing).* Die Entscheidung, welche Preise für Proudkte von Kunden zu fordern sind, die in verschiedenen Teilen des Landes domizilieren.

Preispolitik der Marktdurchdringung *(Market penetration pricing).* Die Festlegung eines niedrigen Preises für ein neues Produkt, um eine große Anzahl von Käufern bzw. einen hohen Marktanteil zu gewinnen.

Preispolitik der Marktabschöpfung *(Market-skimming pricing).* Die Festlegung eines hohen Preises für ein neues Produkt, um maximale Erträge von jenen Segmenten abzuschöpfen, die bereit sind, den hohen Preis zu zahlen; das Unternehmen erzielt weniger, aber gewinnbringendere Umsätze.

Aktionszuschüsse *(Promotional allowance):* Eine Zahlung oder ein Preisnachlaß als Belohnung für Händler für die Mitwirkung an Werbemaßnahmen und Aktionen zur Verkaufsunterstützung.

Aktionspreispolitik *(Promotional pricing):* Befristete Preisfestlegung für Produkte unter dem Listenpreis und manchmal sogar unterhalb der Kosten, um kurzfristig die Umsätze zu erhöhen.

Psychologisch orientierte Preisfestlegung *(Psychological pricing):* Eine Preisfestlegungsmethode, bei der die psychologischen Aspekte des Preises und nicht nur wirtschaftliche Überlegungen berücksichtigt werden. Der Preis wird benutzt, um etwas über das Produkt auszusagen.

Mengenrabatt *(Quantity discount):* Ein Preisnachlaß für Kunden, die große Mengen kaufen.

Saisonrabatt *(Seasonal discount):* Ein Preisnachlaß für Käufer, die Waren oder Dienstleistungen außerhalb der Saison erwerben.

Rücknahmevergütung *(Trade-in allowance):* Eine Preisermäßigung, die beim Kauf eines neuen Artikels für die Inzahlungnahme eines alten Artikels gewährt wird.

Einheitliche Frei-Haus-Preisstellung *(Uniform delivered pricing):* Eine geographisch orientierte Preisstrategie, bei der das Unternehmen allen Kunden, unabhängig von deren Standort, den gleichen Preis einschließlich Fracht berechnet.

Zonenpreissystem *(Zone pricing):* Eine geographisch orientierte Preisstrategie, bei der das Unternehmen zwei oder mehr Zonen bildet – alle Kunden innerhalb einer Zone zahlen den gleichen Gesamtpreis, und dieser Preis erhöht sich mit der Entfernung der einzelnen Zonen.

FUSSNOTEN

1. Basierend auf Informationen aus verschiedenen Quellen, einschließlich Bill Kelly, „Komatsu in Cat Fight,“ Sales and Marketing Management, April 1986, S. 50–53; Jack Willoughby, „Decision Time in Peoria,“ Forbes, 27. Januar 1986, S. 36; und Kathleen Deveny, „Caterpillar is Betting Big on Pint-Size Machines,“ Business Week, 25. Dezember 1985, S. 41.
2. Vgl. hierzu „Flexible Pricing,“ Business Week, 12. Dezember 1977, S. 78–88.
3. Mary Louise Hatten, „Don't Get Caught with Your Prices Down,“ Business Horizons, März–April 1982, S. 23–28.
4. Vgl. hierzu Alfred R. Oxenfeldt, Pricing for Marketing Executives (San Francisco: Wadsworth, 1961), S. 28. Bezüglich eines ausgezeichneten Überblicks wird verwiesen auf Kent B. Monroe, „Buyers' Subjective Perceptions of Price,“ Journal of Marketing Research, Februar 1973, S. 70–80.

FALLSTUDIE 11
Texas Instruments, Inc.: Sprechende Lernhilfegeräte

Die Firma Texas Instruments hat ihren Vorstoß in Verbrauchermärkte in den letzten Jahren dahingehend verändert, daß sie ihre Digitaluhren- und Heimcomputerserien aufgegeben und neue Produkte eingeführt hat. Das Unternehmen ist nunmehr an dem Punkt angelangt, wo es zu entscheiden gilt, welche Strategien und Aktionsprogramme es verfolgen bzw. durchführen sollte, um eine erfolgreiche Teilnahme am Markt für kleine elektronische Lernhilfeprodukte sicherzustellen. Eine wichtige Frage ist die Wahl der Preisstrategie. In der Vergangenheit praktizierte die Firma Texas Instruments für ihre Digitaluhren und Taschenrechner eine Niedrigpreisstrategie mit großen Mengenvolumen (low-price, high-volume).

Zu den Produkten, die bereits auf dem Markt sind, oder deren Einführung erwogen wird, zählen die folgenden:

1. Einige neue tragbare Lernhilfegeräte (LAPs), die jetzt zu relativ niedrigen Preisen verkauft werden. Die Produkte „Litte Professor“, „Dataman“ und „First Watch“ sind mit Zahlenspeichern und LCD-Anzeigen ausgestattet. Die ersten beiden lehren Mathematik und die dritte hilft, die Uhr kennenzulernen. Die Geräte „Spelling B“ und „Speak & Spell“ (Sprechen und Buchstabieren) lehren das Alphabet, beide haben Zahlen- und Buchstabenspeicher sowie LCD-Anzeigen. „Speak × Spell“ kann außerdem sprechen. Kürzlich vorgenommene Programmerweiterungen sind „Speak & Read“ (Sprechen und Lesen) sowie „Speak & Math“ (Sprechen und Rechnen).
2. Der Zauberstab „Speaking Reader“ ermöglicht es Vorschulkindern, sich das Lesen selbst beizubringen, indem sie in speziellen Büchern einen Zauberstab über einen Strichcode gleiten lassen, der unter den Wörtern gedruckt ist.
3. VOCAID wurde entwickelt, um Stummen Sprach- und Ausdrucksmöglichkeiten anzubieten, indem künstlich hergestellte Laute ertönen, wenn die Tastatur bedient wird. Zusätzliche Module und passende Tastaturfunktionen zur Erweiterung der Anwendungsmöglichkeiten werden erhältlich sein.

LAPs. Obwohl sich die LAPs sowohl bezüglich der Form als auch der Funktionen deutlich von den früheren TI Konsumartikeln unterscheiden (Taschenrechner, Personal Computer, Uhren), und sie sich in der Einführungs- bzw. Wachstumsphase des Lebenszyklus eines Produktes befinden, ist die derzeitige Marketingstrategie im Grunde genommen identisch mit jener, die früher für reifere Produkte verfolgt worden ist. Der erzieherische Wert der LAPs legt es nahe, sie als ergänzende Lernhilfe an Schulen zu verkaufen, es wurden aber nur begrenzte Anstrengungen unternommen, um entweder den Fortbildungsmarkt oder den Absatz an private Haushalte aufzubauen. Wie bei jeder Einführung eines neuen Produktes steht Texas Instruments einem noch zu bestimmenden Marktpotential gegenüber sowie der Aufgabe, potentielle Kunden mit einem bislang unbekannten Produkt vertraut zu machen. Diese Probleme sind besonders im vorliegenden Falle akut, weil die Produkte als das Ergebnis einer technischen Innovation und nicht als Antwort auf geäußerte Kundenbedürfnisse entwickelt wurden.

Seit 1972 wurden von Texas Instruments – ebenso von Bowmar, National

Semiconductor und Commodore – Lernbehelfe auf den Markt gebracht, und zwar als kombiniertes Angebot von preiswerten Taschenrechnern mit Spiel-Büchern. Texas Instrument's Geräte „Little Professor“ und „Dataman“ gingen mit der Vorprogrammierung spezieller Rechenprobleme in den Speichern jedes Rechners noch weiter. Der Dataman erweiterte den Little Professor mit zusätzlichen Spielmöglichkeiten und einer laufenden Wertungsanzeige für richtige Antworten.

Spelling B und Speak & Spell wurden als nächstes eingeführt. Speak & Spell benutzte die Synthesizer-Stimmen-Technik von Texas Instruments. Das Gerät enthält nach Schwierigkeitsgrad geordnet 230 der am häufigsten falsch geschriebenen Worte. Es bittet Sie, ein Wort zu buchstabieren, das es zuvor klar ausgesprochen hat, z. B. *„treasure“.* Wenn Sie dieses getan haben, drücken Sie eine Taste. Falls Sie richtig buchstabiert haben, sagt das Gerät „Das ist richtig. Buchstabieren Sie jetzt (das nächste Wort).“ Sollten Sie falsch buchstabiert haben, sagt es „Falsch, versuchen Sie es noch einmal“. Und Sie haben eine weitere Chance. Wenn Sie nochmals falsch antworten, sagt das Gerät „Die richtige Schreibweise ist T-R-E-A-S-U-R-E“. Es zeigt auch automatisch die Anzahl der richtigen und falschen Antworten am Ende einer Einheit von zehn Worten an.

Speak & Spell kann als ein Ausspracheratgeber für eine Reihe von Spielen benutzt werden. Zusätzlich können in das Gerät kleine Programmmodule eingebaut werden, um schwierigere Wörter abfragen zu können. Durch diese neue Technologie eröffnet sich ein erhebliches Potential, da die akustische Befehlskontrolle immer mehr an Bedeutung gewinnt. Der integrierte Schaltkreis, der Stimmen erzeugen kann und durch den Speak & Spell eine breite Aufmerksamkeit erlangt hat, stellt eine technisch weiterentwickelte (und kompakte) Version der elektronischen Schaltkreissysteme dar, die fast zwei Jahrzehnte in kommerziellen und industriellen Tonbändern benutzt wurden, wie z. B. bei Banken und Telefonsystemen.

Das hohe Niveau der Verbraucherinteressen und das Engagement der Benutzer sowie die im technologischen Bereich führende Position des Unternehmens lassen es naheliegend erscheinen, eine gut geplante Serie von Sprach-Lernhilfen während des ganzen Jahres aktiv zu verkaufen. Diese Vorgehensweise würde im Gegensatz zu Texas Instruments vorangegangenen Bemühungen stehen, die überwiegend aus Absatzförderungsmaßnahmen für zwei oder drei Artikel am Jahresende bestanden.

Der ZAUBERSTAB. Texas Instruments hat ein Unterrichtsinstrument entwickelt, das den Leseunterricht dem elektronischen Zeitalter anpaßt. Durch die Kombination zweier neuer Technologien und den Einbau in die Speak & Spell-Lernhilfe hat Texas Instruments ein Produkt entwickelt, das als Magic Wand Speaking Reader – lesender und sprechender Zauberstab – bezeichnet wird. Mit diesem Gerät können sich Vorschulkinder selbst das Lesen beibringen, indem sie den Zauberstab über Strichcodes gleiten lassen, die in speziellen Büchern unter den Wörtern gedruckt sind.

Der Plastikstab, von der ungefähren Größe eines dicken Kugelschreibers, ist mit einem dünnen Infrarot-Lichtstrahl versehen, der die Sprachbefehle entschlüsselt, die in den Strichcodes enthalten sind. Er funktioniert ähnlich wie ein Preislesegerät in Supermärkten, das Produktidentifikationsdaten von den Strichcodes, die auf den Lebensmittelpackungen aufgedruckt sind, entschlüsselt. Aber der Zauberstab von Texas Instruments wird ungefähr das Vierfache bereits bestehender Systeme kosten, wenn er auf dem Markt erscheint. Von dem Zauberstab wird behauptet, daß er innerhalb einer Lernhilfefamilie der erste tragbare Computer ist, der mit Strichcode-Speicherung arbeitet. Ein Listenpreis von 120 Dollar wird für das batteriebetriebene Gerät in Betracht gezogen.

Der Zauberstab könnte sich als Schlüssel für die elektronische Herausgabe von Büchern auf Niedrigkostenbasis herausstellen, weil er keine Änderungen in den Drucktechniken und Anlagen erfordert, die jetzt benutzt werden. Texas Instruments plant, Verlagshäuser zu ermutigen, ihre eigenen Bücher herauszubringen. Verleger werden den Text liefern, und Texas Instruments wird mit Hilfe einer „computerunterstützten Fabrik" die Worte in schwarze und weiße Striche verschlüsseln, die der Zauberstab lesen kann. Mattel's Western Publishing Company, die die Golden Books produziert, benutzt eine ähnliche Methode für die Entwicklung eines sprechenden Lesegerätes.

VOCAID. Texas Instruments hat ein Gerät entwickelt, das den Stummen einen Dialog ermöglicht. VOCAID besteht aus einer Tastatur, deren Tasten jeweils ein Wort oder einen Ausdruck symbolisieren. Wenn die entsprechenden Tasten gedrückt werden, gibt VOCAID mit künstlicher Stimme die ausgewählte Nachricht von sich. Als Extras werden zusätzliche Speicher und Tastaturfunktionen erhältlich sein, die die Anwendungsmöglichkeiten von VOCAID erweitern. Es bestehen einige Unsicherheiten darüber, welche Einzelhandelspreise Texas Instruments für die VOCAID Hardware und für die zusätzlichen Module und Funktionen vorsehen sollte. Ist es zweckmäßiger, die Preise für die Geräte nach ihrem Wert für den Käufer oder nach den Kosten festzulegen? Es verbleibt die Aufgabe herauszufinden, wie potentielle Benutzer bzw. Käufer erkannt werden können und wie der Wert des Gerätes für diese Benutzer beziehungsweise Käufer bestimmt werden kann.

Andere Produkte. Verschiedene zukünftige Anwendungsmöglichkeiten sind für Sprachschaltkreise vorgeschlagen worden, einschließlich Fremdsprachenunterricht und elektronische Spiele. Ein Beispiel ist das elektronische Wörterbuch, das bereits von mindestens zwei Firmen angeboten wird. Es kann zirka 1500 englische Wörter und Satzteile in eine fremde Sprache, wie z. B. Französisch, Deutsch, Spanisch, Russisch oder Japanisch übersetzen. Die verschiedenen Sprachen können durch Module ausgetauscht werden, die für je 25 bis 50 Dollar erhältlich sind. Modelle von Lexicon und Craig sind im Taschenformat erhältlich und werden für zirka 200 Dollar verkauft.

Die Außendienstorganisation von Texas Instruments „Consumer Products Group" verkauft sowohl LAPs als auch Taschenrechner an große Einzelhandelsketten. Kleinere Geschäfte erteilen ihre Aufträge entweder direkt an Texas Instruments oder beziehen vom Großhandel. Im vergangenen Jahr betrug der gesamte Werbeetat für LAPs zirka eine Million Dollar, der in den vier Wochen nach Thanksgiving (Anmerkung: letzter Donnerstag im November) eingesetzt wurde. Das hauptsächlich verwendete Werbemedium war das Fernsehen, das von sehr vielen gesehen wird. Die Firma plazierte auch einige Anzeigen in Fachzeitschriften, aber dieses Programm war nicht sehr umfangreich. Einzelhändlern wurde Gemeinschaftswerbung angeboten, und zwar in Höhe eines bestimmten Prozentsatzes ihrer Einkaufsumsätze.

Die Firma eroberte ihre dominierende Position auf dem Markt für Taschenrechner und Digitaluhren, indem sie eine „low-margin, high-volume"-Strategie praktizierte. Relativ niedrige Preise wurden für wenige Modelle festgesetzt, in der Erwartung, daß ein großes Produktionsvolumen und mehr Erfahrung in der Herstellung sowie im Marketing zu niedrigeren Kosten führen würden. Diese wiederum erlaubten niedrigere Preise mit dem Ergebnis, daß

Texas Instruments den größten Marktanteil erlangte und für geraume Zeit zufriedenstellende Gewinne erzielte.

Bis jetzt hat es die Firma versäumt, diese Strategie bei ihren LAPs zu wiederholen. Es kam häufig vor, daß Speak & Spell nicht geliefert werden konnte. Der Endpreis für Speak & Spell variierte je nach Einzelhandelstyp erheblich während des Jahres und bewegte sich von unter 45 bis über 60 Dollar. Diese Preisabweichungen ließen die Frage aufkommen, ob die von dem Unternehmen im „nonconsumer"-Bereich verfolgte „low-price, high-volume"-Preisstrategie auch für die verbraucherorientierten Lernhilfeprodukte geeignet ist.

Sollte Texas Instruments für die Lernhilfe-Produktlinie die Niedrigpreis-Strategie verfolgen, die das Unternehmen bei Digital-Uhren, Taschenrechnern und Computern angewandt hatte?

Sollte der Zauberstab (Magic Wand) zusammen mit Lernhilfe-Produkten verkauft werden? Was spricht dafür und was dagegen?

Welche Empfehlungen würden Sie dem Management von Texas Instruments bezüglich der Preisgestaltung von VOCAID geben?

Wie sollte es vermarktet werden?

FALLSTUDIE 12
Loctite Corporation

Loctite ist ein sehr ertragsstarker und schnell wachsender Hersteller und Marketer von Klebstoffen und Versiegelungsstoffen sowie von damit zusammenhängenden Spezial-Chemikalien mit einem Jahresumsatz von fast 200 Millionen Dollar. Das Wachstum der Firma resultiert aus den „Wonder Glues" (Wunderklebern), insbesondere dem Anaerobic (luftundurchlässigen) Typ, der unter Luftabschluß schnell trocknet und den „Crazy Glues" (Cyanoacrylaten) – Sofortklebern –, die beim Trocknen schon mit verschwindend geringen Mengen zu verbindende Oberflächen sofort kleben. Im industriellen Bereich wird dieses Produkt für mehr als 60 Dollar pro Pfund (Anmerkung: 453 Gramm), von denen jedes zirka 30.000 Tropfen enthält, die wiederum sehr sparsam verwendet werden, verkauft. Konsumentenpackungen sind wesentlich kleiner, sie enthalten zirka ein Zehntel Ounce (Anmerkung: zirka drei Gramm) und werden für zwei Dollar pro Tube bzw. für 20 Dollar oder mehr für eine Ounze (Anmerkung: 28,35 Gramm) verkauft.

Der phänomenale Erfolg des Unternehmens im industriellen Bereich hat Konkurrenten angezogen, auch große und aggressive, so z. B. die 3M Company. Wettbewerbsprodukte auf Anaerobic- und Cyanoacrylat-Basis werden in den meisten Ländern angeboten, in denen Loctite vertreten ist. Die Firma genießt in den USA sowie in einer Anzahl fremder Länder Patentschutz für ihre Anaerobics. Nahezu alle luftundurchlässigen Versiegelungs- und Klebstoffe der Konkurrenz werden zu niedrigeren Preisen als jene von Loctite verkauft. Obwohl die Firma vereinzelt die Preise herabgesetzt hat, um der Konkurrenz von Zeit zu Zeit entgegenzutreten, glaubt sie, daß ihr technischer Service und ihre Aufmerksamkeit gegenüber Kundenwünschen sie befähigen werden, ihre Marktposition ohne bedeutende Preisreduzierungen zu behaupten.

Die Firma Loctite plant, ihre anwendungstechnisch orientierte Vorgehensweise zu intensivieren, die ihr bereits dazu verholfen hat, Eastman Kodak in dem wettbewerbsintensiven „Crazy Glue"- (Sofortkleber-)Markt zu überholen.

Diese Methode macht gut ausgebildetes technisches Service-Personal, wie Kundenfachberater, überflüssig, da Kundenproblemlösungen auf Basis von Loctite-Produkten oft speziell für den Kundengebrauch entwickelt wurden. Das Unternehmen bearbeitet drei Hauptverwendermärkte für ihre Produkte: die Industrie sowie den Konsumgüter- und den Kfz-Zubehörmarkt. Loctite's „Industrial Products Group" wickelt schätzungsweise 60 Prozent des Absatzes über unabhängige Händler ab, von denen einige auch Kleber und Versiegelungsstoffe anderer Hersteller verkaufen. Die verbleibenden 40 Prozent des Umsatzes werden direkt mit den Endverbrauchern erzielt. Das Unternehmen unterhält enge und laufende Kontakte zu seinen Händlern und Großkunden, um technische Beratung und Unterstützung für den Gebrauch seiner Produkte zur Verfügung zu stellen. In den USA und Kanada werden die Verkäufe über zirka 120 technisch ausgebildete Distrikt-Manager und Verkaufsingenieure getätigt, neben zirka 2800 unabhängigen Industriebedarfsgroßhändlern.

In der Hoffnung, die Rentabilität verbessern zu können, entschloß sich Loctite zu dem Versuch, beim Verkauf von RC 601, einem kittähnlichen Klebstoff für die Reparatur abgenutzter Maschinenteile, Marketing-Techniken für Konsumgüter anzuwenden. Das Unternehmen befaßte sich damit herauszufinden, was potentielle Kunden wünschten und untersuchte das Produkt aus der Sicht des Verbrauchers. Als Folge davon wurden bestimmte Änderungen der Marketing-Bemühungen vorgenommen. Der Gegensatz zwischen den Vorgehensweisen vor und nach der Änderung ist aus der nächsten tabellarischen Übersicht zu ersehen.

Die Abteilung für Industrieprodukte steht vor dem Problem, für drei neue Produkte Preise festlegen zu müssen. Dazu folgende Einzelheiten:

- *Bond-a-matic.* Das ist ein Sofortkleber für Fließbänder und für kleinere sowie mittelgroße Hersteller bestimmt, die zahlreiche Einzelteile zusam-

	VORHER	NACHHER
Zielgruppe	Konstrukteure[1]	Wartungs- bzw. Instandhaltungstechniker[2]
Produkt	dünne Flüssigkeit	Gel (Anmerkung: gallertartiges Kolloid)
Verpackung	Flasche (rot)	Tube (silbern)
Name	RC 601	Quick Metal
Preis	auf Kosten basierend	auf Wert basierend
Absatzförderung	technische Beschreibung[3]	„hält die Maschine am Laufen, bis die Ersatzteile eintreffen"
Verkaufsbemühungen	Routine	spezielle Verkaufsförderungsmaßnahmen und Leistungsanreize auf allen Ebenen
Verkaufsergebnisse		700 Prozent Steigerung nach den Umstellungen

[1] Widerstand gegen neue Produkte

[2] mit der Befugnis, alles irgendwo zu kaufen, was dazu benötigt wird, Maschinen funktionieren zu lassen (Maschinen am Laufen zu halten)

[3] „Nonmigrating thoxotropic anaerobic gel"

menfügen müssen. Das Produkt verhindert „Verkleisterung“ (adhesive clog), ein häufiges und kostspieliges Problem. Die Firma ist so überzeugt von der Leistungsfähigkeit Bond-a-matic's, daß sie auf Wunsch Demonstrationskleber für einen kostenlosen 30-Tage-Versuch zusendet. Das Produkt sollte im Preis so niedrig liegen, daß es von Produktionsmanagern gekauft werden kann, ohne daß diese eine Zustimmung für eine Investitionsausgabe einholen müssen.

- *Quick Repair Kits* (Schnellkleber). Diese umfassen eine Auswahl von Materialien, mit denen rasch kleinere Reparaturen durchgeführt werden können, für die schnellbindende Kleber oder Versiegelungsstoffe benötigt werden, um die Produktion am laufenden zu halten und den Materialabfall in kleinen Geschäften und Fabriken zu minimieren. Zur Packung gehören ein paar Spachteln als Zugabe.
- *Quick-Metal.* Das ist ein kittähnlicher Kleber für gelegentliche Reparaturen von abgenutzten Metallkugellagern und anderen Maschinenteilen. Quick-Metal ermöglicht es, die Anlagen innerhalb einer Stunde wieder funktionstüchtig zu reparieren, verglichen mit zirka zwölf Stunden bei der Verwendung von Metallisierungen, der am häufigsten angewandten Alternative. Loctite behauptet, daß das Produkt den Benutzer bis zu 4000 Dollar an Zeit und Arbeit sparen kann. Es ist in 50 ccm-Tuben verpackt.

Alle diese Produkte sollten über die Händler der „Industrial Products Division“ vertrieben werden. Bei der Festlegung der vorgeschlagenen Preise, die von den Händler für jedes einzelne Produkt gefordert werden sollten, legen Sie bitte die folgenden Kosten zugrunde:

LOCTITE:

	BOND-A-MATIC	QUICK REPAIR KIT	QUICK-METAL
Herstellkosten	27,00 Dollar	6,25 Dollar	1,50 Dollar
Alle sonstigen Kosten	23,00 Dollar	5,75 Dollar	3,50 Dollar
Gesamtkosten pro Einheit	50,00 Dollar	12,00 Dollar	5,00 Dollar

HÄNDLER:
Die übliche Bruttomarge für diese Produktart beläuft sich auf 33 1/3% vom Verkaufspreis.

Welche Faktoren müßten von der Firma Loctite berücksichtigt werden, wenn sie die vorzuschlagenden Preise festlegt, die die Verteiler von ihren Kunden fordern sollten?

Welchen Preis würden Sie empfehlen, den Loctite seinen Händlern für jedes Produkt vorschlagen sollte?

Wie würden Sie die Marketing-Methode der Problemlösung einsetzen, wenn Sie über Großhändler oder über Einzelhändler verkaufen?

Courtesy of Dr. Pepper

13. KAPITEL

Produktplazierung: Vertriebskanäle und Marketing-Logistik

LERNZIELE DIESES KAPITELS

Nachdem Sie dieses Kapitel gelesen haben, sollten Sie in der Lage sein,

1. zu erklären, warum Unternehmen Vertriebskanäle benutzen und die Funktionen zu beschreiben, die diese übernehmen;
2. zu beschreiben, wie die am Vertriebssystem Beteiligten sich gegenseitig beeinflussen und wie sie die Erfüllung ihrer Aufgaben organisieren;
3. die wichtigsten Vertriebskanalalternativen zu kennzeichnen, die einem Unternehmen offenstehen;
4. zu berichten, wie Unternehmen ihre Vertriebspartner auswählen, motivieren und bewerten;
5. die Probleme zu erörtern, mit denen Unternehmen beim Aufbau ihrer Marketing-Logistik-Organisation konfrontiert werden.

Noch vor 25 Jahren war Dr. Pepper nicht viel mehr als ein kleiner texanischer Konzentrate-Hersteller. Jedoch bereits Anfang der achtziger Jahre war Dr. Pepper das am meisten verkaufte nicht-colahaltige Erfrischungsgetränk und erzielte nach Coke und Pepsi den drittgrößten Absatz auf dem Markt alkoholfreier Getränke. 1982 überschritt der Verkauf der Marken Dr. Pepper's 500 Millionen Dollar, nachdem das Unternehmen 27 Jahren ununterbrochen Gewinne erzielt hatte.

Dr. Pepper stellt ein gutes Produkt her und bedient sich überregionaler Werbung, um starke Verbraucherpräferenzen zu schaffen. Erfolgreiches Marketing für alkoholfreie Getränke verlangt jedoch wesentlich mehr. Ein großer Teil der Marketingkämpfe wird auf den Absatzwegen ausgefochten. Der Außendienst des Unternehmens verkauft das Dr. Pepper-Konzentrat an Abfüllbetriebe, die es mit Kohlensäure versetzen, abfüllen, dafür werben und es beim Einzelhandel vertreiben. Die Einzelhändler wiederum übernehmen die Lagerung sowie Verkaufsförderung und verkaufen die Dr. Pepper-Getränke an die Konsumenten. Im Laufe der Jahre hat das Unternehmen sorgfältig einen treuen Stamm von mehr als 500 Abfüllern aufgebaut. Obwohl die meisten dieser Abfüller noch eine weitere bedeutende Marke eines nichtalkoholischen Getränkes führen – in der Regel Coke oder Pepsi –, von der der größte Teil ihres Absatzes abhängt, wurde Dr. Pepper für die meisten dieser Getränkeverleger die Spitzenzweitmarke.

Eine intensive Unterstützung seitens der Abfüller ist für Dr. Pepper's Erfolg von essentieller Bedeutung. Über die Werbung kann Dr. Pepper zwar einige Markenpräferenzen aufbauen, die Getränkeauswahl der Konsumenten wird jedoch sehr stark von den Einzelhändlern beeinflußt, die ihrerseits in hohem Maße von den Abfüllern beeinflußt werden. Der Verkaufsaußendienst der Abfüllbetriebe besucht in regelmäßigen Abständen die Einzelhändler und versucht, die Händler mit Hilfe verkaufsfördernder Programme zu bewegen, daß sie Dr. Pepper eine bessere Regalposition einräumen, die Produkteigenschaften von Dr. Pepper in ihren wöchentlichen Zeitungsannoncen herausstellen sowie Dr. Pepper durch Sonderangebote, Displays, Gutscheine und Proben fördern. Die Abfüller kennen die regionalen Marketingbedingungen sowie die Bedürfnisse der Einzelhändler und können dem Unternehmen helfen, Marketingprogramme zu entwickeln, die die regionalen Märkte besser erschließen.

Herkömmlicherweise bediente sich Dr. Pepper lokaler Marketingmethoden. Das Unternehmen gewährte seinen Abfüllern einen weiten Spielraum, Dr. Pepper's Werbe- und Verkaufsförderungs-Programme den lokalen Marktbedingungen anzupassen. In den frühen achtziger Jahren jedoch wechselte Dr. Pepper von lokalen Marketingmethoden zu einer überregionalen Vorgehensweise und führte unternehmensseitig kontrollierte überregionale Marketingaktivitäten durch. Dr. Pepper verringerte seinen Verkaufsaußendienst, was einen verminderten Service für seine Abfüller zur Folge hatte. Das Unternehmen investierte den Großteil seines Werbe- und Verkaufsförderungsetats in überregionale Werbemaßnahmen, die es selbst durchführte. Im Rahmen dieser Vorgehensweise konnten die Abfüller viel weniger Einfluß darauf nehmen, wie Dr. Pepper auf ihren lokalen Märkten verkauft wurde.

Dr. Pepper vertraute in hohem Maße darauf, mit dem neuen Marketingprogramm die Nachfrage erhöhen und größere Mengen des Produktes durch die Vertriebswege schleußen zu können. Die neue Werbung kam zwar bei den Kunden gut an, sie schuf aber nicht eine ganze Nation von Pepper's-Trinkern. Statt dessen verärgerte diese neue Vorgehensweise die Getränkeverleger. Als das Unternehmen versuchte, die Abfüller mit dem überregionalen Marketingprogramm unter Druck zu setzen, waren viele von ihnen verärgert und beendeten ihre Zusammenarbeit mit Dr. Pepper. Das Unternehmen verlor seine besondere Stellung als Spitzenzweitmarke und wurde für die meisten Abfüller lediglich zu einer Marke unter vielen. Dr. Pepper verlor Marktanteile und mußte zusehen, wie seine Gewinne schrumpften. Im Jahre 1982 erlitt das Unternehmen zum ersten Mal nach 27 Jahren einen Quartalsverlust. Dr. Pepper fiel hinter 7-Up auf den vierten Platz zurück.

Das Unternehmen kehrte vor kurzem zu seinen lokalen Marketingmethoden zurück und versuchte, das Verhältnis zu seinen Abfüllern wieder zu verbessern. Ob es die Gunst seiner Absatzwege zurückerobern wird, bleibt abzuwarten. Aber die Lektion ist deutlich – um Dr. Pepper dem Einzelhandel verkaufen zu können, muß das Unternehmen sich zuerst bei seinen Abfüllern „verkaufen".[1]

Entscheidungen über die Absatzwege gehören zu den wichtigsten, die vom Management getroffen werden müssen. Die Unternehmensentscheidungen bezüglich der Absatzwege beeinflussen unmittelbar alle anderen Marketing-Entscheidungen. Die Preispolitik eines Unternehmens hängt davon ab, ob es über große leistungsfähige Händler verkauft oder über mittelgroße Händler mit durchschnittlicher Leistungsfähigkeit. Die Unternehmensentscheidungen bezüglich des Verkaufsaußendienstes sind davon abhängig, welche Verkaufsintensität und welche Ausbildung für die Bearbeitung des Handels erforderlich ist. Darüber hinaus bedingen Absatzwegentscheidungen oft langfristige Verpflichtungen gegenüber anderen Unternehmen. Wenn ein Lastkraftwagenhersteller vertragliche Bindungen mit unabhängigen Händlern eingeht, kann er diese bei veränderten Verhältnissen nicht ohne weiteres durch eigene Verkaufsniederlassungen ersetzen. Aus diesem Grunde muß das Management bei der Auswahl der Absatzwege nicht nur das gegenwärtige sondern auch das künftige Verkaufsumfeld im Auge behalten.

In diesem Kapitel sollen vier wesentliche Probleme untersucht werden:

1. Wie sind Absatzwege beschaffen?
2. Wie beeinflussen sich die Vertriebspartner gegenseitig, und wie organisieren sie die Erfüllung ihrer Aufgaben?
3. Mit welchen Problemen werden Unternehmen bei der Gestaltung und Führung ihrer Absatzwege konfrontiert?

4. Welche Rolle spielt die Marketing-Logistik (physical distribution) für die Gewinnung und Zufriedenstellung von Kunden.

Im nächsten Kapitel sollen Probleme der Vertriebskanäle aus der Sicht des Groß- und Einzelhandels erörtert werden.

DIE BESCHAFFENHEIT VON ABSATZWEGEN

Die meisten Hersteller schalten Absatzmittler ein, um ihre Produkte auf den Markt zu bringen. Sie versuchen, einen Vertriebskanal aufzubauen.

Ein Vertriebskanal ist die Gesamtheit aller Unternehmen und Einzelpersonen, die Eigentum an einem Produkt oder einer Dienstleistung erwerben, oder bei der Eigentumsübertragung behilflich sind, wenn das Produkt vom Hersteller zum Endverbraucher oder zum industriellen Verwender gelangt.

Warum werden Absatzsatzmittler eingeschaltet?

Warum übertragen Produzenten einen Teil der Verkaufsaufgaben an Absatzmittler? Schließlich bedeutet diese Übertragung, daß sie einen Teil der Kontrolle, wie und an wen die Produkte verkauft werden, aus der Hand geben. Die Produzenten erlangen jedoch durch die Einschaltung von Absatzmittlern bestimmte Vorteile, die nachfolgend beschrieben werden.

Vielen Produzenten fehlt es an den finanziellen Ressourcen, einen Direktabsatz durchzuführen. General Motors beispielsweise verkauft seine Automobile an über 28.000 unabhängige Händler. Selbst General Motors würde es schwerfallen, die Mittel aufzubringen, um seine Händler aufzukaufen.

Direktabsatz würde es für viele Produzenten erforderlich machen, als Zwischenhändler für die Produkte anderer Hersteller zu agieren, um eine wirtschaftlich sinnvolle Massendistribution zustandezubringen. So würde es beispielsweise die Wrigley Company nicht für praktikabel halten, über das ganze Land verteilt, kleine Einzelhandelsverkaufsstellen für Kaugummi zu errichten oder Kaugummi an der Haustür zu verkaufen oder gar auf Postversandaufträge zu warten. Das Unternehmen würde neben seinem Kaugummi viele andere kleine Produkte verkaufen müssen und schließlich als Drugstore und als Lebensmittelgeschäft enden. Für die Firma Wrigley ist es einfacher, über das Vertriebsnetz unabhängiger Händler zu verkaufen.

Selbst Hersteller, die es sich leisten können, ihre eigenen Absatzwege aufzubauen, können oft eine höhere Rendite erzielen, wenn sie statt dessen die Investitionen in ihrem Hauptbetätigungsbereich erhöhen. Wenn ein Unternehmen mit seiner Herstellung eine Rendite von 20 Prozent erwirtschaftet und bei einer Investition in einen eigenen Einzelhandel lediglich zehn Prozent zu erwarten hätte, wird es nicht beabsichtigen, Einzelhandelsfunktionen zu übernehmen.

Die Einschaltung von Absatzmittlern ist in erster Linie auf ihre größere Effizienz zurückzuführen, Waren für Zielmärkte verfügbar zu machen. Mit ihren Kontakten, ihrer Erfahrung sowie ihrer Spezialisierung und ihrem Tätigkeitsbereich bieten Absatzmittler üblicherweise einem produzierenden Unternehmen mehr als es selbst erreichen könnte.

Die Abbildung 13-1 verdeutlicht anhand eines Beispiels, daß die Einschaltung von Absatzmittlern mit Vorteilen verbunden sein kann. Teil A zeigt drei Hersteller, jeder von ihnen erreicht mittels Direktabsatz drei Kunden. Diese Absatzmethode erfordert neun verschiedene Kontakte. Im Teil B sind drei Produzenten zu erkennen, die mit einem Händler zusammenarbeiten, der mit den drei Kunden Kontakt hält. Dieses System erfordert lediglich sechs Kontakte. Auf diese Weise verringern Absatzmittler den notwendigen Arbeitsaufwand.

Aus gesamtwirtschaftlicher Sicht besteht die Aufgabe der Absatzmittler darin, die Produktsortimente der Hersteller in bedarfsgerechte Angebote umzuwandeln. Hersteller erzeugen enge Sortimente in großen Mengen. Konsumenten wünschen jedoch eine breite Produktauswahl in kleinen Mengen. Die Händler in den Vertriebskanälen kaufen die großen Mengen von zahlreichen Herstellern, stellen diese zu breiteren Sortimenten zusammen und verkaufen sie in bedarfsge-

FIGURE 13-1
How a Distributor Reduces the Number of Channel Transactions

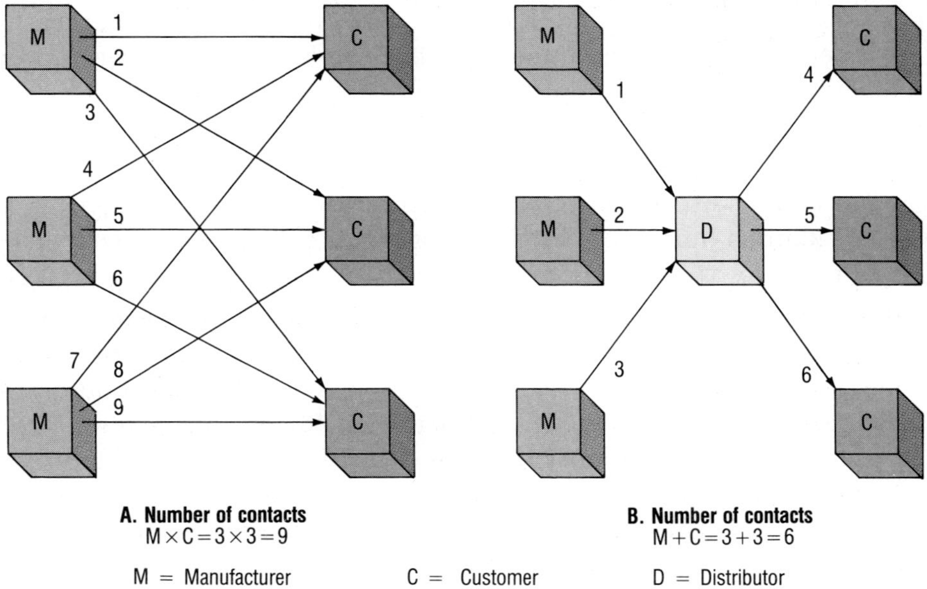

ABBILDUNG 13-1
Wie ein Händler die Anzahl der Absatzweg-Transaktionen reduziert.

rechten Quantitäten. Auf diese Weise spielen sie eine wichtige Rolle bei der Anpassung von Angebot und Nachfrage.

Funktionen der Vertriebskanäle

Über die Absatzwege kommen die Güter von den Herstellern zu den Verbrauchern. Sie schließen die wichtigsten Zeit-, Orts- und Besitzlücken, die Güter und Dienstleistungen von jenen trennen, die sie verwenden. Die zu den Absatzwegen zählenden Unternehmen und Individuen erbringen folgende Schlüsselfunktionen:[2]

- *Marktforschung:* Erlangung von Informationen, die für die Planung und Unterstützung des Warenaustausches benötigt werden.
- *Absatzförderung:* Entwicklung und Verbreitung überzeugender Mitteilungen über das Produkt.
- *Kontaktaufnahme:* Ausfindigmachen von sowie Inverbindungsetzen mit potentiellen Abnehmern.
- *Anpassung:* Gestaltung und Anpassung des Angebotes an die Bedürfnisse des Kunden. Diese Aufgabe umfaßt Tätigkeiten wie z. B. Herstellung, Einteilung von Güteklassen, Zusammenstellung und Verpackung.
- *Verhandlung:* Das Erreichen einer Vereinbarung über den Preis und andere Angebotsbedingungen, so daß das Eigentum oder der Besitz übertragen werden kann.
- *Marketing-Logistik* (physische Distribution): Transport und Lagerung der Waren.
- *Finanzierung:* Beschaffung und Einsatz finanzieller Mittel zwecks Deckung der Kosten für die Vertriebsaktivitäten.
- *Risikoübernahme:* Übernahme der Risiken, die mit der Durchführung von Absatzaktivitäten verbunden sind.

Die ersten fünf Funktionen tragen dazu bei, das Geschäft abzuschließen. Die drei letzten helfen, den abgeschlossenen Vertrag zu erfüllen.

Es stellt sich nicht die Frage, ob diese drei Funktionen erbracht werden müssen – sie sind unerläßlich –, sondern es ist zu fragen, wer ihre Erfüllung übernimmt. Alle diese drei Funktionen haben drei Dinge gemeinsam:

- Sie verbrauchen knappe Ressourcen.
- Sie können oft besser durch Spezialisierung erbracht werden.
- Sie können innerhalb des Vertriebskanals verlagert werden.

In dem Umfange, in dem der Hersteller diese Funktionen übernimmt, steigen auch seine Kosten und seine Preise müssen erhöht werden. Werden einige Funktionen auf Absatzmittler übertragen, verringern sich die Kosten und Preise des Herstellers. Allerdings müssen die eingeschalteten Handelsfirmen für die Abdeckung ihrer Leistung einen Preisaufschlag erheben. Bei der Verteilung der Aufgaben innerhalb des Vertriebskanals sollten die verschiedenen Funktionen jenen Partnern der Absatzkette übertragen werden, die diese am wirtschaftlichsten und wirksamsten erbringen und die ihren Zielgruppen bedarfsgerechte Sortimente zur Verfügung stellen können.

Zahl der Vertriebsstufen

Absatzwege können auch nach der Anzahl der Vertriebsebenen geordnet werden. Jeder Absatzmittler, der dazu beiträgt, das Produkt und das Eigentum daran dem endgültigen Käufer näherzubringen, stellt eine Vertriebsstufe dar. Da sowohl der Hersteller als auch der Endverbraucher hierfür ebenfalls Leistungen erbringen, sind sie Teil jedes Absatzweges. Die Zahl der zwischengeschalteten Ebenen zeigt die Länge des Absatzweges auf. Abbildung 13-2 verdeutlicht einige Absatzkanäle von unterschiedlicher Länge.

- Ein *Null-Stufen-Absatzweg* (auch als Direktabsatz bezeichnet) besteht aus einem Hersteller, der direkt an Konsumenten verkauft. Die drei wichtigsten Formen des Direktverkaufs sind Verkauf an der Tür, Postversandauftrag und herstellereigene Verkaufsstelle. Avon's Vertreterinnen verkaufen Kosmetika an Hausfrauen in Form des Haustürgeschäftes; Franklin Mint verkauft inkassofähige Gegenstände über Postversand, und Singer vertreibt seine Nähmahschinen über seine eigenen Verkaufsstellen.
- Ein *einstufiger Absatzweg* enthält einen Absatzmittler. In Konsumgütermärkten handelt es sich hierbei meist um einen Einzelhändler; im Investitionsgüterbereich häufig um einen Handelsvertreter oder Makler.
- Ein *zweistufiger Absatzweg* umfaßt zwei Absatzmittler. In Konsumgütermärkten handelt es sich üblicherweise um einen Groß- und einen Einzelhändler; im Investitionsgütersektor könnten es Industriegroßhändler und Direkthändler sein.
- Zu einem *dreistufigen Absatzweg* zählen drei Absatzmittler. In der fleischverarbeitenden Industrie beispielsweise treten üblicherweise „jobber" zwischen Groß- und Einzelhändlern auf. Der Jobber kauft von Großhändlern und verkauft an kleinere Einzelhändler, die im allgemeinen von den großen Großhändlern nicht bedient werden.

ABBILDUNG 13-2
Beispiele für Absatzwege von unterschiedlicher Länge

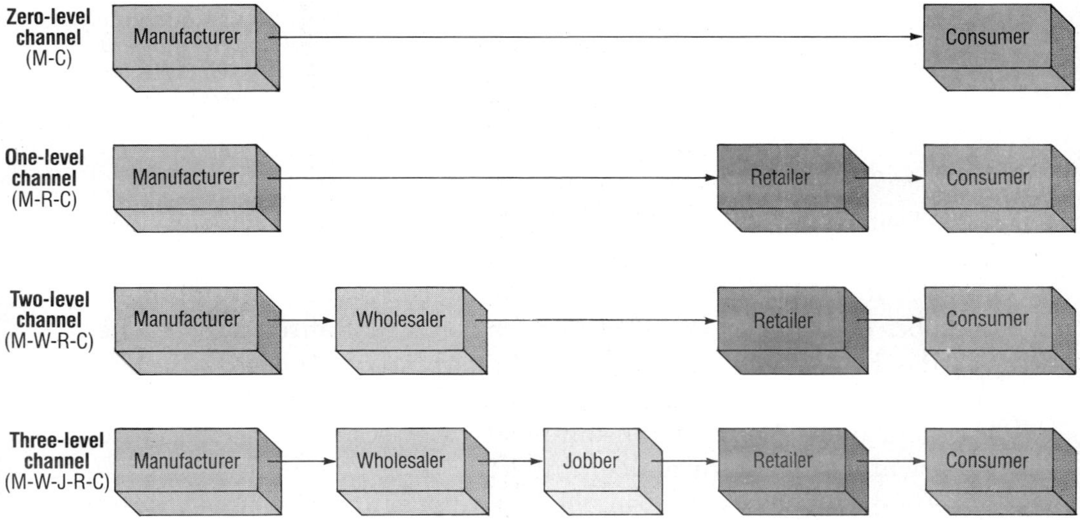

FIGURE 13-2
Examples of Different-Level Channels

Gelegentlich können auch Absatzwege mit noch mehr Stufen angetroffen werden, doch sind diese nicht weit verbreitet. Aus der Sicht des Herstellers gilt der Grundsatz, je größer die Zahl der Vertriebsstufen, desto geringer sind die Kontrollmöglichkeiten; und je größer die Zahl der Ebenen, desto komplexer ist die Beschaffenheit des Absatzweges. Alle Institutionen des Absatzweges sind durch verschiedene Flüsse bzw. Bewegungen miteinander verbunden. Sie umfassen den physischen Güterfluß, den Übergang des Eigentums, den Zahlungsfluß sowie den Informations- und Absatzförderungsfluß. Diese Flüsse können selbst Absatzwege mit nur einer oder zwei Ebenen sehr kompliziert werden lassen.

Absatzwege im Dienstleistungsbereich

Der Begriff der Absatzwege ist nicht auf den Vertrieb physischer Güter beschränkt. Auch die Erzeuger von Dienstleistungen und Ideen stehen vor dem Problem, wie sie ihre Leistung der Zielgesamtheit verfügbar machen. Sie entwickeln beispielsweise Verteilungssysteme für die Aus- und Weiterbildung oder für die Gesundheitsfürsorge. Sie müssen Einrichtungen und Standorte herausfinden, um eine breit verstreute Bevölkerung zu erreichen.

> *Krankenhäuser müssen geographisch so errichtet werden, daß die vollständige Gesundheitsfürsorge der Bevölkerung gewährleistet ist, und Schulen müssen in der Nähe schulpflichtiger Kinder gebaut werden. Feuerwehrstationen müssen dort ihren Standort haben, von wo aus mögliche Brände rasch erreicht werden können. Wahlzellen sind so aufzustellen, daß die Leute ihre Stimmzettel abgeben können, ohne unvernünftig viel Zeit und Geld aufwenden zu müssen, um das Wahllokal zu erreichen. Viele US-amerikanische Bundesstaaten müssen geeignete Standorte für Außenstellen von Universitäten finden, um eine ständig expandierende und immer besser ausgebildete Bevölkerung mit staatlichen Dienstleistungen zu versorgen. In den Städten müssen Spielplätze für Kinder geschaffen werden. Viele überbevölkerte Länder müssen Kliniken für die Geburtenkontrolle einrichten, um die Bevölkerung mit Informationen über Empfängnisverhütung und Familienplanung erreichen zu können.*[3]

Absatzwege gibt es auch im „Personenmarketing". Vor 1940 konnten Komiker ihre Zuschauer durch Varietés, besondere Ereignisse und Nachtbars sowie über Rundfunk, Kino, Karnevalveranstaltungen und über das Theater erreichen. In den fünfziger Jahren entwickelte sich das Fernsehen zu einem wichtigen Absatzweg, und das Varieté verschwand. Auch Politiker bedürfen kostengünstiger Absatzwege – Massenmedien, Massenveranstaltungen, Kaffeestunden – um ihre Nachricht den Wählern zu übermitteln.

Absatzkanäle beschreiben üblicherweise eine Vorwärtsbewegung von Produkten. Es könnte aber auch von Rücklaufkanälen gesprochen werden. Zimund und Stanton stellen dazu fest:

„Das Recycling fester Abfallstoffe stellt ein wichtiges ökologisches Ziel dar. Obwohl Recycling technologisch möglich ist, stellt die Umkehrung des Materialflusses im Vertriebskanal – das heißt Marketingabfall durch einen Rücklaufkanal zu leiten – eine große Herausforderung dar. Die existierenden Rücklaufkanäle sind primitiv, und die finanziellen Anreize sind unzulänglich. Der Verbraucher muß motiviert werden, einen Rollenwechsel vorzunehmen und zum Erzeuger werden – die initiative Kraft im rückwärts gerichteten Distributionsprozeß."[4]

Die Autoren erkennen verschiedene Absatzmittler, die eine Rolle in Rücklaufkanälen übernehmen können, einschließlich Rückkaufszentren der Hersteller, Bürgerinitiativen, traditionelle Absatzmittler wie z. B. Händler von alkoholfreien Getränken, Recycling-Center, moderne Lumpensammler und Makler für Abfall-Recycling.

VERHALTEN UND ORGANISATION VON ABSATZKANÄLEN

Absatzwege sind mehr als lediglich eine Ansammlung von Unternehmen, die durch verschiedene Wirtschaftsflüsse miteinander verbunden sind. Sie stellen ein komplexes Verhaltenssystem dar, in dem Personen und Unternehmen sich gegenseitig beeinflussen, um individuelle sowie unternehmens- und absatzwegbezogene Ziele zu erreichen. Einige Vertriebssysteme bestehen nur aus informalen Interaktionen zwischen lose organisierten Unternehmen, andere aus formalen Interaktionen im Rahmen straffer Organisationsstrukturen. Vertriebssysteme sind Änderungen unterworfen – neue Absatzmittler treten in Erscheinung und völlig neue Absatzsysteme entwickeln sich. Hier wird das Absatzwegverhalten untersucht und analysiert, wie die Glieder es organisieren, damit die Aufgaben des Vertriebsweges erfüllt werden.

Verhalten von Absatzkanälen

Ein Vertriebskanal besteht aus ungleichen Unternehmen, die sich für ein gemeinsames Produkt zusammengeschlossen haben. Jedes Mitglied eines Absatzweges ist abhängig von den anderen Mitgliedern. Ein Ford-Händler ist davon abhängig, daß die Ford Motor Company Autos konstruiert, die den Bedürfnissen der Konsumenten entsprechen. Umgekehrt ist Ford davon abhängig, daß der Händler Kunden gewinnt, sie dazu überreden kann, Ford Autos zu kaufen, und daß es für diese Fahrzeuge nach dem Verkauf den Kundendienst übernimmt. Der einzelne Ford-Händler hängt darüber hinaus davon ab, daß auch die anderen Händler gute Umsätze erzielen und einen zufriedenstellenden Kundendienst erbringen, wodurch das Ansehen von Ford und seiner Händlerorganisation aufrechterhalten wird. In der Tat ist der Erfolg einzelner Ford-Händler davon abhängig, wie erfolgreich der

Von der Coca-Cola Company über den Abfüller und den Einzelhändler bis zum Konsumenten – alle Teilnehmer am Absatzgeschehen müssen zusammenwirken, um Coca-Cola zum Erfolg zu führen. Abgedruckt mit freundlicher Genehmigung der Coca-Cola Company

gesamte Ford-Absatzweg mit den Vertriebswegen anderer Autohersteller konkurriert.

Jedes Mitglied eines Absatzweges spielt eine bestimmte Rolle innerhalb des Vertriebskanals und ist auf die Erbringung einer oder mehrerer Aufgaben spezialisiert. Die Rolle von IBM besteht darin, Personalcomputer herzustellen, die von den Konsumenten geschätzt werden und Nachfrage durch Werbung auf überregionaler Ebene zu schaffen. ComputerLand hat die Rolle übernommen, diese Computer in geeigneten Geschäftslokalen auszustellen, die Fragen der Kunden zu beantworten, Verkäufe abzuschließen und Kundendienst zu erbringen. Der Absatzweg ist dann am wirksamsten, wenn jedem Mitglied die Aufgaben zugeordnet werden, die es am besten erfüllen kann.

Da der Erfolg der einzelnen Mitglieder des Vertriebskanals vom Erfolg des gesamten Absatzweges abhängig ist, sollten die einzelnen Unternehmen des Vertriebsweges zweckmäßigerweise reibungslos zusammenarbeiten. Sie sollten ihre Rollen verstehen und akzeptieren, ihre Ziele und Maßnahmen mit denen der anderen Mitglieder abstimmen und eng zusammenarbeiten, um die Ziele des Gesamtabsatzweges zu erreichen. Hersteller, Großhändler und Einzelhändler sollten kooperieren, um gemeinsam höhere Gewinne zu erwirtschaften als es jedem einzelnen möglich wäre. Durch Kooperation können sie wesentlich wirksamer die Bedürfnisse des Zielmarktes aufspüren, bedienen und zufriedenstellen.

Den einzelnen Mitgliedern des Absatzweges mangelt es jedoch meist an dieser weiten Weitsicht. Sie sind gewöhnlich mehr mit ihren eigenen kurzfristigen Zielen und mit ihren Geschäftsbeziehungen zu unmittelbar vor- oder nachgelagerten Unternehmen des Vertriebsweges befaßt. Eine Zusammenarbeit zwecks Erreichung der Gesamtziele des Vertriebsweges bedeutet manchmal, unternehmensindividuelle Ziele aufzugeben. Obwohl die Mitglieder eines Vertriebsweges voneinander abhängig sind, agieren sie häufig allein, um ihre eigenen kurzfristigen Interessen zu verfolgen. Sie lehnen die Rollen ab, die jeder übernehmen sollte – wer was für welche Gegenleistung tun sollte. Derartige Meinungsverschiedenheiten über Ziele und Aufgaben führen zu Konflikten innerhalb des Absatzweges.

Ein horizontaler Konflikt ist ein Interessengegensatz zwischen Unternehmen auf der gleichen Stufe des Vertriebsweges. Einige Ford-Händler beklagen sich über andere Händler der Stadt, die ihnen infolge ihrer zu aggressiven Preispolitik und Werbung oder durch Verkaufsaktitiväten außerhalb ihres zugewiesenen Absatzgebietes Umsätze wegnehmen. Einige Pizza Inn-Franchisenehmer beklagen sich über andere Pizza Inn-Franchisenehmer, weil diese sich bezüglich der Zutaten unkorrekt verhalten, schlechten Service bieten und so dem Gesamtimage von Pizza Inn schaden.

Ein vertikaler Konflikt, der sogar noch häufiger anzutreffen ist, bezieht sich auf Interessengegensätze zwischen verschiedenen Ebenen des gleichen Absatzweges. So geriet beispielsweise General Motors vor einigen Jahren in einen Konflikt mit seinen Händlern, als das Unternehmen versuchte, bestimmte Vorgehensweisen bezüglich Kundendienst, Preispolitik und Werbung durchzusetzen. Coca-Cola hatte Auseinandersetzungen mit seinen Konzessionären, die vereinbart hatten, Dr. Pepper abzufüllen. Ein großes Kettensägeunternehmen verursachte einen Konflikt, als es beschloß, seine Großhändler zu umgehen und direkt an große Einzelhändler wie J. C. Penney und K mart zu verkaufen, die dann ihrerseits direkt mit seinen kleineren Einzelhändlern konkurrierten.

Manche Konflikte innerhalb eines Vertriebskanals fördern einen gesunden Wettbewerb. Dieser Wettbewerb kann sich als nützlich erweisen – ohne ihn könnte der Absatzweg passiv und einfallslos werden. Mitunter können Konflikte jedoch einem Absatzweg schaden. Stern und El-Ansary geben hierzu folgende Beispiele:

> *Als Drogerien die Hersteller bedrängten, für ihre Marken Einzelhandelspreise beizubehalten, war es für die Firma Lever Brothers schwierig, das Preisverhalten von „Pine Board" (Niedrigpreis) Drogerien bezüglich Pepsodent, der zur damaligen Zeit bestverkauften Zahnpastamarke, zu kontrollieren. Als Vergeltungsmaßnahme entfernten die Drogisten diese*

Marke aus ihren Regalen. Dadurch zwangen sie die Verbraucher, jedesmal nach den Packungen zu fragen, wenn sie ihre Haushaltsvorräte auffüllen wollten. Sicherlich handelte es sich hierbei um eine pathologische Maßnahmen im Rahmen einer Konfliktsituation, denn im Verlauf der Bestrebungen, Lever Brothers „weh zu tun", schädigten sich die Drogisten durch den Verzicht auf Umsätze und dadurch, daß sie ihren Kunden Unbequemlichkeiten bereiteten, selbst. Das ganze System litt durch diesen Boykott."[5]

Um die Leistungsfähigkeit des Absatzweges als Ganzes zu gewährleisten, muß die Rolle jedes Mitgliedes spezifiziert und der Konflikt bewältigt werden. Zusammenarbeit, Rollenzuweisung und Konfliktmanagement sind durch eine starke Führung des Absatzweges erreichbar. Der Absatzkanal wird leistungsfähiger, wenn sich in ihm ein Unternehmen, eine Vermittlungsstelle oder ein Mechanismus befindet, ausgestattet mit der Autorität, Rollen zuzuweisen und Konflikte zu lösen.

In einem großen Einzelunternehmen ordnet die formale Organisationsstruktur Rollen zu und legt die erforderliche Führung fest. In einem Vertriebskanal, der aus unabhängigen Unternehmen besteht, sind Führung und Macht jedoch nicht formal festgelegt. Traditionsgemäß fehlt den Absatzwegen die Autorität, die erforderlichen Rollen zuzuweisen und Konflikte zu bewältigen. In den letzten Jahren sind jedoch neue Formen der Organisation von Absatzwegen in Erscheinung getreten, die eine straffere Führung gewährleisten und so eine Leistungsverbesserung bewirken. Diese Organisationsformen sollen in den folgenden Ausführungen dargestellt werden.[6]

Organisation von Absatzwegen

Historisch gesehen waren Absatzwege eine lose Ansammlung von finanziell unabhängigen und selbständig geführten Unternehmen. Jedes von ihnen zeigte wenig Interesse an der Gesamtleistung des Absatzkanals. Diesen konventionellen Vertriebswegen fehlte es an einer starken Führung, und infolge schädigender Konflikte und schwacher Leistungen gerieten sie in Schwierigkeiten.

Wachstum vertikaler Marketing-Systeme

Eine der größten Entwicklungen der jüngsten Zeit waren vertikale Marketing-Systeme, die auftauchten, um konventionellen Absatzwegen den Kampf anzusagen. Die Abbildung 13-3 stellt die beiden Absatzwegformen gegenüber.

Ein **konventioneller Absatzkanal** besteht aus unabhängigen Herstellern sowie Groß- und Einzelhändlern. Jeder stellt ein separates Unternehmen dar, das den eigenen Gewinn, selbst auf Kosten der Gewinne des Gesamtsystems als Ganzem, zu maximieren versucht.

ABBILDUNG 13-3
Vergleich des konventionellen Vertriebsweges mit dem vertikalen Marketing-System

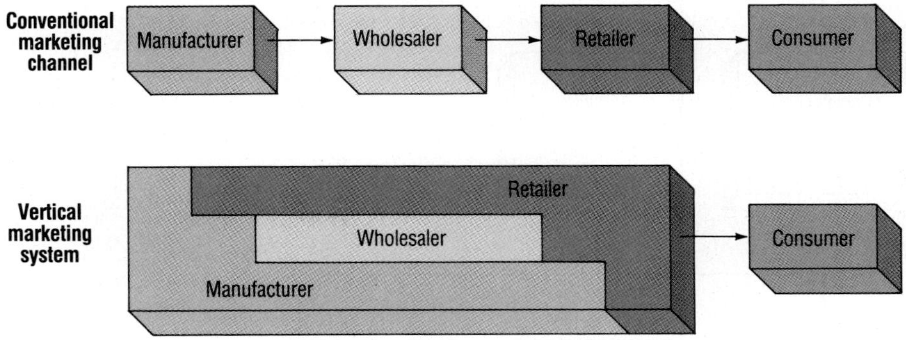

FIGURE 13-3
Comparison of Conventional Distribution Channel with Vertical Marketing System

Kein Mitglied des Absatzweges verfügt über wesentliche Einflußmöglichkeiten auf andere Mitglieder. Es gibt auch keine formalen Möglichkeiten, Rollen zuzuweisen und Absatzwegkonflikte zu lösen.

Ein **vertikales Marketing-System (VMS)** besteht im Gegensatz dazu aus Produzenten sowie Groß- und Einzelhändlern, die als ein vereinigtes System agieren. Dabei ist entweder ein Mitglied des Absatzweges Eigentümer der anderen oder hat Verträge mit ihnen abgeschlossen, bzw. verfügt es über so viel Macht, daß alle mit ihm zusammenarbeiten.[7] Das vertikale Marketing-System kann sowohl vom Produzenten, aber auch vom Groß- oder Einzelhändler beherrscht werden. Vertikale Marketing-Systeme sind entstanden, um das Verhalten der Absatzwege zu kontrollieren und Konflikte zu steuern. Ihre Vorteile bestehen in ihrer Größe, ihrer Verhandlungsmacht und darin, daß Fälle von doppelter Aufgabenwahrnehmung eliminiert werden. Vertikale Marketing-Systeme haben im Konsumgüterbereich eine führende Bedeutung erlangt und decken zirka 64 Prozent des Gesamtmarktes ab.

Im folgenden sollen die drei wichtigsten Formen vertikaler Marketing-Systeme – wie aus Abbildung 13-4 ersichtlich – behandelt werden. In jeder dieser Formen dient ein anderes Mittel zur Begründung von Führungsanspruch und Macht im Vertriebskanal. Koordination und Konfliktbewältigung werden in einem korporativen VMS dadurch erreicht, daß verschiedene Vertriebsebenen dem gleichen Eigentümer gehören. In einem vertragsmäßig begründeten VMS erfolgt die Verteilung der verschiedenen Aufgaben aufgrund vertraglicher Vereinbarungen zwischen den Mitgliedern des Absatzweges. In einem administrierten VMS wird die Führung von einem oder mehreren dominanten Mitgliedern des Absatzweges übernommen.

ABBILDUNG 13-4
Konventionelle Vertriebswege und vertikale Marketing-Systeme

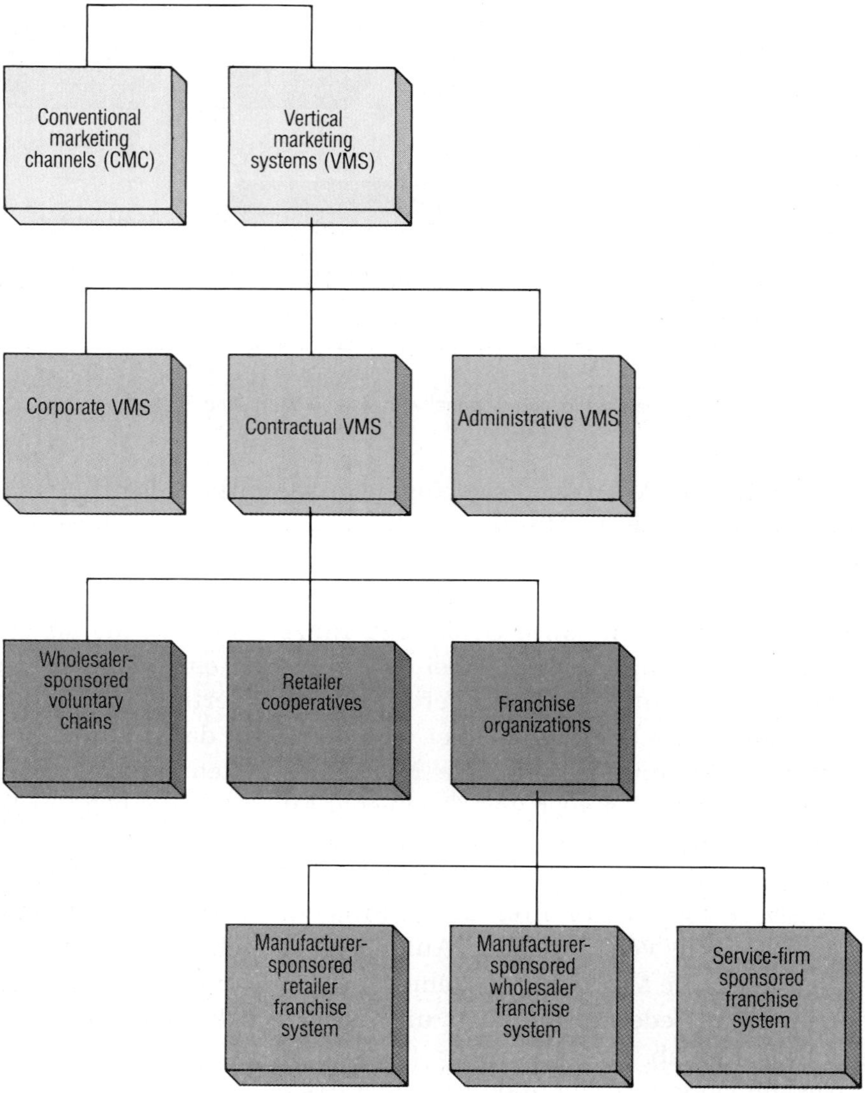

FIGURE 13-4
Conventional Distribution Channels and Vertical Marketing Systems

KORPORATIVES VMS. Ein **korporatives VMS** vereinigt aufeinanderfolgende Stufen von Produktion und Distribution unter einem Eigentümer. Hierzu folgende Beispiele:

> *... Sherwin-Williams besitzt und betreibt gegenwärtig über 2000 Einzelhandelsgeschäfte.*
> *... Sears erhält, Berichten zufolge, 50 Prozent seines Wareneinsatzes von Fertigungsstätten, an denen das Unternehmen beteiligt ist. ... Holiday Inn entwickelt sich zu einem Selbstversorgungs-System, das sowohl eine Teppich- als auch eine Möbelfabrik sowie zahlreiche firmeneigene*

Vertriebseinrichtungen umfaßt. Kurz ausgedrückt, diese und andere Organisationen sind als große vertikal integrierte Systeme anzusehen. Sie als Einzelhändler, Hersteller oder Motel-Betreiber zu bezeichnen, vereinfacht zu sehr ihre betriebliche Komplexität und ignoriert die Realitäten des Marktes.[8]

In derartigen kooperativen Systemen wird die Zusammenarbeit und das Konflikt-Management auf offiziellen Wegen der Organisation gehandhabt.

KONTRAHIERTE (VERTRAGSMÄSSIG BEGRÜNDETE) VMS. Ein kontrahiertes VMS besteht aus unabhängigen Unternehmen auf verschiedenen Produktions- und Distributionsebenen, die auf vertraglicher Basis zusammenarbeiten, um mehr wirtschaftliche Vorteile und größere Verkaufswirksamkeit zu erreichen, als es ihnen allein möglich wäre. Vertragsmäßig begründete vertikale Marketing-Systeme haben sich in den letzten Jahren rasch verbreitet. Drei Formen kontrahierter vertikaler Marketing-Systeme können unterschieden werden:

- *Vom Großhandel geförderte freiwillige Ketten.* Großhändler organisieren auf freiwilliger Basis Ketten, die aus unabhängigen Einzelhändlern bestehen, um ihnen zu helfen, mit großen Kettenorganisationen zu konkurrieren. Der Großhändler entwickelt ein Programm, durch welches unabhängige Einzelhändler ihre Verkaufspraktiken standardisieren und Einkaufsvorteile erlangen, die es den Mitgliedern der Gruppe ermöglichen, wirksam mit Kettenorganisationen zu konkurrieren. Beispiele hierfür sind die „Independent Grocers Alliance“ und „Sentry Hardwares“.
- *Einzelhändler-Genossenschaften.* Einzelhändler gründen eine neue gemeinschaftliche Organisation zur Übernahme der Großhandels- und möglicherweise auch Herstellerfunktion. Die Mitglieder beziehen den größten Teil ihrer Waren über die Einzelhändler-Genossenschaft und planen gemeinsam ihre Werbung. Gewinne werden an die Mitglieder im Verhältnis ihrer Einkäufe rückerstattet. Nichtmitglieder können ebenfalls bei den Genossenschaften einkaufen, sind aber nicht am Gewinn beteiligt. Als Beispiele sind „Certified Grocers“ und „Ace Hardwares“ zu nennen.
- *Franchise-Organisationen.* Ein Mitglied des Absatzweges, genannt Franchise-Geber (Franchiser) kann verschiedene Stufen des Produktions-Distributions-Prozesses miteinander verbinden. Franchising ist jene Einzelhandelsform, die in den letzten Jahren am schnellsten gewachsen ist. Obwohl die Grundidee bereits seit langem bekannt ist, sind einige Formen des Franchising völlig neuartig. Franchising gibt es in drei verschiedenen Ausprägungen:

  Die erste Form bildet das vom Hersteller geförderte Einzelhandels-Franchise-System, wie es in der Automobilindustrie anzutreffen ist. So berechtigt die Firma Ford beispielsweise Händler, ihre Autos zu verkaufen. Die Händler sind unabhängige Unternehmer, die sich damit einverstanden erklärt haben, verschiedene Verkaufsbedingungen und Kundendienstauflagen zu erfüllen.

  Die zweite Variante ist das vom Hersteller gesponsorte Großhandels-Franchise-System, wie es in der Getränkeindustrie praktiziert wird. Die Firma Coca-Cola beispielsweise berechtigt auf verschiedenen Märkten Abfüller, die ihr Sirup-Konzentrat kaufen, es mit Wasser und Kohlensäure in Flaschen abzufüllen und an Einzelhändler in ihrem lokalen Absatzgebiet zu verkaufen.

  Die dritte Form bildet das von einem Dienstleistungsunternehmen geförderte Einzelhandels-Franchise-System. In diesem Falle organisiert ein Dienstleistungsunternehmen ein vollständiges System, um seine Leistung den Kunden anzubieten. Beispiele hierfür können in der Autoverleih-Branche gefunden werden (Hertz, Avis), im Schnellimbißgeschäft (McDonald's Burger King), sowie im Hotelbereich (Holiday Inn, Ramada Inn).

Die Tatsache, daß die meisten Konsumenten den Unterschied zwischen einem kontrahierten und korporativen vertikalen Marketing-System nicht erkennen können, zeigt, wie erfolgreich die auf vertraglicher Grundlage operierenden Organisationen im Wettbewerb mit korporativen Ketten gewesen sind. Die verschiedenen vertikalen Marketing-Systeme auf vertraglicher Grundlage werden ausführlicher im Kapitel 14 dargestellt.

VMS MIT MONOPOLCHARAKTER. Ein **vertikales Marketing-System mit Monopolcharakter** koordiniert nachfolgende Produktions- und Distributionsstufen nicht auf der Grundlage gemeinsamen Eigentums oder vertraglicher Bindungen, sondern durch die Größe und Macht eines Partners. Hersteller von Spitzenmarken können eine intensive Zusammenarbeit mit dem Handel sowie dessen Unterstützung erreichen. So ist es General Electric, Procter & Gamble, Kraft sowie Campbell Soup möglich, von Wiederverkäufern eine über das übliche Maß hinausgehende Kooperation bezüglich Display-Aufstellung, Regalfläche, Verkaufsförderungsaktionen und Preispolitik zu verlangen.

Vertikales Marketing-System mit Monopolcharakter: Weil in den meisten Geschäften auf die Molkereiprodukte der Firma Kraft über 50% des Gesamtumsatzes an Molkereiprodukten, ausschließlich Milch, entfallen, kann Kraft von den Lebensmitteleinzelhändlern eine verstärkte Kooperationsbereitschaft fordern.

Verbreitung horizontaler Marketing-Systeme

Eine weitere Entwicklung auf den Absatzwegen stellen horizontale Marketing-Systeme dar, bei denen sich zwei oder mehrere Unternehmen auf der gleichen Ebene zusammenschließen, um eine neue Marktchance zu nutzen. Jedem beteiligten Unternehmen mangelt es entweder am notwendigen Kapital, Know how oder an den Produktionsmöglichkeiten sowie Marketing-Ressourcen, die notwendig sind, es allein zu wagen, oder am Mut, das Risiko allein zu tragen. Möglicherweise wird auch ein größerer Vorteil durch Zusammenschluß mit einem anderen Unternehmen erwartet. Die Unternehmen können eine befristete oder dauernde Zusammenarbeit vereinbaren oder aber eine separate Firma gründen. So mangelte es beispielsweise Dr. Pepper an Abfüllern für seine alkoholfreien Getränke, und das Unternehmen entschloß sich, Coca-Cola Lizenznehmer zu autorisieren, Dr. Pepper-Getränke abzufüllen. Die Firmen Goodrich und Uniroyal gründeten eine in gemeinsamem Eigentum befindliche Firma für die Distribution und den Verkauf ihrer Reifen.

Verbreitung von Multikanalsystemen

In zunehmendem Maße verwenden Unternehmen Multikanalsysteme, um einen oder verschiedene Märkte zu erreichen. So vertreibt beispielsweise die John Smythe Company, ein in Chicago ansässiges Möbelunternehmen, Möbel sowohl über seine eigenen Einrichtungsgeschäfte als auch über seine Heimwerker-Division, die Möbellagerhäuser mit Ausstellungsräumen unterhält. Möbelkunden werden in beiden Absatzkanälen viele ähnliche Artikel antreffen, niedrigere Preise werden sie allerdings für gewöhnlich in den Ausstellungsräumen der Lagerhäuser finden. J. C. Penny betreibt Kaufhäuser, Discount-Läden (genannt „Die Schatzkammer„) und Spezialgeschäfte.

Viele Unternehmen verwenden Multikanalsysteme, die unterschiedliche Kundenebenen[9] bedienen. So verkauft beispielsweise General Electric große Haushaltsgeräte sowohl über unabhängige Händler (Warenhäuser, Discounter, Versandgeschäfte) als auch direkt an große Wohnbauunternehmen. Die unabhängigen Händler würden es begrüßen, wenn sich General Electric aus dem Direktverkauf an Baugesellschaften zurückzöge. General Electric verteidigt seine Vorgangsweise mit dem Hinweis, daß Bauunternehmen und Einzelhändler völlig unterschiedlicher Marketing-Bearbeitungsmethoden bedürfen.

ENTSCHEIDUNGEN ANLÄSSLICH DER GESTALTUNG VON ABSATZWEGEN

Als nächstes wollen wir uns mit einigen Problemen befassen, denen Hersteller bezüglich ihrer Absatzwegentscheidungen gegenüberstehen. Bei der Gestaltung ihrer Absatzkanäle müssen Hersteller zwischen dem, was ideal wäre, und dem, was möglich ist, einen Kompromiß finden. Ein neues Unternehmen startet gewöhnlich damit, in einem begrenzten Markt zu verkaufen. Da seine Kapitalbasis limitiert ist, schaltet es auf jedem Markt nur wenige bereits existierende Absatzmittler auf jedem Markt ein – ein paar Handelsvertreter des Herstellers, wenige Großhändler, einige bestehende Einzelhändler, einige Transportunternehmen und einige Lagerhäuser. Die Entscheidung über den besten Absatzkanal mag kein Problem darstellen. Das Problem könnte allerdings darin bestehen, einen oder einige gute Absatzmittler davon zu überzeugen, sich für diese Produktlinie einzusetzen.

Wenn das neue Unternehmen erfolgreich ist, wird es neue Märkte erschließen. Wiederum wird der Hersteller dazu tendieren, mit den existierenden Absatzmittlern zusammenzuarbeiten, wobei er durchaus in unterschiedlichen Absatzgebieten verschiedene Arten von Absatzkanälen benützen könnte. In kleineren Märkten könnte das Unternehmen direkt an Einzelhändler verkaufen; in den größeren Märkten wäre der Vertrieb über Großhändler möglich. In einem Teil des Landes könnte es Alleinverkaufsrechte einräumen, da die Händler üblicherweise auf dieser Basis arbeiten; in einem anderen Gebiet verkauft das Unternehmen über alle Händler, die bereit sind, sein Produkt zu führen. Das Vertriebssystem des Herstellers erlaubt es auf diese Weise, sowohl lokale Chancen wahrzunehmen als auch dort obwaltenden Bedingungen Rechnungen zu tragen.

Die Gestaltung eines Absatzwegsystems erfordert die Festlegung von Absatzkanalzielen, die Erfassung der wichtigsten Absatzweg-Alternativen sowie die Bewertung derselben.

Festlegung der Absatzkanalziele sowie Feststellung der Beschränkungen

Eine gute Absatzkanalplanung beginnt mit der Entscheidung, welche Märkte mit welchen Zielsetzungen erreicht werden sollen. Die Ziele umfassen das gewünschte Kundendienstniveau und die Leistungen, die von den Absatzmittlern erbracht werden sollten. Die Ziele des Herstellers werden von der Art des Unternehmens sowie der seiner Kunden, Produkte, Absatzmittler, Konkurrenten und der seines Umfeldes beeinflußt.

Die Gestaltung der Absatzwege wird in erheblichem Maße von Kundenmerkmalen beeinflußt. So erfordert beispielsweise die Errei-

Produktmerkmale beeinflussen die Vertriebsweg-Entscheidungen: Schnittblumen müssen rasch und möglichst direkt zugestellt werden. Das linke Bild zeigt den Blumenanbau der Michael Rizze/Stock, Boston, das rechte einen Blumenladen der Firma Lee Lockwood/Black Star chung einer großen oder breit gestreuten Zielgruppe lange Absatzwege. Wenn die Kunden häufig kleine Mengen kaufen, werden wegen der hohen Kosten, die mit der Ausführung kleiner und häufiger Aufträge verbunden sind, ebenfalls lange Absatzwege benötigt. Produktmerkmale beeinflussen ebenfalls die Gestaltung des Absatzweges. Beispielsweise erfordern verderbliche Produkte, wegen der Gefahren, die Verzögerungen und zu viel Bearbeitung verursachen, eher direkteres Marketing. Sperrige bzw. voluminöse Produkte, wie z. B. Baumaterialien oder alkoholfreie Getränke, erfordern Absatzwege, die die Transportentfernung und die Bearbeitungszeit minimieren. Produkte, die Installation und Service erfordern, werden gewöhnlich durch das Unternehmen direkt oder aber von Exklusivhändlern verkauft und gewartet.

Unternehmensmerkmale spielen bei der Auswahl der Absatzwege ebenfalls eine wichtige Rolle. So bestimmt z. B. die Größe des Unternehmens die Größe seiner Märkte sowie seine Fähigkeit, gewünschte Händler zu gewinnen. Seine finanziellen Mittel entscheiden darüber, welche Marketing-Funktionen es selbst übernehmen und welche es Absatzmittlern übertragen sollte. Die Marketing-Strategie des Unternehmens wird die Gestaltung des Absatzweges beeinflussen. So wird sich eine Politik der prompten Kundenbelieferung auf die Funktionen auswirken, deren Übernahme der Hersteller von seinen Absatzmittlern erwartet, ferner auf die Zahl der Verkaufsstellen sowie auf die Wahl der Liefermethoden.

Auch die Merkmale der Absatzmittler beeinflussen die Gestaltung der Absatzwege. Das Unternehmen muß Absatzmittler finden, die gewillt und in der Lage sind, die erforderlichen Aufgaben zu übernehmen. Im allgemeinen unterscheiden sich Absatzmittler hinsichtlich ihrer Fähigkeiten zur Handhabung von Promotion-Aktionen, Kundenkontakten, Lagerhaltung, Kontaktpflege und Kreditgewährung. So können beispielsweise für einen Hersteller tätige Handelsvertreter Kunden zu niedrigen Kosten pro Kunden kontaktieren, weil sich ihre Gesamtkosten auf verschiedene Abnehmer verteilen. Jedoch sind die Verkaufsanstrengungen für das Produkt des Herstellers weniger intensiv, als wenn dessen unternehmenseigene Außendienstmitarbeiter den Verkauf durchführen würden.

Bei der Gestaltung seiner Absatzwege wird das Unternehmen auch die Absatzwege der Konkurrenten berücksichtigen. Es könnte beabsichtigen, mit Wettbewerbsprodukten auf denselben Absatzwegen zu konkurrieren. So wollen Lebensmittelhersteller ihre Marken direkt neben Wettbewerbsmarken plazieren, und Burger King ist daran interessiert, sich jeweils in unmittelbarer Nähe von McDonald's niederzulassen. In anderen Branchen wiederum vermeiden Unternehmen möglicherweise die von den Konkurrenten frequentierten

Absatzwege. Avon entschied sich dafür, nicht mit anderen Kosmetikherstellern um knappe Regalplätze zu konkurrieren und baute stattdessen eine ertragsstarke Direkt-Verkaufsorganisation auf.

Schließlich beeinflussen auch Umfeldfaktoren, wie z. B. gesamtwirtschaftliche Verhältnisse und gesetzliche Beschränkungen, die Entscheidungen bezüglich der Gestaltung von Vertriebswegen. In einer depressiven Wirtschaftssituation z. B. werden Produzenten bestrebt sein, ihre Produkte auf die wirtschaftlichste Weise zu verteilen, kürzere Absatzwege zu benutzen und überflüssige Serviceleistungen abzubauen, die den Endverkaufspreis erhöhen. Gesetzliche Bestimmungen verhindern Vertriebsvereinbarungen, „die zu wesentlichen Wettbewerbsbeschränkungen oder zur Schaffung eines Monopols tendieren".

Identifizierung der wichtigsten Alternativen

Unter der Annahme, daß ein Unternehmen seine Zielmärkte und seine gewünschte Positionierung bereits definiert hat, sollte es als nächstes seine wichtigsten Absatzweg-Alternativen bezüglich der Typen und Anzahl von Absatzmittlern sowie deren jeweiligen Verantwortungsbereich festlegen.

Arten von Absatzmittlern

Das Unternehmen sollte die Absatzmittlerarten, die verfügbar sind, feststellen, um seine Absatzwegaufgaben weiterzuführen. Betrachtet sei hierzu das folgende Beispiel:

> *Ein Hersteller von Prüfgeräten entwickelte ein Hörgerät, das fehlerhafte mechanische Verbindungen in jeder Maschine mit beweglichen Teilen entdeckt. Die Führungskräfte des Unternehmens waren der Auffassung, daß dieses Produkt in allen Branchen Absatz finden würde, in denen Elektro- und Verbrennungsmotoren oder Dampfmaschinen hergestellt oder benutzt werden, wie z. B. in der Flugzeug- und Autoindustrie sowie bei der Bahn, bei der Fabrikation von Nahrungsmittelkonserven, ferner in der Baubranche und Ölindustrie. Die Verkaufsmannschaft des Unternehmens war klein, und das Problem bestand darin, wie diese verschiedenen Branchen am besten zu erreichen waren. Die folgenden Absatzwegalternativen wurden in der Diskussion des Managements herausgearbeitet:*
>
> *Verkaufspersonal des Unternehmens. Ausweitung des unternehmenseigenen Verkaufsaußendienstes. Zur Diskussion steht die Zuordnung von Verkaufsgebieten an Reisende und die Bearbeitung aller Interessenten bzw. potentiellen Kunden in dem jeweiligen Bezirk oder der Aufbau separater Verkaufsmannschaften für die unterschiedlichen Branchen.*
>
> *Handelsvertreter. Anwerbung von freien Handelsvertretern in verschiedenen Gebieten oder Branchen, die das neue Prüfgerät verkaufen sollen.*
>
> *Industriegroßhändler.*[10] *Herausfinden von Großhändlern in verschiedenen Gebieten oder in Branchen, die die neue Produktlinie kaufen und*

führen werden, ihnen exklusive Distributionsrechte gewähren sowie interessante Handelsspannen, Produktschulung und Verkaufsunterstützung anbieten.

Unternehmen sollten auch nach innovativeren Absatzkanälen Ausschau halten. Diese Vorgehensweise wurde von der Conn Organ Company praktiziert, als sie beschloß, Orgeln über Warenhäuser und Diskontläden zu verkaufen. Den Orgeln wurde mehr Aufmerksamkeit geschenkt als es jemals in kleinen Musikalienhandlungen der Fall gewesen war. Ein kühner neuer Absatzweg wurde erschlossen, als der „Book-of-the-Month Club" entschied, Bücher auf dem Versandweg zu verkaufen. Andere Anbieter folgten bald mit „Record-of-the-Month clubs", „Candy-of-the-Month clubs" sowie Dutzende von anderen.

Mitunter muß ein Unternehmen einen anderen Absatzweg entwickeln als jenen, den es bevorzugt – sei es wegen der Schwierigkeiten oder wegen der Kosten, die mit der Benutzung des bevorzugten Absatzkanals verbunden sind. Manchmal erweist sich diese Entscheidung als äußerst vorteilhaft. So versuchte z. B. die U.S. Time Company zuerst, ihre preiswerten Timex Uhren über normale Schmuckwarengeschäfte zu verkaufen. Die meisten Schmuckgeschäfte lehnten es jedoch ab, diese zu führen. Das Unternehmen organisierte daraufhin die Plazierung seiner Uhren in Großbetriebsformen des Einzelhandels. Dieser Entschluß erwies sich wegen des raschen Wachstums dieser Betriebsformen als eine weise Entscheidung.

Anzahl der Absatzmittler

Unternehmen haben über die Anzahl der Absatzmittler zu entscheiden, die auf jeder Vertriebsebene eingesetzt werden sollen. Drei Strategien sind anwendbar:

INTENSIVE DISTRIBUTION. Hersteller von Gütern des täglichen Bedarfs und von gängigen Rohmaterialien trachten grundsätzlich nach einer **intensiven Distribution** – das bedeutet, daß sie ihre Produkte in so vielen Geschäften wie möglich vorrätig halten. Diese Güter müssen für die Verbraucher zu jeder Zeit und an jedem Ort verfügbar sein. Zigaretten beispielsweise werden in über einer Million Verkaufsstellen geführt, um eine maximale Anzahl von Werbekontakten und für den Kunden ein Maximum an Bequemlichkeit sicherzustellen.

EXKLUSIVE DISTRIBUTION. Einige Hersteller begrenzen absichtlich die Zahl der Absatzmittler, die ihre Produkte führen. Die Extremform dieser Strategie ist der **exklusive Vertrieb,** bei der einer begrenzten Zahl von Händlern das ausschließliche Recht zum Verkauf der Produkte des Unternehmens in ihrem Gebiet gewährt wird. Derartige Verträge sind meist mit der Auflage des Herstellers verbunden, daß diese Händler keine Wettbewerbsprodukte führen dürfen. Exklusive Vertriebsrechte sind häufig für neue Autos, größere Haushaltsgeräte sowie für Marken der Damenoberbekleidung zu finden. Von der Gewährung exklusiver Vertriebsrechte erhofft sich der Hersteller eine größere Verkaufsunterstützung seitens des Händlers sowie mehr Kontrolle über die Preispolitik, Verkaufsförderung, Kreditgewährung und die Serviceleistungen der Absatzmittler. Ein exklusiver Vertrieb wertet oft das Produktimage auf und erlaubt höhere Gewinnaufschläge.

SELEKTIVE DISTRIBUTION. Zwischen der Intensiv- und der Exklusiv-Distribution liegt die **Selektiv-Distribution** – die Einschaltung von mehr als einem, aber weniger als allen Absatzmittlern, die gewillt sind, die Produkte des Unternehmens zu führen. Das Unternehmen braucht seine Anstrengungen nicht auf viele – einschließlich zahlreicher marginaler – Absatzstellen zu verteilen. Es kann eine fruchtbare Zusammenarbeit mit ausgewählten Absatzmittlern aufbauen und mit deren überdurchschnittlichen Verkaufsanstrengungen rechnen. Eine selektive Distribution läßt den Produzenten eine zufriedenstellende Marktabdeckung erreichen und ist mit mehr Kontrolle und weniger Kosten verbunden als eine intensive Distribution.

Verantwortungsbereiche der am Absatzweg Beteiligten

Die Hersteller und Absatzmittler müssen mit den Bedingungen und Verantwortungsbereichen jedes am Absatzweg Beteiligten übereinstimmen. Sie müssen die Preispolitik, die Verkaufsbedingungen, die Gebietsrechte und die spezifischen Leistungen, die von jedem Beteiligten zu erbringen sind, akzeptieren. Der Hersteller muß eine Preisliste erstellen, sowie ein angemessenes Rabattsystem für die Absatzmittler entwickeln. Er muß das Gebiet für jeden Absatzmittler festlegen und sorgfältig prüfen, wo er neue Wiederverkäufer einsetzt. Die beiderseitigen Leistungen und Verantwortungsbereiche müssen umfassend geregelt werden, besonders wenn es sich um Franchise-Vereinbarungen oder Exklusiv-Distribution handelt. Die Howard Johnson Company z. B. stellt ihren Restaurant-Konzessions-Besitzern ein Gebäude zur Verfügung, gewährt ihnen Hilfestellung bei der Absatzförderung und bietet ihnen ein Buchhaltungssystem, Personalausbildung sowie generelle Managementunterstützung. Von den Franchise-Nehmern wird erwartet, daß sie den Ansprüchen des Unternehmens bezüglich technischer Ausstattungen entsprechen, sich an neuen Absatzförderungsprogrammen beteiligen, angeforderte Informationen zur Verfügung stellen und bestimmte Speisezutaten kaufen.

Bewertung der wichtigsten Absatzwegalternativen

Angenommen, ein Hersteller hat einige in Frage kommende Absatzwege herausgefunden und möchte jenen auswählen, der den langfristigen Unternehmenszielen am besten gerecht wird. Jede Alternative sollte bezüglich der Kriterien Wirtschaftlichkeit, Kontrolle und Anpassungsmöglichkeiten beurteilt werden.

Im Rahmen der Wirtschaftslichkeitsbeurteilung vergleicht das Unternehmen die voraussichtliche Gewinnträchtigkeit der verschiedenen Vertriebsalternativen. Es schätzt die Umsätze, die über jeden Absatzweg zu erzielen sind sowie die Kosten beim Verkauf unterschiedlicher Mengen über jeden einzelnen Vertriebsweg. Des weiteren muß das Unternehmen Kontrollmöglichkeit berücksichtigen. Der Einsatz von Absatzmittlern bedeutet im allgemeinen, ihnen einen Teil der Kontrolle über das Marketing des Produktes zu überlassen. Einige Absatzmittler üben eine stärkere Kontrolle aus als andere. Unter „ceteris paribus-Bedingungen" wünscht jedes Unternehmen so viele Kontrollmöglichkeiten wie möglich zu erhalten. Schließlich sind Absatzwege oft mit langfristigen Verpflichtungen gegenüber anderen Unternehmen verbunden, die es schwierig machen, den Vertriebsweg an das veränderte Marketingumfeld anzupassen. Das Unternehmen wünscht, den Absatzkanal so flexibel wie möglich zu halten. Unter Berücksichtigung dieser Anforderung sollte ein Absatzweg, der mit einer langfristigen Verpflichtung verbunden ist, anderen Alternativen bezüglich Wirtschaftlichkeit und Kontrollmöglichkeiten bei weitem überlegen sein.

MANAGEMENTENTSCHEIDUNGEN BEZÜGLICH DER ABSATZWEGE

Nachdem ein Unternehmen seine Absatzweg-Alternativen kritisch analysiert und sich für den besten Lösungsentwurf entschieden hat, muß es den gewählten Vertriebskanal implementieren und managen. Absatzweg-Management erfordert die Auswahl und Motivierung der einzelnen Absatzmittler sowie die gelegentliche Bewertung ihrer Leistung.

Auswahl der Absatzmittler

Die Hersteller unterscheiden sich hinsichtlich ihrer Fähigkeit, qualifizierte Absatzmittler zu gewinnen. Einige Hersteller haben keine Mühe, Absatzmittler vertraglich zu binden. So hat beispielsweise IBM keine Probleme, Einzelhändler für den Verkauf seiner PC zu gewinnen. Tatsächlich mußte das Unternehmen viele Interessenten ablehnen, die gerne als Wiederverkäufer für IBM gearbeitet hätten.

In einigen Fällen zieht das Versprechen von Exklusiv- oder Selektivdistribution für ein begehrenswertes Produkt genügend Bewerber an. Auf der anderen Seite gibt es Produzenten, die sich intensiv bemühen müssen, genügend qualifizierte Absatzmittler zu bekommen. Als Polaroid in den Markt einstieg, konnte das Unternehmen nicht genügend Photofachgeschäfte gewinnen, die seine neuen Kameras führten und mußte auf Masseneinzelhandelsgeschäfte ausweichen. Kleine Nahrungsmittelproduzenten haben oft große Mühe, Lebensmittelgeschäfte zu finden, die bereit sind, ihre Produkte zu führen.

Motivation der Absatzmittler

Sobald ausgewählt, müssen die Absatzmittler ständig motiviert werden, ihre bestmögliche Leistung zu erbringen. Der Hersteller darf nicht nur durch, sondern er muß auch an die Absatzmittler verkaufen. Für die Mehrzahl der Hersteller besteht das Problem darin, Möglichkeiten zu finden, die Absatzmittler für eine Zusammenarbeit zu gewinnen.[11] Sie bedienen sich der „carrot-and-stick“(Zuckerbrot und Peitsche)-Methode. Hierfür verwenden Sie einerseits positive Anreize, wie z. B. höhere Handelsspannen, Sonderangebote, Prämien, Werbe- und Displayzuschüsse sowie Verkaufswettbewerbe. Auf der anderen Seite werden auch negative Motivationsfaktoren eingesetzt, wie z. B. die Drohung, die Spannen zu reduzieren, die Belieferung zu verzögern oder die Geschäftsbeziehung abzubrechen. Hersteller, die es nötig haben, diese Methode einzusetzen, haben die Bedürfnisse, Probleme, Stärken und Schwächen ihrer Verteiler nicht richtig untersucht.

Frigidaire informiert und motiviert seine Einzelhändler auf einem Händler Verkaufsmeeting. Abgedruckt mit freundlicher Genehmigung der Firma Frigidaire.

Fortschrittlichere Unternehmen versuchen, eine langfristige Partnerschaft mit ihren Händlern aufzubauen. Der Hersteller entwickelt klare Vorstellungen, was er von seinen Händlern verlangt und was seine Händler von ihm erwarten können. Der Hersteller ist um eine Vereinbarung mit seinen Händlern über deren Aufgaben- und Verantwortungsbereiche bemüht und belohnt sie entsprechend.

Die Distributionsprogrammierung gilt als das fortschrittlichste Übereinkommen. So bezeichnet McCammon den Aufbau eines geplanten, professionell geführten vertikalen Marketing-Systems, das sowohl den Bedürfnissen der Hersteller als auch jenen der Händler gerecht wird.[12] Der Hersteller errichtet in seinem Marketingbereich eine Abteilung – genannt „distributor relations planning" –, deren Aufgabe darin besteht, die Bedürfnisse der Händler festzustellen und Programme zu entwickeln, die jeden Händler darin unterstützen, das Produkt zu vermarkten. Diese Abteilung plant gemeinsam mit den Händlern die Verkaufsziele, die Höhe der Lagerbestände, die Verkaufsstrategien, das Verkaufstraining sowie die Werbe- und Verkaufsförderungsaktivitäten. Durch diese Strategie wird beabsichtigt, die Händler davon zu überzeugen, daß sie ihr Geld dadurch verdienen, weil sie Teil eines fortschrittlichen vertikalen Marketing-Systems sind.

Bewertung von Absatzmittlern

Der Hersteller muß die Leistung der Absatzmittler regelmäßig überprüfen. Zu den Beurteilungskriterien dieser Überprüfung zählen unter anderem Erreichen der Verkaufsquoten, durchschnittliche Lagerbestände, Zeitbedarf für die Kundenbelieferung, die Regelungen bei beschädigten und verlorenengegangenen Waren, die Zusammenarbeit bezüglich Verkaufsförderungs- und Trainingsprogrammen des Unternehmens sowie der Kundendienst.

Der Hersteller legt üblicherweise Verkaufsquoten für die Absatzmittler fest. Nach jeder Verkaufsperiode könnte der Produzent eine Aufstellung verschicken, die die Leistungen aller Absatzmittler enthält. Diese Zusammenstellung sollte die am Ende rangierenden Absatzmittler zu besseren Leistungen motivieren und jene an der Spitze anspornen, in ihren Leistungen nicht nachzulassen. Die Verkaufsleistung jedes Absatzmittlers kann mit seiner Leistung in der vorangegangenen Periode verglichen werden. Der durchschnittliche Prozentsatz der Leistungsverbesserung der Gruppe kann als Norm herangezogen werden.

Es ist erforderlich, daß Hersteller ihre Händler aufmerksam beobachten. Jene, die ihre Händler leichtfertig behandeln, riskieren nicht nur, deren Unterstützung zu verlieren, sondern haben auch gesetzliche Maßnahmen zu erwarten. Im Beispiel 13-1 werden verschiedene Rechte und Pflichten beschrieben, die Hersteller und deren Absatzmittler betreffen.

BEISPIEL 13-1
Vertriebsentscheidungen und staatliche Wettbewerbspolitik

Vom Gesetzgeber her bleibt es Herstellern überwiegend selbst überlassen, die für sie geeigneten Vertriebswegvereinbarungen zu entwickeln. In der Tat versucht das die Absatzwege betreffende Gesetz sicherzustellen, daß Produzenten nicht durch Ausschließlichkeitstaktiken anderer Hersteller an der Einschaltung von Vertriebskanälen gehindert werden. Doch das legt ihnen die Verpflichtung auf, auch selbst vorsichtig mit möglichen Ausschließlichkeitsvereinbarungen vorzugehen. Die meisten Bestimmungen des Gesetzes befassen sich mit den gegenseitigen Rechten und Pflichten des Herstellers sowie der am Absatzweg Beteiligten, sobald diese eine Beziehung geknüpft haben.

Ausschließlichkeitsbindungen. Viele Hersteller und Großhändler ziehen es vor, exklusive Vertriebskanäle für ihre Produkte aufzubauen. Diese Vorgehensweise wird Alleinvertrieb genannt, und sie liegt vor, wenn der Anbieter nur bestimmten Verkaufsstellen erlaubt, seine Produkte zu führen. Als Ausschließlichkeitsbindung wird sie dann bezeichnet, wenn der Anbieter diesen Verkaufsstellen verbietet, Konkurrenzprodukte zu führen. Beide Parteien ziehen Vorteile aus dieser Ausschließlichkeitsvereinbarung: Der Produzent erlangt mehr abhängige Vertriebsstellen, ohne daß er Kapital in diese investiert hat, und die Händler erhalten eine zuverlässige Bezugsquelle sowie die Unterstützung des Anbieters. Das Ergebnis ist jedenfalls, daß andere Hersteller vom Verkauf über diese Händler ausgeschlossen sind. Das hat dazu geführt, daß Ausschließlichkeitsverträge unter den Clayton Act fallen. Sie sind legal, solange sie nicht den Wettbewerb erheblich einschränken oder zu Monopolbildung tendieren und solange beide Partner freiwillig in diese Vereinbarung eintreten.

Gebietsbezogener Exklusivvertrieb. Ausschließlichkeitsbindungen umfassen häufig Exklusivgebiets-Vereinbarungen. Der Anbieter könnte sich bereit erklären, nicht an andere Händler in diesem Gebiet zu verkaufen, oder der Händler könnte zustimmen, die Verkäufe auf sein Gebiet zu beschränken. Die erste Handhabung ist in Franchise-Systemen durchaus üblich und gilt als eine Methode, das Engagement des Händlers sowie dessen Investitionen zu erhöhen. Ein Anbieter ist durch keine gesetzliche Vorschrift gezwungen, über mehr Absatzstellen zu verkaufen als er möchte. Die zweite Möglichkeit jedoch, daß der Hersteller versucht, jeden Händler vom Verkauf außerhalb seines eigenen Gebietes abzuhalten, ist zu einem größeren juristischen Problem geworden.

Kopplungsvereinbarungen. Hersteller einer Marke mit starker Nachfrage verkaufen diese gelegentlich unter der Bedingung an Händler, daß sie die Produktlinie teilweise oder vollständig übernehmen. Diese Praxis wird als „full-line forcing“ – als Zwang zur Abnahme der gesamten Produktpalette – bezeichnet. Derartige Kopplungsvereinbarungen sind als solche nicht illegal, aber sie stehen nicht im Einklang mit dem Clayton Act, wenn sie dazu tendieren, den Wettbewerb erheblich einzuschränken. Die Händler werden an der freien Auswahl unter konkurrierenden Lieferanten anderer Marken gehindert.

Rechte der Händler. Anbietern steht es frei, ihre Wiederverkäufer auszuwählen, aber ihr Recht, eine Händlerbeziehung zu beenden, gilt nicht uneingeschränkt. Generell können Anbieter Händler „aus triftigen Gründen“ von der Weiterbelieferung ausschließen. Sie können aber Händler nicht fallenlassen, wenn sich diese beispielsweise weigern, im Rahmen einer gesetzlich zweifelhaften Vereinbarung zu kooperieren, wie bei Ausschließlichkeits- oder Kopplungsverträgen.

MARKETING-LOGISTIK-ENTSCHEIDUNGEN (PHYSICAL DISTRIBUTION DECISIONS)

Als nächstes soll die Marketing-Logistik (physical distribution) betrachtet werden – wie Unternehmen Waren lagern, Bestellungen abwickeln und Produkte so transportieren, daß sie zur rechten Zeit und am rechten Ort für den Kunden verfügbar sind. Von dem Marketing-Logistik-System eines Anbieters sind die Kunden erheblich betroffen. An dieser Stelle wollen wir uns mit der Kennzeichnung, den Zielen und Systemen sowie mit organisatorischen Aspekten der Marketing-Logistik befassen.

Kennzeichnung der Marketing-Logistik

Die Hauptelemente des Marketing-Logistik-Mix werden in Abbildung 13-5 gezeigt. Wir definieren Marketing-Logistik wie folgt:

> **Marketing-Logistik ist die Gesamtheit der Aufgaben, die die Planung, Durchführung und Kontrolle des Transports von Materialien und Endprodukten vom Ursprungsort zu Orten der Verwendung betreffen, um den Bedürfnissen der Kunden gewinnbringend gerecht zu werden.**

Zu den wichtigsten Kosten der Marketing-Logistik zählen jene für Transport, gefolgt von denen für Einlagerung, innerbetriebliche Lagerhaltung, Wareneingang und Versand, Verpackung, Verwaltung und Auftragsbearbeitung.

Das Management ist über die Gesamtkosten der Marketing-Logistik besorgt. Experten sind der Meinung, daß auf dem Gebiet der physischen Distribution erhebliche Einsparungen erzielt werden können. Unzweckmäßige Marketing-Logistik-Entscheidungen führen zu hohen Kosten. Von modernen Entscheidungstechniken zwecks Ermittlung optimaler Lagerbestände, Transportarten sowie von geeigneten Standorten für Fertigungsstätten, Einlagerungen und für Verkaufslokale wird noch zu wenig Gebrauch gemacht.

Marketing-Logistik kann ein wirkungsvolles Instrument zur Schaffung von Nachfrage sein. Mittels effizienterer Marketing-Logistik können Unternehmen durch einen besseren Service oder niedrigere Preise zusätzliche Kunden gewinnen. Unternehmen verlieren Kunden, wenn sie nicht in der Lage sind, rechtzeitig zu liefern. Im Sommer 1976 startete Kodak auf überregionaler Ebene eine Werbekampagne für seine neue Sofortbildkamera, noch ehe das Unternehmen eine hinreichende Bevorratung des Einzelhandels sichergestellt hatte. Als die Kunden feststellen mußten, daß Kodak-Kameras nicht erhältlich waren, kauften sie statt dessen Kameras von Polaroid.

weiter und legen Normen für jeden Service-Faktor fest. Ein Hersteller von Haushaltsgeräten hat folgende Service-Standards festgelegt: Auslieferung von mindestens 95 Prozent aller Händleraufträge innerhalb von sieben Tagen nach Auftragseingang, Abwicklung der Händleraufträge mit einem Genauigkeitsgrad von 99 Prozent, Beantwortung von Händleranfragen bezüglich der Auftragsabwicklung innerhalb von drei Stunden und Sicherstellung, daß die Transportschäden an Waren ein Prozent nicht übersteigen.

Sind die Ziele bekannt, kann das Unternehmen ein Marketing-Logistik-System entwerfen, das die Kosten für die Verwirklichung dieser Ziele minimiert. Die wichtigsten Entscheidungsbereiche umfassen die Auftragsabwicklung, die Standorte der Lagerung, die Lagerbestände sowie den Warentransport. Im folgenden sollen diese vier Bereiche behandelt werden.

Auftragsabwicklung

Marketing-Logistik beginnt mit einem Kundenauftrag. Die Auftragsabteilung erstellt Rechnungen und sendet sie an verschiedene Abteilungen. Artikel, die nicht auf Lager sind, werden nachbestellt. Zu versendende Artikel werden von Versand- und Rechnungsdokumenten sowie von Kopien für verschiedene Abteilungen begleitet.

Das Unternehmen und die Kunden profitieren davon, wenn die Auftragsabwicklung schnell und genau durchgeführt wird. Idealerweise schicken die Vertreter ihre Aufträge jeden Abend an das Unternehmen, in einigen Fällen geben sie diese telefonisch durch. Die Auftragsabwicklungsabteilung bearbeitet diese unverzüglich. Das Auslieferungslager schickt diese Waren so früh wie möglich. Die Rechnungen gehen so bald wie möglich hinaus. Oft wird der Computer eingesetzt, um den Auftrags-Versand-Rechnungs-Zyklus zu beschleunigen. General Electric beispielsweise arbeitet mit einem computergesteuerten System, das nach Erhalt eines Kundenauftrages die Kreditwürdigkeit des Kunden überprüft und feststellt, ob und wo die Artikel vorrätig sind. Der Computer erstellt einen Versandauftrag, erteilt den Kunden eine Rechnung, aktualisiert die Buchhaltung, verschickt einen Produktionsauftrag zwecks Lagerauffüllung und übermittelt dem Vertreter eine Nachricht, daß der Kundenauftrag unterwegs ist – alles in weniger als 15 Sekunden.

Lagerung

Jedes Unternehmen muß seine Waren bis zum Zeitpunkt des Verkaufs lagern. Da Produktions- und Verbrauchsabläufe selten übereinstimmen, ist eine Lagerhaltung unerläßlich. So werden beispielsweise viele

Dieses automatisierte Lagerhaus der Firma Xerox ist ein hochhausartiges Gebäude, in dem Roboter zur automatischen Einlagerung und Entnahme eingesetzt werden. Abgedruckt mit freundlicher Genehmigung der Xerox Corporation.

Agrarprodukte saisonal erzeugt, denen ein kontinuierlicher Bedarf gegenübersteht. Die Lagerhaltungsfunktion gleicht Unterschiede hinsichtlich benötigter Mengen und Produktionszeiten aus.

Das Unternehmen muß über die optimale Anzahl von Lagerstandorten entscheiden. Viele Lagerorte ermöglichen eine schnelle Belieferung der Kunden, jedoch steigen in diesem Falle die Lagerhaltungskosten. Bei der Entscheidungsfindung bezüglich der Anzahl von Lagerorten muß das Unternehmen das gewünschte Kundendienstniveau gegenüber den Logistikkosten abwägen.

Ein Teil des Lagers befindet sich direkt an der Produktionsstätte oder in deren Nähe und der Rest in Lagerhäusern, die über das Land verteilt sind. Das Unternehmen kann eigene Lagerhäuser besitzen oder Platz in öffentlichen Lagerhäusern mieten. Über eigene Lagerhäuser können Unternehmen mehr Kontrolle ausüben, aber diese binden ihr Kapital und sind bei gewünschten Ortsveränderungen weniger flexibel. Öffentliche Lagerhäuser hingegen erheben für den gemieteten Platz Gebühren und bieten – zu bestimmten Kosten – zusätzlichen Service, insbesondere die Inspektion der Waren sowie deren Verpackung, Versand und Rechnungserstellung.

Unternehmen, die öffentliche Lagerhäuser einschalten, stehen vor einer großen Auswahl bezüglich der Standorte und Lagerhausarten. Unternehmen benutzen Depotlagerhäuser und Auslieferungslagerhäuser. In Depotlagerhäusern werden Güter für mittel- und langfristige Perioden aufbewahrt. Auslieferungslagerhäuser erhalten Güter von verschiedenen Produktionsstätten und Lieferanten und transportieren sie so schnell wie möglich weiter. So unterhält z. B. die Firma Wal-Mart Stores, Inc., eine regionale Discounter-Kette, vier Auslieferungsrungszentralen. Eine Zentrale umfaßt 400.000 square feet auf einem 93-acre-Gelände. Die Versandabteilung belädt pro Tag 50 bis 60 Lkw und beliefert zweimal wöchentlich ihre Einzelhandelsgeschäfte mit Waren. Diese Methode ist weniger aufwendig, als wenn jedes Einzelhandelsgeschäft direkt von jedem Werk aus beliefert wird.

Die alten vielgeschossigen Lagerhäuser mit langsamen Aufzügen und veralteten Materialbehandlungsmethoden sehen sich einem Wettbewerb mit neuen eingeschossigen, automatisierten Lagerhäusern mit fortschrittlichen – computergesteuerten – Materialbehandlungssystemen gegenüber. In diesen automatisierten Lagerhäusern sind nur wenige Beschäftigte erforderlich. Der Computer liest Aufträge und dirigiert Gabelstapler, elektrische Aufzüge oder Roboter, um Waren einzusammeln, bewegt sie zu Verladerampen und erstellt Rechnungen. Automatisierte Lagerhäuser haben zu weniger Arbeitsunfällen geführt sowie zu geringeren Personalkosten, weniger Diebstählen und Beschädigungen und verfügen über verbesserte Lagerbestandskontrollen.

Lagerbestand

Die Höhe der Lagerbestände beeinflußt ebenfalls die Zufriedenheit des Kunden. Marketer würden es begrüßen, wenn ihre Unternehmen hinreichend große Lagerbestände unterhielten, um alle Kundenaufträge unverzüglich ausführen zu können. Es ist jedoch für ein Unternehmen zu kostspielig, einen derart hohen Lagerbestand zu halten. Die Lagerkosten steigen überproportional, wenn sich der Kundendienst einem Leistungsniveau von 100 Prozent nähert. Um größere Lagerbestände zu rechtfertigen, ist es daher für das Management erforderlich zu wissen, ob dadurch Umsätze und Gewinne in ausreichendem Umfange steigen würden.

Lagerbestandsentscheidungen setzen voraus, daß das Management weiß, wann und wieviel zu bestellen ist. Bezüglich der Entscheidung, wann zu bestellen ist, wägt das Unternehmen die Risiken von Lagerfehlbeständen gegenüber den Kosten einer zu hohen Lagerhaltung ab. Bei der Entscheidung über die zu bestellende Menge sind die Kosten der Auftragsabwicklung gegen die Lagerhaltungskosten abzuwägen. Eine höhere durchschnittliche Auftragsgröße erfordert weniger Aufträge und einen geringeren Auftragsbearbeitungsaufwand, aber sie bedeutet zugleich größere Lagerhaltungskosten.

Transport

Es ist notwendig, daß sich Marketer für die Transportentscheidungen ihres Unternehmens interessieren. Die Wahl des Transportmittels beeinflußt die Preisbildung für die Produkte, die Lieferleistung und den Zustand der Waren bei deren Ankunft; alle diese Faktoren wirken sich auf die Zufriedenheit des Kunden aus.

Beim Versand von Waren zu ihren Lagerhäusern und Kunden kann das Unternehmen unter fünf Transportarten wählen: Eisenbahn, Schiff, Lastkraftwagen, Pipeline und Luftfracht. Die Merkmale jeder Transportart sind in Tabelle 13-1 zusammengefaßt worden und werden in den folgenden Abschnitten erläutert.

Eisenbahn

Trotz ihres schrumpfenden Anteils am Gesamttransport bleibt die Bahn mit einem Anteil von 30 Prozent am gesamten Tonnen-Meilen-Frachtaufkommen der größte Frachtführer. Die Bahn ist für den Versand großer Mengen von Massenprodukten wie Kohle, Sand, Mineralien oder für land- und forstwirtschaftliche Erzeugnisse über lange Strecken hinweg eines der kostengünstigsten Transportmittel. Kürzlich haben die Bahnen damit begonnen, ihren Kundendienst zu verbessern. Sie haben neue Ausrüstungen entwickelt, um spezielle Produktarten handhaben zu können, Spezialwaggons für den Huckepackverkehr von Lkw zur Verfügung gestellt, sowie Serviceleistungen während des Transports, wie z. B. die Umleitung versandter Ware zu anderen Destinationen und die Bearbeitung von Gütern unterwegs.

Schiffahrt

Eine erhebliche Menge von Gütern wird auf Schiffen und Lastkänen sowohl auf Küsten- als auch auf Binnenwasserstraßen befördert. Für

TABELLE 13-1
Merkmale der wichtigsten Transportarten

TRANS-PORTART	1980 FRACHT TONNEN-MEILEN in Mrd. Dollar	ANTEIL AM GESAMT-VOLUMEN IN %	ÜBLICHERWEISE TRANSPORTIERTE GÜTER
Bahn	858,1	30,0	Landwirtschaftliche Produkte, Erz, Sand, Chemikalien, Autos
Wasser	827,2	28,7	Öl, Getreide, Sand, Kies, Kohle
Lkw	602,0	21,0	Textilien, Bücher, Computer, Papierwaren
Pipeline	585,2	20,2	Erdöl, Kohle, Chemikalien
Luft	4,6	00,1	Technische Instrumente, verderbliche Nahrungsmittel

Quelle: U.S. Department of Transportation, National Transportation Statistics, DOT-TSC-RSPA-81-8. September 1981.

den Versand von nicht leicht verderblichen, billigen Massenprodukten, wie z. B. Sand, Kohle, Getreide, Erdöl und metallhaltigem Erz sind die Kosten für den Transport auf dem Wasserweg äußerst niedrig. Auf der anderen Seite stellt der Transport auf dem Wasser die langsamste Versandart dar und wird mitunter durch das Wetter beeinträchtigt.

Lastkraftwagen

Lastkraftwagen haben ihren Anteil am Transportaufkommen ständig erhöht und sind nunmehr mit 21 Prozent am gesamten Tonnen-Meilen-Frachtvolumen beteiligt. Sie halten den größten Transportanteil innerhalb von Städten im Gegensatz zum Güterverkehr zwischen Städten. Lastkraftwagen sind bezüglich ihrer Streckenführung und Fahrpläne äußerst flexibel. Sie können Güter von Tür zu Tür befördern und ersparen Absendern die Notwendigkeit, Waren unter Zeitverlust, verbunden mit Diebstahls- oder Beschädigungsrisiko von Lkw zur Bahn und zurück zu transferieren. Lastkraftwagen sind für kurze Transportwege hochwertiger Waren effizient einsetzbar. Ihre Frachtraten sind in vielen Fällen wettbewerbsfähig gegenüber denen der Bahn. Außerdem können sie im allgemeinen einen schnelleren Service anbieten.

Pipeline

Pipelines sind eine spezielle Transportart von den Quellen bis zu den Märkten für Erdöl, Kohle und Chemikalien. Die Pipelinebeförderung von Erdölprodukten kostet weniger als der Bahntransport, aber mehr als die Benutzung des Wasserweges. Die meisten Pipelines werden von deren Eigentümern zum Transport ihrer eigenen Produkte benutzt.

Luftfracht

Fluggesellschaften befördern weniger als ein Prozent der Güter des Landes, aber sie gewinnen als Transportmittel immer mehr an Bedeutung. Obwohl die Luftfrachtraten wesentlich höher liegen als jene der Bahn oder der Lastkraftwagen, gilt Luftfracht dort als ideal, wo Geschwindigkeit erforderlich ist oder wo entfernte Märkte erreicht werden müssen. Zu den am häufigsten per Luftfracht beförderten Gütern zählen leicht verderbliche Waren wie Frischfisch oder Schnittblumen sowie hochwertige und wenig Raum benötigende Artikel wie technische Instrumente oder Schmuck. Viele Unternehmen haben bereits herausgefunden, daß Luftfracht die Höhe der Lagerbestände sowie die Anzahl der Lagerhäuser und die Verpackungskosten reduziert.

TABELLE 13-2
Transportarten bewertet nach relevanten Auswahlkriterien der Versender (1 = höchste Wertung)

	GESCHWINDIGKEIT (Lieferzeit von Haus zu Haus)	HÄUFIGKEIT (geplante Versendungen pro Tag)	ZUVERLÄSSIGKEIT (Einhalten der Fahrpläne)	EIGNUNG (die Fähigkeit, mehrere Produkte abzuwickeln)	VERFÜGBARKEIT (Anzahl der bedienten Orte)	KOSTEN (per Tonnen-Meile)
Bahn	3	4	3	2	2	3
Wasser	4	5	4	1	4	1
Lkw	2	2	2	3	1	4
Pipeline	5	1	1	5	5	2
Luft	1	3	5	4	3	5

Quelle: Übernommen von James I. Heskett, Robert J. Ivie und Nicholas A. Glaskowsky, Business Logistics (New York: Copyright Ronald Press, 1964), S. 71 ff. Abgedruckt mit Erlaubnis der John Wiley & Sons, Inc.

Auswahl der Beförderungsarten

Bei der Auswahl der Beförderungsart für ein Produkt berücksichtigen die Absender nicht weniger als sechs Beurteilungskriterien. Wenn ein Verlader auf Schnelligkeit großen Wert legt, sind Luftfracht und Lkw-Transport die erste Wahl. Wenn niedrige Kosten das Ziel sind, können sich Wasser oder Pipelines als am besten erweisen. Es scheint, daß Lastkraftwagen die größten Vorteile bieten, was ihren wachsenden Anteil am Transportaufkommen erklärt.

In zunehmendem Maße verbinden Verlader dank Containerisierung zwei oder mehr Transportarten miteinander. Containerisierung besteht darin, Waren in Kisten oder Anhänger zu verstauen, die leicht zwischen zwei Beförderungsarten transferierbar sind. „Piggyback" kennzeichnet die Benutzung von Bahn und Lkw, „fishyback" jene von Schiff und Lkw, „trainship" ist die Kombination von Wasserweg und Eisenbahn und „airtruck" von Luftweg und Lkw. Jede Kombination bietet Vorteile für den Absender. So ist beispielsweise „piggyback" billiger als ausschließlicher Lkw-Transport und bietet dennoch Flexibilität und Bequemlichkeit.

Die organisatorische Verantwortung für die Marketing-Logistik

Die Entscheidungen bezüglich Lagerhäusern, Lagerbeständen und Transportart erfordern ein hohes Maß an Koordination. Zunehmend mehr Unternehmen etablieren eine ständige Arbeitsgruppe, die sich aus Managern zusammensetzt, die für verschiedene Aufgaben im Bereich der Marketing-Logistik verantwortlich sind. Diese Arbeitsgruppe tritt häufig zusammen, um Verfahrensweisen für die Effizienzsteigerung der Gesamtdistribution festzulegen. Einige Unternehmen haben einen für die Marketing-Logistik zuständigen Vice-President, der dem Marketing-Vice-President oder dem Produktions-Vice-President oder sogar dem Präsidenten des Unternehmens berichtet, bzw. diesem unterstellt ist. Wo die Abteilung für Marketing-Logistik im Unternehmen eingegliedert wird, ist von untergeordneter Bedeutung. Wichtig ist, daß das Unternehmen seine Aktivitäten bezüglich der physischen Distribution und der Marketing-Funktionen koordiniert, um einen hohen Zufriedenheitsgrad des Marktes zu vertretbaren Kosten zu bewirken.

Kombination verschiedener Transportarten, die mit Hilfe des Containers (im Uhrzeigersinne) durchgeführt werden: Bahn und Lkw, Schiff und Lkw, Flugzeug und Lkw, Schiff und Eisenbahn. Abgedruckt mit freundlicher Genehmigung der Atlantik Container Line, Norfolk und Western Railway Company sowie der American Airlines.

ZUSAMMENFASSUNG

Entscheidungen bezüglich der Absatzwege gehören zu den kompliziertesten und herausforderndsten Entscheidungen, die von einem Unternehmen zu treffen sind. Jedes Absatzwegsystem bewirkt ein unterschiedliches Umsatz- und Kostenniveau. Wenn ein Absatzweg erst einmal gewählt worden ist, muß das Unternehmen im allgemeinen für lange Zeit an ihm festhalten. Der ausgewählte Vertriebskanal beeinflußt in erheblichem Maße die anderen Elemente des Marketing-Mix und wird umgekehrt auch von diesen beeinflußt.

Für jedes Unternehmen ist es erforderlich, alternative Wege herauszuarbeiten, um den Markt zu erreichen. Sie variieren zwischen Direktverkauf und der Einschaltung einer, zweier oder mehrerer Absatzmittler-Ebenen. Die Unternehmen, aus denen ein Absatzweg besteht, sind miteinander durch den gegenständlichen Güterfluß sowie durch Eigentumsübertragungen, Zahlungsverkehr, Informationsflüsse und Absatzförderungsaktivitäten verbunden. Absatzkanäle sehen sich kontinuierlichen und mitunter dramatischen Veränderungen gegenübergestellt. Drei der wichtigsten Trends sind das Wachstum von vertikalen und horizontalen sowie von Mehrkanal-Absatzsystemen. Diese Trends beeinflussen die Absatzweg-Zusammenarbeit, Konflikte und den Wettbewerb.

Die Gestaltung der Absatzwege erfordert die Erarbeitung der wichtigsten Absatzweg-Alternativen hinsichtlich der Arten und der Anzahl von Absatzmittlern und der Verantwortungsbereiche innerhalb des Absatzkanals. Jede Absatzweg-Alternative ist bezüglich wirtschaftlicher Kriterien sowie im Hinblick auf ihre Steuerungs- und Anpassungsmöglichkeiten zu bewerten.

Absatzweg-Management erfordert die Auswahl und Motivierung qualifizierter Absatzmittler. Die Leistungen einzelner Absatzweg-Beteiligter müssen regelmäßig im Vergleich zu ihren eigenen früheren Umsätzen sowie zu denen anderer Beteiligter bewertet werden.

Ebenso wie die Marketing-Konzeption zunehmend Beachtung findet, wird der Marketing-Logistik von immer mehr Unternehmen Aufmerksamkeit gezollt. Die Marketing-Logistik ist ein Bereich mit zahlreichen Möglichkeiten für Kosteneinsparungen und der Kundenzufriedenheit. Wenn die für die Auftragsabwicklung und Lagerungsplanung Verantwortlichen sowie die für den Lagerbestand und Transport zuständigen Manager Entscheidungen treffen, so beeinflussen sie gegenseitig die Kosten jedes anderen Funktionsträgers und dessen Möglichkeiten, Kundenbelangen zu entsprechen. Das Marketing-Logistik-Konzept erfordert, alle diese Entscheidungen im Rahmen eines Gesamtbezugssystems zu treffen. Die Aufgabe besteht darin, ein Marketing-Logistik-System zu entwerfen, das die Gesamtkosten für die Aufrechterhaltung eines angestrebten Kundendienstniveaus minimiert.

DISKUSSIONSFRAGEN

1. Warum bevorzugen die meisten Produzenten Absatzmittler, um ihre Produkte zu distribuieren und an Verbraucher zu verkaufen?
2. Wie viele Vertriebsebenen werden üblicherweise von den folgenden Unternehmen eingeschaltet? (a) Ford Motor Company, (b) Miller Brewing Company, und (c) Champion Clothing.
3. Unterscheiden Sie zwischen den drei wichtigsten Formen vertikaler Vertriebssysteme. Nennen Sie für jede Form ein Beispiel.
4. Welches der folgenden Produkte wird üblicherweise intensiv, welches exklusiv und/oder selektiv vertrieben und warum? (a) Rolex Uhren, (b) General Motors Automobile, (c) Bic Wegwerfrasierer und (d) Estée Lauder Parfum.
5. Es gibt keine Möglichkeit, Absatzwegkonflikte zu eliminieren. Kommentieren Sie bitte diese Aussage.
6. Wodurch unterscheiden sich Marketing-Logistik-Entscheidungen von Absatzweg-Entscheidungen? Welches ist das übergeordnete Ziel der Marketing-Logistik?
7. In welcher Weise hat der Computer die Aufgaben der Marketing-Logistik erleichtert?
8. Welche Transportart wird für den Vertrieb der folgenden Produkte wahrscheinlich gewählt werden? (a) Bier, (b) teurer Schmuck, (c) Erdgas, (d) landwirtschaftliche Maschinen.

SCHLÜSSELBEGRIFFE

Vertikales Marketing-System mit Monopolcharakter *(Administered VMS):* Ein vertikales Marketing-System, das nachfolgende Produktions- und Distributionsstufen nicht auf der Grundlage gemeinsamen Eigentums oder vertraglicher Bindungen koordiniert, sondern durch die Größe und Macht eines Partners.

Kontrahierte VMS *(Contractual VMS):* Ein vertikales Marketing-System, in dem unabhängige Unternehmen auf verschiedenen Produktions- und Distributionsebenen auf vertraglicher Basis zusammenarbeiten, um mehr wirtschaftliche Vorteile und größere Verkaufswirksamkeit zu erlangen als sie allein erreichen könnten.

Konventioneller Vertriebsweg *(Conventional distribution channel):* Ein Absatzweg, der aus unabhängigen Herstellern sowie Groß- und Einzelhändlern besteht; jeder von ihnen stellt ein separates Unternehmen dar, das versucht, den eigenen Gewinn zu maximieren, selbst auf Kosten der Gewinne des Gesamtsystems.

Korporatives VMS *(Corporate VMS):* Ein vertikales Marketing-System, das aufeinanderfolgende Stufen von Produktion und Distribution unter einem Eigentümer vereinigt – die Führungsrolle im Absatzkanal wird durch gemeinsames Eigentum begründet.

Vertriebskanal *(Distribution channel):* Eine Gesamtheit von Unternehmen und Einzelpersonen, die Eigentum an einem Produkt – oder einer Dienstleistung – erwerben oder bei der Eigentumsübertragung behilflich sind, wenn das Produkt vom Hersteller zum Endverbraucher oder zum industriellen Verwender gelangt.

Exklusivdistribution *(Exclusive distribution):* Die Gewährung des ausschließlichen Rechtes einer begrenzten Zahl von Händlern zum Verkauf der Produkte des Unternehmens in ihrem Gebiet.

Horizontale Marketing-Systeme *(Horizontal marketing systems):* Eine Absatzwegvereinbarung, bei der sich zwei oder mehrere Unternehmen auf der gleichen Ebene zusammenschließen, um eine neue Marktchance zu nutzen.

Intensiv-Distribution *(Intensive distribution):* Die Bevorratung des Produktes in so vielen Geschäften wie möglich.

Marketing-Logistik *(Physical distribution):* Die Aufgaben, die Planung, Durchführung und Kontrolle des Transportes von Materialien und Endprodukten vom Ursprungsort zu Orten der Verwendung umfassen, um den Bedürfnissen der Kunden – gewinnbringend – gerecht zu werden.

Selektiv-Distribution *(Selective distribution):* Die Einschaltung von mehr als einem, aber weniger als allen Absatzmittlern, die gewillt sind, die Produkte des Unternehmens zu führen.

Vertikales Marketing-System *(Vertical marketing system - VMS):* Eine Absatzwegstruktur, in der Produzenten sowie Groß- und Einzelhändler als ein einheitliches System agieren – entweder ist ein Mitglied des Absatzkanals Eigentümer der anderen, oder es hat Verträge mit ihnen abgeschlossen, bzw. verfügt über so viel Macht, daß alle mit ihm in seinem Sinne zusammenarbeiten.

FUSSNOTEN

1. Übernommen von Al Urbanski, „Dr. Pepper Heals Itself," Sales & Marketing Management, 14. März 1983, S. 33–36.
2. Bezüglich weiterer Aufstellungen siehe Edmund D. McGarry, „Some Functions of Marketing Reconsidered," in Theory in Marketing. Reavis Cox and Wroe Alderson, Hrsg. (Homewood, IL: Irwin, 1950), S. 269–73; und Louis P. Bucklin, A Theory of Distribution Channel Structure (Berkeley: Institute of Business and Economic Research, University of California, 1966), S. 10–11.
3. Ronald Abler, John S. Adams und Peter Gould, Spatial Organizations: The Geographer's View of the World (Englewood Cliffs, NJ: Prentice-Hall, 1971), S. 531–32.
4. William G. Zikmund und William J. Stanton, „Recycling Solid Wastes: A Channels-of-Distribution Problem," Journal of Marketing, Juli 1971, S. 34.
5. Louis W. Stern und Adel I. El-Ansary, Marketing Channels, 2. Auflage (Englewood Cliffs, NJ: Prentice-Hall, 1982), S. 291–92.
6. Bezüglich einer ausgezeichneten Zusammenfassung über Absatzwegkonflikte wird verwiesen auf Stern und El-Ansary, Marketing Channels, Kapitel 6 und 7
7. Vgl. hierzu Bert C. McCammon, Jr., „Perspectives for Distribution Programming," in Vertical Marketing Systems, Louis P. Bucklin, Hrsg. (Clenview, IL: Scott Foresman, 1970), S. 32–51.
8. Ibid., S. 45.
9. Vgl. hierzu Robert E. Weigand, „Fit Products and Channels to Your Markets," Harvard Business Review, Januar–Februar 1977, S. 95–105.
10. Bezüglich weiterer Literatur über Händler im Investitionsgüterbereich wird verwiesen auf Frederick E. Webster, Jr., „The Role of the Industrial Distributor," Journal of Marketing, Juli 1976, S. 10–16; und James D. Hlavacek und Tommy J. McCuiston, „Industrial Distributors – When, Who, and How?" Harvard Business Review, März–April 1983, S. 96–101.
11. Vgl. hierzu Bert Rosenbloom, Marketing Channels: A Management View (Hinsdale, IL: Dryden Press, 1978), S. 192–203.
12. McCammon, „Perspectives for Distribution Programming," S. 43.

Courtesy of Circuit City Stores, Inc.

14. KAPITEL

Produktplazierung: Einzel- und Großhandel

LERNZIELE DIESES KAPITELS

Nachdem Sie dieses Kapitel gelesen haben, sollten Sie in der Lage sein,

1. die Rolle von Einzel- und Großhändlern auf den Absatzwegen zu erläutern.
2. die wichtigsten Arten von Einzelhändlern zu beschreiben und jeweils Beispiele dazu zu nennen.
3. die wichtigsten Arten von Großhändlern zu kennzeichnen und jeweils Beispiele dazu zu nennen.
4. die Marketing-Entscheidungen zu erläutern, vor denen Einzel- und Großhändler stehen.

Circuit City, der größte Einzelhändler des Landes für elektronische Konsumartikel, ist einer der Betriebe jener neuen Formen des Einzelhandels – der Consumer Electronic Supermärkte. Derartige Supermärkte weiten ihren Umsatz rasch zu Lasten der überwiegend traditionellen Spezialgeschäfte, Versand- und Warenhäuser aus. Ihr Anteil am 40 Milliarden Dollar umfassenden Markt für elektronische Konsumartikel stieg von nur zwei Prozent im Jahre 1980 auf zehn Prozent im Jahre 1985, ihr geplanter Anteil für 1990 beläuft sich auf 25 Prozent.

In den großen Geschäften Circuit City's – einige umfassen mehr als 4000 m^2 – werden alle Arten von elektronischen Geräten, angefangen von Fernsehern, Video-Recordern und Stereo-Anlagen bis hin zu Telephonen, Mikrowellenherden und anderen elektronischen Geräten verkauft. Ein solcher Laden kann etwa 9.000 sich schnell umschlagende Marken-Elektronik-Artikel führen, womit den Kunden die Bequemlichkeit des Einkaufens unter einem Dach geboten wird. Circuit City's größte Anziehungskraft bildet der Preis. Das Unternehmen kauft in großen Mengen ein und schlägt eine Kalkulationsspanne von nur 30 Prozent auf, um die Einsparungen an die Kunden weiterzugeben. Tatsächlich garantiert das Unternehmen für seine Niedrigstpreise. Falls ein Kunde innerhalb von 30 Tagen ab Kaufdatum irgendwo einen günstigeren Preis findet, zahlt ihm Circuit City die Differenz zuzüglich zehn Prozent.

Circuit City bietet mehr als niedrige Preise für ein tief gegliedertes Sortiment. Seine Marketing-Philosophie wird durch fünf „S„ gekennzeichnet – savings, selection, service, speed, and satisfaction (Einsparungen, Auswahl, Service, Schnelligkeit und Zufriedenheit). Massive Werbung zieht Scharen von Verbrauchern an. Darüber hinaus wird durch ein strenges Verkaufstraining sichergestellt, daß diese fachlich qualifizierte Beratungshilfe erhalten. Jeder Verkäufer verbringt zwei Vormittage in der Woche damit, sich über neue Produkte zu informieren sowie zu werden und darüber, wie man den Kunden mit gewinnbringenden Verkäufen zufriedenstellt. Kurzfristige Lagerbestandskontrollen sichern die Auswahl, halten die Kosten niedrig und sorgen dafür, daß sich die Produkte umschlagen. Informationen von computergesteuerten Registrierkassen werden in den firmeneigenen Zentralrechner eingegeben, der Aufträge für neue Lagervorräte erteilt oder das Management über schlecht laufende Produkte informiert. Circuit City schlägt sein Lager 4,5mal pro Jahr um, verglichen mit einem Schnitt von 3,25mal in der Gesamtbranche.

Üblicherweise dringt Circuit City mit aggressiven Methoden in ein neues Absatzgebiet ein, in dem es verschiedene Läden eröffnet, massive Werbung betreibt und kleinere Wettbewerber an die Wand drückt. Diese Strategie war zur Zeit des explodierenden Elektronikmarktes in den frühen achtziger Jahren erfolgreich. Das Marktwachstum verlangsamt sich jedoch – während die Umsätze der Branche zwischen 1980 und 1984 jährlich um 18 Prozent stiegen, erhöhten sie sich im Jahre 1985 nur um 5,7 Prozent. Darüber hinaus wird der Konkurrenzkampf immer härter. Andere erfolgreiche Elektroniksupermärkte – Highland Superstores, Federated, Scott's – werden es Circuit City zunehmend schwerer machen, außerhalb ihrer Hochburg im Südosten zu expandieren. Tatsächlich war der kürzlich unternommene Versuch, in der Stadt New York Fuß zu fassen, ohne Erfolg geblieben. Die betont nicht aggressive Werbestrategie von Circuit City konnte mit den froschen Präsentationsmethoden und der „verrückten" Preispolitik von Crazy Eddie und anderen New Yorker Elektronikeinzelhändlern nicht mithalten. Circuit City zog sich aus New York zurück. Statt dessen ist das Unternehmen dabei, 50 Millionen Dollar in eine aussichtsreichere Expansion im südlichen Kalifornien zu investieren.

Bis jetzt waren Circuit City's Leistungen begeisternd. In den vergangenen fünf Jahren stieg der Umsatz des Unternehmens jährlich um 41 Prozent, das Gewinnwachstum belief sich auf 65 Prozent pro Jahr, aber die Bewährungsprobe wird in den nächsten Jahren zu bestehen sein, da der Markt rückläufig ist und die Konkurrenz zunimmt. Circuit City besitzt viele Möglichkeiten zu expandieren, aber Erfolg kann in dem turbulenten Umfeld des Discount-Einzelhandels vergänglich sein.[1]

EINZELHANDEL

Was ist Einzelhandel? Wir alle wissen, daß Sears und K mart Einzelhändler sind, aber ebenso sind es die Avon Beraterinnen, das örtliche Holiday Inn und ein niedergelassener Arzt. Wir definieren Einzelhandel wie folgt:

> **Einzelhandel ist die Gesamtheit aller Tätigkeiten im Zusammenhange mit dem unmittelbaren Verkauf von Waren oder Dienstleistungen an Endverbraucher für deren persönlichen, nicht gewerblichen Gebrauch.**

Zahlreiche Institutionen – Hersteller, Großhändler, Einzelhändler – betreiben Einzelhandel. Der Großteil des Einzelhandels wird jedoch von **Einzelhändlern** erzielt, von Betrieben, deren Umsatz in erster Linie aus dem Einzelhandel resultiert. Einzelhandel kann durch eine Person, durch Versand, per Telephon oder über Verkaufsautomaten in Läden, auf der Straße oder im Haus des Konsumenten betrieben werden.

Einzelhandel ist ein wichtiger Wirtschaftszweig. Einzelhandelsgeschäfte wickeln 18 Prozent des gesamten US-Geschäftsvolumens ab. Sie sind den Produzenten und Großhändlern zahlenmäßig im Verhältnis 7 : 1 überlegen und sind der drittgrößte Arbeitgeber der USA. Einige Einzelhändler sind wahrhaftige Giganten. So gehören z. B. Sears und K mart zu den größten Unternehmen der Welt. Diese großen Einzelhändler bedienen sich fortschrittlicher Einkaufs- und Verkaufsmethoden, die den Konsumenten einen angemessenen Gegenwert und Kundendienst bieten. Das andere Extrem bilden die „mom and pop" Stores – die sogenannten Tante-Emma-Läden. Sie sind wichtig, weil sie überall anzutreffen sind und den Konsumenten mehr Bequemlichkeit und persönlichen Service offerieren.

EINZELHANDELSARTEN

Einzelhandelsunternehmen sind in allen Formen und Größen anzutreffen. Sie werden ständig durch neue Betriebsformen bereichert.

Einzelhändler können durch ein Kriterium oder durch mehrere unterschiedliche Merkmale klassifiziert werden: Serviceumfang, Art und Umfang des Warenangebotes, relative Preisbetonung, Art des Geschäftslokals, Intensität der Einflußnahme und Ausdehnung des Einzugsbereichs. Diese Klassifizierungsmerkmale und die damit korrespondierenden Einzelhandelsarten werden in Tabelle 14-1 gezeigt und anschließend erläutert.

TABELLE 14-1
Unterschiedliche Möglichkeiten der Klassifizierung von Einzelhandelsgeschäften

SERVICE-UMFANG (Amount Service)	ART UND UMFANG DES WAREN-ANGEBOTES (Product Line Sold)	RELATIVE PREIS-BETONUNG (Relative Price Emphasis)	ART DES GESCHÄFTS-LOKALS (Nature of Business Premises)	INTENSI-TÄT DER EINFLUSS-NAHME (Control of Outlets)	AUS-DEHNUNG DES EINZUGS-BEREICHES (Type of Store Cluster)
Selbst-bedienung begrenzter Service voller Service	Fachgeschäft Warenhaus Supermarkt Nachbarschafts-laden (Greißler) bzw. Tante-Emma-Laden Zusammenge-schlossene Geschäfte, Groß-Supermarkt (außerhalb der Stadt), und Verbraucher-großmärkte Dienstleist-ungsunternehmen	Discount-Warenhaus Groß-discounter Katalog-Schauräume von Versandunter-nehmen	Versand- und Telephon-einzelhandel Verkaufs-automat Einkaufs-service Haustür-verkauf	Filialketten-unternehmen Freiwillige Ketten und Einzel-händler-genossen-schaften Verbrauch-ergenossen-schaften Franchise Organisation Diversi-fizierte Einzel-handels-konzerne	Zentraler Geschäfts-bezirk Regionales Einkaufs-zentrum Lokales Einkaufs-zentrum Nachbar-schafts-Einkaufs-zentrum

Serviceumfang

Unterschiedliche Produkte bedürfen eines unterschiedlichen Serviceumfanges. Außerdem sind die Präferenzen der Kunden bezüglich des Service verschieden. Einige Kunden sind bereit, Einzelhändlern für mehr Service mehr zu bezahlen, andere bevorzugen weniger Serviceleistungen und einen niedrigeren Preis. So haben verschiedene Einzelhandelsarten unterschiedliche Serviceniveau-Angebote entwickelt. Tabelle 14-2 zeigt drei Service-Kategorien und die Einzelhandelsarten, die sich derer bedienen.

Der Selbstbedienungseinzelhandel wuchs rasch in den USA während der großen Depression in den dreißiger Jahren. Um Geld zu sparen, waren die Kunden bereit, ihren eigenen lokalen Auswahlprozeß durchzuführen. Heutzutage bildet Selbstbedienung die Grundlage aller Discountaktivitäten und wird üblicherweise von jenen Anbietern benutzt, die Waren des täglichen Bedarfs sowie überregional verbreitete Markenartikel bzw. sich schnell umschlagende Güter des nicht-täglichen Bedarfs (Shopping goods) anbieten.

Einzelhändler mit begrenztem Service, wie z. B. Sears oder J. D. Penney, bieten mehr Verkaufsunterstützung, da sie mehr Güter des nicht-täglichen Bedarfs führen, für deren Einkauf die Kunden mehr Information benötigen. Sie bieten auch zusätzliche Dienstleistungen, wie z. B. Kreditgewährungund Rückgaberecht, die üblicherweise von Niedrigpreisgeschäften nicht geboten werden. Ihre höheren Betriebsaufwendungen führen zu höheren Preisen.

TABELLE 14-2
Klassifizierung von Einzelhändlern auf der Grundlage des Service-Umfanges

ABNEHMENDE SERVICELEISTUNGEN ⟵⟶ ZUNEHMENDE SERVICELEISTUNGEN

	Selbstbedienung	**Begrenzter Service**	**Voller Service**
Merkmale	äußerst bescheidener Kundendienst Preisattraktivität Standard-Haushaltsartikel Waren des täglichen Bedarfs	Begrenzte Zahl von Kundendienstleistungen Shopping goods (Waren des nicht täglichen Bedarfs)	Große Vielfalt von Serviceleistungen Modeartikel Spezialsortiment
Beispiele	Niedrigpreis-Einzelhandelsgeschäfte Lebensmittelgeschäfte Discount-Einzelhandel Niedrigpreisgeschäfte Versandeinzelhandel Automatenverkauf	Haustürverkauf Warenhäuser Telephonverkauf Niedrigpreisgeschäfte	Fachgeschäfte Warenhäuser

Quelle: Übernommen von Larry D. Redinbaugh, *Retailing Management:* A Planning Approach (New York: McGraw-Hill, 1976), S. 12.

Einzelhandel mit vollständigem Service ist in Fachgeschäften und erstklassigen Kaufhäusern anzutreffen; das Verkaufspersonal unterstützt die Kunden die ganze Zeit bei der Suche nach dem Produkt, beim Produktvergleich und bei der endgültigen Auswahl. Geschäfte mit vollständigem Service führen überwiegend Spezialprodukte und sich langsamer umschlagende Artikel, wie z. B. Kameras, Schmuck- und Modewaren, bei denen es die Kunden vorziehen, bedient zu werden. Sie bieten einen großzügigeren Umtauschservice, verschiedene Finanzierungsmodelle, freie Zustellung, Heimservice und Zusatzeinrichtungen wie Lounges und Restaurants. Mehr Service führt zu höheren Betriebsaufwendungen, die an die Kunden in Form höherer Preise weitergegeben werden.

Art und Umfang des Warenangebotes

Einzelhändler können nach der Länge und Breite ihres Sortiments klassifiziert werden. Zu den wichtigsten Arten zählen das Fachgeschäft, das Kaufhaus, der Supermarkt, der Nachbarschaftsladen sowie der Groß-Supermarkt außerhalb der Stadt mit eigenem Parkplatz.

Fachgeschäft

Ein **Fachgeschäft** führt eine schmale Produktlinie mit einem tiefen Sortiment. Beispiele hierfür sind Bekleidungsgeschäfte, Sportartikelgeschäfte, Möbelgeschäfte, Blumengeschäfte und Buchhandlungen. Fachgeschäfte können des weiteren nach der Enge ihrer Produktlinie unterteilt werden. Ein Bekleidungsgeschäft ist ein Fachgeschäft mit einer Produktlinie, ein Herrenausstatter ist ein Geschäft mit einem beschränkten Sortiment und ein Laden für Herrenmaßhemden ist ein besonderes Spezialgeschäft. Die zunehmende Nutzung der Marktsegmentierung und der Zielgruppenfestlegung sowie der Produktspezialisierung haben zu einem raschen Anwachsen der besonderen

Fachgeschäfte, wie z. B. The Limited, peilen die Bedürfnisse bestimmter Zielmärkte an. Abgedruckt mit freundlicher Genehmigung der Firma The Limited.

Spezialisierung geführt, wie z. B. Athlete's Food (Sportschuhe), Tall Man (Herrenübergrößenbekleidung), The Gap (Jeans) und Computer-Land (Personal Computer).

Der Boom für Einkaufszentren hat auch zu dem jüngsten Wachstum der Fachgeschäfte beigetragen. Fachgeschäfte belegen 60 bis 70 Prozent der Gesamtfläche von Einkaufszentren. Obwohl sich die meisten Fachgeschäfte in unabhängigem Besitz befinden, weisen die Fachgeschäftsketten das stärkste Wachstum auf. Die erfolgreichste Fachgeschäft-Kette konzentriert sich auf spezielle Zielgruppenbedürfnisse.

The Limited ist spezialisiert auf „High-Fashion"-Oberbekleidung für Frauen zwischen 18 und 35, die bereit sind, mehr zu bezahlen, um aktuelle Modebekleidung zu erhalten. Der Laden strahlt eine dem Alter der Zielgruppe adäquate Atmosphäre aus, zeigt dem Stil des Geschäftes angepaßte Ausstellungsstücke und beschäftigt modern gekleidetes Verkaufspersonal im gleichen Alter wie die Zielgruppenkundschaft. The Limited analysiert gewissenhaft die Interessen seiner Zielgruppe, testet die neuen Modeideen, gestaltet sorgfältig seine Werbung und schafft sich ein einzigartiges Image.

Warenhäuser

Ein **Warenhaus** führt eine große Vielfalt von Produktgruppen – üblicherweise Bekleidung, Wohnungseinrichtungsgegenstände und Haushaltswaren. Jede Produktlinie wird wie eine separate Abteilung geführt und von Einkaufs- oder Verkaufsexperten geleitet. Beispiele für bekannte Warenhäuser sind Bloomingdale's (New York), Marshall Field (Chicago) und Filene's (Boston).

Das erste Warenhaus, „Bon Marché", wurde 1852[2] in Paris gegründet. Es führte vier neue Prinzipien ein:

1. geringe Kalkulationsaufschläge und schnellen Warenumschlag,
2. Kennzeichnung und Beschilderung der Warenpreise,
3. die Kunden nachdrücklich darauf aufmerksam machen, daß sie sich ohne Kaufzwang umsehen können,
4. eine großzügige Reklamationsabwicklungspolitik.

Zu den ersten amerikanischen Warenhäusern gehörten Jordan Marsh, Macy's, Wanamaker's und Stewart's. Diese Geschäfte waren in eindrucksvollen Gebäuden in eleganten zentralen Lagen untergebracht und priesen den Gedanken des „Einkaufens zum Vergnügen" (shopping for enjoyment) an. Sie unterschieden sich erheblich von den Fachgeschäften jener Zeit, die nur wenige Artikel ausstellten und nicht dazu einluden, sich dort umzusehen.

Warenhäuser erlebten in der ersten Hälfte dieses Jahrhunderts ein rasches Wachstum. Nach dem Zweiten Weltkrieg begannen sie jedoch aus mehreren Gründen zugunsten anderer Einzelhandelsarten an Bedeutung zu verlieren. Der Konkurrenzkampf zwischen den Warenhäusern verschärfte sich und erhöhte die Betriebskosten. Warenhäuser sahen sich einem größeren Wettbewerb mit anderen Betriebsformen des Einzelhandels gegenübergestellt, wie z. B. mit Discounthäusern, Fachgeschäftsketten und Niedrigpreis-Einzelhändlern. Darüber hinaus machten der starke Verkehr, die geringen Parkmöglichkeiten sowie der Verfall der Stadtzentren das Einkaufen in der Innenstadt wenig attraktiv. Infolge dieser Entwicklung schlossen viele Warenhäuser oder verschmolzen mit anderen.

Derzeit führen Warenhäuser einen Comeback-Feldzug. Viele haben Vorstadtfilialen eröffnet, die einer schneller anwachsenden Gruppe von Konsumenten mit höherem Einkommen bessere Möglichkeiten und Parkgelegenheiten bieten. Andere haben Abteilungen für Sonderangebote eingerichtet, um der Discount-Bedrohung zu begegnen. Einige haben ihre gesamten Warenhäuser umgestaltet oder Boutiquen eingerichtet, die mit Fachgeschäften konkurrieren. Viele versuchen es mit Versandhandel und Telephonverkauf. Andere, wie Dayton-Hudson, haben in Discountläden und Fachgeschäfte diversifiziert. Um die Kosten zu senken, bauen einige Warenhäuser Personal ab, reduzieren ihre Serviceleistungen und verringern ihre Produktlinien. Aber gerade dadurch untergraben sie ihre größte Anziehungskraft: Sortiment und Service. Warenhäuser müssen geeignetere Wege finden, um ihre rückläufigen Gewinne zu steigern.

Supermarkt

Supermärkte sind große Selbstbedienungsgeschäfte mit niedrigen Kosten, geringer Spanne und hohem Umsatzvolumen, die eine Vielfalt an Lebensmitteln, Wäscheartikeln und Haushaltswaren führen. Die meisten Supermärkte sind Eigentum großer Supermarktketten wie Safeway, Kroger, A & P, Winn-Dixie und Jewel.

Der Supermarkt-Einzelhandel begann 1912 mit den Great Atlantic and Pacific Tea Company (A & P) Lebensmittelgeschäften sowie den Piggly Wiggly Läden (1916), die das Konzept der Selbstbedienung mit Drehkreuzen für Kunden und mit Kassen an den Ausgängen einführten. Supermärkte waren jedoch bis Anfang der dreißiger Jahre nicht sehr populär. Gegenwärtig erzielen mehr als 37.000 Supermärkte 76 Prozent aller Lebensmittelumsätze.

Der Aufschwung der Supermärkte in den dreißiger Jahren wurde von mehreren Faktoren verursacht. Die große Depression machte die Konsumenten preisbewußter, Massenmotorisierung verringerte das

Bedürfnis nach kleinen Nachbarschaftsläden. Verbesserte Kühlmethoden erlaubten es sowohl den Supermärkten als auch den Konsumenten, leicht verderbliche Waren länger zu lagern. Mit Hilfe neuer Verpackungstechnologien konnten Lebensmittel leichter in konsumentengerechten Packungen verkauft werden als beim Verkauf aus Fässern oder Kisten. Diese Entwicklung führte zu einem Vorverkauf von Markenartikeln durch die Werbung, der wiederum den Bedarf an Verkaufspersonal reduzierte. Schließlich machten es Geschäfte, die Lebensmittel, Fleisch, Obst und Haushaltswaren unter einem Dach anboten, möglich, den gesamten Einkauf in einem Laden zu tätigen. Sie zogen Konsumenten großräumig an, die den Supermärkten jenes Umsatzvolumen brachten, das sie brauchten, um ihre niedrigen Spannen aufrecht zu erhalten.

Im Laufe der Zeit fanden Supermärkte neue Wege, ihr Umsatzvolumen aufzubauen. Die meisten Ketten betreiben jetzt weniger, aber größere Läden; Supermärkte führen nunmehr eine größere Anzahl und Vielfalt an Artikeln. Der größte Wandel hat bezüglich der Anzahl der im Sortiment befindlichen Nonfood-Artikel – wie nicht verschreibungspflichtige Medikamente, Schönheitspflegemittel, Haushaltsartikel, Zeitschriften, Bücher, Spielzeug – stattgefunden, und zwar durch Unternehmen, die eine Strategie der gezielten Sortimentsausweitung verfolgen. Heutzutage verkaufen zahlreiche Supermärkte auch verschreibungspflichtige Medikamente, Haushaltsgeräte, Schallplatten, Sportartikel, Beschläge, Gartenbedarfsartikel und sogar Fotoapparate in der Hoffnung, daß diese hoch kalkulierten Produktlinien die Gewinne steigern werden.

Darüber hinaus verbessern Supermärkte ihre Einrichtungen und Serviceleistungen. Günstigere Standorte, bessere Innendekorationen, längere Ladenöffnungszeiten, Scheckeinlösungsservice, Zustellung und sogar Kinderbetreuungszentren sollen mehr Kunden anziehen. Supermärkte bedienen sich einer stärkeren und besseren Werbung sowie intensiverer Verkaufsförderungsmaßnahmen. Ketten verkaufen mehr Handelsmarken, um ihre Kalkulationsspannen zu erhöhen und verringern ihre Abhängigkeit von überregionalen Herstellermarken.

Nachbarschaftsläden

Nachbarschaftsläden sind kleine Geschäfte, die ein begrenztes Sortiment umsatzstarker Güter des täglichen Bedarfs führen. Beispiele hierfür sind 7-Elevens sowie White Hen Pantries. Diese Läden befinden sich in der Nähe von Wohngegenden und bleiben an sieben Tagen der Woche viele Stunden geöffnet. Nachbarschaftsläden müssen höhere Preise fordern, um ihre höheren Betriebskosten und ihr geringeres Umsatzvolumen auszugleichen. Sie befriedigen jedoch ein wichtiges Bedürfnis der Verbraucher. Konsumenten gehen in Nachbarschaftsläden für „fill-in“-(Ergänzungs-)Einkäufe außerhalb der Geschäftszeiten sowie in dringenden Bedarfsfällen und sind auch bereit, für diese Annehmlichkeit zu bezahlen. Die Zahl der Nachbarschaftsläden stieg von etwa 2000 im Jahre 1957 auf fast 39.000 Geschäfte mit einem Umsatz von 15,1 Milliarden Dollar im Jahre 1982[3].

Nachbarschafts-Lebensmitteleinzelhandel hat sich in jüngster Zeit auch auf die „Lebensmittel-Tankstelle“ ausgeweitet. In diesen Geschäften können die Kunden Benzin bekommen, zudem aus etwa 100 Artikeln des täglichen Bedarfs wählen – wie Brot, Milch, Zigaretten und alkoholfreie Getränke – und den Einkauf mit einer Kreditkarte bezahlen.

Groß-Supermärkte (außerhalb der Stadt), zusammengeschlossene Geschäfte und Verbrauchergroßmärkte

Diese drei Betriebsformen des Einzelhandels sind größer als konventionelle Supermärkte.

Groß-Supermärkte (Superstores) außerhalb der Stadt sind fast doppelt so groß wie reguläre Supermärkte und führen ein großes Sortiment von laufend gekauften Lebensmitteln und Nonfood-Artikeln. Sie bieten Dienstleistungen wie Wäscherei, chemische Reinigung, Schuhreparatur, Scheckeinlösung, Filmentwicklung und preiswerte Imbißecken. Infolge ihres breiten Sortimentes liegen die Superstore-Preise fünf bis sechs Prozent höher als jene der konventionellen Supermärkte. Viele führende Ketten bewegen sich in Richtung „Superstores“. So hat beispielsweise Kroger seit 1972 keine anderen Einzelhandelsbetriebsformen als Superstores oder „combination stores“ (zusammengeschlossene Geschäfte) eröffnet. Beinahe 80 Prozent aller neuen Safeway-Läden der letzten Jahren waren Superstores; A & P eröffnete mehrere „Futurestore“-Geschäfte. 1975 waren Superstores nur mit drei Prozent am gesamten Lebensmittelumsatz beteiligt; 1984 stieg jedoch ihr Anteil in diesem Bereich auf 25 Prozent.[4]

Combination stores sind zusammengeschlossene Lebensmittelläden und Drugstores. Ihre ungefähre Größe reicht von der Fläche von eineinhalb Football-Feldern – bis zum doppelten Umfang von Superstores. Drei Grundausführungen sind gebräuchlich. Kroger errichtet seine Supermärkte Seite an Seite mit seinen Super X Discount Drugstores, wobei jeder Laden separat geführt wird. Die Jewel Company bietet unter einem Dach auf der einen Seite Pharma-Produkte und auf der anderen Seite Lebensmittel an. Diese Anordnung

Ein Nachbarschaftsladen, ein Supermarkt und ein Großsupermarkt. Abgedruckt mit freundlicher Genehmigung der Firmen 7-Eleven Corporation und Safeway Stores.

bietet den Konsumenten leichteren Zugang und mehr Bequemlichkeit. Borman's in Detroit ordnet die Pharma-Produkte zwischen Supermarktartikel, um den Kunden zu verleiten, auch zu anderen Produkten zu greifen, d. h. eine Stimulierung der Kreuznachfrage zu bewirken. Combination stores halten üblicherweise fünf Prozent des von Lebensmittelgeschäftes erzielten Umsatzes.

Hypermärkte (Verbrauchergroßmärkte) sind sogar noch größer als Combination stores, ihre Größe umfaßt die Fläche von drei bis sechs Football-Feldern. Der Hypermarkt vereinigt in sich Supermarkt, Discount-Kaufhaus und Großdiscounter. Er führt mehr als routinemäßig gekaufte Waren, er verkauft auch Möbel, Haushaltsgeräte, Kleidung und viele andere Dinge. Der Hypermarkt bietet Discountpreise und operiert wie ein Lagerhaus. Produkte werden in Drahtkörben in 3,60 bis 4,50 m hohen Metallregalen aufgestellt. Gabelstabler fahren während der Verkaufszeiten durch die Gänge, um die leergewordenen Regalflächen wieder aufzufüllen. Die Kunden wählen die Artikel auf Großbildschirmen aus, und die Geschäfte gewähren jenen Kunden, die ihre eingekauften Haushaltsgeräte und Möbel selbst aus dem Laden tragen, einen Nachlaß.

Verbrauchergroßmärkte haben sich in Frankreich und Deutschland schnell verbreitet; dort operieren derzeit mehrere hundert Läden dieser Betriebsform. Amerikanische Ketten entwickeln sich langsamer. Obwohl einige Unternehmen – J. C. Penney's The Treasury und Jewel's Grand Bazaar – einige Prinzipien der Verbrauchergroßmärkte praktizieren, eröffnen die meisten amerikanischen Ketten bevorzugt Superstores und Combination stores.[5]

Dienstleistungsunternehmen

In einigen Unternehmen besteht die Produktlinie eigentlich nur aus einer Dienstleistung. Zu den Dienstleistungshändlern zählen Hotels und Motels, Banken, Fluglinien, Colleges, Krankenhäuser, Kinos, Tennisclubs, Bowling-Bahnen, Restaurants, Reparaturdienste, Frisier- und Schönheitssalons, chemische Reinigungen und Beerdigungsunternehmen. Dienstleistungseinzelhändler nehmen in den USA schneller zu als Wareneinzelhändler. In jedem Zweig der Dienstleistungsbranche ist ein eigenes aufregendes Geschehen zu beobachten. Banken suchen nach neuen Wegen, ihre Dienstleistung zu distribuieren, mittels Kundenterminals, Nachttresors und „Home-Banking". Gesundheitsorganisationen verändern die Art und Weise, wie Konsumenten medizinische Dienstleistungen in Anspruch nehmen und bezahlen. Die Unterhaltungsbranche hat Disney World und andere Freizeitanlagen zu verschiedenen Themenbereichen hervorgebracht. H & R Block hat ein Franchise-System geschaffen, um Konsumenten zu helfen, so wenig wie möglich Steuern zu bezahlen.

Relative Preisbetonung

Einzelhändler können auch nach ihren Preisen klassifiziert werden. Die meisten Einzelhändler fordern übliche Preise und bieten Produkte und Dienstleistungen in normaler Qualität bzw. normalem Umfang an. Einige offerieren qualitativ hochwertige Waren und Serviceleistungen zu höheren Preisen – die Firma Gucci's rechtfertigt ihre hohen Preise mit dem Slogan „Sie werden sich an die Ware noch immer erinnern, wenn Sie die Preise schon längst vergessen haben". Discount-Warenhäuser arbeiten mit niedrigen Kosten, geringerem Serviceumfang und verkaufen Waren zu niedrigeren Preisen. An dieser Stelle wollen wir Discount-Warenhäuser betrachten sowie zwei Formen der Weiterentwicklung: Großdiscounter und Katalog-Schauräume von Versandunternehmen.

Discount-Warenhäuser

Ein **Discount-Warenhaus** verkauft Standard-Handelswaren zu niedrigeren Preisen, indem es sich mit geringeren Spannen begnügt und ein größeres Volumen umsetzt. Als Beispiele hiefür gelten K mart, Target und Wal-Mart. Gelegentliche Preisnachlässe oder Sonderangebote ergeben noch kein Discount-Warenhaus; auch nicht der Verkauf minderwertiger Waren zu niedrigen Preisen. Ein wirkliches Discount-Warenhaus hat fünf Merkmale aufzuweisen:

1. Es verkauft seine Waren generell zu niedrigeren Preisen.
2. Es vertreibt zum größten Teil überregionale Herstellermarken und keine billigen Waren.
3. Es arbeitet auf Selbstbedienungsbasis mit minimalen Service-Einrichtungen.
4. Sein Standort befindet sich in einem Gebiet niedriger Mieten, und es zieht Kunden aus ziemlich großen Entfernungen an.
5. Es verfügt über einfaches und funktionales Inventar.[6]

Discount-Einzelhandel begann vor dem Zweiten Weltkrieg und nahm in den späten vierziger Jahren rasch zu. Die frühen Discounter, wie z. B. Masters, Korvette und Two Guys, waren aus zahlreichen Gründen erfolgreich. Nach dem Krieg wurden viele Produkte standardisiert und verläßlich hinsichtlich der Qualität, das erlaubte einen weitgehenderen Vorverkauf und verringerte den Bedarf an einem Verkauf im Laden. Darüber hinaus tauchte eine neue große Gruppe preisbewußter aber wohlhabender Konsumenten auf. Die frühen Discount-Warenhäuser senkten ihre Kosten, indem sie in verkehrsreichen Gegenden mit niedrigen Mieten und lagerhausähnlichen Einrichtungen operierten. Sie senkten drastisch ihre Preise, warben großzügig und führten ein Produktsortiment von vernünftiger Breite und Tiefe.

In den letzten Jahren haben viele Discount-Einzelhändler angesichts intensiver Konkurrenz von anderen Discount- und Warenhäusern ihr Angebot aufgewertet. Sie verbesserten die Ausstattung, nahmen neue Produkte sowie Serviceleistungen auf und eröffneten Vorstadtfilialen – was zu höheren Kosten und Preisen führte. Als darüber hinaus einige Warenhäuser ihre Preise senkten, um mit den Discount-Geschäften zu konkurrierten, verwischten sich die Unterschiede zwischen vielen Discount- und Warenhäusern. Infolge dieser Entwicklung schlossen in den siebziger Jahren mehrere bedeutende Discount-Geschäfte, da sie ihren Preisvorteil eingebüßt hatten. Außerdem werteten zahlreiche Warenhäuser ihre Läden auf bzw. steigerten ihre Serviceleistungen, um sich von den verbesserten Discount-Häusern abzuheben.

Als die bedeutendsten Discount-Warenhäuser ihr Angebot angehoben hatten, erschien eine neue Welle von Discountpreis-Einzelhändlern, um die Lücke „niedrige Preise – hohe Umsätze“ aufzufüllen. Diese neuen Discount-Häuser sind besonders stark in spezielle Warengruppen eingestiegen, wie z. B. Discount-Sportgeräte, Discount-Möbel und -Haushaltsgeräte sowie Discount-Elektronik-Erzeugnisse (vgl. hierzu das Beispiel 14-1).

Großdiscounter

Ein **Großdiscounter** ist ein äußerst einfach ausgestatteter Einzelhandelsbetrieb mit vermindertem Service, der mittels niedriger Preise ein hohes Umsatzvolumen zu erreichen versucht. Eine der interessantesten Formen ist der Möbel-Ausstellungs-Discounter. Konventionelle Möbelgeschäfte haben jahrelang Discountverkäufe durchgeführt, um alte Vorräte zu räumen. 1953 entwickelten Ralph und Leon Levitz jedoch den Discountverkauf zu einem neuen Einzelhandelskonzept. Bis 1977 hatten sie 61 Möbel-Lagerhaus-Ausstellungsräume eröffnet. Die Kaufinteressenten (Shoppers) betreten ein in einer Vorstadtgegend mit niedrigen Mieten gelegenes Lagerhaus von der Größe eines Fußballfeldes. Dort passieren sie zuerst die Lagerabteilung, wo in ordentlichen Reihen etwa 52.000 Artikel im Wert von ungefähr zwei Millionen Dollar aufgestellt sind. Von dort gelangen sie in den Bereich der Ausstellungsabteilung, die aus ungefähr 200 Räumen mit attraktiv arrangierten Möbeln besteht. Die Kunden wählen Waren aus und erteilen mit Hilfe des Verkaufspersonals ihre Aufträge. Bis der Kunde bezahlt hat und zur Ausgaberampe fährt, ist die Ware abholbereit. Schwere Güter werden innerhalb weniger Tage zugestellt. Die Kunden können Geld sparen, wenn sie selbst für die Abholung sorgen.

Der Levitz-Betrieb zielt auf Käufer von Markenmöbeln mittlerer Preislage, die Discountpreise und sofortige Lieferung wünschen. Die Käufer erfreuen sich niedriger Preise und eines breiten Sortiments, doch sie bekommen nur einen begrenzten Kundendienst geboten. Die Ertragssituation der Levitz-Läden ist zweifelhaft. Sie erwirtschaften ein großes Umsatzvolumen, haben aber hohe Lagerkosten, geben sehr viel für Absatzförderungsmaßnahmen aus und sehen sich oft zu vielen Konkurrenten gegenüber.[7]

Katalog-Schauräume von Versandunternehmen

Ein **Katalog-Schauraum** eines Versandunternehmens verkauft eine breite Auswahl rasch umschlagender Markenwaren mit hohen Kalkulationsspannen zu Discountpreisen. Dazu gehören Schmuck,

BEISPIEL 14-1
Niedrigpreis-Einzelhandel bei 47th Street Photo

Von außen schaut 47th Street Photo nicht sehr nach einem Einzelhandelsbetrieb aus. Sein Hauptgeschäft ist ein kleiner, armseliger Laden, der über Kaplan's Delikatessen in der 47. Straße in New York's Westen gelegen ist. Sein zweites Geschäft, eine kleine Verkaufsstelle für Computer, einige Blocks davon entfernt, ist nur wenig attraktiver. Hinter der Fassade jedoch repräsentiert 47th Steet Photo die aktuelle Form des Discount-Einzelhandels – der Verkauf von Qualität und Markenprodukten mit hohen Preisnachlässen. Obwohl erst seit 15 Jahren im Geschäft, verkaufen die beiden winzigen 47th Street-Läden jährlich elektronische Produkte im Wert von über 100 Millionen Dollar, und ihr Umsatz steigt jährlich um 25 Prozent.

47th Street Photo ist typisch für die neue Form von Discount-Häusern, die am unteren Ende des Einzelhandels auftauchen, um die Lücke zu schließen, die durch länger existierende Discounter geschaffen wurde, als diese begannen, ihr Warenangebot, ihre Serviceleistungen sowie ihre Preise anzuheben. 47th Street verfolgt eine Philosophie niedriger Kosten, geringer Spannen und hohen Umsatzvolumens. Das Unternehmen unterhält einen großen Lagerbestand von über 25.000 sich rasch umschlagenden Marken von Elektronikprodukten – einschließlich solcher Artikel wie Kameras und Fotoausrüstungen, die nur 30 Prozent seines Geschäftsumfanges ausmachen, sowie Personal Computer, Rechner, Schreibmaschinen, Telefonapparate, automatische Anrufbeantworter und Videogeräte. Das Unternehmen hält die Kosten niedrig durch preiswerte, einfache Einrichtung, effizienten Betriebsablauf und geschickten Einkauf. Auf diese Weise bietet es den Kunden die niedrigsten Preise und schlägt seine Lager rasch um.

Kunden von 47th Street Photo begnügen sich mit knapper Bedienung und erhalten weniger Service als in dekorativen Spezialgeschäften. Wie in einem gut gehenden Restaurant läßt 47th Street Photo die Kunden hereinkommen, bedient sie und läßt sie rasch wieder hinausgehen. Die Kunden stellen sich am Verkaufsschalter an, um vom tüchtigen, aber kurz angebundenen Verkaufspersonal bedient zu werden. Dieses geht davon aus, daß die Kunden wissen, was sie wollen, bevor sie eintreten. Eine Prüfung der Produkte sowie Vergleiche im Laden sind nicht erwünscht, und das Verkaufspersonal steht kaum für Auskunft oder Hilfestellung zur Verfügung.

Der Preis aber ist in Ordnung. 47th Street Photo überwacht regelmäßig die Preise der Konkurrenz, um sicher zu sein, daß seine eigenen Preise die Marktposition des „niedrigsten Preises" bestätigen. Hierzu einige Beispiele: empfohlener Einzelhandelspreis für den Canon PC-20 Kopierer 1.295 Dollar, bei 47th Street Photo kostet er 880 Dollar. Bei Macy's, wo eine Brother Schreibmaschine für 400 Dollar offeriert wird, war das Produkt an einem der letzten Sonntage ausverkauft, bei 47th Street Photo kostet dasselbe Modell 289 Dollar und ist selbstverständlich vorrätig.

Die Hälfte der 47th Street Photo-Umsätze resultieren aus Versandaufträgen und telefonischen Bestellungen. Der 224 Seiten umfassende Katalog des Unternehmens, die Fernsprechanschlüsse zum Ortstarif und massive Anzeigenwerbung in der New York Times, in Wall Street Journal sowie in einigen anderen Wirtschafts- und Fachzeitschriften haben die in New York übliche Einkaufseinstellung „nur Dummköpfe zahlen den offiziellen Einzelhandelspreis" („only dopes pay retail") nun auch dem übrigen Amerika zugänglich gemacht. Im Laufe der Jahre hat 47th Street Photo einen soliden Ruf für

47th Street Photo macht einen eher unscheinbaren Eindruck, ist aber eine effiziente und zielstrebige Verkaufsorganisation. Abgedruckt mit freundlicher Genehmigung der Firma 47th Street Photo.

Vertrauenswürdigkeit aufgebaut. Ein Preis ist ein Preis und keine Lockvogelwerbung, es gibt keine erfeilschten oder geheimen Preise.

Von außen also sieht 47th Street Photo einem Einzelhandelsbetrieb nicht sehr ähnlich, hinter seinem unansehnlichen Äußeren jedoch verbirgt sich eine dynamische und äußerst zielstrebige Verkaufsorganisation.

Quelle: Entnommen von John Merwin, „The Source", Forbes, 9. April 1984, S. 74–78.

Elektrowerkzeuge, Kameras, Koffer, kleine Haushaltsgeräte, Spielwaren und Sportartikel. Diese Geschäfte, die in den späten sechziger Jahren erstmals auftauchten, wurden zu einer der interessantesten neuen Betriebsformen des Einzelhandels. Sie bedrohten sogar die traditionellen Discount-Häuser, die zu mehr Service und damit zu höheren Kalkulationsaufschlägen und Preisen übergegangen waren. Angeführt wird die Katalog-Ausstellungsbranche von Unternehmen wie Best Products, Consumers Distributing und Service Merchandise. Bis in die späten siebziger Jahre unterhielten in den USA etwa 470 Firmen ungefähr 1700 Katalog-Schauräume. Mitte der achtziger Jahre erzielten Katalog-Schauräume mehr als zehn Milliarden Dollar Jahresumsatz, das sind fünf Prozent des gesamten Einzelhandelsumsatzes.[8]

Die Katalog-Schauräume stellen ausführliche Farbkataloge, in denen von jedem Artikel sowohl der Listenpreis als auch der Discountpreis angeführt wird, zur Verfügung. Best Products versendet jedes Jahr einen 500 Seiten umfassenden farbigen Katalog, der 8500

Artikel enthält, an zehn Millionen potentielle Kunden.[9] Die Käufer können per Telefon bestellen oder die Artikel in einem der 196 Best-Ausstellungsräume besichtigen und kaufen. Katalog-Schauräume erzielen ihren Gewinn durch Senkung von Kosten und Spannen, wodurch sie niedrige Preise bieten können, die ein höheres Verkaufsvolumen zur Folge haben. Sie verkaufen durch die Werbung bereits vorverkaufte Markenwaren, mieten Geschäfte in Gegenden mit niedrigem Mietzins, stellen ein Drittel weniger Verkaufspersonal ein und operieren überwiegend auf Barzahlungsbasis. Die Kunden müssen weiter fahren und sich mit weniger Service begnügen; das rasche Wachstum der Katalog-Schauräume zeigt allerdings, daß viele Konsumenten bereit waren, das zu akzeptieren, um auf diese Weise Geld zu sparen.

Als in den letzten Jahren jedoch Waren- und Kaufhäuser dazu übergingen, ihre normalen Verkäufe zu konkurrenzfähigeren Preisen abzuwickeln, mußten sich die Katalog-Schauräume anstrengen. Sie renovieren ihre Geschäfte, betreiben mehr Werbung und sehen sich nach neuen Strategien um, in der Absicht, Umsätze und Erträge zu steigern.

Art des Geschäftslokales

Die meisten Waren und Dienstleistungen werden in Geschäftslokalen verkauft, aber der nicht an Läden gebundene (nonstore) Einzelhandel ist wesentlich schneller gewachsen als der ladengebundene. Der nonstore Einzelhandel ist mit 14 Prozent am Gesamteinzelhandelsumsatz beteiligt. Bis zum Ende dieses Jahrhunderts könnte ein Drittel aller üblichen Handelswaren über nicht-ladengebundene Absatzwege verkauft werden.[10] An dieser Stelle untersuchen wir vier Formen des nonstore Einzelhandels: den Versandhandel und Telephonverkauf, den Verkauf via Automaten, das Einkaufsservice sowie den Verkauf an der Haustüre und auf Verkaufsparties.

Versand- und Telephon-Einzelhandel

Der **Versandhandel und Telephonverkauf** bedient sich der Post oder des Telephons, um Aufträge zu erlangen und die Lieferungen auszuführen. Nach dem Bürgerkrieg begannen Kaufleute Kataloge an Personen zu versenden, die in ländlichen Gegenden lebten. 1872 wurde A. Montgomery Ward gegründet, im Jahr 1886 folgte Sears und Roebuck. Bis 1918 haben diese beiden Firmen einen gigantischen Versandhandel aufgebaut. Darüber hinaus gab es noch etwa 2500 weitere Versandgeschäfte. In den dreißiger und vierziger Jahren, als

Versandunternehmen reichen von riesigen Vollsortimentern, wie z. B. Sears bis zu kleineren Spezialversendern, wie z. B. L. L. Bean. Abgedruckt mit freundlicher Genehmigung der L. L. Bean, Inc.

in kleineren Städten Filialketten eröffnet wurden, gaben viele Einzelhändler ihr Versandgeschäft auf. Derzeit jedoch ist der Versand- und Telephonhandel nicht im Rückgang, sondern im Aufschwung begriffen. In den USA erzielen mehr als 11.000 Versand- und Telephonhandelshäuser Umsätze von über acht Milliarden Dollar. Diese Geschäfte sind in verschiedenen Formen anzutreffen.

Versandunternehmen auf Katalogbasis versenden Kataloge an eine ausgewählte Kundengruppe. Einige große Versandhäuser führen ein volles Warensortiment. Sears ist der Branchengigant. Das Unternehmen versendet jedes Jahr mehr als 300 Millionen Kataloge und erzielt mit dem Versand mehr als 3,7 Milliarden Dollar Umsatz.[11] Die großen Versand-Einzelhändler, die ein allgemeines Warensortiment anbieten, müssen den Markt nun mit mehr als 4000 anderen Katalogversendern teilen. Die Konsumenten können nahezu alles per Katalog kaufen. Hanover House verschickt 22 verschiedene Katalog und verkauft alles, von Schuhen bis hin zu dekorativen Vorgartenplastiken, wie z. B. Gartenzwerge. L. L. Bean verkauft Camping-Ausrüstung und Straßenbekleidung. Spiegel offeriert Designer-Mode sowie Möbel, und Sharper Image verkauft 2400 Dollar teure düsenbetriebene Surfboards.[12]

Kürzlich haben Spezialkaufhäuser wie z. B. Neiman-Marcus und Saks Fifth Avenue damit begonnen, Kataloge zu verwenden, die sich an die Oberklasse-Märkte mit hochpreisigen, oft exotischen Waren wie z. B. Modeschmuck und Gourmet-Lebensmittel wenden. Einige bedeutende Unternehmen haben ebenfalls Versandgeschäft-Abteilungen errichtet. Xerox bietet auf diesem Wege Kinderbücher an, Avon verkauft Damenkleidung, American Airlines vermarktet Koffer; General Foods offeriert Handarbeitsausrüstungen; General Mills vertreibt Hemden und American Express bringt Mäntel auf den Markt.

Direktabsatz-Marketer betreiben Zeitungs-, Zeitschriften-, Radio- oder Fernsehwerbung, mit der sie irgendein Produkt beschreiben, das der Kunde schriftlich oder telefonisch bestellen kann. Der Direkt-Anbieter wählt jene Werbemedien aus, die die Anzahl der Aufträge bei einem festgelegten Werbeaufwand maximieren. Diese Strategie hat sich bei Produkten wie Schallplatten, Tonbändern, Büchern und kleinen Haushaltsgeräten bewährt.

Direktversand-Marketer verschicken in Form von Briefen, Flugblättern oder Faltprospekten Werbeaussendungen zu potentiellen Kunden. Zu diesem Zweck werden von Adressenverlagen spezielle Adressenlisten verliehen oder verkauft. Direktversand hat sich für den Verkauf von Büchern sowie von Zeitschriftenabonnements, von Versicherungen, Bekleidung und sogar Gourmet-Lebensmitteln als äußerst erfolgreich erwiesen. Die bedeutendsten Wohltätigkeitsorganisationen haben sich des Direktversandes bedient und auf diesem Wege einen Geldbetrag von mehr als 21,4 Milliarden Dollar aufgebracht, das sind über 80 Prozent ihres Spendenaufkommens.[13]

Im Fernmarketing (telemarketing) benutzen Direktanbieter das Telephon für den Verkauf verschiedenster Waren. Die Palette reicht von Reparatur-Servicediensten über Zeitungsabonnements bis hin zur Zoo-Mitgliedschaft. Einige Telephonanbieter verwenden computerisierte Telephonsysteme, bei denen die Haushalte automatisch angewählt und computerisierte Nachrichten übermittelt werden. Zahlreiche Gruppen haben versucht, diese Methode gesetzlich verbieten oder begrenzen zu lassen.

Mehrere Faktoren haben die Zunahme des Versandhandels und Telephonverkaufs verursacht. Berufstätige Frauen haben weniger Zeit zum Einkaufen. Das Einkaufen im Laden ist wegen höherer Fahrkosten, Verkehrs- und Fahrtproblemen, der Kriminalität in städtischen Einkaufsgebieten, geringerem Service im Laden sowie längerer Warteschlangen an der Kasse wenig attraktiv geworden. Ferner haben die Entwicklung der Service-Einrichtung, Ferngespräche gebührenfrei führen zu können, und die längeren Betriebszeiten der Telephoneinzelhändler zu einem Aufschwung dieser Form des Einzelhandels geführt.

Automatenverkauf

Der **Verkauf über münzbetriebene Automaten** ist nicht neu – bereits 215 v. Chr. konnten die Ägypter heiliges Wasser von münzbetriebenen Vorrichtungen kaufen.[14] In den achtziger Jahren des 19. Jahrhunderts stellte die Tutti-Frutti Company Kaugummi-Automaten in Bahnhöfen auf. Die Automaten der Gegenwart verwenden Raumfahrt- und Computertechnologie, um eine breite Auswahl von Impulsartikeln – Zigaretten, Getränke, Süßigkeiten, Zeitungen, Lebensmittel und Snacks, Strumpfwaren, Kosmetika, Taschenbücher, Schallplatten und Tonbänder, T-Shirts, Versicherungspolizzen und sogar Schuhputzservice sowie Angelwürmer – zu verkaufen.

Verkaufsautomaten sind in Fabriken, Büros, Foyers, Einzelhandelsgeschäften, Tankstellen und Eisenbahnwagen anzutreffen. Sie stellen in zunehmendem Maße auch Unterhaltungs-Dienstleistungen zur Verfügung – Flipper, Musikautomaten und Computerspiele. Bankautomaten versorgen die Kunden mit Kontoauszügen und stellen zahlreiche Serviceleistungen zur Verfügung.

Die Vorteile von Verkaufsautomaten liegen im 24-Stunden-Verkauf, in der Selbstbedienung und darin, daß weniger Waren beschädigt werden. Der Verkauf über Automaten ist jedoch ein aufwendigerer Absatzkanal, und die Preise der Waren liegen oft 15 bis 20 Prozent über denen anderer Verkaufsformen. Die Kunden müssen Automatenpannen und Fehlbestände in Kauf nehmen, außerdem können die Waren nicht zurückgegeben werden.

Einkaufsservice

Einkaufsservice ist eine Form des nicht-ladengebundenen Einzelhandels. Es wird eine spezielle Kundengruppe bedient – für gewöhnlich die Beschäftigten großer Organisationen, wie z. B. Schulen, Krankenhäuser, Gewerkschaften und Behörden. Die Kunden können von ausgewählten Einzelhändlern kaufen, die sich bereit erklärt haben, den Mitgliedern dieses Einkaufsdienstes Preisnachlässe zu gewähren. Ein Kunde, der einen Video-Recorder kaufen möchte, erhält vom Einkaufsservice ein Formular, bringt dieses zu einem angeschlossenen Einzelhändler und kann dort das Gerät mit einem Preisnachlaß erwerben. Der Einzelhändler entrichtet anschließend eine geringe Gebühr an den Einkaufsdienst. So bietet beispielsweise United Buying Service seinen 900.000 Mitgliedern die Möglichkeit, Waren „zu Anschaffungskosten zuzüglich acht Prozent“ zu erwerben.

Haustürverkauf

Der **Haustürverkauf** – der vor mehreren Jahrhunderten mit umherziehenden Hausierern begann – hat sich zu einer großen Branche entwickelt. Mehr als 600 Firmen verkaufen entweder an der Haustür, in Büros oder auf privaten Verkaufsparties. Als Pioniere des Haustürverkaufs gelten die Fuller Brush Company, Staubsaugerfirmen wie Electrolux und Buchhandlungen wie Southwestern.

Das Image des Haustürverkaufs ist erheblich besser geworden, seit Avon mit seinen Avon-Damen – als Freundinnen und Schönheitsberaterinnen der Hausfrauen – in die Branche eingestiegen ist. Im Jahre 1983 verkaufte die Avon-Armee, bestehend aus über 425.000 US-amerikanischen Vertreterinnen, in mehr als 50 Millionen Wohnungen Waren im Wert von 1,2 Milliarden Dollar und machte Avon damit zum größten Kosmetikunternehmen der Welt sowie zur Nummer eins der Haustürmarketer. Tupperware hat viel dazu beigetragen, sogenannte Hausverkaufsparties populär zu machen. Irgendjemand lädt Freunde und Nachbarn zu einer Party in seine Wohnung ein, wo Tupperware vorgeführt und verkauft wird. Tupperware führt ungefähr 140 verschiedene Produkte. 1983 erzielte die Verkaufsmannschaft von über 300.000 selbständigen Vertretern einen Umsatz von mehr als 775 Millionen Dollar.[15]

Die Vorteile des Haustürverkaufs liegen in der Bequemlichkeit für den Konsumenten sowie in der persönlichen Bedienung, jedoch führen die erheblichen Kosten für die Einstellung, Ausbildung, Bezahlung und Motivierung des Verkaufspersonals zu höheren Preisen. Die Zukunft des Haustürverkaufs ist ziemlich ungewiß. Die steigende Zahl von Ein-Personen-Haushalten sowie von Haushalten, in denen beide Ehepartner berufstätig sind, verringert die Chancen, irgendjemanden zu Hause anzutreffen. Haus-Verkaufsfirmen haben Schwierigkeiten, nicht arbeitende Frauen zu finden, die als Teilzeitbeschäftigung ihre Produkte verkaufen wollen. Darüber hinaus ist die Entwicklung der dialogfähigen Telekommunikation in letzter Zeit so weit fortgeschritten, daß in Zukunft Fernseher im Wohnzimmer oder Heimcomputer an die Stelle von Haustürverkäufern treten werden.

Intensität der Einflußnahme

Einzelhandelsinstitutionen können nach der Form des Eigentums klassifiziert werden. Ungefähr 80 Prozent aller Einzelhandelsgeschäfte sind unabhängig. Sie erzielen zwei Drittel aller Einzelhandelsumsätze. An dieser Stelle wollen wir einige andere Eigentumsformen betrachten – Filialunternehmen, freiwillige Ketten und Einzelhändler-Genossenschaften, Verbraucher-Genossenschaften, Franchise-Organisationen und diversifizierte Einzelhandelskonzerne.

Filialkettenunternehmen

Die Filialkette ist eine der wichtigsten Einzelhandelsentwicklungen dieses Jahrhunderts. **Filialkettengeschäfte** sind zwei oder mehrere Verkaufsstellen, die in gemeinsamem Eigentum und unter gemeinsamer Kontrolle stehen, gleiche Warenlinien verkaufen, über zentralen Einkauf und Verkauf verfügen. Mitunter sind sie auch architektonisch ähnlich gestaltet.[16]

Gemeinsames Eigentum und Kontrolle unterscheiden Filialketten von freiwilligen Zusammenschlüssen und Franchise-Organisationen. Die Tatsache, daß Kettenunternehmen gleiche Produktlinien verkaufen, unterscheidet sie von diversifizierten Einzelhandelskonzernen, die verschiedene Ketten unter gemeinsamem Eigentum vereinen. Zentraler Ein- und Verkauf bedeutet, daß die Geschäftsleitung weitgehend über das Sortiment der Kette entscheidet, das Bestellwesen übernimmt, um Mengenrabatte zu erhalten, den einzelnen Filialen Waren zustellt, und daß Preise, Promotion-Aktivitäten sowie andere Maßnahmen für die einzelnen Geschäftseinheiten zentral festgelegt werden. Schließlich verwenden Ketten einen übereinstimmenden architektonischen Stil, um ihre Geschäfte bekannter zu machen.

Filialkettenunternehmen erscheinen in allen Betriebsformen des Einzelhandels – Supermärkte, Discounthäuser, Niedrigpreis- und Fachgeschäfte sowie Warenhäuser. Sie sind am stärksten vertreten bei Warenhäusern, Niedrigpreisläden, Lebensmittelgeschäften, Drugstores, Schuhgeschäften und Damenoberbekleidungsgeschäften. Filialkettenunternehmen haben gegenüber unabhängigen Einzelhandelsgeschäften zahlreiche Vorteile aufzuweisen. Ihre Größe erlaubt es ihnen, in großen Mengen zu niedrigeren Preisen einzukaufen. Sie sind in der Lage, auf Unternehmensebene Spezialisten einzustellen, die sich beispielsweise mit Preisfestlegung, Absatzförderung, Ein- und Verkauf, Lagerbestandskontrollen und Verkaufsplanung befassen. Darüber hinaus erlangen Filialketten Promotionvorteile, da sich ihre Werbekosten auf viele Geschäfte sowie auf ein großes Umsatzvolumen verteilen.

Freiwillige Ketten und Einzelhandelsgenossenschaften

Der große Erfolg der Kettenunternehmen veranlaßte viele unabhängige Unternehmen, sich in einer der folgenden zwei Formen vertraglich festgelegter Zusammenarbeit zu verbinden. Die eine Form ist die freiwillige Kette – eine vom Großhandel unterstützte Gruppe unabhängiger Einzelhändler, die sich mit Gruppeneinkauf und gemeinsamen Verkaufsaktivitäten befaßt. Beispiele hierfür sind die Independent Grocers Alliance (IGA), Sentry Hardwares und Western Auto. Die andere Form des Zusammenschlusses auf vertraglicher Grundlage ist die Einzelhändler-Genossenschaft – eine Gruppe unabhängiger Einzelhändler, die sich zusammengeschlossen haben, eine im gemeinsamen Eigentum befindliche Großhandelsorganisation errichtet und eine gemeinsame Verkaufspolitik betreibt sowie Absatzförderungsbemühungen durchführt. Beispiele hierfür sind die Associated Grocers und Ace Hardware. Diese Organisationen bieten den Unabhängigen die Einkaufs- und Promotionvorteile, die sie benötigen, um den Preisen der Filialunternehmen begegnen zu können.

Verbrauchergenossenschaft

Eine **Verbrauchergenossenschaft** ist ein Einzelhandelsunternehmen, das sich im Eigentum seiner Kunden befindet. Einwohner einer Gemeinde können eine Verbrauchergenossenschaft gründen, wenn sie unter dem Eindruck stehen, daß die örtlichen Einzelhändler zu hohe Preise fordern, nur dürftige Produktauswahl oder zu geringe Qualität bieten. Die Mitglieder stellen Geld bereit, um ihr eigenes Geschäft zu eröffnen. Sie stimmen über ihre Maßnahmen ab und wählen Manager. Das Geschäft kann niedrige Preise festlegen oder den Mitgliedern eine Dividende entsprechend ihrem Einkaufsvolumen ausschütten. Obwohl es einige tausend Genossenschaften in den USA gibt, stellen sie keine bedeutende Einzelhandelsmacht dar.

Franchise-Organisation

Eine **Franchise-Organisation** ist eine vertraglich festgelegte Verbindung zwischen einem Hersteller, einem Großhändler oder einer Serviceorganisation (Franchisegeber) und unabhängigen Unternehmern (Franchisenehmer), die das Recht erwerben, als Eigentümer ein oder mehrere Betriebe im Rahmen des Franchisesystems zu führen. Der wesentliche Unterschied zwischen einer Franchise-Organisation und anderen Vertragssystemen (freiwillige Ketten und Einzelhändler-Genossenschaften) besteht darin, daß Franchise-Systeme üblicherweise auf irgendeinem einzigartigen Produkt oder Service basieren oder auf einer bestimmten Art, ein Geschäft zu betreiben. Denkbare Grundlagen sind ferner ein Firmenname, ein Goodwill oder ein Patent, das der Franchisegeber entwickelt hat. 1983 gab es ungefähr 465.000 Franchise-Verkaufsstellen mit einem Umsatz von 436 Milliarden Dollar.

Die Vergütung, die der Franchisegeber erhält, kann aus einer Einstandsgebühr, einer Umsatzbeteiligung (Royalty), einer Mietzahlung für die vom Franchisegeber zur Verfügung gestellte Ausrüstung sowie einem Anteil am Gewinn bestehen. McDonald's berechnet für eine Konzession eine Einstandsgebühr von 150.000 Dollar und erhält eine Royalty von drei Prozent sowie eine Mietgebühr in Höhe von 8,5 Prozent. Darüber hinaus fordert McDonald's von seinen Franchisenehmern, daß sie für die Dauer von drei Wochen eine Hamburger Universität besuchen, wo sie lernen, wie das Geschäft gemanagt wird.

Der Franchisegeber schreibt gewöhnlich vor, auf welche Weise das Franchise-„Produkt" genutzt oder verkauft wird. McDonald's verlangte früher von seinen Franchisenehmern, daß sie ihre ganze Geschäftsausstattung und zahlreiche Zulieferungen nur von McDonald's selbst oder von autorisierten Lieferanten bezogen. Diese Forderung wurde jedoch angefochten, und ein Bundesgericht entschied, daß diese Auflage in den Franchiseverträgen fallengelassen werden mußte. Solange sich die Franchisenehmer genau an die Qualitätsnormen halten, dürfen sie nunmehr von einer Bezugsquelle ihrer Wahl kaufen.

Diversifizierte Einzelhandelskonzerne

Diversifizierte Einzelhandelskonzerne sind Kapitalgesellschaften, die mehrere unterschiedliche Einzelhandelsformen, die einige Distributions- und Managementfunktionen gemeinsam ausüben, unter einem zentralen Eigentum verbinden.[17] Beispiele hierfür sind Federated Department Stores, Allied Stores, Dayton-Hudson und J. C. Penney. Einer der ertragsstärksten von diesen diversifizierten Einzelhändlern, Melville Corporation, betreibt: Thom McAn, Miles und Vanguard Schuh-Ketten; Chess Kind, eine Kette von 326 Modeläden für junge Männer, Foxmoor, ein Damenoberbekleidungsgeschäft, Clothes Bin, eine Kette von Discountgeschäften für Damenbekleidung; CVS, eine Kette von Gesundheits- und Schönheitspflegeläden und Marshall, Inc., eine Kette, die alle Arten von Markenbekleidung führt.[18] Der diversifizierte Einzelhandel wird wahrscheinlich in den achtziger und neunziger Jahren an Bedeutung gewinnen.

Zur Federated Department Stores, Inc., einem diversifizierten Einzelhandelskonzern, gehören alle diese Einzelhandelsunternehmen. Abgedruckt mit freundlicher Genehmigung der Firma Federated Department Stores

Ausdehnung des Einzugsbereiches

Die meisten Geschäfte ballen sich derzeit zusammen, um ihre Anziehungskraft für die Kunden zu erhöhen und um den Kunden die Annehmlichkeit des Einkaufens an einem Ort zu bieten. Die wichtigsten Formen der Agglomeration sind der zentrale Geschäftsbezirk und das Einkaufszentrum.

Zentraler Geschäftsbezirk

Zentrale Geschäftsbezirke waren bis in die fünfziger Jahre die Hauptform der Einzelhandelszusammenschlüsse. In jeder großen Stadt befand sich ein zentraler Geschäftsbezirk, bzw. ein Einkaufsviertel mit Warenhäusern, Fachgeschäften, Banken und Kinos. Als die Leute in den fünfziger Jahren begannen, in die Vorstädte abzuwandern, verloren diese zentralen Geschäftsbezirke mit ihren Verkehrs-, Park- und Sicherheitsproblemen allmählich an Bedeutung. Die Kaufleute der Innenstadt eröffneten Filialen in Vorstadt-Einkaufszentren, und der Niedergang der zentralen Geschäftsviertel setzte sich fort. Erst seit kurzem versuchen die Stadtverwaltungen, in Zusammenarbeit mit Kaufleuten die Einkaufsviertel der Innenstadt durch den Bau von Geschäftsstraßen und unterirdischen Parkgaragen zu revitalisieren. Einigen zentralen Geschäftsbezirken ist ein Comeback gelungen; andere sind weiterhin in einem langsamen und möglicherweise unwiderruflichem Verfall begriffen.

Einkaufszentrum

Ein **Einkaufszentrum** ist eine Gruppe von Einzelhandelsgeschäften. Es ist als Einheit geplant und entwickelt worden, hat einen Besitzer und wird zentral geleitet. Standort, Größe sowie die Art der Läden sind auf dem Kundschaftsbereich abgestimmt, dem es dienen soll.[19]

Das regionale Einkaufszentrum ist das größte und attraktivste der Einkaufszentren. Ein regionales Einkaufszentrum ist einer kleinen Innenstadt vergleichbar. Es enthält 40 bis 100 Geschäfte und zieht Kunden aus einer weiten Umgebung an. In seiner frühen Ausprägung bestand das regionale Einkaufszentrum aus zwei großen Warenhäusern, die die äußeren Enden „verankerten", dazwischen lagen diverse Fachgeschäfte. Bei dieser Anordnung konnten die Kunden die Produkte in den verschiedenen Fachgeschäften und Warenhäusern leicht vergleichen. Ein Kunde, der Jeans suchte, konnte einen Vergleich anstellen zwischen Sears, Lord & Taylor, Just Jeans, The Gap und County Seat. Regionale Zentren sind im Verlauf der Jahre um neue Arten von Einzelhändlern erweitert worden – Dentisten, Gesundheitsclubs und sogar Bücherei-Filialen sind dazugekommen.

Größere regionale Zentren sind nunmehr mit mehreren Warenhäusern ausgestattet und verfügen über einige Einkaufsebenen. Die meisten der neueren Einkaufszentren sind überdacht und bieten bei jedem Wetter einen bequemen Einkauf.

Ein Gemeindeeinkaufszentrum umfaßt zwischen 15 und 20 Einzelhandelsgeschäfte. Im Regelfall verfügt es über ein Hauptgeschäft – üblicherweise eine Filiale eines Warenhauses oder Niedrigpreisgeschäftes – und einen Supermarkt sowie über Fachgeschäfte und Läden für Waren des täglichen Bedarfs, über Büros von freiberuflich tätigen Spezialisten und mitunter auch über eine Bank. Das Hauptgeschäft liegt meist in der Mitte des Einkaufszentrums.

Am häufigsten sind Nachbarschafts-Einkaufszentren, die aus fünf bis 15 Geschäften bestehen. Sie liegen nah und sind für die Konsumenten bequem zu erreichen. Normalerweise befindet sich dort ein Supermarkt als zentrales Geschäft sowie eine Anzahl von Dienstleistungsunternehmen – eine chemische Reinigung, ein Waschsalon, eine Drogerie, ein Friseur- oder Kosmetiksalon, ein Eisenwarengeschäft oder andere Läden, die in zufälliger Reihenfolge angesiedelt sind.

Alle Einkaufszentren zusammengenommen erzielen zur Zeit

Ein regionales Einkaufszentrum gleicht einem innerstädtischen Einkaufsviertel. Minneapolis Convention und Visitors Bureau.

ungefähr ein Drittel des gesamten Einzelhandelsumsatzes, sie dürften allerdings ihren Sättigungspunkt erreicht haben. In zahlreichen Gebieten befinden sich zu viele Einkaufszentren, und die Umsätze pro Quadratmeter sind rückläufig, die Anzahl leerstehenden Räumen nimmt zu, und einige Einkaufszentren haben das Geschäft aufgegeben. Der aktuelle Trend geht zu kleineren Einkaufszentren in mittelgroßen oder kleineren Städten in Gegenden mit rasch ansteigender Bevölkerungszahl wie z. B. im Südwesten der USA.

MARKETING-ENTSCHEIDUNGEN DER EINZELHÄNDLER

Als nächstes wollen wir die wichtigsten Marketing-Entscheidungen betrachten, die Einzelhändler bezüglich ihrer Zielmärkte, ihres Sortiments, ihres Service und im Hinblick auf ihren Preis sowie ihre Absatzförderung und ihren Standort treffen müssen.

Zielmarktentscheidungen

Einzelhändler müssen als erstes ihren Zielmarkt festlegen und anschließend entscheiden, wie sie sich dort positionieren wollen. Die Positionierung des Einzelhändlers bestimmt alle anderen Marketing-Entscheidungen. Sortiment, Serviceleistungen, Preispolitik, Werbung, Ladeneinrichtung und andere Faktoren müssen jeweils auf die Position des Einzelhändlers in seinem Marktsegment abgestimmt sein.

Einige Geschäfte definieren ihren Zielmarkt und ihre Positionierung recht gut. Ein Damenoberbekleidungsgeschäft in Palm Springs positionierte sich als „Moden für die anspruchsvolle Frau" und zielte auf Frauen mit höheren Einkommen im Alter zwischen 30 und 35 Jahren, die im Umkreis von 30 Fahrminuten vom Geschäftslokal lebten. Viele Einzelhändler versäumen es jedoch, ihre Zielmärkte und Positionierungen eindeutig festzulegen. Sie wollen „für jeden etwas" anbieten und stellen letztlich keine Zielgruppe zufrieden. Selbst große Warenhäuser wie Sears müssen ihre wichtigsten Zielmärkte festlegen, um wirksame Strategien für die Bedienung dieser Märkte entwickeln zu können.

Ein Einzelhändler sollte regelmäßig Absatzforschung betreiben, um zu überprüfen, ob er seine Zielgruppe zufriedenstellt. Betrachten wir ein Geschäft, das wohlhabende Konsumenten gewinnen möchte und dessen Image aus der durchgehenden Linie in Abbildung 14-1 zu ersehen ist. Das Geschäft findet gegenwärtig bei seinem Zielmarkt keinen Anklang – es muß seine Zielgruppe ändern oder sich selbst zu einem hochklassigeren Laden wandeln. Angenommen, das Geschäft

ABBILDUNG 14-1
Ein Vergleich zwischen einem alten und einem neuen Image eines Geschäfts, das versucht, in einem Markt für hochwertige Güter attraktiv zu sein.

Quelle: Übernommen von David W. Cravens, Gerald E. Hills und Robert B. Woodruff, Marketing Decision Making: Concepts and Strategy (Homewood, IL: Irwin, 1976), S. 234.

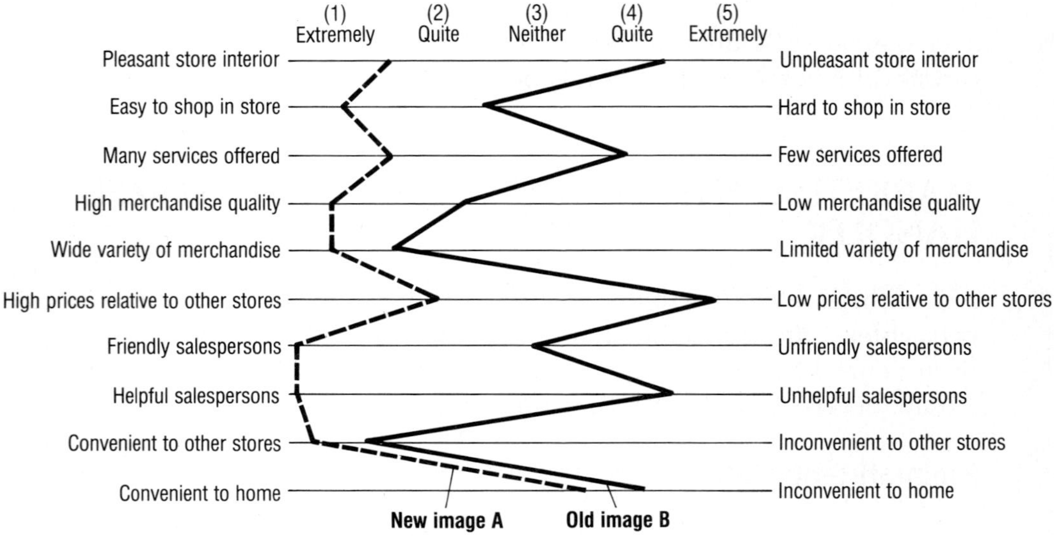

FIGURE 14-1
A Comparison between the Old and the New Image of a Store Seeking to Appeal to a Class Market

Source: Adapted from David W. Cravens, Gerald E. Hills, and Robert B. Woodruff, *Marketing Decision Making: Concepts and Strategy* (Homewood, IL: Irwin, 1976), p. 234.

	(1) äußerst	(2) ziemlich	(3) weder/noch	(4) ziemlich	(5) äußerst	
angenehme Geschäftsausstattung						unangenehme Geschäftsausstattung
leichtes Einkaufen im Geschäft						schwierig einzukaufen im Geschäft
viele Serviceleistungen						wenig Serviceleistungen
hohe Warenqualität						niedrige Warenqualität
große Warenvielfalt						begrenzte Warenauswahl
hohe Preise im Vergleich						niedrige Preise im Vergleich
zu anderen Geschäften						zu anderen Geschäften
freundliches Verkaufspersonal						unfreundliches Verkaufspersonal
hilfreiches Verkaufspersonal						wenig hilfreiches Verkaufspersonal
bequem von anderen Geschäften aus zu erreichen						unbequem von anderen Geschäften aus zu erreichen
bequem von zu Hause aus zu erreichen						unbequem von zu Hause aus zu erreichen

entscheidet sich dafür, seine Produkte, Serviceleistungen und sein Verkaufspersonal zu verbessern und erhöht seine Preise. Einige Zeit später zeigt eine zweite Kundenerhebung jenes Image, das mit der unterbrochenen Linie in Abbildung 14-1 dargestellt wurde. Das Geschäft hat jene Position aufgebaut, die der Wahl seiner Zielgruppe entspricht.

Sortiment- und Serviceentscheidungen

Einzelhändler haben über drei wichtige Produktvariable zu entscheiden: Sortiment, Service-Mix und Geschäftsatmosphäre.

Das Sortiment des Einzelhändlers muß dem entsprechen, was die Käufer erwarten. Tatsächlich wird das Sortiment zum Schlüsselelement im Konkurrenzkampf mit anderen Einzelhändlern. Der Einzelhändler hat über die Breite und Tiefe des Sortiments zu entscheiden. So kann ein Restaurant ein enges und oberflächliches Sortiment bieten (Imbißecke), eine enge und tiefe Auswahl (Delikatessen), ein breites und flaches Sortiment (Cafeteria) oder eine breite und tiefe Auswahl (großes Restaurant). Ein weiterer Sortimentsbestandteil ist die Qualität der Waren. Der Kunde ist nicht nur an der Auswahlbreite interessiert sondern auch an der Qualität der Waren.

Darüber hinaus müssen die Einzelhändler auch über das den Kunden anzubietende Service-Mix entscheiden. Die alten „Tante Emma"-Lebensmittelgeschäfte offerierten Lieferungen ins Haus, ließen „anschreiben" und boten persönliche Gespräche – Leistungen, die die Supermärkte der Gegenwart gestrichen haben. Die Tabelle 14-3 listet einige der wichtigsten Serviceleistungen auf, die ein Voll-Service-Einzelhändler anbieten kann. Das Service-Mix ist eines der

TABELLE 14-3
Typische Einzelhandels-Serviceleistungen

SERVICELEISTUNGEN VOR DEM KAUF	SERVICELEISTUNGEN NACH DEM KAUF	NEBENLEISTUNGEN
1. Annahme telephonischer Bestellungen	1. Lieferung (Zustellung)	1. Zahlung per Scheck
2. Annahme von Postversandaufträgen (oder Einkäufen)	2. Übliche Verpackung oder Einkaufstüten	2. Allgemeine Informationen
3. Werbung	3. Geschenkverpackung	3. Kostenloses Parken
4. Schaufensterauslage	4. Anpassungen	4. Restaurants
5. Innenauslagen	5. Rücknahmen	5. Reparaturen
6. Anproberäume	6. Änderungen	6. Innendekoration
7. Einkaufszeiten	7. Maßschneiderei	7. Kreditgewährung
8. Modeschauen	8. Aufstellen	8. Toiletten
9. Inzahlungnahme	9. Gravierungen	9. Babybetreuungs-service
	10. Nachnahmelieferungen	

Quelle: Carl M. Larson, Robert E. Weigand und John S. Wright, Basi Retailing (copyright) 1982, S. 384. Abgedruckt mit freundlicher Genehmigung von Prentice-Hall, Inc.

Schlüsselinstrumente im Nicht-Preis-Wettbewerb, um ein Geschäft vom anderen abzuheben.

Die Atmosphäre eines Ladens ist das dritte Element in seinem Angebotsarsenal. Jeder Laden hat eine Raumaufteilung, die das Umhergehen schwierig oder leicht gestaltet. Jedes Geschäft vermittelt eine Empfindung: Ein Laden ist schmutzig, ein anderer ist reizend, ein dritter ist mit Plüsch ausgestattet, ein vierter ist düster. Das Geschäft muß über eine geplante Atmosphäre verfügen, die zu der Zielgruppe paßt und die sie zum Kaufen veranlaßt. Eine Bank sollte ruhig, solide und friedlich wirken, ein Nachtclub hingegen glanzvoll, laut und vibrierend.[20]

Preisentscheidungen

Die Preise des Einzelhändlers sind der entscheidende Wettbewerbsfaktor und reflektieren die Qualität der geführten Waren sowie der angebotenen Dienstleistungen. Einzelhandelspreise basieren auf den Einstandskosten der Waren, weshalb kluges Einkaufen zum Schlüsselfaktor erfolgreichen Einzelhandels wird. Darüber hinaus müssen Einzelhändler bei der Preisfestlegung noch in vieler anderer Hinsicht sehr sorgfältig vorgehen. Sie können einige Artikel, die den Markt aufbauen oder als Lockartikel dienen sollen, mit niedrigen Kalkulationsaufschlägen versehen und hoffen, daß die Kunden, wenn sie erst einmal im Geschäft sind, auch andere Artikel mit höheren Aufschlägen kaufen werden. Außerdem kann das Einzelhandelsmanagement die Preise für langsamer umschlagende Waren senken. Schuheinzelhändler gehen z. B. von der Erwartung aus, daß sie 50 Prozent ihrer Schuhe mit einem Aufschlag von 60 Prozent verkaufen können, 25 Prozent mit einem Aufschlag von 40 Prozent und die verbleibenden 25 Prozent zu Selbstkosten. Sie legen ihre Anfangspreise unter Berücksichtigung dieser erwarteten Preisnachlässe fest.

Absatzförderungsentscheidungen

Einzelhändler verwenden die üblichen Absatzförderungsinstrumente – Werbung, Direktverkauf, Verkaufsförderung und Öffentlichkeitsarbeit –, um Konsumenten zu erreichen. Sie werben in Zeitungen und Zeitschriften sowie im Radio und Fernsehen. Die Werbung kann durch Handzettel und Postwurfsendungen unterstützt werden. Der Direktverkauf erfordert eine sorgfältige Schulung der Verkäufer, wie Kunden zu begrüßen sind, wie ihren Wünschen entsprochen werden kann und wie ihre Beschwerden zu handhaben sind. Die Verkaufsförderung kann Vorführungen im Laden, Rabattmarken, Wettbewerbe sowie den Besuch von Veranstaltungen umfassen. Öffentlichkeitsarbeit ist für Einzelhändler, die etwas Interessantes zu berichten haben, immer anwendbar.

Standortentscheidungen

Der Standort des Einzelhändlers bildet den Schlüssel für seine Fähigkeit, Kunden zu gewinnen. Außerdem haben die Kosten für das Gebäude oder die Mietzahlungen einen wesentlichen Einfluß auf seine Gewinnsituation. Entscheidungen über den Standort gehören zu den wichtigsten, die der Einzelhändler zu treffen hat. Für kleine Einzelhändler stellt sich die Frage, welchen Standort sie überhaupt finden oder sich leisten können. Große Einzelhändler beschäftigen für gewöhnlich Spezialisten, die Standorte auswählen und sich moderner Methoden für die Standortbeurteilung bedienen.[21]

DIE ZUKUNFT DES EINZELHANDELS

Verschiedene Entwicklungen werden die Zukunft des Einzelhandels beeinflussen. Die Verlangsamung des Wachstums der Bevölkerungszahl sowie der Wirtschaft bedeutet, daß die Einzelhändler nicht mehr länger Umsatz- und Ertragszuwachs aus der natürlichen Expansion gegenwärtiger und neuer Märkte erlangen werden. Wachstum wird nur noch aus der Steigerung von Anteilen an bestehenden Märkten resultieren. Zunehmende Konkurrenz und neue Betriebsformen machen es jedoch für Einzelhändler immer schwieriger, ihre Anteile zu erhöhen. Demographische Verhältnisse, Lebensstile und Einkaufsverhalten der Konsumenten wandeln sich rasch. Um erfolgreich zu sein, müssen Einzelhändler ihre Zielsegmente sorgfältig auswählen und sich stark positionieren.

Schnell anwachsende Kosten machen effiziente Betriebsabläufe und geschickten Einkauf zur unabdingbaren Voraussetzung für erfolgreichen Einzelhandel. Neue Methoden, wie z. B. computerisierte Ausgangskassen und Lagerbestandskontrollen werden helfen, die Kosten zu senken und neue Wege zu eröffnen, um die Konsumenten besser zu bedienen. Schließlich werden auf Länder- und Bundesebene in zunehmendem Maße gesellschaftliche und umweltbezogene Besorgnisse zu vermehrten gesetzlichen Eingriffen in den Einzelhandel führen. Einzelhändler haben auf die langfristige Konsumentenwohlfahrt sorgsamer zu achten.

Zahlreiche Innovationen des Einzelhandels können teilweise aus der Hypothese über das „Rad des Einzelhandels“ (wheel-of-retailing concept) erklärt werden.[22] Dieser Vorstellung zufolge beginnen viele neue Betriebsformen des Einzelhandels mit geringen Spannen, niedrigen Preisen und bescheidenen Statusabläufen. Sie fordern damit

BEISPIEL 14-2
Das Rad des Einzelhandels dreht sich bei K mart

Die letzten zwei Jahrzehnte hindurch war K mart das Modell für Discount-Kaufhäuser, und das Unternehmen hielt unerschütterlich an den Prinzipien der Discount-Verkaufspolitik fest. Aber ähnlich vielen anderen Discount-Einzelhändlern, entfernt sich das Unternehmen nunmehr von dem bewährten Rezept, mit dem es zum zweitgrößten Einzelhändler des Landes aufgestiegen war. K mart erzielte 1985 einen Umsatz von 22,7 Milliarden Dollar, die Firma Sears setzte im Vergleich dazu 40,1 Milliarden Dollar um. Während der nächsten Jahre wird sich K mart sich weiterentwickeln, und zwar weg von seiner Politik einer extrem einfachen Ausstattung und niedrigen Preisen, hin zu einer anspruchsvolleren Philosophie, die stärker die Qualität und den Wert der Produkte betont. Mit dieser neuen Strategie hofft das Unternehmen, mehr Umsätze von der steigenden Anzahl wohlhabenderer Verbraucher zu erlangen, die derzeit bei K mart lediglich „cherry-pick"-Artikel (vergleichsweise preisgünstige Artikel) einkaufen.

Um das neue Image aufzubauen, nimmt K mart schrittweise, aber durchgreifende Änderungen in seinem Warensortiment und bei seiner Ladeneinrichtung vor. Das verbreiterte und qualitativ höherwertigere Produktsortiment wird bekanntere, überregionale Marken und höherwertige Handelsmarken umfassen. Mode- und Sportartikeln sowie der Unterhaltungselektronik und anderen Produkten mit hohen Kalkulationsaufschlägen wird mehr Ladenfläche gewidmet werden. Die Werbung wird weniger Sonderverkäufe, sondern mehr Markenartikel herausstellen sowie Angebote, die auf bestimmte „Lebensstile" (life-style) zugeschnitten sind.

Die Firma K mart hat bisher den gewaltigen Betrag von 450 Millionen Dollar investiert, um ihre mehr als 2000 Läden zu modernisieren und auf ein höheres Niveau zu bringen. Die schlichte Einrichtung mit den langen Reihen von Rohrgestellen hat ausgedient. Die Ladenfläche wird jetzt in spezielle Abteilungen aufgefächert, um eine angenehmere Einkaufsatmosphäre für anspruchsvolle Kunden zu schaffen – es entstehen eine Küchenecke, ein Heimelektronik-Zentrum, eine Lebensmittel-, und eine Bücherabteilung und andere Produktbereiche.

Auf diese Weise dreht sich das Rad des Einzelhandels bei K mart. Die neuen, aufgewerteten K mart-Geschäfte werden mehr denen von Sears' oder Penney's ähneln als Discount-Geschäften. Die neue Strategie ist riskant – während K mart versucht, mehr Konsumenten aus höheren Schichten zu gewinnen, werden andere Discounter erscheinen und versuchen, den Kern der preisbewußten, weniger anspruchsvollen Verbraucher, die K mart einst so erfolgreich werden ließen, für sich zu gewinnen.

Die Firma K mart kennt jedoch das Rad des Einzelhandels und trifft Vorkehrungen, um nicht auf die ersten Sprossen der Einzelhandelsleiter abzusteigen. Parallel zur Erneuerung seiner Geschäfte setzt die Firma bewußt Preisnachlässe und andere Formen des Discount-Einzelhandels ein, um auch das Geschäft am unteren Ende der Leiter aufzufangen, das infolge der neuen, anspruchsvolleren Strategie verlorengehen könnte. In den letzten Jahren hat K mart eine Anzahl von Discount-Spezialketten entwickelt oder erworben – Designer Depot (designer-etikettierte Kleidung mit großen Preisnachlässen), Garment Rack (Kleidung von niedriger Qualität), Accent (Qualitätsgeschenke und Haushaltswaren zu Discount-Preisen), Bishop Buffets and Furr's Cafeterias (preiswerte Mahlzeiten) und noch andere Unternehmen, die außerhalb der K mart-Läden zusammen 600 Millionen Dollar Umsatz. Darüber hinaus erwägt das Unternehmen in Bereichen wie Spielwaren, Sportartikel, Eisenwaren, Schmuck, Bücher und Arzneimittel, weitere Discount-Aktivitäten in Angriff zu nehmen. Anstatt Opfer des Einzelhandelsrades zu werden, scheint K mart dieses zu seinem Vorteil zu nutzen.

Quelle: „K mart's Plan to be Born Again", Fortune, 21. September 1981, S. 74–85; Jesse Dnyder, „K mart Moves to Sell 'Store of the '90s' Idea", Advertising Age, 12. März 1984, S. 52–53; „K mart: The No. 2 Retailer Starts to Make an Up-Scale Move – At Last", Business Week, 1. Juni 1984, S. 50–51.

die etablierten Einzelhändler heraus, die im Laufe der Jahre „fett" geworden sind, indem sie ihre Kosten und Spannen ansteigen haben lassen. Der Erfolg veranlaßt die neuen Betriebsformen des Einzelhandels, ihre Einrichtungen zu verbessern und mehr Service anzubieten. Das erhöht ihre Kosten und zwingt sie, ihre Preise zu erhöhen. Schließlich gleichen sich die neuen Betriebsformen den konventionellen, die sie einst ersetzt haben, immer mehr an. Der Kreislauf beginnt von neuem, wenn sich noch modernere Betriebsformen des Einzelhandels mit noch niedrigeren Kosten und Preisen entwickeln (vgl. hierzu Beispiel 14-2). Die Hypothese des „Einzelhandelsrades" scheint den Anfangserfolg und die späteren Schwierigkeiten der Warenhäuser, Supermärkte und Discounthäuser zu erklären.

Im Einzelhandel werden immer wieder neue Betriebsformen auftauchen, um neuen Konsumentenbedürfnissen und neuen Situationen Rechnung zu tragen. Der Lebenszyklus der neuen Betriebsformen des Einzelhandels wird allerdings kürzer werden. Die Warenhäuser benötigten ungefähr 100 Jahre, um die Reifephase ihres Lebenszyklus zu erreichen. Neuere Formen haben das Reifestadium in ungefähr zehn Jahren erreicht. Einzelhändler können nicht länger auf einem erfolgreichen Rezept ausruhen. Um erfolgreich zu bleiben, müssen sie sich ständig anpassen.

GROSSHANDEL

Großhandel umfaßt alle Maßnahmen, die damit verbunden sind, Waren und Dienstleistungen an jene zu verkaufen, die diese für den Wiederverkauf oder für gewerbliche Zwecke erwerben. Eine Einzelshandelsbäckerei betreibt Großhandel, wenn sie Konditoreiwaren an das örtliche Hotel liefert. Wir wollen jedoch als **Großhändler** jene Unternehmen bezeichnen, die in erster Linie mit Großhandelsaktivitäten befaßt sind.

Großhändler unterscheiden sich von Einzelhändlern auf verschiedene Weise:

1. Da sie es überwiegend mit gewerblichen Kunden zu tun haben,

widmen sie Faktoren wie Absatzförderung, Atmosphäre und Standort weniger Aufmerksamkeit.

2. Großhändler decken größere Absatzgebiete ab und erzielen umfangreichere Abschlüsse als Einzelhändler.

3. Für Großhändler gelten andere gesetzliche Bestimmungen und Steuern.

Großhändler kaufen hauptsächlich von Herstellern und verkaufen überwiegend an Einzelhändler, Industriekunden und andere Großhändler. Warum werden jedoch Großhändler überhaupt gebraucht? Warum schaltet ein Produzent Großhändler ein, statt direkt an Einzelhändler oder Konsumenten zu verkaufen? Die Antwort lautet, daß Großhändler oft eine oder mehrere der nachstehend aufgeführten Absatzweg-Funktionen besser erfüllen:

1. *Verkauf und Absatzförderung.* Die Absatzorganisationen der Großhändler helfen Herstellern, zu vergleichsweise niedrigen Kosten viele kleine Kunden zu erreichen. Der Großhändler unterhält mehr Kontakte und ihm wird seitens des Käufers oft mehr vertraut als dem fernen Produzenten.
2. *Einkauf und Sortimentszusammenstellung.* Großhändler können Artikel auswählen und Sortimente zusammenstellen, die von ihren Kunden benötigt werden, was ihren Abnehmern viel Arbeit erspart.
3. *Mengenauflösung.* Großhändler sparen für ihre Kunden Geld, indem sie ganze Wagenladungen kaufen und diese in einzelhandelsgerechte Quantitäten zerlegen.
4. *Lagerhaltung.* Großhändler halten Lagerbestände und verringern dadurch Lagerkosten und Risiken der Lieferanten und Kunden.
5. *Transport.* Großhändler sorgen durch ihre Nähe zu den Kunden für schnellere Belieferung.
6. *Finanzierung.* Großhändler finanzieren ihre Kunden, indem sie ihnen ein Zahlungsziel gewähren; ihre Lieferanten finanzieren sie durch frühzeitige Auftragserteilung sowie pünktliche Begleichung der Rechnungen.
7. *Risikoübernahme.* Großhändler übernehmen Risiko durch Eigentumserwerb und tragen die Kosten für Diebstahl, Beschädigung, Verderben sowie vorzeitiges Veralten.
8. *Marktinformationen.* Großhändler informieren Lieferanten und Kunden über Wettbewerber, neue Produkte und Preisentwicklungen.
9. *Management-Dienstleistungen und -Beratung.* Großhändler helfen ihren Einzelhändlern oft, deren Verkäufer auszubilden, sowie deren Warenauslagen und Displays zu verbessern sowie bei der Einrichtung von Buchhaltungs- und Lagerbestandskontroll-Systemen.

GROSSHANDELSARTEN

Großhändler zerfallen in drei bedeutende Gruppen (siehe Tabelle 14-4): Eigenhändler (merchant wholesalers), Makler und Agenturen (brokers and agents) sowie Verkaufsniederlassungen und Verkaufsbüros von Herstellern. Wir wollen uns nunmehr jeder dieser Gruppen von Großhändlern zuwenden.

Großhandelsunternehmen als Eigenhändler (mechant wholesalers)

Großhandelsunternehmen sind in unabhängigem Besitz befindliche Betriebe, die Eigentum an den von ihnen gehandelten Waren erwerben. Sie bilden die größte Gruppe der Großhändler und sind mit ungefähr 50 Prozent am gesamten Großhandel beteiligt. Es gibt zwei generelle Arten von Großhandelsunternehmen: Großhändler mit vollständigem Service und solche mit eingeschränktem Serviceangebot.

Full-Service-Großhändler (Großhändler mit vollständigem Serviceangebot)

Full-service-Großhändler bieten ein vollständiges Programm von Serviceleistungen, wie z. B. Lagerhaltung, Gewährung von Zahlungsziel, Zustellungen sowie Management-Unterstützung. Sie sind entweder Großhändler oder Produktionsverbindungshändler.

Großhändler verkaufen in erster Linie an Einzelhändler und stellen ein volles Serviceangebot zur Verfügung. Sie variieren in der Breite ihrer Produktgruppen. Einige führen mehrere Produktlinien, um sowohl den Bedürfnissen der Einzelhändler mit breitem Sortiment

TABELLE 14-4
Klassifizierung von Großhändlern

EIGENHÄNDLER	MAKLER UND AGENTUREN	NIEDERLASSUNGEN UND BÜROS VON HERSTELLERN UND EINZELHÄNDLERN
Full-service Großhändler – Großhändler – Produktionsverbindungshändler (industrial distributors) Großhändler mit beschränktem Service – Cash-and-carry (Selbstbedienungs-)Großhändler – Lkw-Großhändler (Großhändler, die gegen Barzahlung vom Lkw aus verkaufen und liefern) – Drop shippers (Großhändler für Streckengeschäfte) – Rack jobbers (Regal-Service-Großhändler) – Producers' cooperatives (Verwertungsgroßhandel in Form von Herstellergenossenschaften) – Versandgroßhändler	Makler Agenturen	Verkaufsniederlassungen und -büros Einkaufsbüros

als auch jenen mit nur einer Produktgruppe gerecht zu werden. Andere führen nur eine oder zwei Produktlinien mit einer größeren Sortimentstiefe. Beispiele hierfür sind Eisenwarengroßhändler, Farmergroßhändler sowie Textilgroßhändler. Manche Fachgroßhandlungen führen nur einen Teil einer Produktlinie mit großer Tiefe. Als Beispiele dafür sind Großhandlungen für Reformkost, Fisch und Autoteile zu nennen. Sie bieten den Kunden eine größere Auswahl und umfassendere Produktkenntnisse.

Produktionsverbindungshändler sind Großhandelsunternehmen, die an Produzenten statt an Einzelhändler verkaufen. Sie stellen Lagerhaltung, Zahlungsziel, Zustellung und andere Serviceleistungen zur Verfügung. Es ist möglich, daß sie eine breite Produktpalette, eine generelle Produktgruppe oder eine spezielle Produktlinie führen. Produktionsverbindungshändler können sich auf Produktlinien wie MRO-Artikel (maintenance, repair, and operating supplies) und OEM-Artikel (Ausrüstungsgegenstände für „original equipment manufacturers", wie z. B. Kugellager und Motoren) konzentrieren oder auf Ausrüstungsgüter (wie z. B. manuell und elektrisch angetriebene Werkzeuge und Gabelstapler).

Großhändler mit begrenztem Serviceangebot

Großhändler mit begrenztem Serviceangebot bieten ihren Lieferanten und Kunden weniger Serviceleistungen. Es gibt mehrere Arten von Großhändlern mit beschränktem Service.

Cash-and-carry Selbstbedienungs-Großhändler führen ein begrenztes Sortiment von Waren mit hoher Umschlagsgeschwindigkeit, verkaufen gegen Barzahlung an kleine Einzelhändler und stellen üblicherweise die gekauften Waren üblicherweise nicht zu. Ein kleiner Fischeinzelhändler beispielsweise fährt bei Tagesanbruch zu einer cash-and-carry Fischgroßhandlung, wo er einige Kisten Fisch kauft. Er zahlt sofort, fährt mit der Ware zurück zu seinem Laden und lädt sie dort ab.

Truck-Großhändler, auch Truck jobber genannt, erfüllen eine Verkaufs- und eine Lieferfunktion. Sie führen ein begrenztes Warensortiment, wie z. B. Milch, Brot und Imbißartikel.Auf ihren Verkaufsrouten fahren sie zu Supermärkten, kleinen Lebensmittelgeschäften, Krankenhäusern, Restaurants, Werks-Kantinen sowie Hotels und verkaufen ihnen Waren gegen Barzahlung.

Drop shippers (Streckengeschäftgroßhändler) operieren in Massengüterbranchen, wie z. B. in der Kohle- und Nutzholz-Branche sowie im Industriegüterbereich. Sie unterhalten weder Lagerbestände, noch bearbeiten sie das Produkt. Sobald sie einen Auftrag erlangt haben, suchen sie einen Hersteller, der die Waren direkt zum Kunden versendet. Der Streckengeschäftgroßhändler erwirbt Eigentum und

In einem typischen Auslieferungslager der Lebensmittel-Großhandelsfirma Fleming Companies, Inc., wie es oben zu sehen ist, werden auf 500.000 Quadratfuß (mit 30 Fuß hohen Lagerhallen) etwa 16.000 verschiedene Lebensmittelprodukte gelagert, die an 150 bis 200 Einzelhandelsgeschäfte in einem Umkreis von 500 Meilen geliefert werden. Mit freundlicher Genehmigung der Fleming Companies, Inc., Oklahoma City, OK.

übernimmt das Risiko vom Zeitpunkt der Auftragsannahme bis zur Auslieferung an den Kunden. Da Streckengeschäftgroßhändler keine Lagerhaltung betreiben, sind ihre Kosten niedriger, und sie können einige Einsparungen an die Kunden weitergeben.

Rack jobbers (Regal-Service-Großhändler) bedienen Lebensmitteleinzelhändler und Drogerien, hauptsächlich im Non-food-Bereich. Diese Einzelhändler wollen nicht für Hunderte von Non-food-Artikeln Aufträge erteilen oder Display-Material aufstellen. Die Regal-Servicegroßhändler schicken Lieferautos zu diversen Läden und die für die Auslieferung zuständige Person plaziert dort Verkaufsgestelle für Spielzeug, Taschenbücher, Eisenwaren, Gesundheits- und Schönheitspflegeartikel oder andere Produkte. Rack jobber versehen die Waren mit Preisen, sorgen dafür, daß sie frisch sind und richten Systeme für Lagerbestandsaufzeichnungen ein, die sie ständig aktualisieren. Sie verkaufen auf Konsignationsbasis, was bedeutet, daß sie das Eigentum an den Waren behalten und den Einzelhändlern nur die tatsächlich an die Kunden verkauften Artikel berechnen. Somit bieten sie Serviceleistungen wie Lieferung, Regalpflege, Lagerhaltung und Finanzierung. Sie betreiben wenig Absatzförderung, da sie viele Markenartikel führen, für die ohnehin sehr viel Werbung betrieben wird.

Herstellergenossenschaften, die sich im Eigentum von Farmern befinden, stellen landwirtschaftliche Produkte zusammen, um sie auf lokalen Märkten zu verkaufen. Ihre Gewinne werden am Jahresende zwischen den Mitgliedern aufgeteilt. Oft versuchen die Genossenschaften, die Produktqualität zu verbessern und schaffen einen genossenschaftseigenen Markennamen, wie z. B. Sun Maid Rosinen, Sunkist Orangen oder Diamond Walnüsse.

Versandgroßhändler verschicken Kataloge, in denen sie Schmuck, Kosmetikartikel, besondere Nahrungsmittel und andere kleine Artikel anbieten, an Einzelhändler sowie an Gewerbetreibende und Institutionen. Ihre Hauptabnehmer sind Geschäfte in entlegenen Gegenden. Sie haben keinen Verkaufsaußendienst, um bei den Kunden vorzusprechen. Die Aufträge werden per Post, mit Lkw oder durch andere Beförderungsmittel ausgeführt und versandt.

Makler und Agenten

Makler und Agenten unterscheiden sich von Großhandelsunternehmen in zweifacher Hinsicht: Sie erwerben kein Eigentum an den Waren, und sie übernehmen nur wenige Funktionen. Ihre Hauptaufgabe besteht in der Unterstützung von Kauf und Verkauf, wofür sie eine Provision erhalten, die zwischen zwei und sechs Prozent des Verkaufspreises beträgt. Ebenso wie Großhandelsunternehmen spezialisieren sie sich im allgemeinen auf bestimmte Produkt- oder Abnehmergruppen. Sie sind mit etwa zehn Prozent am gesamten Großhandelsvolumen beteiligt.

Makler

Ein **Makler** führt Käufer und Verkäufer zusammen und assistiert beim Verhandeln. Er wird von dem Partner bezahlt, der ihn beauftragt hat. Makler unterhalten kein Lager, sind nicht an der Finanzierung beteiligt und übernehmen kein Risiko. Die bekanntesten Beispiele sind Lebensmittel-, Immobilien- sowie Versicherungs- und Wertpapiermakler.

Agenten

Agenten vertreten Käufer oder Verkäufer im Rahmen einer längerfristigen Vereinbarung. Es sind verschiedene Arten zu unterscheiden.

Agenten des Herstellers – auch Vertreter des Herstellers oder Handelsvertreter genannt – sind die meistverbreitete Form dieser Großhandelsart. Sie vertreten zwei oder mehrere Hersteller verwandter Produktlinien. Mit jedem dieser Hersteller haben sie einen förmlichen Vertrag, der Preise, Gebiete, Auftragsabwicklungsverfahren, Lieferung und Gewährleistungen sowie die Provisionssätze regelt. Sie kennen die Produktlinie jedes Herstellers und nutzen ihre umfassenden Kontakte, die Erzeugnisse zu verkaufen. Handelsvertreter werden für Produkte wie Kleidung, Möbel und Elektroartikel eingesetzt. Die meisten Handelsvertretungen sind kleine Unternehmen, die nur wenige Mitarbeiter – geschickte Verkäufer – beschäftigen. Sie werden sowohl von kleinen Produzenten eingeschaltet, die keinen eigenen Verkaufsaußendienst unterhalten können, als auch von großen Herstellern, die neue Gebiete erschließen oder in Bereichen verkaufen möchten, die einen hauptberuflichen Verkäufer finanziell nicht tragen können.

Verkaufskommissionäre (Selling agents) verpflichten sich vertraglich, die vollständige Ausbringungsmenge (output) eines Herstellers zu verkaufen. Der Produzent ist entweder nicht daran interessiert oder traut es sich nicht zu, den Verkauf selbst zu übernehmen. Der Verkaufskommissionär fungiert wie eine Verkaufsabteilung und hat großen Einfluß auf Preise sowie auf Zahlungs- und Lieferbedingungen. Der Verkaufskommissionär unterliegt normalerweise keinen Gebietsbeschränkungen. Verkaufskommissionäre sind in Produktbereichen wie Textilien, Industrie-, Ausrüstungsgüter, Kohle und Koks sowie Chemikalien und Metalle anzutreffen.

Einkaufsagenten arbeiten im allgemeinen langfristig mit Käufern zusammen und führen für diese Einkäufe durch. Oft nehmen sie für den Käufer Waren entgegen und lagern sie, bis sie sie schließlich an ihn versenden. Eine besondere Form des Einkaufsagenten stellt in wichtigen Bekleidungsmärkten der gebietsansässige Einkäufer dar, der nach Kleiderlinien Ausschau hält, die kleine Einzelhändler in kleineren Städten führen können. Diese Agenten verfügen über sehr viel Fachwissen und können ihren Auftraggebern sowohl hilfsreiche Marktinformationen bieten als auch die bestverfügbaren Waren zu den günstigsten Preisen beschaffen.

Verkaufskommissionäre (Commission merchants or houses) sind Agenten, die die Produkte in Besitz nehmen und deren Verkauf vermitteln. Sie werden normalerweise nicht auf langfristiger Basis eingeschaltet. Am häufigsten werden sie für Absatzbemühungen im Agrarbereich von Farmern hinzugezogen, die ihre Erzeugnisse nicht selbst verkaufen wollen und die keiner Genossenschaft angeschlossen sind. Der Verkaufskommissionär bringt eine Lkw-Ladung landwirtschaftlicher Produkte zu einem zentralen Markt und verkauft sie zum bestmöglichen Preis. Vom eingenommenen Betrag zieht er eine Kommission und die Auslagen ab und zahlt die Restsumme an den Farmer aus.

Herstellereigene Verkaufsniederlassungen und Verkaufsbüros

Die dritte wichtige Art von Großhandel ist jene, die in **herstellereigenen Verkaufsniederlassungen und Verkaufsbüros** seitens der Verkäufer oder Käufer anstelle von unabhängigen Großhändlern durchgeführt wird. Zwei Formen sind zu unterscheiden:

Hersteller errichten oft ihre eigenen Verkaufsniederlassungen und -büros, um die Lagerkontrolle, den Verkauf und die Absatzförderung zu verbessern. Verkaufsniederlassungen führen Lagerbestände und sind in der Holzbranche, der Autozubehör- und Autoteile-Branche und ähnlichen Wirtschaftszweigen anzutreffen. Verkaufsbüros sind am häufigsten in der Textil- und Kurzwarenbranche vertreten. Sie unterhalten keine Lager. Viele Einzelhändler haben in wichtigen Marktzentren wie New York und Chicago Einkaufsbüros errichtet. Diese übernehmen ähnliche Aufgaben wie Makler und Agenten, gehören jedoch dem kaufenden Unternehmen.

MARKETINGENTSCHEIDUNGEN DER GROSSHÄNDLER

Auch Großhändler treffen Entscheidungen über Zielmärkte, Sortiment und Serviceleistungen sowie über Preispolitik, Absatzförderung und Standort.

Zielmarktentscheidungen

Ebenso wie Einzelhändler müssen Großhändler ihre Zielmärkte genau bestimmen. Es hat keinen Sinn, jeden bedienen zu wollen. Sie können eine Zielgruppe nach der Kundengröße auswählen – nur Großkunden –, nach der Kundenart – nur Lebensmittel-Nachbarschaftsläden –, nach dem Servicebedarf – Kunden, die Zahlungsziel benötigen –, oder nach anderen Faktoren. Innerhalb der Zielgruppe können sie die gewinnträchtigeren Kunden auswählen und bessere Beziehungen zu diesen aufbauen, indem sie zugkräftigere Angebote entwickeln. Sie können automatische Bestellverfahren vorschlagen, Managementtraining und Beratungssysteme einrichten oder auch eine auf freiwilliger Basis errichtete Kette finanzieren. Sie können weniger profitable Kunden abschrecken, indem sie höhere Mindestauftragsgrößen festlegen oder indem sie für kleinere Auftragsgrößen Spesen berechnen.

Sortiments- und Serviceentscheidungen

Das Produkt des Großhändlers ist sein Sortiment. Großhändler stehen unter starkem Druck, ein möglichst vollständiges Sortiment zu führen und hinreichende Lagerbestände zu halten, um eine sofortige Lieferung gewährleisten zu können. Aber das kann ihre Gewinne zunichte machen. Die Großhändler der Gegenwart beschränken die Auswahl der von ihnen geführten Produktgruppen, indem sie nur die gewinnbringenderen im Sortiment belassen. Des weiteren überdenken Großhändler auch, welche Serviceleistungen am ehesten zur Festigung der Kundenbeziehungen beitragen und somit beibehalten, welche aufgegeben und welche nur noch gegen Kostenerstattung erbracht werden sollten. Es ist entscheidend, jene Servicekombination zu finden, die von ihren Zielkunden am meisten geschätzt wird.

Preispolitische Entscheidungen

Großhändler veranschlagen die Kosten der Waren gewöhnlich mit einem Standardprozentsatz von beispielsweise 20 Prozent auf alle angebotenen Artikel. Die Ausgaben belaufen sich auf etwa 17 Prozent der Bruttospanne, so daß eine Gewinnspanne von drei Prozent verbleibt. Im Lebensmittelgroßhandel beträgt die durchschnittliche Gewinnspanne oft weniger als zwei Prozent. Großhändler versuchen es nunmehr mit neuen Preisfestlegungsmethoden. Sie reduzieren ihre Spannen bei einigen Artikelgruppen, um wichtige neue Kunden zu gewinnen. Sie werden von Lieferanten spezielle Preisnachlässe verlangen, wenn damit eine Steigerung der mit ihnen abgewickelten Umsätze erreicht werden kann.

Absatzförderungsentscheidungen

Die meisten Großhändler sind nicht besonders an Absatzförderung interessiert. Sie setzen Händlerwerbung, Verkaufsförderung, Publicity und persönlichen Verkauf weitgehend unkoordiniert und willkürlich ein. Viele Großhändler liegen bezüglich des persönlichen Verkaufs hinter der Zeit zurück – sie betrachten „verkaufen" immer noch als Gespräch eines einzelnen Verkäufers mit einem einzelnen Kunden statt als die Leistung eines Teams, an wichtige Kunden zu verkaufen sowie diese aufzubauen und zu bedienen. Des weiteren müssen Großhändler einige nicht-personengebundene Absatzförderungstechniken übernehmen, wie sie im Einzelhandel angewandt werden. Sie sollten eine Gesamtstrategie für die Absatzförderung entwickeln und von dem Absatzförderungsmaterial und den Maßnahmenprogrammen der Lieferanten mehr Gebrauch machen.

Standortentscheidungen

Großhandelsunternehmen sind meist in Gegenden mit niedrigen Mieten und Abgaben gelegen und investieren wenig Geld in ihre Geschäftsausstattung und Büros. Ihr innerbetriebliches Transport- und Lagerwesen sowie ihr Auftragsabwicklungssystem sind oft veraltet. Um steigenden Kosten zu begegnen, wechseln große und fortschrittliche Großhändler zu einem automatisierten Lager. Die Aufträge werden einem Computer eingegeben. Mechanische Vorrichtungen holen die Einzelteile und bringen sie automatisch zur Versandrampe, wo sie zusammengestellt werden. Viele Großhändler setzen für ihre Buchhaltung, für die Rechnungserstellung, Lagerbestandskontrolle und Umsatzvorschau Computer und Textverarbeitungsanlagen ein. Fortschrittliche Großhändler passen ihre Serviceleistungen den Erfordernissen ihrer Zielkunden an und finden kostenreduzierende Geschäftsmethoden.

ZUSAMMENFASSUNG

Einzelhandel und Großhandel bestehen aus zahlreichen Organisationen, die Waren und Dienstleistungen vom Ort der Herstellung zum Ort der Verwendung bringen.

Einzelhandel umfaßt die Gesamtheit aller Aktivitäten, die mit dem Verkauf von Waren oder Dienstleistungen direkt an den Endverbraucher für dessen persönlichen – nicht-gewerblichen – Gebrauch verbunden sind. Einzelhandel ist einer der wichtigsten Geschäftszweige in den USA. Einzelhändler können nach verschiedenen Kriterien eingeteilt werden:

- nach dem Umfang des Service, den sie zur Verfügung stellen – Selbstbedienung, Selbstauswahl, begrenzter Service oder voller Service;
- nach Art und Umfang des Warenangebotes – Fachgeschäfte, Warenhäuser, Supermärkte, Nachbarschaftsläden, zusammengeschlossene Geschäfte, Groß-Supermärkte außerhalb der Stadt, Verbrauchergroßmärkte und Dienstleistungsunternehmen;
- nach der relativen Preisbetonung – Discount-Warenhäuser, Großdiscounter und Katalog-Ausstellungsräume;
- nach der Art der Geschäftslokale – Versand- und Telefon-Einzelhandel, Automatenverkauf, Einkaufsservice und Haustürverkauf;
- nach der Intensität der Einflußnahme – Filialkettenunternehmen, freiwillige Ketten und Einzelhändler-Genossenschaften, Verbrauchergenossenschaften, Franchise-Organisationen und diversifizierte Einzelhandelskonzerne;
- nach der Ausdehnung des Einzugsbereichs – zentrale Geschäftsbezirke und Einkaufszentren.

Einzelhändler treffen Entscheidungen über ihren Zielmarkt, ihr Produktsortiment und ihre Serviceleistungen, über ihre Preispolitik, ihre Absatzförderung sowie ihren Standort. Einzelhändler müssen Wege finden, um ihr Management zu verbessern und ihre Produktivität zu erhöhen.

Großhandel umfaßt die Summe aller Aktivitäten, die darauf gerichtet sind, Waren und Dienstleistungen an jene zu verkaufen, die diese für den Weiterverkauf oder für gewerbliche Zwecke erwerben. Großhändler helfen Herstellern, deren Produkte an viele Einzelhändler und gewerbliche Abnehmer im ganzen Land zu liefern. Großhändler erfüllen zahlreiche Funktionen, einschließlich Verkauf und Absatzförderung, Einkauf und Sortimentszusammenstellung, Mengenauflösung, Lagerhaltung, Transport, Finanzierung, Risikoübernahme, Lieferung von Marktinformationen sowie die Zurverfügungstellung von Management-Dienstleistungen und -Beratung. Großhändler zerfallen in drei Gruppen: Die erste Gruppe sind Großhandelsunternehmen (merchant wholesalers). Sie nehmen Waren in Besitz. Sie können unterteilt werden in „full-service"-Großhändler – dazu gehören Großhändler und Produktionsverbindungshändler – und in Großhandlungen mit beschränktem Service – zu denen Cash-and-carry-Selbstbedienungsgroßhändler, Lkw-Großhändler, Großhändler für Streckengeschäfte, Regal-Service-Großhändler, Verwertungsgroßhändler in Form von Herstellergenossenschaften und Versandgroßhändler gezählt werden. Die zweite Gruppe, Makler und Agenten, nehmen keinen Besitz von den Waren, erhalten aber für ihre Hilfestellung beim Einkaufen und Verkaufen eine Provision. Verkaufsniederlassungen und Verkaufsbüros von Herstellern sind Großhandelsbereiche, die von „Nicht-Großhändlern" unterhalten werden, um die Großhändler zu umgehen. Der

Großhandel behauptet seinen Platz in der Wirtschaft. Fortschrittliche Großhändler passen ihre Serviceleistungen den Erfordernissen der Zielkunden an und suchen nach kostensenkenden Methoden des Betriebsablaufs.

DISKUSSIONSFRAGEN

1. Erklären Sie den wesentlichen Unterschied zwischen Einzel- und Großhandel.
2. Einzelhändler können nach einem Merkmal oder nach mehreren Kriterien klassifiziert werden. Kennzeichnen Sie diese Merkmale und bieten Sie für jede Einzelhandelsgruppe ein Beispiel.
3. Welches sind die Merkmale eines wirklichen Discounthauses?
4. Viele Einzelhandelsinnovationen können mit der Vorstellung vom „Rad des Einzelhandels“ veranschaulicht werden. Kommentieren Sie diese Aussage.
5. Erklären Sie die wichtigsten Unterschiede zwischen Großhändlern, Agenten und Maklern.
6. Falls Freunde von Ihnen planen, ein Geschäft für Glückwunschkarten zu eröffnen, welche Ausdehnung des Einzugsbereichs würden Sie ihnen empfehlen, dafür auszuwählen? Warum?
7. Würde ein kleiner Hersteller von Rasen- und Gartengeräten für den Verkauf seiner Erzeugnisse einen Handelsvertreter (manufacturer's agent) oder einen Verkaufskommissionär (selling agent) suchen?
8. Die meisten Großhändler sind nicht absatzförderungsbewußt (promotion-minded). Erläutern Sie diese Feststellung.

SCHLÜSSELBEGRIFFE

Agent *(agent).* Ein Großhändler, der Käufer oder Verkäufer im Rahmen einer längerfristigen Vereinbarung vertritt, nur wenige Funktionen übernimmt und kein Eigentum an den Waren erwirbt.

Automatenverkauf (automatic vending). Verkauf durch münzbetriebene Automaten.

Makler *(broker).* Ein Großhändler, der an den Waren kein Eigentum erwirbt und dessen Aufgabe darin besteht, Käufer und Verkäufer zusammenzubringen und bei Verhandlungen zu unterstützen.

Einkaufsservice *(buying service).* Eine Form des nicht-ladengebundenen Einzelhandels, der eine spezielle Kundengruppe bedient – für gewöhnlich die Beschäftigten von großen Organisationen, wie z. B. Schulen, Krankenhäuser, Genossenschaften und Behörden.

Katalogschauräume von Versandunternehmen *(catalog showroom).* Ein Einzelhandelsbetrieb, der eine breite Auswahl rasch umschlagender Markenwaren mit hohen Kalkulationsspannen zu Discountpreisen verkauft.

Kettenunternehmen *(chain stores).* Zwei oder mehrere Verkaufsstellen, die in gemeinsamem Eigentum bzw. unter gemeinsamer Kontrolle stehen, gleiche Warengruppen verkaufen, über zentralen Einkauf und Verkauf verfügen und mitunter auch architektonisch ähnlich gestaltet sind.

Verbrauchergenossenschaft *(consumer cooperative).* Ein Einzelhandelsunternehmen, das sich im Eigentum seiner Kunden befindet.

Nachbarschaftsladen *(convenience store).* Ein kleiner Laden, in der Nähe einer Wohngegend gelegen und an sieben Tagen in der Woche für viele Stunden geöffnet, der ein begrenztes Sortiment umsatzstarker Güter des tägliches Bedarfs führt.

Warenhaus *(department store).* Eine Einzelhandelsorganisation, die eine große Vielfalt von Produktgruppen führt – üblicherweise Bekleidung, Wohnungseinrichtungsgegenstände und Haushaltswaren. Jede Produktlinie wird wie eine eigene Abteilung geführt und von Einkaufs- oder Verkaufsexperten geleitet.

Discount-Warenhaus *(discount store)*. Eine Einzelhandelsinstitution, die Standard-Handelswaren zu niedrigeren Preisen verkauft, indem sie sich mit geringeren Spannen begnügt und ein größeres Volumen umsetzt.

Haustürverkauf *(door-to-door retailing)*. Verkauf an der Haustür, in Büros oder auf privaten Verkaufsparties in Wohnungen.

Franchise *(franchise)*. Eine vertraglich festgelegte Verbindung zwischen einem Hersteller, einem Großhändler oder einer Service-Organisation (ein Franchise-Geber) und unabhängigen Unternehmern (Franchise-Nehmer), die das Recht erwerben, als Eigentümer ein oder mehrere Betriebe im Rahmen des Franchise-Systems zu führen.

Versand- und Telephoneinzelhandel *(mail- and telephone-order retailing)*. Eine Verkaufsform, die sich der Post oder des Telephons bedient, um Aufträge zu erlangen oder Lieferungen auszuführen.

Herstellereigene Verkaufsniederlassungen und Verkaufsbüros *(manufacturers' sales branches and offices)*. Großhandel, der von Verkäufern oder Einkäufern selbst statt von unabhängigen Großhändlern durchgeführt wird.

Diversifizierte Einzelhandelskonzerne *(merchandising conglomerates)*. Kapitalgesellschaften, die mehrere unterschiedliche Einzelhandelsformen unter zentralem Eigentum verbinden und die einige Distributions- und Managementfunktionen gemeinsam ausüben.

Großhandelsunternehmen als Eigenhändler *(merchant wholesaler)*. Ein im unabhängigen Besitz befindlicher Betrieb, der Eigentum an den von ihm gehandelten Waren erwirbt.

Einzelhändler *(retailers)*. Betriebe, deren Umsätze in erster Linie aus dem Einzelhandel stammen.

Einzelhandel *(retailing)*. Die Gesamtheit aller Tätigkeiten im Zusammenhang mit dem unmittelbaren Verkauf von Waren oder Dienstleistungen an Endverbraucher für deren persönlichen, nicht-gewerblichen Gebrauch.

Einkaufszentrum *(shopping center)*. Eine Gruppe von Einzelhandelsgeschäften, die als Einheit geplant, entwickelt, und geleitet wird und als solche erkennbar ist, und die bezüglich Standort, Größe sowie der Art der Läden auf den Kundschaftsbereich abgestimmt ist, dem sie dient.

Fachgeschäft *(specialty store)*. Ein Einzelhandelsladen, der eine schmale Produktlinie mit einem tiefen Sortiment innerhalb dieses Produktbereiches führt.

Supermärkte *(supermarkets)*. Große Selbstbedienungsgeschäfte mit niedrigen Kosten, geringer Spanne und hohem Umsatzvolumen, die eine Vielfalt an Lebensmitteln, Wäscheartikeln und Haushaltswaren führen.

Großsupermarkt *(superstore)*. Ein Laden von fast doppelter Größe eines regulären Supermarktes, der ein großes Sortiment von laufend gekauften Lebensmitteln und Non-food-Artikeln führt. Er bietet Dienstleistungen wie Wäscherei, chemische Reinigung, Schuhreparatur, Scheckeinlösung, Fotoentwicklung und preiswerte Imbißecken.

Großdiscounter *(warehouse store)*. Ein spartanisch ausgestattetes Geschäft mit einem stark reduzierten Serviceangebot, das durch niedrige Preise ein hohes Umsatzvolumen zu erreichen versucht.

Großhändler *(wholesalers)*. Unternehmen, die in erster Linie mit Großhandelsaktivitäten befaßt sind.

Großhandel *(wholesaling)*. Die Gesamtheit aller Aktivitäten, die darauf gerichtet sind, Waren und Dienstleistungen an jene zu verkaufen, die diese für den Wiederverkauf oder für gewerbliche Zwecke erwerben.

FUSSNOTEN

1. Diese Ausführungen basieren auf Informationen aus zahlreichen Quellen einschließlich Kimberly Carpenter und Scott Ticer, „Circuit City Lays an Egg and Hatches a Strategy," Business Week, 21. April 1986, S. 50; Scott Ticer, Kimberly Carpenter und Paul B. Brown, „Electronics Superstores and Devouring Their Rivals," Business Week, 24. Juni 1985, S. 84–85; und Brian Dumaine, „Circuit City's Secret for Electrifying Sales," Fortune, 7. Januar 1985, S. 72.
2. Ernest Samhaber, Merchants Make History (New York: Harper & Row, 1964), S. 345–48.
3. Vergleiche hierzu „1982 Grocery Store Sales," Progressive Grocer, April 1983, S. 58.
4. Vergleiche hierzu Mary McCabe English, „Supermarkets Evolving to Avoid Extinction," Advertising Age, 18. April 1985, S. 16 ff; Mary McCabe English, „Chains Cultivating Superstores," Advertising Age, 18. April 1985, S. 17; und Mary McCabe English, „Competition Gains Ground," Advertising Age, 18. April 1985, S. 17.
5. Bezüglich spezieller Definitionen verschiedener Arten von Lebensmittelgeschäften wird verwiesen auf 1986 Directory of Supermarket, Grocery & Convenience Store Chains (New York: Business Guides, Inc., 1985), S. IV.
6. Ronald R. Gist, Retailing Concepts and Decisions (New York: Wiley, 1968), S. 45–46. Diese Aufstellung wurde geringfügig modifiziert von Gist's.
7. Vergleiche hierzu Jonathon N. Goodrich und Jo Ann Hoffman, „Warehouse Retailing: The Trend of the Future?" Business Horizons, April 1979, S. 45–50.
8. Vergleiche hierzu Kimberly Carpenter, „Catalog Showrooms Revamp to Retain Their Identity," Business Week, 10. Juni 1985, S. 117–120.
9. Vergleiche hierzu „Best Products: Too Much Too Soon at the Nation's No. 1 Catalog Showroom," Business Week, 23. Juli 1984, S. 136–38.
10. Vergleiche hierzu Leo Bogart, „The Future of Retailing," Harvard Business Review, November–Dezember 1973, S. 26; und Richard Green, „A Boutique in Your Living Room," Forbes, 7. Mai 1984, S. 86–94.
11. Vergleiche hierzu Green, „A Boutique," S. 90; und Wendy Kimball und Lewis Lazare, „Sears Book Gets Breezy Look," Advertising Age, 9. Juli 1983, S. 24.
12. Vergleiche hierzu Green, „A Boutique," S. 88.
13. Bezüglich eines ausgezeichneten Buches über Direktversand-Techniken wird verwiesen auf Bob Stone, Successful Direct Marketing Methods, 2. Aufl. (Chicago: Crain Books, 1979).
14. G. R. Schreiber, A Concise History of Venedig in the U.S.A. (Chicago: Vend, 1961), S. 9.
15. Vergleiche hierzu Avon annual reports and the Dart & Kraft 1983 annual report.
16. Vergleiche hierzu Ronald R. Gist, Marketing and Society: Text and Cases, 2. Aufl. (Hinsdale, IL: Dryden Press, 1974), S. 334.
17. Vergleiche hierzu Rollie Tillman, „Rise of the Conglomerchant," Harvard Business Review, November–Dezember 1971, S. 44–51.
18. Vergleiche hierzu Phyllis Berman, „Melville Corp.: Discounting with a Difference," Forbes, 16. April 1979, S. 93–94.
19. Diese Definition basiert auf einer Begriffsbestimmung des Urban Land Institute, gefunden in Roger A. Dickinson, Retail Management: A Channels Approach (Belmont, CA: Wadsworth, 1974), S. 9.
20. Bezüglich weiterer Erläuterungen siehe Philip Kotler, „Atmo-

spherics as a Marketing Tool," Journal of Retailing, Winter 1973–74, S. 48–64.

21. Bezüglich weiterer Literatur über die Errichtung von Einzelhandelsbetriebsstätten wird verwiesen auf Lewis A. Spaulding, „Beating the Bushes for New Store Locations," Stores, Oktober 1980, S. 30–35; und „How to Use Foresight in Site Selection," Discount Store News, 5. November 1979.

22. Malcolm P. McNair, „Significant Trends and Developments in the Postwar period," in Competitive Distribution in a Free, High-Level Economy and Its Implications for the University, A. B. Smith, Hrsg. (Pittsburgh: University of Pittsburgh Press, 1958), S. 1–25. Vergleiche auch die kritische Erläuterung von Stanley C. Hollander, „The Wheel of Retailing," Journal of Marketing, Juli 1960, S. 37–42. Bezüglich anderer Theorien über die Wandlungen im Einzelhandel wird verwiesen auf Ronald R. Gist, Retailing Concepts and Decisions (New York: Wiley, 1968), Kapitel 4.

FALLSTUDIE 13
Fotomat Corporation

Fotomat beschäftigt sich hauptsächlich mit dem Verkauf von Filmentwicklungs-Dienstleistungen und fotografischem Zubehör. Während der siebziger und Anfang der achtziger Jahre galt das Unternehmen als führend in der Filmentwicklungsbranche. Neben Fox-Stanley war diese Firma die einzige wirklich überregionale Kette in dem recht fragmentarischen Fotoentwicklungs-Gewerbe. Fotomat operierte im Vergleich zum Wettbewerb recht wirkungsvoll, indem das Unternehmen Qualität und Bequemlichkeit betonte. Sowohl das verlangsamte Wachstum der Filmentwicklungsbranche als auch der Zustrom von Mini-Labors in den USA hat Fotomat in eine schwierige Position gebracht. Mini-Labors bieten dieselbe Qualität und Bequemlichkeit wie Fotomat, entwickeln aber in einer Stunde, wohingegen Fotomat einen Tag dafür benötigt. Drogerien und andere Einzelhandels-Geschäfte konkurrieren ebenfalls mit Fotomat, da sie ähnliche Entwicklungsdienste zu niedrigeren Preisen anbieten. Die geringeren Einstiegs- und Austrittskosten für Mini-Labors erlaubten es vielen kleineren Unternehmern, in dieses Geschäft einzusteigen. Wegen all der oben angeführten Gründe muß Fotomat seine Wettbewerbsposition auf dem Markt wieder festigen und einen Marketingplan für das Überleben und für das Wachstum entwickeln.

Fox-Stanley ist innerhalb der Fotoentwicklungsbranche der Hauptkonkurrent von Fotomat. Dieses Unternehmen vermarktet seinen Service in kioskartigen Geschäften, die über das ganze Land verteilt sind. Fox ist auch von den schwierigen Zeiten betroffen, da ein Hauptproblem darin besteht, daß die Ein-Stunden-Mini-Labors die Kioske abgewertet haben. Im Gegensatz zu Fotomat hat Fox jedoch begonnen, sich der veränderten Branchen-Situation anzupassen. Das Unternehmen hat 340 von seinen 965 Kiosken geschlossen und fügt seinem augenblicklichen Bestand von fast 100 Ein-Stunden-Mini-Labors monatlich vier weitere hinzu.

In früheren Jahren beruhte die Stärke der Firma auf Bequemlichkeit, Zuverlässigkeit, schnellen Service und einer Garantie, kostenlos jeden Film auszutauschen, dessen Bilder fehlerhaft sind – selbst wenn sich als Ursache Nachlässigkeit des Kunden herausstellt. Die Firma konzentrierte sich auf den eiligen Fotografen, der nicht so sehr an der Bildqualität als vielmehr am raschen und bequemen Erhalt seiner Bilder oder Dias interessiert ist.

Zu Fotomats Problemen trug ferner die Verlagerung der Nachfrage von Sofortbildkameras und dazugehörigen Filmen, die einst 90 Prozent ihres Geschäftes ausgemacht hatten, zu 35 mm-Kameras und Filmen bei, von denen bis 1990 ein Anstieg auf 80 bis 90 Prozent des gesamten Branchenumsatzes erwartet wird. Nachdem die Firma Fotomat diese Veränderung für einige Zeit ignoriert hatte, führte das Unternehmen Ende 1978 die 35er-Serie ein, eine Verkaufsanstrengung, um den 35 mm-Markt durch die Betonung hoher Entwicklungsqualität und größerer Abzüge zu erobern. Das Programm brachte einen Anstieg der 35 mm-Entwicklungsarbeiten und verhalf Fotomat dazu, sein Image bei ernsthaften Fotografen zu verbessern. 1985 erreichten die 35 mm-Aufnahmen einen Anteil von über 50 Prozent am gesamten Fotomat-Filmentwicklungsgeschäft. Zusätzlich zu diesem Programm eröffnete Fotomat Hunderte von neuen Einzelhandelsgeschäften. Wegen der Eile, mehr Geschäfte zu eröffnen, entschloß sich das Management, mehr gleichartige Dienstleistungen anzubieten statt Verbesserungen einzuführen. Darüber hinaus wurden die neuen Kioske häufig in der Nähe von bereits bestehenden eröffnet, was zu einem Umsatz-Kannibalismus führte.

Wegen des zunehmenden Vorhandenseins von Fotoentwicklungsdiensten, die von einer Vielzahl von Einzelhändlern angeboten wurden, die alle die gleiche Bequemlichkeit zu niedrigen Preisen anboten, konnte Fotomat seinen Wettbewerbsvorteil nicht aufrecht erhalten. Des weiteren wurde die Situation durch die Einführung der Ein-Stunden-Mini-Labors in den späten siebziger Jahren noch schwieriger.

Es ist schwer zu sagen, ob die Rezession zwischen 1979 und 1982 einen großen Einfluß auf die Fotoentwicklungsbranche gehabt hat. Obwohl die Rezession die frei verfügbaren Ausgaben in Bereichen wie der Fotografie reduziert hat, fotografierten die Leute weiterhin, vor allem zu besonderen Anlässen wie Geburtstage und Parties. Aber das fotografieren, ein Hobby, das in den siebziger Jahren jährlich um zwölf Prozent anstieg, wächst derzeit um weniger als fünf Prozent im Jahr.

Die Filmentwicklungsbranche repräsentiert ein Umsatzvolumen von über 3,5 Milliarden Dollar, ist zersplittert und durch geringe Gewinnspannen gekennzeichnet. Zirka 75 Prozent der Annahmestellen benutzen Großhandels-Entwicklungseinrichtungen, nur Mini-Labore und Versandbetriebe verfügen über eigene Entwicklungsautomaten. Die meisten Annahmestellen auf der Einzelhandelsstufe stehen mit Entwicklungsbetrieben auf Großhandelsebene unter Vertrag.

Der Postversand-Auftrag ist ebenfalls ein wachsendes Segment der Filmentwicklungsbranche. Er ist durch die niedrigsten Preise, geringe Vertriebskosten und bescheidene Gewinnspannen gekennzeichnet. Die Entwicklungszeit beträgt gewöhnlich vier bis sieben Tage. Dieses Marktsegment wurde infolge geringer Gründungs- und Schließungskosten zunehmend unter vielen Anbietern aufgeteilt.

Die Firma Fotomat muß sich entscheiden, ob auch sie ein eigenes Netz von Mini-Labors aufbauen, ob sie in Versandaufträge einsteigen oder ihr Großhandelsgeschäft ausweiten sollte. Darüber hinaus muß sich das Unternehmen entscheiden, ob

1. Kioske gewinnbringender geführt werden können, indem sie zusätzlich zu Filmentwicklungsarbeiten andere Dienstleistungen und Waren anbieten;
2. Kioske gewinnbringender arbeiten können, wenn sie zu kleinen Geschäften mit noch mehr Dienstleistungen und Waren umgebaut werden, oder
3. Kioske als Einzelhandelskonzept aufgegeben werden sollten, da dessen Zeit, zumindest für diese Branche, abgelaufen ist.

Das Unternehmen befindet sich in einer kritischen Phase seines Bestehens.

Als Fotomat 1968 gegründet wurde, beherrschte Kodak über 90 Prozent des Marktes. Wie konnte Fotomat davon ausgehen, mit einer sehr großen Firma, die Kameras, Filme, Entwicklungschemikalien und Zubehör herstellte, sowie Filmentwicklung, Druck- und Vergrößerungsservice anbot, zu konkurrieren zu können? Richard D. Irwin, Präsident von Fotomat, beantwortet diese Frage wie folgt:

> *„Indem wir eine bessere Mausefalle aufbauten. Der Schlüssel zu diesem Geschäft liegt darin, daß es sich um eine dienstleistungsorientierte Branche handelt und man den Leuten Bequemlichkeit bieten muß. Deshalb siedelten wir unsere Kioske dort an, wo die Leute uns leicht erreichen konnten, sowie an Durchfahrtsorten. Wir stellten Kioske in die Nähe von verkehrsreichen Gebieten auf wie Einkaufszentren und bieten Qualitätsservice an. Wir versuchen nicht unbedingt, der billigste Anbieter zu sein." (Commercial and Financial Chronicle, 6. Juni 1975)*

Die Kioske wurden personell mit Teilzeit-Mitarbeitern besetzt, denen ein Niedrigstgehalt gezahlt wurde, üblicherweise Hausfrauen oder Studentinnen. Das Unternehmen bevorzugte dieses System, weil die Personalkosten niedrig waren und Teilzeitkräfte schwierig gewerkschaftlich zu organisieren sind. Aber Fotomat wurde das Opfer von Forderungen nach höheren Niedrigstgehältern, die die Lohnkosten anhoben und die die Gewinnspannen verkleinerten. Erstklassige Standorte von Kiosken wurden knapp, ebenso wie Teilzeitarbeit in Wohngegenden. Preissenkungen der Konkurrenz wurden üblich, und der Umsatz pro Kiosk ging in den vergangenen Jahren erheblich zurück. Obwohl all diese Probleme niedrigere Gewinnmargen für Fotomat mit sich brachten, fährt das Unternehmen fort, weitere Kioske in kurzen Zeitabständen zu eröffnen.

Das Mini-Labor wächst in der Fotoentwicklungsbranche am schnellsten. Die Anzahl der Annahmestellen ist von 600 im Jahre 1980 auf über 4000 Ende 1986 gestiegen. Mini-Labors scheinen in vielen verkehrsreichen Gebieten, die einst von Kiosken dominiert wurden, aus dem Boden zu schießen. Sie verfügen über die Entwicklungskapazität, um einen Film in einer Stunde zu entwickeln, zu einem Preis, der zirka 25 Prozent über dem für normalen 24-Stunden-Service liegt, und bieten dennoch die gleiche Qualität. Dieses Segment ist zersplittert, es gibt keinen deutlichen Branchenführer oder eine überregionale Kette. Eugene Glazer, Analytiker und Filmentwicklungsspezialist für den Dean Witter in New York sagt: „Durch die Herabsetzung des Einstiegsniveaus in das Geschäft – der Minilabors – werden wir eine Marktsättigung erreichen, und es wird in den nächsten zwei bis drei Jahren eine Flurbereinigung geben."

Einzelhandelsgeschäfte, die kein eigenes Mini-Labor unterhalten, benötigen Laboratorien des Großhandels, um die Filme zu entwickeln. Das ermöglicht es Einzelhandelskonkurrenten, denselben Service wie Fotomat anzubieten, jedoch zu wesentlich niedrigeren Preisen, weil sie die Filmentwicklung als „Lockvogel" benutzen, um Kunden in den Laden zu ziehen. Im Gegensatz dazu bildet für Fotomat die Filmentwicklung die wichtigste Einnahmequelle.

Der prozentuale Anteil der Filmentwicklung an den Branchenumsätzen und das jeweilige Preisniveau auf der Einzelhandelsebene zeigte im vergangenen Jahr folgendes Bild: Drugstores, 27 Prozent – niedriges Preisniveau; Kioske, 14 Prozent – mittleres Preisniveau; Fotofachgeschäfte, 12 Prozent – hohe Preise; Versandunternehmen, 12 Prozent – niedrigste Preise; Mini-Labors, 11 Prozent – sehr hohes Preisniveau; Discounter, 10 Prozent –

niedriges Preisniveau; Kaufhäuser, 10 Prozent – niedrige Preise; andere, wie z. B. Supermärkte, 5 Prozent – niedriges Preisniveau.

Fotomat's Probleme veranlaßten das Unternehmen dazu, sich an den Verkauf verschiedener Produkte und Dienstleistungen in ihren Kiosken heranzuwagen. Zu diesen frühen Versuchen zählen Strumpfhosen, Schlüsseldienst, Schuhreparatur und Sofortdruck. Keine dieser Sortimentserweiterungen erwies sich als lohnend, was einen Beobachter veranlaßte, spöttisch zu bemerken: „Der einzige gemeinsame Faden durch alle Produktlinien ist die Verzweiflung."

Später begann Fotomat unbespielte Videokassetten zu verkaufen und einen Service anzubieten, der 8 mm-Heimfilme auf Videokassetten überträgt. Dieser Übertragungsservice, obwohl der Mühe wert, wuchs langsam. Auf der anderen Seite stieg der Verkauf unbespielter Kassetten sehr rasch an, aber deren Umsatz flachte wieder ab, als sie zu Discountpreisen in vielen Einzelhandelsgeschäften erhältlich waren. Fotomat hörte mit dem Verleih von Spielfilmen auf, als sich dieser Service als unrentabel erwies.

Fotomat's jährlicher Bericht über das vergangene Jahr gab Auskunft über folgende Situation:

1. Anhalten negativer Erträge mit leichter Verbesserung.
2. Hohe Verbindlichkeiten.
3. Aggressive Programme zur Kostenreduzierung.
4. Verkauf aller 45 Fotofachgeschäfte.
5. Zusammenlegung von Einzelhandelsgeschäften – meist von Kiosken – zu 40 profitablen Märkten, die in der Nähe von Entwicklungsbetrieben angesiedelt sind als Folge der Aufgabe von 1182 der 3779 firmeneigenen Einzelhandels-Verkaufsstellen.
6. Abschluß von Verträgen mit einigen großen Einzelhandelsgeschäften, um in firmeneigenen Betriebsstätten von zehn über das Land verteilten Standorten aus deren Filmentwicklungsbedarf zu betreuen.
7. Aufkauf von Portrait World, Inc., einer Firma, die auf das fotografieren von Schulkindern spezialisiert ist und über einen ausgezeichneten Ruf bei Schulleitern, Studenten und Eltern verfügt.
8. Einführung von zwei Hauptprogrammen, die auf Schlüsselkunden ausgerichtet sind: eine Karte für bevorzugte Kunden und ein Club für junge Mütter. Beides sind fortbestehende Programme, die gut aufgenommen wurden.
9. Bildung eines neuen Schwerpunktes im Servicebereich für Videokassetten, der Dias oder Filme in Videokassettenform umsetzt. Es wird davon ausgegangen, daß die ansteigenden Verkäufe von Videorecordern einen großen und wachsenden Markt für diesen Fotomat-Service schaffen werden.

Koneshiroku Photo Industry, ein japanisches Unternehmen, das Konica Cameras und anderes Fotozubehör herstellt, erwarb kürzlich eine Mehrheitsbeteiligung an Fotomat und plant, zusätzliches Kapital zuzuführen, um das Unternehmen wieder gewinnbringend zu machen.

Das Videorecorder- und Videowiedergabegeschäft erlebt ein schnelles Wachstum und stellt ein großes Marktpotential sowohl für Programme als auch für die Ausrüstung dar. Wie und wo Fotomat versuchen sollte, aus diesem großen Marktpotential Vorteile zu ziehen, muß noch festgelegt werden. Sollte sich dieses Potential als zeitlich begrenzte Gelegenheit herausstellen, wäre das Unternehmen besser beraten, ein Netz von Ein-Stunden-Mini-Labors aufzubauen. Darüber hinaus muß Fotomat entscheiden, wie es seine zehn Filmentwicklungsbetriebe am besten ausnutzt. Es stellt sich die Frage, ob es besser wäre, der Zur-Verfügung-Stellung eines Großhandels-Service für Drogerien und andere Einzelhändler, die lediglich als Annahmestellen für Filme fungieren, Priorität einzuräumen, oder auf das Versandgeschäft auszuweichen.

Wie lauten Ihre Empfehlungen?

FALLSTUDIE 14
Gould, Inc.: Brennpunkt 800 Bat-tery

Gould, Inc., Hersteller eines breit gefächerten Programms von elektrischem Zubehör, beginnt mit der größeren Erprobung eines innovativen Plans, direkt an die Konsumenten zu verkaufen, um auf diese Weise zu einem größeren Anteil am sinkenden 2,5 Milliarden-Dollar-Markt für Autobatterien für den Ersatzbedarf zu kommen. Gould erfand die wartungsfreie Batterie und stellt ungefähr eine von sieben in den USA erzeugten Autobatterien her; aber fast alle Batterien des Unternehmens werden unter Handelsmarken verkauft, hauptsächlich über Ölgesellschaften und Großbetriebsformen des Einzelhandels. Der neue Direkt-Absatzplan wird das Unternehmen in Konkurrenz zu einigen seiner eigenen größten Handelsmarken-Kunden bringen, wie z. B. J. C. Penney, K mart und Mobil's Montgomery Ward. Der Plan wird derzeit in sieben Bezirken im Einzugsbereich von Chicago getestet.

Der 800 BAT-TERY-Plan erfordert die Einrichtung eines Straßendienstes für Standard-Autofahrer mit normalen Kraftfahrzeugen durch Unterhaltung einer Flotte von geleasten Rover-Kleinbussen im Bereich von Chicago sowie deren Ausstattung mit einem Vorrat neuer Batterien. Ein Autofahrer, der nicht in der Lage ist, sein Auto zu starten, kann zwischen 6 und 22 Uhr an sieben Tagen in der Woche die 800 BAT-TERY-Nummer zum Ortstarif anrufen. Wenn der Einsatzleiter nach einem Diagnosegespräch mit dem Anrufer der Meinung ist, daß es sich um ein Batterieproblem handelt, wird ein Kleinbus hinbeordert, der üblicherweise innerhalb einer Stunde eintrifft. Wenn die Tests am Straßenrand zeigen, daß eine Batterie benötigt wird, verkauft und installiert der Kleinbusfahrer diese zu einem Preis, der zwischen 49,50 und 69,50 Dollar liegt. Wenn die Batterie nicht fehlerhaft ist und das Auto gestartet werden kann, beträgt die Gebühr 15 Dollar, zahlbar an den Kundendienstfahrer in bar, per Scheck oder Kreditkarte. Das Kreditrisiko wird bereits beim ersten Anruf vom Einsatzleiter in der Zentrale geprüft. Wenn das Auto nicht anspringt, muß nichts bezahlt werden. Von diesem Plan wird angenommen, daß er für die Kunden sehr attraktiv ist, da dieser verglichen mit dem Erwerb von Batterien, die in herkömmlichen Geschäften gekauft werden, größere Bequemlichkeit ohne höhere Kosten bietet.

Die meisten Ersatzbatterien werden in überregionalen Einzelhandelsketten gekauft – wie z. B. Sears, K mart und Penney's oder bei einer Tankstelle. Die Firma Gould beliefert sowohl beide Einzelhandelsarten als auch einige Autohersteller, aber ihre Batterien werden immer unter deren Markennamen statt unter dem Namen Gould verkauft. Konsequenterweise kann ein unzufriedener Einzelhändler leicht zu einem anderen Lieferanten überwechseln, ohne die Verbrauchernachfrage in Mitleidenschaft zu ziehen. Seit es eine Überkapazität in dieser Branche gibt, sind alle Hersteller darauf bedacht, Einzelhändler zu beliefern. Dieses Bestreben bringt die Batteriehersteller in eine schwierige Verhandlungsposition, was zur Folge hat, daß Batterieumsätze für die Einzelhändler gewinnbringender als für die Hersteller sind.

Gould hätte sich auch dafür entscheiden können, eine Kette von Einzelhandelsgeschäften aufzubauen, wie es von den großen Reifenherstellern, wie z. B. von Goodyear, Firestone und General, praktiziert worden ist. Es schien jedoch unwahrscheinlich, daß Batterien sich so gut wie Reifen verkaufen lassen würden, weil sie gewöhnlich nur in Notfällen und weniger oft gekauft werden. Um Autofahrer anzuziehen, müßten andere Waren oder Dienstleistungen angeboten werden. Selbst wenn diesem Erfordernis entsprochen wird, würden sich diese Geschäfte dann nur wenig von konkurrierenden Läden unterscheiden. Wenn das in jedem Laden investierte Kapital 200.000 Dollar beträgt, und ein Zinssatz von acht Prozent pro Jahr unterstellt wird, würde allein schon die Zinsbelastung 16.000 Dollar pro Jahr und pro Geschäft betragen. Wenn man die Anzahl der Geschäfte, die nötig sind, um die sieben Regionen um Chicago hinreichend zu versorgen – vom ganzen Land gar nicht zu reden – in Betracht zieht, erfordert die Einzelhandelsoption eine hohe Kapitalinvestition.

Eine Untersuchung über Erfahrungen des Federal Express ergab, daß eine geleaste Kleinbusflotte für wesentlich weniger Geld unterhalten werden kann, und mehr Zeit- und Raumflexibilität bietet als Einzelhandelsgeschäfte. Tatsächlich wurden die Kosten für das Leasen von 24 Kleinbussen in der Region um Chicago auf 7000 Dollar monatlich geschätzt. Darüber hinaus entstehen weitere Kosten, die mit dem Einstieg in den Einzelhandelsmarkt für Batterien verbunden sind, wie z. B. Werbung, um Verbraucheraufmerksamkeit zu erlangen. Diese Kosten wären aber für den Kleinbus und die Einzelhandelsgeschäfte in etwa die gleichen.

Vor Einrichtung dieses System führte Gould Verbraucherforschung durch, um den Bedarf festzustellen. Es gibt zirka 47 Millionen Ersatzbatterienverkäufe pro Jahr, mit der Möglichkeit, daß es mehr werden könnten, da der Anstieg der Neuwagenpreise immer mehr Autofahrer dazu veranlaßt, ihre bereits vorhandenen Autos zu behalten und zu pflegen. Ersatzverkäufe können unterteilt werden in vorgezogene Käufe und in Notkäufe. Vorweggenommene Käufe sind jene, bei denen noch betriebsfähige Batterien ersetzt werden, weil der Besitzer meint, daß die Batterie unter harten Startbedingungen ausfallen könnte. Vorweggenommene Käufe sind mit zirka 20 Prozent an allen Ersatzbeschaffungen beteiligt, allerdings weitgehend saisonbedingt. Sie machen 50 Prozent aller Ersatzbeschaffungen im September aus. Notkäufe sind mit 80 Prozent an Ersatzkäufen beteiligt und ebenfalls stark saisonabhängig. Autos bedürfen bei kaltem Wetter einer besonderen Startkraft, und Batterien liefern weniger Kraft, sobald die Temperatur sinkt. Die Spitzennachfrage setzt erfahrungsgemäß an extrem kalten Morgen ein.

Gould testete die neue Vertriebsmethode in Wilkes-Barre, Pennsylvania, und steigerte seinen Marktanteil um fünf Prozentpunkte. Dieses Gebiet wurde ausgewählt, weil es von einer der firmennahen Batteriefertigungsstätten bedient werden konnte. Falls der Test im Chicago-Bereich erfolgreich ausfällt, will Gould ihn eventuell auf 42 Märkte ausdehnen.

Welche Chancen und Gefahren sind mit diesem Vorhaben verbunden, und wie sollte das Gould-Management mit ihnen umgehen?

Dieser Fall wurde aufbereitet von Professor Richard Yalch, School of Business Administration, University of Washington, Seattle, 98 195. Obwohl alle diese Informationen aus Presseberichten entnommen wurden, profitierte der Verfasser dieses Falles von einer Präsentation in der Northwestern Universität, die von Richard Melrose, Mitarbeiter der Gould, Inc., in einem Seminar durchgeführt wurde.

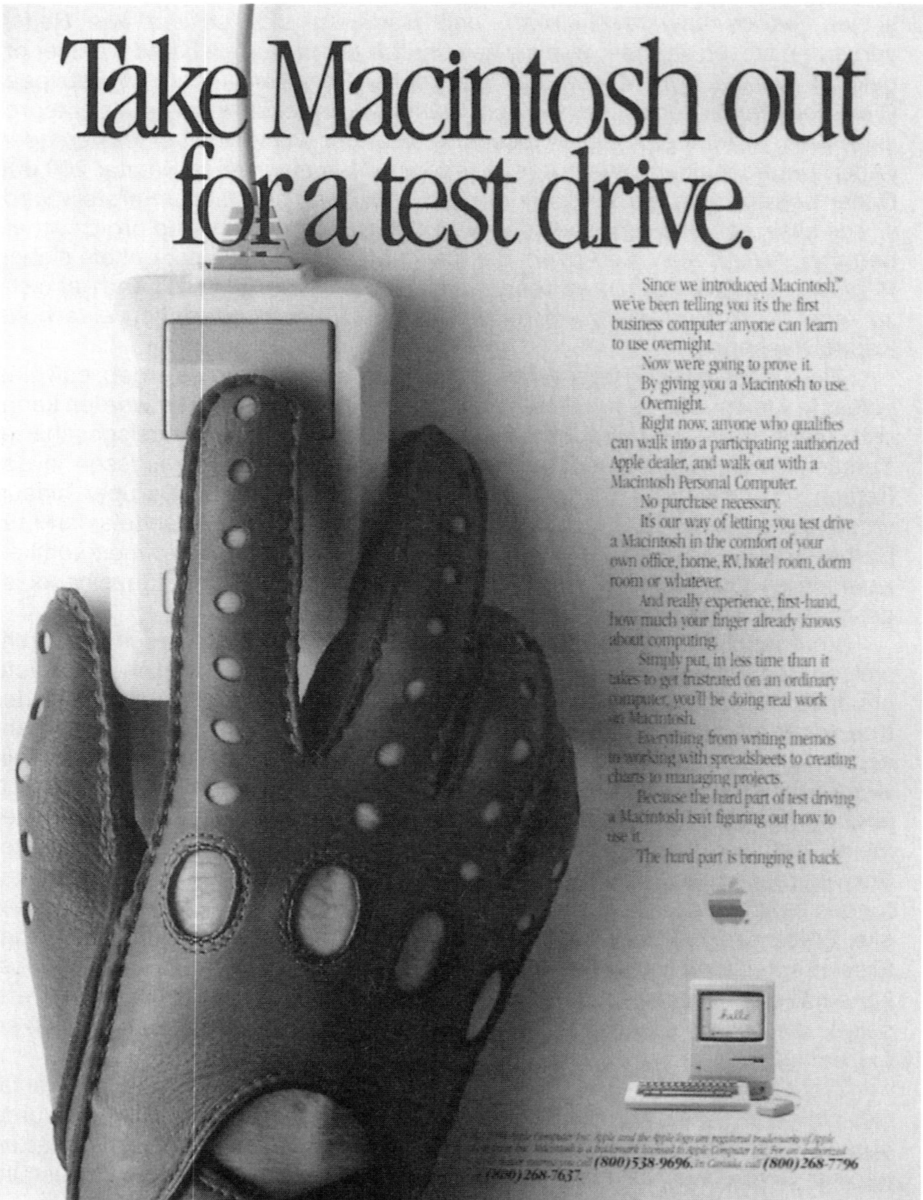

Courtesy Apple Computer

15. KAPITEL

Absatzförderung: Kommunikations- und Absatzförderungs-Strategie

LERNZIELE DIESES KAPITELS

Nachdem Sie dieses Kapitel gelesen haben, sollten Sie in der Lage sein:

1. die vier Instrumente des Promotion-Mix zu nennen und zu beschreiben,
2. die Elemente des Marketing-Kommunikationsprozesses zu erläutern,
3. die Methoden für die Erstellung des Absatzförderungsbudgets zu erklären,
4. die Faktoren zu erläutern, die die Gestaltung des Promotion-Mix beeinflussen.

Apple Computer wuchs während der späten siebziger und frühen achtziger Jahre explosionsartig. Mitte der siebziger Jahre jedoch war Apple ein in Schwierigkeiten geratenes Unternehmen. Das größte Problem war die Firma IBM, die spät in den PC-Markt eingetreten war, diesen aber bald dominierte. Um 1983 hatte IBM ungefähr ein Drittel aller PC-Verkäufe erobert und sein Anteil war noch immer steigend. Der Erfolg von IBM veranlaßte Dutzende große und kleine Unternehmen, ihre PC-Produktlinie aufzugeben. Die meisten von denen, die im Markt blieben, positionierten ihre Produkte, als „IBM-kompatibel" um und suchten nach Marktnischen, in denen sie mit IBM konkurrieren konnten.

Um 1983 war Apple's einstmals großer Anteil am Personal-Computer-Markt auf unter 20 Prozent gefallen. Die beständige Apple-IIe-Produktlinie war im Auslaufen und seine neuen und größeren Modelle Lisa und Apple III erwiesen sich als Versager. Die Zeiten von Apple's glorreichem Wachstum waren vorüber. Das Unternehmen rationalisierte seine Betriebsabläufe und versuchte zu überleben.

Statt jedoch lediglich ein weiterer Hersteller von IBM-kompatiblen Computern zu werden, wagte Apple ein riskantes Spiel. Das Unternehmen entwickelte den innovativen neuen Macintosh-Computer, den es keck als eine Alternative zu IBM positionierte. Der Macintosh war ein hervorragendes Produkt – ein äußerst leistungsfähiger Computer mit großer graphischer Datendarstellung, jedoch sehr leicht zu bedienen. Apple wußte, daß Kunden, die den leistungsfähigen aber bedienungsfreundlichen kleinen Macintosh kennenlernen, ihn auch mögen würden. Erfahrene Verwender würden in ihm eine anregende Alternative zu IBM sehen. Weniger erfahrene private und gewerbliche Verwender, die gegen PC noch argwöhnisch sind, würden zu schätzen wissen, mit welcher Leichtigkeit sie die beträchtliche Leistungsfähigkeit des Macintosh nutzen könnten. Apple wußte, daß es eine gute Sache entwickelt hatte, das Unternehmen mußte jedoch noch die Konsumenten und Einzelhändler davon überzeugen. Der aufregende neue Macintosh würde eines außergewöhnlichen Absatzförderungsprogrammes bedürfen, um die vielen Skeptiker zu überzeugen – und dieses wurde auch für ihn entwickelt.

Um die Konsumenten über den neuen Macintosh zu informieren, änderte Apple alle seine Absatzförderungsinstrumente – d. h. Werbung, Verkaufsaußendienst, Einzelhandelsnetz, Verkaufsförderung und Öffentlichkeitsarbeit wurden umgestaltet. Das Unternehmen errichtete eine neue überregionale Direkt-Verkaufsorganisation, um große Unternehmen als Kunden für sich zu gewinnen und reorganisierte seinen bestehenden Verkaufsaußendienst, um eine größere Unterstützung durch Wiederverkäufer zu erreichen – mehr als 80 Prozent aller PC werden über Einzelhändler verkauft. Ein Netz von mehr als 2000 Einzelhändlern trug die Macintosh-Story zu Millionen Konsumenten. Apple ließ in einer innovativen Absatzförderungsaktion den Macintosh für sich selbst sprechen und „munterte Kunden dazu auf, sich vom Händler für 24 Stunden einen Macintosh auszuleihen", um die Behauptung Apple's, daß Macintosh der erste PC sei, dessen Bedienung jedermann über Nacht erlernen könne, selbst zu überprüfen.

Der Kern von Apple's Informationsprogramm über die Macintosh-Story, war jedoch seine kühne und kreative Anzeigenwerbung. Apple begann 1984 mit einer zwei Millionen teuren „Super Bowl" (auf Sieg gerichtete) Anzeigenaktion, die sich durch eine aufsehenerregende futuristische „1984"-Werbung auszeichnete. Die Anzeige gab sowohl den Ton für Macintosh's kühne Positionierung an, als auch für die nachfolgende Werbung. Von dieser Werbung wurden innerhalb der nächsten zehn Tage zusätzliche Macintosh-Umsätze in Höhe von über hundert Millionen Dollar erwartet.

Der Super-Bowl-Werbung folgten dramatische, zwanzig Seiten umfassende Inserate in Wochen- und Fachzeitschriften. Während des übrigen Jahres wurden die Konsumenten mit einer anderen spannenden Apple-Werbung im Wert von über hundert Millionen Dollar bearbeitet. Die Fachzeitschrift Advertising Age bemerkte hierzu, „Apple's leidenschaftlicher Gebrauch der Medien und seine Werbung während des ganzen Jahres waren ... aufregend: Anzeigen mit kühnen, jedoch klaren, einfachen Illustrationen sowie verständlichem und genauem Text. Sie ragten aus der Masse, aus dem Durcheinander heraus." Um die Werbekampagne „1984" vom Stil her krönen zu können, kaufte Apple um drei Millionen Dollar den gesamten Anzeigenraum – ungefähr 40 Seiten – der ersten Ausgabe nach der Präsidentenwahl („Postelection") von Newsweek auf.

Für diese aufsehenerregende Kampagne wurden Apple's Präsident und Generaldirektor (CEO), John Sculley, Ehrungen zuteil, wie z. B. der von Advertising Age verliehenen Titel „Adman of the Year". Apple erreichte mehr, als einfach nur die Flurbereinigung der Branche zu überleben. Im Jahre 1984 verkaufte das Unternehmen ungefähr 383.000 Macintosh-Computer, und der Gesamtumsatz des Unternehmens erreichte 1,5 Milliarden, das ist ein Zuwachs von 50 Prozent gegenüber 1983. Apple muß seinen mühsamen Kampf gegen IBM noch immer weiterführen, will es seinen Marktanteil halten. Zunächst hat das Unternehmen das Ärgste vermeiden können und zwar dank eines innovativen Produktes, einer einzigartigen Positionierungsstrategie sowie dank eines mutigen Absatzförderungs- und Kommunikationsprogrammes.[1]

Modernes Marketing erfordert mehr, als ein gutes Produkt zu entwickeln, dazu einen attraktiven Preis festzulegen und es den Zielgruppen zur Verfügung zu stellen. Unternehmen müssen sich auch mit ihren Kunden in Verbindung setzen. Was mitzuteilen ist, sollte jedoch nicht dem Zufall überlassen bleiben.

Um gut zu kommunizieren, engagieren Unternehmen Werbeagenturen, deren Aufgabe es ist, wirksame Inserate zu entwerfen, Spezialisten für Absatzförderung – um Programme für Verkaufsanreize zu planen und Public Relations Agenturen, um das Unternehmens-Image zu entwickeln. Sie schulen ihre Verkäufer, freundlich, hilfreich und überzeugend zu sein. Für die meisten Unternehmen stellt sich nicht die Frage, ob kommuniziert werden sollte, sondern wieviel dafür auszugeben und auf welche Weise zu kommunizieren ist.

Ein modernes Unternehmen unterhält ein komplexes Marketing-Kommunikationssystem (vgl. hierzu Abbildung 15-1). Das Unternehmen kommuniziert mit seinen Absatzmittlern, mit Verbrauchern und mit verschiedenen Interessensgruppen. Die Absatzmittler kommunizieren mit ihren Konsumenten und mit Gruppen der Öffentlichkeit. Die Konsumenten kommunizieren mündlich untereinander sowie mit anderen Gruppen. Mittlerweile gibt jede Gruppe jeder anderen ein Feedback (Informationsrückfluß).

FIGURE 15-1
The Marketing Communications System

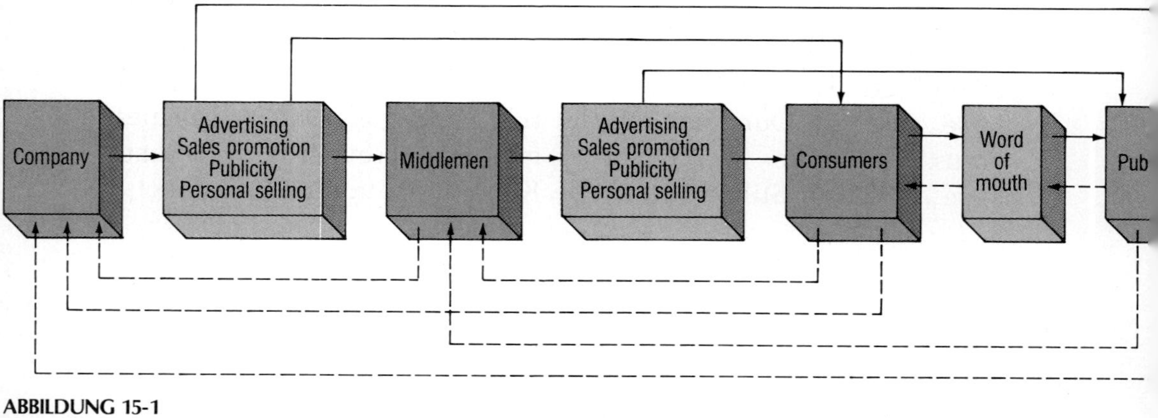

ABBILDUNG 15-1
Das Marketing Kommunikationssystem

Das Marketing-Kommunikations-Mix (auch promotion mix genannt) besteht aus vier Hauptinstrumenten:

Werbung: jede bezahlte Form nicht-personaler Präsentation und Förderung von Ideen, Waren oder Dienstleistungen durch einen namentlich genannten Auftraggeber.

Verkaufsförderung: kurzfristige wirkende Anreize, um Käufe oder Verkäufe eines Produktes oder einer Dienstleistung zu fördern.

Publicity: nicht-personale Anregung der Nachfrage für ein Produkt, eine Dienstleistung oder einen Geschäftsbereich durch die Lancierung wirtschaftlich bedeutsamer Neuigkeiten darüber in einem veröffentlichten Medium oder durch eine günstige Präsentation im Radio, im Fernsehen oder auf der Bühne, die nicht seitens des Auftraggebers bezahlt worden ist.

Persönlicher Verkauf: mündliche Präsentation im Rahmen eines Gespräches mit einem oder mehreren potentiellen Käufern zum Zwecke der Erzielung von Verkäufen.[2]

Innerhalb dieser Gruppen stehen spezielle Instrumente zur Verfügung, wie z. B. Verkaufspräsentationen, Displays am Ort des Verkaufs, Spezialwerbung,* Fachausstellungen, Messen, Vorführungen, Kataloge, Literatur, Pressemappen, Plakate, Wettbewerbe, Prämien, Kupons und Rabattmarken. Die Kommunikation beschränkt sich aber nicht auf diese speziellen Instrumente. Auch die Gestaltung des Produktes, sein Preis, seine Verpackungsform und -farbe sowie die Umgangsformen der Verkäufer vermitteln dem Kunden eine Botschaft. Das gesamte Marketing-Mix, nicht nur das Absatzförderungs-Mix, muß für eine größtmögliche Kommunikationswirkung koordiniert werden.

*) z. B. Werbung mit kleinen Geschenkartikeln

Dieses Kapitel behandelt zwei Fragen: Welches sind die wichtigsten Schritte bei der Entwicklung einer wirksamen Marketing-Kommunikation? Wie sollte das Absatzförderungs-Budget und -Mix bestimmt werden? Im Kapitel 16 werden die Instrumente der Massenkommunikation – Werbung, Verkaufsförderung und Publicity (Öffentlichkeitsarbeit) – untersucht. Der Verkaufsaußendienst als Kommunikations- und Absatzförderungsinstrument wird im Kapitel 17 behandelt.

SCHRITTE FÜR DIE ENTWICKLUNG EINER WIRKSAMEN KOMMUNIKATION

Marketer müssen verstehen, wie die Kommunikation funktioniert. Kommunikation umfaßt die neun Elemente, die aus Abbildung 15-2 zu ersehen sind. Zwei dieser Elemente sind die wichtigsten Hauptbeteiligten in einem Kommunikationsprozeß – Sender und Empfänger. Zwei andere sind die wichtigsten Kommunikationsinstrumente – Nachricht und Medien. Vier bedeutende Kommunikationsfunktionen sind Codierung (Verschlüsselung), Decodierung (Entschlüsselung), Reaktion und Feedback. Das letzte Element in diesem System ist die Störung. Die Elemente sind wie folgt definiert:

- *Sender:* der Beteiligte, der die Botschaft an einen anderen sendet.
- *Codierung:* der Vorgang des Umwandelns der Gedanken in symbolische Formen.
- *Botschaft:* die Gesamtheit der Symbole bzw. Zeichen, die der Sender übermittelt.
- *Medien:* die Kommunikationskanäle, durch die eine Botschaft vom Sender zum Empfänger gelangt.
- *Decodierung:* der Prozeß, in dem der Empfänger den vom Sender verschlüsselten Symbolen eine Bedeutung zuordnet.
- *Empfänger:* der Beteiligte, der vom Sender eine Botschaft erhält.
- *Antwort:* die Reaktionen des Empfängers, nachdem ihn die Botschaft erreicht hat.
- *Feedback:* der Teil der Reaktion des Empfängers, den dieser an den Sender zurückübermittelt.
- *Störung:* der ungeplante Stillstand oder die Verzerrung während des Kommunikationsprozesses, die dazu führen, daß der Empfänger eine andere Nachricht erhält als der Absender gesandt hat.

ABBILDUNG 15-2
Die Elemente im Kommunikationsprozeß

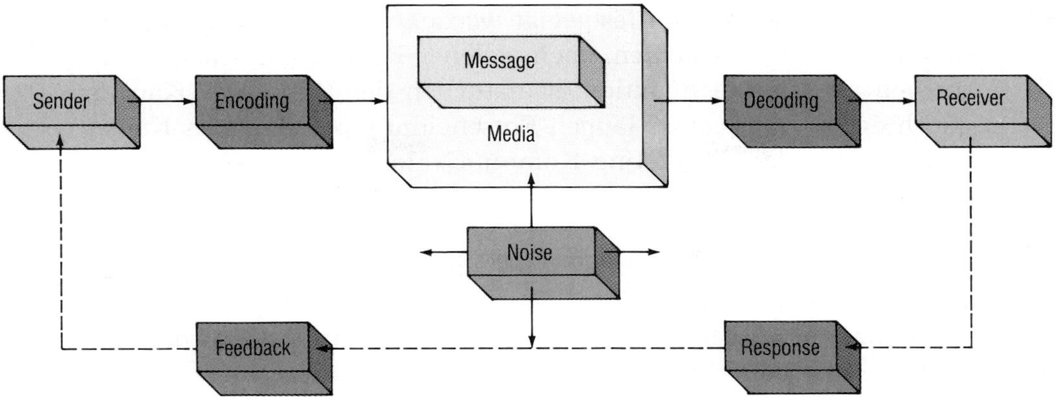

FIGURE 15-2
Elements in the Communication Process

Dieses Modell weist auf die Schlüsselfaktoren einer wirksamen Kommunikation hin. Sender müssen wissen, welches Publikum sie erreichen wollen und welche Reaktionen sie anstreben. Sie müssen bei der Verschlüsselung von Nachrichten geschickt vorgehen und berücksichtigen, wie das Zielpublikum Mitteilungen entschlüsselt. Sie müssen ihre Botschaften über Medien senden, die das Zielpublikum erreichen. Außerdem müssen sie Rücklaufkanäle entwickeln, damit sie die Antwort der Empfänger auf die Nachricht erfahren.

Der Marketing-Kommunikator hat daher folgendes zu tun:

1. das Zielpublikum festlegen,
2. die angestrebte Reaktion zu bestimmen,
3. eine Nachricht auszuwählen,
4. die Medien auszuwählen,
5. die Nachrichtenquelle aussuchen,
6. das Feedback erfassen.

Festlegung der Zielgruppe

Ein Marketing-Kommunikator muß von Beginn an eine klare Zielgruppe vor Augen haben. Bei dem Zielpublikum kann es sich um potentielle Käufer, um aktuelle Verwender oder um Personen handeln, die Entscheidungen treffen oder beeinflussen. Die Zielgruppe kann aus Einzelpersonen, aus Gruppen, aus einer speziellen Interessengruppe oder aus der allgemeinen Öffentlichkeit bestehen. Die Zielgruppe wird die Entscheidungen des Kommunikators darüber, was gesagt werden soll, wie, wann und wo es zu sagen ist, und wer es sagen soll, maßgeblich beeinflussen.

Bestimmung der angestrebten Reaktion

Sobald das Zielpublikum festgelegt worden ist, muß der Marketing-Kommunikator entscheiden, nach welcher Reaktion er trachtet. Die letztlich angestrebte Reaktion ist natürlich der Kauf. Der Kauf ist jedoch das Ergebnis eines langen Entscheidungsprozesses des Konsumenten. Für den Marketing-Kommunikator ist es unerläßlich zu wissen, wo das Zielpublikum derzeit steht und wohin es bewegt werden soll.

Das Zielpublikum kann sich in einem der sechs Käufer-Bereitschaftsstadien befinden: Wahrnehmung, Kenntnis, Gefallenfinden, Präferenzierung, Überzeugung, Kauf. Diese Stadien werden aus Abbildung 15-3 ersichtlich und nachstehend erläutert.

Wahrnehmung

Der Kommunikator muß als erstes wissen, inwieweit sich das Zielpublikum des Produktes oder des Unternehmens bewußt geworden ist. Das Publikum kann darüber völlig uninformiert sein, nur seinen Namen kennen oder bereits etwas darüber wissen. Falls die Mehrheit der Zielgruppe unwissend ist, versucht der Kommunikator, einen Zustand der bewußten Wahrnehmung herzustellen, möglicherweise zunächst nur die Wiedererkennung des Namens. Dieses Ziel kann mit einfachen Botschaften, die den Namen wiederholen, erreicht werden. Bis die Zielgruppe tatsächlich den Namen bewußt wahrnimmt, wird ein erheblicher Zeitaufwand erforderlich sein.

Angenommen, ein kleines College in Pottsville im Staat Iowa sucht Studienbewerber aus Nebraska, ist aber dort überhaupt nicht bekannt. Ferner soll unterstellt werden, daß es in Nebraska ca. 30.000 Schulabsolventen gibt, die möglicherweise an einem Besuch des Pottsville-College interessiert sind. Das College könnte sich das Ziel gesetzt haben, daß innerhalb eines Jahres 70 Prozent dieser Studenten Potsvilles Namen kennen.

ABBILDUNG 15-3
Bereitschaftsphasen des Käufers

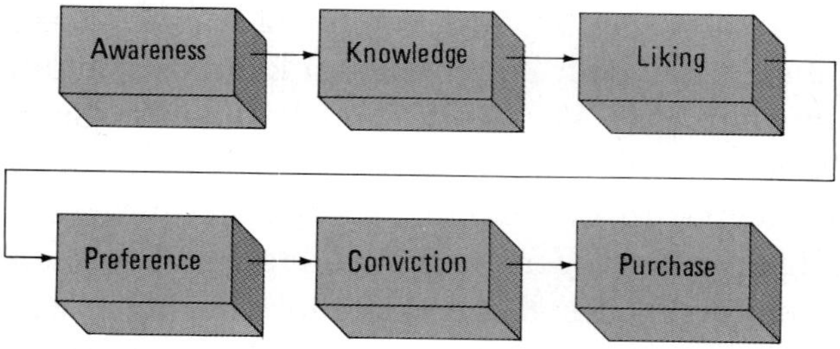

FIGURE 15-3
Buyer Readiness States

Kenntnis

Denkbar ist ferner, daß die Zielgruppe zwar den Namen der Gesellschaft oder des Produktes kennt, aber nicht viel darüber weiß. Das College Pottsville könnte daran interessiert sein, sein Zielpublikum wissen zu lassen, daß es sich um ein privates College mit vier Lehrgängen handelt, das im Osten Iowas liegt und ausgezeichnete Programme für Englisch und für Sprachwissenschaften anbietet. Dazu muß Pottsville-College in Erfahrung bringen, wie viele Personen der Zielgruppe über wenige, einige und umfangreiche Kenntnisse bezüglich seiner Existenz und Leistungsfähigkeit verfügen. Das College könnte beschließen, als erstes Kommunikationsziel eine Produktkenntnis aufzubauen.

Gefallenfinden

Wenn das Zielpublikum das Produkt kennt, muß die nächste Frage lauten, was es davon hält. Der Kommunikator könnte eine Polaritätsskala entwickeln, die verschiedene Abstufungsgrade des Gefallenfindens umfaßt: völlige Ablehnung, reservierte Einstellung, indifferente Aufnahme, überwiegend positive Einstellung, uneingeschränkt positive Einstellung. Wenn das Zielpublikum eine negative Einstellung gegenüber Pottsville-College hegt, hat der Kommunikator die Gründe herauszufinden und anschließend einen Kommunikationsfeldzug zu entwickeln, um positive Meinungen zu bilden. Falls das ungünstige Bild auf tatsächlichen Problemen des Colleges beruht, dann sind Aktivitäten im Kommunikationsbereich allein nicht ausreichend. Pottsville müßte zuerst seine Probleme lösen und dann seine Vorzüge der Öffentlichkeit mitteilen. Wirkungsvolle Public Relation bedeutet, daß „guten Taten wirkungsvolle Worte folgen".

Präferenzierung

Es ist denkbar, daß die Zielgruppe dem Produkt zwar positiv gegenübersteht – es aber nicht anderen gegenüber bevorzugt. In diesem Falle wird der Kommunikator versuchen, bei den Konsumenten Präferenzen aufzubauen. Der Kommunikator wird dazu die Qualität, den Wert, die Leistung und andere Merkmale herausstellen und anschließend den Erfolg dieser Aktion überprüfen, indem er die Präferenzen der Zielgruppe nach der Kommunikationskampagne neu bewertet.

Überzeugung

Eine Zielgruppe könnte zwar ein Produkt bevorzugen, aber noch nicht zu der Überzeugung gelangt sein, es zu kaufen. So könnten beispielsweise einige Schulabsolventen Pottsville bevorzugen aber nicht sicher sein, ob sie überhaupt ein College besuchen wollen. Aufgabe des Kommunikators ist es, jene Überzeugung aufzubauen, daß es richtig ist, ein College zu besuchen.

Kauf

Einige Mitglieder des Zielpublikums mögen überzeugt sein, sind aber noch nicht bereit, einen Kauf vorzunehmen. Sie erwarten möglicherweise auf weitere Informationen oder planen, sich später zu entscheiden. Der Kommunikator muß diese Konsumenten dazu bringen, auch den letzten Schritt zu vollziehen. Dazu kann gehören, das Produkt zu einem niedrigeren Preis zu offerieren, eine Prämie anzubieten oder die Konsumenten das Produkt auf begrenzter Basis ausprobieren zu lassen.

Die Bereitschaftsphasen des Kunden sind für den Marketing-Kommunikator von erheblicher Bedeutung. Käufer durchlaufen diese Phase üblicherweise auf ihrem Weg zum Einkauf. Des Kommunikators Aufgabe ist es, den aktuellen Zustand festzustellen, in dem sich die meisten Konsumenten befinden und eine Kommunikationskampagne zu entwickeln, um sie in die nächste Zustandsphase zu bewegen.

Auswahl einer Botschaft

Nachdem die gewünschte Antwort des Zielpublikums definiert worden ist, entwickelt der Kommunikator eine wirksame Botschaft. Im Idealfall soll die Information Aufmerksamkeit (attention) erregen, Interesse wecken, Verlangen nach Besitz (desire) entstehen lassen und zu Aktionen (action) führen. Dieser Anforderungskatalog ist als das sogenannte „AIDA“-Modell bekannt. In der Praxis durchlaufen nur wenige Informationen den gesamten Weg von der Wahrnehmung bis zum Kauf, aber das AIDA-Modell deutet an, was von einer Botschaft erwartet werden sollte.

Bei der Zusammenstellung der Botschaft muß der Kommunikator drei grundlegende Fragen beantworten:

- Was soll gesagt werden? (Inhalt der Botschaft)
- Wie kann es folgerichtig gesagt werden? (Aufbau der Botschaft)
- Wie kann es sinnbildlich gesagt werden? (Form der Botschaft)

Inhalt der Botschaft

Der Kommunikator muß sich zunächst eine Ansprache oder ein Thema ausdenken, das die gewünschte Reaktion bewirken wird. Es gibt drei Arten von Ansprachen: **rationale Appelle** beziehen sich auf das Eigeninteresse des Publikums bzw. der Zielgruppe. Sie zeigen, daß das Produkt den behaupteten Nutzen stiften wird. Beispiele hierfür wären

Diese neue Idee der Außenwerbung erregt Aufmerksamkeit. Abgedruckt mit freundlicher Genehmigung der Chevrolet Motor Division, General Motors Corporation.

Hinweise, die die Qualität, Wirtschaftlichkeit, den Wert oder die Leistung eines Produktes hervorheben.

Emotionale Appelle versuchen, durch die Erweckung negativer oder positiver Gefühle zum Kauf zu motivieren. Beispiele für negative emotionale Appelle sind die Suggestion von Furcht, Schuldgefühlen oder Scham. Dadurch sollen Leute dazu veranlaßt werden, Handlungen zu begehen – z. B. Zähne zu putzen, zur jährlichen Vorsorgeuntersuchung zu gehen – oder zu unterlassen – z. B. zu rauchen, zu viel zu essen oder zu trinken. Kommunikatoren verwenden auch positive emotionale Appelle, die Gefühle wie Liebe, Humor, Stolz oder Freude ansprechen sollen.

Moralische Appelle richten sich an das Empfinden des Zielpublikums dafür, was recht und anständig ist. Sie werden häufig benutzt, um Leute zur Unterstützung allgemeiner oder sozialer Anliegen aufzufordern. Mit ihnen wird z. B. für eine saubere Umwelt, für bessere Rassenbeziehungen, für die Gleichberechtigung der Frauen und für die Unterstützung der Bedürftigen geworben. Ein Beispiel hierfür ist der „March of Dimes"-Aufruf: „Gott hat dich unversehrt erschaffen. Gewähre Deine Hilfe jenen, die es nicht sind." Moralische Appelle werden nur selten für Produkte des täglichen Bedarfs verwendet.

Aufbau der Botschaft (Botschaftsstruktur)

Der Kommunikator kann im wesentlichen unter drei Gestaltungsvarianten wählen. Die erste Entscheidungsmöglichkeit besteht darin, ob er selbst eine Schlußfolgerung ziehen sollte oder diese dem Zielpublikum überlassen sollte. Es erweist sich meist als wirksamer, wenn der Kommunikator selbst eine Schlußfolgerung zieht. Die zweite Alternative bezieht sich darauf, ein einseitiges oder zweiseitiges Argument zu präsentieren. Außer wenn es sich um ein hoch gebildetes, negativ eingestelltes Zielpublikum handelt, scheinen einseitige Argumente bei Verkaufsdemonstrationen wesentlich wirksamer zu sein. Die dritte Alternative umfaßt die Fragestellung, ob die stärksten Argumente zu Beginn oder am Ende vorgebracht werden sollen. Sie am Anfang zu präsentieren, bewirkt starke Aufmerksamkeit, kann aber dazu führen, daß das Interesse abklingt, bzw. schwächer wird.[3]

Form der Botschaft

Der Kommunikator muß für seine Botschaft auch eine geeignete Form verwenden. Bei einem Inserat hat der Kommunikator bezüglich Schlagzeile, Text, Illustration und Farbe zu entscheiden. Um Aufmerksamkeit zu erzielen, können Werbetreibende mit Neuheiten und Kontrastwirkungen arbeiten, mit Blickfang-Bildern und -Überschriften sowie mit besonderen Formaten, Annoncengrößen und Plazierungen, ferner mit Farben, sowie mit Form und Bewegung.[4] Falls die Botschaft über den Rundfunk verbreitet werden soll, hat der Kommunikator Worte, Tonfall und Stimmen auszuwählen. Der Tonfall eines Sprechers, der für ein gebrauchtes Auto wirbt, muß anders sein als jener, mit dem für Qualitätsmöbel geworben wird.

Soll die Botschaft über das Fernsehen oder persönlich übermittelt werden, dann sind auch Elemente wie die Körpersprache und ähnliches vorzubereiten. Die Präsentatoren haben insbesondere auf ihren Gesichtsausdruck, ihre Gesten und Kleidung sowie auf ihre Haltung und Frisur zu achten. Falls die Information den Empfänger über die Verpackung eines Produktes erreichen soll, hat der Kommunikator auf den geeigneten Text, auf den Duft sowie auf die zweckmäßige Farbe, Größe und Form zu achten.

Die Farbe spielt eine wichtige Rolle für die Bevorzugung von Lebensmitteln. Man ließ Hausfrauen vier Tassen Kaffee probieren. Alle Tassen enthielten – ohne Wissen der Hausfrauen – den gleichen Kaffee, waren aber jeweils in unmittelbarer Nähe von braunen, blauen, roten und gelben Behältern angeordnet. 75 Prozent waren der Meinung, daß der Kaffe in unmittelbarer Nähe des braunen Behälters zu stark sei, fast 85 Prozent beurteilten den Kaffee neben dem roten Gefäß als den aromatischsten, fast jede hielt den Kaffee nahe dem blauen Container für mild und den Kaffee neben dem gelben Behälter für schwach.

Medienauswahl

Als nächstes muß der Kommunikator die Kommunikationskanäle auswählen, die ihm für seine Zwecke am besten geeignet erscheinen. Grundsätzlich gibt es zwei Arten von Kommunikationskanälen – persönliche und nicht persönliche.

Persönliche Kommunikationskanäle

Durch **persönliche Kommunikationskanäle** kommunizieren zwei oder mehr Personen direkt miteinander. Sie können von Angesicht zu Angesicht kommunizieren, von Person zu Zuhörerschaft, über das Telephon oder sogar durch die Post. Persönliche Kommunikationswege sind effektiv, da sie persönliche Ansprache sowie unmittelbares Feedback erlauben.

Die meisten Marketer benützen persönliche Absatzwege. So kontaktieren beispielsweise Außendienstmitarbeiter Kunden in den Zielmärkten. Aber auch andere Kommunikatoren erreichen die Kunden. Zu diesen anderen können unabhängige Experten zählen, die Aussagen gegenüber Zielkunden machen, z. B. Verbraucheranwälte oder Einkaufsratgeber für Konsumenten. Es kann sich ferner um Nachbarn, Freunde, Familienmitglieder und Partner handeln, die mit den Zielkunden sprechen. Dieser letzte Kommunikationskanal, als „word-of-mouth influence“ – mündlicher Einfluß – ist in vielen Produktbereichen von erheblicher Wirkung.

Persönlicher Einfluß hat großes Gewicht bei Produkten, die teuer oder gewagt sind, sowie bei Gütern, die für jedermann ersichtlich sind. Käufer von Autos und großen Haushaltsgeräten suchen außerhalb der Massenmedien Quellen, um die Meinung von gut informierten Personen zu erfahren.

Unternehmen können verschiedene Maßnahmen ergreifen, um Kanäle von persönlichem Einfluß zu veranlassen, für sie zu arbeiten. Sie können einflußreiche Personen oder Unternehmen ausfindig machen und ihnen besondere Bemühungen widmen. Sie können aber auch sogenannte „opinion leader" aufbauen, indem bestimmte Personen das Produkt zu besonders attraktiven Bedingungen zur Verfügung gestellt bekommen. Unternehmen können über Mitglieder des öffentlichen Lebens Einfluß nehmen, wie z. B. Disc Jockeys, Klassensprecher und Vorstände lokaler Organisationen. Sie können aber auch einflußreiche Personen für empfehlende Werbung heranziehen oder Anzeigen entwickeln, die einen hohen Unterhaltungswert haben.[5]

Massenkommunikationskanäle (nicht-personale Kommunikationskanäle)

Massenkommunikationskanäle sind Medien, die Informationen ohne persönliche Kontakte oder unverzügliches Feedback übermitteln. Sie umfassen Massenmedien und selektive Medien, Stimmungsbilder und Ereignissen. Zu den **Massenmedien und selektiven Medien** zählen Druckmedien (Zeitungen, Zeitschriften, Werbebriefe), elektronische Medien (Radio, Fernsehen) und Ausstellungsmedien (Werbeflächen, Aufstellungstafeln, Plakate). Massenmedien sind an große, oft unsegmentierte Empfängergruppen gerichtet. Selektive Medien zielen auf kleinere, ausgewählte Gruppen. **Stimmungsbilder** sind bewußt gestaltete Umfelder, die die Neigung der Käufer für ein Produkt hervorrufen oder verstärken sollen. Deshalb sind beispielsweise Büros von Rechtsanwälten und Banken so gestaltet, daß sie eine Atmosphäre des Vertrauens vermitteln oder andere Eigenschaften aufweisen, die von den Klienten geschätzt werden.[6] **Ereignisse** sind bewußt herbeigeführte Aktionen, um Informationen an ein Zielpublikum zu übermitteln. Public Relation Abteilungen arrangieren Pressekonferenzen oder groß angelegte Veranstaltungen, um mit einem Zielpublikum zu kommunizieren.

Die Massenkommunikation beeinflußt die Käufer direkt. Darüber hinaus führt der Einsatz von Massenmedien oft zu intensiverer, persönlicher Kommunikation. Massenkommunikation beeinflußt Einstellungen und Verhalten durch einen Zwei-Stufen-Fluß des Kommunikationsprozesses. „Ideen gelangen häufig vom Rundfunk und von gedruckten Medien zu Meinungsführern (opinion leaders) und von diesen zu weniger aktiven Teilen der Bevölkerung."[7] Dieser Zwei-Stufen-Fluß bedeutet, daß die Wirkung von Massenmedien nicht so direkt, so stark und so selbstverständlich ist, wie oft angenommen wird. Vielmehr wird er über „opinion leader" vermittelt, das sind Personen, deren Meinungen über Produkte von anderen gesucht werden und die zwischen den Massenmedien und deren Zielgruppen stehen. Die opinion leader haben einen engeren Bezug zu den Massenmedien, und sie vermitteln Botschaften an jene, die von den Massenmedien weniger stark beeindruckt werden.

Das Zwei-Stufen-Modell des Kommunikationsflusses stellt die Auffassung in Frage, daß das Kaufverhalten durch einen „trickle-down“-Effekt beeinflußt wird. Dieser Effekt bezeichnet das Herabsickern von Meinungen und Informationen von sozial höheren Ebenen auf niedrigere Gesellschaftsschichten. Da die meisten Leute überwiegend mit Personen ihrer eigenen sozialen Schicht in wechselseitigen Einflußbeziehungen stehen, übernehmen sie beispielsweise Modeansichten und andere Meinungen von Personen ihresgleichen, die als opinion leader fungieren. Darüber hinaus läßt es das Modell vom Zwei-Stufen-Kommunikationsfluß naheliegend erscheinen, daß die Massenkommunikatoren ihre Informationen direkt an die opinion leader richten, damit sie diese an andere weiterleiten. So versuchen beispielsweise Unternehmen der Pharma-Industrie, zuerst die einflußreichsten Ärzte von ihren neuen Medikamenten zu überzeugen.

Auswahl der Informationsquelle

Die Wirkung einer Information ist auch davon abhängig, wie das Zielpublikum den Sender einschätzt. Informationen, die von äußerst

Wenn Berühmtheiten als Werbeträger eingesetzt werden, färbt etwas von ihrer Berühmtheit und dem Vertrauen, das ihnen die Öffentlichkeit entgegenbringt, auf das Produkt ab. Abgedruckt mit freundlicher Genehmigung der General Foods Corp.

glaubwürdigen Quellen stammen, gelten als wesentlich überzeugender. So werden beispielsweise Mediziner von Herstellern gebeten, über die Vorteile von deren Produkten zu berichten, da Ärzte als sehr glaubwürdig gelten. Marketer engagieren auch bekannte Schauspieler und Athleten, um von diesen ihre Informationen übermitteln zu lassen.

Welche Faktoren jedoch lassen eine Informationsquelle glaubhaft erscheinen? Die drei am häufigsten genannten Kriterien sind Fachkenntnis, Vertrauenswürdigkeit und Sympathie.[8] Fachkenntnis ist jenes Maß an Kompetenz des Kommunikators, das erforderlich ist, um die Behauptung glaubhaft zu unterstützen. Ärzte, Wissenschaftler und Professoren gelten als höchst kompetent auf ihren Arbeitsgebieten. Vertrauenswürdigkeit bezieht sich darauf, wie objektiv und ehrlich die Quelle zu sein scheint. Freunden wird mehr vertraut als Verkäufern. Mit dem Ausdruck „Sympathie" wird angedeutet, wie anziehend die Quelle für das Zielpublikum ist. Leute mögen Nachrichtenquellen, die offen, humorvoll und natürlich sind. Die glaubwürdigste Quelle wäre somit eine Person, bei der alle drei Eigenschaften sehr stark ausgeprägt sind.[9]

Erfassung des Feedback

Nachdem die Information ausgesendet worden ist, muß der Kommunikator ihre Wirkung auf das Zielpublikum erforschen. Dazu kann der Kommunikator die Zielgruppe fragen, ob sie sich an die Botschaft erinnert, wie oft sie diese erhalten hat, welche Einzelheiten ihr im Gedächtnis geblieben ist, wie sie die Informationen empfunden hat, ob sich ihre frühere und gegenwärtige Einstellung zum Produkt und zum Unternehmen voneinander unterscheiden. Für den Kommunikator wäre es auch interessant zu messen, welches Verhalten die Information bewirkt hat. Er kann z. B. untersuchen, wieviele Personen das Produkt gekauft und mit anderen darüber gesprochen haben.

Abbildung 15-4 zeigt ein Besipiel für die Messung des Feedback. Ein Blick auf die Marke A zeigt, daß 80 Prozent des Gesamtmarktes diese Marke kennen. 60 Prozent von denen, die sie kennen, haben sie probiert und nur 20 Prozent von denen, die sie probiert haben, sind zufrieden. Das zeigt, daß das Kommunikationsprogramm zwar Aufmerksamkeit erregt hat, das Produkt jedoch das Werbeversprechen nicht erfüllen kann.
Demgegenüber kennen nur 40 Prozent des Gesamtmarktes die Marke B und lediglich 30 Prozent von denen, die es wahrnahmen, haben es probiert. Von denen, die die Marke probiert haben, waren jedoch 80 Prozent damit zufrieden. In diesem Falle muß das Kommunikationsprogramm verstärkt den Vorteil der Marke – nämlich, daß sie hält, was sie verspricht – herausstellen.

ABBILDUNG 15-4
Aktuelle Kenntnis- und Kaufbereitschaftsphasen des Konsumenten für zwei Produkte

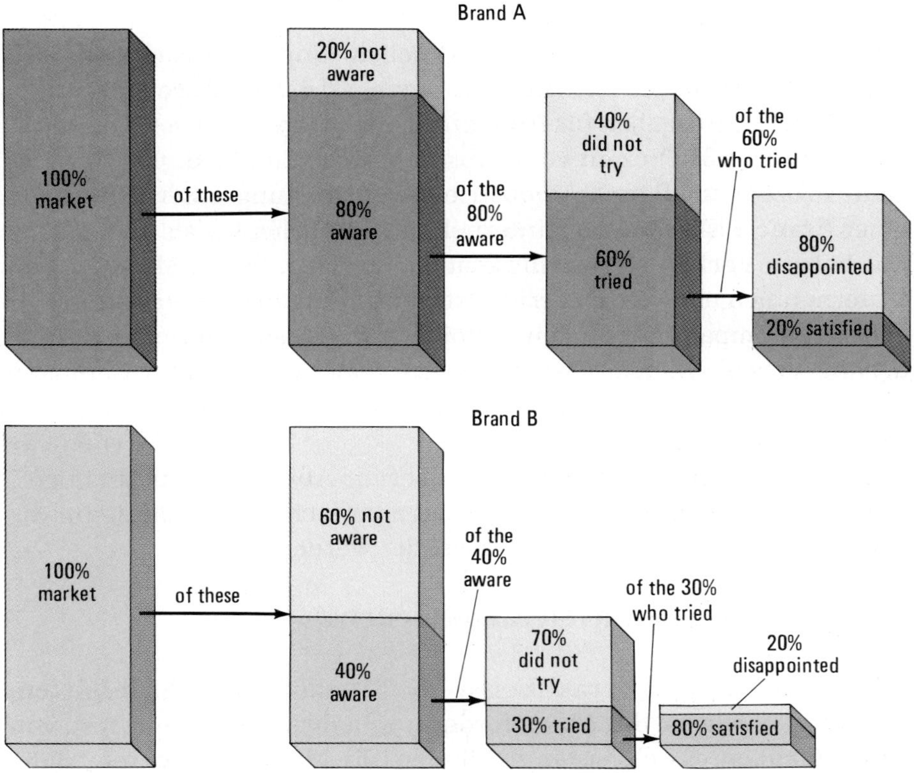

FIGURE 15-4
Current Consumer States for Two Brands

DIE FESTLEGUNG DES ABSATZFÖRDERUNGSBUDGETS UND PROMOTION MIX

Wir haben die einzelnen Schritte bei der Planung und Übermittlung von Kommunikationsinhalten an ein Zielpublikum betrachtet. Wie jedoch entscheidet das Unternehmen über das gesamte Absatzförderungsbudget und dessen Aufteilung zwischen den wichtigsten Absatzförderungsinstrumenten, um das Promotion-Mix zu gestalten? Wir wollen uns nunmehr diesen Fragen zuwenden.

Festlegung des gesamten Absatzförderungsbudgets

Eine der schwierigsten Marketing-Entscheidungen, denen Unternehmen gegenüberstehen ist jene, wie viel für Absatzförderung ausgegeben werden soll. John Wanamaker, der Warenhausmagnat meinte: „Ich weiß, daß die Hälfte meiner Werbung überflüssig ist, aber ich weiß nicht, welche Hälfte. Ich gebe zwei Millionen Dollar für Werbung aus, und ich weiß nicht, ob es die Hälfte des Notwendigen ist oder um das Doppelte zu viel.“

Es überrascht nicht, daß Branchen und Unternehmen sich erheblich darin unterscheiden, wieviel sie für Absatzförderung ausgeben. Die Ausgaben für Absatzförderung können in der Kosmetikbranche 20 bis 30 Prozent vom Umsatz betragen und lediglich fünf bis zehn Prozent im Bereich industrieller Ausrüstungsgüter. Innerhalb einer Branche sind sowohl Unternehmen mit geringen als auch solche mit hohem Verkaufsförderungsetat anzutreffen. Philip Morris ist ein Unternehmen mit hohem Verkaufsförderungsbudget. Als es die Miller Brewing Company übernahm, erhöhte es die Ausgaben für Absatzförderung erheblich. Die Mehrausgaben haben der Miller Company geholfen, ihren Marktanteil innerhalb weniger Jahre von vier auf 19 Prozent zu steigern.

Wie entscheiden Unternehmen über ihr Absatzförderungsbudget? Wir wollen im folgenden vier Methoden betrachten, die häufig für die Festlegung des Werbebudgets verwendet werden.

Die Methode des „Sich-leisten-Könnens“

Viele Unternehmen praktizieren die Methode des **Sich-leisten-Könnens.** Sie legen das Absatzförderungsbudget in der Höhe fest, von der sie glauben, es sich leisten zu können. Ein Manager beschreibt diese Methode wie folgt: „Nun, das ist ganz einfach. Zuerst gehe ich zum Controller und frage ihn, wieviel sie uns dieses Jahr zur Verfügung stellen können. Er sagt, eineinhalb Millionen. Später kommt der Chef zu mir und fragt, wieviel wir ausgeben sollten. Ich antworte darauf: Oh, ungefähr eineinhalb Millionen.“[10]

Diese Methode der Budgetfestlegung ignoriert völlig den Einfluß der Absatzförderung auf das Verkaufsvolumen. Sie führt zu einem ungewissen jährlichen Absatzförderungsbudget, was eine langfristige Marktplanung schwierig macht.

Die Methode des „Prozentsatzes von den Umsätzen“

Viele Unternehmen bedienen sich der Methode des **„Prozentsatzes vom Umsatz“** und legen ihr Absatzförderungsbudget in Höhe eines bestimmten Prozentsatzes von laufenden oder geplanten Umsätzen fest, bzw. basiert ihr Budget auf einem bestimmten Prozentwert vom Verkaufspreis.

Autohersteller planen üblicherweise einen feststehenden Prozentsatz des vorgesehenen Verkaufspreises für Zwecke der Absatzförderung ein. Mineralölfirmen basieren ihr Absatzförderungsbudget auf einem gewissen Bruchteil eines Cents für jede unter ihrem Namen verkaufte Gallone Benzin.

Dieser Methode wird eine Anzahl von Vorteilen zugeordnet. Als erstes bedeutet die „Prozentsatz vom Umsatz"-Methode, daß der Absatzförderungsaufwand wahrscheinlich mit dem übereinstimmt, was das Unternehmen sich leisten kann. Zum zweiten hilft diese Methode dem Management, über die Beziehungen zwischen Absatzförderungsausgaben, Verkaufspreis und Gewinn pro Einheit nachzudenken. Drittens bewirkt diese Vorgehensweise Wettbewerbsstabilität, da konkurrierende Unternehmen dazu neigen, ungefähr den gleichen Prozentsatz von ihren Umsätzen für Absatzförderung auszugeben. Trotz all dieser Vorteile gibt es wenig Gründe, die dieses Verfahren rechtfertigen.

Diese Methode bedient sich einer dürftigen Logik, da sie die Umsätze als Ursache für die Absatzförderung statt als deren Ergebnis betrachtet. Das Budget basiert auf der Verfügbarkeit finanzieller Mittel statt an den Chancen im Markt. Es verhindert erhöhte Ausgaben, die mitunter erforderlich sind, um sinkende Umsätze wieder aufzurichten. Da das Budget mit den Jahresumsätzen variiert, wird eine langfristige Planung erschwert. Schließlich bietet diese Methode keine fundierte Basis für die Wahl eines bestimmten Prozentsatzes, die anders ist als jene, die in der Vergangenheit gegolten hat oder von den Konkurrenten benutzt wird.

Methode der Wettbewerbs-Parität (competitive-parity method)

Einige Unternehmen verwenden die **Methode der Wettbewerbsparität,** indem sie mit der Festlegung ihrer Absatzförderungsbudgets eine Anpassung ihrer Ausgaben an jene der Konkurrenz bezwecken. Sie beobachten die Werbung des Wettbewerbs oder erhalten Schätzungen über branchenübliche Aufwendungen für Absatzförderung aus Veröffentlichungen oder von Fachverbänden und legen ihre Budgets dann in Übereinstimmung mit dem Branchendurchschnitt fest.

Zwei Argumente unterstützen diese Methode. Eines geht davon aus, daß die Budgets der Wettbewerber die kollektive Weisheit der Branche repräsentieren. Dem anderen zufolge hilft das Ausgeben des gleichen Betrages wie die Konkurrenten „Absatzförderungskriege" zu vermeiden.

Keines der Argumente ist stichhaltig. Es gibt keine Gründe anzunehmen, daß der Wettbewerb bessere Vorstellungen darüber hat, was ein Unternehmen für Absatzförderung ausgeben sollte, als das betreffende Unternehmen selbst. Unternehmen unterscheiden sich erheblich voneinander, und jedes hat seine speziellen Absatzförderungsbedürfnisse. Außerdem gibt es keine Beweise dafür, daß Budgets, die auf dem Gedanken der Wettbewerbsparität basieren, Absatzförderungskriege vermeiden.

Zielvorstellungs- und Aufgabenmethode (objective-and-task method)

Bei der Verwendung der Zielvorstellungs- und Aufgabenmethode entwickeln Marketer ihr Absatzförderungsbudget, indem sie

- spezifische Ziele definieren,
- die Aufgaben bestimmen, die erbracht werden müssen, um diese Ziele zu erreichen und
- die Kosten für die Durchführung dieser Aufgaben abschätzen.

Die Summe dieser Kosten stellt das vorgeschlagene Absatzförderungsbudget dar.

Das ist das logischste Budgeterstellungsverfahren, da es das Management zwingt, seine Annahmen über die Relation zwischen ausgegebenen Dollars und Verkaufsförderungsergebnissen darzulegen. Gleichzeitig ist diese Methode die schwierigste, da es oft mühsam ist herauszurechnen, welche speziellen Aufgaben welche speziellen Ergebnisse erbringen werden. Angenommen, ein Unternehmen wünscht im Zielmarkt einen 95prozentigen Bekanntheitsgrad für sein neues Produkt während einer sechsmonatigen Einführungszeit zu erreichen. Welche speziellen Werbeinformationen und Werbeträgerprogramme würden erforderlich sein, um dieses Ziel zu erreichen? Das Management sollte über derartige Fragen nachdenken, selbst wenn diese schwer zu beantworten sind. Mit der Zielvorstellungs- und Aufgabenmethode legt das Unternehmen sein Absatzförderungsbudget auf der Grundlage dessen fest, was es mit Hilfe von Promotion-Aktivitäten zustande bringen kann.

Die allumfassende Antwort auf die Frage, wie hoch das Absatzförderungsbudget sein sollte, hängt davon ab, in welcher Lebenszyklusphase sich die Produkte des Unternehmens befinden, inwieweit sie sich von konkurrierenden Produkten unterscheiden, ob sie laufend benötigt werden, oder „verkauft" werden müssen, sowie von anderen Faktoren.

Gestaltung des Promotion-Mix

Das **Promotion-Mix** ist die spezielle Mischung aus Werbung, persönlichem Verkauf, Verkaufsförderung und Öffentlichkeitsarbeit, die ein Unternehmen verwendet, um seine Werbe- und Marketingziele zu verfolgen. Unternehmen der gleichen Branche unterscheiden sich erheblich bezüglich der Aufteilung ihrer Absatzförderungsmittel. Die Firma Avon gibt den größten Teil ihrer Absatzförderungsmittel für persönlichen Verkauf aus – ihr Werbebudget beträgt nur 1,5 Prozent vom Umsatz –, während die Firma Revlon einen beträchtlichen Werbeaufwand betreibt, ungefähr sieben Prozent vom Umsatz. Für den Verkauf von Staubsaugern legt Electrolux den Ausgabenschwerpunkt auf die Direktverkaufsorganisation; Hoover hingegen setzt mehr auf Werbung. Demgemäß ist es möglich, ein bestimmtes Umsatzniveau mit verschiedenen Maßnahmenmischungen aus Werbung, persönlichem Verkauf, Verkaufsförderung und Publicity zu erreichen.

Unternehmen halten stets nach Wegen Ausschau, um ihre Absatzförderung durch den Austausch eines Promotion-Instrumentes gegen ein wirtschaftlicheres zu verbessern. Viele Unternehmen haben teilweise Außendienstaktivitäten durch Telephonverkauf und gezielte Werbebriefe (direct mail) ersetzt. Andere haben ihre Verkaufsförderungsausgaben im Verhältnis zur Werbung erhöht, um raschere Umsätze zu erzielen.

Noch schwieriger wird die Gestaltung des Promotion-Mix, wenn ein Instrument eingesetzt werden muß, um ein anderes zu fördern. Als z. B. MacDonald's beschloß, Millionen-Dollar-Pferdewetten als Verkaufsförderungsmaßnahme in seinen Schnellrestaurants anzubieten, mußte das Unternehmen Inserate aufgeben, um die Öffentlichkeit darüber zu informieren. Als General Mills auf Konsumentenebene eine Werbe- und Verkaufsförderungskampagne durchführte, um eine neue Kuchenmischung einzuführen, mußte das Unternehmen zusätzlich Geld ausgeben, um die Unterstützung des Einzelhandels für diese Aktion zu gewinnen.

Zahlreiche Faktoren beeinflussen den Marketer bei der Auswahl der Absatzförderungsinstrumente. Diese Faktoren sollen im folgenden betrachtet werden.

Kennzeichnung der einzelnen Absatzförderungsinstrumente

Jedes Instrument der Absatzförderung – Werbung, persönlicher Verkauf, Verkaufsförderung und Öffentlichkeitsarbeit – weist spezifische Merkmale auf und ist mit besonderen Kosten verbunden. Marketer sollten bei der Auswahl der Instrumente diese Merkmale kennen.

WERBUNG. Wegen der zahlreichen Formen und Einsatzmöglichkeiten der Werbung ist es schwierig, allgemeine Aussagen bezüglich ihrer einzigartigen Eigenschaften als Teil des Promotion-Mix zu treffen. Einige Eigenschaften lassen sich jedoch besonders herausstellen:[11] Der öffentliche Charakter der Werbung vermittelt den Eindruck, daß das umworbene Produkt standardisiert und rechtmäßig ist. Weil viele Personen die Werbung für das Produkt sehen, wissen die Käufer, daß der Kauf des Produktes von der Öffentlichkeit verstanden und akzeptiert wird. Werbung erlaubt dem Verkäufer, eine Information viele Male zu wiederholen. Dem Käufer ermöglicht sie, die Informationen verschiedener Konkurrenten zu empfangen und zu vergleichen. Betreibt ein Anbieter Massenwerbung, sagt das etwas Positives über dessen Größe, Popularität und Erfolg aus.

Werbung ist ausdrucksvoll und erlaubt dem Unternehmen, seine Produkte mittels geschicktem Einsatz von Druck, Klang und Farbe auf spannende Weise vorzustellen. Werbung kann sowohl für den Aufbau eines langfristigen Produktimage herangezogen werden – wie z. B. die Coca-Cola-Werbung –, als auch dafür, um rasche Verkäufe auszulösen – wie es z. B. von Sears für einen Wochenendverkauf praktiziert wird. Werbung kann sehr viele geographisch weit verstreuter Käufer zu geringen Kosten pro Aussendung erreichen.

Werbung weist allerdings auch einige Unzulänglichkeiten auf. Obwohl sie schnell viele Personen erreicht, ist Werbung unpersönlich und kann nicht so überzeugend sein wie ein Verkäufer des Unternehmens. Das Zielpublikum fühlt sich nicht verpflichtet, der Werbung Aufmerksamkeit zu schenken oder auf sie zu reagieren. Werbung kann lediglich eine Einweg-Kommunikaton mit dem Zielpublikum führen. Darüber hinaus kann Werbung sehr teuer sein. Einige Formen, wie z. B. Zeitungs- und Radiowerbung, können auch mit einem bescheidenen Budget durchgeführt werden. Andere Formen jedoch, z. B. Fernsehwerbung, erfordern ein großes Budget.

PERSÖNLICHER VERKAUF. Persönlicher Verkauf ist das wirksamste Instrument in bestimmten Phasen des Kaufprozesses, insbesondere bei der Schaffung von Käuferpräferenzen und Überzeugung sowie beim Kaufabschluß. Der Grund dafür liegt darin, daß persönlicher Verkauf – gegenüber der Werbung – mehrere einzigartige Eigenschaften aufzuweisen hat.[12] Der persönliche Verkauf umfaßt Interaktionen zwischen zwei oder mehreren Personen, so daß jeder Gesprächsteilnehmer des anderen Bedürfnisse und Eigenheiten unmittelbar beobachten und sofort Anpassungsmaßnahmen ergreifen kann. Persönlicher Verkauf ermöglicht die Entstehung aller Arten von Beziehungen, die

Beim persönlichen Verkauf ist der Kunde eher geneigt zuzuhören und zu reagieren, selbst wenn die Reaktion dann nur ein höfliches „Dankeschön“ ist. John Lei/Stock, Boston.

von einem sachlichen Verkaufsverhältnis bis zu tiefer persönlicher Freundschaft reichen können. Der erfolgreiche Verkäufer nimmt sich das Kundeninteresse zu Herzen, um eine langfristige Beziehung aufzubauen. Darüber hinaus fühlt sich der Kunde bei einem persönlichen Verkaufsgespräch stärker verpflichtet zuzuhören und zu reagieren, selbst wenn seine Reaktion dann lediglich aus einem höflichen „danke“ besteht.

Diese einzigartigen Eigenschaften sind mit Kosten verbunden. Persönlicher Verkauf ist das teuerste Absatzförderungsinstrument des Unternehmens. Bereits 1985 kostete ein Vertreterbesuch durchschnittlich 131 Dollar.[13] US-amerikanische Firmen geben bis zu dreimal mehr für persönlichen Verkauf als für Werbung aus.

VERKAUFSFÖRDERUNG. Obwohl Verkaufsförderung eine breite Auswahl von Instrumenten umfaßt – Gutscheine, Wettbewerbe, Prämien und andere – weisen diese doch zahlreiche gemeinsame Eigenschaften auf. Sie erregen die Aufmerksamkeit der Konsumenten und vermitteln Informationen, die den Verbraucher zum Produkt hinführen können. Diese Verkaufsförderungsinstrumente stellen – da sie dem Kunden wertvolle Vergünstigungen und Zusatzleistungen bieten – einen starken Kaufanreiz dar. Darüber hinaus erwartet und belohnt Verkaufsförderung schnelle Reaktionen. Während Werbung sagt, „kaufen Sie unser Produkt“, fordert die Verkaufsförderung „kaufen Sie es jetzt“.

Unternehmen bedienen sich der Instrumente der Verkaufsförderung, um eine stärkere und schnellere Kundenreaktion zu bewirken. Verkaufsförderung kann dazu dienen, Produktangebote eindrucksvoll herauszustellen und rückläufige Umsätze wieder zu stabilisieren bzw. aufzurichten. Die Wirkungen verkaufsfördernder Maßnahmen sind jedoch meist von kurzer Dauer und nicht dafür geeignet, langfristige Markenpräferenzen aufzubauen.

ÖFFENTLICHKEITSARBEIT (Publicity). Publicity bietet mehrere einzigartige Eigenschaften. Sie ist sehr glaubhaft – Presseberichte und -artikel werden von den Lesern wirklichkeitsnäher und glaubwürdiger gehalten als Inserate. Publicity kann viele Interessenten erreichen, die es ablehnen, mit Verkäufern zu sprechen oder Werbeanzeigen zu lesen. Eine Information in Form eines Zeitungsberichts erreicht die Leser eher als eine verkaufsbezogene Mitteilung. Genauso wie Werbung kann Publicity ein Unternehmen oder ein Produkt eindrucksvoll herausstellen.

Marketer neigen dazu, die Öffentlichkeitsarbeit zu vernachlässigen oder sie als nachträglichen Einfall zu benutzen. Eine gut überlegte Publicity-Kampagne kann jedoch in Verbindung mit den anderen Elementen des Promotion-Mix sehr wirksam und wesentlich kostengünstiger sein.

Bestimmungsfaktoren für die Festlegung des Absatzförderungs-Mix

Unternehmen berücksichtigen bei der Entwicklung ihres Absatzförderungs-Mix zahlreiche Faktoren, die im folgenden betrachtet werden sollen.

ART DES PRODUKTES/MARKTES. Die Bedeutung der verschiedenen Absatzförderungsinstrumente ist auf Konsumgütermärkten eine andere als auf Investitionsgütermärkten. Die Unterschiede sind aus Abbildung 15-5 zu ersehen. Unternehmen der Konsumgüterbranche geben gewöhnlich einen größeren Teil ihrer finanziellen Mittel für Werbung aus. Dann folgen Verkaufsförderung, persönlicher Verkauf und Publicity. Investitionsgüterunternehmen verwenden den größten Teil ihres Absatzförderungsbudgets für den persönlichen Verkauf, gefolgt von Verkaufsförderung, Werbung und Publicity. Im allgemeinen dominiert bei teuren und risikoreichen Produkten sowie in Märkten mit weniger und größeren Anbietern der persönliche Verkauf. Obwohl Werbung in der Investitionsgüterindustrie weniger wichtig ist als die Durchführung von Verkaufsbesuchen, spielt sie dennoch eine wichtige Rolle. Werbung kann Produktbekanntheit und Produktkenntnisse vermitteln, einen Verkaufsvorsprung aufbauen und Käufer in ihrer Kaufentscheidung nochmals bestätigen. Die Rolle der Werbung wird in einem McGraw-Hill Inserat (Abbildung 15-6)

FIGURE 15-5
Relative Importance of Promotion Tools in Consumer versus Industrial Markets

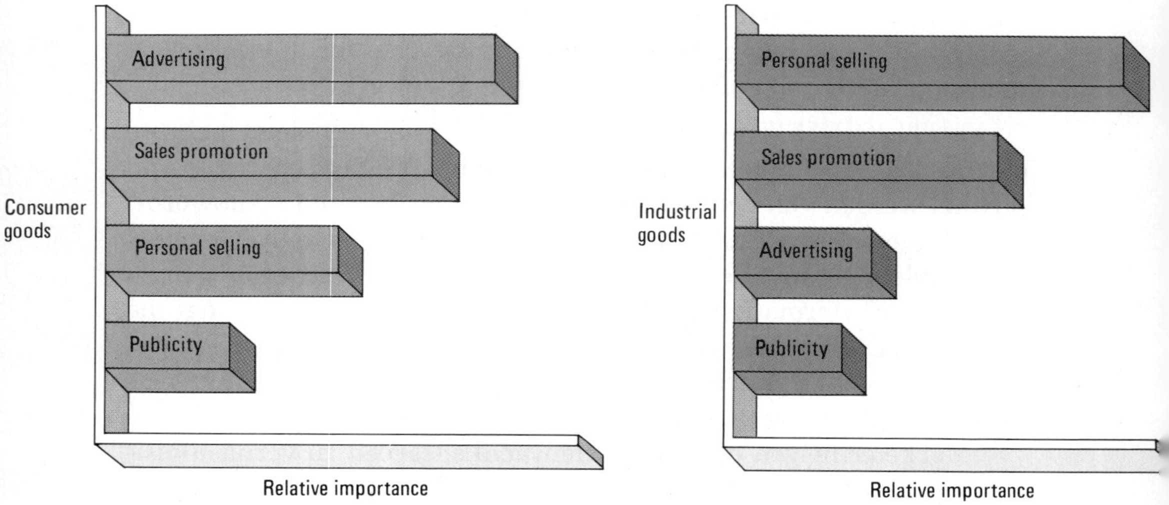

ABBILDUNG 15-5
Die relative Bedeutung der Absatzförderungsinstrumente im Konsumgüterbereich gegenüber Investitionsgütermärkten

ABBILDUNG 15-6
Auch in der Investitionsgüterindustrie spielt die Werbung eine Rolle. Mit freundlicher Genehmigung der McGraw-Hill, Inc.

FIGURE 15-6
Advertising has a role to play in industrial selling. *Courtesy of McGraw-Hill, Inc.*

eindrucksvoll dargestellt. Mit Hilfe der Werbung hätten die meisten Aussagen, die der Käufer in dieser Anzeige macht, vermieden werden können. Auf ähnliche Weise kann der persönliche Verkauf bei den Marketingbemühungen im Konsumgüterbereich wirksam sein. Es ist nicht einfach so, daß „Verkäufer Produkte in die Regale hineinlegen und die Werbung diese hervorholt". Gut ausgebildete Verkäufer der Konsumgüterbranche können mehr Händler verpflichten, die Marke zu führen, sie davon überzeugen, der Marke mehr Regalfläche zur Verfügung zu stellen und sie dazu veranlassen, von speziellen Displays oder Promotion-Aktionen Gebrauch zu machen.

PUSH- VERSUS PULL-STRATEGIE (Schub oder Zug). Das Promotion-Mix wird erheblich davon beeinflußt, ob das Unternehmen eine Push- oder eine Pull-Strategie bevorzugt. Die beiden Strategien werden in Abbildung 15-7 gegenübergestellt. Eine **Push-Strategie** erfordert den Einsatz des Verkaufsaußendienstes sowie Absatzförderung auf Händlerebene, um das Produkt durch die Absatzkanäle zu pushen. Der Hersteller bringt das Produkt zu Großhändlern, diese befördern es zu Einzelhändlern und letztere zu den Konsumenten.[14] Eine **Pull-Strategie** verlangt einen erheblichen finanziellen Aufwand für Werbung und Absatzförderung auf Konsumentenebene, um Verbraucherbedarf zu schaffen. Wenn diese Bemühungen erfolgreich waren, werden die Konsumenten bei ihren Einzelhändlern nach dem Produkt fragen, diese werden die Großhändler nach diesem Produkt fragen, und letztere werden die Herstellern danach fragen.

Einige kleine Investitionsgüterunternehmen praktizieren nur Push-Strategien, einige Direktabsatzunternehmen verfolgen ausschließlich Pull-Strategien. Die meisten Großunternehmen bevorzugen eine Kombination von Push- und Pull-Strategie. Die Firma Procter & Gamble beispielsweise betreibt Werbung in Massenmedien, um für ihre Produkte Nachfrage zu schaffen (pull) und bedient sich ihres Außendienstes sowie der Absatzförderung auf Handelsebene, um ihre Produkte durch die Absatzkanäle zu pushen.

FIGURE 15-7
Push versus Pull Strategy

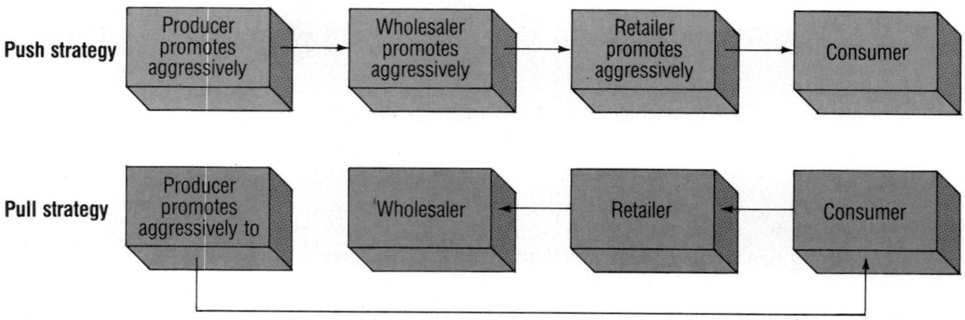

ABBILDUNG 15-7
Unterschiede zwischen Push- und Pull-Strategie

PHASE DER KÄUFER-BEREITSCHAFT. Absatzförderungsinstrumente variieren hinsichtlich ihrer Wirksamkeit in den verschiedenen Phasen der Kaufbereitschaft. Neben der Publicity spielt die Werbung die wichtigste Rolle in den Phasen der Wahrnehmung und Bekanntmachung. Sie ist hier wesentlich wirksamer als unangemeldete Besuche des Verkaufsaußendienstes. Interesse, Präferenzierung und

Überzeugung des Kunden wiederum werden mehr durch persönlichen Verkauf beeinflußt, dicht gefolgt von der Werbung. Der Verkaufsabschluß schließlich wird meistens durch Verkaufsbesuche und Verkaufsförderung bewirkt. Wegen seiner hohen Kosten sollte sich der persönliche Verkauf auf die späteren Phasen des Kunden-Einkaufsprozesses konzentrieren.

PHASE DES PRODUKT-LEBENSZYKLUS. Die Wirksamkeit der verschiedenen Verkaufsförderungsinstrumente ändert sich auch mit den Phasen des Produkt-Lebenszyklus. In der Einführungsphase sind Werbung und Publicity besonders gut für die Erreichung eines hohen Produkt-Bekanntheitsgrades geeignet, und Verkaufsförderung ist zweckmäßig, um zu frühen Versuchen zu ermutigen. Gleichzeitig ist persönlicher Verkauf unerläßlich, um den Handel dazu zu bewegen, das Produkt zu führen.

In der Wachstumsphase sind Werbung und Publicity weiterhin als wirksame Instrumente anzusehen, während die Verkaufsförderung reduziert werden kann, da weniger Anreize erforderlich sind. In der Reifephase gewinnt die Verkaufsförderung im Vergleich zur Werbung erneut an Bedeutung. Die Käufer kennen die Marken, und Werbung dient nur dazu, sie daran zu erinnern. In der Rückgangsphase wird Werbung auf eine „Erinnerungsebene" gesenkt. Die Publicity wird fallengelassen, und die Vertreter widmen dem Produkt nur geringe Aufmerksamkeit. Die Verkaufsförderung jedoch kann weiterhin von erheblicher Bedeutung bleiben.[15]

Die Verantwortung für die Marketing-Kommunikationsplanung

Mitarbeiter der Marketing-Abteilung haben oft unterschiedliche Ansichten darüber, wie das Promotion-Budget aufgeteilt werden sollte. Der Verkaufsmanager würde lieber zwei Verkäufer mehr einstellen, als 100.000 Dollar für einen einzigen Fernseh-Werbespot ausgeben. Der Public-Relation-Manager ist der Meinung, daß er (oder sie) durch die Umschichtung von etwas Geld von der Werbung auf Publicty-Maßnahmen Wunder vollbringen könne.

Früher überließen Unternehmen diese Entscheidungen verschiedenen Personen. Es gab niemanden, der dafür verantwortlich war, die Rollen der verschiedenen Absatzförderungsinstrumente zu durchdenken und das Absatzförderungs-Mix zu koordinieren. Derzeit gehen die Unternehmen dazu über, einen Marketing-Kommunikationsleiter zu ernennen, der für alle Marketing-Kommunikationsaufgaben des Unternehmens verantwortlich ist. Dieser Leiter entwickelt Grundsätze für den Einsatz der verschiedenen Absatzförderungs-Instrumente, hält sich über alle Absatzförderungs-Ausgaben hinsichtlich Produkt, Instrument sowie der Ergebnisse auf dem laufenden und koordiniert die Promotion-Mix-Aktivitäten, wenn große Kampagnen durchgeführt werden.

ZUSAMMENFASSUNG

Absatzförderung ist einer der vier Hauptbestandteile des Marketing-Mix eines Unternehmens. Die wichtigsten Absatzförderungsinstrumente – Werbung, Verkaufsförderung, Public Relation und persönlicher Verkauf – wirken zusammen, um die Kommunikationsziele des Unternehmens zu erreichen.

Für die Vorbereitung von Marketing-Kommunikation muß der Kommunikator die neun Elemente verstehen, aus denen jeder Kommunikationsprozeß besteht: Sender, Empfänger, Verschlüsselung (Kodierung), Entschlüsselung (Dekodierung), Botschaft, Medien, Reaktion, Feedback und Störung. Die erste Aufgabe des Kommunikators besteht darin, das Zielpublikum festzulegen sowie dessen Merkmale zu identifizieren. Als nächstes hat der Kommunikator die angestrebte Reaktion zu bestimmen, ob Wahrnehmung, Kenntnis, Gefallenfinden, Präferenzierung, Überzeugung oder Kauf bewirkt werden soll. Anschließend sollte eine Botschaft von überzeugendem Inhalt, wirksamer Struktur und zweckmäßiger Form entwickelt werden. Darüber hinaus müssen die Medien ausgewählt werden – sowohl für die persönliche als auch für die nicht-persönliche Kommunikation. Die Botschaft muß durch eine glaubwürdige Quelle übermittelt werden – von jemandem, der als sachkundig, vertrauenswürdig und sympathisch gilt. Schließlich muß der Kommunikator beobachten, wie hoch der jeweilige Anteil der Marktteilnehmer ist, der das Produkt wahrgenommen hat, es ausprobierte und mit ihm zufrieden ist.

Das Unternehmen hat zu entscheiden, wieviel für Absatzförderung ausgegeben werden soll. Die gebräuchlichsten Vorgehensweisen sind das Verfahren, auszugeben, was das Unternehmen sich leisten kann; die Höhe der Ausgaben entweder mit einem bestimmten Prozentsatz des Umsatzes festzulegen oder sie an den Ausgaben der Wettbewerber zu orientieren; bzw. jene Methode, den Betrag festzulegen, dessen Höhe durch eine Analyse der Kommunikationsziele und von den Kosten für die erforderlichen Aufgaben bestimmt wird.

Das Unternehmen muß das Absatzförderungsbudget auf die wichtigsten Instrumenten aufteilen, um das Promotion-Mix zu schaffen. Bei der Zuordnung werden Unternehmen von den Merkmalen jedes Absatzförderungsinstrumentes geleitet sowie von der Art des Produktes bzw. des Marktes; von der Frage, ob das Unternehmen eine Schub-(Push-) oder Zug-(Pull-)Strategie verfolgen sollte; ferner vom Bereitschaftsstadium des Käufers und von der Phase des Produkt-Lebenszyklus. Die unterschiedlichen Absatzförderungsaktivitäten erfordern eine straffe Koordinierung, um eine größtmögliche Wirkung zu erzielen.

DISKUSSIONSFRAGEN

1. Wenden Sie die vier Hauptinstrumente des Marketing-Kommunikations-Mix auf Ihr College an.
2. Wie würden die sechs Kaufbereitschaftsstadien, bezogen auf Ihren letzten Kauf eines Soft-Drinks, aussehen?
3. Welche Art von Botschaftsinhalt wird von den folgenden Marketern benutzt?
   a) AT&T,
   b) Bic Wegwerf-Rasierer,
   c) L'Oreal Haarfärbemittel,
   d) The United Way und
   e) Black & Decker.
4. Welche wichtigen Arten von Kommunikationskanälen kann eine Organisation benutzen? Wann sollte jeder von ihnen jeweils benutzt werden?
5. Erläutern Sie die drei Faktoren, die eine Informationsquelle glaubhaft machen und bieten Sie jeweils ein Beispiel dafür an.
6. Wie könnte ein Unternehmen sein Absatzförderungsbudget festlegen? Erläutern Sie den Vorteil jeder Methode.
7. Die Art des zu vermarktenden Produktes steht in keiner Beziehung zu dem vom Marketer verwendeten Kommunikations-Mix. Erklären Sie diese Aussage.
8. Unterscheiden Sie zwischen einer Push- und einer Pull-Strategie, und bieten Sie jeweils ein Beispiel dafür an.

SCHLÜSSELBEGRIFFE

Werbung *(advertising)*. Jede bezahlte Form nicht-personaler Präsentation und Förderung von Ideen, Waren oder Dienstleistungen durch einen namentlich genannten Auftraggeber.

Methode des Sich-leisten-Könnens *(affordable method)*. Die Festlegung des Absatzförderungsbudgets in der Höhe, von der das Management glaubt, daß es sich das Unternehmen leisten kann.

Atmosphären *(atmospheres)*. Bewußt gestaltete Umfelder, die Neigungen der Käufer für den Verbrauch eines Produktes bewirken oder verstärken sollen.

Käuferbereitschaftsstadien *(Buyer readiness states)*. Die Stadien, die Konsumenten üblicherweise auf ihrem Weg zum Kauf durchlaufen: Wahrnehmung, Kenntnis, Gefallenfinden, Präferenzierung, Überzeugung und Kauf.

Wettbewerbsparitätsmethode *(competitive parity method)*. Die Festlegung des Absatzförderungsbudgets zwecks Anpassung an die Konkurrenzausgaben.

Emotionale Appelle *(emotional appeals)*. Informationsappelle, die versuchen, negative oder positive Gefühle zu erwecken, die zum Kauf motivieren sollen; Beispiele hierfür sind Appelle an Furcht, Schuld, Scham, Liebe, Humor, Stolz sowie an die Freude.

Ereignisse *(events)*. Bewußt herbeigeführte Vorfälle, um Botschaften an ein Zielpublikum zu übermitteln, wie z. B. Pressekonferenzen oder große Eröffnungsfeiern.

Massenmedien und selektive Medien *(mass and selective media)*. Druckmedien (Zeitungen, Zeitschriften, Werbebriefe), elektronische Medien (Radio, Fernsehen) und Display-Medien (Werbefläche, Ausstellungstafeln, Plakate), die entweder an große unsegmentierte Empfängergruppen (Massenmedien) oder auf ausgewählte Gruppen (selektive Medien) gerichtet sind.

Moralische Appelle *(moral appeals)*. Botschaftsappelle, die an das Gefühl des Zielpublikums dafür, was recht und anständig ist, gerichtet sind.

Massenkommunikationskanäle *(nonpersonal communication channels).* Medien, die Botschaften ohne persönlichen Kontakt oder unverzügliches Feedback übermitteln und Massen- sowie selektive Medien, Stimmungsbilder und Ereignisse umfassen.

Zielvorstellung-und-Aufgaben-Methode *(objective-and-task method).* Die Entwicklung des Absatzförderungsbudgets durch 1. Definition bestimmter Ziele, 2. Bestimmung der Aufgaben, die erbracht werden müssen, um diese Ziele zu erreichen, 3. Abschätzung der Kosten, die für die Durchführung dieser Aufgaben erforderlich sind. Die Summe dieser Kosten ist das beantragte Absatzförderungsbudget.

„Prozentsatz-von-den-Umsätzen"-Methode *(percentage-of-sales method).* Die Festlegung des Absatzförderungsbudgets in Höhe eines bestimmten Prozentsatzes von laufenden oder geplanten Umsätzen oder als Prozentsatz vom Verkaufspreis.

Persönliche Kommunikationskanäle *(personal communication channels).* Kanäle, durch welche zwei oder mehr Personen direkt miteinander kommunizieren; sie umfassen den Informationsaustausch von Angesicht zu Angesicht, von Person zur Zuhörerschaft, über das Telefon oder durch die Post.

Persönlicher Verkauf *(personal selling).* Mündliche Präsentation im Rahmen eines Gespräches mit einem oder mehreren potentiellen Käufern zum Zwecke der Erzielung von Verkäufen.

Verkaufsförderungs-Mix *(promotion mix).* Die spezielle Mischung aus Werbung, persönlichem Verkauf, Verkaufsförderung und Publicity, die ein Unternehmen verwendet, um seine Werbe- und Marketing-Ziele zu verfolgen.

Publicity *(publicity).* Nicht-personale Anregung der Nachfrage für ein Produkt, eine Dienstleistung oder einen Geschäftsbereich durch Lancierung wirtschaftlich bedeutsamer Neuigkeiten darüber in einem veröffentlichten Medium oder durch eine günstige Präsentation im Radio, im Fernsehen oder auf der Bühne, die nicht seitens des Auftraggebers bezahlt worden ist.

„Zug"-Strategie *(pull strategy).* Eine Absatzförderungsstrategie, die einen erheblichen finanziellen Aufwand für Werbung und Absatzförderung auf Konsumentenebene erfordert, um einen Verbraucherbedarf zu schaffen – falls erfolgreich, werden die Konsumenten bei ihren Einzelhändlern nach dem Produkt fragen, die Einzelhändler werden die Großhändler, und die Großhändler werden die Hersteller nach dem Produkt fragen.

„Schub"-Strategie *(push strategy).* Eine Absatzförderungsstrategie, die den Einsatz des Verkaufsaußendienstes sowie Absatzförderung auf Händlerebene erfordert, um das Produkt durch die Absatzkanäle zu pushen; der Hersteller befördert das Produkt zu Großhändlern, die Großhändler befördern es zu Einzelhändlern und die Einzelhändler zu den Kunden.

Rationale Appelle *(rational appeals).* Informationsappelle, die sich auf das Eigeninteresse des Zielpublikums beziehen und zeigen, daß das Produkt den behaupteten Nutzen stiften wird; Beispiele hierfür sind Hinweise auf Produktqualität, Wirtschaftlichkeit, Wert und Leistung.

Verkaufsförderung *(sales promotion).* Kurzfristig wirkende Anreize, um Käufe oder Verkäufe eines Produktes oder einer Dienstleistung zu fördern.

FUSSNOTEN

1. Diese Ausführungen basieren auf Material, das gefunden wurde in Brian Moran und Cleveland Horton, „John Scully: Marketing Methods Bring Back Apple," Advertising Age, 31. Dezember 1984, S. 1. Siehe auch Deborah Wise und Catherine Harris, „Apple's New Crusade: A Bold Plan to Take on IBM in the Office," Business Week, 26. November 1984, S. 146–54.
2. Diese Definitionen – ausgenommen die für Sales Promotion – wurden entnommen aus Marketing Definitions: A Glossary of Marketing Terms (Chicago: American Marketing Association, 1960). Die AMA-Definition von Verkaufsförderung (sales promotion) umfaßt außer Anreizen auch Marketing-Medien wie Displays, Vorführungen, Ausstellungen und Demonstrationen, die besser als Formen der Werbung, des persönlichen Verkaufs oder Publicity eingestuft werden sollten. Einige Marketing-Fachleute haben auch vorgeschlagen, die Verpackung als fünftes Element des Promotion-Mix anzusehen, obwohl andere diese als Produktelement einordnen.
3. Für weitere Informationen über Inhalt und Struktur einer Botschaft siehe Leon G. Schiffman und Leslie Lazar Kanuk, Consumer Behavior, 2. Ausg. (Englewood Cliffs, NJ: Prentice-Hall, 1983), S. 270–77.
4. Bezüglich einer weiterführenden Diskussion hierzu wird verwiesen auf James F. Engel, Roger D. Blackwell und David T. Kollat, Consumer Behavior, 3. Ausg. (Hinsdale, IL: Dryden Press, 1978), S. 346–48.
5. Diese und andere Punkte werden behandelt in Thomas S. Robertson, Innovative Behavior and Communication (New York: Holt, Rinehart & Winston, 1971), Kapitel 9.
6. Vgl. hierzu Philip Kotler, „Atmospherics as a Marketing Tool," Journal of Retailing, Winter 1973–74, S. 48–64.
7. P. F. Lazarsfedl, B. Berelson und H. Gaudet, The People's Choice, 2. Ausg. (New York: Columbia University Press, 1948), S. 151.
8. Herbert C. Kelman und Carl I. Hovland, „Reinstatement of the Communication in Delayed Measurement of Opinion Change," Journal of Abnormal and Social Psychology 48 (1953), 327–35.
9. Bezüglich weiterer Ausführungen über die Glaubwürdigkeit der Quellen von Botschaften wird verwiesen auf Schiffman und Kanuk, Consumer Behavior, S. 258–67.
10. Vgl. hierzu Daniel Seligman, „How Much for Advertising?" Fortune, Dezember 1956, S. 123.
11. Vgl. hierzu J. Levy, Promotional Behavior (Glenview, IL: Scott, Foresman, 1971), Kapitel 4.
12. Ibid.
13. Vgl. hierzu Richard Kern, „Survey of Selling Costs: Onward and Upward," Sales & Marketing Management, 17. Februar 1986, S. 10–12.
14. Bezüglich weiterer Ausführungen über Push-Strategien wird verwiesen auf Michael Levy, John Webster und Roger Kerin, „Formulating Push Marketing Strategies: A Method and Application," Journal of Marketing, Winter 1983, S. 25–34.
15. Bezüglich weiterer Ausführungen über Werbung und Produkt-Lebenszyklus wird verwiesen auf John E. Swan und David R. Rink, „Fitting Market Strategy to Product Life Cycles," Business Horizons, Januar–Februar 1982, S. 60–67.

um mit seinen zahlreichen Interessengruppen zu kommunizieren. Hunderte von Angestellten arbeiten in der Werbung, Verkaufsförderung, Publicity und in Public-Relation-Abteilungen rund um das Unternehmen. Ein Dutzend großer Werbeagenturen richtet Botschaften an Verbraucher, Flaschenabfüller und Einzelhändler sowie an Medien, Aktionäre, Beschäftigte und andere Interessengruppen.

PepsiCo betreibt umfangreiche Werbung, um Marktanteile für seine Marken zu erlangen. 1984 gab PepsiCo 428 Millionen Dollar für Werbung aus, ein Betrag, der das Unternehmen auf Platz 15 der großen Werbetreibenden des Landes einreihte. 1984 hielten Pepsis alkoholfreie Erfrischungsgetränke einen Marktanteil von 26 Prozent – hinter Coca-Cola mit 36 Prozent. Die Werbeausgaben für diese Produkte betrugen nahezu 100 Millionen Dollar. 1984 stellte das Unternehmen der Restaurantkette Pizza Hut 58 Millionen Dollar für Werbung zur Verfügung und zweigte 29 Millionen Dollar für Taco Bell ab.

PepsiCo bedient sich jedoch nicht nur der Werbung, um mit Verbrauchern und anderen öffentlichen Gruppen zu kommunizieren. Mehr als ein Drittel seines Werbeetats für 1984 – etwa 142 Millionen Dollar – wurde für Gutscheine, Prämien, Preisausschreiben, Fachausstellungen und andere verkaufsfördernde Maßnahmen ausgegeben. Einige Jahre hatte PepsiCo die „Pepsi Herausforderung" benutzt, eine Werbung durch einen Geschmackstest, bei dem Verbraucher aufgefordert wurden, den Geschmack von Pepsi mit dem von Coke zu vergleichen. Die Konsumenten werden mit PepsiCo-Gutscheinen und Prämien umworben, Einzelhändler mit Nachlässen und Display-Material gelockt.

Seit 1984 benutzt Pepsi eine Kombination aus Werbung, Verkaufsförderung und Publicity, um seine Kampagne „Pepsi – die Wahl einer neuen Generation" einführen zu helfen. Diese Kampagne unterschied sich erheblich von Pepsis früherer dezenteren, auf realistischen Alltagsszenen basierenden Werbestrategie. Die neue Strategie benutzte Übertreibungen und Humor, von denen Pepsi glaubte, daß sie anziehend auf die jüngere Generation wirken würden. Für die Kampagne nahm Pepsi Lionel Richie (für angeblich acht Millionen Dollar) und die Jackson Brothers (für angeblich zehn Millionen Dollar), als erste einer langen Liste bekannter Stars, unter Vertrag. Um die Aktion zu starten, kreierte das Unternehmen sieben neue Werbespots, darunter zwei 60-Sekunden-Spots mit den Jacksons, deren Herstellung das Unternehmen zwei Millionen Dollar kostete. Michael Jackson und seine Brüder wurden auch für Verkaufsförderungs-Veranstaltungen eingesetzt, einschließlich einer von Pepsi gesponsorten

„Victory Tour“ von Konzerten quer durch die USA.

Pepsi baute um die Jackson-Werbung und Konzerttournee eine Publicity-Kampagne auf. Das Unternehmen hielt Pressekonferenzen ab und verfaßte Pressemitteilungen über Einzelheiten der Werbe- und Konzerttournee. Vor ihrer Veröffentlichung wurden die Anzeigen Flaschenabfüllern und der Presse vorgeführt. Die Kampagne wurde ein Medienereignis und in unzähligen Zeitungs- und Zeitschriftenartikeln sowie in Fernsehsendungen kommentiert. 1986 nahm Pepsi Michael Jackson (für angeblich 15 Millionen Dollar) erneut unter Vertrag. Andere Werbemaßnahmen mit Michael J. Fox und Billy Crystal als Zugpferden bauten auf den früher von Pepsi durchgeführten Publicity Aktivitäten auf. Pepsis geschickte Mischung aller Masseabsatzförderungsinstrumente verhalf der „new generation“-Kampagne zu einem schnellen Start.

Zusätzlich zu Werbung und Verkaufsförderung kommuniziert Pepsi mittels verschiedener Aktivitäten der Öffentlichkeitsarbeit. Das Unternehmen setzte sich mit dem „Boys Club of America“ in Verbindung, um das „SuperFit All-Stars“-Programm für die Fitness-Ausbildung junger Leute ins Leben zu rufen. Sein „PepsiCo Fellows“-Programm unterstützt die wissenschaftlichen Untersuchungen von körperlicher Betätigung und Fitness. Das Unternehmen fördert die Künste durch die PepsiCo Sommerausstellung, ein führendesKunst-Festival. Darüber hinaus gewährt das Unternehmen über sein „Awards to Volunteers“-Programm (Auszeichnungen für Freiwillige) Non-Profit-Organisationen finanzielle Unterstützung und fördert freiwillige Aktivitäten der Angestellten.

PepsiCo verdankt einen großen Teil seines Erfolges den Qualitätsprodukten des Unternehmens, die eine starke Anziehungskraft auf Millionen von Kunden in der ganzen Welt ausüben. Der Erfolg liegt aber auch in PepsiCo's Geschick begründet, seinen Zielgruppen mittels sorgsam geplanter Massenkommunikation über das Unternehmen und seine Produkte zu berichten.[1]

Unternehmen müssen mehr tun, als nur gute Produkte herstellen – sie müssen die Konsumenten über Produktvorteile informieren und die Produkte sorgfältig im Bewußtsein der Konsumenten positionieren. Zu diesem Zwecke müssen sie geschickt die Instrumente der Massenabsatzförderung einsetzen – Werbung, Verkaufsförderung und Publicity. Diese Instrumente werden in diesem Abschnitt untersucht.

WERBUNG

Wir definieren Werbung wie folgt:

> **Werbung ist jede bezahlte Form nicht-personaler Präsentation und Förderung von Ideen, Waren oder Dienstleistungen durch einen identifizierten Auftraggeber.**

Im Jahre 1985 erreichten die Werbeausgaben – in den USA – einen Betrag von 95 Milliarden Dollar. Zu den Werbetreibenden zählen nicht nur privatwirtschaftliche Unternehmen, sondern auch Museen, Freiberufler und soziale Organisationen, die ihre Anliegen verschiedenen Zielgruppen mitteilen. Tatsächlich steht an 33. Stelle der Werbetreibenden – vom Ausgabenvolumen her gesehen – eine Non-profit-Organisation: die US-Regierung.

Die 100 größten nationalen Werbetreibenden zeichnen für mehr als ein Viertel aller Werbeaufwendungen verantwortlich.[2] Die Tabelle 16-1 listet die zehn größten Werbetreibenden des Jahres 1985 auf. Führend ist Procter & Gamble mit einem Werbeaufwand von 1,6 Milliarden Dollar oder 15,6 Prozent seiner gesamten Umsätze in den USA. Die anderen der in dieser Aufstellung enthaltenen Unternehmen sind in der Auto- und Lebensmittelbranche tätig, im Einzelhandel sowie in der Pharma- und Tabakindustrie. Der Werbeaufwand in Relation zum Umsatz ist niedrig in der Autoindustrie und hoch für Lebensmittel, Pharmaerzeugnisse, Toilettenartikel sowie für Kosme-

TABELLE 16-1
Die zehn größten Werbetreibenden in den USA im Jahre 1985

RANG	UNTERNEHMEN	GESAMT-US-WERBE-AUFWAND (in Millionen DOLLAR)	GESAMT-US-UMSATZ (in Millionen DOLLAR)	WERBE-AUFWAND IN PROZENT VOM UMSATZ
1	Procter & Gamble	1.600	10.243	15,6
2	Philip Morris Cos.	1.400	11.496	12,2
3	RJR/Nabisco	1.093	12.557	8,7
4	Sears	800	40.715*	2,0
5	General Motors	779	89.099	0,9
6	Beatrice Cos.	684	8.662	7,9
7	Ford	615	43.526	1,4
8	K mart	567	22.400*	2,5
9	McDonald's	550	2.864	19,2
10	Anheuser-Busch Cos.	523	7.683*	6,8

* Bei diesem Wert handelt es sich um die weltweiten Umsätze, da die US-Umsätze nicht verfügbar sind.

Quelle: Abgedruckt mit Genehmigung aus Advertising Age, Ausgabe vom 4. September 1986. Copyright 1985, Crain Communications, Inc.

tika, gefolgt von Kaugummi, Süßwaren und Seifen. Die Unternehmen mit dem höchsten Werbeaufwand in Relation zum Umsatz waren Noxell (32 Prozent) und Warner-Lambert (28 Prozent).

Die Werbedollars fließen in viele Medien: Zeitschriften und Zeitungen, Radio und Fernsehen, Außenwerbung, Direktversandwerbung u. a. Werbung wird zwecks mehrerer Zielsetzungen betrieben: um das Image einer Organisation aufzubauen, um eine Marke aufzubauen, einen Verkauf anzukündigen, um eine Idee oder ein Anliegen zu unterstützen.

Die Ursprünge der Werbung lassen sich bis in die frühe Geschichte zurückverfolgen (vgl. hierzu Beispiel 16-1). Obwohl Werbung in erster Linie von privatwirtschaftlichen Unternehmen betrieben wird, ist sie in allen Ländern der Welt anzutreffen, einschließlich sozialistischer Staaten. Werbung ist ein geeigneter Weg zu informieren und zu überzeugen, ganz gleich, ob es darum geht, Coca-Cola in der ganzen Welt zu verkaufen oder Konsumenten in einem Entwicklungsland zu veranlassen, daß sie Milch trinken oder Geburtenkontrolle praktizieren.

Organisationen handhaben die Werbung auf unterschiedliche Art. In kleinen Unternehmen kann für die Werbung irgendein Mitarbeiter in der Verkaufsabteilung zuständig sein. Große Unternehmen richten Werbeabteilungen ein, deren Aufgaben darin bestehen, den Werbeetat zu erstellen, mit der Werbeagentur zusammenzuarbeiten, die Direktversandwerbung durchzuführen, Händler-Displays zu verteilen und andere Werbefunktionen zu erfüllen, die von der Agentur nicht übernommen werden. Die meisten großen Unternehmen beschäftigen eine außenstehende Werbeagentur, da deren Einschaltung verschiedene Vorteile bietet (siehe hierzu Beispiel 16-2).

BEISPIEL 16-1
Historische Meilensteine der Werbung

Werbung geht bis in die frühesten Anfänge der aufgezeichneten Geschichte zurück. Archäologen, die in den Mittelmeerländern arbeiteten, haben Zeichen ausgegraben, die unterschiedliche Ereignisse und Angebote ankündigen. Die Römer bemalten Wände, um Gladiatorenkämpfe bekanntzugeben, und die Phönizier malten Bilder auf großen Felsen entlang der Paradestraßen, um ihre Waren anzupreisen. Eine Wandmalerei in Pompeji lobte einen Politiker und bat um die Wählerstimmen.

Eine andere frühe Form der Werbung waren die Werbetrommler der Stadt. Sie kündigten während des „Goldenen Zeitalters" in Griechenland den Verkauf von Sklaven, Vieh und anderen Gütern an. Ein früher Werbespruch in Versform lautete wie folgt: „Für glänzende Augen, für Wangen wie die Morgendämmerung, für Schönheit, die währt, auch wenn die Mädchenjahre vorüber sind, zu vernünftigen Preisen, wird die Frau, die dies weiß, ihre Kosmetika von Aesclyptos kaufen."

Eine weitere frühe Form der Werbung war die Markierung, die Kaufleute auf ihren Waren, wie z. B. Töpferwaren, anbrachten. Da die Reputation einer Person durch Mundpropaganda entstand, hielten die Käufer Ausschau nach deren speziellen Zeichen, so wie heutzutage Warenzeichen und Markennamen verwendet werden. Osnabrücker Leinen wurde sorgfältig auf Qualität geprüft und erzielte einen um 20 Prozent höheren Preis als markenloses Westfälisches Leinen. Als die Produktion stärker zentralisiert wurde und die Märkte räumlich weiter auseinanderfielen, gewann das Markenzeichen immer mehr an Bedeutung.

Der Wendepunkt in der Geschichte der Werbung kam im Jahre 1450, als Gutenberg die Druckpresse erfand. Die Inserenten mußten nicht länger zusätzliche Kopien eines Markenzeichens per Hand anfertigen. Die erste gedruckte Werbeanzeige in englischer Sprache erschien 1478.

1622 erhielt die Werbung durch die Herausgabe der ersten englischen Zeitung „The Weekly News" einen großen Auftrieb. Später gaben Addison und Steele den „Tatler" heraus und wurden zu Förderern der Werbung. Addison erteilte den Verfassern von Manuskripten folgenden Rat: „Die große Kunst beim Entwerfen von Anzeigen besteht darin, die geeignete Methode zu finden, den Leser zu fesseln, da sonst eine gute Sache unbeachtet bleibt oder unter Konkursanzeigen verloren geht." Die Ausgabe des Tatler vom 14. September 1710 enthielt Anzeigen für Rasiermesser, medizinische Artikel und andere Konsumgüter.

Ihren stärksten Zuwachs hatte die Werbung in den USA. Ben Franklin wird als Vater der US-amerikanischen Werbung bezeichnet, weil seine „Gazette", die 1729 erstmals erschien, die größte Auflagenhöhe und das umfangreichste Werbeaufkommen aller Zeitungen im kolonialen Amerika hatte. Verschiedene Faktoren ließen Amerika zur Wiege der Werbung werden. Erstens war die amerikanische Industrie führend in der Massenproduktion, die Überschüsse hervorbrachte, und es war daher notwendig, die Verbraucher zu überzeugen, mehr zu kaufen. Zweitens erlaubte die Entwicklung eines weitverzweigten Verkehrssystems von Wasserwegen, Autobahnen und Landstraßen den Transport von Waren und Werbemedien ins Landesinnere. Drittens steigerte die Einführung der allgemeinen Schulpflicht im Jahre 1813 die Lese- und Schreibfähigkeit und damit das Wachstum von Zeitungen und Zeitschriften. Die Erfindung des Radios und später des Fernsehens schaffte zwei weitere bedeutende Medien für die Verbreitung von Werbung.

BEISPIEL 16-2
Wie arbeitet eine Werbeagentur?

Madison Avenue ist den meisten Amerikanern ein vertrauter Name. Es ist eine Straße in New York City, wo einige der größten Werbeagenturen ihren Hauptsitz haben. Die meisten der 10.000 Werbeagenturen des Landes sind eigentlich außerhalb New Yorks anzutreffen. Es gibt nur wenige Städte, in denen nicht zumindest eine Werbeagentur ansässig ist, selbst wenn es sich dabei nur um ein sogenanntes „Ein-Mann-Büro" handelt. Die größte US-Werbeagentur im Jahre 1986, Saatchi & Saatchi, wickelte ein jährliches Auftragsvolumen von mehr als 7,5 Milliarden Dollar ab.

Werbeagenturen wurden in der zweiten Hälfte des 19. Jahrhunderts von Verkäufern und Maklern ins Leben gerufen, die für Medien arbeiteten und für den Verkauf von Anzeigenraum an Unternehmen eine Provision erhielten. Im Laufe der Zeit begannen die Verkäufer den Kunden bei der Vorbereitung ihrer Anzeigen zu helfen. Schließlich erwuchsen daraus Agenturen, die sich stärker an die Werbetreibenden lehnten als an die Medien. Diese Agenturen boten ihren Kunden mehr und mehr Werbe- sowie Marketing-Serviceleistungen an.

Selbst Unternehmen mit einer leistungsfähigen Werbeabteilung schalten Werbeagenturen ein. Agenturen beschäftigen Spezialisten, die Werbeaufgaben oft besser erfüllen können als firmeneigene Mitarbeiter. Agenturen bringen neben viel Erfahrung, die sie durch die Arbeit mit verschiedenen Kunden in unterschiedlichen Situationen sammeln, auch Ansichten von Außenstehenden ein, um die Probleme des Unternehmens zu lösen. Agenturen leben von den von Werbemedien gewährten Rabatten, so daß sie das Unternehmen wenig kosten. Weil der Vertrag mit einer Agentur jederzeit gekündigt werden kann, strengt sich eine Werbeagentur sehr an, um eine gute Leistung zu erbringen.

Werbeagenturen bestehen meist aus vier Abteilungen:

- die kreative Abteilung, die Annoncen entwirft,
- die Medienabteilung, die Medien auswählt und Inserate in Auftrag gibt;
- die Forschungsabteilung, die die Merkmale und Wünsche der Zielgruppen studiert und
- die kaufmännische Abteilung, die die kommerziellen Aktivitäten der Agentur abwickelt.

Jeder Kunde wird von einer verantwortlichen Führungskraft betreut, und die Mitarbeiter in jeder Abteilung sind beauftragt, an einem oder mehreren Aufträgen zu arbeiten.

Agenturen erlangen neue Aufträge oft auf Grund ihres Rufes oder ihrer Größe. Im allgemeinen jedoch lädt ein Kunde einige Agenturen dazu ein, eine Präsentation für sein Unternehmen vorzulegen und wählt danach eine von ihnen aus.

Werbeagenturen werden durch Provisionen und einige Gebühren bezahlt. Üblicherweise erhält die Agentur 15 Prozent der Medienkosten als Rabatt vergütet. Angenommen, die Agentur kauft in einer Zeitschrift für einen Klienten Anzeigenplatz im Wert von 60.000 Dollar. Das Magazin belastet die Werbeagentur mit 51.000 Dollar (60.000 Dollar minus 15 Prozent), die Agentur stellt dem Kunden 60.000 Dollar in Rechnung und behält die Differenz in Höhe von 9000 Dollar als Provision. Falls der Kunde den Anzeigenplatz von dem Magazin direkt kaufen würde, müßte er 60.000 Dollar bezahlen, da diese Nachlässe nur anerkannten Werbeagenturen gewährt werden.

Sowohl die Inserenten als auch die Agenturen werden immer unzufriedener mit dem Provisionssystem. Größere Auftraggeber beklagen sich, daß sie für die gleichen Leistungen mehr bezahlen als kleinere, ganz einfach deshalb, da sie mehr Inserate in Auftrag geben. Des weiteren sind Werbetreibende der Meinung, daß das Provisionssystem die Werbeagenturen von preiswerten Medien sowie von kurzen Werbekampagnen wegdrängt. Die Agenturen sind unzufrieden, weil sie zusätzliche Serviceleistungen für einen Auftraggeber erbringen müssen, ohne mehr dafür bezahlt zu bekommen. Der Trend geht derzeit dahin, entweder eine direkte Gebühr oder eine Kombination von Provision und Gebühren zu bezahlen.

Auch andere Entwicklungen treffen das Geschäft der Werbeagenturen. Agenturen mit vollständigem Serviceangebot sehen sich größerer Konkurrenz von Agenturen mit begrenztem Serviceangebot gegenüber, die auf den Einkauf von Medien, das Texten von Anzeigen oder die Herstellung von Werbemitteln spezialisiert sind. Die kaufmännischen Manager gewinnen in den Agenturen mehr Einfluß und verlangen von den kreativen Mitarbeitern mehr Gewinnbewußtsein. Einige werbetreibende Unternehmen haben firmeneigene Agenturen gegründet und auf diese Weise die seit langer Zeit bestehenden Beziehungen zu ihrer Agentur beendet. Schließlich wünscht die Federal Trade Commission, daß die Agenturen mit ihren Klienten die Verantwortung für irreführende Werbung teilen. Diese Entwicklungen werden einige Änderungen in dieser Branche bewirken, aber Agenturen, die gute Leistungen erbringen, werden überleben.

Quelle: Bezüglich der Strategien von Werbeagenturen wird verwiesen auf R. Craig Endicott, „U.S. Agency Income Surges 17%," Advertising Age, 18. März 1985, S. 1; „Census Sees Steep Rise in Shop Growth," Advertising Age, 7. Mai 1984, S. 68; und Myron Magnet, „Saatchi & Saatchi Will Keep Gobbling," Fortune, 23. Juni 1986, S. 36–40.

WICHTIGE WERBEENTSCHEIDUNGEN

Das Marketing-Management muß bei der Entwicklung des Werbeprogramms fünf wichtige Entscheidungen treffen. Diese Entscheidungen werden in Abbildung 16-1 dargestellt und nachstehend erläutert.

Das Setzen von Zielen

Der erste Schritt bei der Entwicklung eines Werbeprogramms besteht in der Festlegung der Werbeziele. Diese Ziele basieren auf vorangegangenen Entscheidungen über den Zielmarkt, die Positionierung sowie über das Marketing-Mix. Die Marketing-Positionierung sowie die Strategie des Marketing-Mix bestimmen die von der Werbung im Rahmen des gesamten Marketing-Programms zu übernehmende Aufgaben.

Der Werbung können zahlreiche Kommunikations- und Verkaufsziele vorgegeben werden. Werbeziele können klassifiziert werden, ob sie darauf gerichtet sind zu informieren, zu überzeugen oder zu erinnern. Die Tabelle 16-2 zeigt Beispiele für derartige Ziele.

Informierende Werbung wird überwiegend bei der Einführung einer neuen Produktart betrieben, bei der das Ziel darin besteht,

ABBILDUNG 16-1
Wichtige Werbeentscheidungen

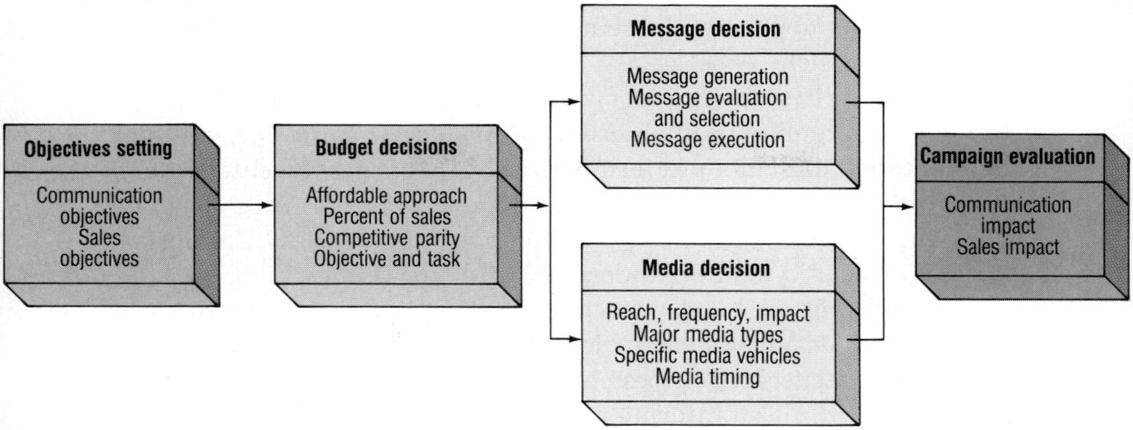

FIGURE 16-1
Major Decisions in Advertising

Primärnachfrage zu schaffen. So mußte z. B. die Joghurt-Branche die Konsumenten zuerst über die Ernährungsvorteile des Joghurt und über seine zahlreichen Verwendungsmöglichkeiten informieren.

Überzeugende Werbung gewinnt an Bedeutung, wenn der Wettbewerb zunimmt und die Unternehmsnziele darauf gerichtet sind, gezielte Nachfrage zu bewirken. So versucht beispielsweise Chivas Regal die Konsumenten davon zu überzeugen, daß dieser Whisky einen Status wie kein anderer Scotch aufzuweisen hat. Das Unternehmen versucht, im Bewußtsein der Konsumenten die Position des „allerbesten“ für Chivas Regal aufzubauen.

TABELLE 16-2
Mögliche Werbeziele

Informierende Werbung:	
Dem Markt über das neue Produkt berichten Verfügbare Serviceleistungen beschreiben Neue Verwendungszwecke für das Produkt vorschlagen Falsche Eindrücke korrigieren	Den Markt über Preisänderungen informieren Konsumentenbefürchtungen abbauen Funktionsweise des Produktes erklären Ein Unternehmensimage aufbauen
Überzeugende Werbung:	
Markenpräferenzen aufbauen Die Kunden überzeugen, jetzt zu kaufen Die Kunden ermuntern, zur eigenen Marke überzuwechseln	Die Kunden überreden, einen Vertreterbesuch zu empfangen Die Kundenauffassung über Produkteigenschaften ändern
Erinnernde Werbung:	
Die Kunden daran erinnern, daß sie das Produkt demnächst benötigen könnten Die Kunden auch außerhalb der Saison daran erinnern	Einen hohen Bekanntheitsgrad aufrecht erhalten Daran erinnern, wo das Produkt gekauft werden kann

Manche Überzeugungswerbung wurde zu **vergleichender Werbung**, die eine Marke direkt oder indirekt, einer oder mehreren anderen gegenüberstellt. In seiner klassischen Vergleichskampagne positionierte sich Avis gegen den Marktführer Hertz mit dem Anspruch: „Wir sind Nummer zwei, aber wir bemühen uns mehr". Procter & Gamble positionierten Scope gegen Listerine mit der Behauptung, daß die pfefferminzfrische Scope „schlechten Atem bekämpft und keinen Arzneigeruch-Atem verursacht". Vergleichende Werbung wurde für Produkte wie Computer, Deodorants, Zahnpasta, Autos, Weine und schmerzlindernde Mittel verwendet.[3]

Erinnerungswerbung ist wichtig für reife Produkte, damit diese im Bewußtsein der Verbraucher bleiben. Der Zweck teurer Coca-Cola-Werbung in Zeitschriften besteht darin, die Leute an Coca-Cola zu erinnern, nicht, sie zu informieren oder zu überzeugen.

Erinnerungswerbung: Diese preisgekrönte Werbeidee erinnert den Kunden daran, daß das Produkt demnächst benötigt werden könnte. Abgedruckt mit freundlicher Genehmigung der Kraft, Inc.

Budgetentscheidung

Nach Festlegung der Werbeziele kann das Unternehmen als nächstes sein Werbebudget für jedes Produkt festlegen. Die Rolle der Werbung besteht darin, die Nachfrage für ein Produkt zu beeinflussen. Das Unternehmen ist bereit, jenen Betrag auszugeben, der erforderlich ist, die Verkaufsziele zu erreichen. Vier allgemein gebräuchliche Methoden für die Festlegung des Werbebudgets wurden in Kapitel 15 erläutert. Unternehmen wie Du Pont und Anheuser-Busch führten Experimente als Teil ihres Erstellungsprozesses für das Werbebudget durch. So gab die Firma Anheuser-Busch in einigen Gebieten überdurchschnittlich hohe und in anderen Bezirken unterdurchschnittliche Beträge aus und verglich danach die Ergebnisse mit jenen von Vergleichsgebieten, um festzustellen, was diesen gegenüber an Umsätzen gewonnen oder verloren wurde. Die Resultate veranlaßten Anheuser-Busch, die Werbeausgaben pro hergestellter Kiste Bier zu kürzen, ohne daß damit ein Verlust von Marktanteilen verbunden war.[4]

Botschaftsentscheidung

Nachdem die Werbeziele und das Budget feststehen, hat das Management eine kreative Strategie zu erstellen. Werbetreibende durchlaufen drei Stufen: Informationsentwicklung, Informationsbewertung und -auswahl sowie Informationsdurchführung.

Informationsentwicklung

Kreativen Personen stehen verschiedene Wege offen, Ideen für Werbebotschaften zu finden. Viele von ihnen beginnen damit, Gespräche mit Kunden, Händlern, Fachleuten und Konkurrenten zu führen. Andere versuchen sich vorzustellen, wie Konsumenten das Produkt verwenden und herauszufinden, welche Vorteile von Verbrauchern gesucht werden, wenn sie es kaufen und benutzen. Im allgemeinen entwerfen Werbefachleute viele denkbare Botschaften, von denen jeweils nur wenige verwendet werden.

Informationsbewertung und -auswahl

Der Werbetreibende muß die möglichen Botschaften bewerten. Twedt schlägt vor, daß Botschaften drei Merkmale aufweisen sollten.[5] Als erstes muß die Botschaft das Produkt für Kunden wünschenswerter oder interessanter machen. Zweitens muß sie berichten, inwiefern das Produkt besser als Wettbewerbsmarken ist. Schließlich muß die Botschaft glaubwürdig sein. Die letzte Anforderung dürfte am schwierigsten zu erreichen sein – viele Konsumenten bezweifeln den Wahrheitsgehalt der Werbung generell. Eine kürzlich durchgeführte Studie ergab, daß Konsumenten Werbebotschaften im Durchschnitt für ziemlich unglaubwürdig halten.[6]

Werbetreibende sollten ihre Botschaften nach diesen Kriterien bewerten. Als beispielsweise die „March of Dimes"-Organisation nach einem Werbethema suchte, um für die Unterstützung ihres Kampfes gegen Geburtsschäden[7] Geld aufzubringen, wurden in einer Brainstor-

4. *Stimmung oder Image.* Der Stil der Ausführung schafft eine Stimmung oder ein Image um das Produkt, wie z. B. Schönheit, Liebe und Heiterkeit. Außer durch Suggestion wird keine Behauptung über das Produkt aufgestellt. Kaffeewerbung arbeitet oft mit Stimmungen.
5. *Musikalische Ausführung.* Diese zeigt eine oder mehrere Personen oder auch Zeichentrickfiguren, die ein Lied über das Produkt singen. In der Cola-Werbung wird diese Form oft benutzt.
6. *Persönlichkeitssymbol.* Bei diesem Ausführungsstil wird eine Persönlichkeit geschaffen, die das Produkt repräsentiert. Hierbei kann es sich um eine Zeichentrickfigur (Green Giant, Cap'n Crunch, Garfield the Cat), oder um eine echte Person handeln – wie z. B. bei der Marlboro- oder Morris-Werbung.
7. *Technische Sachkenntnis.* Sie vermittelt den Eindruck der sachlichen Kompetenz des Unternehmens für die Herstellung des Produktes. So zeigt beispielsweise die Firma Hills Brothers, wie einer ihrer Einkäufer sorgfältig die Kaffeebohnen auswählt, die Firma Gallo berichtet über ihre langjährige Erfahrung bei der Weinherstellung.
8. *Wissenschaftlicher Beweis.* Dieser Ausführungsstil präsentiert Gutachten oder wissenschaftliche Beweise dafür, daß die Marke besser oder beliebter ist, als eine oder mehrere andere Marken. Vor Jahren wurde für Crest-Zahnpasta die wissenschaftliche Beweisführung benutzt, um Kunden davon zu überzeugen, daß Crest besser für die Bekämpfung von Karies ist.
9. *Beweisführung durch Empfehlung.* Diese Ausführungsform stellt eine glaubwürdige oder beliebte Informationsquelle heraus, die das Produkt empfiehlt. Hierbei kann es sich um einen gefeierten Star wie Bill Cosby (Jello Pudding) handeln oder um alltägliche Personen, die aussagen, wie sehr sie das Produkt mögen.

Der Werbende muß ferner einen geeigneten Tonfall für die Werbung auswählen. Die Firma Procter & Gamble verwendet stets einen positiven Tonfall. Ihre Anzeigen sagen etwas äußerst Positives über das Produkt aus. Procter & Gamble vermeidet Humor, da dadurch die Aufmerksamkeit von der Botschaft abgelenkt werden könnte. Demgegenüber verwendeten klassische Anzeigen von VW für den Käfer durchaus Humor und machten sich sogar über das Auto lustig (der „Häßliche Käfer").

Es müssen Worte gefunden werden, die leicht zu behalten sind und die Aufmerksamkeit wecken. Die nachstehend auf der linken Seite aufgelisteten Themen würden ohne die kreativen Formulierungen auf der rechten Seite wesentlich weniger wirksam sein:[8]

THEMA	*KREATIVE FASSUNG*
☐ 7-UP ist keine Cola. (7-UP is not a cola.)	☐ „Die Uncola." („The Uncola.")
☐ Überlassen Sie es uns, Sie in unserem Bus zu fahren, statt daß Sie Ihren Wagen selbst fahren. (Let us drive you in our bus instead of driving your car.)	☐ „Nehmen Sie den Bus und überlassen Sie das Fahren uns." („Take the bus, and leave the driving to us.")
☐ Erledigen Sie Ihre Einkäufe durch Umblättern der Seiten des Telefonbuches. (Shop by turning the pages of the telephone directory.)	☐ Lassen Sie die Finger den Spaziergang machen. („Let your fingers do the walking.")

THEMA	*KREATIVE FASSUNG*
□ Wenn Sie mehr als ein Glas Bier trinken, ist Schaefer ein gutes Bier zum Genießen. (If you drink more than one glass of beer, Schaefer is a good beer to drink.)	□ „Das einzige Bier, wovon Sie mehr als ein einziges Glas wollen." („The one to have when you're having more than one.")
□ Wir vermieten nicht so viele Autos, deshalb müssen wir mehr für unsere Kunden tun. (We don't rent as many cars, so we have to do more for our customers.)	□ „Wir sind Nummer 2, deshalb bemühen wir uns mehr." (We're number two, so we try harder.")

Formelemente wie Überschriften, Anzeigengröße, Farbe und Illustrationen werden sowohl einen Unterschied in der Wirkung als auch bezüglich der Kosten zur Folge haben. Eine kleine Änderung an der Gestaltung einer Anzeige kann einen großen Unterschied in ihrer Wirkung ausmachen. Größere Anzeigen erlangen mehr Aufmerksamkeit, obwohl nicht unbedingt in demselben Ausmaß als sie Mehrkosten verursachen. Vierfarbige Anzeigen statt Schwarz-Weiß-Inseraten erhöhen sowohl die Werbewirksamkeit als auch die Werbekosten.[9]

Medienentscheidungen

Der Werbende muß als nächstes die Werbemedien auswählen, um die Werbebotschaft zu übermitteln. Die einzelnen Schritte sind:

- Entscheidung über Reichweite, Frequenz und Wirkung,
- Auswahl unter den wichtigsten Medienarten,
- Auswahl spezifischer Werbeträger und
- Entscheidung über das Medien-Timing.

Entscheidung über Reichweite, Frequenz und Wirkung

Anläßlich der Medienauswahl muß der Werbetreibende entscheiden, welche Reichweite und Frequenz erforderlich ist, um die Werbeziele zu verwirklichen. **Reichweite** ist das Maß dafür, wie viele Personen im Zielmarkt von der Werbekampagne während einer bestimmten Zeiteinheit erreicht werden. So könnte beispielsweise der Werbetreibende versuchen, 70 Prozent des Zielmarktes während des ersten Jahres anzusprechen. **Frequenz** ist das Maß dafür, wie oft die Durchschnittsperson im Zielmarkt von der Botschaft erreicht wird. Beispielsweise könnte der Werbende eine durchschnittliche Häufigkeit von drei Kontakten innerhalb eines bestimmten Zeitraumes wünschen. Darüber hinaus muß der Werbende entscheiden, welche Wirkung die Kontakte haben sollen. Über das Fernsehen ausgestrahlte Informationen haben eine größere Wirkung als Botschaften, die aus dem Radio kommen, weil das Fernsehen optische und akustische Impulse vermittelt. Die gleiche Nachricht kann in einer Zeitschrift – z. B. Newsweek – glaubhafter sein als in einer anderen – z. B. im

Mitteilungsblatt für Polizisten. So könnte beispielsweise ein Werbender eine Wirkung von 1,5 anstreben, während 1,0 der Wirkungsgrad eines Inserates in einem durchschnittlichen Medium ist.

Angenommen, das Produkt eines Werbetreibenden erscheint auf einem Markt von 1 Million Konsumenten. Das Ziel besteht darin, 700.000 Verbraucher zu erreichen (1 Millionen × 70%). Da der durchschnittliche Konsument drei Kontakte erhalten soll, müssen 2,100.000 (700.000 × 3) Kontakte gekauft werden. Da Kontakte mit einem Wirkungsgrad von 1,5 gewünscht werden, muß eine errechnete Anzahl von 3,150.000 (2,100.000 × 1,5) Werbekontakten gekauft werden. Wenn 1000 Kontakte (der angestrebten Wirkung) 10 Dollar kosten, muß sich das Werbebudget auf 31.500 Dollar belaufen (3.150 × 10 Dollar). Grundsätzlich gilt, je größer die von Werbetreibenden angestrebte Reichweite, Frequenz und Wirkung sind, umso höher muß grundsätzlich das Werbebudget bemessen werden.

Auswahl der wichtigsten Medienarten

Der Medienplaner muß die Reichweite, Frequenz und Wirkung der wichtigsten Medienarten kennen. Diese wurden in der Tabelle 16-3 zu einer Synopsis zusammengefaßt. Die wichtigsten Medienarten sind – in der Reihenfolge ihres Werbeumfanges – Zeitungen, Fernsehen, direkte Postsendungen, Radio, Zeitschriften und Außenwerbung. Jedes Medium hat seine Vorteile und Beschränkungen.

Bei der Wahl ihrer Werbemittel berücksichtigen die Medienplaner zahlreiche Faktoren. Als erstes haben die Mediengewohnheiten der Zielgruppe Einfluß auf die Werbemittelauswahl – so sind z. B. Radio und Fernsehen die besten Medien für die Erreichung von Teenagern. Ferner beeinflußt die Beschaffenheit des Produktes die Auswahl der Werbemittel. Damenkleider werden am vorteilhaftesten in farbigen Magazinen gezeigt und Polaroidkameras am besten im Fernsehen. Unterschiedliche Arten von Botschaften können unterschiedliche Werbemittel erfordern. Eine Information, die einen am nächsten Tag stattfindenden Ausverkauf ankündigt, erfordert das Radio oder Zeitungen; für eine Information, die eine Vielzahl technischer Daten enthält, könnten Zeitschriften oder Werbebriefe zweckmäßig sein. Die Kosten sind ein weiteres Kriterium für die Auswahl der Werbemittel. Fernsehwerbung ist sehr teuer, während Zeitungswerbung wesentlich weniger kostet. Was zählt, sind allerdings weniger die absoluten Kosten, sondern die Kosten pro tausend Werbekontakten.

Auf der Grundlage dieser Faktoren und anderer Medienmerkmale muß der Medienplaner entscheiden, in welchem Umfange er jedes einzelne Medium bei der Aufteilung des Werbebudgets berücksichtigt. So könnte beispielsweise die Firma Pillsbury beschließen, für die

TABELLE 16-3
Profile der wichtigsten Medienarten

Medium	Volumen in Milliarden Dollar (1985)	Prozentualer Anteil am Gesamtwerbeaufkommen (1985)	Kostenbeispiel (1986)	Vorteile	Beschränkungen bzw. Nachteile
Zeitungen	25,2	26,5 %	Dollar 29.800 für eine Seite, Wochentagsausgabe der Chicago Tribune	Flexibilität, Aktualität, gute räumliche Marktabdeckung, hohe Akzeptanz, große Glaubwürdigkeit	Von kurzer Lebensdauer, schlechte Reproduktionsqualität, wenig „mitlesende“ (pass-along) Personen
Fernsehen	20,8	21,9%	Dollar 1500 für 30 Sekunden zur Hauptsendezeit in Chicago	Kombiniert Bild, Ton und Bewegung, spricht die Sinne an, hohe Aufmerksamkeit, große Reichweite	Hohe absolute Kosten, große Überhäufung, flüchtige Kontakte, geringe Zielgruppenauswahl
Direkte Postsendungen	15,5	16,4%	Dollar 1520 für die Namen und Anschriften von 40.000 Tierärzten	Zielgruppen-Selektion, Flexibilität, keine werbliche Konkurrenz innerhalb des gleichen Mediums, persönliche Ansprache	Relativ hohe Kosten, „Wegwerf-Post“-Image
Radio	6,5	6,9%	700 Dollar für eine Werbeminute während der Spitzennutzungszeit für Autoradios in Chicago	Wird von Massen gehört, große geographische und demographische Auswahlmöglichkeit, niedrige Kosten	Lediglich akustische Darbietung, geringere Aufmerksamkeit als beim Fernsehen, keine einheitlichen Gebührenstrukturen, flüchtige Werbekontakte
Zeitschriften	5,2	5,4%	Dollar 84.390 für eine vierfarbige Seite in Newsweek	Große geographische und demographische Auswahlmöglichkeit, Glaubwürdigkeit und Prestige, hohe Druckqualität, Langlebigkeit, mehrere Leser pro Exemplar (pass-along readership)	Lange Anzeigenbeschaffungszeit, teilweise unverkaufte Auflage, keine Gewähr für die Plazierung an einer besonderen Stelle
Außenwerbung	0,9	1,0%	Dollar 25.500 pro Monat für 71 Werbeflächen in der Hauptstadt Chicago	Flexibilität, hoher Wiederholungswert, niedrige Kosten, wenig konkurrierende Werbung	Keine Auswahlmöglichkeit bezüglich der Zielgruppe, begrenzte Möglichkeiten für kreative Gestaltung
Andere	20,7	21,9%			
Total	94,7	100,0%			

Quelle: Spalte 2 und 3 der Zeitschrift Advertising Age, 12. Mai 1986, S. 76. Abgedruckt mit Erlaubnis des Verlages. Copyright 1986, Crain Communications, Inc.

Einführung ihrer neuen Kekse 3 Millionen Dollar für die tagsüber ausgestrahlte Fernsehwerbung auszugeben, 2 Millionen Dollar für Frauenzeitschriften und 1 Million Dollar für Tageszeitungen in 20 wichtigen Märkten.

Auswahl spezifischer Werbeträger

Der Medienplaner wählt als nächstes den bestgeeigneten Werbeträger aus. Falls beispielsweise die Werbung mit Zeitschriften durchgeführt werden soll, betrachtet der Medienplaner die Auflage und die Kosten für verschieden große Anzeigen, Farboptionen, Plazierungen und Erscheinungshäufigkeit. Anschließend bewertet der Planer die Zeitschriften nach Merkmalen wie Glaubwürdigkeit, Ansehen, Reproduktionsqualität, redaktioneller Schwerpunkt und Vorlaufzeit. Der Medienplaner entscheidet auf Grund dieser Informationen, welche Werbeträger die günstigste Reichweite, Frequenz und Wirkung für ihren Preis bieten.

Medienplaner errechnen die Kosten, die erforderlich sind, 1000 Personen mit einem Werbeträger zu erreichen. Wenn beispielsweise eine ganzseitige, vierfarbige Anzeige in Newsweek 84.390 Dollar kostet und die Leserzahl mit 3 Millionen veranschlagt wird, dann betragen die Kosten für die Erreichung von 1000 Personen 28 Dollar. In Business - Week kostet die gleiche Anzeige möglicherweise nur 42.000 Dollar, erreicht aber nur 782.000 Leser, was einem Preis von 54 Dollar pro 1000 entspricht. Der Medienplaner würde eine Rangordnung aller zur Diskussion stehenden Zeitschriften nach den Kosten pro 1000 Rezipienten erstellen und jene Zeitschriften favorisieren, die den niedrigsten Preis pro 1000 Leser fordern.

Der Medienplaner muß außerdem die Herstellungskosten der Annoncen für jedes Medium berücksichtigen. Zeitungsanzeigen zu gestalten, kann sehr wenig kosten, aber auffallende Fernsehwerbung herzustellen, kann bis zu 1 Million Dollar erfordern. Apple zahlte 400.000 Dollar für die Produktion einer Fernsehwerbung, die der Einführung seines Macintosh-Computers diente. Im Durchschnitt müssen Werbende 230.000 Dollar zahlen, um einen einzigen 32-Sekunden-Fernsehspot zu produzieren.[10] Der Medienplaner muß die Herstellungskosten mitberücksichtigen, wenn er die Kosten für die Einschaltung jedes Mediums errechnet.

Der Medienplaner muß diese Werte über die Beschaffungskosten in mehrfacher Hinsicht berichtigen. Als erstes müssen die Wertansätze in Relation zur Qualität der Leserschaft gesehen werden. Für eine Baby-Lotion-Anzeige würde ein Magazin, das von einer Million junger Mütter gelesen wird, einen hohen Kontaktwert haben, ein Magazin hingegen, dessen Leserschaft aus einer Million alter Herren besteht, einen äußerst geringen. Zweitens ist der Kontaktwert bezüglich der Aufmerksamkeitsintensität des Leserkreises zu korrigieren. Leser von Vogue beispielsweise schenken Inseraten mehr Aufmerksamkeit als die Leser von Newsweek. Drittens schließlich sollte der Kontaktwert auf die editorische Qualität des Medium abgestimmt werden.

Entscheidungen über den Medienzeitplan

Der Werbende hat zu entscheiden, wie die Werbung über das Jahr zeitlich zu verteilen ist. Angenommen, die Umsätze eines Produktes sind im Dezember am höchsten und fallen im März stark ab. Das Unternehmen kann seine Werbung so variieren, daß diese den saisonalen Schwankungen folgt, es kann antizyklisch werben oder aber die Werbeausgaben gleichmäßig über das ganze Jahr verteilen. Die meisten Unternehmen betreiben saisonale Werbung. Selbst in diesem Falle ist zu entscheiden, ob die Werbung vor oder während der Saison erfolgen sollte.

Ferner hat der Werbende die Werbestruktur festzulegen. **Kontinuität** bedeutet die zeitlich gleichmäßige Verteilung der Werbung innerhalb einer bestimmten Periode. Als **Phasenwerbung** wird die zeitlich ungleichmäßige Verteilung der Werbeaktivitäten während eines Zeitabschnittes bezeichnet. So können 52 Anzeigen während des Jahres auf eine pro Woche verteilt oder schwerpunktmäßig geschaltet werden. Jene, die die zeitliche Schwerpunktwerbung bevorzugen, glauben, daß diese beim Zielpublikum ein besseres Verstehen der Botschaft bewirkt und dadurch Geld spart. Die Untersuchungen von Anheuser-Busch ergaben, daß Budweiser in einem bestimmten Markt für einen Zeitraum von mindestens eineinhalb Jahren auf Werbung verzichten kann, ohne Umsatzeinbußen befürchten zu müssen.[11] Dann könnte das Unternehmen eine sechsmonatige Schwerpunktwerbung durchführen und das frühere Umsatzwachstum wieder erlangen. Diese Erkenntnis veranlaßte Budweiser, sich für die zeitliche Schwerpunktwerbung zu entscheiden.

Neue Werbemedien

Neue Kommunikationstechnologien haben zahlreiche neue elektronische Medien hervorgebracht. Die Verwendung dieser neuen Medien hat rasch zugenommen, besonders bei Direkt-Marketern und anderen, die versuchen, besondere Zielsegmente zu erreichen. Einige der neuen Medien sind im Beispiel 16-3 beschrieben.

BEISPIEL 16-3
Die neuen elektronischen Medien

In den vergangenen Jahren haben Fortschritte in der Kommunikationstechnologie zu einigen aufregenden neuen elektronischen Medien geführt, die Marketer nutzen können, um ausgewählte Zielmärkte zu erreichen. Einige dieser neuen Medien werden in den folgenden Ausführungen beschrieben.

Telemarketing. Telemarketing (Telephon-Marketing) wurde zum bedeutendsten Instrument des Direktmarketing. Telemarketing entwickelte sich Ende der 60er Jahre mit der Einführung des Wide Area Telephone Service (WATS). Mit IN WATS können Marketer 800er-Nummern gebührenfrei (toll-free) für den Kunden benutzen, um damit den Kundendienst abzuwickeln oder um Aufträge auf Grund von Fernsehwerbung, Postversandwerbung oder Katalogen entgegenzunehmen. Mit OUT WATS können sie das Telefon verwenden, um Kunden Waren direkt zu verkaufen und sie unmittelbar zu betreuen. 1981 wurden erstaunliche 1,6 Milliarden Telefongespräche mit 800er-Nummern geführt. Im Jänner 1982 wählten mehr als 700 Personen pro Minute eine 800er-Nummer als Reaktion auf Fernsehwerbespots. Darüber hinaus verwenden Marketer auch 900er-Nummern, um Produkte anzukündigen und zu verkaufen. Der Konsument wählt eine 900er-Nummer, hört eine Werbenachricht und kann zu einer anderen Nummer weiterverbunden werden, um mit einem Verkäufer zu sprechen. So wurde beispielsweise die Nummer 900-210-RICK benutzt, um den Verkauf eines neuen Rick Springfield-Albums zu fördern – der Anrufer hörte einen Ausschnitt aus dem neuen Album und lauschte Springfields Ausführungen darüber.

Telemarketing wird von großen und kleinen Unternehmen der Konsumartikel- sowie Investitionsgüterindustrie benutzt. Hierzu einige Beispiele:

- Quaker Oats richtete für eines seiner Cerealien-Produkte ein Preisausschreiben mit einer 800er-Nummer (gebührenfrei für die Kunden) ein – dieser Anschluß erhielt mehr als 15 Millionen Anrufe innerhalb einer viermonatigen Frist und steigerte den Umsatz um mehr als 30 Prozent.
- C'est Croissant benutzt einen Katalog und einen für die Kunden gebührenfreien Anschluß, um Croissants per Postversand im ganzen Land zu verkaufen. Das Unternehmen erhält bis zu 500 Anrufe im Monat und liefert jährlich ungefähr 15.000 Croissants an fast 13.000 Kunden.
- Raleigh Bicycles benutzte Telemarketing, um den Umfang des persönlichen Verkaufes zu reduzieren, der erforderlich war, mit seinen Händlern Kontakt zu halten. Im ersten Jahr wurden die Außendienstreisekosten um 50 Prozent gesenkt und die Umsätze stiegen in einem einzigen Quartal um 34 Prozent.

Kabelfernsehen. Derzeit haben mehr als 70 Millionen Haushalte eines der mehr als 4200 Kabelfernsehsysteme abonniert. Kabelsysteme erlauben enge Programmformen, wie z. B. Sport- oder Nachrichtenzusammenfassungen, Ernährungsprogramme, Kultursendungen und andere, die an ausgewählte Segmente gerichtet sind. Werbetreibende können mit Kabelfernsehen besser spezielle Marktsegmente erreichen als durch die grobe Streuung, die vom Netzfernsehen angeboten wird.

Inserenten können Sendeminuten des Kabelprogrammes in der gleichen Weise kaufen wie vom regulären Fernsehen. Seit kurzem sind jedoch viele neue Kabelformen aufgetaucht. Verschiedene Unternehmen haben versucht, Einkaufskanäle anzubieten – Programme oder Kanäle, die dem Verkauf von Waren oder Dienstleistungen gewidmet sind. So benutzt beispielsweise „The Cableshop" drei Kanäle, um Fernsehspots zu senden, nach denen Zuseher über eine Anschlußnummer zum Nulltarif (toll-free) gefragt haben. Der Konsument orientiert sich an einem Programmführer und verlangt eine drei bis sieben Minuten dauernden Informationsanzeige und wechselt zu einem anderen Kanal, um diese zu sehen. Das Produkt kann anschließend telefonisch bestellt werden.

Videotext. Videotext ist ein Zwei-Weg-System, das Verbraucher mit Computerdatenbanken per Kabel- oder Telefonleitung verbindet. Ein Videotext-Service erstellt einen computerunterstützten Katalog von Produkten, die von Herstellern, Einzelhändlern, Banken, Reisebüros und anderen angeboten werden. Die Konsumenten benutzen ein gewöhnliches Fernseh-Set, das mit einem speziellen Keyboard-Gerät ausgerüstet und über ein Zwei-Weg-Kabel an das System angeschlossen ist. Sie gehen den Katalog durch, vergleichen Produkte und Preise und erteilen Aufträge. Die Verbraucher können sich auch über den Heimcomputer per Telefon in das System einschalten. Ein Verbraucher, der eine neue Stereoanlage kaufen möchte, kann eine Liste aller in dem computerisierten Katalog enthaltenen Stereomarken anfordern, die Marken vergleichen, eine Anlage bestellen und per Kreditkarte bezahlen – alles, ohne das Haus verlassen zu müssen.

Videotext ist noch eine relativ neue Idee, aber verschiedene Systeme wurden bereits getestet. Times Mirror Videotext-Services erprobte ein System, Gateway genannt, das einen Heimeinkaufsservice und vieles mehr anbot. Über Gateway können Konsumenten Waren von lokalen und überregionalen Einzelhändlern bestellen, ihre Bankangelegenheiten über direkte Verbindungen zu den Rechenzentren der Banken abwickeln, den Inhalt der Los Angeles-Times bereits am Abend, bevor die Zeitung gedruckt wird, lesen, Flüge buchen, Hotels und Mietwagen reservieren, den Text einer vollständigen Enzyklopädie anschauen, College-Kurse belegen, Karten für Konzerte und Sportereignisse kaufen, sich mit einem Spiel, Quiz oder Wettbewerb die Zeit vertreiben, Tips über Klempner-Reparaturdienste, Erste Hilfe, Fitneß, Wohnungseinrichtung und hunderte andere Themen erhalten. Des weiteren können sie Nachrichten und Videogrüße an andere versenden. Der Gateway-Service scheiterte, aber andere Firmen wie IBM, Sears, CBS, AT & T und die Bank of America investieren erhebliche Mittel, um noch verheißungsvollere Systeme zu entwickeln.

Diese und andere neue elektronischen Medien gewinnen einen immer größeren Anteil der Werbeausgaben. Ihre Bedeutung wird wachsen, da mehr und mehr Verbraucher die Wunder des elektronischen Einkaufens entdecken.

Quellen: G. Scott Osborne, Electronic Direct Marketing (Englewood Cliffs, NJ: Prentice-Hall, 1984); „Direct Marketers Outline Goals, Troubles," Advertising Age, 16. April 1984, S. M10 ff; JoAnne Bonacker, „New Technologies Changing Traditional Ways of Marketing," Direct Marketing, März 1984, S. 74-84; Bob Stone, „Dial 800-SUCCESS," Advertising Age, 13. Jänner 1984, S. M32; Ed Zotti, „There's Madness in Their Methods," Advertising Age, 28. November 1983, S. M54 – M57; und Lawrence Strauss, Electronic Marketing (White Plains, NY: Knowledge Industry Publications, 1983).

Werbebewertung

Die Kommunikations- und Umsatzauswirkungen der Werbung sollten regelmäßig bewertet werden.

Messung der Kommunikationswirkung

Die Messung der Kommunikationswirkung gibt Aufschluß darüber, ob die Werbung die beabsichtigte Kommunikationswirkung erzielt. Das sogenannte **copy testing** kann vor oder nach der Drucklegung bzw. Ausstrahlung durchgeführt werden. Bevor die Werbung durchgeführt wird, kann der Werbetreibende sie Konsumentengruppen vorlegen und diese fragen, ob sie sie mögen, sowie messen, welches Echo oder welche Verhaltensänderungen sie bewirkt. Nachdem die Anzeige gelaufen ist, kann der Werbende feststellen, inwieweit die Anzeige im Gedächtnis der Konsumenten haften geblieben ist und wie sie deren Produktwahrnehmung, Produktkenntnis und Bevorzugung beeinflußt hat.

Messung der Auswirkungen auf den Umsatz

Welche Umsätze werden durch eine Werbeaktion verursacht, die den Bekanntheitsgrad der Marke um 20 Prozent und die positiven Einstellungen gegenüber dem Produkt um 10 Prozent erhöht? Die Auswirkungen der Werbung auf den Umsatz sind oft schwieriger zu messen als jene auf die Kommunikation. Umsätze werden außer von der Werbung noch von einer Vielzahl anderer Faktoren beeinflußt, wie z. B. Produktmerkmale, Preis und Verfügbarkeit.

Eine Möglichkeit, die Auswirkungen der Werbung auf die Umsätze zu messen, besteht darin, frühere Umsätze mit früheren Werbeaufwendungen zu vergleichen. Ein anderer Weg sind Experimente. Du Pont war eine der ersten Firmen, die diesen Weg beschritten hat.[12] Die Farbenabteilung der Firma Du Pont unterteilte 56 Verkaufsgebiete in Regionen mit hohem, durchschnittlichem und niedrigem Marktanteil auf. In einem Drittel jeder Gruppe gab Du Pont den üblichen Betrag für Werbung aus, in einem anderen Drittel das Zweieinhalbfache der üblichen Summe und in dem verbleibenden Drittel das Vierfache des normalen Aufwandes. Nach Abschluß des Experimentes konnte Du Pont abschätzen, welche Umsatzsteigerungen durch einen größeren Werbeaufwand bewirkt wurden. Das Unternehmen fand heraus, daß höhere Werbeausgaben die Umsätze mit einer abnehmenden Zuwachsrate steigerten, und daß der Umsatzzuwachs in Gebieten mit hohem Marktanteil schwächer war.

BEISPIEL 16-4
Werbeentscheidungen und Grundsätze der Rechts- und Wirtschaftsordnung

Unternehmen sind verpflichtet, irreführende oder diskriminierende Werbung zu vermeiden. Hierzu die wichtigsten Bestimmungen:

Falsche Werbung. Werbende dürfen keine unwahren Behauptungen aufstellen, wie z. B. die Aussage, daß das Produkt etwas heilt, was es nicht heilt. Sie dürfen auch keine falschen Demonstrationen durchführen, wie z. B. in einem Fernsehwerbespot Plexiglas anstelle von Sandpapier benutzen, um zu zeigen, daß eine Rasierklinge Sandpapier rasieren kann.

Irreführende Werbung. Werbende dürfen keine Anzeigen kreieren, die Möglichkeiten einer Täuschung in sich bergen, auch wenn niemand durch sie getäuscht wird. Ein Fußbodenwachs darf nicht angepriesen werden, als würde es sechs Monate Schutz gewähren, wenn dies unter normalen Umständen nicht der Fall ist. Für ein Diätbrot kann nicht damit geworben werden, daß es weniger Kalorien hat als gewöhnliches Brot, wenn der einzige Grund dafür lediglich darin besteht, daß die Scheiben dünner geschnitten sind. Das Problem ist, den Unterschied zwischen Täuschung und Übertreibung zu erkennen und jene Übertreibungen abzugrenzen, die noch akzeptabel sind.

Lockvogelwerbung. Der Verkäufer sollte nicht Kunden unter Vorspiegelung falscher Tatsachen anlocken. Das wäre beispielsweise dann der Fall, wenn der Verkäufer eine Nähmaschine zum Preis von 79 Dollar inseriert, und sich dann weigert, dieses Produkt zu verkaufen, seine Eigenschaften abwertet, eine fehlerhafte Nähmaschine vorführt oder unzumutbare Lieferzeiten verspricht.

Verkaufsförderungsnachlässe und Serviceleistungen. Das Unternehmen muß verkaufsfördernde Nachlässe und Serviceleistungen allen Kunden zu relativ gleichen Bedingungen gewähren.

Um ein großes Werbebudget sinnvoll auszugeben, müssen Werbende ihre Werbeziele genau festlegen, sorgfältig das Budget und die Werbebotschaft konzipieren sowie umsichtige Medienentscheidungen treffen und schließlich die Werbeergebnisse auswerten. Wegen ihrer Macht, Lebensstile und Meinungen zu beeinflussen, erweckt die Werbung auch in hohem Maße öffentliches Interesse. Aus diesem Grunde stehen Werbetreibende auch unter einem gewissen Zwang, verantwortungsbewußt vorzugehen (vgl. hierzu Beispiel 16-4).[13]

VERKAUFSFÖRDERUNG

Werbung wird durch zwei weitere Massen-Absatzförderungsinstrumente ergänzt, Verkaufsförderung und Publicity.

Verkaufsförderung besteht aus kurzfristigen Anreizen, um Käufe oder Verkäufe eines Produktes oder einer Dienstleistung zu fördern.

Verkaufsförderung umfaßt eine große Auswahl von Absatzförderungsinstrumenten, die zu früheren oder stärkeren Marktreaktionen anregen sollen. Aktionsbereiche der Verkaufsförderung sind die **Absatzförderung auf Konsumentenebene** (consumer promotion) – Proben, Gutscheine, Rabatte, Sonderangebote, Prämien, Wettbewerbe, Rabattmarken, Vorführungen –, auf **Handelsebene** (trade promotion) – Kaufnachlässe, kostenlose Waren, Warenbezugsprämien, Gemeinschaftswerbung, Verkaufsprämien, Wettbewerbe für die Verkäufer der Händler – und auf der **Ebene des eigenen Verkaufsaußendienstes** (salesforce promotion) – Prämien, Wettbewerbe, Verkaufsrallies.

Verkaufsförderungsinstrumente werden von den meisten Organisationen benutzt, einschließlich Herstellern, Groß- und Einzelhändlern, Fachverbänden und Nonprofit-Institutionen. So sponsern Kirchen beispielsweise Lottospiele, organisieren gemeinsame Theaterbesuche und Tombolas. Schätzungen bezüglich der jährlichen Ausgaben für Verkaufsförderung belaufen sich auf 85 Milliarden Dollar und diese Ausgaben sind in den letzten Jahren rasch gestiegen.[14]

Einige Verkaufsförderungsinstrumente führen zu einer Stärkung der Konsumentenpräferenz („consumer franchise building"). Sie enthalten eine Verkaufsbotschaft, die auf eine langfristige Verbrauchernachfrage statt auf ein vorübergehendes Überwechseln zur eigenen Marke abzielt. Dieses Verfahren kann Muster und Gutscheine – wenn diese eine Verkaufsinformation enthalten – umfassen sowie Prämien, wenn diese in Beziehung zum Produkt stehen.[15] Zu den Verkaufsförderungsinstrumenten, die nicht zu einer langfristigen Kundenbindung führen, gehören Sonderangebote, Verbraucherprämien, die nicht in Beziehung zum Produkt stehen, Wettbewerbe und Preisausschreiben, Rückvergütungsangebote und Nachlässe. Verkaufsförderungsaktionen, die zu einer Stärkung der Konsumentenpräferenz führen, sind zu bevorzugen, da sie mit längerwährenden Wirkungen verbunden sind.

Verkaufsförderungsmaßnahmen werden üblicherweise gemeinsam mit Werbung und persönlichem Verkauf durchgeführt. Absatzförderung auf Konsumentenebene sollte für gewöhnlich werblich herausgestellt werden, sie kann die Anreiz- und Zugwirkung der Anzeigenwerbung erhöhen. Verkaufsförderungsmaßnahmen auf den Ebenen des Handels und der eigenen Außendienstorganisation unterstützen die Aktivitäten des persönlichen Verkaufs.

Für die Ergreifung verkaufsfördernder Maßnahmen muß ein Unternehmen Ziele setzen, Instrumente auswählen, das Programm entwickeln, die vorgesehenen Aktivitäten erproben, durchführen und kontrollieren sowie die Ergebnisse auswerten.

Festlegung von Zielen für die Verkaufsförderung

Verkaufsförderungsziele basieren auf den Marketingzielen für ein Produkt. Die Ziele für die Verkaufsförderung variieren mit der Art des Zielmarktes. Verkaufsförderungsaktivitäten auf Verbraucherebene bezwecken, Konsumenten zu veranlassen, größere Mengen von dem Produkt zu kaufen, Nichtverwender zu einem Versuch zu bewegen und Konsumenten von Wettbewerbsmarken als Käufer zu gewinnen. Zu den Zielen der Verkaufsförderung auf Einzelhandelsebene zählen, die Einzelhändler zu veranlassen, neue Artikel in ihr Sortiment aufzunehmen, größere Lagerbestände zu halten, für das Produkt zu werben und ihm mehr Regalfläche zur Verfügung zu stellen sowie dieses auf Vorrat zu kaufen. Verkaufsförderungsmaßnahmen im Aktionsbereich der eigenen Verkaufsorganisation sollen den Außendienst dazu motivieren, sich mehr für laufende oder neue Produkte einzusetzen und neue Kunden zu gewinnen.

Auswahl der Verkaufsförderungsinstrumente

Zahlreiche Instrumente können eingesetzt werden, um die Verkaufsförderungsziele zu erreichen. Der dafür verantwortliche Planer sollte die Art des Marktes, die Verkaufsförderungsziele, den Wettbewerb sowie die Kosten und die Wirksamkeit jedes Instrumentes bei der Auswahl berücksichtigen. Die wichtigsten Instrumente werden nachstehend beschrieben.

Muster, Gutscheine, Sonderangebote, Werbegeschenke und Rabattmarken

Diese Instrumente bilden den Großteil der auf die Konsumenten gerichteten Verkaufsförderungsaktivitäten. Muster sind Angebote einer kleinen Menge oder Probe eines Produktes an Konsumenten.[16] Einige Muster sind kostenlos, für andere berechnet das Unternehmen einen kleinen Betrag zur Deckung der Kosten. Kostenlose Proben können von Haus zu Haus verteilt, per Post versandt, in Geschäften verfügbar gehalten, einem anderen Produkt hinzugefügt oder in einer Werbeanzeige offeriert werden. Proben zu verteilen ist die wirksamste aber teuerste Art, ein neues Produkt einzuführen. Um das Shampoo und den Haarfestiger Finesse einzuführen, gab die Firma Helene Curtis Millionen Dollar für die Aussendung von über 70 Millionen Warenproben aus.[17]

Kupons sind Gutscheine, die den Kunden eine Ersparnis beim Einkauf eines Produktes gewähren. Jedes Jahr werden mehr als 150

Unternehmen versenden jährlich über 150 Milliarden Gutscheine und geben hunderte Millionen Dollar für Gratisproben aus.

Milliarden Gutscheine ausgegeben, davon werden ungefähr 4 Prozent eingelöst.[18] Gutscheine können per Post verschickt, anderen Produkten beigegeben oder in Anzeigen eingefügt werden. Sie können die Umsätze reifer Marken beleben und die ersten Versuche eines neuen Produktes unterstützen.

Aktionspackungen (auch als Sonderangebote bezeichnet) offerieren den Konsumenten Einsparungen vom regulären Preis eines Produktes. Die reduzierten Preise werden vom Hersteller direkt auf das Produktetikett oder die Verpackung aufgedruckt. Sonderangebote können Einzelpackungen sein, die zu einem ermäßigten Preis – z. B. zwei zum Preis von einer – verkauft werden, oder zwei miteinander in funktionalem Zusammenhang stehende Produkte werden zu einem Angebot zusammengefügt – wie z. B. eine Zahnbürste und Zahnpasta. Sonderangebote sind sehr wirksam – mehr noch als Gutscheine – für die Anregung kurzfristiger Umsätze.

Werbegeschenke sind Waren, die kostenlos oder gegen geringes Entgelt als Anreiz für den Kauf eines Produktes angeboten werden. Ein „Beipack"-Werbegeschenk kann innerhalb der Packung sein oder außen an der Packung angebracht werden. Die Verpackung selbst, falls wieder verwendbar, kann ebenfalls als Werbegeschenk dienen. Werbegeschenke werden mitunter den Kunden per Post zugestellt, die einen Kaufnachweis einsenden, wie z. B. einen Abschnitt aus der Verpackung. Hersteller bieten derzeit den Kunden alle Arten von Werbegeschenken, die den Namen des Unternehmens tragen. Budweiser-Fans können T-Shirts, Heißluftballons und Hunderte anderer Artikel mit dem Aufdruck Budweiser bestellen.

Rabattmarken sind eine spezielle Prämienform, die Kunden in Rücknahmezentren gegen Waren eintauschen können. Rabattmarken waren in den fünfziger und sechziger Jahren weit verbreitet, aber während der Rezession in den siebziger Jahren haben sie viele Kaufleute abgeschafft und stattdessen niedrigere Preise angeboten. Rabattmarken haben jedoch in den letzten Jahren ein Comeback erlebt, und viele Einzelhändler benutzen sie wieder, um die Treue zu ihrem Geschäft zu fördern. Derzeit bieten mehr als 100 Firmen Rabattmarken über Supermärkte, Tankstellen, Drugstores und Motels an.[19]

Displays und Vorführungen am Verkaufsort (Point-of-Purchase – POP)

POP-Displays und -Demonstrationen finden am Ort des Verkaufs statt. Ein Beispiel hierfür ist das fünf Fuß hohe (ca. 1,50 m) Cap'n-Crunch-Display (aus Pappe), das in der Nähe von Cap'n-Crunch-Cerealien-Packungen aufgestellt wird. Leider sind viele Einzelhändler wenig erfreut über die Displays, Aushängeschilder und Plakate, die sie jedes Jahr zu Hunderten von Herstellern erhalten. Die Hersteller haben auf diese Ablehnung durch das Anbieten von besserem POP-Material reagiert, verbinden dieses mit Werbebotschaften, die vom Fernsehen ausgestrahlt werden oder in Print-Medien enthalten sind, und offerieren, dieses selbst aufzustellen. Ein gutes Beispiel hierfür ist Pepsi's „tipping can"-Aufsteller, der vom Point-of-Purchase Advertising Institute zum Display des Jahres gewählt wurde:[20]

> *Von einigen gewöhnlichen Sechserpackungen Pepsi, die in einem Einzelhandelsregal aufgestellt sind, beginnt eine, die mechanisch befestigt ist, nach vorne zu kippen und zieht so die Aufmerksamkeit der vorübergehenden Käufer auf sich, weil sie glauben, der Sechserkarton würde vom Regal fallen. Ein Hinweisschild auf der sich neigenden Sechserpackung erinnert die Käufer „Vergessen Sie Pepsi nicht". In Testmarktläden verhalf dieses Display zu mehr Unterstützung seitens des Handels und steigerte die Pepsi-Umsätze um 14 Kisten pro Woche.*

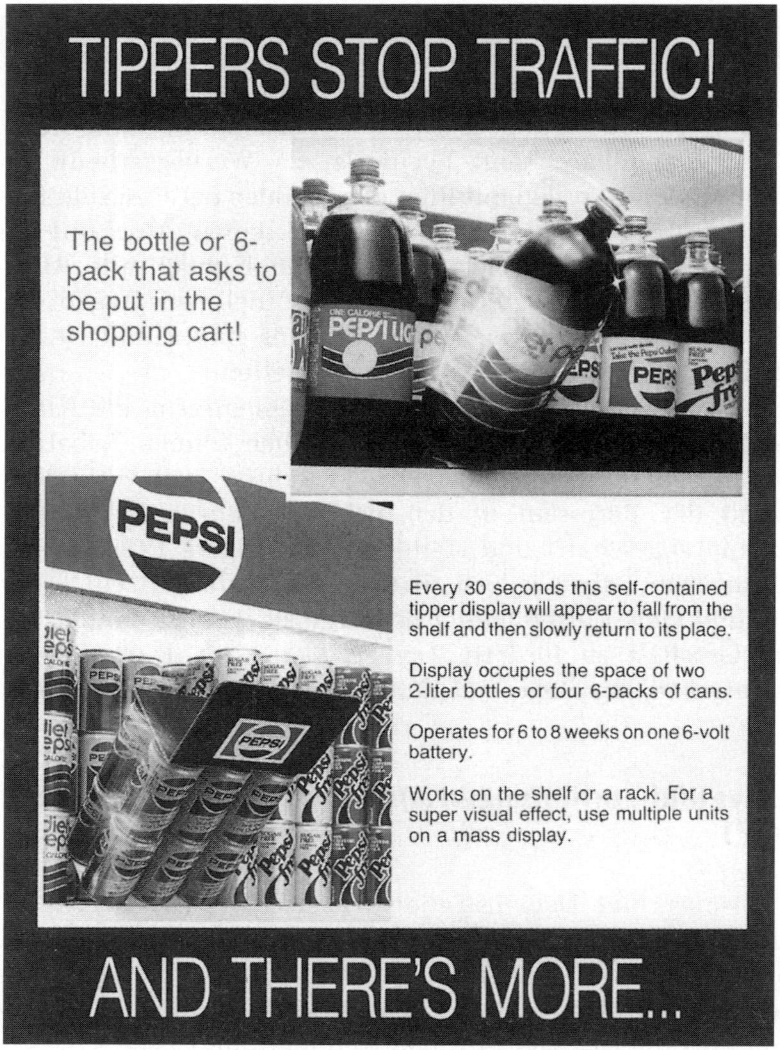

Pepsis Kippauslage für Dose und Flasche ist ein ausgzeichneter Blickfang für die Kunden. Abgedruckt mit freundlicher Genehmigung der PepsiCo, Inc.

Absatzförderung auf Handelsebene

Hersteller bedienen sich vieler Techniken, um die Zusammenarbeit mit Groß- und Einzelhändlern zu erreichen. Sie können Kaufnachlässe anbieten, worunter ein Angebot auf Rückvergütung für jede innerhalb einer festgelegten Periode gekauften Kiste zu verstehen ist. Dieses Angebot ermutigt Händler, in größeren Mengen zu kaufen oder einen neuen Artikel aufzunehmen, den sie im allgemeinen nicht führen. Die Händler können diese Preisnachlässe für eine rasche Gewinnverbesserung, für Werbung oder für Preissenkungen benutzen.

Hersteller können Kaufnachlässe gewähren, um Händler für die Herausstellung ihrer Produkte zu belohnen. Ein Werbenachlaß belohnt Händler für die werbliche Herausstellung des Produktes. Ein Displaynachlaß honoriert die Aufstellung von Produkt-Displays.

Hersteller können Absatzmittlern, die große Mengen kaufen, Zugaben anbieten, wie z. B. zusätzliche Kisten von Handelswaren. Sie können Verkaufsprämien in bar oder in Form von Geschenken für Händler oder deren Verkäufer aussetzen, um die Produkte des Herstellers zu forcieren. Produzenten können auch kostenlose Werbeartikel, die den Namen des Unternehmens tragen, zur Verfügung stellen, wie z. B. Kugelschreiber, Bleistifte, Kalender, Briefbeschwerer, Streichhölzer, Notizblöcke und Maßbänder.[21]

Tagungen und Fachausstellungen

Wirtschaftsverbände organisieren jährliche Tagungen, die sie gleichzeitig mit einer Fachausstellung verbinden können. Unternehmen verkaufen durch diese Branchenveranstaltung ihre Produkte auf der Fachausstellung. Jedes Jahr finden mehr als 5600 Fachmessen statt, die ungefähr 80 Millionen Besucher anziehen. Die Verkäufer erlangen durch diese Ausstellungen viele Vorteile, wie z. B. das Finden neuer Wettbewerbsvorteile, Kundenkontakte, die Einführung neuer Produkte, Begegnung mit neuen Kunden und Mehrverkäufe an gegenwärtige Kunden.[22]

Wettbewerbe, Verlosungs-Preisausschreiben und Gewinnspiele

Diese Verkaufsförderungsinstrumente geben Konsumenten, Händlern oder Verkaufsaußendienstmitarbeitern die Chance, mit Glück oder durch besondere Anstrengungen etwas zu gewinnen – wie z. B. Geld, Reisen oder Sachpreise. Ein Wettbewerb fordert Konsumenten dazu auf, eine Teilnahmebedingung einzusenden – einen Reim, die Lösung eines Rätsels oder einen Vorschlag –, die von einer Jury beurteilt werden, die die besten auswählt. Ein Verlosungs-Preisausschreiben fordert Konsumenten auf, ihren Namen für eine Ziehung zur Verfügung zu stellen. Beim Gewinnspiel bekommen Konsumenten bei jedem Kauf etwas zum Spiel Gehörendes – Bingo-Nummern, fehlende Buchstaben –, was ihnen helfen kann, einen Preis zu gewinnen. Ein Verkaufswettbewerb spornt Händler oder den Verkaufsaußendienst zu größeren Anstrengungen mit Hilfe von Preisen für die besten Leistungen an.

Entwicklung des Verkaufsförderungsprogrammes

Der Marketer muß einige weitere Entscheidungen treffen, um das vollständige Verkaufsförderungsprogramm zu bestimmen – ein wie großer Anreiz sollte geboten werden, wer kann teilnehmen, wie soll das Verkaufsförderungsprogramm angekündigt werden, wie lange sollte es dauern, wann sollte es beginnen und welcher finanzielle Aufwand sollte dafür veranschlagt werden.

Anreizhöhe

Der Marketer hat zu entscheiden, wie hoch der auszusetzende Anreiz zu bemessen ist. Ein gewisser Mindestanreiz ist erforderlich, wenn die Verkaufsförderungsaktion ein Erfolg werden soll. Bis zu einem bestimmten Wert bewirken größere Anreize höhere Umsätze. Einige der großen Hersteller verpackter Konsumgüter beschäftigen einen Verkaufsförderungsmanager, der frühere Promotionsaktionen analysiert und den Produktmanagern die zweckmäßigen Anreiz-Höhen empfiehlt.

Teilnahmebedingungen

Anreize können jedem oder nur ausgewählten Gruppen angeboten werden. Eine Prämie kann beispielsweise nur für jene ausgesetzt werden, die einen Teil der Verpackung einsenden. Von der Teilnahme an Lotteriespielen können bestimmte Bundesstaaten sowie Angehörige von Mitarbeitern des Unternehmens oder Personen unterhalb eines Mindestalters ausgeschlossen werden.

Distribution der Verkaufsförderungsaktion

Der Marketer muß des weiteren darüber entscheiden, wie die Aktion gefördert und verteilt werden soll. Ein Gutschein über 15 Cents kann mit der Verpackung, im Geschäft, per Post oder durch Anzeigen ausgegeben werden. Mit jeder Distributionsmethode ist eine unterschiedliche Reichweite und Kostenhöhe verbunden.

Dauer der Verkaufsförderungsaktion

Wenn der Zeitraum für die Verkaufsförderungsaktion zu kurz ist, werden viele potentielle Interessenten nicht in der Lage sein, Vorteil aus dem Angebot zu ziehen, weil sie während dieser Zeit diesen Artikel gerade nicht kaufen. Dauert die Aktion zu lange, verliert ihr Appell – „Kaufen Sie jetzt“ – einen Teil seiner Wirkung. Einem Marketingforscher zufolge liegt die beste Frequenz bei drei Wochen pro Quartal und die zweckmäßigste Dauer entspricht dem Zeitraum eines durchschnittlichen Einkaufszyklus.[23]

Zeitplan der Aktion

Produktmanager müssen Kalenderdaten für die Verkaufsförderungsaktionen festlegen. Diese Daten bilden die Planungsgrundlage für die Produktions-, Verkaufs- und Logistikabteilung. Darüber hinaus werden einige unvorhergesehene Aktionen notwendig sein, die eine Zusammenarbeit auf der Basis einer kurzen Vorankündigung erfordern.

Gesamtbudget für die Verkaufsförderung

Das Verkaufsförderungsbudget kann auf zweierlei Weise erstellt werden. Der Marketer kann die Aktionen auswählen und deren Gesamtkosten abschätzen. Die üblichere Methode besteht darin, einen Prozentsatz des Marketingbudgets für die Verkaufsförderung zu verwenden.

Strang entdeckte bezüglich der Frage, wie Unternehmen ihre Verkaufsförderung budgetieren, drei Hauptprobleme:

1. Sie berücksichtigen nicht die Kostenwirksamkeit;
2. Anstatt jenen Betrag auszugeben, der erforderlich ist, um Ziele zu erreichen, erhöhen sie einfach die Ausgaben des Vorjahres, „wählen einen Prozentsatz vom erwarteten Umsatz“ oder benutzen die Methode des „Sich-leisten-Könnens“ und
3. Werbe- und Verkaufsförderungsbudgets werden separat erstellt.[24]

Vortesten (Pretesting)

Verkaufsförderungsinstrumente sollen, wenn immer möglich, vorgetestet werden, um herauszufinden, ob sie geeignet und richtig dimensioniert sind. Bis jetzt wurden weniger als 42 Prozent der Prämienangebote jemals getestet.[25]

Durchführung

Unternehmen sollten für jede Promotionaktion Durchführungspläne erstellen, die sowohl die Vorlaufzeit als auch die Realisierungszeit abdecken. Die Vorlaufzeit ist jener Zeitraum, der erforderlich ist, das Programm vorzubereiten, ehe mit der Durchführung begonnen wird.

Die Realisierungsphase beginnt mit der Einführung und endet mit dem Abschluß der Aktion.

Auswertung der Ergebnisse

Die Auswertung ist sehr wichtig, aber trotzdem wird, Strang zufolge, „der Auswertung von Promotionaktionen ... wenig Aufmerksamkeit geschenkt. Selbst wo ein Versuch unternommen wurde, eine Promotionaktion auszuwerten, ist dieser wahrscheinlich oberflächlich geblieben ... eine Bewertung hinsichtlich der Gewinnträchtigkeit ist sogar noch weniger üblich.“[26]

Hersteller können eine von zahlreichen Methoden benutzen, Verkaufsförderungsergebnisse auszuwerten. Die gebräuchlichste Methode besteht darin, die Umsätze vor, während und nach einer Verkaufsförderungsaktion zu vergleichen. Angenommen, ein Unternehmen verfügt vor einer Aktion über einen Marktanteil von sechs Prozent, der während der Aktion auf zehn Prozent ansteigt, kurz danach auf fünf Prozent sinkt und sich später bei sieben Prozent stabilisiert. Es hat den Anschein, daß die Aktion neue Kunden angezogen und bestehende Kunden dazu veranlaßt hat, mehr zu kaufen. Nach der Aktion sind die Umsätze gesunken, weil die Konsumenten ihre Vorräte aufbrauchten, aber der langfristige Anstieg auf sieben Prozent bedeutet, daß das Unternehmen einige neue Kunden hinzugewonnen hat. Falls der Anteil der Marke wieder auf den alten Stand von sechs Prozent zurückgefallen wäre, hätte das bedeutet, daß die Verkaufsförderungsaktion nur den Zeitpunkt, nicht aber den Umfang der Nachfrage verändert hat.

Verbraucher-Panel-Daten würden transparent machen, welche Personengruppen auf die Verkaufsförderungsaktion reagiert haben und wie sie sich nach der Aktion verhalten haben. Konsumentenerhebungen können mehr Informationen darüber liefern, wie viele Verbraucher sich an die Aktion erinnern, was sie davon gehalten haben, wie viele daraus Vorteile gezogen haben, und wie diese Promotionaktion ihr Verkaufsverhalten beeinflußt hat. Verkaufsförderungsaktionen können ferner durch Experimente, die Faktoren wie Anreizwert, Aktionsdauer, Distributionsmethoden variieren, ausgewertet werden.

Es steht außer Zweifel, daß die Verkaufsförderung eine wichtige Rolle im gesamten Absatzförderungsmix spielt. Um sie sinnvoll einzusetzen, muß der Marketer die Verkaufsförderungsziele festlegen, die besten Instrumente auswählen, ein Verkaufsförderungsprogramm entwickeln, dieses testen, durchführen und die Ergebnisse auswerten. Beispiel 16-5 beschreibt einige preisgekrönte Verkaufsförderungskampagnen.

BEISPIEL 16-5
Preisgekrönte Verkaufsförderungsaktionen

Jedes Jahr sucht „Advertising Age" die „Besten Promotionaktionen des Jahres" heraus, jene mit herausragenden Ergebnissen im Verhältnis zum finanziellen Aufwand. Einige dieser „Besten Promotionsaktionen" werden nachfolgend beschrieben.

Wheaties-Wettbewerb *„Suche nach Champions".* Mit diesem Wettbewerb auf überregionaler Ebene werden Amateur-Athleten gesucht, um auf Wheaties Getreideflocken-Packungen zu erscheinen. General Mills rief Schulen, Kirchen und kommunale Organisationen dazu auf, für ihre lokalen Sport-Helden Stimmzettel abzugeben, die den Wheaties-Packungen beigefügt waren. Jene Organisationen, die die 50 Sportler gesponsert hatten, die die meisten Stimmen erhielten, bekamen einen Dollar pro Stimmzettel; jene, die einen der sechs Gewinner unterstützt hatten, erhielten einen zusätzlichen Betrag von 1000 Dollar. Der Wettbewerb wurde durch Werbespots von 30 Sekunden Dauer unterstützt sowie durch 39,3 Millionen Werbebeilagen, in denen Gutscheine über 25 Cents angeboten wurden. An mehrere tausend Nonprofit-Organisationen wurden Wahlhelfer-Koffer versandt. Publicity wurde durch nationale TV-Programme und lokale Medien erreicht. Die Aktion kostete lediglich 100.000 Dollar mehr als übliche Aktionen auf Handelsebene für diesen Zeitraum, aber der Wettbewerb mobilisierte die Basis und Wheaties wurde gleichsam aus den Regalen gerissen. Die Verbraucher lösten 6,7 Prozent der Gutscheine ein – verglichen mit einem Durchschnitt von 2,4 Prozent für Lebensmittelprodukte. General Mills erhielt mehr als 50.000 Teilnahmescheine, und Wheatie's Umsätze stiegen erheblich.

9-Lives-Angebot einer *„kostenlosen Vorsorgeuntersuchung für ihre Katze"* (9-Lives „Free Health Exam for Your Cat"). Bei dieser ungewöhnlichen Prämien-Promotionaktion arbeitete Star-Kist Foods mit der American Animal Hospital Association (AAHA) zusammen, um Katzenbesitzern gegen Einkaufsnachweis von neun Lives-Katzenfutterprodukten kostenlos eine ärztliche Katzenuntersuchung im Wert von 15 Dollar anzubieten. Die 1500 AAHA-Mitglieder stellten ihren Service kostenlos zur Verfügung, um Katzenhalter an regelmäßige Vorsorgeuntersuchungen ihrer Lieblinge zu gewöhnen. Star-Kist unterstützte das Prämienangebot mit 63 Millionen Gutscheinen und mit Preisnachlässen für den Handel, um die Unterstützung des Einzelhandels zu verstärken. Die Promotionaktion kostete ungefähr 600.000 Dollar (Medien nicht eingeschlossen). Die Verbraucher lösten 5,1 Prozent der Gutscheine ein und Star-Kist gab mehr als 50.000 kostenlose Untersuchungszertifikate aus. Während der Promotionaktion erreichten 9-Lives-Dosenprodukte ihren höchsten Marktanteil innerhalb der letzten zwei Jahre.

Die Promotionaktion *„The Red Baron Fly-In".* Die Firma „Red Baron Pizza Service" benutzte eine ideenreiche Kombination aus besonderen Ereignissen, Gutscheinvergaben und gemeinnützigen Aktivitäten, um die Umsätze ihrer Tiefkühlpizza zu steigern. Die Firma ließ das Flieger-As des ersten Weltkrieges, Baron Manfred von Richtofen, als Sprecher des Unternehmens – komplett mit der traditionellen Flugausrüstung des Stearman-Doppeldeckers mit offenem Cockpit – wieder aufleben. Red-Baron-Piloten hielten Reden in 13 Märkten, zeigten das Flugzeug, führten Kunstflüge vor, gaben Gutscheine aus und luden Konsumenten ein mit der Aufforderung: „Komm, flieg mit dem Roten Baron".

Das Unternehmen spendete in jedem Markt der örtlichen Jugendorganisation 500 Dollar und forderte die Konsumenten auf, die Spende zu verdoppeln. Verkaufsförderungsaktionen auf Handelsebene und lokale Kopplungsangebote steigerten die Unterstützungsbereitschaft der Einzelhändler. Das gesamte Budget: ungefähr 1 Million Dollar. Die Ergebnisse: In dem vierwöchigen Zeitraum während und nach den „fly-in's" schnellten die Umsätze in den einzelnen Märkten durchschnittlich um 100 Prozent nach oben. In den 90 Tagen nach dem „fly-in" stiegen die Umsätze in einigen Märkten um 400 Prozent.

Quelle: Entnommen aus William A. Robinson, „The Best Promotions of 1983", Advertising Age, 31. Mai 1984, S. 10-12, abgedruckt mit Erlaubnis. Copyright 1984: Crain Communications Inc.

PUBLICITY

Publicity ist ein weiteres wichtiges Instrument der Massenabsatzförderung.

Publicity ist die nicht-personale Anregung der Nachfrage für ein Produkt, eine Dienstleistung oder einen Geschäftsbereich durch Lancierung wirtschaftlich bedeutsamer Neuigkeiten darüber in einem veröffentlichten Medium oder eine günstige Präsentation im Radio, Fernsehen oder auf der Bühne, die nicht seitens des Auftraggebers bezahlt worden ist.

Die Ergebnisse der Publicity können mitunter recht aufsehenerregend sein. Betrachtet sei hierzu der Fall der Cabbage Patch-Puppen:

Publicity trug entscheidend dazu bei, die Cabbage-Patch-Puppen der Firma Coleco zur Sensation der Weihnachtssaison 1983 zu machen. Die Puppen wurden in aller Form anläßlich einer Pressekonferenz in Boston eingeführt, bei der Schülerinnen der örtlichen Schulen für die Presse die Zeremonie einer Massenadoption veranstalteten. Dank Coleco's Publicityaktivitäten empfahlen Kinderpsychologen öffentlich die Cabbage-Patch-Kids, und Dr. Joyce Brothers sowie andere Zeitungskolumnisten verkündeten öffentlich, daß diese Puppen sinnvolles Spielzeug seien. Bedeutende Frauenzeitschriften stellten die Puppen als ideales Weihnachtsgeschenk heraus, und nach einer 5-Minuten-Sendung in der Tagesschau machten die Puppen eine komplette Talk-Show-Rundreise. Marketer anderer Produkte benutzten die schwierig zu beschaffenden Cabbage Patch-Puppen als Prämien und Einzelhändler verwendeten sie, um Kunden in ihre Läden zu locken. Die Nachricht verbreitete sich rasch und jedes Kind mußte unbedingt eine haben. Am Thanksgiving-Tag waren die Puppen ausverkauft und die große „Cabbage Patch-Panik" brach aus.[27]

Publicity wird eingesetzt, um Produkte, Personen, Orte, Ideen, Aktivitäten und sogar Einstellungen zu Völkern zu fördern. Fachverbände haben sich der Publicity bedient, um das Interesse für rückläufige Produkte wie Eier, Milch und Kartoffeln wieder zu

Der große Ansturm auf die „Cabbage Patch" Puppen. Abgedruckt mit freundlicher Genehmigung der Firma Coleco.

beleben. Organisationen haben von Publicity Gebrauch gemacht, um Aufmerksamkeit zu gewinnen oder ein schlechtes Image zu verbessern. Nationen haben sich bemüht, mit Hilfe der Publicity mehr Touristen, ausländisches Kapital und internationale Unterstützung zu gewinnen.

Publicity ist Teil einer umfassenden Konzeption, der Öffentlichkeitsarbeit bzw. **Public Relations.** Die Öffentlichkeitsarbeit eines Unternehmens verfolgt mehrere Ziele. Sie versucht, eine günstige Publicity für das Unternehmen zu erhalten, ein gutes Unternehmensimage aufzubauen und aufkommende ungünstige Gerüchte sowie Erzählungen rechtzeitig in den Griff zu bekommen. Public Relations-Abteilungen bedienen sich für die Verfolgung dieses Ziels zahlreicher Instrumente:[28]

- *Pressebeziehungen:* Die Unterbringung von Informationen mit Neuigkeitswert in Nachrichtenmedien, um die Aufmerksamkeit für eine Person, ein Produkt oder eine Dienstleistung zu gewinnen.
- *Produktpublicity:* Öffentliche Bekanntmachung besonderer Produkte.
- *Unternehmenskommunikation:* Gestaltung interner und externer Kommunikationsbeziehungen, um das Verständnis für die Institution zu fördern.

- *Intressenvertretung (Lobbying):* Verhandlungen mit Gesetzgebern und Regierungsbeamten, um Gesetze und Verordnungen zu fördern oder zu verhindern.
- *Beratung (Counseling):* Beratung des Managements bezüglich öffentlicher Angelegenheiten sowie hinsichtlich Unternehmenspositionen und -image.

Für gewöhnlich trifft man die Publicity-Experten in der Public Relations-Abteilung eines Unternehmens an. Die Public Relations-Abteilung hat generell ihren Sitz in der Hauptverwaltung des Unternehmens. Ihre Mitarbeiter sind zeitlich so intensiv mit der Pflege von Beziehungen zu verschiedenen Gruppen befaßt – Aktionäre, Beschäftigte, Gesetzgeber, Beamte der Stadtverwaltung –, daß sie möglicherweise die Unterstützung der produktbezogenen Marketingziele vernachlässigen. Ein Lösungsansatz besteht darin, einen Publicity-Spezialisten in die Marketingabteilung zu integrieren. Wegen der begrenzten Nutzung ihrer Möglichkeiten und wegen ihres weitläufigen Betätigungsfeldes wird Publicity oft als ein Stiefkind des Marketing beschrieben. Publicity kann jedoch einen starken Einfluß auf das Bewußtsein der Öffentlichkeit nehmen, und das zu wesentlich niedrigeren Kosten als die Werbung. Das Unternehmen zahlt nicht für den Platz und die Zeit in den Medien. Es bezahlt die Mitarbeiter, die die Nachrichten entwerfen und in Umlauf setzen. Wenn es dem Unternehmen gelingt, eine interessante Story zu entwickeln, ist es möglich, daß sie von allen Medien aufgegriffen wird. Das hat die gleiche Wirkung wie Werbung, die Millionen kostet. Darüber hinaus wirkt diese Art der Information wesentlich glaubwürdiger als Werbung.

Bezüglich der Entscheidungsfindung, wann und wie von Produkt-Publicity Gebrauch gemacht werden sollte, ist es erforderlich, daß das Management Publicity-Ziele festlegt, Publicity-Botschaften und -Übermittler auswählt, den Publicity-Plan durchführt und die Ergebnisse auswertet.

Festlegung der Publicity-Ziele

Die erste Aufgabe besteht darin, Ziele für die Publicity festzulegen. Vor einigen Jahren beauftragten die Wine Growers of California (Weinbauern von Kalifornien) eine Public-Relations-Agentur, ein Publicity-Programm zu entwerfen, um die Verfolgung von zwei Marketing-Zielen zu unterstützen:

1. die Amerikaner zu überzeugen, daß Wein trinken eine angenehmer Teil des guten Lebens ist und
2. das Image und den Marktanteil kalifornischer Weine zu erhöhen.

Aus dieser Aufgabenstellung wurden die Publicity-Ziele abgeleitet:
- Zeitschriftenberichte über Weine zu entwerfen und diese in Top-Magazinen (Time, House Beautiful) und in Zeitungen (Nahrungsmittelkolumnen, Nachrichtenteil) unterzubringen,
- Berichte über die gesundheitsfördernde Wirkung des Weins zu verfassen und diese Medizinern zukommen zu lassen und
- besondere Publicity-Programme für junge Erwachsene zu konzipieren sowie für College-Märkte, Behörden und verschiedene ethnische Gemeinschaften.

Diese Globalziele wurden in bestimmte Ergebnisziele umgesetzt, sodaß die Resultate nach Abschluß der Kampagne bewertet werden konnten.

Auswahl der Publicity-Botschaft und Ausdrucksmittel

Als nächstes hat die Organisation interessante Geschichten zu erfinden, die über das Produkt erzählen. Angenommen, ein wenig bekanntes College wünscht mehr öffentliche Anerkennung. Es wird nach möglichen Stories Ausschau halten. Haben beispielsweise einige der Fakultätsmitglieder eine ungewöhnliche Herkunft oder arbeiten einige von ihnen an ungewöhnlichen Projekten? Sind irgendwelche interessante neue Vorlesungen gehalten worden oder finden irgendwelche interessanten Ereignisse auf dem Universitätsgelände statt? Diese Suche wird Hunderte von Geschichten zutage fördern, die für die Presse aufbereitet werden können. Die ausgewählten Geschichten sollten das vom College angestrebte Image widerspiegeln.

Falls es nicht genug Geschichten gibt, kann das College interessante Veranstaltungen unterstützen. In diesem Falle werden von der Organisation Neuigkeiten geschaffen statt gefunden. Als Möglichkeiten hierfür bieten sich die Veranstaltung wichtiger akademische Tagungen, die Einladung bekannter Redner sowie das Abhalten von Pressekonferenzen an. Jedes Ereignis liefert viele Geschichten für viele unterschiedliche Zielgruppen.

Das Kreieren neuer Ereignisse ist für die Bekanntmachung finanzieller Sammelaktionen für Nonprofit-Organisationen von großer Bedeutung. Spendenbeschaffer haben immer schon besondere Ereignisse geschaffen, wie z. B. Kunstausstellungen, Auktionen, Wohltätigkeitsveranstaltungen, Gewinnspiele, Bücherverkauf, Kuchenverkauf, Wettbewerbe, Tanzdarbietungen, Abendessen, Jahrmärkte, Modeschauen, Wohltätigkeitsbasare, Reisen und „walkathons"*. Kaum ist ein neues Ereignis kreiert worden, wie z. B.

* Anmerkung: Bei „walkathons" geht es darum, eine größtmögliche Strecke zu Fuß zurückzulegen. Analoges gilt für „readathons", „bikeathons" und „jogathons".

walkathons, warten die Wettbewerber mit neuen Versionen auf, wie z. B. readathons, bikeathons und jogathons.

Durchführung des Publicity-Plans

Die Durchführung von Publicity-Maßnahmen erfordert Sorgfalt. Greifen wir z. B. die Angelegenheit, Berichte in Medien unterzubringen, heraus. Eine bedeutende Geschichte ist leicht unterzubringen. Die meisten Geschichten sind jedoch nicht bedeutend und es ist schwierig, vielbeschäftigte Redakteure dafür zu interessieren. Einer der wichtigsten Aktivposten von Publicity-Experten sind deren persönliche Beziehungen zu Redakteuren von Medien. Oft handelt es sich bei ihnen um ehemalige Journalisten, die viele Redakteure kennen und wissen, was diese wollen. Publicity-Spezialisten betrachten Redakteure wie einen Markt, den es zu befriedigen gilt, damit diese weiterhin von ihren Berichten Gebrauch machen.

Bewertung der Publicity-Ergebnisse

Der Erfolgsbeitrag der Publicity ist schwer zu bemessen, weil sie generell in Verbindung mit anderen Absatzförderungsinstrumenten eingesetzt wird und ihre Wirkung indirekt erfolgt. Falls sie eingesetzt wird, bevor die anderen Instrumente in Aktion treten, ist ihr Erfolgsbeitrag leichter zu bewerten.

Die Wirksamkeit der Publicity ist am leichtesten an Hand der Zahl von Veröffentlichungen in den Medien zu messen. Publicity-Experten übergeben ihren Klienten eine Mappe mit Presseausschnitten („clippings book"), die alle Medien aufzeigt, die Berichte über das Produkt veröffentlicht haben, sowie eine Zusammenfassung wie die folgende:

> *Die Medienberichterstattung umfaßte eine Länge von 3500 einspaltige Inches (das sind knapp neun Kilometer), bestehend aus Nachrichten und Bildern, in 350 Publikationen mit einer Auflage von insgesamt 79,4 Millionen Exemplaren; 2500 Minuten Sendezeit, in 290 Rundfunksendern mit einer geschätzten Hörerzahl von 65 Millionen sowie 660 Minuten Sendezeit bei 160 Fernsehsendern mit einem geschätzten Publikum von 91 Millionen. Falls diese Sendezeit und Berichterstattung zu Werbetarifen eingekauft worden wäre, hätten dafür 1,047.000 Dollar aufgewendet werden müssen.*[29]

Diese Quantifizierung der Veröffentlichungen ist nicht sehr befriedigend. Sie enthält keine Aussagen darüber, wie viele Personen die Botschaft tatsächlich gelesen oder gehört haben, und was sie nachher darüber gedacht haben. Sie gibt auch keine Auskunft über das konkret erfaßte Publikum, da sich die Medien bezüglich ihrer Leserkreise teilweise überlappen.

Eine sinnvollere Erfassungsmöglichkeit sind Veränderungen bezüglich Produktwahrnehmung, Produktkenntnis und Einstellungen, die aus der Publicity-Kampagne resultieren. Diese Methode erfordert eine Messung der Beurteilungskriterien vor und nach der Kampagne. So erfuhr beispielsweise der Potato Board (Verband der Kartoffelerzeuger), daß die Anzahl der Personen, die der Aussage „Kartoffeln sind reich an Vitaminen und Mineralien" zustimmten, von 36 Prozent vor der Kampagne auf 67 Prozent nach deren Durchführung gestiegen war, was eine erhebliche Zunahme der Produktkenntnis bedeutet.

Die Auswirkungen auf die Umsätze und den Gewinn sind der beste Erfolgsmaßstab, falls Daten darüber erhältlich sind. So sind beispielsweise die Umsätze von „9 Lives" nach Abschluß der Publicity-Kampagne „Morris the Cat" um 43 Prozent angestiegen. Allerdings waren auch die Werbe- und Verkaufsförderungsbemühungen verstärkt worden, so daß deren Beitrag bei dieser Betrachtung ebenfalls zu berücksichtigen ist.

ZUSAMMENFASSUNG

Drei wichtige Instrumente der Massen-Absatzförderung sind Werbung, Verkaufsförderung und Publicity. Sie sind Instrumente des Massen-Marketing im Gegensatz zum persönlichen Verkauf, der auf bestimmte Kunden abzielt.

Werbung – der Einsatz bezahlter Medien durch einen Anbieter, um über seine Produkte oder Organisation zu informieren sowie Abnehmer davon zu überzeugen oder daran zu erinnern – ist ein starkes Absatzförderungsinstrument. Amerikanische Marketer geben jedes Jahr mehr als 88 Milliarden Dollar für Werbung aus, die in vielen Formen anzutreffen ist – überregionale, regionale, lokale Werbung; ferner Konsumenten- und Investitionsgüterwerbung sowie Einzelhandels-Werbung; Produkt- und Marken-Werbung sowie Werbung für Institutionen. Der Werbeentscheidungsprozeß besteht aus fünf Stufen: Ziele festlegen, ein Budget beschließen, eine Werbebotschaft entwickeln, Medien auswählen und die Ergebnisse auswerten. Werbende sollten sich darüber im klaren sein, ob die Werbung bestimmt ist, Käufer zu informieren, zu überzeugen oder zu erinnern. Die Höhe des Werbebudgets kann danach festgelegt werden, was man „sich leisten kann", oder in einem Prozentsatz vom Umsatz, es kann sich an den Wettbewerbsausgaben orientieren oder aber an Zielen und Aufgaben. Die Botschaftsentscheidung erfordert die Gestaltung der Botschaft, deren Bewertung sowie die wirksame Ausführung. Die Medienentscheidung erfordert die Festlegung von Reichweite, Frequenz und Wirkungszielen; die Auswahl der wichtigsten Medienarten; die Auswahl der Werbeträger sowie einen Zeitplan für die Durchführung. Schließlich erfordert die Bewertung die Messung der Kommunikations- und Umsatzwirkung der Werbung vor, während und nach der Durchführung der Werbung.

Verkaufsförderung umfaßt eine breite Auswahl kurzfristig wirkender Anreizinstrumente – Gutscheine, Prämien, Wettbewerbe, Kaufnachlässe –, die zwecks Anregung der Konsumenten, des Handels und des unternehmenseigenen Verkaufsaußendienstes entwickelt werden. In den letzten Jahren sind die Ausgaben für die Verkaufsförderung schneller gestiegen als die Werbeaufwendungen. Verkaufsförderung erfordert die Festlegung von Verkaufsförderungszielen, die Auswahl geeigneter Instrumente sowie die Entwicklung, Erprobung und Durchführung des Verkaufsförderungsprogrammes und schließlich die Auswertung der Ergebnisse.

Publicity – sie umfaßt die Sicherstellung kostenlosen redaktionellen Raumes oder kostenloser Sendezeit – ist das am wenigsten eingesetzte der wichtigsten Absatzförderungsinstrumente, obwohl es über ein großes Potential zum Aufbau von Wahrnehmung und zur Schaffung von Präferenzen verfügt. Publicity umfaßt die Festlegung von Publicity-Zielen, die Auswahl von Publicity-Botschaften und Übermittlern, die Durchführung des Publicity-Planes sowie die Bewertung der Publicity-Ergebnisse.

DISKUSSIONSFRAGEN

1. Erläutern Sie die drei möglichen Ziele der Werbung.
2. Zählen Sie die Vor- und Nachteile von jedem der „neuen Medien" auf und erläutern Sie, wann welches am besten eingesetzt werden kann. Welche anderen neuen Medien könnten in den nächsten 15 Jahren auftreten?
3. Wie könnte die Firma Burger King feststellen, ob ihre letzte überregionale Werbekampagne ein Erfolg war?
4. Die für die Öffentlichkeitsarbeit Verantwortlichen müssen sich nicht mit Werbeentscheidungen befassen. Kommentieren Sie diese Aussage.
5. Unterscheiden Sie zwischen Absatzförderung auf Konsumenten- und auf Handelsebene.
6. Zahlreiche Unternehmen hatten sich in den letzten Jahren mit negativen Gerüchten über ihre Produkte auseinanderzusetzen – in K mart-Mänteln aus Taiwan wären giftige Schlangen eingenistet, in Mc-Donalds Hamburger-Fleisch befänden sich Würmer, Pop Rocks-Bonbons brächten den Magen zum Platzen, in Bubble Yum wären Spinneneier. Wie können Unternehmen unter Einsatz von Public Relations und Werbung am besten mit diesen Gerüchten fertigwerden?
7. Kommentieren Sie folgende Aussage: Publicity ist ein Teil des umfassenderen Public-Relations-Konzeptes.
8. Beschreiben Sie, wie Sie eine Werbekampagne für die amerikanische Krebshilfegesellschaft konzipieren würden?

SCHLÜSSELBEGRIFFE

Werbung *(Advertising).* Jede bezahlte Form nicht-personaler Präsentation und Förderung von Ideen, Waren oder Dienstleistung durch einen identifizierten Auftraggeber.

Vergleichende Werbung *(Comparison advertising).* Werbung, die eine Marke direkt oder indirekt mit einer oder mehreren anderen Marken vergleicht.

Absatzförderung auf Konsumentenebene *(Consumer promotion).* Verkaufsförderung, die entwickelt wurde, um die Kaufbereitschaft der

Konsumenten anzuregen; dazu gehören Proben, Gutscheine, Preisnachlässe, Wettbewerbe, Rabattmarken und Vorführungen.

Kontinuität *(Continuity)*. Die zeitlich gleichmäßige Verteilung von Anzeigen innerhalb einer bestimmten Periode.

Copy Testing. Die Messung der Kommunikationswirkung einer Anzeige, bevor oder nachdem diese gedruckt oder gesendet worden ist.

Häufigkeit *(Frequency)*. Das Maß dafür, wie oft die Durchschnittsperson im Zielmarkt von der Botschaft erreicht wird.

Public Relations. Aktivitäten des Unternehmens, die darauf abzielen, eine günstige Publicity für das Unternehmen zu erhalten, ein gutes Unternehmensimage aufzubauen und aufkommende ungünstige Gerüchte und Erzählungen in den Griff zu bekommen.

Publicity. Nicht-personale Anregung der Nachfrage für ein Produkt, eine Dienstleistung oder einen Geschäftsbereich durch Lancierung wirtschaftlich bedeutsamer Neuigkeiten darüber in einem veröffentlichten Medium oder durch eine günstige Präsentation im Radio, Fernsehen oder auf der Bühne, die nicht seitens des Auftraggebers bezahlt worden ist.

Phasenwerbung *(Pulsing)*. Die zeitliche ungleichmäßige – schwerpunktartige – Verteilung von Anzeigen innerhalb einer bestimmten Periode.

Reichweite *(Reach)*. Die Anzahl von Personen, die in dem Zielmarkt von der Werbekampagne während einer bestimmten Zeiteinheit erreicht worden sind.

Verkaufsförderung *(Sales promotion)*. Kurzfristig wirkende Anreize, um den Kauf oder Verkauf eines Produktes oder einer Dienstleistung anzuregen.

Verkaufsförderung auf der Ebene des Verkaufsaußendienstes *(Salesforce promotion)*. Verkaufsförderung, die entwickelt wurde, um den Außendienst zu motivieren sowie dessen Verkaufsanstrengungen wirksamer zu gestalten; sie umfaßt Prämien, Wettbewerbe und Verkaufsrallies.

Verkaufsförderung auf Handelsebene *(Trade promotion)*. Verkaufsförderung, die entwickelt wurde, um die Unterstützung der Wiederverkäufer zu erlangen sowie die Verkaufsanstrengungen der Wiederverkäufer zu verbessern; sie umfaßt Rabatte, Drauf- und Dreingaben, Gemeinschaftswerbung, Verkaufsprämien sowie Verkaufswettbewerbe.

FUSSNOTEN

1. Diese Ausführungen stützen sich auf die Jahresberichte von PepsiCo; den Sonderband von Advertising Age über die „top 100 advertisers“, 26. September 1985; John J. O'Connor, „New Pepsi Ads Turn to Humor“, Advertising Age, 27. Februar 1984, S. 1; Nancy Giges, „Soft-Drink Marketing: It's All Showmanship“, Advertising Age, 12. März 1984, S. 3; „No More Aftertaste,“ Barron's, 28. Mai 1984, S. 35 f.; Judann Dagnoli, „Pepsi, Jackson Start Relationship“, Advertising Age, 12. Mai 1986, S. 6; und andere Quellen.
2. Statistische Daten hierzu sind enthalten in der Sonderausgabe von Advertising Age über die 100 führenden werbetreibenden Firmen in den USA, 4. September 1986.
3. Vgl. hierzu William L. Wilke and Paul W. Farris, „Comparison Advertising: Problem and Potential“, Journal of Marketing, Oktober 1975, S. 7-15; und Nancy Giges, „Comparison Ads: Battles

That Wrote Dos and Don'ts", Advertising Age, 19. September 1980, S. 59-64.

4. Vgl. hierzu Russel L. Ackoff und James R. Emshoff, „Advertising Research at Anheuser-Busch, Inc. (1963-68)", Sloan Management Review, Winter 1975, S. 1-15.
5. Dik Warren Twedt, „How to Plan New Products, Improve Old Ones, and Create Better Advertising", Journal of Marketing, Januar 1969, S. 53-57.
6. Vgl. hierzu „Ad Quality Good, Believability Low", Advertising Age, 31. Mai 1984, S. 3.
7. Vgl. hierzu William A. Mindak und H. Malcolm Bybee, „Marketing's Application to Fund Raising", Journal of Marketing, Juli 1971, S. 13-18.
8. L. Greenland, „Is This the Era of Positioning?" Advertising Age, 19. Mai 1972.
9. Bezüglich weiterer Ausführungen hierzu wird verwiesen auf David Ogilvy und Joel Raphaelson, „Research on Advertising Techniques That Work – and Don't Work", Harvard Business Review, Juli/August 1982, S. 14-18.
10. Judann Dagnoli, „Spots' Production Costs Sour to New Pique", Advertising Age, 27. Januar 1986, S. 92.
11. Philip H. Dougherty, „Bud 'Pulses' the Market", New York Times, 18. Februar 1975, S. 40.
12. Vgl. hierzu Robert D. Buzzell, „E. I. Du Pont de Nemours & Co.: Measurement of Effects of Advertising", in seinem Werk Mathematical Models and Marketing Management (Boston: Division of Research, Graduate School of Business Administration, Harvard University, 1964), S. 157-79.
13. Bezüglich weiterer Quellen über gesetzliche Aspekte der Werbung und Verkaufsförderung wird verwiesen auf Louis W. Stern und Thomas L. Eovaldi, Legal Aspects of Marketing Strategy (Englewood Cliffs, NJ: Prentice-Hall, 1984), Kapitel 7 und 8.
14. Leon Strazewski, „Jostling for Consumers' and Marketers' Attention", Advertising Age, 6. Februar 1986.
15. Vgl. hierzu Roger Strang, Robert M. Prentice und Alden G. Clayton, The Relationship Between Advertising and Promotion in Brand Strategy (Cambridge, MA: Marketing Science Institute, 1975), Kap. 5.
16. Die meisten Definitionen dieses Abschnittes wurden entnommen von John F. Luck und William Lee Siegler, Sales Promotion and Modern Merchandising (New York: McGraw-Hill, 1968).
17. Eileen Norris, „Curtis Samples Success in Small Packets", Advertising Age, 28. November 1983, S. M36.
18. Otto Kleppner, Thomas Russel und Glen Verrill, Advertising Procedure (Englewood Cliffs, NJ: Prentice-Hall, 1986), S. 341.
19.. Betsy Gilbert, „Retailers Stamp Out Loyalty Problems", Advertising Age, 10. Mai 1984, S. M34.
20. „Pepsi Tops Honor Role of 1983's Best Point-of-Purchase Displays", Marketing News, 27. April 1984, S. 14-15.
21. Bezüglich weiterer Literatur über Verkaufsförderung auf Handelsebene wird verwiesen auf John A. Quelch, „It's Time to Make Trade Promotion More Effective", Harvard Business Review, Mai/Juni 1983, S. 130-36.
22. Vgl. hierzu Suzette Cavanaugh, „Setting Objectives and Evaluating the Effectiveness of Trade Show Exhibits", Journal of Marketing, Oktober 1976, S. 100-5.
23. Arthur Stern, „Measuring the Effectivenes of Package Goods Promotion Strategies" (paper presented to the Association of National Advertisers, Glen Cove, Februar 1978).
24. Roger A. Strang, „Sales Promotion – Fast Growth, Faulty Management", Harvard Business Review, Juli/August 1976, S. 119.

25. Russel D. Bowman, „Merchandising and Promotion Grow Big in Marketing World“, Advertising Age, Dezember 1974, S. 21.

26. Strang, „Sales Promotion“, S. 120.

27. Vgl. hierzu Lynn Langway, „Harvesting the Cabbage“, Newsweek, 12. Dezember 1983, S. 81-85.

28. Übernommen von Scott M. Cutlip und Allen H. Center, Effective Public Relations (3. Ausgabe) (Englewood Cliffs, NJ: Prentice-Hall, 1964), S. 10-14.

29. Arthur M. Merims, „Marketing's Stepchild: Product Publicity“, Harvard Business Review, November/Dezember 1972, S. 111-12.

1. Oktober:
Republic Airlines gibt bekannt, daß die Firma sechs 757 kaufen wird. Preis: 240 Millionen Dollar.

Keine schlechten Ergebnisse für die Arbeit einiger Wochen! Derartige Ergebnisse darf man allerdings von einem Unternehmen mit einem Anteil von 55 Prozent am kommerziellen Flugzeugmarkt erwarten, von einem Unternehmen, dessen durchschnittliche Auftragsgröße 34,9 Millionen Dollar beträgt und dessen Hartnäckigkeit, mit der es Verkaufsabschlüsse zu erzielen versucht, als quälend bezeichnet wurde. Bei diesem Unternehmen handelt es sich um die Firma Boeing, den 13,6 Millarden Dollar Flugzeuggiganten. In einem Bereich, in dem große Umsätze nichts Ungewöhnliches sind, errang die Firma Boeing allgemeine Aufmerksamkeit, als sie innerhalb von sechs Wochen Aufträge im Wert von 6,23 Milliarden Dollar erhielt.

Ein großer Teil der Verantwortung für die Vermarktung von Boeing-Flugzeugen liegt auf den Schultern des unternehmenseigenen Außendienstes. In gewisser Hinsicht unterscheidet sich das Verkaufen von Flugzeugen vom Verkauf von anderen Investitionsgütern. In den ganzen USA gibt es nur ungefähr 55 potentielle Kunden; darüber hinaus gibt es nur drei wichtige Konkurrenten (Boeing, Douglas und Air-Bus), und das Hightech-Produkt ist besonders komplex und herausfordernd. In manch anderer Hinsicht jedoch ähnelt der Verkauf von Flugzeugen dem von anderen Investitionsgütern. Die Verkäufer erfassen Bedürfnisse, demonstrieren, wie ihr Produkt diese Bedürfnisse erfüllt, versuchen den Verkauf abzuschließen und kümmern sich auch nach dem Verkaufsabschluß um die Belange des Kunden.

Um Bedürfnisse zu erfassen, werden Boeing-Verkäufer zu Experten für die Fluglinien, für die sie verantwortlich sind, ähnlich wie Wallstreet-Analysten. Sie finden heraus, wohin sich jede Fluggesellschaft zu entwickeln wünscht, wenn sie ihre Flugzeuge zu erneuern beabsichtigt, und wie ihre finanzielle Situation ist. Auf der Grundlage dieser Informationen finden die Verkäufer Wege, diese Kundenbedürfnisse zu befriedigen. Sie vergleichen durch Computersysteme Boeing mit konkurrierenden Flugzeugen, simulieren die Strecken der Fluggesellschaft, die Kosten pro Sitzplatz und andere Faktoren, um zu zeigen, wie effizient ihre Flugzeuge sind. Darüber hinaus ziehen sie Finanz-, Planungs- und technische Experten hinzu, um alle denkbaren Fragen zu beantworten.

Dann beginnen die Verhandlungen. Vereinbarungen werden geschlossen, Nachlässe werden vereinbart, Ausbildungsprogramme werden offeriert – mitunter werden Top-Manager der Fluggesellschaft und von Boeing zu den Verhandlungen hinzugezogen, um den Verkauf abzuschließen. Der Verkaufsprozeß ist nervenaufreibend langsam. Vom Tag der ersten Präsentation durch den Verkäufer bis zu dem Tag, an dem der Verkauf verkündet wird, können zwei oder drei Jahre vergehen. Darüber hinaus muß der Verkäufer nach Erlangung des Auftrages fast ständig mit dem Kunden in Kontakt bleiben, um sich über dessen Ausstattungswünsche auf dem laufenden zu halten und sicherzustellen, daß der Kunde zufrieden bleibt. Der Erfolg ist vom Aufbau fester langfristiger Beziehungen zu Kunden abhängig, die auf Leistung und Vertrauen basieren. Einem Analytiker zufolge sind die Verkäufer von Boeing „das Medium, durch das Informationen erlangt und Kontakte geschlossen werden, die die Voraussetzungen für alle weiteren Ereignisse bilden".

Die Verkaufsorganisation der Firma Boeing besteht aus erfahrenen Verkäufern, die sich einer konservativen, geradlinigen Verkaufsmethode bedienen. Sie sind höflich und gut informiert, und sie ziehen es vor, auf der Grundlage von Tatsachen und logischen Argumenten zu verkaufen, statt durch Übertreibungen und Versprechungen. In der Tat tendieren sie eher zum Untertreiben als zum Übertreiben der Produktvorteile. Beispielsweise bemerkte ein Autor, daß „sie stets die Treibstoffeffizienz unterschätzen. Sie werden sagen, daß die Treibstoffeinsparungen fünf Prozent betragen, dabei sind es tatsächlich acht." So kann ein Kunde, der an ein Einkaufsvolumen von zwei Milliarden denkt, sicher sein, daß die Produkte der Firma Boeing nach dem Kauf seinen Erwartungen entsprechen werden.

Die Verkäufer der Firma Boeing haben einen Vorsprung gegenüber dem Wettbewerb. Sie haben eine breite Auswahl ausgezeichneter Produkte zu verkaufen, und die Größe des Unternehmens sowie seine Reputation helfen ihnen, Aufträge zu erlangen. Die Verkäufer sind stolz darauf, daß sie Boeing-Flugzeuge verkaufen. Und ihr Stolz bewirkt ein Erfolgsbewußtsein. Die Verkaufshaltung der Firma Boeing wird wahrscheinlich am besten durch eine Feststellung des Marketing-Kommunikationsdirektors des Unternehmens zusammengefaßt: „Der Volksmund sagt, daß Boeing der Mercedes der Flugzeugbranche ist. Wir denken, daß es umgekehrt ist. Wir glauben, daß der Mercedes die Boeing der Autobranche ist."[1]

Robert Louis Stevenson hat gesagt, daß „jedermann davon lebt, irgendetwas zu verkaufen". Verkaufsaußendienstmitarbeiter sind sowohl in Nonprofit- als auch in Profit-Organisationen anzutreffen. Die sogenannten „recruiters" eines Colleges sind dessen Verkaufsaußendienst, um Studenten zu gewinnen. Religionsgemeinschaften bilden Mitgliedschafts-Komitees, um neue Mitglieder zu gewinnen. Der US Agricultural Extension Service schickt Agrarexperten hinaus, um Farmern neue Anbaumethoden „zu verkaufen". Krankenhäuser und Museen schalten Mittelbeschaffer ein, um Spender zu kontaktieren und Geld zu beschaffen.

Die Personen, die mit der Aufgabe des Verkaufens befaßt sind, tragen die verschiedensten Berufsbezeichnungen: Verkäufer, Verkaufsrepräsentanten, Kundenbetreuuer, Verkaufsberater, Verkaufsingenieure, Außendienstmitarbeiter, Verkaufsbeauftragte, Bezirksmanager und Marketing Repräsentanten. Verkaufen ist eines der ältesten Gewerbe der Welt (siehe Beispiel 17-1).

Über Verkäufer existieren viele Klischee-Vorstellungen. Das Wort Vertreter kann das Bild von Arthur Millers bedauernswertem Willy Loman aus „Der Tod eines Handlungsreisenden" hervorrufen, oder von Meredith Wilsons zigarrenrauchendem, schlagfertigem, Witze erzählendem Harold Hill aus „The Music Man". Verkäufer werden üblicherweise als Menschen dargestellt, die die Geselligkeit lieben, obwohl viele Vertreter in Wirklichkeit eine Abneigung dagegen haben. Sie werden beschuldigt, Leuten Waren aufzudrängen – obwohl die Initiative oft von Käufern ausgeht und diese nach Verkäufern suchen.

Der Ausdruck **Verkäufer** umfaßt in der Tat eine Vielzahl von Positionen, deren Unterschiede oft größer sind als ihre Gemeinsamkeiten. McMurry bietet folgende Klassifizierung für Verkaufspositionen an:

- Positionen, bei denen die Aufgabe des Verkäufers hauptsächlich darin besteht, das Produkt zu liefern – Milch, Brot, Benzin Heizöl.
- Positionen, bei denen der Verkäufer überwiegend ein innerbetrieblicher Auftragsempfänger ist – die Verkäufer, die im Warenhaus hinter dem Ladentisch stehen.
- Positionen, bei denen der Verkäufer ebenfalls in erster Linie Aufträge entgegennimmt, aber im Außendienst arbeitet – Vertreter einer Konservenfabrik, für Seife oder Gewürze.
- Positionen, bei denen es vom Verkäufer nicht erwartet wird oder es ihm nicht gestattet ist, einen Auftrag entgegenzunehmen, sondern bei denen seine Aufgabe darin besteht, lediglich einen guten Ruf für das Unternehmen aufzubauen oder Käufer zu informieren – z. B. der „Ärzteberater" eines Pharma-Unternehmens.
- Positionen, bei denen das Hauptgewicht auf technische Kenntnisse gelegt wird – der Verkaufsingenieur, der hauptsächlich als Berater der Kundenunternehmen tätig ist.
- Positionen, die ein kreatives Verkaufen gegenständlicher Produkte erfordern – zu denken ist an Vertreter, die Staubsauger, Kühlschränke und Enzyklopädien verkaufen.
- Positionen, die ein kreatives Verkaufen nicht-gegenständlicher Produkte erfordern – Versicherungen, Dienstleistungen von Werbeagenturen oder Ausbildungen.[2]

BEISPIEL 17-1
Meilensteine in der Geschichte des Verkaufens und der Verkaufskunst

Das Verkaufen geht bis in die frühen Anfänge der Geschichte zurück. Paul Hermann beschreibt den Musterkoffer eines reisenden Verkäufers aus der Bronzezeit: „... eine solide Holzkiste, 26 Inches (ca. 66 cm) lang, eingeteilt in Spezialfächer mit verschiedenen Arten von Äxten, Schwertklingen, Knöpfen usw.“. Frühere Verkäufer und Händler waren nicht sehr angesehen. Das römische Wort für Verkäufer bedeutet Schwindler, und Merkur, der Gott der List und des Tausches, wurde als Schutzpatron der Händler und Kaufleute angesehen.

Das Kaufen und Verkaufen von Waren florierte über Jahrhunderte hinweg und konzentrierte sich auf Städte mit Marktplätzen. Reisende Hausierer brachten die Waren in die Häuser von potentiellen Kunden, die nicht in der Lage waren, sich in die Marktstädte zu begeben.

Die ersten Verkäufer in den USA waren Yankee-Hausierer, die in Rucksäcken Kleidung, Gewürze, Haushaltswaren und Kurzwaren von den Produktionsstätten an der Ostküste zu Siedlern in den westlichen Grenzgebieten trugen. Die Rucksack-Hausierer handelten auch mit Indianern, tauschten Messer, Gewehre und Schmuck gegen Pelze. Viele Händler wurden schließlich als listige, gewissenlose Schwindler angesehen, die nicht zweimal darüber nachdachten, Sand mit Zucker, Staub mit Pfeffer und Chicory mit Kaffee zu vermischen. Sie verkauften oft gefärbtes Zuckerwasser als Medizin, die garantiert alle Arten von Krankheiten heilt.

Am Anfang des 19. Jahrhunderts begannen einige der Hausierer Pferdewagen zu benutzen und sich mit schwereren Waren wie Möbel, Wanduhren, Geschirr, Waffen und Munition einzudecken. Einige dieser Wagenhausierer ließen sich in Grenzdörfern nieder und eröffneten die ersten Gemischtwarenläden und Handelsstationen.

Die größeren Einzelhändler reisten ein- oder zweimal im Jahr in die nächstgelegene größere Stadt, um ihre Lager aufzufüllen. Schließlich beschäftigten Großhändler und Hersteller Personen zum Begrüßen (Greeters) oder Trommler, die Ausschau halten und Einzelhändler dazu einladen sollten, die Auslagen ihrer Arbeitgeber zu besuchen. Die Trommler erwarteten ankommende Züge und Schiffe, um ihre Konkurrenten zu schlagen. Zur rechten Zeit reisten die Trommler zu den Geschäftsplätzen der Kunden. Vor 1860 gab es weniger als 1.000 reisende Verkäufer. Viele von ihnen waren Kreditwürdigkeits-Prüfer, die auch Aufträge für Waren entgegennahmen. Gegen 1870 gab es 7.000, gegen 1880 waren es 28.000 und um die Jahrhundertwende schließlich 93.000 reisende Verkäufer.

Moderne Verkaufs- und Verkaufs-Management-Techniken wurden von John Henry Patterson (1844 – 1922) verfeinert, der weithin als Vater der modernen Verkaufskunst angesehen wird. Patterson leitete die National Cash Register Company (NCR). Er bat seinen besten Verkäufer, den anderen Verkäufern seine Verkaufstechniken zu demonstrieren. Die beste Verkaufsmethode wurde in einem „Sales Primer“ (Verkaufsfibel) gedruckt und an alle NCR-Verkäufer verteilt, damit sie diesem Beispiel folgten. Das war der Beginn der ersten standardisierten Verkaufsmethode. Darüber hinaus teilte Patterson seinen Verkäufern Exklusiv-Gebiete und Verkaufsquoten zu, um ihre Anstrengungen zu vergrößern. Er hielt laufende Verkaufs-Meetings ab, die sowohl als

Verkaufstrainings-Sitzungen als auch als gesellige Zusammenkünfte dienten. Er sandte seinen Verkäufern regelmäßige Mitteilungen, wie zu verkaufen sei. Einer der jungen Männer, die von Patterson trainiert wurden, war Thomas J. Watson, der später die Firma IBM gründete. Patterson wies anderen Unternehmen den Weg, den Verkaufsaußendienst zu einem wirksamen Werkzeug für den Aufbau von Umsätzen und Gewinnen zu machen.

Quellen: Vom Autor, basierend auf verschiedenen Quellen, verfaßt, einschließlich Paul Hermann, Conquest by Man (New York: Harper & Row, 1954), S. 38; Frederic Russell, Frank Beach und Richard Buskirk, Textbook of Salesmanship (New York: McGraw-Hill, 1969), S. 8–10; Bertrand Canfield, Salesmanship: Practices and Principles (New York: McGraw-Hill, 1950), S. 6; und Thomas und Marva Belden, The Lengthening Shadow (Boston: Little, Brown, 1962), S. 44.

Der Ausdruck Verkäufer deckt eine Reihe von beruflichen Positionen ab, die vom einfachen Ladenverkäufer bis zum Verkaufsingenieur reichen, der die Firmenkunden berät. Robert Goldstein und Joseph Nettis/Photo Researchers.

Die Positionen reichen von den am wenigsten kreativen Verkaufsformen bis zu jenen, die die höchsten kreativen Anforderungen stellen. Die Positionen an der Spitze der Aufstellung umfassen das Bedienen von Kunden sowie die Entgegennahme von Aufträgen, während die Positionen am unteren Ende das Ausfindigmachen von Kunden und die Auftragserlangung erfordern. Wir wollen uns in den folgenden Ausführungen auf die kreativen Formen des Verkaufens konzentrieren sowie auf den Prozeß des Aufbaus und des Führens einer wirksamen Verkaufsorganisation. Wir definieren Verkaufs-Management wie folgt:

Verkaufs-Management ist die Analyse, Planung, Durchführung und Kontrolle von Aktivitäten des Verkaufsaußendienstes. Diese Aufgabenstellung erfordert das Festlegen von Verkaufsaußendienstzielen, die Entwicklung einer Außendienststrategie sowie die Anwerbung, Auswahl, Ausbildung, Überwachung und Bewertung der Verkäufer eines Unternehmens.

Die wichtigsten Entscheidungen des Verkaufs-Managements werden in Abbildung 17-1 dargestellt und in den folgenden Abschnitten erläutert.

ABBILDUNG 17-1
Die wichtigsten Schritte des Verkaufs-Managements

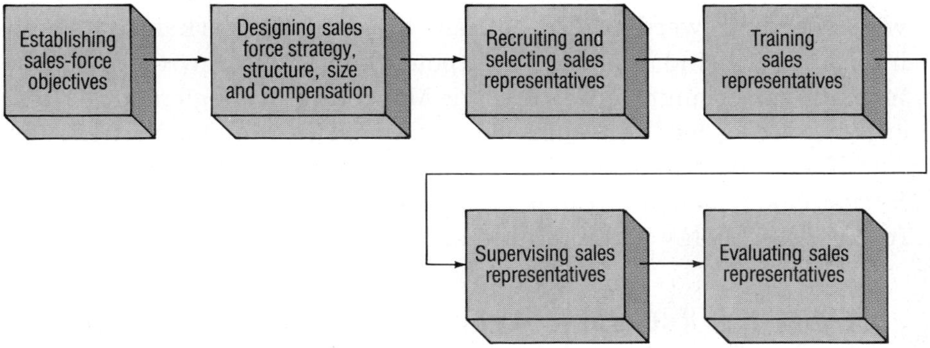

FIGURE 17-1
Major Steps in Salesforce Management

FESTLEGUNG VON ZIELEN FÜR DEN VERKAUFSAUSSENDIENST

Unternehmen setzen ihren Verkaufsmannschaften unterschiedliche Ziele. Die Verkäufer der Firma IBM sind aufgerufen, die Computerausrüstung den Kunden zu verkaufen, zu installieren und aufzurüsten; AT & T-Verkäufer sollten Kunden „aufbauen, an diese verkaufen und sie schützen". Verkäufer erbringen üblicherweise eine oder mehrere von vielen Aufgaben für ihre Unternehmen. Sie finden und entwickeln neue Kunden und verbreiten Informationen über die Produkte und Dienstleistungen des Unternehmens. Sie verkaufen Produkte durch das Anpacken, Darstellen sowie Lösen von Aufgaben und schließen Verkäufe mit Kunden ab. Außendienstmitarbeiter erbringen Serviceleistungen für Kunden, führen Marktforschungsvorhaben durch, übernehmen Aufgaben der Informationsbeschaffung und erstellen Besuchsberichte.

Einige Unternehmen haben klare Vorstellungen bezüglich der Ziele und Aktivitäten ihres Verkaufsaußendienstes. Ein Unternehmen z. B. weist seine Vertreter an, 80 Prozent ihrer Zeit für bestehende Kunden und 20 Prozent für Interessenten aufzuwenden sowie 85 Prozent ihrer Zeit für laufende Produkte und 15 Prozent für neue Artikel.[3] Wenn keine Normen festgelegt werden, tendieren Vertreter dazu, den größten Teil ihrer Zeit für den Verkauf von laufenden Produkten an bestehende Kunden zu verwenden, und vernachlässigen dabei neue Produkte sowie neue Interessenten.

Da Unternehmen sich immer stärker am Markt orientieren, ist es für deren Verkaufsaußendienst ebenfalls erforderlich, marktorientiert zu agieren. Die alte Auffassung lief darauf hinaus, daß die Vertreter sich um die Verkäufe kümmern sollten und das Unternehmen um den Gewinn. Die modernere Ansicht ist die, daß die Verkäufer wissen sollten, wie die Zufriedenheit der Kunden und der Unternehmensgewinn bewirkt werden. Sie sollten wissen, wie Verkaufsdaten zu interpretieren sind, wie das Marktpotential gemessen wird, Marktinformationen erlangt werden und wie Marketing-Strategien und -Pläne entwickelt werden. Verkäufer benötigten darüber hinaus Fertigkeiten für Marketing-Analysen, besonders auf den höheren Ebenen des Verkaufsmanagements. Ein marktorientierter Außendienst wird langfristig wesentlich wirksamer sein als ein verkaufsorientierter.

ENTWICKLUNG DER AUSSENDIENSTSTRATEGIE

Sobald das Unternehmen die Außendienstziele festgelegt hat, ist es in der Lage, sich mit Fragen bezüglich der Außendienststrategie, der Organisationsstruktur, der Größe und Entlohnung des Außendienstes zu befassen.

Außendienststrategie

Das Unternehmen konkurriert mit anderen Wettbewerbern, um Aufträge von Kunden zu erlangen. Es muß seine Strategie auf dem Verständnis des Einkaufsprozesses der Kunden aufbauen. Das Unternehmen kann eine oder mehrere von verschiedenen Verkaufsmethoden benutzen, um seine Kunden zu kontaktieren. Ein Verkäufer kann mit einem Interessenten oder Kunden persönlich oder per Telefon sprechen. Darüber hinaus ist es möglich, daß der Verkäufer eine Verkaufspräsentation vor einer Einkaufsgruppe durchführt. Ein Verkaufsteam, wie z. B. eine Führungskraft des Unternehmens, ein Verkäufer und ein Verkaufsingenieur, können eine Verkaufspräsentation vor einer Einkaufsgruppe durchführen. In einer Verkaufskonferenz bringt ein Verkäufer Personen, die das Leistungspotential des

Unternehmens kennen, mit einem oder mehreren Kunden zusammen, um über Probleme und Möglichkeiten zu diskutieren. Beim Seminarverkauf führt ein Team des Unternehmens ein Ausbildungsseminar für Techniker des Kundenunternehmens über aktuelle technische Entwicklungen durch.

Aus den dargelegten Gründen agiert der Verkäufer oft als „Kundenmanager", der Kontakte zwischen Personen des kaufenden und verkaufenden Unternehmens arrangiert. Verkauf erfordert Teamwork. Verkäufer benötigen die Hilfe anderer Mitarbeiter des Unternehmens einschließlich des Topmanagements, besonders wenn wichtige Verkäufe auf dem Spiele stehen: Techniker, die für den Kundendienst zuständig sind, und Mitarbeiter im Büro, wie z. B. Verkaufssachbearbeiter, Auftragsabwickler und Sekretärinnen.

Struktur des Verkaufsaußendienstes

Das Unternehmen muß des weiteren über die Organisationsstruktur des Außendienstes entscheiden. Das ist einfach, wenn das Unternehmen nur eine Produktlinie in einer Branche mit Kunden in vielen Orten verkauft – in diesem Falle würde das Unternehmen die **gebietsorientierte Außendienststruktur** benutzen. Wenn das Unternehmen viele Produkte an zahlreiche Kundenarten verkauft, könnte es eine **produktorientierte** oder eine **kundenorientierte Außendienststruktur** benötigen. Diese drei Strukturen werden anschließend erläutert.

Gebietsorientierte Verkaufsaußendienst-Struktur

In der einfachsten Verkaufsorganisation erhält jeder Verkäufer ein exklusives Gebiet zugewiesen, in dem er alle Produkte des Unternehmens verkauft. Diese Außendienststruktur hat viele Vorteile. Erstens ist auf diese Weise die Aufgabe des Verkäufers klar festgelegt. Da nur ein Verkäufer in dem Gebiet arbeitet, erhält nur er alles Lob und allen Tadel für die Gebietsumsätze. Zweitens verstärkt die gebietsorientierte Aufbauorganisation den Wunsch des Verkäufer, lokale Geschäftsbeziehungen und persönliche Bindungen aufzubauen. Diese Bindungen verbessern die Verkaufseffizienz des Verkäufers sowie seine persönliche Lebensqualität. Drittens bleibt festzuhalten, daß die Reisekosten niedriger sind, da jeder Verkäufer innerhalb eines kleinen Gebietes reist.

Die gebietsorientierte Verkaufsorganisation wird oft durch zahlreiche Verkaufsmanagement-Ebenen verstärkt. Verschiedene Gebiete werden von einem Bezirksverkaufsleiter geführt, verschiedene Bezirke von einem Regionalverkaufsleiter und verschiedene Regionen von einem nationalen Verkaufsleiter oder einem Verkaufsdirektor.

Produktorientierte Verkaufsaußendienst-Struktur

Verkäufer müssen ihre Produkte kennen, vor allem wenn diese zahlreich, heterogen und komplexer Art sind. Diese Notwendigkeit, verbunden mit dem Trend zum Produkt-Management hat viele Unternehmen veranlaßt, ihre Außendienstorganisationen analog zu den Produktlinien zu strukturieren.

Die produktorientierte Außendienstorganisation kann jedoch zu Problemen führen, wenn viele Produkte des Unternehmens an die gleichen Kunden verkauft werden. So hat beispielsweise die American Hospital Supply Corporation verschiedene Produktbereiche, und jeder verfügt über seinen eigenen Verkaufsaußendienst. Es kann vorkommen, daß verschiedene AHS-Verkäufer am selben Tag dasselbe Krankenhaus besuchen. Das bedeutet, daß sie über die gleiche Strecke angereist sind, und jeder wartet darauf, den Einkäufer des Kunden zu sprechen. Diese zusätzlichen Kosten müssen mit den Vorteilen einer besseren Produktkenntnis und einer intensiveren Betreuung des einzelnen Produktes verglichen werden.

Kundenorientierte Verkaufsaußendienst-Struktur

Unternehmen strukturieren ihre Verkaufsorganisationen oft in Anlehnung an ihre Kundengruppen. Unterschiedliche Verkaufsaußendienst-Organisationen können für verschiedene Branchen errichtet werden, für die gesonderte Bearbeitung von Großkunden im Gegensatz zu den normalen Abnehmern sowie für die Betreuung laufender Kunden im Gegensatz zur Gewinnung neuer Abnehmer. Der größte Vorteil einer kundenorientierten Spezialisierung ist darin zu sehen, daß jede Verkaufsaußendienst-Organisation mehr über die besonderen Kundenbedürfnisse lernen kann. Ein anderer ist der, daß diese Organisationsform die Gesamt-Außendienstkosten reduziert. Ein Pumpenhersteller setzte einmal seine hochqualifizierten Verkaufsingenieure dazu ein, an alle Kunden zu verkaufen, sowohl an Hersteller, die eine anspruchsvolle technische Hilfestellung benötigten, als auch an Großhändler, die dieser Hilfe nicht bedurften. Später teilte das Unternehmen seine Verkaufsmannschaft auf und setzte für die Betreuung der Großhändler niedriger bezahlte, technisch weniger versierte Verkäufer ein.

Der große Nachteil einer kundenorientierten Verkaufsaußendienst-Struktur tritt dann zutage, wenn die Kunden weit über das Land verteilt sind. Das bedeutet einen erheblichen Reiseaufwand für jede Verkaufsmannschaft des Unternehmens.

Größe der Verkaufsaußendienst-Organisation

Sobald das Unternehmen die Strategie und Struktur festgelegt hat, ist es in der Lage, sich Gedanken über die Größe der Verkaufsaußendienst-Organisation zu machen. Verkäufer gehören zu den produktivsten und teuersten Aktiva eines Unternehmens. Eine Erhöhung ihrer Anzahl wird sowohl die Umsätze als auch die Kosten erhöhen.

Zahlreiche Unternehmen legen die Größe der Verkaufsorganisation aufgrund des erforderlichen Arbeitsaufwandes fest.[4] Das Unternehmen könnte folgende Überlegungen anstellen:

> *Angenommen, wir verfügen über 1.000 A-Kunden und über 2.000 B-Kunden im Land. Die A-Kunden benötigen 36 Besuche im Jahr, und die B-Kunden müssen zwölfmal besucht werden. Das bedeutet, daß das Unternehmen eine Außendienstorganisation benötigt, die 60.000 Besuche im Jahr durchführen kann. Angenommen, daß der durchschnittliche Vertreter 1.000 Verkaufsbesuche im Jahr durchführen kann. Das Unternehmen würde dann 60 Verkäufer benötigen.*

Außendienstentlohnung

Um die erforderlichen Verkäufer zu gewinnen, muß das Unternehmen über ein attraktives Entlohnungssystem verfügen. Diese Systeme variieren erheblich von Branche zu Branche und von Unternehmen zu Unternehmen innerhalb des selben Industriezweiges. Die Entlohnungshöhe muß sich eng an das durchschnittliche Einkommen für diese Art von Verkaufsaufgabe und den dafür erforderlichen Fertigkeiten orientieren. Das Durchschnittseinkommen für einen erfahrenen Verkäufer von Industriegütern betrug beispielsweise 1985 41.400 Dollar.[5] Weniger als das übliche Einkommen zu bezahlen, bedeutet, daß man nur schwächere Vertreter anzieht; andererseits ist es unnötig, mehr zu bezahlen als branchenüblich.

Die Entlohnung setzt sich aus verschiedenen Elementen zusammen – einem Fixum, einem variablen Betrag, Auslagenersatz und freiwilligen Vergütungen. Der fixe Betrag, der in einem Gehalt oder einem Kontokorrentkonto bestehen kann, gibt dem Vertreter so etwas wie ein festes Einkommen. Der variable Betrag, der aus einer Provision, einem Bonus oder einer Gewinnbeteiligung resultieren kann, belohnt den Verkäufer für größere Anstrengungen. Auslagenvergütungen veranlassen den Verkäufer, erforderliche und wünschenswerte Verkaufsanstrengungen zu unternehmen. Freiwillige Zuwendungen schließlich, wie z. B. bezahlter Urlaub, Krankheits-

oder Unfallkostenzuschüsse, Pensionen oder Lebensversicherungen bieten Arbeitssicherheit und Zufriedenheit. Das Management muß entscheiden, welche Zusammensetzung dieser Elemente für jede Verkaufstätigkeit die zweckmäßigste ist.

ANWERBUNG UND AUSWAHL DER VERKÄUFER

Nach Festlegung der Strategie, Organisationsstruktur, Größe und des Entlohnungssystems für den Verkaufsaußendienst muß das Unternehmen ein System für die Anwerbung und Auswahl sowie für die Ausbildung, Überwachung und Bewertung der Verkäufer entwickeln.

Bedeutung einer sorgfältigen Auswahl

Die grundsätzliche Voraussetzung einer erfolgreichen Außendienstorganisation bildet die Auswahl fähiger Verkäufer. Das Leistungsniveau eines durchschnittlichen und eines außergewöhnlich guten Verkäufers kann äußerst unterschiedlich sein. In einer typischen Außendienstmannschaft tragen die Spitzenverkäufer wesentlich mehr zum Gesamtumsatz bei, als es ihrem Gebietsanteil entsprechen würde. Eine sorgfältige Verkäuferauswahl kann die Gesamtleistung des Verkaufsaußendienstes erheblich steigern.

Außer den Unterschieden in der Verkaufsleistung führt eine unzulängliche Auswahl zu einer teuren Fluktuation. Eine Untersuchung kam auf eine durchschnittliche jährliche Fluktuationsrate von ungefähr 20 Prozent im Verkaufsaußendienst aller Branchen.[6] Die Kosten einer hohen Fluktuation können erheblich sein. Das Unternehmen muß mehr für die Anwerbung und Ausbildung der zu ersetzenden Verkäufer ausgeben, darüber hinaus ist eine Außendienstmannschaft mit einer großen Zahl neuer Mitarbeiter weniger produktiv.

Welche Eigenschaften gehören zu einem guten Verkäufer?

Die Auswahl von Verkäufern wäre kein Problem, wenn das Unternehmen wüßte, nach welchen Eigenschaften es suchen sollte. Wenn gute Verkäufer kontaktfreudig, aggressiv und dynamisch sind, könnten diese Merkmale bei Bewerbern überprüft werden. Aber viele erfolgreiche Verkäufer sind eher schüchtern, sanftmütig und weit davon entfernt, dynamisch zu sein. Erfolgreiche Verkäufer umfassen Männer und Frauen von großer und kleiner Statur, sie können sowohl sprachgewandt als auch wortkarg sowie gut angezogen oder schäbig gekleidet sein.

Die Suche nach der magischen Liste von Eigenschaften, die Verkaufsfähigkeit garantieren, hält an. McMurry schrieb zu diesem Thema, daß „eine erfolgreiche Verkäuferpersönlichkeit ein gewohnheitsmäßiger 'Buhler' ist, ein Individuum mit dem zwanghaften Bedürfnis, die Zuneigung anderer zu gewinnen und zu halten".[7] McMurry zählt noch fünf weitere Eigenschaften eines Superverkäufers auf: „Ein hohes Energieniveau, ein stark ausgeprägtes Selbstvertrauen, einen chronischen Geldmangel, einen ausgeprägten Fleiß und eine psychische Einstellung, die jeden Einwand, jeden Widerstand oder jedes Hindernis als Herausforderung betrachtet."[8] Charles Garfield fand heraus, daß gute Verkäufer zielstrebige Risikoübernehmer sind, die sich stark mit ihren Kunden identifizieren (vgl. hiezu Beispiel 17-2).

Wie kann ein Unternehmen herausfinden, welche Eigenschaften ein Verkäufer in seiner Branche haben sollte? Die mit der Aufgabe verbundenen Pflichten legen einige Eigenschaften nahe, nach denen gesucht werden sollte. Ist mit der Aufgabe eine Menge Schreibtischarbeit verbunden? Verlangt die Aufgabe sehr viel Reisetätigkeit? Wird der Verkäufer mit sehr vielen Ablehnungen konfrontiert werden? Das Unternehmen sollte des weiteren auf die Eigenschaften ihrer erfolgreichsten Verkäufer schauen, um Anhaltspunkte für erforderliche Eignungsmerkmale zu bekommen.

Anwerbungsverfahren

Nachdem das Management über die erforderlichen Eigenschaften entschieden hat, muß es anwerben. Die Personalabteilung hält nach Bewerbern Ausschau, indem sie von den derzeitigen Verkäufern Empfehlungen erhält, externe Arbeitsvermittlungsstellen einschaltet, Stellenanzeigen plaziert und mit College-Studenten Kontakt aufnimmt. Allerdings sind Unternehmen mitunter auf Schwierigkeiten gestoßen, College-Studenten für das Verkaufen zu interessieren. Viele Studenten sind der Meinung, daß Verkaufen zwar ein Job aber kein Beruf sei, daß Verkäufer hinterlistig sein müßten, um Erfolg zu haben, und daß mit dem Verkauf zuviel Unsicherheit und Reisetätigkeit verbunden sei. Einige Frauen glauben, daß Verkaufen eine Männerkarriere sei. Um diesen Einwänden zu begegnen, sprechen die Anwerber von hohen Anfangsgehältern, von wachsenden Einkommen und über die Tatsache, daß ein Viertel der Leiter von großen amerikanischen Unternehmen ihre Laufbahn im Marketing- und Verkaufsbereich begonnen haben. Sie betonen, daß mehr als 21 Prozent aller Verkäufer von Industriegütern Frauen sind (vgl. hiezu Beispiel 17-2).

Die Auswahl von Verkäufern

Die Anwerbungsbemühungen werden viele Bewerber anziehen, und das Unternehmen muß die besten von ihnen auswählen. Das Auswahlverfahren kann von einem einzelnen zwanglosen Gespräch bis zu einem ausführlichen Test- und Befragungsvorgang reichen. Viele Unternehmen unterziehen ihre Bewerber einem formalen Testverfahren. Die Testergebnisse vermitteln nur einen Ausschnitt der Informationen, die aus einer Kombination von persönlichen Merkmalen, Referenzen, der bisherigen beruflichen Laufbahn sowie der Wirkung auf den Interviewer gewonnen wird. Testergebnisse werden jedoch von Firmen wie IBM, Prudential, Procter & Gamble sowie Gillette sehr hoch bewertet. Gillette behauptet, daß ihre Testmethoden die Fluktuation um über 42 Prozent reduziert haben und daß die Ergebnisse mit den späteren Leistungen der neuen Verkäufer korrelieren.

VERKÄUFERAUSBILDUNG

Viele Unternehmen schickten ihre neuen Verkäufer – nahezu unmittelbar nachdem sie sie eingestellt hatten – hinaus in den Verkauf. Sie erhielten Muster, Auftragsbücher und die Anweisungen, westlich

Unternehmen geben hunderte Millionen Dollar aus, um ihr Verkaufspersonal in der Kunst des Verkaufens zu schulen. Abgedruckt mit freundlicher Genehmigung der Wilson Learning Corporation.

BEISPIEL 17-2
Was macht einen Top-Verkäufer aus?

Charles Garfield, Professor für Psychologie an der Universität in Kalifornien, San Francisco, School of Medicine, nimmt für sich in Anspruch, daß seine 20jährige Analyse von mehr als 1.500 Supererfolgreichen auf jedem Gebiet von Anstrengungen die längste bisher überhaupt ist. Peak Performance – Mental Training Techniques of the World's Greatest Athletes, das erste Buch, das Garfield über seine Erkenntnisse geschrieben hat, wurde am 1. Juni 1987 veröffentlicht. Obwohl er sagt, daß diesem in kurzer Zeit ein weiteres Buch über Top-Verkäufer erscheinen wird, haben viele Unternehmen – wie z. B. die Firma IBM, die ca. 3.000 Exemplare abgenommen hat – das jetzige Buch für ihren Verkaufsaußendienst bestellt. Garfield sagt, daß man bei der Komplexität und Geschwindigkeit des Wandels in der heutigen Geschäftswelt, um ein Erbringer von Spitzenleistungen im Verkauf zu sein, über größere Fähigkeiten auf verschiedenen Gebieten verfügen müsse als ein hervorragender Könner auf dem Gebiet der Wissenschaft, in sportlichen Disziplinen oder den schönen Künsten. Im folgenden werden die häufigsten Merkmale dargestellt, die er als Ursachen für überragende Verkaufsleistungen herausgefunden hat:

- Spitzenverkäufer nehmen jederzeit Risiken auf sich und sind gegenüber Neuerungen aufgeschlossen. Im Unterschied zur Mehrzahl der Bevölkerung treten sie nicht auf der Stelle, sondern versuchen, ihren bisherigen Leistungsstand zu überbieten.
- Spitzenverkäufer haben ein hohes Sendungsbewußtsein und setzen sich kurz-, mittel- und langfristige Ziele, die erforderlich sind, um diese Aufgabe zu erfüllen. Ihre persönlichen Ziele liegen immer über den die Verkaufszahlen, die von ihren Vorgesetzten festgelegt werden. Spitzenverkäufer arbeiten auch gut mit Managern zusammen, besonders dann, wenn die Manager ebenfalls an Spitzenleistungen interessiert sind.
- Spitzenverkäufern ist mehr daran gelegen, Probleme zu lösen, als Kritik zu üben oder durch Bluffen einen Ausweg aus der Situation zu finden. Weil sie sich selbst als Profis im Training ansehen, verbessern sie ständig ihre Fähigkeiten.
- Spitzenverkäufer sehen sich selbst als Partner ihrer Kunden und betrachten sich als Mit- und nicht als deren Gegenspieler. Top-Verkäufer sind der Meinung, daß ihre Aufgabe darin besteht, mit Menschen in Kontakt zu treten, während durchschnittliche Verkäufer ihre Kunden psychologisch zum Objekt machen und über die Anzahl der durchgeführten Besuche und erzielten Abschlüsse sprechen, als ob sie es nicht mit menschlichen Wesen zu tun hätten.
- Spitzenverkäufer fassen jede Zurückweisung als Information auf, aus der sie lernen können, wogegen mittelmäßige Verkäufer Zurückweisungen persönlich nehmen.
- Das überraschendste Untersuchungsergebnis ist jedoch, daß Spitzenverkäufer sich auf ein Verkaufsgespräch geistig vorbereiten, wie Spitzenkräfte im Sport und in den Künsten. Vor jedem Verkauf lassen sie alles vor ihrem geistigen Auge ablaufen, das Händeschütteln mit dem Kunden, den Einstieg in das Gespräch über die Probleme des Kunden bis hin zur Bitte um den Auftrag.

Quelle: „What Makes a Supersalesperson?“ Sales and Marketing Management, 13. August 1984, S. 86.

BEISPIEL 17-3

Mit einer erfolgreichen Xerox-Vertreterin unterwegs

Das Wort „Verkäufer“ bekommt langsam einen altmodischen Klang. Der Eintritt von Frauen in die einst von Männern beherrschte Domäne erfolgte rasch und eindrucksvoll. Mehr als 21 Prozent der Personen, die Industriegüter verkaufen, sind Frauen, im Vergleich zu sieben Prozent vor einem Jahrzehnt. Darüber hinaus machen Frauen besondere Fortschritte im Verkauf von High-tech-Ausrüstungen. Bei Xerox z. B. haben sie einen Anteil von 39 Prozent am Verkaufspersonal.

Als Nancy Reck und ihr Mann Miles vor 3½Jahren von Jacksonville, Florida, nach Chapel Hill, North Carolina, zogen, damit er an seiner Dissertation arbeiten konnte, fand Nancy heraus, daß der Verkauf die besten Chancen bot. Sie hielten fünf Stellenangebote in ihren Händen, zwischen denen die endgültige Entscheidung zu treffen war, als Nancy, inzwischen 30 Jahre alt, fand, wonach sie suchte: ein unabhängiger Job, der ausreichend bezahlt wurde, um sie beide zu erhalten. „Verkauf“, hatte ihr ehemaliger Lehrer gesagt,

Nancy Reck trotz schlechten Wetters bei der Arbeit. Bildnachweis mit Genehmigung von Rebecca Chao.

„ist ein Beruf, in dem die Bezahlung von der Leistung abhängig ist. Sie entscheiden selbst über die Höhe."

Nancy Reck unterzeichnete bei Xerox einen Vertrag als Vertreterin und machte sich schnell einen Namen. In jedem der letzten drei Jahre qualifizierte sie sich für den Präsidentenclub, was bedeutet, daß sie alle ihre Verkaufsziele überboten hat, eine Ehre, die im letzten Jahr nur einem von fünf Mitarbeitern der Verkaufsorganisation zuteil wurde. Ihr Einkommen, über das sie nicht sprechen möchte, beträgt schätzungsweise 50.000 Dollar jährlich.

Geboren in dem kleinen Ort Seabord in North Carolina, verdiente sich Nancy Reck ihre Sporen in dem „Niedrigvolumen"-Produktbereich, indem sie in 17 Regionen ihres Heimatstaates Xerox-Kopierer und elektronische Schreibmaschinen von Tür zu Tür an kleine Firmen verkaufte. Kürzlich wurde sie befördert. Ihr neuer Aufgabenbereich bildet ein Sprungbrett für die Managementebene.

Nancy Reck hatte befürchtet, daß sie sich zu einer unnatürlichen Persönlichkeit entwickeln müßte, um im Verkauf erfolgreich zu sein. Statt dessen fand sie heraus, daß sie lediglich sie selbst zu sein brauchte. „Ich behandle jeden Kunden so, als ob er mein Vater, mein Bruder oder mein bester Freund wäre."

Quelle: „On the Job with a Successful Xeroc Saleswoman," Fortune, 30. April 1984, S. 102.

des Mississippi zu verkaufen. Ausbildungsprogramme galten als Luxus. Ein Ausbildungsprogramm bedeutete, viel Geld für Ausbilder, Materialien und Raum auszugeben, und eine Person zu bezahlen, die noch nicht verkaufte, und Chancen ungenutzt zu lassen, da er oder sie sich nicht im Verkaufsgebiet befand.

In der Gegenwart verbringen neue Verkäufer einige Wochen bis viele Monate in der Ausbildung. Die durchschnittliche Ausbildungszeit beträgt bei Unternehmen in der Investitionsgüterindustrie ca. 17 Wochen und 20 im Konsumartikelbereich.[9] Bei IBM stehen neue Verkäufer erst nach zwei Jahren auf eigenen Beinen. Darüber hinaus erwartet IBM von seinen Verkäufern, daß diese jährlich 15 Prozent ihrer Zeit in Weiterbildungsveranstaltungen verbringen.

Die Ausbildungsprogramme verfolgen verschiedene Ziele. Verkäufer müssen ihr Unternehmen kennen und sich mit diesem identifizieren. Aus diesem Grunde verwenden die meisten Unternehmen den ersten Teil des Ausbildungsprogrammes zur Beschreibung der Unternehmensgeschichte und -ziele sowie seiner Organisation, seiner Finanzstruktur und Betriebsanlagen sowie seiner Hauptprodukte und -märkte. Verkäufer müssen die Produkte des Unternehmens kennen, deshalb wird den Verkäufern in der Ausbildung gezeigt, wie Produkte hergestellt und eingesetzt werden. Ferner müssen Verkäufer über die Merkmale der Kunden und der Konkurrenten Bescheid wissen. Das Ausbildungsprogramm unterrichtet sie über die Strategien der Konkurrenz sowie über die verschiedenen Kundentypen und deren Bedürfnisse, Kaufmotive und Kaufgewohnheiten. Verkäufer müssen des weiteren wissen, wie eine sorgfältige Verkaufspräsentation durchgeführt wird. Sie erhalten eine Ausbildung über die Grundsätze der Verkaufskunst, und das Unternehmen erarbeitet die wichtigsten Verkaufsargumente für jedes Produkt. Schließlich müssen die Verkäufer die Arbeitsabläufe im Außendienst sowie die Verantwortungsbereiche kennenlernen. Sie erfahren, wie die Arbeitszeit zwischen bestehenden und potentiellen Kunden aufgeteilt wird und wie der Spesenetat zu verwenden ist, Berichte zu erstellen sind und die Reiserouten sinnvoll geplant werden.

Prinzipien erfolgreichen Verkaufens

Als eines der Hauptziele von Ausbildungsprogrammen ist die Unterrichtung der Vertreter in der Kunst des Verkaufens anzusehen. Unternehmen geben hunderte Millionen Dollar für Seminare, Bücher, Kassetten und andere Lehrmittel aus. Jedes Jahr werden fast eine Million Exemplare von Büchern über Verkaufstechniken gekauft, mit peinigenden Titeln wie: „How to Outsell the Born Salesman, How to Sell Anything to Anybody, The Power of Enthusiastic Selling, How Power Selling Brought Me Success in 6 Hours, Where Do You Go from No. 1 sowie 1000 Ways a Salesman Can Increase His Sales". Eines der seit langem beliebtesten Büchern ist Dale Carnegie's „How to Win Friends and Influence People".

Alle diese Ausbildungsmethoden versuchen, Verkäufer vom passiven Auftragsempfänger zum aktiven Auftragserlanger zu wandeln. Auftragsempfänger setzen voraus, daß die Kunden ihre Bedürfnisse kennen und jeden Versuch der Beeinflussung übelnehmen würden und daß sie Verkäufer bevorzugen, die höflich und zurückhaltend sind. Ein Beispiel für einen Auftragsempfänger wäre ein Verkäufer, der jeden Tag ein Dutzend Kunden anruft und sie einfach fragt, ob sie irgendetwas benötigen.

Es gibt zwei Vorgehensweisen, Verkäufer zu Auftragserlangern auszubilden – eine verkaufsorientierte und eine kundenorientierte Methode. Die erste vermittelt dem Vertreter Techniken des Hochdruckverkaufs, wie sie z. B. beim Verkauf von Enzyklopädien oder Automobilen angewandt werden. Zu diesen Techniken gehören Übertreibungen bezüglich der Produktvorzüge, die Herabsetzung von Wettbewerbserzeugnissen, die Verwendung einer raffiniert vorbereiteten Verkaufspräsentation, die Technik des sich selbst Verkaufens sowie das Anbieten einiger Zugeständnisse, um den Auftrag sofort zu erhalten. Diese Form des Verkaufens unterstellt, daß die Kunden nicht kaufen würden, wenn sie nicht unter Druck gesetzt werden, daß sie durch eine raffinierte Präsentation beeinflußt werden können und daß sie es nach Unterzeichnung des Auftrages nicht bedauern werden und wenn, daß ihr Bedauern unerheblich ist.

Nach der anderen Methode werden die Verkäufer dazu ausgebildet, die Probleme der Kunden zu lösen. Der Verkäufer lernt, wie die Kundenbedürfnisse erkannt und zweckmäßige Lösungen dafür gefunden werden. Diese Methode unterstellt, daß den Kunden Einkaufsgelegenheiten geboten werden müssen, daß Kunden gute Vorschläge zu schätzen wissen und daß sie jenen Vertretern die Treue halten werden, denen ihre langfristigen Interessen am Herzen liegen. Der Verkäufer als Problemlöser paßt besser zum Marketingkonzept als der Hochdruckverkäufer oder jener, der lediglich Aufträge entgegennimmt.

Die meisten Ausbildungsprogramme sehen den **Verkaufsprozeß** in verschiedenen Schritten, die vom Verkäufer bewältigt werden müssen. Sie werden in Abbildung 17-2 dargestellt und anschließend erläutert.[10]

FIGURE 17-2
Major Steps in Effective Selling

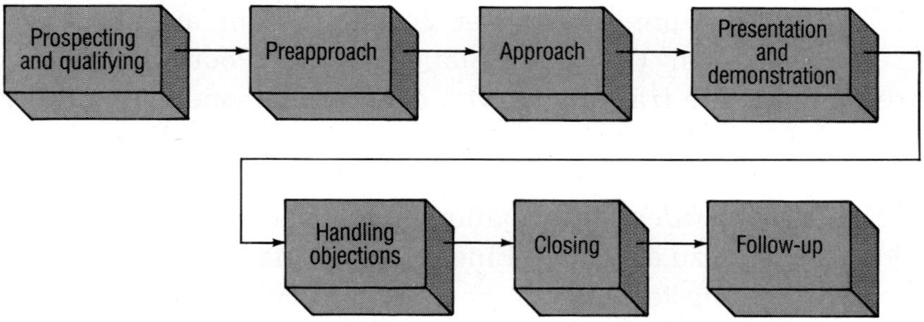

ABBILDUNG 17-2
Die wichtigsten Schritte im erfolgreichen Verkauf

Ausfindigmachen und Bewerten neuer Kunden

Der erste Schritt im Verkaufsprozeß besteht darin, potentielle Kunden ausfindig zu machen. Der Verkäufer muß an viele potentielle Kunden herantreten, um einige Abschlüsse zu erlangen. In einem Segment der Versicherungsbranche wird nur einer von neun Interessenten ein Kunde. Im Computergeschäft führen 125 Telefongespräche zu 25 Gesprächsterminen, die wiederum zu fünf Demonstrationen und zu einem Verkauf führen.[11] Obwohl das Unternehmen Anleitungen bietet, benötigen die Verkäufer viel Geschick, ihre eigene Vorgehensweise herauszufinden. Verkäufer können auf viele Arten Hinweise erhalten. Sie können bestehende Kunden nach dem Namen möglicher Interessenten fragen. Sie können sich aber auch auf andere Empfehlungsquellen verlassen, wie z. B. Lieferanten, Händler, nicht konkurrierende Verkäufer und Banken. Sie können Organisationen beitreten, denen mögliche Kunden angehören, oder durch Vorträge und schriftstellerische Tätigkeit die Aufmerksamkeit auf sich ziehen. Sie können in Zeitungen und Nachschlagewerken nach neuen Kunden suchen und das Telefon sowie die Post benutzen, um die verschiedenen Hinweise auszusieben. Sie können aber auch unangemeldet in verschiedenen Büros erscheinen (cold calling – unangemeldete Besuche).

Vertreter müssen wissen, wie Hinweise zu bewerten und die unergiebigen auszuklammern sind. Interessenten können nach ihren finanziellen Verhältnissen, nach ihrem Geschäftsvolumen, nach ihren besonderen Bedürfnissen, nach ihrem Standort und nach ihren Wachstumsmöglichkeiten bewertet werden.

Vorbereitung

Ehe ein Interessent angesprochen wird, sollte der Verkäufer so viel wie möglich über ihn in Erfahrung bringen (was er benötigt, wer an dem Einkaufsprozeß beteiligt ist) und über dessen Kunden (ihre Merkmale und ihre Einkaufsgewohnheiten). Der Verkäufer kann auf Standardquellen zurückgreifen (Moody's, Standard and Poor's, Dun and Bradstreet), Bekannte fragen oder von anderen Personen etwas über das Unternehmen in Erfahrung bringen. Anschließend sollte sich der Verkäufer Besuchsziele setzen, die darin bestehen können, den Interessenten einzustufen, Informationen zu bekommen oder einen sofortigen Abschluß zu erlangen. Eine weitere Aufgabe besteht darin, über die zweckmäßigste Methode des Herantretens zu entscheiden. Diese kann persönlicher Besuch, ein Telefonanruf oder ein Brief sein. Ferner sollte das geeignete zeitliche Vorgehen bedacht werden, da viele mögliche Kunden zu bestimmten Zeiten beschäftigt sind. Schließlich sollte sich der Verkäufer auch Gedanken über die gegenüber dem Kunden einzuschlagende Gesamtstrategie machen.

Herantreten

Um der neuen Beziehung zu einem guten Start zu verhelfen, sollte der Verkäufer wissen, wie er dem Kunden zu begegnen und wie er ihn zu begrüßen hat. Hierzu zählen das Auftreten des Verkäufers, seine eröffnenden Worte und seine nachfolgenden Bemerkungen. Der Verkäufer sollte ähnlich wie der Kunde gekleidet sein, sich dem Kunden gegenüber höflich und aufmerksam benehmen und störende Verhaltensweisen vermeiden, wie z. B. das Auf- und Abgehen oder das Anstarren des Kunden. Die Eröffnungsworte sollten positiver Art sein, wie z. B.: „Herr Schmidt, ich bin Bill Jones von der ABC-Company. Mein Unternehmen und ich wissen es zu schätzen, daß Sie bereit sind, mich zu empfangen. Ich werde mein Bestes tun, diesen Besuch für Sie und Ihr Unternehmen lohnend zu machen.“ Diesem Einstieg können einige Schlüsselfragen folgen sowie das Zeigen eines Displays oder eines Musters, um die Aufmerksamkeit und Neugierde des Kunden zu erlangen.

Präsentation und Vorführung

Anschließend berichtet der Verkäufer über das Produkt und zeigt dem Kunden, wie er mit diesem Geld verdienen oder einsparen kann. Der Verkäufer beschreibt die Produkteigenschaften, wobei er sich jedoch auf jene konzentriert, die von Vorteil für den Kunden sind. Zweckmäßigerweise wird der Verkäufer sein Vorgehen an der AIDA-Methode (attention, interest, desire, action) orientieren und Aufmerksamkeit erregen, Interesse wachhalten, Verlangen wecken und einen Auftrag erlangen.

Unternehmen benutzen drei Formen der Verkaufspräsentation. Die älteste Form ist die Methode der schematisierten Vorgangsweise (canned approach), die aus einem auswendig gelernten Verkaufsgespräch besteht, das die wichtigsten Punkte umfaßt. Der Verkäufer einer Enzyklopädie kann diese als sich nur einmal im Leben bietende Einkaufsgelegenheit beschreiben und sich auf einige schöne vierfarbige Seiten mit Sportbildern konzentrieren, in der Hoffnung, damit Interesse für die Enzyklopädie zu wecken. Schematisierte oder vorgefertigte Präsentationen werden meist beim Verkauf an der Wohnungstür sowie beim Telefonverkauf benutzt.

Bei der Verkaufspräsentation erläutert der Verkäufer den Kunden das Produkt näher. Lawrence Migdale/Photo Researchers, Inc.

Die Rezept-Methode (formula approach) stellt zuerst die Bedürfnisse und das Einkaufsverhalten des Kunden fest. Der Verkäufer verwickelt den Käufer in eine Diskussion, die Aufschluß über seine Bedürfnisse und Einstellungen gibt. Anschließend geht der Verkäufer zur Rezeptdarstellung über, die aufzeigt, wie das Produkt die Bedürfnisse des Käufers befriedigt. Die Vorgangsweise ist nicht streng schematisiert (canned), sie folgt aber einem generellen Plan.

Die Bedürfnisbefriedigungs-Methode (need-satisfaction approach) beginnt mit einer Suche nach den tatsächlichen Bedürfnissen des Kunden, indem man diesen dazu bringt, den größten Teil des Gespräches zu bestreiten. Diese Methode erfordert gutes Zuhören und Geschick bei der Lösung von Problemen. Sie wird zutreffend von einem IBM-Verkäufer wie folgt beschrieben: „Ich befasse mich mit dem Geschäft meiner Schlüsselkunden. Ich decke ihre wichtigsten Probleme auf, ich verschreibe dafür Lösungen, indem ich die Systeme meines Unternehmens benutze und mitunter sogar Komponenten von anderen Lieferanten. Ich beweise im voraus, daß meine Systeme meinen Kunden Geld sparen oder verdienen helfen. Anschließend arbeite ich mit dem Kunden zusammen, um das System einzuführen und unter Beweis zu stellen.[12]

Verkaufsvorführungen können durch Anschauungsmaterial verbessert werden, wie z. B. Broschüren, Flipcharts, Dias, Filme und Warenmuster. Wenn die Kunden das Produkt sehen oder anfassen können, bleiben ihnen dessen Eigenschaften und Vorteile besser in Erinnerung.

Behandlung von Einwänden (Handling objections)

Kunden haben fast immer Einwände während der Präsentation oder sobald sie um einen Auftrag gebeten werden. Das Problem kann logischen oder auch psychologischen Ursprungs sein. Für die Behandlung dieser Einwendungen bedient sich der Verkäufer einer positiven Methode, er bittet den Kunden, seine Einwände zu präzisieren, nimmt den Einwand zum Anlaß, den Kunden mit mehr Informationen zu versorgen und wandelt den Einwand in einen Kaufgrund um. Die Fertigkeiten des Verkäufers im Umgang mit Einwendungen müssen trainiert werden.

Abschluß (Closing)

Der Verkäufer versucht nunmehr den Verkauf abzuschließen. Einige Verkäufer erreichen diese Phase nicht oder verhalten sich nicht sehr geschickt dabei. Entweder fehlt es ihnen an Selbstvertrauen, oder sie haben ein schlechtes Gewissen, wenn sie um einen Auftrag bitten, oder sie erkennen nicht den richtigen Moment, den Verkauf abzuschließen. Verkäufer müssen die Abschlußsignale des Kunden erkennen lernen; dazu gehören physische Handlungen, Kommentare und Fragen. Verkäufer können eine der verschiedenen Abschlußtechniken wählen. Sie können nach dem Auftrag fragen, die Punkte zusammenfassen, in denen Übereinstimmung erzielt wurde; sie können ihre Hilfe bei der Erstellung des Auftrages anbieten; sie könnten fragen, ob der Käufer das Produkt A oder B wünscht, den Käufer Entscheidungen von untergeordneter Bedeutung – z. B. bezüglich Farbe oder Größe – treffen lassen, oder aber andeuten, daß dem Kunden etwas entgehen würde, wenn der Auftrag nicht sofort erteilt wird. Der Verkäufer kann dem Käufer besondere Gründe für den Kaufabschluß bieten, wie z. B. ein niedrigerer Preis oder eine zusätzliche Menge ohne Berechnung.

Verkaufsabwickelnde Aufgaben (Follow-up)

Dieser letzte Schritt ist erforderlich, wenn sich der Verkäufer über die Zufriedenheit des Kunden vergewissern und Folgeaufträge erzielen möchte. Unmittelbar nach Abschluß sollte der Verkäufer alle Details bezüglich Lieferzeit, Verkaufsbedingungen und anderer Fragen vollständig klären. Darüber hinaus sollte der Verkäufer einen verkaufsabwickelnden Besuch vereinbaren, wenn der Kunde den ersten Auftrag ausgeliefert bekommt, um eine ordnungsgemäße Installation und Einweisung sicherzustellen sowie um einen angemessenen Service zu gewährleisten. Dieser Besuch deckt unvorhergesehene Probleme auf, bestätigt dem Kunden das Interesse des Verkäufers und vermindert irgendwelche Besorgnisse des Käufers, die in der Zwischenzeit aufgetreten sein könnten.

ÜBERWACHUNG DER VERKÄUFER

Neue Verkäufer bedürfen mehr als eines Gebietes, der Entlohnung und der Ausbildung – sie müssen überwacht werden. Mit Hilfe der Überwachung drängt und motiviert ein Unternehmen seinen Verkaufsaußendienst zu einer besseren Leistung.

Führung der Verkäufer

Unternehmen unterscheiden sich voneinander darin, wie eng sie ihren Außendienst überwachen. Verkäufer, die überwiegend auf Provisionsbasis entlohnt werden und von denen erwartet wird, daß sie ihre eigenen Interessenten aufspüren, werden üblicherweise sich selbst überlassen. Jene jedoch, die ein Festgehalt beziehen und vorgegebene Kunden zu betreuen haben, werden generell strenger überwacht.

Entwicklung von Kundenzielen und Besuchsnormen

Die meisten Unternehmen klassifizieren ihre Abnehmer in A-, B- und C-Kunden, basierend auf dem Umsatzvolumen des Kunden sowie auf seinem Gewinn- und Wachstumspotential. Sie legen für jede Kundenklasse die Anzahl der in einem bestimmten Zeitraum erwünschten Besuche fest. So werden beispielsweise A-Kunden neunmal, B-Kunden sechsmal und C-Kunden dreimal im Jahr besucht. Die Zahl der Besuche hängt von der Besuchsintensität der Konkurrenz sowie von den Gewinnen ab, die man von den Kunden erwartet.

Entwicklung von Zielen bezüglich neuer Kunden sowie von Besuchsnormen

Oft schreiben Unternehmen ihrem Außendienst vor, wieviel Zeit sie für die Bearbeitung neuer Kunden aufwenden sollen. Die Firma Spector Freight erwartet von ihren Verkäufern, daß sie 25 Prozent ihrer Arbeitszeit zur Kundengewinnung verwenden und daß sie die Bearbeitung eines Interessenten nach drei erfolglosen Besuchen abbrechen.

Unternehmen legen aus verschiedenen Gründen Richtlinien für die Bearbeitung neuer Kunden fest. Falls sich selbst überlassen, werden viele Verkäufer den größten Teil ihrer Zeit der Bearbeitung bestehender Kunden widmen. Die bereits vorhandenen Kunden stellten bekanntere Größen dar. Die Verkäufer können sich bei diesen auf einige Aufträge verlassen, wohingegen mit einem potentiellen Kunden möglicherweise nie ein Geschäft zustande kommt. Wenn Verkäufer für die Gewinnung neuer Abnehmer nicht belohnt werden, ist zu befürchten, daß sie die Gewinnung neuer Kunden vernachlässigen. Einige Unternehmen überlassen die Gewinnung neuer Kunden einer speziellen Verkaufsmannschaft.

Die effiziente Nutzung der Verkaufszeit

Verkäufer müssen wissen, wie sie ihre Zeit effizient nützen können. Ein Instrument hiefür ist ein jährlicher Besuchsplan, der aufzeigt, welche Kunden und Interessenten in welchem Monat zu besuchen sind und welche Aktivitäten ergriffen werden müssen. Die Aktivitäten umfassen die Teilnahme an Ausstellungen, die Anwesenheit bei Verkaufsmeetings sowie die Durchführung von Marketing-Forschungsarbeiten.

Ein weiteres Instrument ist die Zeit- und Aufgabenanalyse. Außer der Zeit, die für den Verkauf aufgewandt wird, verwendet der Verkäufer Zeit für Reisen, Warten, Essen und Pausen sowie für administrative Aufgaben. Die tatsächliche Verkaufszeit kann mitunter

Viele Unternehmen statten ihre Vertreter mit Computern aus, um deren Effizienz zu erhöhen. Abgedruckt mit freundlicher Genehmigung der Firma Hewlett-Packard.

nur 15 Prozent der gesamten Arbeitszeit ausmachen. Wenn die Verkaufszeit von 15 auf 20 Prozent gesteigert werden könnte, würde das eine Zunahme der Verkaufszeit um 33 Prozent bedeuten. Unternehmen sind ständig auf der Suche nach Möglichkeiten, Zeit zu sparen – die intensivere Nutzung der Möglichkeiten des Telefons, die Vereinfachung der Formulare für die Besuchsberichte, das Erarbeiten besserer Besuchs- und Reisepläne sowie die Zurverfügungstellung von mehr und besseren Kundeninformationen. Viele Unternehmen werten die Besuchsberichte und Verkaufsinformationen mit dem Computer aus, um ihre Verkäufer effizienter einsetzen zu können.[13]

Motivierung der Verkäufer

Einige Verkäufer geben ihr Bestes, ohne dazu besonders vom Management aufgefordert zu werden. Für diese ist Verkaufen die faszinierendste Aufgabe der Welt. Sie sind ambitionierte „Selbststarter“ (self starters). Die Verkaufsaufgabe ist jedoch oft mit Frustration verbunden. Verkäufer arbeiten üblicherweise allein, und sie sind mitunter von zu Hause entfernt. Sie können aggressiven konkurrierenden Verkäufern begegnen und schwierigen Kunden. Sie haben mitunter nicht die Kompetenz, das zu tun, was erforderlich ist, um einen Auftrag zu erzielen, und sie können große Aufträge verlieren, für die sie hart gearbeitet haben, um diese zu erlangen. Vertreter benötigen deshalb des öfteren einer besonderen Ermunterung, um ihr Bestes zu geben.

Das Management kann die Moral sowie die Leistung des Außendienstes durch das Betriebsklima, Verkaufsvorgaben und Anreize erheblich steigern.

Betriebsklima

„Betriebsklima" beschreibt das Gefühl, das die Verkäufer bezüglicher ihrer Chancen und ihres Wertes sowie hinsichtlich ihrer Belohnungen für gute Leistungen haben. Einige Unternehmen behandeln ihre Vertreter so, als seien sie nicht besonders wichtig. Andere hingegen betrachten ihre Verkäufer als wichtige Antriebskräfte und gewähren ihnen unbegrenzte Einkommens- und Aufstiegschancen. Die Einstellung des Unternehmens gegenüber seinen Verkäufern beeinflußt deren Verhalten. Werden sie gering geschätzt, sind hohe Fluktuation und geringe Leistung die Folgen. Erfreuen sie sich einer hohen Wertschätzung, ist die Fluktuation gering und die Leistung hoch.

Die Behandlung eines Verkäufers seitens seines unmittelbaren Vorgesetzten ist äußerst wichtig. Ein guter Verkaufsmanager bleibt mit seiner Verkaufsmannschaft durch Briefe und Telefongespräche ständig in Verbindung, besucht die Verkäufer vor Ort und führt Verkäuferbesprechungen in der Hauptverwaltung durch. Zu verschiedenen Zeiten agiert der Verkaufsmanager als Vorgesetzter, Freund, Trainer sowie als Beichtvater.

Verkaufsquoten

Viele Unternehmen legen Quoten für ihre Verkäufer fest, die vorgeben, wieviel diese während des Jahres von einem Produkt verkaufen sollen. Häufig wird die Verkäufer-Entlohnung daran geknüpft, in welchem Maße sie ihre Quoten erfüllt haben.

Verkaufsquoten werden anläßlich der Erstellung des jährlichen Marketing-Planes festgelegt. Als erstes erstellt das Unternehmen eine realistischerweise erreichbare Umsatzprognose. Auf der Basis dieser Prognose plant das Management die Produktion sowie die Anzahl der Mitarbeiter und leitet daraus auch die finanziellen Anforderungen ab. Schließlich werden Verkaufsquoten für die einzelnen Regionen und Verkaufsgebiete festgelegt. Verkaufsquoten werden im allgemeinen höher angesetzt als die Umsatzplanung, um die Verkaufsmanager und Vertreter zu höheren Leistungen anzuspornen. Falls sie ihre Quoten verfehlen, ist es dennoch möglich, daß das Unternehmen seine Umsatzplanung verwirklicht.

Anreize

Unternehmen benutzen verschiedene Anreize, um die Anstrengungen der Verkäufer zu erhöhen. Regelmäßige Verkaufs-Meetings dienen dem geselligen Beisammensein und der Abwechslung und bieten eine Chance, wichtige Vorgesetzte zu treffen und mit ihnen zu sprechen, sowie die Gelegenheit, Meinungen zu erörtern und sich mit einer größeren Gruppe zu identifizieren. Unternehmen führen darüber hinaus Verkaufswettbewerbe durch, um den Außendienst zu Verkaufsanstrengungen anzuspornen, die über den normalerweise zu erwartenden liegen. Andere Anreize umfassen Auszeichnungen, Preise und Gewinnbeteiligungspläne.

VERKÄUFERBEWERTUNG

Wir haben beschrieben, auf welche Weise das Management die Verkäufer wissen läßt, welche Leistungen sie erbringen sollten, und wie es den Außendienst motiviert. Diese Vorgehensweise erfordert allerdings ein hinreichendes Feedback. Das wiederum bedeutet, regelmäßige Informationen von den Verkäufern zu bekommen, um deren Leistungen bewerten zu können.

Informationsquellen

Das Management erhält auf verschiedenen Wegen Informationen über seine Verkäufer. Die wichtigste Quelle ist der Verkaufsbericht. Zusätzliche Informationen werden aus persönlichen Beobachtungen, Kundenbriefen und -beschwerden, Kundenerhebungen sowie aus Gesprächen mit anderen Verkäufern gewonnen.

Vertreterberichte sind zu unterteilen in Pläne für zukünftige Maßnahmen und Aufzeichnungen über abgeschlossene Aktivitäten. Das beste Beispiel für die erste Berichtsart bildet der Arbeitsplan, den die Verkäufer eine Woche oder einen Monat im voraus übermitteln. Der Arbeitsplan beschreibt die beabsichtigten Besuche und die Reiseroute. Dieser Bericht hält die Außendienstmitarbeiter dazu an, zu planen, was wann getan werden soll, informiert das Management über deren Aufenthaltsort und bietet eine Basis für den Vergleich von Plänen und Leistungen. Die Verkäufer können bezüglich ihrer Fähigkeiten bewertet werden, „ihre Arbeit zu planen und diese Pläne zu verwirklichen“. Mitunter nimmt das Management nach Erhalt der Pläne mit einzelnen Verkäufern Kontakt auf, um Verbesserungen vorzuschlagen.

Immer mehr Unternehmen verlangen von ihren Verkäufern, einen jährlichen Gebiets-Marketingplan zu entwerfen, der ihre Vorstellungen darüber aufzeigt, wie sie neue Kunden gewinnen und die Umsätze mit bestehenden Kunden erhöhen wollen. Die Formen dieser Berichte variieren erheblich – einige fragen lediglich nach generellen Ideen zur Entwicklung eines Gebietes, andere hingegen fordern detaillierte Umsatz- und Gewinnschätzungen. Diese Art des Berichtes versetzt die Verkäufer in die Rolle von Marketing-Managern und betrachtet sie als Profit-Centers. Ihre Vorgesetzten studieren diese Pläne, unterbreiten Vorschläge und benutzen sie, um Verkaufsquoten daraus abzuleiten.

Verkäufer zeichnen ihre abgeschlossenen Aktivitäten in Besuchsberichten auf. Besuchsberichte halten das Verkaufsmanagement über die Aktivitäten der einzelnen Verkäufer auf dem laufenden, zeigen auf, was sich bei jedem einzelnen Kunden ereignet hat und stellen Informationen zur Verfügung, die möglicherweise für spätere Besuche nützlich sind. Verkäufer reichen auch Abrechnungen über Spesen ein, die ihnen teilweise oder vollständig erstattet werden. Einige Unternehmen verlangen auch Berichte über neue und über verlorengegangene Geschäfte sowie Berichte über die lokale Geschäfts- und Wirtschaftssituation.

Diese Berichte enthalten die Rohdaten, aus denen das Verkaufsmanagement die Leistungsbewertung des Außendienstes ableiten kann. Gibt es Verkäufer, die zuwenig Besuche pro Tag durchführen? Benötigen sie zuviel Zeit für den einzelnen Besuch? Verbringen sie zuviel Zeit mit Unterhaltung? Erbringen sie genügend Aufträge per 100 Besuche? Finden sie genug neue Kunden, und halten sie die bestehenden Abnehmer?

Formale Leistungsbewertung

Unter Benutzung der Außendienstberichte sowie anderer Informationen bewertet das Verkaufsmanagement einzelne Außendienstmitarbeiter. Mit einer formalen Bewertung sind drei Vorteile verbunden. Erstens muß das Management eindeutige Maßstäbe für die Leistungsbewertung entwickeln und bekanntgeben. Zweitens wird das Management gezwungen, über jeden einzelnen Verkäufer hinreichende und abgesicherte Informationen zu beschaffen. Drittens wissen die Verkäufer, daß sie sich irgendwann mit dem Verkaufsmanager zusammensetzen und ihre Leistung begründen müssen.

Vertreterleistungsvergleich

Eine Form der Bewertung besteht darin, die Leistungen der einzelnen Verkäufer zu vergleichen und eine Rangliste zu erstellen. Derartige Vergleiche können jedoch irreführend sein. Die Verkäufer können unterschiedliche Leistungen aufgrund unterschiedlicher Ausgangsbedingungen erbringen, wie z. B. Gebiet, Potential, Arbeitsbelastung, Intensität des Wettbewerbs sowie Verkaufsförderungsbemühungen des Unternehmens. Darüber hinaus sind Verkäufe nicht immer der beste Erfolgsindikator. Das Management sollte vielmehr daran interessiert sein, wieviel jeder einzelne Verkäufer zum Gewinn beiträgt. Das aber

BEISPIEL 17-4

Persönliches Verkaufen und Grundsätze der Rechts- und Wirtschaftsordnung

Vertreter müssen bei ihren Bemühungen um Aufträge die Regeln des fairen Wettbewerbs beachten. Bestimmte Verkaufspraktiken sind ungesetzlich oder unterliegen strengen Vorschriften. Vertreter müssen es unterlassen, Kunden, Einkäufern oder anderen einflußreichen Personen Bestechungsgeschenke anzubieten. Es ist ungesetzlich, technische oder geschäftliche Geheimnisse von Konkurrenten durch Werkspionage oder Bestechung in Erfahrung zu bringen. Vertreter dürfen die Konkurrenten und deren Produkte nicht durch die Verbreitung von Unwahrheiten in Verruf bringen. Es ist ihnen nicht erlaubt, gebrauchte Waren als neu zu verkaufen oder den Kunden über Kaufvorteile irrezuführen. Sie müssen die Kunden über ihre Rechte informieren, wie z. B. die 72 Stunden Rücktrittsfrist, in der die Kunden die Waren gegen Rückerstattung ihres Geldes zurückgeben können. Schließlich dürfen sie die Käufer nicht nach Rasse, Geschlecht oder Religionszugehörigkeit diskriminieren.

Quelle: Bezüglich weiterer Information über die rechtlichen Aspekte des persönlichen Verkaufs vgl. Louis W. Stern und Thomas L. Eovaldi, Legal Aspects of Marketing Policy (Englewood Cliffs, N. J.: Prentice-Hall, Inc., 1984), S. 447–550.

erfordert, das Verkaufsmix und die Verkaufskosten jedes einzelnen Verkäufers zu analysieren.

Vergleich laufender Umsätze mit vergangenen Umsätzen

Eine zweite Art der Bewertung stellt der Vergleich der gegenwärtigen Leistung eines Verkäufers mit vergangenen Leistungen dar. Diese Methode vermittelt einen unmittelbaren Eindruck über den Fortschritt eines Verkäufers. Ein Vergleich kann Trends hinsichtlich der Umsätze und Gewinne im Verlauf der Jahre für den einzelnen Verkäufer aufzeigen. Darüber hinaus enthält er die Aufzeichnungen des Verkäufers über die durchgeführten Besuche und neuen Kunden. Was nicht aufgezeigt wird, sind die Ursachen, warum die Leistung des Verkäufers sich in die eine oder andere Richtung bewegt.

Qualitative Bewertung der Verkäufer

Diese Bewertung umfaßt üblicherweise die Beurteilung der Kenntnisse des Verkäufers über das Unternehmens, die Produkte, die Kunden, die Konkurrenten, das Gebiet und über seine Aufgaben. Es können persönliche Eigenschaften bewertet werden, wie z. B. die allgemeinen Umgangsformen, die äußere Erscheinung, die sprachlichen Ausdrucksmöglichkeiten sowie das Temperament. Der Verkaufsmanager kann darüber hinaus überprüfen, ob es Probleme bezüglich der Motivation oder Einordnung gibt. Außerdem sollte der Verkaufsmanager im Rahmen der Überprüfung sicherstellen, daß der Verkäufer die einschlägigen Gesetze kennt (vgl. Beispiel 17-4). Jedes Unternehmen hat zu entscheiden, welche Kenntnisse für seine Verkäufer am wichtigsten sind. Es sollte diese Kriterien den Verkäufern bekanntgeben, so daß sie verstehen, wie ihre Leistung bewertet wird und sich anstrengen, diese zu verbessern.

ZUSAMMENFASSUNG

Die meisten Unternehmen beschäftigen Verkäufer, und viele weisen ihnen die Schlüsselrolle im Marketing-Mix zu. Ein Verkaufsaußendienst ist teuer und erfordert einen wirksamen Verkaufsmanagement-Prozeß, der aus sechs Stufen besteht: Festlegung der Außendienstziele; Gestaltung der Strategie, der Struktur, der Größe und Entlohnung des Außendienstes; Anwerbung und Auswahl; Ausbildung; Überwachung und Bewertung der Verkäufer.

Als ein Element des Marketing-Mix ist der Verkaufsaußendienst sehr gut geeignet für die Erreichung bestimmter Marketingziele und übernimmt eine tragende Funktion bei gewissen Aktivitäten, wie z. B. Ausfindigmachung und Gewinnung neuer Kunden, Botschaftsübermittlung, Verkauf und Service sowie Informationserlangung. Im Rahmen des modernen Marketing-Konzeptes benötigt der Verkaufsaußendienst außer den traditionellen Verkaufsfähigkeiten Fertigkeiten in der Marketing-Analyse und -Planung.

Sobald die Außendienstziele festgelegt worden sind, beantwortet die Strategie die Frage, welche Verkaufsform die wirksamste wäre – Einzelverkauf, Teamverkauf –, welche Art von Außendienststruktur am zweckmäßigsten ist – gebiets-, produkt- oder kundenorientiert –, wie groß die Außendienstorganisation sein sollte und wie die Außendienstorganisation bezüglich Gehalt, Provision, Bonus, Auslagenerstattung und sonstiger freiwilliger Zuwendungen zweckmäßigerweise zu entlohnen sei.

Verkäufer müssen sorgfälig angeworben und ausgewählt werden, um die hohen Kosten für die Einstellung der falschen Personen möglichst niedrig zu halten. Ausbildungsprogramme machen die neuen Verkäufer mit der Geschichte des Unternehmens, seinen Produkten und Geschäftsprinzipien, mit den Merkmalen des Marktes und der Konkurrenten sowie mit der Verkaufskunst vertraut. Die Verkaufskunst umfaßt einen aus sieben Schritten bestehenden Verkaufsprozeß: Ausfindigmachen und Bewerten neuer Kunden, Vorbereitung, Herantreten, Präsentation sowie Vorführung, Behandlung von Einwänden, Abschluß und verkaufsabwickelnde Aufgaben. Verkäufer bedürfen der Überwachung und der ständigen Ermutigung, weil sie viele Entscheidungen treffen müssen und mit vielen Frustrationen konfrontiert werden. Das Unternehmen muß in regelmäßigen Abständen ihre Leistung bewerten, um ihnen zu helfen, ihre Aufgaben noch besser zu erfüllen.

DISKUSSIONSFRAGEN

1. Welches sind die Vorteile des persönlichen Verkaufs gegenüber den anderen Formen der Absatzförderung?
2. Welche persönlichen Qualitäten sind Ihrer Meinung nach die wichtigsten für einen erfolgreichen Verkäufer? Warum?

3. Welches sind die relativen Vor- und Nachteile der drei Strukturen der Außendienstorganisation?
4. Die kundenorientierte, problemlösende Methode der Verkäuferausbildung steht im Einklang mit dem Marketing-Konzept. Kommentieren Sie diese Aussage.
5. Eine Kombination von Festgehalt und Provision ist wahrscheinlich die beste Methode, die Außendienstorganisation zu entlohnen. Kommentieren Sie diese Aussage.
6. Sie sind gerade von der World Book Encyclopedia Company für den Sommer als Verkäufer engagiert worden. Erläutern Sie, wie Sie die Stufen erfolgreichen Verkaufens durchlaufen würden.
7. Wie würde Ihr Manager – aus Frage 6 – vorgehen, um am Ende des Sommers Ihre Verkaufstätigkeit für die Firma World Book zu bewerten?
8. Das Herantreten des Verkäufers an den Käufer ist die einzig übliche Methode, um mit Kunden in Kontakt zu treten. Kommentieren Sie diese Feststellung.

SCHLÜSSELBEGRIFFE

Kundenorientierte Außendienststruktur *(Customer salesforce structure).* Eine Außendienstorganisation, innerhalb der die Verkäufer darauf spezialisiert sind, nur an bestimmte Kunden oder in bestimmte Branchen zu verkaufen.

Produktorientierte Außendienststruktur *(Product salesforce structure)* Eine Außendienstorganisation, bei der die Verkäufer darauf spezialisiert sind, nur einen Teil der Produkte oder Produktlinien des Unternehmens zu verkaufen.

Verkaufs-Management *(Salesforce management).* Die Analyse, Planung, Durchführung und Kontrolle von Außendienstaktivitäten. Dazu gehört das Setzen von Außendienstzielen, die Entwicklung einer Außendienststrategie sowie die Anwerbung, Auswahl, Ausbildung, Überwachung und Bewertung der Verkäufer des Unternehmens.

Verkäufer *(Salesperson).* Ein Individuum, das für ein Unternehmen tätig ist und eine oder mehrere der folgenden Aktivitäten erbringt: Ausfindigmachen und Gewinnung neuer Kunden, Botschaftsübermittlung, Kundendienst und Informationserlangung.

Verkaufsprozeß *(Selling process).* Die Stufen, denen ein Verkäufer beim Verkaufen folgt. Sie umfassen Ausfindigmachen und Bewerten neuer Kunden, Vorbereitung, Herantreten, Präsentation und Vorführung, die Behandlung von Einwänden, den Kaufabschluß und verkaufsabwickelnde Aufgaben.

Gebietsorientierte Außendienststruktur *(Territorial salesforce structure).* Eine Außendienstorganisation, die jedem einzelnen Verkäufer exklusiv ein geographisches Gebiet zuordnet, in dem er die gesamte Produktpalette des Unternehmens verkauft.

FUSSNOTEN

1. Übernommen von Bill Kelly, „How to Sell Airplanes, Boeing-Style“, Sales and Marketing Management, 9. Dezember 1985, S. 32–34.
2. Robert N. McMurry, „The Mystique of Super-Salesmanship“, Harvard Business Review, März–April 1961, S. 114.
3. Vergleiche hierzu William R. Dixon, „Redetermining the Size of the Sales Force: A Case Study“, in Changing Perspectives in Marketing Management, Martin R.

Warshaw, Hrsg. (Ann Arbor: University of Michigan, Michigan Business Reports, 1962), Nr. 37, S. 58.

4. Bezüglich weiterer Literatur über die Arbeitsbelastung und über andere Methoden wird verwiesen auf Gilbert A. Churchill, Jr., Neil M. Ford und Orville C. Walker, Jr., Sales Force Management (Homewood, IL: Irwin, 1981), S. 160–67.
5. „1986 Survey of Selling Costs", Sales and Marketing Management, 17. Februar 1986, S. 54.
6. „1984 Survey of Selling Costs", Sales and Marketing Management, 20. Februar 1984, S. 67.
7. McMurry, „The Mystique of Super-Salesmanship", S. 117.
8. Ibid., S. 118.
9. „1986 Survey of Selling Costs", S. 68.
10. Einige der folgenden Erläuterungen basieren auf W. J. E. Crissy, William H. Cunningham, und Isabella C. M. Cunningham, Selling: The Personal Force in Marketing (New York: Wiley, 1977), S. 119–29.
11. Vincent L. Zirpoli, „You Can't 'Control' the Prospect, So Manage the Presale Activities to Increase Performance", Marketing News, 16. März 1984, S. 1.
12. Mark Hanan, „Join the Systems Sell and You Can't Be Beat", Sales and Marketing Management, 21. August 1972, S. 44. Vergleiche hierzu auch Mark Hanan, James Cribbin und Herman Heiser, Consultative Selling (New York: American Management Association, 1970).
13. Für Beispiele wird verwiesen auf „S & MM's Special Computers in Marketing Section", Sales and Marketing Management, 5. Dezember 1983, S. 52–63.

FALLSTUDIE 15
Die Pillsbury Company: Totino's Pizza

Totino's, eine in Minneapolis ansässige Firma für Tiefkühl-Pizza, wurde 1975 von der Pillsbury Company aufgekauft, als Totinos jährliche Wachstumsrate 20 Prozent betrug. Innerhalb von zwei Jahren wurde Totino's revolutionäre „Knuspriger Teig-"(crisp-crust-)Technologie entwickelt, und die Firma stand im Begriff, einen aggressiven Marketingplan in die Tat umzusetzen, der konzipiert worden war, um sie zum Führer des Marktes von Tiefkühlpizza zu machen. Die Schlüsselfaktoren des Planes waren Produktverbesserung, aggressive Absatzförderung und Abdeckung der drei Grundsegmente des Marktes: hoher, mittlerer und niedriger Preis.

Der Plan war erfolgreich, und innerhalb von drei Jahren war Tortino's die führende Marke für Tiefkühlpizza in den Vereinigten Staaten, trotz neuer Konkurrenten, die von General Mills (Saluto), H. J. Heinz (La Pizzeria), Nestlé (Stouffer's) und Quaker Oats (Celeste) gesponsort wurden sowie energischerem Wettbewerb von mehr als 100 kleinen regionalen Unternehmen.

1984 brachte Pillsbury eine Tiefkühlpizza heraus, die eigens für die Zubereitung in Mikrowellenherden entwickelt worden war. Dieses Produkt wurde unter dem Markennamen Pillsbury Microwave herausgebracht, der auch noch andere für Mikrowellen geeignete Produkte wie Pfannkuchen und Popcorn umfaßt.

Die Firma Jeno's Inc., der ehemalige Führer auf dem Tiefkühlpizza-Markt, beabsichtigte, die Führungsposition zurückzugewinnen, indem sie versuchte, den Teig noch knuspriger zu machen als Tortino's und die spezifischen Verpackungsvorteile zu übertreffen. Jeno's folgte Tortino's nach zwei Jahren mit der Einführung seiner „knusprigen und leckeren Kruste." Die Verpackung für die Standardgröße (ca. 10 Unzen, das sind ca. 280 g) war Totino's Verpackung für dieselbe Größe zum Verwechseln ähnlich. Nach einem Gerichtsverfahren änderte Jeno's sein Verpackungsdesign. In den frühen achtziger Jahren vergrößerte Jeno's seinen Marktanteil durch den Aufkauf der Firma Chef Saluto von General Mills und zwei regionaler Marken, John's und Gino's, blieb aber immer noch an zweiter Stelle im Markt.

Im allgemeinen geht der Trend in der Lebensmittelbranche zu hochwertigeren und gesünderen Produkten. Die Gründe mögen vielleicht darin liegen, daß unter den berufstätigen Verbrauchern immer mehr Frauen sind, die nach qualitativ besserem und nahrhafterem Essen fragen und bereit sind, dafür zu zahlen. Auf dem Pizzamarkt entsprechen die Delivered Store Door-(DSD)-Marken und die Deli-Pizzas am ehesten diesen Bedürfnissen, da sie in den Verkäufsräumen einiger großer Supermärkte frisch gebacken werden. Tortino's „My Classic Pizza" konkurriert in diesem höherpreisigen Segment.

Die Werbeausgaben dieser Branche betragen bis zu ca. zwei Prozent vom Umsatz, was zwischen dem niedrigsten Etat für Lebensmittelprodukte und jenem Niveau liegt, das mit massengüterartigen Produkten in Verbindung gebracht wird. Andererseits wird ein beträchtlicher Betrag auf der Einzelhandelsebene in Form von Displays, Werbung und anderer Arten von Zuschüssen ausgegeben, wie z. B. Verkaufsanreize. Auch den Konsumenten werden Anreize in Form von Sonderangeboten und Gutscheinen offeriert. Kaum eine Woche vergeht, ohne daß eine besondere Verkaufsaktion für Tiefkühl-Pizza stattfindet.

Einzelhändler bevorzugen gewinnbringende Marken. Da sie nur über begrenzte Tiefkühlkapazitäten verfügen, favorisieren sie den Anbieter, der am meisten für Werbung und Absatzförderung ausgibt, besonders für Rabatte, die die Rentabilität unmittelbar verbessern. Andererseits stellen Totino's und andere Hersteller fest, daß solche Unterstützung und die meisten Arten von Verkaufsförderung nur kurzfristige Kaufanregungen darstellen und wenig Konsumententreue bewirken. Totino's Management will seine Werbe- und Absatzförderungsdollars effizient ausgeben, um Konsumententreue aufzubauen – so z. B. dauerhafte Präferenzen im Bewußtsein der Konsumenten. Trotzdem geben Konkurrenten, insbesondere marginale Hersteller, ihr Geld nach wie vor sofortige Absatzbelebung aus.

Angesichts der neuen Wettbewerbssituation und veränderter Lebensstile der Verbraucher muß Totino's Management seine Marketingziele und -aktivitäten neu überdenken, insbesondere im Hinblick auf die Werbung und Verkaufsförderung.

Welche Empfehlungen würden Sie dem Management von Totino's bezüglich des Produkt-Marketings geben, insbesondere was Werbung und Verkaufsförderung betrifft?

FALLSTUDIE 16
Purex Industries, Inc.

Die Firma Purex produziert und vermarktet Konsumgüter, in erster Linie Sonderpreisartikel, sowohl Markenwaren als auch namenlose Erzeugnisse. Das Unternehmen ist der viertgrößte Hersteller von Haushaltsreinigern und der größte Hersteller und Verteiler von Handelsmarken dieser Produktgruppe. Purex hält einen Anteil von 25 Prozent am Markt für flüssige Haushaltsbleichmittel, gleich an zweiter Stelle hinter Clorox; und das Unternehmen behauptet einen wesentlichen Anteil des Marktes für „clothes-dryer fabric softener"*, an zweiter Stelle hinter Procter & Gamble.

Die folgenden internen und externen Entwicklungen haben kürzlich zu einer neuen Wettbewerbssituation geführt, die bei Purex Änderungen bezüglich der Marketingbemühungen für Konsumartikel erfordern könnten, insbesondere für Haushaltsreiniger.

1. Handelsmarken und markenlose Produkte nehmen heute einen bedeutenden und wachsenden Anteil am Branchenumsatz ein, besonders bei Papiererzeugnissen und Haushaltsreinigern. Konsumenten zeigen gegenwärtig aufgrund besserer Wirtschaftsbedingungen und anderer Einflüsse eine etwas geringere Akzeptanz für diese Produkte; diese Akzeptanz variiert jedoch nach Produkt, Einzelhandelsgeschäft und Region.

2. Einzelhändler, daran interessiert, preisbewußte Verbraucher zu gewinnen und ihre Erträge zu verbessern, tendieren zu markenlosen Produkten und nahezu servicelosem Einzelhandel in konventionellen Supermärkten. Neue Arten äußerst einfach ausgestatteter Lebensmittel-Einzelhandelsgeschäfte, wie z. B. Lagerhausgeschäfte, werden immer zahlreicher und legen großen Wert auf Produktqualität. Einige Einzelhändler haben das Sortiment der von ihnen auf Lager gehaltenen Waren reduziert, während andere nur die zwei oder drei führenden Marken jeder Artikelgruppe führen.

3. Hersteller überregionaler Marken, die unter der Invasion von namenlosen Produkten (generics) und Handelsmarken leiden, kommen mit preisorientierteren Marken auf den Markt. Scott Paper Company, der führende Hersteller von Toilettenpapier, führt Produkte an beiden Enden des Preisspektrums. Procter & Gamble hat Papierprodukte zu äußerst günstigen Preisen herausgebracht, für die nicht geworben wird, und führte das preiswerte Ivory-Shampoo ein, hat aber den Preis nicht als Verkaufsargument herausgestellt. Es ist unklar, wieviel Werbeunterstützung geplant ist.

4. Purex hat das Anlagevermögen der A. E. Staley Company's gekauft sowie deren Geschäft mit Haushaltsartikeln und Lebensmittelprodukten für den Einzelhandel übernommen, die Purex zu weiteren Wäscheprodukten, Weichspülern, Getreideprodukten und Dicksäften verholfen haben sowie zu vier Produktionsstätten in den USA.

---

* Anmerkung: Bei „clothes-dryer fabric softener" handelt es sich um ein Tuch, das im Wäschetrockner der Wäsche beigegeben wird, um eine antistatische Wirkung zu erzielen und um Duftstoffe zu verbreiten.

Historisch gesehen, war Purex's erstes Produkt ein flüssiges Haushaltsbleichmittel, und seine Hauptkonkurrenz war und ist Clorox. Beide Firmen sind bestrebt, durch Werbung, Verpackung und Etikettierung ihre besondere Marke dieser massengüterartigen Produkte im Bewußtsein der Konsumenten zu differenzieren. Von der chemischen Substanz her sind beide Produkte gleich. Im Laufe der Jahre erwarb Purex eine Reihe bekannter Markenprodukte, manchmal erst, nachdem diese ihren Höhepunkt bereits überschritten hatten. Darunter waren Old Dutch Scouring Cleanser, Bo-Peep Ammonia, LaFrance Bluing, Cameo Copper Cleanser, Fels Naptha Laundry Bar Soap, Sweetheart soap products, Dobie Cleaning Pads, Brillo Soap Pads, Ellio's Pizza, Pope brand tomatoes und andere italienische Lebensmittelartikel. Das Unternehmen entwickelte auch Produkte, um ein vollständiges Sortiment an Haushaltsreinigern anzubieten.

Das Purex-Management führt den Erfolg des Unternehmens mit seinen Markenprodukten zum großen Teil auf sein Schlüsselkunden-(key account-) Konzept zurück, das auf Einzelhändler abzielt sowie auf sein Preis/Leistungs-Konzept, das sowohl auf Verbraucher als auch auf Einzelhändler ausgerichtet ist.

Das Schlüsselkunden-Konzept erfordert die wirkungsvolle Zusammenarbeit mit einer begrenzten Anzahl großer Einzelhandelsketten, die mit einem großen Anteil am Konsumgüter-Umsatz der Firma Purex beteiligt sind. Infolge der engen Zusammenarbeit mit diesen Schlüsselkunden – Erfassen und Erfüllen von deren Bedürfnissen sowie Koordination der Maßnahmen – waren die „key-account"-Manager bei den Einzelhändlern äußerst erfolgreich. Als jedoch die Purex-Methode, mit ausgewählten größeren Einzelhändlern Beziehungen zu beiderseitigem Nutzen aufzubauen, vom Wettbewerb weitgehend übernommen wurde, schrumpfte der frühere Vorsprung von Purex.

Die Elemente des auf dem Verhältnis von Preis und Leistung basierenden Marketingkonzeptes von Purex sind: konkurrenzfähige Qualität zu niedrigeren Preisen, relativ geringe Werbeunterstützung und kräftige Anreize für den Einzelhändler. Purex hat behauptet, daß die Bruttogewinnspanne der Einzelhändler bei Purex-Produkten deutlich höher läge als bei Konkurrenzprodukten. Das Firmenzeichen, bestehend aus einem Kreis um eine ausgestreckte Hand, die ein Stück Purex-Seife hält, unter dem die Worte „Symbol des Wertes" stehen, erscheint in fast allen Anzeigen und auf Produktverpackungen. Ein derartiger Wert ist ziemlich schwierig zum Ausdruck zu bringen. Die Firma Procter & Gamble hat dagegen behauptet, daß ihre Erzeugnisse die beste Produktleistung böten, die von Verbrauchern wahrgenommen werden könnten.

Während der sechziger Jahre verkaufte Purex im Rahmen des Preis/Leistungs-Konzeptes preisgünstige Produkte. In den siebziger Jahren praktizierte das Unternehmen dieses Konzept jedoch wesentlich aggressiver, indem es den Preis noch weiter heruntersetzte. Die Bleichmittel und Haushaltsreiniger der Marke Purex lagen preislich bei 30 Prozent unter den Spitzenmarken. Marktbeobachter glauben nun, daß die Konkurrenz für Purex noch härter werden wird, falls die markenlosen Produkte ihre breite Akzeptanz zurückerhalten und von Herstellern erstklassiger Markenartikel mehr preisgünstige Markenprodukte herausgebracht werden. Der fortwährende Erfolg des Preis/Leistungs-Konzeptes ist von der Überzeugung der Verbraucher abhängig, daß sie einen hohen Wert für wenig Geld erhalten.

Flüssige Haushaltsbleicher, ein massenproduktartiger Artikel, ist ein hierfür bezeichnendes Beispiel. Der aktive Wirkstoff in allen flüssigen

Courtesy Eastman Kodak Company

18. KAPITEL

Internationales Marketing

LERNZIELE DIESES KAPITELS

Nachdem Sie dieses Kapitel gelesen haben, sollten Sie in der Lage sein

1. zu erläutern, wie Außenhandel, Volkswirtschaft sowie politisch-gesetzliches und kulturelles Umfeld die Entscheidungen eines Unternehmens bezüglich seiner internationalen Marketingaktivitäten beeinflussen;
2. drei Methoden zu beschreiben, in fremde Märkte einzusteigen;
3. zu erklären, wie Unternehmen ihre Marketing-Mixes fremden Märkten anpassen können;
4. die drei Formen internationaler Marketing-Organisation zu identifizieren.

Seit über 100 Jahren ist Eastman Kodak für seine leicht zu handhabenden Kameras, seine Qualitätsfilme und soliden Gewinne für die Kapitalanleger bekannt. Während des letzten Jahrzehntes jedoch sind die Kodak-Umsätze abgeflacht und seine Gewinne rückläufig. Möglicherweise zu selbstzufrieden nach einem Jahrhundert des Erfolgs, wurde das Unternehmen auf wichtigen Märkten von innovativeren Konkurrenten überholt. In vielen Fällen waren diese Konkurrenten Japaner. Kodak begab sich auch auf den 35-Millimeter-Kameramarkt und landete weit hinter Nikon, Canon und Minolta. Das Unternehmen zögerte bei Video-Kameras und -Rekordern und verlor diese Märkte an Sony, Matsushita und Toshiba. Darüber hinaus eroberten beweglichere japanische Konkurrenten den Markt für Filmentwicklungsautomaten, die es ermöglichen, im Eigenverfahren Filme innerhalb einer Stunde zu entwickeln. Als ein großer amerikanischer Konkurrent – Fuji Photo Film Company – in Kodaks Hauptgeschäft, das Farbfilmgeschäft, einstieg, nahm Kodak diese Herausforderung sehr ernst.

Fuji betrat den US-Film-Markt in den frühen siebziger Jahren. Das Unternehmen offerierte Qualitätsfarbfilme zu Preisen, die zehn Prozent niedriger lagen und übertraf Kodak mit high-speed 400ASA- und 1600ASA-Filmen. Fuji gelang der größte Coup, indem es Kodak ausbootete und offizieller Anbieter der olympischen Sommerspiele 1984 in Los Angeles wurde. Fujis Anteil an dem riesigen US-Farbfilmmarkt war von lediglich zwei Prozent im Jahre 1972 bis 1984 auf über acht Prozent gewachsen. Als Ziel kündigte das Unternehmen einen weiteren Anstieg des Marktanteils auf 15Prozent an. Fuji's Umsätze verzeichneten eine jährliche Steigerung von 20Prozent und lagen damit erheblich über der Wachstumsrate des Marktes.

Kodak schlug heftig zurück, um seinen ansehnlichen 85Prozent-Anteil am US-Film-Markt zu verteidigen. Das Unternehmen paßte sich Fuji's neuen Produkten und Preisen an. Es übertraf Fuji bezüglich der Werbe- und Absatzförderungsausgaben im Verhältnis 20:1 und zahlte ungefähr 10 Millionen, um Sponsor für die Olympischen Sommerspiele 1988 in Seoul, Südkorea, zu werden. Die meisten Marktanalytiker teilen die Auffassung, daß Kodak seine US-Marktposition erfolgreich verteidigen wird. Es ist unwahrscheinlich, daß Fuji viele Konsumenten dazu verführen wird, sich von Kodak's vertrauter gelbschwarzer Filmpackung zu trennen, um zur grünen von Fuji überzuwechseln.

Kodak weitet jedoch das Kampfgebiet aus – das Unternehmen greift in Japan an, Fuji's Heimatmarkt. Kodak ist kein Neuling im internationalen Marketing – 40Prozent seines 11-Milliarden-Umsatzes resultieren aus 150 Ländern außerhalb der USA. Kodak verkauft seit 1889 in Japan Filme. Doch bis vor wenigen Jahren schenkte das Unternehmen dem japanischen Markt wenig Aufmerksamkeit. 1984 jedoch unternahm Kodak einige aggressive Schritte, um seine Präsenz und seine Umsätze in Japan zu vergrößern. Das Unternehmen gründete eine eigene Tochterfirma – Kodak-Japan – und verdreifachte sein japanisches Personal. Es kaufte eine japanische Großhandelsfirma auf und stattete sie mit seinem eigenen japanischen Marketing- und Verkaufspersonal aus, investierte in ein neues Technologiezentrum und ein großes japanisches Forschungsinstitut. Darüber hinaus steigerte Kodak erheblich seine japanische Absatzförderung und Publicity. Nunmehr sponsert Kodak-Japan alle möglichen Vorhaben von Fernseh-Talk-Shows bis zu Sumo-Ringkampf-Turnieren.

Trotz dieser großen Anstrengungen dürfte es für Kodak in Japan genauso schwierig sein, wie für Fuji in den USA. Mit über drei Milliarden Dollar Jahresumsatz verfügt Fuji über die Mittel, Kodak's Angriffe abzuwehren. Das japanische Großunternehmen ist mit 70Prozent Marktanteil in Japan gegenüber

Kodaks 15Prozent sehr fest verwurzelt. Darüber hinaus schützen hohe Zölle auf ausländische Filme Fuji's Interessen. Kodak wird trotzdem einige Vorteile aus seiner begonnenen Offensive ziehen. Erstens bietet Japan große Chancen für steigende Umsätze und Gewinne – sein 1,5Milliarden Dollar Film- und Fotopapiermarkt ist der zweitgrößte nach den USA. Zweitens kommt ein großer Teil der neuen fotografischen Technologie der Gegenwart aus Japan, so daß eine verstärkte Präsenz in Japan Kodak helfen wird, mit den neuesten Entwicklungen Schritt zu halten. Drittens werden Eigentum und Beteiligungen in Japan Kodak zu einem besseren Verständnis japanischer Produktionsmethoden verhelfen sowie dazu, für die USA und andere Weltmärkte neue Produkte zu erlangen. Kodak verkauft bereits viele Produkte, die in Japan hergestellt werden, unter seinem Namen in den USA. Kodak-Videokameras werden von Matsushita, sein Videoband wird von TDK Electronics erzeugt. Kodak ist mit zehn Prozent an der Firma Chinon Industries beteiligt, die für Kodak die 35mm-Kameras herstellt. Kodak verkauft Filmentwicklungsautomaten, die von japanischen Herstellern produziert werden; seine mittelgroßen Kopierer werden von Canon erzeugt.

Kodak zieht aus seiner Attacke auf den japanischen Markt einen weiteren bedeutenden Vorteil: Wenn Fuji erhebliche Mittel der Verteidigung seines Binnenmarktes gegen Kodak widmen muß, stehen dem Unternehmen weniger Mittel für den Wettbewerb gegen Kodak in den USA zur Verfügung.[1]

Wegen der enormen Größe des US-Marktes und einiger schlechter Erfahrungen im Ausland sind viele amerikanische Unternehmen dem internationalen Marketing ausgewichen. Weil es einfacher und mit weniger Risiko verbunden ist, ziehen die meisten amerikanischen Unternehmen das inländische dem internationalen Marketing vor. Die Manager brauchen keine fremde Sprache zu erlernen, nicht mit fremden Währungen umzugehen, werden nicht mit politischen und gesetzlichen Unsicherheitsfaktoren konfrontiert und müssen auch nicht das Produkt unterschiedlichen Kundenbedürfnissen und -wünschen anpassen.

Zwei Faktoren locken amerikanische Unternehmen in das internationale Marketing: Erstens können sie durch ein Abflauen heimischer Marktchancen dazu getrieben werden. Das Wirtschaftswachstum könnte sich verlangsamt haben, die Regierung könnte die gesetzlichen Reglementierungen der Branche verschärft haben, die Steuern könnten zu stark erhöht worden sein, die Regierung könnte die Unternehmen zu einer Ausweitung ihres Auslandsgeschäftes drängen,

McDonald's Restaurants gibt es auf der ganzen Welt. Die hier abgebildeten Beispiele befinden sich in Paris, Schweinfurt, Tokyo und Hongkong. Abgedruckt mit freundlicher Genehmigung der McDonald's Corporation.

um das US-Außenhandelsdefizit zu verringern.[2] Zweitens könnten amerikanische Unternehmen von Wachstumsmärkten für ihre Produkte in anderen Ländern angezogen werden. Ohne den Inlandsmarkt aufzugeben, könnten sie andere Märkte trotz der zusätzlichen Kosten und Probleme, mit denen Unternehmen im Ausland konfrontiert werden, attraktiv finden.

Die USA sind, in absoluten Dollarbeträgen gerechnet, das größte Exportland der Welt. Jedoch gemessen an der Größe ihrer Volkswirtschaft sind einige andere Länder wesentlich stärker im Außenhandel involviert. Großbritannien, Belgien, die Niederlande und Neuseeland müssen mehr als die Hälfte ihres Bruttosozialproduktes exportieren, um im Inland die Beschäftigung aufrechterhalten und importierte Waren bezahlen zu können. Internationales Marketing ist zum zweiten Charakteristikum der Unternehmen in diesen Ländern geworden.

Einige Unternehmen in den USA und im Ausland sind in einem derart großen Ausmaß im Welt-Marketing engagiert, daß sie als multinationale Unternehmen bezeichnet werden können. Zu den amerikanischen multinationalen Unternehmen zählen riesige Firmen wie Exxon, Citicorp, Texaco, Mobil, Colgate-Palmolive, Caterpillar, Coca-Cola, Dow Chemical, Ford, Gillette, Gulf Oil, IBM, ITT, Kodak, Pfizer und Xerox. Diese und andere amerikanische Unternehmen sehen sich starken multinationalen Konkurrenten gegenüber, wie beispielsweise Royal Dutch/Shell, British Petroleum, Unilever, Philips, Volkswagenwerk, Nippon Steel, Siemens, Toyota Motor und Nestlé.

Während einige amerikanische Unternehmen im Ausland stark expandiert haben, sind viele ausländische Firmen in den amerikanischen Markt eingetreten. Ihre Namen und Marken sind zu gängigen Begriffen geworden, wie z.B. Sony, Honda, Nissan, Nestlé, Norelco, Mercedes-Benz und Volkswagen, wobei viele Amerikaner diese Marken gegenüber einheimischen Produkten bevorzugen. Viele andere Produkte, die scheinbar von amerikanischen Firmen hergestellt werden, werden in Wirklichkeit von ausländischen Unternehmen produziert. Zu dieser Gruppe zählen Bantam Books, Baskin-Robbins Ice Cream, Capitol Records, Kiwi Shoe Polish, Lipton Tea und Saks Fifth Avenue. Amerika lockt aber auch ausländische Kapitalanleger für Touristik- und Immobilienprojekte an, so kaufen insbesondere die Japaner Land auf Hawaii, Kuwaitis sind an Entwicklungen in der Nähe der Küste von South Carolina beteiligt und Araber kaufen Bürohäuser in Manhattan – und ein Scheich aus Saudi Arabien wollte für seinen Sohn Alamo kaufen.

Da der internationale Wettbewerb zunimmt, müssen amerikanische Unternehmen besser in der Abwicklung internationaler Marketingvorhaben werden. Einige der erfolgreichsten Marketer gerieten ins Schleudern, als sie ins Ausland gingen. Kentucky Fried Chicken eröffnete elf Verkaufsstellen in Hongkong und alle erwiesen sich innerhalb von zwei Jahren als Fehlschlag. McDonald's eröffnete sein erstes europäisches Schnellrestaurant in Amsterdam, aber die Umsätze waren enttäuschend. McDonald's hat allerdings schnell gelernt, wie neue Verkaufsstellen anzusiedeln und anzupassen sind und betreibt diese nunmehr äußerst erfolgreich in der ganzen Welt.

Wir können die Frage aufwerfen: Umfaßt internationales Marketing irgendwelche neuen Prinzipien? Grundsätzlich lautet die Antwort Nein – die Prinzipien des Festlegens von Marketing-Zielen, der Auswahl von Zielmärkten, der Entwicklung von Marketing-Positionen und Marketing-Mixes sowie der Durchführung der Marketing-Kontrolle gelten dort genauso wie auf dem heimischen Markt. Die Prinzipien sind nicht neu, die Unterschiede zwischen einzelnen

ABBILDUNG 18-1
Wichtige Entscheidungen bezüglich des internationalen Marketing

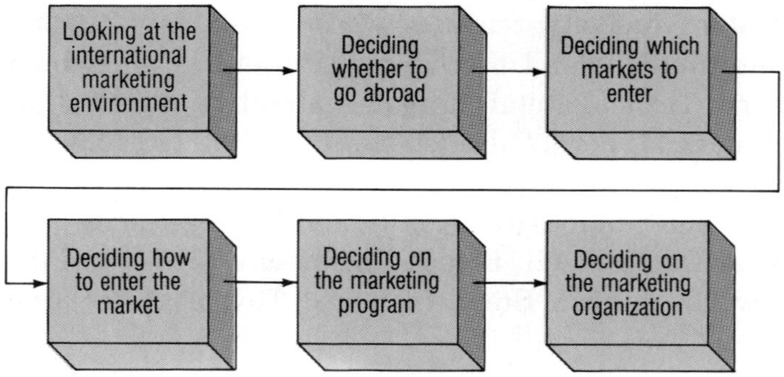

FIGURE 18-1
Major Decisions in International Marketing

Nationen können jedoch so groß sein, daß der internationale Marketer fremde Völker verstehen und lernen muß, wie Leute in verschiedenen Ländern auf Marketing-Anstrengungen reagieren.

Wir wollen nunmehr einen Blick auf die sechs Entscheidungen werfen, vor denen Unternehmen im internationalen Marketing stehen (siehe hierzu Abb.18-1).

DAS INTERNATIONALE MARKETING-UMFELD

Ein Unternehmen muß viele Dinge hinzulernen, bevor es entscheidet, ob es auf ausländischen Märkten verkauft. Es muß das internationale Marketing-Umfeld gründlich analysieren. Dieses Umfeld hat sich seit 1945 wesentlich verändert und sowohl neue Chancen als auch neue Probleme aufgeworfen. Welthandel und internationale Investitionen sind rasch gewachsen. Die dominierende Position der USA ist zurückgegangen; und die Nation sieht sich den Problemen gegenüber, die eine ungünstige Handelsbilanz sowie der schwankende Wert des Dollars auf den Weltmärkten mit sich bringen. Andere Länder, wie z.B. Japan, haben ihre wirtschaftliche Macht auf den Weltmärkten gesteigert (vgl. hierzu Beispiel 18-1). Amerikanische Unternehmen werden in zunehmendem Maße mit Handelsbarrieren konfrontiert, die zum Schutz heimischer Märkte gegen ausländische Konkurrenz errichtet worden sind. Andererseits eröffnen sich derzeit attraktive neue Märkte in China, der UdSSR sowie in den arabischen Ländern.

Das Internationale Handelssystem

Ein amerikanisches Unternehmen, das die Bearbeitung ausländischer Märkte in Erwägung zieht, muß zuerst das internationale Handelssystem verstehen. Beim Verkauf in ein anderes Land sehen sich

Beispiel 18-1
Die Weltmeister des Marketing: die Japaner?

Wenige bezweifeln, daß die Japaner seit dem Zweiten Weltkrieg ein wirtschaftliches Wunder vollbracht haben. In sehr kurzer Zeit haben sie in vielen Branchen die Führung auf dem Weltmarkt errungen: Autos, Motorräder, Kameras, optische Instrumente, Stahl, Schiffbau, Pianos, Reisverschlüsse, Radios, Fernsehen, Videorecorder und Taschenrechner. Viele Theorien wurden angeboten, um den Welterfolg der Japaner zu erklären. Einige verweisen auf die einzigartigen Geschäfts- und Managementpraktiken des Landes. Andere stellen die Hilfe heraus, die seitens der Regierung einflußreichen Handelsunternehmen und Banken zuteil wird. Andere hingegen meinen, daß Japan's Erfolg auf niedrigen Lohnsätzen und unfairen Dumping-Praktiken beruht.

Eine der wichtigsten Erfolgsursachen ist Japan's geschickter Einsatz des Marketing. Die Japaner kamen in die USA, um die Philosophie und Techniken des Marketing zu studieren, kehrten zurück und verstanden es besser als viele amerikanische Unternehmen. Sie wissen, wie ein Markt zu selektieren ist, erschließen ihn auf die richtige Weise, bauen Marktanteile auf und verteidigen diese gegen Wettbewerber.

Marktselektion. Die Japaner verwenden viel Mühe darauf, attraktive Weltmärkte zu erkennen. Sie halten nach Branchen Ausschau, die viel Fachkenntnis, hohe Arbeitsintensität und einen geringen Rohstoffanteil erfordern. Hierzu gehören Unterhaltungselektronik, Kameras, Uhren, Motorräder und Pharmazeutika. Sie bevorzugen Produkt-Märkte, die neuartig und im Wandel begriffen sind. Darüber hinaus schätzen sie Märkte, wo Konsumenten in der ganzen Welt bereit sind, die gleichen Produktausführungen zu kaufen. Sie suchen nach Branchen, wo die Marktführer selbstgefällig oder unterfinanziert sind.

Markterschließung. Japanische Forschungsteams verbringen Monate in dem Zielland, um den Markt bewerten zu lernen. Die Teams suchen nach Marktnischen, die noch nicht vollständig zufriedengestellt sind. Mitunter starten sie mit einer preiswerten, äußerst einfachen Produktausführung, manchmal mit einem Produkt, das so gut wie das der Wettbewerber, aber billiger ist, gelegentlich aber auch mit einem Produkt von höherer Qualität oder mit neuen Eigenschaften. Die Japaner bauen ein dichtes Distributionsnetz auf, um ihren Kunden einen raschen Service zur Verfügung zu stellen. Sie bedienen sich der Werbung, um die Aufmerksamkeit der Konsumenten auf ihre Produkte zu lenken. Ihre Markterschließungsstrategie ist eher darauf gerichtet, zuerst einen Marktanteil zu erringen, statt frühe Gewinne. Oft sind sie bereit, bis zu einem Jahrzehnt zu warten, ehe sie irgendwelche Gewinne realisieren.

Marktanteilsgewinnung. Sobald japanische Firmen am Markt Fuß gefaßt haben, beginnen sie, ihren Marktanteil auszuweiten. Sie stecken Geld in Produktverbesserungen und neue Modelle, sodaß sie mehr und bessere Dinge anbieten können als die Konkurrenz. Sie machen neue Chancen durch Marktsegmentierung ausfindig, entwickeln Märkte in neuen Ländern und arbeiten daran, ein Netz von Weltmärkten und Produktionsstätten zu errichten.

Verteidigung des Marktanteils. Sobald die Japaner die Führung des Marktes errungen haben, wandeln sie sich vom Angreifer zum Verteidiger. US-Firmen, wie z.B. IBM, Xerox, General Electric und Texas Instruments, sind im Begriff zurückzuschlagen. Die japanische Verteidigungsstrategie besteht in einem guten Angriff durch ständige Produktentwicklungen und verbesserte Marktsegmentierung. Sie bezwecken, Marktlücken zu schließen, bevor ihre Konkurrenz dazu in der Lage ist.

Quelle: Philip Kotler und Liam Fahey, „The World's Champion Marketers: The Japanese?" Journal of Business Strategy, Sommer 1982, S.3–13.

amerikanische Unternehmen verschiedenen Handelsrestriktionen gegenübergestellt. Die am meisten verbreitete ist der Zoll, eine Steuer, die von der fremden Regierung bestimmten Importgütern auferlegt wird. Der Zoll kann dazu bestimmt sein, die Einnahmen zu erhöhen oder einheimische Unternehmen zu schützen. Der Exporteur kann auch mit Quoten konfrontiert werden, mit denen die Einfuhrmenge von bestimmten Produktkategorien begrenzt wird. Der Zweck dieser Quoten besteht darin, Devisen einzusparen und die inländische Industrie und Beschäftigung zu schützen. Ein Embargo ist die schärfste Quotenform – es verbietet völlig den Import von einigen Produktarten. Amerikanische Firmen können auch mit Devisenverkehrsbeschränkungen konfrontiert werden, die den Devisenbetrag und den Kurs gegenüber anderen Währungen begrenzen. Das Unternehmen kann auch außertarifären Handelshemmnissen begegnen, wie z.B. Voreingenommenheit gegenüber Submissionsangeboten amerikanischer Unternehmen oder der Festlegung von Produktnormen, die gegen Merkmale amerikanischer Produkte gerichtet sind. So verbietet beispielsweise die holländische Regierung Traktoren, die schneller als zehn Meilen pro Stunde fahren können, was bedeutet, daß die meisten in den USA hergestellten Traktoren ausgeschlossen sind.

Gleichzeitig begünstigen gewisse Kräfte den Handel zwischen Ländern, zumindest zwischen einigen. Bestimmte Länder haben Wirtschaftsgemeinschaften gegründet, die bedeutendste von ihnen ist die Europäische Wirtschaftsgemeinschaft – EWG, bekannt als Gemeinsamer Markt). Die EWG-Mitglieder sind die wichtigsten westeuropäischen Länder, sie arbeiten zusammen, um die Zölle abzubauen, die Preise zu senken sowie um Beschäftigung und Investitionen auszuweiten. Die EWG erhebt von ihren Mitgliedern keine Zölle, sie legt aber einen einheitlichen Zoll für den Handel mit Nichtmitgliedern fest. Seit der EWG-Gründung sind weitere Wirtschaftsgemeinschaften geschaffen worden, wie z.B. der Lateinamerikanische Freihandelszusammenschluß (LAFTA), der Zentralamerikanische gemeinsame Markt (CACM) sowie der Rat für gegenseitige Wirtschaftshilfe (CMEA) – bestehend aus osteuropäischen Ländern.

Jedes Land hat Besonderheiten aufzuweisen, die verstanden werden müssen. Die Aufnahmebereitschaft eines Landes für unterschiedliche Produkte und Dienstleistungen und seine Attraktivität als

Markt für ausländische Unternehmen hängen von seinem volkswirtschaftlichen, politisch-gesetzlichen und kulturellen Umfeld ab.

Volkswirtschaftliches Umfeld

Bei der Suche nach ausländischen Märkten muß der internationale Marketer die volkswirtschaftliche Situation eines jeden zur Diskussion stehenden Landes analysieren. Zwei wirtschaftliche Faktoren bringen die Attraktivität eines Landes als Exportmarkt zum Ausdruck.

Der erste Faktor ist die Industriestruktur. Diese bestimmt die Produkt- und Dienstleistungsbedürfnisse sowie das Einkommens- und Beschäftigungsniveau eines Landes. Es können vier Arten von Industriestrukturen unterschieden werden:

- *Bedarfsdeckungswirtschaften.* In Bedarfsdeckungswirtschaften ist der weitaus größte Teil der Bevölkerung mit einfacher Landwirtschaft beschäftigt. Sie verbrauchen den größten Teil der eigenen Erzeugnisse und tauschen den Rest gegen einfache Waren und Dienstleistungen ein. Diese Wirtschaftsform bietet nur wenig Marktchancen.
- *Rohstoffexportierende Wirtschaften.* Diese Wirtschaften sind reich an einem oder an mehreren Rohstoffen, jedoch arm in anderer Hinsicht. Ein großer Teil ihrer Einnahmen resultiert aus dem Export dieser Rohstoffe. Als Beispiele hierfür sind Chile (Zinn und Kupfer), Kongo (Kautschuk) und Saudi Arabien (Öl) zu nennen. Diese Länder stellen aufnahmefähige Märkte für Großanlagen, Werkzeuge und Industriebedarfsgüter sowie Lastwagen dar. Falls dort viele Ausländer wohnen und es eine wohlhabende Oberschicht gibt, bilden sie darüber hinaus einen Markt für Luxusgüter.
- *Industrialisierende Wirtschaften.* In einem industrialisierenden Land bestreitet die Eigenproduktion zwischen 10 und 20 Prozent des Bruttosozialproduktes. Als Beispiele für diese Wirtschaftsstruktur gelten Ägypten, die Philippinen, Indien und Brasilien. Mit zunehmender Industrialisierung hat das Land einen größeren Importbedarf an textilen Rohstoffen, Stahl und Schwermaschinen und weniger Einfuhrbedarf für Fertigtextilien, Papierwaren und Autos. Die Industrialisierung schafft eine neue reiche Oberschicht sowie eine kleine, aber wachsende Mittelschicht, die beide Bedarf an neuen Produkten haben, die importiert werden müssen.
- *Industriewirtschaften.* Industriewirtschaften sind wichtige Exporteure von Fertigprodukten und anlagesuchendem Kapital. Sie betreiben untereinander einen regen Güteraustausch und exportieren diese darüber hinaus im Austausch gegen Rohstoffe und Halberzeugnisse in andere Wirtschaftsformen. Die mannigfaltigen Verarbeitungsaktivitäten dieser Industrienationen und deren breite Mittelschicht machen sie zu aufnahmefähigen Märkten für alle Arten von Gütern.

Der zweite wirtschaftliche Faktor ist die Einkommensverteilung des Landes. Der internationale Marketer kann Länder mit fünf verschiedenen Formen der Einkommensverteilung auf Privathaushalte antreffen:

1. äußerst niedrige Einkommen der Privathaushalte
2. überwiegend niedrige Einkommen der Privathaushalte
3. sehr niedrige und sehr hohe Einkommen der Privathaushalte
4. niedrige, mittlere und hohe Einkommen der Privathaushalte und überwiegend mittlere Einkommen der Privathaushalte.

Betrachtet sei der Markt für Lamborghini, ein Auto, das mehr als 50.000 Dollar kostet. Die Absatzmöglichkeiten für dieses Auto würden äußerst gering in Ländern mit dem ersten oder zweiten Einkommensverteilungsmuster sein. Als größter Einzelmarkt für Lamborghini stellt sich Portugal heraus – Einkommensverteilungsmuster 3 –, das ärmste Land in Europa, jedoch eines mit genug reichen, statusbewußten Familien, die sich diese Luxusautos leisten können.

Politisch-gesetzliches Umfeld

Nationen unterscheiden sich erheblich bezüglich ihres politisch-gesetzlichen Umfeldes. Mindestens vier Faktoren dieses Bereiches sollten anläßlich der Entscheidung, ob man mit einem bestimmten Land Geschäftsbeziehungen aufnehmen soll, berücksichtigt werden.

Einstellungen gegenüber dem Einkauf im Ausland

Einige Nationen sind gegenüber ausländischen Unternehmen sehr aufgeschlossen und andere äußerst feindselig. So ist beispielsweise Mexico seit vielen Jahren bestrebt, ausländische Unternehmen anzusiedeln und bietet ihnen Investitionsanreize sowie Hilfestellungen bei der Standorterschließung an. Indien hingegen hat ausländische Unternehmen mit Einfuhrquoten, Devisenbeschränkungen und Auflagen bezüglich des maximalen Anteils ausländischer Führungskräfte am Firmenmanagement behindert. IBM und Coca-Cola beschlossen daraufhin, wegen all dieser Schwierigkeiten den indischen Markt zu verlassen.

Politische Stabilität

Die politische Stabilität ist eine weitere wichtige Frage. Die Regierungsmacht wechselt mitunter gewaltsam. Sogar ohne politischen Umschwung kann eine Regierung beschließen, neuen populären Ansichten Rechnung zu tragen. Das Vermögen ausländischer Unternehmen kann enteignet werden, ihre Devisenbestände können blockiert oder Einfuhrquoten und neue Zölle festgelegt werden. Internationale Marketer können es dennoch lohnenswert finden, Geschäfte in einem unstabilen Land zu machen, die jeweilige Situation wird jedoch

Einfluß darauf nehmen, wie sie ihre Geschäfte und ihre finanziellen Angelegenheiten abwickeln.[3]

Währungsbestimmungen

Verkäufer möchten ihre Gewinne in einer für sie wertvollen Währung erzielen. Im Idealfall zahlt der Käufer in der Währung des Verkäufers oder in anderen harten Währungen. Besteht diese Möglichkeit nicht, könnten Verkäufer eine bewirtschaftete Währung akzeptieren, wenn sie dafür in diesem Land andere Waren kaufen könnten, die sie entweder benötigen oder irgendwo gegen eine von ihnen gewünschte Währung verkaufen können. Im ungünstigsten Falle können sie ihr Geld aus dem Gastland lediglich in Form schwer zu vermarktender Produkte herausnehmen, die sie irgendwo außerhalb des Landes nur mit Verlust verkaufen können. Neben Devisenbeschränkungen kann ein sich ändernder Wechselkurs ebenfalls hohe Risiken für den Verkäufer bedeuten.

Staatliche Bürokratie

Der vierte Bestimmungsfaktor ist das Ausmaß, in dem das Gastland ein wirksames System, ausländische Unternehmen zu unterstützen, praktiziert: rasche Zollabwicklung, hinreichende Marktinformationen und andere Faktoren, die der Abwicklung von Geschäften dienen. Amerikaner sind oft darüber schockiert, wie schnell Hindernisse verschwinden, wenn einigen Beamten eine angemessene Zahlung (Bestechungsgeld) angeboten wird.

Kulturelles Umfeld

Jedes Land hat seine eigenen Volksbräuche, Normen und Tabus. Die Art und Weise, wie ausländische Konsumenten über bestimmte Produkte denken und diese benutzen, muß vom Verkäufer untersucht werden, bevor er sein Marketingprogramm plant. Hier sind Beispiele für einige der Überraschungen auf dem Konsumartikelmarkt:

- Der Durchschnittsfranzose verwendet beinahe doppelt so viele kosmetische Produkte und Schönheitspräparate wie seine Frau.
- Deutsche und Franzosen essen mehr verpackte Markenspaghetti als Italiener.
- Italienische Kinder essen gerne einen Schokoladenriegel zwischen zwei Scheiben Brot für den kleinen Hunger zwischendurch.
- Frauen in Tansania geben ihren Kindern keine Eier aus Furcht, daß sie davon kahl und impotent werden könnten.

Die Regeln und Umgangsformen im Geschäftsleben unterscheiden sich ebenfalls von Land zu Land. Amerikanische Führungskräfte der Wirtschaft müssen darüber informiert werden, ehe sie mit einem anderen Land in geschäftliche Beziehungen treten. Hierzu einige Beispiele für unterschiedliche geschäftliche Umgangsformen im Ausland:

- Südamerikaner bevorzugen es, bei geschäftlichen Besprechungen ganz dicht beisammenzusitzen oder zu stehen – tatsächlich beinahe Nase an Nase. Der amerikanische Manager weicht zurück, während der Südamerikaner immer dichter heranrückt. Beide beenden beleidigt das Gespräch.
- Japaner sagen in direkten Gesprächen nur selten „Nein" zu einem amerikanischen Manager. Die Amerikaner sind frustriert und wissen nicht, woran sie sind. Amerikaner kommen rasch zur Sache; japanische Manager finden das anstößig.
- In Frankreich lehnen es Großhändler ab, sich für ein Produkt besonders einzusetzen. Sie fragen ihre Einzelhändler, was sie wünschen, und liefern es ihnen. Wenn ein amerikanisches Unternehmen seine Strategie auf der Kooperationsbereitschaft des französischen Großhändlers bezüglich der Absatzförderung aufbaut, wird es höchstwahrscheinlich scheitern.

Jedes Land und jede Region hat kulturelle Traditionen, Präferenzen und Tabus, die sich der Marketer genau ansehen muß.

Anpassung der Werbung an kulturelle Gegebenheiten: Verglichen mit der europäischen Version dieser Werbeidee (links im Bild) hat Guy Laroche das Element der Sinnlichkeit in der arabischen Version abgeschwächt. Der Mann ist bekleidet, und die Frau berührt ihn kaum. Abgedruckt mit freundlicher Genehmigung der Firma Guy Laroche.

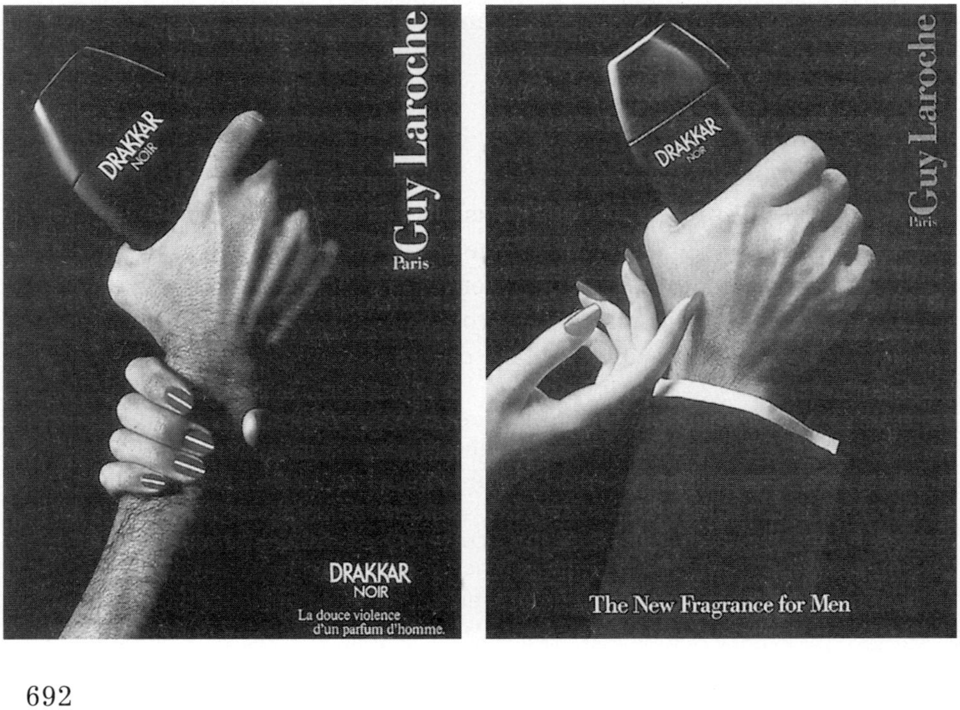

DIE ENTSCHEIDUNG, OB INS AUSLAND GEGANGEN WERDEN SOLLTE

Unternehmen werden auf einem von zwei Wegen in internationales Marketing hineingezogen. Jemand – ein einheimischer Exporteur, ein ausländischer Importeur, eine fremde Regierung – lädt das Unternehmen ein, ins Ausland zu verkaufen. Oder das Unternehmen hegt von sich aus den Gedanken, ins Ausland zu gehen. Es könnte durch nicht ausgelastete Kapazitäten dazu veranlaßt werden oder aber in anderen Ländern bessere Chancen sehen als auf dem heimischen Markt.

Bevor es ins Ausland geht, sollte das Unternehmen versuchen, seine internationalen Marketingziele und Vorgehensweise zu definieren. Als erstes ist zu entscheiden, welches Verkaufsvolumen es im Ausland anstrebt. Die meisten Unternehmen beginnen mit kleinen Umsätzen, wenn sie ins Ausland gehen. Einige beabsichtigen, den Exportanteil gering zu halten, sie sehen die Auslandsumsätze als kleinen Teil ihres Geschäftes an. Andere Unternehmen haben größere Pläne und betrachten das Auslandsgeschäft als ebenso wichtig oder sogar noch wichtiger als ihr Inlandsgeschäft.

Zweitens muß sich das Unternehmen entscheiden, ob es in wenigen oder in vielen Ländern Marketingaktivitäten setzen möchte. Die Bulova Watch Company entschied sich für die zweite Alternative und expandierte in mehr als hundert Länder. Es deckte die Märkte zu schwach ab, erzielte nur in zwei Ländern Gewinne und verlor rund 40 Millionen Dollar.[4]

Drittens muß das Unternehmen über die Art der Länder entscheiden, die es bearbeiten möchte. Welche Länder attraktiv sind, hängt vom Produkt, von geographischen Faktoren, vom Einkommensniveau und der Einwohnerzahl sowie vom politischen Klima und von anderen Faktoren ab. Möglicherweise bevorzugt der Anbieter bestimmte Ländergruppen oder Teile der Welt.

die geringsten Veränderungen bezüglich der Produktlinie, der Organisation, der Investitionen sowie der Unternehmensaufgabe.

Einem Unternehmen stehen für den Export seines Produktes zwei Möglichkeiten offen: Es kann über unabhängige, internationale Marketing-Absatzmittler, über Exporteure, ins Ausland verkaufen – indirekter Export –, oder seinen Export selbst durchführen – das wird als direkter Export bezeichnet.

Indirekter Export

Indirekter Export ist bei jenen Unternehmen stärker verbreitet, die mit dem Verkauf in fremde Länder gerade beginnen. Diese Vorgehensweise erfordert erstens weniger Investitionen. Das Unternehmen muß keine eigene Verkaufsorganisation in Übersee aufbauen und dort keine Kontakte knüpfen. Zweitens ist mit diesem Weg ein geringeres Risiko verbunden. Internationale Marketing-Absatzmittler – im Inland ansässige Exportkaufleute und -vertreter oder Gemeinschaftseinrichtungen – bringen in diese Beziehung ihr Know-how und Serviceleistungen ein, die dem Anbieter helfen, zahlreiche Fehler zu vermeiden.

Direkter Export

Treten ausländische Käufer an Verkäufer heran, werden diese wahrscheinlich direkt exportieren. Ebenso werden Anbieter, deren Exportvolumen mit Hilfe der Absatzmittler genügend groß geworden ist, ihr Auslandsgeschäft selbst abwickeln. In diesem Falle sind die Investitionen und Risiken etwas höher, aber ebenso die mögliche Rentabilität.

Das Unternehmen kann direkten Export auf verschiedene Weise durchführen. Es kann

- eine Exportabteilung im Inland errichten, die alle Exportaktivitäten durchführt;
- eine Verkaufsfiliale in Übersee errichten, die für Verkauf, Distribution und möglicherweise für Absatzförderung zuständig ist. Die Verkaufsfiliale verschafft dem Anbieter mehr Präsenz und Kontrollmöglichkeiten auf dem ausländischen Markt. Oft dient sie darüber hinaus als Ausstellung und Kundendienst-Zentrum;
- im Inland ansässige Vertreter zu bestimmten Zeiten ins Ausland reisen lassen, um Geschäftsmöglichkeiten zu finden;
- seinen Export über Importeure im Ausland abwickeln, die die Waren auf eigene Rechnung erwerben;
- den Export über im Ausland ansässige Vertreter durchführen, die die Waren im Auftrag des Unternehmens verkaufen.

Joint Venture

Eine weitere Möglichkeit, in einen fremden Markt einzusteigen, besteht in einer von mehreren denkbaren Formen des **Joint Ventures,** das heißt gemeinsam mit ausländischen Unternehmen Produktions- und Marketingeinrichtungen aufzubauen. Joint Venture unterscheidet sich vom Export dadurch, daß das Unternehmen sich mit einem Partner verbindet, um im Ausland bestimmte Produktionseinrichtungen zu schaffen. Der Unterschied zur direkten Investition besteht darin, daß eine Verbindung mit einem Partner im Ausland erfolgt. Man unterscheidet vier Arten von Joint Venture.

Lizenzerteilung

Lizenzerteilung stellt für einen Hersteller eine einfache Möglichkeit dar, in internationales Marketing einzutreten. Das Unternehmen trifft mit einem Lizenznehmer im Ausland eine Vereinbarung, die diesem das Recht gewährt, ein Herstellverfahren, ein Warenzeichen, ein Patent sowie Geschäftsgeheimnisse oder andere Dinge von Wert gegen Zahlung einer Provision oder Lizenzgebühr zu benutzen. Das Unternehmen verschafft sich dadurch einen Marktzutritt, der mit geringen Risiken verbunden ist; der Lizenznehmer erlangt die Kenntnis eines Produktionsverfahrens oder ein bekanntes Produkt bzw. einen Markennamen, ohne von Grund auf beginnen zu müssen. Gerber führte seine Babynahrung auf dem japanischen Markt über eine Lizenzvereinbarung ein. Die internationalen Marketingaktivitäten der Firma Coca-Cola werden auf der Grundlage von Lizenzvereinbarungen mit Abfüllern in allen Teilen der Welt durchgeführt.

Mit der Lizenzerteilung können auch Nachteile verbunden sein. Dem Unternehmen stehen dem Lizenznehmer gegenüber weniger Kontrollmöglichkeiten zur Verfügung als bei Aufbau eigener Produktionsstätten. Des weiteren hat das Unternehmen Gewinne verschenkt, falls der Lizenznehmer sehr erfolgreich ist. Sollte die Lizenzvereinbarung enden, hat das Unternehmen möglicherweise selbst seinen neuen Konkurrenten aufgebaut. Um diesen Gefahren vorzubeugen, muß der Lizenzgeber in der Vereinbarung auch Vorteile für den Lizenznehmer vorsehen. Ein wirksames Mittel hierfür sind laufende Innovationen, sodaß der Lizenznehmer in einem ständigen Abhängigkeitsverhältnis gegenüber dem Lizenzgeber verbleibt.[7]

Auftragsfertigung (Contract Manufacturing)

Eine andere Möglichkeit besteht in der **Auftragsfertigung.** Hierbei handelt es sich um Vereinbarungen mit ausländischen Herstellern, das Produkt anzufertigen. Sears bediente sich dieser Methode, als das

Lizenzerteilung: Oriental Land Co., Ltd., eine japanische Grundstückserschließungsgesellschaft ist Eigentümer und Betreiber von TOKIO DISNEYLAND aufgrund einer Lizenz der Walt Disney Company. Copyright 1986 The Walt Disney Company.

Unternehmen Warenhäuser in Mexiko und Spanien eröffnete. Die Firma Sears fand qualifizierte Hersteller vor Ort, die in der Lage waren, viele der von ihr verkauften Artikel zu produzieren.

Die Nachteile der Auftragsfertigung liegen in den geringeren Möglichkeiten, den Herstellungsprozeß zu kontrollieren, und in dem Verzicht auf mögliche Gewinne aus der Produktion. Diesen Nachteilen steht der Vorteil gegenüber, daß das Unternehmen auf diese Weise eine Chance erhält, mit weniger Risiko schneller in den Markt einzusteigen, und darüber hinaus die Möglichkeit hat, später an ein Gemeinschaftsprojekt oder an den Aufkauf des lokalen Herstellers zu denken.

Management-Verträge (Management Contracting)

Im Rahmen von **Management-Verträgen** stellt das Unternehmen einer ausländischen Gesellschaft, die das Kapital beschafft, sein Management-Know-how zur Verfügung. Das Unternehmen exportiert in erster Linie Management-Dienstleistungen statt Waren. Hilton bedient sich dieser Methode für die Führung von Hotels in allen Teilen der Welt.

Management-Contracting ist eine mit geringen Risiken verbundene Methode, in einen ausländischen Markt einzusteigen, die von

Beginn an Erträge abwirft. Diese Vereinbarung ist dann besonders attraktiv, wenn dem Vertragspartner eine Option für den späteren Erwerb von Anteilen an dem von ihm geleiteten Unternehmen eingeräumt wird. Management-Contracting ist andererseits nicht sinnvoll, wenn das Unternehmen seine knappen Management-Talente für bessere Zwecke einsetzen oder wenn es durch Übernahme des gesamten Projektes größere Gewinne erzielen könnte. Management-Contracting schließt im allgemeinen aus, daß das Unternehmen innerhalb eines bestimmten Zeitraumes eigene Aktivitäten im ausländischen Vertragsgebiet durchführt.

Gemeinschaftsprojekte (Joint Ownership)

Joint-Ownership-Projekte bestehen aus dem die Initiative ergreifenden Unternehmen, das sich mit ausländischen Investoren verbindet, um im Ausland ein Unternehmen zu gründen, das im gemeinsamen Eigentum steht und gemeinsam geleitet wird. Das Unternehmen kann eine Beteiligung an einer ausländischen Firma erwerben, oder aber beide Partner errichten ein neues Unternehmen.

Ein im gemeinsamen Eigentum stehendes Unternehmen kann aus wirtschaftlichen oder politischen Gründen erforderlich sein. Dem exportierenden Unternehmen kann es an den finanziellen oder physischen Mitteln fehlen oder an den erforderlichen Führungskräften, um das Projekt allein zu wagen. Es ist aber auch möglich, daß die ausländische Regierung gemeinsames Eigentum als Voraussetzung für einen Marktzutritt fordert.

Projekte, die unter gemeinsamen Eigentum stehen, weisen bestimmte Nachteile auf. Die Partner können bezüglich Investitionen, Marketing oder anderer unternehmenspolitischer Entscheidungen unterschiedlicher Auffassung sein. Während viele amerikanische Unternehmen es vorziehen, Gewinne im Interesse eines Wachstums zu reinvestieren, neigen einheimische Firmen oft dazu, diese Gewinne herauszunehmen. Amerikanische Firmen messen dem Marketing eine große Bedeutung bei, einheimische Investoren verlassen sich oft nur auf den Verkauf.[8]

Direktinvestitionen

Das größte Engagement in einen ausländischen Markt erfolgt über Direktinvestitionen, durch den Aufbau im Ausland gelegener Assemblierungs- oder Produktionseinrichtungen. Wenn ein Unternehmen Exporterfahrungen gesammelt hat, und falls der ausländische Markt groß genug ist, bieten Produktionseinrichtungen im Ausland viele Vorteile.

Direktinvestitionen: General Motors ist Eigentümer vieler Produktions- und Vertriebseinrichtungen im Ausland. Abgedruckt mit freundlicher Genehmigung der General Motors Corporation.

- Als erstes können mit Direktinvestitionen niedrigere Kosten in Form von billigeren Arbeitskräften oder Rohstoffen verbunden sein. Hinzu kommen Investitionsanreize seitens der ausländischen Regierung sowie Frachtkostenersparnisse.
- Zweitens gewinnt das Unternehmen im Gastland ein besseres Image, da es Arbeitsplätze schafft.
- Drittens entwickelt das Unternehmen intensivere Beziehungen zu Regierungsbehörden, Kunden, einheimischen Zulieferern und Händlern, die es ihm ermöglichen, seine Produkte besser den lokalen Markterfordernissen anzupassen.
- Viertens behält das Unternehmen die vollständige Kontrolle über die Investition und kann deshalb Produktions- und Marketing-Richtlinien entwickeln, die seinen langfristigen internationalen Zielsetzungen dienen.

Der Hauptnachteil liegt darin, daß sich das Unternehmen zahlreichen Risiken gegenübersieht, wie z.B. Währungsrestriktionen oder -abwertungen, schrumpfende Märkte und Enteignungen. In einigen Fällen hat das Unternehmen keine andere Wahl, als diese Risiken zu akzeptieren, wenn es den Markt des Gastlandes bearbeiten möchte.

BEISPIEL 18-2
Kundenorientierte Spezialisierung oder Globalmarketing? (Customization or Globalization?)

Unternehmen haben unterschiedliche Auffassungen darüber, inwieweit sie ihre Produkte und Marketingprogramme für die Bearbeitung der Weltmärkte standardisieren sollten. Auf der einen Seite gibt es Unternehmen, die ihre Angebote kundenorientiert gestalten, um den mannigfaltigen Bedürfnissen der Konsumenten in verschiedenen Märkten zu entsprechen. Auf der anderen Seite gibt es Unternehmen, die ihre Produkte in nahezu unveränderter Weise weltweit verkaufen. Beide Positionen sollen nunmehr betrachtet werden.

Auf der einen Seite ...

Internationale Marketer mit konventionellen Auffassungen vertreten die Ansicht, daß sich die Konsumenten in verschiedenen Ländern bezüglich ihrer Bedürfnisse und Wünsche erheblich unterscheiden und daß Marketingprogramme erheblich wirksamer sind, wenn sie für besondere Marktbedürfnisse maßgeschneidert werden. Weir stellt dazu fest:

> *„Es gibt keinen 'internationalen' Markt... vom Standpunkt des Marketing aus gesehen. Statt dessen gibt es buchstäblich Dutzende von Ländern, in denen US-Produkte und Dienstleistungen verkauft werden können. Sie alle unterscheiden sich untereinander hinsichtlich Wirtschaft, Politik, Tradition, Kultur und Kundengewohnheiten ... und fest verwurzelte Gewohnheiten sind schwer zu verändern."*

Jene, die kundenspezifische Marketingprogramme verteidigen, betonen, daß Länder sich in wirtschaftlicher, politischer, rechtlicher und kultureller Hinsicht voneinander unterscheiden. Die Konsumenten in den verschiedenen Ländern weisen unterschiedliche geographische, demographische, wirtschaftliche und kulturelle Wesenszüge auf, die zu unterschiedlichen Bedürfnissen und Wünschen sowie zu unterschiedlicher Kaufkraft, Produktpräferenz und Einkaufsverhalten führen. Die meisten internationalen Marketer glauben, daß derartige Unterschiede zwischen den Kulturen kundenorientierte Produkte, Preise, Vertriebswege und kundenspezifische Absatzförderungs-Strategien verlangen.

Eric Haueter von der Firma CPC International (die mehr als 2.000 Produkte in 36 Ländern verkauft, einschließlich solcher Marken wie Hellman's, Best Foods, Knorr, Mazzola und Skippy) empfiehlt, Unternehmen sollten „global denken, aber lokal agieren, um den einzelnen Kunden mehr darüber zu Wort kommen zu lassen, was er oder sie wünscht". Die Unternehmensebene übernimmt die strategische Führung, die lokalen Unternehmenseinheiten konzentrieren sich auf die individuellen Konsumentenunterschiede. Haueter glaubt, daß zu viel Standardisierung ein Unternehmen in eine nachteilige Position gegenüber den Wettbewerbern manövriert, die jene Produkte herstellen, die die Kunden wünschen.

Aus diesem Grunde anerkennen die meisten Unternehmen, daß Unterschiede in den Bedürfnissen und Wünschen der Kunden in den verschiedenen Ländern bestehen, setzen voraus, daß diese Unterschiede schwer zu verändern sind und gestalten ihre Produkte und Marketingprogramme kundenspezifisch, um besonderen Konsumentenbedürfnissen in jedem Land dienen zu können.

Auf der anderen Seite ...

In jüngster Zeit haben sich viele Unternehmen dem globalen Marketing zugewandt. Sie entwickelten „Weltmarken", die weltweit in nahezu gleicher Weise hergestellt und vermarktet werden. Diese Global-Marketer glauben, daß Fortschritte in der Kommunikation und im Transportwesen sowie die Zunahme der Reisetätigkeit die Welt in einen gemeinsamen Markt verwandeln. Sie behaupten, daß die Menschen weltweit die gleichen Produkte und Lebensstile wünschen, daß alle Menschen nach Dingen streben, die das Leben leichter machen, und ihre Freizeit und Kaufkraft erhöhen möchten. Gemeinsame Bedürfnisse und Wünsche schaffen weltweite Märkte für standardisierte Produkte.

Anstatt sich auf Unterschiede zwischen Märkten und auf kundenspezifische Produkte zu konzentrieren, um diesen Unterschieden gerecht zu werden, verkauft das global orientierte Unternehmen das mehr oder weniger gleiche Produkt auf die gleiche Weise an alle Kunden, um Vorteile aus den niedrigeren Kosten zu ziehen, die aus der Standardisierung erwachsen. Produkte und Marketingprogramme werden nur dann kundenorientiert den lokalen Wünschen angepaßt, wenn diese nicht verändert werden können oder ihnen nicht ausgewichen werden kann. Die Global-Marketer gelangen zu niedrigeren Kosten durch Standardisierung der Produktion, der Distribution, des Marketing und des Managements. Aus diesem Grunde können sie ihren Kunden höhere Qualität und zuverlässigere Produkte zu niedrigeren Preisen anbieten.

Global-Marketer teilen wohl die Ansicht, daß es in verschiedenen Märkten Unterschiede bezüglich der Konsumentenwünsche und des Einkaufsverhaltens gibt und daß diese nicht völlig ignoriert werden können. Sie glauben aber, daß Wünsche und Verhalten beeinflußbar sind. Mit dieser Ansicht befinden sie sich in Übereinstimmung mit Theodore Levitt, der die Auffassung vertritt, daß alle Kunden gute Produkte zu niedrigen Preisen verlangen, unabhängig davon, was sie bezüglich ihrer Wünsche aussagen. Er glaubt, daß die Kunden standardisierte Produkte von hoher Qualität zu niedrigeren Preisen akzeptieren werden, selbst wenn diese nicht völlig passend sind.

> *„Falls der Preis niedrig genug ist, werden sie hochgradig standardisierte Produkte kaufen, selbst wenn diese nicht genau das sind, was die Mutter für passend gehalten hat, was uralter Brauch vorschreibt oder was den Marktforschern zufolge bevorzugt wird."*

Welche Methode ist nun die beste – kundenorientierte Spezialisierung oder Globalmarketing? Die Antwort fällt für jedes Unternehmen anders aus. Sie ist abhängig von der Art des Produktes und des Marktes sowie von der Marktposition und den finanziellen Ressourcen eines Unternehmens und von einer Vielzahl anderer Faktoren. Für die meisten Unternehmen liegt die Antwort wahrscheinlich irgendwo zwischen diesen beiden Extremen.

Quellen: Diese Ausführungen basieren auf Edward L. Weir „Avoiding the Pitfalls of International Marketing", Marketing and Media Decisions, März 1983, S.80–82; „Modular Marketing Cracks International Markets", Marketing News, 27. April 1984, S.10; John A. Quelch und Edward J. Hoff, „Customizing Global Marketing", Harvard Business Review, Mai–Juni 1986, S.59–68; und Theodore Levitt, „The Globalization of Markets", Harvard Business Review, Mai–Juni 1983, S.92–102. Auszüge wurden abgedruckt auf Grund einer Erlaubnis der Harvard Business Review. Copyright 1983 by President and Fellows of Harvard College; alle Rechte vorbehalten.

MARKETINGPROGRAMM-ENTSCHEIDUNGEN

Unternehmen, die in einem oder mehreren ausländischen Märkten tätig sind, müssen entscheiden, inwieweit – wenn überhaupt – sie ihre Marketing-Mixes den lokalen Marktbedingungen anpassen. Das eine Extrem bilden Unternehmen, die weltweit ein **standardisiertes Marketing-Mix** praktizieren. Eine Standardisierung des Produktes, der Werbung und Distributionskanäle sowie anderer Elemente des Marketing-Mix verspricht die niedrigsten Kosten, da keine wesentlichen Änderungen durchgeführt wurden. Dieser Denkansatz entspringt der Vorstellung, daß Coca-Cola überall in der Welt gleich schmecken sollte und daß General Motors ein „Weltauto" herstellen sollte, das den Bedürfnissen der meisten Konsumenten in den meisten Ländern entspricht.

Das andere Extrem ist ein **kundenspezifisches Marketing-Mix.** Der Hersteller paßt die Elemente des Marketing-Mix jedem Zielmarkt an, hat deshalb höhere Kosten zu tragen, hofft aber auf einen größeren Marktanteil und einen höheren Ertrag. Nestlé beispielsweise variiert in verschiedenen Ländern seine Produktlinie und seine Werbung. Zwischen diesen beiden Extremen existieren viele Möglichkeiten. So verkauft Levi Strauss weltweit die gleichen Jeans, variiert aber in jedem Land die Werbeaussage (vgl. hierzu Beispiel 18-2).

Eine kürzlich durchgeführte Untersuchung über im Bereich abgepackter Konsumgüter tätigen multinationale Unternehmen kam zu dem Schluß: „Für das erfolgreiche multinationale Unternehmen ist es nicht von Bedeutung, ob die Marketing-Programme international standardisiert oder differenziert sind, wichtig ist, daß der Prozeß, durch den diese Programme entwickelt werden, standardisiert ist."[9] So zentralisieren beispielsweise viele multinationale Marketer ihre Werbung oder andere Marketing-Entscheidungen.[10]

In den nun folgenden Ausführungen sollen Veränderungen des Produktes, der Absatzförderung, des Preises und der Distribution untersucht werden, die möglich sind, wenn ein Unternehmen beabsichtigt, im Ausland aktiv zu werden.

Produkt

Keegan unterscheidet fünf Strategien für die Anpassung des Produktes und der Absatzförderung an einen ausländischen Markt (vgl. hierzu Abb.18-3).[11] In den folgenden Ausführungen sollen zunächst die drei Produkt-Strategien und später die beiden Absatzförderungs-Strategien betrachtet werden.

FIGURE 18-3
Five International Product and Promotion Strategies

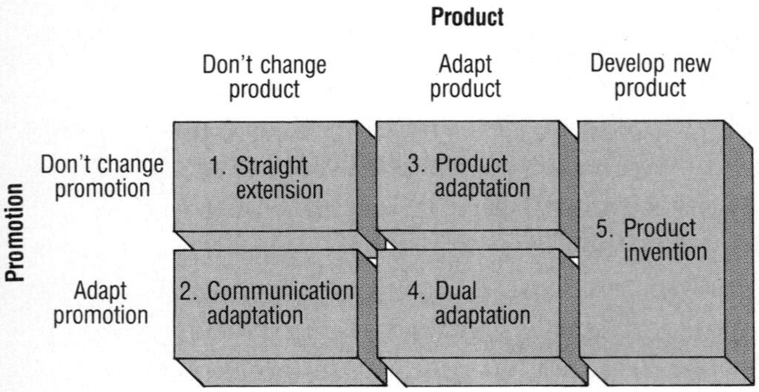

ABBILDUNG 18-3
Fünf internationale Produkt- und Absatzförderungs-Strat

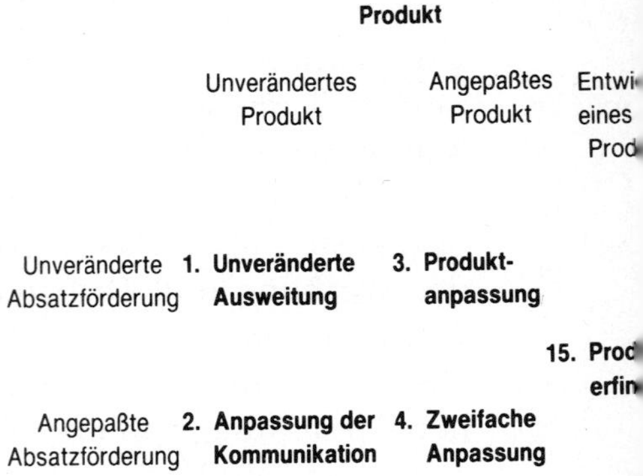

Unveränderte Ausweitung bedeutet die Vermarktung des Produktes, ohne irgendeine Veränderung vorzunehmen. Das Top-Management sagt seinen Marketingleuten: „Nehmen Sie das Produkt wie es ist und finden Sie Käufer dafür." Der erste Schritt sollte jedoch darin bestehen, herauszufinden, ob ausländische Konsumenten das Produkt überhaupt verwenden. Der Prozentsatz von Männern, die Deodorants verwenden, schwankt zwischen 80Prozent in den USA, 55 Prozent in Schweden, 28 Prozent in Italien und 8 Prozent auf den Philippinen. Weit verbreitete Produkte wie Butter und Käse werden von vielen Spaniern gar nicht verwendet.

Die Strategie der unveränderten Ausweitung war in einigen Fällen erfolgreich, aber in anderen eine Katastrophe. General Foods führte seine Standardversion des Produktes Jell-O in Pulverform auf dem britischen Markt ein, nur um herauszufinden, daß die britischen Konsumenten das gleiche Produkt in Blatt- oder Riegelform bevorzugen. Eine Strategie der unveränderten Ausweitung ist verführerisch, da sie keine zusätzlichen Produktentwicklungskosten oder Veränderungen des Herstellprozesses erfordert und auch keine Modifizierung der Absatzförderung. Allerdings kann sich diese Strategie langfristig als äußerst kostspielig erweisen.

Eine Strategie der Produktanpassung bedeutet, Veränderungen des Produktes vorzunehmen, um lokalen Bedingungen und Wünschen zu entsprechen. Heinz variiert seine Babynahrungsprodukte: In Australien verkauft das Unternehmen Babynahrung, die aus passiertem Lämmerhirn hergestellt wird; und in den Niederlanden wird von der gleichen Firma Babynahrung angeboten, die aus passierten braunen Bohnen besteht. General Food mischt verschiedene Kaffeesorten für die Briten, die ihren Kaffee mit Milch trinken; die Franzosen, die ihn schwarz trinken; und die Lateinamerikaner, die Zichoriengeschmack bevorzugen.

Die Strategie der Produkterfindung besteht aus der Entwicklung von etwas Neuem. Diese Strategie kann zwei Formen annehmen. Es kann sich um die Wiedereinführung früherer Formen des Produktes handeln, die zufällig gut den Bedürfnissen des Ziellandes entsprechen. Die National Cash Register Company führte ihre kurbelbetriebene Registrierkasse wieder ein, verkaufte sie zum halben Preis einer modernen Registrierkasse und setzte im Orient, in Lateinamerika und Spanien große Stückzahlen davon ab. Das Unternehmen kann aber auch ein völlig neues Produkt entwickeln, um einem Bedürfnis in einem anderen Land zu entsprechen. In unterentwickelten Ländern besteht ein großer Bedarf an preisgünstigen eiweißhaltigen Nahrungsmitteln. Unternehmen wie Quaker Oats, Swift und Monsanto erforschen die Nahrungsbedürfnisse dieser Länder, entwickeln neue Lebensmittel und konzipieren Werbekampagnen, um zu erreichen, daß das Produkt ausprobiert und später akzeptiert wird. Die Strategie der Produkterfindung kann sehr kostspielig sein, die Ergebnisse können jedoch die Mühe lohnen.

Absatzförderung (Promotion)

Unternehmen können für die Bearbeitung ausländischer Absatzgebiete die gleiche Absatzförderungs-Strategie verwenden wie auf dem heimischen Markt oder diese jeweils den lokalen Besonderheiten anpassen.

Betrachten wir als erstes die Werbebotschaft. Viele multinationale Unternehmen benutzen in der ganzen Welt ein einheitliches Werbethema. Exxon verwendete den Slogan „Pack den Tiger in den Tank“ und erzielte damit einen internationalen Wiedererkennungseffekt. Die

Einsatz einer einheitlichen Werbestrategie in verschiedenen Ländern: Coca-Cola setzte bei gleicher Werbeaussage Mean Joe Greene in den USA und andere Spitzensportler in anderen Ländern als Werbeträger ein. Abgedruckt mit freundlicher Genehmigung der Coca-Cola Company.

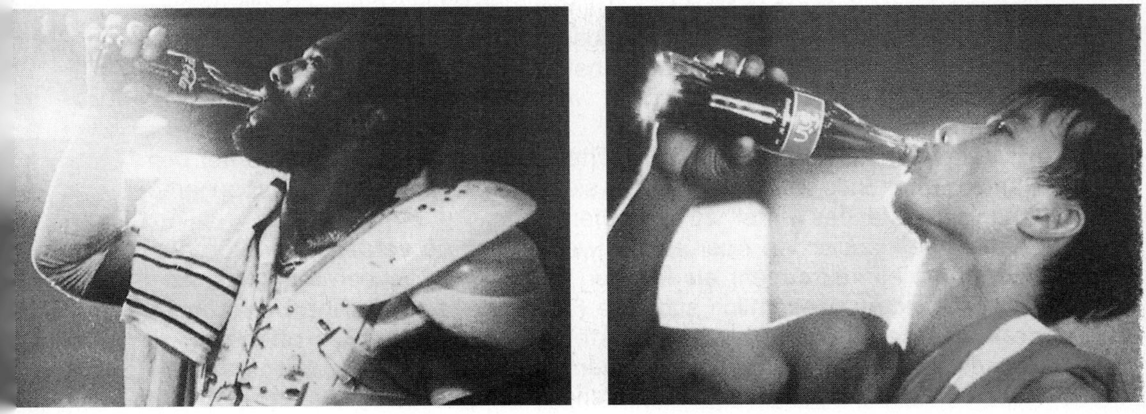

BEISPIEL 18-3
Achten Sie auf Ihre Sprache!

Viele amerikanische Unternehmen mit internationalem Betätigungsfeld hatten bei der Überwindung der Sprachbarriere Schwierigkeiten. Die Folgen reichten von leichter Verwirrung bis zum totalen Fehlschlag. Scheinbar harmlose Markennamen und Werbeslogans können bei der Übersetzung in andere Sprachen unbeabsichtigte oder verborgene Bedeutungen annehmen. Sorglose Übersetzungen können einen Marketer bei ausländischen Kunden geradezu lächerlich machen. Uns allen sind schon Beispiele dafür begegnet, wenn wir Produkte aus fremden Ländern gekauft haben – hier ist eines von einer taiwanesischen Firma, die versucht, Kindern zu erklären, wie an einer Garage eine Rampe für Spielzeugautos zu montieren ist:

> *Before you play with, please fix the waiting plate by yourself as per below diagram. But after you once fixed it, you can play with as is and no necessary to fix off again.*

Viele US-Firmen machen sich ähnlicher Verstöße schuldig, wenn sie im Ausland Marketing betreiben.

Zu den klassischen Sprachschnitzern gehören standardisierte Markennamen, die sich nicht gut übersetzen lassen. Als die Firma Coca-Cola in den zwanziger Jahren zum ersten Mal Coke in China auf den Markt brachte, stellte sie eine Gruppe von Schriftzeichen zusammen, die wie der Produktename klangen, wenn man sie buchstabierte. Unglücklicherweise bedeuteten die Schriftzeichen übersetzt in Wirklichkeit „Beiß die Wachskaulquappe". Heutzutage lassen sich die Schriftzeichen an chinesischen Coke-Flaschen mit „Glück im Mund" übersetzen.

Einige Auto-Hersteller hatten ähnliche Probleme, als ihre Markennamen gegen die Sprachbarriere stießen. Chevy's Nova heißt im Spanischen no va – „Es geht nicht". General Motors änderte den Namen in Caribe, und die Umsätze stiegen. Ford mußte bei der Einführung seines Lkw Fiera feststellen, daß dieser Name im Spanischen so viel wie „häßliche alte Frau" bedeutet. Das Unternehmen führte darüber hinaus sein Auto Comet in Mexico unter dem Namen Caliente ein, was im Slang „Straßendirne" bedeutet. So vermied Rolls Royce auf dem deutschen Markt den Namen SilverMist („Silbernebel"), weil der Ausdruck dort so viel wie Dünger bedeutet. Sunbeam jedoch stieg auf dem deutschen Markt mit seinem Lockenstab namens Mist Stick ein. Wie zu erwarten war, hatten die Deutschen wenig Verwendung für einen mistigen Zauberstab.

Eine wohlmeinende Firma verkaufte ihr Shampoo in Brasilien unter dem Namen Evitol. Bald stellte sie fest, daß sie behauptete, ein „kopfschuppenempfängnisverhütendes Mittel" zu verkaufen.

Solche klassischen Ausrutscher werden schnell entdeckt und korrigiert und führen zu kaum mehr als leichter Verlegenheit für den Marketer. Aber zahllose andere, wesentlich subtilere Fehler bleiben möglicherweise unentdeckt und beeinträchtigen die Produktpräsentation in weniger offenkundiger Weise. Das multinationale Unternehmen muß seinen Markennamen und seine Werbebotschaften sorgfältig überprüfen, um unbeabsichtigte Interpretationen zu vermeiden, die die Umsätze beeinträchtigen könnten, es dumm aussehen lassen oder Kunden in bestimmten internationalen Märkten beleidigen.

Quelle: Einige von diesen und viele andere Beispiele für Sprachschnitzer sind zu finden bei David A. Ricks, „Products That Crashed into the Language Barrier", Business and Society Review, Frühjahr 1983, S.46–50.

Ausführung wurde nur geringfügig verändert, so wurden z.B. andere Farben verwendet, um in anderen Ländern keine Tabus zu verletzten. Purpurrot wird in den meisten lateinamerikanischen Ländern mit dem Tod in Verbindung gebracht, weiß ist in Japan die Trauerfarbe und grün wird in Malaysia mit der „Dschungelkrankheit" in Verbindung gebracht. Sogar Namen müssen mitunter verändert werden. In Schweden taufte die Firma Helene Curtis das Every Night Shampoo in „Every Day", um, weil die Schweden sich die Haare morgens waschen (vgl. hierzu Beispiel 18-3).

Andere Unternehmen weisen ihre internationalen Geschäftsbereiche an, ihre Werbung selbst zu entwickeln. Die Schwinn Bicycle Company könnte z.B. in den USA die Freizeit und in Skandinavien die Sicherheit thematisieren.

Auch die Werbemedien müssen internationalen Gegebenheiten angepaßt werden, da deren Verfügbarkeit von Land zu Land verschieden ist. In Deutschland steht im Fernsehen jeden Abend eine Stunde Werbezeit zur Verfügung und muß Monate im voraus gebucht werden. In Schweden gibt es kein Werbefernsehen. In Frankreich und Skandinavien gibt es keine Werbesendungen im Radio. Zeitschriften sind in Italien ein wichtiges Werbemittel und ein unbedeutendes in Österreich. Zeitungen erscheinen in Großbritanien in nationalen und in Spanien in lokalen Ausgaben.

Preis

Sehr häufig legen Hersteller die Preise für ihre Produkte im Ausland niedriger fest. Die Einkommen können gering und ein niedriger Preis daher notwendig sein, um die Waren zu verkaufen. Es ist auch möglich, daß der Hersteller niedrige Preise fordert, um Marktanteile aufzubauen. Denkbar ist auch, daß der Hersteller Waren zu Dumping-Preisen verkauft, weil es für diese auf dem Binnenmarkt keine Absatzmöglichkeiten gibt. Wenn der Hersteller auf dem ausländischen Markt weniger fordert als auf dem einheimischen, wird diese Vorgehensweise als Dumping bezeichnet. Die Zenith Company beschuldigte japanische Hersteller, ihre Fernsehgeräte auf den US-Markt zu Dumping-Preisen zu verkaufen. Falls die US-International Trade Commission Dumping-Praktiken feststellt, kann sie einen Dumping-Zoll auferlegen.

Hersteller haben wenig Kontrolle darüber, welche Einzelhandelspreise die ausländischen Absatzmittler fordern, die ihre Produkte führen. Viele ausländische Absatzmittler arbeiten mit hohen Kalkulationsaufschlägen, selbst wenn dies dazu führt, daß sie geringere Stückzahlen verkaufen. Darüber hinaus verlangen sie, gegen Zahlungsziel kaufen zu dürfen, was die Kosten und Risiken des Herstellers erhöht.

Absatzwege

Die Aufgabe der Produktverteilung bis hin zu den Endverbrauchern muß von den international agierenden Unternehmen aus der Sicht des Gesamtvertriebsweges erfüllt werden[12]. Abbildung 18-4 zeigt die drei wesentlichen Verbindungen zwischen dem Verkäufer und dem Endabnehmer. Das erste Bindeglied, die Interntionale Marketing-Organisation des Hauptbüros, überwacht die Absatzkanäle und stellt selbst einen Teil des Vertriebsweges dar. Der zweite Verbindungsteil, die Absatzkanäle zwischen den Ländern, befördert die Produkte an die Grenzen der ausländischen Märkte. Über das dritte Bindeglied, die Absatzkanäle innerhalb der ausländischen Märkte, gelangt das Produkt vom ausländischen Einfuhrort zu den Endverbrauchern. Zu viele amerikanische Hersteller glauben, daß ihre Aufgabe erledigt ist, sobald sie das Produkt an das nächste Bindeglied weitergegeben haben. Sie sollten wesentlich mehr Aufmerksamkeit darauf richten, was mit dem Produkt innerhalb des fremden Landes weiter geschieht.

Die Absatzwege innerhalb eines ausländischen Marktes unterscheiden sich von Land zu Land erheblich. Hinsichtlich der Anzahl und Arten von Absatzmittlern, die die ausländischen Märkte betreuen, gibt es große Unterschiede. Um Seife auf den japanischen Markt zu bringen, muß Procter & Gamble mit dem wahrscheinlich komplexesten Vertriebssystem der Welt zusammenarbeiten. Die Firma muß an einen Hauptgroßhändler verkaufen, der die Ware an einen auf bestimmte Basisproduktgruppen spezialisierten Großhändler verkauft, der diese wiederum bei einem Fachgroßhändler absetzt; dieser

ABBILDUNG 18-4
Konzept des Gesamtvertriebsweges für internationales Marketing

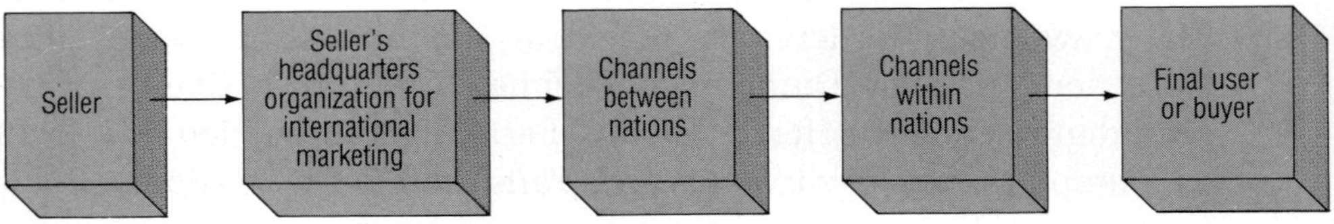

FIGURE 18-4
Whole-Channel Concept for International Marketing

veräußert die Ware an einen Regionalgroßhändler, der an einen lokalen Großhändler verkauft, der schließlich die Seife bei einem Einzelhändler absetzt. Alle diese Vertriebsebenen können den Endverkaufspreis gegenüber dem Einfuhrpreis verdoppeln und verdreifachen.[13] Falls Procter & Gamble die gleiche Seife im tropischen Afrika absetzen möchte, verkauft das Unternehmen an einen Importgroßhändler, der an eine „Mammy" verkauft, diese wiederum veräußert die Ware an eine „kleine Mammy" (petty mammy), die schließlich die Seife an der Haustür verkauft.

Ein weiterer Unterschied besteht hinsichtlich der Größe und den Merkmalen der Einzelhandelsgeschäfte im Ausland. Während die US-Szene von großen Einzelhandelsketten mit vielen Filialen dominiert wird, besteht der Einzelhandel auf den meisten ausländischen Märkten aus vielen kleinen unabhängigen Händlern. In Indien betreiben Millionen von Einzelhändlern Miniläden oder verkaufen auf offenen Märkten. Ihre Kalkulationsaufschläge sind hoch, aber der tatsächliche Preis wird durch Feilschen erheblich ermäßigt. Supermärkte könnten niedrigere Preise bieten, infolge zahlreicher wirtschaftlicher und kultureller Barrieren ist ihre Inbetriebnahme jedoch mit Schwierigkeiten verbunden.[14] Die Einkommen der Leute sind niedrig und sie kaufen lieber täglich für kleine Beträge ein, anstatt wöchentlich für große Beträge. Es fehlt ihnen an Lager- und Kühlmöglichkeiten, um Lebensmittel mehrere Tage lang aufzubewahren. Die Verpackung ist meist sehr dürftig, da sonst die Kosten des Produktes zu sehr erhöht würden. Diese Faktoren haben eine rasche Verbreitung von Großbetriebsformen des Einzelhandels in Entwicklungsländern verhindert.

ENTSCHEIDUNGEN ÜBER DIE MARKETING-ORGANISATION

Für die Durchführung internationaler Marketing-Aktivitäten stehen einem Unternehmen mindestens drei verschiedene Organisationsformen zur Auswahl. Die meisten Unternehmen richten zuerst eine Exportabteilung ein, später schaffen sie eine „Internationale Division" und schließlich werden sie zu einem multinationalen Unternehmen.

Exportabteilung

Ein Unternehmen beginnt seine internationalen Marketing-Aktivitäten meist damit, daß es einfach Waren ins Ausland liefert. Falls seine internationalen Umsätze steigen, baut das Unternehmen eine Exportabteilung auf – bestehend aus einem Verkaufsmanager und einigen

Sachbearbeitern. Nimmt das Verkaufsvolumen zu, wird die Exportabteilung um einige Marketing-Servicefunktionen erweitert, so daß sie sich unabhängig von anderen Abteilungen intensiv ihren Aufgaben zuwenden kann. Falls sich das Unternehmen mit Joint-Venture-Projekten oder direkten Investitionen befaßt, stellt die Exportabteilung allerdings nicht mehr länger die adäquate Organisationsform dar.

Internationale Division

Viele Unternehmen werden auf mehreren ausländischen Märkten aktiv und befassen sich mit verschiedenen Auslandsprojekten. Ein Unternehmen kann in ein Land exportieren, in einem anderen Lande Lizenzvereinbarungen treffen, in einem dritten Land Miteigentümer eines gemeinsamen Projektes sein und in einem vierten Land eine Tochterfirma besitzen. Früher oder später wird das Unternehmen eine internationale Division schaffen oder eine Tochterfirma gründen, um alle seine internationalen Aktivitäten über sie abzuwickeln.

Multinationale Organisation

Mehrere Unternehmen sind der Organisationsform der Internationalen Division entwachsen und haben sich zu richtigen multinationalen Unternehmen entwickelt. Sie hören auf, sich als nationale Marketer zu fühlen, die auch ins Ausland verkaufen, und beginnen sich als globale Marketer zu begreifen. Das Spitzenmanagement des Unternehmens und die Stabsstellen planen weltweit Produktionsanlagen, Marketing-Grundsätze, Finanzierungsströme und Logistiksysteme. Die weltweit operierenden Unternehmenseinheiten unterstehen direkt dem „Chief Executive“ oder „Executive Committee“ und nicht dem Leiter einer internationalen Division. Die Führungskräfte werden in weltweiten Funktionsabläufen ausgebildet und nicht in lediglich inländischen oder internationalen Arbeitsprozessen. Das Unternehmen rekrutiert aus vielen Ländern, kauft Bauteile und Zulieferartikel, wo sie am billigsten sind, und investiert dort, wo die erwartete Rendite am höchsten ist.

Bedeutende amerikanische Unternehmen müssen in den neunziger Jahren ihre multinationalen Aktivitäten erheblich verstärken, wenn sie wachsen wollen. Da ausländische Unternehmen erfolgreich in den einheimischen US-Markt eindringen, müssen US-amerikanische Unternehmen aggressiver auf ausländischen Märkten agieren. Sie werden sich von Unternehmen, die ihre ausländischen Aktivitäten bisher als zweitrangig behandelt haben, in Gesellschaften verändern müssen, die die ganze Welt als einen einzigen Markt betrachten.

ZUSAMMENFASSUNG

Unternehmen begeben sich aus vielen Gründen in das internationale Marketing. Einige werden durch geringe Chancen auf den einheimischen Markt hineingestoßen, andere werden von besseren Chancen ins Ausland gezogen. In Anbetracht der mit dem internationalen Marketing verbundenen Risiken bedürfen Unternehmen einer systematischen Vorgehensweise, um ihre internationalen Marketing-Entscheidungen zu treffen.

Als erstes muß das Unternehmen das internationale Marketing-Umfeld, insbesondere das internationale Handelssystem, verstehen lernen. Es muß die wirtschaftlichen, politisch-gesetzlichen und kulturellen Merkmale eines jeden ausländischen Marktes einschätzen. Zweitens muß das Unternehmen überlegen, welches Verhältnis des Auslandsumsatzes zum Gesamtumsatz es anstrebt, ob es wenige oder viele Länder bearbeiten und in welche Arten von Ländern es sich begeben möchte. Drittens muß das Unternehmen entscheiden, in welche spezifischen Märkte es eintreten möchte. Um diese Entscheidung treffen zu können, ist es erforderlich, die wahrscheinliche Rendite gegenüber der Höhe des Risikos abzuwägen. Viertens hat das Unternehmen zu entscheiden, wie der Einstieg in jeden ausgewählten Markt erfolgen soll, ob durch Export, Beteiligung oder Direktinvestition. Viele Unternehmen beginnen als Exporteure, beteiligen sich später an einem Joint Venture-Projekt, und engagieren sich schließlich mit einer Direktinvestition im ausländischen Markt. Anschließend müssen Unternehmen entscheiden, inwieweit ihre Produkte, ihre Absatzförderung sowie ihr Preis und ihre Vertriebskanäle jedem fremden Markt angepaßt werden sollten. Schließlich muß das Unternehmen eine zweckmäßige Organisation für seine internationalen Marketing-Aktivitäten entwickeln. Die meisten Unternehmen beginnen mit einer Exportabteilung und werten diese zu einer internationalen Division auf. Einige entwickeln sich zu multinationalen Organisationen, was bedeutet, daß das Marketing von den Spitzenkräften des Unternehmens weltweit geplant und geleitet wird.

DISKUSSIONSFRAGEN

1. Bei der Einschätzung des internationalen Marketing-Umfeldes ist das wirtschaftliche Umfeld des Landes das wichtigste Entscheidungskriterium für das Unternehmen. Kommentieren Sie diese Aussage.
2. Internationales Marketing bringt keine neuen Prinzipien für das Marketing mit sich. Kommentieren Sie diese Behauptung.
3. Unterscheiden Sie zwischen einer Einfuhrquote und einem Embargo.
4. Länder, die nicht als Industriewirtschaften eingestuft werden, sollten als Exportmarkt gemieden werden. Kommentieren Sie diese Empfehlung.
5. Erläutern Sie kurz die drei wichtigsten Strategien, die ein Unternehmen beim Einstieg in einen ausländischen Markt verfolgen kann.
6. Wie unterscheidet sich die Lizenzerteilung von anderen Joint Venture-Möglichkeiten?
7. Welche Möglichkeiten der Produkt-Strategie könnte ein Unternehmen erwägen, um auf internationalen Märkten zu expandieren?
8. Welche Form der internationalen Marketing-Organisation würden Sie für folgende Unternehmen vorschlagen?
   a) Huffy Bicycles plant, drei Modelle im Fernen Osten zu verkaufen.
   b) Ein kleiner amerikanischer Spielzeughersteller beabsichtigt, seine Produkte in Europa zu vermarkten.
   c) Dudge beabsichtigt, sein gesamtes Pkw- und Lkw-Programm in Kuwait zu verkaufen.

SCHLÜSSELBEGRIFFE

Auftragsfertigung *(Contract manufacturing).* Eine Form des Joint-Venture, um in einen ausländischen Markt einzudringen, und zwar durch Vertragsbeziehungen mit ausländischen Herstellern, die die Auftragsfertigung eines Produktes zum Gegenstand haben.

Kundenspezifisches Marketing-Mix *Customized marketing mix).* Eine internationale Marketing-Strategie, die durch die Anpassung der Elemente des Marketing-Mix an jeden Zielmarkt gekennzeichnet ist. Sie ist mit höheren Kosten verbunden, läßt aber einen größeren Marktanteil und eine höhere Rentabilität erhoffen.

Direktinvestitionen *(Direct investment).* Der Eintritt in einen ausländischen Markt durch den Aufbau im Ausland gelegener Assemblierungs- und Produktionseinrichtungen.

Wirtschaftsgemeinschaft *(Economic community).* Eine Gruppe von Staaten, die sich für die Erreichung gemeinsamer Ziele bezüglich der Regulierung des internationalen Handels zusammengeschlossen haben; ein Beispiel hierfür ist die Europäische Wirtschaftsgemeinschaft – EWG oder Gemeinsamer Markt.

Embargo *(Embargo).* Ein Einfuhrverbot für ein bestimmtes Produkt.

Export *(Exporting).* Der Eintritt in einen ausländischen Markt durch das Exportieren von Produkten und deren Verkauf durch internationale Marketing-Mittler (indirekter Export) oder durch die unternehmenseigene Exportabteilung, Auslandsniederlassung, durch Reisende oder Vertreter (direkter Export).

Gemeinsames Eigentum *(Joint ownership).* Der Eintritt in einen ausländischen Markt durch Zusammenarbeit mit ausländischen Investoren zwecks Gründung eines dort ansässigen Unternehmens, das im gemeinsamen Eigentum steht und gemeinsam geleitet wird.

Joint Venture *(Joint venturing).* Der Einstieg in ausländische Märkte durch Zusammenschluß mit Unternehmen in dem jeweils betreffenden Land zwecks Aufbau von Produktions- und Marketing-Einrichtungen.

Lizenzerteilung *(Licensing).* Eine Möglichkeit des Einstiegs in einen ausländischen Markt, bei der das Unternehmen mit einem dort ansässigen Lizenznehmer eine Vereinbarung trifft, die diesem das Recht gewährt, ein Herstellverfahren, ein Warenzeichen, ein Patent sowie Geschäftsgeheimnisse oder andere Dinge von Wert gegen Zahlung einer Provision oder Lizenzgebühr zu benutzen.

Management-Verträge *(Management contracting).* Ein Gemeinschaftsprojekt, bei dem das Unternehmen einer ausländischen Gesellschaft, die das Kapital beschafft, sein Management-Know-how zur Verfügung stellt. Das Unternehmen exportiert in erster Linie Management-Dienstleistungen anstelle von Waren.

Multinationales Unternehmen *(Multinational company).* Ein Unternehmen, das in vielen Ländern operiert und dessen Hauptbetätigungsfeld im Ausland liegt.

Quote *(Quota).* Begrenzung der Einfuhrmenge, die ein importierendes Land für bestimmte Produktkategorien genehmigt, sei es, um Devisen zu sparen oder die inländische Industrie und Beschäftigung zu schützen.

Standardisiertes Marketing-Mix *(Standardized marketing mix).* Eine internationale Marketing-Strategie, die das Produkt, die Werbung und Absatzwege sowie andere Elemente des Marketing-Mix auf allen internationalen Märkten des Unternehmens in nahezu unveränderter Form einsetzt.

Zoll *(Tariff).* Eine Steuer, die von einer Regierung auf bestimmte Importgüter eingehoben wird und dazu dient, die Einnahmen zu erhöhen oder einheimische Unternehmen zu schützen.

FUSSNOTEN

1. Basierend auf Informationen aus mehreren Quellen, einschließlich Alex Taylor III, „Kodak Scrambles to Refocus," Fortune, 3. März 1986, S.34–39; James B. Treece, Barbara Buell und Jane Sasseen, „How Kodak's Trying to Move Mount Fuji", Business Week, 2. Dezember 1985, S.62–64; und Subrata N. Chakravarty und Ruth Simon, „Has the World Passed Kodak By?" Forbes, 5. November 1984, S.184–192.
2. Vgl. hierzu „The Reluctant Exporter", Business Week, 10.April 1978, S.54–66.
3. Bezüglich eines Systems der Bewertung der politischen Stabilität verschiedener Staaten wird verwiesen auf F. T. Haner, „Rating Investment Risks Abroad," Business Horizons, April 1979, S.18–23.
4. Igal Ayal und Jehiel Zif, „Market Expansion Strategies in Multinational Marketing," Journal of Marketing, Frühjahr 1979, S.84-94.
5. James K. Sweeney, „A Small Company Enters the European Market," Harvard Business Review, September/Oktober 1970, S.127–128.
6. Die Erläuterungen von Eintrittsstrategien in diesem Abschnitt basieren auf Diskussionsbeiträgen in Gordon E. Miracle und Gerald S. Albaum, International Marketing Management (Homewood, IL: Irwin, 1970), Kap.14–16.
7. Beüglich weiterer Literatur über Lizenzerteilung wird verwiesen auf Allan C. Reddy, „International Licensing May Be Best for Companies Seeking Foreign Markets," Marketing News, 12. November 1982, S.6–7.
8. Bezüglich weiterer Literatur über Joint Ventures wird verwiesen auf „Are Foreign Partners Good for U.S. Comapnies?" Business Week, 28. Mai 1984, S.58–60.
9. Ralph Z. Sorenson und Ulrich E. Wiechmann, „How Multinationals View Marketing Standardization," Harvard Business Review, Mai/Juni 1975, S.38–54.
10. Dennis Chase, „Global Marketing: The New Wave", Advertising Age, 25. Juni 1984, S.49.
11. Warren J. Keegan, „Multinational Product Planning: Strategic Alternatives," Journal of Marketing, Januar 1969, S.58–62.
12. Vgl. hierzu Miracle und Albaum, International Marketing Management, S.317–319.
13. Vgl. hierzu William D. Hartley, „How Not to Do It: Combersome Japanese Distribution System Stumps U.S. Conerns," Wall Street Journal, 2. März 1972, S.1, 8.
14. Vgl. jedoch hierzu auch Arieh Goldman, „Outreach of Consumers and the Modernization of Urban Food Retailing in Developing Countries," Journal of Marketing, Oktober 1974, S.8–16.

Courtesy Century City Hospital

19. KAPITEL

Marketing für Dienstleistungen und Nonprofit Marketing

LERNZIELE DIESES KAPITELS

Wenn Sie dieses Kapitel gelesen haben, sollten Sie in der Lage sein,

1. eine Dienstleistung zu definieren und vier typische Merkmale zu beschreiben, die das Marketing für eine Dienstleistung beeinflussen,
2. zu erklären, wie Organisationen sich selbst vermarkten,
3. zu erläutern, wie Personen und Orte vermarktet werden,
4. soziales Marketing zu definieren und aufzuzeigen, wie soziale Ideen vermarktet werden.

In den Jahren vor 1970 hatten Krankenhäuser das Problem zu vieler Patienten. Diese Situation änderte sich rasch in den siebziger und Anfang der achtziger Jahre und sie begannen, niedrigeren Aufnahmezahlen und schwächerer Bettenbelegung entgegenzusehen. In dem Bemühen, neue Patienten anzuziehen, gingen viele Krankenhäuser zum Marketing über. Je gründlicher sie das Problem analysierten, umso komplexer erschien ihnen die Marketing-Herausforderung. Die meisten Hospitäler erkannten, daß sie nicht für alle Patienten alles bieten konnten. Einige begannen sich auf das Anbieten spezieller fachärztlicher Leistungen zu konzentrieren: Herz, Kinderheilkunde, Behandlung von Verbrennungen, Psychiatrie. Andere konzentrierten sich auf die speziellen Bedürfnisse bestimmter Segmente.

Ein gutes Beispiel für modernes Krankenhaus-Marketing bietet das Century City Hospital in Los Angeles. Es eröffnete vor kurzem seinen Century Pavillon, ein Krankenhaus-Äquivalent zu einer Suite im Hotel Ritz. Der Pavillon besteht aus sechs Luxus-Suiten, in denen die Wohlhabenden außer ihrer Gesundheitspflege einen exklusiveren Service erwarten können. Seit seiner

Eröffnung ist ein ständiger Strom von Prominenten und anderen wohlhabenden Patienten zu verzeichnen, die sich anstellen, um die für den Aufenthalt in einer dieser erstklassigen Pavillon-Suiten verlangten 1000 Dollar pro Nacht zu bezahlen. Ab dem Moment, wo sie vom Privatlift zu ihren Zimmern geleitet werden, gelten sie als Gäste und werden entsprechend verwöhnt.

Century City stolperte nicht per Zufall über die Pavillon-Idee. Der Service ist das Ergebnis eines fundierten Marketing-Programmes, das vom Marketing-Direktor des Krankenhauses geleitet wird. Eine Studie über den Primärmarkt des Hospitals hatte ergeben, daß fast 50 Prozent der Bewohner der Umgebung Bezieher hoher Einkommen und hochqualifizierte Spezialisten waren. 37 Prozent der Bevölkerung der umliegenden Gegend lebten in Häusern im Wert von über 200.000 Dollar; mehr als 7 Prozent verfügten über ein jährliches Haushaltseinkommen von über 75.000 Dollar. Darüber hinaus gab es mehr als 40.000 Millionäre in dem Los Angeles-Long Beach-Gebiet. Century City machte sich daran, dieses Segment finanzkräftiger Bewohner, die das beste Essen, die bequemste Unterkunft und den besten Service erwarteten, zu erobern.

Während Kosteneffizienz der Schlachtruf der meisten Gesundheitsvorsorge-Institutionen ist, erwarteten die sozial bessergestellten Patienten Extras und konnten sich diese auch leisten. Die Untersuchungen von Century City hatten ergeben, daß dieses Segment private Atmosphäre und Exklusivität wünschte. Das Hospital beauftragte eine bekannte Innenarchitekturfirma, Suiten von gediegenem Luxus in anspruchsvoller, aber ruhiger Atmosphäre zu entwerfen. In diesen Plüschräumen bietet das Century City Hospital Feinschmeckerkost auf ausgesuchtem Porzellan und mit Silberbesteck an. Und da vier Krankenhaussuiten mit Gästezimmern (Familienangehörige, Freunde oder Leibwächter) ausgestattet sind, erlauben sie eine großzügige Gastfreundschaft. Das Hospital hat sogar schon Partys in den Suiten mit Speisen und Getränken versorgt. Darüber hinaus sind die Suiten mit vielen anderen Extras versehen, wie z. B. Sekretariatsdienstleistungen, um Patienten zu helfen, dringende Geschäftsangelegenheiten auch vom Krankenhausbett aus erledigen zu können.

Century City entschied sich gegen auffällige institutionalisierte Werbung, um seinen Pavillon bekannt zu machen. Statt dessen wurden kleine Gegenstände per Post an über 10.000 Haushalte in Brentwood, Bel Aire, Beverly Hills und in vornehme Wohnviertel von West-Los Angeles versandt. Mit diesen Werbebriefen wurden auch 800 niedergelassene Ärzte angeschrieben. Jeder von ihnen erhielt eines Tages eine Rose, einen lustigen Notizblock am nächsten Tag und einen Schokokadetrüffel mit einem dritten Mailing, das sie darauf aufmerksam machte, daß dieser Service für ihre prominenten Patienten verfügbar war.

Century City bedient sich einer behutsamen Marketing-Methode. Andere Krankenhäuser bedienten sich auffälligerer Massenverkaufstaktiken, um ihr Geschäft anzukurbeln. Sunrise Hospital in Las Vegas warb mit einer großen Anzeige, die ein Schiff mit folgender Aufschrift zeigte: „Wir stellen Ihnen die Sunrise-Kreuzfahrt vor. Gewinnen Sie die Kreuzfahrt Ihres Lebens. Kommen Sie einfach an einem Freitag oder Samstag ins Sunrise-Hospital: Erholung für Zwei". St. Luke's Hospital in Phoenix führte nächtliche Bingo-Spiele für alle Patienten ein – ausgenommen Herzkranke – und erzielte damit ein großes Patienteninteresse und einen jährlichen Gewinn von 60.000 Dollar. Ein Hospital in Philadelphia servierte Eltern neugeborener Kinder ein Abendessen bei Kerzenlicht mit Steak und Champagner.

Wie immer die Methode im Einzelfalle aussehen mag, die meisten bedeutenden Krankenhäuser bedienen sich nunmehr irgendeiner Form des Marketing. Viele beherrschen die Methoden schon recht gut. Der Direktor des Century City Hospitals stellt dazu fest: „Der Century Pavillon stellt ein Element der Entwicklung dar, die im Krankenhaus-Marketing stattgefunden hat. Hospitäler werden immer präziser bei der Definition, wer ihre Patienten sind und welche Bedürfnisse sie haben, und sie entwickeln die adäquaten Serviceleistungen – seien es Luxussuiten oder chirurgische Behandlungen am gleichen Tag –, um diesen Bedürfnissen gerecht zu werden. In kurzer Zeit werden Krankenhäuser definitiv konsumentenorientiert sein – ein äußerst wichtiger Faktor im gegenwärtigen Gesundheitswesen."[1]

Marketing ist ursprünglich für den Verkauf von Produkten wie Zahnpasta, Autos, Stahl und Ausrüstungen entwickelt worden. Diese traditionelle Konzentration auf konkrete Produkte kann die Leute veranlassen, die vielen anderen Arten von Dingen zu übersehen, die vermarktet werden müssen. In diesem Kapitel sollen die speziellen Marketing-Erfordernisse für Dienstleistungen, Organisationen, Personen, Orte und Ideen untersucht werden.

MARKETING FÜR DIENSTLEISTUNGEN

Die amerikanischen Dienstleistungsbranchen sind seit Mitte der vierziger Jahre sehr rasch gewachsen. Dienstleistungsunternehmen tragen mehr als zwei Drittel zum amerikanischen Bruttosozialprodukt bei und beschäftigen mehr als sieben von zehn amerikanischen Arbeitern.[2] Zum Vergleich: In der Bundesrepublik Deutschland arbeiten 41 Prozent aller Beschäftigten im Dienstleistungsbereich, in Italien 35 Prozent. Infolge steigender Einkommen, zunehmender Freizeit und wachsender Komplexität ihrer Produkte wurden die USA zur größten Dienstleistungswirtschaft der Welt.

Dienstleistungsbetriebe unterscheiden sich sehr stark voneinander. Seitens der öffentlichen Verwaltung werden Dienstleistungen angeboten von: Gerichten, Arbeitsämtern, Krankenhäusern, Kreditbüros, Militär, Polizei, Feuerwehr, Post, Regierungsbehörden und Schulen. Der private Nonprofit-Bereich bietet in folgenden Einrichtungen Dienstleistungen an: Museen, karitative Einrichtungen, Kirchen, Colleges, Stiftungen und Krankenhäuser. Ein Großteil des Unternehmenssektors bietet Dienstleistungen an: Fluggesellschaften, Banken, Hotels, Versicherungen, Unternehmensberater, Arztpraxen, Rechtsanwälte, Vergnügungsbetriebe, Immobilienmakler, Werbe- und Forschungsagenturen sowie Einzelhändler.

Es gibt nicht nur die traditionellen Dienstleistungsbranchen, sondern es treten auch immer wieder neue Arten in Erscheinung:

> *Gegen ein geringes Entgelt bieten nunmehr Unternehmen an, Ihr Budget im Gleichgewicht zu halten, in Ihrer Abwesenheit Ihre Blumen zu pflegen, Sie morgens zu wecken, Sie zur Arbeit zu fahren und für Sie eine neue Wohnung, einen neuen Job, ein neues Auto, eine Frau, einen Hellseher sowie jemanden, der Ihre Katze füttert oder einen geigenspielenden Zigeuner zu finden. Vielleicht wollen Sie einen Gartentraktor mieten? Einige Stück Vieh oder einige Original-Gemälde erstehen? Vielleicht suchen Sie eine Persönlichkeit als Dekoration für Ihre nächste Cocktailparty? Sollten Sie geschäftliche Dienstleistungen benötigen, so gibt es spezielle Unternehmen, die für Sie Versammlungen und Verkaufstreffen planen, Ihre Produkte gestalten, Ihre Datenverarbeitung abwickeln oder die Ihnen zeitweise mit Sekretärinnen oder selbst mit Führungskräften aushelfen.*[3]

Einige Dienstleistungsunternehmen sind sehr groß – mit Umsätzen und Vermögenswerten in Milliardenhöhe. In Tabelle 19-1 sind die fünf größten Dienstleistungsunternehmen in sieben Service-Bereichen aufgelistet. 1986 erzielten die 500 größten Dienstleistungsunternehmen der Zeitschrift „Fortune" zufolge einen Gesamtumsatz von über einer Billion Dollar. Darüber hinaus gibt es jedoch noch zehntausende von kleineren Dienstleistungsunternehmen, deren Einnahmen zusammengenommen eine weitere Billion Dollar oder mehr ergeben.

TABELLE 19-1
Die größten Dienstleistungsunternehmen der USA

GESCHÄFTSBANKEN	DIVERSIFIZIERTE FINANZKONZERNE	LEBENSVERSICHERUNG	EINZELHANDEL	TRANSPORTUNTERNEHMEN	VERSORGUNGSUNTERNEHMEN	DIVERSIFIZIERTE DIENSTLEISTUNGSUNTERNEHMEN
Citicorp	Federal Nationel Mortgage Association	Prodential	Sears	Burlington Northern	GTE	Philbro-Salomon
Bank America	American Express	Metropolitan	K mart	United Parcel Service	Bell South	Inter North
Chase Manhattan	Aetna Life & Casualty	Equitable	Safeway	CSX	NYNEX	RCA
Manufacturers Hanover	Merrill Lynch	Aetna Life	Kroger	Santa Fe Southern Pacific	Bell Atlantic	Union Pacific
J. P. Morgan	First Boston	New York Life	American Stores	UAL	Pacific Telesis Group	Fleming Companies

Quelle: „The Service 500 $, Fortune, 9. Juni 1986, S. 122–142, Copyright 1986 Time Inc. Alle Rechte vorbehalten.

Beschaffenheit und Merkmale einer Dienstleistung

Eine Dienstleistung kann wie folgt definiert werden:

> **Eine Dienstleistung ist jede Tätigkeit, Nutzen-Stiftung oder Bedürfnisbefriedigung, die zum Verkauf angeboten wird. Sie ist im wesentlichen nicht greifbar und begründet kein Eigentum an irgendetwas. Ihre Erbringung kann – muß jedoch nicht – mit einem realen Produkt verbunden sein.**

Ein Hotelzimmer buchen, Geld auf der Bank anlegen, mit einem Flugzeug fliegen, einen Psychiater aufsuchen, sich die Haare schneiden zu lassen, den Wagen zur Reparatur geben, sich eine Sportveranstaltung ansehen, ins Kino gehen, Kleidung reinigen lassen, sich vom Rechtsanwalt beraten lassen – alles das bedeutet, eine Dienstleistung zu kaufen.

Bei der Gestaltung von Marketing-Programmen muß ein Unternehmen vier Merkmale einer Dienstleistung berücksichtigen.

Nichtgreifbarkeit

Dienstleistungen sind nicht greifbar. Sie können nicht gesehen, ertastet, gefühlt, gehört oder gerochen werden, bevor man sie kauft. Eine Person, die ein Gesichtslifting erhält, kann das Resultat nicht vor dem Kauf sehen und der Patient, der zum Psychiater geht, kann nicht im voraus wissen, was die Therapie bewirken wird. Der Käufer muß also Vertrauen zum Anbieter der Dienstleistung haben.

Dienstleistungsanbieter können verschiedenes tun, um das Vertrauen der Klienten zu verbessern. Als erstes können sie die

Greifbarkeit der Dienstleistung erhöhen. So kann ein Facharzt für plastische Chirurgie eine Zeichnung von dem Gesicht des Patienten anfertigen, die zeigt, wie es nach dem Eingriff voraussichtlich aussehen wird. Zweitens können die Anbieter die Vorteile der Dienstleistungen betonen, anstatt nur deren Merkmale zu beschreiben. Ein Angestellter der Collegeverwaltung kann mit möglichen Studenten über die guten Jobs sprechen, die den Absolventen geboten wurden, statt das Leben im Campus (Hochschulanlage) zu beschreiben. Drittens können Serviceanbieter für ihre Dienstleistungen Markennamen entwickeln, um das Vertrauen zu erhöhen, wie z. B. Magikist-Reinigung oder United Airlines' Red Carpet-Service. Viertens ist es möglich, daß Serviceanbieter prominente Persönlichkeiten einsetzen, um das Vertrauen in die Dienstleistung zu festigen, wie es die Firma American Express in einer Werbekampagne praktizierte, in der sie zahlreiche Personen mit bekannten Namen aber weniger bekannten Gesichtern herausstellte.

Untrennbarkeit

Eine Dienstleistung ist nicht denkbar ohne die Personen oder Maschinen, die sie zur Verfügung stellen. Eine Dienstleistung kann nicht einfach auf ein Regal gestellt und von den Verbrauchern bei Bedarf gekauft werden. Der Serviceanbieter muß zugegen sein. Chirurgische Eingriffe erfordern die Anwesenheit der Ärzte und das Vorhandensein ihrer Ausrüstung; die Überprüfung der Firmenaufzeichnungen erfordert die Anwesenheit eines Prüfers.

Es gibt mehrere Strategien, um mit dieser Beschränkung fertigzuwerden. Der Serviceanbieter kann lernen, mit größeren Gruppen zu arbeiten: Einige Psychotherapeuten sind von der Einzeltherapie über die Kleingruppen-Therapie zur Massentherapie von Gruppen über 300 Personen in großen Hotel-Tanzsälen übergegangen. Der Serviceanbieter kann lernen, schneller zu arbeiten. So kann ein Psychotherapeut 30 Minuten für jeden Patienten aufwenden anstatt 50 und auf diese Weise mehr Patienten sehen. Die Service-Organisation kann mehrere Mitarbeiter ausbilden, die die Dienstleistung des Unternehmens zur Verfügung stellen, und Vertrauen bei den Klienten aufbauen, wie es z. B. die Firma H & R Block mit ihrem bundesweiten Netz gut ausgebildeter Steuerberater praktiziert hat.

Veränderlichkeit

Dienstleistungen sind in hohem Maße variabel. Ihre Qualität hängt davon ab, wer sie durchführt, sowie davon, wann und wo sie zur Verfügung gestellt werden. Eine Tennisstunde von Jimmy Connors wird vermutlich von höherer Qualität sein als die von einem lokalen Tennisprofi. Und selbst die Tennisstunden von Connors werden je nach seiner Energie und seiner Gemütsverfassung zur Zeit des jeweiligen Unterrichts variieren. Die Käufer von Dienstleistungen sind sich dieser hohen Variabilität sehr wohl bewußt und sprechen mit anderen, ehe sie sich entscheiden, bei wem sie sie in Anspruch nehmen.

Dienstleistungsunternehmen haben zwei Möglichkeiten, die Qualität ihrer Dienstleistung zu kontrollieren. Zunächst einmal können sie ihr Personal sehr sorgfältig auswählen und ausbilden. So wenden Fluggesellschaften, Banken und Hotels Unsummen auf, um ihre Mitarbeiter so zu schulen, daß sie eine gute Leistung erbringen. Die Gäste sollten in jedem Marriott-Hotel das gleich freundliche und hilfsbereite Personal antreffen können. Zweitens können diese Unternehmen die Zufriedenheit der Kunden regelmäßig überprüfen, und zwar durch Vorschlags- und Beschwerdesysteme, durch Kundenbefragungen und Testkäufe bzw. Konkurrenzvergleich. Wenn ein unzulänglicher Service festgestellt wird, kann dieser in Zukunft verbessert werden.

Vergänglichkeit

Dienstleistungen können nicht aufbewahrt werden. Der Grund, warum viele Ärzte ihren Patienten nicht eingehaltene Termine berechnen, ist der, daß der Dienstleistungswert nur zu jenem Zeitpunkt existent war, zu dem der Patient nicht erschienen ist. Die Vergänglichkeit der Dienstleistungen ist kein Problem, so lange eine ständige Nachfrage danach besteht, weil es leicht ist, für die zu erbringenden Dienstleistungen personelle Vorkehrungen zu treffen. Wenn aber die Nachfrage schwankt, stehen Dienstleistungsunternehmen vor schwierigen Problemen. So müssen beispielsweise öffentliche Verkehrsbetriebe wegen des großen Bedarfs zur Hauptverkehrszeit viel mehr Fahrzeuge zur Verfügung halten als sie benötigen würden, wenn die Nachfrage gleichmäßig über den ganzen Tag verteilt wäre.

Sasser hat mehrere Strategien beschrieben, um einen besseren Ausgleich zwischen Nachfrage und Angebot in einem Serviceunternehmen zu erzielen.[4] Auf der Nachfrageseite wird die Forderung von unterschiedlichen Preisen zu verschiedenen Zeiten einen Teil der Nachfrage von Spitzenbedarfszeiten auf Zeiten geringerer Nachfrage verlagern. Beispiele hierfür sind die niedrigen Eintrittspreise der Frühvorstellungen in den Kinos oder die günstigen Mietwagenpreise für das Wochenende. Oder die geringe Nachfrage zu bestimmten Zeiten kann durch neue Dienstleistungen gesteigert werden; so offerierte McDonalds sein Egg McMuffin-Frühstück und Hotels entwickelten Kurzurlaubs-Wochenenden. Zu Spitzenzeiten können zusätzliche

Dienstleistungen angeboten werden, um wartenden Kunden eine Alternative zu bieten, z. B. in Restaurants Cocktailbars für Gäste, die noch auf einen freiwerdenden Tisch warten müssen, oder in Banken Computer, die automatisch die Kontoauszüge ausdrucken. Auch Reservierungssysteme können dazu beitragen, das Nachfrageniveau zu steuern. Fluggesellschaften, Hotels und Ärzte machen von dieser Möglichkeit weitgehend Gebrauch.

Seitens jener, die Dienstleistungen bereitstellen, können für Zeiten des Spitzenbedarfs zusätzliche Teilzeitbeschäftigte eingesetzt werden. In Colleges werden Lehrer mit befristeten Verträgen eingestellt, wenn die Studentenzahlen ansteigen, und Restaurants beschäftigen bei Bedarf Aushilfskellnerinnen oder Aushilfskellner. Der Spitzenbedarf kann auch wirksamer abgewickelt werden, wenn von den Angestellten während der Stoßzeiten nur die wichtigsten Aufgaben erfüllt werden. Ein Teil der Aufgaben kann auch auf den Kunden übertragen werden, so werden z. B. Patienten gebeten, ihre Krankengeschichten selbst auszufüllen, oder Kunden, ihre Einkäufe selbst in der Einkaufstüte zu verstauen. Anbieter können sich Dienstleistungen auch untereinander aufteilen. Das ist z. B. bei mehreren Krankenhäusern der Fall, die teure medizinische Geräte gemeinsam benutzen. Ein Unternehmen kann auch eine Expansion im voraus planen, wenn beispielsweise ein Freizeitpark angrenzende Grundstücke für spätere Erweiterungen erwirbt.

Klassifizierung von Dienstleistungen

Dienstleistungen können auf verschiedene Arten klassifiziert werden. Die erste Möglichkeit ist die Einteilung in personen- oder ausrüstungsorientierte Dienstleistungen (siehe hierzu Abbildung 19-1). Während ein Psychiater fast überhaupt keine Ausrüstung benötigt, braucht ein Pilot ein Flugzeug. Personenorientierte Dienstleistungen können Spezialisten erfordern (Buchhalter, Unternehmensberater), Facharbeiter (Klempnerarbeiten, Autoreparatur) und ungelernte Kräfte (Pförtnerdienste oder Rasenpflege). Ausrüstungsorientierte Dienstleistungen können automatisierte Ausrüstungen umfassen (Autowaschanlagen, Verkaufsautomaten), Ausrüstungen, die von ungelernten Kräften bedient werden (Taxis, Kinos) und Ausrüstungen, die von Fachkräften bedient werden (Flugzeuge, Computer). Selbst innerhalb einer Dienstleistungsbranche unterscheiden sich die Anbieter bezüglich des Umfanges der eingesetzten Ausrüstungen. Mitunter erhöht die Ausrüstung den Wert der Dienstleistungen (Stereoverstärkung), und manchmal reduziert sie die Anzahl der erforderlichen Arbeitskräfte (automatische Autowaschanlagen).

ABBILDUNG 19-1
Dienstleistungsarten

Quelle: Abgedruckt mit Genehmigung der Harvard Business Review. Eine graphische Darstellung aus dem Beitrag „Strategy is Different in Service Business," von Dan R. E. Thomas (Juli – August 1978). Copyright 1978: President and Fellows of Harvard College; alle Rechte vorbehalten.

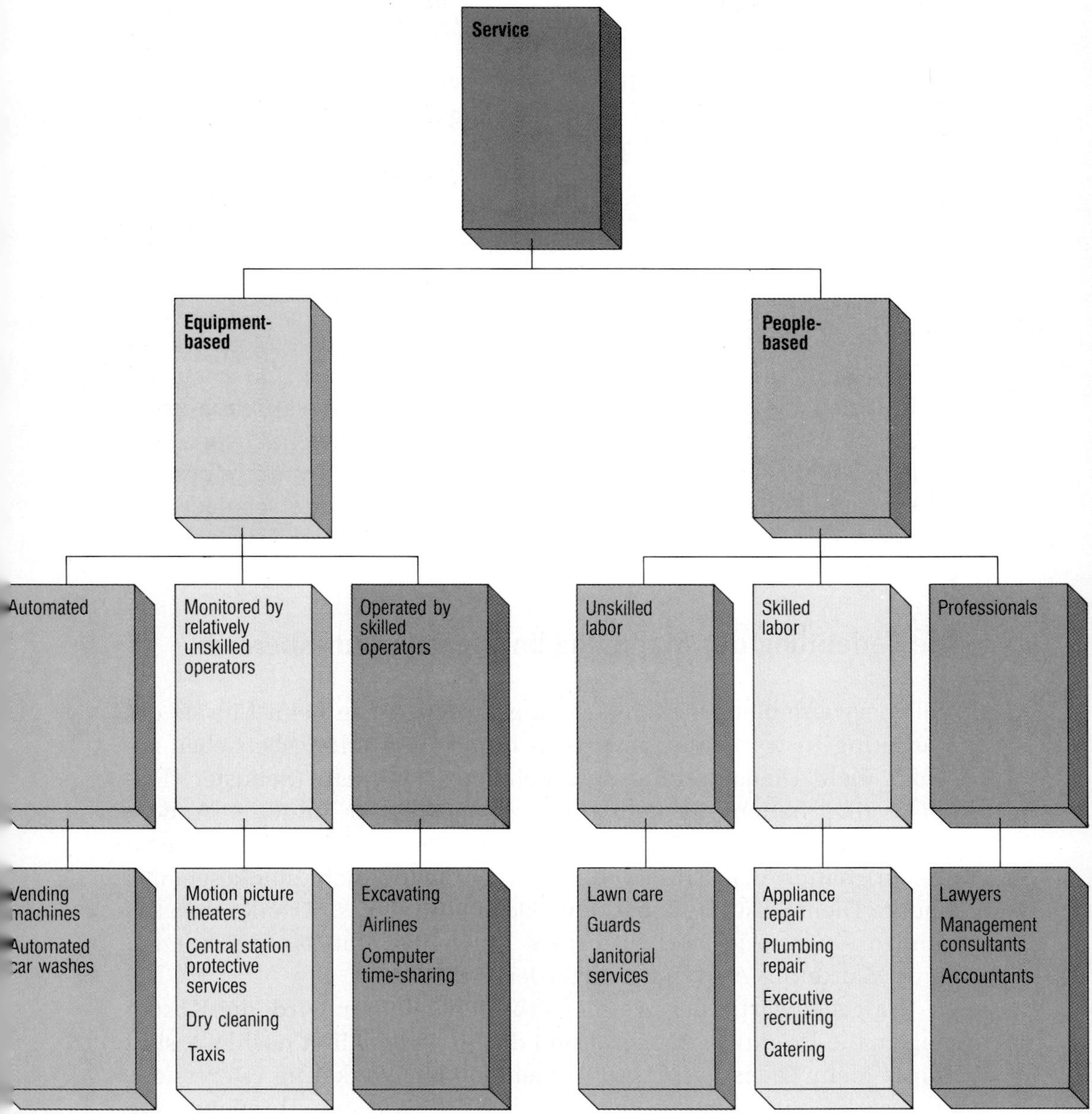

FIGURE 19-1
Types of Service Business

Source: Reprinted by permission of the *Harvard Business Review*. An exhibit from "Strategy is Different in Service Business," by Dan R. E. Thomas (July–August 1978). Copyright © 1978 by the President and Fellows of Harvard College; all rights reserved.

Das zweite Einteilungskriterium bezieht sich auf die Frage, ob die Anwesenheit des Kunden für die Dienstleistung erforderlich ist. Gehirnchirurgie ist ohne Anwesenheit des Patienten nicht denkbar, hingegen ist diese bei der Autoreparatur nicht erforderlich. Muß der Klient anwesend sein, hat der Anbieter dessen Bedürfnisse zu berücksichtigen. So dekorieren Kosmetiksalons ihre Geschäftsräume, sorgen für Hintergrundmusik und sprechen freundlich mit den Kunden.

Eine dritte Einteilungsmöglichkeit bezieht sich auf das Kaufmotiv des Klienten. Befriedigt die Dienstleistung ein persönliches Bedürfnis (persönliche Dienstleistung) oder ein geschäftliches (gewerbliche Dienstleistung)? So können Ärzte für Privatpatienten andere Preise festsetzen als für Krankenkassenpatienten, die sie auf einer festgelegten Vergütungsbasis bedienen. Anbieter von Dienstleistungen entwickeln üblicherweise unterschiedliche Marketing-Programme für persönliche und gewerbliche Zielmärkte.

Das vierte Beurteilungskriterium fragt nach den Motiven des Dienstleistungsanbieters (Gewinn oder kein Gewinn) und nach der Form (privat oder öffentlich)? Wenn diese beiden Merkmale miteinander kombiniert werden, ergibt dies vier verschiedene Typen von Dienstleistungs-Organisationen. Das Marketing-Programm eines auf Gewinnerzielung bedachten Privatkrankenhauses unterscheidet sich von dem eines privaten Wohlfahrtskrankenhauses oder von einem Hospital der Veterans Administration.[5]

Die Bedeutung des Marketing im Dienstleistungsbereich

Üblicherweise bleiben Dienstleistungsunternehmen beim Einsatz des Marketing-Instrumentariums etwas hinter Herstellungsbetrieben zurück.[6] Viele Dienstleistungsunternehmen sind klein (Schuster, Friseure) und halten Marketing für zu teuer oder unnötig. Andere Dienstleistungsunternehmen (Rechtsanwalts- und Steuerberatungspraxen) halten den Einsatz von Marketing für nicht standesgemäß. Andere Dienstleistungsbetriebe wiederum (Colleges, Krankenhäuser) standen einer so großen Nachfrage gegenüber, daß bis vor kurzem keine Marketing-Aktivitäten erforderlich waren.

Da gegenwärtig der Wettbewerb immer härter wird, die Kosten steigen, die Produktivität sinkt und die Servicequalität nachläßt, sind immer mehr Dienstleistungsunternehmen am Marketing interessiert. Fluggesellschaften waren eine der ersten Dienstleistungsbranchen, die ihre Kunden und ihre Mitbewerber analysierten und positive Schritte unternahmen, um das Fliegen für den Gast leichter und angenehmer zu gestalten. Eine weitere Branche waren die Banken, die sich sehr rasch für einen aktiven Einsatz des Marketing-Instrumentariums

Werbung für Rechtsanwälte. Mit freundlicher Genehmigung von Hirsch & Colky, Chicago, Ill.

entschieden. Zuerst waren Banken der Meinung, daß Marketing hauptsächlich aus Absatzförderung und Freundlichkeit bestehe, doch mittlerweile haben sie Marketing-Organisationen sowie Informations-, Planungs- und Kontrollsysteme errichtet.[7] Bei Wertpapiermaklern, Versicherungen und Wohnungsvermittlern hat das Gedankengut des Marketing in unterschiedlichem Ausmaß Einzug gefunden. Einige Unternehmen haben die Führungsrolle übernommen und bereits bedeutende Marketingschritte gesetzt, viele liegen jedoch noch weit zurück.

Da der Dienstleistungswettbewerb zunimmt, wird seitens der Anbieter auch der Bedarf an fortschrittlicheren Marketing-Techniken zunehmen. Einer der wichtigsten Gründe für diese Veränderung ist die Tatsache, daß immer mehr Produktmarketer in Dienstleistungsbranchen einsteigen. Sears begab sich bereits vor Jahren in den Bereich des Dienstleistungsmarketing (Versicherungen, Banken, Steuerberatung, Autoverleih). Die Xerox-Corporation betreibt ein bedeutendes Geschäft mit Verkaufstraining (Xerox-Lehrgänge) und die Firma Gerber Products unterhält Krankenschwesternschulen und verkauft Versicherungen.

MARKETING FÜR ORGANISATIONEN

Organisationen ergreifen oft Maßnahmen, um die Organisation selbst zu „verkaufen“.

> **Marketing für Organisationen besteht aus Aktivitäten, die darauf gerichtet sind, Einstellungen und Verhaltensweisen von Zielgruppen gegenüber einer Organisation zu bilden, zu erhalten und zu verändern.**

Marketing für die Organisation wurde traditionell seitens der PR-Abteilung betrieben. Das wird aus der folgenden Definition von Public Relations ersichtlich:

> **Public Relations ist die Managementfunktion, die öffentliche Einstellungen einschätzt, eine Person oder eine Organisation mit dem öffentlichen Interesse identifiziert und die ein Aktionsprogramm plant und durchführt, um Verständnis und Akzeptanz bei der Öffentlichkeit zu gewinnen.**[8]

Public Relations ist Marketing-Management, das von einem Produkt oder einer Dienstleistung auf eine Organisation übertragen worden ist.[9] Für die Erfüllung dieser Aufgabe bedarf es der gleichen Vorgehensweise und Fertigkeiten: Kenntnisse über die Bedürfnisse der Zielgruppe, ihre Wünsche und ihr Verhalten; Kommunikationstechniken sowie die Fähigkeit, Programme zu entwickeln und durchzuführen, die das Verhalten beeinflussen. Die Ähnlichkeiten zwischen Marketing und Public Relations haben einige Unternehmen veranlaßt, beide Funktionen unter eine gemeinsame Leitung zu stellen. Bei General Electric ist ein Vice President für Marketing und öffentliche Angelegenheiten für die gesamte Unternehmenswerbung, für öffentliche Angelegenheiten (Public Affairs) und Public Relations verantwortlich. Diese Führungskraft ist zugleich für das Unternehmensmarketing (Corporate Marketing) zuständig, dazu zählen auch Forschungsarbeiten und die Personalentwicklung.

Zum Organisationsmarketing gehört auch die Beurteilung des aktuellen Unternehmensimages sowie die Entwicklung eines Plans, um dieses Image zu verbessern.

Imagebeurteilung

Der erste Schritt bei der Imagebeurteilung besteht darin, das aktuelle Image bei den wichtigsten öffentlichen Interessengruppen zu erforschen. Die Art und Weise, wie eine einzelne Person oder eine Gruppe die Organisation sieht, wird **Organisations- oder Unternehmensimage** genannt. Unterschiedliche Personen können verschiedene

Vorstellungen von derselben Organisation haben. Ein Unternehmen kann mit seinem Image in der Öffentlichkeit zufrieden sein oder zu der Auffassung gelangen, daß es ernsthafte Imageprobleme hat.

Angenommen, eine Bank betreibt irgendwann Marketingforschung, um ihr Image in ihrem Einzugsbereich festzustellen. Sie stellt bei dieser Gelegenheit fest, daß sowohl die tatsächlichen als auch die potentiellen Kunden die Bank ein wenig als unbedeutend, konservativ, unfreundlich und nicht gut informiert einschätzen – wie die durchgehende Linie in Abbildung 19-2 zeigt. Die Bank wird daran interessiert sein, dieses Image zu verbessern.

FIGURE 19-2
Image Assessment

ABBILDUNG 19-2
Imagebestandsaufnahme

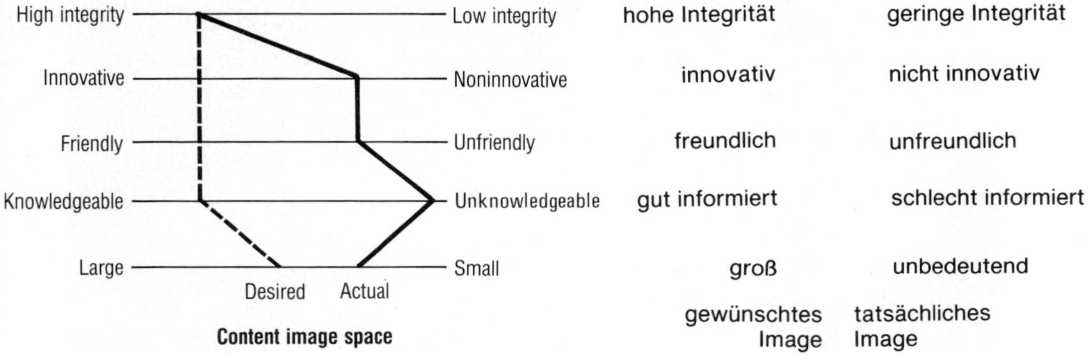

Planung und Kontrolle des Images

Als nächstes sollte die Organisation festlegen, welches Image sie gerne haben würde und welches Image für sie erreichbar ist. Zum Beispiel könnte die Bank das Image anstreben, das mit der unterbrochenen Linie in Abbildung 19-2 gekennzeichnet ist. Sie würde gerne als freundlicheres Unternehmen gesehen werden, das persönlichere Serviceleistungen anbietet, sowie innovativer, besser informiert und bedeutender eingeschätzt wird.

Das Unternehmen entwickelt einen Marketingplan, um das bisherige Image in Richtung des gewünschten zu verändern. Angenommen, die Bank möchte ihr Image zuerst dahingehend verbessern, daß sie freundliche und persönliche Serviceleistungen bietet. Der erste entscheidende Schritt besteht selbstverständlich darin, daß sie tatsächlich einen freundlicheren und persönlicheren Service gewährt. Die Bank könnte bessere Kassiere sowie andere Angestellte, die Umgang mit Kunden haben, einstellen oder ausbilden lassen. Darüber hinaus könnte die Innenausstattung neu gestaltet werden, um die Bank wärmer erscheinen zu lassen. Wenn die Bank sicher ist, daß sie ihre

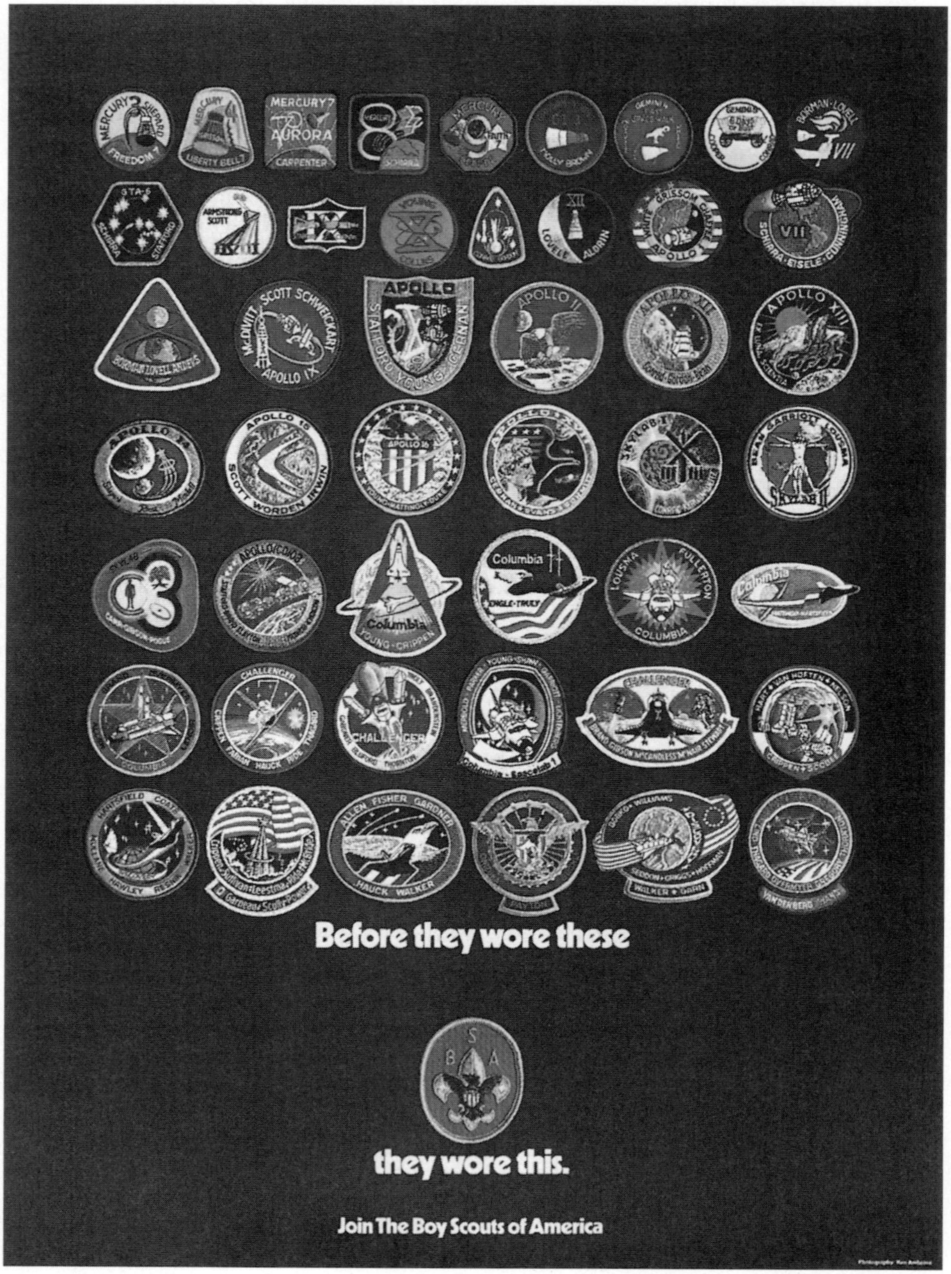

Organisationsmarketing: Die Organisation Boy Scouts of America (Pfadfinder) „verkauft“ sich selbst, indem sie herausstreicht, daß die meisten Astronauten der NASA früher bei den Pfadfindern waren. Abgedruckt mit freundlicher Genehmigung der Boy Scouts of America and Foote, Coe & Belding, New York, Fotograf: Ken Ambrose.

Leistung bezüglich der wichtigsten Imagekriterien verbessert hat, kann sie ein Marketing-Programm entwickeln, das den Verbrauchern dieses neue Image vermittelt.

Das Unternehmen muß nach einer gewissen Zeit eine neue Erhebung bei seinen Zielgruppen durchführen, um festzustellen, ob seine Maßnahmen tatsächlich das Image verbessert haben. Wegen der begrenzten Mittel und der „Schwerfälligkeit" öffentlicher Vorstellungen kann ein Image nicht über Nacht verändert werden. Wenn das Unternehmen aber längere Zeit keine Fortschritte macht, muß entweder sein Marketing-Angebot oder sein Marketing-Programm geändert werden.[10]

MARKETING FÜR PERSONEN

Personen werden ebenfalls vermarktet. Personenmarketing kann wie folgt definiert werden:

Personenmarketing besteht aus Aktivitäten, die darauf gerichtet sind, Einstellungen oder Verhaltensweisen gegenüber einer besonderen Person zu bilden, zu erhalten oder zu verändern.

Zwei verbreitete Formen des Personenmarketing sind das Marketing für berühmte Personen und das Marketing für politische Kandidaten. Eine dritte Form, „Persönliches Marketing" wird in Anhang B, „Karrieren im Marketingbereich", beschrieben.

Marketing für berühmte Personen

Obwohl diese Art des Marketing bis in die Zeiten der Cäsaren zurückzuverfolgen ist, assoziiert man damit heute den Aufbau von Hollywood-Stars und Entertainern. Hollywood-Schauspieler und -Schauspielerinnen engagieren Presseagenten, um ihren Star-Ruhm zu fördern. Der Presseagent bringt Neuigkeiten über den Star in den Massenmedien unter und arrangiert aufsehenerregende öffentliche Auftritte. Einer der großen Promotor war Brian Epstein, der den Beatles zum Weltruhm verhalf und dafür mehr Geld erhielt, als irgendeiner der Beatles. Heutzutage werden berühmte Persönlichkeiten von ganzen Organisationen promotet.

Marketer berühmter Persönlichkeiten können keine Wunder vollbringen; vieles hängt vom Star selbst ab. Wenn der Star ein geborener Selbstdarsteller ist, sind ihm keine Grenzen gesetzt. Elton John, der mehr Geld verdiente als die Beatles oder Elvis Presley, trug

ABBILDUNG 19-3
„Lebenszyklus" der Karriere berühmter Persönlichkeiten

Quelle: Charles Seton, „The Marketing of a Free Lance Fashion Photographer" (unveröffentlichtes Vorlesungsmanuskript).

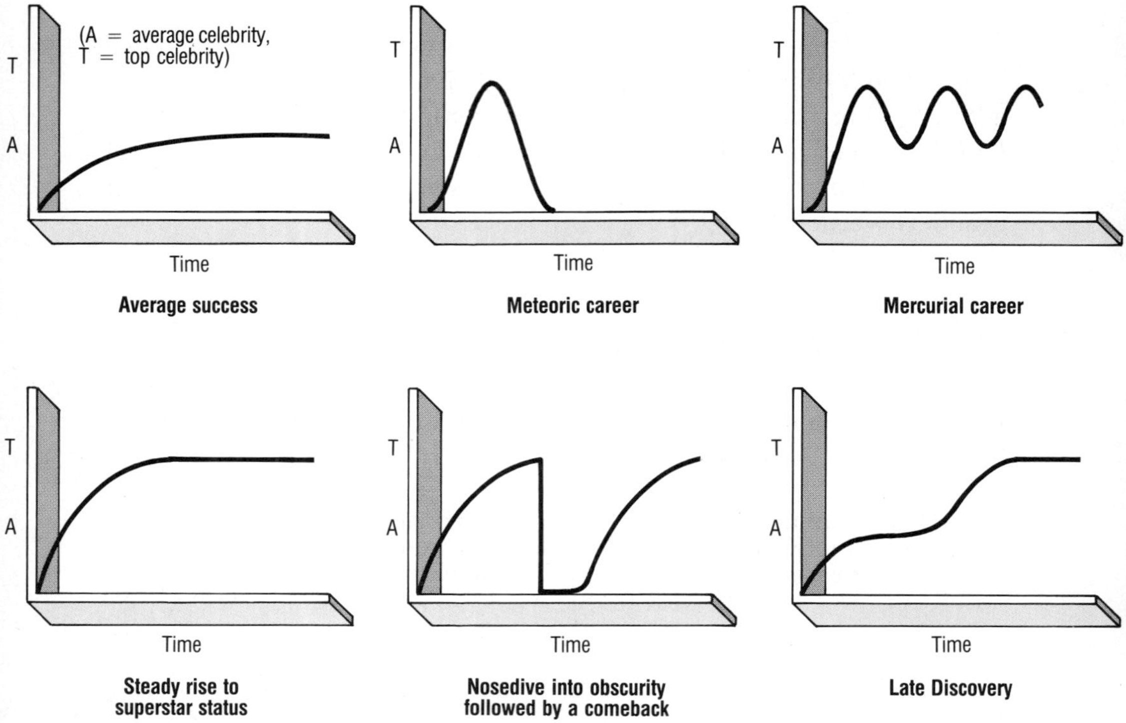

FIGURE 19-3
Celebrity Career Life Cycles

Source: Charles Seton, "The Marketing of a Free Lance Fashion Photographer" (unpublished student paper).

über 200 Brillen, hämmerte mit den Füßen auf seinem Klavier, warf Tennisbälle ins Publikum und engagierte Schauspieler, die als Frankenstein oder als Queen Elizabeth verkleidet auf der Bühne umhergingen. Auch wenn diese Einfälle möglicherweise die Ideen seines Managers waren, so hat er sie doch meisterhaft ausgeführt.

Marketer berühmter Persönlichkeiten sind sich darüber im klaren, daß Berühmtheits-Lebenszyklen sehr unterschiedlich und oft sehr kurz sind (vgl. hierzu Abbildung 19-3). Der Marketing-Chef von Polygram, einer bedeutenden Schallplattenfirma, vergleicht die Karriere eines Darstellers mit einer Kiste Erdbeeren, die verpackt und auf den Markt gebracht und schließlich verkauft werden muß, bevor die Früchte verderben und wertlos werden. Mike Gormley, der Publicity-Direktor der Firma Mercury Records, beschreibt ein typisches Treffen: „Wir treffen uns alle sechs Wochen. Wir sehen uns unsere Verkaufszahlen an. Wenn wir beschließen, daß einer Gruppe nicht mehr genug Aufmerksamkeit geschenkt wird – das heißt, daß sie in den Medien nicht genügend Sendezeit erhält, oder zu geringe Verkaufszahlen erzielt –, dann lassen wir sie fallen. Wenn Promotion keine Ergebnisse bringt, sollte man nicht noch mehr Geld wegwerfen."[11] Einige ehemalige Stars versuchen, eine neue Karriere aufzubauen, aber für die meisten ist es sehr schwer, wieder an die Spitze zu kommen.

Marketing für politische Kandidaten

Marketing für politische Kandidaten hat sich zu einer bedeutenden Branche entwickelt.[12] Alle paar Jahre wird die Öffentlichkeit Zeuge und Zielgruppe zahlreicher Wahlkampagnen für Ämter auf lokaler, bundesstaatlicher und nationaler Ebene. Im Verlauf dieser politischen Kampagnen begeben sich die Kandidaten in den Wählermarkt und bedienen sich der Marketing-Forschung sowie der Werbung, um möglichst viele Wähler zu gewinnen.

Das Interesse an Marketing-Aspekten bei politischen Wahlen ist angeregt worden durch das spektakuläre Wachstum von politischer Werbung sowie von wissenschaftlichen Meinungsumfragen, Computeranalysen über Wählerverhalten und durch professionelle Managementfirmen, die sich auf Wahlkampagnen spezialisiert haben.

> *Der persönliche Händedruck, das lokale Spendenbeschaffungsdinner, der Nachbarschaftstee, die Rallye, der Bezirksvorsteher und die Mitfahrgelegenheit zu den Wahllokalen sind noch immer sehr verbreitet ... die neue Kampagne sorgt für einen sorgfältig koordinierten strategischen Rahmen, innerhalb dessen die traditionellen Tätigkeiten in Übereinstimmung mit dem Masterplan ausgeführt werden. Der sogenannte „Master Plan", das Gesamtkonzept, konzentriert die Bemühungen auf einen Wandel von der vom Kandidaten gesteuerten, losen und oft dem Zufall überlassenen „play-it-by-ear"-Methode zu einer präzisen, zentral gesteuerten Strategie der Zusammenarbeit für die Gewinnung oder Verteidigung eines Amtes. Seine Kennzeichen umfassen den formalen Entwurf einer Strategie, den koordinierten Einsatz spezialisierter Propagandatechniken und subtilere Methoden zur Meinungsforschung und Beeinflussung. Obwohl Welten zwischen dem „Verkauf" eines Kandidaten und dem Vermarkten von Seife oder Rasierklingen liegen, sind einige Merkmale der kommerziellen Werbung auf den politischen Prozeß übertragen worden.*[13]

STANDORTBEZOGENES MARKETING

Standortbezogenes Marketing kann wie folgt definiert werden:

> **Standortbezogenes Marketing umfaßt alle Aktivitäten, die darauf gerichtet sind, Einstellungen oder Verhaltensweisen gegenüber einem bestimmten Ort zu bilden, zu erhalten oder zu ändern.**

Die vier wichtigsten Arten des standortbezogenen Marketings sind:

- Marketing auf dem Wohnungssektor
- Marketing für Geschäfts- und Betriebsobjekte
- Marketing für Immobilien-Verwertungsprojekte
- Ferien-Marketing

Marketing auf dem Wohnungssektor

Marketing auf dem Wohnungssektor umfaßt den Kauf oder die Vermietung von Einfamilienhäusern, Wohnhäusern, Appartements und anderen Arten von Wohneinheiten. Früher wurde dieses Geschäft über spezielle Inserate und über Immobilienmakler abgewickelt. Anspruchsvollere Marketing-Techniken sind bei dem Verkauf von Eigentumswohnungen und anläßlich der Errichtung ganzer Wohnbezirke angewandt worden. Große Bauunternehmen erforschen die Wohnbedürfnisse und entwickeln „Wohnprodukte", die den Preisvorstellungen und Wünschen eines speziellen Marktsegmentes gerecht werden. Einige kostspielige Appartements wurden für den Jet-Set gebaut, andere für ältere Menschen, jedes Angebot ist mit den für die jeweilige Zielgruppe passenden Merkmalen, Symbolen und Dienstleistungen ausgestattet. Ganze Wohnbezirke sind für bestimmte Alters- oder Lebensstilgruppen gestaltet worden.

Marketing für Geschäfts- und Betriebsobjekte

Marketing für Geschäfts- und Betriebsobjekte umfaßt das Erschließen, Verkaufen oder Vermieten von gewerblichen Anlagen wie Fabriken, Läden, Büroräumen und Lagerhäusern. Große Erschließungsunternehmen erforschen die Grundstücksbedürfnisse von Unternehmen und reagieren mit entsprechenden Immobilien-Lösungen, wie z. B. Industrieparks, Einkaufszentren und neuen Bürogebäuden. Die meisten Bundesländer unterhalten „Industrie-Ansiedlungs-Büros", die versuchen, Unternehmen von den Vorteilen zu überzeugen, neue Industrieanlagen bei ihnen anzusiedeln (siehe hierzu Beispiel 19-1). Sie geben große Summen für Werbung aus und bieten den Interessenten

BEISPIEL 19-1

„The Goodliest Land“ („Das schönste Land“): Marketing für Gewerbegrundstücke in North Carolina

1654 kamen zwei englische Forscher mit Berichten über das „Schönste Land unter der Sonne“ in ihre Heimat zurück. Sie beschrieben die Gegend, die man heutzutage North Carolina nennt. In den letzten Jahren sind zahlreiche amerikanische und ausländische Firmen zu der gleichen Ansicht über diesen Bundesstaat gekommen. In drei aufeinanderfolgenden Ausgaben der Business-Week wurde North Carolina als erste Wahl der US-Spitzenführungskräfte für einen neuen Betriebsstandort genannt. Dieser Staat bietet eine Reihe wirtschaftlicher und kultureller Vorteile, ein großer Teil seiner Popularität ist allerdings auch auf die Aktivitäten der Abteilung für Industrieentwicklung des North Carolina Department of Commerce's (Handelskammer) zurückzuführen. Diese Abteilung verwendet ein erstklassiges Marketing-Programm – bestehend aus Werbung, Publicity und persönlichem Verkauf –, um Zielfirmen und Branchen zu überzeugen, sich in North Carolina niederzulassen.

Die 24 mit der Industrieansiedlung befaßten Mitarbeiter dieser Abteilung koordinieren ihre Bemühungen mit Planungsspezialisten in mehr als 300 Gemeinden von North Carolina. Darüber hinaus stellt diese Abteilung Unternehmen, die mit dem Gedanken spielen, sich in North Carolina

North Carolina wirbt um neue Betriebsansiedlungen. Abgedruckt mit freundlicher Genehmigung des Bundesstaates North Carolina, Dept. of Commerce, Industrial Development Division.

niederzulassen, ausführliche Informationen zur Verfügung – beispielsweise umfassende Analysen von mehr als 325 Gemeinden, eine computerunterstützte Aufstellung von zur Verfügung stehenden Gewerbegrundstücken und Gebäuden, Einschätzungen über bundesstaatliche und lokale Steuern für bestimmte Standorte, Analysen über Arbeitskosten und Lohnnebenleistungen, Einzelheiten über bequeme Verkehrsverbindungen zu den potentiellen Standorten und Schätzungen über die Baukosten.

Die Abteilung für Industrieentwicklung läßt es aber nicht bei der bloßen Zurverfügungstellung von Informationen bewenden; ganz gezielt sucht sie Firmen aus und überredet diese, sich in North Carolina niederzulassen. Sie lädt Gruppen von Führungskräften der Wirtschaft zu Rundfahrten und Präsentationen ein und errichtet Informationsstände auf Fachmessen. Ihre Beauftragten – manchmal der Gouverneur des Staates persönlich – reisen in andere Staaten, um die „North Carolina-Story“ Führungskräften interessanter Geschäftszweige und Branchen vorzutragen. Die Abteilung für Industrieentwicklung (Division of Industrial Development) kommuniziert und überzeugt darüber hinaus durch Informations- und Absatzförderungsbroschüren, die per Post versendet werden, sowie durch Werbung in Massenmedien. Anzeigen wie die an dieser Stelle abgebildete sowie Broschüren werben mit North Carolinas Vorteilen: ein großes Potential an produktiven Arbeitskräften, zahlreiche Ausbildungs- und Trainingsinstitutionen, niedrige Steuern, ein leistungsfähiges Verkehrsnetz, niedrige Energie- und Baukosten, hohe Lebensqualität, umfassende Unterstützung und Hilfe seitens der Regierung.

Das Budget der Industrial Development Division beläuft sich lediglich auf zwei Millionen Dollar pro Jahr, aber der bisherige Erfolg ist groß: von 1977 bis 1983 wurden in North Carolina Investitionen von neuen und expandierenden Unternehmen in Höhe von 13 Milliarden Dollar bekanntgegeben, die zu mehr als 200.000 neuen Arbeitsplätzen geführt haben.

Quelle: Diese Ausführungen basieren auf Informationen, die vom North Carolina Department of Commerce, Division of Industrial Development zur Verfügung gestellt wurden.

an, sie kostenlos zu den Grundstücken zu fliegen. Problemstädte wie New York, Detroit oder Atlanta haben Arbeitsgruppen gebildet, die deren Image verbessern und neue Unternehmen in ihre Stadt ziehen sollen. Staaten wie Kanada, Irland, Griechenland und die Türkei vermarkten ihre Länder als attraktive Industieansiedlungsgebiete.

Marketing für Immobilien-Verwertungsprojekte

Marketing für Immobilien-Verwertunssprojekte umfaßt das Erschließen und Verkaufen von Grundstücken als Anlageform. Die Käufer (Kapitalgesellschaften, Ärzte und andere kleine Kapitalanleger) hoffen, das Land wieder zu verkaufen, wenn es genug im Wert gestiegen ist. Marketing für Immobilien-Verwertungsprojekte hat bei der Erschließung großer Teile Floridas und des Westens (Far West) eine große Rolle gespielt. Landerschließungsgesellschaften haben sorgfältig ausgearbeitete Marketing-Programme entwickelt. Sie umfassen vor allem Werbeanzeigen in den Massenmedien, Werbebriefe, persönliche Verkaufsbesuche durch Vertreter, kostenlose Dinnerpartys und sogar kostenlose Flüge zu dem Verwertungsprojekt.

Ferien-Marketing

Ferien-Marketing umfaßt die Gewinnung von Urlaubern für Kurorte, Seebäder, Städte, Bundesländer und sogar für ganze Nationen. Diesbezügliche Anstrengungen werden von Reisebüros, Fluggesellschaften, Autoklubs, Ölgesellschaften, Hotels, Motels und Regierungsbehörden unternommen. Die Möglichkeiten des Ferien-Marketing wurden durch die Karriere des verstorbenen Steve Hannagan demonstriert: „Seine Geschicklichkeit und die Macht von Presseeinschaltungen, machten das Autorennen in Indianapolis am Memorial Day zum nationalen Ereignis und Miami Beach und Sun Valley zu weithin bekannten Urlaubsorten."[14]

Heutzutage wirbt fast jede Stadt und jedes Land mit Touristenattraktionen. Miami Beach erwägt, das Glücksspiel zu legalisieren, um noch mehr Touristen anzuziehen, und die Virgin Islands versuchen, ihre Inseln nach einigen unangenehmen Vorkommnissen mit den Touristen wieder zu „bevölkern". Einige Orte jedoch wollen sich wieder vom Urlaubsmarkt zurückziehen. In Palm Beach, Florida, ließ man den Strand verwildern, um Touristen abzuhalten. Oregon veröffentlichte sein schlechtes Wetter, und im Yosemite National Park könnten bald Schneemobile, Versammlungen und private Fahrzeuge verboten werden. Auch Finnland will Urlauber in bestimmten Gebieten davon abbringen, ihre Ferien dort zu verbringen, weil man glaubt, daß die durch den Tourismus verursachten Schäden größer sind als die daraus resultierenden Einnahmen.

IDEEN-MARKETING

Auch Ideen können vermarktet werden. In gewissem Sinne besteht das gesamte Marketing aus dem Vermarkten einer Idee, sei es die Idee, sich die Zähne zu putzen oder die Idee, daß Crest der wirksamste Schutz vor Karies ist oder irgendetwas anderes. An dieser Stelle soll lediglich das Marketing von sozialen Ideen betrachtet werden, wie z. B. die Kampagnen der Gesundheitsbehörden gegen das Rauchen, gegen Alkoholismus, Drogenmißbrauch und zu vieles Essen, Umweltkampagnen für den Schutz natürlicher Landschaften, für saubere Luft und die Erhaltung der Natur sowie andere gesellschaftsbezogene Kampagnen wie Familienplanung, Menschenrechte und Gleichberechtigung

Ideen-Marketing: Dieses Plakat wirbt für die Idee des sicheren Autofahrens in nüchternem Zustand. Abgedruckt mit freundlicher Genehmigung von Fallon, McElligot, and Rice.

der Rassen. Dieser Bereich wird gesellschaftsorientiertes Marketing genannt.[15]

Gesellschaftsorientiertes Marketing ist die Entwicklung, Durchführung und Kontrolle von Programmen, die darauf gerichtet sind, die Akzeptanz einer gesellschaftlichen Idee, Aufgabe oder eines gesellschaftlichen Brauches bei einer Zielgruppe zu erhöhen.

Gesellschaftsorientierte Marketer können verschiedene Ziele verfolgen. Sie können Verständnis für etwas gewinnen wollen – das Wissen um den Nährwert unterschiedlicher Lebensmittel –, oder sie können mit einer einmaligen Aktion etwas auslösen wollen – die Teilnahme an einer Massenimpfaktion. Die Bemühungen der Sozialmarketer können auch auf Verhaltensänderungen gerichtet sein – Kampagne für die Verwendung von Sicherheitsgurten – oder auf eine Änderung von Grundeinstellungen – Abtreibungsgegner von dem Recht der Frau auf Abtreibung überzeugen.

BEISPIEL 19-2

Kann gesellschaftsorientiertes Marketing dazu beitragen, daß weniger geraucht wird?

Der Zusammenhang zwischen Rauchen und Lungenkrebs, Herzinfarkt und Emphysemen ist wissenschaftlich erwiesen. Die meisten Raucher sind sich dieser negativen Auswirkungen bewußt. Das Problem liegt darin, ihnen die Möglichkeiten oder den Willen zum Aufhören zu geben. Die vier P bieten mehrere denkbare Ansätze:

Produkt

- Hersteller dazu auffordern, den Zigaretten einen herben oder bitteren Geschmack hinzuzufügen,
- den Teer- und Nikotingehalt der Zigaretten weiter zu verringern,
- einen neuen Zigarettentabak finden, der genauso gut schmeckt, aber ungefährlich ist,
- andere Ersatzprodukte fördern, die den Leuten helfen, ihre inneren Spannungen zu lösen, z. B. Kaugummi.

Promotion

- Unter Rauchern die Angst vor einem frühzeitigen Tod zu steigern,
- Schuldbewußtsein und schlechtes Gewissen unter Zigarettenrauchern erzeugen,
- andere Ziele bei den Rauchern bestärken und diese wichtiger als Rauchen herausstellen, wie z. B. die Notwendigkeit körperlicher Fitness,
- die Raucher dazu bewegen, die Zahl der gerauchten Zigaretten zu reduzieren oder nur die erste Hälfte der Zigarette zu rauchen.

Plazierung

- Zigaretten schwer erhältlich oder nicht verfügbar machen,
- Zigarettenrauchern den Besuch von Entwöhnungskliniken erleichtern,
- es schwieriger machen, einen öffentlichen Ort zu finden, wo das Rauchen noch erlaubt ist.

Preis

- Den Preis für Zigaretten erheblich erhöhen,
- die Kosten für Lebens- und Krankenversicherungen der Raucher erhöhen,
- eine finanzielle oder nicht finanzielle Belohnung für Raucher aussetzen für jeden Zeitabschnitt, in welchem sie auf das Rauchen verzichten.

Antirauchkampagnen scheinen nützlich zu sein. Aber die gesellschaftsorientierten Marketer sollten einige Nebenwirkungen zur Kenntnis nehmen. Personen, die das Rauchen aufgeben, tendieren dazu, mehr zu essen und an Gewicht zuzunehmen. Durch Übergewicht soll die Lebenserwartung um 14 Jahre verringert werden, während das Rauchen eine Verminderung um 7 Jahre verursacht. Von da her sollte man die Raucher vielleicht unbehelligt lassen.

Der „Advertising Council of America“ hat bereits Dutzende von sozialen Werbekampagnen durchgeführt, u. a. Kampagnen wie „Halte Amerika schön“, „Schließ Dich der Entwicklungshilfe-Organisation an“, „Kaufen Sie Anleihen“, „Besucht das College“. Aber zum gesellschaftsorientierten Marketing gehört mehr als Werbung. Viele öffentliche Werbekampagnen sind erfolglos, weil sie der Werbung die wichtigste Rolle zuordnen und versäumen, alle anderen Instrumente des Marketing-Mix zielgerecht zu gestalten und einzusetzen.

Bei der Entwicklung von Strategien zur Bewirkung sozialer Verhaltensänderungen durchlaufen Sozialmarketer einen üblichen Marketing-Planungsprozeß. Als erstes definieren sie die angestrebten sozialen Verhaltensänderungen, beispielsweise „den Prozentsatz rauchender Teenager innerhalb von fünf Jahren von 35 auf 25 Prozent zu senken“. Anschließend werden die Einstellungen, Meinungen, Wertvorstellungen und das Verhalten der Jugendlichen analysiert sowie die Kräfte, die das Rauchen in Teenagerkreisen fördern. Anschließend werden Kommunikations- und Distributionsmethoden erwogen, die die Teenager vom Rauchen abhalten könnten (vgl. hierzu Beispiel 19-2), ein Marketingplan entwickelt und eine Marketing-Organisation aufgebaut, die diesen Plan durchführt. Schließlich wird das Programm ausgewertet und den veränderten Umfeldbedingungen angepaßt, um es noch wirkungsvoller zu gestalten.

Der Bereich des gesellschaftsorientierten Marketing ist relativ neu, und es ist schwierig, seine Wirksamkeit im Vergleich zu anderen Strategien für soziale Veränderungen zu bewerten. Es ist schwer, soziale Veränderungen mit Hilfe irgendeiner Strategie zu bewirken, die sich allein auf freiwillige Reaktionen verläßt. Gesellschaftsorientiertes Marketing wurde bis jetzt hauptsächlich für Belange der Familienplanung[16], des Umweltschutzes[17], der Energieerhaltung sowie für fortschrittlichere Ernährung, Sicherheit der Autofahrer und öffentliche Verkehrsmittel eingesetzt. In diesen Bereichen wurden bereits ermutigende Erfolge erzielt. Es sind jedoch noch weitere Anwendungsfälle erforderlich, ehe man die Möglichkeiten des gesellschaftsorientierten Marketing für die Bewirkung sozialer Änderungen vollständig einschätzen kann.

ZUSAMMENFASSUNG

Der Anwendungsbereich des Marketing ist in den letzten Jahren erweitert worden, um auch andere marktfähige Dinge als Produkte abzudecken – nämlich Dienstleistungen, Organisationen, Personen, Standorte und Ideen.

Die USA sind die bedeutendste Dienstleistungswirtschaft der Welt, da die meisten Amerikaner in Dienstleistungsbranchen arbeiten. Dienstleistungen sind Aktivitäten oder Vorteile, die ein Vertragspartner einem anderen anbieten kann und die in erster Linie nicht greifbar sind und nicht zum Eigentum an irgend etwas führen. Dienstleistungen sind nicht greifbar, untrennbar, variabel und können nicht aufbewahrt werden. Dienstleistungen lassen sich danach klassifizieren, ob sie personen- oder ausrüstungsorientiert erbracht werden, des weiteren danach, ob die Anwesenheit des Kunden für die Dienstleistung erforderlich ist, ferner, ob es sich bei dem Klienten um einen Konsumenten oder ein Unternehmen handelt und schließlich danach, ob der Erbringer der Dienstleistung ein erwerbsmäßig orientiertes Unternehmen oder eine Nonprofit-Organisation im privaten oder öffentlichen Sektor ist. Bezüglich der Übernahme und Anwendung des Marketing-Konzeptes befinden sich Dienstleistungsbranchen gegenüber Herstellerunternehmen im Rückstand. Steigende Kosten und zunehmender Wettbewerb zwingen sie jedoch, nach Wegen zu suchen, um ihre Produktivität zu erhöhen. Marketing leistet hierzu einen Beitrag, weil es eine systematischere Planung des Servicekonzeptes sowie der Preispolitik, Distribution und Absatzförderung erfordert.

Auch Organisationen können vermarktet werden. Zum Organisationsmarketing wird gegriffen, um Einstellungen und Verhaltensweisen des Zielpublikums gegenüber einer Organisation zu bilden, zu erhalten oder zu verändern. Es erfordert die Einschätzung des gegenwärtigen Images der Organisation und die Entwicklung eines Marketing-Planes, um das Image zu verbessern.

Marketing für Personen besteht aus Aktivitäten, die darauf gerichtet sind, Einstellungen oder Verhaltensweisen gegenüber einer besonderen Person zu bilden, zu erhalten oder zu verändern.

Marketing für Städte oder Standorte umfaßt Aktivitäten, die bezwecken, Einstellungen oder Verhaltensweisen gegenüber bestimmten Orten zu bilden, aufrecht zu erhalten oder zu ändern. Die vier wichtigsten Arten des Standort-Marketing sind Marketing auf dem Wohnungssektor, Marketing für Geschäfts- und Betriebsobjekte, Marketing für Immobilien-Verwertungsprojekte sowie Ferien-Marketing.

Ideen-Marketing umfaßt Anstrengungen zur Vermarktung von Ideen. Im Falle von gesellschaftlichen Ideen wird es gesellschaftsorientiertes Marketing genannt und besteht aus der Entwicklung, Durchführung und Kontrolle von Programmen, die versuchen, die Akzeptanz einer gesellschaftsbezogenen Idee oder Aufgabe oder eines gesellschaftlichen Brauches bei einer Zielgruppe zu erhöhen. Gesellschaftsorientiertes Marketing geht über öffentliche Werbung hinaus, indem es Werbung mit den anderen Elementen des Marketing-Mix aufeinander abstimmt. Der gesellschaftsorientierte Marketer definiert die Änderungsziele des Sozialverhaltens, analysiert die Konsumenteneinstellungen sowie die gegenläufigen Kräfte, entwickelt und erprobt alternative Konzepte, erschließt geeignete Kanäle für die Ideen-Kommunikation und -Distribution und überprüft schließlich die Ergebnisse. Gesellschaftsorientiertes Marketing hat bislang für Belange der Familienplanung, des Umweltschutzes sowie für Antiraucherkampagnen und andere öffentliche Fragen Anwendung gefunden.

DISKUSSIONSFRAGEN

1. Bringen Sie die vier Merkmale von Dienstleistungen mit dem Kauf einer Eintrittskarte für ein Konzert in Verbindung.
2. Kennzeichnen Sie die Möglichkeiten, nach denen eine Dienstleistung klassifiziert werden kann.
3. Inwiefern könnte eine Imagebeurteilung für das lokale Versorgungsunternehmen hilfreich sein.
4. Erläutern Sie je ein Beispiel für die zwei gebräuchlichsten Formen des Personen-Marketing.
5. Die Anbieter von Dienstleistungen waren in der Vergangenheit wesentlich marketingorientierter als die Hersteller von Produkten. Kommentieren Sie diese Aussage.
6. Marketing für Standorte bezieht sich ausschließlich auf den Verkauf und die Vermietung von Einfamilienhäusern und Appartements. Kommentieren Sie diese Behauptung.
7. Erklären Sie, welche Bedeutung der Vertriebsweg für die folgenden Dienstleistungsmarketer hat:
   a) Coopers und Lybrand (a „Big Eight" accounting firm)
   b) Paramount Pictures
   c) Joe's Repair Shop und
   d) das lokale Repertoire-Theater.
8. Was unterscheidet gesellschaftsorientiertes Marketing von gesellschaftsorientierter Werbung? Erklären Sie bitte die Unterschiede.

SCHLÜSSELBEGRIFFE

Organisationsimage *(organization image).* Die Art und Weise, wie ein Individuum oder eine Gruppe eine Organisation sieht.

Marketing für Organisationen *(organization marketing).* Aktivitäten, die darauf gerichtet sind, Einstellungen und Verhaltensweisen von Zielgruppen gegenüber einer Organisation zu bilden, zu erhalten oder zu verändern.

Marketing für Personen *(person marketing).* Aktivitäten, die darauf gerichtet sind, Einstellungen und Verhaltensweisen gegenüber einer besonderen Person zu bilden, zu erhalten oder zu verändern.

Standortbezogenes Marketing *(place marketing).* Aktivitäten, die darauf gerichtet sind, Einstellungen und Verhaltensweisen gegenüber einem besonderen Standort zu bilden, zu erhalten oder zu verändern.

Public Relations *(public relations).* Die Managementfunktion, die die öffentlichen Einstellungen einschätzt, die ein Individuum oder eine Organisation mit dem öffentlichen Interesse identifiziert und ein Aktionsprogramm plant und durchführt, um Verständnis und Akzeptanz bei der Öffentlichkeit zu gewinnen.

Dienstleistung *(service).* Jede Tätigkeit, Nutzenstiftung, oder Bedürfnisbefriedigung, die zum Verkauf angeboten wird. Sie ist im wesentlichen nicht greifbar und begründet kein Eigentum an irgendetwas. Ihre Erbringung kann – muß jedoch nicht – mit einem realen Produkt verbunden sein.

Gesellschaftsorientiertes Marketing *(social marketing).* Die Entwicklung, Durchführung und Kontrolle von Programmen, die darauf gerichtet sind, die Akzeptanz einer sozialen Idee, Aufgabe oder eines sozialen Brauches bei einer Zielgruppe zu erhöhen.

FUSSNOTEN

1. Teilweise übernommen von Kevin T. Higgins, „Hospital Puttin' on the Ritz to Target High-End Market," Marketing News, 17. Januar 1986, S. 14.
2. James Cook, „You Mean We've Been Speaking Prose All These Years?" Forbes, 11. April 1983, S. 142–49. Siehe auch Norman Jonas, „The Hollow Corporation," Business Week, 3. März 1986, S. 57–59.
3. „Services Grow While the Quality Shrinks," Business Week, Oktober 1971, S. 50.
4. Vgl. hierzu W. Earl Sasser, „Match Supply and Demand in Service Industries," Harvard Business Review, November/Dezember 1976, S. 133–40.
5. Für weitere Informationen zur Klassifizierung von Dienstleistungen siehe Christopher H. Lovelock, „Classifying Services to Gain Strategic Marketing Insights," Journal of Marketing, Sommer 1983, S. 9–20.
6. Vgl. hierzu A. Parasuraman, Leonard L. Berry und Valerie A. Zeithaml, „Service Firms Need More Marketing," Business Horizons, November/Dezember 1983, S. 28–31.
7. Vgl. hierzu G. Lynn Shostack, „Banks Sell Services–Not Things," Bankers Magazine, Winter 1977, S. 40–45; und Steven Mintz, „Banking on Marketing," Sales and Marketing Management, 6. Juni 1983, S. 43–48.
8. Public Relations News, 27. Oktober 1947.
9. Zu diesem Argument siehe Philip Kotler und William Mindak, „Marketing und Public Relations," Journal of Marketing, Oktober 1978, S. 13–20.
10. Für mehr Informationen über die Möglichkeiten, die Dienstleistungen eines professionellen Dienstleistungsunternehmens zu vermarkten, wird verwiesen auf Philip Kotler und Paul N. Bloom, Marketing Professional Services (Englewood Cliffs, NJ: Prentice-Hall, 1984).
11. „In the Groove at Mercury Records," Chicago Daily News, Panorama magazine, 16. Oktober 1976.
12. Vgl. hierzu Theodore White, The Making of a President 1960 (New York: Atheneum, 1961); Joe McGinness, The Selling of a President 1968 (New York: Trident Press, 1969); und Daniel Burstein, „Presidential Timbre: Grooming the Candidates," Advertising Age, 12. März 1985, S. M4.
13. Vgl. hierzu E. Glick, The New Methodology (Washington, DC: American Institute for Political Communication, 1967), S. 1. Vgl. auch Philip Kotler und Neil Kotler, „Business Marketing für Political Candidates," Campaigns und Elections, Sommer 1981, S. 24–33.
14. Vgl. hierzu Scott Cutlip und Allen H. Center, Effective Public Relations, 3. Ausgabe (Englewood Cliffs, NJ: Prentice-Hall, 1964), S. 10.
15. Vgl. hierzu Philip Kotler und Gerald Zaltman, „Social Marketing: An Approach to Planned Social Change," Journal of Marketing, Juli 1971, S. 3–12.
16. Vgl. hierzu Eduardo Roberto, Strategic Decision-Making in a Social Program: The Case of Family-Planning Diffusion (Lexington, MA: Lexington Books, 1975).
17. Vgl. hierzu Karl E. Henion, II, Ecological Marketing (Columbus, OH: Grid, 1976).

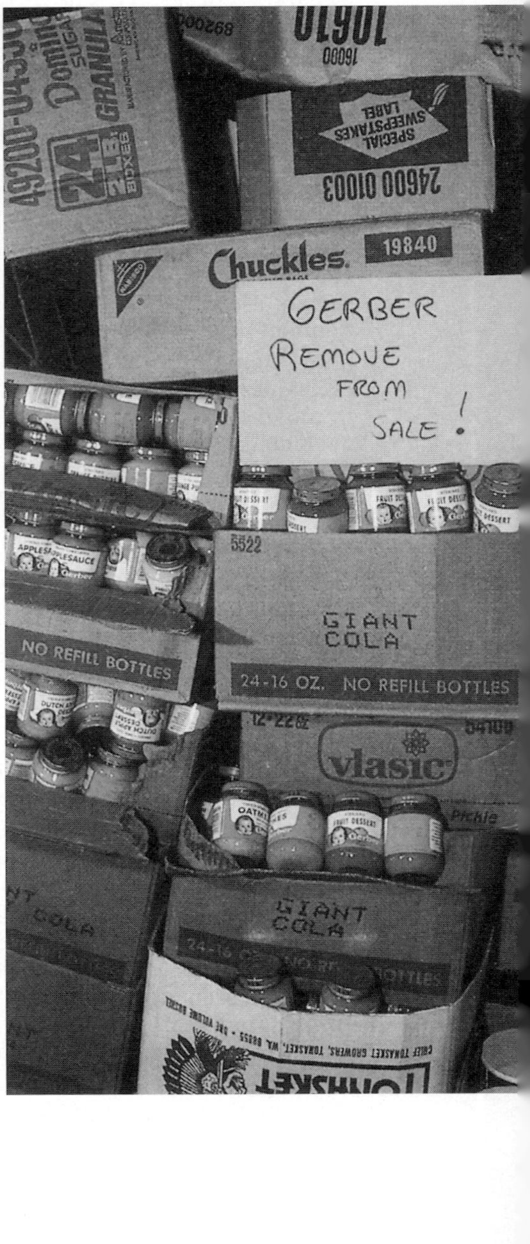

© 1985 Marty Katz

20. KAPITEL

Marketing und Gesellschaft

LERNZIELE DIESES KAPITELS:

Nachdem Sie dieses Kapitel gelesen haben, sollten Sie in der Lage sein,

1. gesellschaftliche Kritik am Marketing aufzuzählen und darauf zu reagieren,
2. die Begriffe „Konsumerismus“ und „Umweltschutz“ zu definieren und zu erklären, wie sie Marketing-Strategien beeinflussen,
3. die Grundsätze sozial verantwortlichen Marketings zu beschreiben,
4. die Rolle ethischer Grundsätze im Marketing zu erläutern.

Generationen von Eltern haben die Gesundheit und das Wohlergehen ihrer Babies Gerbers Baby-Nahrung anvertraut. Die Firma Gerber verkauft jährlich mehr als 1,3 Milliarden Gläser Babynahrung und hält damit beinahe 70 Prozent des Marktes. Anfang 1986 war jedoch der gute Ruf des Unternehmens bedroht, als über 250 Kunden in 30 Ländern sich darüber beschwerten, Glassplitter in Gerbers Baby-Nahrung gefunden zu haben.

Das Unternehmen glaubte, daß diese Beschwerden unbegründet waren. Die Produktionsanlagen der Firma Gerber sind sauber, modern und mit zahlreichen Filtern ausgestattet, um derartige Probleme zu verhindern. Es gab keine bewiesenen Schäden, die durch das Essen von Gerber-Produkten bewirkt worden waren. Darüber hinaus hatte die Food and Drug Administration 40.000 Gläser von Gerbers Baby-Nahrung analysiert, ohne auch nur einen Grund für ernsthafte Beanstandung zu finden. Gerber hegte den Verdacht, daß die Glassplitter von den beschwerdeführenden Personen der Baby-Nahrung zugefügt worden waren, weil diese Publicity oder Schadenersatz suchten. Die Beschwerden erfuhren dennoch eine ausgedehnte Berichterstattung in den Medien, und viele Einzelhändler entfernten Gerber-Produkte aus ihren Regalen. Der Bundesstaat Maryland verbot den Verkauf von einigen Gerber Babynahrungsprodukten, und andere Staaten erwogen ebenfalls derartige Verkaufsverbote.

Die erhebliche Aufmerksamkeit, die den Beschwerden geschenkt worden war, resultierte möglicherweise aus der kürzlich vorangegangenen „Tylenol-Panik“, die ausgelöst worden war, als mit Zyankali vermischte Tylenol-Kapseln den Tod von Konsumenten verursacht hatten. Zu jener Zeit waren unerlaubte Verfälschungen von Konsumartikeln zu einem wichtigen öffentlichen Problem geworden, und die Verbraucher zeigten sich sehr besorgt darüber.

Gerber war bestrebt, verantwortungsbewußt zu handeln, aber Fragen öffentlicher Verantwortung sind kaum völlig klar abzugrenzen. Einige dachten, Gerber sollte, bis das Problem geklärt worden war, rasch alle seine Babynahrungsprodukte aus den Regalen zurückziehen, um für die Konsumenten völlige Sicherheit zu gewährleisten. So hatten jedenfalls die Hersteller von Marken wie Tylenol, Contac und Gatorade auf Manipulationen an ihren Produkten reagiert. Die Führungskräfte der Firma Gerber waren jedoch nicht der Meinung, daß ein Rückruf das beste für die Konsumenten oder das Unternehmen sein würde. Nach einer ähnlichen Panik im Jahre 1984 hatte das Unternehmen etwa 700.000 Gläser Babynahrung zurückgezogen und erheblichen Werbeaufwand betrieben, um seine Kunden zu beruhigen. Der beschriebene Vorfall erwies sich als die Folge eines normalen Bruchschadens während des Transportes. Der Rückruf kostete Gerber Millionen an Auslagen und entgangenem Gewinn; die Werbeaktion verursachte unnötigen Alarm und Unbequemlichkeiten für die Kunden. Das Unternehmen kam zu dem Schluß, daß es in seinem Bestreben, sozial verantwortlich zu handeln, überzogen reagiert hätte.

Die Firma Gerber entschied deshalb, zumindest kurzfristig nichts zu unternehmen. Das Unternehmen lehnte es ab, irgendwelche Produkte zurückzurufen – und strengte tatsächlich einen 150 Millionen-Dollar-Prozeß gegen Maryland an, um das Verkaufsverbot für Gerber-Produkte aufheben zu lassen. Darüber hinaus unterbrach das Unternehmen seine Werbeaktionen, überwachte Verkäufe und Konsumentenvertrauen, beruhigte nervöse Einzelhändler und wartete ab, was passieren würde. Die „Abwarten-und-sehen-was-kommt“-Strategie (wait-and-see strategy) war riskant. Falls sich die Beschwerden als wohlbegründet herausstellen sollten und Gerbers Versäumnis, schnell zu ragieren, Konsumentenschädigungen oder Todesfälle verursacht hätte, würde Gerbers Reputation erheblichen Schaden erleiden.

Als Untersuchungen zeigten, daß die Besorgnisse der Verbraucher sich ausweiteten, ließ die

Firma Gerber schließlich einige Fernsehspots erstellen, in denen sie ihre Sorge über „Gerüchte, die Sie gehört haben könnten“ zum Ausdruck brachte, und den Kunden versicherte, daß Gerbers Produkte „den höchsten Qualitätsnormen entsprechen“. Das Unternehmen verschickte außerdem Briefe an ungefähr zwei Millionen junge Mütter und versicherte ihnen Gerbers Qualität. Schließlich ging die Panik vorüber, ohne der Reputation und den Umsätze der Firma Gerber viel Schaden zugefügt zu haben und mit nur geringfügigen Konsumentenunruhen oder -unbequemlichkeiten.

Hätte Gerber seine Produkte unverzüglich zurückrufen sollen, um selbst die entfernte Möglichkeit einer Konsumentenschädigung auszuschließen? Vielleicht. In vielen Angelegenheiten öffentlicher Verantwortung ist jedoch unklar, welche Vorgehensweise die beste ist.[1]

Verantwortungsbewußte Marketer finden heraus, was Konsumenten wünschen und reagieren darauf mit den richtigen Produkten zu Preisen, die für den Kunden ein günstiges Preis-Leistungs-Verhältnis darstellen und dem Hersteller einen angemessenen Gewinn erlauben. Das Marketing-Konzept ist eine Philosophie des Dienstes am Kunden und des beiderseitigen Vorteils. Seine Umsetzung in die Praxis führt die Wirtschaft an einer unsichtbaren Hand, um die vielen und wechselnden Bedürfnisse von Millionen Konsumenten zu befriedigen.

Nicht alle Marketer verfolgen das Marketing-Konzept. Einige Unternehmen bedienen sich fragwürdiger Marketing-Praktiken. Außerdem ziehen einige Marketing-Maßnahmen, die, für sich selbst betrachtet, harmlos aussehen, die Gesamtgesellschaft stark in Mitleidenschaft. Verwiesen sei in diesem Zusammenhange auf den Verkauf von Zigaretten. Üblicherweise sollte es Unternehmen freistehen, Zigaretten zu verkaufen, und Rauchern sollte es erlaubt sein, sich welche zu kaufen. Aber diese Transaktion berührt das öffentliche Interesse. Erstens könnten Raucher dadurch ihr Leben verkürzen. Zweitens stellt Rauchen eine Belästigung für die Familie und die Gesellschaft als Ganzes dar. Drittens atmen andere Personen in der Nähe des Rauchers den Rauch ebenfalls ein und könnten dadurch in ihrem Wohlbefinden oder in ihrer Gesundheit beeinträchtigt werden. Damit soll nicht gesagt werden, daß Zigaretten verboten werden sollten. Mit diesem Hinweis soll vielmehr aufgezeigt werden, daß private Transaktionen umfassendere Fragen des öffentlichen Interesses nach sich ziehen können.

Dieses Kapitel betrachtet die gesellschaftlichen Auswirkungen privater Marketing-Praktiken und untersucht die folgenden Fragen:

1. Welches sind die häufigsten gesellschaftlichen Vorwürfe gegenüber dem Marketing?

2. Was können Privatpersonen tun, um die Marketing-Auswüchse in Grenzen zu halten?
3. Welche Schritte haben Gesetzgeber und Behörden unternommen, Auswüchse des Marketing zu begrenzen?
4. Welche Maßnahmen haben aufgeklärte Unternehmen ergriffen, sozial verantwortliches Marketing zu betreiben?

GESELLSCHAFTLICHE KRITIK AM MARKETING

Einige Gesellschaftskritiker behaupten, daß Marketing einzelne Konsumenten, die Gesellschaft als Ganzes und andere Unternehmen schädigt.

Der Einfluß des Marketing auf einzelne Konsumenten

Konsumenten machen sich viele Gedanken darüber, wie gut das amerikanische Marketing-System ihren Interessen dient. Eine kürzlich für die Atlantik Richfield Company durchgeführte Verbraucherbefragung ergab, daß Konsumenten über hohe Preise, Erzeugnisse von unzulänglicher Qualität, gefährliche Produkte, irreführende Behauptungen in der Werbung und mehrere andere marketingbezogene Probleme besorgt sind (vgl. hierzu Abbildung 20-1). Verbraucheranwälte, Behörden und andere Kritiker haben Marketing beschuldigt, Konsumenten durch hohe Preise, betrügerische Praktiken, Hochdruckverkäufe, minderwertige oder gefährliche Produkte sowie durch geplantes Veralten und mangelhaften Service zu benachteiligen.

Hohe Preise

Viele Kritiker beklagen, daß das amerikanische Marketing-System zu höheren Preisen führt als sie in vernünftigeren Systemen sein würden. Sie verweisen auf drei Faktoren:

HOHE DISTRIBUTIONSKOSTEN. Ein seit langem erhobener Vorwurf bezieht sich darauf, daß gierige Absatzmittler Preise um mehr als den Wert der von ihnen erbrachten Leistungen hinaufsetzten. Kritiker beklagen, daß zu viele Absatzmittler eingeschaltet werden, oder daß diese nicht effizient sind und unnötige Leistungen oder einzelne Leistungen doppelt erbringen sowie ihre Management- und Planungs-Funktionen nur unzulänglich erfüllen. Infolge dieser Schwachstellen sind die Distributionskosten zu hoch, und die Konsumenten zahlen für diese übertriebenen Kosten in Form höherer Preise.

ABBILDUNG 20-1
Erhebung über Konsumentenbesorgnisse, 1982 gegenüber 1976

Quelle: Konsumerismus in den achtziger Jahren, Zahl der Befragten: 1252 Erwachsene, durchgeführt vom 15. bis 26. Oktober 1982 von Louis Harris und Partnern für ARCO. Vgl. hierzu Myrlie Evers, „Consumerism in the Eighties", abgedruckt aufgrund einer Genehmigung des Public Relations Journal, Ausgabe August 1983, S. 24–26, Copyright 1983.

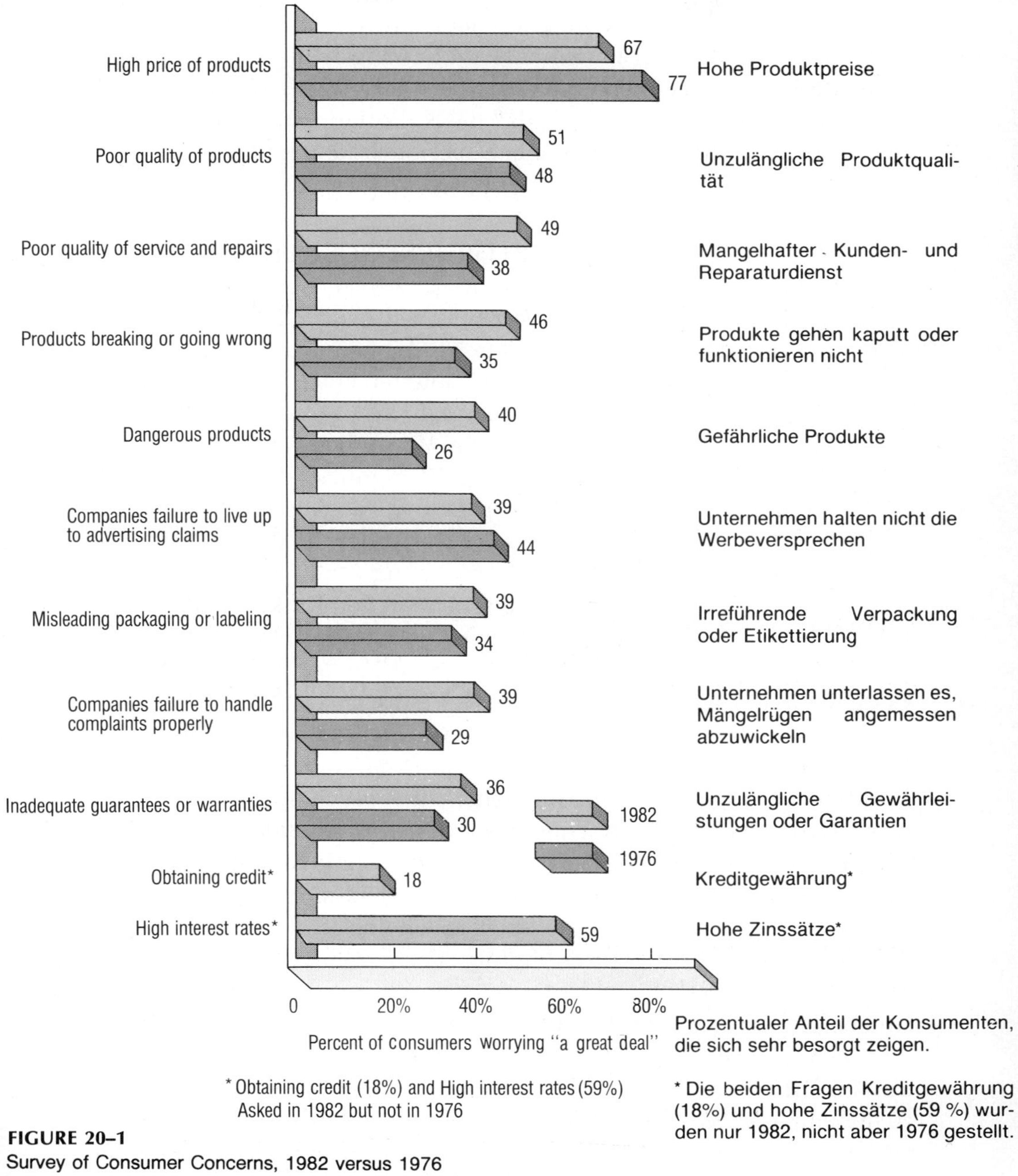

FIGURE 20–1
Survey of Consumer Concerns, 1982 versus 1976

Source: Consumerism in the Eighties, poll of 1,252 adults October 15–26, 1982, conducted by Louis Harris and Associates for ARCO. See Myrlie Evers, "Consumerism in the Eighties," reprinted with permission from the August 1983 issue of Public Relations Journal, copyright 1983, pp. 24–26.

Wie beantworten Wiederverkäufer diese Vorwürfe? Sie argumentieren wie folgt: Erstens übernehmen Absatzmittler Arbeiten, die andernfalls von den Herstellern oder Konsumenten übernommen werden müßten. Zweitens sind die gestiegenen Aufschläge Ausdruck verbesserter Leistungen, die von den Kunden gewünscht werden – mehr Bequemlichkeit, größere Läden und Auswahl, längere Ladenöffnungszeiten, Umtauschrechte und anderes mehr. Drittens steigen die Betriebskosten der Verkaufslokale und zwingen die Einzelhändler, ihre Preise zu erhöhen. Viertens ist der Wettbewerb auf der Einzelhandelsebene so intensiv, daß die Kalkulationsspannen tatsächlich ziemlich niedrig sind. So bleibt Supermarktketten nach Abzug der Steuern knapp ein Prozent vom Umsatz.

HOHE WERBE- UND ABSATZFÖRDERUNGSKOSTEN. Modernes Marketing wird auch beschuldigt, wegen hoher Werbe- und Absatzförderungskosten die Preise nach oben zu drücken. Ein Dutzend Tabletten der stark beworbenen Marke Aspirin wird beispielsweise zum gleichen Preis verkauft wie 100 Tabletten einer weniger intensiv geförderten Marke. Kritiker glauben, daß die Preise vieler Produkte wesentlich niedriger lägen, wenn sie in Massen verkauft würden. Bei verschiedenen Produkten – Kosmetika, Reinigungsmittel, Toilettenartikel – betragen die Kosten für Verpackung und Absatzförderung bis zu 40 Prozent oder mehr vom Preis des Herstellers an den Einzelhändler. Vieles von dem, was an Verpackung und Absatzförderung dazukommt, ist eher von psychologischem als von funktionalem Wert. Einzelhändler betreiben zusätzliche Absatzförderung – Werbung, Rabattmarken, Spiele – wodurch die Einzelhandelspreise um einige Cents verteuert werden.

Marketer beantworten diese Vorwürfe mit mehreren Argumenten: Erstens wünschen die Konsumenten von Produkten mehr als nur die funktionalen Eigenschaften. Sie suchen auch psychologische Vorteile, wie z. B. sich wohlhabend, schön, oder als etwas Besonderes zu fühlen. Üblicherweise können die Verbraucher funktionale Ausführungen der Produkte zu niedrigeren Preisen kaufen, aber sie sind oft bereit, mehr für Produkte zu bezahlen, die auch psychologische Vorteile bieten. Zweitens schafft die Markenbildung Vertrauen beim Käufer. Ein Markenname bedeutet eine bestimmte Qualität, und die Konsumenten sind bereit, für bekannte Marken zu bezahlen, selbst wenn diese etwas mehr kosten. Drittens sind hohe Werbeaufwendungen erforderlich, um die Millionen potentieller Kunden über die Vorzüge einer Marke zu informieren. Wenn Kunden wissen wollen, was am Markt erhältlich ist, müssen sie von Herstellern erwarten, daß diese erhebliche Geldbeträge für Werbung ausgeben. Viertens muß ein Unternehmen großen Aufwand für Werbung und Absatzförderung treiben, wenn seine Konkurrenten zu diesen Maßnahmen greifen. Es würde einen Teil der Verbraucherpräferenzen verlieren, wenn es nicht einen dem Wettbewerbsniveau entsprechenden Aufwand betreiben würde. Gleichzeitig verhalten sich Unternehmen bezüglich der Absatzförderung durchaus kostenbewußt und versuchen, ihr Geld sinnvoll auszugeben. Fünftens sind von Zeit zu Zeit intensive Absatzförderungsbemühungen erforderlich, da Güter in einer Wirtschaft der Massenproduktion bereits vor dem Einsetzen der Nachfrage produziert werden. Mitunter müssen besondere Anreize geboten werden, um Lagerbestände abzusetzen.

ÜBERHÖHTE GEWINNAUFSCHLÄGE. Kritiker beklagen, daß einige Unternehmen Waren übertrieben hoch kalkulieren. Sie verweisen auf die Pharmaindustrie, wo eine Tablette, die in der Herstellung 5 Cents kostet, für 40 Cents an den Konsumenten verkauft wird. Sie prangern die Preispolitik der Beerdigungsinstitute an, die die Emotionen der trauernden Hinterbliebenen ausnützen. Schließlich weisen sie auf die hohen Beträge hin, die von Fernseh- und Autoinstandsetzungsdiensten in Rechnung gestellt werden.

Marketer erwidern darauf, daß die Mehrzahl der Unternehmen versucht, mit Konsumenten fair umzugehen, da sie weitere Geschäfte

Einige Einzelhandelsunternehmen arbeiten mit hohen Kalkulationsaufschlägen, aber die hohen Preise ermöglichen zusätzliche Serviceleistungen, die vom Kunden gewünscht werden – große Auswahl, leichte Erreichbarkeit, persönliche Beratung und Rückgaberecht.
Paolo Koch/Photo Researchers

mit diesen anstreben. Die meisten Fehlverhaltensweisen gegenüber Verbrauchern erfolgen unbeabsichtigt. Wenn zweifelhafte Marketer Konsumenten übervorteilen, sollten sie den „Better Business Bureaus" oder anderen Verbraucherschutzgruppen gemeldet werden. Marketer antworten auf die Vorwürfe auch, daß die Konsumenten oft den Grund für hohe Aufschläge nicht verstehen. So müssen beispielsweise die hohen Aufschläge in der Pharmaindustrie sowohl die Kosten für den Einkauf, die Absatzförderung und den Vertrieb für bestehende Präparate decken, als auch die hohen Aufwendungen für die Erforschung und Entwicklung neuer Medikamente.

Betrügerische Praktiken

Marketer werden mitunter betrügerischer Praktiken beschuldigt, die Konsumenten glauben machen, daß sie einen höheren Gegenwert erhalten als es tatsächlich der Fall ist. In einigen Branchen sind Beschwerden häufiger als in anderen. Am schlimmsten sind Versicherungsgesellschaften, die versprechen, daß die Versicherungspolizzen garantiert verlängert werden können oder von der Regierung verbürgt sind, Verlagsunternehmen, die unter Vorspiegelung falscher Tatsachen Subskriptionen verkaufen, Grundstücks-Verkaufsorganisationen, die in Werbebriefen mit irreführenden Grundstücksbescheinigungen oder falschen Grunderschließungskosten arbeiten, Bauunternehmen für Hausrenovierungsarbeiten, die sich einer Lockvogelwerbung bedienen, Autoreparaturwerkstätten, die niedrige Reparaturpreise inserieren und dann eine größere Reparatur „entdecken", die dringend erforderlich ist, Berechnungen für Tiefkühltruhen, die zu hohe Einsparungen versprechen, Fernlehr-Institute, die die Chancen für einen Job zu optimistisch darstellen, Tanzstudios, die ältere Personen vertraglich bis weit über deren Lebenserwartungen hinaus für Tanzstunden verpflichten, und Unternehmen, die medizinische Geräte verkaufen, wobei sie deren therapeutische Möglichkeiten unseriös übertreiben.

Betrügerische Praktiken zerfallen in drei Gruppen:

- Irreführende Preisangaben umfassen Praktiken wie falsche Werbeaussagen über „Fabrik"- oder „Großhandels"-Preise oder die werbliche Ankündigung von hohen Nachlässen auf fingierte hohe Listenpreise.
- Betrügerische Absatzförderung umfaßt Praktiken wie die übertriebene Darstellung von Produktmerkmalen oder der Produktleistung und die Praxis, mit einem günstigen Kaufobjekt, das nicht auf Lager ist oder vom Verkaufspersonal herabgesetzt wird, Kunden ins

Geschäft zu locken, sowie die Durchführung von manipulierten Wettbewerben.

- Irreführende Verpackung umfaßt die Vortäuschung eines größeren Packungsinhaltes durch raffinierte Gestaltung der Verpackungsform oder durch nicht vollständiges Füllen des Verpackungsbehälters sowie irreführende Etikettierung und die Beschreibung der Packungsgröße durch mißverständliche Bezeichnungen.

Betrügerische Praktiken haben zu Gesetzen und anderen Verbraucherschutzmaßnahmen geführt. Im Jahre 1938 wurde der „Federal Trade Commission" durch den „Wheeler-Lea Act" die Befugnis übertragen, das Problem der unfairen oder irreführenden Verträge oder Praktiken zu regeln. Die FTC hat verschiedene Leitfäden veröffentlicht, in denen betrügerische Praktiken aufgezählt werden. Das schwierigste Problem besteht darin, in der Werbung Übertreibungen von Täuschung zu unterscheiden. Shell Oil warb mit der Aussage, daß Super Shell mit Platformat mehr Meilen ergäbe als das gleiche Benzin ohne Platformat. Diese Aussage stimmte, was Shell jedoch nicht sagte, war, daß fast alle Benzine Platformat enthalten. Das Unternehmen verteidigte sich mit dem Argument, daß es niemals behauptet habe, daß die Komponente Platformat nur in Shell-Benzin zu finden sei. Obwohl die Aussage dem Wortlaut nach richtig war, gelangte die FTC dennoch zu der Überzeugung, daß die Absicht der Shell-Werbung darin bestanden habe, die Verbraucher zu täuschen.

Marketer argumentieren, daß die meisten Unternehmen betrügerische Praktiken vermeiden, da diese langfristig ihrem Geschäft schaden würden. Wenn Konsumenten nicht das erhalten, was sie erwarten, werden sie zu verläßlicheren Produkten überwechseln. Außerdem schützen sich die meisten Konsumenten selbst vor Betrug. Die meisten Verbraucher erkennen die Verkaufsabsicht des Marketers und sind beim Kauf vorsichtig, was mitunter dazu führt, daß sie nicht an den völligen Wahrheitsgehalt der über das Produkt aufgestellten Behauptungen glauben. Levitt behauptet, daß etwas Marktschreierei in der Werbung unerläßlich und sogar wünschenswert ist:

> *„Es gibt kaum ein Unternehmen, das nicht vom Ruin bedroht wäre, wenn es sich weigern würde, mit Illusionen zu arbeiten, da niemand pure Funktionalität erwerben möchte... Schlimmer noch, es verleugnet... die aufrichtigsten Bedürfnisse und Werte der Menschen... Ohne Beschönigung, Ausschmückung und Vervollkommnung wäre das Leben eintönig, langweilig, quälend und nicht lebenswert.*[2]

Hochdruckverkauf

Verkäufer werden mitunter des Hochdruckverkaufs bezichtigt, der dazu führt, das Leute Waren erwerben, die sie nie zu kaufen beabsichtigt haben. Es wird oft gesagt, daß Enzyklopädien, Versicherungen, Immobilien und Schmuck verkauft und nicht gekauft werden. Die Verkäufer werden dazu ausgebildet, beschönigende, vorgefertigte Gespräche zu führen, die zum Kauf verleiten sollen. Sie verkaufen aggressiv, weil Verkaufswettbewerbe jenen, die das meiste verkaufen, hohe Preise versprechen.

Marketer wissen, daß Käufer oft beschwatzt werden können, ungewünschte oder nicht benötigte Dinge zu erstehen. Kürzlich erlassene Gesetze verlangen von Haustürverkäufern, klar zu erkennen zu geben, daß sie ein Produkt verkaufen. Den Käufern wird des weiteren eine Überdenkungsfrist von drei Tagen eingeräumt, innerhalb derer sie vom Vertrag zurücktreten können, nachdem sie diesen nochmals überdacht haben. Darüber hinaus können sich Verbraucher bei den Better Business Bureaus beschweren oder bei Verbraucherschutzbehörden melden, daß unzulässiger Verkaufsdruck ausgeübt worden ist.

Minderwertige oder gefährliche Produkte

Eine andere Kritik bezieht sich darauf, daß es den Produkten an der Qualität mangelt, die sie haben sollten. Eine Beschwerde bezieht sich darauf, daß die Produkte nicht sorgfältig hergestellt werden. Auf Autos entfallen viele diesbezügliche Mängelrügen – es scheint, daß jedes neue Auto irgendeinen Fehler aufweist. Die Konsumenten klagen über Klappern und Pfeifen, über unpassende Teile, Beulen, undichte Stellen und knarrende Geräusche. Solche Klagen wurden auch gegen Haus- und Autoinstandsetzungsdienste, Hersteller von Haushaltsgeräten und Oberbekleidung erhoben.

Eine zweite Beschwerde bezieht sich darauf, daß einige Produkte wenig Vorteile bieten. Die Konsumenten waren schockiert als sie hörten, daß trockene Frühstückscerealien nur wenig Nährwert besitzen. Ein Ernährungsexperte berichtete einem Senatsunterausschuß: „Kurzfristig machen die Cerealien dick, tragen aber wenig dazu bei, Unterernährung zu vermeiden... Die durchschnittliche Cerealie ist selbst mit dem Zusatz von Milch nicht als komplette Mahlzeit geeignet.“[3] Der Experte fügte hinzu, daß die Konsumenten oftmals mehr Nährstoffe erhalten würden, wenn sie statt dem Inhalt die Verpackung verzehren würden.

Eine dritte Beschwerde betrifft die Produktsicherheit. Vor Jahren berichtete die Consumers Union über mehrere Gefahrenquellen bei getesteten Produkten – elektrische Gefahren in Haushaltsgeräten, Kohlenmonoxydvergiftungen durch Raumheizungen, das Risiko, bei der Benutzung von elektrischen Rasenmähern Finger zu verlieren, sowie schadhafte Lenkungen in Automobilen. Produktqualität ist aus verschiedenen Gründen zum Problem geworden. Zu den wichtigsten zählen: gelegentliche Gleichgültigkeit des Herstellers, zunehmende Komplexität der Produktion, unzulänglich ausgebildete Arbeitskräfte und nachlässige Qualitätskontrollen.

Auf der anderen Seite sind die meisten Hersteller bestrebt, Qualitätsprodukte herzustellen. Verbraucher, die mit einem Produkt des Unternehmens nicht zufrieden sind, könnten dessen andere Produkte ebenfalls meiden und weiteren Konsumenten empfehlen, das gleiche zu tun. Die Art und Weise, in der ein Unternehmen die Produktqualität und die Sicherheitsprobleme handhabt, kann seiner Reputation schaden oder nützen (vgl. hierzu Beispiel 20-1). Unternehmen, die Waren minderer Qualität oder unsichere Produkte verkaufen, riskieren schädliche Konflikte mit Konsumentengruppen. Außer den Verbrauchergruppen verlangen mehrere Gesetze von lokalen, landes- sowie bundesstaatlichen Behörden, Verbraucher gegen minderwertige oder unsichere Produkte zu schützen. Wenn ein unsicheres Produkt Konsumenten schädigt, kann das zu Produkthaftungsklagen gegen das Unternehmen führen, woraus erhebliche Zahlungsverpflichtungen für erlittene Schäden an die Konsumenten erwachsen können.[4]

Geplantes Veralten

Kritiker haben darüber geklagt, daß einige Hersteller eine **Politik des geplanten Veraltens** betreiben, indem sie ihre Produkte so gestalten, daß sie veraltet sind, noch ehe diese tatsächlich erneuert werden müssen. In zahlreichen Fällen sind sie beschuldigt worden, die vom Verbraucher erwünschten Stilrichtungen ständig zu verändern, um zu größeren und früheren Käufen anzuregen. Ein Beispiel hierfür sind die Modetrends bei Damenbekleidung. Produzenten wurde des weiteren vorgeworfen, daß sie attraktive, funktionale Eigenschaften zunächst zurückhalten und diese dann später einzuführen, um frühere Modelle veralten zu lassen. Ein Beispiel hierfür wären Automobilhersteller, die Verbesserungen bezüglich Sicherheit und Benzinverbrauch zurückhalten würden. Schließlich wurden Hersteller beschuldigt, Materialien und Bauteile zu benutzen, die früher zu brechen, verschleißen, faulen oder zu rosten beginnen, als nach dem Stand der Technik nötig wäre. So verwenden beispielsweise viele Textilerzeuger für ihre Vorhangstoffe einen höheren Prozentsatz an Kunstseide. Sie argumentieren, daß Kunstseide den Preis der Stoffe reduziert und eine höhere Festigkeit aufweist. Kritiker behaupten, daß Kunstseide dazu führt, daß Vorhänge statt nach vier bereits nach zwei Reinigungen auseinanderfallen.

Marketer argumentieren, daß Konsumenten Stiländerungen wünschen. Sie sind der alten Produkte überdrüssig und wünschen eine neue Mode oder ein Auto neuen Stils. Niemand muß eine neue Mode kaufen,

BEISPIEL 20-1

Ein Unterschied in Unternehmensreaktionen auf unsichere Produkte

Das ist die Geschichte von zwei Unternehmen, einem, das zu langsam reagierte, nachdem infolge von Fehlern an seinen Reifen angeblich 29 Personen getötet und 50 verletzt worden waren, und einem anderen, das sofort etwas unternehm, als sein Spielzeug zwei Kinder getötet hatte.

Besorgnis über die Leistung des Firestone 500 Radialreifens kam erstmals auf, als eine Ralph-Nader-Gruppe damit begann, Verbraucherbeschwerden entgegenzunehmen. Nachdem über 500 Klagen eingegangen waren, ermittelte die National Highway and Safety Administration (NHTSA). Über 14.000 Verbraucherbeschwerden wurden gesammelt. Dann beantragte Firestone eine gerichtliche Verfügung gegen die Freigabe des NHTSA-Berichtes. Die Firestone Company wartete so lange, bis sie durch die Regierung gezwungen wurde, 13 Millionen Firestone Radialreifen zurückzurufen.

Die Firma Parker Brothers Toy Company rief Riviton, ein aufsehenerregend erfolgreiches Spielzeug, ein Bausatz, bestehend aus Plastikteilen, Gumminieten und einem Werkzeug zum Vernieten, freiwillig zurück. Als Parker Brothers vom ersten Todesfall erfuhr, vermutete das Unternehmen, daß es sich um einen außergewöhnlichen Unfall gehandelt hatte. Als durch den gleichen Teil des Spielzeuges ein zweiter Todesfall verursacht wurde, „war die Entscheidung sehr einfach. Wurde von uns erwartet, daß wir uns zurücklehnen und auf Tod Nummer 3 warten?“, sagte Randolph Barton, Präsident der Firma Parker Brothers. Zur Bestärkung der raschen Reaktion der Firma Parker Brothers stellte Susan King, Vorsitzende der Consumer Product Safety Commission, fest, daß dieses Unternehmen ein „Vorbild für soziale Verantwortung“ sei.

und wenn nicht genügend Personen sie mögen, wird sie ein Mißerfolg. Unternehmen halten neue Eigenschaften zurück, wenn diese noch nicht ausreichend erprobt sind, wenn die Kosten dafür das Produkt mehr verteuern würden als Kunden zu zahlen bereit sind, sowie aus anderen berechtigten Gründen. Sie gehen dabei jedoch das Risiko ein, daß ein Konkurrent die neuen Eigenschaften früher einführt und im Markt zuvorkommt. Außerdem verwenden Unternehmen oft neue Materialien, um die Produktkosten und Preise zu senken. Sie gestalten ihre Produkte nicht absichtlich so, daß sie früher zusammenbrechen als sie sollten, weil eine derartige Vorgangsweise zur Folge haben würde, Kunden an andere Marken zu verlieren. Das oft so genannte geplante Veralten ist in Wirklichkeit eine Folge der innovativen Kraft von Wettbewerb und Technologie in einer freien Gesellschaft, die zu ständig verbesserten Produkten und Dienstleistungen führt.

Unzulänglicher Service gegenüber sozial schwächeren Konsumenten

Das amerikanische Marketing-System ist beschuldigt worden, sozial schwächeren Konsumenten unzulänglichen Service zu bieten. Die Armen in der Stadt müssen oft in kleineren Läden einkaufen, die minderwertige Waren führen und höhere Preise verlangen. Der frühere Chairman der FTC, Paul Rand Dixon, faßt eine in Washington, D.C., erstellte Untersuchung wie folgt zusammen:

> *„Die Armen zahlen mehr – nahezu doppelt so viel – für Haushaltgeräte und Möbel, die in Geschäften der ärmeren Gegend Washingtons verkauft werden... Waren, die im Großhandel 100 Dollar gekostet haben, werden in Läden, die auf Kunden mit niedrigen Einkommen spezialisiert sind (low-income stores), für 225 Dollar verkauft, verglichen mit 159 Dollar in üblichen Diskontläden... Teilzahlungskredit ist ein wichtiger Marketing-Faktor beim Verkauf an sozial schwache Personen... Einige Einzelhändler des „low-income"-Marktes haben effektive Finanzierungskosten in Höhe von 33 Prozent p. a. verlangt..."*[5]

Die Gewinne dieser Kaufleute waren trotzdem nicht sehr hoch:

> *„Einzelhänder des „low-income"-Marktes haben erheblich höhere Kosten, teilweise wegen hoher Aufwendungen für uneinbringliche Forderungen, jedoch hauptsächlich infolge höherer Verkaufs-, Lohn- und Provisionskosten. Diese Ausgaben reflektieren teilweise den größeren Einsatz des Verkaufs durch Hausvorführungen sowie Aufwendungen, die im Zusammenhang mit dem Inkasso und der Bearbeitung von Teilzahlungsverträgen entstehen. Das sind die Gründe, warum Einzelhändler des „low-income"-Marktes keine besonders hohen Gewinne erzielen, obwohl ihre Kalkulationsaufschläge oft zwei- bis dreimal so hoch sind wie bei Einzelhändlern des generellen Marktes.*[6]

Es versteht sich von selbst, daß in ärmeren Gegenden bessere Marketing-Systeme geschaffen werden müssen und einkommensschwache Personen des Verbraucherschutzes bedürfen. Das FTC hat gegen Händler, die in der Werbung mit falschen Wertangaben arbeiten, alte Waren als neue verkaufen oder zu hohe Finanzierungskosten berechnen, Maßnahmen eingeleitet. Das FTC versucht, es für Kaufleute schwieriger zu machen, gerichtliche Auseinandersetzungen gegen einkommensschwache Personen zu gewinnen, die zum Kauf irgendeines Gegenstandes überredet worden sind. Eine andere Hoffnung richtet sich darauf, größere Einzelhändler zu veranlassen, Verkaufsstellen in ärmeren Gegenden zu eröffnen.[7]

Der Einfluß des Marketing auf die Gesellschaft als Ganzes

Das amerikanische Marketing-System wurde beschuldigt, die Gesellschaft des Landes um mehrere Übel bereichert zu haben. Die Werbung bildete eine besondere Zielscheibe der Kritik – und zwar in so starkem

Maße, daß die American Association of Advertising Agencies kürzlich eine Kampagne zur Verteidigung der Werbung gegen weit verbreitete aber unzutreffende Kritik startete (vgl. hierzu das Beispiel 20-2). An dieser Stelle sollen Behauptungen untersucht werden, denen zufolge Marketing zu viel Materialismus bewirkt, falsche Bedürfnisse weckt sowie zu wenig Kollektivgüter schafft, die Kultur verdirbt und zu viel politische Macht verleiht.

Überbetonung des Materialismus

Kritiker haben beklagt, daß das Marketing-System zu sehr das Interesse an materiellen Besitztümern betont. Die Leute werden mehr danach beurteilt, was sie besitzen als danach, was sie sind. Um als erfolgreich zu gelten, müssen Amerikaner ein Haus in der Vorstadt, zwei Autos sowie moderne Kleidung und die neuesten Haushaltsgeräte besitzen.

Diese Einstellung kann sich allerdings ändern. Einige Amerikaner verlieren ihr Interesse an Besitztümern. Sie spannen öfter aus, widmen mehr Zeit dem Freizeitvergnügen und lernen, mit weniger auszukommen. „Klein ist schön" (small is beautiful) und „weniger ist mehr" (less is more) beschreiben diesen neuen Lebensstil. Man legt mehr Wert auf die Pflege enger Beziehungen und auf einfache Vergnügungen und klammert sich nicht so sehr an materielle Dinge.

Falsche Bedürfnisse

Das Interesse der Menschen an materiellen Dingen ist kein natürlicher Bewußtseinszustand, sondern basiert vielmehr auf falschen Bedürfnissen, die durch Marketing-Aktivitäten geschaffen wurden. Unternehmen engagieren Werbeagenturen der Madison Avenue, um das Verlangen der Menschen nach Gütern zu wecken, und die Spezialisten der Madison Avenue bedienen sich der Massenmedien, um materialistische Vorbilder des guten Lebens zu vermitteln. Die Menschen arbeiten härter, um das dafür erforderliche Geld zu verdienen. Ihre Einkäufe erhöhen den Ausstoß der amerikanischen Industrie, und diese wiederum schaltet die Madison Avenue ein, um mehr Verlangen nach der industriellen Ausbringung zu wecken. Aus diesem Grunde wird Marketing als Verursacher falscher Bedürfnisse angesehen, die für die Industrie von größerem Nutzen sind als für die Konsumenten.

Diese Kritik übertreibt die Macht der Wirtschaft, Bedürfnisse zu schaffen. Die Leute haben erhebliche Vorbehalte gegenüber der Werbung und anderen Marketing-Instrumenten. Marketer sind wesentlich erfolgreicher, wenn sie an bestehende Bedürfnisse appellieren als wenn sie versuchen, neue zu kreieren. Des weiteren suchen die

BEISPIEL 20-2
Werbung: Ein anderes Wort für die Freiheit der Wahl

Während der letzten Jahre hat die American Association of Advertising Agencies einen Werbefeldzug geführt und Anzeigen plaziert, die sich gegen weitverbreitete Kritikpunkte an der Werbung wenden. Der Interessenverband ist über die negative öffentliche Einstellungen gegenüber der Werbung besorgt. Zwei Drittel der Öffentlichkeit anerkennen, daß Werbung hilfreiche Einkaufsinformationen vermittelt, aber eine bedeutende Anzahl der Befragten glaubt, daß Werbeaussagen übertrieben oder irreführend sind. Der Verband ist der Meinung, daß die Anzeigen-Kampagne die generelle Glaubwürdigkeit der Werbung erhöhen und die Botschaft der Werbetreibenden wirksamer machen wird. Einige Medien haben sich bereit erklärt, die Anzeigen im Dienste der Allgemeinheit zu veröffentlichen.

Abgedruckt mit freundlicher Genehmigung der American Association of Advertising Agencies.

Menschen Informationen, wenn sie wichtige Einkäufe planen und verlassen sich nicht auf nur eine Informationsquelle. Selbst kleinere Anschaffungen, die möglicherweise von Werbebotschaften beeinflußt worden sind, führen nur dann zu Wiederholungskäufen, wenn das Produkt die versprochene Leistung erbringt. Schließlich zeigt die hohe

Mißerfolgsquote von neuen Produkten, daß Unternehmen nicht in der Lage sind, die Nachfrage zu steuern.

Auf einer tieferen Ebene des Bewußtseins werden unsere Bedürfnisse und Werte nicht nur von Marketern beeinflußt, sondern auch durch unsere Familie sowie durch Gruppen Gleichaltriger, durch Religion, ethnischen Hintergrund und Erziehung. Falls die Amerikaner äußerst materialistisch eingestellt sind, dann ist dieses Wertsystem aus einem grundlegenden Sozialisierungsprozeß erwachsen, der tiefer verwurzelt ist, als daß er von der Wirtschaft und den Massenmedien allein hätte bewirkt werden können.

Zu wenig Kollektivgüter

Die Wirtschaft ist der übertrieben hohen Bewertung von Individualgütern auf Kosten der Kollektivgüter beschuldigt worden. Wenn die Menge privater Güter zunimmt, werden für diese mehr öffentliche Serviceleistungen benötigt, die sonst nicht in diesem Umfange bereitgestellt worden wären. So erfordert beispielsweise eine Zunahme der Zulassungen für Privatautos (individuale Güter) mehr Autostraßen, Verkehrsregulierungen, Parkplätze sowie polizeiliche Serviceleistungen (Kollektivgüter). Die Überbewertung von Individualgütern findet ihren Niederschlag in volkswirtschaftlichen Kosten. Autos verursachen volkswirtschaftlichen Kosten durch übermäßige Verkehrsstauungen, Luftverschmutzung sowie Tote und Verletzte durch Autounfälle. Es muß ein Weg gefunden werden, den Ausgleich zwischen Individual- und Kollektivgütern wieder herzustellen. Den Produzenten könnte auferlegt werden, die gesamten volkswirtschaftlichen Kosten zu tragen, die aus ihren geschäftlichen Aktivitäten entstehen. Die Hersteller würden diese Kosten in ihre Preise einbeziehen. Wenn die Käufer den Preis für die Waren zu hoch halten, würden diese Hersteller verschwinden und die Ressourcen für jene Zwecke verwendet werden, die die Summe der privaten und volkswirtschaftlichen Kosten tragen könnten.

Kulturelle Umweltverschmutzung (cultural pollution)

Kritiker beschuldigen das Marketing-System der Verursachung von kultureller Umweltverschmutzung. Die Sinne der Leute werden konstant von Werbebotschaften bestürmt. Ernste Programme werden durch kommerzielle Werbung unterbrochen, gedruckte Nachrichten verlieren sich zwischen Seiten von Inseraten, schöne Landschaften werden durch Reklameflächen beeinträchtigt. Diese Störungen verderben das Bewußtsein der Leute mit Sex, Gewalt oder Statusdenken. Obwohl die meisten Leute die Werbung nicht sehr störend finden und einige diese sogar für den besten Teil des Fernsehprogrammes halten, fordern mehrere Kritiker grundlegende Veränderungen.

Marketer beantworten den Vorwurf, daß sie um ihre Werbung zu viel Aufhebens machen, mit folgenden Argumenten:

- Erstens hoffen sie, daß ihre Werbung in erster Linie das Zielpublikum erreicht. Wegen der breiten Streuung der Massenkommunikationskanäle ist es unvermeidlich, daß einige Werbespots Personen erreichen, die kein Interesse an dem Produkt haben und deshalb durch die Werbebotschaft belästigt oder gestört werden. Personen, die Zeitschriften kaufen, die an ihre Interessen gerichtet sind – wie z. B. Vogue oder Fortune – beschweren sich kaum über die Werbung, da die Produkte, für die dort geworben wird, für die Leser von Interesse sind.
- Zweitens macht Werbung Radio und Fernsehen zu kostenlosen Medien und senkt die Kosten für Zeitschriften und Zeitungen. Die meisten Personen sind der Meinung, daß kommerzielle Werbesendungen ein geringer Preis für diese Vorteile sind.

Kulturelle Umweltverschmutzung: Manche Leute fühlen sich von Werbebotschaften bedrängt.
Tom McHugh/Photo Researchers

Zu viel politische Macht

Weitere Kritik ist darauf gerichtet, daß die Wirtschaft zuviel politische Macht ausübt. Es gibt „Öl"-, „Zigaretten"- und „Auto"-Senatoren, die das Interesse einer Branche gegen das öffentliche Interesse unterstützen. Werbetreibende werden beschuldigt, zu viel Macht über die Massenmedien in ihren Händen zu halten, was deren Freiheit, unabhängig und objektiv zu berichten, einschränkt. Ein Kritiker meint: „Wie können Life... und Reader's Digest es sich leisten, die Wahrheit über den skandalös niedrigen Nährwert der meisten verpackten Lebensmittel zu berichten... wenn diese Zeitschriften von Werbetreibenden wie General Foods, Kellogg's, Nabisco und General Mills abhängig sind?... Die Antwort lautet, sie können es nicht und tun es nicht..."[8]

Amerikanische Branchen fördern und schützen ihre Interessen. Sie haben ein Recht, im Kongress und in den Massenmedien vertreten zu sein, obwohl ihr Einfluß zu groß werden kann. Glücklicherweise sind viele mächtige Geschäftsinteressen, die man für unangreifbar gehalten hat, auf ein erträgliches Maß reduziert worden. 1911 wurde Standard Oil aufgelöst, und die fleischverarbeitende Industrie wurde nach den Enthüllungen von Upton Sinclair bestraft. Ralph Nader veranlaßte gesetzliche Maßnahmen, die die Automobilindustrie zwangen, sicherere Autos zu bauen und der Bericht des Surgeon General's führte dazu, daß die Zigarettenfirmen Warnungen vor gesundheitlichen Schäden auf ihre Packungen drucken müssen. Die Medien beziehen ihre Werbeeinnahmen von vielen verschiedenen Werbetreibenden, was es ihnen leichter macht, den Einflüssen des einen oder auch anderen von ihnen zu widerstehen. Zu viel Wirtschaftsmacht tendiert letztlich dazu, Gegenkräfte zu aktivieren, die einflußreiche Geschäftsinteressen kontrollieren und ausgleichen.

Der Einfluß des Marketing auf andere Unternehmen

Kritiker beklagen des weiteren, daß die Marketing-Praktiken eines Unternehmens anderen Firmen schaden und den Wettbewerb einschränken könnten. Drei Probleme gehören hierzu:

- Aufkauf von Konkurrenten
- Marketing-Praktiken, die zu Errichtung von Eintrittsbarrieren führen und
- unlautere Praktiken des Marketing-Wettbewerbs.

Kritiker behaupten, Unternehmen werden geschädigt und der Wettbewerb wird eingeschränkt, wenn Unternehmen durch Aufkauf von Konkurrenten statt durch die Entwicklung von eigenen neuen Produkte expandieren. Allein in der Lebensmittelbranche übernahm in den letzten Jahren R. J. Reynolds die Firma Nabisco Brands, Philip Morris fusionierte mit General Foods, Procter & Gamble schluckte Richardson-Vick, Beatrice vereinigte sich mit Esmark und Quaker Oats kaufte Stokely-Van Camp.[9] Diese und andere große Unternehmensübernahmen in anderen Branchen haben zur Besorgnis geführt, daß kraftvolle junge Konkurrenten geschluckt werden und daß der Wettbewerb auf diese Weise eingeschränkt wird.

Akquisition ist eine vielschichtige Angelegenheit. Übernahmen können mitunter durchaus im Interesse der Gesellschaft liegen. Das übernehmende Unternehmen kann Größenvorteile erlangen, die zu geringeren Kosten und zu niedrigeren Preisen führen. Ein gut geführtes Unternehmen kann ein schlecht geleitetes übernehmen und dessen Leistungsfähigkeit erhöhen. Auf diese Weise kann ein Wirtschaftszweig durch eine Übernahme wesentlich wettbewerbsfähiger werden, als er es vorher war. Die Übernahme von Unternehmen kann allerdings auch schädlich sein und wird deshalb seitens der Regierung mit den Mitteln der Rechtsordnung streng geregelt.

Kritiker haben auch beklagt, daß Marketing-Praktiken für neue Unternehmen die Eintrittsbarrieren einer Branche erhöhen. Große Marketing-Unternehmen können mittels massiver Absatzförderungsausgaben sowie durch Patente und Zusammenschlüsse mit Lieferanten und Händlern Konkurrenten vom Markt fernhalten oder verdrängen. Personen, die mit Antitrust-Durchführungsbestimmungen befaßt sind, stellen fest, daß einige Barrieren die Folge der wirtschaftlichen Vorteile eines größeren Geschäftsvolumens sind. Andere Hindernisse könnten durch bestehende oder neue Gesetze bekämpft werden. So haben beispielsweise einige Kritiker eine progressive Steuer auf Werbeausgaben vorgeschlagen, um die Bedeutung der Verkaufskosten als eine wesentliche Barriere für den Markteintritt zu reduzieren.

Schließlich haben sich einige Unternehmen unfairer Wettbewerbspraktiken auf dem Marketing-Sektor bedient, in der Absicht, andere Unternehmen zu schädigen oder zu vernichten. Sie haben entweder ihre Verkaufspreise unterhalb der Selbstkosten festgelegt, Lieferanten mit dem Abbruch der Geschäftsbeziehungen gedroht oder den Kauf der Produkte des Wettbewerbs erschwert. Verschiedene Gesetze sollen einen derartigen Verdrängungswettbewerb verhindern. Es ist jedoch schwierig zu beweisen, daß die Absicht oder Maßnahme wirklich räuberisch war. In dem klassischen Fall von A & P war dieser große Einzelhändler in der Lage, niedrigere Preise zu verlangen als kleine Tante-Emma-Läden. Die Frage ist, ob es sich hierbei um unlauteren Wettbewerb oder um gesunde Konkurrenz eines leistungsfähigeren Einzelhändlers gegenüber einem weniger leistungsfähigen gehandelt hat.

BÜRGERAKTIONEN, DIE AUF DIE REGULIERUNG DES MARKTES GERICHTET SIND

Da einige Leute die Wirtschaft als die Ursache vieler ökonomischer und sozialer Krankheiten ansehen, formieren sich immer wieder Konsumentenbewegungen an der Basis, um die Wirtschaftstreibenden in ihren Aktivitäten einzuengen. Die beiden wichtigsten Bewegungen sind derzeit Konsumerismus und Umweltschutz.

Konsumerismus

Anläßlich dreier Gelegenheiten waren amerikanische Unternehmen die Zielscheibe organisierter Konsumentenbewegungen. Die erste Verbraucherbewegung regte sich in den ersten Jahren des 20. Jahrhunderts. Sie wurde genährt durch steigende Preise, Upton Sinclairs Veröffentlichungen über die Zustände in der Fleischverarbeitungs-Branche sowie ethische Arzneimittel-Skandale. Die zweite Konsumentenbewegung wurde Mitte der dreißiger Jahre durch den Anstieg der Verbraucherpreise während der Depression sowie durch einen weiteren Medikamenten-Skandal ausgelöst.

Die dritte Bewegung begann in den sechziger Jahren. Die Konsumenten verfügten über mehr Wissen, die Produkte waren komplizierter und gefährlicher geworden, die Leute waren mit den amerikanischen Einrichtungen generell unzufrieden, bekannte Autoren beschuldigten große Unternehmen verschwenderischer und gegen die guten Sitten verstoßender Praktiken. Präsident John F. Kennedy erklärte, daß die Verbraucher Anspruch auf Sicherheit haben und das Recht, informiert und gehört zu werden sowie auszuwählen. Der Kongress führte in bestimmten Branchen Untersuchungen durch und schließlich erschien Ralph Nader auf der Bühne und griff viele diesbezügliche Streitfragen auf.[10]

Seit dieser Zeit haben sich viele Verbrauchergruppen formiert, und zahlreiche Konsumentenschutzgesetze wurden erlassen. Die Konsumentenbewegung gewann internationale Bedeutung und entwickelte sich besonders stark in Skandinavien und den Benelux-Ländern.

Was ist nun diese Verbraucherbewegung?

Konsumerismus ist eine organisierte Bewegung von Bürgern und staatlichen Institutionen, um die Rechte und die Macht der Käufer gegenüber den Anbietern zu verstärken.

Die traditionellen Rechte des Verkäufers umfassen:

- Das Recht, jedes Produkt in jeder Größe und Machart einzuführen, vorausgesetzt, daß es nicht die Gesundheit oder Sicherheit gefährdet;

oder daß es, falls es gefährlich ist, besondere Hinweise enthält und entsprechenden Kontrollen unterworfen ist.

- Das Recht, für das Produkt jeden Preis zu fordern, vorausgesetzt, daß keine Preisdiskriminierung zwischen gleichartigen Käufergruppen erfolgt.
- Das Recht, für die Absatzförderung eines Produktes einen beliebigen Betrag auszugeben, vorausgesetzt, daß diese Absatzförderungsaktivitäten nicht als unlauterer Wettbewerb anzusehen sind.
- Das Recht, sich jeder Werbebotschaft zu bedienen, vorausgesetzt, daß diese vom Inhalt her oder in der Ausführung nicht irreführend oder unehrlich ist.
- Das Recht, jeden Kaufanreiz zu bieten, vorausgesetzt, daß dieser nicht unlauter oder irreführend ist.

Die traditionellen Käuferrechte umfassen:

- Das Recht, ein Produkt nicht zu erwerben, das zum Kauf angeboten wird.
- Das Recht, vorauszusetzen, daß das Produkt sicher ist.
- Das Recht, vom Produkt die versprochene Leistung zu erwarten.

Beim Vergleichen dieser Rechte gelangen viele zu der Meinung, daß das Schwergewicht der Macht auf Seiten der Anbieter liegt. Der Käufer kann zwar ablehnen, ein Produkt zu kaufen. Kritiker glauben jedoch, daß der Käufer über zu wenig Informationen, über eine zu geringe Ausbildung und über unzulänglichen Schutz verfügt, um kluge Entscheidungen zu treffen, wenn er mit raffinierten Anbietern konfrontiert wird. Verbraucher-Anwälte fordern die folgenden zusätzlichen Konsumentenrechte:

- Das Recht auf hinreichende Informationen über wesentliche Aspekte des Produktes.
- Das Recht, gegen zweifelhafte Produkte und fragwürdige Marketing-Praktiken geschützt zu werden.
- Das Recht, Produkte und Marketing-Praktiken in der Weise zu beeinflussen, daß die Lebensqualität verbessert wird.

Jedes Recht hat zu Vorschlägen seitens der Konsumeristen geführt. Der Anspruch auf hinreichende Informationen umfaßt auch das Recht, die effektiven Zinsen eines Kredites zu kennen (truth-in-lending) sowie den tatsächlichen Preis für die Einheit einer Marke (unit pricing), die Bestandteile eines Produktes (ingredient labeling), den Nährwert von Lebensmitteln (nutritional labeling), die Produktfrische (open dating) und die wirklichen Vorteile eines Produktes (truth-in-advertising). Die Vorschläge bezüglich des Verbraucherschutzes umfassen die Stärkung der Rechte der Konsumenten in Fällen betrügerischer Geschäftspraktiken, die Forderung nach höherer Produktsicherheit und die Übertragung größerer Machtbefugnisse an die zuständigen Behörden. Zu den Vorschlägen, die sich auf die Lebensqualität beziehen, zählen die Kontrolle der Inhaltsstoffe bestimmter Produkte (z. B. Reinigungsmittel) und Verpackungen (Behälter für alkoholfreie Getränke), die Reduzierung des Störfaktors der Werbung und die Berufung von Konsumentenvertretern in Unternehmensausschüsse, um auf die Interessen der Verbraucher zu achten.

Die Konsumenten haben nicht nur Rechte, sondern tragen auch die Verantwortung, sich selbst zu schützen, anstatt diese Aufgabe anderen zu überlassen. Verbrauchern, die glauben, übervorteilt worden zu sein, stehen verschiedene Mittel zur Verfügung; sie können an den Präsidenten des Unternehmens schreiben oder sich an die Presse wenden, mit Bundes-, Landes- oder kommunalen Behörden Kontakt aufnehmen oder die Hilfe von Gerichten für Bagatellfälle (Bezirksgerichte) in Anspruch nehmen.

Das Recht des Konsumenten auf Information hat dazu geführt, daß die Zusammensetzung der Nährwert und die Ablauffrist von Lebensmitteln auf der Verpackung angegeben werden. Abgedruckt mit freundlicher Genehmigung der Campbell Soup Company.

Umweltschutzbewegung

Während Konsumentenschützer darauf achten, ob das Marketing-System auf wirksame Weise den Verbraucherwünschen dient, befassen sich die Umweltschützer mit den Umweltbelastungen, die durch Marketing entstehen, bzw. die im Zusammenhang mit der Erfüllung

Die Firma Canon zeigt gesellschaftliche Verantwortung, indem sie in ihren Werbetexten die positive Rolle der Fotografie für den Umweltschutz betont.
Abgedruckt mit freundlicher Genehmigung der Canon Inc.

von Verbraucherwünschen und -bedürfnissen stehen. Während der letzten 25 Jahre haben mehrere grundlegende Bücher das Anliegen des Umweltschutzes gefördert, indem sie die Umweltbedrohungen herausgestellt haben.[11] Im Jahre 1962 berichtete Rachel Carson in ihrem Buch „Silent Spring" über die Umweltverschmutzung durch Pestizide. Es handelte sich nicht mehr nur um eine Angelegenheit verschwendeter Ressourcen sondern um eine Frage des Überlebens der Menschheit. Im Jahre 1970 prägte das Ehepaar Ehrlich den Begriff der „Eco-Katastrophe", um den schädlichen Einfluß bestimmter amerikanischer Geschäftspraktiken auf die Umwelt anzuprangern. Des weiteren veröffentlichten im Jahre 1972 die Meadowses „The Limits to Growth" (Die Grenzen des Wachstums), ein Buch, das die Leute warnte, daß die Lebensqualität angesichts des ungehinderten Bevölkerungswachstums, der sich ausbreitenden Verschmutzung und der unkontrollierten Verwendung der natürlichen Ressourcen abnehmen würde.

Diese Besorgnisse bilden die Grundlage des Umweltschutzes.

Umweltschutz ist eine organisierte Bewegung besorgter Bürger und staatlicher Institutionen mit der Zielsetzung, den Lebensraum der Menschen zu schützen und zu verbessern.

Umweltschützer befassen sich mit Tagebau, mit der Abholzung von Wäldern, mit Industrieemissionen, Reklameflächen und Abfällen sowie mit dem Verlust von Erholungsgebieten und mit der Zunahme gesundheitlicher Probleme, die durch schlechte Luft, verunreinigtes Wasser und chemisch besprühte Nahrungsmittel verursacht werden.

Umweltschützer sind nicht gegen Marketing und Konsum; sie fordern lediglich, daß beides mit mehr Bedacht auf die Umwelt durchgeführt wird. Die Ziele des Marketing-Systems sollten nicht darauf gerichtet sein, den Verbrauch, die Auswahl für die Kunden oder die Konsumenten-Zufriedenheit zu maximieren. Das Ziel des Marketing-Systems sollte vielmehr in der Maximierung der Lebensqualität bestehen. Lebensqualität besteht nicht nur aus der Quantität und Qualität von Verbrauchsgütern und Dienstleistungen, sondern auch aus der Qualität der Umwelt. Umweltschützer fordern, daß die Umweltbelastungen in den Produzenten- und Konsumentenentscheidungsprozeß einbezogen werden.

Umweltschutz hat einige Branchen hart getroffen. Stahlfirmen und öffentliche Versorgungsunternehmen mußten Milliarden Dollar für Ausrüstungen zur Kontrolle der Umweltbelastung und für teurere Betriebsstoffe ausgeben. Die Automobilbranche war gezwungen, teure Vorrichtungen zu Abgasreduzierung in die Autos einzubauen. Die Verpackungsindustrie mußte Wege finden, den Abfall zu reduzieren. Die Mineralölbranche sah sich verpflichtet, Benzin mit geringem Bleigehalt und völlig bleifreies Benzin zu entwickeln. Diese Industriezweige nehmen oft Anstoß an Umweltverordnungen, besonders, wenn sie zu schnell erlassen werden, so daß die Unternehmen nicht rechtzeitig geeignete Vorkehrungen treffen können. Die Unternehmen dieser Branche haben hohe Kostenbelastungen auf sich nehmen müssen, die sie an die Käufer weitergegeben haben.

Das Leben der Marketer ist wesentlich komplizierter geworden. Sie haben die Umweltverträglichkeit des Produktes sowie seiner Verpackung zu überprüfen. Sie müssen die Preise erhöhen, um die Umweltkosten zu decken, wohl wissend, daß das Produkt dann schwerer zu verkaufen ist. Es gibt allerdings kein Zurück zu früheren

Praktiken, da sich nur wenige Manager über die Auswirkungen ihrer Produkt- und Marketing-Entscheidungen auf die Umweltqualität Sorgen machten.

GESETZGEBERISCHE MASSNAHMEN ZUR MARKETING-REGULIERUNG

Besorgnisse der Bürger über Marketing-Praktiken führen gewöhnlich zur Aufmerksamkeit der Öffentlichkeit und zu Gesetzesvorschlägen. Neue Gesetzesentwürfe werden diskutiert – viele werden abgelehnt, andere müssen geändert werden, und aus einigen werden brauchbare Gesetze.

Viele der Gesetze, die auf Marketing-Praktiken Einfluß nehmen, wurden in Kapitel 5 aufgezählt. Die Aufgabe besteht darin, diese gesetzlichen Vorschriften in die Sprache zu übersetzen, die Marketing-Manager verstehen, weil diese Entscheidungen bezüglich der Wettbewerbsbeziehungen, Produkte, Preise, Absatzförderung und der Vertriebswege treffen. Abbildung 20-2 zeigt die wichtigsten strittigen Fragen, mit denen Marketing-Manager anläßlich der Entscheidungsfindung konfrontiert werden.

MASSNAHMEN DER WIRTSCHAFT IM HINBLICK AUF EIN SOZIAL VERANTWORTLICHES MARKETING

Anfangs widersetzten sich viele Unternehmen dem Konsumerismus und dem Umweltschutz. Sie hielten die Kritikpunkte entweder für ungerechtfertigt oder unwichtig. Mittlerweile jedoch haben die meisten Unternehmen die neuen Verbraucherrechte grundsätzlich akzeptiert.

Es ist möglich, daß sie Teile der Gesetzgebung nicht als den besten Weg ansehen, bestimmte Konsumentenprobleme zu lösen, aber sie anerkennen die Rechte der Verbraucher auf Information und Schutz. Viele dieser Unternehmen haben auf Konsumerismus und Umweltschutz positiv reagiert, um den Bedürfnissen der Konsumenten besser dienen zu können. An dieser Stelle sollen verantwortungsbewußte Reaktionen der Wirtschaft auf die sich wandelnde Marketing-Umwelt behandelt werden. Als erstes wird ein Konzept des aufgeklärten Marketing vorgestellt, anschließend werden Fragen der Marketing-Ethik erörtert.

ABBILDUNG 20-2
Die wichtigsten Marketing-Entscheidungsbereiche, die vom Gesetz her in Frage gestellt werden könnten.

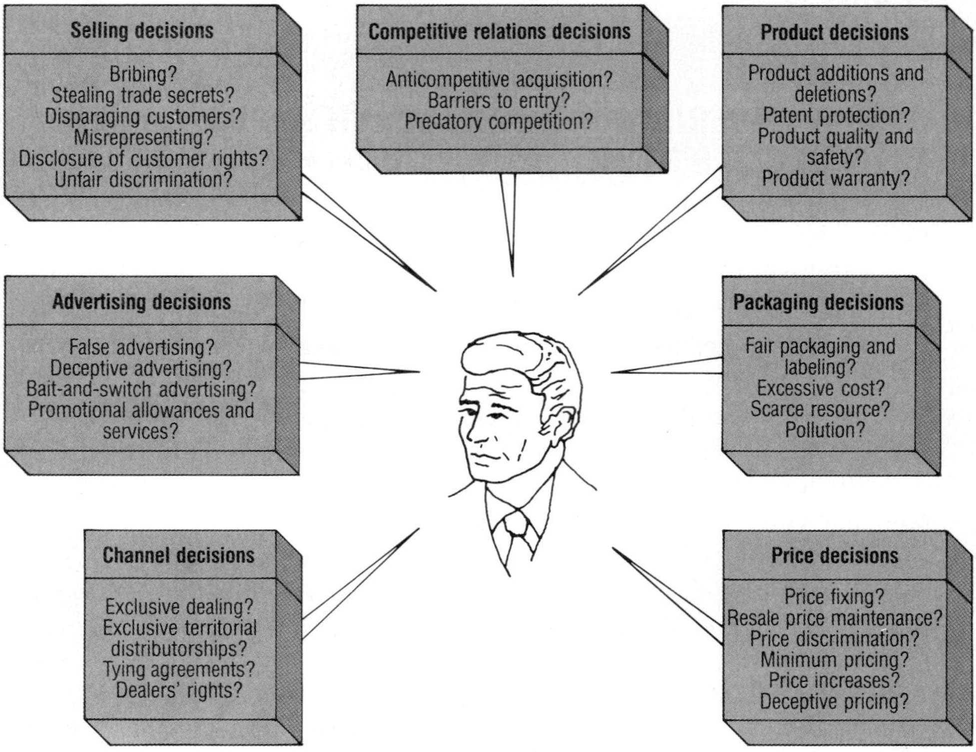

FIGURE 20–2
Major Marketing Decision Areas that May Be Called into Question under the Law

Ein Konzept des aufgeklärten Marketing

Das Konzept des **aufgeklärten Marketing** basiert auf der Ansicht, daß die Marketing-Aktivitäten des Unternehmens die bestmögliche langfristige Leistungsfähigkeit des Marketing-Systems unterstützen sollten. Aufgeklärtes Marketing besteht aus fünf Prinzipien:

Verbraucherorientiertes Marketing

Das Unternehmen sollte seine Marketing-Aktivitäten vom Standpunkt des Konsumenten aus betrachten und organisieren. Es sollte hart daran arbeiten, die Bedürfnisse einer bestimmten Kundengruppe aufzuspüren, zu bedienen und zu befriedigen. Betrachten Sie das folgende Beispiel:

Das Barat College, ein Frauen-College in Lake Forest, Illinois, veröffentlichte einen Katalog, der die Stärken und Schwächen der Lehranstalt offen darstellte. Unter den Schwachpunkten, die das College ebenso wie andere Institute aufweist, wurden folgende genannt: „Einem in Musik oder Mathematik außerordentlich begabten Studenten wird geraten, sich nach einem College mit einer Spitzenfakultäten und entsprechenden Einrichtungen umzusehen ... Wir können Ihnen nicht alle an einer großen Universität üblichen Spezialveranstaltungen für Fortgeschrittene bieten ... Für ein kleines College haben wir einen durchschnittlichen Bestand an Büchern in unserer Bibliothek, der sich allerdings im Vergleich zu akademischen Spitzeneinrichtungen relativ bescheiden ausnimmt."

Die Wirkung, etwas zu „sagen, wie es ist" (telling it like it is), besteht vor allem darin, Vertrauen aufzubauen, so daß die Bewerber tatsächlich wissen, was sie im Barat College vorfinden werden und hervorzuheben, daß dieses College bemüht sein wird, seinen Wert für die Hörer zu erhöhen, so schnell es Zeit und verfügbare Mittel erlauben.

Innovatives Marketing

Das Unternehmen sollte ständig nach wirklichen Produkt- und Marketing-Verbesserungen suchen. Ein Unternehmen, das neue und bessere Wege übersieht, wird möglicherweise Marktanteile an ein Unternehmen verlieren, das einen besseren Weg gefunden hat, diese Aufgaben zu erfüllen. Eines der besten Beispiele für einen innovativen Marketer ist die Firma Procter & Gamble (vgl. hierzu Beispiel 20-3).

Werterhöhendes Marketing

Das Unternehmen sollte die meisten seiner Ressourcen für wertsteigernde Marketing-Investitionen verwenden. Viele Maßnahmen, die von Marketern ergriffen werden – einmalige Verkaufsförderungsaktionen, geringfügige Verpackungsänderungen, übertriebene Werbung –, können die Umsätze kurzfristig steigern, sie tragen jedoch weniger zur Wertsteigerung bei als Verbesserungen der Qualität, der Merkmale oder der Bequemlichkeit des Produkts. Aufgeklärtes Marketing erfordert die Schaffung einer langfristigen Verbraucherloyalität durch ständige Erhöhung des Wertes, den die Konsumenten durch das Marketing-Angebot des Unternehmens erhalten.

Aufgabenbewußtes Marketing

Das Unternehmen sollte seine Aufgabe in weitgefaßten gesellschaftlichen Begriffen definieren anstatt in engen Produktkonzepten. Wenn ein Unternehmen eine gesellschaftliche Aufgabe festlegt, haben die Mitarbeiter bezüglich ihres Tuns ein besseres Gefühl und ein klares

BEISPIEL 20-3
Procter & Gamble: Auf und ab mit Innovation

P & G hat stets erhebliche Beträge investiert, um innovative Produkte zu finden, die Verbraucherprobleme lösen. Als Folge dieser Bemühungen wurden die meisten neuen Produkte rasch Marktführer. Die Firma P & G benötigte Jahre, um eine Zahnpasta zu entwickeln, die wirksam den Zahnverfall bekämpft. Schon bald nach ihrer Einführung überholte Crest weniger wirksame Marken, und mit Hilfe ständiger Verbesserungen blieb sie für über 30 Jahre die führende Zahnpasta. P & G sah sich auf dem Shampoo-Markt um und fand heraus, daß die Konsumenten ein Mittel gegen Schuppen suchten, was aber keine Marke bot. Nach jahrelangen Forschungsarbeiten entstand das Produkt „Head and Shoulders", ein sofortiger Marktführer. Darauf beobachtete P & G das Papierwarengeschäft. Das Unternehmen fand heraus, daß junge Eltern sich Erleichterung beim Wechseln und Waschen von Windeln wünschten. Wieder entwickelte P & G eine innovative Lösung – Pampers, eine erschwingliche Wegwerf-Papierwindel. Pampers wurde sofort Marktführer. Innovatives Marketing verhalf P & G auf diese Weise zu einer führenden Position bei Konsumgütern.

In den frühen achtziger Jahren erweckte P & G dennoch den Eindruck, als würde das Unternehmen etwas in seinen Innovationsbemühungen nachlassen. Rasch machten daraufhin mehrere innovative Konkurrenten P & G in verschiedenen Produktbereichen die Führungsrolle streitig, vor allem bei Zahnpasta und Wegwerfwindeln.

Crest, die Zahnpasta der Firma P & G, wurde schwer davon betroffen. 1983 führte Minnetonka die Produktneuerung Check-Up ein, die erste Zahnpasta gegen Zahnbelag, verpackt in einem Behälter zum Pumpen. Darüber hinaus führten Lever Brothers und Beecham Gels ein, durchsichtige und besser schmeckende Zahnpastaarten, die besonders bei Kindern sehr beliebt sind. Während die Firma P & G hinter diesen Neuerungen nachhinkte, drängte ihr wichtigster Konkurrent, Colgate, nach vorn. Colgate steckte viel Geld in Forschung und Entwicklung und übertraf P & G mit der Pumpe, den Gels und einer Zahnpasta zur Bekämpfung von Zahnbelag monatelang im Markt. Sehr bald konnte Colgate 50 Prozent des Pumpen-Segmentes an sich reißen und steigerte seinen Gesamtanteil am 1 Milliarde Dollar umfassenden Zahnpastamarkt von 18 Prozent im Jahre 1979 auf 28 Prozent Ende 1984. Während der letzten sechs Monate des Jahres 1984 sank der Crest-Marktanteil von 36 auf 30 Prozent.

Procter & Gamble erlitt eine ähnlich schwere Einbuße im 2,8 Milliarden Dollar umfassenden Wegwerfwindel-Markt. Die Marke Pampers hatte diese Art von Wegwerfprodukten eingeführt, und jahrelang hielt P & G damit einen Marktanteil von über 75 Prozent. Bis vor kurzem dominierten ihre Marken Pampers und Luvs den Markt. Jedoch im Jahre 1984, als P & G seine Marken Pampers und Luvs einfach laufen ließ, kam die Firma Kimberly-Clark mit Huggies heraus, einer innovativen Marke mit größerer Saugfähigkeit, körpergerechter Form und Klebebändern zum Wiederbefestigen. Mitte 1985 befand sich die Firma P & G in der Situation, daß sie dem Markt nachlief, statt ihn zu führen. Der Marktanteil des Unternehmens fiel auf insgesamt 46 Prozent, und Pampers rutschte mit 30 Prozent auf den zweiten Platz ab, hinter Huggies mit 32 Prozent. Im Jahre 1985 erlitt P & G seinen ersten Gewinnrückgang seit 30 Jahren.

P & G war unten, jedoch weit davon entfernt, draußen zu sein. Das Unternehmen schlug mit Innovationen in beiden Produktbereichen zurück. Während des zweiten Halbjahres 1985 führte P & G eine bessere Pumpe ein und erweiterte seine Zahnpasta-Produktlinie um Gels. Das Unternehmen verbesserte darüber hinaus seine Wettbewerbssituation durch die Einführung der Crest Tartar Control Formula-Zahnpasta sowie von Gel in Pumpen und Tuben. Außerdem gab P & G mehr als 500 Millionen Dollar aus, um eine neue Generation von Pampers sowie verbesserte Luvs zu entwickeln. Die Wettbewerber blieben mit dem Problem zurück, auf die neuen Ultra Pampers der Firma P & G, eine äußerst dünne und überaus saugfähige Wegwerfwindel, eine geeignete Antwort zu finden.

Das Drängen nach neuen Innovationen brachte für P & G erstaunliche Ergebnisse. In weniger als sechs Monaten stürzte der Crest-Anteil am Zahnpasta-Markt auf 38 Prozent, während der von Colgate auf 22 Prozent zurückfiel. Der Anteil der Firma P & G am Wegwerfwindel-Markt kletterte rasch auf über 60 Prozent, und Pampers gewann einen deutlichen Vorsprung an Marktanteilen zurück.

Die Waffe, die P & G eingesetzt hatte, um die Spitze zu erreichen, war von seinen Konkurrenten dazu benutzt worden, um die führende Rolle der Firma P & G zu bedrohen, und sie wurde erneut von P & G eingesetzt, um verlorenes Terrain wiederzugewinnen. Die Waffe war innovatives Marketing.

Quellen: Vgl. hierzu Nancy Giges und Laurie Freeman, „Wounded Tiger? Trail of Mistakes Mars P & G Record," Advertising Age, 29. Juli 1985, S. 1, 50–51; Kathleen Deveny, „Colgate Puts the Squeeze on Crest," Business Week, 19. August 1985, S. 40–41; Laurie Freeman, „Plaque Fighters Amass Artillery," Advertising Age, 3. März 1986, S. 1, 70; und Zachary Schiller und Jerome Zukowsky, „Procter & Gamble Banks on the New Baby: Ultra Pampers," Business Week, 24. Febraur 1986, S. 36–37.

Leitziel vor Augen. Betrachtet sei hierzu die Aufgabendarstellung der International Minerals and Chemical Corporation:

> *Wir befinden uns nicht lediglich am Markt, um unsere Düngemittelmarke zu verkaufen. Wir haben ein Zielbewußtsein, eine Auffassung darüber, in welche Richtung wir uns bewegen. Die erste Aufgabe der Unternehmensplanung besteht darin zu entscheiden, in welchem Geschäftszweig das Unternehmen tätig sein sollte. Unsere Aufgabe ist die landwirtschaftliche Produktivität. Wir sind jetzt und in Zukunft an allem interessiert, was Pflanzenwachstum bewirkt.*[12]

Gesellschaftsorientiertes Marketing

Ein aufgeklärtes Unternehmen trifft seine Marketing-Entscheidungen unter Bedachtnahme auf Verbraucherwünsche, Unternehmenserfordernisse sowie auf die langfristigen Interessen der Konsumenten und der Gesellschaft. Das Unternehmen ist sich darüber im klaren, daß eine Vernachlässigung der beiden letzten Faktoren einen Nachteil für die Konsumenten und die Gesellschaft bedeutet. Aufmerksame Unternehmen betrachten gesellschaftliche Probleme als günstige Gelegenheiten. Drucker stellt dazu fest: „Konsumerismus sollte, muß und – ich hoffe

– wird in Wirklichkeit die Chance für das Marketing. Es ist das, worauf wir im Marketing gewartet haben.“[13]

Ein gesellschaftlich orientierter Marketer ist bestrebt, nicht nur gefällige, sondern auch gesunde Produkte zu planen. Der Unterschied zwischen diesen beiden Produkt-Kategorien wird in Abbildung 20-3 dargestellt. Produkte können hinsichtlich ihres Ausmaßes an sofortiger Verbraucherbefriedigung und hinsichtlich ihres langfristigen Nutzens für den Konsumenten klassifiziert werden. **Wünschenswerte Produkte** (desirable goods) gewähren in hohem Maße sowohl unmittelbare Befriedigung als auch langfristige Konsumentenvorteile, wie z. B. wohlschmeckende und nahrhafte Frühstückskost. **Gefällige Produkte** (pleasing goods) vermitteln ein hohes Maß an sofortiger Zufriedenheit, können aber langfristig den Verbrauchern Schaden zufügen, wie z. B. Zigaretten. **Gesunde Produkte** (salutary goods) verfügen über wenig Anziehungskraft, sind aber für die Konsumenten langfristig von Vorteil, wie z. B. Sicherheitsgurte im Auto. **Unzulängliche Produkte** (deficient goods) schließlich haben weder unmittelbare Anziehungskraft noch langfristige Vorteile aufzuweisen, wie z. B. schlecht schmeckende, jedoch unwirksame Medizin.

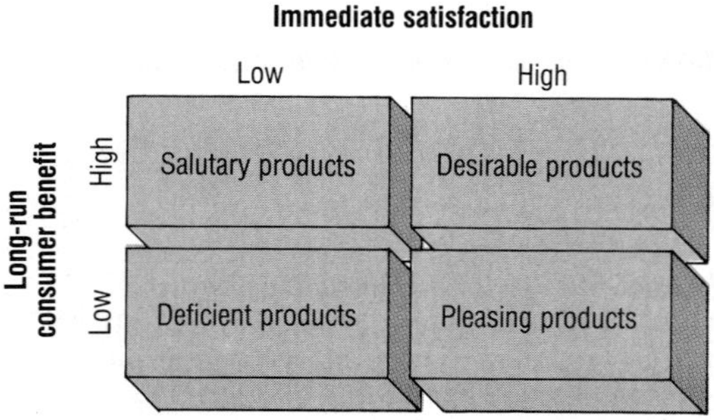

ABBILDUNG 20-3
Klassifizierung von Möglichkeiten für neue Produkte

FIGURE 20–3
Classification of New-Product Opportunities

Der Widerspruch, der mit gefälligen Produkten verbunden ist, besteht darin, daß sie sich zwar gut verkaufen lassen, aber zu Schäden des Verbrauchers führen können. Die günstigste Produktchance besteht deshalb darin, ein Produkt mit langfristigen Vorteilen auszustatten, ohne seine angenehmen Eigenschaften zu reduzieren. So entwickelte beispielsweise Sears ein phosphatfreies Waschmittel, das trotzdem sehr wirksam war. Die Herausforderung, die von gesunden Produkten ausgeht, ist darin zu sehen, sie durch Hinzufügen einiger gefälliger Eigenschaften für die Konsumenten wünschenswerter erscheinen zu lassen.

Marketing-Ethos

Selbst aufrichtige Marketer werden mit zahlreichen moralischen Konfliktsituationen konfrontiert. Oft ist unklar, welches die richtige Vorgehensweise ist. Nicht jeder Manager besitzt ein feines moralisches Empfinden, so daß es für jedes Unternehmen erforderlich ist, Grundsätze für das Marketing-Verhalten zu entwickeln, deutlich formulierte Richtlinien, die jeder Angehörige der Organisation zu befolgen hat. Diese Richtlinien umfassen die Händlerbeziehungen, die Werbenormen, den Kundendienst, die Preispolitik, die Produktentwicklung und generelle ethische Maßstäbe.

Selbst die detailliertesten Richtlinien können nicht alle moralisch-schwierigen Situationen entscheiden, mit denen Marketer konfrontiert sind. Tabelle 20-1 zählt 14 ethisch-problematische Entscheidungssituationen auf, in die Marketer während ihrer beruflichen Laufbahn geraten können. Das Verhalten von Marketer, die sich in allen 14 Fällen für Maßnahmen entscheiden, die unmittelbare Umsatzsteigerungen bewirken, kann zutreffend als unsittlich oder unmoralisch bezeichnet werden. Wenn sie sich jedoch in allen Fällen gegen die kurzfristig umsatzbewirkenden Aktionen entscheiden, werden sie möglicherweise als Marketing-Manager wenig erfolgreich und wegen des ständigen moralischen Drucks unglücklich sein. Manager bedürfen einer Anzahl von Grundsätzen, die ihnen bei der Bewertung der moralischen Bedeutung einer jeden Situation sowie bei der Einschätzung, wie weit sie guten Gewissens gehen dürfen, behilflich sind.

Von welchen Prinzipien jedoch sollten sich Unternehmen und Marketing-Manager bei Streitfragen von ethischer und gesellschaftlicher Verantwortung leiten lassen? Eine Philosophie vertritt die Auffassung, daß Zweifelsfällen bezüglich Moral, Ethos, Verantwortung und Gewissen vom freien Markt oder vom Gesetz entschieden werden. Dieser Philosophie zufolge sind Unternehmen und deren Manager nicht für moralische Beurteilungen verantwortlich. Unternehmen können ruhigen Gewissens alles tun, was das Gesetz ihnen zu tun erlaubt.

Eine andere Philosophie ordnet die Verantwortung nicht gesetzlichen Reglementierungen zu, sondern legt diese in die Hände einzelner Unternehmen und Manager. Diese aufgeklärtere Philosophie empfiehlt, daß ein Unternehmen ein gesellschaftliches Gewissen haben sollte. Unternehmen und Manager sollten, wenn sie unternehmerische Entscheidungen treffen, hohe ethische und moralische Maßstäbe anlegen, unabhängig davon, was die Gesetzeslage erlaubt. Ein geschichtlicher Rückblick bietet eine nahezu endlose Aufzählung von Unternehmensaktivitäten, die zwar legal und erlaubt waren, die aber

TABELLE 20-1
Einige aus moralischer Sicht schwierige Entscheidungssituationen

1. Sie arbeiten für einen Zigarettenhersteller und bislang waren Sie nicht davon überzeugt, daß Zigaretten Krebs verursachen. Nun ist ein Bericht jüngsten Datums auf ihren Schreibtisch gelangt, der den kausalen Zusammenhang zwischen Zigarettenrauchen und Krebs eindeutig bestätigt. Wie werden Sie sich künftig verhalten?
2. Die Forschungs- und Entwicklungsabteilung hat eines Ihrer Produkte modernisiert. Es ist zwar nicht wirklich „neu und verbessert", aber Sie wissen, daß diese Aussage auf der Verpackung und in der Werbung die Umsätze steigern würde. Wie verhalten Sie sich?
3. Sie werden gebeten, am unteren Ende ihrer Produktlinie ein vereinfachtes Modell hinzuzufügen, das werblich herausgestellt werden könnte, um neue Kunden zu gewinnen. Das Produkt wäre nicht sehr gut, aber Ihr Verkaufsaußendienst könnte es benutzen, um die Kunden zu überzeugen, die teureren Ausführungen zu kaufen. Sie werden gebeten, grünes Licht für die Entwicklung dieser vereinfachten Version zu geben. Wie würden Sie entscheiden?
4. Sie befragen einen ehemaligen Produktmanager, der kürzlich ein Wettbewerbsunternehmen verlassen hat. Sie denken daran, ihn einzustellen. Er würde Ihnen gerne alle Pläne der Konkurrenz für das nächste Jahr mitteilen. Wie würden Sie sich verhalten?
5. Einer Ihrer Händler in einem wichtigen Gebiet hat in letzter Zeit familiäre Schwierigkeiten, und seine Umsätze sind erheblich nach unten gerutscht. In der Vergangenheit zählte er zu den besten Umsatzbringern. Es ist ungewiß, wie lange es dauern wird, bis seine familiären Probleme in Ordnung gebracht worden sind. In der Zwischenzeit gehen erhebliche Umsätze verloren. Es gibt eine rechtliche Möglichkeit, den Franchise-Vertrag mit dem Händler zu kündigen und ihn durch einen anderen zu ersetzen. Was würden Sie tun?
6. Sie haben eine Chance, einen großen Kunden zu gewinnen, der für Sie und Ihr Unternehmen viel bedeuten würde. Der Einkäufer hat durchblicken lassen, daß er sich durch ein „Geschenk" beeinflussen lassen würde. Ihr Assistent schlägt vor, einen vorzüglichen Farbfernseher an dessen Privatanschrift liefern zu lassen. Was würden Sie tun?
7. Sie haben gehört, daß ein Wettbewerber über eine neue Produkteigenschaft verfügt, die sich erheblich auf den Umsatz auswirken wird. Auf der jährlichen Fachausstellung wird er über eine Gästesuite verfügen und die neue Produkteigenschaft auf einer eigens für seine Händler veranstalteten Party vorstellen. Es wäre kein Problem für Sie, einen „Beobachter" zu diesem Treffen zu schicken, um mehr über die neue Produkteigenschaft zu erfahren. Würden Sie das tun?
8. Sie sind sehr an der Erlangung eines Auftrages interessiert, und während der Verkaufsverhandlungen erfahren Sie, daß sich der Einkäufer nach einer besseren beruflichen Stellung umsieht. Sie haben nicht die Absicht, ihn einzustellen, wenn Sie ihm aber andeuten, daß sie das unter Umständen tun könnten, würde er ihnen wahrscheinlich den Auftrag erteilen. Wie verhalten Sie sich?
9. Sie müssen eine Wahl zwischen drei Werbekampagnen treffen, die von Ihrer Werbeagentur für Ihr neues Produkt ausgearbeitet wurde. Der erste Vorschlag (A), eine „weiche" Verkaufstaktik, ist eine ehrliche, informative Kampagne. Die zweite Alternative (B) verwendet sexgeladene, emotionale Appelle und übertreibt die Vorteile des Produktes. Zur dritten Kampagne (C) gehört ein aufdringlicher, provokanter Werbespot, der sicherlich die Aufmerksamkeit des Zielpublikums erregen würde. Vortests haben für den Wirkungsgrad der Werbespots folgende Reihung ergeben: C, B und A. Für welche Kampagne würden Sie sich entscheiden?
10. Sie sind der Marketing-Vizepräsident einer Bierbrauerei und haben erfahren, daß ein Bundesstaat, der einen besonders lukrativen Absatzmarkt darstellt, das gesetzliche Mindestalter für Alkoholgenuß von 18 auf 21 Jahre hinaufzusetzen beabsichtigt. Sie werden gebeten, gemeinsam mit anderen Brauereien eine Lobby gegen diesen Gesetzesvorschlag zu bilden und entsprechende Beiträge zu leisten. Wie würden Sie sich verhalten?
11. Sie beabsichtigen, eine Stichprobe von Kunden über deren Reaktionen auf ein Konkurrenzprodukt zu befragen. Es wurde vorgeschlagen, daß Sie sich einen neutralen Namen, wie z. B. Marketing Research Institute, ausdenken, unter dem Sie die betreffenden Personen interviewen. Was würden Sie tun?
12. Sie stellen ein Haarwaschmittel gegen Schuppen her, das bereits bei einer Anwendung wirksam ist. Ihr Assistent meint, daß sich das Produkt schneller umschlagen würde, wenn die Gebrauchsanweisung auf dem Etikett zwei Anwendungen empfiehlt. Wie verhalten Sie sich?

13. Sie interviewen eine fähige Bewerberin für eine Position im Verkaufsaußendienst. Sie ist besser qualifiziert als die Männer, mit denen Sie zuvor gesprochen haben. Gleichwohl befürchten Sie, daß einige Ihrer Reisenden negativ auf Ihre Einstellung reagieren würden. Außerdem wissen Sie, daß einige wichtige Kunden verärgert sein könnten. Was würden Sie tun?

14. Sie sind Verkaufsleiter in einem Enzyklopädie-Verlag. Ein von Enzyklopädie-Vertretern oft benutzter Trick, sich Eintritt in Wohnungen zu verschaffen, besteht darin, zu behaupten, daß sie eine Untersuchung durchführen. Nachdem sie ihre Erhebung durchgeführt haben, wechseln sie zu ihrer Verkaufsargumentation über. Diese Methode scheint äußerst wirksam zu sein und wird von den meisten Ihrer Konkurrenten angewandt. Wie verhalten Sie sich?

---

als äußerst unverantwortlich angesehen werden müssen. Hierzu das folgende Beispiel:

> *In der Zeit vor dem „Pure Food and Drug Act", versprach eine Werbung für eine Diät-Tablette, daß jemand, der diese Tablette schlucken würde, praktisch jederzeit alles essen könne und trotzdem Gewicht verlieren würde. Zu schön, um wahr zu sein? Tatsächlich entsprach diese Behauptung völlig der Wahrheit. Das Produkt hielt sein Werbeversprechen auf erschreckende Weise. Es scheint, daß der entscheidende Wirkstoff in diesem Diätmittel Bandwurmlarven waren. Diese Larven würden sich im Darmtrakt entwickeln und selbstverständlich gut ernährt werden. Der Pillenverwender würde mit der Zeit buchstäblich des Hungers sterben.*[14]

Jedes Unternehmen und jeder Marketing-Manager muß eine Philosophie gesellschaftlicher Verantwortung und moralischen Verhaltens entwickeln. Im Rahmen des gesellschaftlich orientierten Marketing-Konzeptes richtet jeder Manager seinen Blick über das hinaus, was legal und erlaubt ist und entwickelt Maßstäbe, die auf persönlicher Integrität, Rücksichtnahme gegenüber dem Unternehmen und langfristiger Konsumentenfürsorge basieren. Eine eindeutige und verantwortungsbewußte Philosophie wird dem Marketing-Manager helfen, auf die zahlreichen schwierigen Fragen eine Antwort zu finden, die durch Marketing und andere menschliche Aktivitäten auftreten.

Auf die Marketing-Führungskräfte der neunziger Jahre warten zahlreiche Herausforderungen. Ihnen werden infolge technologischer Fortschritte in der Solarenergie, der Heimcomputer und Roboter, des Kabelfernsehens sowie der modernen Medizin, neuer Formen des Transports und der Erholung und schließlich durch neue Kommunikationstechnologien Marketing-Chancen im Überfluß zur Verfügung stehen. Gleichzeitig werden Kräfte des sozio-ökonomischen Umfeldes die Möglichkeiten für die Durchführung von Marketing-Aktivitäten zunehmend einengen. Jene Unternehmen, die in der Lage sind, neue Wertsysteme und sozial verantwortliche Marketing-Praktiken zu entwickeln, haben die Chance, eine neue Welt zu erobern.

ZUSAMMENFASSUNG

Ein Marketing-System sollte Konsumentenbedürfnisse aufspüren, ihnen dienlich sein und sie befriedigen sowie die Lebensqualität der Verbraucher verbessern. Bei ihren Bemühungen, Kundenbedürfnissen gerecht zu werden, ergreifen Marketer möglicherweise Maßnahmen, die nicht jedermanns Geschmack oder zum Wohle aller sind. Marketing-Manager sollten um die wichtigste Kritik am Marketing wissen.

Dem Marketing wurde vorgeworfen, durch hohe Preise, irreführende Praktiken, Hochdruckverkauf, minderwertige oder unsichere Produkte, geplantes Veralten sowie durch unzulänglichen Service gegenüber sozial schwächeren Konsumenten dem Wohl der Verbraucher zu schaden. Darüber hinaus wurde Marketing kritisiert, weil es die Gesellschaft durch die Schaffung einer zu materialistischen Einstellung, falscher Wünsche, zu weniger Kollektivgüter, kultureller Umweltverschmutzung und zu viel politischer Macht schädigt. Marketing wurde auch beschuldigt, Konkurrenten Schaden zuzufügen und durch Aufkäufe von Unternehmen sowie durch Praktiken zur Errichtung von Markteintrittsbarrieren und schließlich durch unlautere Marketing-Wettbewerbspraktiken den Wettbewerb einzuschränken.

Diese Besorgnisse über das Marketing-System haben zu zwei Bürgerbewegungen geführt – Konsumerismus und Umweltschutz. Der Konsumerismus ist eine organisierte gesellschaftliche Bewegung zur Verstärkung der Rechte und der Macht der Verbraucher gegenüber den Verkäufern. Aufmerksame Marketer betrachten den Konsumerismus als Chance, den Konsumenten durch mehr Verbraucherinformation sowie mehr Belehrung und Schutz besser zu dienen. Umweltschutz ist eine organisierte gesellschaftliche Bewegung, die versucht, die der Umwelt und der Lebensqualität durch Marketing-Praktiken zugefügten Schäden zu minimieren. Diese Bewegung fordert die Einschränkung der Verbraucherwünsche, wenn deren Befriedigung eine zu hohe Umweltbelastung zur Folge hat.

Bürgerinitiativen haben zur Verabschiedung zahlreicher Gesetze geführt, um die Konsumenten in Bereichen der Produktsicherheit, Verpackungsehrlichkeit (trusts-in-packaging), der Zinsenklarheit (trusts-in-lending) und der Werbewahrheit (trusts-in-advertising) zu schützen.

Zahlreiche Unternehmen haben sich zunächst gegen diese gesellschaftlichen Bewegungen und Gesetze gestellt, die meisten jedoch anerkennen nunmehr die Notwendigkeit von eindeutigen Informationen, eindeutiger Belehrung und eindeutigem Schutz für Konsumenten. Einige Unternehmen praktizieren eine Politik des aufgeklärten Marketing auf der Grundlage der verbraucherorientierten, innovativen, werterhöhenden und an gesellschaftlichen Aufgaben orientierten Marktbearbeitung. Diese Unternehmen haben Grundsätze und Richtlinien erarbeitet, um ihren Managern zu helfen, bei moralischen Fragestellungen richtig zu entscheiden.

DISKUSSIONSFRAGEN

1. Die Marketing-Kosten sind zu hoch. Kommentieren Sie diese Aussage.
2. Die Kritiken an den Einflüssen des Marketing auf die Gesellschaft verdammen in Wirklichkeit das amerikanische Wirtschaftssystem statt lediglich den Marketing-Bereich. Kommentieren Sie diese Aussage.
3. Der Vorwurf des geplanten Veraltens ist kein stichhaltiges Beurteilungskriterium für das Marketing. Kommentieren Sie diese Aussage.
4. Inwiefern unterscheidet sich Konsumerismus von Umweltschutz? Welche Bewegung enthält die größeren Bedrohungen oder Chancen für das Marketing-System? Erläutern Sie Ihre Auffassung.
5. Erklären Sie die fünf Prinzipien des aufgeklärten Marketing.
6. Ein gesellschaftlich orientierter Marketer möchte nur gefällige Produkte entwickeln. Kommentieren Sie diese Aussage.
7. Welche Bereiche sollten von einem ethischen Marketing-Kanon abgedeckt werden?

SCHLÜSSELBEGRIFFE

Konsumerismus *(consumerism).* Eine organisierte Bewegung von Bürgern und staatlichen Institutionen, um die Rechte und die Macht der Käufer gegenüber den Verkäufern zu verstärken.

Unzulängliche Produkte *(deficient products).* Produkte, die weder über eine unmittelbare Anziehungskraft noch über langfristige Vorteile verfügen, wie z. B. schlecht schmeckende, allerdings unwirksame Medizin.

Wünschenswerte Produkte *(desirable products)* gewähren in hohem Maß sowohl unmittelbare Befriedigung als auch langfristige Konsumentenvorteile, wie z. B. wohlschmeckende und nahrhafte Frühstückskost.

Aufgeklärtes Marketing *(enlightened marketing).* Eine Marketing-Philosophie, die auf der Ansicht basiert, daß die Marketing-Aktivitäten des Unternehmens die bestmögliche langfristige Leistungsfähigkeit des Marketing-Systems unterstützen sollten. Seine fünf Prinzipien sind: verbraucherorientiertes Marketing, innovatives Marketing, werterhöhendes Marketing, aufgabenbewußtes Marketing und gesellschaftlich orientiertes Marketing.

Umweltschutz *(environmentalism).* Eine organisierte Bewegung besorgter Bürger und staatlicher Institutionen mit der Zielsetzung, den Lebensraum der Menschen zu schützen und zu verbessern.

Geplantes Veralten *(planned obsolescence).* Eine Strategie, die ein Veralten von Produkten bewirkt, noch ehe diese tatsächlich erneuert werden mußten. Diese Politik umfaßt frühzeitige modische, funktionale und materialbezogene Veralterungen.

Gefällige Produkte *(pleasing products).* Produkte, die ein hohes Maß an sofortiger Zufriedenheit vermitteln, langfristig den Konsumenten allerdings schaden können, wie z. B. Zigaretten.

Gesunde Produkte *(salutary products).* Produkte, die über wenig Anziehungskraft verfügen, aber für die Verbraucher langfristig von Vorteil sind, wie z. B. Sicherheitsgurte.

FUSSNOTEN

1. Vgl. hierzu Patricia Strnad, „Gerber Ignores Tylenol Textbook," Advertising Age, 10. März 1986, S. 3 ff; Patricia Strnad, „Gerber Shifts Stance in 'Reassurance' Spots," Advertising Age, 17. März 1986, S. 8; und Felix Kessler, „Tremors from the Tylenol Scare Hit Food Companies," Fortune, 31. März 1986, S. 59–62.
2. Auszüge, entnommen von Theodore Levitt, „The Morality (?) of Advertising," Harvard Business Review, Juli–August 1970, S. 84–92.
3. „The Breakfast of Fatties?" Chicago Today, 24. Juli 1970.
4. Bezüglich weiterer Literatur über Produktsicherheit wird verwiesen auf „Unsafe Products: The Great Debate over Blame and Punishment," Business Week, 30. April 1984, S. 96–104; und Michael Brody, „When Products Turn," Fortune, 3. März 1986, S. 20–24.
5. Eine Vorlesung, gehalten an der Vanderbilt University Law School, berichtet in Marketing News, 1. August 1968, S. 11, 15.
6. Ibid.
7. Bezüglich weiterer Literatur zu diesem Thema wird verwiesen auf Alan R. Andreasen, The Disadvantaged Consumer (New York: Free Press, 1975).
8. Aus einer Werbung für die Zeitschrift Fact, die selbst keine Anzeigen enthält.
9. Vgl. hierzu Paul B. Brown, Zachary Schiller, Christine Dugas und Scott Scredon, „New? Improved? The Brand-Name Mergers," Business Week, 21. Oktober 1985, S. 108–110; und „The Mighty Urge to Merge," Advertising Age, 28. Oktober 1985, S. 1 ff.
10. Bezüglich weiterer Einzelheiten vgl. Philip Kotler, „What Consumerism Means for Marketers," Harvard Business Review, Mai--Juni 1972, S. 48–57. Vgl. auch Paul N. Bloom und Stephen A. Greyser, „The Maturing of Consumerism," Harvard Business Review, November–Dezember 1981, S. 130–39.
11. Siehe Rachel Carson, Silent Spring (Boston: Houghton Mifflin, 1962); Paul R. Ehrlich und Ann H. Ehrlich, Population, Resources, Environment: Issues in Human Ecology (San Francisco: W. H. Freeman, 1970); und Donnella H. Meadows, Dennis L. Meadows, Jorgen Randers und William W. Behrens III, The Limits to Growth (New York: Universe Books, 1972).
12. Gordon O. Pehrson, zitiert nach „Flavored Algae from the Sea?" Chicago Sun-Times, 3. Febraur 1965, S. 54.
13. Peter Drucker, „The Shame of Marketing," Marketing/Communications, August 1969, S. 60, 64.
14. Dan R. Dalton und Richard A. Cosier, „The Four Faces of Social Responsibility," Business Horizons, Mai–Juni 1982, S. 19–27.

FALLSTUDIE 17
Nike, Inc.

Der meteorhafte Aufstieg der Firma Nike, benannt nach der griechischen Göttin des Sieges, zu Amerikas führendem Sportschuh-Marketer wurde auf den Jogging-Boom gegründet. Die Unternehmensleitung agierte ziemlich zwanglos, um mit der Nachfrage nach Sportschuhen und -kleidung Schritt zu halten. Im Jahre 1985, unmittelbar nach der Periode des raschen Wachstums, näherte sich das jährliche Umsatzvolumen einer Milliarde Dollar und der Jogging-Boom schien seinen Höhepunkt erreicht zu haben. Das Unternehmen wird nun mehr formaler Planung bedürfen und Management-Methoden benötigen, die auf einer Analyse des weltweiten Sportschuh- und -bekleidungsmarktes beruhen, um mit deren Hilfe einen zweiten Aufwind zu bekommen und die Wettbewerbsposition zu halten.

Weil die Baby-Boomer in den achtziger und neunziger Jahren heranwachsen, wird die Bevölkerungsgruppe der 25- bis 45jährigen anwachsen und Nachfrageänderungen in der Branche für Qualitätssportschuhe bewirken. Die Baby-Boomer sind mit Turnschuhen als alltägliche Freizeitkleidung herangewachsen. Als Erwachsene könnten sie jedoch weniger geneigt sein, diese Schuhe als Alltagskleidung zu erwerben. Die Baby-Boomer entwickeln nämlich gleichzeitig einen anspruchsvolleren Geschmack, verfügen über ein höheres frei verfügbares Einkommen und sind auf körperliche Fitness bedacht. Dieser Trend könnte den potentiellen Markt für anspruchsvollere Sportschuhe, Kleidung und Ausrüstung erweitern.

Die Einstellung der Verbraucher gegenüber körperlicher Fitness sind im Wandel begriffen. Laufen ist bis zu einem gewissen Grade durch Aerobic und die Mitgliedschaft in Fitneß-Centers verdrängt worden. Der Trend zu Gruppenaktivitäten und zu abwechslungsreicheren Fitness-Programmen kann ein Abklingen der Einzelsportart Laufen zur Folge haben. Immer mehr Verbraucher nehmen teil an Sport- und Übungsprogrammen, wie z. B. Aerobic, Raquetball, Segeln und Radfahren. Reebok und andere kleine Schuhfabrikanten haben aus der Beliebtheit von Aerobic durch die Einführung eines neuen Schuhs, der speziell für diese Sportart geschaffen wurde, Kapital geschlagen. Nike war sehr langsam bei der Enwicklung von Spezialschuhen, wie z. B. Aerobic-Schuhen. Der späte Eintritt des Unternehmens in das Aerobic-Segment war deshalb auch tatsächlich erfolglos.

Diese veränderten Gewohnheiten der sportlichen Betätigung brachten einen Wandel der Bedürfnisse für Sportbekleidung mit sich, die ein bedeutendes Marktsegment für Nike darstellt. Es wird erwartet, daß die Umsätze dieses Segments in fünf Jahren denen von Nike's Schuhsegment gleichkommen. Gegenwärtig ist die Sportkleidung mit acht Prozent an Nike's Gesamtumsatz beteiligt. Kinderschuhe – überwiegend ein Modesegment – machen 15 Prozent von Nike's Umsatz aus. Die Firma Nike dürfte in der Lage sein, ihr Image für hohe Qualität bei den Schuhen auf die Kleidung zu übertragen.

Nike's Erfolg basierte auf den Sportschuhen. Das Unternehmen begann 1962 als Exklusiv-Verteilerorganisation in den USA für Tiger, eine japanische Firma, die billige Sportschuhe herstellte. Robert Knight, ein ehemaliger Mittelstreckenläufer der Universität von Oregon, begann seine geschäftliche Karriere, als er bei einer Universitäts-Leichtathletik-Veranstaltung aus dem Kofferraum seines Autos heraus Tiger-Schuhe verkaufte. Nach seinem Bruch mit Tiger wegen einer strittigen Franchise-Vereinbarung begann er, Spezialschuhe zu verkaufen, die nach seinen eigenen Entwürfen in Taiwan und Südkorea hergestellt wurden.

Mit dem explosionsartigen Aufkommen der Jogging-Welle wurden Schuhe wie Nike Teil der Standardkleidung der siebziger Jahre. Nikes Image und Unternehmenskultur paßten in die „Me Decade". Die Werbung der Firma zeigte einen einzelnen Läufer, der sich vor dichtem Stadtverkehr im Hintergrund abhob. Diese Werbung sprach vor allem den jugendlichen Markt an. Dem enormen Aufstieg des Bekanntheitsgrades folgte ein kolossaler Umsatzzuwachs. Nike's jährliches Umsatzwachstum betrug in den meisten der siebziger Jahre durchschnittlich 100 Prozent, bis 1981 ein Verkaufsvolumen von 694 Millionen Dollar erreicht wurde, mit dem Nike Adidas von der Position des meistverkauften Qualität-Sportschuhs verdrängte.

Der Markt für Sportschuhe befindet sich in der Reifephase und der Wettbewerb nimmt zu. Im Jahre 1983 verringerte sich die jährliche Wachstumsrate auf dem Inlandsmarkt auf 8 Prozent gegenüber 14 Prozent in jedem der drei vorangegangenen Jahre. Der Tod durch einen Herzanfall von Jim Fixx, dem Autor des Buches „The Joy of Running", dürfte den Höhepunkt der Jogging-Marotte signalisiert haben.

In der Annahme, daß das starke Wachstum des Marktes für Laufschuhe in den USA nur mehr wenige Jahre anhalten würde, begann Nike zu diversifizieren. Im Jahre 1981 führt das Unternehmen eine Produktlinie für Kleidungsstücke und Kinderkleidung ein. Darüber hinaus startete es Bemühungen, auf dem internationalen Markt Fuß zu fassen, und eröffnete Büros in Westdeutschland und Japan. Alle drei Bemühungen hatten ein rasches Umsatzwachstum zur Folge. Die Umsätze in diesen drei Ländern sind mit 39 Prozent an Nike's Gesamtverkäufen beteiligt.

Die Umsätze von Schuhen für Erwachsene und Kinder wiesen im Jahre 1984 gegenüber dem Vorjahr nur ein geringes Wachstum auf. Nike's neue Vorhaben erwiesen sich nicht durchwegs als erfolgreich. Obwohl die Bekleidungsumsätze im Jahre 1984 um 50 Prozent stiegen, lagen die Gewinne unter dem Durchschnitt. Für Nike wurde es zunehmend schwieriger, in internationale Märkte einzudringen. In Europa mußte Nike mit den in Westdeutschland domizilierenden Firmen Adidas und Puma konkurrieren, die 95 Prozent des europäischen Marktes unter sich aufteilen. Sowohl in Europa als auch in Japan mußte sich Nike in Märkten behaupten, wo Jogging in der Vergangenheit nicht besonders populär gewesen ist. Als Folge erzielte das Unternehmen 1984 nur eine enttäuschende Leistung.

Nike ist für seine Laufschuhe, die mit Unterstützung von professionellen Athleten in den Sportlaboratorien des Unternehmens entwickelt werden, bestens bekannt. Nike gilt als der Schuh für den ernsthaften Läufer, obwohl er besonders von Teenagern oft als Teil der Freizeitkleidung getragen wird. Nike führt auch eine Produktlinie von Tennis- und Turnschuhen, die noch immer einen erheblichen Teil des Umsatzes ausmachen. Das Unternehmen hat auch großen Erfolg mit seinen Kinderschuhen und seiner Freizeitkleidung. Es sind allerdings Nike's Laufschuhe, die das Unternehmens-Image von hoher Qualität aufrechterhalten haben. Innerhalb des Laufschuh-Segments wird Nike primär von spezialisierten Firmen wie New Balance und Puma konkurrenziert. Nike bietet derzeit über 500 verschiedene Schuhtypen an.

Nike's gegenwärtige Absatzwege bestehen überwiegend aus kleineren Sportfachgeschäften, wie z. B. Athlete's Feet und Footlocker. Die fachliche Qualifikation der Verkäufer im Schuhgeschäft ist wegen der großen Vielfalt von Typen und Marken ein wesentlicher Faktor für den Verkauf von Schuhen. Gegenwärtig schaltet Nike deshalb kaum große Einzelhändler, wie z. B. Sears, ein, obwohl die Firma einige ihrer preiswerten Marken über J. C. Penney verkauft.

Die Vertriebskanäle der Wettbewerber konzentrieren sich auf die gleichen Sportfachgeschäfte wie Nike. Eine Ausnahme bildet die Firma Converse. Dieses Unternehmen verkauft 30 Prozent seiner Produkte über nicht-spezialisierte Verkaufsstellen. Sportfachgeschäfte, Warenhäuser, Schuhgeschäfte und Diskontläden, sie alle verkaufen Qualitätssportschuhe, wenngleich die Fachgeschäfte die Schuhe der oberen Preisklasse führen. Die meisten Verkaufsstellen bieten außerdem auch Sportkleidung an.

Die Einzelhändler hatten bislang über wenig Macht innerhalb der Vertriebswege verfügt, da die Produkte über Verkaufsstellen aller Art verkauft werden. Fachgeschäfte beginnen einen größeren Einfluß auszuüben, da der Wettbewerb um die begrenzten Regalflächen zunimmt, und die Größe der meisten Einzelhändler wird deren Einfluß erhöhen, da der Konkurrenzkampf intensiver wird.

Nike hat Berufssportler eingeschaltet, um seine Produkte zu verkaufen. Das Unternehmen verpflichtete die führenden Wettlaufstars, Sportschuhe mit seiner Aufschrift zu tragen und diese Aufschriften waren ein ausschlaggebender Faktor für Nikes Erfolg in den ersten zehn Jahren. Nike hat diese Präsus auf andere Segmente übertragen, indem das Unternehmen beispielsweise den Tennisstar John McEnroe für seine Tennisschuhe und den bekannten Basketball-Spieler Michael Jordan für seine Basketball-Schuhe engagierte.

Auch Nike's gegenwärtiges Absatzförderungsbudget ist auf Produkt-Publicity über Athleten und Schirmherrschaften (Sponsorships) konzentriert. Das Unternehmen führt für seine Produkte keine intensiven Werbekampagnen durch. Nike hat einen hohen Bekanntheitsgrad für sein „swoosh“ Logogramm aufgebaut, jedoch nicht für bestimmte Produkte. Die früheren Werbekampagnen des Unternehmens betonten das zurückgezogene, mit sich selbst beschäftigte Individuum im Gegensatz zur unpersönlichen, maschinenzentrierten Gesellschaft. Dieses Thema wandte sich sowohl an Läufer als auch – in weiterem Sinne – an die „rebellierende Jugend“ der siebziger Jahre.

Konkurrenzsituation. Nikes Hauptkonkurrenten im Qualitäts-Sportschuh-Markt sind Converse und Adidas. Nike hält am 1,9 Milliarden Dollar umfassenden US-Markt gegenwärtig einen Anteil von 32 Prozent. Converse und Adidas halten jeweils 9 Prozent. Nike setzt schätzungsweise 614 Millionen Dollar um, die beiden anderen jeweils 180 Millionen. Alle drei Firmen konkurrieren in jedem Segment des Sportschuh-Marktes, und alle drei offerieren eine Sportbekleidungs-Produktlinie. Darüber hinaus hat Nike zahlreiche kleinere Konkurrenten in spezialisierten Marktnischen. Diese kleineren Unternehmen sind rasch gewachsen, und sieben von ihnen erzielten vor kurzem Umsätze in Höhe von über 50 Millionen Dollar.

Converse ist auf Basketball-, Tennis- und Turnschuhe spezialisiert. Das Unternehmen wendet sich mit Produkten wie regenbogenfarbenen „Breakdancing“-Schuhen an Teenager. Converse stieg unlängst mit einer neuen Linie hochwertiger Schuhe in das Laufschuh-Segment ein; das Unternehmen hat aber bis jetzt Schwierigkeiten, ein Image für hohe Qualität aufzubauen.

Adidas ist der Welt größtes Unternehmen für Qualitäts-Sportschuhe. Der Umsatz aller seiner Produktlinien überstieg im Jahre 1983 zwei Milliarden Dollar. Die Firma konkurriert in jedem Segment, obwohl sie auch bestens bekannt für ihre Turnschuhe ist. Adidas ist auch der größte Anbieter von Sportkleidung und die größte Firma auf dem internationalen Markt. Kleidung und internationale Umsätze zusammengefaßt ergeben 80 Prozent des Umsatzes von Adidas, gegenüber 24 Prozent bei Nike.

Was die Preise anlangt, bieten alle Unternehmen eine große Auswahl. Die Preise für Nike-Produkte liegen zwischen 15,95 und 125 Dollar. Kleinere Anbieter tendieren für all ihre Produkte zu vergleichbaren Preisen und bieten ebenfalls ein breites Preisspektrum.

Die Branchenrivalität bewegt sich gegenwärtig in relativ gemäßigten Bahnen, da es einer großen Marken-Identifikation bedarf, um erfolgreich zu sein. Da sich der Sportschuh-Markt in der Reifephase befindet, beginnen Unternehmen außerhalb ihrer derzeitigen Nischen zu konkurrieren, was zu einem verschärften Wettbewerb um Marktanteile und Regalfläche führen wird. Die Branche ist für neue Unternehmen von signifikanter Größe wenig attraktiv, da sie sich in der Reifephase befindet und es notwendig ist, dem Verbraucher gegenüber Konzessionen einzuräumen, damit dieser beim Handel gezielt nach dem betreffenden Produkt verlangt. Kleinere Unternehmen jedoch, die sich gegenwärtig in dieser Branche befinden, könnten auf Kosten der etablierten großen Firmen wachsen, wenn die Markt- und Modetrends sich vom Laufsport und anderen Fitness-Sportarten wegbewegen.

Der Wettbewerb im Sportschuhmarkt ist gegenwärtig auch deshalb gemäßigt, weil hohe Barrieren sowohl einen Markt- Eintritt als auch ein rasches Wachstum erschweren. Da jedoch die Leichtathletik-Segmente die Reifephase erreicht haben und die Modetrends konservativer werden, wird der Konkurrenzkampf in der Branche voraussichtlich wesentlich härter werden, weil die einzelnen Unternehmen versuchen, außerhalb ihrer derzeitigen Marktnischen zu expandieren.

Das Wettbewerbsumfeld in Europa ist für Nike weniger günstig als der heimische Binnenmarkt. Adidas und Puma beherrschen den Sportschuh-Markt in Europa. Ihr gemeinsamer Marktanteil in Westdeutschland beläuft sich auf 95 Prozent. Darüber hinaus muß Nike mit einigen US-Firmen konkurrieren, wie z. B. Pony und New Balance, die ebenfalls versuchen, auf dem europäischen Markt Fuß zu fassen. Nike mußte erhebliche Investitionen sowohl in die Verteilerorganisation als auch in die Herstellanlagen vornehmen, nur um die derzeit bescheidene Durchdringung des europäischen Marktes zu erreichen. Obwohl der Jogging-Boom, der die Umsatzentwicklung in den USA getragen hat, sich bislang in Europa als finanziell unergiebig erwiesen hat, setzt Nike darauf, daß ein solcher Boom stattfinden wird.

Die Wettbewerbsbedingungen in Asien sind etwas günstiger. Die japanischen Sportschuhe der Marke Tiger sind der einzige wichtige asiatische Konkurrent, und dieser beherrscht nicht den Markt wie Adidas und Puma in Europa. Da bereits 95 Prozent von Nike's Schuhen in Asien produziert werden, dürften die Transportkosten für die Belieferung des japanischen Marktes niedrig liegen. Nike-Japan ist ein Joint Venture-Projekt zwischen Nike und Japans sechstgrößtem Handelsunternehmen. Dieses Joint Venture-Projekt verhilft Nike innerhalb Japans zu sofortiger Marktanerkennung und zu Abnahmeverträgen. Nike verfügt wegen seiner starken Identifikation mit den wichtigsten US-Sportarten, die sich auch in Japan verbreitet haben, wie z. B. Tennis, Baseball und Golf, über ein hohes Qualitäts-Image. Darüber hinaus ist in Japan ein wachsender Trend zum Jogging zu beobachten, wie es bei allen US-Sportarten der Fall war, die von den Japanern übernommen wurden.

Wie sollte Nike seine Produktlinie ändern? Warum?

Sollte Nike aggressive Anstrengungen unternehmen, um den asiatischen Markt zu entwickeln?

Welche Strategie sollte das Unternehmen auf dem europäischen Markt verfolgen?

FALLSTUDIE 18

Sears, Roebuck & Company: Sears Financial Network (Sears Finanzierungssystem)

Sears Financial Network bietet durch seine Finanzierungszentren in nahezu 300 Sears-Filialen und den weiteren 200 oder mehr, die in den nächsten Jahren eröffnet werden, eine weite Palette von Finanzdienstleistungen für Konsumenten. Sears rechnet damit, daß es viele der nahezu 40 Millionen Haushalte, die regelmäßig bei Sears einkaufen, für seine Finanzzentren, die sich jeweils im Geschäft befinden, interessieren kann. Diese Finanzzentren vereinigen Vertreter der Allstate Insurance Group, der Goldwell Banker Real Estate Group sowie der Dean Witter Financial Services Group an einem Ort. In Kalifornien ist außerdem noch die Sears Savings Bank vertreten. Weil die Ladenöffnungszeiten beachtet werden müssen, arbeiten das Finanzierungszentrum und dessen Vertreter unabhängig vom Laden-Management, wie es im Laden agierende Allstate Vertreter sowie konzessionierte Betreiber, z. B. optische Abteilungen, in der Vergangenheit praktiziert haben.

Das Management muß nunmehr die potentiellen Kundengruppen festlegen; darüber hinaus hat es zu entscheiden, welche Finanzdienstleistungen es den Kunden anbieten sollte und wie diese zweckmäßigerweise gekoppelt werden müßten; schließlich, muß es festlegen, welche Absatzförderungsmaßnahmen für die Finanzierungszentren und für die individuellen Dienstleistungen ergriffen werden sollten. Gute Planung legt zuerst fest, was für Sears vernünftig wäre, ehe sich das Unternehmen mit allzu vielen gesetzlichen Restriktionen und Anforderungen befaßt, da die letzteren von Gebiet zu Gebiet variieren und Änderungen unterliegen. Eine umsichtige Ausgangsplanung ist in dieser turbulenten Branche, in der Änderungen häufig sind und die Planung dennoch die Gesamtaktion umfassen muß, besonders wichtig.

Sears betrachtet Finanzdienstleistungen als eine günstige Wachstumsmöglichkeit, die zu seinen Fähigkeiten und Wettbewerbsstärken paßt. Außerdem sind Finanzdienstleistungen für Sears besonders verlockend, da sie über das bisherige Angebot hinausgehen, aber auf dem laufenden Geschäft aufbauen. Sears ist seit über hundert Jahren fortlaufend gewachsen, indem das Unternehmen neue, wichtige Wachstumsmöglichkeiten entdeckt und zusätzlich aufgegriffen hat, ohne das bestehende Geschäft aufzugeben. In jedem Fall war ein Außenstehender erforderlich, um das Unternehmen auf neue Wachstumsmöglichkeiten aufmerksam zu machen.

In den 90er Jahren des 19. Jahrhunderts, als Richard Schwierigkeiten hatte, sein Einzelhandelsgeschäft über Wasser zu halten, erkannte Julius Rosenwald, ein Kleidungslieferant, dem Sears Geld schuldete, eine günstige Gelegenheit, ein „Einkäufer für die amerikanischen Farmer" zu werden. Er wurde Teilhaber von Sears Roebuck, und sein Versandgeschäft-Konzept katapultierte das Unternehmen in eine Phase unermeßlichen Wohlstands.

In den 20er Jahren des 20. Jahrhunderts änderte sich Amerikas wirtschaftliche und soziale Struktur wiederum grundlegend. Die neue Wachstumsmöglichkeit, die von General Wood, einem anderen Außenstehenden erkannt wurde, lag in den rasch wachsenden Stadtgebieten, die von einer zunehmend wohlhabenden Arbeiterklasse sowie von einer neu dazu gekommenen „white-collar" Mittelklasse bewohnt wurde. Um diese neuen Konsumenten zu bedienen, entwickelte Wood ein überregionales System von

Einzelhandelsgeschäften unter Benutzung der Versandgeschäftseinrichtungen als Großhändler und des Katalogs als Vervollständigung des Einzelhandelsgeschäftes. Daraus ergab sich für Sears eine zweite Periode enormen Wohlstands.

Ein Charakteristikum für die gegenwärtige Phase der amerikanischen Wirtschaft ist die Unfähigkeit bestehender Einrichtungen, die wachsenden Bedürfnisse der Konsumenten nach effizienteren, zugänglicheren und hinreichenden Finanz- und Immobiliendienstleistungen. Das wurde von Arthur Wood, einem anderen Außenstehenden, erkannt, der mit dem Unternehmen als Rechtsberater in Verbindung stand und diesem unmittelbar vor Edward T. Telling als Chairman gedient hatte. Es war Mr. Telling, der für die Ausarbeitung des Finanzdienstleistungskonzeptes sowie für dessen Durchführung verantwortlich zeichnete. Das Vertrauen der Amerikaner in die Firma Sears ist vielleicht deren größter Aktivposten, und dieser wird dem Unternehmen auf Gebieten, wo Vertrauen von entscheidender Bedeutung ist, gute Dienste leisten.

Die Sears Financial Network-Zentren sind eine Gruppe von drei separaten, jedoch miteinander verbundenen Gesellschaften, die jeweils ihre eigenen Dienstleistungen abwickeln – Versicherungen, Immobilien oder Aktien und Investitionen in Rentenwerten. Kredite auf Handelswaren werden in einigen Situationen von Coldwell Banker angeboten. Bank-Dienstleistungen für Verbraucher sind in einigen California-Geschäften erhältlich, und Sears unternimmt alle möglichen Anstrengungen, um Konsumentenbanken zu erwerben, so daß es diesen Service auch in anderen Bundesstaaten, in denen dessen Legalisierung derzeit zur Diskussion steht, anbieten kann.

J. C. Penney und K mart befinden sich in unterschiedlichen Planungsstadien und bieten Finanzzentren an. K mart erwägt, einer breiten Palette von Versicherungsangeboten, die von dem Unternehmen in 15 Geschäften in Texas und Florida getestet wurden, verschiedene Bank- und Maklerdienstleistungen hinzuzufügen. Die genaue Zusammenstellung der von K mart im Laden angebotenen Investment-Dienstleistungen wird noch festgelegt, jedoch „wird es dem Angebot von Sears weitgehend ähnlich sein", wie der „Vice President" für Finanzen gesagt haben soll. Anfang 1985 wurden zehn „financial marts" in K mart-Läden im Einzugsbereich von San Diego eröffnet, und zwar in Zusammenarbeit mit First Nationwide, der sechstgrößten Spar- und Darlehenskasse des Landes. Der Federal Home Loan Board genehmigte das Betreiben von Filialen mit begrenztem Dienstleistungsangebot in K mart-Läden. Diese Filialen offerieren Konten für Geldmarktgeschäfte, individuelle Pensionskonten und kurzfristige Depositen-Zertifikate.

Im Rahmen der Entfaltung des vollständigen Potentials der mit Finanzdienstleistungen verbundenen Möglichkeiten besteht der erste Schritt darin, jeden Finanzservice unabhängig von den anderen zu entwickeln, ausgenommen gemeinsames Geschäftslokal, gemeinsame Werbung und – sofern gesetzlich erlaubt – gegenseitige Empfehlung. In diesem Zusammenhange sollte die Allstate-Strategie als übertragbare Möglichkeit für Coldwell Banker und Dean Witter beim Aufbau ihres Geschäftes über „financial center"-Aktivitäten in Betracht gezogen werden.

Den Kern des Finanzierungssystems der Allstate Insurance Company bildet die starke Kundenbasis in der Lebens-, Haushalts- und Autoversicherung, der durch eine Strategie geschaffen wurde, die sich auf Firmenagenten im Laden konzentrierte. Diese wechselten nach dem Aufbau eines Kundenstocks in die weiter verstreuten neuen Allstate-„Nachbarschafts-Verkaufsbüros“ und brachten ihre Kunden mit. Diese Methode eröffnete die Möglichkeit, neue Vertreter zu rekrutieren, die den gleichen Prozeß durchliefen und dabei die Kundenbasis des Unternehmens verbreiterten. Gegenwärtig steht noch nicht fest, ob dieses Verfahren auch bei den Aktien-Makler- oder Immobilien-Dienstleistungen angewendet werden könnte oder sollte.

Um das Angebot für Finanzdienstleistungen zu erweitern, könnte Sears Hilfestellungen in Steuer- und Rechtsangelegenheiten, Finanzplanung sowie Anlagen-Management anbieten oder dafür Konzessionäre, wie z. B. H & R Block, gewinnen. Die Zusammenfassung dieser Service-Angebote an einem Platz oder zu einem Finanz-Supermarkt-Arrangement wäre für die Kunden bequem. Die Breite der verfügbaren Serviceleistungen könnte die Besuchsfrequenz in den Finanzzentren erhöhen. Dort, wo keine Sears-Bank vorhanden ist, könnten durch eine Vereinbarung mit einem Banknetz „Cash Stations“ oder Bankomaten aufgestellt werden, welche wiederum die Bequemlichkeit für die Kunden und die Besuchshäufigkeit erhöhen würden. Denkbar ist auch die Entwicklung weiterer attraktiver Serviceleistungen für die Finanzzentren.

Die langfristig möglichen Vorteile, die aus einer „Bündelung“ von Finanzdienstleistungen zu einem Paket – vielleicht sogar einschließlich Waren – entstehen, müssen so lange auf sich warten lassen, bis die individuellen Dienstleistungen fest etabliert sind und die gesetzlichen, wettbewerbsrechtlichen und durchführungsbezogenen Fragen geklärt sind. Es ist allerdings wichtig, daß Sears verschiedene Betrachtungen über künftige Entwicklungen anstellt und plant, wie das Unternehmen die benötigten Individual- und integrierten Dienstleistungen den Kunden gewinnbringend zur Verfügung stellen kann.

Darüber hinaus sind Übergangspläne erforderlich. Ein denkbarer Plan könnte der folgende sein: Die meisten Konsumenten innerhalb der Sears-Zielgruppe entscheiden über spezielle Finanztransaktionen zunächst nur mit einer globalen Vorstellung über den finanziellen Gesamtplan. Sie suchen möglicherweise Rat bei Freunden, Verwandten sowie von Rechtsanwälten und anderen, treffen aber ihre eigenen Entscheidungen und kümmern sich selbst um ihre eigenen Angelegenheiten. Hier bietet sich eine günstige Gelegenheit, einen Finanzierungsplan-Service zu entwickeln, um Konsumenten zu helfen, ihre finanziellen Transaktionen zu koordinieren. Vertrauen und Überzeugung sind in diesem Falle von entscheidender Bedeutung. Ein Planungsexperte, der eine einzelne Dienstleistung anbietet, wie z. B. ein Versicherungsagent oder ein Aktienmakler, neigt dazu, seine spezielle Dienstleistung überzubetonen und steht fortwährend im Verdacht, voreingenommene Ratschläge zu erteilen. Ein Finanzplanungs-Service führt Kunden zu anderen Dienstleistungen, und falls Sears einen derartigen Service so organisieren kann, daß sowohl der Kunde als auch das Unternehmen davon profitiert, könnte diese Dienstleistung das Herz des Konsumenten-Finanz-Dienstleistungsgeschäftes der Firma werden. Unter Außerachtlassung aller im gegenwärtigen Zeitpunkt bestehenden gesetzlichen Restriktionen, die möglicherweise bald aufgehoben werden könnten, sollten Pläne entwickelt werden, die sich sowohl für Sears als auch für seine Kunden wirtschaftlich vernünftig anhören.

Welches sind die Stärken und Schwächen sowohl des gegenwärtigen als auch des vorgeschlagenen Finanz-Systemplanes der Firma Sears?

Welches ist die dem Vorschlag zugrundeliegende Marketing-Strategie? Versuchen sie, diese so kurz wie möglich zu skizzieren.

Welche Änderungen der Marketing-Aspekte des Programms würden sie empfehlen? Warum?

FALLSTUDIE 19
Tupperware

Die Tupperware Division, mit 17 Prozent jährlicher Zuwachsrate einer der Spitzenleistungserbringer von Dart & Kraft in den siebziger Jahren, verlangsamte infolge wirtschaftlicher und sozialer Änderungen ihre Entwicklung in den frühen achtziger Jahren. Tupperware steht nunmehr vor dem Problem, einen Marketingplan zu formulieren, um Bedrohungen aus dem Wege zu gehen und Nutzen aus den günstigen Möglichkeiten zu ziehen, die sich aus Umweltveränderungen ergeben.

Nach seiner Gründung im Jahre 1945 durch Earl Tupper, einem Chemiker der Firma Du Pont, entwickelte sich Tupperware zum führenden Hersteller von Plastik-Haushaltswaren. Ursprünglich vermarktete Tupperware eine Produktlinie von Plastikschüsseln mit außergewöhnlichem Verschluß über Supermärkte und Warenhäuser mit geringem Erfolg. Das änderte sich, als das Unternehmen für den Vertrieb die „Home-Party"-Methode übernahm, die zuerst von Stanley Home Products in den dreißiger Jahren entwickelt wurde. Demonstration war der Schlüssel, um die einzigartige Zusammenstellung und den Verschluß der Produkte für den Konsumenten sichtbar zu machen. Tupperware wuchs rasch und wurde 1958 von Dart Industries aufgekauft. Tupperware war 1982 mit neun Prozent am Umsatz der Muttergesellschaft sowie mit 26 Prozent an deren Gewinn beteiligt. Die jüngsten Ergebnisse waren jedoch weniger eindrucksvoll. Die internationalen Umsätze machen 57 Prozent der Einnahmen Tupperwares aus und sollen laut Plan jährlich um 16 Prozent ansteigen, gegenüber einem Wachstum von 12 Prozent auf dem heimischen Binnenmarkt. Tupperware hat speziell jene Länder ausgesucht, wo der Zuwachs an verfügbarem Einkommen den Erwerb von Kühlanlagen begünstigen wird. Das Unternehmen bietet zwei Erklärungen für das glanzlose Ergebnis der letzten Jahre an: Die Auswirkungen des Umwechselns ausländischer Erträge in US-Dollar und die zunehmende Schwierigkeit, selbständiges Verkaufspersonal zu rekrutieren.

Im Inland haben die Verknappung der Einzelhandels-Regalfläche und die niedrigen Eintrittsbarrieren in die Direktverkaufsbranche zu einem starken Anstieg der im Direktvertrieb tätigen Unternehmen geführt. Diese wetteifern um einen langsamer wachsenden Interessentenkreis von Personen, die gewillt sind, als selbständige Unternehmer zu arbeiten. Trotz der Tendenz, daß die Vertreter Produkte von mehreren Firmen führen, sehen sich die Anbieter mit einem Mangel an Händlern konfrontiert. Die Fähigkeit, neue Bewerber zu gewinnen, ist der entscheidende Bestimmungsfaktor für das Wachstum im Direktvertrieb. Folglich intensiviert sich der Wettbewerb um tüchtige Verkäufer und bedroht Tupperwares Position als eines der attraktivsten Direktvertriebsunternehmen. Mary Kay Cosmetics und Avon erhöhen stufenweise ihre Anreize und Vergütungssysteme. Eine ähnliche Reaktion seitens Tupperware würde sicherlich die Gewinnspannen des Unternehmens verringern. Diese Entwicklungen lassen Zweifel aufkommen, ob es klug ist, künftig weiterhin ausschließlich auf „home-party"-Marketing zu bauen. Einige Branchenbeobachter befürchten, daß der Party-Verkauf als wirksames Instrument der Distribution sich dem Sättigungspunkt nähert. Weil der Zustrom neuer Direktvertriebsunternehmen sehr rasch erfolgte, haben einige Konkurrenten, wie z. B. Rubbermaid, ihren Vertrieb auf den Handel verlagert.

Demographische und ökonomische Verlagerungen komplizieren die Herausforderungen, denen sich Tupperware gegenübergestellt sieht. Eine Stärkung der Wirtschaft mindert für Frauen die Notwendigkeit, das Familieneinkommen zu ergänzen, aber gleichzeitig ergeben sich für diese mehr Möglichkeiten für ganztägige Beschäftigungen. Weniger Frauen sind tagsüber zu Hause oder gewillt, ihre Freizeit für Verkaufsparties zu opfern. Hinzu kommt, daß Tupperwares Familienbenutzer-Basis einen schrumpfenden Anteil an der Gesamtbevölkerung bildet.

Tupperware stellt hochwertige Plastikgegenstände her, die eine lebenslange Garantie bieten. Die ursprüngliche Tupperware-Produktlinie bestand aus Behältern zum Aufbewahren und Servieren von Lebensmitteln. Außerdem hat Tupperware noch Spielwaren und andere Haushaltsprodukte eingeführt, einschließlich Gartengeräte und dekorative Regaleinheiten. Die niedrige Wiederbeschaffungsrate, die eine Folge der lebenslangen Garantie ist, verbunden mit dem hohen Anteil von Verkäufen, die mit Dauerkunden erzielt werden, indiziert die Notwendigkeit für ständige Verbesserungen und Änderungen der Produktlinie. Neue Produkte werden alle sechzig Tage eingeführt und ältere, sich langsamer umschlagende Produkte werden in der dazu korrespondierenden Frequenz aufgegeben. Die gesamte Produktlinie umfaßt konstant 125 Produkte. Ideen für neue Produkte entspringen aus drei Quellen:

- aus Tupperwares eigenen Forschungs- und Entwicklungslabors,
- von unabhängigen Erfindern sowie
- von Dealern (Händlern) und Hostessen (Gastgeberinnen).

Händler und Gastgeberinnen sind des weiteren aufgefordert, Vorschläge bezüglich neuer Farben, Größen oder Anwendungsmöglichkeiten für aktuelle Produkte zu unterbreiten. Produktverbesserungen werden ebenfalls als wichtig erachtet. Die Entwicklung eines neuen Polymers im Jahre 1979 machte Tupperware-Produkte für Geschirrspülmaschinen geeignet. Die Übernahme der „Instant Seal"-Technologie (sofortige Versiegelung), die 1970 von MIT entwickelt wurde, verschaffte Tupperware einen Qualitätsvorsprung gegenüber seiner Konkurrenz. Im Jahre 1984 wurden „Modular Mates" eingeführt. Hierbei handelt es sich um eine Produktlinie aus kompakten, aufsetzbaren Behältern, die für kleinere Familien gedacht sind, die über wenig Wohnraum verfügen. Derzeit wird Kochgeschirr für Mikrowellenherde entwickelt, und Pläne werden geschmiedet, diesen rasch wachsenden Markt zu erschließen.

Alle Tupperware-Verkäufe werden ausschließlich auf Verkaufsparties gegen Bar- oder Scheckzahlung abgewickelt. Da die meisten Kunden per Scheck bezahlen, ist die Firma Tupperware in der Lage, genaue Aufzeichnungen darüber zu führen, wer ihre Kunden sind und wie häufig diese Tupperware-Produkte erwerben. Umfassende Änderungen der Produktlinien-Preise sind selten. Die Preise der meisten Produkte verbleiben in ähnlicher Höhe wie die ursprünglichen Preise, die mit einer hohen Kalkulationsspanne festgelegt worden sind – üblicherweise wesentlich höher als jene für konkurrierende Produkte.

Tupperwares einziger Vertriebskanal ist seine aus mehreren Ebenen bestehende Außendienstorganisation. Die Tupperware-Verkaufspyramide besteht aus vier Ebenen:

- Dealer (Händler),
- Unit Managern (Gruppenmanager),
- Distributors (Verteiler),
- Regional vice presidents (regionale Vize-Präsidenten).

Die Dealer bilden die breite Basis der Verkaufsstruktur und sind das wesentlichste Element des Verkaufsparty-Systems, es handelt sich bei ihnen fast ausschließlich um Frauen. Dealer gewinnen Freunde und Bekannte, Tupperware „home-parties“ zu veranstalten, auf denen sie Produktvorführungen durchführen und Aufträge entgegennehmen. Die Gastgeberinnen werden mit einem Geschenk belohnt. Außer der Verkaufsprovision in Höhe von 35 Prozent können Dealer Preise für die Rekrutierung neuer Dealer gewinnen. Da die meisten Frauen verschiedene, voneinander getrennte Freundeskreise unterhalten, bringt jede Party dem Dealer neue Verwender und bahnt den Weg zu künftigen Parties und neuen Anwerbungen. Wenn dieses System ausgeschöpft ist, werden Gastgeberinnen von den Dealern durch „friend finding“-Aktionen gewonnen, wozu auch die „Von-Tür-zu-Tür“-Werbung gehört, um Verkaufsparties zu organisieren.

Obwohl der durch Direktverkaufsaktionen erzielte Umsatz hoch ist, bewegt sich der Tupperware-Umsatz erheblich unter dem Branchendurchschnitt. Das Unternehmen verdankt seinen Erfolg einer Methode, die versucht, die Ehemänner der Händlerinnen sowohl in die gesellschaftlichen als auch in die vorteilhaften Aspekte des Geschäftes einzubeziehen. Außer seiner Funktion als Vertriebskanal stellt der Verkaufsaußendienst der Firma Tupperware ein äußerst wirksames und effizientes Management-Informationssystem zur Verfügung. „Unit Manager“ und „Distributoren“ erstellen wöchentliche Berichte, die telephonisch dem regionalen Vizepräsidenten durchgegeben werden und dem Management rechtzeitige Verkaufsinformationen zur Verfügung stellen. Absatzförderungsaktionen werden daraufhin maßgeschneidert den aktuellen Marktbedingungen angepaßt.

Tupperware bedient sich derzeit keiner Werbung, die direkt an den Konsumenten gerichtet ist. Das Management ist der Meinung, daß einer der Vorteile des Direktvertriebs darin liegt, daß keine Werbung notwendig ist, um die Aufmerksamkeit der Kunden zu gewinnen. Die Stärke des Markennamens Tupperware unterstützt diese Ansicht. Allerdings wird mit großer Intensität Werbung und Absatzförderung betrieben, die auf potentielle und vorhandene Dealer, Manager und Distributoren gerichtet ist. Neben Medienwerbung – Fernsehen, Frauenzeitschriften –, die gestaltet wurde, um die Rekrutierungsmöglichkeiten zu erhöhen, umfaßt die Promotion folgende Aktivitäten: Wettspiele, kostenlose Reisen für Dealer, Verkaufs-Rallies, das Tupperware-Jubilee, Preise für Verkäufertreffen und erreichte Rekrutierungsquoten sowie Geschenke für Gastgeberinnen.

Tupperware konkurriert sowohl um Bewerber für den Direktverkauf als auch um Konsumenten für seine Produkte. Wie bei vielen Direktvertriebsunternehmen gibt es zwischen diesen Gruppen erhebliche Überschneidungen. Nur die größten Verkaufsorganisationen verfügen über die Mittel, um mit Tupperwares Entlohnungs- und Anreizsystemen zu konkurrieren, zu diesen gehören vor allem Avon, Mary Kay und Amway. Der Mangel an selbständigen Vertretern veranlaßt große Anbieter, nachdrücklicher um Bewerber zu konkurrieren. Das gesamte Werbe- und Absatzförderungsbudget der Firma Mary Kay für das Jahr 1984 war zur Anwerbung von selbständigen Verkäufern bestimmt. Avon überlegte unlängst ein Entlohnungssystem, um es Führungskräften im Vertrieb zu ermöglichen, an den Umsätzen der Verkäufer, die von ihnen geführt werden, Provisionen zu verdienen.

In dem Maße, wie Tupperware in der weitaus umfassenderen Lebensmittelbehälter-Branche angesiedelt wird, konkurrieren die Erzeugnisse des Unternehmens mit einer breiten Palette von Substitutionsprodukten: Aluminium- und Plastikfolien sowie wiederverwendbare Behälter, in die zahlreiche Lebensmittel-Erzeuger ihre Produkte verpacken. Tupperware ist mit 17 Prozent Marktanteil führend in der Kategorie des Plastik-Eß-, Tisch- und Küchengeschirrs, gefolgt von Rubbermaid mit 8 Prozent und Eagle mit einem noch kleineren Anteil. Der verbleibende Rest des Marktes wird zwischen kleineren regionalen Herstellern aufgeteilt, von denen viele in den Bereichen der Handelsmarken oder markenlosen Waren engagiert sind. Nach Rubbermaids Umstellung des Verkaufs über Supermärkte blieb Tupperware praktisch allein als „home-party-plan"-Marketer von Plastikhaushaltsartikeln zurück. Überdies sind Rubbermaid, Eagle und andere Wettbewerber durch die Intensivierung ihrer Bemühungen, erweiterte Produktlinien in Supermärkten zu verkaufen, noch konkurrenzfähiger geworden.

Tupperwares Wahlmöglichkeiten, der gegenwärtigen Situation zu begegnen, umfassen eine oder mehrere der folgenden Alternativen:

1. Verbesserung der Wirksamkeit seiner gegenwärtigen „home-party-plan"-Methode.
2. Verkauf über eine oder mehrere Arten von Einzelhandelsgeschäften, wie z. B.
   - Supermärkte
   - Massenabsatz-Verkaufsstellen (K mart usw.)
   - Warenhäuser
   - Haushaltswaren-Fachgeschäfte
3. Versandhandel-Marketing in ausgewählten Segmenten durch
   - unternehmensseitig durchgeführte Direktversand-Werbekampagnen
   - Spezialkataloge über Produkte des eigenen Unternehmens
   - Spezialkataloge über Erzeugnisse anderer Unternehmen
4. Telephon- oder Telemarketing-Programme
5. Von der Wohnung aus zu bedienende Computer-Einkaufsprogramme mit Dialogsystemen, wie sie in einigen Gebieten der USA nunmehr verfügbar, aber in Großbritannien weitaus geläufiger sind.

Bei der Beurteilung der verschiedenen Optionen werden Sie gebeten, die maßgeblichen Kräfte und begleitenden Trends zu berücksichtigen, die zu Tupperwares gegenwärtiger Situation geführt haben und benutzen Sie diese als Basis für die Ableitung von Empfehlungen für das Management.

Welche Empfehlungen würden Sie Tupperwares Management aussprechen, um die Marketing-Politik des Unternehmens in den USA zu verbessern?

Welcher Einzelhandelsmethoden sollte sich Tupperware bedienen? Wie? Warum?

Welchen Problemen und günstigen Gelegenheiten wird Tupperware Ihrer Meinung nach gegenüberstehen, wenn es seine „home-party-plan"-Methode auf internationalen Märkten benutzt.

Anhang A: Marketing Arithmetik

Ein Aspekt des Marketing, der nicht im vorangegangenen Text diskutiert wurde, ist die Marketing-Arithmetik. Die Kalkulation der Verkäufe und Kosten sowie die Berechnung bestimmter betriebswirtschaftlicher Kennzahlen sind wichtig für zahlreiche Marketing-Entscheidungen. Die Aufgabe dieses Anhanges besteht darin, drei wichtige Bereiche der Marketing-Arithmetik zu beschreiben: die Gewinn- und Verlustrechnung, analytische Kennzahlen sowie Kalkulationsaufschläge (Preisaufschläge) und Kalkulationsabschläge (Preissenkungen).

Gewinn- und Verlustrechnung

Die Gewinn- und Verlustrechnung sowie die Bilanz sind die beiden wichtigsten Finanzausweise, derer sich Unternehmer bedienen. Die Bilanz weist die Aktiva und Passiva sowie das Eigenkapital zu einem bestimmten Zeitpunkt aus. Die Gewinn- und Verlustrechnung – auch Aufwands- und Ertragsrechnung sowie Ergebnisrechnung genannt – ist für Marketing-Entscheidungen von beiden Abschlüssen der wichtigere. Er zeigt die Umsatzerlöse des Unternehmens, die Kosten der verkauften Erzeugnisse (Umsatzaufwendungen) sowie den periodenbezogenen Aufwand (Kosten). Bei einem Vergleich zweier aufeinanderfolgender Gewinn- und Verlustrechnungen kann das Unternehmen günstige oder ungünstige Entwicklungen erkennen und die geeigneten Maßnahmen ergreifen.

Abbildung A-1 zeigt die Gewinn- und Verlustrechnung 1986 der Firma Dale Parsons, einem Fachgeschäft für Herrenbekleidung im mittleren Westen. Dieser Abschluß wurde für einen Einzelhändler erstellt. Die Ergebnisrechnung für einen Hersteller würde etwas anders aussehen. Speziell die Rubrik „Kosten der verkauften Waren" würde ersetzt werden durch „Kosten der hergestellten Erzeugnisse".

Der Grundaufbau einer Gewinn- und Verlustrechnung folgt einem logischen Ablauf von Schritten, um den Reingewinn in Höhe von 25.000 Dollar zu errechnen:

Nettoumsatzerlöse	300.000 Dollar
(Anschaffungs-)Kosten der verkauften Waren	– 175.000 Dollar
Bruttospanne (Bruttogewinn)	125.000 Dollar
periodenbezogene Aufwendungen (Kosten)	– 100.000 Dollar
Reingewinn	25.000 Dollar

In den folgenden Ausführungen sollen die wichtigsten Teilbereiche der Gewinn- und Verlustrechnung einzeln behandelt werden.

ABBILDUNG A-1
Gewinn- und Verlustrechnung für Dale Parsons per 31. Dezember 1986

Bruttoumsatzerlöse			325.000
abzüglich Rücknahmen und Preisnachlässe			25.000
Nettoumsatzerlöse			300.000
Kosten der Verkauften Waren:			
Lagerbestand per 1. Jänner zu Anschaffungskosten (Einstandspreis)		60.000	
Bruttoeinkaufswert	165.000		
abzüglich: Skonto	15.000		
Nettoeinkaufswert	150.000		
zuzüglich: Eingangsfrachten	10.000		
Nettokosten der Wareneingänge		160.000	
Kosten der für den Verkauf verfügbaren Waren		220.000	
abzüglich: Warenbestand per 31. Dezember 1986 zu Anschaffungskosten (Einstandspreis)		45.000	
Anschaffungskosten der verkauften Waren			175.000
Bruttospanne			125.000
Aufwendungen			
Verkaufskosten			
Preisnachlässe, Gehälter und Verkaufsprovisionen	40.000		
Werbung	5.000		
Zustellkosten	5.000		
Gesamtverkaufskosten		50.000	
Verwaltungskosten			
Gehälter für Büropersonal	20.000		
Bürobedarf	5.000		
Sonstige Aufwendungen (externer Berater)	5.000		
Verwaltungskosten insgesamt		30.000	
Verwaltungsgemeinkosten			
Miete	10.000		
Heizung, Licht, Telephon	5.000		
Sonstige Aufwendungen (Versicherung, Abschreibungen)	5.000		
Verwaltungsgemeinkosten insgesamt		20.000	
Gesamtaufwendungen			100.000
Reingewinn			25.000

Der erste Teil schlüsselt den Betrag auf, den Parsons für die während des Jahres verkauften Waren erhält. Die Umsatzerlöszahlen bestehen aus drei Posten: Bruttoumsatz, Rücknahmen und Preisnachlässe sowie Nettoumsatzerlöse. Der Bruttoumsatz ist der Gesamtbetrag, der dem Kunden während des Jahres für Waren in Rechnung gestellt wurde, die diese in Parsons Laden erworben haben. Wie erwartet, brachten einige Kunden die Waren zurück, sei es wegen irgendwelcher Fehler oder einer Meinungsänderung. Falls der Kunde den vollen Kaufpreis zurückerstattet bekommt oder eine Gutschrift des vollen Betrages auf einen anderen Betrag, wird dieser Vorgang als „Rücknahme“ bezeichnet. Wenn der Kunde sich entschließt, den Artikel zu behalten, für den Fall, daß Parsons den Preis reduziert, wird von einem „Preisnachlaß“ gesprochen. Durch Abzug der Rücknahmen und Preisnachlässe vom Bruttoumsatz werden die Nettoumsatzerlöse errechnet. Das ist jener Betrag, den Parsons an Umsatzerlösen während eines Jahres für den Verkauf von Handelswaren erzielte. Parsons erwirtschaftete folgende Umsatzerlöse während eines Jahres für das Vertreiben von Waren:

Bruttoumsätze	$325.000
Rücknahmen und Preisnachlässe	–$ 25.000
Nettoumsatzerlöse	$300.000

Der zweite Teil der Gewinn- und Verlustrechnung ermittelt den Betrag der Verkaufserlöse, der Dale Parsons nach Bezahlung der Kosten der verkauften Waren übriggeblieben ist. Wir beginnen mit dem Lagerbestand im Geschäft am Anfang des Jahres. Während des Jahres kaufte Parsons im Werte von 165.000 Dollar Herrenanzüge, Freizeithosen, Hemden, Krawatten, Jeans und andere Waren. Lieferanten gewährten dem Geschäft Nachlässe in Höhe von 15.000 Dollar, so daß sich der Nettoeinkaufswert auf 150.000 Dollar belief. Da sich das Geschäft außerhalb der regelmäßigen Versandwege befindet, hatte Parsons zusätzliche 10.000 Dollar zu bezahlen, um die Waren geliefert zu bekommen, was ihm Nettokosten für die Wareneingänge von 160.000 Dollar verursachte. Werden die Anfangslagerbestände hinzugerechnet, betragen die Kosten der für den Verkauf verfügbaren Waren 220.000 Dollar. Davon müssen dann die 45.000 Dollar für den am 31. Dezember im Geschäft befindlichen Lagerbestand an Kleidungsstücken abgezogen werden, um auf einen Betrag von 175.000 Dollar Anschaffungskosten für die verkauften Waren zu kommen. Auch in diesem Falle sind wir einer logischen Reihe von Schritten gefolgt, um die Kosten der verkauften Waren zu ermitteln:

Der Betrag, mit dem Parsons startete (Anfangslagerbestand)	$ 60.000
Nettoeinkaufswert	+ 150.000
Alle zusätzlichen Kosten der Beschaffung	+ 10.000
Gesamtkosten der Waren, die Parsons für den Verkauf während des Jahres verfügbar gehalten hat	$ 220.000
Der Warenwert, der Parsons übriggeblieben ist (Warenendbestand)	– 45.000
Anschaffungskosten der verkauften Waren	$175.000

Die Differenz zwischen dem Betrag, den Parsons für die Ware bezahlt hat (175.000 Dollar) und dem, zu dem er verkauft hat (300.000 Dollar), wird Bruttospanne genannt (125.000 Dollar).

Um den Gewinn zu ermitteln, den Parsons am Ende des Jahres erzielt hat, müssen wir von der Bruttospanne die Kosten abziehen, die infolge des Geschäftsbetriebes entstanden sind. Die Verkaufskosten umfassen zwei Verkaufsmitarbeiter, lokale Zeitungs- und Radiowerbung sowie die Kosten für die Warenzustellung an Kunden nach Vornahme von Änderungen. Die Verkaufskosten beliefen sich schlußendlich auf 50.000 Dollar für das Jahr. Zu den Verwaltungskosten zählen das Gehalt für einen Büromanager, Ausgaben für Bürobedarf, wie z. B. Schreibartikel und Geschäftskarten sowie sonstige Aufwendungen, einschließlich einer internen Revision, die von einem externen Berater durchgeführt wurde. Die Verwaltungskosten betrugen für 1986 insgesamt 30.000 Dollar. Schließlich sind noch die Verwaltungsgemeinkosten für Miete, Energiebedarf, Versicherung und Abschreibung in Höhe von 20.000 Dollar zu berücksichtigen. Die Gesamtaufwendungen beliefen sich deshalb für das Jahr auf 100.000 Dollar. Durch Abzug der Gesamtkosten (100.000 Dollar) von der Bruttospanne (125.000 Dollar) erhalten wir Parsons Reingewinn in Höhe von 25.000 Dollar für das Jahr 1986.

Analytische Kennzahlen

Die Gewinn- und Verlustrechnung stellt die Zahlen zur Verfügung, die benötigt werden, einige Schlüsselkennzahlen zu errechnen. Diese betriebswirtschaftlichen Kennzahlen werden oft als Erfolgskennziffern bezeichnet – das Verhältnis ausgewählter Positionen der Gewinn- und Verlustrechnung zu den Nettoumsatzerlösen. Sie ermöglichen es Marketern, die Unternehmensergebnisse eines Jahres mit Leistungen früherer Jahre oder mit Branchenwerten sowie mit Wettbewerbsleistungen desselben Jahres zu vergleichen. Die am häufigsten verwendeten Erfolgskennziffern sind der Prozentsatz
– der Bruttospanne,
– des Reingewinns,

- der betrieblichen Aufwendungen sowie
- der Retouren (Rücksendungen) und Preisnachlässe.

KENNZAHL		FORMEL	BERECHNUNG AUF BASIS DER ZAHLEN VON ABB.A-1
Prozentsatz der Bruttospanne (gross margin percentage)	=	$\frac{\text{Bruttospanne}}{\text{Nettoumsatzerlöse}}$	$= \frac{\$\,125.000}{\$\,300.000} = 42\%$
Prozentsatz des Reingewinns (net profit percentage)	=	$\frac{\text{Reingewinn}}{\text{Nettoumsatzerlöse}}$	$= \frac{\$\,25.000}{\$\,300.000} = 8\%$
Prozentsatz der betrieblichen Aufwendungen (operating expense percentage)	=	$\frac{\text{Gesamtaufwendungen (Kosten)}}{\text{Nettoumsatzerlöse}}$	$= \frac{\$\,100.000}{\$\,300.000} = 33\%$
Prozentsatz der Retouren und Preisnachlässe (returns and allowances percentages)	=	$\frac{\text{Retouren und Preisnachlässe}}{\text{Nettoumsatzerlöse}}$	$= \frac{\$\,25.000}{\$\,300.000} = 8\%$

Eine weitere nützliche Kennziffer ist die Lagerumschlagsrate. Die Lagerumschlagsrate besagt, wie oft ein Lagerbestand sich während eines bestimmten Zeitraumes – oft ein Jahr – umschlägt oder verkauft wird. Dieser Quotient kann auf der Grundlage der Selbstkosten, der Verkaufspreise oder auf Stückpreis-Basis errechnet werden. Die dazugehörige Formel kann folgendes Aussehen haben:

$$\text{Lagerumschlagsrate} = \frac{\text{Anschaffungskosten der verkauften Waren}}{\text{durchschnittlichen Lagerbestand zu Selbstkosten}}$$

oder

$$\text{Lagerumschlagsrate} = \frac{\text{Verkaufspreis der verkauften Waren}}{\text{durchschnittlichen Verkaufspreis des Lagerbestandes}}$$

oder

$$\text{Lagerumschlagsrate} = \frac{\text{Verkäufe in Stückzahlen}}{\text{durchschnittlichen Lagerbestand in Stückzahlen}}$$

Wir wollen die erste Formel benutzen:

$$\frac{\$175{,}000}{\frac{\$60{,}000 + \$45{,}000}{2}} = \frac{\$175{,}000}{\$52{,}500} = 3.3$$

Das Resultat besagt, daß sich Parsons Lagerbestand 3,3mal im Jahre 1986 umgeschlagen hat. Grundsätzlich gilt die Feststellung: Je höher die Umschlagshäufigkeit, desto größer ist die Effizienz des Managements und die Rentabilität des Unternehmens.

Die Investitionsrentabilität oder Kapitalrendite (return on investment, abgekürzt ROI) wird häufig herangezogen, um die Effektivität der Unternehmensführung zu messen. Diese Kennziffer basiert auf Zahlen aus der Gewinn- und Verlustrechnung sowie aus der Bilanz des Unternehmens. Eine sehr häufig verwendete Formel für die Errechnung des ROI lautet:

$$\text{ROI} = \frac{\text{Reingewinn}}{\text{Umsatz}} \times \frac{\text{Umsatz}}{\text{Investition}}$$

Zwei Fragen könnten sich bezüglich dieser Formel ergeben: Warum wird ein Zwei-Stufen-Prozeß verwendet, wenn der ROI einfach aus dem Reingewinn, geteilt durch die Investition, errechnet werden könnte? Was genau wird unter dem Begriff „Investition" verstanden?

Die Antwort auf diese Frage lautet: Lassen Sie uns prüfen, wie jeder einzelne Bestandteil der Formel den ROI beeinflussen kann. Angenommen Dale Parsons errechnete den ROI wie folgt:

$$\text{ROI} = \frac{\$\ 25.000\ \text{(Reingewinn)}}{\$\ 300.000\ \text{(Umsatz)}} \times \frac{\$\ 300.000\ \text{(Umsatz)}}{\$\ 150.000\ \text{(Investition)}}$$

$$8{,}3\% \times 2 = 16{,}6\%$$

Angenommen Parsons hat sich bemüht, seinen Marktanteil zu erhöhen. Er könnte bei einer Umsatzverdoppelung den gleichen ROI erzielt haben, falls der Dollarbetrag des Reingewinnes und der Investition gleichgeblieben sind. Das bedeutet, daß er eine niedrigere Betriebsergebnisquote akzeptieren würde, um einen höheren Lagerumschlag und Marktanteil zu erlangen.

$$\text{ROI} = \frac{\$25.000\ \text{(Reingewinn)}}{\$600.000\ \text{(Umsatz)}} \times \frac{\$600.000\ \text{(Umsatz)}}{\$150.000\ \text{(Investition)}}$$

$$4{,}16\% \times 4 = 16{,}6\%$$

Parsons könnte seinen ROI durch Steigerung des Reingewinnes erhöhen, was beispielsweise durch Kostensenkungen und wirksamere Marketing-Maßnahmen möglich ist:

$$\text{ROI} = \frac{\$\ 50.000\ \text{(Reingewinn)}}{\$\ 300.000\ \text{(Umsatz)}} \times \frac{\$\ 300.000\ \text{(Umsatz)}}{\$\ 150.000\ \text{(Investition)}}$$

$$16{,}6\% \times 2 = 33{,}2\%$$

Eine andere Möglichkeit, den ROI zu steigern, besteht darin, einen Weg zu finden, die Höhe des Umsatzes und des Reingewinnes aufrecht zu erhalten und die Investitionssumme zu senken – was vielleicht durch eine Reduzierung von Parsons durchschnittlichem Lagerbestand zu erreichen wäre:

$$\text{ROI} = \frac{\$\ 25.000\ \text{(Reingewinn)}}{\$\ 300.000\ \text{(Umsatz)}} \times \frac{\$\ 300.000\ \text{(Umsatz)}}{\$\ 75.000\ \text{(Investition)}}$$

$$8{,}3\% \times 2 = 33{,}2\%$$

Was bedeutet der Begriff „Investition“ in der ROI-Formel? Investition wird oft mit den gesamten Vermögenswerten des Unternehmens gleichgesetzt. Viele Analytiker benutzen derzeit andere Maßstäbe, um die Kapitalrentabilität zu messen. Zu diesen Maßstäben zählen die Rentabilität des Nettovermögens (RONA), die Eigenkapitalrendite (ROE), sowie der Rückfluß auf das eingesetzte Vermögen (ROAM). Da die Investition zu einem bestimmten Zeitpunkt gemessen wird, ist es üblich, den ROI auf einen durchschnittlichen Investitionswert zwischen zwei Zeitpunkten – beispielsweise 1. Jänner und 31. Dezember des gleichen Jahres – zu beziehen. Der ROI kann auch wie ein „interner Zinsfuß“ berechnet werden, und zwar unter Verwendung einer diskontierten Einnahme-Überschuß-Analyse. Einzelheiten über diese Berechnungsmethode können jedem beliebigen Finanzierungslehrbuch entnommen werden. Das Ziel für die Verwendung jeder dieser Berechnungsmethoden besteht darin herauszufinden, wie gut das Unternehmen seine Ressourcen eingesetzt hat. Da Inflation, Konkurrenzdruck und Kapitalkosten im Steigen begriffen sind, werden diese Berechnungsmethoden zu immer wichtigeren Indikatoren der Marketing- und Unternehmensleitung.

Kalkulationsaufschläge und Kalkulationsabschläge

Einzel- und Großhändler müssen die Wirkungsweisen von Kalkulationsauf- und -abschlägen verstehen. Sie müssen einen Gewinn erzielen, um im Geschäft zu bleiben. Der Prozentsatz des Kalkulationsaufschlages beeinflußt die Gewinne.

Es gibt zwei Bezugsgrößen, um Kalkulationsaufschläge zu berechnen – die Anschaffungskosten oder den Verkaufspreis:

$$\text{Prozentualer Kalkulationsaufschlag bezogen auf die Anschaffungskosten} = \frac{\text{Betrag des Kalkulationsaufschlages}}{\text{Anschaffungskosten}}$$

$$\text{Prozentualer Kalkulationsaufschlag bezogen auf den Verkaufspreis} = \frac{\text{Betrag des Kalkulationsaufschlages}}{\text{Verkaufspreis}}$$

Dale Parsons hat zu entscheiden, welcher Ansatz gewählt werden soll. Falls Parsons Hemden für 15 Dollar eingekauft hat und diese um zehn Dollar heraufsetzt, würde der Prozentsatz des Kalkulationsaufschlages, bezogen auf die Anschaffungskosten, 66,7 Prozent ausmachen (10 Dollar/15 Dollar). Wird der Kalkulationsaufschlag auf den Verkaufspreis bezogen, würde sich der Prozentsatz auf 40 Prozent belaufen (10 Dollar/25 Dollar). Bei der Errechnung des Prozentsatzes der Kalkulationsaufschläge verwenden die meisten Einzelhändler den Verkaufspreis statt der Anschaffungskosten.

Angenommen, Parsons waren seine Anschaffungskosten bekannt (12 Dollar), der gewünschte Kalkulationsaufschlag, bezogen auf den Verkaufspreis, beläuft sich auf 25 Prozent für eine Herrenkrawatte, und es soll der Verkaufspreis dafür errechnet werden. Die Formel hierfür lautet:

Verkaufspreis = Selbst-(Anschaffungs-)kosten ÷ (1 – Handelsspanne)

Verkaufspreis = $12÷0,75 = $16

Da ein Produkt einen Vertriebsweg durchwandert, fügt jedes Mitglied des Absatzkanals einen Kalkulationsaufschlag hinzu, bevor das Produkt an den nächsten Teilnehmer des Absatzweges verkauft wird. Diese Kette von Kalkulationsaufschlägen wird am Beispiel eines Anzuges, der von einem Parsons-Kunden für 200 Dollar gekauft wurde, dargestellt:

		BETRAG	IN PROZENT VOM VERKAUFSPREIS	
Hersteller	Kosten	108	90%	Kalkulationsaufschlag
	Kalkulationsaufschlag	12	10%	
	Verkaufspreis	120	100%	
	Kosten	120	80%	Kalkulationsaufschlag
Großhändler	Kalkulationsaufschlag	30	20%	
	Verkaufspreis	150	100%	
	Kosten	150	75%	Kalkulationsaufschlag
Einzelhändler	Kalkulationsaufschlag	50	25%	
	Verkaufspreis	200	100%	

Der Einzelhändler, dessen Kalkulationsaufschlag 25 Prozent beträgt, muß nicht notwendigerweise mehr Gewinn erzielen als der Hersteller, dessen Aufschlag sich nur auf zehn Prozent beläuft. Die Höhe des Gewinnes hängt sowohl davon ab, wieviele Artikel mit dieser Gewinnspanne verkauft werden können (Lagerumschlag) als auch von der betrieblichen Leistungsfähigkeit (Anschaffungskosten).

Mitunter beabsichtigt ein Einzelhändler, auf den Verkaufspreis bezogene Kalkulationsaufschläge auf Kosten bezogene Kalkulationsaufschläge umzurechnen oder umgekehrt. Die Formel hierfür hat folgendes Aussehen:

$$\text{Prozentsatz des Kalkulationsaufschlages bezogen auf den Verkaufspreis} = \frac{\text{Prozentsatz des anschaffungskostenbezogenen Kalkulationsaufschlages}}{100\% + \text{Prozentsatz des anschaffungskostenbezogenen Kalkulationsaufschlages}}$$

$$\text{Prozentsatz des Kalkulationsaufschlages bezogen auf die Anschaffungskosten} = \frac{\text{Prozentsatz des verkaufspreisbezogenen Kalkulationsaufschlages}}{100\% - \text{Prozentsatz des verkaufspreisbezogenen Kalkulationsaufschlages}}$$

Angenommen, Parsons fand heraus, daß sein Konkurrent mit einem anschaffungskostenbezogenen Kalkulationsaufschlag von 30 Prozent arbeitet und er möchte wissen, welchem Prozentsatz vom Verkaufspreis dieser Aufschlag entspricht. Das Kalkulationsschema wäre hierfür folgendes:

$$\frac{30\%}{100\% + 30\%} = \frac{30\%}{130\%} = 23\%$$

Da Parsons für Anzüge mit einem Aufschlag von 25 Prozent, bezogen auf den Verkaufspreis, arbeitete, war er der Meinung, daß sein Aufschlag, verglichen mit dem des Konkurrenten, angemessen ist.

Kurz vor Ende des Sommers bemerkte Parsons, daß er noch über einen Lagerbestand an Freizeitkleidung verfügte. Er beschloß deshalb, einen Kalkulationsabschlag vorzunehmen, eine Reduzierung des ursprünglichen Verkaufspreises. Vor dem Sommer hatte er 20 Freizeithosen zum Preis von je 10 Dollar eingekauft und bislang erst 10 Paar zum Preis von jeweils 20 Dollar verkauft. Er setzte die anderen Hosen auf 15 Dollar herab und verkaufte 5 Hosen. Der Prozentsatz seines Kalkulationsabschlages kann wie folgt errechnet werden:

$$\text{Prozentsatz des Kalkulationsabschlages} = \frac{\text{Preisnachlaß}}{\text{Betrag der gesamten Nettoumsätze}}$$

Der Betrag des Preisnachlasses beläuft sich auf 25 Dollar (5 Hosen zu jeweils 5 Dollar), und der gesamte Nettoumsatz beträgt 275 Dollar (10 Hosen zu je 20 Dollar und 5 Hosen zu je 15 Dollar). Der Prozentsatz ist demnach 9 Prozent – 25 Dollar/275 Dollar.

Größere Einzelhändler berechnen die Prozentsätze für Preisabschläge üblicherweise für jede Abteilung statt für einzelne Artikel. Diese Prozentzahlen bieten einen Maßstab für die relative Marketing-Leistung jeder Abteilung und können laufend für einzelne Zeiträume errechnet und verglichen werden. Prozentsätze von Preisabschlägen können außerdem herangezogen werden, um das Preisverhalten einzelner Kunden und die Leistung der Verkäufer in den verschiedenen Abteilungen eines Geschäftes zu vergleichen.

Anhang B: Berufe im Marketing

Nachdem Sie Ihren ersten Lehrgang in Marketing abgeschlossen haben, wissen Sie, welche Anforderungen dieser Bereich stellt. Möglicherweise hat Sie das zu der Überzeugung kommen lassen, daß Marketing das aufzuweisen hat, was Sie von einem Beruf erwarten - ständige Herausforderung, ansporenende Probleme, Zusammenarbeit mit Leuten und beinahe unbegrenzte Aufstiegsmöglichkeiten. Marketing ist ein sehr breites Gebiet mit einer weitreichenden Vielfalt von Aufgaben; zu diesen zählen vor allem die Analyse, Planung, Durchführung und Kontrolle von Marketing-Programmen. Marketing-Positionen gibt es in Institutionen jeder Art und Größe. Die Ausführungen dieses Anhanges sollen Sie mit Eintrittsstufen und gehobeneren beruflichen Möglichkeiten im Marketing vertraut machen. Darüber hinaus werden Ihnen Schritte vorgeschlagen, denen Sie bei der Auswahl einer beruflichen Laufbahn und bezüglich Ihrer eigenen Vermarktung folgen sollten.

Beschreibung von Marketing-Positionen

Ungefähr ein Viertel bis ein Drittel des Personalbestandes im zivilen Bereich ist in marketing-verwandten Positionen beschäftigt. Infolgedessen ist die Anzahl der Marketing-Berufe unvorstellbar groß. Positionen im Marketing werden wegen der Kenntnisse über Produkte und Konsumenten, die mit der Erfüllung der dort wahrzunehmenden Aufgaben gewonnen werden, als ausgezeichnetes Training für Spitzenpositionen im Unternehmen angesehen. Ein Profil der 500 Fortune-Führungskräfte (chief executive officer – CEO) aus dem Jahre 1976 zeigte mehr Top-Manager mit einem beruflichen Hintergrund im Marketing und Vertriebsbereich als mit irgendeinem anderen beruflichen Schwerpunkt.

Marketing-Gehälter variieren je nach Unternehmen und Position. Anfangsgehälter im Marketing-Bereich liegen gewöhnlich etwas unter denen von Technikern und Chemikern, sind aber gleich – oder höher – jenen im Finanzsektor, im Rechnungswesen oder für Soziologen und Naturwissenschaftler. Im Jahre 1984 brachten Marketing-Berufe für Personen mit „Bachelor Degrees" (Anmerkung: unterster akademischer Abschluß) ein durchschnittliches Anfangsgehalt von 18.000

Dollar. Wenn Sie auf einer Anfangsstufe erfolgreich sind, werden Sie rasch auf höhere Ebenen mit mehr Verantwortung und Gehalt befördert. Tabelle B-1 zeigt die Durchschnittsgehälter für verschiedene Marketing-Positionen.

TABELLE B-1
Durchschnittliche Jahresgehälter für Marketing-Positionen

POSITION	GEHALT IN DOLLAR
Verkaufsmanagement, Vice President	61.375
Werbeagentur, Vice President	59.233
Marketing-Management, Vice President	55.686
Verkaufsmanager	45.851
Marketing-Planungs-Manager	44.527
Marketing-Forschungs-Manager	42.403
Marketing-Manager	40.841
Werbe-/Verkaufsförderungs-Manager	40.428
Brand-Manager	38.525
Verkaufsmitarbeiter	36.706
Marketing-Planungs-Personal	35.033
Marketing-Forschungs-Personal	33.292
Werbung- und Verkaufsförderungs-Personal	30.792

Quelle: Gordon McAleer, The 1984 American Marketing Association Marketing Compensation Report (Chicago: American Marketing Association, 1984), S. 18.

Marketing hat sich zu einem attraktiven Beruf auch für Personen entwickelt, die diesen Bereich ursprünglich nicht in Erwägung gezogen haben. Eine besondere Entwicklung stellt die steigende Zahl von Frauen dar, die im Marketing-Bereich Fuß fassen. In früheren Zeiten waren Frauen im Einzelhandelssektor des Marketing beschäftigt. Sie halten nunmehr Einzug in alle Verkaufs- und Marketing-Positionen. Dem Wirtschaftsmagazin Business Week zufolge, machten Frauen im Jahre 1971 zwei Prozent der Bewerber für Positionen im Verkauf in der Versicherungsbranche aus, 1978 waren es bereits 12 Prozent. Frauen arbeiten sich äußerst erfolgreich die Karriereleiter in Verkaufsabteilungen von Pharma-Unternehmen, Verlagen, Banken sowie in einer steigenden Zahl von Verkaufspositionen im Investitionsgüterbereich hinauf. Ihre Anzahl ist in den Produkt- und Brand-Manager-Positionen ebenfalls ansteigend.

Ein weiterer Trend ist die zunehmende Akzeptanz des Marketing von „Non-profit"-Organisationen. Colleges, Kulturbetriebe, Büchereien und Krankenhäuser bedienen sich für die Lösung ihrer Probleme in immer stärkerem Maße neuer Marketing-Methoden. Sie beginnen, Marketing-Direktoren und Marketing-Vice-Presidents zu engagieren, die ihre verschiedenen Marketing-Aktivitäten leiten.

In den folgenden Ausführungen erfolgt eine kurze Beschreibung wichtiger Marketing-Berufe.

Werbung (Advertising)

Werbung ist eine wichtige wirtschaftliche Aktivität, die Geschicklichkeit in der Planung und Datenerlangung sowie Kreativität erfordert. Obwohl die Bezahlung für Werbepersonal vergleichbar ist mit jener in anderen Bereichen, sind die Möglichkeiten für ein rasches Vorwärtskommen üblicherweise größer als auf anderen Gebieten, da weniger Wert auf Alter und Dauer der Beschäftigung gelegt wird. Typische Tätigkeiten in Werbeagenturen werden nachfolgend beschrieben.[1]

Werbetexter (Copywriter) erstellen Konzepte, die zur Verkörperung der Werbung in Wort und Bild werden. Sie sammeln Fakten, lesen viel und entleihen Ideen. Sie reden mit Kunden, Lieferanten und mit jedem, der ihnen möglicherweise einen Fingerzeig geben kann, wie Aufmerksamkeit und Interesse des Zielpublikums zu gewinnen sind.

Graphiker (artists) bilden den anderen Teil des kreativen Teams. Ihre Hauptaufgabe besteht darin, Ideen der Copywriter in aufregende bildliche Eindrücke, genannt Layouts, zu übersetzen. Graphiker in Werbeagenturen entwerfen Druckvorlagen (print layouts), Verpackungs-Designs (package designs), Konzepte für TV-Werbungen (sogenannte story-boards), Firmenlogos, Warenzeichen und Symbole. Sie spezifizieren Stil und Größe des Druckes, sie kleben die Schriftzeichen am richtigen Platz und in der richtigen Anordnung ein und erledigen alle Einzelheiten der Anzeige, so daß sie von Graveuren und Druckern reproduziert werden kann. Ein besonders umsichtiger Art Director oder Copy Chief wird zum „Creative Director" der Werbeagentur und überwacht deren gesamte „Produktion". Der Creative Director ist auf hoher Ebene in der Organisationsstruktur der Agentur etabliert.

Kundenkontakter (account executives) bilden die Verbindung zwischen dem Klienten und der Agentur. Ihre Hauptverantwortung besteht darin, über Marketing und dessen Bestandteile Bescheid zu wissen. Sie erklären dem kreativen Team Pläne und Ziele der Auftraggeber und beaufsichtigen die Entwicklung des gesamten Werbeplans für ihre Kunden. Ihre wichtigste Aufgabe besteht darin, den Klienten mit der Agentur zufriedenzustellen. Da die Kundenbetreuung in erster Linie eine Angelegenheit persönlicher Beziehungen ist, sind Kundenkontakter üblicherweise gut aussehend, diplomatisch und intelligent.

Medien-Einkäufer (media buyers) haben die Aufgabe, die besten Werbeträger für die Klienten auszuwählen. Verkaufsmitarbeiter der einzelnen Medien kommen in Scharen ins Büro des Käufers, wann immer sie erfahren, daß der Einkauf von Werbefläche erwogen wird. Sie agieren mit Statistiken, um zu beweisen, daß ihr Medium besser ist, die Kosten pro 1000 Leser niedriger sind und ihr Medium ein kaufbereiteres Publikum bietet als konkurrierende Werbeträger. Medien-Einkäufer haben diese Argumente zu beurteilen. Darüber hinaus verhandeln Medien-Einkäufer mit Rundfunk- und Fernsehanstalten, um die günstigsten Tarife zu bekommen und treffen Abmachungen mit den Druckmedien bezüglich vorteilhafter Plazierungen von Anzeigen.

In großen Werbeagenturen beschäftigt sich eine aktive Marketing-Forschungsabteilung mit der Bereitstellung von Marktdaten für die Entwicklung neuer Werbekampagnen sowie für die Einschätzung laufender Aktionen. Jene, die an Marketing-Forschung interessiert sind, sollten eine mögliche Beschäftigung in Werbeagenturen erwägen.

Marken- und Produktmanagement (Brand and Product Management)

Brand- und Produktmanager planen, steuern und kontrollieren den Erfolg der Marketing-Anstrengungen für ihre Produkte. Sie sind mit Forschung und Entwicklung, Verpackung, Herstellung, Verkauf und Distribution, Werbung, Absatzförderung, Marktforschung sowie mit Umsatzanalysen und Vorschaurechnungen befaßt. In Konsumgüterunternehmen arbeitet der Anfänger – der üblicherweise ein MBA-Diplom benötigt – mit einem „Brand-Team“ zusammen und lernt die Kniffe für die Durchführung quantitativer Analysen kennen und beobachtet den„Senior Brand Manager“. Falls diese Person tüchtig ist, leitet sie möglicherweise das Team und wird später damit beauftragt, eine größere Marke zu managen. Einige Investitionsgüterunternehmen verfügen ebenfalls über Produkt-Manager. Das Produkt-Management wird als einer der besten Ausbildungswege für künftige Führungskräfte des Unternehmens angesehen.

Kundenangelegenheiten (Customer Affairs)

Einige große Konsumgüterunternehmen haben die Position eines Beauftragten für Kundenbelange geschaffen, der als Bindeglied zwischen dem Kunden und dem Unternehmen fungiert. Diese Beauftragten befassen sich mit Beschwerden, Vorschlägen und Problemen, die die Produkte des Unternehmens betreffen, legen fest, welche Aktion im Einzelfalle erforderlich ist und koordinieren die Maßnahmen, die notwendig sind, um das Problem zu lösen. Diese Position erfordert eine Person, die einfühlsam, diplomatisch und fähig ist, mit einer Vielzahl unterschiedlicher Personen innerhalb und außerhalb des Unternehmens zusammenzuarbeiten.

Investitionsgüter-Marketing (Industrial Marketing)

Personen, die an einer beruflichen Laufbahn im Investitionsgüter-Marketing interessiert sind, können im Verkauf, im Kundendienst, in der Produktgestaltung und in der Marketing-Forschung usw. tätig werden. Im allgemeinen benötigen Sie dafür eine technische Ausbildung. Die meisten Anfänger beginnen im Verkauf, sie verwenden viel Zeit für die Ausbildung und begleiten erfahrene Verkäufer bei Verkaufsbesuchen. Falls Sie im Verkauf bleiben, können Sie zum District- oder Regional-Manager und unter Umständen sogar noch höher aufsteigen. Es steht Ihnen aber auch die Möglichkeit offen, in das Produkt-Management einzutreten und dort eng mit Kunden, Lieferanten, Herstellung sowie dem technischen Verkauf zusammenzuarbeiten.

Internationales Marketing (International Marketing)

Da US-amerikanische Unternehmen ihr internationales Geschäft ausweiten, suchen sie qualifizierte Personen, die einige Fremdsprachen fließend sprechen, und die bereit sind zu reisen oder vorübergehend im Ausland zu leben. Für derartige Positionen wählen die meisten Unternehmen erfahrene Mitarbeiter aus, die sich bereits bei inländischen Geschäftsabläufen bewährt haben. Ein MBA-Abschluß ist oft von Vorteil, jedoch nicht immer eine Voraussetzung.

Marketing Management Science und System-Analyse (Marketing Management Science and Systems Analysis)

Personen, die im Operation Research, in quantitativen Verfahren sowie in Systemanalysen ausgebildet sind, tendieren dazu, als Berater für Manager tätig zu sein, die schwierigen Marketing-Problemen gegenüberstehen, wie z. B. Messung und Vorausschätzung der Nachfrage, Marktstruktur-Analysen und Beurteilung neuer Produkte. Karrierechancen bestehen in erster Linie innerhalb großer marketing-orientierter Unternehmen und Unternehmensberatungsfirmen sowie in öffentlichen Institutionen, die sich mit Gesundheit, Ausbildung oder Transportsystemen befassen. Für gewöhnlich wird ein MBA- oder MS-Abschluß als Einstellungsvoraussetzung gefordert.

Marketing-Forschung (Marketing Research)

Marketing-Forscher arbeiten gemeinsam mit Managern an der Definition von Problemen sowie an der Feststellung der Informationen, die erforderlich sind, um das Problem zu lösen. Sie planen das Forschungsprojekt einschließlich Entwurf des Fragebogens und Festlegung der Befragungsmenge, sie übernehmen die Daten, Tabellarisierung und Datenanalyse, die Berichtsvorbereitung sowie die Präsentation der Ergebnisse und die Ableitung von Empfehlungen an das Management. Ein Verständnis für Statistiken, Psychologie und Soziologie auf dem Niveau eines „Master-Degree" (Magister-Diplom) ist wünschenswert. Berufliche Chancen bestehen bei Herstellern, Einzelhändlern, einigen Großhandelsunternehmen, Fachverbänden, Marketing-Forschungsinstituten, Werbeagenturen sowie bei Behörden und privaten Nonprofit-Organisationen.

Neuprodukt-Planung (New-Product Planning)

Personen mit Interesse für Neuprodukt-Planung können in zahlreichen Organisationen günstige berufliche Gelegenheiten finden. Im allgemeinen benötigen Sie ein fundiertes Wissen über Marketing, Marketing-Forschung und die Erstellung von Absatzprognosen. Sie benötigen organisatorische Geschicklichkeit, andere zu motivieren und deren Maßnahmen zu koordinieren. Darüber hinaus kann auch technisches Wissen erforderlich sein. Üblicherweise arbeiten die betreffenden Personen zuvor in einigen anderen Marketing-Positionen, ehe sie Mitarbeiter der Abteilung „Neue Produkte" werden.

Marketing-Logistik (Physical Distribution)

Marketing-Logistik ist ein großes und dynamisches Betätigungsfeld mit vielen Karrierechancen. Bedeutende Transportunternehmen, Hersteller, Großhändler und Einzelhändler beschäftigen Spezialisten für Marketing-Logistik. Lehrgänge in quantitativen Methoden, Finanzierung, Buchhaltung und Marketing statten die Studenten mit dem Wissen aus, das erforderlich ist, um in diesem Berufszweig Fuß zu fassen.

Öffentlichkeitsarbeit (Public Relations)

Die meisten Organisationen beschäftigen einen für Public Relations zuständigen Mitarbeiter – oder eine ganze Abteilung –, um Problemen mit der Öffentlichkeit zuvorzukommen, Beschwerden abzuwickeln, Pressekontakte zu pflegen, ein Unternehmensimage aufzubauen und anderes mehr zu erledigen. Personen, die an einer Laufbahn im Public-Relations-Bereich interessiert sind, sollten fähig sein, klar und überzeugend zu sprechen und zu schreiben. Sie sollten vorzugsweise über berufliche Erfahrungen im Journalismus, in der Kommunikation oder in Fächern der philosophischen Fakultät einschließlich Soziologie (liberal arts) verfügen. Die Herausforderungen in diesem Aufgabenbereich sind äußerst mannigfaltig und sehr stark an der Öffentlichkeit orientiert.

Beschaffungsbereich (Purchasing)

Einkäufer spielen eine zunehmend bedeutendere Rolle für die Unternehmensrentabilität in Zeiten steigender Materialkosten und Materialengpässen. In Einzelhandelsorganisationen führt die Position des Einkäufers häufig direkt zur Unternehmensspitze. Einkäufern in Investitionsgüterunternehmen kommt eine Schlüsselrolle bei den Bemühungen, die Kosten der Herstellung niedrig zu halten, zu. Eine technische Ausbildung ist für einige Einkaufspositionen neben Kenntnissen über Kreditbelange, Finanzierung und Logistik als nützlich anzusehen.

Einzelhandels-Management (Retailing Management)

Einzelhandelsunternehmen bieten ihren Mitarbeitern recht bald Gelegenheit, Marketing-Verantwortung zu übernehmen. Die steigende Marktbedeutung von Großbetriebsformen des Einzelhandels hat eine zunehmende Betonung professioneller Ausbildung als Teil der Vorbereitung auf eine Karriere im Einzelhandel zur Folge gehabt. Obwohl sich in der Vergangenheit im Einzelhandel die Anfangsgehälter sowie die Aufgabenübertragung sich auf niedrigeren Ebenen bewegte als in der Industrie oder in der Werbebranche, verringert sich der Unterschied immer mehr. Die wichtigsten Wege zum Top-Management führen im Einzelhandel über das Waren- sowie über das Laden-Management. Der berufliche Aufstieg im Waren-Management erfolgt vom Einkaufs-Trainee über den Einkaufs-Assistenten zum Einkäufer und von dieser Position zum Division-Manager einer Warengruppe. Im Laden-Management beginnt die Entwicklung beim Management-Trainee und setzt sich fort über die Position eines Assistenten des Abteilungs- oder Verkaufs-Managers zum Abteilungsleiter und später zum Geschäftsführer oder Filialleiter. Während die Einkäufer in erster Linie mit der Sortimentsauswahl und Absatzförderung befaßt sind, obliegt den Abteilungs-Managern das Verkaufs-Management und die Display-Verantwortung. Großbetriebsformen des Einzelhandels bieten Berufsanfängern die Chance, innerhalb weniger Jahre bis zur Management-Ebene einer Filiale oder dem Teilbereich eines Warenhauses, mit einem Umsatz von etwa fünf Millionen Dollar, aufzusteigen.

Verkauf und Verkaufs-Management (Sales and Sales Management)

Chancen im Verkauf und im Verkaufs-Management bestehen in vielen Unternehmen und Non-profit-Organisationen, sowohl im Produkt- als auch im Dienstleistungssektor, einschließlich Finanzierung, Versicherung, Beratung und Behörden. Personen, die an dieser Laufbahn interessiert sind, müssen ihre beruflichen Erfahrungen, Interessen, technisches Geschick sowie ihre akademische Ausbildung mit den bestehenden Chancen im Verkaufsbereich sorgfältig vergleichen. Angebotene Ausbildungsprogramme unterscheiden sich hinsichtlich Methode und Länge erheblich. Ihre Dauer schwankt zwischen einigen Wochen und zwei Jahren. Karrierepfade führen vom Verkäufer zum Gebiets- oder Regional-Verkaufsleiter und zu noch höheren Ebenen des Verkaufs-Managements und in vielen Fällen zum Top-Management des Unternehmens.

Weitere Marketing-Berufe

Im Rahmen dieser Darstellung wurde auf die Beschreibung zahlreicher weiterer Aufgaben verzichtet, die eng mit dem Marketing-Funktionsbereich zusammenhängen, wie z. B. Verkaufsförderung, Großhandel, Verpackung, Preisfestlegung und Kredit-Management. Informationen über diese Positionen können aus Büchern bezogen werden.

Auswahl und Erlangung eines Jobs

An dieser Stelle wollen wir beschreiben, wie man Jobs auswählt und bekommt. Dieses Vorhaben erfordert die Anwendung von Marketing-Techniken, speziell von Markt-Analysen und Planung. Die folgenden Ausführungen zeigen acht vorgeschlagene Schritte für die Auswahl eines Berufes und das Finden eines ersten diesbezüglichen Jobs.

Erstellung einer Selbsteinschätzung

Die Selbsteinschätzung ist der wichtigste Teil einer Stellensuche. Wenn Sie keine präzisen Vorstellungen über das, was Sie wollen, haben – sei es ein mildes Klima, eine Stadt mit einem Opernhaus oder ein Unternehmen, das nicht bedeutender ist als die Schule, wo Sie Ihre Ausbildung absolvierten, oder ein Job in Frankreich – enden Sie zum Schluß möglicherweise in einem für Sie nicht optimalen Beruf. Selbsteinschätzung ist vor allem ein Prozeß der Klärung und

Artikulierung von Vorstellungen, die Sie bereits in verschwommener oder unklarer Form hegen. Für die Unterstützung Ihrer Selbsteinschätzung sollten Sie folgende Bücher lesen, die viele Fragen aufwerfen, die Sie beachten sollten:

1. *What Color Is Your Parachute? von Richard Bolles*
2. *Three Boxes in Life and How to Get Out of Them von Richard Bolles*
3. *Guerrilla Tactics in the Job Market von Tom Jackson*

Machen Sie darüber hinaus auch Gebrauch vom Beratungs-Service Ihrer Schule. Eignungstests wie z. B. das Strong-Campbell Interest Inventory-Verfahren werden helfen, Ihre Interessen herauszuarbeiten.

Analyse von Stellenbeschreibungen

Prüfen Sie als nächstes verschiedene Stellenbeschreibungen um zu sehen, welche berufliche Stellung am besten zu Ihren Interessen, Wünschen und Fähigkeiten paßt. Aufgabenbeschreibungen können in dem „Occupation Outlook Handbook“ gefunden werden sowie in dem „Dictionary of Occupational Titles“, herausgegeben vom U.S. Department of Labor (Arbeitsministerium). Diese Bücher beschreiben, welche Aufgaben Arbeitskräfte in verschiedenen Berufen erfüllen, die erforderliche Schulung und Ausbildung und die Verfügbarkeit von Jobs in jedem Bereich in den kommenden Jahren sowie die Aufstiegsmöglichkeiten und voraussichtlichen Einkommen.

Ziele für die Stellensuche entwickeln

Ihre anfängliche Wunschliste für den von Ihnen angestrebten Beruf sollte umfassend und flexibel sein. Begehen Sie nicht den Fehler, Ihr Konzept über die Vorgehensweise, wie Sie Ihre Ziele erreichen wollen, zu eng zu fassen. Wenn beispielsweise Marketing-Forschung Ihr Ziel ist, dann berücksichtigen Sie sowohl den privaten als auch den öffentlichen Sektor und nicht nur regional sondern auch überregional agierende Unternehmen. Nur nach Sondierung vieler in Frage kommender Wahlmöglichkeiten sollten Sie beginnen, sich auf bestimmte Branchen und Anfangsjobs zu konzentrieren, die für Sie geeignet sein könnten. Es ist erforderlich, daß Sie eine Liste von Grundzielen erstellen. In Ihrer Aufstellung könnten folgende Aussagen enthalten sein: eine Stellung in einem kleinen Unternehmen in einer großen Stadt im „Sonnengürtel“, mit Marketing-Forschung beauftragt, in einem Unternehmen, das über elektronische Datenverarbeitung verfügt.

Den Stellenmarkt prüfen und die Chancen beurteilen

Als nächstes müssen Sie den Markt auf jene Positionen hin untersuchen, um eine Vorstellung darüber zu bekommen, wieviele offene Stellen Sie als erhältlich erwarten dürfen. Bezüglich eines aktuellen Verzeichnisses über offene Stellen im Marketing-Bereich schlagen Sie im College Placement Annual nach, das in dem Arbeitsvermittlungsbüro Ihrer Lehranstalt verfügbar ist. Die Veröffentlichung wird jährlich überarbeitet, um offene Anfangsstellen in Hunderten von Unternehmen aufzuzeigen. Darüber hinaus sind auch Unternehmen angeführt, die erfahrenes Personal suchen. Machen Sie in dieser Phase von den Serviceleistungen Ihres Arbeitsvermittlungsbüros in vollem Umfange Gebrauch, um offene Stellen zu finden, und vereinbaren Sie Gespräche mit Unternehmen, die danach trachten, Marketing-Positionen zu besetzen, die Sie interessieren. Darüber hinaus sind Wirtschaftsmagazine, Wirtschaftsnachschlagewerke, Mitglieder des Lehrkörpers und Studienkollegen empfehlenswerte Informationsquellen. Versuchen Sie, das künftige Wachstum, die Gewinnaussichten des Unternehmens und der Branche, sowie die Aufstiegschancen, Gehaltsebenen, Anfangspositionen und den Umfang der Reisetätigkeit usw. zu analysieren.

Suchstrategien entwickeln

Sie können eine oder mehrere Strategien entwickeln, um mit Unternehmen in Kontakt zu treten. Strategiemöglichkeiten umfassen: 1. Interviews im Bereich der Universität, 2. Telephonieren und Schreiben, 3. den Marketing-Dozenten um mögliche Kontakte bitten.

Lebenslauf und Begleitbrief entwerfen

Ihr Lebenslauf sollte kurz und prägnant Ihre Fähigkeiten, Ausbildung, Vergangenheit, Training, Arbeitserfahrung und persönliche Qualifikationen enthalten. Üblicherweise sollte dessen Umfang sich auf eine Seite beschränken. Das Ziel besteht darin, von potentiellen Arbeitgebern eine positive Antwort zu erhalten.

Der Begleitbrief ist in mancher Hinsicht schwieriger zu verfassen als der Lebenslauf. Der Begleitbrief muß überzeugend, berufsbezogen und interessant sein. Im Idealfall sollte er Sie aufwerten und Sie von den anderen Kandidaten für diese Position abheben. Jeder Brief sollte originell aussehen und klingen, d. h. individuell mit der Maschine geschrieben und maßgeschneidert für die bestimmte Organisation abgefaßt sein, an die er gerichtet ist. Er sollte die Position beschreiben, um die Sie sich bewerben, Interesse wecken, Ihre Qualifikationen beschreiben und angeben, wo Sie erreichbar sind. Begleitbriefe sollten an eine Person und nicht an eine Positionsbezeichnung adressiert werden. Dem Brief sollte ein Nachfaß-Telephonat folgen.

Bemühungen um Interviews

Es folgen nun noch einige Ratschläge, die Sie vor, während und nach Ihrem Bewerbungsgespräch befolgen sollten:

Gesprächsvorbereitung:

1. Interviewer bedienen sich äußerst unterschiedlicher Techniken – das Geplauder („chit chat"), d. h. die Methode des „Lassen-Sie-uns-gegenseitig-Kennenlernen"; der einem Verhör ähnliche Stil, bei dem Frage auf Frage gestellt wird; und die Härteerprobung, die gekennzeichnet ist durch ein fortwährendes Fragen nach dem „warum", um nur einige zu erwähnen. Seien Sie auf alle Methoden vorbereitet.
2. Üben Sie mit einem Freund, interviewt zu werden, und bitten Sie ihn um eine Kritik.
3. Stellen Sie mindestens fünf gute Fragen, die nicht ohne weiteres aus den Druckschriften des Unternehmens beantwortet werden.
4. Stellen Sie sich im voraus mögliche Fragen, und entwerfen Sie passende Antworten.
5. Vermeiden Sie „back-to-back"-Interviews (Gegenfragen), da diese sehr ermüdend sein können.
6. Kleiden Sie sich für das Interview eher konservativ statt nach der neuesten Mode.
7. Planen Sie, ungefähr zehn Minuten früher einzutreffen, um Ihre Gedanken zu sammeln, bevor Sie aufgerufen werden. Überprüfen Sie Ihren Namen auf dem Interviewplan und notieren Sie den Namen des Interviewers sowie die Zimmernummer.
8. Überdenken Sie die wichtigsten Punkte, die Sie in dem Interview ansprechen wollen.

Während des Interviews:

1. Begrüßen Sie den Interviewer mit einem festen Händedruc Bedienen Sie sich bei Ihrer Vorstellung der gleichen Form, die d Interviewer benutzt hat. Sorgen Sie für einen guten ersten Eindruc
2. Bleiben Sie gelassen. Entspannen Sie sich. Lächeln Sie gelegentli Zeigen Sie Begeisterung während des gesamten Interviews.
3. Guter Augenkontakt, aufrechte Körperhaltung und deutliches Sprechen sind unbedingt erforderlich. Umklammern Sie nicht Ihre Hände und spielen Sie nicht mit Ihrem Schmuck oder Haar etc. Setzen Sie sich bequem in Ihren Stuhl. Rauchen Sie nicht, selbst wenn es angeboten wurde.
4. Nehmen Sie zusätzliche Kopien Ihres Lebenslaufes mit.
5. Seien Sie darauf vorbereitet, Ihre Lebensgeschichte überzeugend vorzutragen. Erwähnen Sie Ihre „Verkaufsargumente". Beantworten Sie Fragen direkt. Vermeiden Sie Antworten, die nur aus einem Wort bestehen, aber seien Sie nicht langatmig.

6. Lassen Sie die meiste Zeit den Interviewer die Initiative ergreifen, aber bleiben Sie dabei nicht passiv. Finden Sie eine geeignete Gelegenheit, das Gespräch zu jenen Punkten zu lenken, über die Sie vom Interviewer etwas hören wollen.
7. Der letzte Teil des Interviews ist die beste Zeit, Ihre wichtigsten Argumente anzubringen, oder eine sachdienliche Frage zu stellen, um die Sitzung mit einer guten Bewertung abzuschließen.
8. Fürchten Sie sich nicht davor, das Gespräch zu beenden: Sie könnten beispielsweise sagen: „Ich bin an dieser Position sehr interessiert, und ich habe Freude an diesem Interview gehabt."

Nach dem Interview:

1. Zeichnen Sie nach Verlassen die wichtigsten Punkte auf. Vergessen Sie nicht zu notieren, an wen Sie sich nach dem Interview wenden sollten und wann eine Entscheidung erwartet werden kann.
2. Analysieren Sie objektiv das Interview bezüglich der gestellten Fragen, der gegebenen Antworten sowie Ihres Auftretens während des Gesprächs sowie die Reaktionen des Interviewers (Interesse, Langeweile usw.) auf bestimmte Gesprächsthemen.
3. Schicken Sie einen Dankesbrief, in dem Sie zusätzliche Fakten erwähnen und zum Ausdruck bringen, daß Sie bereit sind, weitere Informationen zur Verfügung zu stellen.
4. Wenn Sie innerhalb der festgelegten Zeit nichts hören, dann schreiben Sie dem Interviewer oder rufen Sie ihn an, um Ihre Chancen zu beurteilen.

Nachfassen (Follow-up)

Falls Sie erfolgreich sind, werden Sie eingeladen, die Organisation zu besuchen. Das innerbetriebliche Interview kann sich von einigen Stunden bis zu einem ganzen Tag erstrecken. Ihr Interesse, ihre Reife und Begeisterung, wie Sie zur Geltung kommen, Ihre Logik sowie Ihr unternehmensbezogenes und funktionales Wissen, alles das wird überprüft. Sie sollten Fragen stellen, die wichtig für Sie sind. Versuchen Sie Fakten über das Umfeld, die Rolle des Jobs, die Verantwortungsbereiche, die Chancen sowie die aktuellen Branchenfragen und die Unternehmenspersönlichkeit herauszufinden. Wenn alles gut geht, ist es durchaus möglich, daß Sie bald in dieser Organisation beschäftigt sind. Wenn Sie sich später an die Namen der Personen, die Sie treffen, erinnern, können Sie vermeiden, in Verlegenheit zu geraten.